光 緒
嘉興府志

第一册

[清] 許瑶光　修　　吳仰賢　等纂

嘉興市地方志編纂室　編校

上海古籍出版社

點 校 説 明

《光緒嘉興府志》,八十八卷,首二卷。清代許瑶光修,吳仰賢等纂。光緒四年(1878)刊。

作爲清代編纂的最後一部嘉興府志,《光緒嘉興府志》內容涵蓋建置疆域、城池建築、山川古跡、風俗制度、官師選舉、人物叢談等,體裁有圖、志、表、傳、錄等,記述時間跨度貫穿整個封建時期,可謂古代嘉興的百科全書。

許瑶光(1817~1882),字雪門。湖南善化(今長沙)人。"道光己酉拔貢,朝考二等,以知縣用,分發浙江……(咸豐)三年,署嘉興府知府,越二年實授。光緒六年,以委察荒田忤巡撫意解任。八年七月復任。十一月初七日卒於嘉興官廨,先後知嘉興府十七年,年六十六。"(王先謙《誥授資政大夫浙江嘉興府知府許公墓誌銘》)

許瑶光三任嘉興知府,初到時嘉興剛從太平軍手中收復,滿目瘡痍,百業凋零。他整頓社會治安,號召流民墾荒,恢復生産教育。同時對湖心島進行美化整治,奠定了現今南湖湖心島格局。同治十二年(1873),許瑶光因任期已滿將進京覲見,嘉興士紳在煙雨樓西北建一亭,取名"來許亭",意爲希望許瑶光再來嘉興。是年夏,許瑶光進京述職,果然應了"來許"之約,仍回嘉興續任知府。光緒六年(1880),本省巡撫派員到嘉興名爲查荒,實爲加租,引發民變。許瑶光在此案中同情鄉民,保護百姓,勘實是非,爲民伸冤,以致被免。嘉興"查荒"大案震動各方,《申報》連續發表二十多篇相關的社論、文稿和消息。七月二十五日,《申報》發表社論《書嘉守罷官記後》,稱許瑶光爲近世少有之賢太守。光緒八年(1882),繼任浙江巡撫礙於輿論和民情,命許瑶光回任嘉興知府。

吳仰賢(1822~1887),字牧騶。嘉興人。咸豐二年進士。曾任雲南浪穹縣、羅次縣、昆明縣知縣,武定知州,迤東道知府。晚年主講鴛湖書院,歷二十年孜孜不倦。著有《小匏庵詩存》《小匏庵詩話》。

同治十三年(1874)秋,浙江當局檄各縣修志。許瑶光"急修《府志》,以振各縣之綱領"。(許瑶光《重修嘉興府志序》)"七邑之士退而各蒐葺舊聞,條分件繫,以上於公而取裁焉。"(吳仰賢《重修嘉興府志序》)光緒三年(1877)丁丑秋月殺青,開雕於鴛湖書院,至四年戊寅季夏竣工。五年(1879)八月,重印百部,詳加校正。

該書現存國家圖書館、日本早稻田大學圖書館藏光緒四年刻本,嘉興市圖書館、寧波市圖書館等館藏光緒五年刻本。臺灣成文出版有限公司1970年出版的《中國方志叢書》華中地方第53號《光緒嘉興府志》是按光緒五年重印本影印的。光緒五年本卷六十九《嘉興節婦》末前半頁有五行文字,比光緒四年本該卷末前半頁多二行,疑是重印時增補的。上海書店2000年出版的《中國地方志集成·浙江府縣誌輯》中影印的《光緒嘉興府志》未註明版本,且去掉了牌記,無法核察刊刻時間。該影印本卷六十九末前半頁比光緒四年本多七行,且文中有"光緒八年請旌"字樣。許瑶光于光緒八年(1882)去世,可能當時爲表示對許瑶光的懷念,又對《光緒嘉興府志》稍作增補後重印了數部。

　　這次點校《光緒嘉興府志》，底本採用的是光緒五年鴛湖書院重印本，參以光緒四年刻本及中國地方志集成本作校核。對其中的不同之處，以【校注】形式分條列出。對於《藝文》卷以及其他卷頁中所收的詩文，凡能與相關志書、總集、別集對照的，盡可能地作了對照校勘，其異文及入志時被删去的文字或段落，亦列入【校注】。本志中少數明顯的文字錯訛，依文意直接作了修改，也在【校注】中列出。校核時，發現本書《官師》與其他書籍記載出入較大，因此作了較詳細的考證。

　　點校過程中，我們對其中的通假字、古今字，一仍其舊，未作改動。不常見的異體字改爲現通行之字。對因避諱而引起例如"熙甯""萬歷""元宗""姚宏謨"等的寫法，相應改成了"熙寧""萬曆""玄宗""姚弘謨"。但因避諱情況複雜，凡把握不準的，未作變更。底本原無標點，點校中加了新式標點。底本中的引文，凡與原文不盡相同的，一般不加引號。爲方便閱讀，將原分頁地圖進行拼接，版式由豎排改爲橫排，原稿雙行隨文小注改爲單行小注，仍附正文后。原書目錄與正文不盡相同，而目錄編排較有條理，爲統一起見在正文中用〔〕中文字表示根據目錄添加的標題（亦有個別原目錄中文字根據正文調整）。

　　本書點校參考了大量各地志書、史書及古今雜著，具體書目及文獻版本參見文末《參考文獻》。才知所限，點校中難免錯漏，敬請專家不吝賜教。

編　者

二〇二〇年十月

重修嘉興府志序

　　國朝《浙江通志》開局於雍正九年李敏達,進呈於乾隆元年嵇文敏,迄今百有四十年矣。其間,因革損益,更僕難數。兵燹之餘,載籍失散。中興之政,百度維新,及時纂輯,無可再緩。於是當軸有續修《省志》議,而徵文攷獻,懸藉有資。省必先以府,府必先以縣,理也。同治十三年秋,檄縣修志,期其爲《府志》先也。乃事越年餘,惟海鹽王令延徐太僕編次成書,餘若善、平、石、桐,方議創始,而告竣需時。嘉、秀諸紳,又以切近郡城,擬附《府志》而暫行緩修,勢不得不急修《府志》,以振各縣之綱領。

　　考舊志始於宋淳熙甲午郡守張元成,而其書不傳。岳珂擬重修,又未竟去任。元代郡經歷單慶亦命徐碩爲之,而版復未鋟。今之託始者,即以至元一志爲最著。明則柳邦用修於弘治朝,鄒衡補於正德朝,趙瀛修於嘉靖朝,劉應鈳修於萬曆朝,蓋三百年之久,凡三修而一補也。本朝至今已四修。康熙辛酉修者袁國梓,庚子修者吳永芳,嘉慶庚申修者伊湯安,道光庚子修者于尚齡。袁《志》未得見,吳《志》亦尚簡略,最詳瞻者,莫如伊《志》。雖其中《田賦》散不合總,《鹽法》與兩浙《鹽法志》有舛,《武備》紀兵事只載倭寇,未免疏漏,然朝章國憲,搜索靡遺;軼事前聞,網羅殆遍。蓋時當乾、嘉之際,宇宙重熙累洽,阮文達主持風雅於兩浙。禾中英才輩起,讀書攷古,有本有原,其體製典核華麗,粹然可觀,宜哉!于《志》承伊《志》而變之,削引用之原書,删紀載之始末,遺賦役之細款,收浮薄之藝文,裁官師之列表,采私家之骨董,識者譏之。第由嘉慶初至道光中四十年間之掌故經亂而足資考證,實賴存其梗概焉。

　　此次重修,原本伊《志》而稍爲折衷,亦擇善而從之意爾。考古地理之書,多名《圖經》,所重在山川、方域也。兹境圖則水道加詳,城圖則橋樑亦載,瞭如指掌,似較前志爲密。伊《志》首《天章》,次《巡典》,蓋依《熱河志》例,兹首《巡典》,次《天章》,則謹遵《南巡盛典》例,竊以爲《熱河志》乃出自《欽定盛典》,則撰自臣工也。伊《志》《城池》門只載今城,兹移古城於前,而仍註其詳於《古蹟》。流虹一亭,古蹟也,伊《志》載入《學校》,兹改歸《古蹟》。而第存其名於《學校》。鴻博召試,特科也,伊《志》統歸於《選舉表》中之上列,似非所以昭異數,兹另標表前,而彭羲門之名次不以海鹽,而抑以憲綱,使居嘉興與舉諸人之後,所以崇欽取也。《列傳》門類悉從伊《志》,而兩廡先儒則從于《志》,特表於前。凡此數端,皆與伊《志》異者。至《金石》一門,分金分石,而附之以甎,此不獨與舊志異,並與各金石之書異,然而名與實符矣。若高文恪,本錢塘籍,而舊入平湖;錢文端,嘉興籍也,而其母南樓老人入海鹽;屠叔方,秀水籍也,其母項氏入嘉興;屠正嘉,桐鄉籍也,其母徐氏入秀水。各賢母傳此中應別有原委,仍從伊《志》,不事更張焉。

　　顧近今以來,時事變遷,法度亦與之俱變,所謂見聞異辭者非歟。學額則有暫廣永廣矣,漕運則有滬兌津收矣,鹺政則有票運綱引矣,郵傳則改用代馬船遞矣,武備則有澉乍水師之增矣,營制則有減兵增餉之舉矣,權宜募勇則有砲船水師之分防矣,算緡助餉則有釐局之坐賈行商矣。善後各政,前因夷燹,後有粵匪,内既修平浙之書,外更講通商之約。嘉興切近海口,地產鹽桑,野堪雉兔,華人時與洋人交錯,而教民又構煽於中,海防邊事,官此者自宜慎之又慎,故於《武備》之後,附記中外交涉事件,雖前志所未有,然郝玉麟之修《廣東志》也,以粵中市舶駢集,特列《外番》一門,識者稱其與《通典》述邊防而兼及海外諸國之意合,是前哲固早已慮及之矣。又兵事之末,談及槍匪,或疑蟣蝨之害,無關痛癢,不知袁《志》序文云一二不逞之徒,磨牙礪角,日相尋於錐刀鋒刃之利,而其類從之,日以成俗,豈種蠱之遺,未盡漸滅,一再變而至此。司世教者,所宜感嘅而痛念之。由斯言觀之,博徒鹽梟之倚船弄兵,康熙時即有此莠慝,匪自今日始也。瑤痛殺數百人,風稍熄矣,而懲前毖後,念念難忘,筆之亦將以爲來者告耳。

且夫揚州舊域,厥土塗泥,厥田下上[1],厥賦下上上錯。七邑幅幀,截長補短,徑方不過百里,而額銀五十六萬、額漕五十八萬各有奇,民力頗形竭蹶。同治四年,恭逢恩詔減漕,挽歷朝積重之勢而轉之使輕,蠲米之數至十四萬石有奇,億萬家生民氣脈霍然一蘇,已屬千載一時之盛,而嘉善復免賠虧焉,七邑又減貢絲焉。同治三年,粵逆盪平。四年,試征未荒未歉之熟田,奉蠲三成焉。凡此超今邁古之曠典,一時並集,閭里歡欣鼓舞。

而瑤適躬際其休,雖俗吏無文,未能潤色鴻業,然蒞茲土者已十有五年於茲,爲從前《官師表》中所無,涓埃未報,未免載筆躊躇。仰惟聖天子涵濡黎庶,深仁厚澤,鏤心刻骨,何敢稍事疏忽。於是詳稽官牘,備載本末,所謂中興之政,百度維新者,不其然與!不其然與!

夫足兵足食,有關國計民生者爲識大,其《名宦》《人物》各類爲識小,李敏達《通志》序文嘗言之矣。此志八十八卷,而《列傳》至《叢談》,合三十八卷,居全書十之四,中如《忠義》《列女》,又占十七卷,衡以前人,末大於本,同乎家牒之議,似欠裁汰,然地志之中增以人物,《太平寰宇記》已開其端,元明以來踵事增華,勢難遽返矣,況復咸豐庚申之亂,秀州士女抗節赴義,實繁有徒,自甲子克復以來,已十五閱寒暑,而杭省採訪尚未撤局,京師言官時有奏陳,蓋食毛踐土,感恩衛國,書之以扶世翊教,具在乎此。省中既編爲錄,郡志備載其名,《忠義》一門,詎得謂爲過濫乎。至若傳之可合者合之,誤之當釐者釐之。如《桐鄉·孝義》載檀郁,實係桐城,《嘉善·古蹟》載玉山,實係雲間之類。工時藝者不登《文苑》,歸大雅焉;非占藉者不入《寓賢》,防再冒焉,亦復以嚴謹爲事矣。《列女》接《仙釋》後,《通志》舊例也。茲於《方外》後間以《忠義》,以示有別諸紳耆之雅意深哉!

是書計用經費番銀八千數百餅,三成奉發公帑,七成就地籌款,始事於乙亥孟冬,告竣於戊寅季夏。稽之案檔者,瑤與委員吳縣秦嘉樂主之,而旁考於文武寮寀,小引乃瑤一人撰也。待乎採訪者,嘉秀列傳,撰於秀水恩貢生盛慶瑞,嘉善各門,撰於教諭汪繩武,海鹽各門,錄徐太僕用儀所撰及副貢生徐用福所采輯,平湖則舉人葉廉諤、拔貢生高掄元撰,石門則舉人譚逢仕撰,桐鄉則嚴刑部辰撰。至《經籍》《藝文》,則嘉興舉人陳其榮,《金石》《叢談》《祥異》《兵事》,則嘉興廩生石芳采,《節孝》則桐鄉廩生嚴文浩。諸人之力居多,而統其成者,吳山長仰賢焉。採訪校刊各紳,均列其銜名於左。

光緒四年戊寅六月,三品銜補用道、浙江嘉興府知府、善化許瑤光撰。

【校注】
　　[1] 按:《尚書·禹貢》:"淮海惟揚州……厥土惟塗泥,厥田惟下下,厥賦下上上錯。"本《志》卷二十一《田賦》:"嘉興古揚州域,厥田下下,厥賦下上上錯,古賦蓋輕甚也。""厥田下上"應爲"厥田下下"之誤。

重修嘉興府志序

　　郡之有志，所以備掌故，志沿革，而治亂興衰之迹，未嘗不寓其間，故採風者恒以時修輯，不敢緩也。然舉行於承平之世爲易，若經兵燹流離，文獻缺乏之後，而欲網羅散失，以接續前志，則其爲功也甚鉅，而其致力也較難。攷嘉禾之有志，自至元始，而紅羊之劫，亦惟元末爲烈。國朝定鼎，下江南，其於我郡式遏亂略而已。迨咸豐庚、辛間，遭寇蹂躪，所在蕩如，書籍有煨燼之憾，老成多凋謝之悲。凡昔時古蹟名勝、金石刻畫之僅存者，咸歸銷滅，蓋視楊完者苗兵之禍殆有甚焉。

　　歲甲子，天心厭亂，郡治恢復，善化許公來守郡，戢奸慝，撫瘡痍，日不暇給。而朝廷方念東南士民苦寇久矣，於是漕賦則減征，學校則增解，營制兵馬亦多所變易，期於衛民而止。公更推國家所以與民沐浴更化之意，養教兼施，百廢具舉。癸酉，報政於朝，天子命仍蒞舊治，至則益以扶正教，拒邪説爲己任。政暇乃進都人士而告之曰：郡志修於道光庚子，今版片無存。舊者將湮，而新者未續，其曷以資考鏡。昔至元《志》成於甲申，閱一百四十有九年，至明弘治壬子而柳《志》繼之。我朝康熙辛酉，袁公始輯新志，距明萬曆庚戌劉《志》亦閱七十有二年，中皆洊歷喪亂，紀載散逸。然至元以後，啟、禎以前，事蹟卒賴此二書以存。今庚子至今僅三十餘年，耳其大者，時政之有損益，頒諸令甲，職掌在余，簿書冗闒，不克躬自彙茸。於郡掾中求敏於識、果於事者，得秦君嘉樂綜聚而剟録之，喜稱事。惟是二三前哲，其政績行誼久孚衆望者，宜分別甄録以垂示無窮，斯邦人之責也。於是七邑之士退而各蒐茸舊聞，條分件繫，以上於公而取裁焉。

　　書既成，公命賢爲之序。賢不敏，於纂修事無所効長，然幸與參末議，辭不獲命，謹發明公刊志之故，使後之覽者幸劫火之不蝕，慶皇澤之維新，則我郡今日誠治亂興衰絶續之會也夫。嘉興吳仰賢撰。

重修嘉興府志銜名

總　修

三品銜、補用道、嘉興府知府許瑶光　湖南善化縣人

協　修

三品銜、補用道、浙江候補知府王維圻　江蘇上海縣人
浙江候補知府郭慶藩　湖南湘陰縣人
三品銜、升用道、浙江候補知府彭慰高　江蘇長洲縣人
道銜、浙江候補知府史書青　江蘇溧陽縣人
知府銜、嘉興府乍浦同知徐皋　貴州黔西州人
知府銜、嘉興府通判鄭彤書　江蘇上元縣人
補用同知、署嘉興府通判事張毓麟　湖南善化縣人

分　修

同知銜、嘉興縣知縣羅子森　廣東南海縣人
同知銜、署嘉興縣事、候補知縣張彝　四川仁壽縣人
四品銜、嘉興縣知縣臧均之　山東諸城縣人
同知銜、署秀水縣事、候補知縣徐傳冕　江西豐城縣人
四品銜、補用同知、署秀水縣事、正任錢塘縣知縣沈寶恒　江蘇元和縣人
同知銜、秀水縣知縣黃兆槐　江西新城縣人
知府銜、正任定海同知、署嘉善縣事史致馴　江蘇陽湖縣人
同知銜、嘉興縣知縣梁琛　河南河內縣人
同知銜、署海鹽縣事、候補知縣王彬　福建閩縣人
同知銜、海鹽縣知縣司開先　河南長葛縣人
補用知府、正任中防同知、署平湖縣事姚光宇　江蘇溧陽縣人
補用知府、候補同知、署平湖縣事、正任富陽縣知縣許嘉德　江蘇華亭人
同知銜、平湖縣知縣彭潤章　貴州黃平州人
同知銜、石門縣知縣余麗元　安徽婺源縣人
同知銜、桐鄉縣知縣龔鳳岐　江西義寧州人
兼分纂事、嘉善縣教諭汪繩武　杭州錢塘縣人

兼分纂事、升用知縣、浙江候補縣丞秦嘉樂　江蘇吳縣人

總　纂

前署雲南迤東道、候補知府吳仰賢　嘉興人　壬子翰林

分　纂

甲辰科舉人葉廉鍔　平湖人

乙丑補行辛酉壬戌科舉人譚逢仕　石門人

丁卯並補甲子科舉人陳其榮　嘉興人

兵部主事、武選司行走錢發榮　嘉興人　附生

副貢生徐用福　海鹽人

恩貢生盛慶瑺　秀水人

拔貢生高掄元　平湖人

廩貢生、候選訓導嚴文浩　桐鄉人

歲貢生石芳采　嘉興人

採　訪

內閣中書銜、嘉興府教授嚴嘉榮　山陰縣人

嘉興府訓導莊振英　鎮海縣人

嘉興縣教諭查耀乘　海寧州人

五品銜、嘉興縣訓導王震元　仁和縣人

內閣中書銜、秀水縣教諭魏焜棟　仁和縣人

秀水縣訓導張書訓　烏程縣人

國子監典籍銜、嘉善縣訓導張鼎元　仁和縣人

內閣中書銜、海鹽縣教諭傅賚予　蕭山縣人

署海鹽縣訓導事、候選訓導陳書　浦江縣人

內閣中書銜、平湖縣教諭傅商霖　西安縣人

署平湖縣訓導事、候選訓導王宗訓　麗水縣人

石門縣教諭高學治　仁和縣人

石門縣訓導馬捷先　餘姚縣人

桐鄉縣教諭魏熙元　仁和縣人

桐鄉縣訓導查光華　海寧州人

浙江候補驛丞林孝斌　福建閩縣人

原任江蘇陽湖縣知縣張清華　秀水人　乙卯舉人

記名内閣中書王朝瀚　秀水人　丁卯並補甲子舉人
己未科舉人楊象濟　秀水人
己未科舉人顧福仁　嘉善人
丁卯並補甲子科舉人錢清炤　秀水人
癸酉科舉人張義增　嘉善人
癸酉科舉人張興壽　嘉善人
候選訓導倪廷藻　嘉興人　附貢生
候選訓導孫淴　秀水人　附貢生
候選訓導王駿　秀水人　附貢生
候選訓導唐敦墀　秀水人　附貢生
歲貢生徐厚　嘉興人
職貢生屠以銓　嘉善人
職貢生許元杰　嘉善人
歲貢生陳宗溥　嘉善人
歲貢生徐燧森　嘉善人
廩膳生屠樹榮　秀水人
廩膳生胡其彬　嘉善人
附貢生倪元釗　嘉善人
增廣生許鼐穌　秀水人
生員陸費烜　桐鄉人
生員范宗文　嘉善人

校　勘

内閣中書程宗伊　嘉興人　癸酉舉人
候選訓導王福祥　嘉興人　附貢生
廩膳生淩和鈞　嘉興人
廩膳生陶玉珂　秀水人
生員曹維城　嘉興人
監生王宜禄　嘉興人

繪　圖

浙江候補縣丞顧緒洪　江蘇長洲縣人
兼校勘事生員沈桐閏　嘉興人

目　　録

嘉興府志卷首一

巡　典

康熙二十八年二月

聖祖仁皇帝南巡，自蘇州啟蹕，至嘉興，駐蹕水營。次日，自嘉興啟蹕，幸杭州。回蹕，過嘉興，駐蹕如前。是月，奉諭：頃經維揚，民間結彩歡迎，盈衢溢巷。雖出其恭敬愛戴之誠，恐致稍損物力，甚爲惜之。前途經歷諸郡縣，宜體朕意，悉爲停止。又見百姓老幼男婦奔走雜遝，瞻望恐後，未免喧嘩擁塞，念此行原以爲民，不嚴警蹕，但人衆無所區別，高岸水次，或有傾跌之虞，此後止於夾道跪迎，勿令紊亂追趨，致有諸患。又諭：政治所先，在崇文教，江南浙江爲人文萃集之地，入學額數應酌量加增，永昭宏獎。自南巡以來，所經過地方官員，凡因公詿誤降級留任者，俱准與開復；降級調用者，著帶所降之級留任。其經過地方，見在監禁人犯，自康熙二十八年二月十一日以前死罪，及軍、流、徒罪以下，已結未結，俱著寬釋，以示赦罪宥過之意。又諭：近見民間有建立碑亭稱頌德意者，雖出群黎感戴之誠，但恐各郡皆然，未免致損民力。誠使閭閻殷阜，則朕益良多，碑亭何與焉？嗣後亦宜停止。江、浙錢糧既經蠲豁，猶虞有不肖有司借端詞訟，朘削民生，著該督撫嚴行禁飭。

三十八年三月

聖祖仁皇帝南巡，自蘇州啟蹕，至嘉興，駐蹕水營。次日，自嘉興啟蹕，幸杭州。回蹕，過嘉興，駐蹕如前。是月，奉諭：頃至蘇州府，駐蹕浙江，文武官吏及在籍官員有迎謁於行在，言浙民望幸之心，至殷且切，合詞諄懇，不啻再三。朕勉徇輿情，揚旌前發，以三月十九日啟行。自京師以來，一切供御之需皆出儲備。其沿途日用，令該衙門照各地方時價採辦，一無所累於民。如有官吏借名科派，致擾閭閻者，察實以軍法從事。地方大小文武官員與扈從官員借稱親舊，私相餽遺，與受之人，及扈從大小官員隨從人等，有橫行生事者，一並軍法從事。凡經過地方，百姓各安生業，皆如常時務，令廛無廢市，隴不輟耕，毋得遠遽引避。方今正屆農時，所過田畝勿令踐蹈。其軍民人等懷挾私怨，受人指使，擅於駐蹕處所輒行告訐者，一概嚴禁不准，仍照衝突儀仗例，嚴加治罪。又諭：頃自江南巡歷浙省，沿途供御，悉經儲備，不以纖毫取辦閭閻，而地方官料理夫船等項，一無缺誤，殊屬勤勞，此等官員有因公詿誤罰俸、住俸、降俸、降級、革職留任者，著察明，悉從寬免。又諭：朕巡視東南，行次浙省，因官吏軍民依戀誠懇，特留蹕數日，以慰喁喁之情，獨念獲罪人犯，身淹刑獄，一干法網，無由自新。茲乘輿經臨，惻然矜憫，用沛好生之澤，聿示格外之仁。該省各屬地方有犯罪現在監禁者，除十惡等真正死罪及詔款不赦等罪，與官吏犯贓不宥外，其餘自三十八年三月二十六日以前，死罪以下已結未結，悉著寬釋。四月奉諭：視河事竣，巡歷江、浙，咨訪民間情形，見淮揚一路既因潦災，而他所過州縣，察其耕穫之盈虛,市廛之贏紬,視十年以前實爲不及。此皆地方有司奉行不善,不能使實惠及民。朕目擊厪懷,亟思拯恤,截留錢糧,寬免積欠,另有諭旨。惟各鹽差、關差,向因軍需繁費,於正額外,令在差官員以所私得贏餘交納充用。今思各官孰肯自捐私橐,勢必仍行苛取,商瘝民困,均坐此弊,著將加增銀兩一概停罷,以舒商民之累。此外,有應行應革事宜,朕還都以後,仍加商榷,次第舉行。該督、撫、藩、臬,皆地方大吏,亦著細心體訪。凡有可爲民興利除害者,作速勘實陳奏,嚴革雜派,禁止刁訟,然後胥吏不能作奸,良民得以安業。倘官吏有悖旨妄行,許商民首告,該督、撫察出,即行參奏。又諭:江南、浙江人文稱盛,入學名數,前已酌定增額,今著於府學、大學、中學、小學各增五名,舉行一次,以示獎勵人才至意。

四十二年二月

聖祖仁皇帝南巡,自蘇州啟鑾,至嘉興,駐蹕水營。次日,自嘉興啟鑾,幸杭州。回鑾,過嘉興,駐蹕如前。是年,恭逢聖祖仁皇帝五旬萬壽,三月回鑾,至京師,頒發恩詔,布告天下。次年十月奉諭:昨歲南巡至浙江,見其農桑徧野,戶口繁殖,閭閻氣象較勝於三十八年巡幸之時,甚爲心慰。浙省錢糧雖前此屢經蠲貸,而車駕經臨,應更敷恩寬恤,俾民生益加充裕,當回鑾以後,即擬免四十三年額賦。因山東急賑災荒,遂爾少緩,曾頒有諭旨。茲直省皆獲有秋,特申前命:康熙四十四年,浙江通省應徵地丁銀米等項除漕糧外,著俱行蠲免。

四十四年四月

聖祖仁皇帝南巡,自松江啟鑾,至嘉興,駐蹕水營。次日,自嘉興啟鑾,幸杭州。回鑾,駐嘉興如前。是月奉諭:頃因親閱河工,濟江而南至于浙省,見民間生聚殷繁,菜畦麥隴遠近彌望,農事可冀豐穰,朕心用以稍慰。凡車駕臨幸之地,必大敷膏澤以下逮黎元,而各省錢糧,屢次遞蠲,浙江本年地丁銀米又經全免,無可加恩。惟是刑獄爲民命攸關,朕每當重罪奏讞之時,深切矜恤,今乘輿所至,父老子弟夾道歡迎,而身陷囹圄之人獨自新無路,朕甚憫焉。浙江、福建兩省,康熙四十四年四月初八日以前,凡犯罪詔款不應赦者外,其餘死罪以下,已發覺、未發覺,俱著減等發落。四十三年秋審奉旨,監候緩決者一併減等發落,仍開具人數奏聞,爾等其體朕爲民巡省布德好生之意,即詳慎察明遵行。

四十六年四月

聖祖仁皇帝南巡,自蘇州啟鑾,至嘉興,駐蹕水營。次日,自嘉興啟鑾,幸杭州。回鑾,過嘉興,駐蹕如前。是月,奉諭:頃因視河,駐蹕淮上,江、浙兩省官員及地方紳士、軍民咸環道遠迎,懇請臨幸。朕勉順群情,涉江而南,循省風俗。所至郡縣,見雨暘應時,麥苗蕃殖,比閭樂業,可冀盈寧。雖山東一路尚未悉覩,而江、浙田疇郁蔥在望,深愜朕懷。方今二麥垂熟,正將刈獲之時。一切扈從人員皆以次舟行,不致蹂踏。誠恐百姓沿途迎送,老稚扶攜,動盈千萬,越阡度陌,未免踐傷,朕心甚爲軫恤。雖民情依戀,出於悃誠,但農事方殷,應令所過地方,悉停止岸傍迎送,且車駕來時,小民業已瞻覲,茲節候漸熱,朕舟行乘夜迎涼,亦未可定,民雖遠來,無由親見。爾等督撫可張示,徧加曉諭,使各知悉,俾無負朕重農愛民之意。

乾隆十六年二月

高宗純皇帝南巡,自蘇州府吳江縣南斗圩大營啟鑾,至嘉興府秀水縣北教場大營駐蹕。次日啟鑾,經嘉興府城,幸煙雨樓、三塔寺,至桐鄉縣石門鎮大營駐蹕。又次日啟鑾,幸杭州。三月回鑾,至嘉興,駐蹕如前。先是,十五年正月奉諭:明歲南幸江、浙,耗羨內未完銀兩全行豁免。十月奉諭:江、浙省各截留漕糧十萬石,以資平糶之用。又諭:浙省漕糧再截留五萬石,俾糶用充裕,民食有資。至是年正月奉諭:浙江一省,節年以來,並無積欠,具見官民敬事急公之義,著將本年應徵地丁錢糧蠲免三十萬兩,以示鼓勵。又諭:各營汛兵丁有派辦差務者,著查明賞給兩月錢糧。又諭:承辦差務之文武官弁,凡有罰俸、住俸、降級之案,俱准其開復;其無此等參罰案件者,各加一級。二月奉諭:本年歲試文童,府學及州、縣大學著增取五名,中學增取四名,小學增取三名,舉行一次。行在禮部奏,嘉興府唐臣陸贄祠,請遣官致祭。奉旨,派刑部侍郎錢陳群致祭。三月奉諭:經過州縣,男婦七十以上,照從前恩詔之例,分別賞賚。又諭:此次考中之謝墉、陳鴻寶、王又曾,皆取其最精者,且人數亦不多,著加恩特賜舉人,授爲內閣中書學習行走。令其與考取候補人員一體補用,仍准其會試。

二十二年二月

高宗純皇帝南巡,自蘇州府吳江縣南斗圩大營啟鑾,至嘉興府秀水縣北教場大營駐蹕。次日啟鑾,經嘉興府城,幸煙雨樓、三塔寺,至桐鄉縣石門鎮大營駐蹕。又次日啟鑾,幸杭州。三月回鑾,至嘉興,駐蹕如前。先是,二十一年閏九月奉諭:明春幸江、浙,所有供宿頓次,皆出自帑項,絲毫不以累民。第扈從官兵以及外省接駕人等,輻輳雲集,經過地方,錢米價值恐一時或至騰踴,著將運京銅鉛,兩省各截留十萬觔,添鑪鼓鑄,減價發賣,並將該兩省應運本年漕糧各截留五萬石,減價平糶,以裕民間日用。至是年正月奉諭:乾隆二十一年以前積欠未完地丁銀兩,概予蠲免。又諭:錢陳群從前在京供職勤慎,今養疴林居,著加恩在家食俸,以昭眷念舊臣之意。二月奉諭:經過各州、縣地方本年應徵地丁銀兩,俱著加恩蠲免十分之三。此內或有去秋被水歉收者,蠲免十分之五。又諭:辦差文武員弁任內罰俸、住俸、降級之案,俱著加恩,准其開復,其無此等參罰者,俱各准其加一級。又諭:男婦年七十以上者,俱著加恩照從前恩詔例賞賚。又諭:辦差兵丁,俱著賞給兩月錢糧。又諭:軍流以下人犯,俱著加恩,各予減等發落。又諭:本年歲試文童,照乾隆十六年例,府學及州、縣大學增取五名,中學增取四名,小學增取三名。行在禮部奏,嘉興府唐臣陸贄祠,請遣官致祭。奉旨,派散秩大臣昭毅伯永慶致祭。三月又諭:杭州至塘棲大營,嘉興至桐鄉大營,道里頗近,併站駐蹕,又覺稍遠,下次著於塘棲、桐鄉適中之地安立營盤。又諭:浙江進獻詩賦,考取一等之童鳳三、陳文組、顧震、錢受穀,著照乾隆十六年之例,俱特賜舉人,授爲內閣中書學習行走,與考取候補人員一體補用;其二等之沈初等十二名,著各賞緞二疋。

二十七年二月

高宗純皇帝南巡,自蘇州府吳江縣吉慶寺大營啟鑾,過嘉興府城,幸煙雨樓、三塔寺,謹案:三塔寺是年賜名茶禪。至桐鄉縣石門鎮大營駐蹕。次日啟鑾,幸杭州。三月回鑾,過嘉興,復幸煙雨樓,駐蹕吉慶寺大營。先是,二十六年十月奉諭:江、浙兩省冬兌漕糧內,各截留十萬石,在於水陸駐蹕地方分廠平糶。十一月奉諭:原任侍郎錢陳群久歷卿貳,兼直內廷,年逾七十,學問優裕。前以養疴回籍,有旨在家食俸,用資頤養。今來慶祝召對之次,見其神明不衰,而居鄉素稱恪謹,著加恩賞給尚書銜,以昭優眷。至是年正月奉諭:自乾隆二十二年起至二十六年止,所有積年災田緩徵及未完地丁各欠項,照二十二年例,概予蠲免。二月奉諭:水陸經過地方,本年應徵額賦,俱著加恩,蠲免十分之三,或有去秋被水歉收者,蠲免十分之五。又諭辦差兵丁,著加恩賞給兩月錢糧。又諭:辦差文武各官任內罰俸、住俸、降級之案,俱著加恩,准其開復,其無此等參罰案件者,著各加一級。又諭:經過地方,男婦年七十以上者,俱著照從前恩,詔例一體賞賚。又諭:本年應試文童,府學及州、縣大學增取五名,中學增取四名,小學增取三名。又諭:軍流以下人犯,俱著各予減等。行在禮部奏嘉興府唐臣陸贄祠。得旨:遣官致祭如例。三月奉諭:浙江進獻詩賦,考取一等之進士孫士毅、舉人汪孟鋗,俱著授爲內閣中書,遇缺即補;沈初、王鑾,俱著特賜舉人,授爲內閣中書學習行走,與考取候補人員,挨次補用。其二等之李旦華等十三名,著各賞緞二疋。又諭:尚書銜錢陳群原係刑部侍郎,著加恩賞給刑部尚書銜。是年籍隸嘉興之尚書錢陳群等恭迎聖駕,奉旨,錢陳群賞緞四疋,范璨賞緞三疋,許王猷賞緞二疋,諸錦、陸樹本、唐淮、馮浩各賞緞一疋,進獻《龍井見聞錄》之舉人汪孟鋗賞緞二疋,進獻畫册之監生朱芳藹賞緞一疋。又奉旨,錢陳群之妻賞緞四疋。

三十年閏二月

高宗純皇帝南巡,自蘇州府吳江縣吉慶寺大營啟鑾,過嘉興府城,幸煙雨樓、茶禪寺,至桐鄉縣石門鎮大營駐蹕。次日啟鑾,過石門縣城,至海寧縣,駐蹕安瀾園。是月,自杭州回鑾,至石門鎮大營駐蹕。次日至嘉興,復幸煙雨樓,駐蹕北教場大營。又次日駐蹕南斗圩大營。先是二十九年九月奉諭:江、浙兩省冬兌漕糧內,各截留十萬石,在水陸駐蹕地方,分廠平糶。十二月奉諭:浙省將軍、總督、巡撫,准其赴蘇迎接,然亦不得遠越蘇郡。其餘各官,俱於本省嘉興交界處所祇候,概不必出境。至是年正月奉諭:浙江一省額賦,本較江南爲少,其積欠亦屬無多,著將乾隆二十六、七、八年三年因災未完地丁銀兩,並二十七年屯餉沙地公租、二十六七兩年未完漕項等銀一十三萬二千五百餘兩,又二十八年借給籽本穀一萬三千七百餘石,加恩悉行蠲免。二月奉諭:水陸經過地方,本年額賦俱著加恩蠲免十分之三。又諭:男婦年七十以上者,俱照從前恩詔之例,一體賞給。又諭:辦差兵丁,著賞給兩月錢糧。又諭:辦差文武各官任內罰俸、住俸、降級之案,俱著加恩,准其開復,其無此等參罰案件者,著各加一級。閏二月奉諭:浙江經過地方,本年應徵錢糧概免十分之五。又諭:本年應試文童,府學及州、縣大學增取五名,中學增取四名,小學增取三名。又諭:軍流以下人犯,俱加恩,各予減等發落。又諭:沈德潛、錢陳群,江、浙耆宿也,並以卿貳予告里居。曩者省方東南,存問所及,特進尚書階,優頒廩祿。茲時巡蒞至,二臣咸扶杖迎謁,耄耋而神明不衰,惟國之瑞,朕甚嘉焉。其各加太子太傅,以寵異之。沈德潛之孫、錢陳群之幼子,並賜舉人,一體應禮部試。二臣並忻愉恬養,以躋期頤,副朕優高年眷舊臣之意。又諭:浙江進獻詩賦,考取一等之進士張培、馮應榴,舉人吳壽昌,俱著授爲內閣中書,遇缺即補。陸費墀,著特賜舉人,授爲內閣中書學習行走,與考取候補人員,挨次補用,其二等之黃瀛元等十四名,著各賞緞二疋。是年,嘉興在籍尚書錢陳群等接駕,並進獻詩賦冊。奉旨,錢陳群著賞緞四疋,范璨賞緞三疋,許王猷賞緞二疋,馮浩、諸錦、陸樹本各賞緞一疋。又奉旨,進獻詩冊入選之馮浩,著賞給大荷包一對,小荷包二個。又奉旨,沿途進獻詩賦之汪又辰、朱琰、吳光照等,俱著賞緞一疋。又奉諭:此次南巡,接駕人員內,因考試休致編修陸樹本等有情願來京考試者,准其自行來京,候考試定奪。

四十五年二月

高帝[1]純皇帝南巡,自吳江縣南斗圩大營啟鑾,至嘉興北教場大營駐蹕。次日啟鑾,過嘉興府城,幸煙雨樓、茶禪寺,至石門鎮大營駐蹕。又次日啟鑾,幸海寧。三月,自杭州回鑾,過嘉興,駐蹕如前。是年,恭逢高宗純皇帝七旬萬壽,元旦頒發恩詔,布告天下。先是,四十三年諭:開恩科鄉試,普免各省漕糧一次。十一月奉諭:水程所安大營,上四次南巡,江、浙兩省久經辦熟,近年直隸、山東間有於水營內備板房,坐落數椽。因回鑾時天氣漸熱,且北方岸旁寬闊,尚可擴充。若江、浙河岸窄狹,實無可容板房之處,且登舟至回旌,不過春末夏初,亦無取涼爽之處,斷不可仿照山東、直隸辨[2]理。十二月奉諭:浙江水營、行營等事,雖少於江蘇地面,然一切差務亦資費用,自宜一體加恩,著於鹽項餘銀內賞給十萬兩,以爲浙省辦差之用。四十四年十月奉諭:江、浙兩省冬兌漕糧內,各截留十萬石,在水陸駐蹕地方分廠平糶。四十五年二月奉諭:老民老婦俱加恩賞賚。又諭:經過地方,本年額賦蠲免十分之三。三月奉諭:浙江進獻詩冊,考取一等之馬履泰、沈鼎、李彤、沈叔埏,著特賜舉人,授爲內閣中書學習行走,與考取候補人員挨次補用。其二等之吳純等十三名,俱著賞緞二疋。是年,行在禮部奏:嘉興府已故尚書錢陳群墓,請遣官諭祭。得旨:遣祭如例。

【校注】

　　[1] 帝:應作"宗"。

　　[2] 辨:應作"辦"。

四十九年三月

高宗純皇帝南巡,自吳江縣南斗圩大營啟鑾,過嘉興府城,幸煙雨樓、茶禪寺,至石門鎮大營駐蹕。次日啟鑾,幸海寧。是月,自杭州回鑾,過嘉興,駐蹕如前。先是,四十八年九月奉諭:明春巡幸,自直隸以至浙江,著傳諭各該督、撫不得隨營預備支搭買賣街棚廠,以省無益之費。十一月奉諭:江、浙二省,冬兌漕糧內各截留十萬石,在水陸駐蹕地方,分廠平糶。至是年二月奉諭：水陸經過地方，本年應徵地丁錢糧，俱著加恩蠲免十分之三。又諭：老民老婦，俱著加恩賞賚。又諭：辦差兵丁，著加恩賞給兩月錢糧。又諭：辦差文武各官任內罰俸、住俸、降級之案，俱著加恩，准其開復。其無此等參罰案件者，各加一級。又諭：軍流以下人犯，俱著加恩，各予減等發落。又諭：本年應試文童，府學及州縣大學著增取五名，中學增取四名，小學增取三名。三月奉諭：杭州、嘉興、湖州三府屬，本年應徵地丁錢糧共一百九萬餘兩，著再加恩，普免十分之三。又諭：浙江進獻詩冊，考取一等之張師誠、費錫章、何金、姚祖同，著特賜舉人，授爲内閣中書，學習行走，與考取候補人員，挨次補用；考列二等之吳純、張廷桂、張彤、王觀、沈澍、錢枚、朱光烈、王步瀛、黃絲、凌越、朱孫垣、應灃、許翼宗、楊本、翁樹、沈珏、翁濂、陸以誠，著各賞緞二疋。

謹案：秀水縣北教場大營，乾隆十六年恭設，二十二年恭設如前。二十七年、三十年，俱于吳江縣吉慶寺恭設大營。三十年回鑾，仍於北教場恭設。四十五年，添建板房，以備駐營召對之所。四十九年，恭設如前。營盤地基，計廣二十二畝一分八釐五毫，石岸計長七十二丈六尺。

外宮門
内宮門
前御座
後御座
御書房
照廳
左右迴廊
照壁
小花園 在水南，即古落帆亭址。

桐鄉縣石門鎮大營，乾隆十六年恭設，二十二年、二十七年、三十年，恭設如前。四十五年，添建板房。四十九年，恭設如前。營盤地基，計廣五十四畝四分八釐五毫，石岸計長九十丈。

宮門
東御座
西御座
御書房
左右迴廊
後宮門
照壁
東西軍機房

自江南蘇州吳江縣南斗圩大營起，四十里至王江涇，係秀水縣界 自吉慶寺大營起，十一里至王江涇。王江涇，八里至寺前村，六里至金橋汛，十里至北教場大營，計程六十四里。

自北教場大營起，三里至嘉興府城，三里至煙雨樓，五里至茶禪寺，五里至學繡塔 自北教場大營起，十二里至學繡塔。學繡塔，七里至莫家涇，十里至萬壽橋，八里至正家橋，入桐鄉縣界，二里至妙智汛，十三里至皁林橋，五里至秀溪橋，六里至大王廟，六里至石門鎮大營，計程七十三里。

自石門鎮大營起，一里入石門縣界，九里至羔羊橋，九里至北三里橋，三里至石門縣城，二里至迎薰館，十里至松老橋，七里至安樂橋，入湖州府德清縣界，五里至大麻村，入杭州府仁和縣界，二十九里至塘棲鎮大營，計程七十五里。

乾隆三十年，聖駕先幸海寧，自石門鎮大營起，二十二里至石門縣何家橋，二里入杭州府海寧縣界，十二里至長安壩，二十里至海寧縣城安瀾園，計程五十六里。

嘉興府志卷首二

天　章

聖祖仁皇帝御製詩

入平望并序　康熙二十八年

平望爲浙江界，長吏以畫舫五百來迎，恐勞民力，卻之不御。

錦纜無勞列綵䑲，輕橈自愛倚船窗。勤民不憚周行遠，早又觀風向浙江。

禾中道上

兩岸人家半種桑，雨中入望盡蒼茫。民間本業惟農織，愛看山村共水鄉。

賜高士奇　康熙三十七年

廿年載筆近螭頭，心慕江湖難再留。忽憶當時論左國，依稀又是十三秋。

浙省道上書懷　康熙三十八年

徧野農桑繞翠旌，畦邊童叟帶雲耕。江山儘是昇平日，寸晷難忘終始情。

桑林乍綠蠶事方興詩以嘉之

彌望桑林吐葉，垂枝嫩碧初勻。竹舍正殷蠶務，天工雨露維均。

曉發嘉興

數里城依水，千門路向田。菜塍無近遠，桑岸互縣連。土沃勤爲最，年豐儉欲先。雲開林野秀，初日上行斿。

聖祖仁皇帝御製文

桑賦并序　康熙三十八年

　　朕巡省浙西，桑林被野，天下絲縷之供，皆在東南。而蠶桑之盛，惟此一區。近在宮中刻爲《耕織圖》，每示司牧，使知其艱苦。今更爲賦，以託意焉。

　　伊彼條桑，其葉始黄。春日載陽，緑陰乃披。紫陌上兮嫋嫋，綺岸側兮垂垂。來璧旭之晨照，受風光之午吹。影映帶兮青翰，色彷彿兮翠旗。既扶疎而相亞，復低昂而參差。念蠶事之欲動，正芳候之如期。聿兹女紅，生計是賴。采采盈筐，慎加覆蓋。虞日煦之少潤，防雨頻之爲害。儻薄蘆之不繼，時憂心之㢢㢢。虔飼食之維勤，勞形神於塵壒。摘曉露之輕滋，乘良月之新薈。望千畝之閒閒，實蠶家之弘賚。誠黼黻之必資，繫衮職之用大。其重等於苗稼，爲王政之不外。予恒恐其難知，作深宮之圖繪。至於厥貢著於《尚書》，沃若詠於篇什，公室見説於禮經，牆下屢申於孟集。試古訓之歷稽，又民務之應急。若乃訝爲神木，騁以青華。末照是晞，甘棋如瓜。馴雉表異，黄鳥稱嘉。雖景物之堪娱，咸無關於大家。夫其詫幢幢之高蓋，美亭亭之奇樹，靈根依倚於十洲，巨蹟遂擘於周宇，類《齊諧》之荒唐，皆予今日之所不取也。聊因清晏，簡牘是書。用示遠彌，是溉是鋤。共知愛護，種繞其廬。蠶桑農務，安寶璠璵。

聖祖仁皇帝御書

賜少詹事高士奇扁　康熙二十八年

竹窗

賜詹事高士奇扁　康熙三十六年

清吟堂

賜致仕禮部尚書杜臻　康熙三十七年

煙霞耆舊

賜内閣學士徐嘉炎扁聯　康熙三十八年

直西清

樹影不隨明月去　　溪聲常送落花來

賜吏部右侍郎彭孫遹扁_{康熙三十八年}

松桂堂

賜詹事高士奇扁

忠孝節義

賜副都御史吳涵扁

風霜之任

賜詹事高士奇聯_{康熙四十年}

忠爲表孝爲裏　言有物行有恒

賜詹事高士奇扁聯_{康熙四十一年}

文詞瞻蔚
五言淩白雪　六翮向青雲

賜内閣學士曹鑑倫扁聯

錫類堂
檢點未形過　力求將放心

賜刑部侍郎吳涵扁

慎行堂

賜禮部侍郎兼翰林學士高士奇扁_{康熙四十二年}

萊衣晝錦

賜化城寺僧元璟扁

棲心寺

賜檢討朱彝尊扁_{康熙四十四年}

研經博物

賜已故禮部尚書杜臻扁

眷懷舊德

賜編修高輿聯

勉學承先志　存誠報國恩

賜懶石庵僧超述扁

香巖寺

賜圓明庵僧本沖扁聯

性覺寺
净域長齡
片石孤雲窺色相　清池皓月照禪心

賜福善寺僧成衡扁_{康熙六十年}

香海寺
　　以上扁聯。

賜內閣學士徐嘉炎_{康熙三十三年}

臨蘇軾書陶淵明詩幅

賜禮部尚書杜臻_{康熙三十七年}

臨米芾"好懶難辭友"詩幅

賜詹事高士奇 康熙三十八年

御製《再過鷲峯》詩幅詩云：

愛此清輝一徑深，馬隨泉響入雲林。蒼苔古洞何人鑿，脈脈韶光自賞心。

賜內閣學士徐嘉炎 康熙三十八年

張旭"隱隱飛橋隔野煙"詩幅

賜少詹事曹鑑倫 康熙三十九年

老樹成雙便作扉，山光晃晃耀人衣。西村有叟入城去，倩喚借書童子歸[1]。

賜禮部尚書杜臻 康熙四十二年

顧愷之"春水滿泗澤"詩幅
王維"曲江絲柳變煙條"詩幅[2]
李憕"御柳遥隨仙杖發"詩幅
臨蘇軾集陶潛歸去來辭詩卷

賜禮部侍郎兼翰林學士高士奇 康熙四十二年

千字文卷
御跋卷後跋云：

米芾書原無千字文。朕自幼臨摹，深知沈著痛快處令人起敬，所以集成兩部。此一部乃是小字，其中無字者朕書補之。雖不能彷彿古人用筆，亦知朕好書之意也。癸未春南巡，禮部侍郎高士奇終養在籍，以色笑養母，萊衣自歡。當年講筵時精神少壯，留心翰墨，嘗進《春秋講義》，夜分不寐。今見齒落髮白，三十年間光陰之速以至於此，朕甚憐之。故丹書"萊衣晝錦"扁額並千字文賜之，以記不忘舊臣之意云爾。

賜石門縣知縣張廷寀

唐人"門嚴九重靜"詩幅
伊《志》謹案：御書五言絕句一首，張廷寀恭摹勒石於迎薰館。

賜内閣學士曹鑑倫

御製《南巡焦山作》詩扇詩云：

風帆戰艦入沙洲，不動雲煙一豫遊。只見晴光安水面，潮聲静裏卷潭湫。

賜棲心寺僧元璟_{康熙四十二年}

御製《製硯説》卷_{説云}：

盛京之東，砥石山麓，有石偏偏[3]。質堅而温，色绿而瑩，文理燦然。握之，則潤液欲滴，有取作礪具者。朕見之，以爲此良硯材也。命工度其小大方圓，悉準古式，製硯若干。方磨隃麋試之，遠勝绿端，即舊坑諸名産，亦弗能出其右。爰裝以錦匣，贈之棐几，俾日親文墨。寒山磊石，洵厚幸矣。顧天地之生材甚夥，未必盡見收於世。若此石終埋没於荒煙蔓草，而不一遇，豈不大可惜哉！朕御極以來，恒念山林藪澤，必有隱伏沉淪之士，屢詔徵求，多方甄録，用期野無遺佚，庶愜愛育人材之意。於製硯成，而適有會也，故濡筆爲之説。壬午冬嘉平月朔書。

賜性覺寺_{康熙四十四年}

金字心經册

賜内閣中書吴之振

題董其昌"夜雨連期春水生"[4]詩幅

伊《志》謹案：御書七言絶句一首，吴之振恭摹勒石於黄葉村莊。

賜平湖縣知縣董天眷_{康熙四十六年}

唐人"坐酌泠泠水"詩幅

賜桐鄉縣知縣劉鎧

朱子"絶壑雲浮冉冉"詩幅

伊《志》謹案：御書朱子六言絶句一首，劉鎧恭摹勒石於桐鄉縣學。

賜香海寺僧成衡_{康熙六十年}

唐人"遠公遁蹟廬山岑"詩扇

宋人"梅雪争春未肯降"詩幅

以上卷幅詩册。

【校注】

　　[1] 按：此爲董其昌《題畫》詩，見《容臺集》卷四。

　　[2] 按：句出王涯《游春词》詩，見《王右丞集》卷十五《外編·遊春辭二首》："顧元緯本、淩本俱録此首，《樂府詩集》亦作王維詩，《萬首唐人絶句》《唐詩紀事》俱作王涯詩。○洪邁《萬首唐人絶句序》云：'王涯在榆林，同學士令狐楚、張仲素所賦宮詞諸章，乃誤入于王維集。'又于王維詩下注云：'別本維又有《遊春詞》等詩十五篇，並五言十五篇，皆王涯所作，今已入涯詩中。'"

　　[3] 偏偏：《清聖祖御製文》二集卷三十《製硯说》作"碥碥"，當作"碥碥"。

　　[4] 按：句出蘇舜卿《初晴遊滄浪亭》詩，見《蘇學士集》卷八《初晴遊滄浪亭》詩："夜雨連明春水生，嬌雲濃暖弄陰晴。簾虚日薄花竹静，時有乳鳩相對鳴。"故疑此句宜寫成"臨董其昌書蘇舜卿'夜雨連明春水生'詩幅"。且"期"是"明"之誤。

世宗憲皇帝御書

賜河南按察使陳世倕之父溫州府教授陳訏扁雍正九年

松柏堂

賜金粟寺聯雍正十一年

不佛求，不法求，不僧伽求，早已過去
無我相，無人相，無衆生相，卻是未來

賜報忠寺扁雍正十二年

覺海寺

高宗純皇帝御製詩

題趙孟堅[1]水村圖手卷乾隆四年

屈子卜居後，潭邊漁父逢。滄浪鼓枻去，煙水自重重。

謹案：舊志尚載有趙孟堅白描水仙卷五古一章，水仙七絶二章，水仙即用其韻七絶一章，水仙五絶二章，白描水仙五絶二章，落水蘭亭七絶四章。兹謹録一章，以昭嚴敬。

題盛懋秋林蕭散圖

佳蔭之下鋪芳蘅，是何處兮曰蓬瀛。青鸞白鶴兩不藉，飄飄旬五御風行。

謹案：舊志尚載有盛懋長江秋艇五律一章，山水五律一章，溪山窈窕圖五絕一章，風雨歸舟七絕一章，名畫薈珍內紅葉讀書堂圖七律一章，映雪讀書圖七絕一章，秋江待渡圖七絕一章，山水即用其韻五古一章，山莊對奕圖五律一章，雪景七絕一章。茲謹錄一章，以昭嚴敬。

題吳鎮清溪垂釣圖乾隆五年

一江春水如油綠，滿目春山看不足。春水春山共我三，南華二篇不須讀。淳淵青泚猶堪掬，聊把絲竿寄幽躅。扁舟不繫任去來，誰與為羣鷗鷺鷥。頗知水清本無魚，亦令人識求緣木。

謹案：舊志尚載有題元四大家畫幅合璧內，吳仲圭寒溪略彴七古一章，吳鎮夏山欲雨圖七古一章，題梅道人洞庭漁隱長幅即用圖間原韻七絕一章，墨竹五絕一章。題元人名集錦卷內，吳鎮中山圖五古一章，題松竹梅蘭四友圖七絕一章，題赤壁圖五絕一章，秋江濯足圖七絕一章，題清溪垂釣圖疊舊作韻七古一章，山水七絕九章，山水卷五律一章，再題夏山欲雨卷疊舊作韻七古一章，題漁艇霜楓七絕一章，晴江列岫卷七律一章，後赤壁賦圖七律一章，嵐光送爽圖即用其韻七絕一章，山水七律一章，秋江漁隱七絕一章。茲謹錄一章，以昭嚴敬。

聞浙省今年蠶繅甚盛喜而有作乾隆七年

重穀心殷並重桑，繅簿甚陌厪籌量。星輝天駟徵殊瑞，聞道吳蠶熟倍常。
咿軋邨齊響緯車，松明火燒斗河斜。辛勤吳女無閒暇，那採尋常陌上花。
東鄰晝靜聽鳴機，西舍春深繭更肥。盡祝黃姑乞心巧，呈來新樣趁裁衣。
浙土從來桑作田，宜晴宜雨養蠶天。女紅並與農功溥，卒歲常吟七月篇。

浙江巡撫常安奏杭州諸府桑間自生蠶繭，可取以織綢，名曰天蠶，蓋以為瑞也。朕謂此范成大詩所謂野蠶可繅，而常安未之知者。然不假人力，用佐女紅，則信乎授衣之助，因紀以詩。

吳中蠶事由來備，九月授衣常厪意。照田然炬想遺俗，石湖樂府風人義。野蠶[2]可繅換短襦，錦繡纂組猶餘事。欣聞天蠶綴野桑，以供織紝堅且緻。馬頭祭罷有厚佑，物產菁華佐衣被。可云人不假其力，將無地尚遺其利。農桑之計牧臣責，底須豔詡名時瑞。

項元汴竹石乾隆十二年

疎篠依文石，天然稱主賓。壽星傳古貌，玉局是前身。元汴自記寫蘇長公壽星竹云云。豈向秋而瘦，端為靜者倫。即看張屋壁，个个掃煙新。

謹案：舊志尚載有項元汴畫王維避暑詩意五律一章，種竹圖七律一章，題天籟書屋畫卷四種：一米芾雲山煙樹疊己亥舊詩韻；一吳鎮梅竹松蘭疊辛巳舊題韻；一徐賁眠雲軒圖疊壬申舊題韻；一唐寅採蓮圖疊己亥舊題韻七絕各一章。再題天籟書屋所藏四卷，同前七絕各一章。茲謹錄一章，以昭嚴敬。

項聖謨東籬佳色

白露為霜以後，松陰梧影之間。聖謨自記，寫於松陰梧影之間。又見幽人古貌，飄然綠鬢蒼顏。

謹案：舊志尚載有項聖謨松濤散仙圖即用自題原韻五律八章、天香書屋圖七絕一章、偶仿項聖謨松濤散仙卷爲小幅輒題其上五律一章、題摹韓滉五牛圖再疊前韻七絕二章、雲林清賞圖五律一章、孤山放鶴圖即用其韻七絕二章、松陰焙茶圖即用其韻七絕一章、山館秋深五古一章、婪尾春圖七絕一章、春艇看鴻七絕一章、松下琴興七絕一章、林亭釣艇圖即用其韻七絕一章。茲謹錄一章，以昭嚴敬。

入浙江境乾隆十六年

午臨於越曉句吳，一水何曾易舳艫。爾界此疆人縱別，民胞物與我寧殊。敢忘求瘝心常切，且喜行程春與俱。萬姓尊親盈蹕路，豈辭膏澤以時敷。

煙雨樓用韓子祁詩韻

春雲欲泮旋濛濛，百頃南湖一棹通。迴望還迷隄柳綠，到來纔辨榭梅紅。不殊圖畫倪黃境，真是樓臺煙雨中。欲倩李牟攜鐵笛，月明度曲水晶宮。

伊《志》謹案：前詩恭摹宸翰，勒石於煙雨樓下。

舟過嘉興

徐牽錦纜過嘉禾，隱隱時聞欸乃歌。漫入[3]高樓傳八詠，獨欣舊館號三過。油花香入青蔥町，毛芒新浮澹沲波。夾岸桑林數十里，果然蠶事此邦多。

嘉興道中雜詠

從來佳景稱吳越，是處佳因吳越間。水以澄渟謀目靜，山惟平遠致心閒。

射襄橋下水長流，句踐夫差兩並休。只有王涇一彎月，入波影尚池吳鉤。

屬鏤賜罷孤忠死，覆楚將無報逆施。何必胥山留宰木，潮神自合付鴟夷。

在齊遁蹟號陶朱，吳越惟聞泛五湖。古寺金明稱故里，標題雞汁又誰乎。

士希賢聖聖希天，日進何曾可止焉。兩字齊[4]名誨高弟，文公不離去聲道爲詮。

山水清華是此方，樓臺高下賞煙光。西山作記無多許，說項還稱孝友堂。

嘉禾百詠景原多，豈盡吳興手擘窠。會景於中偏厚幸，標名已覺冠其他。

舟行常是雨兼風，徐賁詩情想像中。卻爲推篷聊散悶，米家畫意說空濛。

檇李橋邊憶舊賢，子京高致澥溪煙。收藏流落人間世，賸有雕章內府傳。內府所藏明季牙章甚富，內有墨林賞鑒印，向命貯之三希堂。

青貯旗亭綠渚邊，紅雲畫棹盪蘭船。鴛鴦湖遞西湖信，頓使軒軒意欲仙。

橫塘十里盡桑麻，漂絮繅絲共作家。舞榭綺羅都出此，吳儂漫笑不栽花。

迎鑾男婦兩隄旁，鞠跽歡呼翳樨桑。嫩綠遙看未抽葉，所欣不致悮蠶忙。

經嘉興問蠶事未興因而有作

杭嘉湖三府,蠶事最盛者。夾岸種女桑,彌望無高下。時節未穀雨,攤烏尚早也。三眠已不悮,何虞繰絲寡。周禮禁原蠶,豈爲桑與馬。利戒不遺餘,深意存非假。時巡厪農桑,勸課及春社。插秧候正遥,草木早遍野。我更何所事,拈吟清興惹。

題姚綬江南春雨圖

文會飲元同軒名,倡酬皆雋秀。琴樽興瀟灑,芝蘭氣芳馥卟。猗玕韻颯響,濃黛拖遥岫。頹壁度清風,齒簪點餘溜。所期水乳投,豈貴肴饌富。傳真誰所爲,逸史雲東綬。行媵久相隨,展閱吟情湊。今歲江南春,雨景我重覿。

謹案:舊志尚載有姚綬寒林鸜鵒圖用高士奇韻七絶一章,樹石小景七絶一章,江南春雨圖七律一章,題姚公綬江南春雨卷七絶一章,煮茶圖七絶一章,秋英馴貓圖七絶一章,秋江獨釣圖七絶一章,雪溪樓鷺七絶一章。兹謹録一章,以昭嚴敬。

賜題夜紡授經圖 乾隆十七年

索觀錢陳群《香樹集》,有題其母《夜紡授經圖》。慈孝之意,惻然動人,且以見陳群學問所自來也,輒成二絶句題之。
篝燈課讀澹安貧,義紡經鋤忘苦辛。家學白陽諳繪事,成圖底事待他人。陳群母陳氏善畫。
五鼎兒誠慰母貧,吟詩不覺鼻含辛。嘉禾欲續賢媛傳,不愧當年畫荻人。

賜錢陳群歸里,時陳群有反穀之疾,詩以寬其意。
三尸素所滅,二豎胡爲作。予告遂頤和,還鄉願如約。浙江嘉禾長水塘,俗名還鄉水。陛辭意懇欵,請詩應允諾。憐汝身日羸,壯汝神猶鑠。達生有至論,庸醫無大藥。辟穀方赤松,先難後原樂。

錢陳群養痾歸里,進途中所作詩,因用其會錦春園和杜韻詩,率題書賜。
北海惟客待,錢陳群詩,因孔傳櫃招遊而作,故云。杜陵詎身謀。勝會開名園,新詩步秦州。猶記陛辭時,流火方新秋。何事大江北,閒尋谿壑幽。養痾許謝莊,遁跡非田疇。故鄉山水佳,藥餌頗易求。頤攝冀良愈,待泛還朝舟。江頭有錦春,何妨一命遊。几杖兒孫侍,樽核實朋稠。江湖信可樂,廊廟豈忘憂。遲遲有深意,欲邁還停收。況彼五畞閒,卷阿我曾留。即是矢音地,扈蹕憶從頭。詩筒附奏箋,翰院傳風流。故知解脫心,疾等浮雲浮。從兹一葦南,遥望心與悠。

題金粟箋

蔡左徒曾紀傳聞,晉唐一片擬卿雲。鋪箋見此代猶宋,試筆慚他鷃換羣。蒸粟祇須誇玉色,青蓮仍自隱經文。用之不竭非奇事,金粟如來善化云。

新正,降旨加賑,江浙去歲被水,飢民並免米豆稅,詩以紀事乾隆二十一年

汾行三吳區,哀鴻欵連蒇。昨秋更甚前,嘉杭亦奄逮。下隰已無收,幸餘高厚地。而何蟲生之,嚴霜復早至。嗟哉惸獨民,胡堪諸患萃。比戶鮮蓋藏,無怪穀踴貴。救災艱良方,邅存屯膏意。截漕及留帑,旁籌入粟制。復思近利董,米豆免關稅。庶幾穀漸多,差免流離莪。轉壑念時縈,調幕顏常愧。實乏大禹能,匪市馮謹惠。

命緩征浙江本年正供,詩以紀事

總督喀爾吉善奏浙西春雨過多,麥蠶俱減,因命緩本年應徵賦稅,以紓民力,並詔江蘇大吏察上年災重之地一體緩徵,以示軫恤。

越角連吳根,被災大都似。吳吏陳備悉,越牧或諱飾叶。所以蠲賑惠,遂因異倍莅。徐察知其然,補救原同視。茲聞蠶麥歉,益切飢溺已。蠲租及截漕,次第施行矣。緩徵逮本年,例外蘇瘡痏。絜矩有常經,念此寧忘彼。申命詔吳中,民瘝虛心揣。其有災重區,於越恩一體。致和已愧之,拯災可更委。顒望九秋登,元氣復閭里。

正月二日降旨,免江浙積欠,詩以喻志乾隆二十二年

始和布寬大,頻年率例行。茲當巡東南,酬彼望幸情。辛未縱蠲豁,寒暑六歲更。況復屢遭歉,溝壑哀鴻鳴。賑飢救一時,賦稅有常程。災重乃蠲租,其輕則緩征。積少因成多,數累巨萬盈。催逋民奚堪,是宜一免清。長吏詎政拙,閭閻寧留贏。指日澤國臨,吾將省春耕。

入浙江境

輕舟曉日別吳門,川路溪煙漾晏溫。柳葉青籠雞犬社,菜花黃入芋蘿村。連江頓覺民風異,轉壑都關吾意存。恩沛寧無需再沛,疇咨大吏悉心論。

過嘉興府城

接境金閶即秀水,此豐彼歉理真無。旋知大吏爲屯澤,肯使斯民歎向隅。前秋南省偏災,江、浙接境,江蘇請賑之地頗廣,而浙省報災獨輕,且全遭嘉郡,因特命加賑。溝壑流離期普濟,閭閻氣象幸微蘇。城鄉轇轕從來異,不獲吾猶厪一夫。

題煙雨樓

楊柳磯邊繫畫舟,六年清蹕重去聲來游。素稱雨意復煙意,漫數處州還沔州。《名勝志》:烟雨

樓有三,一即此,一在處州括山,一在沔陽州。詩句還[5]從畫間得,雲山常在鏡中留。鴛湖依舊誰相識,懶惰無心問野鷗。

伊《志》謹案:前诗恭摹宸翰,勒石於烟雨楼下。

觀錢陳群書趙孟頫耕織圖詩屏題句

侍臣歸老此居停,煙雨樓中書素屏。悉我重耕還重織,豈其如畫竟如銘。深惟衣食求民瘼,詎止湖山悅性靈。《無逸》爾知曾染翰,勤政殿屏間無逸篇,朕所手書也。嘉茲金鏡效張齡。

煙雨樓即景

不蓬萊島即方壺,弱柳新黃清且都。煙態依稀如雨態,是日晴和。澂湖消息遞西湖。自宜春夏秋冬景,何必漁樵耕牧圖。士民有陳漁樵耕牧圖者,故戲及之。應放晴光補疇昔,辛未至此,煙霧中頗不見遠。奇遐畢獻興真如[6]。

伊《志》謹案:前詩恭摹宸翰,勒石於煙雨樓下。

和錢陳群田園雜興十首,書以賜之

庸醫望問覓形聲,氣餒三間病豈成。我令歸田靜調攝,精神竟得復平生。

忽忽過隙白駒催,問道家居七秩開。躧路迎鑾多舊侶,就中頗喜此人來。

村舍何妨門縛柴,逃禪時有野僧來。惟應戀闕心如炷,辨色趨朝心未灰。

前歲災鴻實弊勞,賑賙南望首徒搔。相逢爲問民蘇未,巡狩寧因問柳桃。

開年正可墾春畦,更喜柔桑葉漸肥。勸穡課蠶林下事,豈能高枕說閒歸。

武原舟放莫教遲,見陳群詩。煙雨樓前煙雨微。檢得石湖詩卅首,一時賡韻興軒飛。陳群詩本和范成大《田園雜興》三十首之十也。

溪上風來料峭寒,春衫也覺切肌單。笑伊何故朝衣典,鄉俸從今志可寬。命如沈德潛例,在家食俸,故戲及之。

世族錢塘嫡派錢,禦兒遷里是何年。澂湖淼淼澄明水,可養胸中一片天。

溪雲欲泮柳煙低,柳外青帘颭影飛。新壓糟床春酒熟,換沽可解帶腰圍。

炊黍何論蕈與菘,怡情桃李繪薰醲。今來扈蹕權教置,可忘螭頭珥筆供。

伊《志》謹案:前詩錢陳群恭摹宸翰,勒石於家。

石門道中作

水程卅里惠風柔,迤邐由拳接秀州。每至橫橋人更庶,夾川歡喜訝龍舟。

杏花紅覆菜花黃,間出芃芃綠麥長。岸轉山迴渾助喜,爲看芒穗報秋穰。

徐行減從經城郭,萬騎奔馳亦底爲。到岸畫艫還少待,率知舟較馬猶遲。

溪亭水市夾橫塘，老幼扶攜共觀光。卻喜陌桑纔吐葉，人家未至礙蠶忙。

偶因建置考圖經，降縣升州浪與名。天下本來無事好，石城榮辱豈關情。

自嘉興一日至靈巖駐蹕二首

檇李至靈巖，一百卅餘里。舟行縱順風，比至亦晚矣。長隄可跋馬，篤速便且馳。易馬行逾刻，風帆落後已。北南殊所習，其別乃若此。誰掛翰林騧，布帆有大書翰林者，是日所見，故戲及之。晝寢方隱几。前行馬及之，艤岸行且止。隨行無事之舟，率令前行。是日易馬，由隄行及之，故反落後。謂彼落後勞，彼喜逸無比。飽食倦且眠，夜到亦可耳。

易舟寶帶橋，取道石湖寺。跋馬上方山，復行廿里地。申刻至靈巖，罨畫峰愈翠。坐我臨湖榭，太湖在襟袂。非歷半日勞，那愜無窮意。來往已半月，彈指訝何易。

題陳書荷花

濯漣色不妖，微露香都淨。能底神韻傳，伊人本蓮性。

題金廷標畫乾隆二十三年

跣足科頭書在手，罷釣扁舟艤綠柳。清音山水似涎溪，伊人可是陵陽否。

謹案：舊志尚載有金廷標雨景七古一章，題畫七絕二章，又古歌一章，又七古一章，題寫意秋英十八種七絕各一章，題人物七絕一章，四皓圖七絕一章，懸崖採芝圖七絕一章，鬻茶圖七古一章，聽泉圖五古一章，十八學士圖七絕一章，放鶴圖五古一章，題人物七絕一章，題畫七絕二章，又七古一章，仙山樓閣七絕四章，題人物七絕一章，秋英十二種七絕各一章，題畫五律一章，又疊前韻五律一章，醉菊圖五言排律一章，嗜酸圖七絕一章，題人物七絕一章，醉八仙圖七律一章。

命金廷標撫李公麟五馬圖法畫愛烏罕四駿因疊前韻作歌七古一章，仿蘇漢臣貨郎擔圖七絕一章，漁樵耕讀畫七絕各一章，戲嬰圖五律一章，題畫五律一章，群嬰鬥草圖七絕一章，群嬰撲棗圖七律一章，留帶圖並序七絕一章，健仔當熊圖用蟬聯韻體七絕二章，四皓圖反杜牧詩意並序七絕一章，清溪漁艇七絕一章，長至添線圖七絕一章，掣筆圖七絕一章，仿陳容九龍圖即用題陳畫韻七律一章，溪釣扶筇七絕一章，桐陰把蘭圖七律一章，雜花四種七絕各一章。人物事蹟十二幀：一琴歌南風五言六韻一章，一橋梓喻教七古一章，一漢陰抱甕七絕一章，一遇仙翀舉五古一章，一子猷種竹七律一章，一青溪邀笛五律一章，一折梅寄友六言一章，一廬山觀瀑五古一章，一蕉葉臨書七古一章，一彈鬱輪袍五絕一章，一金蓮歸院四言一章，一暎雪讀書五古一章。仿女史陳書畫冊疊題陳畫韻，一古木修篁，一蘿蔔霜菘，一仙果珍禽，一雜果，一眠犬，一蝴蝶鳳仙牡丹，一怪石古柏，一春溪水族，一梅溪，一花籃，七絕各一章。倣古卷六種，內金廷標倣李麟擊壤圖、倣趙孟頫八駿圖七絕各一章，採藥圖七絕二章。題畫八幀，一漁舟，一樵徑，一水車，一夜讀，一撫琴，一款鶴，一書課，一橫篆，五絕各一章。題人物畫，一選梅接枝，一移桃課植，七絕各一章，溪橋策蹇七絕一章，秋英圖七古一章，種竹圖七律一章，宮市圖七絕一章，新秋景七律一章，題畫七絕一章，雪梅高士圖七絕一章。題山水冊，一溪渟疎影七古一章，一石壁淙流五絕一章，一層巖疊瀑五古一章，一山城春曉五律一章，一松磴花宮六言一章，一繡嶂晴濤五古一章，一垂虹煙雨七律一章，一江船上峽七絕一章，一荻洲楓岸六言一章，一沙汀艤渡《如夢令》詞一章。松陰牧馬七絕一章，琵琶行圖七絕一章，莊惠論魚樂圖七絕一章。題畫冊，一牧笛，一觀瀑，一旅蹇，一玩梅，七律各一章。簫聲泉韻七絕一章，秋山行旅圖七律一章，罱泥圖七古一章，墨牧丹五律一章，梅村小雀七絕一章，聞喜圖七絕一章，雪中三友七律一章，題花卉七絕一章，紈扇畫景七絕二章，歲朝圖五律一章，鍾馗採梅圖七絕一章，畫高啟詩意七絕一章，歲朝圖五律一章，瑤圖採芝圖五律一章,歲朝圖七絕一章,仙館澄秋圖五律一章,再簫召鶴圖七絕一章,品泉圖七絕一章。茲謹錄一章,以昭嚴敬。

題女史陳書畫箑

桃柳春江

桃襯輕霞柳窣煙,書堂豁朗昢晴川。欲知水暖春江趣,已有乘流放鴨船。

溪山清遠

清遠溪山肖浙東,箑頭皴法是王蒙。不須搖拂涼生席,饒有吹來林下風。

偶爲喬梓圖賜錢陳群疊舊作韻

重五日,陳群書和賜。其子汝誠書畫扇以進,蓋欲之而不敢言。陳群老矣,不可使因此鬱鬱於懷,促成是幅,並疊舊韻賜之,不復計筆墨之工拙矣。

南國應嘗穀雨茶,箑頭書自遂初家。貢來卻好臨蒲節,賜去無須寶墨華。教寄北山聊示梓,即付其子寄去。漫參西土擬拈花。高年已覺多男累,陳群自云如是,即以調之。莫逐東風更羨鴉。

伊《志》謹案:前詩及畫,錢陳群恭摹宸翰,勒石於家。

錢汝誠錄西巡舊作小冊以進,口號調之

汝誠此意我先知,正是催詩非錄詩。庚午數過丙寅倍,丙寅册得詩八十七首,庚午計得至一百八十九首。茲行亦不欲減其數也。倍斯何必可虛其。

降旨免江浙積欠,詩以誌事有序

春頒青陸,將迎鳳輦於維南;日下黃封,早佇雞竿於自北。爰仿再巡之典制,俾寬三省之供輸。念額徵既羨乎鄰疆,知尾欠旋贏夫比歲。雖遇微眚,而必緩長官,自識勤撫字以報催科;即希明詔,而少延下户,不無覲新恩以紆舊課。嘉彼祝釐之共切,廣茲錫類之咸周。匪矜溓澤十行,歡均白屋;惟屆始和二日,令協紫泥云爾。

行時保駕指東南,嘉興吾民共樂湛。財賦重區歲有欠,催科概霑澤均覃。積逋豈計萬已累,三省共八十五萬兩有奇。旁及俾寬省以三。安徽本所不到,亦免之。較彼豫人誠厚幸,一爲歡喜一爲慚。

題宋旭山水

竹籬茅舍帶江村,萬壑千巖勢吐吞。山净無雲遮玉宇,雨餘有水到柴門。仙家雞犬那聞

吙,世上簪裾且漫論。不著桃花林夾路,恐防認是武陵源。

謹案：舊志尚載有題宋旭西湖圖七絶一章,禹王村夜話圖五絶一章,天香書屋七絶一章,歲朝圖七律一章。茲謹録一章,以昭嚴敬。

沈德潛、錢陳群來接,走筆成什,書之,各賜一通

二老江浙之大老,新從九老會中迴。身體康強自逢吉,芝蘭氣味還相陪。迎隄驀遇以爲喜,出詩命和群應推。更與殷勤訂佳約,期頤定復登金臺。二人皆云朕六旬時,德潛當九十八,陳群當八十七,必皆入京叩賀,亦笑許之。

入浙江境

一水原無異,兩疆頓爾分。行春三月近,迎駕萬民紛。瞻就寧須禁,頌揚非所欣。不謀共尊戴,保赤益心勤。

過嘉興府城

御舟別路溯漕河,登陸春城按轡過。吳帝經營非舊郭,周書假借得嘉禾。户聞絃誦漸摩善,野富鹽桑衣被多。博施愧予焉濟衆,民情到處總逢和。

游煙雨樓與莊有恭聯句,用石鼎體

御製澒湖換輕舟,載咨攜大吏。延樓鏡中央,

疊幰圖次第。元璟首諦搆,仲圭足標致。名寧詫鴛鴦,臣莊有恭

御製利頗擅芰荷。謂當煙雨濛,乃值春光霽。遊目益悦心,

對時兼得地。青巒識送迎,白鳥忘呵避。柔條驗萌芽,臣莊有恭

御製繡壤嫌鼓吹。耕織八政關,鐘磬元音肆。樓中舊有錢陳群書趙孟頫耕織圖詩屏,今來復書朕鑄鐘、特磬二銘於壁。老錢筆老健,

蒙莊眎蒙翳。臣目本近視,蒙[7]詢樓中陳群所書,幾茫無以對。前虛豹尾隨,今預鶹頭伺[8]。隄桃佇韡紅,臣莊有恭

御製渚柳漸凝翠。近遠景畢呈,吟詠興誠遂。何殊侍西清,

竊幸訝[9]南暨。遲牽載書船,急控催詩巒。遇榮三接承,臣莊有恭

御製音矢載賡繼。頻陰所恒慣,屢晴實罕事。卻慮誤東作,江浙澤國,凤稱多雨。自渡江旬餘,縱[10]逢晴和。雖宜暢覽,實屢農時,不無望雨之意。

然誠得兩利。冬雪優[11]霈,正月下旬,雪繼以雨,今旬餘晴霽,實利農田,臣知之最悉。三農足冬雪,萬國來輯瑞。瞻天愜衆懷,臣莊有恭

御製觀風厪予意。陽舒固勝陰,月計尤省歲。勖爾惟清心,體茲共濟義。

伊《志》謹案：前詩，浙江巡撫莊有恭敕敬書，勒石於煙雨樓下。

再題煙雨樓

未年丑歲兩經行，煙雨都逢副盛名。卻訝今番出新樣，自過江後總開晴。柳絲窣地折腰舞，梅朵烘春笑口迎。更上高樓聊極目，水村近遠望分明。

伊《志》謹案：前詩恭摹宸翰，勒石於煙雨樓下。

三塔寺賜名茶禪寺，因題句

積土築招提，三塔寺基舊爲潭，不利往來舟楫。唐僧行雲積土起塔，吳越名保安院，宋改景德禪寺，又名三塔寺。蘇軾三過煮茶。千秋鎮秀溪。予思仍舊貫，僧籲賜新題。偈憶趙州舉，茶經玉局攜。登舟語首座，付爾好幽棲。

伊《志》謹案：前詩恭摹宸翰，勒石於寺。

過嘉興再和錢陳群田園雜興十首

接踵迎鑾多頌聲，觀民惟愧政無成。境臨秀水心聊喜，爲晤林居有老生。
祝釐昨歲驛程催，九老圖形霽月開。便令還鄉頤暮齒，宣傳不許遠迎來。
稜稜孤鶴瘦如柴，圓嶠方壺任往來。鶴其性人壽其似，會看劫火有寒灰。
游山屐總不辭勞，遇勝吟詩白髮搔。花瀨濛濛春澹澹，微醺何礙暈如桃。
春田未致手親畦，俸養何妨刺齒肥。常把一篇宏景傳，殊途要欲有同歸。
三月遲如三歲遲，詩裁前席辨精微。雖然賜杖何須杖，見説香山步似飛。昨命九老就香山游讌，以副嘉會，先期並有賜杖。
薄試春寒冬更寒，吾民寧乏有衣單。定當劃切陳民隱，莫飾其辭蘄意寬。
結屋江鄉不費錢，雙槐門巷蔭多年。樸淳生計耕還織，淡蕩心情水與天。
樓臺煙雨望中低，早見書屏健筆飛。煙雨樓有陳群書趙孟頫耕織圖詩屏。新署頭銜榮晚節，定知家慶子孫圍。
鄉味休耽韭與菘，行時韶令正芳醲。爲吾數日隨清蹕，可負湖山佳景供。

題張南本華封三祝圖錢陳群所進，自作贊

封人三祝帝堯辭，殼食鶉居請進之。終始欽哉吾所企，陳群每頌不忘規。

過石門縣

策馬石門縣，觀民度石城。閭閻際時泰，坤坺倚春晴。寸土桑麻地，萬家絃誦聲。何加曰

惟教,然匪尚詞英。

復游煙雨樓

前度晴中閱春景,今朝雨後賞煙光。是日細雨即止。輕陰猶戀波瀾意,細籟都含花木香。
果然名實善相隨,百尺樓高悅目時。試看淺煙方淡蕩,便教不雨也迷離。

煙雨樓疊舊作韻

煙絲冒柳柳絲濛[12],雨意迎人人意通。自是雲容盟水態,並宜草綠藉花紅。奚稱處括沔陽
彼,處州括山及沔陽州並有煙雨樓,而嘉興名特著。總在天高地厚中。耕織圖詩屏宛在,樓中有錢陳群書趙
孟頫耕織圖詩屏。不殊惇史惕深宮。

伊《志》謹案:前詩三章,恭摹宸翰,勒石煙雨樓下。

竹根如意錢陳群所進,既成是什,復郵致,令其和之。 乾隆二十八年

首曲非由燥火成,天然寧是裁去聲金鎣。匠人雕飾緣工巧,高士指揮愛格清。有節更看文
似蕡,從心不踰矩斯貞。本宜賜與齊賢者,摛藻翻因獻憲卿。

伊《志》謹案:錢陳群呈進竹根如意,仰蒙御題一律,鐫諸柄。復繪圖以賜。陳群恭摹宸翰,勒石於家。

石芝乾隆二十九年

《説文》珊瑚生於海,《本草》又稱生海中磐石上,白如菌,一歲變黃,二歲變赤。此石芝似
之,豈火樹所未變成者耶!蓋錢陳群所進而非東坡所食之物也。率爾題句,並驛令和之。
還鄉未下海中羅,陳群古里嘉興有還鄉河,假借用之。石菌居然致則那。蒸出歜非好子厚,夢游
幻亦異東坡。芳甘漫擬雞蘇味,斐郁宛同鳳尾娑。何必賤瑉珍鎮玉,他山原待琢兮磨。

伊《志》謹案:前詩並御畫《石芝圖》,錢陳群恭摹宸翰,勒石於家。

題陳書長松圖

壁畫長松三百年,見陳群自識語。真松窗外綠參天。兩翁不識誰兄弟,照影疑如立鏡前。

降旨免江浙積欠,詩以誌事有序 乾隆三十年

供輸維正,租庸恒甲於南邦;澤沛非常,蠲復早申於北闕。循三載一巡之盛事,計籍加
詳;佈元辰二日之恩言,郵傳倍速。咨彼額徵未足,覬延不乏齊民;軫茲尾欠猶懸,被歉寧
無下戶。縱比年頻致十千之取,而爲數尚踰百萬而贏。詢疆吏以陳書,清問每勤夫側席;

敕度支而奏課，宣條毋靳乎持籌。庶幾澤勷飛鴻，白屋三時歌鼓腹；抑且村閒吠犬，青旗一路樂遨頭云爾。

曰休曰助重時勤，嗟爾司農聽綍綸。百姓已皆注耳目，三年又復有逋陳。持籌漫計贏巨萬，投匭都教豁宴貧。仍慮十行或遺略，屆期應更細諮詢。

題錢陳群進伊祖瑞徵所篆瑞日祥雲和風甘雨章

迎春帖子進南方，先以家傳古篆章。瑞日祥雲兆歲美，和風甘雨卜農慶。休徵敢謂時斯應，善頌還嘉規不忘。願共吾民沐新祉，春祺喁喁萃方昌。

沈德潛、錢陳群來接，因成是什，仍各書一通賜之

二仙仍此候河濱，三載相睽意更親。郭泰李膺一煙舫，二人同舟而來。沈期錢起兩詩人。飄然白髮都還健，瞭爾青瞳自有神。筆力年華雖共老，載賡知復倍清新。

入浙江境

一川不異舟，兩省頓分郵。風俗漸因別，桑麻較更稠。春晴真是暢，三載忽如流。祇覺民情切，惠鮮可忘謀。

游煙雨樓即景雜詠四首

煙雨今朝煙雨無，眺吟暢好不模糊。菜花黃暎麥苗綠，所喜猶然在此乎。

即景無過遣興題，過譽老筆注金鎞。樓中錢陳群書舊作，並跋語張壁，頗覺過譽。樓前一對玉蘭樹，直與樓簷開並齊。

近涯野艇不譙訶，漁樂憑看樂若何。訝似天孫機杼張去聲，錦端來往織仙梭。

船泛春波天上坐，樓稱煙雨霽中來。韶光陶冶無先後，庭際辛夷盆裏梅。

題煙雨樓

岧嶢無地起樓臺，一棹宛從鏡裏來。問孰宜煙更宜雨，合稱惟柳復惟梅。韶光豔裔爲屏匝，漾影空明映座開。錢趙王孫詩與字，樓中有錢陳群書趙孟頫耕織圖詩屏。卻因吟翫久延陪。

伊《志》謹案：前詩五首恭摹宸翰，勒石煙雨樓下。

游煙雨樓與莊有恭聯句，疊前韻作

御製昔茲撫土臣，今爲隔省吏。前年調莊有恭撫蘇，仍就近兼管海塘事務。仍攜因閱塘，

叨陪逾及第。臣昔蒙特拔巍科，茲再荷恩，命得侍聯句，尤爲榮幸。嘉禾奉清娛，高樓挹佳致。花繁雙樹玉，臣莊有恭

御製香儇千頃芠。名循慮煙雨，近頗望晴。實惠快晴霽。何處不籌農，所喜無棄地。就瞻禁譙訶，蹴踏救趨避。萬姓歡迎環擁，上不令訶譙，其趨隨左右者或踐及菜麥，每諭避之，亦勿顧也。藹然衢謠盈，臣莊有恭

御製翕若天籟吹。頗嘉新政觀，莫忘舊學肄。行當侍左右，已授有恭刑部尚書、協辦大學士，仍令在內廷行走。

頓爾豁障翳。簿書幸寬程，筆札願謹伺。撫時值風和，臣莊有恭

御製延遠勝山翠。嘉興境內無山，憑眺益遠。一天景越朗，四鄰望俱遂。澄波識魚樂，董其昌書魚樂國，勒石樓前。

厚澤欣衆暨。澎湖正迴權，秀溪橋名復控轡。是日上迴舟即乘騎數十里，老幼遮道瞻仰，幾無隙地。萬千氣象呈，臣莊有恭

御製百二春光繼。時值閏二月。攬結敢恣興，游豫無非事。明將鹽官駐，

總厪海疊利。北漲常安瀾，中開必表瑞。北岸漲沙益遠，則中小疊故道自可復開。聖仁感天仁，臣莊有恭

御製予意視民意。翹心緬四巡，睫眼又三歲。載賡非玩物，懷哉惟展義。

降旨免浙省所有欠積並經過地方正賦十分之五，詩以誌事

新正降恩諭，江浙免積逋。江省數實多，前降旨免江浙逋賦，江南至一百四十餘萬，浙江止十三萬餘，已不及十分之一。且又報有續完，則較江省更多。[13] 南北已大殊。因加惠江南，昨經臨江省，詢知所免災緩積欠，淮北獨多，江以南纔三萬餘，因將江蘇各屬熟田未免欠項，概行蠲免。並免水陸所經州縣本年額賦十分之五。浙省赤子懷保同殷，悉予豁除，復將經過地方新賦蠲半，以均惠澤。浙省可忘乎。入疆再諮詢，逋衹江南如。更有續完者，急公益嘉予。漕欠及借項，寬免例所無。此豈非在民，爰概與豁除。其經過正賦，十五蠲厥租。休助庶以副，歌頌寧所圖。

自石門縣跋馬度城易輕舟至陳氏安瀾園，即景雜詠

艤舟跋馬度由拳，心喜觀民緩著鞭。更有閘塘予正務，遂循溪路易輕船。
夾溪萬姓喜迎鑾，桑柘盈郊入畫看。廿四槳過風帆去聲駛，片時新壩到長安即壩名。
壩隔高低換綵舟，綵舟致重艫聲柔。仍圖迅利策予馬，蓄眼韶光面面酬。
鹽官三載重輕臨，兩字安瀾實厪心。駐蹕春風樂清暇，果然城市有山林。

賜錢陳群

王帖一句猶過之，羲之帖足下今年政七十耶，陳群今年八十歲，故云。來迎喜重去聲晤龐眉。杖朝足領群仙列，從政仍教一子隨。陳群子汝誠，適扈蹕來。商確古今關治亂，諮詢風物度淳漓。我聞卻是卿無暇，合爲催賡攬勝詩。

再游煙雨樓

南去北還半月餘，澒湖樓閣衹猶初。墨辛夷縱花全謝，紫碧桃方朵豔舒。是處見紫碧桃花，特鮮豔。波態含煙欲藏舫，雲容釀雨正如車。循名奚要惟晴好，念在鹽筐與麥鋤。

伊《志》謹案：前詩恭摹宸翰，鐫扁，敬縣於樓右。

三和錢陳群田園雜興詩十首

詩篇來往達音聲，前席猶欣晤耇成。曰善頌卿思古者，不忘規我厪民生。

肩輿弗許遠迎催，喜過新年八襃開。民數無央覼鑾路，就中遥説地仙來。

清短身如愚也柴，當年給杖重去聲扶來。相逢一別三年話，不覺金猊篆已灰。

問汝林居更底勞，每逢賡韻首應搔。陳群雖居林下，每得新作，常和韻以進，故以此句嘲之。即今三疊田園興，一例還當報木桃。

詎必鄉田藉自畦，潤身願以德充肥。不妨春冷常朝出，或遇山佳定暮歸。

晏眠誰斥入朝遲，娛老那虞生理微。子貳地官身里俸，豈同寒士論潛飛。

鄉居想復濟貧寒，未冐君恩身受單。更有餘閒問風景，南湖春水暎心寬。

老伴詩人沈與錢，清詞麗句答芳年。爲詢北阜竹梅月，何似南樓煙雨天。

于公門巷豈嫌低，歸省還聽琴響飛。依躍卻因勤供奉，冐教婦子一家圍。陳群以老侍從迎鑾後，即隨扈行在，特命其子汝誠先還家侍母，俾得歡聚庭闈。

石湖高致寄冬菘，潤筆應知藉酒釀。三十首中和十首，范成大《田園雜興》本三十首，陳群所和三分之一也。想因詩興偶然供。

題女史陳書畫頁十種

古木修篁

子昂題句仲姬畫，元時陳[14]道昇畫，多有趙孟頫題。此册乃尚書錢管[15]群母陳書所畫，每幅俱有其父錢綸光題句，相莊風雅，故不減趙、管云。頗有今人似昔人。幾个修篁依古木，龐公高躅別傳神。

蘿蔔霜菘

畦蔬小摘供盤飱，熨齒蔔頭與菜根。咬得此中無限味，寫將清白示兒孫。

儸果珍禽

飛來珍鳥自棲枝，欲啄垂瓊意且遲。淡墨淺深分向背，清風林下有如斯。

雜果楊梅　枇杷　桃

楊梅酸與露桃甘，可做尋常世味參。一例琵琶彈別調，前三三即後三三。

眠　犬

一團烏玉卧婆娑，似解黑甜樂趣多。如此晏眠不吠盜，主人畜爾意云何。

蝴蝶鳳仙特丹

嬝嬝蠨蠨態各奇，輭紅芳綴一絲絲。采香欲識春駒意，好是花叢未入時。

怪石古柏

怪石硍磳古柏森，煙霞之表結同心。錦官城外如相見用陳群父綸光題語，定是曾經老杜吟。

春溪水族

青青弱藻泳魚蝦，幾片輕紅貼落花。試看春溪圖越若，豈殊秋水對南華。

梅　溪

清溪月影一輪孤，厓巉人真號弄珠。若問詩中傳作者，不於高啟在林逋。

花　籃

幾般寒卉篛籃裝，不是春園桃李芳。珍重齊眉成合璧，自應綿慶繼書香。

　　此册爲錢陳群父母手澤貽留，今陳群欲登之石渠，以永其年。朕思石渠所藏陳群母各種畫頗多，不忍更留此，因各題一絶，仍以賜陳群，俾其家什，襲爲傳世之寶，並命金廷標倣寫成册，録原題，收入石渠藝林，當增此一段佳話也。

朱碧山銀槎歌

　　彝尊長歌詠雙鱓，朱彝尊《銀槎歌》中有"可憐雙鱓今成鰥"之句，蓋亦知本有二也。一成壬寅一乙酉。鑿落銀器誰所爲，乃出朱氏碧山手。酉者展轉入孫家承澤，寅者宋氏琬所珍守。一時豪客醉流霞，快寫牢騷鬭吟口。率徵故事稱張騫，《漢書》不識曾讀否。彝尊及宋琬、施閏章輩賦此題，皆以張騫當之。夫《漢書·張騫傳》有騫窮河源事，不言其浮槎天漢也，惟《博物志》載海渚人見有浮槎去來不失期，乘之，至一處見織婦及牽牛人還，問嚴君平，對以某月日有客星入牽牛。諸人蓋沿《荆楚歲時記》之訛，而於《漢書》未加深考耳。漁洋《居易》辨頗精，先得我心是此叟。既考《漢書》，辨乘槎非張騫事，復閱王士禎《居易録》，亦以張騫之説爲非，而深悔其詩"窮源過大夏"云云數典未當，且援《拾遺記》貫月槎事以證之，辨訂頗爲精覈。有捄之槎格實奇，乃自孫藏非宋有。雕鏤絶藝不重儌，諸人麗句早精剖。偶因博古一致評，置之弗用戒旨酒。

津水早春詞用錢陳群韻並寄去命和之

　　《香樹齋集》偶披翻，清虛婉約真除煩。早春津水詞更美，正值三月停巡軒。近海民計夙所厪，幸看氣象猶飽温。摩肩接踵日輻輳，迎鑾出欲空巷村。江南興情一例篤，爲憶詩客安詩魂。當年備書此閱歲，每有佳句無斧痕。自從歸去樂桑苧，直沽塌淀空潺湲。詩筒遝寄俾廣韻，罩然南望紛川原。

題陳書倣唐寅夏日山居圖

山明水秀碩人薖，幾架溪亭俯碧波。不禁漁翁把釣往，時來幽士問書過。麥鍼已撲香風滿，柳線猶含弱意多。若曰山居倣子畏，知爲首夏尚清和。

錢陳群进銅如意因成口號_{乾隆三十四年}

古製樸還古色穆，須知寓意有多端。九州萬物同如意，正是爲君之所難。

再疊錢陳群津水早春詞韻，仍寄去命和

大沽赴海晴波翻，海口昔閱兹不煩。兹來實以俞衆籲，祝釐攬勝奉翟軒。似繪花柳細而野，漸長風日且且溫。吳山廣陵有同約，浙江、兩淮商衆並籲請赴天津，與長蘆諸商共伸祝釐之願，司鹺者以聞，並即日具舟戒行，因已成事，姑聽之。來賀詎止津瀛邨。香樹齋翁命且俟，初欲聽錢陳群今歲即來京慶祝，既而念其精力雖健，而八十餘老翁，頻年僕僕，非所以示體恤也。因諭俟明歲赴京恭祝皇太后萬壽，而止其今歲之行。更憐歸愚地下魂。二老外與言詩少，片雲空手[16]寧留痕。津水早春詞重_{去聲}和，還鄉河名，在嘉興直達波澪澷。東坡先生例具在，不妨險韻數入聲疊原。

題錢陳群所進王淵梅雀報春卷，即用其韻並書賜之_{乾隆三十六年}

貴得其人不貴妍，書宗畫法有同傳。雀梅一卷詩三首，妙義還因揭道淵。
南枝最識好春歸，羞煞海棠獨以肥。麻雀偏欣晴雪夜，净明香界聚相圍。
臘雪先春湊嫩寒，展圖詠句興無闌。江鄉食履應增健，大愜予懷老者安。

錢陳群奏進所書登岱祝釐頌及御製詩文並賡韻詩册至，因成是什，書以賜之

平原此日巡方駐，秀水多時奏牘欽。萬有言餘親手寫，三千里外故人心。可知食履益康健，具見頌揚篤悃忱。冬月定當重晤面，陳群於今冬來京，恭祝聖母萬壽，當與之觀面談詩，以慰眷懷。健談興自勃知音。

賜錢陳群

祝嘏重來紫禁攀，依然鶴髮晤童顏。枕流漱石家鄉慣，實語真情前席閒。不覺六年如一日，更期百歲領三班。陳群於辛巳慶典即居致仕九老之次，兹復與嘉會，爲林下諸紳領袖，而精神矍鑠如前，計其

再來恭祝九旬慈壽,陳群亦將百歲矣。鬼神不問蒼生問,吉甫清風補袞間。

賜錢陳群南旋歸里之作

剛喜談心頻席前,胡爲慶蔵又當旋。幾番笑語消一瞬,重晤風光期十年。雪阻長途仍發軔,冰凝順水未開船。精神健豈妨跋涉,卻是南瞻每眷然。

錢陳群奏抵家鄉信至,詩以賜答

就道輕輿發殘臘,高年抵里尚初春。逾三千路廑食履,望九旬身超類倫。幅幅書箋仍健逸,章章和句總清新。香山適接還鄉信,嘉興有還鄉水。即景尤思扶鹿人。陳群昨歲《和賜九老遊香山》詩有"鹿馴巖畔當童扶"之句,愛其超逸。茲駐蹕香山,陳群奏抵家摺適至,並附和詩及所書御製詩文以進,披覽慰懷,即得此末二句於摺內,批答視事畢,續成全什書賜,更爲香山增一段佳話云。

三疊錢陳群津水早春詞仍寄去命和

光陰真似逝水翻,萬幾那敢謝勞煩。搜題摘句乃餘事,時亦引興因遊軒。而惟觀民體休助,衣食計欲飽與溫。斯來本爲閱河務,因緣復至章武村。行館憩息春之暮,蝶夢不離花間魂。屏額勒昔和錢句,彼無斧鑿我有痕。一篇寄付北風去,望予渺渺波溰溰。即今可與言者孰,莫辭更疊險韻原。

女史陳書出海大士像用其子陳群題句韻

厓厬宴坐貝多平,天水空涵石竹清。示現漫雲出海像,如來如是本圓成。

題陳經尚書詳解六韻乾隆三十九年

帝王行事具心中,驪括經發題語。挈要一言迥鮮同。數彼專通難僂指,得茲詳解足治平聲躬。卷成五十能探奧,書秘半千未發蒙。經,南宋淳熙間進士,逮今五百餘年矣。大典闕收誠惜漏,休陽復購可稱功。休陽汪森於康熙乙卯年泛舟濮川,見人鬻舊籍於市,盡數觀[17]歸,中有抄白本,乃《尚書詳解》也。繙檢合五十卷,遂錄而藏之。詳見汪森跋語。新興教化爲根本,《龍溪縣志》:經爲新興令,改德清,專以教化爲首務。古壁精微與擴充。詩義雲煙誰過眼,森《跋》云:經著述更有《毛詩講義》,見森所藏,亦無此種,或竟散佚無存,或復有收輯之者,皆未可知也。珍斯片羽願研窮。

錢陳群故,詩以誌惜

沈去錢存勢已孤,徒[18]觀遺奏故人無。江南忽爾失二老,沈德潛、錢陳群皆耆年宿學,凡御製詩章,時命賡和。壬午南巡，兩人同舟迎駕，曾賜以詩，有"二老江浙之大老"句。德潛故已五年，今陳群又復溘逝，此後更無可與言詩之儒臣老輩矣。天子原非友匹夫。蒙邑應成蝶醒夢，香山那復鹿重扶。最喜其和賜遊香山詩"鹿馴巖畔當童扶"之句。前歲春，駐香山，陳群奏抵家摺適至，即得"香山適接還鄉信，即景尤思扶鹿人"二句，於摺內批答，隨續成全什以賜，並前此賜其《歸里》詩，有"更期百歲領三班"語，孰意竟虛所望乎。詩郵罷趁北風寄，每有御製詩，或於陳群奏事之便，檢録數十篇，寄令和韻。今後詩郵不復得矣。郯堊憐亡爲質吾。

閲錢陳群書遊盤山詩册有感

昔年扈蹕至田盤，給假遊山春未闌。得句書成藏静寄，一回來必一迴看。

五古穆如蘇李詞，愛他更具頌中規。同游卻是竹林數，陳群册中録詔扈從諸臣游盤山詩跋云："同游者，協辦大學士阿克敦、侍郎介福、學士鄒一桂、通政司參議薄海、太僕寺少卿介錫周、中書祝維誥云云。"今相隔僅二十餘年，而同游七人竟無一存者矣。屈指都成鬼簿披。

門前雙杏護山莊，五字聯吟錢與汪。册後附録《題行宮門外雙杏》五絶句，與汪由敦同作，今距由敦之亡亦十七年矣。雙杏依然人去矣，那堪對樹更尋芳。

盤山春日塞垣秋，得句郵傳夥唱酬。每於盤山熱河駐蹕得詩較多，必録寄錢陳群和韻。今後復誰可與言詩乎。今日吟成誰與寄，可憐老輩謝都休。

題冷謙竹溪琴友圖

叢篁深處兩仙翁，佺羡精神黄綺風。横膝焦桐不須撫，琅玕清響正相同。

題唐闕史

知不足齋奚不足，鮑士恭家藏書處名知不足齋。渴於書籍是賢乎。長篇大部都庋閣，小説卮言亦入廚。闕史兩篇傳撾拾，是書分上下兩卷。晚唐遺蹟見規模。彦休自號參寥子，參得寥天一也無。

題錢陳群所書詩册二首一韻

山莊往歲句郵諸，八十八翁必手書。惟爾因文研妙義，其他賡韻率虛譽。徒觀遺蹟猶斐爾，暗引退心一愴予。知己簡中誰復在，從今吟興欲爲疎。第一首書陳群所書御製詩，並其跋語册。

弄置案頭偶閲諸，人何往矣祇存書。悉予字裏義袪藻，嘉彼行間規勝譽。兩册誰知成絶筆，此錢陳群所書。癸巳春，巡幸天津，御製詩並其和韻之作。及秋以山莊詩寄和，而陳群已卧病，此實其絶筆也。一時偏識有開予。可憐老輩凋零盡，不音星晨祇漸疎。第二首書陳群和韻詩册。

題顏真卿書朱巨川前後告身，各於其卷書之乾隆四十年

誰識告身有後前，豐城無意得珍聯。高卑品秩因文别，巨川初則行起居舍人，後則守之，蓋如今之試

用,實授,實授乃有文,亦未可知。今古風規以字延。舟楫豈誠巨川用,龍蛇斯實灌園傳。見陸完識語。弄藏題識率難考,告在内府舊藏者雖爲前,而以唐時年月較之,則新得者當爲前卷,舊藏爲後卷,閱卷後陸完跋,敍述原委甚詳。又考陳繼儒《秘笈》、張丑《清河書畫舫》,似前卷即《宣和書譜》所載及陸完跋,疑爲王詵所得别本,後藏項元汴家者,後卷曾刻入《停雲館帖》,向爲陸完所藏,後歸陳繼儒者。今兩卷内如陸之跋,項之印章皆有可據。惟王詵曾收藏處,則前卷無考,疑題跋爲妄人割去,而繼儒識語不書於後卷,則理之所不可解耳。何礙驪珠真者全。

倣陳書長松圖疊向題陳畫韻

題詩猶憶甲申年,倣畫聊因適性天。溪壑似哉神不似,果然真者怵當前。

天籟書屋

天籟顏書屋,名因檇李彰。豎峰及横嶺,緩范更癡黄。九夏清將綠,三秋丹與蒼。所收皆活書,那數項家藏。

李肇亨鵲送春聲即用其韻

喬樹營巢見飛鵲,占來風雨較人明。雌雄相呼去聲知何意,卻是人稱報喜聲。

題金令昭水亭高士

倚几高人弗礙涼,溪風吹送野梅香。箕裘雖有家聲繼,令昭乃廷標之父,此畫即其子向所進者。一例石渠古畫藏。

題朱彝尊經義考乾隆四十二年

秦燔弗絶殆如繩,未喪斯文聖語曾。疑信雖滋後人議,述傳終賴漢儒承。天經地緯道由託,一貫六同教以興。蔡閣炎劉校誠韙,竹垞昭代撰堪稱。存亡若彼均詳註,彝尊號竹垞,秀水人。康熙己未以博學鴻詞授檢討,入直内廷。博聞淹貫,是書通考歷代諸儒説經目,每書先列撰人姓氏、書名、卷數,次列題註,曰存,曰闕,曰佚,曰未見,次列原書敍跋,諸儒論斷及其人爵里。彝尊考正按語載於末。而附以逸經、毖諱、擬經諸目。凡三百卷,自漢迄今,說經諸書,存亡可考,文獻足徵。編輯之勤,考據之審,網羅之富,實有神於經學。惟所註闕、佚、未見者,今四庫所録,往往其書尚存,蓋册府儲藏,外間難覯,不足爲彝尊病。至卷首冠以我朝世祖御製[19]《孝經》、聖祖《日講解義》,自屬體製應爾。若臣工著述,則當按時代先後。彝尊於編次時亦未及詳訂,即如本朝成德所著之《大易集義粹言合訂》列於前,朱子《元亨利貞説》列於後,殊爲參錯。第以刊佈成書,難以改刻。惟令於《四庫全書提要》内標明,以正體例。至其義在尊經,不惟汲古之助,並將昭示來茲矣。文獻於兹率可徵。遠紹旁搜今古會,焚膏繼晷歲年增。考因晰理求其是,義在尊經靡不勝。枕葄寧惟資汲鑒,闡崇將以示孫曾。

題影宋鈔班馬字類

采撦欣傳橋李婁，居然影宋似雕鏤。荀袁原未範圍出，班馬藉因奧窔求。喜此朝絃而暮誦，嘉伊遠紹更旁搜。披翻快處緣惡旨，笑異東坡大白浮。

懷舊詩

故刑部尚書銜、原刑部侍郎錢陳群

詞臣退居林下，齒爵學問足爲縉紳領袖者，惟錢陳群、沈德潛二人。余昔有"二老江浙之大老"句，東南士大夫多欣羨之。陳群，浙之嘉興人。康熙辛丑翰林，雍正九年贊善，洊歷侍講學士，十三年直南書房，尋改右通政。乾隆元年，丁母憂歸。其母陳氏知書，工繪事。陳群少時，母每勖之學，有《夜紡授經圖》，陳群嘗奏及，余嘉而題之。服闋，補原官。六年，擢太僕卿，累遷至刑部侍郎。十七年，得轉穀疾，連疏乞解職，准回籍調治。二十二年，命在籍食俸。二十七年，加尚書銜。三十年，賜其幼子錢汝弼爲舉人，皆南巡迎鑾時所加恩也。再與香山九老，矍鑠如舊，冀其尚可再赴闕廷，曾賜葠以資頤養。三十九年正月，竟以疾卒於家。聞而悼惜，優恤有加，祀賢良祠。陳群深於詩學，書法亦蒼老。家居以後，每歲録寄御製詩百餘篇命之和。陳群既和韻，並寫册頁以進，册必有跋，字體或兼行草，余甚愛之。詩多不經人道語，而其《香山》詩有"鹿馴巖畔當童扶"之句，喜其超逸，親爲圖以賜。及駐蹕香山，覽其抵家奏，即得二句云："香山適接還鄉信，即景尤思扶鹿人"。於摺內批答之，仍續成書幀寄示。如此佳話，今不可復得矣，能無追念乎。

少年困場屋，賢母授之經。故學有淵源，於詩尤粹精。經濟雖非卓，不失爲老成。以疾賜懸車，還鄉信循名。相傳嘉興有還鄉河，故其地仕宦多歸老者，吾於陳群益信。迎鑾三於浙，祝釐兩入京。倡和稱最多，陳群三次迎鑾，兩次入都，令其和韻極多，如田園詩之類，亦有賜和其韻者。頌中規亦行。林下惟恂謹，文外無他營。優游登大耋，生賢没亦榮。

題錢陳群和韻詩仍用甲午詩韻

兩歲山莊倏別諸，案頭香樹重去聲觀書。獨嘉老手饒麗則，詎爲連篇多頌譽。有主世南寧讓彼，無兒伯道並憐予。陳群子汝誠頗能世其家學，兹不幸病歿，爲之惋惜。明春安福艫中路，迎蹕遥愁識者疎。

天籟書屋

額簽借橋李，天籟發天香。詎衹欣説項，兼因遇達莊。亦將真蹟檢，便置簏中藏。項元汴喜蓄名人字畫，每以天籟閣印記鈐之。今書屋既仿其名，因於續石渠寶笈書畫內曾經元汴印識鑒藏者檢數種貯此，亦循名責實意也。設以北南較，高他千里強。

題陳書幽居清夏圖箑頭其子陳群書《夜遊山月歌》所進

夜遊山月創清娱，頗類幽居清夏圖。書扇因之供暇覽，懷賢陳書，賢母也。憶舊並殷吾。

題朱彝尊井田硯

曝書亭裹考經義，井字硯田磨欲平。自是伊人思復古，可知復古實難行。井田不可行於後世，向每切論之，及題夏休《周禮井田譜》，復爲闡發其義。詳見前詩注。

入浙江境乾隆四十五年

一水無須更换舟，卻看兩省各分陬。南爲迎者後爲送，養俾欲兮給俾求。老幼依然非越俗，桑麻櫛若較蘇稠。來巡要務此疆切，正在海塘固永謀。

駐浙江水營

江南水營屋三間，已謂不當心踖踧。江南沿途水營，構屋三間，以備召對，已謂煩費。浙省則屋宇倍增，且點綴亭臺花木。前次未曾預戒，益覺不安耳。浙江水營倍過之，點綴亭臺及花木。争強長此竟安窮，今駐明發祇一宿。未曾預戒吾之過，實不思及此預督。將求吾喜喜何曾，益覺怦怦增鞠恧。

題煙雨樓

祇疑瀛泛到雲來，鏡裹樓臺熟路開。四面波光煙雨意，無邊春景詠吟材。今斯今也昔斯昔，柳尚柳兮梅尚梅。一讀錢家書趙句，樓中有錢陳群書趙孟頫耕織圖詩屏。愴然弗忍更徘徊。

伊《志》謹案：前詩恭摹宸翰，勒石於煙雨樓下。

游煙雨樓與梁國治、董誥聯句，再疊前韻作

御製所貴省方者，休民與察吏。間亦涉吟詠，
斯復經品第。湖平鑑澄心，樓迴納遠致。放舟帆掛蒲，臣梁國治
御製理楫裳集芰。餘事問花柳，正務課雨霽。遺蹟緬元璙，
連江記吴地。嘉興，今屬浙地，唐以前則吴地也。摛詞座無譁，授簡席欲避。藐爾慙蚓竅，臣董誥
御製依然荅松翠。莊有恭續舊韻賡，錢陳群憶西清肄。嗟均作古人，
慰適豁久翳。四巡昔未扈，再疊今初伺。前此四次，聖駕南巡，臣昔未得扈從。兹初與聯句，不勝榮幸。體遜藍本藍，臣梁國治
御製攬鮮翠微翠。煙雨樓四面遠近俱無山。魚躍帶波活，鳶飛齊雲遂。雉堞郡城望，

鹽箔邨舍曁。暇仍詢倪鋤，憩略駐義鬘。衆合萬億迎，臣董誥

御製年越十六纜。自乙酉南巡至今庚子，几十六年。對時延新景，聯句循古事。便與迴舟泛，

信得觀風利。蠲漕普實惠，皇上復降旨，普免各省漕糧一次，江浙乃爲巡蹕所經，首議及之，登豐驗上瑞。浙江昨歲收成甚豐。詎惟拜颺榮，臣梁國治

御製勉守歡示意。夙懷酬閲堤，深情厪祈歲。歌舞漫紛陳，夏諺非兹義。

伊《志》謹案：前詩梁國治奉勅敬書上石。

於煙雨[20]寫景即題其上

宿雨已收際，曉雲未泮時。斯樓合斯景，宜畫復宜詩。梅謝砌餘片，柳眠簷冒絲。傳神縱非米，那可恝過之。

嘉興道中作

去時桑葉未抽齊，返棹桑陰緑覆低。正是鹽忙此鄉最，未宜歸舫更教稽。

填潭積土有諧傳，茶禪寺，吳越時爲保安院，宋改景德禪寺，又名三塔寺，南巡時賜今名。相傳寺[21]爲潭，不利行舟來往。唐僧行雲填土，起塔鎮之，因以名寺。土人相沿之説如此。三塔而今尚峙然。僧侶向曾乞題額，與名遂舉趙州禪。

龍井昨纔述橋事，嘉禾今復識堂名。蘇軾訪文長老，嘗三過湖上，汲水烹茶。後人建臺[22]，因以三過名之，在府城西南。再斯可矣三仍再，玉局居然未忘情。

已收宿雨煙未泮，寫景得神更詠詩。今日晴明異名實，直教舟過恐程遲。

驛致項子京所藏畫卷四種，弆之栴檀林之天籟書屋，因成長歌紀事

栴檀林是古佛場，莊嚴弗事事净常。亦有書屋築於旁，偶多名同昔子京叶。因思檇李稱鑒藏，石渠多有其重裝。四美具例董香光，董其昌所跋顧愷之、李公麟四卷，題曰四美，具而弆之建福宮之静怡軒，兹栴檀林之天籟書屋，既與元汴閣名相同，因思石渠實笈所有畫卷，曾經元汴鑒藏，識以天籟閣印記者甚多，乃驛致米芾、吳鎮、徐賁、唐寅四卷合弆書屋中，從四美具貯，其昌鑒藏書卷例也。亦檢四種弆此堂。宋元各一明則雙，雲山煙樹米襄陽。真僞疑之未甚詳，米芾雲山煙雨卷，閲其筆法，似小米而非大米，曾經跋識。及於幀中書之，則竟非宋紙，或贋作亦未可知。元則吳鎮四友良。眠雲寫自徐平江，江鄉採蓮圖出唐。同珍爲去聲製檀屏方，項家舊物及凡荆叶。至今散失半存亡，四卷何幸聯豐城叶。天籟曾有水還鄉，相傳嘉興有還鄉河，凡仕宦者多得歸老。元汴，嘉興人。而天籟閣所藏之畫，仍得貯於天籟書屋，亦有還鄉之意。因戲及之。更欣佳話增山莊。

伊《志》謹案：栴檀林之天籟書屋在避暑山莊，以與項元汴閣名相同，因弆藏米芾、吳鎮、徐賁、唐寅四家畫卷於內，時值駐蹕灤河，宸詠所及，更爲嘉禾還鄉之水增一佳話。恭録於簡，曷勝榮幸云。

題項元汴東井硯

項家東井猶餘硯，豈是五星所聚曾。閣亦山莊額天籟，避暑山莊內有閣，亦顏曰天籟。殊其閒雅

用非應。

趙元合溪草堂圖乾隆四十六年

堂築碧溪中,幽棲樂莫窮。無塵到心境,有水合天空。杖策來佳友,烹茶付野僮。非舟不能到,見顧阿瑛自識語。原是許舟通。末二句反其詩意。

題項元汴端石四螭硯

四螭鑑式法炎劉,書畫千秋朗鑑收。不識當年天籟閣,躬行鑑已亦思不。

題煙雨樓二首

攜圖去歲興工始,斷手今年蕆事勤。數典可知自元璙,賡詩更以憶陳群。煙雨樓本錢元璙所創,爲嘉禾勝蹟。向年南巡,屢次經臨,時錢陳群在籍,賡和頗多。樓中並有陳群所書趙孟頫耕織圖詩屏。最宜雨態煙容處,無礙天高地廣文。卻勝南巡憑賞者,平湖風遞芰荷分。

十五年違煙雨樓,昨春未免惜情投。雖然寫景原藏弆,去歲寫煙雨樓圖,一貯內府,一存浙江,茲於山莊內肖圖爲之。莫若肖形可泳遊。底論南吳及北塞,敢忘後樂與先憂。憑欄俯視清泠鏡,武列鴛湖異水不。

題陳書撫古冊

昔年,尚書錢陳群進其母陳書所畫此冊,有其父綸光題句,時以其家傳手澤題句賜還,不忍留也。昨因題煙雲集繪冊,見錢選苔茵臥犬,憶陳冊似有是圖,命取來證之,則實倣選,但首尾易其向。乃知雪溪家法,淵源有自。冊內有陳群與其子汝誠賡和詩,亦成陳蹟,良用憮然。復題此還之,俾什襲世守云。

撫古宣來冊訂疑,南樓精到藉因知。倡隨夫婦空前品,賡和子孫有後詞。群也老年那久住,誠兮少長竟何之。憮然寄弆還鄉水,錢氏雲仍慎守斯。

題錢陳群和韻詩冊,再疊甲午詩韻

曩年有作寄賡諸,望九人勤每手書。真蹟難重得致惜,誠心仍此鑒惟譽。及門題者復逝彼,題冊詩逮此凡四首,其三曾命于敏中和韻,以其爲陳群之高弟子也。今並敏中亦爲陳迹,彌覺感懷,遂令梁國治、董誥和之書冊後。撫案觀之更戚予。七字聊因識歲月,吟鬚無恙鬢霜疎。

登煙雨樓即景

爲喜嘉禾樓望意,搆樓玉塞俯澄瀛。適當煙雨呈暑景,便拾級梯攬潤情。去歲巡南因省北,今朝責實果循名。循名可耳無須甚,時我心中正盼晴。

題董誥煙雨樓圖

素壁詞臣命寫圖,遂看即景貌鴛湖。是煙是雨真無定,爲北爲南了不殊。何必避嫌云著相,果然入妙協清娛。春巡昨況分明在,依戀民情略繾吾。

寫煙雨樓圖用去歲煙雨樓圖詩韻此亦弄懋勤殿者

曾兩圖臨米,昨歲仿小米爲煙雨樓圖凡二,一弄嘉禾本處,一弄懋勤殿。忽忽已過時。茲於塞之浙,亦復畫而詩。那辨異同境,都饒煙雨絲。函三原是一,舊韻偶賡之。

題錢載梅花乾隆四十七年

何事梅花獻侍郎,略看畫法校元章。疎原有密標高度,豔弗傷清吐暗香。點點圈圈俱生意,斜斜直直引吟腸。南枝亦寫三五朵,似此繁叢覺太忙。

題陳書仿王蒙夏日山居圖

詩册書來圖並陳,陳書乃錢陳群之母,陳群呈進詩册,並進是圖。王家荷葉宛同皴。盤中此畫得其所,卻我無端憶故人。

題陳書仿王蒙箑頭

津水早春群和去聲詞,箑頭其母畫猶遺。尚書錢陳群進其母陳書所倣黃鶴山樵畫扇,其一面陳群手書御製《津水早春詞》並伊和句。靈空妙筆誠堪詠,繾綣深情更可思。西墅東邨通不遠,千峰萬壑狀尤奇。老人豈是師王者,自有心中天地師。

題陳書山居圖畫箑

靜宜偷暇偶山居,畫箑欣看陳氏書。蓋以昔年和詩子,得因此日撫圖予。陳書乃錢陳群之母,畫法精妙入神,能臨倣各家。昔年陳群呈和詩便,兼進此扇,適其時駐香山,遂弄於此。松蒼柏翠清無盡,溪繞峰圍靜有餘。取法明云自文璧,見陳群自識語。入神處恐彼難知。

題宋版陸宣公奏議乾隆四十八年

熟讀東坡進奏篇,欣看議疏陸家宣。行間字裏通時事,曲譬直陳總道詮。一部允當置裴几,萬言猶喜見初鐫。梁洋失及忠州遣,惜舍何殊天與淵。

煙雨樓對雨

摘句兹來欲減之,此次山莊吟咏,簡於往歲,以秋間恭詣盛京,應有紀述功德之作。詳見前《出古北口》詩句。待吟遂至泊旬期。五月三十日至山莊,今六月初九日,將及旬矣。今朝即景不孤望,便與登樓一賦詩。疎點密絲相間作,薄寒頓潤細爲披。何殊庚子澂湖上,屏展陳群書對時。嘉興煙雨樓中有錢陳群書趙孟頫耕織圖詩屏,是以庚子題詩有"一讀錢家書趙句,愴然不忍更徘徊"之語。兹雨中對景,不覺追憶前游也。

賜江蘇學政謝墉

江浙均爲文物鄉,非鴻博此任難當。雖然尚藻豈其趩,必也窮經以是蕷。雅正清真兹已鮮,抹塗勦襲亦應防。士風淳則民風順,教化寧云虛設庠。

入浙江境

海塘躬閱北來巡,迎送河邊兩省臣。疆有其分臨益切,民無不愛見尤親。春雲尚覺籠午日,宿雨已看清路塵。麥欲滋膏鹽欲霽,浙江三月間,麥田欲雨,鹽桑欲晴,故有"種麥要雨,採桑要晴"之諺。兩全難矣豈能均。

駐浙江水營疊庚子舊作韻

庚子駐此心不怡,嫌其侈費意躑跚。兹來實爲仍舊貫,庚子前巡駐此水營,點綴亭臺花木,不似江南之從簡,有"將求吾喜喜何曾,益覺怦怦增鞠忑"之句。兹來早勅地方官,不過仍舊有者略爲修理,無多費矣。花則花而木則木。駐營咨政有餘暇,偶涉趣成歸舫宿。侈費者本意營私,後亦廉知刑以督。前次王亶望任用王燧,惟務華侈,其意在假公營私,以飽慾壑。未幾,王亶望、王燧皆以貪黷伏法,實咎由自取也。然而用彼誰之過,至今自咎猶忸怩。

題煙雨樓

春秋三閱喜重平聲來,雨意煙情鏡裏開。承德何[23]妨摹畫貌,庚子年南巡,旋蹕,攜煙雨樓圖歸,於熱河做爲之,至辛丑工成,情景宛宵,有"攜圖去歲興工始,斷手今年蕆事勤"之句。嘉興畢竟啟詩材。夏中讓彼泛錦荇,春季饒兹對玉梅。不擬南巡更臨此,鳴榔欲去重去聲徻徘[24]。

伊《志》謹案:前詩有甲辰季春疊庚子韻御題欵識,恭摹宸翰,勒石樓下。

游煙雨樓與梁國治董誥聯句,三疊前韻

御製庚子圖樓景,肖構敕苑吏。庚子年南巡迴蹕,時圖寫樓景以歸,於避暑山莊做爲之,至辛丑年落成。數

典可忘兹，

循名因定第。真面豁重謀，會心宛一致。南湖窗亞梅，臣梁國治

御製北塞潄臨芟。詎惟耐煙雨，亦復宜晴霽。扈從有鄒枚，

眺覽離塵地。四詠元璙輪，熱河煙雨樓御製四詠，曰煙、曰雨、曰假山、曰真樹，檇李不逮也。三卷襄陽
避。活畫含空濛，御製倣米芾寫煙雨樓圖，凡三卷，一貯此樓中，一歸懋勤殿宸翰，一貯山莊。臣董誥

御製清音潄繁吹。響鉢非詩壇，奪茵擬講肆。優遊翰墨林，

瀟灑松竹翳。楛材珥筆仍，梓里觀風伺。臣國治、臣誥均以浙人兩扈巡蹕，恩賜聯句，實爲詞臣未有之
榮遇。鋪菜劭耕盬，臣梁國治

御製塗斾卻丹翠。敢誇諸政和，所願群生遂。海塘深厪念，

桑土斯攸暨。詢維富教籌，綏以剛柔轡。悠哉鏡影登[25]，臣董誥

御製勵爾歌聲繼。錢莊胥故人，煙雨樓有錢陳群所書趙孟頫耕織圖詩屏，前壬午、乙酉兩次南巡，皆與莊有
恭聯句。梁董共新事。興適便迴舫，

瀾情思涉利。俯看魚遊樂，樓旁有董其昌題魚樂國三字刻石。凭想禾嘉瑞。蓮島隔雲封，熱河煙雨
樓爲青蓮島舊址。臣梁國治

御製鼉磯足山意。嘉興百里無山，樓前釣鼉磯有石數拳，頗具嶙峋之致。賡韻嗣前春，罷巡自今歲。自
辛未至今甲辰，六巡浙江，適符我皇祖南巡次數，適可而止，不敢過也。六度迅流陰，五字申時義。

伊《志》謹案：前詩董誥奉敕敬書勒石。

題庚子寫煙雨樓景卷疊韻

重展前巡卷，分明親寫時。昔今不隔日，煙雨祇饒詩。潤景披銀鑑，祕思抽綺絲。再三倣
米意，庚子春南巡在舟中倣米意寫煙雨樓卷，凡二，其一弄嘉禾本處，又攜貯宮內懋勤殿，又於山莊復倣一卷，貯熱河
煙雨樓中。笑我此耽之。

錢陳群之孫錢端進其曾祖母所畫四子講德及陳群書論合卷，閱畢還之，俾爲其家世珍，並題是什

王褒四子講德論，賢母爲圖令子書。錢陳群之母陳書畫四子講德圖，陳群補書論。卻憶石渠經祕
弆，俾還香樹作家儲。一之爲甚豈可再，其或有因益愴予。石渠向存陳書畫四子講德及陳群書論，乃陳
群所進。此卷末，陳群跋載其母於五年中曾畫此圖者再，更爲確證。因思內府既藏其一，不忍復留此卷題什，還之俾其
子孫世守，永作家珍，亦爲藝林增一段佳話也。觸目不堪懷舊處，南來老輩半凋疎。

降旨寬免浙江杭嘉湖三府正供十分之三，詩以誌事

入疆民隱切諏諮，積欠概將寬免之。昨入江南境，即降旨將江寧、江蘇、安徽各藩司所屬未完積欠地丁漕
項及民借籽種等項共銀米一百三十餘萬全行蠲免。並未逢災謝天祐，無災則無借項。更常完賦慶農時。雨暘
時而歲美，每年完賦，更無欠項。所當嘉也其風善，寧可靳哉我惠施。十以免三正供遒，浙省附郭之仁和、

錢塘二縣,本年應徵地丁正項先經降旨,概予豁免外,因思杭州、嘉興、湖州三府蹕途所經,復加恩,將三府所屬本年因徵地丁錢糧共一百九萬餘兩,再行普免十分之三,計三十餘萬,俾近光黎庶,益享盈寧之福。幸茲同樂世雍熙。

嘉興道中詠古四首

檇李城

水村處處重農桑,檇李誰知古戰場。越躓吳顛胥往事,遠帆煙雨望茫茫。

三過堂

茶禪數典自三過,茶禪寺本吳越保安院,宋改景德禪寺,俗名三塔寺。壬午南巡時,用蘇軾訪文長老三過湖上汲水烹茶事,賜改今名。長老烹茶事詠哦。文士豪吟殊不少,罏韝何獨萃東坡。

岳珂故宅

太守因之寓郡城,金陀坊裏尚存名。五經萃室珍遺帙,宋嘉定中,岳珂守嘉興,後寓居郡中金陀坊,有《金陀粹編》,蓋爾時寓郡政暇,校刊五經,或即其時云。疑此宅中鋟版行。

天籟閣

檇李文人數上聲子京,閣收遺蹟欲充楹。明項元汴字子京,檇李人,好收金石遺文、圖繪名蹟,貯書處名天籟閣。雲煙散似飄天籟,元汴所收書畫,有天籟閣項墨林印記,《石渠寶笈》所收甚夥,今經其本地,反惜其閣與名蹟俱無存矣,其印記亦不知其何時久入內府收貯,然以此又幸其不落買人手用假亂真耳。明史憐他獨掛名。

題陳書長松圖

三百年松孥古枝,見陳書自識語。寫形女史壁間披。若論窗外真松古,甲申題是圖詩,有"真松窗外綠參天,兩翁不識誰兄弟"之句。相對還應弟視之。末句反甲申詩意。

題煙雨樓

象寫鴛湖景最嘉,饒他俯檻看荷花。設如煙雨中方至,著相內典循名儒書兩落差。
老樹綠雲疑作雨,平湖碧靄欲生煙。分明檇李暮春況,遊目渾如一瞥然。

煙雨樓對荷有作

不欲速還時不孤,今年山莊荷開略遲,至孟秋始盛放。金風玉露錦平鋪。闓香無礙魚樂國,嘉興煙雨樓有董其昌書"魚樂國"三字刻石。入畫有如武列湖。弗語閒情超筆墨,襲人靜馥滿袍襦。試詢錢陳群董其昌諸君子,煙雨能同塞景無。

題陳書畫扇

林密復山崇，結亭宜此中。飛泉來落澗，懸磴正臨空。斯韻聽宜寂，其源望不窮。漫嫌無應答，謖謖有松風。

右幽壑聽泉

箑面纔盈尺，何來千里觀。能令近爲遠，豈計易和難。插水峰形疊，連天江勢寬。未言倣誰氏，直作富春看。內府所藏黃公望富春山居圖，有咫尺千里之勢。此箑寫煙江疊嶂，彷彿得其筆意。

右煙江疊嶂

意寫右丞詩，山中首夏時。幽居無外事，一舫有相知。畫中有客乘船來訪。白鷺驚人去，黃鸝選樹移。復庵真作者，豈獨畫家師。

右水田飛鷺

天籟書屋

碧宇寥寥迥太清，千林天籟作秋聲。雲山四季賞無盡，底論嘉禾項子京。

命緩徵浙江去歲被旱州縣，詩以誌事

浙雖一省分東西，去歲迤東頗豐稔。上年浙江之金、衢、嚴、寧、紹、溫、台、處八府，秋收均獲豐稔。迤西數府近歙徽，城門殃及逢旱審。浙西之杭、嘉、湖三府，地近歙、徽，因得雨較遲，收成致歉。災雖弗重民食貴，緩徵借種寧可寢。杭、嘉、湖三府屬之仁和、錢塘等十七州縣，及杭、嚴、嘉、湖二衛，昨歲已降旨，將應徵地丁漕項緩至次年，分別帶徵，以紓民力。茲命再行緩至秋收後徵收，並查明實在貧民，酌借口糧、籽種，俾得接濟。亦欲實惠被飢民，申命有司其懃恁。

題陳書畫册

漫議託根草謂水仙木謂梅差，凌波疏影共橫斜。月明林下青邱句，早識豐標是一家。

右水仙梅花

外直中通性本空，遠香輕度鯉魚風。女夷賦色初無意，此白終須勝彼紅。

右白蓮

一片秋江澄不波，蘆花沙渚颯婆娑。扁舟浮去止亦可，莫認漁名張志和。

右蘆舟漁艇

竹梧清籟石流泉，唱和無心出自然。傾耳宮商以外聽，小哉屬詠穎師絃。

右坐弄流泉

木芙蓉繼水芙蓉，一片秋蟾印晚風。蘆荻飄蕭下水鳥，來參異異與同同。

右芙蓉水禽

吉祥草綠臘梅黄,蔬百合果霜柿憑占百事昌。香樹軒中家慶藹,歲朝圖出好韶光。

右歲朝圖

陳書山窗讀易圖

欲傚叔明讀易圖,不期筆法石田俱。見圖中自識語。幀中下半忽齊集,易理無窮寓此乎。

案是幀下半樹屋坡石截然而止,紙幅之窮,尚餘十分寸之三,似有意止之以齊者,或老人因《易》理無窮,作畫時故留有餘,以寓書不盡言,言不盡意之旨乎!

天籟書屋

四卷貯斯項氏符,明項元汴貯書畫處曰天籟閣,茲書屋所貯元汴賞鑒畫卷,凡四。米芾雲山煙樹一,吳鎮梅竹松蘭一,徐賁眠雲軒圖一,唐寅採蓮圖一,均有天籟閣印記云。輸他閣上富藏圖。甲辰憶過嘉興路,卻惜子京蹟久無。甲辰南巡過嘉興,惜其閣與名蹟均無存者,有"雲烟散似飄天籟"之句,至其印記不知何時收入內府。又幸其不落賈人手,藉假亂真耳。

煙雨樓晴望

澱湖之樓武列上,水態雲容不殊狀。底須宿地詡仙家,遊目暢心胥一樣。南巡在春弗在秋,秋晴欣獨登斯樓。朗峰晃樾入波面,問攜李者能斯不。山莊已駐月餘矣,霖則爲愁霽爲喜。今朝即景供慰觀,奚必盛名副其美。

題陳書山靜日長圖乾隆五十二年

子西佳句叔明法,恰合南樓傚老人。見圖中自識語。筆裏有詩聊寓畫,幀中無處不傳神。幽居深藉松林護,翠巘層鋪荷葉皺。爲想當年勤課荻,集成香樹果清新。錢陳群集名《香樹集》,其詩格律清新,亦由母教云。

題陳書傲王蒙夏日山居

山軒古畫復觀陳,疊疊雲巖葉葉皺。香樹賡吟隨進者,撫餘歎鮮論詩人。

天籟書屋

項氏閣無惜甲辰,天籟閣爲明項元汴藏書畫處,甲辰過嘉禾,有"雲煙散似飄天籟"之句,蓋惜其閣與名蹟俱無存也。茲山莊書屋弆藏元汴所賞鑒名畫四卷,一米芾雲山煙樹,一吳鎮梅竹松蘭,一徐賁眠雲軒圖,一唐寅採蓮圖,俱有天籟閣印記,亦可謂名副其實矣。幸收四卷副名新。卻欣天籟悠然作,掃盡閒心辨假真。

浙江巡撫琅玕奏報春花蠶絲收成豐稔，詩以誌慰

麥之苗秀資雨哉，麥之結實賴晴矣。作蠶[26]繰絲喜晴暄，適逢其會成雙美。浙省各府俱種春麥，而杭州、嘉興、湖州三府尤以春蠶爲重。茲據琅玕奏，二麥陸續刈獲，春蠶亦俱繰絲。其二麥約收分數：杭州、嘉興、紹興、溫州、四府屬俱九分有餘，寧波、台州、金華、嚴州四府屬俱有九分，湖州、衢州、處州三府屬俱有八分；其蠶絲收成分數：嘉興府屬九分有餘，杭州、湖州二府屬俱有九分。大概春花、春蠶當收成之際最宜曝曬，幸遇天氣晴朗，一律稔收，可稱雙美云。衣食之源吾所廑，而絲之源惟浙爾。兩收胥獲九分餘，額手同民幸遇此。昨知兩江報麥收，前據上下兩江督臣、撫臣奏二麥收成分數俱九分有餘，浙江界其南，故麥收相仿，更南則爲閩、粵，當亦無殊。惟日盼奏至，以慰廑念，而奏到略遲耳。風氣至浙南迤邐。復南則爲閩粵疆，均似茲乎一心企。

題陳書倣王蒙夏日山居

王氏名蹤陳仿之，重陰如蓋四鄰披。山莊避暑弗居此，每歲夏至後，即啟蹕避暑山莊，長夏山居之圖於此處似不相稱，然斯圖斯境斯時三即一耳。詩本看時同在茲。

浙江布政使顧學潮報春花蠶絲收成豐收稔，詩以誌慰

田協霑膏蠶協晴，九分兩得報收成。顧學潮報浙江各屬春雨霑足，大麥陸續登場，小麥亦俱結實飽綻。春蠶漸次成繭。現據查明，各府州縣春花蠶絲收成分數：杭州、嘉興、寧波、紹興、溫州五府屬二麥約九分有餘，湖州、金華、嚴州、處州四府屬二麥約有九分，台州、衢州二府屬二麥約八分有餘。統計通省二麥收成九分有餘，杭州、嘉興二府屬蠶絲收成九分有餘，湖州府屬蠶絲收成九分。統計蠶絲收成九分有餘。田功需澤，蠶事需晴，茲晴雨各協，並獲豐收，實堪慰慶。足衣資食酬民願，旰食宵衣慰我情。護撫司藩合申奏，巡撫琅玕入覲，顧學潮護理撫篆，收成分數例得陳奏。慎微戒滿益盟誠。封章南北多吉語，昨據福康安奏安南阮惠進表乞降，茲又據阿桂、顧學潮奏河南、浙江豐收情形，吉語駢臻，洵屬大順，欣慰之下，敬畏益深。自問何修幸畏並。

浙江巡撫琅玕奏報春花蠶絲收成豐收稔，詩以誌慰

一日批觀兩奏摺，浙江巡撫琅玕奏報春收與江南總督書麟奏報安徽麥收之摺同日披覽。浙稱收麥更兼蠶。據琅玕奏浙江二麥收成：杭州、嘉興、湖州、寧波、紹興五府屬計九分有餘，金華、衢州、嚴州、溫州四府屬計九分，台州、處州二府屬計八分有餘。統計通省麥收共九分有餘。又奏杭州、嘉興、湖州三府屬養蠶之處，收成九成有餘。統計通省蠶收亦九分有餘等語。該省麥收計比安徽較優，兼以蠶絲豐裕，有關民生衣食不淺，覽奏深爲慶慰。慰哉衣食資民計，額慶維箴戒滿談。

松霞室題陳書畫軸

巖松犖[27]畫各軒軒，霞舉笞相謖籟翻。女史古圖經屢詠，笑予於此未忘言。

題陳書倣王蒙夏日山居

春朝重看夏山圖,綠樹濃陰足静娛。但得精神契倪笘,底須景概較同殊。

題煙雨樓

山莊駐蹕將半月,煙雨樓凡幾度憑。睠矣每孤責厥實,幸哉今乃副其稱。遠峰欲與白雲合,平阪纔看綠草增。興寄澱湖阿那畔,遜他時若麥鹽登。近據浙撫奏杭、嘉、湖三府雨暘時若,今歲麥、鹽收成俱有九分,此間得雨稍遲,較遜於彼。

題女史陳書寫生十幀

崇蘭倚石
寫花倚石亦恒爲,獨以幽蘭乃覺宜。屈子之香孫氏介,相清氣味且深思。

仙杏含葩
淺紅嫩綠郁相扶,畫則趙昌江少虞《事實類苑》稱趙昌善畫花,自號寫生趙昌。《宣和畫譜》有昌杏花圖一。詩則吳融。含蕾多於放英者,意之不盡在斯乎。

虎耳叢芳
團葉居然似雙耳,芳叢何礙寫於菟。設如絜矩履其尾,三四之間凶吉殊。履之六三九四,俱不中不正,履乾之剛。然三以柔而志剛,故有咥人之戒,四則以剛居柔,故能愬愬終吉,是戒懼之爲益大矣。

香林翠羽
薇紅扅白各爲觀,生意斓斑正未闌。誰謂六根泯禽類,一枝託處愛林蘭。

雲根秋錦
石竹金萱各冶榮,一峰側畔託秋清。西風斜日相過處,颯沓猶聞金石聲。

渌池初照
不爲工緻爲瀟灑,面目本來卻飾修。設以濂溪定名論,應於隱逸傳中求。

蒲塘介士
蒲塘霜後正醣肥,勃窣平沙樂晚暉。介士名稱高位置,可知亦有橫去聲行譏。

蓼汀蛺蝶

秋意寥蕭到蓼汀，玉腰小柱喜丁星。看他栩栩如方醒上聲，便合南華試著經。

丹楓穩宿

一枝楓樹已經霜，好鳥來非驀與翔。試問杜家得句者，於斯究竟孰閒忙。

仙珮淩波

洛神賦裏得神餘，皎皎如兼淡淡如。結搆總無巾幗氣，知伊人特醉詩書。

煙雨樓對荷

花盛原因開以遲，樓陰一片綺紈披。屈爲信理固宜是，淡弗華高乃在茲。鹿苑不妨恣游奕，鴛湖豈必較參差。設如座喻對君子，香樹依稀與論詩。香樹，錢陳群號。向年游嘉興煙雨樓，常與之談詩，宛然如昨也。

浙江巡撫福崧奏報春花蠶絲豐收情形，詩以誌慰乾隆五十七年

奏章披浙撫，民福普西東。浙省以江分東西。屬十一府，舉成數也。麥均稔，府三杭嘉湖蠶並豐。福崧奏浙省各屬地方入春以來，晴雨得宜，農桑並利。現在二麥陸續登場，春蠶亦已成繭。所有二麥收成分數計九分有餘者，杭州、嘉興、湖州、寧波、金華五府屬；九分者，紹興、衢州、嚴州、温州四府屬；八分有餘者，台州、處州二府屬。統計通省麥收共九分有餘。正杭州、嘉興、湖州三府屬，蠶絲收成均屬九分等語。望南固慰意，盼北切憂衷。京畿左近二麥固已歉收，然北地重在大田。日内若即得透雨，農民翻犁播種，秋收尚屬可望。而不雨日甚一日，憂懃不可言矣。因亦人情悟，緩遞急近同。

天籟書屋口號

林既栴檀屋天籟，絶塵色與不凡聲。畫中詩即詩中畫，笑彼珍藏項子京。

浙江巡撫長麟奏春雨霑足，詩以誌慰乾隆五十八年

入境甘膏遇上旬，重霑各屬更宜春。長麟前奏，正月初五日抵任，所有經過嘉興、杭州二府屬於初二、初三等日業經得雨霑足。今又據奏，十三、四等日，省城一帶復被甘膏，入土更爲優渥。其近省之嘉興、湖州、紹興各府屬，並報十三、四及十七、八等日得雨，極爲深透。米糧各價亦俱平賤。澤深分寸難計數，稔卜麥犂喜被均。南暖雨滋昨徵報，南方和暖，春膏多係雨澤，是以朱珪昨奏安徽省城亦於正月初旬、中旬節次得雨深透。北寒雪積近齊陳。今日又據吉慶奏，濟南省城二月初六辰刻始而密雨，繼之以雪，積二寸有餘。北地候寒，故仲春尚或霏雪，其爲利益農田，則均也。姑蘇一帶獨闕奏，督撫寧忘命驛詢。江蘇界浙江、山東之間，當可一律均霑，乃尚未據奏到，爲之懸厪，因即降旨馳詢。

題陳書仿王蒙夏日山居

邇年避暑必山莊，長幅當前滿意涼。香樹獻詩兼獻畫，陳書乃尚書錢陳群之母，陳群家居時，呈進和詩之便，並獻是圖。香樹，陳群號也。迴思談學浙雲茫。

浙江巡撫長麟、湖南巡撫姜晟各奏報麥收分數，詩以誌慰

湖南收早浙收晚，奏異近遙到卻同。湖南氣候較暖於浙江，二麥收成亦早，且湖南距京四千五百餘里，浙江止三千三百餘里，是以姜晟四月初十日所發之摺，與長麟四月十八日所發之摺卻同於五月初六日奏到。統以八分有餘計，據姜晟奏，湖南省宜麥之區，向止湘陰、茶陵等三十一州縣，該處地方舊臘今春雪澤，雨水優霈。入夏後晴霽經旬，二麥大有神益，現已刈穫登場，查收成九分者沅陵等二縣，八分有餘者茶陵、永明等八州縣，八分者湘陰、道州等十八州縣，七分有餘者，華容等三縣。通省麥收計八分有餘。其大田禾苗益見芃發，農民爭相蒔插，田功大起，歌聲四野，氣象恬舒等語。又據長麟奏，浙江省春雨充足，二麥菜豆，長發暢茂，現俱一律收成，內九分有餘者寧波府屬，九分者紹興、金華、衢州、溫州四府屬，八分有餘者台州、嚴州、處州三府屬，七分有餘者杭州、嘉興、湖州三府屬。通省春花計收成八分有餘等語。二省春收均在八分以上，洵可謂之中豐，民食得此接濟，當益寬裕矣。雖非上稔實中豐。浙嫌寒略惜蠶遜，又據長麟奏，稱杭州、嘉興、湖州三府屬蠶絲均約收七分有餘，因四月初旬天氣稍寒，是以未能十分豐盛。雖衣食俱關小民生計，而食尤重於衣，幸收麥不致有減，爲之欣慰耳。湖喜雨霈起稽功。曰食曰衣總民要，殷殷孰不切關衷。

題陳書長松圖

江南塞北原無涉，室裏山中若有期。女史或知此意否，七章佛偈早言之。

浙江巡撫長麟奏報早禾收成九分，詩以誌慰

早晚二禾例各報，早收欣悦晚之成。九分實足近上稔，據長麟奏，浙江省寧波、衢州、處州、台州、金華、嚴州、紹興、溫州、杭州等府屬，本年所種早禾甚廣，五月內雨水雖多，各該府地勢高阜，並無妨礙。六月以後，暄潤得宜，長發愈覺暢茂。所有各府收成九分有餘者，寧波、衢州、處州三府屬；九分者，台州、金華、嚴州、溫州四府屬；八分有餘者紹興。杭州屬之仁和、錢塘、海寧三州縣暨嘉興、湖州二府，地勢較低，向來多種晚禾，現亦長發青蔥，將來亦可望其豐收。五縣仍教並緩徵。又據稱，湖州府屬之烏程、歸安、長興、德清、武康等五縣，沿湖沿河之低田，因五月間雨水較多，湖河泛溢，禾苗不免受傷，雖現已播種雜糧，農民僅敷糊口，等將應徵漕糧一併輸納，小民未免拮據等語，已即降旨，將應徵漕米及新舊錢糧加恩緩徵，統於來年收成後，分作二年帶徵，以紓民力。蓋此歉收之地，雖不及通省十分之一，而朕心無不軫念，惟一有諱飾，則民隱無由上達矣。肯以此豐忘彼歉，最嫌爲諱勖陳誠。愛民惟是籌農要，曉夜孜孜此屏營。

天籟書屋作歌自誚

大笙小箹籟居中，子京意弗用厥庸。益之曰天寓吹萬，胥任自取將無同。然而一再識古

蹟，秀水之天籟閣，項元汴鑒藏名人書畫之所也。取《莊子》"吹萬自取"之言，隱寓忘己之意，然即其鑒藏名蹟，顯自己出，果能達莊翁之意耶。謂云忘己瞞莊翁。一之爲甚其可再，而我何事尋彼踪。作歌撫卷聊自誚，元汴所藏書畫，每鈐以天籟閣印記，是處書屋既仿其名，因即於《續石渠寶笈》書畫内有經元汴印識鑒藏者數種貯其中，意爲循名，即當責實，但元汴既徒鄉其名，而予復踵尋其踪，偶一撫卷，亦堪自誚。若謂此書屋即秀水之閣，不必存分別見，則又非炙轂所能窮也。置之秀水辯安窮。

浙江巡撫吉慶奏報早禾收成八分有餘，詩以誌慰

昨歲九分今八餘，亦堪稱稔慰心舒。吉慶奏，浙省夏間雨水調匀，六月以後更爲暄潤得宜，早禾倍加暢茂，現俱陸續成熟，所有各屬收成分數：九分有餘者金華、嚴州二府屬，九分者溫州府屬，八分有餘者杭州、紹興、台州、衢州、處州五府屬，七分有餘者寧波府屬。統計各府早禾收成，實八分有餘。該省上年早禾收成九分，今歲雖分數少減，尚稱中稔，堪爲農慶。中雖欠上實爲幸，北則遜南惜弗如。北方畿南齊北及豫省之大河以北，秋間以雨水過多，田禾多被淹浸，雖近據各督撫奏，除窪地被水外，其高阜處所亦尚有收。然通省率算，究不能無減，則遠遜南省矣。況得春鼇收報盛，更欣晚稼茂過平聲初。又據奏，杭州府屬之仁和、錢塘、海寧三州縣暨嘉興、湖州二府，地勢較低，向皆種植晚禾，現亦青蔥芃茂等語，此三府向來最重蠶絲，今春已獲豐盛，而晚稼亦可一律稔收，更深欣慰。南瞻豈不同浙樂，齊豫燕民切憫予。

浙江巡撫吉慶奏報春花蠶絲收成分數，詩以誌慰_{乾隆六十年}

麥與蠶絲衣食原，可能偏廢總心存。浙之所重異他省，麥卻宜涼蠶喜暄。事有不齊慎調劑，幸逢一致慰黎元。八分胥報稱中稔，據吉慶奏，浙省春雨充足，二麥正當揚花之時。又值連日晴霽，現在次第收穫，所有各屬收成分數：八分有餘者湖州、寧波、處州三府屬，八分者杭州、紹興、金華、衢州、溫州五府屬，七分有餘者嘉興、台州、嚴州三府屬。合省統計，麥收約有八分。其杭、嘉、湖三府屬，蠶事自三月下旬以來，天氣和暖，最爲得宜。現在陸續成繭，收成亦約八分有餘。慶共民同叫昊恩。

登煙雨樓即事

昨過廣仁嶺，西東農畢見。麥麰未逮熟，禾黍則耕遍。生機究欠潤，炎風況時扇。群言可待時，我意微覺旱叶。湖樓肖嘉興，煙雨其名善。南巡實每副，北駐亦屢眷。是樓制肖鴛湖，浙中春雨，南巡到彼，每副其名。山莊望雨，時登斯樓，亦率有雨試之屢驗。斯登匪爲游，希即甘露鈣。

【校注】

[1] 按：《清高宗御製詩》初集卷二作"趙孟頫"。

[2] 蠶：《清高宗御製詩》初集卷三十七作"繭"，當作"繭"。

[3] 漫入：《清高宗御製詩》二集卷二十四作"慢陟"，當作"慢陟"。

[4] 齊：《清高宗御製詩》二集卷二十四作"齋"。

[5] 還：《清高宗御製詩》二集卷七〇作"全"。碑刻亦作"全"。此碑尚存，立于嘉興城南湖心島煙雨樓西南側御碑亭中。

[6] 如：《清高宗御製詩》二集卷七〇作"殊"。碑刻亦作"殊"。此碑尚存，立于嘉興城南湖心島清暉

堂西走廊上。

　　[7]蒙：碑刻無此字。按：此碑尚存，嵌嘉興城南湖心島來許亭東牆外側。

　　[8]伺：碑刻作“侍”，當作“侍”。

　　[9]訝：《清高宗御製詩》三集卷二十一及碑刻均作“迓”。

　　[10]縱：《清高宗御製詩》三集卷二十一作“總”，當作“總”。

　　[11]優：碑刻作“復”。

　　[12]濛：碑刻作“蒙”。按：此碑尚存，立於嘉興城南湖心島清暉堂西走廊上。

　　[13]多：《清高宗御製詩》三集卷四十七作“少”，當作“少”。

　　[14]陳：《清高宗御製詩》三集卷五十七作“管”，當作“管”。

　　[15]管：《清高宗御製詩》三集卷五十七作“陳”，當作“陳”。

　　[16]手：《清高宗御製詩》三集卷八十九作“宇”，當作“宇”。

　　[17]覯：《清高宗御製詩》四集卷十七作“購”，當作“購”。

　　[18]徒：《清高宗御製詩》四集卷十九作“陡”，當作“陡”。

　　[19]製：《清高宗御製詩》四集卷二十三作“注”。當作“注”。

　　[20]煙雨：《清高宗御製詩》四集卷七十作“煙雨樓”，當作“煙雨樓”。

　　[21]寺：《清高宗御製詩》四集卷七十二作“寺基”，當作“寺基”。

　　[22]臺：《清高宗御製詩》四集卷七十二作“堂”，當作“堂”。

　　[23]何：《清高宗御製詩》五集卷五及碑刻均作“奚”。此碑尚存，立於嘉興城南湖心島煙雨樓西南側御碑亭中。

　　[24]徘：《清高宗御製詩》五集卷五及碑刻均作“徊”。

　　[25]登：《清高宗御製詩》五集卷五作“澄”，當作“澄”。

　　[26]蠶：《清高宗御製詩》五集卷四十作“繭”，當作“繭”。

　　[27]擘：《清高宗御製詩》五集卷四十六作“壁”，當作“壁”。

高宗純皇帝御製文

陸贄論

　　治有不生於治之日，亂有不生於亂之時。有國家者，宜正其本而辨之於早也。我讀史至唐德宗之時，謂朱泚之亂，不生於姚令言，而生於用盧杞；復唐之功，不在於用李晟，而在於信陸贄。天下之治亂，社稷之安危，在於人君用一人。由是觀之，用人可不慎哉！當奉天之難，天下反者十四五，藩鎮擁強兵虎視中原，而朱泚兵勁將強，圍城纍月，其破圍解難，冒矢石，觸鋒刃，以救帝復國者，固李晟、渾瑊諸將之功，而經營大計，調和天下，使諸鎮人人思慕唐德者，非陸贄之功，其誰之功歟！故曰復唐之功，不在於用李晟，而在於信陸贄也。贄爲人剛方嚴正，而有經世之才，其奏疏皆可行可法，措之於天下者有治安之效，大抵以仁義爲本根，貨財爲末務，論深切於世情，言不離於道德。至於君子小人之分，忠厚苛刻之別，推誠任術之判，未嘗不反復爲德宗言之。故在奉天之時，悉聽其言，而藩鎮畏威，梁州再幸，道路相失，號痛如失左右手。及天下略平，大難略定，乃置於閒散者數年，雖命爲相，不能信用，又聽裴延齡之讒，而貶於遠州。蓋君子小人之分若此其難，雖贄反覆言之而身亦不免於廢黜也。順宗即位，復欲用之，詔未至而歿，惜哉！

吳鎮硯銘

墨華吐,沛時雨。

金廷標羅漢贊

手持青蓮,欲拱金鉢。需水沃之,澗泉飛沫。曰水有與,是謂邪見。曰鉢有取,是何神變。取與胥幻,水鉢非二。諮諸應真,善哉游戲。

金廷標畫古佛贊

見身無實,了如心幻。海印發光,盤鄰指按。伽梨不着,偏袒右肩。優曇樹側,晏坐巖間。諸魔伏盡,亦無伏者。波旬怒目,意若弗下。演三乘畢,示萬法空。無可不可,遊戲圖中。

金廷標畫羅漢贊

大澤深山,宴坐平石。童子炷香,各適其適。如意在手,非有非無。意亦強名,如何爲乎。

高宗純皇帝御書

賜在籍工部侍郎范璨扁 _{乾隆十六年}

松巖樂志

賜煙雨樓聯 _{乾隆二十七年}

船泛春波天上坐　樓稱煙雨霽中來

賜本覺寺扁

本覺寺

賜茶禪寺扁聯

茶禪寺
標示三乘

湧塔同参法華品　試茶分證趙州禪

賜在籍刑部尚書錢陳群扁

香山耆碩

賜在籍工部侍郎范璨扁_{乾隆三十年}

耆英介景

賜禮部侍郎陸費墀之母趙氏扁_{乾隆四十八年}

蘭陔慶衮

賜關帝廟扁_{乾隆四十九年}

聲靈綏佑
以上扁聯。

賜在籍刑部侍郎錢陳群_{乾隆二十二年}

臨米帖

賜在籍刑部尚書錢陳群_{乾隆三十年}

臨顏真卿自書告身
以上卷幅。

高宗純皇帝御畫

賜在籍刑部侍郎錢陳群_{乾隆二十五年}

橋梓圖
御題詩屏識_{恭載在前。}

幸煙雨樓_{乾隆二十七年}

御筆墨梅

賜在籍刑部尚書錢陳群

竹根如意圖

御題詩屏識<small>恭載在前。</small>

賜兵部侍郎錢汝誠

倣文徵明疎林茅屋圖

御題詩即用徵明元韻<small>詩云：</small>

消閒戲墨勝分茶，詎論倪黃各擅家。楓岸卻如吟小杜，茅齋雅稱讀南華。度橋詩意行媵草，映座生春佛鉢花。古樹幾梢煙靄澹，晚來隨分噪歸鴉。

賜在籍刑部尚書錢陳群<small>乾隆二十九年</small>

石芝圖

御題詩並識<small>恭載在前。</small>

賜在籍刑部尚書錢陳群<small>乾隆三十六年</small>

倣梁楷潑墨法

幸烟雨樓<small>乾隆四十五年</small>

御筆倣米芾意寫煙雨樓圖

御題幀首"寫心寄趣"四字

御製詩<small>恭載在前。</small>

伊《志》謹案：乾隆四十五年，南巡至嘉興，於御舟中倣米意，寫煙雨樓卷凡二，其一弆嘉興之煙雨樓，一貯宮內之懋勤殿。復於避暑山莊仿寫一卷，貯熱河之煙雨樓。詳見御製詩注。

仁宗睿皇帝御製詩<small>乾隆四十九年</small>

恭和御製題庚子寫煙雨樓景卷原韻

高樓開碧沼，游豫好春時。景足供煙雨，題仍寄畫詩。波光涵玉鏡，柳色冒晴絲。千古澂湖上，奎文永煥之。

嘉興府志卷一

圖　説

《周禮・地官》：“土訓：掌圖，以詔地事。道地慝，詔地求。王巡守，則夾車。”而《夏官・職方氏》亦“掌圖，以知利害”。嘉興有趙《圖記》《海鹽圖經》，尚矣。兹沿舊志，繪總圖、境圖，而水道則倍詳。繪《郡縣城圖》，而橋樑、坊巷倍詳。即土訓詔地事、詔地求意也。繪《臨幸大營》圖，即巡守夾車意也。繪《海防圖》，即職方知利害意也。府署、府學、書院，則因城圖而兼及之。《煙雨樓圖》亦臨幸所經也，豈徒以娛目哉。志《圖説》。

嘉興府總圖説

嘉興郡形勝，舊志稱其表裏吳越，長雄浙湄。東盡平湖、嘉善九十三里界華亭，西盡石門八十里界德清，南盡海鹽百二十里界甯波，北盡秀水三十七里界吳江，此四正之境也。東南百里盡平湖界大海接江南金山衛，西北四十里盡桐鄉界湖州之烏鎮，西南百有十里盡石門界杭州之仁和，東北五十里盡嘉善界長洲，此四隅之境也。惟舊圖開方計里，雖上按度數，然於水利形勢仍簡略。與其以地輿之近切轉求之高遠之天辰而彷彿難稽，不如就山川城郭市鎮鄉里之確有可憑者臚列而指明之尤瞭然在目之爲愈也。爰取舊志竝王鳳生《水道全圖》，參酌摹繪，以芝斯圖。

星　野

星野之説，雖不可泥，然考之《周官》《左傳》及歷代史書，嘉興乃吳地南偏，於次爲星紀，於宿爲南斗，於北斗爲權，於三台爲下級，固歷歷可證也。至南斗在宮爲丑，而《史記・天官書》則曰丙丁爲江淮，此不以宮論，而以干論矣。南斗在玄武爲水，而《天官書》則又曰熒惑主火，主吳越，此不以宮論，而以五緯之五行論矣。若夫北極出地之度，初昏中星之差，日至晷影之長短，亦不可不知也。志《星野》。

星　野

十二次分野　以星土辨九州之地，所封封域皆有分星，以觀妖祥。《周禮・保章氏》。鄭氏註曰：玄謂大界則曰九州，州中諸國中之封域，於星亦有分焉。其書亡矣。堪輿雖有郡國所入度，非古數也。星紀，吳、越也。《周禮・保章氏》鄭註。星紀，初斗十二度。中牽牛初，終於婺女七度。《漢書・律曆志》。自斗六度至須女二度，謂之星紀之次，越之分野。《續漢書・律曆志》註引蔡邕《月令章句》。自斗十一度至婺女七度，一名須女，曰星紀之次，今吳、越分野。《續漢書・郡國志》註引皇甫謐《帝王世紀》。班固取《三統曆》十二次配十二野，其言最詳。自南斗十二度至須女七度爲星紀。于辰在丑，吳、越之分野，屬揚州。又有費直説《周易》、蔡邕《月令章句》所言，頗有先後。費直“起斗十度”，蔡邕“起斗六度”。《晉書·天文志》。揚州在天官，自斗十二度至須女七度，爲星紀，吳、越得其分野。《隋書·地理志》。古吳、越皆星紀分也。《舊唐書·天文志》。南斗、牽牛，星紀也。初，南斗九度，餘千四十二，秒十二太。中，南斗二十四度。終，女四度。《唐書·天文志》。斗四度三十六分六十六秒外入吳、越分星紀之次，揚州之分。《元史·天文志》。斗三度至女一度，星紀之次也。欽定《明史·天文志》引《清類天文分野之書》。伊《志》案：新、舊《唐書·天文志》竝云：貞觀中，李淳風譔《法象志》，因《漢書》十二次度數，始以唐之州縣配焉。至開元初，法門一行又增損其書，更爲詳密。今考《漢書》星紀“起斗十二度”、《唐書》“起斗九度”、《元史》“起斗四度”、《明史》“起斗三度”，蓋歲差之故，每近七十年而差一度也。

二十八宿分野　昭公三十二年，夏，吳伐越，始用師於越也。史墨曰：“不及四十年，越其有吳乎。”越得歲而吳伐之。《春秋左傳》。杜氏註曰：此年歲在星紀，吳、越之分也，歲星所在，其國有福，吳先用兵，故反受其殃。孔氏疏曰：吳、越同分，而曰越福吳凶者，以吳先用兵，故反受其殃。賈逵云然，杜從之也。鄭玄云：天文分野，斗主吳，牽牛主越。此年歲星在牽牛，故吳伐之凶。案史傳所云，吳、越同分，不言于次之內更復分星。鄭之此説，爲亡之甚也。案《周禮》鄭玄註云：星紀，吳越也，則以十二次言。此云：斗主吳，牽牛主越，則以二十八宿言，即玄所謂諸國封域於星亦有分者也。細釋《左氏傳》“越得歲而吳伐之”七字，其分指吳、越，語意顯然。鄭説似較賈説爲優。孔疏未敢盡信。牽流爲揚州，分爲越國。《春秋元命苞》。越故治，今大越山陰，南斗也。吳故治西江，都牛、須女也。《越絶書》。伊《志》案：《吳越春秋》：大夫種曰吳與越同音共律，上合星宿，下共一理。與此文不合。斗，江、湖。牽牛、婺女，揚州。《史記·天官書》《漢書·天文志》同。吳地，斗分野也。今之會稽、九江、丹陽、豫章、廬江、廣陵、六合、臨淮郡，盡吳分也。粵地，牽牛、婺女之分野也。今之蒼梧、鬱林、合浦、交趾、九真、南海、日南，皆粵分也。《漢書·地理志》。斗，牽牛越，須女吳。《淮南子·天文訓》。斗，吳之分野。牽牛，一名星紀，越之分野。《淮南子·天文訓》高誘註。斗，北方宿，吳之分野。牽牛、婺女，北方宿，越之分野。《呂氏春秋》高誘註。魏太史令陳卓更言郡國所入宿度，丹陽入斗十六度，會稽入牛一度。《晉書·天文志》。伊《志》案：《通志·天文略》載陳卓、范蠡、鬼谷先生、張良、諸葛亮、譙周、京房、張衡竝云一條，與此文同。南斗在雲漢下流，當淮、海間，爲吳分。牽牛去南河寖遠，自豫章迄會稽，南逾嶺徼，爲越分。《唐書·天文志》。兩浙路揚州之域，當南斗，須女之分。《宋史·地理志》。嘉興乃斗之分野，而崇德處吳、越之間，則獨在斗牛躔度之交。案《五代史》載，豫章人有善術者，望斗牛間有王氣，謂錢塘分也。宋建炎初，國步艱虞，是秋，占者望斗牛間有紫氣，既而移蹕維揚，謂其已驗。暨冬十月戊寅，孝宗虹渚之祥實在嘉興，非明驗歟。至元《嘉禾志》。浙江布政司所屬之杭州、嘉興府皆牛、女分。欽定《明史·天文志》引《清類天文分野之書》。嘉興府，斗分野。《明一統志》。嘉興府，古揚州，斗分野。欽定《授時通考》引《分野考》。嘉興府，斗牛分野，星紀之次。《大清一統志》。

伊《志》案：嘉興一府本屬吳境，雖禦兒之爲越界，實鄰於吳，當以吳之分野爲主，若斗牛之指吳、越，説固不一，當從《漢書·地理志》爲確。至如舊《浙江通志》所云：嘉興，劉基分爲斗十一度。古測嘉興斗分野，今測嘉興斗二度。新《浙江通志》引《內緯祕言》所云：斗十五度。嘉興府嘉興、秀水、嘉善三縣入七分之六；海鹽、平湖、石門、桐鄉四縣入八分之四，不知據何時測驗也。又查嘉善章《志》云：向曾以竹造簡儀窺而測之，嘉善當在斗二十四度之下。此袁黃之語，專指一邑。今取斗、牛、女三宿，繪圖於後。

北斗七星分野　北斗七星，所謂“璿璣玉衡以齊七政”。杓攜龍角，衡殷南斗，魁枕參首。用昏建者杓，杓，自華以西南。夜半建者衡，衡，殷中州河、濟之間。平旦建者魁，魁，海岱以東北也。《史記‧天官書》《漢書‧天文志》同。蒙山以東,至江南、會稽、震澤、徐揚之州,屬權星。《春秋耀鉤》。玉衡,第六星主揚州,常以五巳日候之,辛巳爲丹陽,丁巳爲吳郡、會稽。《續漢書‧天文志》註引《星經》。斗第四星曰權,其分爲吳。《宋史‧天文志》。

三台分野　袞、豫屬上台,荊、揚屬下級。《論語摘輔象》註曰:上之下等,九州繫於三台。一台各有上下。西近文昌二星,曰上台,爲司命主壽,上星主袞、豫,下星主荊、揚。同上。

五緯分野　吳、楚之疆,候在熒惑,占於鳥衡。《史記‧天官書‧正義》曰:熒惑、鳥衡,皆南方之星,故吳、楚之占候也。鳥衡,柳星也。一本作注張也。《星經》曰:熒惑主霍山、揚州、荊州、交州。《續漢書‧天文志》註。熒惑曰南方夏火,主楚、吳越以南。《晉書‧天文志》。

伊《志》案:《天官書》:南宮朱鳥,權、衡。衡,太微,三光之庭。權,軒轅,是以孟康曰"軒轅爲權,太微爲衡"也。《正義》似未合。

干支分野　丙、丁,江、淮、海岱也。《史記‧天官書》《漢書‧天文志》同。一曰戌吳、越。《漢書‧天文志》。

伊《志》案:《天官書》此條上下文俱有日蝕、月蝕字,疑專指日食之占,故有"甲、乙,四海之外,日月不占"之語,若《漢書》所云戌吳、越,則泛言之也。

極度　西洋人測得直省北極出地度分:浙江三十度。欽定《明史‧天文志》。浙江三十度十八分二十秒。《五禮通考》。　欽定《協紀辨方書》云:日出入之早晚,晝夜永短,所由分也。人居有南北,則北極出地有高下。於是日之出入早晚,隨地不同。中國在赤道北,北極出地上,南極入地下,故夏晝長,冬晝短。自京而北,北極愈高,則永短之差愈多,所居之地愈南,北極漸低,則永短之差漸少。各省日出入時刻不同,俱以各省北極出地及太陽赤道緯度立算。　欽定《明史‧天文志》云:南行二百五十里則北極低一度,北行二百五十里則北極高一度。東西亦然。

伊《志》案:以地圖推之,嘉興府城北極出地三十度五十二分,嘉善縣城三十度五十三分,海鹽縣城三十度三十四分,平湖縣城三十度四十四分,石門縣城三十度三十五分,桐鄉縣城三十度四十五分。今依府城推得日出入時刻,爲表於後。

東西偏度　東西偏度,以京師子午線爲中而較各地所偏之度。凡節氣之早晚,月食之先後,胥視此。東西相距三十度則差一時。浙江杭州府偏東三度,欽定《明史‧天文志》。浙江偏東三度四十一分二十四秒。《五禮通考》。凡偏東一度,節氣遲時之四分;偏西一度,節氣早時之四分。江氏永曰:浙江遲一刻。同上。

伊《志》案:以地圖推之,嘉興府城偏東四度三分,嘉善縣城偏東四度十三分,海鹽縣城偏東四度十二分,平湖縣城偏東四度十七分,石門縣城偏東三度五十二分,桐鄉縣城偏東三度五十七分。今推得府城節氣比京師遲一刻一分。

又案:極度以定南北里差,此晝夜永短時刻之所以異也。偏度以定東西里差,此節氣早晚時刻之所以異也。秦氏蕙田曰:寅賓之類,以測象日,宅嵎夷、宅南交、宅西、宅朔方,即後世里差之法,星鳥之類以測歲星,即後世歲差之法。

晷景　以土圭之灋測土深、正日景,以求地中。日至之景尺有五寸。《周禮‧大司徒》。　註曰:鄭司農云:土圭之長尺有五寸。以夏至之日立八尺之表,其景適與土圭等,謂之地中。今潁川陽城地爲然。冬至之日,樹八尺之表,日中視其晷。《易通卦驗》。

伊《志》案:古灋,立八尺之表,以測日景,每尺爲十寸,每寸爲十分,今西灋,六十二度之表,以測日景,每度爲六十分,每分爲六十秒。今依古灋尺寸,推得府城日晷直景爲表于後,西灋又有倒景之表,不具載。

中星　堯時,冬至日躔於虛,而初昏中星爲昴;今冬至日躔於箕,而初昏中星則室宿中之雲雨星偏東數分餘也。中星,諸方各異,隨時不同。欽定《書經傳說彙纂》。古今中星不同,由於歲差。欽定《明史‧天文志》。　胡亶《中星譜》云:中星者,恒星之見於正南午位者也,其指筆自《堯典》所謂星鳥、星火、星虛、星昴,各以昏時測其正中,以定二分、二至。此古聖人敬授民時之宏規,三代因以加詳,《月令》一書,以十二月別昏旦,中星敘次尤晰。漢唐至今,曆術加密,皆附節氣以記中星。然節氣古與今同,中星今與古異。如堯時冬至昏昴中,今時冬至壁中。四千年之間,已移五十餘度。

伊《志》案:胡亶《中星譜》載入《四庫全書》,今取其所記浙省昏旦中星爲表於後,但此係康熙初年所測,較之今日,又移二度矣。

斗宿内天淵十星,今少七星;鼈十四星,今少三星。牛宿内天田九星,今少五星;九坎九星,今少五星。女宿内離珠五星,今少一星。欽定《儀象考成》。

伊《志》案:《協紀辨方書》及《五禮通考》所載星圖,皆照康熙年間《靈臺儀象志》。是以星數不符,今謹遵《儀象考成》新圖,乃乾隆甲子年所測。

日出入晝夜時刻表　依嘉興府城北極出地三十一度立算

節氣		日 出	日 入	晝	夜
冬至日		辰初初刻	酉初初刻	四十刻	五十六刻
小寒日	大雪日	卯正三刻十二分	酉初初刻三分	四十刻六分	五十五刻九分
大寒前三日	小雪後三日	卯正三刻七分	酉初初刻八分	四十一刻一分	五十四刻十四分
大寒後六日	小雪前六日	卯正三刻一分	酉初初刻十四分	四十一刻十三分	五十四刻二分
立春前三日	立冬後三日	卯正二刻十二分	酉初一刻三分	四十二刻六分	五十三刻九分
立春後三日	立冬前三日	卯正二刻八分	酉初一刻七分	四十二刻十四分	五十三刻一分
雨水前六日	霜降後六日	卯正二刻三分	酉初一刻十二分	四十三刻九分	五十二刻六分
雨水日	霜降日	卯正一刻十三分	酉初二刻二分	四十四刻四分	五十一刻十一分
雨水後六日	霜降前六日	卯正一刻七分	酉初二刻八分	四十五刻一分	五十刻十四分
驚蟄前三日	寒露後三日	卯正一刻二分	酉初二刻十三分	四十五刻十一分	五十刻四分
驚蟄三日	寒露前三日	卯正初刻十一分	酉初三刻四分	四十六刻八分	四十九刻七分
春分前六日	秋分後六日	卯正初刻六分	酉初三刻九分	四十七刻三分	四十八刻十二分
春分日	秋分日	卯正初刻	酉正初刻	四十八刻	四十八刻
春分後六日	秋分前六日	卯初三刻九分	酉正初刻六分	四十八刻十二分	四十七刻三分
清明前三日	白露後三日	卯初三刻四分	酉正初刻十一分	四十九刻七分	四十六刻八分
清明後三日	白露前三日	卯初二刻十三分	酉正一刻二分	五十刻四分	四十五刻十一分
穀雨前六日	處暑後六日	卯初二刻八分	酉正一刻七分	五十刻十四分	四十五刻一分
穀雨日	處暑日	卯初二刻二分	酉正一刻十三分	五十一刻十一分	四十四刻四分
穀雨後六日	處暑前六日	卯初一刻十二分	酉正二刻三分	五十二刻六分	四十三刻九分
立夏前三日	立秋後三日	卯初一刻七分	酉正二刻八分	五十三刻一分	四十二刻十四分
立夏後三日	立秋前三日	卯初一刻三分	酉正二刻十二分	五十三刻九分	四十二刻六分
小滿前六日	大暑後六日	卯初初刻十四分	酉正三刻一分	五十四刻二分	四十一刻十三分
小滿後三日	大暑前三日	卯初初刻八分	酉正三刻七分	五十四刻十四分	四十一刻一分
芒種日	小暑日	卯初初刻三分	酉正三刻十二分	五十五刻九分	四十刻六分
	夏至日	卯初初刻	戌初初刻	五十六刻	四十刻

日晷直景尺寸表　依嘉興府城北極出地三十一度立算

節氣	卯正 酉正	辰初 酉初	辰正 申正	巳初 申初	巳正 未正	午初 未初	午正
冬至			二百五十四尺三寸三分	一百八十一尺九寸一分	十四尺八寸	十二尺五分	十一尺二寸
小寒 大雪			三十九尺九寸一分	二十尺七寸二分	十四尺三寸八分	十一尺六寸六分	十尺八寸五分
大寒 小雪		二百六十七尺三寸三分	三十四尺五寸一分	十八尺八寸四分	十三尺一寸九分	十尺七寸	九尺九寸五分
立春 立冬		一百十八尺四寸	二十八尺九寸八分	十六尺五寸	十一尺六寸三分	九尺三寸七分	八尺七寸一分

續　表

節氣	卯正 酉正	辰初 酉初	辰正 申正	巳初 申初	巳正 未正	午初 未初	午正
雨水 霜降		六十九尺八寸五分	二十三尺九寸	十四尺二寸	十尺	七尺九寸七分	七尺三寸三分
驚蟄 寒露		四十七尺一寸三分	十九尺九寸	十二尺一寸七分	八尺五寸一分	六尺六寸四分	六尺二分
春分 秋分		三十五尺一寸七分	十六尺八寸九分	十尺五寸	七尺二寸二分	六尺四寸二分	四尺八寸九分
清明 白露	二百五十尺三寸一分	二十八尺一寸三分	十四尺六寸二分	九尺二寸	六尺一寸八分	四尺三寸九分	三尺七寸四分
穀雨 處暑	七十七尺四寸四分	二十三尺六寸三分	十三尺四分	八尺二寸四分	五尺三寸七分	三尺五寸六分	二尺八寸四分
立夏 立秋	五十四尺五寸	二十尺八寸四分	十一尺九寸四分	七尺五寸四分	四尺八寸	二尺九寸一分	二尺七分
小滿 大暑	四十四尺二寸三分	十九尺一寸一分	十一尺二寸	七尺一寸二分	四尺四寸三分	二尺四寸九分	一尺五寸二分
芒種 小暑	三十八尺二寸三分	十八尺一寸六分	十尺八寸六分	六尺八寸九分	四尺二寸四分	二尺二寸五分	一尺二寸五分
夏至		十七尺八寸六分	十尺七寸一分	六尺八寸一分	四尺一寸八分	二尺一寸八分	一尺五分

昏旦中星度分表　依浙江省城所定

節氣	昏中	旦中	節氣	昏中	旦中
立春	昴七度太	亢七度太	立秋	尾十四度太	奎五度少
雨水	畢十四度半	氐十度太	處暑	箕六度少	婁九度少
驚蟄	井二度太	房五度太	白露	斗四度太	昴初度太
春分	井二十度太	尾三度太	秋分	斗十五度	畢七度太
清明	柳三度半	尾十三度太	寒露	牛初度少	參八度
穀雨	張四度少	箕三度太	霜降	女五度	井十三度太
立夏	翼五度少	斗三度太	立冬	虛六度少	井三十一度
小滿	軫四度太	斗十六度少	小雪	危十度太	星初度太
芒種	角五度少	牛五度太	大雪	室十一度	張十一度太
夏至	氐一度太	虛二度太	冬至	壁九度太	翼十一度太
小暑	房初度少	危十一度太	小寒	婁一度少	軫八度半
大暑	尾二度太	室十四度半	大寒	胃六度少	角六度

嘉興府志卷二

建　置

　　古者，建國以經野，建官以治民。至秦廢封建，而嘉興之地置縣，隸於郡。隋隸於州，唐隸於道、於府，宋隸於路、於郡、於軍，元隸於省、於司、於路。至明宣德，始定一府七縣之制，而國朝因之。伊《志》取《一統志》以爲綱，而以諸史《地理志》《浙江通志》、各前《府志》等書緯之，考校精確，誠無間然，茲仍其舊。志《建置》。

嘉興府

　　唐虞、《禹貢》，揚州之域。《大清一統志》。

　　夏，揚州地。

　　商，揚州地。以上《皇輿表》。

　　太伯、虞仲，亡如荊蠻。《史記·周本紀》。　《正義》曰：太伯奔吳，而云荊蠻者，楚滅越，其地屬楚，秦滅楚，其地屬秦，秦諱"楚"，改曰"荊"，故通號吳、越之地爲荊。及北人書史加云"蠻"，勢之然也。吳太伯弟仲雍奔荊蠻，自號句吳。《吳世家》。　《索隱》曰：此言自號句吳，吳名起於太伯，明以前未有吳號。地在楚、越之界，故稱荊蠻。舊圖經云：太伯、仲雍以避季歷而逃之荊蠻，即此地也，後世子孫受封爲吳，如此則殷末亦爲荊地矣。柳《志》。

　　伊《志》案：《爾雅·釋地》：江南曰揚州。注云：殷制，則商時此地當屬揚州之域。所謂荊地者，猶言吳地也。

　　周，揚州地。春秋時，吳、越二國境，後屬越，戰國屬楚。《皇輿表》。魯定公十四年，於越敗吳於檇李。《春秋左氏傳》。　杜預注：檇李，吳郡嘉興縣南醉李城。　伊《志》案：檇李，《公羊傳》作醉李。闔閭伐越，句踐迎擊之檇李。《史記·吳世家》。

　　哀公元年，吳王夫差敗越于夫椒，報檇李也，遂入越。《春秋左氏傳》。吳王聞越王盡心自守，因而增之以封，東至於句甬，西至於檇李，南至於姑末，北至於平原，縱橫八百餘里。《吳越春秋》。

　　伊《志》案：平原，《越絕書》作武原。哀公二十二年十一月丁卯，越滅吳。《左氏傳》。句踐之境北至於禦兒。《越語》。　韋昭注：今嘉興禦兒鄉是也。大夫種曰吾用禦兒臨之。《吳語》。　韋昭注：禦兒，越外鄙，在今嘉興。禦兒鄉，故越界，本名就李，吳疆越地，以爲戰地，至柴辟亭。《越絕書·越地傳》。　伊《志》案：柴辟，亦作辟塞。柴辟亭到語兒、就李，吳侵以爲戰地。《越絕書·吳地傳》。　伊《志》案：此二條于吳越疆界極明晰。柴辟，故就李鄉，吳、越戰地。《漢書·地理志》。　應劭曰：古之檇李也。　伊《志》案：柴當讀如寨，辟當讀如壁。浙江又東逕柴辟南，舊吳楚之戰地，吳備堠於此，故謂之壁塞，是以《越絕》稱吳故從由拳、辟塞渡會稽，湊山陰是也。《水經注》。周顯王四十六年，越王無疆伐楚，楚人大敗之，乘勝盡取吳故地，東至於浙江，越以此散。《資治通鑑》。　胡三省注：越都會稽，其境北至于禦兒，不能全有漢會稽一郡地；及其滅吳，始並有吳地。今楚取吳地至於浙江，禦兒亦入於楚矣。楚威王伐越，破之，盡取其地，至於浙江之北，故此地亦名曰楚。至元《志》。

伊《志》案：禾地舊名見於《左傳》《國語》《吳越春秋》者，曰檇李，今嘉興、秀水、嘉善是；曰平原，今海鹽、平湖是；曰禦兒，今石門是。桐鄉，則界於檇李、禦兒之間，正春秋時吳越分境處。而《越絕書》之就李、柴辟等名，又嘉、秀、石、桐之舊地也，各詳見《古蹟》。

秦爲會稽郡由拳、海鹽二縣。《大清一統志》。

始皇二十五年，定荊江南地；降越君，置會稽郡。三十七年，始皇出遊，至錢塘，臨浙江，上會稽。還，過吳。《史記·秦本紀》。秦始皇東游，望氣者曰：五百年後，江東有天子氣。始皇至，令囚徒十萬人掘汙其地，表以惡名，故改之曰由拳。《搜神記》。始皇東游至長水，聞土人謠曰水市出天子，從此過，見人乘舟交易，應其謠，遂改曰由拳縣。《太平寰宇記》。海鹽，《吳記》云：“本名武原鄉，秦以爲海鹽縣。”《宋書·州郡志》。

伊《志》案：至元《志》謂始皇二十年置海鹽縣，海鹽陳《志》、柳《志》竝從之。柳《志》又謂三十五年，準丞相斯議，罷侯置守。長水、武原俱屬會稽郡，統縣二十六。趙《圖記》亦謂三十五年置會稽郡，領縣二十六，其長水、武原二縣，乃今嘉興府地。此二志之誤也。秦置會稽郡，在始皇二十五年，見《史記·本紀》。以爲二十年者誤，以爲三十五年者尤誤。至於秦之置縣，《史記》雖略而不書，今以他書證之，如《水經注》引《神異傳》曰：由拳縣，秦時長水縣是也。秦本爲長水縣，其後改曰由拳。柳《志》、趙《圖記》以爲秦有長水縣，尚可，至云秦置武原縣，則誤甚。《漢書·地理志》有海鹽縣，無武原縣。秦置縣爲海鹽。武原者，鄉名，非縣名也。

漢會稽郡，地屬揚州部。《皇輿表》。會稽郡縣二十六，吳、曲阿、烏傷、毗陵、餘暨、陽羨、諸暨、無錫、山陰、丹徒、餘姚、婁、上虞、海鹽、剡、由拳、太末、烏程、句章、餘杭、鄞、錢唐、鄮、富春、冶、回浦。《漢書·地理志》。　伊《志》案：前漢海鹽、由拳二縣，兼今嘉興府、松江府、海寧州、吳江縣地，介古吳、婁、烏程、錢塘之間，故兼列諸縣名，以備考。後倣此。灌嬰渡江，破吳郡長吳下，得吳守，遂定吳、豫章、會稽郡。《史記·灌嬰列傳》。　《正義》曰：今蘇州也。吳郡長，即吳郡守也。　伊《志》案：《漢書》顏師古注，謂長亦如郡守也。時每郡置長。吳郡長，當時爲吳郡長，嬰破之於吳下。高帝六年，以故東陽郡、鄣郡、吳郡五十三縣立劉賈爲荊王。《漢書·高帝紀》。　文穎曰：吳郡本會稽也。劉攽曰：案《地理志》，吳非秦郡。後漢順帝時，始分會稽爲吳。今此文殊不可曉。　伊《志》案：秦置會稽郡，雖取山陰縣之會稽山爲名，而郡治在吳，當時人多稱吳郡。《史記·灌嬰列傳》及《漢書》此文是也。又，往往以吳會稽連言之。如《吳王濞傳》云：上患吳會稽輕悍。又云削吳會稽、豫章郡。《書》《志》皆以吳會稽竝稱，猶言吳越也，不必泥。後漢始分吳郡之說。十一年秋，淮南王英布反，東併荊地，高帝自將往誅之。沛侯濞以騎將從破布，布走。荊王劉賈爲布所殺，乃立濞爲吳王。王三郡五十三城。《史記·吳王濞列傳》。　徐廣曰：十二年十月辛丑。會稽濮陽府君曰：“吾聞秦始皇二十五年，以吳越地爲會稽郡，治吳。漢封諸侯王，以何年復爲郡？”朱育對曰：“劉賈爲荊王，賈爲英布所殺，又以吳濞爲吳王。景帝四年，濞反，誅，乃復爲郡，治於吳。”《三國志·虞翻傳》注。

伊《志》案：灌嬰定會稽事，《史記》列傳不著年月。據《高祖本紀》，當在五年。此柳《志》所本也。劉《志》譌作三年。袁《志》、吳《志》均未訂正。趙《圖記》又謂漢改武原曰海鹽縣。劉《志》以後皆仍其誤。海鹽本秦縣，漢因之不改。至新莽僭號，乃改海鹽曰展武，無本名武原事。至元《志》云：王莽時陷爲柘湖，移治武原鄉，爲武原縣。考《吳地記》，陷湖移治武原鄉，係秦時事，謂莽復改武原縣者，誤。漢時縣治本在武原鄉，非莽始移治也。

東漢永建四年，分屬吳郡。《大清一統志》。

吳郡十三城：吳、海鹽、烏程、餘杭、毗陵、丹徒、曲阿、由拳、永安、富春、陽羨、無錫、婁。《續漢書·郡國志》。　伊《志》案：後漢嘉興、海鹽二縣境與前漢同。建安初析置鹽官縣，今海寧州地，詳後。吳郡，漢順帝分會稽置。《宋書·州郡志》。永建四年，劉府君上書，浙江之北以爲吳郡，會稽還治山陰。《三國志·虞翻傳》注。永建中，陽羨周嘉上書，以縣遠赴會至難，求得分置，遂以浙江西爲吳，東爲會稽。《水經注》。順帝永建四年，陽羨令周嘉、山陰令殷重上書，求分爲兩郡，遂割浙江以東爲會稽，浙江以西爲吳郡。《元和郡縣圖志》。

三國吳，吳郡地。《皇輿表》。

吳郡領縣十五：吳、婁、海鹽、嘉興、富春、建德、桐廬、新昌、鹽官、錢唐、陽羨、永安、臨水、烏程、餘杭。寶鼎元年，以陽羨、永安、餘杭、臨水、烏程及丹陽之故鄣、安吉、原鄉、於潛九縣置吳興郡。《蘇州府志》。　伊《志》案：陳壽《書》無《志》，其郡縣之見於《紀》《傳》及《晉書·地理志》《宋書·州郡志》者，可考吳郡初領縣十五，吳興郡後領縣十。《蘇州府志》補之是已。第考其時有錢唐，無新城，《蘇志》誤也，今改正。黃龍三年，由拳野稻自生，改爲禾興。赤烏五年，立子和爲太子，改吳興爲嘉興。《三國·吳志·孫權傳》。[1] 鹽官縣本漢海鹽、由拳二縣之境。《太平寰宇記》。鹽官之置當在吳時，今嘉興、海鹽與之接境，必置縣之初，析海鹽爲之，以地有鹽官，因以名縣。《咸淳臨安志》。

晉，吳郡地，屬揚州部。《皇輿表》。

吳郡統縣十一：吳、嘉興、海鹽、鹽官、錢唐、富陽、桐廬、建德、壽昌、海虞、婁。《晉書·地理志》。　伊《志》案：晉嘉興、海鹽二縣境，與《三國·吳》同。前將軍劉牢之以高祖參府軍事，築城海鹽故治。《宋書·高祖紀》。晉隆安三年，孫恩北出海鹽，帝築城於故海鹽[2]。《南史·宋武帝紀》。

伊《志》案：至元《志》謂：晉咸康七年，復故邑爲海鹽縣。柳《志》、趙《圖記》皆同此，于正史無考，惟《吳地記》云：隆安五年，改東武州，移在故邑山。咸康七年改禦越，復號海鹽縣。隆安在咸康之後，紀年悖矣，不足爲據。至咸康之移治禦越，即馬嗥城，事屬可信。然云復號海鹽，非也。柳《志》言邑遷而海鹽之名未改，是已。然又云咸康復號海鹽，則其誤究未能正。觀諸史《紀》《傳》，在漢永建以後，晉咸康以前者，皆以海鹽書，可知海鹽之名無改也。《海鹽圖經》辨之最審。詳見《海鹽縣》。

宋、齊、梁、陳，並吳郡地。《皇輿表》。

吳郡太守領縣十二：吳、婁、嘉興、海虞、海鹽、鹽官、錢唐、富陽、新城、建德、桐廬、壽昌。《宋書·州郡志》。吳郡：吳、婁、海虞、嘉興、海鹽、錢唐、富陽、鹽官、新城、建德、壽昌、桐廬。《南齊書·州郡志》。　伊《志》案：宋、齊嘉興、海鹽二縣地並同。梁始析前京、胥浦二縣，今松江府之東北境與西南境也。永定二年十二月，割吳郡鹽官、海鹽、前京三縣置海寧郡，屬揚州。《陳書·高祖紀》。

伊《志》案：宋、齊《志》，嘉興、海鹽二縣，並屬吳郡。梁、陳《書》無《志》，其散見《紀》《傳》者，有嘉興，有海鹽。至元《志》、柳《志》皆云陳割海鹽，屬鹽官。陳以縣屬海寧郡也。《明一統志》、海鹽仇《志》乃謂陳省縣入鹽官，誤矣。海鹽之析爲胥浦，當在侯景置武原郡之前。侯景置武原郡事在太清三年，謂侯景析置胥浦者，非也。海鹽之析爲前京，當在梁時。《陳書》以海鹽、前京並稱可據。惟《陳書》以前京屬吳郡，而隋《志》則云信義郡所領，此爲異同。胡震亨《圖經》云不能詳，竊謂陳永定二年以前京屬海寧郡。其後海寧郡廢，而前京改入信義郡。及隋平陳，廢信義郡，並廢前京縣入常熟，則仍屬吳郡也。至信義郡，隋《志》但云梁置，無天監六年之說。又其領縣六，有海陽，無海鹽。柳《志》、趙《圖記》俱謂天監六年以海鹽屬信義郡，蓋亦誤也。　又案：柳《志》、趙《圖記》俱謂侯景之亂，嘉興人趙伯超據錢唐拒之，據《梁書·侯景傳》：景奔吳郡，進次嘉興，趙伯超據錢唐拒之，文以"次嘉興"爲句。伯超，非嘉興人也，舊志收入《人物》，誤甚。

隋，爲吳、餘杭二郡地。《大清一統志》。

吳郡統縣五：吳、崑山、常熟、烏程、長城。伊《志》：隋無嘉興，省入吳縣也。餘杭郡統縣六：錢唐、富陽、餘杭、於潛、鹽官、武原[3]。《隋書·地理志》。　伊《志》：隋無海鹽，省入鹽官也。海鹽，隋開皇九年廢縣，北屬杭州。《元和郡縣圖志》。自吳至唐，並爲嘉興縣，屬蘇州。晏殊《類要》。隋罷嘉興縣，以其地屬蘇州。《清類天文分野之書》。

唐高祖時爲蘇州地，明皇時爲吳郡地，肅宗時復爲蘇州地，屬江南東道。《皇輿表》。

蘇州，上，隋吳郡。武德四年，平李子通，置蘇州。六年，陷輔公祏。七年，平公祏，復置蘇州都督，督蘇、湖、杭、暨四州，治於故吳城，分置嘉興縣。八年，廢嘉興入吳縣。九年，罷都督。貞觀八年，復置嘉興縣。領吳、崑山、嘉興、常熟四縣。天寶元年，改爲吳郡。乾元元年，復爲蘇州，領縣六：吳、嘉興、崑山、常熟、長洲、海鹽。《舊唐書·地理志》。蘇州吳郡，雄。縣七：吳、長洲、嘉興、崑山、常熟、海鹽、華亭。伊《志》：此析華亭縣，今松江府全境。華亭縣，天寶十載吳郡太守趙居貞奏割崑山、嘉興、海鹽三縣置。《唐書·地理志》。　伊《志》：崑山，本秦、漢婁縣，梁分置信義縣，又分信義置崑山縣。松江府，舊華亭縣也。唐天寶十載置，《太平寰宇記》以爲本嘉興縣地，《輿地廣記》以爲本崑山縣地。《元和郡國圖志》云："割崑山、嘉興、海鹽三縣爲之。"今四境與三縣接，《郡國志》爲不誣矣。至元《志》。　伊《志》案：柳《志》引《嘉禾記》云：玄宗先天二年，蘇州探訪使張廷珪奏將嘉興建爲州。又云：穆宗長慶二年，置嘉興軍。俱不詳何據。嘉興湯《志》云：天寶元年，罷嘉興州。此又因是年改蘇州爲吳郡，而附會以合先天二年建州之説也。華亭之析，至元《志》據《元和》云天寶十載，與新、舊《書·志》合。柳《志》、趙《圖記》作天寶元年，誤。　又案：唐制，州有輔、雄、望、緊、上、中、下之差。《通典》上州凡一百九，以《舊唐書》考之，蘇居一焉。元和《志》以蘇爲緊州，《新唐書》則以爲雄，蓋遞有所升入矣。

五代爲吳越錢氏地。晉時錢元瓘奏分置秀州。《皇輿表》。

蘇州吳江縣，梁開平三年，兩浙奏於吳松江置縣。《五代會要》。　伊《志》：此析嘉興北境置吳江縣，今平望、震澤地，古嘉興西北兩鄉也。唐莊宗同光二年，吳越改元寶大，升蘇州爲中吳府，別於嘉興置開元府，割華亭、海鹽二縣屬之。柳《志》。　原註案：《海鹽志》：靜海節度使朱行先墓誌云葬開元府海鹽縣，實寶大元年歲次甲申，即錢氏自立之年號，《五代史》錢氏無改寶大之號，亦無開元府之名。惟《錢唐志》吳越給事中羅隱撰《新城杜太師稜築城記》，後書寶大元年。及《吳越尊勝咒幢記》，婺州女弟子胡氏二娘寶大三年建，在九里松觀音寺，蓋吳越之僭號也。則開元府之名，亦其僭改矣。寶大元年，王於嘉興置開元府，割華亭、海鹽二縣屬焉。《十國春秋·吳越武肅王世家》。　伊《志》：是年爲唐同光二年。寶正五年，罷開元府[4]。伊《志》：是年爲唐長興元年。晉天福三年，廣陵郡王元瓘請析嘉興之西鄙義和市爲崇德縣，從之。《吳越文穆王世家》。　伊《志》：文穆王時，錢元璙爲中吳節度使。天福三年十月，以杭州嘉興縣爲秀州，從錢元瓘之奏也。《舊五代史·晉高祖紀》。　伊《志》：《五代會要》：秀州，晉天福三年，以杭州之嘉興縣置，與舊《史》同。秀州，吳越王錢元瓘置，割杭州之嘉興縣爲屬而治之。《五代史·職方考》。秀州，本蘇州嘉興縣地，晉天福四年於此置秀州，仍割嘉興、海鹽、華亭三縣，竝置崇德縣以屬焉。《太平寰宇記》。

伊《志》案：柳《志》以後諸《志》皆謂吳越置開元府，自同光年甲申至長興三年壬辰，凡九年，開元府罷，諸縣復屬中吳軍。今考新、舊《五代史》，俱無開元府之名。《方輿紀要》以爲唐制非京尹，不得稱府。鏐不敢置府於杭州，何由置府於嘉興？開元，蓋軍府之名，《志》誤也。今考至元《志·碑碣門》載《吳越將朱行先墓誌銘》：寶大元年甲申，厝於開元府海鹽縣德政鄉云云。董穀稱係《武原志》所載，得自土中。是宋元之間，此碑且出，而至元《志》沿革篇不書開元府名。朱彝尊《跋》云："吳越錢氏建國，曾改秀州爲開元府。是編不載，未免失之疎略。"所論是也。然謂改秀州爲開元府，語亦小誤。置府時在升州前也。又，《海鹽圖經》載吳越時《屠環智墓誌銘》，亦稱葬於開元府海鹽縣德政鄉。是碑稱天寶五年，爲梁乾化三年，則開元置府又不始於唐同光二年也。有此二證，而吳越僭改可無疑矣。吳任臣《十國春秋》據此載入《吳越世家》，非無説也。　又案至元《志》、柳《志》竝謂析縣在先，升州在後。今考《太平寰宇記》，是置州之時，竝置崇德。《舊五代史》及《五代會要》則云天福三年置秀州，而《寰宇記》以爲四年，《吳郡志》以爲五年，殆奏請在三年，而敕置在五年歟。至元《志》作五年升州，亦非無據。

宋，秀州屬兩浙路，寧宗時升爲嘉興府。《皇輿表》。

秀州領縣四：嘉興、華亭、海鹽、崇德。《太平寰宇記》。上，秀州，軍事。治嘉興縣。縣四：嘉興、華亭、海鹽、崇德。《元豐九域志》。嘉興府,本秀州,軍事。政和七年,賜郡名曰嘉禾。慶元元年,以孝宗所生之地升府。嘉定元年,升嘉興軍節度。縣四:嘉興、華亭、海鹽、崇德。《宋史·地理志》。

　　元,嘉興路,屬江浙行省。《大清一統志》。

　　嘉興路,上。領司一:録事司。舊置廂官。元初改爲兵馬司。至元十四年,置録事司。縣一,嘉興;州二,海鹽、崇德,元貞元年升州。松江府,唐爲蘇州屬邑,宋爲秀州屬邑,元至元十四年,升爲華亭府。十五年,改松江府,仍置華亭縣以隸之。二十七年,以華亭縣戶口繁多,置上海縣,屬松江府。《元史·地理志》。至元十三年正月,改爲嘉興府安撫司。十四年三月改爲嘉興路總管府,領府一,松江;縣三,嘉興、海鹽、崇德。至元《志》。

　　伊《志》案:《元史》:江浙行省爲路三十,嘉興其一。又府一,曰松江,不言其統於嘉興路,此史之疎也。《嘉禾志》成於至元十五年。其云嘉興路領府一,曰松江,在十四年二月改路之後,所言自得其實。至松江府屬縣華亭,《嘉禾志》有之,而《史》又有上海一縣,乃十七年從華亭析置,故《嘉禾志》不載。海鹽、崇德之升州,爲元貞元年,則又在後矣。

　　明,洪武初曰嘉興府,屬南直隸。十四年改隸浙江布政使司。《大清一統志》。

　　嘉興府,太祖丙午年十一月爲府。伊《志》:丙午爲元至正二十六年,時太祖平吳,改路爲府。直隸京師。十四年十一月,改隸浙江,領縣七:嘉興、秀水、嘉善、海鹽、平湖、石門、桐鄉。《明史·地理志》。宣德四年三月,巡撫、大理寺卿胡槩以嘉興、海鹽、崇德三縣地廣賦繁,建議於朝。五年,分嘉興自郡城西亘北至吳江柿涇爲秀水,郡城東北魏塘鎮東涉華亭楓涇市北,薄長洲蘇來鄉爲嘉善,分海鹽東北爲平湖,崇德東北爲桐鄉。柳《志》。

　　皇朝,嘉興府屬浙江布政司,領縣七:嘉興、秀水、嘉善、海鹽、石門、本崇德縣,康熙元年改。平湖、桐鄉。《皇輿表》。

　　伊《志》案:雍正七年,議準府、州、縣衝繁疲難等缺,詳載《大清會典》。是年,定嘉興府爲衝繁疲難最要缺。

【校注】

　　[1] 按:《三國志·吳書·孫權傳》:"(赤烏)五年春正月,立子和爲太子,大赦,改禾興爲嘉興。"《宋書·州郡志一》:"吳孫權黃龍四年,由拳縣生嘉禾,改曰禾興。孫晧父名和,又改名曰嘉興。"至元《嘉禾志》卷一《沿革·嘉興路》:"吳黃龍三年,由拳野稻自生,改爲禾興,志瑞也。赤烏五年,因立太子和,改爲嘉興。"萬曆《嘉興府志》卷一《建置》:"赤烏五年,避太子和諱,改禾興爲嘉興。"故"吳興"是"禾興"之誤。

　　[2] 按:《資治通鑑》卷一一二《晉紀三十四》:"隆安五年三月,孫恩北趣海鹽,劉裕隨而拒之,築城於海鹽故治。恩日來攻城,裕屢擊破之,斬其將姚盛。"故"隆安三年"是"隆安五年三月"之誤。

　　[3] 按:應作"武康"。《太平寰宇記》卷九十四:武康縣"封山者,以其禁樵采漁獵也"。《中國歷史地名大辭典》(下)第 1748 頁:"武康縣,西晉太康元年(280)改永安縣置,屬吳興郡,治所在今浙江德清縣西,以縣有武康山而得名。明、清屬湖州府。1958 年撤銷,併入德清縣。1993 年德清縣遷治武康鎮。"

　　[4] 按:雍正《浙江通志》卷五《建置二》:"《十國春秋》:唐長興三年,罷開元府。"《十國春秋》卷七九《吳越三·文穆王世家》:"文穆王名元瓘,字明寶。初名傳瓘。武肅王第七子也……唐長興三年春,武肅王既薨。夏四月己未,傳瓘改名,嗣立……以遺命去國儀,用藩鎮法,仍遵中朝年號,稱長興三年。罷開元府,諸屬復隸中吳軍。"唐長興三年,即公元 932 年,此年當爲寶正七年(932)。故"寶正五年"是"寶正七年"之誤。

府　表

世　次	州　部	府	縣
唐虞	揚州		
夏			
商			
周春秋		吳國 越國	
戰國		楚國	
秦始皇二十五年 　三十七年		會稽郡治吳。	長水縣 海鹽縣 由拳縣長水改。
漢 　高帝六年 　十一年 　十二年 　景帝四年 　元封五年	揚州刺史是年置刺史十三部，以會稽郡隸揚州部刺史，無常治所。	會稽郡治吳。 荆国都吳。 會稽郡荆國除。 吳國都廣陵。 會稽郡吳國除。 會稽郡治吳。	由拳縣 海鹽縣 由拳縣 海鹽縣王莽改曰展武，建武初復舊。
東漢建武十八年 　永建四年	揚州刺史建武初稱州牧，至是乃罷州牧，稱刺史，治歷陽，漢末移治壽春。	吳郡析會稽郡置，治吳。	由拳縣 海鹽縣漢末析由拳、海鹽二縣地置鹽官縣。
三國吳黃龍三年 　赤烏五年	揚州都督治建業。	吳郡	禾興縣由拳改。 海鹽縣 嘉興縣禾興改。
晉太康元年	揚州刺史治壽春，後移治建業。		嘉興縣 海鹽縣
宋 　永初元年 　大明七年 　八年 　昇明三年	揚州刺史治建康。 南徐州刺史治京口。 揚州刺史 揚州牧是年，改刺史曰牧。	吳郡	嘉興縣 海鹽縣
齊			
梁 　太清三年 　大寶元年	 吳州是年，於吳郡置吳州。 揚州吳州罷，復隸揚。	吳郡 吳郡是年，侯景分海鹽、胥浦二縣爲武原郡。 吳郡吳州省，復爲郡。	嘉興縣 海鹽縣 前京縣海鹽析出。 胥浦縣

世　　次	州　　部	府	縣
陳永定元年 禎明元年	揚州 吳州是年,於吳郡置吳州。	吳郡是年割鹽官、海鹽、前京三縣置海寧郡。	嘉興縣 海鹽縣 前京縣
隋開皇九年 大業元年 三年	揚州行臺	蘇州吳郡改。 杭州 吳州蘇州改。 吳郡吳州改。 錢唐郡杭州改。	吳縣嘉興省入。 鹽官縣海鹽省入。
唐武德四年 七年 八年 貞觀元年 八年 景雲二年 先天元年 開元五年 二十一年 天寶元年 十載 至德二載 乾元元年 二年 建中二年 貞元三年	 四州都督督蘇、湖、杭、暨四州。 江南道治蘇州。是年分天下爲十道。 江南東道採訪使治蘇州。是年分天下爲十五道。 浙江西道節度使治昇州,尋徙治蘇州。 浙江西道觀察使治蘇州。 浙江西道節度使賜號鎮海軍,治潤州。 浙江西道觀察使治潤州。	蘇州平李子通,復置。六年陷輔公祏。 蘇州平輔公祏,復置。 蘇州 吳郡蘇州改。 蘇州吳郡改。	 嘉興縣復置海鹽縣地,改隸嘉興。 嘉興縣復廢。 嘉興縣復置。 海鹽縣復置。 海鹽縣復廢。 海鹽縣復置。 嘉興縣 海鹽縣 華亭縣嘉興、海鹽析出。
五代梁開平三年	鎮海節度使治潤州。	杭州	吳江縣嘉興析出。
唐同光三年 長興元年	中吳軍節度使吳越升蘇州置。	開元府吳越置,治嘉興。 杭州開元府罷。	嘉興縣 華亭縣 海鹽縣
晉天福三年		秀州吳越置,治嘉興。領縣四。	嘉興縣 華亭縣 海鹽縣 崇德縣析嘉興置。
宋太平興國三年 熙寧七年 九年	兩浙路是年,吳越國王錢俶獻兩浙諸軍州。 浙西路是年,分兩浙爲東西路,尋合爲一。 浙西路是年,復分兩浙爲東西路。		

續　表

世　次	州　部	府	縣
宋十年 　政和七年 　宣和三年 　建炎元年 　慶元元年 　嘉定元年	兩浙路是年,復合爲一。 兩浙西路	嘉禾郡 秀州 嘉興府 嘉興軍	
元至元十三年 　十四年 　二十二年 　元貞元年	江淮行中書省治揚州 江浙行中書省治杭州。	嘉興安撫司 嘉興路	嘉興縣 華亭縣是年升爲華亭府,十五 年改松江府,仍置華亭縣。 海鹽縣 崇德縣 海鹽州縣升爲州。 崇德州縣升爲州。
明吳元年 　洪武二年 　十四年 　宣德五年	南直隷 浙江布政使司治杭州。	嘉興府	嘉興縣 海鹽縣州復爲縣。 崇德縣州復爲縣。 嘉興縣 秀水縣析嘉興置。 嘉善縣析嘉興置。 海鹽縣 平湖縣析海鹽置。 崇德縣 桐鄉縣析崇德置。
皇朝順治二年		嘉興府	嘉興縣 秀水縣 嘉善縣 海鹽縣 平湖縣 石門縣即崇德縣,康熙元年改 是名。 桐鄉縣

嘉興縣

　　周,揚州地。春秋時,長水地。又檇李鄉,吳越戰地。《皇興表》。

　　吳王時,此地本名長水。至元《志》引《吳錄》。嘉興縣,春秋時長水縣。《元和郡縣圖志》。嘉興縣本號長水縣,周敬王十年置,在谷口湖。秦始皇重移,改由拳縣。至元《志》引《吳地記》。周敬王六年,置長水縣。至元《志》引《嘉禾記》。昔吳伐越,越子禦之於檇李,則今嘉興縣之地。《通典》。嘉興縣,古檇李地,吳之南境。《興地廣記》。《國語》:“勾踐之境北至於禦兒。”《吳越春秋》:吳王夫差增越封,“西至於檇李”。然則與闔閭戰時,越境猶未能至檇李,檇李當爲吳地矣。《春秋地名考》。

古檇李在今浙江嘉興府嘉興縣南四十五里。《春秋大事表》。

伊《志》案：長水名縣之始，《吳地記》以爲周敬王十年，《嘉禾記》以爲周敬王六年，他無可考，故柳《志》疑之。然《元和郡縣志》亦云春秋時長水縣。宋、元二《志》，要非無稽。

秦，置由拳縣，屬會稽郡。《大清一統志》。

谷水，逕由拳縣故城下，《神異傳》曰：由拳縣，秦時長水縣也。《吳記》曰：谷中有城，故由拳縣治也，即吳之柴辟亭，故就李鄉，檇李之地。秦始皇惡其勢王，令囚徒十餘萬人汙其土，表其惡名，改曰囚倦，亦由拳也。《水經注》。　伊《志》：由拳，舊本《水經注》皆作由卷。故由拳在今縣南五里。《太平寰宇記》。舊志云在今縣南四十五里，其徙治今所，莫詳年代，疑長水陷，即徙之。趙《圖記》。

伊《志》云：秦改由拳縣，在始皇三十七年，本爲長水縣，故曰秦時長水縣。其二十五年置郡時，或因春秋舊縣以爲名也。《水經注》所云由拳縣故城者，謂長水縣治也。秦時徙縣，非今治，當從《寰宇記》爲是。

漢，由拳縣屬會稽郡。《皇興表》。

會稽郡由拳。《漢書·地理志》。

東漢，由拳縣屬吳郡。《皇興表》。

吳郡由拳。《續漢書·郡國志》。

三國吳黃龍三年，改曰禾興縣。赤烏五年，又改曰嘉興縣。《大清一統志》。

孫權黃龍四年，由拳縣生嘉禾，改曰禾興。孫皓父名和，又改名曰嘉興。鹽官本屬嘉興，吳立爲海昌都尉治，此後改爲縣。《宋書·州郡志》。谷水又東南逕鹽官縣故城南，舊海昌都尉治，晉太康中分嘉興立。《水經注》。

伊《志》案：鹽官縣始見於《晉·志》，故柳《志》、趙《圖記》皆云吳置，而《海鹽圖經》以爲當在漢末。酈道元則稱晉太康中分嘉興立，今兩存之。竝詳海鹽縣。

晉，嘉興縣屬吳郡。《皇興表》。

吳郡嘉興。《晉書·地理志》。

宋、齊、梁、陳，嘉興縣竝屬吳郡。《皇興表》。

吳郡太守　領縣。嘉興令。《宋書·州郡志》。吳郡　嘉興。《齊書·州郡志》。

伊《志》云：梁、陳《書》無《志》，其散見《紀》《傳》者，嘉興隸吳郡如故。

隋，嘉興縣省入吳縣。《大清一統志》。

隋罷嘉興，以其地屬蘇州。《清類天文分野之書》。

伊《志》案：至元《志》：隋平陳，置蘇州。廢嘉興，屬杭州。柳《志》云：隋開皇九年廢嘉興，入錢塘，屬杭州。今考《隋書》，無明文。《浙江通志》據晏殊《類要》"自吳至唐，竝屬蘇州"之語，以爲隋省嘉興入吳縣。又考《元和郡縣志》《太平寰宇記》等書，皆不言隋省嘉興入杭州。乾道、咸淳臨安兩《志》所言省並各縣，亦不及嘉興。是隋《志》無嘉興，其爲省入吳縣無疑，謹從《大清一統志》定爲省入吳縣。又柳《志》云：仁壽二年，復置嘉興，而至元《志》、趙《圖記》謂隋廢嘉興，至唐武德七年復置。《太平寰宇記》《興地廣記》亦皆云。然仁壽復置之說，他無可考，未足信也。

唐，高祖時復置嘉興縣，尋省入吳郡。太宗時復置，屬蘇州。《皇興表》。

蘇州嘉興，隋廢。武德七年，復置。八年，廢入吳。貞觀八年，復置。《舊唐書·地理志》。蘇州嘉興，望。武德七年置。八年省入吳。貞觀八年復置。《唐書·地理志》。海鹽廢縣，武德七年地屬嘉興。《元和郡縣圖志》。　互見《海鹽縣·建置》。天寶十載，析嘉興置華亭縣。《唐書·地理志》。大曆十年，升嘉興爲望縣。柳《志》。

伊《志》案：柳《志》云：嘉興，隋仁壽二年復置，唐武德七年復廢。貞觀四年復置。與正史異。又云武德七年復置，八年又廢。與正史合。本文自相岐異，舛誤可知。又稱貞觀元年復置，而新、舊《史》並云八年。考《太平寰宇記》《輿地廣記》及至元《志》，亦皆云八年，則柳《志》誤。　又，案《玉海》載，唐《志》：縣有赤、畿、望、緊、上、中、下七等，凡四千户以上爲望，三千户以上爲緊，二千户以上爲上，不滿千户爲中，五百户以下爲下。每三年一次升降。《通志略》：開元時，望縣八十五，無嘉興。《元和志》《新唐書·地理志》以嘉興爲望，則大曆中升也。

五代吴越，嘉興縣屬杭州，晉時於縣置秀州。《皇輿表》。

杭州嘉興縣。《五代會要》。嘉興縣，五代屬杭州。《輿地廣記》。梁初，嘉興縣改屬杭州。《十國春秋》注。梁開平三年，置吴江縣。《五代史·職方考》。　伊《志》：吴江縣析嘉興北境置，見前。晉天福三年，析縣之西鄙義和市爲崇德縣。柳《志》。晉天福三年，錢氏始奏置秀州，治嘉興縣。《方輿紀要》。

伊《志》云：五代吴越置錢江縣，其北境有自嘉興縣割入者臨平。在唐時，有尚書户部員外郎丘丹，退居山墅，其歸也，崔峒送以詩云：“春水與寒煙，嘉禾路幾千。”又，蘇州刺史韋應物贈以詩云：“終當署里門，一表高陽族。”丘答云：“還同褚伯玉，入館吪州人。”此其證也。

宋，嘉興縣爲嘉興府治。《大清一統志》。

縣舊五十鄉，今三十二鄉。屬秀州。《太平寰宇記》。秀州，縣四。望，嘉興，二十七鄉。《元豐九域志》。嘉興府，本秀州軍事。縣嘉興，望。《宋史·地理志》。

伊《志》：宋初嘉興縣有三十二鄉，熙寧中析西五鄉益崇德，故《元豐志》止二十七鄉。

元，嘉興縣爲嘉興路。《皇輿表》。

嘉興路，領縣嘉興，上，倚郭。《元史·地理志》。

明，嘉興縣爲嘉興府治。《皇輿表》。

嘉興府，領縣嘉興，倚。《明史·地理志》。嘉興縣領鄉二十六，析秀水、嘉善後鄉十二。柳《志》。

皇朝，嘉興縣附郭，治府東南偏。《大清一統志》。

嘉興縣屬嘉興府，附郭，編户三百八十里。《浙江通志》。

伊《志》云：雍正七年，定嘉興縣爲衝繁難要缺。

秀水縣

漢，由拳縣地。

三國，吴以後爲嘉興縣地。以上《大清一統志》。

明，宣宗時始分嘉興縣地，置秀水縣，爲嘉興府治。《皇輿表》。

嘉興府，領縣秀水，倚。宣德五年三月析嘉興縣地置。《明史·地理志》。宣德五年，巡撫、大理寺卿胡槩奏請分府城之西五福等鄉爲秀水縣。縣，附郭焉。所轄鄉八。柳《志》。

伊《志》云：吴《志》：宋時秀州亦稱秀水。引王明清《玉照新志》“宣和末，曾空清守秀水”爲證。考《玉照新志》舊刊本作秀州，水字訛也。吴《志》又謂建炎中朱勝非節制平江府秀州，著《秀水聞居録》，此陳振孫《書録解題》所載，明言勝非寓居宜春時作，秀水者，袁州水也。二說皆不足爲據。惟宋張堯同《嘉禾百詠》有《秀水》詩。又，明初徐一夔《西溪隱居記》云：“郡之置，以秀水名。秀水，在北門外是。”五代之置秀州，本以秀水名，宣德間名縣，蓋即因之。

皇朝，秀水縣，附郭，治府西北偏。《大清一統志》。

秀水縣屬嘉興府，附郭，編户二百里。《浙江通志》。

伊《志》云：雍正七年，定秀水縣爲衝繁難要缺。

嘉善縣

漢,由拳縣地。

三國吳,以後爲嘉興縣地。以上《大清一統志》。

明,宣宗時,始分嘉興縣東境地置嘉善縣,屬嘉興府。《皇輿表》。

嘉興府,領縣嘉善,本嘉興縣魏塘鎮。《明史·地理志》。宣德五年,巡撫、大理寺卿胡槩奏嘉興地廣賦繁,本府止三縣,請分爲七,割嘉興東北境遷善等六鄉爲縣,因鄉名遷善,故曰嘉善。嘉善章《志》。

皇朝,嘉善縣在府東三十八里。《大清一統志》。

嘉善縣屬嘉興府,編户二百里。《浙江通志》。

伊《志》:雍正七年,定嘉善縣爲繁難中缺。

海鹽縣

秦,海鹽縣屬會稽郡。《皇輿表》。

海鹽故武原鄉。《漢書·地理志》。　伊《志》:武原鄉,今平湖地。《吳記》云:"武原鄉,秦爲海鹽縣。"《宋書·州郡志》。　伊《志》:杜佑《通典》:海鹽縣下亦引之。馬臯城東出五十里有武原鄉,故越地也,秦於其地置海鹽縣。《水經注》。縣地,春秋時屬越,舊志云屬吳,非是。初,吳與越成,封地百里,後增封八百里,其北則平原。平原者,武原也。秦並天下,始置縣曰海鹽。秦定江南,郡會稽,實二十五年。語具《秦本紀》。原註:《吳地記》:二十六年置縣。永樂、弘治《志》:二十年置。《一統志》:秦析吳縣地置海鹽,應與吳同時置云。析置,未知出何典記。縣始置在今華亭縣槖林,於古爲華亭鄉地。《海鹽圖經》。　伊《志》案:槖,音同柘。海鹽縣,始皇二十六年置,陷爲柘湖。又改武原縣。《吳地記》。治城在華亭鄉者,山名槖山,林名槖林,陷爲湖,名槖湖。《聞窗括異志》。

伊《志》案:《海鹽圖經》謂:海鹽,越地。云析吳縣置者,《明一統志》之誤。今考《太平寰宇記》:海鹽本吳縣武原鄉,其誤不始於《明一統志》矣。謂海鹽陷爲柘湖,當在秦時。云王莽陷湖,移治武原者,《明一統志》之誤。今考《元和郡縣志》,海鹽本秦縣,漢因之。其後縣城陷爲柘湖,移於武原鄉。《聞窗括異志》亦云莽改,其誤亦不始於《明一統志》。惟《圖經》謂秦時自華亭鄉移治武原鄉。揆之《吳記》《吳地記》,所言皆合。《吳地記》謂秦改武原縣,則誤。秦陷湖,俱移縣治,不改縣名也。

漢,海鹽縣屬會稽郡。《皇輿表》。

會稽郡,海鹽有鹽官,莽曰展武。《漢書·地理志》。

東漢,海鹽縣屬吳郡。《皇輿表》。

吳郡海鹽。《續漢書·郡國志》。　劉昭注:案今計偕簿,縣之故治,順帝時陷而爲湖,今謂爲當湖。大旱湖竭,城郭之處可識。漢安帝時,武原之地,又淪爲湖,今之當湖也。《水經注》。縣城後又陷爲當湖,移置山旁。《元和郡縣圖志》。順帝永建四年,分會稽爲吳郡,海鹽縣隸之。復又陷爲湖,即當湖,移治故邑山。伊《志》:故邑山在平湖東二十七里。故邑山,《新唐書》所載故縣山是也。山下有舊海鹽城,所以名故縣者,後人追名之。宋高祖與海賊孫恩戰,築城海鹽故縣,有驍將剡人虞丘進被重創，於城中養創，事見《宋書》。時縣已於晉咸康時遷今治，故名其處爲故縣也。海鹽仇《志》。

伊《志》案：《前漢·志》：莽改海鹽曰展武。《續漢志》有海鹽縣，其復舊名，不著年月，以《後書·本紀》考之，建武六年，併省四百餘縣，疑海鹽縣名之復即在是時。柳《志》云：建武二年復舊名，爲海鹽縣，未知何據。舊《浙江通志》但云建武初復舊名。又案：當湖之陷，劉昭《郡國志》注謂漢順帝時，酈道元《水經注》謂漢安帝時。《元和志》但以爲漢後，不言何時，今竝存之。　又案：《續漢書註》引計偕簿載，順帝時陷湖，不言移縣。《新唐書·志》：海鹽有故邑山，不言何時移治。《元和志》謂陷湖，移置山旁，亦不言順帝何年。趙《圖記》定爲順帝永建二年。海鹽仇《志》謂永建四年以後陷湖移治，俱未詳何據。至至元《志》云移故邑山爲故縣，則誤甚。柳《志》爲邑遷而海鹽之名未改，最爲有見。趙《圖記》：故邑亦作顧邑，謂顧榮之先，句踐封支庶于此，尤誤。至元《志》春秋有東顧城，不在此也。

三國吳，海鹽縣屬吳郡。《皇輿表》。

赤烏五年，海鹽縣言黃龍見。《三國志·吳主孫權傳》。孫權爲將軍，逮年二十一歲，始仕幕府，出爲海昌郡尉，竝領縣事。《三國志·陸遜傳》裴松之注：陸氏祠堂像贊曰：海昌，今鹽官縣也。鹽官，漢海鹽縣地，有鹽官，吳遂名縣。《舊唐書·地理志》。《吳錄·地理》云：鹽官本名海昌，時改爲鹽官，屬吳郡。沈約《宋書·州郡志》云：此說非也。予案吳《志》：權爲將軍，漢建安五年也。《太平寰宇記》。鹽官亦名海昌者，本海鹽南境故地，其分析，難確定何年。但追檢前、後漢《志》，無鹽官縣名。至晉始志之，當是吳時割置，明矣。《宋書》以鹽官爲漢縣，非吳置。權之爲將軍，在建安五年，此時啟土江南，尚襲稱漢名爵，縣雖析自吳，云漢縣宜也。《海鹽圖經》原註柳《志》引地《志》：漢獻帝建安五年，割海鹽置海昌。又云吳大帝黃武四年，析嘉興、海鹽二境置鹽官。案：吳之析海昌，止以《陸遜傳》爲據，於孫權之爲將軍，逮之從軍府出領縣事，約略其時，知在建安初，定爲五年，已是揣度。至云黃武四年，則入魏又六年，去之益遠矣。吳大帝置鹽官縣。《清類天文分野之書》。　伊《志》案：《海鹽圖經》謂兩漢志無鹽官縣，當是吳時割置，然司馬彪《郡國志》，凡郡縣增省，在安、順後者，率不著錄。沈約云：鹽官本漢舊縣，非吳所立也。其說亦是，今兩存之。

晉，海鹽縣屬吳郡。《皇輿表》。

吳地統縣海鹽。《晉書·地理志》。漢順帝時移治故邑山，爲故邑縣。晉咸康七年，復爲海鹽縣，移處故馬嗥城。至元《志》。舊志云：晉咸康七年，復爲海鹽縣，備考。《晉史·帝紀》及《地理志》，咸康中無此事，恐有誤。海鹽仇《志》。晉咸康移故邑治，治馬嗥城，城爲海鹽鄉地，因訛傳改稱海鹽。《海鹽圖經》。吳禦越城，亦名馬嗥城。吳王濞置司鹽校尉，居此城，其地即名海鹽鄉。同上。故邑之改，亦屬可疑。夫自海鹽而故邑，漢宜志；由故邑而海鹽，晉又宜志。何以二志竝弗載也？且求諸他紀傳，在順帝後、晉咸康前者，則吳赤烏之龍見以海鹽書，晉太興之雨雹以海鹽書；其他縣令長，若步騭、孫誼之屬，無不以海鹽書，豈非有海鹽，無故邑之明證耶！《浙江通志》。

宋、齊、梁，海鹽縣竝屬吳郡。《皇輿表》。陳永定二年，分屬海寧郡。《大清一統志》。

吳郡領縣海鹽。《宋書·州郡志》。　《南齊書·州郡志》同。梁天監六年，析東北境置前京縣，侯景分海鹽、胥浦二縣爲武原郡。陳省入海寧郡。海鹽仇《志》。梁胥浦縣，今名胥浦鄉，在平湖東北，華亭西南，其地有壇步、平江、朱涇、花緒、治宅、義成、浦曲、海岸等名，從海鹽析置。侯景嘗以海鹽、胥浦二縣立武原郡是也。前京地近胥浦，在今松江府治東八十五里，實海鹽舊境之東北鄙也。宋《嘉禾志》載，其地尚有前京舊城。趙《圖記》云：梁太清中，以海鹽地析。今攷宋、齊《志》，竝有海鹽無前京，惟《陳書·武帝本紀》始以海鹽、前京竝稱，其爲梁析，似無可疑。《海鹽圖經》。

伊《志》案：海鹽仇《志》謂梁以海鹽屬信義郡。又析海鹽東北境置前京縣。考《梁書·侯景傳》《陳書·武帝紀》，海鹽仍屬吳郡。仇《志》誤以前京爲海鹽也。當云梁置信義郡，析海鹽東北境爲前京縣以屬之。第梁時前京既屬信義郡，何《陳書》又以吳郡之前京與海鹽竝稱？蓋梁、陳建置不常，梁之前京屬信義郡，而陳之前京屬吳郡，後又改屬海寧郡。洎海寧、信義二郡俱廢，則前京仍屬吳郡。《隋·志》稱信義郡所領六縣俱併入吳郡，六縣有海陽，無海鹽。《圖經》據以駁正梁海鹽屬信義郡之誤，甚是。又陳置海寧郡，以海鹽與鹽官、前京屬之。海鹽仇《志》謂陳省入海寧郡，與《吳地記》後主禎明元年，海鹽縣割屬鹽官誤同。陳以縣屬海寧郡，非省縣入鹽官也。至隋始廢海鹽入鹽官耳。　又案：《隋·志》無海鹽縣，蓋廢入鹽官也。《元和郡縣圖志》云隋開皇九年廢，北屬杭州是已。至元《志》謂前京、海鹽，隋併入常熟，是因前京而誤連海鹽也。隋廢信義郡，前京併入常熟，見史志。海鹽非信義郡所領，何由併入常熟？況隋省海鹽入鹽官，有《元和志》可據。《圖經》謂省海鹽入常熟，道里太紆，當以省入鹽官爲是。然就當日之疆域而論，前京本海鹽之東北鄙，即省海鹽入常熟，亦未見其道理太紆耳。

唐，海鹽縣高祖時復置，太宗時省。睿宗時復置，屬蘇州。《皇輿表》。

蘇州海鹽，漢縣。久廢。景雲二年，分嘉興復置。先天元年，復廢。開元五年，復置，治吳禦越城。《舊唐書·地理志》。蘇州海鹽，緊，貞觀元年省，景雲二年復置。《唐書·地理志》。海鹽縣，上。武德七年地屬嘉興。開元五年，刺史張廷珪又奏置。《元和郡縣圖志》。武德七年，以海鹽地隸歸嘉興。《吳地記》。天寶十載，以吳郡太守趙居貞奏，始割海鹽北境立華亭縣，仍屬於吳。海鹽仇《志》。　伊《志》案：《舊唐·志》：武德七年，平輔公祐，始置嘉興縣。海鹽地入嘉興，與《元和志》《吳地記》所言皆合。八年廢嘉興，入吳縣，海鹽地亦即隸吳。貞觀八年，嘉興復置，海鹽還隸嘉興，此可考而知者也。《新唐書》云：貞觀元年省。《海鹽圖經》謂：貞觀元年，縣未置，何從得省？歐陽氏誤矣。然《新唐·志》所言，特未詳耳，不爲誤。蓋武德七年置海鹽縣，尋廢。復置，至貞觀元年又省。景雲二年又置，未必是開皇九年省縣而後，直至景雲二年始復也。《圖經》爲海鹽於唐最，廢置不恒，故郡縣志多訛，今遵。　《皇輿表》定爲武德置縣，貞觀復省。景雲復置，於新、舊《唐書》《元和志》俱無不合矣。　又案：《舊唐書》謂開元五年置縣，治吳禦越城。至元《志》謂開元置於海鹽舊縣吳禦越城而北，即今縣治。兩說小異，然二城道里相去無多。《圖經》所以合馬嗥、吳禦越爲一也。

五代，海鹽縣，後唐初割杭州。晉天福四年改屬秀州。《大清一統志》。

秀州領縣海鹽。《十國春秋》。

伊《志》案：至元《志》謂昭宗大順中，海鹽割歸杭州。舊志皆仍之。今考新、舊《五代史》及《五代會要》，皆言晉天福三年，以杭州之嘉興置秀州。《太平寰宇記》謂仍割海鹽焉。是海鹽在天福以前亦屬杭州。又《十國春秋》後唐同光二年，吳越於嘉興置開元府，是海鹽在同光以後，又嘗屬開元府。竝詳見前。

宋，海鹽屬嘉興府。《皇輿表》。

秀州海鹽縣，南九十里，元十鄉。《太平寰宇紀》。秀州，縣四。上，海鹽。州東南八十里。一十鄉。《元豐九域志》。嘉興府，本秀州。軍事。縣海鹽，上。《宋史·地理志》。

伊《志》：海鹽自吳析鹽官，梁析前京、胥浦，唐析華亭以後，宋時縣境凡十鄉。至明宣德，又析四鄉爲平湖，今止六鄉。

元，海鹽縣，成宗時升爲州，屬嘉興路。《皇輿表》。

嘉興路，海鹽州，中，元貞元年升。《元史·地理志》。元貞元年詔曰：縣五萬戶以上，宜升州。海鹽戶滿六萬，其改爲海鹽州。《海鹽圖經》。

明，海鹽州，太祖時改爲海鹽縣，屬嘉興府。《皇輿表》。

嘉興府，領海鹽縣，府東南，元海鹽州。明洪武二年降爲縣。《明史·地理志》。宣德五年，析東北四鄉爲平湖縣，本縣所轄凡四隅六鄉。柳《志》。

皇朝，海鹽縣在府東南八十里。《大清一統志》。

海鹽縣屬嘉興府，編户一百六十四里。《浙江通志》。

伊《志》案：雍正七年，定海鹽縣爲繁難中缺。乾隆三十一年，改爲海疆要缺。

平湖縣

漢置海鹽縣，屬會稽郡。後漢順帝時廢。《大清一統志》。

伊《志》案：春秋武原鄉，即今平湖縣治，漢置海鹽縣於此。順帝時，城陷爲湖，爲當湖，即今平湖也。徙治故邑山，在今平湖縣境之乍浦。

晉以後爲海鹽縣地。《大清一統志》。

明宣宗時，分海鹽東北境地爲平湖縣，屬嘉興府。《皇興表》。

嘉興府，領縣平湖。宣德五年，以海鹽縣之當湖鎮置。《明史·地理志》。宣德五年，巡撫、大理卿胡㮣以海鹽地廣民衆，請分置縣於當湖鎮，因名平湖。柳《志》。

皇朝，平湖縣在府東南五十四里。《大清一統志》。

平湖縣屬嘉興府，編户百四十里。《浙江通志》。

伊《志》云：雍正七年，定平湖縣爲衝繁疲難，海疆要缺。　案：同治七年改爲繁疲難，沿海要缺。

石門縣

漢，由拳縣地。《大清一統志》。

會稽郡由拳縣。《漢書·地理志》。　伊《志》：石門縣本崇德縣，在漢爲由拳縣之西鄙。崇德縣，古越地也。《元豐九域志》。越國西北至禦兒，與吳分爲界。《通典》注云："在嘉興縣南有地名禦兒也。"《國語》曰："吾用禦兒臨之。"今俗作"語"字。《太平寰宇記》。崇德縣有禦兒水，本曰禦兒，越之北境，《越語》云："句踐之地，北至禦兒。"即此。《興地廣記》。東越使徇北將軍守武林，敗樓船軍數校尉，殺長史。樓船軍卒錢塘轅終古斬徇北將軍，爲禦兒侯。《史記·東越列傳》。　《正義》曰禦字，今作語。語兒鄉在蘇州嘉興縣南七十里，臨官道也。禦兒以軍卒斬東越徇北將軍功侯。元封元年閏月癸卯，莊侯轅終古元年。太初元年，終古死，無後，國除。《史記·建元以來侯者年表》。　《索隱》曰：禦兒，韋昭云：在吳越界，今爲鄉也。　伊《志》案：《漢書·兩粵列傳》作語兒，《年表》作藥兒。師古曰：語字，或作御，或作藥，其音同。詳《山川》。漢法，十里一亭。凡封侯，視功大小，亭、鄉、縣、郡各有差。或謂語兒在漢爲亭，轅終古之封正是亭侯，迺證以孟康吳南亭之注。是蓋不然，春秋戰國時，檇李、禦兒，俱望地，縱橫廣袤亦相等。秦易檇李爲由拳，且以爲縣，則禦兒爲鄉無疑。孟康，魏人，恐於吳地不能訂其詳。吳南亭者，特指語兒十亭之一耳。至元《志》。

三國吳以後爲嘉興縣地。《大清一統志》。

唐乾符中所立崇福寺二石經幢，一云嘉興縣語兒鄉，一云語兒市。然則語兒在唐其名如故。黃巢之亂，豪傑起義兵保護鄉井，遂升爲義和鎮。餘杭吳公約隨董昌禦巢於西鄙，奏置都遏[1]於硤石，兼授義和鎮遏使。後其子重裕襲拜西佳鎮遏使兼義和鎮事，見羅隱撰《吳公約》碑。至元《志》。

伊《志》案;石門鄺《志》云：陳文帝時，庾持爲尚書左丞，以長城功封崇德子。考《陳書·庾持列傳》，持以長城功封崇德縣子。宋、齊《州郡志》，崇德縣屬宋隆郡，至隋平陳，宋隆郡廢，崇德省入信安郡之平興縣，庾持所封當是宋隆郡之崇德。縣誌以五代始置之秀州崇德縣當之，失考甚矣。

五代晉時始奏分嘉興縣地置崇德縣，屬秀州。《皇興表》。

梁開平時，吳越王錢鏐廢義和鎮，稱義和市。晉天福三年，始析嘉興縣崇德等七鄉爲縣，置義和市，因鄉以名縣。五年，升嘉興縣爲秀州，以嘉興、華亭及新置崇德隸焉。崇德洪《志》。

宋，崇德縣屬嘉興府。《皇興表》。

秀州崇德縣，西南一百八十里，元九鄉。《太平寰宇記》。 伊《志》：今石門縣在府西南八十里。《寰宇記》“一百”字係衍文。秀州，縣四。中，崇德。州西南一百里。一十二鄉。《元豐九域志》。嘉興府，本秀州。軍事。縣崇德，中。《宋史·地理志》。熙寧中，析嘉興縣西五鄉隸崇德。至元《志》。

伊志《案》：晉天福三年置縣，止崇德等七鄉。宋熙寧十年，又割嘉興縣梧桐、永新、清風、千金、保寧五鄉以益之，故《元豐志》云十二鄉。《寰宇記》作“九鄉”字誤。柳《志》以後諸《志》謂崇德益鄉在政和十年，亦誤。

元，崇德縣成宗時升爲崇德州，屬嘉興路。《皇興表》。

嘉興路崇德州，中，元貞元年升。《元史·地理志》。

明，崇德州，太祖時改爲崇德縣，屬嘉興府。《皇興表》。

嘉興府，領縣崇德，府西南。元崇德州，洪武二年降爲縣。《明史·地理志》。宣德五年，割梧桐等鄉分置桐鄉縣，今縣所割六鄉一十六都，二百一十一里。柳《志》。

皇朝，石門縣在府西南八十里。《大清一統志》。本崇德縣。康熙元年改。《皇興表》。

崇德縣屬嘉興府，康熙元年，因與太宗文皇帝年號相同，改名石門，以縣有石門鎮故也。編戶一百六十四里。《浙江通志》。

伊《志》案：雍正七年，定石門縣爲衝繁難要缺。乾隆十三年，改爲衝繁中缺。四十一年，復爲衝繁難要缺。

【校注】

[1] 都遏：至元《嘉禾志》卷一《沿革·崇德縣》作“都額”。羅隱《吳公約神道碑》：“奏置都額，改硤石爲郡邑之所。於是推鋒破銳，勳業愈盛。”當作“都額”。

桐鄉縣

漢，由拳縣地。

三國，吳以後爲嘉興縣地。

五代晉以後爲崇德縣地。以上《大清一統志》。

明，宣宗時始分崇德縣地置桐鄉縣，屬嘉興府。《皇興表》。

嘉興府領縣桐鄉，宣德五年，巡撫、大理寺卿胡槩奏請分崇德縣慕化、千金、保寧、清風、永新、梧桐六鄉地置縣。柳《志》。

皇朝，桐鄉縣，在府西南五十五里。《大清一統志》。

桐鄉縣屬嘉興府，編戶一百里。《浙江通志》。

伊《志》案：雍正七年，定桐鄉縣爲繁難中缺。

縣　表

	嘉興縣	秀水縣	嘉善縣	海鹽縣	平湖縣	石門縣	桐鄉縣
唐虞							
夏							
商							
周	檇李鄉，又長水地				武原鄉	禦兒鄉	
秦	長水縣，治谷口湖，改由拳縣，治在今縣南五里，屬會稽郡	由拳縣境	由拳縣境	海鹽縣，治華亭鄉，陷爲柘湖，移治武原鄉，屬會稽郡	海鹽縣西南境，後爲海鹽縣治	由拳縣地西南境	由拳縣地西南境
漢	屬會稽郡			屬會稽郡			
東漢	屬吳郡			屬吳郡，陷爲當湖，移治故邑山			
三國	屬吳郡，析南境置鹽官縣，吳大帝時改禾興縣，歸命侯時，又改嘉興縣	嘉興縣境	嘉興縣境	屬吳郡，析西南境置鹽官縣	海鹽縣西北境	嘉興縣西南境	嘉興縣西南境
晉	屬吳郡			屬吳郡，成帝時移治，吳禦越，即馬嗥城，在今縣治。東南數百步			
宋	屬吳郡			屬吳郡			
齊	屬吳郡			屬吳郡			
梁	屬吳郡			屬吳郡，析東北境置前京縣，屬信義郡。又析東北境置胥浦縣，屬吳郡。侯景分海鹽、胥浦二縣置武原郡	前京縣西南境，胥浦縣治		
陳	屬吳郡			屬吳郡，武帝時分鹽官、海鹽、前京置海寧郡	前京、海鹽二縣境		
隋	省入吳縣	吳縣南境	吳縣南境	省入鹽官縣	常熟縣西南境	吳縣南境	吳縣南境
唐	高祖時復置，尋省入吳縣。太宗時復置，即今縣治　屬蘇州，析東境置華亭縣	嘉興縣境	嘉興縣東北境	高祖時復置，太宗時嘉興縣東南境，睿宗時復置，玄宗時嘉興東南境，開元五年復置，屬蘇州	嘉興縣東境，後爲海鹽縣東北境　析北境置華亭縣	嘉興縣西南境	嘉興縣西南境
五代	梁析北境置吳江縣，晉爲秀州治			屬秀州		晉分嘉興縣西南境，置崇德縣，治義和市	崇德縣東境
宋	爲嘉興府治			屬嘉興府		屬嘉興府	

續　表

	嘉興縣	秀水縣	嘉善縣	海鹽縣	平湖縣	石門縣	桐鄉縣
元	爲嘉興路治			成宗時升爲海鹽州 屬嘉興路	海鹽州東境	成宗時升爲崇德州 屬嘉興路	崇德州東境
明	爲嘉興府治	宣宗時分嘉興置秀水縣,治府城西北偏屬嘉興府	宣宗時分嘉興縣北境置嘉善縣,治魏塘市屬嘉興府	太祖時復爲縣,屬嘉興府	宣宗時分海鹽縣北境置平湖縣,治當湖鎮屬嘉興府	太祖時復爲縣,屬嘉興府	宣宗時分崇德縣東境置桐鄉縣,治鳳鳴市屬嘉興府
皇朝	嘉興府附郭	嘉興府附郭	屬嘉興府	屬嘉興府	屬嘉興府	康熙元年,改石門縣,屬嘉興府	屬嘉興府

嘉興府志卷三

疆域〔形勝附〕

秦制天下爲三十六郡，會稽特小。今嘉興僅得海鹽、由拳之半，是疆域又特小矣。乃疆域小而賦稅甲于杭、湖，故都圖之分較密，則經界不可不正也。若夫外濱巨海，內障省垣，彈丸也乎哉，實管鑰地也。申畫郊圻，慎固封守，胥於是乎在。志《疆域》，並附形勝。

嘉興府

在布政使司東北一百八十里，東西距一百五十里，南北距一百里。東至江南松江府華亭縣界六十里，西至湖州府歸安縣界九十里，南至杭州府海寧州界七十里，北至江南蘇州府震澤縣界三十里。東南至江南松江府金山縣界一百五里，西南至杭州府仁和縣界一百里，東北至松江府婁縣界六十里，西北至湖州府烏程縣界八十里。自府治至京師三千三十里。《大清一統志》。東西一百六十里，南北八十七里。東至松江華亭之楓涇六十里，即平湖、嘉善之東境。東北至蘇州長洲之章練塘八十里，即嘉善之東北境。北至吳江之柿涇二十七里，即秀水之北境。西北至湖州烏程之烏鎮五十里，即崇德之西北境。西至烏程之烏鎮一百一十三里，伊《志》案：袁《志》云：西界湖州府德清之含山一百一十五里，此云西至烏鎮一百十三里，疑誤。即桐鄉之西境。西南至杭州仁和之金鵝鄉一百里，即崇德之西南境。東南濱大海，直隸金山衞一百五里，即平湖東南境。南際於海。趙《圖記》：界寧波府慈溪縣海中黃牛山一百三十里，即海鹽之南盡境也。柳《志》。《太平寰宇記》：秀州，領縣四，嘉興、海鹽、華亭、崇德。州境：東西三百一十八里，南北九十一里。東至大海二百一十里，南至杭州硤石鎮爲界六十里，西至杭州二百一十九里，北至蘇州二百四十二里[1]。《元豐九域志》：秀州，軍事。東至海二百里，西至本州界一百二十五里，自界首至湖州七十五里。南至本州界七十五里，自界首至杭州一百一十五里。北至本州界三十里，自界首至蘇州一百二十五里。東南至海九十二里。西南至本州界四十五里，自界首至杭州一百里。東北至本州界六十里，自界首至蘇州八十里。西北至本州界四十五里，自界首至蘇州九十五里。伊《志》案：唐以前道里無攷。宋時四至八到皆華亭言之。茲附錄以備參攷。

【校注】

[1] 按：《太平寰宇記》卷九十五：秀州"北至蘇州一百四十二里"。故"二百"是"一百"之誤。

嘉興縣

附郭，府治東南偏。東西距五十三里，南北距八十二里。東至平湖縣界五十里，西至秀水縣界三里，南至杭州府海寧州界六十里，北至嘉善縣界二十二里，東南至海鹽縣界五十四里，西南至桐鄉縣界三十六里，東北至嘉善縣界三十里，西北至秀水縣界一里。《大清一統志》。

秀水縣

　　附郭,府治西北偏。東西距三十八里,南北距四十五里。東至嘉興縣界三里,西至桐鄉縣界三十五里。南至嘉興縣十五里,北至江南蘇州府震澤縣界三十里,東南至嘉興縣界五里,西南至桐鄉縣界三十里,東北至嘉善縣界四十五里,西北至桐鄉縣界四十五里。《大清一統志》。

嘉善縣

　　在府東三十六里,東西距四十五里,南北距四十二里。東至江南松江府婁縣界十八里,西至秀水縣界十八里,南至嘉興縣界十里,北至江南蘇州府震澤縣界三十二里,東南至平湖縣治三十六里,西南至秀水縣治三十六里,東北至松江府青浦縣界三十六里,西北至震澤縣治七十二里。《大清一統志》。

海鹽縣

　　在府東南八十里,東西距六十四里,南北距八十四里。東至海半里,西至杭州府海寧州界六十三里,南至海寧州界四十八里,北至平湖縣界三十六里,東南至海二里,西南至海寧州界五十里,東北至平湖縣治四十里,西北至嘉興縣界四十里。《大清一統志》。

平湖縣

　　在府東南五十四里,東西距三十九里,南北距五十六里。東至江南松江府金山縣界三十六里,西至嘉興縣界三里,南至海二十七里,北至江南松江府婁縣界二十九里,東南至海四十里,西南至海鹽縣治四十里,東北至婁縣界八十里,西北至嘉善縣界十五里。《大清一統志》。

石門縣

　　在府西南八十里,東西距四十五里,南北距三十里。東至桐鄉縣界二十里,西至湖州府德清縣二十五里,南至杭州府海寧州界十里,北至桐鄉縣界二十里,東南至海寧州界十里,西南至德清縣界二十五里,東北至桐鄉縣界三十里,西北至湖州府歸安縣界三十里。《大清一統志》。

桐鄉縣

　　在府西南五十五里,東西距四十三里,南北距六十二里。東至嘉興縣界十八里,西至石門縣界二十五里,南至杭州府海寧州界三十里,北至江南蘇州府震澤縣界三十二里,東南至海鹽縣界四十五里,西南至石門縣界二十七里,東北至秀水縣界三十八里,西北至湖州府歸安縣界三十七里。《大清一統志》。

唐、宋以來鄉都分合表

　　攷唐時嘉興縣五十鄉,海鹽縣十鄉。本十一鄉,省爲十。貞元十一年,刺史于頔奏增爲十五。乾寧五年,以户不符額,復爲十鄉。《吳地記》在乾符間作,故云十五鄉。見《吳地記》及《太平寰宇記》。共六十鄉,除十一鄉分屬吳江、華亭等縣,餘四十九鄉。宋熙寧以後,嘉興二十七鄉。本三十二鄉,熙寧十年割五鄉入崇德。海鹽十鄉,崇德十二鄉,見《元豐九域志》,仍爲四十九鄉,即今嘉興一府七縣之地也。嘉興湯《志》載唐五代鄉名多少不符,兼有誤脱。兹參稽往籍,以七縣所轄鄉都區里之,或分或合,或全或半,爲表以便省覽,而鄉之屬他郡者則附其目於末。

	唐	五 代	宋	元	明 初	明分縣後	國 朝
勸善鄉 治東北二里	嘉興	嘉興 治東	嘉興 東南都 東北都	録事司 管里四 青雲 輪王 樓真 東塘 伊《志》案:至元《志》録事司所屬五福、嘉禾、由拳、勸善、時清五鄉,凡十有二界	嘉興	嘉興 東都東南區 里六 東北區 里八	嘉興 里一 里一
德化鄉 治東二十里	嘉興	嘉興	嘉興 二都 三都	嘉興 管里四 瓜舍 高豐 吳涇 朱涇	嘉興	嘉興 二都 里十八 二都 里十四	嘉興 里十二 里十
胥山鄉半 治東三十里	嘉興	嘉興	嘉興 四都 六都	嘉興 管里八 石霽 葛趙 三棹 墓 舊廟 當湖 姚塔 錢村	嘉興	嘉興 四都 里九 六都 里二十三	嘉興 里九 里十九
感化鄉 治東三十里	嘉興	嘉興	嘉興 七都 八都	嘉興 管里三 秋塔 社莊 籬林,一作梨村	嘉興	嘉興 六都 里十八 七都 里二十三	嘉興 里十二 里十九
移風鄉 治東五十里	嘉興	嘉興	嘉興 九都	嘉興 管里三 葛澳 漢全 秋澳	嘉興	嘉興 九都 里十七	嘉興 里十四

	唐	五代	宋	元	明初	明分縣後	國朝
履仁鄉 治東南五十里，今作里仁	嘉興	嘉興	嘉興 十都 十一都	嘉興 管里五 張村 張宅 秋塔 東周 楊匯	嘉興	嘉興 九都 里十七 十都 里十六 十一都 里十五	嘉興 里十六 里十二 里十一
新豐鄉 治東南四十里	嘉興	嘉興	嘉興 十二都	嘉興 管里七 松陽 莊奧 蕭墓 莫村 顧墓 嶽樸 柳莊	嘉興	嘉興 十二都 里二十三	嘉興 里十九
永豐鄉 治東南二十里	嘉興	嘉興	嘉興 十三都 十四都	嘉興 管里四 朱墓 衢林 戴澳 清墓	嘉興	嘉興 十三都 里二十五 十四都 里二十二	嘉興 里十九 里十六
白苧鄉 治南一里	嘉興	嘉興	嘉興 十五都	嘉興 管里四 六里 磨塘 南界代 北界代	嘉興	嘉興 十五都 里二十	嘉興 里七
大彭鄉 治南十里	嘉興 伊《志》案：嘉興湯《志》於唐五代鄉名下失載	嘉興	嘉興 十六都 十七都	嘉興 管里四 朱塔 力林 陳浦 梅會	嘉興	嘉興 十六都 里五 十七都 里十 十八都西南区 里十二 西北区 里十	嘉興 里四 里十 里二十
嘉會鄉 治南二十里	嘉興	嘉興	嘉興 十八都 十九都	嘉興 管里四 魯奧 梅會 朱巷 張滿	嘉興	嘉興 十八都東區 里十五 十九都西區 里十一 二十都 里十	嘉興 里十 里九
長水鄉 治南三里	嘉興	嘉興	嘉興 二十都 二十一都	嘉興 管里四 桃花 梨會 落塘 屠墓 伊《志》案：至元《志》、趙《志》無屠墓，今從湯《志》增	嘉興	嘉興 二十都 里八 二十一都東南區 里八 西南區 里六 東北區 里八 西北區 里五	嘉興 里七 里六 里五 里六 里三

	唐	五 代	宋	元	明 初	明分縣後	國 朝
嘉禾鄉 嘉興府治、嘉興、秀水兩縣附郭	嘉興	嘉興 州治	嘉興 中一都 中二都	錄事司 管里四 作兒 朱巷 紙行 華表	嘉興 伊《志》案：柳《志》：洪武元年以在城，嘉禾一都分爲四隅	秀水 西南區 里六 西北區 里四 伊《志》案：秀水李、任二《志》俱載在城西南、西北二區，而不指實舊爲何鄉，大約統嘉禾、五福等鄉而言。柳《志》一鄉存疑	秀水
五福鄉 治西二里	嘉興 伊《志》案：湯《志》於唐鄉名下失載	嘉興 治西	嘉興 西北都 西南都	錄事司 管里四 羅 廟巷 望 廣平	嘉興	秀水	秀水
由拳鄉 治南一里	嘉興	嘉興 治南	嘉興 南都 南一都	錄事司 管里四 甘露 社壇 南宮 秤花	嘉興	秀水	秀水
時清鄉 治北一里	嘉興	嘉興 治北	嘉興 一都	嘉興 管里一 甘露	嘉興	嘉興	嘉興
象賢鄉 治南三里	嘉興 伊《志》案：至元《志》：象賢在唐爲來蘇鄉	嘉興 伊《志》案：湯《志》於五代鄉名下失載	嘉興 二十二都	嘉興 管里三 至德 深葉 桃花	嘉興	秀水 二十二都東區 里二十 西區 里十	秀水 里二十 里十
靈宿鄉 治西北十二里	嘉興	嘉興	嘉興 二十三都 二十四都	嘉興 管里四 史村 落涇 陳墓 籬會	嘉興	秀水 二十三都東區 里八 西區 里十一	秀水 里八 里十一
雲泉鄉 治西北十二里	嘉興	嘉興	嘉興 二十五都	嘉興 管里二 王安 莊塔	嘉興	秀水 二十五都 里十七	秀水 里十七
柿林鄉 治西北三十里	嘉興 伊《志》案：湯《志》於唐五代鄉名下失載	嘉興	嘉興 二十六都 二十七都	嘉興 管里二 姚庄 宋耆	嘉興	秀水 二十七都 里十四 二十八都 里十三	秀水 里十四 里十三
復禮鄉 治北二十里	嘉興	嘉興	嘉興 二十八都 二十九都	嘉興 管里二 九里 吳會	嘉興	秀水 二十九都 里十二 二十都 里八	秀水 里十二 里八

	唐	五 代	宋	元	明 初	明分縣後	國 朝
永樂鄉 治西北十五里	嘉興	嘉興	嘉興 三十都	嘉興 管里二 　朱涇 　羞墓	嘉興	秀水 三十都 　里十 三十一都 　里十八	秀水 　里十 　里十八
思賢鄉半 治北三十里	嘉興	嘉興	嘉興 三十一都 三十二都 三十三都	嘉興 管里二 　吳後 　平塔	嘉興	秀水 三十二都 　里二十八 三十三都 　上保東區 　里十五 　上保西區 　里十五	秀水 　里二十八 　里十六 　里十五
麟瑞鄉半 治東北三十六里	嘉興	嘉興	嘉興 三十六都	嘉興 管里三 　殿林 　射成 　魏塘	嘉興	秀水 三十六都 　里二十三	秀水 　里二十三
白苧鄉半	嘉興	嘉興	嘉興	嘉興 管里見前	嘉興	秀水 十六都 　里四 伊《志》案：柳、趙諸《志》秀水無白苧鄉，今從秀水李、任二《志》增	秀水 　里四
思賢鄉半 嘉善治西北五十里	嘉興	嘉興	嘉興 三十三都半	嘉興 管里見前	嘉興	嘉善 三十三都 　下保東區 　里十 　下保西區 　里九 三十四都 　里九	嘉善 　里十 　里九 三十四都思四區里十
遷善鄉 嘉善治北三十五里	嘉興	嘉興	嘉興 三十四都	嘉興 管里五 　松墩 　曹澳 　楊澳 　江連 　斜塘	嘉興	嘉善 三十四都東區 　里八 　西區 　里十二 三十五都南區 　里九 　中區 　里六 　北區 　里七	嘉善 三十四都遷東區里八 　遷西區 　里十二 三十五都遷南區里九 　遷中區 　里六 　遷北區 　里七
麟瑞鄉半 嘉善治西十五里	嘉興	嘉興	嘉興 三十五都	嘉興 管里見前	嘉興	嘉善 三十五都 　里九 三十七都 　里八	嘉善 三十五都麟五區里九 三十七都麟七區里八

續　表

	唐	五 代	宋	元	明 初	明分縣後	國 朝
永安鄉 嘉善縣治	嘉興	嘉興	嘉興 三十七都 三十八都	嘉興 管里三 　黄巷 　胡受 　巡院	嘉興	嘉善 三十七都 　里十八 三十八都南區 　里十二 　中區 　里八 　北區 　里十二 伊《志》案：洪 武元年於三十 七都内割里四 爲魏塘鎮都，即 今縣治	嘉善 三十七都永七 區里十四 三十八都永八 南區里十二 　永八中區 　里八 　永八北區 　里十二
奉賢鄉 嘉善治東北 二十里	嘉興 伊《志》案：嘉 興湯《志》於 唐五代鄉名 下失載	嘉興	嘉興 三十九都 四十都	嘉興 管里三 　白牛 　屠涇 　新城	嘉興	嘉善 三十九都南區 里十二 　北區 　里九 四十都南區 里十 　中區 　里十 　北區 　里九	嘉善 三十九都奉九 南區里十二 　奉九北區 　里九 四十都奉四南 區里十 　奉四中區 　里十 　奉四北區 　里九
胥山鄉半 嘉善治東南 十里	嘉興	嘉興	嘉興 五都	嘉興 管里見前	嘉興	嘉善 五都 里二十	嘉善 五都胥五區 里十六
開濟鄉 治西百步	海鹽	海鹽	海鹽	海鹽 管里四 　歟城 　保壽 　合穗 　稟化	海鹽 一都 　里十二 二都 　里十二 三都 　里十四	海鹽 里八 里七 里十 伊《志》案：樊 《圖經》云西北 郭里二屬開濟 鄉一都	海鹽
永寧鄉 治西二十里	海鹽 伊《志》案：至 元《志》云舊 爲永泰，後改 是名。樊《圖 經》云唐名永 泰	海鹽	海鹽	海鹽 管里四 　秀岐 　崇教 　永昌 　崇仁	海鹽 四都 　里十四 五都 　里十四	海鹽 里七 里十五	海鹽
長水鄉 治西南十八 里	海鹽	海鹽	海鹽	海鹽 管里四 　横山 　徐涇 　招賢 　甘雨	海鹽 六都 　里十四 七都 　里十五 八都 　里十六	海鹽 里七 里九 里九	海鹽

	唐	五代	宋	元	明初	明分縣後	國朝
德政鄉 治西南二十五里	海鹽	海鹽	海鹽	海鹽 管里五 　金牛 　延德 　檇李 　斤林 　歸仁 伊《志》案：斤林，一作斤竹	海鹽 九都 　里十三 十都 　里十四 十一都 　里十七 十二都 　里十六 十三都 　里十五 十四都上 　里十五	海鹽 　里六 　里十 　里九 　里六 　里十一 　里四 伊《志》案：樊《圖經》云：澉浦鎮城里三，屬德政鄉十三都	海鹽
甘泉鄉 治西南十五里	海鹽	海鹽	海鹽	海鹽 管里四 　永和 　瑞井 　馴雉 　東姜	海鹽 十四都下 　里十三 十五都 　里十六	海鹽 　里四 　里十二 伊《志》案：樊《圖經》云：南郭里一，屬甘泉鄉十五都	德政鄉
海鹽鄉 海鹽縣治	海鹽 伊《志》案：至元《志》云：烏夜鄉後併爲海鹽鄉。樊《圖經》云：唐有烏夜鄉。詳《金石》	海鹽	海鹽	海鹽 管里四 　長年 　東城 　聞琴 　大周 伊《志》案：東城，一作車城，一作連城	海鹽 十六都 　里十七	海鹽 　里十一 伊《志》案：樊《圖經》云：東郭里一，屬海鹽鄉十六都	海鹽
大易鄉半 治北十二里	海鹽	海鹽	海鹽	海鹽 管里四 　新進 　陶涇 　聲壤 　蕭墓	海鹽 十七都半 　里二	海鹽 十七都半 　里二	海鹽
武原鄉半 治東北十八里	海鹽	海鹽	海鹽	海鹽 管里四 　永福 　絃歌 　鄰鶴 　馬厩	海鹽 十八都半 　里六	海鹽 十八都半 　里六	海鹽
齊景鄉半 治北四十里	海鹽	海鹽	海鹽	海鹽 管里五 　當湖 　惠安 　埭降 　下車 　羊墅 伊《志》案：樊《圖經》云：埭降今名由義。又案：下車，一作下亭	海鹽 二十都半 　里一	海鹽 二十都半 　里一	海鹽

續　表

	唐	五　代	宋	元	明　初	明分縣後	國　朝
大易鄉半 平湖治西南 十四里	海鹽	海鹽	海鹽	海鹽 管里見前	海鹽 十七都半 里十四	平湖 十七都東區 里八 西區 里六	平湖
武原鄉半 平湖治東北 二十一里	海鹽	海鹽	海鹽	海鹽 管里見前	海鹽 十八都半 里十四 十九都 里二十五	平湖 十八都半 里十四 東十九都 里十一 西十九都 里十	平湖 東十九都東區 里六 西區 里五 西十九都 里十
齊景鄉半 平湖縣治 伊《志》案： 今平湖治東 南五十里皆 是	海鹽	海鹽	海鹽	海鹽 管里見前	海鹽 二十都半 里三十三 二十一都 里二十三 二十四都 里二十四	平湖 二十都 里十九 二十一都 里十九 二十二都 里九	平湖 二十都東區 里八 西區 里十一 二十一都上扇 里十一 下扇 里十一 齊二十二都 里九 華二十二都 里八
華亭鄉 平湖治東北 二十九里	海鹽	海鹽	海鹽	海鹽 管里五 招賢 新安 魚所 谿里 烏社 伊《志》案：魚 所一作魚圻	海鹽 二十三都 里十九 二十四都 里二十一 二十五都 里十三	平湖 二十三都 里六 二十四都 里六 零二十四都 里二 二十五都 里七	平湖
南津鄉 石門縣西郭 下	嘉興	崇德	崇德	崇德 管里八 孝義 清化 大義 進安 永豐 桂華 嘉福 長營	崇德	崇德 一都 里十九 東二都 里十二 西二都 里十五	石門 里十二 里八 里四
語兒鄉 石門縣治	嘉興	崇德	崇德	崇德 管里六 塸城 邵林 孝義 南陽 通賢 宣化	崇德	崇德 三都 里十一 四都 里十六	石門 里七 里十三

	唐	五代	宋	元	明初	明分縣後	國朝
崇德鄉 石門治東北一里	嘉興	崇德	崇德	崇德 管里六 知義 知和 石關 崇新 神墟 上莫	崇德	崇德 九都 里二十一 十都 里十五 伊《志》案：柳、趙二《志》：九都，不分東西	石門 東九都 里七 西九都 里八 十都 里十一
千乘鄉 石門治東北十二里	嘉興	崇德	崇德	崇德 管里九 紀目 羔羊 上蔡 遊屯 錢林 令墅 五社 雙林 新城	崇德	崇德 十一都 里十一 十二都 里十三 十三都 里十三 伊《志》案：柳《志》誤以十一都入崇德鄉，今依趙《志》改正	石門 里七 里十 里十一
積善鄉 石門治西北二十里	嘉興	崇德	崇德	崇德 管里八 宣風 仁化 嘉善 生賢 棠政 萬年 大通 西河	崇德	崇德 十四都 里十五 十五都 里十四 十六都 里十一	石門 里九 里八 里八
石門鄉 石門治北二十里	嘉興	崇德	崇德	崇德 管里六 六塔 長溇 從信 通賢 上林 含林	崇德	崇德 十七都 里十二 十八都 里十 十九都 里十三 伊《志》案：柳《志》誤以十七都入積善鄉，今依趙《志》改正	石門 里八 里七 里八
慕化鄉 桐鄉治南十五里	嘉興	崇德	崇德 五都 八都	崇德 管里四 義政 尊賢 永新 清平	崇德 五都 里二十 八都 里三十四	桐鄉 里十六 里二十三	桐鄉 里十五
千金鄉 桐鄉治東南二十五里	嘉興	嘉興	崇德 六都 七都	崇德 管里四 新政 大麻 得義 覯谷 伊《志》案：得義，一作保義	崇德 六都 里十四 七都 里十四	桐鄉 里十一 里九	桐鄉 里八

續　表

	唐	五　代	宋	元	明　初	明分縣後	國　朝
保寧鄉 桐鄉治西北 二十五里	嘉興	嘉興	崇德 二十都 二十一都 二十二都 二十三都	崇德 管里四 尊賢 鵲宿 白馬 義安	崇德 二十都 里十七 二十一都 里二 二十二都 里四 二十三都 里八	桐鄉 二十都 里十八 二十二都 里四 西二十三都 里六	桐鄉
清風鄉 桐鄉治北二 十里	嘉興	嘉興	崇德 東二十三都 二十四都	崇德 管里四 化遷 清相 高田 衆安	崇德 二十三都 里五 二十四都 里十八	桐鄉 里九 里十八	桐鄉 里十六
永新鄉 桐鄉治北二 十五里	嘉興	嘉興	崇德 二十五都 二十六都 二十七都 二十八都	崇德 管里四 集賢 靜安 翁林 下塔	崇德 二十五都 里十二 二十六都 里十二 二十七都 里八 二十八都 里十一	桐鄉 二十五都 里十 二十六七都 里十四 北二十八都 里四	桐鄉 里十三
梧桐鄉 桐鄉縣治 伊《志》案： 趙《志》誤以 梧桐鄉入崇 德縣，今改 正	嘉興	嘉興	崇德 南二十八都 二十九都 三十都 三十一都	崇德 管里五 梧桐 鳳鳴 永泉 邵莊 善衆 伊《志》案：永 泉，一作永衆； 善衆，一作衆善	崇德 南二十八都 里四 二十九都 里二十四 三十都 里十六 三十一都 里二十一	桐鄉 里四 里十八 里十 里十五	桐鄉 里九 里十四

附記　五鄉之分爲十二界：

　　天慶上界　天慶下界　鹽倉上界　鹽倉下界　大悲東界　大悲西界　府東界　府西界
韭溪界　薛嶠界　南宮界　南果子界

附錄　十一鄉之今屬他府者：

	唐	五代	
綺川鄉	嘉興	吳江	今爲莫舍村，一名綺川村，在范隅上鄉之一都，隸吳江縣
平望鄉	嘉興	吳江	今爲平望鎮，范隅下鄉之二十四都。運河東南，隸吳江縣；運河西北，隸震澤縣
澄源鄉	嘉興	吳江	今分隸吳江、震澤二縣
震澤鄉	嘉興	吳江	今隸震澤縣

	唐	五代	
范隅鄉	嘉興	吳江	今分隸吳江、震澤二縣
久詠鄉	嘉興	吳江	今隸吳江縣。伊《志》案：後梁開平三年閏八月，割嘉興北境平望、震澤等六鄉爲吳江縣，即此六鄉是也。今屬江南蘇州府
谷陽鄉	嘉興	華亭	伊《志》案：至元《志》：修竹，本谷陽鄉，今隸婁縣、青浦縣
集賢鄉	嘉興	華亭	今分隸華亭、婁縣、青浦縣
招賢鄉	嘉興	華亭	伊《志》案：招賢里有招賢村，在雲間鄉。惟嘉興湯《志》作招賢鄉，恐誤。今隸華亭縣 伊《志》案：唐天寶十載，吳郡太守趙居貞奏割海鹽之北境、嘉興之東境、崑山之南境置華亭縣。今屬松江府
韭溪鄉	嘉興		伊《志》案：至元《志》：城內五鄉，凡十二界，內有韭溪界。又，麟瑞鄉有射城里，則韭溪、射城皆里名也。嘉興湯《志》作鄉名，恐誤
射城鄉	嘉興		

形勝附

嘉興府

　　揚州在九州之地最廣，全吳在揚州之域最大，嘉禾在全吳之壤最腴，故嘉禾一穰，江淮爲之康；嘉禾一歉，江淮爲之儉。唐李翰《嘉禾屯田紀績頌》。

　　封圻廣袤，是爲槜李之區；井里豐登，庸表嘉禾之瑞。宋祝穆《方輿勝覽》。

　　嘉興，澤國也。左杭右蘇，負海控江，土膏沃饒，風俗淳秀。生齒蕃而貨財阜，爲浙右最。元金吾《重修嘉興路總管府記》。

　　嘉興爲浙西大府，巨海環其東南，具區浸其西北。左杭右蘇，四望如砥。海濱廣斥，鹽田相望。鎮海諸山，隱隱列拱，百川環繞，而鴛鴦一湖，渟蓄其南，誠爲澤國之雄，江東一都會也。柳《志》。

　　山則散而不聚，無迫促狹隘之形；水則曲而能迴，具縈拂旋繞之致。平野四周，靈氣中宅，萬室鱗次，蔚成奧區。南控海洋，以通百貨，鱟帆蜃市，非時翔集；北鄰震澤，煙波森茫，葭葰連延，漁蠻出沒。吳《志》。

嘉興縣

　　嘉、秀皆郡翊，同稱澤國上腴。明黃承吳《嘉興縣志序》。

　　嘉興居山澤相錯之介，迺吳越交戰之區。舊《浙江通志》。

秀水縣

　　秀水東會滬瀆，西控語溪，襟帶具區，獨攬其秀。舊《浙江通志》。

嘉善縣

嘉善在嘉興府最爲膏腴之壤,平鋪如席,無高山大澤,惟支涇曲港而已。柳《志》。

三吳門户,通海臨泖。明姚弘謨《築城碑記》。

易野鱗次,平疇掌舒。居人目不識山阜,獨其水自郡城東北流,釃爲二渠,委輸以達於縣之西南,又析爲支河數十,交流錯注,浸灌包絡,逾縣治,折而東,以會於松江之黄浦。明沈爥《劉公墩碑記》。

海鹽縣

海鹽生聚萬計,濱海而居,地勢高而瘠土衆。宋褚珵《修海鹽縣學記》。

大海環其東南,諸山踞乎左右。西引苕霅,北控吳淞,河水百折,縈迴甫田,一望如掌。《海鹽圖經》引宋《武原志》。

平湖縣

平湖爲邑,襟溪帶湖,九山列其南,三泖匯其北。東瀕滄海,西接漢塘,當湖之水淵乎其中,亦東南之美地也。柳《志》。

石門縣

崇德居山澤之介,孔道四出,墟壘網絡。稻蟹之利,轉徙數州。宋沈括《崇德縣學記》。

環邑皆平田沃壤,圍以支港,無山林川澤之險。桐鄉徐《志》引淳祐《禦溪志》。

南枕皋亭,北通震澤。左玉灣,右金鵝。前對臨平山,後抵鴛鴦湖。四望如砥,皆平原沃壤。柳《志》。

走馬爲吳越分疆之地,語兒乃吳人棲兵之所。舊《浙江通志》。

桐鄉縣

負具區,面海鹽。東接秀水,西連玉溪。柳《志》。

嘉興府志卷四

城池坊巷、市鎮附

山城依山,池以鑿就;江城臨水,池以江深。禾郡七邑六城,附以澉、乍。惟澉近山,餘均環水,是濬鑿功少而修築功多也。嘉、秀抗蘇,善、平抗淞,石、桐抗湖,澉、乍抗海,是内防固先,外防尤切也。唐以前古城,詳《古蹟》門,兹載其略於前,備稽考也。坊巷填咽,殷實景也。市鎮棋布,亦成邑成都象也。志《城池》。

古 城

嘉興縣	檇李城	由拳古城		
秀水縣	射襄城	主城		
海鹽縣	馬嗥城	東城	古城	望海城
平湖縣	故邑城			
石門縣	何城	萱城		
桐鄉縣	檇李城	晏城		

以上俱詳《古蹟》。

今 城

嘉興府嘉興、秀水二縣附郭

府城 唐乾寧三年,嘉興鎮將曹信築。柳《志》引宋《嘉禾記》。 案《吳越備史》:唐文德元年,吳越武肅王命制置使阮結築。前志二説並載。據吳《志》:五代吳越古蹟有阮結城。原注引舊經云:嘉興縣城周二百二十五步,宋淳熙間僅餘百步,今無之。然阮結之築,恐非舊經所云縣城,吳《志》誤引也。又考曹信於唐末自臨平移鎮嘉興,始城其地。子珪嗣嘉興鎮將。乾寧中,淮南人圍城,珪登樓張樂縱飲,矢石交加,晏如也。乾寧改元僅四年,信築城當在乾寧之前。《記》云三年,似亦有誤。五代晉天福四年,升縣爲州。五年,吳越王元瓘拓爲州城。宋謂之軍城,元謂之路城,又謂羅城。柳《志》。周圍一十二里,高一丈二尺,厚一丈五尺。案:明洪武中重築府城,西南隅一角縮三里,即今所云九里十三步也。凡四門,門各分水旱,上各有樓。東門舊曰青龍,後改春波。明徐一夔《過春波門》詩:"春波門外春波綠,萬柳亭邊萬柳絲。今日樓臺斜照裹,滄桑風景記當時。"西門舊曰永安,後改通越。李日華云:蘇舜欽《過秀州通越門》詩小序云:"通越門外八九里,臨水多佳木茂林。"舜欽,元符間人。則知青龍、永安等名,吳越築城時所命。而春波、通越等名,乃宋初内附時改之耳。趙《圖記》謂元所改,誤。南門舊曰廣濟,後改澄海。北門舊曰望京,後改望雲,續改望吳。案《鄒》志:東春波以其接雙溪之水,西通越以其通越王臺,南澄海以其通海,北望吳以其通姑蘇臺。宋宣和年間案柳《志》作七年[1]知州宋昭年嘗更築。徐珉作亂,遂廢澄海水門樓。案嘉興湯《志》,建炎三年,秀州軍卒徐明作亂[2]。珉,一作明。德祐元年,守臣余安裕重修,諮議劉漢傑董其役,且增築保障。元至元十三年,隳郡縣城,羅城遂平,惟子城存。至元《志》參趙《圖記》。　案秀水黃《志》,時議隳江淮城壘,嘉興屬江淮行中書省,故並隳。元末兵起,守臣議防禦。至正十六年,路推方道叡案:各志俱作方叡。今考碑碣,名道叡。復營羅城。甲辰,案:二十四年。同知繆思恭重築,未就[3]。柳《志》。　案《宋濂集》有《刪烏城志》一篇,紀其事云:吳僧本誠著《烏城志》,予刪以附集。篇曰:元至正七年冬,嘉禾地西有烏數千,營巢於地,圍八尺,崇五尺,晝夜弗休,若有迫之者。未幾,大盜弄兵,紅巾繼起,江淮皆驛騷。朝廷遂詔州郡築城,築城自嘉禾始。明興,太守呂文燧、謝節始竟其役,較舊縮三里。案:今西南隅一角。高倍於舊二尺,面闊一丈,敵樓二十五,女牆三千四百一十五,增置月城四,釣橋四,城樓四,城門四。水門同。其城下隙地聽民置房屋,歲課入灰,爲繕城之費。趙《圖記》。　嘉興何《志》:四門上各有禽獸、人物刻石,藏於牆內爲厭術。相傳西門有鳳凰石像,故俗名鳳城。或曰西門獨昂,向南如鳳脛云。　明徐發《嘉禾鳳城》詩:"嘉禾秀水擁名城,丹鳳回翔此哺鳴。較勝蟠門空一戰,放開范蠡傲韓彭。"原注:閶闔城有蟠門,嘗刻木作蟠龍,以鎮越。今名盤門。嘉靖三十三年,倭寇猝至,知府劉愨繕修城隍。案嘉興湯《志》:知府劉愨允里人竇卿請修城防倭,即申乞工費。今嘉、秀二縣各築其半,每縣分二十四作,各委義民監督,不期年而成。　嘉興何《志》:寇至,愨命:賊在東門,則開西門受民;賊在南門,則開北門受民,全活甚衆。三十九年,知府侯東萊奉檄增築。案嘉興何《志》:巡撫周際嚴檄知府侯東萊興築,增高城一丈二尺,幫岸三尺,計周城一千九百餘丈,括公帑銀一萬八千六百餘兩有奇。知縣嘉興何源、秀水張翰翔董其役。改春波門曰澄霽,通越門曰阜城,澄海門曰迎薰,望吳門曰拱辰,重建敵樓二十七座。明吳鵬《修城記》略:江東之郡以十數,嘉興稱腴壤。人垂老不識兵革,視城且贅也。國家承平日久,人情狃于宴安,玩細娛而忽遠慮,城郭、溝池之固廢而莫之講。自島夷內寇,民惶駭棄戈,蒲伏疲茶,相枕拏戮,即數十百人,不足以當倭夷一二。灰爐室廬,魚肉民命。又虜子女,括玉帛,持梁飲醑,相謂入寇晚。江南北止受其毒,大都無城者屠城,敵而不爲備者陷。當是時,寇數蹂躪,薄嘉興城下。城之弗陷,蓋有天幸焉。嘉靖己未,侍郎周公際嚴奉天子命來按全浙,行部周覽,曰:"城弗修,猶亡城也。"檄知府侯君東萊,使修築之。乃下令曰:"往者郡繫三罪人,予察之,有冤狀,其贖三罪人,以襄城事。"守乃按行隱度,委帑緡於三人,使具諸費。而躬爲之量工程日,以考其成焉。計所修城周一千九百餘丈,高視舊加一丈二尺,厚以高計三之一。又改爲城樓者四。凡守之具,故所有者今無不飭,其所無也必備之。始事於某月某日,越五旬而迄工。飛閣崇堞,薄上阻下,憑高氣倍,跳梁環望者,卻步而回首。於是鄉大夫士范君言輩咸樂其成,爲狀馳使京師,請予記之。予嘉產也,睹期役之成,不獨爲邦人慶,實惟東南無疆之休,遂書以貽之,使鏤諸石,爲後來告焉。　邑人范言有《修南城樓記》。萬曆初,城漸圮。案秀水任《志》:萬曆七年,城間有坼泐,知縣朱來遠修城一十八丈三尺。十六年,知縣郭如川勘治近城隙地,令民築舍以防禦。二十年,知縣李培又以城多拆泐,大加葺治,計三十四丈二尺,嗣令排年開報,相繼修葺城堵。分轄兩縣,遇有傾圮,即爲補葺,額定歲修城銀兩。四十七年,知府莊祖誨、同知劉可訓、知縣蔣允儀、湯齊、范文若,議嘉、秀二縣分築城垣,八月而竣。案嘉興湯《志》:勘得城身周圍二千丈,通加二尺,並蓋造窩鋪、箭樓、馬墩等項,約須工料銀四千五百八十五兩。申請動支修城貼役銀,並各屬欠解海塘夫銀,充用嘉興縣管,修城凡一千一百七十二丈八尺,分爲八號;秀水管修城凡七百八十丈七尺二寸,分爲七號。　又,秀水任《志》:城中俱屬秀水,而城工則又分管。當宣德中分縣割境之日,未知何所見而然。萬曆二十四年,兵備湯日昭持議欲分其地,以半屬本縣,已詳二院允行,未及題請,會湯遷去,議寢。湯議略曰:"議得嘉興爲財賦奧區,號稱名郡,而逼近海壖,三面受敵。先年,倭奴入犯,直抵城下,室廬生聚,焚劫無遺,勢亦岌岌矣。蓋環城九里而遙,雉堞以千萬計,而在城營兵不過四百,所軍自轉漕而外,僅老弱數十人,何濟於用!所恃乘埤而守者,合二縣之編氓,家取而戶役之,僅給於數,而其人之堪用與否,不暇計焉。但郡城以內盡秀水轄地,而嘉興僅寄一縣治其間,此外無立雉焉。則城內者各自爲室廬妻子計,守之必力,而城外者強之入守,則無所顧慮,有掉臂而去耳。是嘉、秀二縣雖共居一城,而內外異形,心力不一,若非同舟之人期於共濟者比,一旦有急,鮮不償事矣。職愚以爲此二縣者既同城而居,即應分地而守。姑無遠引,即近而杭之仁、錢,湖之歸、烏,蘇之長、吳,俱各據郡城之半,左右相提,而輔翊郡治,平居無事,則若指臂相承,血脈易貫。一旦有急,如手足捍衛,外侮難侵。蓋古者設官建置,原有深意,奈何於嘉郡而獨不然,職甚訝之。間嘗詢之父老及鄉縉紳先生,咸謂此雖祖制已定,然亦不妨通變以宜民,請以郡前一河爲界而中分之。在東南隅者屬之嘉興,在西北隅者屬之秀水。中間計所割之坊里、户口,悉令嘉興照數補還,務不失其原額。是在一變通之間,而分土分民,官無折閱不均之歎;可常可變,民有同心共濟之休,尚何防守之足慮哉!"四十七年,嘉興兵備道王鐘岱修城外西北隅幫,築石岸。案:嘉興湯《志》:四十八年,嘉興知縣蔣允儀、秀水知縣湯齊會議歲修之法,向來外城有圮,官支原編修城銀,買料給工,其内城脚分派各區見年里長,凡遇圮損,照分定城段,各自修理。而里長又議斂于里間,多所苛剋,姦匠視爲利藪,每修時預留罅隙,年修年築,徒爲里中之累。因議改徵見年銀,每名一兩五錢貯庫。遇有損壞,發銀選料修城,通詳允行。天啟二年,知縣湯齊、范文若修築。袁《志》。

國朝順治十年,澄霽門城樓燬。嘉興知縣張厥修重建。十五年,奉檄增高城垜,合二爲一。康熙四年,迎薰門水關圮,嘉興知縣林逵重築。案原注:十六年,里户金珩等呈請每年各里輪城磚五十塊,石灰一百觔,貯修城。嘉興何《志》:二十三年,嘉興知縣何銍、秀水知縣任之鼎分修城垣、門樓、壕堤。四十九年,築水關於西城,在秀水縣治西。案原注:俗呼小西門。明有舊址,於四十七年始工,四十九年竣。　又案乾隆十九年,里民呈乞以小西門自明嘉靖以來議開議閉,不便居民。議詳請開,奉巡撫覺羅雅爾哈善批允,永遠開行,一體撥兵防守。城内建集鳳橋,城外建通裕橋。吳《志》。雍正五年,巡撫李衛檄委衢州知府靳樹德協同嘉興府知府閻堯熙併力修葺,重建門樓四座,每座增加一層,各題其額,東曰樓觀滄海,南曰澄海凝秀,西曰浙西鎖鑰,北曰咫尺雲天。又於澄海門之東,春波門之西,創建魁星閣一座。《浙江通志》。乾隆二十七年,風潮異漲,城根受淹鬆裂,嘉興知縣李化、秀水知縣孫爾周各勘所轄坍城城樓、城圈。二十七年,工部題准。三十一年,興工修竣。伊《志》。嘉慶十三年,署嘉興縣陸玉書詳請捐修。于《志》。道光間,海氛不靖,知府徐敬勘修内外城身、垜口、城圈、城樓、水關及附城砲臺三十三。二十四年經始,二十七年工竣,用銀八萬八千七百有奇,紳民捐辦。浙江巡撫梁寶常奏請議敍,報可。同治三年春,官軍攻剿粵匪,轟坍北門城垣,並及東西南各門,知府李甫田、紳士張清泰修築城身、垜口及附城砲臺二十八。四年,知府許瑤光重建南門城樓。五年,又修小西門、大西門及南門月城内城身。八年,嘉興縣所轄城垣、垜口間段、傾圮,知縣臧均之詳准修葺。新纂。

嘉、秀二縣分管段落:

城垣周圍九里十三步。嘉興縣分管自東門内馬王廟前起,由南門至小西門、古井庵前止,共長城身一千三百八十六丈九尺,計垜口一千一百一十個五分,東門樓一座,南門樓一座。秀水縣分管自小西門古井庵起,由北門至東門馬王廟止,共長城身七百八十丈八尺二寸,城垜七百三十四個五分,西門樓、北門樓各一座。伊《志》。

子城　周圍二里十步,高一丈二尺,厚一丈二尺。至元《志》。　按袁《志》引舊經云:吳黃龍時築,今本至元《志》無此文。元有正門一,曰麗譙。子城者,即子牆。宋之軍州、元之路衙、今之府治牆也。柳《志》。　《閒窗括異志》:秀州子城上有天王樓。詳見《古蹟》。元至元間,墮江淮城壘,羅城並墮,惟子城、麗譙獨存。趙《圖記》。萬曆二十年,知縣李培增高子牆三尺。秀水李《志》。

池　隍池周圍繞城,其里數與城加四分之一,闊二十二丈,深一丈二尺。其歷代疏濬並與城同。柳《志》。四門外各置弔橋，跨隍池，以通往來。袁《志》。南引鴛鴦湖水，西引漕渠，並周羅城，會于望吳門外北麗橋，西北以達於太湖。吳《志》。

關隘附

太平樓　在澄霽門外宣公橋東，扼橋爲險，上構崇樓，以瞭烽警，下嚴門扃，榜其門曰太平樓，曰春波遠覽，屹然一關隘也。橋故有樓，明嘉靖三十三年燬於倭，四十年，知縣何源建。萬曆九年再燬，知縣張問達更建。崇禎七年又燬，今石址磚壁[4]僅存。嘉興湯《志》：明范言《太平樓碑記》：心泉[5]何侯令嘉興，以治行聞。當寧徵選，風憲既至，竟補工部主事。邑人感其恩而惜其去，譬諸嬰兒乍離乳下，悲愴悽惻，眷戀弗捨，于是父老倪錫葦治碑頌德，以銘屬言。范子曰：嗟乎！洒余觀嘉興令之賢，有金溪洪侯範，其後則有何侯。洪侯簡易溫良，綜理周密，均田糧，刻有版榜示民，以畫一之守。侯則明爽嚴毅，張弛不違，均里甲，預爲冊式，要皆清慎節省，務爲邑人久遠計，而不爲身謀者。顧版榜不久尋燬，冊式漸有異同之議。古人謂“有治人，無治法。”詎不信歟！若行鹽牙鋪，不及編氓，而責諸徽人之有質庫者，以鹽商多徽人也。風涇巡攔邑民，但令供課，力役則歸嘉善，以風涇屬嘉善也。清出歷年餘銀三千兩有奇，以神荒稅，不累貧民，此皆洪侯欲爲而未及，以俟吾侯于今日者。蓋其先冢宰公守溫時，撰《牧民備用》，侯治嘉殆多祖述，故其政章若此，諸弟若子，續文發解，嚮用有期，則治嘉之政又將宣軌以詔後矣。群黎感戴道路，口碑宜若，無俟貞珉。然揚鴻休以昭令德，非碑無以圖不朽，迺立碑宣公橋。宣公者，嘉之先達陸相贄，佐唐效忠，題橋以表賢也。橋故有樓，燬于寇。侯瀕行，始克新之，宏敞高朗，屹然重關，于是榜其樓曰太平，若將徼福宣公之靈，以庇其鄉人者，一舉役曷嘗忘情于民哉！且仕途多巧慧，每爲達官貴人樹棹楔，庶幾其宣媺而匿瑕，弔[6]古闡幽，曾不暇及。侯也巧慧，是懸于人所不暇及者獨加之意，是豈有爲而爲者哉！景行先賢[7]，樹之風聲，即此可以觀政矣。政存論定，寵命日新，則陟華躋要，省署與風憲等，又何擇焉。《政紀》若干卷，先已付剞劂，傳之通都，茲不贅云。侯名源，別號心泉，江西廣昌人，嘉靖己未進士。銘曰：巖巖者樓，在橋之滸。溶溶春波，來自南浦。波以澤枯，既沾且濡。橋以濟險，自近及遠。險也攸濟，孰濟其利。枯也攸遂，孰究其惠。茲利茲惠[8]，猗吾侯拊循之治；召棠或悴，狄碑或碎，茲樓茲橋，猗吾民墮淚之地。

敵樓　本縣自危堞深隍而外，無壯險可恃，止于東北二郊，有東栅、北栅之名，用拒暴客，不足言保障也。嘉靖三十三年，倭寇蹂躪城外數萬家，僅存餘燼。三十四年，巡撫胡宗憲、僉事王詢、侍郎趙文華議建敵樓六座，有記。嘉興湯《志》。　案：今俱廢。

東栅　北栅　在東北二郊。嘉興湯《志》。　明李日華《建郡城各處水口總栅議》：呈爲設立各處水口總栅以絕盜徑，以消亂萌事。照得嘉禾郡城四面皆水，灣流曲折，以托生聚。其水[9]必自大水分來，分多必合，下流又歸大水而去。大水者爲湖爲蕩，爲浦爲漾，渺茫千百餘里，乃四方姦盜嘯聚出沒之藪也。故禾郡之防盜，不當防之于陸，而當防之于水。不當防之於内地曲折灣流之水，而當防之于大水所來之口與支流會合趨入大水之口。其口闊者或數十丈，或五六丈，一入是口，則肆行刦掠，比屋可虞。一出是口，則渺茫巨浸，即是盜鄉。飽載揚帆，不復可追矣。賊雖愛財，當亦護命。先年之盜，不敢輕入内地，止於沿塘行徑寥落無人之處剽刦孤客，正以各口有栅，口不易入，即得入，而別口之栅又不易出，入而難出，勢即成擒。賊亦安肯輕自送死耶？近因承平日久，諸事弛隳[10]，各口之栅無一存者。其稱設欄鎖閉者，止於城市橋樑之下橫木一根，圍圓不過徑尺，長短不過二丈，雖有鎖鏈，亦不堅固，又於編民中擇其下户貧窘者，強派栅夫。此不過阻遏里中往來小船，適爲要索之媒，何益防守之數？若過[11]大盜，版斧一加，立見斬截，寧足爲毫髮之恃乎！今當差官于郡城四面查有小水接連大水去處，兩邊密釘樁木四五層，其木務須粗大牢壯，中留一口，作門壹扇，或兩扇，通船往來。止是官座船與運艘經由者，其門稍大，其餘止容一船。鐵鏈巨鎖，晨昏啟閉。僉點附近殷實之人，編定工食，從厚給與，仍於栅之左右地面，置造官房，督令居住，以便看守。總栅之内，於各處橋樑仍舊安置橫木，以時啟閉。此後即有大盜能斬栅而入，看栅之人力不能敵者，亦可自從陸路馳至第二層内栅邊，呼集居民爲禦盜之具。又於緊要栅口，撥兵船一隻，臨期放炮發喨，助其聲援，所謂重門之險也。嘗閱史傳，見唐末時我地西南屬吳越錢鏐，西北屬江南李昇，東北屬楊行密。紹興沿江海以達海寧，又屬董昌。汪汪積水之中，四分五裂，各自爲守。亦惟恃有水栅一節。故嘉善有澱水湖柵,吳江有防山湖柵,當橋[12]寶帶湖柵,崇德有石門語溪等柵,桐鄉、秀水有辟柴柵,附近我郡有杉青柵,至今尚稱爲柵堰,又曰北柵口、東柵口是也。成化中,姚御史公綬有《杉青閘圖》,兩頭石甃爲堤,中開一口通船。堤上列屋數間,爲守閘者所樓。當時水勢懸流,故須閘爲阻。嗣後因海水退灘,上流迂緩,吾郡之河,悉爲平流,石閘遂廢。然閘存不唯留水以資灌溉,亦實藉以遏禦盜舟。今閘既廢,柵尤不可已也。去歲葉朗生之警,合郡皇皇,幸賴仁臺、當事府縣同心搜捕綏戢,竟得事平。然嘉湖接壤,湖獨發難,而嘉止震隣。近日湖之各縣安然,而長興獨被慘毒者,正以湖之大水多於嘉郡,長興一縣,又獨濱太湖,諸盜脫去之路甚易故也。以彼此地形相照,則防盜於水,而於水口多立總柵,真防禦之第一義也。人無遠慮,每狃於目睫階庭之間,而不能及郊坼[13]之外,又多怪擾,匆迫於聲息可畏之時,而馳玩於平定之後,是以猝發之盜,往往束手無策耳。大略郡城四面八維之口,有二十餘處,而其大口緊要者,亦止七八處,附城兩邑,各捐輸工料二百餘金,各立柵夫,派編工食銀三四十兩。柵成,每歲於冬月水涸時,捕官逐一看驗,有損壞者,即行修補,則内地之民與城池庫獄,可永保萬年無事矣。鄙人溯遊川澤,考覽形勢,其見頗真,敢竭一得之愚,仰佐仁臺惓惓弭盜安民之德意,儻蒙採裁施行,地方幸甚。

【校注】

[1] 按:柳琬修《弘治嘉興府志》卷二《城池》:"宋宣和間,知州宋昭年嘗更築。"趙瀛修《嘉靖嘉興府圖記》卷二《城隍》:"宋宣和七年,知州宋昭年繕之。"劉應鈳《萬曆嘉興府志》卷二《城池》:"宋宣和七年,知州宋昭年更築。"王象之《輿地紀勝》卷三《嘉興府》(官吏):宋昭年,宣和二年,盜發嚴州淳安。知州宋昭年,謂吾州次當受敵。於是,因其圮壞而更築之。嘉泰《會稽志》卷十二《郡守題名記》:"宋昭年,宣和四年五月至五年七月任。"由此,宋昭年于宣和二年知秀州,故疑更築嘉興城即在當年。次年正月,據城擊退方臘賊。四年五月移守越州,不存在"七年"更築城之事。

[2] 按:《宋史》卷二十五《高宗本紀二》《續資治通鑑》卷一〇二《宋紀一〇二》、王明清《揮麈三録》卷二均作"建炎二年"。

[3] 按:卓説《淮揚路總管繆思恭墓誌銘》《續資治通鑑》卷二一五《元紀三十三》,繆思恭同知嘉興府,時在至正十九年,數月即離任。

[4] 磚壁:嘉慶《嘉興府志》卷四《城池》"太平樓"條作"磚壁",當作"磚壁"。

[5] 心泉:萬曆《嘉興府志》卷二十六收范言《太平樓碑記》,無此二字。

[6] 弔:萬曆《嘉興府志》卷二十六收范言《太平樓碑記》作"修"。

[7] 賢:萬曆《嘉興府志》卷二十六收范言《太平樓碑記》作"哲"。

[8] 兹利兹惠:萬曆《嘉興府志》卷二十六收范言《太平樓碑記》作"兹惠兹利"。

[9] 其水:李日華《恬致堂集》卷三十九《建郡城各處水口總柵議》作"其水之源"。

[10] 弛隳:卷三十九《建郡城各處水口總柵議》《恬致堂集》作"隳惰"。

[11] 過:卷三十九《建郡城各處水口總柵議》《恬致堂集》作"遇"。當作"遇"。

[12] 當橋:卷三十九《建郡城各處水口總柵議》《恬致堂集》作"長橋"。

[13] 坼:卷三十九《建郡城各處水口總柵議》《恬致堂集》作"圻"。當作"圻"。

嘉善縣

城　明宣德四年分縣,無城。案:嘉善章《志》:城外東有賓暘門,在演武場右。西有平成門,在跨塘橋北,俱正德五年知縣胡潔建。舊無城,故建此以備啟閉,今則儼然有重關之意云。嘉靖三十二年,倭警,巡撫王忬以知府劉慤議,奏請築城,命通判鄧遷董其事。三十三年十月興工,三十四年三月竣事。東西皆係民居,城基展轉不定,劉公親至,周行相視,始定今址。水門五。案:其南一門後塞。陸門四:東曰大勝,西曰太平,南曰慶豐,北曰熙寧,各因其坊舊名也。城樓如之。月城一百四十四丈。望樓四座,水門旁臺五座,墩臺一十二座,窩鋪三十六間,周圍六里,計一千四百八十八丈。原

注：當時兵役並興，財費甚窘，鄧公以大丈量之，僅僅足用，實計一千七百八十五丈六尺，約八里。高二丈三尺，厚二丈二尺。明邑人姚弘謨《築城成功碑記》：嘉善故無城，聯衆爲邑，室廬鱗次，市廛輻輳，寇盜鮮警，晏如也。歲癸丑，寇起海甸，挾倭稱亂，睥睨東南，勢甚張。然他邑猶有城郭相拒，至嘉善則藩籬莫隔，賊遂不可制。於是郡守劉公惻然憫曰："民困極矣，及今不城，是以民予敵也。"矧茲地蕞爾，實爲三吳門戶，通海臨泖，逼賊巢最近，城不可緩。遂移文巡撫，省集諸公，亦下玆議，衆謀僉同，謹請諸朝。制曰："可。"行委通府鄧公董其事爾。乃簡人戶，飭工役，計丈尺，齊物料，稽出入，警勤惰，亡大小，公私咸協。諸一卜於甲寅年十月初四日興工，閱五月，爲次年之三月四日告成。先是，嘉善久襲承平，兵燹罕及，咸樂田畝，重興作。盜初入，逡巡鄉落，偷旦夕安。聞大役，不樂者什九，紛然阻撓。劉公屹不爲動，議益堅。及黠寇再入，焚縣治，燬公所，民舍蕩然爲爐，衆遂惶駭徙避，即居者無旦夕寧。始斷斷有還定安集之想，而惡勞靳費者，猶橫議囂然。鄧公曰："嘻！吾今亦惡乎辦。夫計小者亂大，謀多者寡成，任勞任怨，乃始有功。且始寇之至也，邑之民孰不曰設有城，吾民奚至是，及玆築城，而當事者又鰓鰓然懼不克任，是抱薪而救火也。"乃始毅然計決，黎庶亦用是踴躍，樂觀厥成。上官移檄褒勵，衆職賞勞，諸役有差，可以觀善政。城垣周一千五百二丈有奇，高三丈，廣二丈。濠六丈，月城一百一十四丈，周圍方九里而遙，敵樓十二，城樓四座，階梯倍之，窩鋪三十六。水門五，旱門四：東曰大勝，西曰太平，南曰慶豐，北曰熙寧。外門暨樓如之，樓櫓修修，長堞逶迤，翼翼濯濯，下塹上削，晝偵宵邏，鈴鐸聲聞，境以內寧謐。是役也，用徒萬人，僉取人戶七百四十餘名。分督工役，縣丞董邦寧，主簿魏世整。公佔田三百五十三畝，包補名糧一百二十七石七斗。各項費銀三萬五千八百五十六兩九錢二分四厘六毫。中二萬出公帑，餘取之丁田。其幫貼之費不與焉。於是縣之士大夫詣余徵文，勒諸石，以紀碩績。余惟域民威暴，卻敵振武，莫大乎城，故春秋之義築城必書，雖美刺殊旨，其重厥事一也。劉公仁愛洽民，力主斯議。鄧公蒞事勤恪，克底成績，咸可書以垂後。而諸士子克自趨公，乃録其實而爲之記。萬曆二十年春海警，知縣章士雅增土修築城垣、雉堞。知縣章士雅《城守議》：有兵有食，而城池不固，不可守也。本縣衛所不設，無兵已，倉廩久虛，無食已，兼孤城草創，而四圍臨大河，高不越二丈，以樓船臨之，船尾高於雉堞，此不亦至危險哉！本縣於二十年間，已於內城加土三尺，增雉堞之傾頹者，稍稱完固，第城周數里，僅止敵臺十二所，防守甚難，爲今之計，合應添設敵臺數處，萬一有警，可以從旁攻擊，城外東西，附郭要地，亦宜設建墩臺三四座，一以便屯聚，一以便探望。語曰："圖大事，不惜小費。"此其費雖不小，但事關一邑生靈，即破格設處錢緡，修繕城池，更議兵議食，以期可守，亦目前要務，非迂圖也。嘉靖中，海酋竊發，以柘林爲巢穴，離本縣七十餘里，橫行境內，民受荼毒，此欈李之隱憂，宜於演武場左，臨華亭塘，對築兩臺，或即于羅星隘處築之，縱有倭船深入，兩岸矢石交下，賊必不能飛渡矣。大都附城據地，俱宜築臺，而此爲尤要云爾。崇禎八年，知縣李陳玉更修。

國朝順治十五年知縣方舟增修。袁《志》參嘉善章《志》。康熙二十二年，知縣崔惟華督修城垣，又修造城垛。二十五年，知縣嚴宏祖重建西城樓。二十八年，知縣李之藻重建東城樓。四十三年，知縣于舜枚重葺東水門。五十三年，知縣梁文熛重葺南水門。五十八年，知縣孫錦重修西水門。雍正三年，知縣張鏞修南城隅。五年，知縣李天桂修城垛。又，署知縣楊世祿、郜煜相繼修南垛。八年，知縣郜煜重建東西二城樓。嘉善戈《志》。乾隆三十三年，知縣黃宗伊、董鈞領帑修城垣。重建南北二城樓，修東西城樓、炮臺六座。三十四年，知縣董鈞、前任知縣黃宗伊分別賠借續修。嘉慶四年，知縣萬相賓重建東西城樓。伊《志》。同治六年，東門水關圮，知縣淩卿雲請帑重建。十三年，知縣丁紹德詳修南門城垣及西南水關。貢生許元杰募資重建北水關。新纂。

池　濠周于城，闊六丈。崇禎八年，知縣李陳玉疏濬。嘉善崔《志》。

海鹽縣

城　秦皇帝定江南，郡會稽，置縣曰海鹽，在今華亭藪林，陷爲湖，遷武原鄉。漢因之。莽改展武。漢中興，仍復故稱。又陷爲湖，其當湖，即舊海鹽治也。再遷齊景鄉故邑山。晉治城在吳䢵越城。唐開元五年，就馬嗥置城，即今治也。吳《志》參《海鹽圖經》。　案《圖經》，以吳䢵越城即馬嗥。《吳地記》亦指晉治馬嗥，爲吳䢵越城。然宋《武原志》謂唐於舊海鹽縣吳䢵越城西北置縣，則非即吳䢵越城可知。特道里相去不遠，故亦名馬嗥也。舊城詳《古蹟》。　趙《圖記》：在府城東南八十里。明洪武十七年太祖命信國公湯和巡視要害，增城增兵，以備固守，遂設海寧衛城，委指揮許能率軍增築，置四門，月城皆以磚石爲之。案：海鹽徐《志》謂城于元初重築，于宋無考。永樂十六年，都指揮谷祥復修之。周圍六里三十五步，高二丈五尺，其陸路城門凡四：東曰鎮海，西曰望吳，南曰來薰，北曰鎮朔。上下相對，各設兵馬司，東至大洋海，西通嘉興縣界，南抵海塘岸，通澉浦，北抵海塘岸，通乍浦。其水門三：西與陸路同，南通石門，北通松江，惟東門瀕海，故舊無水門。柳《志》參海鹽仇《志》。　案王文祿《海寧衛志》：水門三，東近海，縣基來脈，故不開通。嘉靖三十二年，倭亂，都指揮張鈇沿城增築土城，以爲外堡，高一丈三尺，闊六尺。徐泰《記》：癸丑夏四月，海寇犯鹽，戎民無算，張公以都閫督兵駐節。乃緣城濠掘土爲外堡，其厚六尺，惟其堅；其崇一丈三尺，惟其峭。四關外爲門，門有柵，柵置守卒。重障可守，無虞海寇。嗣今時加修葺，無墜公功。爲詩曰：崇崇外堡，下瞰深濠。伊誰是築，張侯孔勞。崇崇外堡，内障我垣。伊誰是築，張侯孔煩。民之攸恃，恃此孤城。城有障蔽，士有甲兵。外堡之築，計遠慮周。桓桓張侯，功垂千秋。三十三年，知縣鄭茂增子城四，敵樓一十六，敵臺二。案：在東門外之南北隅。其制可三面瞰外施礮石。是時徐寇數來，鄭令守禦有法，城賴以全。萬曆二十一年，知縣王臨亨重築。王穉登《記》：千雉有翼，守國之規遠；百堵聿興，慮始之謀大。惟此鹽官，聿稱巖邑，輔檇李而作鎮，枕滄溟以奠域。素車白馬之濤，響答鼓聲；鯤人鮫客之群，趾錯廛市。所縣烽燧時驚，刁斗不輟。王大夫心慮復隍，謀先版築；鳩工庀材，負鍤先衆。築城千三百丈，女牆增高者三尺，始於二月之朔，竣於三月之晦。計費二千餘金，盜財没入者十九，餘則取諸贖鍰，罔由公帑。言言若金，登陴易守；蕩蕩如漆，拔幟難上。若霞丹樓，焉事長康之喻；凌雲碧樹，奚煩明遠之嗟矣。爰命紀成，式彰不朽。天啓初，知縣樊維成復繕完之。案《海鹽圖經》：凡修城，軍三之，民七之。計丈尺各有分地。成化間，衛指揮徐黻[1]議也。仇俊卿曰：軍戍貧，役之苟且，應城易傾，不若全歸里甲。責軍戍守，財力分任。便其議，有裨城守。軍三派，南門至東門，扣軍糧修。民七派，東門、北門至南門，用里甲。萬曆四十三年，知縣何早設修城銀於貼役中，里甲始得息肩。四十八年，掌衛指揮彭宗周以窮成月糧，扣之非仁，建議用本縣剩餘餉。

　　國朝順治十五年，知縣毛一駿奉檄增高併堵。吳《志》。重建東西二城樓。十六年，游擊郭光斗築城濬池。《海鹽續圖經》。雍正五年，知縣王仕正奉檄重修城垣。乾隆二十八年，知縣沈全達請項興修。嘉慶三年，知縣任澤和捐項重修四門城垣。伊《志》。

　　池　周圍九里一十三步，計一千三百四十丈二尺，闊六丈九尺，深一丈一尺[2]。四門外各置吊橋，惟北門外加置東西弔橋，爲二。其池歲久湮塞。永樂中，復加修濬。柳《志》。城濠年久侵淤，每遇漕米出兌，有害短撥。

　　國朝康熙元年，邑人張給諫惟赤捐資，開濬天寧寺西至城内便民倉一帶河道，並四門城濠。六年，知縣湯其升勸諭募夫開濬便漕城河。《海鹽續圖經》。乾隆三十五年，知縣鮑鳴鳳濬河，運土培築海塘。伊《志》。

　　澉浦城　在縣西南三十六里。袁《志》。宋元係澉浦鎮，無城。《澉水志》。明洪武十九年，命安慶侯榮[3]陽侯委海寧千户費進度地，築土爲城，周圍八里一十七步，高二丈四尺五寸。永樂十六年，都指揮谷祥以磚石包砌。正統八年，命侍郎焦宏、參政俞士悦勘議，令杭、嘉、湖三府備料，重加包葺。嘉靖三十三年，知縣鄭茂增築，並敵臺一十六座，陸門四，東抵海岸，西通海寧縣界，南抵長牆山海濱，北至本縣。水門一。惟西門與陸路俱通海寧縣界。吳《志》。

　　國朝順治十五年,同知冀應熊奉檄重築城垣、樓鋪。康熙五十七年,知縣梁澤重修。《海鹽續圖經》。乾隆二十八年,知縣沈全達勷歉興修城垣、女牆、瓦樓。伊《志》。

　　池　周圍九里三步,深一丈一尺,闊五尺,弔橋四。吳《志》。

【校注】
　　[1]　徐黻:天啟《海鹽縣圖經》卷一《縣治城》作"徐黼"。
　　[2]　深一丈一尺:光緒《海鹽縣志》卷四《城池》"池"條,作"深一丈二尺"。
　　[3]　榮:光緒《海鹽縣志》卷四《城池》"澉浦城"條作"榮",當作"榮"。

平湖縣

　　城　明宣德四年立縣,無城。嘉靖三十二年,島倭爲亂,巡撫王忬、巡按趙炳然採諸生張洽等議,檄知府劉愨、署知縣殷廷蘭量材鳩工興築,至冬城成。三十五年,知縣陳一謙復建東西二甕城。四十一年,知縣顧廷對增加城堞,高五尺,置窩鋪一百一十二座。城凡九里,高二丈五尺,闊二丈,週一千六百九丈有奇。陸門五,東曰啟元,西曰毓秀,南曰豫泰,北曰豐亨,西南曰小南門。水門五,西、南、北各一,東據當湖巨浸,爲二,東之北爲水洞口。袁《志》參平湖程《志》。明鄞縣張時徹《筑城記》略:平湖故爲當湖鎮,海鹽所治地也,宣德四年始析壤。而邑之承平既久,海防積弛。嘉靖壬子,倭寇蟻聚,大掠於黃巖,毒流海壖。癸丑夏四月,遂掠平湖南境,五月,又掠於東湖,去縣治半里。郡守劉愨調兵轉餉,極力捍禦;推官殷廷蘭適署邑事,挽舟飛控,鼓勇當先,寇乃稍稍引卻。四封騷然,生聚失業,遺黎凜凜,乃始僉議事城。而文學、諸生張洽、陳實[1]、陳萬鍾[2]、馮敏功、陸萬里、陸萬竣[3]董實倡之。殷君以其事聞諸郡,劉涕泣而言曰:"疆境之民,吾赤子也。父母之謂何,而忍使橫噬于豺狼乎!"乃請于撫按藩臬諸司,次第報可,請命乎朝。守乃與殷君揆度土方,酌規景向,不踰旬而經畫條貫咸井井矣。水門五,旱門五,城樓、窩鋪、外濠、馬道、水閘,周圍一千六百[4]九丈有奇,廣二丈,高如之。表裏以石,覆以磚瓦,用官銀三萬三千[5]八百有奇。區畫既定,刻日告成。而知縣劉存義適來,肩所未備,凡樓櫓、門關、濠臺、鎖鑰之類,罔不畢具。工啟于九月十二日,訖于十二月二十日,總九十九日。城既成,賊聚驍銳數千奄薄城下。我乃閉門乘城,抂以矢石。環視仰睨,憤曰:"城如是,雖百萬其能克乎!"遂踉蹌而走,平湖之民蓋自是得喘息矣。春秋城築必書,重用民也。然重門禦暴,設險守固,先聖蓋亟言之。其在今日,倭患孔棘,百姓皇皇,莫必須臾之命,是惡可已乎! 余因守令之請,而爲之記。

　　國朝順治十八年,知縣朱之瀚增高城堵。雍正二年,知縣林緒光詳准開濬水洞。五年,知縣楊克慧奉檄重修城垣。九年,知縣方以恭復濬水洞,名曰永新。《浙江通志》。　案:初開僅通水,至是併通舟矣。乾隆二十八年,知縣劉國烜復修城隍。乾隆五十二年,知縣王恒捐俸重修城垛、城樓。平湖王《志》。嘉慶九年知縣路鐏、二十三年知縣劉肇紳、道光三年知縣胡述文各捐廉詳修。九年,胡述文捐廉再修,並開濬水洞。于《志》。同治七年,知縣郭恩觀、九年知縣邢守道先後請帑修葺。新纂。

　　池　濠闊五丈有奇,弔橋四。平湖程《志》。

　　乍浦城　在縣東南二十七里。明洪武十九年,信國公湯和置乍浦守禦千戶所,累土築城,城形正方。案《海鹽圖經》:初,張士誠據江、浙,築城崇德,甚雄壯。信國議欲墮之,移築乍浦城。永樂十二年,都指揮谷祥始用石甃。正統八年,久雨傾頹,侍郎焦宏、參政俞士悅奏令杭、嘉、湖三府葺治。景泰二年,都指揮使王謙添設城樓四。後廢。嘉靖三十三年,知縣劉存義增築,併建敵樓十座。城周九里十三步,高二丈,廣一丈五尺,窩鋪二十七座。陸門四,東曰迎暉,西曰惹秀,南曰朝宗，北曰拱極。水門一。平湖程《志》參《乍浦志》。崇禎十一年，署知縣李懷玉開設東南水門一。平湖朱《志》。　明許丕祚《乍浦新開水門記》略：乍懸海上，爲浙西形勝。宋元時並村落，通互市，以是召隙。洪武十九年，信國公湯和練兵海上，築七十餘城，乍其一。然猶擁土爲牆，埠而望之，郭外人見城中人面，麋鹿可越。至永樂時，始覆外石，視昔有加。正統間，建言有稱崇德城孔固，爲僞吳張士誠所築。徙築於乍浦，而發杭、嘉、湖三府之廩飪之，凡數仞，環以流水，貔虎之士戍其中，遂成天塹，而猶憾昔人經畫之疎也。爲門五，水僅水關居一，城中人如在甕中。遇警，決而灌之，則沈竈久即魚鼈死；甕而塞之，則又竭城中人，又不舉火。又其甚者，乍之城凡四面，南郭而外即古戰場，稍出又大海，其西則民以鹽生，牢盆聲達數十里，稍有餘土，一望葦茅，不耕；北雖原田，通湖邑，民有米，咸走湖，間來乍亦罕。惟東南數十頃，獨近乍，田腴，歲獲歆一鍾，貿易相通，乍命咸係，而其坎不鑿，太平猶可，一旦有警，米在山中，門懸天北，至則盜糧，不至則民且枵腹，是莫大之憂也。是以嘉靖時倭寇偵知內犯，擁據上流，城中之水，東南之粒，又遭堵截，城中兵軍撮塵而食，溲溺而飲，不戰自潰。剽殺係囚，引頸貫索。長老言之，猶爲流涕。至於軍士凋瘵，火變時起，與夫地脈底滯，雖有淵雲之才，莫不抱瑟王門，回輪主第，猶其害之小者。萬曆時，豫章趙公備兵建[6]海，指示方略，欲東建水門，以神守禦。而於觀山之頂建浮屠七級，其留意於地方良厚。後因必需公帑，邑侯某薦菴陳公無策，事遂寢。崇禎十一年二月，里人合詞上請，並得俞其説，而署縣宰吉陽謙菴李公適至，郡侯鴻逵鄭公業首屬之，兵憲香城葉公又視師臨鎮，遂以建築之事一委李公。李公仁心爲質，兼精形家，親臨卜視，酌於異巳之方建水門一座。爾時操築未幾，入地丈許，得椿木一，小方石一，上署'卜吉'二字。二物並當卜向處，不失纍黍，因歎公目過於曾廖，即昔人籌畫若信國公，厥有深意，未可思議。李公復首助贖鍰，爲地方助之倡，撰文鼓舞，繼以良喻。事方半，新任元尊吳公至，一如李公。因繼二公之志，何其似我趙公也。始於崇禎十一年四月，成于明年十月。鑿新河七十餘丈，舊河狹淺者增鑿三百餘丈。時董其事者，則有地方耆賢陳堯中、張文奕[7]、劉士鼇、丁文鸞、劉應潮[8]、吳彭、王建章。因思客冬讀書一葦禪舍，周子斌起過訪，談及東南水門事，遂附里人李孝廉曆園之末，合地方而請之，復請王君景儀、白君啟元監策諸耆指畫。經營功成，咸二君之力，若丕祚與周子幸免罪戾，何功之有焉。

　　國朝雍正五年，移滿洲駐防官兵駐劄乍浦，繕城濬池，峻整深固。《浙江通志》。設陸門盤詰廳四，水門盤詰廳二，每門佐領驍騎校率兵十名，更番值宿，掌門管鑰，以時啟閉。《乍浦志》。乾隆二十五年，知縣劉純煒修城垣。三十一年[9]，知縣周昭仔奉檄重修，並建城樓。平湖王《志》。道光三年，知平湖縣事胡述文捐廉，詳請重修，並修濬水門。于《志》。同治五年，同知吳中傑詳修南門城垣。案：乍浦東南有白沙灣城。洪武十九年，巡檢辛得名[10]建築。今廢。

　　池　　濠週一千六百三十丈，深八尺，闊十丈，弔橋四。知縣陳熙昌詩："乍浦瀛壖曲，遥連蘆溊場。迎船桑葉白[11]，縈纜菜花黃。塔影開初地，鐘聲落上方。孤城非鐵甕，先事慎周[12]防。"乾隆十年，知縣高國楹濬濠。十三年，水門內並築石閘。《乍浦志》。

　　梁莊城　　縣東南四十里。明正統五年，巡按李奎以其地爲倭船最衝，奏建大寨，築城，周八百丈，高一丈五尺。城樓二，角樓四，移海寧衛指揮一員鎮之。嘉靖三十三年[13]，倭寇失事，遂置不守。四十年，知縣顧廷對申議移乍浦巡檢司居之，仍設官兵以時防禦。後廢。海鹽仇《志》參平湖程《志》。國朝置梁莊三寨烽堠臺。吳《志》。

　　獨山巡檢司城　　縣東南四十里，在獨山南，宋元俱名故邑巡檢司。明洪武十四年，改名乍浦鎮巡檢司，移駐乍浦。十九年，乍設千户所，巡檢張觀音奴建城於獨山，居焉。城周一百二十丈，高一丈五尺，濠深二丈，闊一丈五尺。柳《志》。　案：城久廢。袁《志》、吳《志》皆不載。今從平湖王《志》增。

【校注】
　　[1] 陳實：光緒《平湖縣志》卷三《城池》收張時徹《築城記》，作"陳貫"。
　　[2] 陳萬鍾：光緒《平湖縣志》卷三《城池》收張時徹《築城記》，作"陸萬鍾"。

［3］陸萬竣：光緒《平湖縣志》卷三《城池》收張時徹《築城記》，作“陸萬埈”。

［4］百：光緒《平湖縣志》卷三《城池》收張時徹《築城記》，作“十”。

［5］三千：光緒《平湖縣志》卷三《城池》收張時徹《築城記》，作“二千”。

［6］建：光緒《平湖縣志》卷三《城池》收張時徹《築城記》，作“巡”，當作“巡”。

［7］張文奕：光緒《平湖縣志》卷三《城池》收許弚祚《乍浦新開水門記》，作“张文韠”。

［8］劉應潮：光緒《平湖縣志》卷三《城池》收許弚祚《乍浦新開水門記》，作“劉應朝”。

［9］三十一年：光緒《平湖縣志》卷三《城池》“乍浦城”條作“三十二年”。

［10］辛得名：光緒《平湖縣志》卷三《城池》“乍浦城”條作“辛克名”。

［11］白：道光《乍浦備志》卷三《城池》作“綠”。

［12］周：道光《乍浦備志》作“隄”。

［13］嘉靖三十三年；光緒《平湖縣志》卷三《城池》“梁莊城”條作“嘉靖三十二年”。

石門縣

城　元末張士誠據蘇州。戊戌年，於本縣築城、鑿池，周五里三十步，置城門四、水門三。池闊七丈，深二丈二尺。里步比城有加。明洪武十九年，海寧衛依奉左軍都督府勘合，將城磚石拆運公用，舊址尚存。柳《志》參崇德靳《志》。　案靳《志》，崇德故無城，築於元順帝十六年，禦僞吳張士誠之亂。洪武十九年，海鹽有倭警，徙城城乍浦。又云拆磚石築乍浦千戶所。考元末方内兵起，嘉興羅城猶議築未就，未必特築崇德以禦僞吳。《海鹽圖經》謂張士誠據江、浙，築城崇德，其雄壯，則城爲張士誠築近是。天順間，王令興仍立四門以障之。東青陽，南薰仁，西素商，北朔義。無城如故。嘉靖三十四年，倭寇屢入，巡撫王忬檄知縣蔡端本度地鳩工，郡守劉慤詣定址畚鍤，未竣。明年正月，倭寇徐海擁衆萬餘突入剽掠，蔡令坐譴去。閱五月，城完，凡七里餘三十步，高二丈七尺，闊一丈五尺，水旱門各五。又明年，倭復來窺，以城守有備，遁去。明吕希周《築城記》：崇德古爲要區，故無城。勝國之季，嘗一創築。及高皇帝混一華夏，薄海内外，罔不寧謐，無所事城。洪武十有九年，倭夷倡亂，遣信國公湯和經理海上，遂撤崇城，城乍浦。然崇南百里爲浙江省，北百里爲嘉興府，崇介於其間，擬之前代，尤爲衝要。嘉靖壬子歲，倭夷入犯，深擾内地，蹂躪無忌。當道諸公以崇朝省控府，非城不可，迺中丞王公下議城。維時守吾府者，唐巖劉公以海寇數犯嘉興，内安外攘，出奇制敵，府固以城爲賴，諸邑無城，其誰與守？歲在甲寅，議新築崇德、桐鄉、平湖、嘉善四城，一時並舉，尤介注於崇。崇城舊址，悉爲居民，洶洶稱不便。城址數易不能定。唐巖公親蒞邑中，觀形勢，集士民，諭之曰：‘爾城舊址，水陸輻輳，生齒蕃庶，究屬安宅久矣。夫築城衛民，民居盡毀，城成孰居之？’自是恢廓城制，凡里中要會之處，環城而囊括焉。北多幽曠，迺城于舊址，址遂定。又以天目之山，苕水發源，從西南數百里流入崇德之陽。舊南門乃在東偏，公遷於中，迎山水以納王氣。爰命邑大夫蔡侯董其役。城未及完，正月初六日，倭寇偵知，突如其來，大罹慘酷，蔡侯以罪去。公臨城，爲之淒然。乃屬事于二守瀛峰張公，浹月而樓櫓、雉堞完且備矣。丙辰歲，立齋崔侯自長垣調崇，首務防禦。凡城工創始，樓雉未有齊壹、火器有未鑄造者，夙暮從事。夏四月，海寇擁衆，從金山越乍浦，經海鹽，入圃花，抵長安，欲循故道來寇崇，犯浙省，取道犯留都。時總督、司馬胡公設險制勝，隨地爲備，在嘉業已屬公築敵臺六座，防寇北犯，賊不復窺伺北路；在崇則已捐資築敵臺二座于閶門三里橋，以防寇犯南路。賊望見，不敢近，走趨硤石，以圍桐鄉，而崇城獨安堵如故。崇民遶城伊始，慶城保終，乃籲天而祝曰：“遲哉！劉公之澤也，今而後福弗替矣。”於是崔侯造吕子曰：“崇城隆隆，維公之功。崇有安宅，維公之澤。請樹豐碑於南門左方，紀元功也。惟是作記，以昭示無極，盍重圖之。”於是吕子曰：“崇之鄉校，嘗有詠謠矣，崇無城，賊入境也如無人；崇有城而不守，民隨侯而出走；崇有城有守，人安乃久。觀於詠謠，而我公我侯口碑具在矣。矧余又嘗考有周中興之盛，城彼東方，命仲山甫賦政于外，平淮南之夷；召虎疆理句宣徐方繹騷，南仲專此南國。是天生聖王，不貴無警，所貴惟在賢哲，先後禦侮爾。今我皇上聖神文武，允邁宣王，區區倭奴，不迨徐夷。乃我劉公修仲山甫、召虎、南仲之職，祇今海寇蕩平，殘孽俘馘殆盡，東南寧謐如故矣。聖朝億萬年無疆大歷服，當永永泰平，而豐碑所樹，豈特如甘棠已哉！"三十九年，知縣劉宗武加築南北甕城，門各一座。箭臺三十，窩鋪二十有四。嗣是間有雨潦，旋潰旋修。萬曆戊申，知縣靳一派增修。袁《志》。　明靳一派論曰：設險以守國也，風氣之聚，一邑之屯泰饒乏繫之。嘗聞之邑父老，崇自劉郡守愨經始築城，規地定址，業有成畫矣。邑東南居民有狡黠者，陰以私便害成，遂胘削東南隅，如割左股；南薰仁門又拆而西，若垂自然。劉公臨眺，咄咄有空匱之嗟，而謂塘以東受詘特甚。昔日素封之家，列塘東者今若掃矣，言固不誣。堪輿家稱邑城，獨西門進水，餘四門皆洩瀉無潴，宜遷薰仁門于丙方，遷南大水門於鯨音閣右，併塞西南與南北二水門，更通進龍港巽水于學宮前，此一議也。又謂宜築[1]湖于包角堰左，彷彿鴛湖。復查劉公所定原址，改築城埤，則形勝包裹無缺陷，亦一議也。夫非常之事難與慮始，惟邑父老慎謀焉。

國朝順治十六年[2]，知縣李震奉檄併堵合雉，培高益堅。石門鄺《志》。康熙五十一年，知縣韓麟趾重修四門、城樓。康熙六十年，知縣王以和重修垣堞，添建西門城樓。雍正五年，知縣呂廷鑄重修。《浙江通志》。東水門、南水門、西南水門於乾隆二十四年間，知縣周鼎因風水攸關，即行填塞。案：填塞三水門，即靳《志》堪輿家言而稍變通耳。故錄靳論於前，以表所自昉焉。西水門、北水門於乾隆二十九年知縣鮑祖幹領項興修。伊《志》。嘉慶八年、九年，城垣間段坍損，知縣稽承烈詳修。十三年知縣洪鍾傑、十四年知縣殷起瀛，先後捐資修葺。于《志》。咸豐十年，粵匪之亂，自南水門迤東至北門一帶城垣悉拆毀。同治五年，署縣事楊恩澍詳請建復如舊，並葺治西南城，用銀四萬有奇。領帑不足，邑紳以民工助之，竟其役。知府許瑤光泐石爲記。記略云：石門隸嘉興，而實爲杭州之外障，五代始置縣，元末始創城。明嘉靖年，備倭亂而城始增建。前人謂爲翊省控府，居西浙之要衝是矣。咸豐十年春，粵寇由金陵以犯常州，提督張玉良率兵邅退。四月初六日，常州告陷。十三日陷蘇州，二十六日陷嘉興。其時，石門猶無恙也。張玉良既退至杭州，收潰兵，復進以圖嘉興。七月潮勇通賊，陸營自亂，各營目畫船繡募[3]攜眷舟居者，護眷先奔，河狹舟爭，水營亦潰。石門令李宗謨要張於河干，請守石門以障蔽杭州。張佯諾之，半夜走，李死於賊。賊既得石門，仍棄不守者，中亦不調兵守，只檄一縣令居之。後遂安然爲賊踞。比兩浙淪没，賊乃爲所欲爲，剷城之東隅一千百餘弓，改而小之，與營寨相似，焚廢祀廟，萊蕪民居，慘矣。同治三年春二月十八日，蘇兵復嘉郡。越二日，我軍復杭州，石門賊酋以城乞降。四月，瑤來到嘉。宮保恪靖伯左請謂瑤曰："大難初平，地方瘡痍滿目，百廢待興。況石門爲杭州管鑰，與湖郡犬牙相錯，今湖郡未復，兵馬往來，民多戒心，必得慈良而能任事者爲之父母，庶撫字保障，遺黎克安焉。楊令恩澍，吾營幕，湘人也，籌兵籌餉，艱難跋涉者數年，其誠懇、素素知之。令檄宰石門，必能宣厥抱負，而無負斯民，無疑也。"瑤曰："唯。"已而，楊君蒞任，凡有益於國與民者，悉臻盡善，鋤奸暴，撫流移，清賦額，創建祀廟、書院暨官廨、倉庫，而又以城垣被賊削小，恐復業之民不能歸來，殷殷謀所以修復之。顧吳越雖定，而防兵未裁，外省協餉歲百萬有餘，本省地丁多蠲免，經費不充，因而各郡邑善後均議緩，獨楊君見信於當軸者深，得撥帑錢二萬九千串貫，畀之修城。其不敷者，諸紳耆又願出民工以相助，以五年五月興工，六年七月告藏。既堅既厚，崇焉屹焉，商民懽忭，塞巷盈塗。瑤聞之，喜而不能已於言也。今夫肩天下之大任，成天下之大事者，仁與勇而已。仁則不忍，而勇則能忍也。當咸豐末，使手握兵柄者，不忍浙民塗炭，發奮以堵嘉興，則石門城或不至失，杭州亦或免於劫。乃一挫不振，遂棄不顧，無勇也，實不仁也。茲楊君從恪靖伯定兩浙，前後宣勞，及宰石門，三年之間，無廢不舉，其勇固則多矣。然非忠信能乎於上，則請帑或未必撥發矣。而其平日之埋字勞來，若無以感士民，急公好義之心，又誰復出民工以相助哉！仁聲仁聞，以行其善政善教，其得民心也不宜然哉。楊君，湘潭人也。是役也，訓導蔡錫崑、教授徐振塘、縣丞沈保壽，曹澄翰從九、趙溶生監、范承恩、錢王漢、魏履初諸紳，均與爲力焉。是爲記。同治十二年，知縣余麗元詳修西水關。新纂。

池　　濠周於城凡八里五十三步。袁《志》。同治五年，知縣楊恩澍詳請開濬。新纂。

【校注】

[1] 築：萬曆《崇德縣志》作"鑿"，當作"鑿"。

[2] 順治十六年：光緒《石門縣志》卷二《城池》作"順治十五年"。

[3] 募：光緒《石門縣志》作"幕"，當作"幕"。

桐鄉縣

城　明宣德四年分縣，無城。五年，知府齊政相度土宜，始分崇德之東鄙爲縣治。天順初知縣張泰、成化中孟俊、正德中任洛等始創城隍，工俱未竣。嘉靖三十二年，海警，巡撫王忬檄知府劉慤、知縣金燕築成之。周圍五里，計一千二百丈，外高三丈一尺，内高一丈四尺，闊一丈八尺，上磚下石。陸門四，東曰青陽，西曰兑悦，南曰時薫，北曰來遠。水門四，各有弔橋，跨池隍，以通往來。惟西水門閉不通流。垛凡一千一十二，城樓四座，月城四，敵臺十三，敵樓八。明主簿江以同《修城記》：夫事有曠世相感者，恨時不同，而惟歌其德之不可及也。以故戀德期於親炙，並時擬於相遭。予以天官選，領簿浙江之桐鄉縣，時龍飛改元五月也。適右轄劉公唐巖翁函表入賀，同于屬下，末吏嘗謁公行臺，辱垂迺通家，既惠以顔色，又迪以官箴，復語及作郡嘉興縣之有城，乃公所創也。予時唯唯，及抵縣，閱其崇墉峻岨，攖帶天壁，壯哉！翁之功德於此藐不可及矣。每出入於斯，輒俯躬，欽其雄鎮也。及拜生祠，復知前大令金芝川翁極有功於桐鄉，民去思不已，致爲像祀之，且功莫大於建城，事繁而不可省，民費而不得已，向非二公同心，其能措斯民于久安，遭倭寇而徑免于湯火哉！斯時之感必不徒然。翁昔被謫，起令貴溪，政肅風清，曾不數月，飄然徑去，而説尹在口，民不忍忘。今困而復起，列於内卿，風[1]被龍光，叨庇金城，側竚二公，尋登廟廡，勒勳鼎彝，實所優寓，其覯德醉心，遭時之盛，幸執大焉。緣裁詩紀德業之不替，同斯城之不磨也。其後之取法，俟諸世世，豈啻興感已哉！穿碑列績，嶄然在隅，本不假蕪蔓贅疣。第景仰之私，謹録鄙詞，鐫諸貞珉，嵌置城隅，竊附同慶。詞曰：四海提封内，天朝長撫之。萬國錯碁置，小大羅網維。設險共爲虞，金湯飭郊圻。帝念民星散，居之屬有司。事變乃無常，周防先所宜。惟時同氛祲，著處競張旗。斯民致流冗，倉猝靡所支。不有城爲保，士庶紛流離。據城能制勝，堅壁實寓隄。民駿免蕩析，寇來藉安棲。同心摧鋒鏑，衝突勢自披。保障遍方隅，紀綱自我持。封域界相侵，斯實民之依。或陶甓爲堅，或疊石壯基。風塵時竊發，安堵如山溪。茲城建有因，早晚若得時。頃遭倭虜變，嗟咄疊爲欹。無警向因循，亟建功最奇。勳魄駭倭毒，黎庶走且啼。府主邁籌畫，縣宰無停羈。版築躬率作，突地擁丹梯。爰業羅壯觀，百雉雄睥睨。旗亭重門禁，鋒櫓肅威儀。劇賊空悵望，肆暴安能施。是役最宜民，奕世以安貽。有初遭艱難，克終慎勿迷。避侵德爲最，保固慎先幾。束馬懸車守，安常輯鼓鼙。不備苔先貶，繕緩仍垂譏。先訓旨燦然，識早戒辦遲。勳業起今古，金石豈磷淄。儉德時修舉，鞏固萬年斯。

國朝順治三年，建月城鎖亭八座。十七年，知縣王好仁奉文修城，將女牆二堵，併成一口，雉堞一新。康熙十四年，知縣徐秉元重修。二十四年，知縣何金蘭修築垛堞，建四門、城樓。三十四年，知縣郭金湯重修。五十二年，知縣魯城捐修。吳《志》。　案是年《修城紀》略云：邑治城垣歷久不修，坍塌甚矣。門樓倒廢，瓦木無踪。知縣魯城捐俸勸輸，鳩工庀材。康熙五十一年十一月經始，至五十二年冬，女牆、垛口、雉堞重新，四門、城樓疊飛覯美。賴邑宰之勤勞，冒祁寒暑雨，而日新巡視；欣士民之協理，分畫耕夜讀，以殫力經營。期年之内，金湯鞏固，合與紳士鄒大綏、鍾彝、汪用謙、張朱、姜福元，耆民岑仙谷、金公禮、蔣惠安、陳焕文、徐青虹[2]等，並傳於不朽云。雍正五年，知縣王輅奉檄重修。《浙江通志》。乾隆三十三年，知縣李天錫詳請修建内外城垣、垛口、四門、城樓。伊《志》。同治初，城垣坍損。知縣富拉渾領帑修築。八年，又捐修續坍工段。新纂。

池　濠周于城，廣六丈，深二丈五尺。康熙二十四年，知縣何金蘭開濬城隍河道，西水門百年阻塞，特加疏闢。桐鄉徐《志》。

【校注】
[1] 風：光緒《桐鄉縣志》作"夙"，當作"夙"。
[2] 徐青虹：光緒《桐鄉縣志》，作"徐虹"。

坊　巷

府城

古坊　案：至元《志》録事司下，坊七十，其名義未可没，兹列如左。而見於他《志》者附後。

迎年坊　春波門内。舊名春波，後改，取迎青帝、祈豐年之義。

正興坊　在朱巷。舊名永興，後改，取經正庶民興之義。

登春坊　春波門内，取登春臺之義。

宜民坊　在嘉興縣前，取豈弟宜民之義。

流虹坊　在興聖寺西，乃宋孝宗毓聖之地，故取華渚流虹之義。

好德坊　在鹽倉巷，有歌妓蘇小卿[1]墓，故名，使人知好色不如好德之義。

通津坊　在府東灣，坊近水，故名。

聯魁坊　在倪家橋。舊名襃孝，以宋里人陳四嘗剖心藥親之疾，立此以襃其孝。後趙汝訓、汝弼兄弟登第，故改是名。

蘭錡坊　宋于太尉居焉，故取蘭錡内設之義。

碧漪坊　在縣西北。舊曰集賢，以通天心湖，故改是名。

集仙坊　巷通隱真道院。因仙人劉高嘗[2]至此，故名，蓋效唐以集仙名館之義。

青緺坊　宋胡安撫名與可，子孫皆把麾，故取東郭先生傳青緺之義。

環闉坊　府後門東偏，路回環子城。《詩》注：“闉，曲城也。”故名。

旌烈坊　在郡治北。巷有楊將軍廟，故立此以旌休烈。

聽履坊　西河上。宋有王尚書希呂宅，故取“聽履上星辰”之句。

卿月坊　宋有趙少卿宅，故取卿士惟月之義。

祥鱣坊　至元《志》：近郡文學廳，故取銜鱣之義。

杏壇坊　在路學前，故名。

鳳池坊　宋有婁參政機府，故取中書鳳池之義。

百福坊　巷通天慶觀，故取申以百福之義。

封祝坊　巷通祥符寺，宋時祝聖之所，故取華封人之義。

介寧坊　俗曰陳婆兒巷，婆媼乃婦人高年之稱，故取介福康寧之義。

尊耆坊　俗曰老人局，故取尊事黄耇之義。

率育坊　俗曰楊洗㲩巷，故取來牟率育之義。

斯才坊　俗曰馬坊巷，故取斯馬斯才之義。

咸中坊　俗曰幢子巷，乃宋刑人所，故取咸中有慶之義。

聚桂坊　舊名神童，蓋市有唐堯臣、包時習與弟時中、時飛，俱中童科，後徐聞詩又以童科第進士故也。堯臣後人夢符、震龍、天麟又相繼擢第。景定庚申，改是名。

豐衍坊　通慈濟倉，故名。

美俗坊　通瓦子，故立是名，欲以美汙俗也。

靈光坊　在驛巷，通靈光寺，故名。

移風坊　通西瓦子，故立是名，與美俗同義。

鄉道坊　在何道人巷，故名。

通闤坊　在府後橋之西，通大市，故名。

織雲坊　通蔡織紗巷，故取巧織雲錦裳之義。

燕春坊　巷通酒庫、熙春樓，故取遊燕之義。　柳《志》作宴春。

四駔坊　宋有馬太尉定遠居焉，故取乘其四駔之義。

鳴社坊　通社壇，李蕭遠《運命論》："里社鳴而聖人出。"郡爲宋孝宗毓聖之地，故因社名坊。

輕裘坊　宋竇安撫居，竇嘗帥襄陽，故取羊祜輕裘緩帶之義。

通明坊　在醋坊橋。舊在顧市橋，後移此。路通南門，因取離明之義。

爰稼坊　俗曰糖巷，因取稼穡作甘之義。

勸善坊　通咸中坊，刑人之所，故名。

暨容坊　通南營，取戎容暨暨之義。

天禄坊　在石獅子巷。天禄辟邪，乃獅子之類。故名。

閱武坊　通教場，因取春秋大閱之義。

歸鶴坊　舊曰華表，後改是名，取化鶴歸來之義。

清瑞坊　南通澄海門，因取海清瑞應之義。

格真坊　通崇道宮，取感格上真之義。

向葵坊　在府治前。以其東嚮，取葵花向陽之義。

依蓮坊　通節推廳，取"泛綠水，依芙蕖"之義。

望恩坊　巷西有橋曰望恩，故名。

寶花坊　路通寶花寺，因名。

皇華坊　宋浙西提舉任清叟居此，故名。

廣平坊　通廣平橋，因名。

擁麾坊　宋有陳知軍宅，故名。

敷潤坊　在油車巷，故以是名。

崇梵坊　通兜率寺，故名。

欽祐坊　通天寧寺，欽奉宋祐陵香火，故以是名。

遺愛坊　有普寧王廟，古傳嘉興縣令有善政，天降一銅棺，蓋自開，令入焉。吏挽留之，故名遺愛。

六一坊　通天慶觀，取東坡《天慶觀賦》"六壬"、"一稊"之義。或曰六一居士後人居焉，或謂宋陳聖俞[3]爲東坡六客之一，名此以表之。

政桴坊　在王鞔鼓巷，取善政猶桴鼓之義。

阜通坊　通稅務，因取阜通貨賄之義。

金佗坊　舊通趙郡王府，因取王金印槖佗之義。

燕支坊　通燕支橋，因名。

澄觀坊　通楞嚴十六觀堂，因名。

繪麟坊　通金山大王廟，即霍光也。因取繪形麟閣之義。

東陵坊　巷有石井，欄象瓜，俗曰甜瓜井，因取東陵種瓜之義。

繡衣坊　宋延安撫居焉,延持使節,故名。

瑞龜坊　通精嚴寺,嘗獲靈龜,故名。

流化坊　通水纂橋,故名流化。

興賢坊　在貢院前,取賓興賢能之義,後守鄭定重修貢院,改立興賢館,今皆廢。

以上至元《志》。

秀豐坊　柳《志》:在縣西南二里二十步。

步蟾坊　柳《志》:在縣西一里。

乘驄坊　鄒《志》:相傳自宋元,其里人屢任繡衣,故名。

古巷

朱巷　鹽倉蒼　陳婆兒巷　楊洗㡀巷　馬坊巷　幢子巷　何道人巷　蔡織紗巷　糖巷　石獅子巷　油車巷　王鞦鼓巷　廟巷　以上至元《志》。

遺愛巷　澄觀巷　靈光巷　豐衍巷　斯才巷　織雲巷　宴春巷　移風巷　流化巷　廣平巷　四騏巷　金佗巷　聚桂巷　咸中巷　聯魁巷　望恩巷　勸善巷　歸鶴巷　楊將軍巷　塔兒巷　甜瓜巷　竹林巷　市心巷　菓子巷　以上柳《志》。

【校注】

　　[1]蘇小卿:至元《嘉禾志》卷二《坊巷》作“蘇小小”,當作“蘇小小”。

　　[2]劉高嘗:至元《嘉禾志》卷十二《宮觀·錄事司》、卷十八《隱真道院記》均作“劉高尚”。

　　[3]陳聖俞:至元《嘉禾志》作“陳舜俞”。

嘉興縣

今坊九　皆在郡東門外。

宣公坊　春波坊　北版坊　放生坊　鹽倉坊　王家坊　蒯塔坊　角里坊　常豐坊

今巷

永康巷　沈家巷　望春巷　獅子匯　薛家匯　永阜巷　崇家衖　安阜巷　義蓭衖　潘家衖　朝陽巷　莫乃巷　聚賢巷　育才巷　里仁巷　呂家廡　大紅橋巷　小紅橋巷　拷栳街　紙行橋衖　穿田巷　窯衖　頭髮街　永安巷　穿田衖　箬帽街　萬安巷　祝家衖　務前橋衖　屠庵衖　顏家衖　熙春衖　高家灣　花園衖　鹽倉橋巷　興賢巷　泥涇巷　蒯塔衖　雙元巷　天馬巷　黃家廊　西馬巷　慶元巷　東津巷　游龍街　葛家衖　陸家衖　沈家衖　張家衖　吳涇橋衖　包家衖　碑亭衖　起龍巷　永福橋衖　太平橋衖　舖前衖　通濟橋衖

秀水縣

今坊十五　城內十,城外五。

鳳池坊仍元名　集慶坊　報忠坊　府西坊　府前坊　府東坊　毛家坊　靈光坊仍元名　鍾秀坊　碧漪坊仍元名　北麗坊　東瓜坊　太平坊　五龍坊　西麗坊

今巷

仁壽巷　鳳凰衖　學東巷　學西巷　西城巷　百福巷　清風巷　學子衖　平家衖　韭菜園衖　干戈衖　天慶衖　羅漢巷　火德巷　察院東巷　察院西巷　察院前東巷　察院前西巷　紙行巷　梓牆南巷　撫字巷　梓牆北巷

平橋巷　聯魁巷　羅城巷　石獅子巷　集仙坊巷　福順巷　通濟巷　元愷巷　承宣巷　三版巷　羊血巷　竹林巷　混堂衖　平家巷　綠衣巷　千歌巷　北津南巷　賢昌巷　楊柳巷　邵慶巷　塔兒巷　北津北巷　武寧巷　鈕家橋巷　通靈巷　通秀巷　迎春巷　石灰橋西巷　石灰橋東巷　秋涇橋西巷　秋涇橋東巷　湯家巷　寺街　顏井頭衖　楊家橋巷　米柵　濠股

嘉善縣

今坊十五　　考嘉善章《志》及新纂,俱名舖,不名坊,今仍吳《志》之舊。

熙寧坊　慶豐坊　香花坊　環整坊　北亭坊　黃王坊　大勝坊　石灰坊今名日暉　太平坊　諟安坊　西關坊　大安坊　泳安坊　北關坊　麟諟坊　　案:後四坊照新報煙户册補。

今巷

總捕巷　東花園巷　西花園巷　戴家巷　徐家巷　狄家巷　慈雲巷　儒學東巷　儒學西巷　天水巷　鹹井巷　太平巷　河灘衖　鄒家衖　水次衖　田家衖　北郁衖　南郁衖　巡警衖　陳家衖　浦家衖　沈學官衖　沈油車衖　布按分司兩巷　吳公巷　王家巷　黃菴巷

海鹽縣

宋坊　　案:《海鹽圖經》:城內宋坊十。

海瑞坊　海會坊　海晏坊　海清坊　海康坊　海安坊　海豐坊　海熙坊　海潤坊　海阜坊

古坊　　案:至元《志》:海鹽縣坊十,各有名義,錄于左。

字民坊　在縣前。縣令乃字民之官,故以名。

聞琴坊　在縣東南,取宓單父鳴琴之義。

宣化坊　在縣西,承流宣化之義。

定民坊　取辨上下,定民志之義。

衆安坊　至元《志》缺文。

熙春坊　至元《志》缺文。

迎恩坊　凡恩濡[1],于此地迓之,故名。

起潛坊　在福業院前,院有龍湫,取起潛龍之義。

喜雨坊　在福業院前,禱雨之所,因名。

甘泉坊　至元《志》缺文。

今坊十八　　其十坊仍至元《志》舊名,不贅列。

東門坊　教場坊　西門坊　朝聖坊　西柵坊　南門坊　北門坊　太子坊

今巷

總舖巷　回子巷　崔衙巷　新橋巷　北廟巷　馬官巷　石皮橋巷　謝家巷　東橫巷　通海橋巷　四營　致和巷　楊橋巷　興廉橋巷　思魯橋巷　談家巷　青黃巷　彭衙巷　祝衙巷　學前街　長壽庵巷　觀音堂巷　磨于橋巷　遷善橋巷　關帝廟巷　槐花巷　高槐巷　鄔家巷　大營　局巷　混堂巷　戚家巷　楊家巷　西橫巷　九營巷　蟹家巷　倉橋巷　虹橋巷　新虹橋巷　虎衖　唐家巷　索家巷　向家巷　城隍廟巷　虎尾浜街　曾家巷　查家

巷　煮雞巷　趙家巷　黃家巷　曲尺巷　董家巷　寺衖　張家巷　元壇巷　馬路　庵衖

【校注】

　　[1] 濡：天啟《海鹽縣圖經》卷一《建置》、光緒《海鹽縣志》卷四作“濡”。

平湖縣

　　今坊十　　案：平湖王《志》有莊名，而無坊名。今依吳《志》，仍以坊屬焉，凡十，其巷名則易以衖，仍照王《志》。
　　縣前坊　喜雨坊　南門坊　西門坊　西司坊　城隍坊　儒林坊　永寧坊　王家坊　仲街坊
　　今巷

馮家衖　莫家衖　南壇衖　方衖　居家衖　張家廊　馬家廊　蘇家衖　香衖　混堂衖　高家廊　陰陽衖　城隍衖　陳牲衖　醬園衖　丫髻衖　東廊下　王家衖　學宮衖　劉家廊　長衖　官衖　南衖　莫乃衖　大衖　觀音堂衖　計家衖　胡家衖　桑園衖　西衖　清水衖　糖坊衖　董家衖　倉浜衖　臭衖　西廊下　馬衖　賀家衖　分金衖　俞家場　嚴家衖　方家衖　楊家衖　學後街　司衖　北壇衖　小橫衖　新開衖　司後衖　南司衖　鋸子衖　三官堂衖　揚舉衖　新街衖　西衖　祈堂浜衖　碗砂衖　九曲衖　錠子衖　倪家衖　井甃衖　趙家衖　蘆蓆衖　劉家匯

石門縣

　　今坊六
　　宣化坊　太平坊　清泉坊　儒林坊　嘉會坊　永安坊
　　古巷
趙家巷　生賢巷　見至元《志》。
探花巷　見柳《志》。
　　今巷
青陽巷　宣化巷　登仙巷　水門巷　四井巷　探花巷　壘石巷

桐鄉縣

　　今坊六
　　邑前坊　永寧坊　仁德坊　青龍坊　隣泮坊　舞鳳坊
　　今巷
服德街　時薰街　通離街　新興街　濯清街　雙節街　青陽街　集蔬街　煥文街　新街
文獻里　通遠街　以上伊《志》。

市　　鎮

嘉興縣

　　王店鎮　在縣南三十六里，一名梅里。縣境又有新豐、鍾帶、新行三鎮，俱爲商賈輳集之所。《大清一統志》。市多販糶，民務農桑，所織綢最著名，稱王店綢。褚氏畫絹，亦甲於天下。業儒者衆，科第不絕，亦一方都會也。嘉興何《志》。　《樂郊私語》：“王店鎮有工部尚書王逵者，世居大彭都官灘里。逵購屋于梅溪，聚貨貿易，因名王店。尚書公子曰令安，孫曰延福，皆成進士，簪纓相繼。而王店日漸殷庶，遂成巨鎮。”《靜志居詩話》：“予年十七，避兵練浦。歲己丑，移家梅會里，亦名王店。或曰石晉時鎮遏使逵居此，故名。或曰宋尚書居正之宅，或曰元學士[1]綸也。己亥十月，訪蔣布衣之翹於射襄城。蔣語余曰：‘子知王店之所由名乎？洪武中，孝廉鏞及其弟鈞之所居也。鏞有詩云吾家舊住梅溪上是也。’梅會一作梅匯。”　國朝周篔《東石環橋記》略云：“王店鎮者，嘉興四鎮之一，在長水東。鎮距硤川二十里，距郡四十里。長水之北，分析而東，貫於鎮市，以入於海鹽塘，而北仍合於郡之南湖者也。鎮民之居，夾湖成聚，爲里者三。”

　　新豐鎮　在縣東三十六里。柳《志》作二十七里，誤。鎮曰新鎮，塘曰漢塘。相傳以爲漢新豐里人遷於汴，又南渡居此，故名。居民農桑，多市販，亦有業儒者。趙《圖記》。

　　新行鎮　在縣東南五十四里。柳《志》。鎮東西廣三里，南北袤二里。明施鳳來《廟記》有云：界屬嘉興，脈連海鹽、平湖，蓋錯壤在兩邑之偏隅，沃土通流，勤於稼事，宜生聚貿遷環萃於此。亦多士流，明中葉後，有登科第者。鎮北又有村市，名小新行。伊《志》。　國朝邑人戴彬《舟至新行》詩：“帶水溪橋路，扁舟載月來。客多思骨肉，地近見樓臺。鐘遠先傳寺，花香早放梅。款門應識我，笑口一齊開。”

　　鍾帶鎮　在縣東五十里。柳《志》。　明姚綬《東嶽行宮碑》：“嘉興東下四十餘里曰鍾帶鎮，村落市闤所聚，居人稠密。”

　　案：柳《志》：嘉邑之稱市鎮者五，曰鍾帶、朱村、新豐、新行、王店。朱村在縣東南二十七里。嗣爲郡縣志皆不載。

【校注】

　　[1]士：朱彝尊《靜志居詩話》卷二“王鏞”條、光緒《嘉興縣志》卷三《鎮市》“王店鎮”條作“正”。

秀水縣

　　王江涇　縣北三十里，運河所經，爲往來要衝，有巡司。《大清一統志》。案：雍正十三年，裁巡檢司，移嘉興府同知駐此。乾隆七年，改駐嘉興通判。鎮在縣北永樂鄉。舊有王氏、江氏所居，因以名鎮。鎮南盡秀水縣界。北據吳江縣界，俗稍刁頑，多織綢收縞紵之利，居者可七千餘家。不務耕績，多業儒，登賢書者數有之。秀水李《志》。　《名勝志》：又名聞川市，宋聞人氏家焉。　《方輿勝覽》：王江涇在漕河東，因巨姓黃氏、江氏居此，亦作黃江涇。　《樂郊私語》：至正十六年五月，張氏兵南下，楊參政完者以數萬衆屯王江涇，川途嚴肅，張兵遂不敢道嘉禾，乃自平望、烏墩直搗武林。　元岑士貴《稅暑亭記》：聞川市又名王江涇，舊在官塘東。宋徙置塘西。　明武進惲紹芳《王江涇晚眺》詩：“逶迤一徑野橋低，門掩蔬籬對碧溪。沙浦日晴時落雁，水村天暝忽聞雞。山童藉草爭牽袖，田父遺醪獨灌畦。淳朴古風今不改，向來兵火重悲悽。”　國朝程瑞檁《泊王江涇》詩：“舟橫野浦臥沙明，玉月涼生景倍清。燈火照波螢㸃㸃，鳧鷖隔岸夜無聲。千林桑葉留人採，萬頃湖田待雨耕。記取東風還有意，酒旗吹向闤闠城。”　顧光旭詩：“掛帆又過王江涇，柂樓再拜張公經。紅雨亂㸃春袍青，花香人影煙冥冥。柘林二萬倭夜至，張公命將如雷霆。麾下蘇松副總兵，俞公大猷本書生。少好學易傳蔡清，推演兵法磨青萍。平江八百倭出没，俞公所至靈雨零。十里五里長短亭，春風楊柳鷗不驚。三百年來水如鏡，想公英爽留江汀。當時戰功豈不叙，趙文華羣欺朝廷。冒公納賄殘生靈，奸相肆毒邦不寧，此葦胡以逃天刑。此輩雖莫逃天刑，盈城流血江風腥。橋東社鼓鼕鼕聲，試聽擊壤歌昇平。”　王明福《舊聞川市》詩：“接戰巷口春草萋，莫家村樹有烏啼。豈知前代肩摩處，今日繁華讓水西。”

　　新城鎮　縣西北二十七里，唐會昌中嘗築土爲城，謂之新城稅課局。《大清一統志》。唐景雲中,鎮遭兵亂,居民壘土爲城。案:新城俗名雲中鎮,蓋沿此,誤。故云新城,城久廢,今存其名。宣德分縣,謀建縣治而不果。其民男務居賈,與時逐利,女攻紡織,居者可萬餘家,頗多儒,有登鄉書者。秀水李《志》。 《嘉禾志》:新城務有酒稅。 《静志居詩話》:柿林今之新城鎮也。城本作塍。宋曾魯公嘗監秀水新塍酒稅。 明金慎《柿林移居》詩:"喜得移家秀水濱,此邦風物舊相親。爲農久已知農事,近市還能遠市塵。鶯散墨池迎洗硯,鷗馴漁屋看垂綸。蔬畦藥圃終吾老,未必溪花解笑人。"

濮院鎮 縣西南三十六里,其南接桐鄉縣界,舊爲濮氏所居,故名。《大清一統志》。舊名永樂市。柳《志》。元至正間,惟右族濮氏一姓。迨濮氏流徙他,卜居者漸繁,今可萬餘家,因以濮院名鎮。南隸桐邑之梧桐鄉,北界本邑之靈宿鄉。居民務織絲綢,亦業農賈,商旅輻輳,與王江涇相亞,而俗較馴謹,多業儒。秀水李《志》。 《濮川紀略》:宋爲永樂市,地之淳美可知。河南濮鳳隨駕南渡,仕爲著作郎,居此,子姓繁衍。理宗朝,賜第曰濮院,鎮以是名。初,惟濮氏爲最,既而諸族有前八家、後八家之稱,爲地無多,商賈經營,往來科第,衣冠日盛。 明項忠《入濮院路》詩:"行盡禦兒涇,纔過禦兒亭。將軍鉦鼓静,母子笑談寧。破國霜千樹,還家月一庭。明朝載酒出,鷗鷺滿洲汀。" 國朝顔鼎受《題〈濮川志略〉》詩:"卓犖推前輩,恢弘屬後賢。挑燈終此夕,開卷憶當年。人豈文章重,家因孝友傳。他時名世出,往哲在斯編。"

陡門鎮 縣治西二十七里靈宿鄉,鎮夾運河,南北廛居,僅二百餘家,較諸鎮最爲闐寂。民務耕桑,女勤紡織,頗多樸茂之風。秀水李《志》。 明吳弘濟《四鎮常平倉碑記》略云:循濮院而還五六里爲陡門,于虎林當走集,其人十農一賈,十二苦旱,十八苦澇,其田宜麥禾,多樹桑兼菽,視原沃所入,其儉惟倍。 國朝譚吉璁《權歌》:"斗門水勢到今平,兩岸條桑鳩婦聲。嶢峭春風飽帆腹,微茫煙樹露金明。" 案:秀水任《志》:市集之稱鎮者,舊凡五,曰陶莊、新城、濮院、王江涇、彰陵。今析陶莊隸嘉善,彰陵僅存村落,合王江涇、新城、濮院並陡門爲四鎮。萬曆三十年[1],知縣李培于四鎮各建常平倉。

塘匯鎮 縣北九里,舊名漲沙村。見《漁隱遺録》。元隱士盛子樵避亂於此,自號漲沙散人。一時相就者十餘家。今編氓相望,市廛鱗次,而盛子遺址無可考。惟市中有嘉靖間修橋碑,載盛、沈、梅、周十餘姓氏。見梅氏藏一山人《塘匯鎮溯源記》。 新纂。

【校注】

[1] 萬曆三十年:萬曆《秀水縣志》卷二《倉廠》作"萬曆二十三年"。

嘉善縣

風涇鎮 縣東北十八里,舊名白牛村市,元改爲鎮,置巡司。《大清一統志》。宋賢良陳聖俞[1]居焉,自號白牛居士,故以名。舊爲市,至元十三年立爲鎮。至元《志》。舊名白牛溪,後名清風涇,訛爲風涇。柳《志》。半屬華亭。物阜民殷,商賈輻輳。嘉善章《志》。 元貢師泰《風涇舟中》詩:"白髮飄蕭寄短篷,春深杯酒意畱同。落花洲渚鷗迎雨,芳草池塘燕避風。烽火此時連海上,音書何日到山中。故人別後遥相望,夜夜空隨斗柄東。" 明瞿佑《過風涇》詩:"雨餘新緑漲横塘,紅版橋邊矮粉牆。知是清明時節到,鞦韆一架倚垂楊。" 金景西《懷風涇》詩:"白牛墩上酒旗中,南北長橋卧緑虹。煙寺晚鍾蕉葉雨,水樓晴檻落花風。衣冠文物聲名藹,舟楫魚鹽利澤通。東望雲間酬二陸,舉杯南向酹宣公。"

斜塘鎮 縣北二十里,西北之水皆匯於此,一名西塘。《大清一統志》。鎮界永安、遷善二鄉[2],坤、乾二水會於市南,從巽斜流而出,故名,又名西塘,亦名平川。正統時,徙陶莊稅課局於此。居民稠密,向成市廛,水鄉貿易者萃焉。嘉善章《志》。 案:大理寺卿胡㮚將析縣,命知府齊政相地。齊欲定縣於西塘鎮,有成議矣。胡詢諸父老,陶莊民袁顥方弱冠,進曰:"最上論國計,次論人情,又次論地勢。西塘僻處一隅，非扼塞要會，武塘海濱孔道，郡之東藩，地方有警，可以扼抗，又商旅往來，民易成聚。"胡然之。遂挾與偕行。自嘉興東來，先閱武塘，四水皆直，齊不甚樂。及抵西塘，見南北諸流皆會于文水漾，召顥語曰："國計民情爾言當矣，如地勢何？"顥曰："西塘二水雖合，勢實傾邪。武塘雖直，勢甚平正。觀形者得其偏，察理者得其真，古者太史覘土較輕重，試等之，優劣判矣。"胡命取兩鎮水秤之，果武塘重，遂定治焉。

王帶鎮 縣東南一十里。元有巡檢王六八秀，巨賫招商，因成市井，遺址尚存鎮南。元有姚莊市，後遭兵火廢。嘉善章《志》。

陶莊鎮 縣西北三十六里，去府城五十四里，本名柳溪。宋紹興中，陶氏居此，易今名。元置巡司。明正統十二年，改置斜塘，萬曆初廢。《大清一統志》。宋紹興中，保義郎陶文幹自蘇徙此，遂名陶莊。初，世家鼎峙，橋亭相望。南曰南陶莊，北曰北陶莊。今民居凋敝，漸成村落。嘉善章《志》。 元楊維楨《陶莊》詩："村落成行市井連，日中雲集自年年。刀錐有利圖衣食，貿易無人索稅錢。漁鼓晝橋楊柳外，酒旗茆店杏花前。陶家義塾相聞近，教子何須孟母傳。"

干家窑鎮 縣西北一十二里。民多業陶，廛居聯絡，三吳貿遷弗絶。明萬曆時，邑令章士雅設常平倉於此，與風涇、斜塘相埒。嘉善章《志》。

三店縣西十里。 張涇堰縣西北十里。 亦成十家之市。嘉善章《志》。 案柳《志》，首列魏塘鎮，今爲縣治，不並載。吳《志》：鎮之屬嘉善者四：王帶、斜塘、陶莊、風涇。嘉善章《志》載有干家窑鎮。又有三店、張涇堰，亦成村市，並增入。

【校注】
[1] 陳聖俞：至元《嘉禾志》卷三《鎮市·嘉興縣》、光緒《重輯楓涇小志》卷一《沿革》均作"陳舜俞"。
[2] 卿：光緒《嘉善縣志》卷二《鄉鎮》"斜塘鎮"條引于《志》作"鄉"，是。

海鹽縣

澉浦鎮 縣西南三十六里。唐開元五年，蘇州刺史張廷珪奏設。舊志有鎮將，吳越錢氏置鎮遏使，以是土豪傑管領。宋置鎮官，監鎮稅兼鮑郎鹽場，各設專官。置水軍寨，歲水軍百人戍守。至元、皇慶間，宣慰楊耐翁居於此，以己貲廣構房宇，招集海商番舶，皆萃於此。居民貿易，遂成村落。後築城於鎮，設千戶以守備焉。海鹽仇《志》。縣西南之水由此入海。宋開禧初，置澉浦水軍。今湮塞。《大清一統志》。 案《海鹽圖經》：鎮大者曰澉浦，有城，置戍。 明陳善詩："攜酒來從海上游，蒼蒼樹色望中浮。林間梵唄天真院，空外闌干宣慰樓。滄海接雲疑越嶠，青山繞郭似杭州。醉歸驢背饒詩興，東海蓬萊鐵笛秋。" 張寧《澉川圖》詩："澉湖新漲碧潺湲，秦駐高峰紫翠間。拂曙煙雲蒼壓水，過春桑柘綠彌山。海門桴客浮何在，石屋棋翁去不還。欲趁蘭舟一登望，杏林深處草堂間。"

半邏市 縣西南三十五里[1]。昔云半路有亭，故名之。今訛爲半邏，計海鹽至嘉興七十里，半邏乃路之半。往來之人，咸餉於此。鄉民皆輻輳，爲市焉。海鹽仇《志》。半路亭者，漢施延賃作處，延後官至太尉，故成市鎮，則半路亭始漢。舊志云：以縣至郡城七十里，此爲路之半，故名，非也。漢時郡縣未置於此，或從長水至馬嗥城言之耳。《海鹽圖經》。 國朝彭孫遹詩："十里寒塘水漫流，蕭蕭蘆葉響空洲。濃陰宿霧連朝雨，柔艣輕帆半邏舟。心事蹉跎王谷隱，故人零落鄂田秋。吟成猶倚危橋立，慚愧沙頭雙白鷗。"

鮑郎市 舊有鮑郎浦，宋元時置鹽課於此。《大清一統志》。縣西南三十五里，週圍六里三十步。又有鮑郎海鹽場，舊傳黃巢寇時，鹽令姓鮑者，遣其子抗賊，戰死，故名鮑郎。案《南史》：

孫恩作亂,海鹽令鮑陋遣子嗣之以吳兵一千爲前驅。劉裕以吳兵不習戰,命之在後。是夜,裕多設奇兵,廣置旂鼓。明日賊過,復發,嗣之追奔陷歿。則鮑郎之説,蓋自《南史》矣。海鹽仇《志》。鮑郎者,晉令鮑陋子,與孫恩戰死,後爲神。有鶯公者,見其形狀,如二十許人,請於梁武帝,立廟錢塘江。此地有浦,舊入海通江,乃其戰處也。鮑郎場,今俗名水關埭。海鹽仇《志》。地名鮑郎者,宋《志》云:昔鹽場初開於此,有鮑姓者鑿浦煮鹽,遂名。《鹽法志》。

茶院市 縣西南三十六里。唐開寶己巳,錢武肅王至金粟寺,敕賜茶院,因名之。海鹽仇《志》。 案:海鹽仇《志》及《圖經》俱載唐開寶己巳。考己巳歲爲宋開寶二年,云唐者誤。又,其時爲錢武肅王,則是梁開平二年己巳[2]也。

沈蕩鎮 縣西北三十里曰沈蕩,爲大鎮。水四通,列廛五六百家,五穀絲布、竹木油坊、質店大賈,往往雲集。《海鹽圖經》。

歟城 縣西十八里。晉將袁山松築城以備孫恩。洪武初置關,隸海寧衛。今廢。海鹽仇《志》。 明陳善詩:"水雲鄉在舊城西,幾度尋幽醉不迷。遙憶清虛樓上客,洞簫[3]吹徹海雲低。" 吳夔詩:"正值江天晚,維舟在渡頭。聊沽村酒薄,還對月華浮。水鳥衝蒼藹,漁燈集遠洲。生涯蕭瑟甚,無地不堪愁。"

案至元《志》:海鹽縣有寧海鎮,在縣東。唐天寶十年,太守趙居貞置。宋淳化二年,移置近縣一里。今廢。《圖經》云:元陷入海。吳《志》:海鹽市鎮四,茶院、半邏、鮑郎、澉浦者。 《海鹽圖經》:沈蕩鎮爲大鎮,歟城諸處俱列於市。

【校注】

[1] 縣西南三十五里:天啟《海鹽縣圖經》卷一《建置》、光緒《海鹽縣志》卷四《城池》"半路市"均作"在縣西北三十五里"。

[2] 梁開平二年己巳:光緒《海鹽縣志》卷四《城池》"茶院市"條:"若在武肅時,則當是梁開平三年己巳。"梁開平三年(909),是己巳年。

[3] 簫:光緒《海鹽縣志》卷四《城池》"歟城市"條收陳善詩,作"簫",當作"簫"。

平湖縣

白沙灣鎮 縣東二十七里。距乍浦二十里,自獨山稍折而東,海勢一曲,爲泊帆舊地。明洪武十九年,自廣陳墅移置巡司於此,並築城,週一里有奇。今仍設巡檢司。《大清一統志》。

廣陳鎮 縣東北二十七里。元曰廣陳鎮。明初置巡檢司,後移白沙灣。《大清一統志》。鎮之古,廣陳爲最。元時番舶至,列肆於此,故名廣陳。與舊衙金山水陸交會,曩通海潮,其土如蟲齧木間,飛潮於岸,則黃茂不粒,故堤防于唐,久之沙湧,海潮漸隔,輸會不至,居人寥落矣。平湖王《志》。

乍浦鎮 縣東南三十里,與海鹽接壤,舊有官河匯諸水入海。吳越設鎮遏使,南宋置水軍,設統制領之。元置市舶司。洪武十四年,自故邑城徙巡司于此,改今名。十九年,改建千户所,築城九里,又築捍海石塘,聯絡雄峙。二十六年,增置水寨,爲海道三關之一。隆慶間,革海口、澉浦二關,止留乍浦一關。國朝順治十七年所廢,仍設巡檢司及守備。雍正二年,增設水師遊擊駐防。五年,又移杭州副都統及滿兵駐此。九年,改遊擊,設參將。道光二十四年,改副將,爲海口巨鎮。《大清一統志》。 案:康熙五十六年,以嘉興府總捕同知移駐乍浦。雍正六年,又設理事同知。番舶湊集,居民成市。洪武初,築城於此,爲海濱一都會。平湖王《志》。 詳《城池》。

新帶鎮　縣北三十里,鎮有中市、東市、西市、花街、上塘、下塘,饒魚鹽花布之屬。平湖程《志》。

蘆瀝市　縣東北四十里。縣北之水悉匯於此。《大清一統志》。東自松江,南連秀州,約一百餘里。有大浦二十,稱歷浦者,即蘆瀝浦也。平湖王《志》。

新倉鎮　縣東北三十里。今設白沙巡檢司分駐,居水陸中道。平湖王《志》。蘆瀝鹽課司所《兩浙鹽法志》。

青蓮寺鎮　縣西三十里。平湖王《志》。

錢家帶　縣東南一十二里。吳《志》。

徐家帶　縣北七里。吳《志》。

案《大清一統志》:平湖有乍浦、白沙灣、廣陳三鎮,在縣東南、東北。袁《志》:蘆瀝、錢家帶、徐家帶、乍浦、廣陳之外,又有新倉、新帶、舊帶。吳《志》:平湖市鎮六:蘆瀝、錢家帶、徐家帶、乍浦、廣陳、新帶也。平湖王《志》:稱鎮者五:廣陳、乍浦、新帶、新倉、青蓮寺。或盛衰之故,今昔殊焉。茲補列青蓮、新倉兩鎮。錢、徐二帶,仍照吳《志》,存之蘆瀝市。王《志》歸鹽課,今亦列入。

石門縣

語兒市　縣東南隅隔運河三百步,後均爲縣市矣。縣市即古義和市也。至元《志》。在縣東一里,近漕渠左三百步。趙《圖記》。即今南高橋、東沙渚塘。崇德靳《志》。　案:至元《志》謂語兒市後均爲縣市。柳《志》則云:語兒市今廢。石門鄺《志》于義和市云:在縣北一百五十步,即縣,後通衢至河盡,今爲縣治于語兒市云。在縣東南隅運河三百步,即今南高橋、東沙渚塘。明其先固爲二市也。劉《志》、袁《志》、吳《志》皆云語兒市即義和市,今廢,語未詳晰。義和市今爲縣治,亦未可云今廢也。又,語兒當作禦兒,其名最古。詳見《建置》,又《古蹟》。

石門鎮　縣北二十里。春秋時,嘗壘石爲門,爲吳越二國之限,或謂之石夷門。唐上元二年,劉展作亂,遣其將張景超攻杭州,敗李藏用將李彊於石夷門。宋紹興中,車駕往還,即驛建行幄。又置榷酒稅務,元置巡司。明初分鎮之半屬桐鄉,曰玉溪鎮。由石門而北三十里,達湖州之烏鎮,北出吳江之徑道也。《大清一統志》。民物阜蕃,貿易尤盛。柳《志》。學士張伯淳、尚書潘蕃俱顯於此。崇德靳《志》。　明王守仁《晚泊石門》詩:"風雨石門晚,停舟問舊遊。煙花春欲盡,惆悵遶溪頭。"王稚登《石門曲》:"採桑復採桑,壟長桑葉齊。妾住石門東,郎住石門西。""壟成桑葉空,門前青苧長。一半織郎衣,一半結魚網。""賣絲家復貧,哭解紅羅襦。將絲貰妾淚,可得作明珠。"國朝顧贊詩:"昔年吳越地,此處設王官。戰氣千年盡,悲風日夜寒。采桑成白苧,繅水出冰紈。筐筐天家貢,行人莫浪看。"

洲錢市　縣西北二十七里。其地週迴皆水,形如錢布,故名。宋嘉定中,農劚地得石刻,乃唐長慶初李公明葬母于吳郡嘉興洲錢之陽,內有螭尾平底斗一枚,是知洲錢之名甚古。崇德靳《志》。宋南渡初,士大夫避地來寓者殆二十家。建炎中,宗室趙公不求、子善應寓踰一紀,生丞相汝愚于寺橋南之民舍。紹熙中,范令機扁其里曰生賢。石門鄺《志》。　詳見《古蹟》。

案:靳《志》又列卜店市,在縣東北十里。元時卜氏家富,聚而成市。洪武初,籍其家,址存,市廢,今附識於此。

桐鄉縣

阜林鎮　縣北九里。本在崇德,市南有寨,宋建炎中徙此。火燬。明初,常遇春破張士誠兵于皁林。舊設皁林巡司及皁林驛,後移驛于石門縣。《大清一統志》。皁林市巡檢司、館驛廳、便民倉在焉。自立縣治此,爲嚥喉之地。居民夾運河,成一雄市。昔張士誠攻嘉興,元將路成駐此禦之,今鎮西尚有營壘遺址。明啟、禎間,尤爲蕃庶。薄暮,四方舟楫雲集,張燈夜市,成河路之要津。桐鄉徐《志》。　元薩天錫《皁林舟中》詩:“春溪野鴨肥可射,幽樹深陰叫山鷗。遠人三月酒船過,柳絮飛時杏花謝。行行水竹上雲林,往往人家或僧舍。小官便欲賦歸來,何處買山錢可借。”錢惟善《早發郵門得風抵皁林》詩:“白龍廟前風浪生,扁舟初離閶閶城。嬋娟霜月雁千里,顛倒衣裳雞五更。櫓答漁歌江入夢,帆迎野色樹移程。葦間何限秋蕭瑟,愁絕胡笛出塞聲。”

青墩鎮　縣北二十五里。唐置鎮遏使,今有巡司,與湖州之烏鎮止隔一水。《大清一統志》。梁昭明太子讀書此地,太子爲青宮,故以青名。昔吳越王戍兵於此,又稱戍上。與湖郡所屬之烏鎮夾溪相對,民物蕃庶,第宅、園池盛於他鎮。宋南渡後,士大夫多卜居其地。宋有鎮官監稅,其繫銜曰監嘉興府安吉州青烏鎮稅。舊經所載有草市凡四處。元設武臣守戍,明設石門稅課局于南柵,幅幀四達,人文日起,甲於一邑。桐鄉徐《志》。　明高岳《寓青鎮》詩:“南亭橋下水無波,獨客扁舟試一過。撫景自慚佳句少,思親還恨別情多。東風燕子穿花語,落日漁郎隔岸歌。卻上高篷望西北,青山雲影共嵳峩。”　國朝陸圻《風雨過烏戍》詩:“昨宵泊鴛脰,今此近南潯。四野寒煙重,三江新漲深。景陽曾苦雨,子建亦愁霖。何況停橈客,鄉思淚不禁。”

濮院鎮　縣東十八里,古槜李地,在梧桐鄉。前朝陽述[1]爲開國解元,楊青爲開邑甲科,俱產於此。宋景濂摘濮川八景繪成圖,賦詩。桐鄉徐《志》。　案:鎮西南屬桐鄉,東北屬秀水。互見秀水。

石門鎮　縣西北二十五里。桐鄉徐《志》。　案:南屬石門,北屬桐鄉。互見石門。

爐鎮　縣西北十里,居民以冶鑄爲業,爲縣北通衢。《大清一統志》。原名爐頭村,古柞溪,在清風鄉。以冶鑄爲業,爐火不絕,故名。路近官塘,每患盜賊。然北鄙之輸納來縣者,半由於此。桐鄉徐《志》。

陳莊鎮　縣西北十里,居民以竹器爲業。《大清一統志》。舊陳莊村在爐鎮之西北,四方貿易甚遠,苕霅諸山貨竹者,皆集於此。桐鄉徐《志》。

屠甸市　縣東南二十四里。舊名屠甸村,在千金鄉。商賈貿易,亞於他鎮。桐鄉徐《志》。宋莫若沖《屠甸》詩:“偶然屠甸見浮屠,爲問屠中有佛無。見說庖丁遊刃在,恢恢全不費功夫。”

案:未分縣以前,崇德縣之所轄者石門鎮、皁林鎮、青鎮、語兒市、鳳鳴市、洲錢市。明宣德後,鳳鳴市即爲桐鄉縣治,析皁林一鎮及石門鎮之半屬之。其青鎮仍分烏程之半,濮院分秀水之半,俱隸桐鄉。爐鎮、陳莊,舊志不載,今遵《大清一統志》,並列於鎮。屠甸亦附入焉。

【校注】

[1]陽述:光緒《桐鄉縣志》卷十一《選舉·舉人》、卷十五《人物下·宦績》、民國《濮院志》卷十八《人物一》均作“楊述”。

嘉興府志卷五

橋　梁

《越絶》一書,《外傳記地》書亭,書郛,書塘,而不書津梁。故舊志遂以宣公橋爲最著,而以見於至元《志》者次之。不知《史記·平準書》已有"天下郡國皆豫治道橋"之文。若《禮記》之"謹關梁",《詩經》之"造舟爲梁",則更古矣。第古橋架木易傾,今橋壘石經久,此今人勝古人處也。《吳地記》謂"吳郡虹橋三百有餘",夸其多也。茲考禾中,又豈多讓。志《橋梁》。

府城案:城內雖屬秀水,仍繫以府,示有所統也。其在城外者,分嘉、秀隸縣。

瑞虹橋　在府治前。

府後橋　在府後。又名驛橋,見《山川門》。

望恩橋　在府治西南三十步。以上至元《志》。

蒸餅橋　在府治西南三十步。至元《志》。一作蹲賓橋。嘉興何《志》。　國朝朱彝尊《鴛鴦湖櫂歌》:"河頭時有浣衣人,處處春流漾白蘋。橋下輕舟來往疾,南經娛老北蹲賓。"

藕行橋　在府治西北二十步。至元《志》。

百步橋　在蓮花浜。袁《志》。　伊《志》案:百步橋有二,一城內,一城外。宋張堯同《百步橋》詩,《浙江通志》載在城內百步橋下,誤。又,《通志》嘉興府下載有震橋、西亭橋、迎仙橋。考三橋,俱屬松江府。《通志》誤引至元《志》載入,今删去。

通濟橋　在春波門內一十步。秀水李《志》。

贊福橋　在春波門西一百步。

薦橋　在春波門西北半里。以上至元《志》。　明徐元春《記》:嘉興郡城東隅,去春波門可半里許,有湖曰天星。湖之南,築梁以通閭閻,利徒行也,名曰薦橋,肇自宋景定間。旁有雞鳴臺,其石約長五尺,廣半之。俗傳有陳氏者,薦祭餘之雞黍於其姑。姑食,暴卒。有司欲置婦于法,婦冤之。命復炙雞,享于臺所。俄有蜈蚣盈尺者數十,叢食于雞。而雞忽長鳴,乃知姑死之由,婦冤始白,故以名臺。嘉靖己酉,秀水龜峰方侯莅政之明年,適橋傾圮,侯命鄉之約正副張鸞、王愷,勸率良善,募材鳩工以新之,逾月而橋落成。嘉靖己酉九月。

五柳橋　在嘉興縣治西,又名慶豐橋。《大清一統志》。宋孝宗登極,因田禾一莖九穗,改爲慶豐。《明一統志》。　案:今名西縣橋。宋陸蒙老《五柳橋》詩:"五柳先生倦折腰,孤眠千載仰風標。青山令尹[1]頭如雪,不厭朝昏過此橋。"

騰蛟橋　起鳳橋　在春波門西北半里。

崔家橋　在春波門西北一里十步。以上秀水李《志》。

豬兒橋　在春波門西北一里。

蟹行橋　在春波門西南半里。

南縣橋　在春波門西半里。以上至元《志》。　案吳《志》作縣南橋。

環秀橋　在春波門西北半里。秀水李《志》。通天星湖。袁《志》。

滕家橋　在春波門西北一里。秀水李《志》。

倪家橋　在春波門西南一百步。至元《志》。

清軍館橋　在春波門西南一里。秀水李《志》。

湖橋　望湖橋　在春波門西北一里。至元《志》。

保安橋　在春波門西北一里十步。秀水李《志》。康熙二十九年，嘉興縣知縣樊咸修重建，人呼樊公橋。伊《志》。　國朝王庭《記》：嘉郡，古澤國，其源自天目，南承浙西諸水，北達吳淞，故郡西皆漕渠，講水利爲最急。嘉邑屏郡，左水由東環邑治，包絡學宮，支流滙澤，委蛇曲折，而通大河。其間，便農經遠，若《周禮》合方氏有掌，凡陂池洼下，溝坎曲竇，則梁之，俾熙熙攘攘者，不至有褰裳濡軌之嘆。此十月成梁，經國者所不能不區畫也。三原樊公來宰是土，善政具舉，邑治之北偏有保安橋故址，歲久傾廢，里人支一木而橫水浂，登臨者危之。公曰：“是非所以爲民便。”爰命掾吏倪國昌鳩工採石，不數月而橋落成，邑之人顧而樂焉。羣曰：“是樊公之所締造也。”遂名其橋曰樊公，志不忘也。公諱咸修，號慈東，丙辰科進士，陝西三原人。

羅家橋　安禄橋　北營橋　在春波門西北一里半。

大悲橋　在通越門北五十步。以上至元《志》。　案：吳《志》作濟川橋。

遇仙橋　在通越門東北一里。

迴龍橋　在通越門内水西寺前。

爽溪橋　在通越門内半里。以上秀水李《志》。

萬安橋　在通越門東北一百步。至元《志》。

寺橋　在通越門東北一里半。至元《志》。乾隆五十八年，里人重建。伊《志》。

廣平橋　在通越門東北一里。

車欄橋　在通越門東北一里半。以上至元《志》。道光八年，里人錢聚文等募資重建。

紅橋　在通越門東北一里一百步。至元《志》。

韭溪橋　在通越門東北一里。秀水李《志》。

韭緺橋　在通越門東一里。

顧市橋　在通越門東北一里半。

福順橋　在通越門東半里。

興福橋　在通越門東一里二百步。以上至元《志》。

興賢橋　舊名過軍橋，在通越門東一百步。柳《志》。乾隆三十五年重建。伊《志》

寶帶橋　在通越門東北。

蓬萊橋　北資橋　在通越門東南。

楊公橋　在通越門東南一里半。以上秀水李《志》。

范蠡橋　石灰橋　在澄海門内。

張公橋　在澄海門東北一百步。

營橋　在澄海門北一百步。以上至元《志》。

炒麩橋　在澄海門西北一百五十步。至元《志》。裴休女名祖貞，捨基創庵，名炒麩，橋亦由名。《檇李詩繫》。

南石橋　史家橋　在澄海門北二百步。

婁家橋　醋坊橋　在澄海門北二百步。

蔣家橋　在澄海門東北二百步。

蓮花橋　在澄海門北半里。

紙行橋　在澄海門東北一里。

磚橋　在澄海門西北一里。伊《志》案：改名大興橋。

竹絲橋　在澄海門北一里。

毛家橋　一名熙寧橋，在澄海門東北一里。

蔡十郎橋　在澄海門西北一里三十步。國朝朱彝尊《櫂歌》："酒市茶寮總看場，金風亭子入春涼。俊遊改作烏篷小，蔡十郎橋低不妨。"

三板橋　在澄海門東北一里五十步。以上至元《志》。

楊公橋　在澄海門西北一里五十步。至元《志》。楊公港有太守楊公祠，祠前有楊公橋。趙《圖記》。

斜橋　在澄海門東北一里五步。至元《志》。乾隆五十九年重建。伊《志》。

烏盆橋　屐鞔橋案吳《志》作履鞋橋，誤。　丁橋　在澄海門東北一里半。至元《志》。

衆安橋　在望吳門南二十步。柳《志》。北有倉橋，府、縣倉在其兩涯。趙《圖記》。

倉橋　在望吳門內。秀水李《志》。

北寺橋　在望吳門東南三十步。至元《志》。

孩兒橋　在望吳門南一百步。至元《志》。嘉禾北門有孩兒橋，橋欄四角皆石，刻孩兒，因名。歲時既久，遂出爲怪，或夜出叩人門戶求食，或月夜遊戲於市，人多見之。有膽勇者至夜密伺，果見三四石孩兒徐徐自橋而下。遂大呼，以刀逐至其處，斫去其頭，怪遂絕。《閒窗括異志》。　國朝朱彝尊《櫂歌》："女牆官柳遍啼鴉，小閣臨風卷幔斜。笑指孩兒橋下水，雨晴漂出滿城花。"

香花橋　在望吳門南半里。至元《志》。　明吳鵬《記》：香花橋，狹且峻，久漸圮壞，人跡所經，值風雨夕，墮河死者，不知其幾。予家與橋近，每聞而憐之。今年春正月，道人王左、居民祝賜等相與倡議，募工重修，共捐濟之。越四旬，橋乃成。視舊稍平坦，闊加尺餘，可使行者無風雨患。

安樂橋　丁家橋　在望吳門東南半里。至元《志》。

菩薩橋　在秀水縣治東。《檇李詩繫》。

集家橋　在望吳門南二百步。至元《志》。一作習家橋，又名藉架橋。吳《志》。竹鄰里，元陳秀民所居，藉架橋在其東北。《曝書亭詩》註。　國朝朱彝尊《櫂歌》："藉架橋上水松牌，白石登登鴈齒階。曾記小時明月夜，踏歌連臂竹鄰街。"

船場橋　在望吳門東南一里。至元《志》。　案吳《志》，作襌杖橋。宋汪莘《秀州船場橋玩月》詩："鴉聲欲斷雉聲起，柳眼已青桑眼黃。故鄉春事正如許，春事只緣思故鄉。"

水纂橋　在望吳門南一里。至元《志》。

天慶橋　在望吳門西南一里半。秀水李《志》。

朱鋤頭橋　胭脂橋　陸家橋　鍾家橋　通觀橋　明順橋　俱在望吳門西南一里。至元《志》。

局橋　在望吳門西南一里半。秀水李《志》。

孫師孃橋　在望吳門西南一里半。至元《志》。道光九年，訓導孫光照重修。案：至元《志·錄事司》下尚有邵婁橋、戴公橋、廣濟橋。吳《志》尚有召公橋、杜家橋、顏家橋，均未載明坐落，附存于此。　以上伊《志》。

凝德橋　廣道橋　在治西南楊柳灣。嘉慶年，里人陳振聲、延聲修。

正義橋　興仁橋　在楊柳灣，嘉慶二十四年建。

蓮花橋　在興仁橋東。道光十二年，里人張健齋修。

大慈橋　在治西一里。道光十五年，里人沈攀桂修。

騰蛟橋　起鳳橋　在府學前。道光十七年，里人陳宗柏、萬福建。以上于《志》。　案：現在府城各橋間有名目互異者，時遠年湮，字跡漫漶，所以府城圖不能悉合。

【校注】

[1] 青山令尹：至元《嘉禾志》卷三十一錄陸蒙老《嘉禾八詠》，其五《五柳橋》作"青衫令尹"，當作"青衫令尹"。

嘉興縣城外

宣公橋　在縣治東一里，跨月河上。《大清一統志》。相傳爲陸宣公建。《檇李詩繫》：宋陸蒙老《宣公橋》詩："當時倉卒倚鴻籌，清白堪封萬户侯。陵谷已非家世遠，畫橋依舊水東流。"　明高登第詩："沙隄久没水無聲，一道飛虹接郡城。兔苑已焚當日草，獨留千古相公名。"

熙春橋　在縣東半里。柳《志》。今名衙前橋，一名牙前橋，南堍爲放生坊。嘉興湯《志》。明嘉靖中重建。萬曆初，孫簡蕭公募新之。嘉興何《志》。　明萬曆間，《重建牙前橋記》：我禾百貨所萃，莫盛於郡城東隅。裨販之家操奇贏以化居，遠近歸市者肩相摩而趾相錯也。南北阻，一衣帶水，駕橋如虹，名曰熙春，又曰牙前。往時甲寅之歲，燬於兵燹。令君胡公捐資重建。迨己卯，孫簡蕭公勸募一新之。今又歷三紀，而日就傾圮。里中父老募財鳩工，制不拓於昔，而甃石懸磴，較壯且固焉。是役也，始事於癸丑十月，落成於乙卯八月。光緒元年重建。

春波橋　北堍爲北板坊。嘉興湯《志》。　明徐柏齡《春波橋夜坐》詩："桐風射腳竹露瀉，拂琴展簟長簽下。夜深不語復不寐，開門踏月傾老瓦。橋橫悄卧轟馳心，清夢牀頭訝人假。城頭壓水月壓城，霜寒更點鼓全啞。深情掩閣且自問，銀月窺帷燭臺炮。"　國朝杜致遠詩："平橋流水故依然，塔影崔嵬直到天。驛路花飛三月暮，江城春暖萬家烟。青綢圖史烟霞窟，白髮山林嘯傲年。尚有薄田堪種秫，未須料理杖頭錢。"嘉慶二十一年，里人鄭枚等重建。于《志》。

七星橋　在春波坊。嘉興湯《志》。　國朝朱彝尊《櫂歌》："風檣水檻盡飛花，一曲春波瀲灩斜。北斗欄干郎記取，七星橋下是儂家。"嘉慶十二年，里人謝震榮、曹玉衡重建。

虹橋　在縣東二里。柳《志》。　案：有大、小虹橋。

江家橋　北堍爲北板坊。嘉興湯《志》。

壽榮橋　在縣東二里半。柳《志》。今名新橋。嘉興湯《志》。

永安橋　南堍爲春波坊。

猪行橋　西堍爲春波坊。以上嘉興何《志》。

放生橋　在縣東南三里。柳《志》。　案：放生橋有二：一名大放生橋，即古之由拳基也，道光十六年，里人倪濂、沈攀桂等重建；一名小放生橋。

天馬橋　在縣東一里半。柳《志》。通宋參政呂鳴植宅。《宋史》云：淳熙初，秀州呂氏家冰瓦有文，樓觀、車馬、人物，並蒂芙蓉，重葉牡丹，長春萱草，經日不散。即此。《明一統志》。又名西馬橋，西北爲宣公坊，東南爲王家坊，西南爲放生坊。嘉興湯《志》。

馴馬橋　在縣東一里半。柳《志》。呂太常嘗以鄉民入市，艱於跋涉，因建此橋，取乘馴馬車之義。鄒《志》。今名東馬橋，南堍爲王家坊。嘉興湯《志》。天啓二年，里人倪繼宗修。嘉興何《志》。

伊《志》案：吳《志》以天馬爲東馬，駧馬爲西馬，誤。

奚家橋　東塊爲常豐坊。嘉興湯《志》。嘉慶元年重建。伊《志》。里人有《記》云：至元《志》稱吾家，或稱余家，至明李太僕日華輯邑《志》，奚家之名始著。案：奚家橋亦有二。

潘家橋　在縣東一里二百步。柳《志》。

指南橋　一名放生橋，在東塔寺前放生池上。嘉興湯《志》。

瀛塘橋　北塊分屬秀水。嘉興湯《志》。自漕渠北折而東，爲松江、平湖、嘉善孔道。明隆慶間重建。嘉興何《志》。孫植《瀛塘橋記》：郡城東五里，水自漕渠北折而東，舊有橋，名瀛塘，以石架木爲梁，上甃之磚。歲久傾圮，往來病涉。隆慶辛未，居人募欲修之，工費不支。通守九山陸君甫下車，以職在水利，視溺猶己，請于飭兵憲使賜山莊公，議改建築，高爲環洞，用圖久固。踰年橋成，高若干尺，廣五十尺，上施欄楯，履若周行。運漕商旅，舟檣上下，通道無阻。君諱穩，滇之趙州人。

吳涇橋　在縣東七里。至元《志》。

雙溪橋　在縣東七里，合武塘、漢塘二水，故名。柳《志》。

會龍橋　雙溪南，潈漢塘，東注當湖，水勢浩渺。明嘉靖間，里人張淮鳩工于溪東，創建一橋。郡守郭公名之曰會龍。萬曆末，里人錢周、錢福徵相繼重修。嘉興何《志》。明屠應埈《序略》：嘉之水自天目而下，北達具區，東迤爲雙溪。溪中平沙屹然，水折而支流東南爲漢塘，又東爲當湖。議建橋溪東，據沙爲固。憚巨費，輒止。嘉靖甲辰，萬戶張侯徵材鳩工，經營偉構，不越歲，橋遂成。郡伯平川郭公名之曰會龍橋。應埈常經始茲議，樂觀厥成，迺爲之銘。張侯名淮，字達之，世居雙溪里。錢福徵《重修記》：先君巨源公諱周，矢願修葺，會先君疾篤，橋功暫停。乃絕而復蘇，連呼造橋者再。福等勉遵遺命，竭力營構，鳩工於三月己卯，告成於九月庚子。崇禎二年己巳。范言《會龍橋成，贈張揮使》詩：“碧蜺連天起，蒼龍駕海迴。亦知題柱手，原有濟川才。萬里風雲合，千年日月開。行人懷令德，歌頌滿江隈。”

通濟橋，一名永福。嘉興湯《志》。

常豐橋　在縣東九里。至元《志》。徐春《記》：白蓮講寺，畝乎雙溪，水流甚駛，衝齧寺前之塘，行者病之。寺之坤方有常豐橋，故塘以常豐名。舊惟土築，易至傾圮。弘治三年，寺僧静中奉水利道伍公，鳩工築以石。

塘橋　成化間，王店鎮西塘橋傾圮，病涉。王彝捐貲，建石橋以渡。聚善《傳芳錄》。國朝繆綬武《梅花溪踏春詞》：“菱似餛飩分外鮮，腰稜兩角玉湖偏。西風吹勁枯桑落，泊遍塘橋換葉船。”

東環橋　元至正間修。《梅里志》。康熙十二年重修，一名衆安橋。伊《志》。國朝王庭、周賈俱有《記》。又李鏡《記》：梅里湴長水之東，其水自天目經歷數邑而至寧之峽川，自峽川而北至禾郡，計程六十里，皆長水也。梅里之市南向，挾河而成聚，河即長水分注。由市而東，入于鹽塘，北趨于郡之南湖。市中南北往來之梁，凡石築而以環名者，凡三焉。河之形直，而且紆遞，東則遞趨乎南。最東市杪，有地突出，以捍河之衝者，曰梅溪滙焉。東口環橋，距滙不遠，洩者尤藉此捍衞以蓄之，誠彼此關鍵之要樞也。比歲葺而新之，于橋之下得鐫石，爲元至正間物，蓋記橋所自從也。

萬安橋　在縣南三十七里。柳《志》。即東闌干橋。《梅里志》。

籬橋　在王店鎮，一名梅溪橋。伊《志》。

五兒子橋　在里東七里。橋南有村曰馮村，朱太史彝尊曾居此。《梅里志》。國朝楊謙詩：“五兒子東練浦西，詩人朱十此曾棲。籬根繫纜一相訪，茅屋荒村報午雞。”

登雲橋　在縣東南三十四里。柳《志》。康熙六年，知縣梁沖霄率里人陳聖謨等，捐募重建。嘉興何《志》。梁沖霄《記》：禾郡之東曰新豐鎮，其地向有巨橋三，中曰中塘，右曰妙峰，左曰登雲，蓋自元至正間創造，明萬曆時圮。邑人顏公經營重建，無何復敧。於是父老合辭以請，上官咸是其言，亟令蠲舉。是役始壬子秋，訖丙辰冬，五歷寒暑而橋成。中洞廣四丈，一如舊制，準漕艘之高下。左右二洞，各廣二丈，蓋舊制所無，今增設之，所以殺水之湍激也。

天打橋　在長水塘東南。世傳有孝婦，夢神告之曰：天欲誅汝。來朝，果雷雨。婦恐驚其姑，走至橋受誅。天感其孝，僅擊碎石，因名天打橋。鄒《志》。

妙峰橋　在縣東南三十里。明成化六年，里人金景瑺、屠世英等重建。嘉興何《志》。　沈淳《記》：新豐，嘉興郡治東南巨鎮。長溪界乎中曰漢塘，舊有橋曰妙峰，歲久傾圮，民病涉有年矣。鄉之鉅姓金景瑺、屠世英輩相與謀各捐貲首倡，復推本庵比丘如廣洎净相比丘永繼佐理其事，遠近莫不興起。不閱月，錢以緡計者凡若干。舊制低矮，乃宏其規模，中下環石爲洞，壯麗堅固，往來者皆免跋涉之患。經始于成化五年十月，落成于次年十一月。

妙和橋　在縣東南三十二里。柳《志》。道光間，里人周瑞春重建。于《志》。

和平橋　在縣東南三十五里。柳《志》。

通濟橋　在縣東南四十里，柳《志》俗呼寺橋。萬曆己未，里人陸炳、朱邦俊、徐堯儒重建。嘉興湯《志》。

太平橋　在縣東南五十四里。柳《志》。

北郭橋　在新行鎮，久圮。嘉慶三年，里人募建，題曰迎龍。

南星橋　在新行鎮。嘉慶五年，里人張起也等募建。以上伊《志》。

梯雲橋　在縣東三十里。柳《志》。

十八里橋　在縣東十八里。乾隆二十四年，僧絶塵勸募重建。伊《志》。　錢陳羣《記》略：乾隆十八年冬，絶塵禪師爲予言，郡東十八里有橋跨塘，凡居民貿易，悉由斯橋。自傾圮以來，往來瀾絶，土人設舟以濟，多覆溺虞。絶塵憫之，發願力以募衆善，築橋還舊觀，以便行者，乞爲之引。予亦心知斯役之不可已也，迺允其請。三年橋成。　明高承埏《十八里橋》詩："野外官橋斷，溪邊緑樹層。人家多酒市，風俗但魚罾。問渡争編竹，聽歌雜采菱。晚來飛雨過，半溼夜船燈。"　國朝張日華《十八里橋歸舟》詩："漢塘十八里，歸艇指津橋。素髮吟邊短，青林別後凋。竹深知近舍，溪曲更縈橈。鄰叟來相問，歡言慰寂寥。"

東橋　在縣東四十里。成化間，御史姚綬建於舊居之東，故名。柳《志》。　明姚綬《與鄒汝平東橋留别》詩："載酒雲東第一橋，南風吹雨竹蕭蕭。未酣請勿匆匆去，相送仙舟有暮潮。"

徐婆橋　在縣東南十九里。柳《志》。乾隆四十九年重建。伊《志》。　《重建徐婆橋記》：浮屠普周居石龍橋庵有年，平生以修橋葺寺爲急務。時徐婆橋傾圮堪虞，偕其徒勝千擊柝勸募。於甲辰二月起工，即於六月告成。攷徐婆係有宋時人，身居闈閣，樂善好施，以建此橋。當時之記與不記，杳不可得，乃垂名久遠，有由來矣。

鄰橋　嘉靖中，里人周智建。嘉興湯《志》。　明王道《記》略：鄰橋，鄉耆周翁所建也，李家堰即橋故址。橋下之水，本漢塘餘派。塘由楊涇而北，迤邐而東，結局於元巷村，蓋是堰與橋圮，而居民蕭然，行旅病涉。翁惻然計之，願以田四十畝轉之人以營橋。迺構石平橋一所，不數月，淫雨驟發而橋圮，翁復爲石圜橋。夫圜橋之視平橋，其功滋難，其費滋甚，而翁益勵，罄出所有，勉期畢業，即古好義者不是過也。翁名智，字文明，鄰橋其別號也。橋既成，鄉之人不忍没其功，因標爲鄰橋云。

鶴道橋　在徐家墳後。嘉興何《志》。

復初橋　在縣東南三十二里。柳《志》。

往生橋　在縣東南三十五里[1]。柳《志》。乾隆五十年重建。伊《志》。　《重建往生橋記》：郡東五十里有净土寺，寺前有橋曰往生。西通新行，東達平湖界。國朝康熙二年，寺僧重修，至今百有餘載，歲久傾圮，里人謀諸寺僧，廣爲疏募。經始於乾隆五十年三月，落成於是年十一月。

槜李橋　在縣治東五十里，入平湖界。《槜李詩繫》。　明王稺登《槜李橋步月》詩："澤國菰蘆色，星橋槜李名。亂風丹染寺，高柳碧縈城。月白虹霓卧，天寒駟馬行。越姬歌並起，一半採蓮聲。"

萬程橋　在縣東白馬堰市。明嘉靖庚申，義商曹暘謀建橋於南津，乃倡捐鳩工，三年未成。

曹耻之，遂抱石沉水，衆驚援之。徽商程沂、韓應鯉等咸激於義，各捐助，不一年落成。嘉興何《志》。　馮汝弼有《記》。

　　衆懽橋　在縣東南三十四里。柳《志》。

　　竹林廟橋　在縣東南三十二里。柳《志》。萬曆十三年，里人胡天秀、高文登重修[2]。嘉興何《志》。　高文登爲《記》。天啟五年，里人趙長明等重修。高道素爲《記》。國朝康熙三十六年，里人沈國禎等重修。伊《志》。

　　吳家廟橋　在縣東南三十八里。柳《志》。同治間，里人重修。

　　慶善橋　太平橋　橫坳橋　在新豐都。嘉興何《志》。　明高道淳《記》：新豐市西南慶善橋崩，行者股栗。許君惺涵，里之長者，叩予以請。予曰：此善事，亦先志也，敢勿盡力。不三月而橋成，惺涵復過予曰：尚有太平、橫坳二橋，俱頹廢。此利涉，而彼望洋，仁人忍乎！予亦傾囊重建。非惺涵終始經營，安得速竣如是。時天啟壬戌歲也。

　　焦山門橋　在永豐都。嘉興何《志》。　明馮汝弼《漢塘紀事》：嘉靖四十年十月，余行自漢塘，至郡城，忽風雨大作，見兩涯斷岸，泥濘牽挽，徒涉者溺水相繼，余不忍見也。歸，辦竹木、甄石，沿隄修築五十餘里。十餘年來，時圮時葺，恐不能爲長久計。于是蓄料鳩工，修建石梁、木梁三十二座，修築石堰、土堰一十五處。若其未備，不能無望于同志君子。

【校注】

　　[1] 按：光緒《嘉興縣志》卷三《橋樑》"往生橋"條："往生橋　在縣東南五十里。柳《志》作三十五里，誤。"本《志》與光緒《嘉興縣志》所引《重建往生橋記》，均言明"郡東五十里有净土寺，寺前有橋曰往生"。故"三十五里"是"五十里"之誤。

　　[2] 按：光緒《嘉興縣志》卷三《橋梁》"竹林廟橋"條作"里人胡天秀重修"。崇禎《嘉興縣志》卷三《橋梁》"竹林廟橋"條收高文登《重建竹林廟橋碑記》："里人近竹胡君謁余而曰：'吾素志行善。惟廟橋傾頹，行履艱阻，惻然欲起而新之……吾非爲博名計也，第衆信之善不容没焉爾。請書之。'君名天秀，字良甫，近竹其別號云。萬曆十三年，歲次乙酉九月吉旦，檀越胡天秀立石。舉人瀛臺高文登譔文。"由此，"里人胡天秀重修"不誤。高文登是"譔文"，非"重修"。

　　香花橋　在縣東南四十里。柳《志》。

　　七里店橋　在永豐都。嘉興何《志》。吳王闔閭傷將指，還，卒於陘。去檇李七里，俗稱七里店橋，本此。《學易堂二筆》。

　　秀水橋　馬洪塘橋　在永豐都。嘉興何《志》。

　　白苧橋　在縣東一十里，跨於苧溪。柳《志》。俗呼堰橋。吳《志》。道光七年，里人朱澄等修。于《志》。

　　薦涇橋　在大彭都。嘉興何《志》。

　　國界橋　在草蕩，即古吳越戰場，有國界橋，在濮院之南。《〈梅會詩選〉注》。　國朝繆綬武詩："蕭疎兩岸荻花齊，荒草淒迷日影西。行過野橋分國界，朔風猶聽馬酸嘶。"　以上伊《志》。

　　鹽倉橋　在東門外，順治八年建。

　　鳳喈橋　在治東南三十里永豐鄉。咸豐八年，里人吳家駒、徐東煌等募建。

　　漢塘張家環橋　距城十八里。道光十七年，里人錢青選、施集義、姚大椿募建。

　　魏塘夏滙環橋　距城二十四里。道光十九年，里人施柳塘、莫令儀慎、鶴洲鄭濂募修。以上于《志》。

曹邨涇橋　在永豐鄉，元至正九年建。

虹橋　在治東南三十二里，元至正二十四年建。國朝咸豐間重建。　以上新增。

王家橋　太平橋　北板橋　俱在東門外。

壽三朋橋　茅橋　蕭老橋　俱在里仁鄉。

楊思橋　在里仁鄉。道光十年，張邦材、周際唐、張兆栴募建。

寧壽橋　環碧橋　興隆橋　塘耀橋　在新豐。俱里人袁汝嵩修建。

范公廟橋　在里仁鄉。今圮。

魚滙橋　治東南五里。道光十四年，里人沈攀桂修。

福生橋　治東三十里。道光十七年，里人陳宗柏修。

張家橋　治東十五里。道光十二年，里人施瑞敬修。

下滙橋　治東北二十里。

黃泥橋　塘河橋　在新豐鎮。嘉慶間，里人周瑞春建。

登青廟橋　衆勝橋　華家橋　空廟橋　菴橋　王家環橋　在新豐鎮。道光間，俱里人周瑞春重建。

大中橋　在新行鎮。道光八年重建。

鍾馴橋　乾隆五十一年，里人袁在山修。

石觀金橋　沈百户橋　惠安橋　北庄橋　念梁橋　汪洞橋　俱嘉慶間里人袁在山重建。

青雲橋　在北板坊。道光十五年，里人沈作霖、陸震建。

聚奎橋　道光八年，里人計瑞齡、王桂芬建。　以上自王家橋起至此，俱見于《志》。

秀水縣城外

北麗橋　在縣北二里望吳門外。相傳秀水在橋東，所謂天和景明，則水漾五色，見者多獲福利者也。趙《圖記》。順治中，知縣孫繼儒重建，乾隆四十三年修。秀水任《志》。　知縣潘安智《記》：嘉禾古稱澤國，環城皆水。城之西北屬秀水境，西引餘杭，北距震澤，爲漕渠孔道。其在望吳門外者，以臨坎位，爲北麗橋。自順治間知縣事孫公繼儒重建後，距今有數十年，日就傾圮。歲丙申，前令張公圖南首捐俸，召紳士勸募重建。丁酉春，余奉調，受秀篆，諸紳士即以是舉請。因詳請上憲，擇日鳩工，闔邑好施之士皆同舟共濟，不煩敦促而工竣。咸豐末，燬于兵。同治七年，知府許瑤光率邑紳重建。

端平橋　在縣北三里。至元《志》。

百步橋　在縣東北三里。道光十六年，僧亮週募資重建。于《志》。橋之北又有小橋。

涇橋　在城北十三里。吳王闔閭與越戰，傷指，還，卒于涇，即其處。伊《志》俗呼金橋。明許恂如《涇橋》詩：“涇橋蜿偃控龍湫，涇水遙連笠澤流。回首闔閭遺恨處，半規新月似純鈎。”

九里橋　在郡城北十八里，光緒二年重修。

小三里橋城北二十四里。　延年橋城北二十四里半。　萬安橋城北二十六里半。　俱光緒二年重修。

長虹橋　在城北二十七里王江涇，跨運河。康熙五年，知府王鑛率里人朱麟世、張應麟重建。秀水何《志》。嘉慶十七年，里人唐秉義、謝丕勳、陳嗣昌募資重建。于《志》。

聞店橋　在城北二十七里,道光七年重建。

小新橋　在城北二十七里。

小洞橋　在城北二十八里。

西麗橋　在縣西南二里通越門外,咸豐末燬。光緒二年,知府許瑶光請帑重建。

頭笕橋　在城西十二里,光緒二年重修。

談家橋城西十三里。　三笕橋城西十四里。　迎龍橋城西十五里。　頭洞橋城西十六里。　縵家笕橋城西十七里。　俱光緒二年重修。

何家笕橋　城西十八里,光緒二年重建。

老娘笕橋城西十九里。　陶家涇橋城西二十里。　戴家笕橋城西二十一里。　岳廟笕橋城西二十二里。　俱光緒二年重修。

萬壽橋城西二十四里。　觀音橋城西二十七里。　光緒二年重建。

張搖渡橋城西二十八里。　南新河橋城西二十九里。　光緒二年重修。

甘棠橋城西三十里。　彌陀橋城西三十里半。　道光十二年,里人沈攀桂募資重建。光緒二年重修。

三家笕橋城西三十一里。　光緒二年重修。

正家涇橋城西三十三里。　道光十四年,里人沈攀桂等募資重建。光緒二年重修。

以上跨塘沿塘各橋,俱驛路。知府許瑶光《修建秀石桐沿河跨河各橋碑記》:嘉禾澤國,匪橋不通。其由杭而石門,而桐鄉,而秀水,以達於蘇境。沿河跨河之橋關繫文報、商旅往來,爲尤切緊。自吳越啟土,漢魏築塘,前建後修,日積月累,更數千百年,以至今日。七邑橋梁,名登志乘者三百八十有三。締構經營,蓋不知幾費民財國帑,而始克臻此矣。咸豐十年,郡縣先後被陷,匪徒四出擄掠,邨廛野渡之小橋、平橋,居民自斬以遏賊路。其沿河跨河者,賊懼兵衝,悉力毀之。或聚木器於環洞中,焚而使之自裂,爲所欲爲,可謂橫矣。逮同治三年,大兵雲集,環攻郡城,賊無去路,悉數被殲,蠢哉,亦卒自困矣。克復以來,閱時十稔,官勸民捐,亦有修建。而瘡痍之餘,財力無幾,不能悉舉。於是架木支石,以濟目前。乃日炙雨淋,朽腐立見。朔風冷雪,傾滑堪虞,行旅之人有嘆息者。十三年春,巡撫院湘鄉楊公石泉奉命大閱,由吳興繞蘇境菣禾,顧謂瑶曰:"大川之上必有涂,所以通車書也。川涂滙處斷處必有津與梁,所以濟不通以利涉也。粵匪猖獗,梗塞我道路,焚毀我橋梁,使宇宙之氣脈不聯不貫,上下苦之。今王道砥平,天下一家,百姓頌由庚之樂。而雪來柳往,屬揭多艱,興梁之政未修,使民病涉,能無惡焉。兹者吳中連歲豐稔,算緡有餘,可以借支撥用,所有嘉興沿河跨河各橋,其一一勘估之,不可再緩。"瑶曰:"唯。"退即具舟,於三月朔日,會同嘉興舉人石中玉、程瑞生,并率西水驛丞李寵桂,由北路王江涇長虹橋起,轉折而繞郡河,逾桐鄉、石門,至德清界之安樂橋止,往返六日,量高測深,景之度之,分別其緩急,劃明其段落。請以秀桐之工責瑶,石邑之工責知縣余麗元,各職各事,而以候補知縣汪肇敏襄之,具文以報。光緒元年,巡撫院據情繕摺,聲明嘉興府知府許瑶光勘明秀水境内應建橋二,應修橋二十二,桐鄉應修橋七,石門應修橋二十五,合經費洋銀二萬一千圓,又錢三萬四千貫有奇,借釐金以動撥等因具奏。正月二十六日奉旨允准。於是采石於吳縣之木瀆,購椿木於平湖之乍浦,祀土開工,分年遞辦。續又拆建桐鄉登雲橋,費洋銀七千二百四十二圓。并請發節省椿木經費洋銀三千四百五十元,填修塘路,均於元年春經始,三年夏告竣。經軌以通,斥堠相接,坦坦蕩蕩,無偏無陂。爰爲文樹石記之,且爲之記曰:人世之治亂,河山之通塞,關之朝野之安危,道路之夷險。卜之橋梁之始建也,其閱歷經數朝,而毀之止一旦。甚矣,成難而敗易也。至今日之修復也,縻釐金六萬有奇,竭人力兩年有餘,衹能畢秀、桐、石三境之工,而旁邑未遑兼顧。甚矣,事鉅而費艱也。能知其艱與難,乃可以挽既倒之瀾,而奠磐石之安。幸無徒高車駟馬以自耀,其赫赫之觀慎旃。

五龍橋　在縣南二里,運河所經。《大清一統志》。　明范言《記》:郡城之南,故有鴛鴦湖,湖分東西,隄其中,爲橋曰五龍。五龍者,五龍之神立祠龍淵,代著祀典。顧其地延袤不數里,天目諸水東注之,夾谷諸水南注之,夏潦秋霖,湖不克受,奔潰衝激,徃徃圻黿鼉之窟,而撼虹霓之甍。又橋密邇公庾,度支輪輓,國計攸重,匪直民間車馬擔負之藉而已。比歲橋漸傾,大司空趙公文華奉命督兵,堂構茲郡,迺謀于衆曰:湖豈徒勝哉,橋之亦足以示險阨也。捐俸二百金,撤而新之。道光八年,里人萬選青修。于《志》。同治七年,知府許瑶光重修。光緒元年又修。

潦波橋　一名雙湖橋,在縣南二里半。

衆德橋　在縣東南二里。以上柳《志》。

日陽橋　在縣南二里半。秀水李《志》。

長生橋　在縣南三里。

潘家橋　在縣南二里半。以上柳《志》。

跨塘橋　在縣南,跨鴛湖上。《大清一統志》。　宋陸蒙老《跨塘橋》詩[1]:"路接張涇近,塘連谷水長。一聲清鶴唳,片月在滄浪。"

山家橋　在縣南四里。柳《志》。

澄海橋　在縣南二里。

米市橋　在縣南三里。以上至元《志》。

吳老橋　在縣南二里一十步。柳《志》。一名娛老。秀水任《志》。　國朝李良年詩:"金陀坊曲水層波,吳老橋邊春草多。尚識漁舠清唱好,朱三十五舊樵歌。"

石灰橋　在縣東北三里半,又名日暉橋。秀水李《志》。　伊《志》案:至元《志》:石灰橋在澄海門內。自元末重築,府城縮其西南隅,遂割城外。前《志》仍載城內,誤。道光五年,里人沈攀桂募資重建。

楊家橋　在縣南三里。

竹橋　在縣西三里。柳《志》。

秋涇橋　在縣東北三里半,一作迎春橋。柳《志》。明崇禎初修建。秀水任《志》。　國朝朱彝尊《櫂歌》:"秋涇極望水平隄,歷歷杉青古閘西。夜半嘔啞柔櫓撥,亭前燈火落帆齊。"

柵堰橋　在縣西北二里。柳《志》。乾隆三十年重建,改名萬壽橋。伊《志》。同治四年重建。

月河橋　在縣東北。秀水任《志》。乾隆四十一年重建。伊《志》。

鈕家橋　在縣東北三里望吳門外。道光間,里人集資重建。

隆興橋　在縣東北六里塘滙鎮。乾隆三十八年重修。伊《志》。道光六年重建。

秀城橋　在縣東北二里望吳門外。

大德橋　在縣北七里。

里仁橋　在縣北九里,名九里滙。道光八年,里人錢茂華、仲井田募資重建。于《志》。

三元橋　舊名春麗橋,張天柱改建。吳《志》。

桃花廟橋　在澄海門外七里。世傳里人多種桃,名桃花里,橋亦由名。鄒《志》。

壽香橋　城北王江涇有射襄橋,俗訛爲壽香橋,即射襄城故址。伊《志》。　國朝朱彝尊《櫂歌》:"踠地垂楊絮未飄,蘭舟上巳被除遙。射襄城北南風起,直到吳江第四橋。"

通濟橋　彩東橋　彩西橋　在王江涇西。乾隆十八年,里人蔣大紳創建三橋,并築隄以便行路,鄉里德之。蔣,字彩如,遂名其橋。伊《志》。

問松橋　在縣南三十六里新塍北柵。古傳南軍殺伐至此,問松樹云:"前不可去已?"松爲點頭,橋亦遂斷,軍不得渡而止,故名。明許徇如《問松橋》詩:"垂虹蜿蜿水溶溶,聳壑驚看百尺松。忽解點頭軍散去,論功應晉大夫封。"

餘慶橋　在縣南三十里。宋天聖五年，餘慶大佛寺僧文受建，故名。正統初，僧智圓重修。以上鄉《志》。

大全橋　舊名渡船橋，在十景塘內。元至元間，濮氏築莊匯東，因建此橋。

平橋　平橋有二：在香海寺東，曰西平；在翔雲觀東，曰東平。平分二勝，故名。今東平止存橋址。

濮九孃橋　濮院，元濮樂閒所居。有濮九孃橋在十景塘西。濮早寡，守節，捐資築橋，故名。國朝朱彝尊《櫂歌》：“春絹秋羅軟勝綃，折枝花小樣爭傳。舟移濮九孃橋宿，夜半鳴梭攪客眠。”

大有橋　大德橋　大積橋　三橋在秀水、桐鄉交界，皆元時濮鑑建。今大有仍舊名，大德俗呼廟橋，大積俗呼新橋。

興龍橋　明嘉靖三十一年，里人竇見泉重建。明呂穆《記》：嘉之長水鄉在郡之西南。鄉之南爲濮院，東隣硤石，西據陡門，中有橋，名百公，近改爲興龍。其創也，莫知所昉。迄今嘉靖三十年，傾圮殆盡。見泉竇君捐資鳩工，始于仲冬，畢於孟春。是役也，其材取諸自勤之積，而不勸里人之一錢。其工取諸備食之夫，而不勞里中之一卒。竇君，誠仁人哉，誠義士哉！

大通橋　一名陡門橋。明嘉靖中，濮文貴建。伊《志》。今燬。

迎春橋　在陡門塘南。乾隆五十七年，僧濟如同里人戴秀章等募資重建。

圓滿橋　在陡門塘北。濮文貴立願建十二橋，此爲最後，故名。以上伊《志》。

日新橋　在新塍市中。道光十二年，里人王承勳、聞人黃澧等集資重建。

震龍橋　在新塍東柵。嘉慶十八年，里人許汝賢修。

歲元橋　在新塍南柵。嘉慶十三年，里人李壽芝修。

青龍橋　在新塍鎮後。嘉慶十一年，里人金銷重建。以上于《志》。

福緣橋　在南門外。嘉慶間，里人姚文明修。

延年橋　治北二十二里。道光十一年，里人沈攀桂募建。

三里塘橋　治北四里。道光十七年重建。

放生橋　道光十年重建。

塘橋　在太平坊。道光元年，里人朱春簫等募建。

烏橋　在太平坊。道光五年，里人朱雪門募建。

張家橋　在北門外鉗黃圩。嘉慶二十一年，里人吳沛然、張殿升、朱獻吉募建。

渡　^附

義渡　在石滙。嘉慶二年，里人方昇設，並捐田九畝二分，濟經費。以上俱見于《志》。

【校注】

　　[1] 陸蒙老《跨塘橋》詩：至元《嘉禾志》卷三十一《題詠》收張堯同《嘉禾百詠》中有《跨塘橋》一詩，與此首全同。

嘉善縣

熙寧橋　在縣治西。《大清一統志》。俗稱賣魚橋，跨伍子塘。嘉善章《志》。宋熙寧間建。國朝康熙壬子,邑人柯維禎、郁喬、郁廣重建。嘉善崔《志》。

永豐橋　在縣東一里。明隆慶六年,醫生錢曉重建。俗稱束亭橋,跨西菖蒲涇口。後陸鳴重修。伊《志》。國朝同治四年,錢錫圻又修。

青龍橋　書院前。青龍橋,本名通濟橋。萬曆間,改稱思賢橋,因書院也。以上嘉善章《志》。

明孫一元《青龍橋》詩:"石梁無病涉,杖履時相逢。昔聞橫空霓,今見跨水龍。"　倪璣詩:"萬里乘風雲,遠跨滄江上。野水映長衢,行人自來往。"

興賢橋　在儒學東。舊有文亨橋,嘉靖二十八年圮。萬曆二十四年,知縣章士雅重建。嘉善崔《志》。

梅谷橋　在縣東一里。柳《志》。今為城濠板橋,江吉建。吉,號梅谷,故名。嘉善章《志》。俗呼江家橋。嘉善崔《志》。

吉祥橋　在縣東一里。柳《志》。元至正間,有張巨山者,貲雄一鄉,生子曰巨森。年十八,喑啞不能言。有僧募緣建橋,過其家,巨山紿曰:"問吾子欲何為。"僧即詣其子問。忽應曰:"此橋吾家當獨成。"巨山喜,乃捐貲建橋,名曰吉祥。巨森由是能言。嘉善倪《志》。正德中,朱衮重修。嘉善章《志》。　明孫詢《吉祥橋》詩:"架海為梁事若何,分明神劍斫蛟鼉。光涵半璧初三後,影破連環二八過。玉蝀橫秋消宿雨,金猊噓霧散晴波。憑誰移向高空外,借與天孫夜渡河。"

章典史橋　元至正間建。嘉善崔《志》。

康濟橋　一名新橋,又名羅星。康熙中,僧自修募,張坦助建。吳《志》。

見龍橋　在南門外濠上。萬曆二年,知縣李仕華建。嘉善章《志》。　明盛唐《記》:嘉善號澤國,環城皆水。各門俱有木梁通往來,獨南門外則大通渠也,商賈帆檣,旦暮鱗集,達官貴客,樓船金鼓相望。衝激易圮,屢修屢易。歲甲戌,邑侯李仕華來蒞茲土。邑人以病涉告,公蹙然。乃召居民徐鶴、田軾、沈林、錢汝山四人,親賜卮酒,俾任厥事。以耆老王子行董率之,募鄉人之好義者隨力協濟。由是士庶欣然,各資以助。事始於秋八月朔,至明年正月落成。於是居民咸曰:"橋成,公之惠也。盍命之名,以識不忘。"乃刻曰見龍橋。橋之側,濬井一,曰龍泉井。蓋公號龍田也。

登豐橋　在便民倉前。俗名大倉橋。明景泰四年建。嘉善倪《志》。

富民橋　在太平倉前。柳《志》。今名小倉橋。明成化五年建,今移造玉虛道院前。嘉善崔《志》。

大通橋　明萬曆三年重修。嘉善章《志》。今名北亭橋。吳《志》。嘉慶六年,里人孫仁煥募資重建。于《志》。

瑞安橋　俗名西跨塘橋,在西門外束瓜河。明弘治十四年重建,嘉靖中重修。嘉善章《志》。國朝咸豐六年,里人蔣希賢等又修。

華嚴橋　在北門外。俗稱虎塔車橋。《檇李詩繫》。明洪武三年,陸安三建。弘治中,諸政重建。嘉善章《志》。　明孫詢《晚泊》詩:"黃昏溪上寂無喧,漁艇歸來競後先。風偃荻花欹醉笠,雨昏江樹溼炊烟。甕頭綠螘時時滿,船尾金鱗箇箇鮮。不似姑蘇愁絕夜,烏啼月落晚霜天。"

會龍橋　在西關外,南跨城河。康熙十一年重建。伊《志》。同治七年,里人查炳年等集資重修。

福星橋　在跨塘橋西、福星庵傍。舊名興濟。順治十四年,里民陳昱募修。以上嘉善崔《志》。

界牌橋　在西關外三里許秀水交界。康熙間,知縣莫大勳建。嘉善戈《志》。

談公橋　在神仙宮西,談氏所建。

東林橋　昔有東林庵,故名。今俗呼石灰橋。

連翠橋　俗呼北界涇橋。

步雲橋　在三店右。明成化十四年,沈鎌等建。以上嘉善章《志》。　明周鼎《步雲橋》詩:"孤村自成市,酒幔兩三家。橋約中流壯,田分別徑斜。澹滄通浦潵,石井没泥沙。落日停橈處,高城西望賒。"　沈鑒《步雲橋夜泊》詩:"石井塘隈小市廛,步雲橋外蓼花鮮。輕橈載月隨風渡,乍送冥鴻過遠天。"

瑞麟橋　在麟誩鄉,故名。去縣治十二里。舊名東橋。鄒《志》。

晉賢橋　在縣北一十二里。柳《志》。

文虹橋　在瑞麟橋西北三里。舊名虹橋。鄒《志》。正德元年,沈葵等建。嘉善章《志》。嘉慶二十四年,里人俞天文修之。

王巷橋　在縣東北三里。柳《志》。俗呼謝家橋。嘉善章《志》。　明呂平《王巷橋》詩:"菜花零落麥初黃,柳絮東風燕子忙。橋下已無王謝宅,年年猶自集空梁。"

孩兒橋　又名飛仙。嘉善章《志》。在西塘福源宮西。宋唐道籙建。嘉善崔《志》。

登瀛橋　在縣西北三十六里。柳《志》。宋政和中建。嘉善章《志》。

南莊橋　在縣治北二十八里。柳《志》。道光三年,里人錢永貞等募修。

北莊橋　在縣治北二十里。柳《志》。明嘉靖四十三年,王宰重修。嘉善章《志》。

迎仙橋　懷遠橋　在縣西北一十二里。柳《志》。

廣濟　在縣東北二十里楓涇南市。明景泰三年,顧文昱建。嘉善章《志》。

圓明橋　在縣東北二十里。柳《志》。嘉慶九年,里人王津等捐修。于《志》。

致和　上有德泉亭。明景泰五年,顧文昺等建。嘉善章《志》。

躋雲橋　在南風塘口。嘉善崔《志》。明成化十三年建。嘉善章《志》。

石灰橋　即阜安橋,明洪武二十一年建。

接秀橋　俗呼南寺橋。明宣德六年建。以上嘉善章《志》。

大雲橋　在縣東南一十八里。柳《志》。元至正二年建。嘉善戈《志》。

永壽橋　在永安鄉,跨大豐、大日二圩。嘉慶十八年,徐惠昌建。同治十年,里人李惠泳重建。

北關橋跨永七、遷南二圩。　萬福橋俗呼界涇橋,跨遷南、遷中二圩。　嘉慶二十一年,徐惠昌募建。

東海橋　在張涇滙。舊名興賢橋,為九豐、陸莊要道。乾隆四十八年,里人徐腹東建[1]。嘉慶二十五年,徐氏後裔重修。

通濟橋　在楓涇官塘口,俗名響水橋。道光四年,里人王鳴鶴重建。以上于《志》。

永安橋　在永安鄉。道光二年,里人陳傳均募修。于《志》。二十三年,里人過超賢、錢浚明重修。

永昌橋　在永安鄉,俗名打鐵橋,為干窰鎮出入要道,久圮,籍小舟以渡,行道苦之。道光十七年,有僧獨募重建。于《志》。同治十年,里人查臥雲等集資重修。

同興橋　在遷南區。道光九年重建。同治十年,查臥雲集伙重修。

三里塘橋　在遷西區,為南北通津。道光元年,里人孫仁煥募資創建。以上于《志》。

北烏橋　在永安鄉。一名永濟橋,明萬曆間建。同治十年,里人查臥雲等集伙重修。

三官塘橋　在南門外,跨城河。同治七年,里人許經邦重修。

永寧橋　在遷中區。嘉慶十五年,僧守純募建[2]。

壬新橋　在遷中區。嘉慶十四年重修。

石人頭橋　在八南區。嘉慶五年重修。

蘭翠橋　在遷南區。嘉慶九年重修。

塔家橋　在九北區。嘉慶十二年,里人楊塈建。

興隆橋　三里橋　在粦七區[3]。嘉慶十二年,里人黃洪範募修。

秀涇橋　在遷中、遷北兩區。嘉慶十四年建。

福星橋　在胥五區。嘉慶十九年,里人沈文貴修。

殷家橋　在胥五區。嘉慶十九年,里人彭廷三修。

曹家橋　青龍橋　在胥五區。嘉慶二十一年,里人顧燦然、沈惠南修。

里仁橋　在八北區。嘉慶二十一年,里人魏行淏、韓鳳岡等募建。

賣醋橋　在粦七區。

伍子塘橋　在南門外。嘉慶二十二年改建。

蔣廟橋　在粦五區。嘉慶二十四年,里人沈建玉修。

灣里橋　在胥五區。嘉慶二十四年,里人夏慧隆修。

井陽橋　在南門外。道光元年,里人陸應龍等修。

南烏橋　在粦七區。道光元年,里人包文進修。

耳順橋　在八北區。道光二年,里人許栻建。

遷善橋　在遷西區。道光四年,里人孫仁煥建。

普濟橋　在四南區。道光五年,里人袁一斐等修。

小寺橋　在永七區。道光六年,里人沈鴻業修。

王家涇橋　在九南區。

長生橋　在粦七區。

福履橋　在張涇滙。道光八年,里人沈東候、袁靜巖、李西橋重建。

觀涇橋　在遷南區。道光八年,里人姚吉元等募修。

魯家橋　在八中區。道光九年,里人包世昌修。

毛家橋　在遷中區。道光十年,里人許恒裕等修。

大德橋　在遷西區。道光十年,里人張永發、僧雪川募建。

武聖橋　在思四區。道光十年,里人蘇廷魁、胡明懷建。

雲溪橋　在粦五區。道光十年,里人趙嵩山修。

全家橋　在九南區。

烏金橋　在遷南區。

泉塘橋　在胥五區。

覺露庵橋　在東關內。

來鳳橋　在斜塘鎮。道光十六年,里人徐明華建。

虎塔橋　在北門外北關坊。道光十七年,里人夏松、周浦澄、陸封桂、孫孔堅重修。

日暉橋　在北門內北亭坊。道光三年,里人陸光旭、鮑之霖、夏淞、沈菜修。以上俱見于《志》。

【校注】

〔1〕建：光緒《嘉善縣志》卷四《橋梁》"東海橋"條作"重建"。

〔2〕按：光緒《嘉善縣志》卷四《橋梁》："永寧橋　明嘉靖年建。國朝嘉慶十五年，僧守純募資重建。"

〔3〕㻏七區：光緒《嘉善縣志》卷四《橋梁》作"麟七區"。以下同。

海鹽縣

惠人橋　在縣西一十步。宋紹熙間，縣令李直養重修。舊名浮藻。至元《志》。明天啟初，樊維城重修。《海鹽圖經》。

思魯橋　在縣治西。南宋紹興中建。《明一統志》。縣令魯宗道既去，邑人思之，故名。至元《志》。

通海橋　在縣西二十五步。至元《志》。一名慶豐橋。伊《志》。

楊橋　在縣西南一百九十步。柳《志》。元大德三年建。海鹽仇《志》。

黃橋　在縣西南二百步。柳《志》。宋紹熙四年建。海鹽仇《志》。

還珠橋　在縣治東。明《浙江通志》。一名聞琴，在伯牙臺前。至元《志》。　國朝朱彝尊《櫂歌》："勸郎滿飲黃支犀，勸郎莫聽花冠雞。聞琴橋東海月上，烏夜村邊烏未啼。"

駟車橋　在縣西南二百一十步。宋紹熙四年建。海鹽仇《志》。俗名鍾家橋。《海鹽圖經》。

永安橋　在縣西南三百步。宋紹熙五年建，在學宮西。海鹽仇《志》。

興廉　遷善橋　在縣西一百五十步。至元《志》。宋紹熙四年建。海鹽仇《志》。

新橋　在縣西一百五十步。柳《志》。明知縣王璽建。易名續魯。海鹽仇《志》。天啟元年，知縣樊維城葺。《海鹽圖經》。嘉慶二十二年，里人捐資重修。

安仁橋　在縣西一里半。至元《志》。俗呼黃橋，今訛爲虹橋。海鹽仇《志》。

悅禮橋　在縣西二百五十步。至元《志》。俗呼徐鄉橋。海鹽仇《志》。

孝悌橋　在縣西北一里。至元《志》。通縣後，東西跨河。海鹽仇《志》。

崇寧橋　在縣西北六十步。至元《志》。俗名陶官橋。伊《志》。

錦繡橋　在縣西北九十步柳《志》回子巷，橋下不通舟楫。《海鹽圖經》。

宣和橋　在縣西北八十步。柳《志》。　案：《海鹽圖經》作仙和橋。

紹興橋　在縣西一里五十步。俗呼廣福橋。

順寧橋　在縣西二里半西門外。明洪武二十一年建。成化十八年，通判陳寶重建。俗呼葉家橋。以上海鹽仇《志》。

龍王廟橋　在東門外一百步。明萬曆五年建。《海鹽圖經》。

陶涇橋　在縣北門外《海鹽圖經》。明天啟三年建。俗名高橋。伊《志》。道光三年重建。

羅星臺橋　縣北九里。明萬曆間，知縣蔡逢時建。國朝康熙間，給事張惟赤重建。案：吳《志》作文星橋。

第五橋　在涉園後。以上《海鹽圖經》。

東門弔橋　道光三年，知縣汪仲洋建復。于《志》。

天寧寺橋　在縣西三里。元至正乙酉年建。俗呼大栅橋。今改寧武橋。海鹽仇《志》。

天仙湖橋　在縣西八里。柳《志》。元至正二年建。海鹽仇《志》。

尚胥橋　在縣西一十二里。海鹽朱《志》。元大德三年建。明嘉靖間重建。海鹽仇《志》。國朝乾隆五十四年圮,里人富受天捐資重建。相傳橋下有老蚌大如船,月夜吐珠,光映數丈,有泉甘冽,可以瀹茗。《海鹽續圖經》。

淡井橋　在縣西南五里。柳《志》。宋景德三年建。海鹽仇《志》。

永慶橋　在縣西南一十五里。《海鹽圖經》。　國朝錢陳羣《記》:永慶橋,當半邏以南,歙城以北。塘之東西,若村若鎮,居民千百戶,向以問渡通往來,人苦之。有僧野樵者,慨然思任其事。又有僧某繼之,卒未有成。于是恬息庵僧曰自然者,亟請于宗伯許公汝霖、邑侯梁公澤,爲首倡捐貲。數十里内聞者踊躍恐後,自然乃謀于衆,集事無棄材,計時無棄日。自康熙五十八年六月工啟,至雍正三年四月,凡七年而橋成。余里人也,因略次其工之始末,俾好善樂施者知所勸。道光間,橋圮。

涇塘橋　在縣西南一十里。元至正年建。海鹽仇《志》。

秀遠橋　在縣西南四里,俗呼天打橋。明成化間呂萱建。

南平駕橋　在縣西南四里。相傳秦皇馳道。以上《海鹽圖經》。

石碑　在縣西南茶院市。柳《志》。有石碑二,夾道而立,高一丈五尺。歲久,字磨滅不能識。《海鹽圖經》。

歙城橋　在縣西北十八里。柳《志》。宋紹興三年建。明弘治間,知縣譚秀重建。嘉靖中重修。海鹽仇《志》。

南化城橋　在縣西三十五里。明成化中建。《海鹽圖經》。　明朱祚《記》:邑治西有瀦水之澤,曰賁湖。湖心有庵,曰南化城庵。庵左右有土堰,通行旅往來,數潰圮。庵僧德淳暨其弟子智昂謀諸里中長者,易土以石,以爲長久計。爲梁虛其中,通湖水之消長,以殺其勢。庵之東以丈計者四十,梁一十有七;其西以丈計者如東之數,梁一十有九。以成化己亥夏四月落成。

秦溪橋　在縣西三十里柳《志》。寧海寺前。海鹽仇《志》。道光二年重建,易名文星橋。

施搭橋　在縣西五十五里。居民以種菱捕魚爲業,稱澤國焉。伊《志》。　國朝崔學泗《泊施搭橋》詩:"雞啼星欲稀,月落天未曙。何處打魚舟,鳴榔衝霧去。"

半邏橋　在縣西北三十五里。柳《志》。元至正間造。《海鹽圖經》。

思仲橋　在半邏橋西,舊名繆家橋。明嘉靖十一年,知縣夏浚重建,鄉民以建橋出浚仲兄瀾意,因名思仲。浚自爲記。

文會橋　縣西北三十五里。明嘉靖二十九年建。以上《海鹽圖經》。　明錢芹《記》:縣治西北二都,舊有董家堰橋,在官塘東。水陸往來輻輳,莫詳本始。芹髫年所睹見,大抵興圮靡常。其初,官令塘長召鄉民爲堰橋以濟涉,其既,則上下苟且。每歲秋夏間,風雨大作,水暴漲,橋倒塌,民乃病涉。予家近是橋,世父兩涯翁每有興建志,不果。嘉靖庚戌,僉憲石屏胡公以督水利行縣,屬縣大夫雲溪張公倡。帖下,僧某募緣,邑中好義之士施捨有差,予亦捐貲,以成先志。橋高三丈八尺,濶一丈二尺,長十八丈。石砌環洞,繚繞皆石欄。經始于庚戌春二月,工訖于冬十月,名曰文會云。

白苧橋　在縣北八里。柳《志》。元至正間建。明弘治三年,縣令徐謹重建[1]。海鹽仇《志》。國朝彭孫貽《白苧橋》詩:"阡陌同山徑,茅茨各水門。清溪堪命棹,白苧自成村。沙暖魚爭躍,花明路不昏。探幽應有路,此地即桃源。"

鳳凰橋　在縣東北十二里。柳《志》。舊名馮奧堰。弘治二年,縣丞徐謹勸民王孟江造,改名。海鹽仇《志》。

西石橋　在縣西南澉浦鎮西北。海鹽仇《志》。過橋南爲永安湖路。《澉水志》。

通江橋　在縣西南三十六里，*海鹽朱《志》*。澉浦城西北。*柳《志》*。

殷老橋　在縣西四十里，明御史殷栝建。國朝進士殷紹選重建。*吳《志》*。

望湖橋　在澉浦城西南。*柳《志》*。北至澉市西，通永安湖；東至海岸，中分水脈，至錢家港入鎮市。*《澉水志》*。　國朝戴彬《望湖橋》詩：“隔岸疑無路，過橋別有村。三更開夜市，海月正當門。”

【校注】

　　[1] 按：光緒《海鹽縣志》卷四《橋梁》“白苧橋”條，作“縣丞”。本《志》卷三十八《官師表·海鹽縣·縣丞》：“成化年，徐謹，江陰人。”故“縣令”是“縣丞”之誤。

平湖縣

龍門橋　儒學東。即東城橋。*平湖王《志》*。

三登橋　在縣西一百步，南北跨河。魯氏兄弟誉、詹、訔，先後登進士，故名。*柳《志》*。後漸圮。光緒乙亥重修。

慶源橋　在縣西二百步，*柳《志》*。俗呼方橋。*平湖王《志》*。同治間重修。

梯雲橋　在縣治西一里。*《明一統志》*。乾隆丁酉重建。

永平橋　在梯橋北，俗呼東太平橋。*平湖張《志》*。

迎恩橋　俗呼三環洞橋，在西城內。咸豐己未重建，改名當湖第一橋。

萬安橋　在迎恩橋轉東五步。*以上平湖王《志》*。　明沈戀孝《記》：漢塘之水，分派鴛、馬諸湖，駛流東行五十餘里，匯于當湖西澨。彼時未有城郭，萬安橋實綰結其處，與梯雲、迎恩諸梁相抱于是。天目之源接于長水者，蜿蜒若晴蜺焉。余聞之長老，當湖蓋有八景，萬安橋其一焉。嘉靖中，始置城守。城成，地益勝，水益蓄其外。比年，橋漸圮。今道州刺史肖南韓公倡義繕築，經始于萬曆丙申十一月，落成于戊戌四月。同治間重修。

福源橋　在縣南一里。*柳《志》*。俗呼香花橋。*平湖王《志》*。

望雲橋　在縣西南二百四十二步。邑人陳日章建。*平湖程《志》*。

永豐橋　在縣西一百五十步。*柳《志》*。俗呼糖餅橋。*平湖王《志》*。同治間重修。

凝瑞橋　舊名喜雨橋，在縣前。元丙子年建，大旱得雨，因名。*柳《志》*。國朝雍正八年，知縣方以恭捐建。*《浙江通志》*。

漢水橋　在縣東五十步。元至正間建。*柳《志》*。

利涉橋　在縣東南二百步。*柳《志》*。俗呼小滑橋。乾隆丙寅重建，改名連元橋。*伊《志》*。同治間重修。

南環橋　在清水巷南，俗呼大滑橋。

八字橋　在日暉漾東。橋有二，故名。乾隆丙戌，邑人屈天成改建以石。*以上平湖王《志》*。

呂公橋　在啟元門外，爲東湖關鎖。康熙三十二年，知縣呂猶龍建。*《浙江通志》*。雍正十二年，知縣郤煜重建。*平湖王《志》*。同治五年，邑人重修。

通靈橋　在東門外顯忠廟前。

洪義橋　洪忠宣住此。*平湖程《志》*。在十七都。

漢異橋　在十七都。有馮異將軍廟，故名。*柳《志》*。

廣濟橋　在廣陳普照寺前,俗呼寺橋。邑人陸序建。平湖程《志》。

廣福橋　在廣陳普照寺後,知州陸鳳建。平湖王《志》。　明張寧《記》:廣陳鎮古屬嘉興路海鹽州,今析平湖邑。其土高亢燥烈,斥鹵皆旱陸,惟中界一水限南北。東接新倉鎮,潛通于海;西接鸕湖,潮生潮落,朝暮不一其狀。自古嘗置橋于普照寺南,年久圮頹,民病其涉。普照僧翠峯偕士人具其事以告,前廣德州知州陸公子厚告其母王氏,樂施己貲一百二十兩。于成化十六年七月鳩工,復建斯橋于前所,不終歲而成,題曰廣福。乾隆乙酉,邑人屈天成重建。

筠翁橋　在縣治東北三十里。明弘治間,袁可筠建,鄉人德之,橋亦由名。明沈煉《筠翁橋》詩:"淡水何瀰瀰,厲涉須苦匏。中流拍浮者,矍矍呼亦勞。筠翁抱深隱,累石梁其臯。梁成勢雄偉,屹如山冠鼇。參差幾百尺,凌虛控雲濤。赤欄月鈎小,影落魚龍逃。方隅往來通,行人日滔滔。褰裳免艱勤,歌謠徧兒曹。嘗聞蔡君謨,洛陽橫海潮。又聞鄉逸士,絕流連巨艘。較翁此營作,濟川俱足致。能聲與義聞,今古相爭高。"久廢。

繼筠橋　筠翁橋東北百步。河水汪洋,非舟不渡。袁可筠仲子璲復建此橋,以便經行,橋亦由名。以上鄉《志》。久廢。

衆安橋　長安橋　在乍浦城東。

長豐橋　在乍浦城北。舊係木橋,乾隆丁亥,易以石。嘉慶壬申重建。

三里橋　在乍浦北門外。乾隆辛卯,梅世賢建。嘉慶戊午,銅商王文鏊重建。

轉塘橋　在縣南十里,二十都。同治庚午重修。

思過橋　在十七都思過坊。舊志作斯姑,誤。

萬程橋　在縣西門外。漢塘之水東來,於此一束。道光間,里人徐士芬集資重建。

普濟橋　普通橋　在二十一都。俱邑人姚松石建。平湖高《志》。　明顧充《題姚氏橋》碣:浙以西,當湖為巖邑。東受檇李、武原諸水,唯鸕湖最大。鸕湖疏為支流,唯北津最大。非石梁梁之,歲歲為褰裳濡軌之患。松石姚公一力建普濟、普安、普通三橋,創義舉也。其一以版築故,廢矣。而其孫郡丞楫、博士應煖置題名碣于祠之堂,昭祖功也。勒石記題,俾永勿失,永世守也。濟衆之仁,承先之孝,祖孫有同美焉。同治辛未,重建普濟橋。

聖塘關橋　在縣東一十二里二十一都。番舶從乍浦海道入者,此為津要。平湖朱《志》。康熙甲午,諸生俞錫齡重建。吳《志》。

橫橋　久圮,土人築堰塞之。乾隆丙午,知縣王恒鼎建。知縣王恒《記》:邑東四十里曰庫港,迤南北為戈溪、大乘兩坊。東通松之泖湖,西達邑之馬浦。跨水為溪橋,其來久矣。歲癸卯,橋已圮,鄉人聚土為堰。越二年乙巳,余來承乏。適遇亢陽,遠近支河莫不焦涸。訪之耆老,環籲請開。亟為決放,嚴禁阻撓。水得大來,田無孔嘆。因為設船濟渡,以有關鹽運,遂起建牐之議。工多費鉅,寢焉。既思舊貫可仍,何必改作。爰為之倡率,而鄉人顧禹清、芮廣忠等樂為勸助。次年丙午興工,鼎建三洞石版平橋。中星廣一丈四尺,兩次星各一丈。朝潮夕汐,疏暢通流。越今年戊申四月告成,其糜錢三十萬有奇。舊觀復還,工堅于昔。所以記于石者,欲後人曉然於堰不可築,橋必時修也。

斜橋　在橫橋西。同治十二年,知縣邢守道捐建。知府宗源瀚有《記》。

高橋　在城南十里。嘉慶二年重建。知縣李廣芸《記》:邑城南十里聖塘坊,坊有高橋漾,北通湖水,南達乍浦。跨塘有橋,曰寧善。為居民出入所必經,由來舊矣。康熙甲午歲重修,迄今己八十餘載,橋復圮,民病涉。坊之人士樂為勸,鑿石鳩工,七閱月而告成。

慶元橋　在西十九都,舊名金家橋。嘉慶元年,里人沈上垣重建,改今名。同治年重建。

利生橋　在西十九都。嘉慶四年重建。

長生橋　在二十一都。嘉慶七年,里人楊思詠重建。

虹橋　跨東南城河。乾隆五十三年重建,兵燹燬。同治甲戌又建。

廣行橋　在二十一都。嘉慶七年,僧寂明募建。

石門縣

萬歲橋　在縣東南一百三十步,跨運河,俗呼南橋。至元《志》。相傳爲唐初建。宋嘉定中,縣令徐起宗重建。西塊燬,縣令靳一派重建。崇德靳《志》。國朝乾隆二十二年,里人胡聖麟募資重建。咸豐中燬。同治九年,知縣陳謨修。

永安橋　在縣東北二百步,跨運河,俗呼北橋。至元《志》。宋紹興初建。明正德中,知縣洪異修。萬曆間圮。修者,低其柱數尺。崇德靳《志》。國朝康熙十年,知縣杜森重建,邑紳曹廣易以巨石四。石門鄘《志》。乾隆四十三年重修。咸豐辛酉西塊燬。

太平橋　跨城南河。明《浙江通志》。俗呼平橋,在萬歲橋南五十餘步。正統中,縣令焦寬重建。伊《志》。

義濟橋　在縣東,俗呼中橋,元至正間吳英建。國朝乾隆三十五年,里人胡聖麟重建。

宣化橋　俗呼縣橋,在縣治前。

崇義橋　在學東,明嘉靖十四年葉鋃建。呂希周爲《記》。今燬。

望京橋　舊名觀風亭橋,俗呼聖堂橋,在縣東六十步,宋紹定間建。石門鄘《志》。國朝乾隆三十八年,胡聖麟募資重建。

城隍廟橋　在縣西一百五十步。柳《志》。明成化間重建。石門鄘《志》。

松老橋　在縣西南九里,宋建。明弘治九年徐華、隆慶初知縣朱潤先後重建。崇德靳《志》。國朝嘉慶五年,知縣方維翰勸輸重建。案《青鏤雜筆》云:浙西之水發源天目,由塘棲東流,入檇李,經邑境五里許,有橋跨其上,曰松老。相傳昔有老人於此艤舟作渡,幾五十年,所取渡值,銖積寸累,遂建此橋。後老人化爲松,橋因以名。

彭河橋　在縣西五里。明成化九年,知縣沈讓重建[1]。嘉靖末圮,萬曆己酉,知縣靳一派重建。崇德靳《志》。國朝嘉慶十八年,知縣熊錫鵬重建。

大德新橋　一名大通橋,在縣西南四里。宣德間,沈璘創建。石門鄘《志》。

包角堰橋　俗稱南三里橋,在縣南一里。宋嘉定十三年建。莫若沖《記》:崇德密拱行都。自邑東至沙渚二十七里,自南營語溪橋至張涇,皆民居也。張涇雖有石橋,闊僅二尺。余貸金,爲衆倡。嘉定癸酉二月,甓南營之街,過張涇以東百丈,皆坦夷之。乙亥仲春,重建張涇橋,可通車馬,名曰通濟。近邑有包角堰橋,屢欹而屢修。有清波道民余智超、姚富率其徒,哀金輦石,成於庚辰冬十月。先是季夏,漕渠南橋一夜忽傾潰,時堰橋之役未就。縣家就委二道民幹造,官帑不足,繼以募緣,越明年三月成。予所居西俯張涇,南瞰語溪。從東舊有木橋,曰東興,狹陋殆類略彴。於是因其名,以石易之,壬午春庀工,九月興築,十月迄工。明正統六年重建。崇德靳《志》。國朝康熙六年,邑人夏方昊重建。自爲記。乾隆五十七年復建。伊《志》。道光元年,知縣鄧廷彩重建。同治甲子兵燬。光緒元年,知縣余麗元請帑重建。

司馬高橋　在皁林驛東。明洪武間建。國朝乾隆十四年,邑人沈廷槐重建。舊名南高橋。同治甲子兵燬。光緒元年,知縣余麗元領帑重建。

青陽橋　在青陽門外東南二百步。柳《志》。順治初許汝揚增修。乾隆五十七年重建。伊《志》。同治甲子兵燬。光緒元年,知縣余麗元領帑重建。

迎恩橋　在朔義門外,明正統間知縣焦寬建。隆慶、崇禎間先後復建。尋圮。國朝乾隆四十四年重建。

拱辰橋　在朔義門外三里,舊名北三里橋,明天順六年建。嘉靖間,呂納言議築堰橋,改運河從松老橋東北偏經此橋而出,故特高。之後不果。乃於橋北築分水墩,以砥中流。萬曆間以橋峻,不便行者,復改建。後圮。國朝乾隆元年重建。三十九年,僧傑堂募貲重建。同治甲子兵燬。光緒元年,知縣余麗元請帑重建,名曰拱辰。

南皋橋　在玉溪鎮,明嘉靖間建。國朝康熙四十七年,里人吳維楷、周鎬募資重建。同治甲子兵燬。十一年,海昌張品三倡捐,里人集貲重建。

東皋橋　在玉溪鎮,明成化中錢浩建,浩孫允禮橋南濬一小河。嘉靖間,浩孫思孝偕姪懋新築橋於所濬河上,今呼爲錢家橋。潘蕃爲《記》。國朝道光己酉圮。里人郭永和勸募重建。同治十年,里人重修。

錢店渡橋　在玉溪鎮東十里、郡西五十九里。南屬石門,北屬桐鄉。明嘉靖間建。國朝乾隆間重建。尋圮。嘉慶二十三年,道士徐鐵簫勸募重建,改名萬年高橋。

何家橋　在縣東一里,運河東折,此橋跨之。明弘治間王璋建,國朝康熙末圮。雍正間,知縣呂廷鑄復建,改名吾嘉橋。乾隆六十年,里人重建。光緒二年,知縣余麗元請帑修。

登雲橋　在包角堰南,通海昌之長安鎮,東接小涇。明萬曆間,知縣蔡貴易建。國朝康熙十年,沈士龍捐貲重建。光緒二年,知縣余麗元請帑修。

洪橋　舊名吳橋,俗又呼虹橋,在縣北四里。明弘治間重建。國朝光緒二年,知縣余麗元請帑修。

丁家橋　縣北八里半,明弘治十年重建。石門鄺《志》。　朱家橋縣北四里半。　元祿橋縣北五里。　費家橋縣北七里。　先幾橋縣北八里。　阜財橋縣北十里。　西港橋縣北十四里。　東港橋縣北十里半。　孔雀橋縣北十三里。　俱於光緒元年知縣余麗元請帑重修。

三里橋　北有憩亭,咸豐十年燬。同治八年,里人重建。

六里橋　明正統三年沈斌建,北有憩亭。國朝咸豐十年燬。同治七年,玉溪吳廷蘭重建。

沈匠橋　縣東八里。明弘治間沈華建,南有憩亭。國朝咸豐十年燬。同治八年,玉溪吳廷蘭、洲錢吳友蘭重建。

南建橋　縣東九里,俗呼南堨橋。光緒二年修。

北建橋　縣東十里,俗呼北堨橋。光緒二年修。

小羔羊橋　縣西十一里,北有憩亭。咸豐十年燬。同治九年,沈木工重建。

大羔羊橋　縣東十四里。元至正初建。國朝道光二十六年,福嚴寺僧悟善募貲重建。光緒二年修。

顯德橋　縣東十三里,北有憩亭。咸豐十年燬。光緒二年,玉溪吳桂和重建。

填泥橋　縣東十七里。光緒二年修。

福嚴橋　縣西十二里,舊名同門橋。明正德間徐方建。國朝道光二十六年,福嚴寺僧悟善募貲重建。光緒二年修。

太公渡橋　縣東十六里,北有憩亭。咸豐十年燬。同治八年,邑人重建,亭中向奉潮神張丞相,今仍之。

士林橋　舊名南沈橋,明萬曆間修。國朝道光二十六年,福嚴寺僧悟善募貲重建。光緒初,知縣余麗元請帑修。

岳家壩橋　縣東十八里。同治六年,里人集資重修。

鎖銀橋　舊呼砂仁橋。同治六年,知縣楊恩澍重修。

觀音橋　舊名施家堰橋,在彰憲亭南,俗呼油車橋。明萬曆間,僧真恩改建。國朝同治四年,里人集資重修,以橋畔有玉溪庵,改今名。

玉灣堰橋　明洪熙元年建。堰以內爲石門涇,今隸桐鄉。

以上自松老橋起,跨塘沿塘各橋俱驛路。知府許瑶光《修橋碑記》:光緒元年,巡撫院湘鄉楊公石泉以浙江由杭州仁和,逾湖州德清,入嘉興石門、桐鄉、秀水,以出塘境一帶橋梁、塘路因兵燹毀敗失修,致文報、商旅往來不便,亟應興辦,以利遄行。飭據嘉興府知府許瑶光勘明秀水、桐鄉、石門應修應建各工程,估計經費,請於釐金借撥、動用等因具奏。正月二十六日奉旨允准,檄府恪遵。瑶遂請以秀、桐之工歸府承修,其石門之工歸石門知縣經理,而以候補知縣汪肇敏襄之。均於是年三月經始,三年春三月蔵事。統於郡城通越門立石紀之,而石門宰余君介石亦屬爲文,以存石邑之顚末。計石門自玉溪鎮之南皐橋,至城北之迎恩橋止,內修補者九橋,拆建者一橋。其由東門繞河而南,自青陽橋至德清界之安樂橋止,內修補者十一橋,拆建者四橋。估經費三萬四千串有奇。續又撙節增修福嚴、小羔羊二橋,并填補塘路之隙缺。是役也,或踵舊基,或累新塊,扶傾而正,易陂而平。撈沈石於江,而舟行不滯;跨環洞於港,而安步可徒。無濫費,無減工,無儉材,無稽日。大府贊其賢,居民歌其德,行旅頌於野,郵傳速於郊。既堅既好,磐石安焉。如砥如矢,王道蕩焉。前者克復之初,吾鄉楊君森吾宰是邑,百廢具舉。而各橋之傾圮者,架木以渡,固權濟一時之急。茲者余君介石以星江名孝廉筮仕浙江,于今二十年,浦陽、廣陽清名,洋洋盈耳。旋由赤城擢調茲邑,又六易草木矣。詩書之味,盎於訟牘,孝友之聲,洽乎黎庶。其於修橋也,鑠金運石,自造良因。俾士女連袵,車馬疊跡,蓋將以廣渡危難,而奠千祀不拔之基也。考漢李伯都建橋析里,而民頌惠君;隋邢州南和縣令馬士暉造石橋於澧水,而人謂之清同水鏡。不有標舉,孰顯鴻規。爰鏤貞珉,以彰厥績。詞曰:苕雪西來,繞勞德城。川聯野屬,世頌由庚。虹橋架空,如砥斯平。如何狂寇,狡焉思逞。梗塞河山,蹙蹙靡騁。日月中興,乃清浙境。聖帝曰咨,涉病吾民。疆臣上告,溫詔重申。發帑不作,恩波水濱。穆穆良宰,從政果達。經之營之,忘飢忘渴。石勢參差,規模壯潤。雁平其齒,鴻漸於磐。銅龍厭勝,石犀鎮瀾。花生夢筆,有客憑欄。舟楫之才,砥柱之器。東坡六橋,何遜萬歲。與古合符,巨川乃濟。易占利涉,禮重虞衡。東橋曉日,西橋長庚。南薰北斗,拱衞無傾。典郡鴛水,已十四年。卬須我友,分此仔肩。抒藻泐石,愧筆非椽。

薰仁橋　在薰仁門外。舊以木,屢圮。明隆慶初,知縣朱潤易以石。石門酈《志》。

王過此橋　康王南渡,金兵追之,土人曰:"王已過此。"故名。

下馬輦橋　康王南渡,下馬於此,故名。以上崇德靳《志》。

義禾亭橋　在縣北東岸二百步。明弘治間重建。

烏鴉橋　元至正初建。崇德靳《志》。

五社橋　寶祐初鍾琳建。

洪河橋　明正德中,洪異開天長河,故名。

臙脂橋　宋皇祐初建。明景泰中重修。

游屯橋　俗呼牛墩橋,元泰定初建。

北道橋　在洲錢,漢廷尉吳公墓左。明宣德中建。國朝同治八年,里人重修。

渡 附

南津渡　在縣南三里。

北門渡　在朔義門外。

六里渡　在六里舖前。

羔羊渡　在縣北九里。

福嚴渡　在羔羊渡北。有福嚴寺,頭山門遺址尚存。

南沈渡　在福嚴渡北。今廢。

太公渡　在縣北十五里。

石門渡　在縣北十九里。

錢店渡　在玉溪鎮東十里。舊有橋,今圮。以上石門郎《志》。

【校注】

　　[1] 按:光緒《石門縣志》卷二《津梁》:"彭河橋　在縣西五里。明成化九年,沈丞讓重建。"卷六《文職表·縣丞》:"成化九年　沈讓,江都監生。"言明"趙《圖記》　彭河橋題名:成化九年,縣丞沈讓重建,或作知縣,誤。"故"知縣"是"縣丞"之誤。

桐鄉縣

惠民橋　在縣署前。明正德九年改建。桐鄉徐《志》。國朝雍正二年,知縣陳大慶重建。伊《志》。

萬春橋　在縣西。北宋淳祐初建。《明一統志》。俗名東寺橋。伊《志》。

燕子橋　在城隍廟西北、水西門内,今廢。伊《志》。

登儁橋　在儒學東南。柳《志》。明成化二年移建。舊在西,名德輝橋。桐鄉徐《志》。萬曆間,知縣蔣珙修。國朝康熙十五年,知縣徐秉元、教諭馮勸重修。伊《志》。

迴泮橋　俗名欄干橋。桐鄉徐《志》。

來鳳橋　在儒學右。柳《志》。明弘治十二年建。桐鄉徐《志》。

同情橋　在燕子橋北。柳《志》。今名童秦。伊《志》。

陳莊橋　在施水庵前、縣治西北。伊《志》。

便民橋　在皁林鎮。柳《志》。明正統初建。天順時,鄧鏞創改石橋。天啓三年,知縣張定志重建。桐鄉徐《志》。　明吳昂《記》:宣德間,廬陵周文襄忱撫浙西,以興革利害爲己任。乃建爲[1]橋,民甚便之,名之曰便民。歲久木壞,危不可渡。天順改元之冬,通判事臨川鄧鏞孟宣督賦桐鄉,次于皁林,見而恤之,乃易甃以石,爲久遠計。知縣事張泰、縣丞鄧批董其事,不逾時而橋成。其長一百九十尺,高如其闊之六尺。下爲環洞,長比上殺四之三有奇。于是有事徃來者,無阻溺之患,而咸喜其便。予曰:此惠政也,不可以無記。故書。

妙智橋郡西三十五里。　道光十五年,里人曹韻玉捐建。光緒二年,知府許瑤光請帑重建。

永新橋郡西三十八里。　道光十九年,嘉邑庠生沈攀桂募建。光緒二年重建。

莫家笕橋郡西三十九里。　光緒二年重建。

毛家渡橋郡西四十里半。　光緒二年重修。

羅家笕橋郡西四十二里半。

東笕橋郡西五十一里半。

萬年橋　在皁林。伊《志》。

登雲橋_{郡西五十二里}。　在皁林，即皁林雙橋之一。嘉慶二十五年重建。光緒二年，知府許瑤光請帑重建。

西筧橋_{郡西五十三里}。　光緒二年重建。

秀溪橋_{郡西五十四里}。　在皁林驛西。明永樂十三年建。國朝康熙七年重修。乾隆癸卯，知縣唐文昭捐俸重建。伊《志》。

豐稼壙橋_{郡西五十五里}。　虹家壙橋_{郡西五十六里}。　穆家壙橋_{郡西六十里}。　小洞橋_{郡西六十一里，光緒二年重修}。　大廟筧橋_{郡西六十二里}。　李家筧橋_{郡西六十二里半，光緒二年重修}。　烏道壙橋_{郡西六十三里}。　曹家筧橋_{郡西六十三里半}。　洪濟橋_{郡西六十四里}。　梅舍筧橋_{郡西六十四里半}。　東高橋_{郡西六十五里}。　石門堰橋_{郡西六十五里半，在石門鎮}。

以上自便民橋起，跨塘、沿塘各橋，俱驛路。

青雲橋　在青鎮。柳《志》。

登瀛橋　在青雲橋北。柳《志》。俗名柵橋。伊《志》。

興德橋　在青鎮。上有樓亭，又名花橋。柳《志》。宋紹興間建亭。燬於火。元至正間重建。桐鄉徐《志》。　元宇文格《記》：許君廷用以將軍之符來守烏青鎮。居閒，或徘徊里巷，視民緩急之宜。而以興德橋壞，實艱于涉，乃發私橐而重建焉。時至元乙亥冬十一月[2]也。茲邑燬于兵，歷五寒暑矣。業薄民散，閭巷索然，昔之所見，一無復有。矧興德橋居市之半，分三州一水之間，行旅憧憧，臨流而返，幾何人哉！然未有以濟川之功爲己任者。今將軍不謀於人，鳩工僦備，購材礱石，飛梁閣道，舉復其舊。許君名信，廷用其字。

雙溪橋　舊名太平橋。伊《志》。

下廟橋　在爐頭村。柳《志》。

餘慶橋　廣寧橋　德慶橋　積慶橋　在濮院鎮。柳《志》。今橋名盡易，莫詳其處。岳昭塈《濮錄》。

梧桐橋　在濮院。俗稱籤桶橋，宋濮鳳建。伊《志》。國朝嘉慶六年，濮仲均重建。《濮錄》。

朝陽橋　邑治至濮鎮，俱係梧桐鄉，故名。伊《志》。在濮院，元季濮氏建。《濮川紀聞》。國朝乾隆年重建。嘉慶間又修之。《濮錄》。

語兒橋　春秋時，夫差督兵拒越此地，有生子即能言者，因名。以上桐鄉徐《志》。宋德祐中，濮振垂重葺。國朝嘉慶二年重建。見岳昭塈《濮錄》。

長生橋　明成化間建。伊《志》。

晏城橋　多福橋　俱在慕化鄉。桐鄉徐《志》。

覩谷橋　在七都。柳《志》。即長水橋，宋時有覩谷里，故名。桐鄉徐《志》。一名都斧。吳《志》。

鮑涇橋　在七都。案：吳《志》作鮑澤。

千金橋　在七都。

海月橋　東山橋　在三十二都。

迎鳳橋　在三十一都。

虹橋　在二十八都。

八字橋　在三十都。

達道橋　在三十一都。

保安橋　在二十三都。

興福橋　在保寧鄉東。

普濟橋　在二十都。

安樂橋　在無量橋西。以上柳《志》。

會龍橋　星橋　育嬰堂橋　俱在東門外。于《志》。

渡^附

茅家渡　在皁林東四里。《大清一統志》。宋建官渡，歲課净利錢。元明以來革之，聽民自便。

秀溪渡　在皁林秀溪橋西，原名皁林渡，亦古官渡也。

妙智渡　在妙智寺前，皁林東二十里。以上桐鄉徐《志》。

【校注】

［1］爲：光緒《桐鄉縣志》卷五《津梁》收吳昂《便民橋記》，作“木”，當作“木”。

［2］按：光緒《桐鄉縣志》卷五《津梁》“興德橋”條録宇文恪《青鎮興德橋記》，作“乃至正乙亥冬十一月”。後至元元年（1335）是乙亥年，而至正無乙亥年。民國《烏青鎮志》卷二十五《職官·都巡檢》：“（元至正）許信，字廷用，以將軍符領事。十九年己亥隉元帥府副使。《文獻》作乙亥，誤。”

嘉興府志卷六

公署一

署之名,初見《國語》。然孟文子曰:"臣立先臣之署",則私而非公也。《史記》有宦署之目。至後漢,而内署、中署、左署、七署、三署、郎署、寺署、粉署之名著,究亦京師而非郡縣也。郡縣之有署,蓋自秦設郡縣始,史闕,失載耳。夫廳者,聽也,聽民事也;廨者,離也,離和教化也。署者,位之表也。《説文》云:"部署,有所罔屬也。"徐鍇謂"羅絡之若罘罔"。大官大邑,身之所庇,受其庇,盡其職,若網在綱,有條不紊,庶幾無愧其位。志《公署》。

嘉興府

府治　路總管府衙在子城内,舊府治也。至元《志》。府治在城南門内,自五代晉天福時陞嘉興爲秀州始,建于此。宋改爲郡,爲府,爲軍府。元改爲安撫司,爲路,皆仍其處。吳元年,改路爲府。府衙墙周圍二里一十步,高一丈二尺。舊稱子墙。柳《志》。　案:府治自五代歷宋元明千有餘年,未嘗徙建,治爲最古。時代既遠,今昔異制,其與前志互異者,附次于下。中爲大堂,顏曰忠愛。案至元《志》:舊名同潁,宋守俞浙改修齊。袁《志》改端本,後改帥正,吳《志》改忠愛。前覆崇軒。柳《志》云:軒五間。堂之東北隅爲軍資庫。趙《圖記》云:廳東北爲府庫。西北隅爲架閣庫。柳《志》云:軍資庫四間,在府廳東北推官廳後;架閣庫十間,在軍資庫東。堂東爲鄧侯祠,祠南爲供招科。堂之西爲庫房,南爲批值科。趙《圖記》云:並廳而左爲軍資庫,爲經歷司。司北爲架閣庫。並廳而右爲儀仗庫,爲照磨所。所北爲茶房。　伊《志》案:軍資、架閣二庫,移徙堂隅。儀仗庫久廢。經歷司移置儀門外西。照磨所移駐濮院鎮。供招科南爲東廊,列吏、户、禮三科及承發房。批值科南爲西廊,列兵、刑、工三科。柳《志》云:兩廊東西,大小、正從各二十五間,六房列置其内。趙《圖記》云:夾臺左右,爲東西廊。袁《志》云:兩廡左列吏、户、禮三科。科南承發房,右列兵、刑、工三科,科北號房。伊《志》:號房遷儀門外延賓館前。大堂前爲露臺。趙《圖記》云:堂之前爲露臺,臺南爲戒石亭。袁《志》云:堂下爲丹墀,爲甬道,中立戒石亭。爲甬道。伊《志》:甬道兩旁,梅花數十本,雍正間知府閣堯熙所植。乾隆二年,知府姚淮《梅花廳事記》略曰:雍正甲寅,余自雅州來守嘉興。至之日,見甬道夾列梅樹。詢之,迺今湖北觀察、山西夏縣閣公前守斯地時所手植也。嘉爲浙西劇郡,號稱澤國。余既承乏閣公之後,樂是邦之政簡刑清,而又覩斯梅之槎枒奇崛,縱橫參錯于廊楷廳事間,顧而樂之,遂不禁愛之,護之,培植之,蘊崇之。蓋余之顧惜此梅也,其亦與甘棠之勿翦伐者同其意歟。南爲儀門,左右各有翼室。柳《志》云:儀門三間,東西翼室各五間。儀門外東爲延賓館,即鄭太守瑄祠。顏曰永瞻堂,有石刻。儀門外西爲土地祠。又北爲經歷司署。趙《圖記》謂:府門内左爲土地祠,爲理刑廳;右爲督儲館。折而西,出便門,又折而南,爲馬道。馬道之左爲同知、推官宅,右爲通判宅者三,而經歷、照磨、知事、檢校亦參互居之。　伊《志》案:土地祠移建儀門之西。督儲、推官、知事、檢校各官皆裁,同知、通判皆移駐。唯經歷署在馬道之西。袁《志》:府門之内,舊有樓三,亭七。由儀門百步至大門。伊《志》:故老相傳,謂之百步石。甃磚數仞,如城墙式,建爲譙樓。案:柳《志》:譙樓在儀門前,計七間。袁《志》:府門上有譙樓,設鍾鼓。鄒《志補》:明宣德間,知府齊政奉玄帝像居樓正間。詳見署中古蹟。牓曰嘉興府。鄒《志》云:吳元年，復更府名，匾曰"嘉興府"三大字。大門外爲牓廊。趙《圖記》謂：府門南出，左右南向爲牓廊。廊外毬場，東申明亭，西旌善亭。袁《志》云：場東西兩廡分列快皂房。原註：即古申明、旌善二亭址。伊《志》案：場外東西皂快房，復爲申明、旌善二亭。申明亭北爲三相祠。至元《志》云：譙樓外有宋宣詔、頒春二亭，東西向。門之南建木坊，顔曰首藩名郡，其下爲屏門。袁《志》云：舊爲照墻。明萬曆中，知府龔勉改建。左右列木柵，東西繚以石欄。欄左右各樹木坊，左曰承宣，右曰撫字。譙樓東高阜，爲文昌閣。案：柳《志》：譙樓左右，垛樓各三間。鄒《志補》：左右垛樓，左設銅壺滴漏以支更，右設五顯神像以護庫。伊《志》：左右垛樓俱廢。建文昌閣于東垛樓遺址。大堂後爲川堂。趙《圖記》云：軒其前，後爲川堂。後爲宅門，門内爲二堂，顔曰無倦。案：至元《志》：敬信節愛之堂在郡治公廨後，舊名清香堂。詳見署中古蹟。二堂東西翼室，堂之西爲樂賢堂，賓客觴詠之所。又西爲嘉蔭軒，公餘吟詠之所。軒北爲竹南蕉北之間，軒之西爲正志亭。二堂後爲内宅，東西翼室，宅後樓五楹，額曰遠耀。署西北多隙地，東北隅有土地祠。乾隆年間，知府張鎮建。伊《志》。

歷代修建　宋景定四年癸亥，知軍[1]陳塤葺譙樓、左右垛樓、府門。柳《志》。元大德三年己亥，達魯花赤撒剌兒，總管辛仲實重修總管府。元金吾《重修嘉興路總管府記》：嘉興，澤國也。左杭右蘇，負海控江，土膏沃饒，風俗淳秀，生齒蕃而貨財阜，爲浙右最。至元丙子春，天戈南下，民不改聚，市不易肆。聖朝福是邦也宏矣，深仁厚澤，涵濡至今，民居增葺，尤盛於昔。獨郡宇歲月滋久，風雨交蠹，東傾西圮，上漏旁穿，前此牧守，視猶傳舍。大德戊戌，大中大夫、達魯花赤撒剌兒字仲文，中憲大夫、總管辛公仲實字仲和，接踵而至，公餘相與言曰：府治久弊，殊失具瞻，欲鼎新之而力未逮，捐己俸以率先，則必有好事者以輔吾志。諗諸寅幕，僉議允合邦之名公達宦、富家大室，聞者莫不鼓舞欣躍，樂爲郡助，争趨而來，惟恐殿後。甲者曰某修某處，乙者曰某建某所，願傾資市材者有之，願輸粟向工者有之。至於釋氏之徒，亦願施力，曾無靳色，是皆出於自然，而非使然也。由是百工具興，斲者，削者，鋸者，墍者，塗丹雘者，咸精其能。經始於己亥仲夏之朔，落成於仲秋之望。自麗譙而儀門，由公廳而燕室，徹裹無巨無細，靡不輪奂，翬飛藻繪，彪炳偉哉！若兹盛美，前所未聞，後所創見。邦之士若民咸願勒石，以垂不朽，而求記於余。余謂天下事創始易，起廢難。起廢非難，辦於不擾者爲難。矧此舉非細故也，官不廢財，民不知役，不日而成，向非有大力量、大謀猷疇克爾。彼如亭數椽於道旁，爲行者休息，梁一木於水濱，爲涉者往來，猶且書其名，旌其善，傳之悠永。况堂堂大藩，數百餘年之所置建，百十萬户之所瞻依，一旦興廢補弊，振後光前，黼黻太平，官府詎容不大書特書，以侈其傳。雖然，豈特土木之工而已哉。凡郡之弊政，民之汙俗，悉作而新之，尤可嘉已。於是乎記。是歲仲秋既望。後至元五年己卯，總管法忽魯丁重修。元韓璵《重修嘉興路總管府治記》：凡物久則弊，弊則葺，理之常也。弊而弗葺，葺而弗完，則益弊矣。故大而禮樂制度，小而日用供具，舉莫不然。况於郡府廳事，爲吾民具瞻之地者哉。檇李爲西浙鉅州，郡治峻整，著自古昔。前政嗣之，葺弗完堅，貌若綵緻，中實摧陊。至元五年後己卯夏四月，兆庭[2]法忽魯丁嘉議公，繇海漕萬夫長三轉而守兹郡，修舉庶政，得民懽心。暇日率僚寀議曰：郡有治，豈止爲守理所而已哉。禮之大者，惟元正之節，天壽之旦，有司駿奔，服采具如式。設帷帟，嚴兵衛，樂舞在庭，庶官星列，緇黄耆氓，更班迭贊。凡吾屬束帶端笏，顒立北向，獻享興頫，載舞載蹈，以達吾瞻天望聖之忱敬者，端在于是。乃今楹宇簡陋，弗稱具瞻，使吾不有以起廢焉。繼自今震淩益加，隳圮益甚，不足以壯觀而永厥成，其何以臨民哉！即諗于衆，疇能佐吾理者？令既下，得郡之富埒一鄉者九姓，乃啟帑庀工，讙然趨事。鋸者，削者，墁者，甃者，工設色者，哲巧讐能，罔敢媮惰。自儀門兩廡、承宣廳舍，堂曰公明，樓曰環星。越麗譙以南，二亭屹峙。宣詔在右，頒春在左。以至宵直有廬，禮仗有舍，縶馬有軒，登騎有石，率易其垢腐，翼然以新，渥丹深碧，藻繪彰施，耄倪聳觀，嘖嘖興嘆，棟宇之隆，於斯爲盛。時余以事至郡，屬余記。余曰：郡治起廢，非説以使民者不能是，可記也。然余聞公之爲理也，嚴以勑法，循以恤民，豪强有憚。已賦調繁，蒙他户而芘其私者，則黜而抑之。耗乏不能給役者，則核而復之。推酷毒民，蕩産者衆，則易而完之。雲水僧有侵漁其類醜抗弗律者，則杖而逐之。民有舊躬臺隸，怙彊而陰持者，則戢而刑之。若迓官有廳，則恢宏之。橋堍西麗，則增搆之。水、馬二驛，埃翳弗涓，則拓而大之。頖宫堂廡，庳隘弗崇，則撤而嚴餙之。一時同寅幕府之士，又皆協恭畢力，故能興起於治若此，是又可記也。繇兹政成，使邦人咏歌之，則公之德之美於斯數者，尚有徵焉。洪武中，知府劉觀重建。柳《志》。弘治初，知府柳琰重建府門，申明、旌善二亭。嘉靖丁未，知府趙瀛重建府庫，軍資、架閣二庫，經歷、照磨二司。嘉靖戊申，趙瀛重建譙樓。趙《圖記》。嘉靖三十二年，知府畢竟容、劉慤重修吏廨。明任希祖《記》略：吏廨漸圮，前有畢公鳩工聚材，功未就緒，即拜督鎮紫荊之命。辛亥歲，萬安劉公繼臨，遂及前工之未竟，癸丑夏四月告成。昔之東西對峙者，舉易陽面，凡四行，行凡一十四間，共五十六間，翼然爲堂廡左輔。萬曆十二年，知府龔勉重修府治，改闢照墻，爲屏門，榜曰首藩名郡。明龔勉《重修嘉興府治記》略：國家建置郡縣，其出而臨民也，前必有堂；其退而燕息也，後必有堂；而其與寮佐僚吏以議政也，則中必有堂。惟有堂以經於中，而前後始相映帶。蓋上法天象，而下示民瞻，乃定制也。余始令嘉之附城邑，趨謁郡廷，嘗進而議政，見其規制，乃獨異是。堂後有軒，覆以明瓦。又其後有小廳事者二，且卑陋而前後不相續，大弗稱其郡治。心竊非之，以爲是在所當更也。越十有二載，歲維萬曆辛巳，余復叨守茲郡。入其堂，猶故也，遂思所以更之。時令嘉者，爲內江張君問達；令秀者，爲廬江朱君來遠。間以謀之，二君咸曰：“唯唯。”事如有待，更之宜亟。遂鳩工聚材，而董其役於典史劉洸、唐時化。軒以內盡撤之，而惟存其堂之最後者一。中建橫堂若干楹，而使其前後相爲映帶。不越月而落成，即是歲之十一月也。既而左右翼以高垣，兩庭各植修竹，清陰滿座，而風至則鏘然玉鳴，蓋不惟有廣大高明之象，而且日與君子羣矣。郡門以內，故有賓館，館後宴賓者曰嘉會堂，湫隘弗爽，安所稱嘉。於是徹其中，虛之以爲庭，而更其制，爲堂三間，軒敞明爽，宴賓爲宜。門以外屏牆立焉，堪輿家以爲非善，乃去之，建以石坊。而扁曰首藩名郡。中通出入，而闔闢以門，屹然壯觀，而郡治之規制於是乎大備。是役也，工料皆取足贖鍰，弗以煩民。其董之者，爲照磨黃仕龍。而相繼告成，則癸未冬甲申春也。夫卑宮室以崇，儉聖訓也。余爲此舉，無乃自侈乎？曰：不然。君子之臨民也，規制弗備，非所以新觀聽，而一心志也。是又烏可以緩圖。且有父老白余曰：前坊故有之，而中堂亦舊制也。坊燬於火，始易以牆，而前守有惑於異說者，乃更其堂制。然則余之爲此亦不過舉廢墜以復其舊耳，夫豈侈哉。雖然，此末也，必廣大其心，高明其識，以德澤姓懕一郡，而使人人皆安其居，樂其業，則臨民之責斯無媿焉。余竊有志焉，而未之逮也。因紀其略，以俟後之君子。萬曆二十七年，郡守劉應鈳重建吏廨，又建約法堂，內祀蕭相國，爲諸吏議法之所。劉《志》。

國朝康熙元年，知府張漢傑修府門外三坊。袁《志》。康熙三十六年，知府黃家遴重修，以清香堂舊址爲道珍堂。《浙江通志》。　國朝朱彝尊《道珍堂記》：康熙三十有五年冬，太守廣寧黃公來知嘉興府事。入郛，則瓦礫塞乎渠。及堂塗，則榛芳接於徑。爰與邦人士謀，思葺茸而疏瀹之，念民力未遑也。明年夏，案無留牘，點者畏，懦者懷，公乃庀材鳩工，先治其廨。斲榱堊鏝，子來恐後。於時彝尊方居長水之南，池中芙蕖，一花並蒂，紅衣綻綠，房垂細螺，實以嘉績之所召也以奉公。公適諏是日立柱礎，架榮廇，遂貽書請名其堂，兼紀之石，且歸德於天子肅清邊徼，禎祥是致。彝尊欲以不文辭，非禮也。敢竊伏自幸生於堯舜之世，獲覩聖德神功，靡遠弗屆，又有賢太守以拊循閭鄽，於焉歌詠太平，燭於玉燭，飲於醴泉，暢於永風。芙蕖雖小草，而曹植賦之則曰：“覽百卉之英茂，無斯華之獨靈。”傅亮賦之則曰：“考庶卉之珍麗，實總美于芙蕖。”而江淹之辭，則又進焉而曰：“一爲道珍，二爲世瑞。”至于並蒂，則尤代所罕覯，故魏收志《靈徵》，令禽奇獸嘉穀，靡不登載，而斯獨無之，益見致之匪易也。稽之至元《嘉禾志》，郡治廳事後有清香堂，宋知秀州俞澍更扁曰“敬信節愛”，蓋理廳據子城之內，而軒其後爲穿堂，爲後堂，其來久矣。堂之廢且百年，鮮克有治之者。迨公至，而始考舊址，復新之。吁！今之守土者，屏賓客，省諸度，則見以爲能矣。公府之不餙，則見以爲廉矣。雖然，儒者之爲政，則有道焉，居之必廣也，泣之必莊也，蕪者治之，塞者通之，廢者舉之，道存焉矣。堂之建，詎足爲公重，而政事之暇豫，多士庶民之胥附，及僚屬吏之交孚，於此覘公治術之先務焉，宜其始建而珍果適應其瑞也。天子之德，亦我公之惠也。公既命我，請以“道珍”名堂可乎？公曰：“可哉。”遂爲文以紀落成之歲月，納之於壁，用示後之君子。是年，黃家遴重建二堂、川堂。黃家遴《重建二堂川堂記》：皇帝三十五年，歲在丙子五月，余受命來守嘉禾。道出山東，值洪水泛濫，川涂梗塞，至冬十月始抵署受事。見門廡堂構，規模整然，而廳事之北則有地數十武，榛莽淒其，幾同荒圃。視甍地之甎，尚零亂有存者，余心訝之。夫國家設官置署，各有攸司。或爲聽政之堂，或爲退食之室，必無有閒房餘舍可聽其廢墜者。顧受事之初，未暇謀此。乃于丁丑夏捐俸重建之，以四月上浣日始，至秋八月望日而落成焉。故例，凡郡府有事，必七邑舉相經營，刺史但拱手觀成而已。今惟嘉、秀稍捐清橐，其外五邑佽助工作，以共成斯役。爰乞竹垞朱太史文，納壁以垂不朽焉。自今案牘之餘，焚香燕坐，檢點平居，要期上不負君，下不負民，中無負所學。

朝乾夕惕,不敢稍自暇豫,必無忝厥職而後安,則斯堂之爲功,吏治詎淺鮮哉。若徒爲壯觀瞻之美,具耳目之餙,大非予建堂意矣。雍正六年,知府閻堯熙復修。乾隆四十八年,知府恒甯重建,移儀門外東隅,土地祠於西隅。五十年,知府方林重修。五十六年,知府劉嘉會重修。於譙樓東垛樓遺址添建文昌閣。嘉慶元年,知府伊湯安重修。三年,復建正志亭於西圃。又重葺書室爲嘉蔭軒。伊湯安《嘉蔭軒記》:爲園圃亭墅之勝,壘石疏泉,蒔花種竹,皆可計日成也,維樹爲難。得樹之嘉者,經數十百年之久,極扶疏蓊鬱之觀則尤難。禾郡署西偏,有屋三楹,兒子繼昌讀書其中,其庭院頗隘。今年繼昌歸京師,適當春夏之交。余偶至其室,見垣之外有巨梓森然,高聳枝葉,披拂簷端。余大喜,爰命匠人毀垣更築,而遠之丈許,納其樹于庭中。翹然蔚然,婆娑垂蔭,儼如偉丈夫之立吾前也。簿書餘閒,輒憩斯室,鳥鳴其巔,月映其下,聽睍睆之好音,觀柯條之如瀉。余因感茲樹之植也,殆二百年物矣。蒞茲郡者,不知凡幾,乃屏諸垣外,無有顧而惜之者。今也始展其扶疏蓊鬱之觀,是可爲此樹慶所遭,而亦未始非此室之幸也,遂名之曰"嘉蔭軒"。雖然,蔭誠嘉矣,思有以芘其民者,視此樹爲何如耶!居此軒,愛其樹,思所以芘其民,吾願與後之君子共勖云。以上伊《志》。道光四年,知府羅尹孚修葺。十五年,知府瑞元重建遠耀樓。十七年,知府王壽昌即正志亭舊址改建虛受亭。又於亭南北嚮建三楹,院中植蕉、梅、桂、竹,花卉幽秀,爲公餘吟詠之所。由樂賢堂對墻闢洞門,朱欄曲折,達虛受亭,院門額曰得省。十八年,又修頭門、鼓樓。于《志》。咸豐十年,粵匪之亂,悉改其舊。肅清後,就加修整以爲治,前後七進,進七間,後四進各有樓。前爲大堂,爲鄭侯祠、三相祠、土地祠,爲頭門。同治初,知府許瑤光建復兩廊房舍。又於二堂之西建書屋三楹。堂東建補梅軒,軒之東築墻爲圃,培土爲山,題曰東瓶,以與瓶山相對也。刻銘其上,四圍盛栽花木,爲公餘燕息之所。其餘隙地,尚未重建。頭門前鼓樓亦被燬,待修。

海防督捕同知署　在乍浦東[3]門內。《浙江通志》。府治馬道之左,舊爲同知宅。趙《圖記》。康熙六年,即推官宅改同知署。康熙五十七年,同知移駐乍浦。入郡時,仍居之。今廢。吳《志》。明兵巡道行署基,所謂大司也。雍正二年,設乍浦水師營游擊,黃天寅建游擊署。七年,游擊移駐南門外,改爲同知署。《乍浦志》。乾隆三十九年,同知舒希忠重修,至四十二年,後任同知高模工竣。伊《志》。六十年,同知盧又紳、嘉慶十五年同知劉星渠修葺。咸豐末燬。同治五年,同知吳中傑請就理事同知署基領欵移建。具詳有案。

理事同知署　在乍浦東門內。《浙江通志》。海防署東,明乍浦千户所基。平湖張《志》。康熙六十一年,同知曹秉仁建。雍正七年,設滿洲營,改爲理事同知署。《乍浦志》。乾隆四十年,同知瑞亨、四十七年同知佛永、嘉慶二年同知甯泰,先後修治。伊《志》。咸豐末燬。現因駐防未復,暫駐省城。

督糧、水利通判署　舊在府儀門內西偏。弘治知府柳琰建。柳《志》。　案趙《圖記》:府治儀門外馬道之右,爲通判宅者三。袁《志》:通判有督糧、水利、織造。明季蓋以三員分任。國朝康熙三年,通判殷作霖重建。《浙江通志》。乾隆七年,通判移駐王江涇,以前軍捕同知署爲通判駐防署。府西衙署圮廢。二十三年,知府曾曰理修建王江涇通判署。伊《志》。咸豐末燬。同治十年,通判鄭彤書請就郡城靈光坊官地基內領欵移建。

經歷司署　舊在郡治廳西偏。至元《志》。嘉靖丁未秋,知府趙瀛重建。趙《圖記》。乾隆三十五年,經歷元兆良修。五十八年,經歷鍾琪重修。伊《志》。嘉慶十六年經歷張颺、二十三年經歷陳從嘉,先後修葺。道光九年,經歷李輝曾、十八年劉玉衡借廉重修。于《志》。咸豐末燬。同治五年,經歷鄧壽仁在郡治頭門外東偏領欵重建。

照磨所署　舊在郡治廳右。雍正間移駐濮院鎮，其署久圮。伊《志》。嘉慶二十一年，照磨謝廷鐸重建濮院照磨署。道光八年李治平、十八年顧光照，先後修葺。于《志》。咸豐末燬。同治五年，照磨周建封重建。

司獄司署　舊在郡治南五十步。至元《志》。宋初置司寇，一作司戶參軍，後改司理院。柳《志》。明洪武元年柳《志》作十年，誤[4]。知府呂文燧即宋參軍舊廨爲之。趙《圖記》。乾隆三十七年司獄程兆璠、五十九年司獄陳宗禮、嘉慶十六年司獄池文芳、道光三年司獄王重遠、十八年張勤節，先後修葺。于《志》。咸豐末燬。同治四年，司獄陳裔德在於[5]郡治頭門外西隅領欵重建。

西水驛丞署　在府西三里通越門外。官驛有馬驛、水驛。至元《志》。至正末燬于兵。明洪武元年，除授站提領爲驛丞公廨。柳《志》。明末燬。國朝康熙十一年，知府王師夔重新之。吳《志》。嘉慶十六年驛丞蔡觀瀾、二十一年李初白，先後修補。于《志》。今廢，僦民房以居。

【校注】

[1] 按：《宋史・陳塤傳》："陳塤，字和仲，慶元府鄞人。嘉定十年登進士第，調黃州教授，部注處州教授以去。與郡守高似孫不合，去，歸奉其母。召爲太學録，踰年始至。遷太學博士，主宗正寺簿。遷太常博士。力丐去，添差通判嘉興府。彌遠卒，召爲樞密院編修官。監察御史王定劾塤，出知常州，改衢州，改提點都大坑冶。"本《志》卷三十六"紹定年"題名、卷八《學校》"宣公書院"條書及"紹定中，通判陳塤建祠于柳氏園"。

[2] 兆庭：阮元編《兩浙金石志》卷十六韓璵《重修嘉興路總管府治記》作"北庭"，是。

[3] 東：雍正《浙江通志》卷三十一《公署中・嘉興府》作"南"。

[4] 柳琰修弘治《嘉興府志》卷三《公署》："洪武元年，知府呂文燧即宋參軍舊廨爲之"，非"十年"。故柳《志》不誤。

[5] 於：此字衍。

嘉興縣

縣治　在府治東北二百步。《浙江通志》。五代晉天福中，升縣爲州，即縣治爲州治，別建縣治於此，宋元及明因之。中爲大堂，綴堂爲軒。堂東爲三相祠，又東爲典史署。堂西爲贓房，又西爲主簿署，爲縣丞署。今移建，並見後。又西北爲架閣庫，有堂。額曰清源堂，内江張聞達[1]重修。後黃册屋三間。大堂前爲月臺，爲甬道，中戒石亭。後易爲木坊。甬道左爲吏、户、禮，右爲兵、刑、工六房，門外左爲延賓館，館東爲土地祠，爲鄭侯祠。又捕役房右爲獄，南北二監。又民壯房正南爲譙樓，上竪榜曰嘉興縣，中爲大門，外爲毬場，左申明亭，嘉興湯《志》云：亭中有《知縣郭東去思碑》。右旌善亭。嘉興湯《志》云：洪武三年，創申明亭于城、市、鄉、村，凡有過之人，里老揭名亭内，以懲其惡。十六年，增置旌善亭。凡孝義、節行可稱者，備録以彰其善。二亭並列，異其高卑，蓋旌別淑慝之意云爾。又左爲皂役房，側爲河皂房；右爲快役房，側爲徭快房。中爲照墻，東西有木栅。街之南，更築高垣，蔽之正堂。後爲穿堂，左簡房，右庫房。後爲二堂，爲宅門。門内，中爲三堂，左右爲書齋。折而東，爲嘉會堂、碧梧軒。顏曰聯雅，取吳仲圭墨册意，嶺南梁森識。廊之北爲花廳，爲書室。曰拳石書屋，姑臧何鈺題。南爲前廳，西爲來鶴軒詳後《公署・古蹟》及檔房。又西爲關帝廟，後爲賓幕齋。又西爲箭道，中有射廳，後爲内宅，庖湢悉備。伊《志》。

歷代修建　明宣德八年，縣丞傅霖重建公堂、軒廳諸屋。柳《志》。　　明魏驥《嘉興縣修建記》：古者列國失政，史必譏之。若宮室、川梁修治之不時，亦係焉。今之縣，猶古之列國，而司之者奚可於所治視之猶傳舍，而漫不加省哉！宣德六年某月，貴溪傅霖時佐以才選，授丞嘉興。政教既臻重，惟邑治歷歲滋久，欹仄傾圮，愓然于衷，謂：夫今弗葺，必積久益壞，且無以昭等威，肅民庶也。亟欲撤而新之，尤慮僚友弗協，即謀及之。而僚友亦闓辭無異，乃首捐己俸，爲興作倡。由是僚友及邑民之好義者，亦從而樂爲之助。若夫朝程夕督于木石諸費，則惟時佐是司焉。經始於時佐涖政之又明年某月，落成於經始之明年某月。屋以間計若干，其宏敞嚴邃，規制合度，則視昔有加，誠不啻泰山巖巖之聿稱具瞻也。然嘉興實浙水西北邑，要衝叢劇，素號難理。故官於是者恒以關決徵辦爲急，其於官府之葺治不暇也久矣。是役也，費不出於公，力不勞於民，一旦俾其堂室、門廡輪焉奐焉於舊一新。此固由時佐視官猶家，而無所私；以誠立事，而無所憚。用克底于有成，抑非僚友之虛己讓能，邑之好義循理，則時佐亦烏得畢志殫慮，以致其效如斯哉，是皆可書也。兹同邑丞夏某以斯舉之善不可没，徵《記》於予，予故樂爲之書。若時佐之於政於教，而質於邑，固有可稱者，以無關於修建，則略而不贅。弘治六年，廳堂燬。七年，知縣黃澤再建。國朝康熙六年，知縣金鏞改建凝芬亭爲梅署亭。七年，闢屏墻爲門，額曰浙西首邑。十四年，知縣梁冲霄重建譙樓。二十一年，知縣何鋌重建延賓館，修葺後堂。《浙江通志》。乾隆二年，知縣閻沛年修。三十九年，知縣梁森修。四十六年，知縣金仁重修。五十四年，奉頒恭摹御筆墨刻《雞雛待飼圖》懸於大堂。伊《志》，各縣同。嘉慶二年知縣司能任、十八年知縣趙黻、道光四年知縣王維堉，先後重修。咸豐末燬。同治六年，知縣臧均之請欵重建。

縣丞署　舊在縣治大堂西偏。案：門額曰"督糧廳"，二門曰"儲國裕民"，欵縣程懋重修。康熙二十年，李侗重建。後圮，歷任儌居民舍。嘉興何《志》。乾隆三十二年，縣丞李國楷請就道署舊基西偏改建新署。伊《志》。道光十四年重修。今廢，暫駐王店鎮。

主簿署　在縣治大堂之西。康熙七年，朱鼎重建。嘉興何《志》。乾隆四十四年，主簿蕭文矩、六十年主簿八十九、道光十一年主簿劉秩、十八年主簿李琪，先後重修。咸豐末燬。同治九年，主簿馬玉麟領欵重建。

典史署　在縣治大堂之東。嘉興湯《志》。康熙十年，典史劉士俊改建。嘉興何《志》。嘉慶十五年典史孔廣文、二十年典史陳克安、二十四年典史王如璪，先後修葺。道光十年重修。咸豐末燬。同治七年，典史汪履吉領欵重建。

【校注】

[1] 按：崇禎《嘉興縣志》卷二《公署》作"内江張問達"。卷十一《職官·知縣》："萬曆丙子　張問達，字德孚，號誠吾。四川内江人。甲戌進士，行取山西道御史，官至南京户部郎中。"本《志》卷三十七《職官表·嘉興縣·知縣》："萬曆年　張問達字德孚，内江進士。"故"張聞達"是"張問達"之誤。

秀水縣

縣治在府子城西北一里。《浙江通志》。明宣德五年，吏部員外郎李亨相地於此，建立公廨廳宇。柳《志》。知縣趙忠始建，其制略如嘉興，而無譙樓。趙《圖記》。舊宋仁壽寺址。宣德四年，大理寺卿胡槩以嘉興地廣賦繁，請析西北境爲秀水，卜建今址。邑門瀕市街，湫甚。嘉靖間，知縣周顯宗移入丈許。秀水李《志》。中爲正堂。堂側有《秀水縣令題名碑記》，嘉靖壬辰，長洲文徵明撰碑。堂之南綴以重軒，堂東爲三相祠，右爲庫房，前爲露臺，爲甬道，中爲戒石亭，今易木坊。甬道下爲丹墀。墀左右爲六房吏廊。左爲吏、户、禮及承發房，右爲兵、刑、工房。南爲儀門，東西翼門，左爲土地祠，前延賓館，中有《彭祖觀井圖》碑。圖端題曰："夫井，險地也。蔽輪繫索，倚杖俯，童臨視，可無虞矣。而猶惴惴然不敢逼焉，慎之至也。嗚呼！險不必皆井也。而有非井之井存，能慎斯術以往，其或無所失乎。歲癸巳，濮陽姚材題。"案：俞焭《桐葉偶書》：秀水縣署有《彭祖觀井石刻》，未詳所始。考《徐州圖經》，宋陳靖嘗作是圖，爲之銘，序曰：面井而覆之以輪，背樹而纏之以繩，憑杖欹躬，跼蹐而迎視，兢兢然若將墜也。嗚呼！其臨事而懼之有若是，檢身遠害之有若是，後之君子得毋效歟。坡公爲滕達道作奏曰：俗言彭祖觀井，自繫大木之上，以車輪覆井而後敢觀，此言鄙而切于事。胡邦衡建炎中上奏高宗，引坡此喻云：願陛下密戒諸將持重如彭祖之觀井，則社稷福也。此圖蓋昉于徐，坡公嘗爲徐守，見之耳。右爲獄。東爲蕭王祠。東側捕役房，西側壯役房。又南爲大門，門内東夾道，夾道北爲縣丞署，東爲主簿署，又北爲丞衙，今廢。又北爲典史衙，極北夾道，通正衙。西吏廊之北，遺二庫，外爲吏舍。前爲大門，上竪榜曰秀水縣。外毬場，東西榜廊，南設屏墙。又南跨河爲縣前橋，橋左爲轎房、河快房、快役房，又翼房，橋右爲皂役房，正堂後爲川堂。後爲二堂，堂左爲外門房，右爲號房。舊爲軍資庫、架閣庫。二堂後爲三堂。舊額公廉堂。又聯曰：保障繭絲，媿奉職未優，自矢冰懷縈秀水；箕風畢雨，念字民不易，敢矜花事繼河陽。乾隆己亥潘安智題。前爲川堂，東折爲花廳。額曰又新堂，乾隆乙巳建。膠西紀有堂題。翼以修廊，前有照廳，再前，東爲書廳，後爲賓幕齋、書廳。東爲内宅，又東爲愛日樓，北側爲厨竈、三堂，西側有廊，爲關帝廟。三堂後爲觀我樓。張圖南題。後爲園，水木清華，有二亭：一曰嘉禾，一曰月波。詳《署中古蹟》。又瑞蓮池，舊有橋亭。康熙二十年，三韓于埏濬池葺亭，嘉蓮表瑞，時邑中紳士歌詠成編。伊《志》。

歷代修建　明萬曆丁亥、戊子間，正衙圮敝，後令皆居公廉堂。萬曆壬辰，知縣李培仍就左方新之，以公廉堂爲造册所。秀水李《志》。國朝康熙三年，知縣王廷機葺堂署、廊廡、重門。袁《志》。十二年，知縣李見龍重修大門。秀水任《志》。雍正十二年，知縣董懿修大堂及廊舍。乾隆十六年知縣魯克恭、五十六年知縣戰效曾重修。嘉慶元年春，大堂燬。知縣姚鳴庭重建。伊《志》。道光三年，知縣劉炳然重修。咸豐末燬。同治八年，知縣郭恩觀請欵重建。

縣丞署　在縣治大門内，東夾道之北。秀水李《志》。嘉慶二十年縣丞鄧必玉、道光七年段懷忠、十六年方銘正，先後重修。今燬。未建。

主簿署　在丞衙東。康熙七年，主簿張光恩重修。吳《志》。雍正間，廨宇漸圮。官多差委，未及時修，僅存空基。後皆僦居民舍。伊《志》。

典史署　在主簿衙東北，舊丞衙之北。秀水李《志》。康熙二年，典史井自瑞重建。秀水任《志》。乾隆三十五年典史鮑文烈、四十四年典史王彦林、六十年典史陳士驗、嘉慶十七年典史謝永福、二十四年典史曹佩蘭、道光十三年典史陳錫元，先後重修。咸豐末燬。同治十年，署典史儲鴻勳領欵重建。

嘉善縣

縣治在府城東三十六里魏塘鎮。《浙江通志》。元吳氏廢址。前臨華亭塘，後枕魏塘河。嘉善楊《志》。明大理卿胡槩度地定基。趙《圖記》。宣德五年，知縣鄭時領印開設。正統六年，李遜繼知縣事，凡未修者漸加增設，規制頗完。柳《志》。中爲正堂，前綴以軒堂。東爲三相祠。又東爲承發科。嘉善章《志》云：舊有幕廳三楹，即其址也。下爲月臺，兩旁爲皂隸房，中爲戒石亭。兩翼爲廊。

東列吏、户、禮房、課程科、糧房、鹽法科,西列兵、刑、工房。南爲儀門。門内左起徵科,門右軍器庫。嘉善章《志》云:俱北向。又有鑾架庫、架閣庫、贓罰庫在庫西南。儀門外,左轎班房、馬快房、銀房,右民壯房、土穀祠。嘉善章《志》云:祠西有延賓館,又有貯榜房及甲首門皂、守宿二房。又西爲獄。中爲譙樓,上豎榜曰嘉善縣。嘉善章《志》云:上有銅壺一座。下爲治門,左右班房。嘉善戈《志》云:康熙二十二年,知縣崔維華又築隔河照墻。嘉慶二年,知縣萬相寶新設治前牌坊二:左曰嘉猷,右曰善政。正堂後爲燕堂,左右爲門皂、值宿房,堂後爲宅門。舊名政本門。内爲二堂。額曰模醇,舊名對越堂。西花廳曰松風蘿月。二堂後,内宅門前爲川堂,後爲三堂。額曰職思,舊曰再思。北爲天尺樓,西爲書房,内爲寢室。東爲庖厨之所。後爲土穀祠,又後爲園圃。伊《志》。

歷代修建　明宣德五年,知縣鄭時建。柳《志》。　明張樾《嘉善縣治記》[1]:嘉興,古秀州,浙之西統,邑維三。宣德改元,大理寺卿胡公承上命,巡撫吳浙,歷觀是郡,最爲繁劇。乃奏請增置縣與官以治之,上允其奏。故嘉興縣分爲三,嘉善其一焉。去舊邑僅一舍許,前臨官河,地勢平衍,足以聚居民而爲聽治之所。越五年秋,縣尹鄭君始綰銅章,開設縣治。下車之初,四顧荒涼,莽焉荊棘。於是鋤治荒蕪,去高築低,經營謀度,詢諸同寅。若二尹陳君、蘇君、詹君,幕長楊君,咸極力贊襄,各捐己俸。吏皆悦從,鄉間好義之士亦翕然助費。以是歲九月鳩工庀材,中搆聽治之廳,前揭崇麗之軒,後爲燕休之堂,幕宇挾其左,公廨挾其右,凡兩廊、儀門、圖圍、垣墉,與夫公廨、室宇、祠祀、神壇,朞歲之間悉完且美。鄭君偕諸同寅,置酒燕休堂以落其成。復以書抵予求記其實,以垂不朽。夫郎官上應列宿,出宰百里,其責任爲甚重,故必邃其縣治,高其堂廡,以爲之發號施令之地,俾民有所觀瞻畏威而趨事也。今新建是縣,費廣力衆,民不告勤,不日而成,棟宇雄麗,甍桷翬飛,倪耄聳觀,嘖嘖稱嘆,則鄭君之用心可謂勤矣。然作屋室,使欂櫨侏儒、椳闑扂楔[2],皆得其宜者,匠氏之功也;爲民父母,使疲癃殘疾,鰥寡孤獨皆得其所者,縣令之功也。鄭君尚當盡心竭力,夙興夜寐,交修邑治,使斯民脱其瘡痍,頓生風采。如斯堂之黝堊丹艧,焕然一新,則鄭君之嘉惠斯民,豈淺淺也哉!"正統六年,知縣李遜葺。嘉善章《志》。成化中知縣汪貴、弘治中知縣吳傑、正德中縣丞倪璣皆增修之。趙《圖記》。萬曆二十年,知縣章士雅重修。崇禎癸酉,知縣馬成名建天尺樓。嘉善楊《志》。國朝順治十三年,知縣方舟重建蒞政堂。康熙十一年知縣莫大勳、十六年知縣楊廉,相繼重修。《浙江通志》。二十二年,知縣崔維華重修。雍正八年,知縣郜煜修葺歸燕堂、庫房、茶房于内署。另建庫房、茶房于石庫南。又即幕廳故址建三相祠,撤去幽亭,重建皂隸房于甬道左右,并重修兩廊、土穀祠諸處。又於涇口築堰閘,移關帝廟以鎮之。九年,知縣楊繩祖建花廳,并重葺之。嘉善戈《志》。乾隆二十六年知縣梁徽、三十八年知縣周樽、五十年知縣恒明均重修。伊《志》。咸豐末燬。同治四年,知縣傅斯懌請欵重建。

縣丞署　舊在二門外西。嘉善章《志》。康熙七年重建。四十六年縣丞康珪修。雍正八年,縣丞閻紹祖改頭門爲南向。嘉善戈《志》。乾隆三十八年,縣丞吳超移駐斜塘鎮。六十年,縣丞路泰修。伊《志》。道光十一年,縣丞張樹棠重修。咸豐末燬。同治九年,縣丞章元煦重建斜塘鎮縣丞署。

主簿署　舊在儀門外東南。嘉善章《志》。康熙四十五年主簿周宗達、雍正八年主簿曹廷基修。嘉善戈《志》。乾隆六年,曹廷基移駐楓涇鎮。伊《志》。同治五年,主簿張廷萱請欵重建楓涇署。

典史署　在儀門外東夾道。嘉善章《志》。康熙五十九年典史周定栗、嘉慶四年典史靳光朝、十九年典史覃光斗、道光六年典史謝元鎮,先後修葺。咸豐末燬。同治五年,典史徐漣重建。

【校注】

　　[1] 張樾《嘉善縣治記》:弘治《嘉興府志》卷十六《嘉善縣·詩文》收《嘉善縣記》,作張魁撰。本

《志》卷三十六《職官表·府教授》:"宣德年,張魁,新淦人。"卷四十二《名宦一》:"張魁,字萬選,新淦人。宣德初,以漢州教諭陞本府學教授……後以薦,陞御史。"隆慶《臨江府志》卷十二《人物傳》:"張魁,字萬選,峽江人。永樂鄉貢士,歷教諭,遷績溪尹,民爲立德政碑,擢監察御史。按陝西,所至揚風裁,藩臬敬憚。卒於官。"故"張樾"是"張魁"之誤。

　　[2]根闌扂楔:弘治《嘉興府志》作"根闌扂楔",是。語見韓愈《進學解》:"先生曰:'吁!子來前。夫大木爲宋,細木爲桷。欂櫨侏儒,根闌扂楔,各得其宜。'"

海鹽縣

　　縣治　在城東北隅。《浙江通志》。舊在縣城隍廟北三十步,有舊宣詔、頒春二亭,東西嚮。至元《志》。秦漢以下,營卜非一處,唐開元中建於今治之右。唐劉長卿《攝縣令》詩:"久客田園廢,初官印綬輕。家憐雙鯉斷,才媿小鱗烹。懶慢羞趨府,馳驅憶退耕。榴花無暇醉,蓬髮帶愁縈。地僻方言異,身微俗累并。潮聲來萬井,山色映孤城。滄海今猶滯,青陽歲又更。倘無知己在,今已訪蓬瀛。"　案:長卿攝令在至德中,此詩《上浙西節度李公》碑本與《集》稍異,錄之。又《海鹽官舍早春》詩:"小邑滄洲吏,新年白首翁。一官如遠客,萬事極飄蓬。柳色孤城裏,鶯聲細雨中。羈心早已亂,何事更春風。"洪武十七年,改爲海寧衞。知縣祝用宏即衞左舊按察分司而更置之,今縣治是也。海鹽仇《志》。去東門減舊署十步而近,於方左而尊矣。《海鹽圖經》。中爲正堂。明樊維城《記》略曰:海鹽,邊海之邑也。其風質,其民饒,而俗習獷悍,地界三分,盜賊多有,不易于[1]爲仁,似難于行令。余以爲仁之致與令之行,不可求之民也,故廣其說,以省覽焉。雖然,余未能也。今之縣,傳舍也;縣之尹,過客也,辟魯叔孫昭子所寓,雖一日必治其宮焉可矣。敢以告後來之居此堂者。天啟元年辛酉撰。前綴以軒堂,東爲土地祠,又東爲寅賓館堂。西爲三相祠。《浙江通志》云:正堂右爲軍器庫,爲架閣庫。前爲月臺,下爲甬道,東西兩廊,東爲承發、吏、户、禮及簡房,西爲俸給庫,供招、兵、刑、工房。前爲儀門,門外左爲縣丞署,署南爲獄。獄南爲典史署,右爲鹽捕民壯軍輪班房,正南爲譙樓,上豎榜曰海鹽縣。中爲大門,外爲毬場。場東西爲兩翼房,南爲屏墻。海鹽仇《志》云:旌善亭在大門左,申明亭在大門右。字民坊在縣治前,嘉靖中重建,改曰親民。正堂後爲二堂。匾曰清心。《海鹽圖經》:清心堂在治北,後改爲雙瑞,移清心名後堂。堂東爲軍器庫,西爲稿房、税房、架閣庫。內爲宅門。門內有川堂,內爲三堂。舊匾曰熙春。堂東爲花廳,廳後爲雙桂軒,廳西爲箭廳。堂西爲分杏書屋,堂後大樓五楹,爲邑令內宅,周以廡廊。庖湢之所咸具。伊《志》。

　　歷代修建　明正統三年,知縣左璇建譙樓,後知縣嵇鋼重建。陳塤有《記》。弘治中,知縣王璽重建大堂。海鹽仇《志》。成化間,知縣譚秀再建後堂[2]。嘉靖間,知縣夏浚闢縣門,樹坊,建左右碑亭。萬曆初,知縣饒廷爵重建二堂[3],知縣李當泰改顏雙瑞堂。詳《公署古蹟》。重修申明、旌善二亭。知縣喬拱璧易庫磚以石。《海鹽圖經》。國朝康熙五年,知縣湯其升重建縣門。《浙江通志》。乾隆四十二年,知縣張力行通署修之。國朝張力行《修署記》略:海鹽舊治,秦漢以來,遷徙不一,前明令祝君用宏徙置今所。中間歷經營構,備具載前志。署基瀕海環河,號稱雄勝。頭門上有譙樓,檐牙高聳,前令何君肇灝于內署築樓五間以應之,而或者猶嫌譙樓太峻,葢緣儀門、兩廊過低耳。爰鳩工庀材,高建儀門、兩廊,科房亦隨加高,仰承大堂。土地祠舊建儀門外,三相祠舊建頭門外,今移大堂之東西。寅賓館舊址久廢,今復建大堂之極東,于內則東爲花廳,仍以景魯額之。中有泉石花木之勝,復爲疏鑿蒔植,設鹿柴鶴徑,資其點綴,葢退食思政之所也。是舉也,捐廉從事,遂獲觀成,願後之守是土者時葺而新之,俾久弗壞云。乾隆丁酉七月　日記。五十六年知縣恒明、嘉慶元年知縣任澤和重修。伊《志》。十五年知縣張宗軾、道光三年知縣汪仲洋、十一年知縣鄧鳴謙,先後修葺。咸豐十一年燬于兵燹。同治十一年,知縣沈寶恒請欵重建。

縣丞署　在儀門外左。《海鹽續圖經》。宋時在舊治内,一在儀門内左,一在儀門外左。海鹽仇《志》。明洪武十七年改建。嘉靖中縣丞詹岳重建。《海鹽圖經》。舊有主簿署,缺裁,併入丞署。伊《志》。國朝順治十三年縣丞黄道運、乾隆二十三年縣丞雷廷鉽、四十年縣丞李梁、道光十一年縣丞郭帶汾,先後修葺。咸豐間燬,未建。

典史署　元時在舊治内,明洪武中改建於今治内。海鹽仇《志》。在儀門外,署旁即犴狴之所。伊《志》。嘉慶二十二年,典史韓鍾驥重修。咸豐間燬。同治五年,典史周振華領欵重建。

【校注】

［1］于:天啟《海鹽縣圖經》卷二《職署》收樊維誠《記》,作"與",當是。

［2］按:"成化"在"弘治"前,故此句應移至"弘治中,知縣王璽重建大堂海鹽仇《志》"前。

［3］按:本《志》卷《職官表三・海鹽縣・知縣》:"萬曆　饒廷錫　進賢進士。"光緒《海鹽縣志》卷十四《名宦録》、康熙《進賢縣志》卷十一《選舉志・進士》以萬曆初海鹽知縣爲饒廷錫。

平湖縣

縣治在當湖鎮。《浙江通志》。明宣德四年,吏部員外余亨相地於壽康道院之西陸氏宅。吴《志》。　案平湖王《志》:吏部員外郎余亨勘得當湖一鎮,浦泖環繞于東北,山海拱衛于東南,玉帶河爲托,鸚鵡洲爲峯,誠列雉建署之會,現爲居民陸廣等之基及壽康道院餘地。相度形勢,定此地爲縣治。五年,知縣王簡創建。改道院爲理廳,道房爲令、丞衙。正統九年知縣徐韶、弘治四年知縣林奇,相繼營建。平湖程《志》。中爲大堂,綴堂爲軒。堂東爲土地祠舊贊政廳、傾寶房、贊政廳。堂西三相祠舊批迴科、批迴科堂、號房、供招房。正堂前爲月臺,爲甬道。平湖程《志》云:中戒石亭,萬曆丁未,知縣蕭鳴甲改爲坊。甬道左爲吏、户、禮、鹽法、俸給、承發房,右爲兵、刑、工房。前爲儀門,左右角門,門西爲獄,門東爲主簿、典史、縣丞署。平湖程《志》云:東爲土地祠,稍前,右爲延賓館,左爲巡捕廳。正南爲譙樓,上竪榜曰平湖縣。中爲大門,外爲毬場。門左右翼以旌善、申明二亭。場南爲屏墻,大堂後爲二堂,東爲庫房,軍器庫、架閣庫。東北爲宅門,爲内署。中爲燕堂,東書屋,西古藤書屋。詳《公署古蹟》。後爲寢室,爲大樓,爲廂房,爲側房。燕堂之西爲園圃,西爲觀圃。知縣劉雁題題。中爲詮香書屋,後爲就樹軒,又西北爲天香亭。伊《志》。

歷代修建　明正德年間,知縣郭天錫建大堂,知縣王璽建燕堂。嘉靖十六年,知縣黎循典築圍墻。二十五年,知縣李僑建丞署、幕舍、寢室、書齋。三十一年,知縣楊挺高建譙樓。孫校有《記》。天啟中,知縣顧國寶塞各衙旁門,盡從儀門出。平湖程《志》。國朝順治十八年,知縣金鍛重建大堂。平湖朱《志》。康熙間,知縣董天眷輯天香亭。平湖張《志》。乾隆四十年,知縣劉雁題建西園、觀圃。四十四年,知縣張力行重建大堂。五十四年,知縣王恒于天香亭東建就樹軒。平湖王《志》。　王恒有《記》。嘉慶十四年,知縣劉炳重修。道光十四年,知縣沈逢恩修葺。咸豐末燬。同治九年,知縣邢守道領欵重建。

縣丞署　凡二所:清軍丞在縣堂正東,管糧丞在縣堂東北。柳《志》。後圮,假寓城隍廟。乾隆十六年,知縣閻公銑撤崇文書院,重建于縣堂東北。五十三年,縣丞彭澤濂重修,有《記》。平湖王《志》。嘉慶十七年縣丞謝燦、二十二年縣丞萬珍、道光八年縣丞祁鎬、十九年縣丞韓錞,先後重修。今燬。暫駐新埭鎮。

主簿署　在縣大門内東。乾隆十六年，知縣閻公銑重修，題其門曰佐令之署。四十年，主簿姚興瀠建書屋于堂西。平湖王《志》。道光七年，主簿林樹錦重修。咸豐末燬。同治六年，主簿姚慶鏞請欵修建。十年，主簿費文郁捐廉再修。

典史署　在縣儀門外東。平湖王《志》。嘉慶十八年典史錢書成、道光十八年典史汪寶瑞，先後重修。咸豐末燬。同治七年，典史龔鳳衢領欵重建。

乍浦巡檢司署　舊在縣東北五十八里齊景鄉二十都獨山。宋、元俱名故邑，在乍浦故邑城，去縣三十六里。洪武十四年，巡檢祁僧伽奴仍遷于本都乍浦鎮。十九年，因本鎮設千户所，巡檢張觀音奴起築屯堡，改移于此。海鹽仇《志》。後假寓僧寮。康熙五十三年，里人宋炳等捐資買民房十二間，改爲署。《乍浦志》。嘉慶十六年巡檢邱永安、十七年巡檢李枝蔭，先後重修。今燬。

白沙巡檢司署　在縣東北九十里海岸邊，舊在武原鄉十九都廣陳鎮。海鹽仇《志》。元爲蘆瀝巡檢司，洪武初改今名。十九年，巡檢辛克明起築屯堡，改移于此。《海鹽圖經》。今署久廢，假寓新倉鎮廟。伊《志》。

石門縣

縣治　在城内運河塘。《浙江通志》。天清宫東北五十步，舊縣治也。至元《志》。晉天福中，明《浙江通志》作三年。始建於義和市運河西五十步。宋建炎初燬，寄治廣法寺。紹興中，明《浙江通志》作二十四年。知縣黄揚重建。崇德靳《志》。元時陞爲州。洪武元年，改州治爲縣治，知縣梁宣仍舊開設。柳《志》。國朝康熙元年，改崇德爲石門縣。《浙江通志》。中爲大堂。石門鄺《志》云：隆慶末，知縣蔡貴易額曰崇德堂。後知縣陳宗湯顔曰作新。知縣靳一派立題名碑於堂左，自爲《記》。　宋趙與衮《刻漏圖銘》：禦溪復邑治自紹興乙亥歲，于今六十年而無刻漏以别昏旦。爲令者率以賦訟轇轕于懷，未暇及也。僕偶承檄攝事，輒按邵湯規式，命工製造錫壺，置之廳事之左。謹列其名物于上，使來者有所考焉。復爲銘曰：水有常度，晝夜不忒。政有常經，吏民不惑。朝聽夕修，君子是則。念兹在兹，惟謹厥德。嘉定八年五月望日。前綴以軒。堂東爲典史署，堂西爲主簿署。前爲月臺，爲甬道，中爲戒石亭。今改建木坊。甬道東爲吏、户、禮房，西爲兵、刑、工房，課程、承發各房，皆附于左右。前爲儀門，外左爲延賓館，館南爲土地祠。祠東爲儀仗庫，右爲吏廨，爲羈所。吏廨之北爲東西監房。正南爲譙樓，上豎榜曰石門縣。中爲大門，外爲毬場。崇德靳《志》云：左爲申明亭，右爲旌善亭。中爲屏墻。大堂後爲中堂，後爲宅門。又後爲後堂，堂東北爲庫房，東西爲書室。後爲寢樓，樓後築土爲山，其西爲園圃，有卧月亭、桐在軒諸勝。伊《志》。

歷代修建　宋紹興中知縣黄揚重建。柳《志》。　黄揚《崇德縣治記》：縣治自罹建炎兵火，鞠爲茂草，乃寓于邑之廣法院。所謂囹圄帑藏，案籍吏舍，紛雜莫辨，無庭除以别。官曹訟輩，氣息相屬，每郡吏追呼，徑造屏間，如是者葢二十有四年。揚始至旬日，慨然欲遷之，方積逋，日支懼不給，奚能侵於官？是歲適澇，常賦輸且艱，其忍哀諸民！朝夕慮，鳩工之計邈如也。一日，院僧如琳等數輩執幅楮，却進退，若無所措狀。問之，則曰：“縣居寄此久矣，齋粥無炊爨之所，夏臘廢戒律之儀，僦諸民居，與俗何異？願以殿後重屋之屬移爲縣宇，小大餘五十間，葢前百年之良材也。”揚嘉其言而納之，乃涓日相視舊址，首度土工，繚以垣墻，先創圜扉，次立廳事及旁吏舍、中門、環廡，於是粗備。豪右助金者一千七百餘緡，助材者巨細一百七十餘事。凡傭食之費取諸其間，出納之數具如案籍，有司掌之。故興作而民不知，始謀而郡弗沮。即其所自，則如琳輩之功也，揚何力焉？來者願毋擾廣法之衆，使揚無愧於永久，幸矣。紹興乙亥六月甲申。紹定初，知縣樓演重建譙樓。宋吴潛《縣譙樓記》：環百里而爲邑。視古子男，自唐以前，事權之重，至得擅生殺。本朝約四海于禮制之中，一民一物皆聽命於上，守將之權輕，則縣令之權尤輕。然有人民社稷教化政令之所出，獄訟財賦之所繫，人生安危休戚之所始，則權雖輕而任實重。故縣令之所治不肅，則吏民不威。凡縣邑門皆有樓，樓設鼓若刻漏，所以授人時，聳吏治，嚴晝而警夜者也。崇德自晉天福中得七鄉爲縣，地褊而版計繁。又適當孔道，舟車旁午，將迎應接之費十倍他邑，前後往往以罷輭不堪任譴。間號有才力者，亦不過埋頭于簿書期會，僅僅辦集善三年，去則已矣。其出而聽政，入而安身之所，猶將以逆旅傳舍視之，况斯樓乎！寶慶乙酉，東陽樓君實來，敏而有吏能。始至，則究極源流，疏弊蠹，發爲條教，具有繩準。粤明年，財用沛饒，舊逋宿負悉上于府。則以餘資躬自程度，鳩工聚財，創樓于縣門之上。首丙戌孟冬，迄丁亥二月落成。朱甍雲齊，晝棟山峙，雕欄緑楯，鬆窗堊壁。外揭巨匾，中立大鼓，晝刻宵漏，一毫不忒。既成，復撤新東序，面枕河流，導堙爲通，百梁跨河，去庳爲崇。于是邑人之往來者載瞻載觀，忻如儼如，不意父母之邦忽有此新美也。夫天下之理，公則一，私則萬殊。一，則事舉而無不宜；萬殊，則欲動而輒礙。今君以官事興役，不取之民，不斂之吏，人知其役而不知其費，此非天之生財豐于今而嗇于昔也，公與私之間耳。邑人嘉君能起數百年之曠闕，新一縣之耳目，屬予爲記顛末。予應之曰："君子莫大乎與人爲善，予也何敢不揚令之善，而慰邑人與善之思乎！"于是爲之記。君名寅，字仲甫，襄靖公之曾孫云。紹定二年四月望日。淳祐間，知縣黄元直重建中堂、後堂。明洪武初建譙樓及戒石亭。正統中，知縣焦寬重建中堂。弘治中，知縣湯沐重建後堂、内衙。正德中，知縣洪翼[1]重修中堂。嘉靖中，知縣劉宗武修葺延賓館、後堂；改建庫房，甃石爲城，并改建重門、堂軒、東西書室、寢樓。劉宗武自爲《記》。萬曆己丑，知縣孫承謨重建西吏曹房。辛卯，知縣王述古重建儀仗庫。辛丑，知縣陳允堅重建吏廨郭子直有《記》及闢西園。甲辰，知縣徐穆重建東書室。丁未，知縣靳一派重建西書室。崇德靳《志》。萬曆末年，藥庫火，知縣陳心德燔焉[2]，胥吏多死者。天啟辛酉，知縣陳宗湯鳩工重建正堂、後堂、内署。國朝順治十年，知縣陳邦寄重修中堂及六曹房。十二年知縣易象兑、康熙十四年知縣鄺世培，重修譙樓。鄺世培《記》：考石邑之治舊有層閣，冠于署門之上。置鼓若刻漏，其間以别昏旦，警宴息。其圮而廢諸，未計起自何年。乃邑居孔道，上官幨帷而至，與四方薦紳先生行過是者，視其布政之所觀聽不肅，麗譙不飭，必有以識治道之窳而議長吏之偷。昔單子入陳，火朝覿而道茀不除，斤斤然致咎焉。則兹鼎而新之無容或已，盍可知矣。長斯土者，忽於斯義，何以謹民間之蓋藏，而峻百雉之鎖鑰哉！予蒞兹薄兩朞矣，幸疆圉之棘以次靖，輂輓之頁以次集，郵傳之困以次蘇，芻茭供億之具亦備而不乏。爰是進鄉大夫長老而諗之曰：譙門之建，此其時乎！惟是一楹一甓，弗以賦諸民；一繩一削，弗以科諸匠。予與二三寮吏其節齋厨之供，捐賓客之奉，以竣厥工。而庶民之輸以力，大夫士之助以縉者聽，無所强也。詎意人心競勸，董不逾時，不支公帑一錢，不溢正額一粟，飛甍列枅，氣象焕然，成勞具在，予何敢尸？惟共襄厥事者之效，宜誌諸不朽已爾！十五年，正堂圮。五十四年，知縣韓麒趾重建，作新堂。石門鄺《志》。 韓麒趾《記》略：令之有堂，所以親民也，將朝夕見而字撫焉。石邑地當孔道，供應四出，官竭於資，民疲於路，無暇爲居息計，大都因陋就簡。麒趾始至，見治堂卑闃，漸即於圮。西廊、廨宇傾廢，吏抱案立蘚中，蹙然謀所以恢之。顧以初任，諸務旁午，興舉先其大者，刻無暇晷，朞年始能完葺西廨。三年之二月，乃決計重建，作新堂，擴舊宇而崇之。工甫興，予適視篆鹽官，戒僚吏無非材，無窳工。一磚一甓，無以科民；一鐮一粟，無以苛匠。每十日，輒歸而課之。始于仲春之上浣，落於季夏之初旬。然署後向有高樓聳峙，邑之休咎，令之遷除，往往於前堂後枕間徵之。予力不能兼舉也，敢以告後之蒞兹土者。咸豐末燬。同治四年，知縣楊恩澍重建。

主簿署　在正公廨之右。柳《志》。明嘉靖中，知縣劉宗武增建。隆慶初，主簿王襘增修中大堂。崇德靳《志》。國朝道光十七年，主簿徐知鏡修葺。咸豐末燬。同治四年，知縣楊恩澍重建于縣署東。

典史署　在正堂東。宋樓澤《縣尉記》：一行作吏，各有分職。令、丞通行之外，警察盜賊，平決詞訟，與凡保伍、饟餫之事，皆屬之尉，或憑籍門閥，或乍脱場屋，折腰斂板于千官之底。况當冠蓋往來之衝，朝暮將迎，匆匆鮮暇，徒勞之歎，殆爲此發。然賢且才者固可得以自見，若梅福、賈貢、裴虬、孟郊，載在史册，類有可稱，亦存乎其人而已。語溪爲禾興巖邑，尉廨殘於兵燬，僑寓僧坊。紹興講解，始遷新址，今又八十年矣。贛川曾子春始至，顧廳壁鋟木，記名氏自李君球以後，凡二十有五人，民部貳卿吴門林公、今諫議大夫錢塘俞公皆發軔於此，竦然起敬，知所矜式。既書兩考，年豐事簡,遂刊諸石,以詔不朽,俾澤識之。澤初筮淮甸,實居是官,履而後知之。子春今爲鄉人,相與有連,又爲同僚,嘉其不敢怠事,謹誦所聞,且以加勉。嘉定十三年中和節。正德中,典史李滋牓曰贊政。先是,丞、簿、尉從正堂東西角門、儀門出入,知縣蔡貴易于六曹房外,各闢甬道,丞、尉出入從左,簿出入從右。崇德斬《志》。國朝嘉慶十六年典史梁登緒、二十四年楊禮衡[3]、道光十九年張安邦,先後重修。咸豐末燬。同治四年,知縣楊恩澍重建于縣署西。

【校注】

　　[1] 按:本《志》卷三十八《職官四·石門縣·知縣》作"洪異"。光緒《石門縣志》卷六《名宦》:"洪異,字大同,龍溪人,舉人,正德末知縣事。"故"洪翼"是"洪異"之誤。

　　[2] 按:本《志》卷三十八《職官四·石門縣·知縣》作"陳心得"。光緒《石門縣志》卷六《名宦》:"陳心得,永定衛舉人。萬曆末,知縣事,愛民多惠政。會夜坐堂皇,藥局失火,奮身捍患,磽傷立卒,邑人憫之,爲搆祠焉。"故"陳心德"是"陳心得"之誤。

　　[3] 按:本《志》卷三十九《職官四·典史》:"道光四年　楊禮衡,順天人。"光緒《石門縣志》卷六《文職表·典史》:"道光四年　楊禮衡,順天人。"故"(嘉慶)二十四年"是"道光四年"之誤。

桐鄉縣

　　縣治　在梧桐鄉鳳鳴市。《浙江通志》。明宣德五年,巡撫胡槩、郡守齊政議設縣治於六鄉道里之中。知縣生用和草創廳事。桐鄉徐《志》。後知縣趙中繚以周垣,經理創建。柳《志》。中爲正堂。顏曰有衷。成化間,縣令梁敬易曰寅牧。　明黎選《寅牧堂》詩:"杏園仙子桐鄉令,早歲天門拜君命。甘雨隨車春意生,郎星燭夜天心靜。閭里不特揚清風,童孺無能説嘉政。自知治所須高明,故築斯堂上形勝。浙東山水雙眼豁,象外乾坤一時併。揭書寅牧字如斗,筆正要自居心正。詩書自作千古計,華水天拱四時興。曉出簾星渾未稀,晚歸窗蟾已孤映。人如子雲時問字,士有澹臺不由徑。寒泉瀉下碧玉壺,晚盦推出青銅鏡。琴彈古調豈愧宓,錦製妙手當思鄭。古桂還于秋後香,修竹正自霜中勁。人生立身貴秉節,治務行簡先居敬。牧民一寅只三載,天子求賢正明聖。我亦金華牧羊客,牧理會須與君訂。荒山細草天地春,物性未必非我性。百年大塊亦寅耳,丈夫志業何時竟。我詩贈君君莫疑,桐民更有甘棠咏。"前綴以軒,堂左爲贊政廳,堂右爲供招科。案柳《志》:軒右爲架閣科,成化間縣令孟俊遷架閣科于東廂。又建丞、簿廳,爲分治之所。前爲月臺,爲甬道,中爲戒石亭。今移置治廳東偏。道左爲吏、户、禮、承發、號房;右爲兵、刑、工房、鹽法科。又西爲獄。前有蕭王祠,號冤樓。中懸一鐘,令囚有冤欲訴,則擊之以聞。前爲儀門,外東西各建廊房。正南爲譙樓,上豎榜曰桐鄉縣。中爲大門,外爲毬場。桐鄉徐《志》云:申明亭在譙樓西偏,旌善亭在譙樓東偏。場東西爲版廊,南爲屏墻。大堂後爲川堂,爲宅門。後爲二堂,堂東爲耳庫房。桐鄉徐《志》云:堂左爲儀仗庫,爲黃册庫;堂右爲會客廳。二堂後爲三堂,三堂之東爲内庫,西爲土地祠。後爲内宅,爲園圃,有池亭之勝。伊《志》。

　　歷代修建　明宣德六年,知縣趙中建治廳、後堂、川堂、儀門、大門、譙樓、架閣庫,丞、尉等署。柳《志》。正統間,知縣田玉增置吏舍。天順初,知縣張泰修茸廳事,建榜廊于譙樓之左右,及申明、旌善二亭。成化十年,知縣孟俊重建六房,尋新廳治,移架閣庫於西廊,而易以分治廳。二十年,知縣梁敬重拓申明、旌善二亭,改建典史衙于舊址。弘治中,知縣王昊重修治署。明胡爟《重修桐鄉縣治記》略:桐鄉縣距皁林河南一舍許,即崇德之分縣也。建置之初,規畫略備。越今幾七十年,因循廢弛,殆不可縣。甚者如公寢惟遺址,學舍亦圮毁,驛巡廨宇不輯,官屬僦民舍以居,委積綯茅,困粟浥腐。若橋梁,若塹栅,若圖圉,養濟院房多不可觀。衡陽王侯登弘治癸丑進士,出知桐鄉,下車即以是爲憂。乃謀諸丞、簿,而下咸協志,移告于公,遂與民經始之。卜吉伐木石,搏埴爲瓦甓,執事執役者惟公惟慎。首學之明倫堂、尊經閣、生徒別舍,次縣之儀門、兩廊、譙樓、後堂、縣貳衙宅、土地祠,次養濟院、囹圄房、皂林驛、巡檢司,又次便民、預備二倉與布政分司。聿新創建者凡若干楹,傾頹而振起者凡若干楹,剥落漫漶而整餙鮮明者又凡若干楹。于市衢則設民杝以衞居氓,市外則成同情、燕子等五橋以濟行道者,桐鄉之治亦煥然一新。然工不逾時,而民不告勞,桐鄉人民相與樂成之。嘗聞侯爲民爭稅銀奇羨于其長,奮不顧利害治功速成有自矣,民寧忍忘子來者哉。正德八年,知縣任洛建黄册庫於後堂東,并建大堂前月臺、儀門外廊房,增築周圍縣墻。萬曆間,知縣高梅重修治署,有《記》。癸丑,知縣胡舜允重修譙樓。國朝順治八年,堂及後樓俱燬。康熙間,知縣孫郁、徐秉元修建。又修改架閣科爲鹽法科,添建供招科於西廊,號房于東廊。桐鄉徐《志》。雍正二年,知縣陳大慶繕修中堂及兩廊、書吏房。乾隆七年知縣李華松、十八年知縣王瑄,重建治廳,增加川堂于廳後,又重建供招房。二十三年,知縣韓本晉重修譙樓。三十一年,知縣雷士佺樹塞門于宅門内。四十三年,知縣王泰曾重葺三堂、儀門、書吏房,重建外廊房。四十六年,知縣李銓重建贊政廳。五十七年,知縣呂爾熺即造作廳舊址,建會客廳于後堂西。六十年,知縣李廷輝重修治廳、儀門、譙樓。李廷輝《記》:邑之有譙樓也,所以謹漏刻,嚴宵柝,辨昏旦,而理庶政也。《夏官・挈壺氏》以水火分日夜,告時於朝,與《秋官・司寤氏》掌夜時,詔夜士夜禁之職通。自齊風以顛倒衣裳爲失節,刺挈壺氏弛其職矣,嗣是而浮箭傳漏,靈虯吐流,更以鼓點之鉦。然則譙樓之建,非亦興居號令之所必重歟。癸丑嘉平中旬之六日,涖任桐溪,入其樓,樓欹;入其堂,堂圮。因思唐房琯歷宋城、濟源而以繕理廨宇著能者,興利除害,其權輿也。乙卯籌及經費,申請方伯預支廉銀,擇日庀材鳩工,堂廡輪奐一新。越十一月之五日,譙樓落成。是夕也,天宇霜清,訟庭閒冷,漏鼓初撾,挑燈兀坐,默計半載以來,刑獄之輕重,果得當否;爭訟之曲直,果盡平否;農桑之勸課,果無怠否;糧賦之催科,果無擾否。一一内訟,不覺惘然有失也。嗚呼! 天道之妙,千歲可致,而基于一刻之弗差,治道之盛,庶績咸熙,而原於寸陰之無曠古人,所謂晝而考職,夜而計過,無憾而後即安者,其在斯樓歟。嘉慶二年,復繕修監房。伊《志》。道光四年知縣王鼎銘、十二年知縣黄攀桂、十九年知縣高奇偉,先後重修。咸豐末燬。光緒元年,知縣龔鳳岐請欵重建。

縣丞署 在正堂東。吳《志》。乾隆三十七年,知縣潘安智、縣丞王華改延賓館爲丞署。五十一年,縣丞郭淳奉委駐青鎮。五十六年,知縣呂爾熺與郭淳增造。五十八年,署縣丞曾毓芑增建大門,額曰糧廳。伊《志》。道光二年縣丞許繼栢、十七年栢書,先後重修。咸豐末燬。光緒二年,縣丞王春澤請欵重建。

典史署 在正堂東北。吳《志》。乾隆三十九年,知縣潘安智、典史耿昭,將丞署遺址搆建。五十六年,知縣呂爾熺、典史易元曜葺大門,額曰督捕廳。伊《志》。嘉慶二十年典史李華年、道光十二年鄧醇重修。咸豐末燬。同治五年,署典史高長松領欵重建。

巡檢署 初在皂林鎮。康熙三十六年,題請改建于青鎮,以駐防廨爲巡檢司署,即常平倉故址也。乾隆二十四年,巡檢朱瑞麟重建大堂。三十七年,巡檢姜寶善重修。伊《志》。嘉慶十七年巡檢李景瀚、二十三年巡檢李簡、道光十二年、十九年巡檢黄宗鈞,先後重修。咸豐末燬。同治四年,署巡檢金和節請欵修建。

嘉興府志卷七

公署二

弘文館　在府治西北靈光坊，《浙江通志》。即布政分司。明崇禎年間，知府鄭瑄建，爲督學校士之所。相傳爲宋監倉，東廳中爲大堂，後爲川堂、寢室，後建一亭，堂東西爲號廠。吳《志》：可坐千人。前爲儀門，東爲賓館，西爲土地祠。大門外，東西爲府、縣官廳，南列照墻，東西轅門，樹坊二：東曰文章司命，西曰風教提衡。袁《志》。　明陳懿典《弘文館碑記》：昔唐太宗置弘文館，增學舍千二百區，貞觀之風稱極盛[1]焉。明皇留心儒術，簡博士鄭虔主之，茂育之化，蔚然盛美。國初，弘文學士之銜，名位清要，劉文成亦辭封拜。今郡守創建試第，取其名顏之，蓋昉諸此。我禾宣德四年，分增屬治，譽彥輩起。荏兹土者，欣瞻彙征之盛，而憚于鼎造，因循避勢。雖國家射策鉅典，迄無定宇。故事，督學較禾，權借大察院爲棘闈，浩費帑藏，葺壓[2]，鳩工[3]煩累，浹旬[4]不即告竣。試畢給散，薪木化爲敗物。三載間，歲科接踵，再興再廢。他若上臺堂課諸提調季考，或值繡衣出巡，勢必徙之饗宮廟剎與郊外五賢祠。密寶斜扉，固嫌卑隘[5]，巖棲[6]頹壁，復驚履冰，當事者憂之。恒念露臺百金可惜，此院千金不可不捐也。郡守鄭公德業豐偉，躬荷斯文重任，藝苑曠闕，實刺史之責。詳審經畫[7]，惟按察荒址，係世廟禦倭郵署，修之不資，棄之無名，毅請改營，築室數堵，規格整飭，洞開諸門。奎耀映霄二百餘年，諸子衿一朝頓見體制[8]威儀，猗與盛矣。是役也，先割俸爲七邑令尹倡。二三幹掾，分董其勞。一切土木，平準勿擾。興情懽躍，願言子來，此誠悅服之明效也。昔翁家次公遷沛邑，興鄭陂，令聞藉藉，而公爲鴛湖長，力扶文運，使讀書者[9]登堂入室，繼絕學，宗薪傳，流澤孔長[10]，更何底興。公相宅卜吉，始于春正月，交夏仲告成，止四閱月耳。不百日而談笑就功，都人士感[11]公鼎樹，若有神助，與周召營洛媲美[12]。諸弟子員朱治曄等請之直指鄧君，乞余言以勒垂名業。異日彤庭採郡乘，書某二千石賢，著其[13]績爲不朽。余實忻[14]附而誌其略云。　黃承昊《記》：我浙學使者試士會城有校士館，而我郡獨無之。每遇學使按郡，棚廠之費不貲。雖七邑合輸，然竹木供自郡城，諸肆商賈苦之。一建一除，七邑所輸，既委諸逝波，而日暴雨霖，民間之物半歸朽壞。往者網疎，歲考約十載方一及，猶可强支，邇則功令嚴密，非歲科兼周，學使者不得擢。三歲中兩試，業爲之額，將邑困供輸，而民不堪命矣。惟我郡侯鄭公祖有慨于心，毅然創建館之議，以爲一勞永逸計。虛心博訪，殫力圖維，蓋經畫之精，綜理之密，幾于嘔心矣。木石之價，傭役之值，悉準民間，纖毫不以累民，大工落成，閭里中若不知也。我侯經綸妙手，即此可覘一斑矣。敬記其實，弗置諛辭。是役也，規畫于崇禎丙子之臘，始工于丁丑之王正，落成于夏五，不半載而大役以就，亦足徵子來之民情矣。**國朝嘉慶十年，知府李賡芸倡捐重修。**自爲《記》：嘉慶十年四月，前郡守鉅野姚君奉文府考。甫試嘉善、海鹽二縣童生，遽丁內艱。時賡芸以郡之海防丞于役德清，督煮賑事。奉臺檄，俾權守事，并令馳赴辦考，蓋恤士子之羣集以待也。既受印，次日即開考。天多雨，目擊東西號舍，庫陋湫隘，上淋下濕，几案坐具又時有毀裂者，心爲之不寧。居無何，仰蒙恩命，真授是職，乃躍然曰："今可以改作之矣。"爰進郡之薦紳先生及三庠之士而謀鼎新也，則僉曰："諾。"復就外縣之薦紳先生及庠士而謀焉，則又僉曰："諾。"於是賡芸偕各邑令尹先捐俸以創，而七邑之人出金者遂相繼不絶。乃延項君學醇、陳君延聲、錢君善膺、褚君長春四人董其役，鳩工庀材，且司出納。凡庶人、在官者，胥不得與焉。遂擴文場東西之地而展寬之，文場之內隔以庭，文場之外繚以闈。所擄者，所坐者，所便旋者，雨之所能侵者，日之所能入者，罔不曲爲之計，以期於無憾而後止。又濬溝甃石，自堂以下至門外之屏，平其路如砥。又舉東之客位，西之韓公祠而并新之。文場將試而啟，既畢而閉。扃之鐍之，以篷簏障之，皆有司其事者焉。賡芸初意不過欲崇其棟，密其瓦，甃其地，堅其坐、倚之具而已。初不虞如是之改絃更張，而其工作又如是之堅緻而整齊、周詳而鞏固也。《詩》有之："如竹苞矣，如松茂矣。"《記》有之："美哉輪焉，美哉奐焉。"舉以目斯，殆可無愧，蓋不特爲兩浙試院之冠也。"夫士而懷居，不足以爲士。"此聖人之言也。畢世之居不可懷，況一日之居乎。然而士之就試良苦矣。早則夜分，遲或雞鳴即興。食而持槖，立於風霜雨露之下，以待唱名。

比入場，非遲明即日出矣。力既倦，腹既枵，又以陋室困之，宜其文之遠遜於平素也。是以工欲善其事，必先利其器。而今而後就試之士，庶幾心開目明，其可以抽秘而騁妍，爭盡此一日之長矣。是役也，經始於十一年三月，畢工於八月，計用白金七千有奇。出錢者多，不能仿漢碑之例，鏤姓名於碑陰也，則別梓徵信錄以垂久焉。董役之四君子，尤能盡心力而爲之者，其材足支百餘年。尚有歲修之經費存，則不僅百餘年矣。工既畢，迺勒其緣起於石。道光四年、九年，嘉興、秀水二縣先後重修。十八年，秀水紳士陳宗柏捐修東西文場。咸豐十年，燬于兵。同治三年，知府許瑤光重建。自爲《記》云：嘉與古吳越交壤地，左抱淞瀆，右吞苕笠，前控大海，平田沃壤，野穀自生。秀水五色，蔚成奧區。其士人率彬彬秀雅，秀州錫名，其以此乎。漢晉以薦辟舉士，時則有若嚴、施、于、顧、諸陸彪炳史册，先後相輝。至唐肇科目，陸宣公由進士爲名臣，扶翊唐室尚矣。宋自熙寧以迄明末，每科或五六人，或十餘人。國朝順治己丑登進士者二十四人，康熙己未與鴻博者四人。其時匠成翹秀，鳳翥鴻翻，懷瑾握瑜之士莫不爭自礱錯，以副崇文之雅化。中如陸清獻紹洛閩之傳，功德加於海內，雖不能以科目囿之，然實自科目起家，則知朝廷以輶軒校士，論秀書升，詳延天下方聞之士補弟子員，釋爵前師，以習智禮于庠序，莘莘祁祁，觀國之榮。因而招振材端，啟發性緒，以標爲人倫襟冕，固不可一日已也。同治三年孟夏，瑤典郡嘉興。時郡城克復始七旬，官廨、民房，盡付灰燼。弘文館者，督學使按臨之所也，在府署北，往省視，則瓦礫蒿蓬，不辨舊址。蓋郡城陷於賊，至是已五年矣。儒生廢經史，流離遷播，不得與歲科試者已三次矣。一旦官軍報克復，始欣欣然，發篋啟書，各理舊業。至六月而金陵戡，八月而湖州克，兩浙肅清，東南底定。中興景運，如日再中。學人懷抱利器，昕夕翹企，冀得一展，而皇華使者無掄材地，守土者能不惻然！迺商之紳耆，緩諸土木工不舉，檄七邑釀金，修弘文館，急先務也。于三年八月經始，四年四月落成。羣屬瑤爲文記之。瑤惟試館以弘文名，其時義亦大矣哉。蓋文也者，在古人爲德性之英華，在後人爲詩書之菁采。韓退之進學一解，以六經與司馬相如、楊雄相提並論。其佶屈聱牙，奇法范正，幾若以末世雕蟲小技上測聖賢矣。不知古之神聖、賢人身體力行，毫釐無謬，不得已而發爲教世傳道之書，本無意於工詞，而義精理密，遂郁郁可觀。如堯典文思，禹謨文命，文王之經天緯地，文公之制禮作樂，孔顏之博文約禮，僅以文視之不可也。退之枕葄古籍，根柢經訓以爲文。故文直越八代而上，惟閟中肆外，尚不免以文視經訓耳。至今日士人讀聖賢書，以經義代聖賢立言，應亟知文以載道，必融貫於聖經賢傳，而平日之砥行立名，又曲曲焉以與之相赴，庶幾由淺造深，由末悟本，處則孝弟稱於鄉閭，出則勳業節義顯於當時，而傳於後世，斯不負讀書爲文之本願矣。若斤斤焉以一藝博科名，邀榮耀，其剿竊浮薄者，固深足鄙恥，即鎔鑄經史，瑋詞瑰論，炫一時之耳目，以傲然自雄，而反躬內鏡，文與行絕不符合。吾恐上無以對往哲，下無以副知己，於經義取士意亦大謬不然矣。能毋戒旃，爰書之以告來者。

【校注】

[1] 極盛：陳懿典《郡守鼎建弘文館碑記》作"郅隆"。按：此碑尚存，嵌市區攬秀園南園外牆。

[2] 茸墅：《碑記》作"茸院軒廠"。

[3] 鳩工：《碑記》作"然鳩工"。

[4] 浹旬：《碑記》作"非浹旬"。

[5] 卑隘：《碑記》作"廋弊"。

[6] 棲：《碑記》作"樓"。

[7] 詳審經畫：《碑記》作"詳慎經審"。

[8] 體制：《碑記》作"漢官"。

[9] 者：《碑記》作"種"。

[10] 孔長：《碑記》作"卓邁"。

[11] 感：《碑記》作"奇"。

[12] 媲美：《碑記》作"配天媲隆"。

[13] 其：《碑記》作"某"。

[14] 忻：《碑記》作"欣"。忻，同"欣"。

鹽場公署

嘉興批驗所　在春波門外五里。趙《圖記》。門堂俱南向，掣北向，即宋鹽倉，曰寶花倉址。嘉興湯《志》。元延祐間，嘗置所於衙前橋之南。案《元史》：大德三年，于嘉興設檢校所，專驗鹽袋，毋過常度。至正戊戌燬。明洪武戊申，以水次便利，移建於此，即宋玉霄萬壽宮遺址，歲久傾圮。萬曆三十五年，巡鹽御史方大鎮重建。明張以誠《重建嘉興批驗所碑記》：在鹽政，場竈煎鹽，邊商報引，內商質其引以支鹽而運銷之。顧夫引或詐冒，鹽或闌出，此批驗所之所設也。故事：每歲季月，商各昇鹽集臺使者，委官驗引，引符輒放，無留行，其後乃有秤掣之法，踰額即第其輕重而罪之。然猶須鹽運，後徵納餘鹽。至于刻期畢登，始許發運，而商遂困矣。所在嘉興東郭，故有督掣廳堂，久且敗。居官者視若逆旅，莫適爲葺，而商當積困之後，又誰肯捐己資，以急公家之役者。然而掣之日，上下若杞人然，兢兢惟崩壓是懼，稍雨即坐塗潦中，屑越甚矣。歲丁未，商綱朱國裕、王誠、黃棟桂等請于臺使者方公重繕之，則公首斥贖鍰五十金，爲有衆輻始于是。工必中程，材必中度，其廣袤必中地宜，其建制必中方位，其埏埴必中準繩，其塗塈必中物采，首門宇，次階墀，中堂皇，左右燕寢，森森井井，繚以周垣。腐者易而堅，朽者易而良，湫隘者易而爽塏，陂陀者易而輪奐，蓋自戊申之丙辰，迄于壬戌，七涣月而事舉，計費千餘緡。衆商欣然任之，無以爲屬己也者，此何以得于商哉。我國初，每引止輸粟二斗五升，較子母利頗倍。迨世廟末，南海氏爲政，議折粟價，納銀三錢五分，則利輕而鹽多，壅滯之始也。頃中使出監稅事，將囊括諸商而遏志焉。會涇川葉公永盛按浙，以死力爭之，中使權稍奪，然稅額藏增三萬有奇，自此引價視昔益重矣。公念商之困既久，如將按額而取盈，非苟其譏察不可，商無所規利而力竭，勢必鳥獸竄，故其所爲先後，撫卹百端，而最要者，如開四運，禁小票，務與諸商公其利權，毋墮文罔，雖再疏請罷增稅，未報可，而商固幸以少甦。宜乎商之德公，而不敢愛其貲以繕茲所也。國朝因之，置掣廳前，臨運河。嘉興何《志》。掣廳北，向西爲關帝廟，東爲土地祠，南向即仰德堂，中有觀稼樓，所署在掣廳之東。伊《志》。今燬。同治初，暫駐海鹽之嶼城鎮。

海砂場鹽課司　在縣西一百二十步，宋爲砂腰場。明正統元年，都御史朱鑑移置治東一十八里砂腰村白馬廟東。海鹽仇《志》。咸豐末燬。未建。

鮑郎場鹽課司　在縣西三十六里澉浦鎮西門外。海鹽仇《志》。宋時舊廨址在通江橋側，苕溪朱俯立。《海鹽圖經》：李昌宗《記》。咸豐末燬。未建。

蘆瀝場鹽課司　在縣東北九十里，今隸平湖縣。海鹽仇《志》。在縣東北三十九里蘆瀝市東，明洪武元年建。趙《圖記》。萬曆四十六年，移置縣治之南門。國朝康熙三十九年，因離場太遠，復移新倉鎮。《兩浙鹽法志》。咸豐末燬。同治十三年，大使沈福祉捐資置，買民房一所，改爲署。

武職公署

嘉協副將署　在府治西北。《浙江通志》。順治七年，奉經制額設。十一年奉裁，改設游擊一員，移駐海鹽。康熙五十年，福浙總督范時崇題改游擊爲副將，駐劄府城。五十四年，副將何肇彩增設衙署。吳《志》。咸豐末燬。同治五年，副將劉樹元領欵重建。

都司署　在府治東，即舊察院基。初爲推官宅，康熙六年裁推官，改爲同知署。五十七年，同知移駐乍浦。雍正六年，添設都司，改爲中軍都司署。七年，都司呂上懋重建。《浙江通志》。咸豐末燬。同治四年，署都司傅宏禧請欵修建。八年，署都司周萬友建軍裝局房。

左營守備署　在海鹽縣署西。《海鹽續圖經》。順治十二年，游擊駐劄海鹽。康熙五十年，移駐中軍守備。雍正間,移駐左營守備。伊《志》。咸豐間燬。光緒二年重建。

右營守備署　在乍浦南門内,明備倭把總署。嘉靖九年,把總杭州右衞指揮楊和建。二十一年把總杭州前衞指揮陳鳳、四十四年欽依把總章延廩重修。《海鹽圖經》。國朝順治十三年,移嘉協守備駐乍浦,改爲守備署。《乍浦志》。今燬。未建。

城守營署　在府城報忠寺西蜆子匯。久圮。賃居民舍。吳《志》。

嘉興汛防署　在東門外天尊閣。吳《志》。今燬。

王江涇汛防署　在王江涇鎮。吳《志》。咸豐末燬。同治四年,千總金朝元重建。

新城汛防署　在新城鎮。吳《志》。今燬。

嘉善城守營署　向借預備倉。嘉善戈《志》。久圮。同治六年重建。

澉浦汛防署　在澉浦城。《海鹽續圖經》。今燬。

平湖城守營署　在縣治東,康熙三十一年建。平湖張《志》。今燬。

石門城守營署　在石門城内。伊《志》。咸豐末燬。同治四年,知縣楊恩澍重建。

桐鄉城守營署　在治東。乾隆五十七年,知縣呂爾熺建。伊《志》。今燬。

濮院汛防署　在濮院鎮。吳《志》。今燬。

水師公署

乍浦水師營副將署　在乍浦南門外湯山麓。雍正七年建。《乍浦志》。咸豐末燬。同治九年,署副將楊春和請欵重建。

左營守備署　在乍浦南門外。雍正二年建。《乍浦志》。今燬。

右營守備署　在乍浦南門外陸家橋。乾隆二十年建。《乍浦志》。今燬。

左營千總署　在乍浦東門内緑旗水兵營。雍正八年建。《乍浦志》。今燬。

右營千總署　在守備署側。乾隆二十年建。《乍浦志》。今燬。

左營把總署二員　左司在乍浦北門内,右司在守備署西,並雍正二年建。《乍浦志》。今燬。

右營把總署　在守備署左。乾隆二十年建。《乍浦志》。今燬。

澉浦水師營都司署　千總署　把總署　均在澉浦南門外海口。道光年建,今燬。新纂。

衞　署

嘉湖衞署　舊爲海寧衞,在縣西一十步,舊縣治也。洪武十七年,移縣治于東偏,改設本衞於此基南,西北相距,河東並縣。弘治中,把總嚴明掌衞事,指揮使李振重修。明錢福《重建海寧衞記》略:浙江都指揮使司所領海寧衞,其地爲嘉興府之屬縣海鹽。海鹽,故州也,衞治即州治,與今縣治連。其領左、右、中、前、後五千户所附之,而乍浦、澉浦二守禦所遥隷焉。衞泊海可二里許,其海塘與寧、紹相望,倭夷之所出没,魚鹽之饒,漢稱都會,番舶之萃,元且富區,可不爲浙西一大隩要哉。正統間,夷寇乍浦,遣後千户所共守之,而仍領焉。若今所附,即四所也。監察御史關中張公鸞爲浙江按察使副使,敕視海道至,則曰:練卒閱將,申令葺械,修城壍,備堡塞,固隄防,吾職也。若夫衞所頹墮,堂陛不分,作止無階,何以持權而莅其成哉。於是按節海寧衞,而有振頽起廢之舉。乃會議總督、都指揮黃公華覈得舊所備估而未行者,乃畀把總指揮嚴君明主之主衞事,指揮李君振協督焉。於是有蒞事之廳曰宣威，其後爲堂曰退思。左爲經歷司，文士佐貳，古之參幕也；右爲齋宿所，大事戎祀，國之所慎也。退思之左爲客使館，重交際也；右爲鸞駕庫，慎奉上也。軍器有庫，旗纛有廟，習其所有事也。宣威之前，六房對峙。儀門之外，爲屬官集議之所、鎮撫之廨、頒示榜文之舍。譙樓門閎，焕然一新，誠足以壯觀、肅威、振武、別秩也。經始于壬戌七月，落成於癸亥五月，其爲費銀以兩計者九百六十四兩有奇。張公蕆止，顧而悦焉。既又歎曰：“有衛而無所，可乎？”乃出其道中所積餘銀，勸官軍義士助給之。而嚴君仍董其役，遂成四所。嚴君恐後之人不知所自，而或至於易墜也，走書徵言以爲《記》。嘉靖中指揮崔鼎、彭端，隆慶中姚磐，萬曆中彭紹賢並重葺。海鹽仇《志》。國朝康熙間，以衛署改設，城守營移建于縣西新橋北。即總司行署舊址。乾隆十五年，裁併嘉興所，改名嘉興衛。二十六年，裁併湖州所，改名嘉湖衛。伊《志》。咸豐末燬。同治十一年，衛守備孫悦恭請欵，購買海鹽南門內民房，改建爲署。

鎮守乍浦滿洲駐防公署

副都統署　在乍浦東門內，環以城。協領以下署附列左右，並雍正七年建。平湖張《志》。今燬。未建。

協領署　凡五。

佐領署　凡一十有一。

防禦署　凡八。

驍騎校署　凡一十有六。

左司署　凡一。

右司署　凡一。

筆帖式署　凡二。以上《乍浦志》。咸豐十一年，俱燬於匪。尚未建復。

公署古蹟

嘉興府

同穎堂　在郡治。宋守俞浙改名修齊。至元《志》。

清香堂　在同穎北。趙《圖記》。宋守俞浙改名敬信節愛之堂。至元《志》。

山堂　在府治內西北。宋郡守張德甫建，後守李孟堅改名浩燕堂。柳《志》。取沈括詩，米芾書，刻石於堂之東壁。《大清一統志》。宋沈括《浩燕堂》詩并序：“嘉興太守、番陽張侯德甫重新西堂。太守以重名宿學教治綏輯，民樂其政，歲以大穰。時引故人賓客，燕於是堂，而屬括名之。括請名曰浩燕，而爲詩一篇，以見太守所以禮賓客、美登臨之意。　西堂昔日冷蕭條，使君名高堂爲高。流紅碎璧動鏤雕，粉黛翕倏隨揮毫，太守浩燕觸九牢。門前過客羅百艘，襘褕煜煜欄亭皋，切雲危冠控豪曹。秋鶴霜毛飛錦袍，六鵲曳地橫金腰。輕羅韜煙媚中宵，緩歌閣舞縈雲髫。趙人手提千牛刀，目視大犗如鴻毛。太守巨筆如波濤，指畫風雲慘動搖。佩牛帶犢如銷膏，區區古人無是超。吳秔如脂噉百筲，連車折軸棄道交。釜區爭先走名豪，旋罏掣酒飛千觚。社伯稱觥釃釀醪，鬙鬙禾黍藏笙簫。太守浩燕樂歲饒，豈徒割烹盈大庖。”

涣堂　在郡圃內東北。至元《志》。宋紹興中，郡守王安道建，李孟堅改名衆樂。嘉熙初，知府史宅之重修，名涣堂。柳《志》。　宋史宅之《修涣堂記》：郡後圃東偏，舊有涣堂，紹興間太守王公安道所創也。方六飛渡南,公驅馳兵間,歷變履險者數矣。其後南北講解,上方樂天保民,以生聚教訓從事。嘉禾去天最近,民用和懌。公之至於是邦也,不自意其生乎憂患之餘,一旦遂有爲郡之樂。嬲懷感憤,至是殆若渙然冰釋者。是雖皇天悔禍,世運推移,其極必復,而嘉興牧守輯寧於方國,則亦莫非君上賜也,蓋名堂之意昉此。歲月漸老,聞見不接,後人榜之曰"禾興",則又以郡之所以得名者名斯堂也。迺嘉熙改元夏四月,余寔來,始延見吏民,具宣聖天子德意,奉職循理,夙夜不敢懈,尚何所於遊,何所於燕? 居數月,爬梳櫛理,略見端緒,上下稍稍相安,調度僅不至乏絶。間從公餘,與客登斯堂,顧瞻榱桷毁剥,楹杙傾圮,若將壓焉。是不可不葺而新之,且復其名曰渙,使不廢其舊,蓋是年冬十二月也。夫合一郡而言,凡園池亭宇皆郡之觀也,既以名郡,雖不以名堂可也。惟艱難憂險之備嘗,而優游佚樂之驟適,乃獨不敢一日以忘上恩,前太守之意則不可以不存。若曰好惡不同,去取各異,後之視今,或猶今之視昔,抑余豈得以預計哉? 況夫人情事物之終始,政如循環之無端,合者未有不離,渙者未有不聚,盈虛消息之數流行於宇宙間,雖智者亦卒無以易此。在《易·渙》之六四,近君之謂也。曰:"渙有丘,匪夷所思。"説者曰:"丘,聚也;夷,常也。"當渙散之時而能大致羣聚之功,此非平常思慮之所及。又必有先天下之憂而憂,後天下之樂而樂者任此。余以菲材試郡,蒙被聖恩,得不以罪去,既幸矣,而何敢以及此也? 敬書其實,以俟來者,倘存古之志同,庶幾相與緝續之,俾勿壞。

　　平易堂　　在郡治舊通判廳之東。

　　坐嘯堂　　在郡圃西偏。

　　同宣堂　　在舊府判東廳。

　　志隱堂　　在舊府判西廳。今爲織造局。

　　順觀堂　　在舊府判西廳。以上至元《志》。

　　六鶴堂　　在府治後。宋知州鄧根建,其後知州徐葳於堂北爲雪窗,外臨荷池。《大清一統志》。

　　荷屋　　在郡圃後。至元《志》。

　　六鶴亭　　在郡圃内。柳《志》。

　　嘯諾堂　　在州治之西。宋郡守沈括建。《名勝志》。　案:至元《志》不載嘯諾堂,而《題詠》門別收沈括《秀州秋日》詩,至柳《志》始著嘯諾堂。趙《圖記》即於嘯諾堂下附入括詩,今以其詩本非題堂之作,故從至元《志》例,別著《藝文》。

　　教簡齋　　在舊府判東廳。

　　秀遠齋　　在郡治内。

　　環聚亭　　在郡圃内。袁《志》作環瑞堂。

　　最宜亭　　在郡圃内。以上至元《志》。璇星樓東。趙《圖記》。

　　留春亭　　在郡圃内。

　　京瓵亭　　在子城上。案:柳《志》作景瓵亭。趙《志》作瓵景亭。

　　翠涼亭　　在郡圃内,風月無邊樓下。趙《圖記》作最涼亭。

　　風月無邊樓　　在子城上東偏,舊名披雲。以上至元《志》。紹興間,郡守方滋建,即披雲閣,更今名。趙《圖記》。　宋沈與求《披雲樓記》:宣和四年春,祕閣曾侯自山陽移守嘉禾。嘉禾在三吳爲支郡,封域儉狹而物産饒衍。居民敦本好約,雅稱易治。侯至,因其俗施教條數十,示所禁勸,民畏慕之,相戒毋犯侯令。越數月政成,從容語僚吏曰:"郡雖小,然介江湖之間,川舟陸車,孔道四出,賓客之至無虚日。顧其地洿下,無高明之居以稱游燕,何以壯千里觀望,盍圖之?"先是,内相葉公道卿於子城西北築亭,榜曰"披雲"。後人更名樓,其實亭也。庫屋三楹,歲久且圮。又西北其户,下瞰通闤,煙塵宛轉於几席間,非登臨之美。侯乃以完堞工,悉撤去故屋,其基增高培薄,取材之無用者更南向爲亭,外施重櫓而敞之,深明洞達,丹碧燦然。亭西挾以水閣,曲欄橫檻,映帶左右。它日與客登焉,送天末之孤帆,迎海上之遥岑,目力所窮,與空爲際。更唱遞嘯,觴酌行流,神意徜徉,如在塵垢外。信哉! 披雲霧,覩青天,僅足以方其快且適也。侯舉觴屬某曰:"兹游樂乎? 子爲我記之。"某謂成敗哀樂奄忽之變在物也,物不可以爲常。顧我所建立有不可磨滅者，物則托焉，以垂不朽。此羊公所以興峴首之歎也，湛輩反自哀已不暇也。登斯亭也，徘徊四顧，蓋吳越交兵百戰之場，而句踐夫差之爭雄也。高城深溝，有荒田野草之悲，穴狐狸而伏鼪鼯也。其人骨已朽，其事可爲哀也。前年，盜弄潢池，兵薄吾城，連三日夜，民大震擾。天子至，出禁旅討平之。盜去而城完，因得刱亭其上，使吾輩一觴相屬，是可樂也。侯生於相家，文章事業稱天下，設施當有大於今日者，則名之傳，山川猶且託之不朽，況斯亭乎！故亭之成圮、情之哀樂有不言，而侯之功名爲可勉也。於是乎書。　陸蒙老《披雲閣》詩："城角巍欄見海涯，春風簾幕暖飄花。雲煙斷處滄江闊，一簇樓臺十萬家。"　周邠和詩："曲欄高枕子城涯，雲霧披開眼界花。幾處橋橫流水巷，朱樓畫閣幾人家。"　張堯同詩："茲樓當勝地，高望極崚嶒。欲覩青天色，還須上一層。"

水香亭　在郡圃內，下瞰荷池。

垂芳亭　在郡圃內。

玉明亭　在郡圃內。趙《圖記》作玉明堂。

射弓亭　在郡圃內　亦曰觀德亭。

平遠亭　在郡圃內子城上。趙《圖記》作憑遠。

元覘亭　在郡圃內子城上。

來月亭　在郡治內，舊府判東廳。舊名花月，宋倅張子野創此亭，取"雲破月來花弄影"之句。明王士龍《花月亭》詩："楊柳風神又著緋，彩毫曾此弄珠璣。花開水面香流鏡，月沁天心桂染衣。三影霏微寧幻象，萬緣活潑鬭真機。我來點蘸梅稍露，化作紅雲幾瓣飛。"　《來月亭》詩："來月亭中月好來，嫦娥隨月下瑤臺。欲從綠萼收金珥，姑以紅脣印玉杯。勝地不容桑海換，仙情豈計世人猜。一簾桂魄三花冷，並蒂香雲溼翠苔。"

嘯鶴亭　在舊東府判廳。

碧漪亭　在舊西府判廳。

雪香亭　在舊西府判。

杯水亭　在舊西府判廳。以上至元《志》。

序賓亭　在子城內，宋知州張瑜建。柳《志》。

水鑑亭　在郡治，宋本都曹建。姓名失考。

賞心亭　在郡治內，宋通判陳寺丞建。

議公亭　在子城上。以上柳《志》。宋建。嘉興湯《志》。

臨津亭　在郡後圃。柳《志》。宋建。嘉興湯《志》。

利川亭　觀風亭　在子城端北。趙《圖記》。宋知州張瑜建。柳《志》。

野泉亭　朝宗亭　在子城北。趙《圖記》。宋知州張瑜建。

嘉禾亭　在子城西。以上柳《志》。宋建。趙《圖記》。　宋張堯同《嘉禾亭》詩："五馬來何暮，經營指一彈。石碑書近事，留與後人看。"　案：秀水縣署亦有嘉禾亭，爲分縣後所建。

金風亭　在子城西。

清風亭　在子城東。以上柳《志》。

觀音亭　在府治子城上坤隅。舊傳有魈見於此，元季達魯花赤八札建此，鎮之。鄒《志》。

益清亭　在府治中。元至正間，同知繆思恭建。嘉興湯《志》。　元僧克新《益清亭》詩："嘉興同知繆侯思恭既葺郡治，復植蓮於治之後池，作亭池上，取周元公之言，而名曰'益清'。江左外史克新爲作詩曰：維秀之治，有翼其亭。誰其作者，繆侯國楨。維亭之址，有池瀰瀰。蓮樹於池，有華藿藿。華既茂止，其香芬芬。侯曰於茲，惟香是聞。侯既聞只，懷彼周子。格言是徵，嘉名是紀。維侯之德，如蓮斯馨。維侯之行，如香斯清。猗歟來者，繼侯吏是。來游來觀，載求厥指。載求厥指，惟侯是師。垂監無極，邦人永思。"

嘉慶亭　在郡圃後極北,郡守延祥建。柳《志》。　　呂原有《記》。　　明徐霖《嘉慶亭》詩:"領毛多事欲成雪,肺疾經旬不可風。薄倖飄迷三畝趣,苦吟消受一生窮。山雲閣雨樓高巘,野蝶尋春薄小叢。長笑挂冠非避世,廟廊經濟有豪雄。"

嘉山　在府治後圃,嘉慶亭之後。成化間,知府金谿徐霖塞池築土,集奇石叠而爲山,公餘則吟哦其上。文人墨客賦詠者以歐陽公治滁擬之。鄒《志》。　　明許恂如《嘉山》詩:"不因五馬忘巖棲,叠就芙蓉小院西。隱隱山林在城市,深松細雨聽黃鸝。"

春臺　在郡治東,舊通判廳。柳《志》。

葵藋閣　在郡治東,舊通判廳。

璇星樓　在郡治內東偏,宋建。以上至元《志》。

近民樓　在郡治西,舊通判廳。子城上。至元《志》。宋建。

天王樓　在府治西,子城上。宋建炎間建,元季燬。案《括異志》:建炎中,金兵南牧,蘇、秀大擾,將屠之。有天王見子城上,若數間屋大。兵卒望之,怖懼,遂引去,一境獲免。亂平,建樓西北隅事之。

清香樓　在府公廳後,清香堂之上。宋建。以上嘉興湯《志》。

懷蘇亭　在府治東,子城上。宋建,與蘇小墓相望,故名。後改朝陽樓。《檇李詩繫》注:宋張堯同詩:"猶使樽前客,常懷沒後名。好風吹遠籟,如有笑歌聲。"

五顯祠　在府譙樓。舊五顯祠。宣德間,知府齊政緣事至囹圄,見有古柏一株仆地,因取,裝玄帝像,居樓正間,以障邪魔。鄒《志》。

竹寓軒　在府推官廳署中。劉《志》。

凝香亭　在府署內。康熙戊寅,池開瑞蓮,知府黃家遴建。

憩亭　射圃　在察院行臺內。劉《志》。

旬宣堂　布政分司公廳。

澄清堂　按察分司公廳。以上柳《志》。

嘉興縣

小心亭　在縣治後東北。宋建。

樂全齋　在縣東北。宋皇祐中,主簿王存建。以上袁《志》。

春風亭　春雨亭　近雅亭—作延雅。宋建。趙《圖記》。

換衣亭　在縣治,宋建。案原注:又一在府治西北,舊天慶觀東。宋建。似當時有二亭,嘉興何《志》及袁《志》皆以天慶觀東之換衣亭列入《署中古蹟》。今依湯《志》,列而爲二,其在天慶觀者,另詳《古蹟》。

片玉齋　在堂後之左,知縣鄭振先建。

凝芬亭　在縣宅內。以上嘉興湯《志》。

來鶴軒　在凝芬亭西。嘉興何《志》。錫山龔勉書。湯齊有《記》。

協和堂　鹽捕公署理廳。

誠求堂　鹽捕公署後廳。以上嘉興湯《志》。

案嘉興何《志》:以樂郊亭、列岫亭、仙鶴亭列於公署。考樂郊、列岫二亭,俱在滮湖之南,不應混入署中。其仙鶴亭未詳其處,附識於此。

秀水縣

嘉禾亭　在縣治後圃。柳《志》。宋建，久圮。國朝康熙十四年，三韓于珽重建。秀水任《志》。

秀水亭　舊在府子城西南。宋建，今移建秀縣署內。

月波亭　在縣治後圃。以上柳《志》。

月波軒　在縣治內。宋有月波樓，久圮。明天順初，知縣莊澈重建。

惜節堂　在縣治內。明崇禎間，知縣王養正建。袁《志》。

瑞芝堂　丞衙治廳。

清惠堂　在丞廨後。

和中堂　丞廳後堂。以上秀水任《志》。

嘉善縣

燕休堂　在縣治廳後。柳《志》。

思過堂　在燕堂右。

再思堂　在燕堂東。

應星堂　明宣德五年，將建縣署，有星隕爲石，即以石處爲公堂。嘉靖間重建，因名堂曰應星。

帥正堂　察院行臺之堂。以上嘉善章《志》。

海鹽縣

思魯堂　在縣圃之西。以魯宗道作宰於此，故名。《大清一統志》。紹興元年，邑令歐陽延世建。紹興二十年，令祝閌以秦師垣嘗肄業縣宇，改名將覺。後令林仰易名相隱。紹熙元年，令李直養禱雨有應，改名喜雨。後以魯公不可没，仍易景魯。《海鹽圖經》。

道愛堂　在治內。至元戊寅，縣尹王澤立。案海鹽仇《志》：一作遺愛堂。

雙穗堂　在治內。邑令史彌迴立。以上至元《志》。

燕鹿堂　在縣治內，宋時建。趙《圖記》。

帥正堂　元泰定乙丑，海鹽州知州王協中、同知張遷爲監使孛蘭奚立。《浙江通志》。廳事元名。元陸居仁《建帥正堂記》：自秦郡縣天下，至皇元有國，海鹽得縣最古。元貞乙未，詔江南五萬户縣陞州，重民數也。惟海鹽得縣名最古，爲户六萬，厥等應中州。是歲始革縣秩，而廳治仍舊貫。規模湫隘，歲月彌遠，前賢無經意者。泰定乙丑，達魯花赤、朝散孛蘭奚公來長是郡。越明年，理甚無事，喟曰："官宇宏狹，當視秩次崇卑。海鹽以州名，而廳宇尚循縣制，於州陞未稱歉。是州東薄海徼，不出一里間，又地無廳驛，凡一使將命，必館於廳之阿室壁耳。訟庭敲扑喧囂，每褻君使。顧其宇非深廓無以安使臣之尊，非壯偉無以重瀕海之鎮。"捐己資，趣改觀恐後。初，浮屠氏苦於棘苟。公至，保障之，安於無擾，久德公政。以公苟苴不入，無謀施報。至是，天寧首僧梵芳與徒曰："公素以廉自持，今重爲公家費，於吾徒安乎！且吾教尚施予，與其積生民有用者有餘，於吾徒而無所用，孰若急公家之義以報公之德與！"於是率城之十上院僧師隆輩請公曰："公無難堂之成。公倡厥始，某當相厥終。"公義其向方，遂唯其請。於是同寅較既廩之稱，以協其謀；浮屠哀衣鉢之義，以助不給。土木具興，百工走集。榛蕪者蔪之，污下者崇之。始自泰定丙寅夏，迄是年冬十月堂成。衡者廣五間，縱者深三室，廚之廣數如縱室。堂有寢處，廚有庖湢，鏝墍黝堊，不侈不苟。由是使之至者有館，民之具瞻益尊。僚屬相抃，士庶咸悅。公命斯堂曰"帥正"，取仲尼"子帥以正，孰敢不正"之義，示以身先之，以公相種也。視公之政，廉昭於人而謙以自牧，仁孚百姓而强梗必鋤，弭蝗而禾稼無犯，禮士而學校相勸，之才之美，固能克世其勳也。登斯堂者，當知公作堂之志。其闢故址，美輪奐，益隆德業而恢容量，革其舊染以新浙民也，豈徒燕閒休處之適哉！後之來者，則有所取也。泰定四年，歲在丁卯。

清心堂 萬曆初，邑令饒廷錫建。

雙瑞堂 萬曆間，知縣李當泰奏最日，神芝産於靈佑宮，又野人以禾之一莖兩穗獻，因以名其堂。以上《海鹽圖經》。 明劉世教《神芝頌》曰：於昭太清，監茲下土。奕奕神君，惟民是怙。春雲等潤，朝曦媲煦。五袴知廉，三異邁魯。於菟在檻，遊魚雲[1]釜。嘉績既成，式歌且舞。乃眷靈佑，芝彥雕梁。竹園精舍，檀山淨鄉。六英並挺，三秀聯行。甘露爲液，卿霿爲裳。琉璃吐燄，火齊敷芒。光搖寶馞，秀映星裝。猴池散采，龍窟分香。丹燈星煥，繡帳雲藏。靈宮不夜，香域彌芳。神超有色，覘出無量。元氣之精，清和之幹。象太微體，參二曜觀。箠莆生虞，華萍啟旦。匪公神明，天將[2]有煥。紀茲芳懿，永留玉版。

秀野堂 在鮑郎場鹽課司署。宋嘉定中，司鹽苕溪朱俯立。堂中設米老畫蔡邕焦琴。《澉水志》。姑蘇周應旂重修。《海鹽圖經》。 宋常棠《記》：鮑郎場，鎮舊廨也。廨西一室，區曰秀野堂。堂之外，有青樹翠蔓，淒神寒骨，如英雋之排列者；有龍蹲虎踞，嵒崿霍霏，如珪璋之挺特者；有方臺中址，蟠回詰曲，如前村後墅之通行者；有馴毛集羽，斜窺澹竚，如鳥吟越語之不羈者。堂之內，有騷人墨客，獻瑰吐奇，如壺鑑之清瑩者；有牙籤玉軸，裁綺純繡，如河漢之美麗者；有米老詭畫，風溪煙嶠，如夜寶秋色之曠逸者；有蔡邕焦桐，高山流水，如叢篁間佩之邃幽者。堂之上，遙岑寸壁，石劍泉紳，可夢而知中衡清淑之氣；堂之下，蒼苔依砌，花影畫簾，可醉而思枕簟入林之僻。雲卷空舒，月桂霜蟾，天宇修眉，斗牛璀璨，時則三光五嶽之氣，恍乎盈目；疎風暮雨，榕籟琴韻，隔牆讙呼，樵牧倡應，時則千林萬壑之竅，洋乎充耳。然則秀野得名宜哉！是名之立，嘉定癸未，苕溪朱君俯始分專員區之。未幾，頹壁敗雷，相繼摧毀。越十五祺，姑蘇周君應旂退食，慨曰："吾寧捐俸起廢，何其做例弗爲。"於是鋤莠削蕪，藝梅畚竹，重楹列牖，蓋瓦級磚丹如也。堂成，迺定奧寢，迺跂書宇，靡鳩靡斂，次第塗臒，視舊廨改觀矣。雖然，西峯秀野，不遇魏侯家法名世，則傳舍其官府，蕞爾亭民，榛蕪莽沒，於靈芝乎何有？今吾周君傳山房之芳，拾世科之芥，故能不日之間而萬木向榮，胸中邱壑當不在魏侯下，肎使秀野專美西峯？嘉熙己亥夏五既望。

澄清堂 在按察分司內。海鹽仇《志》。

三賢堂 在海砂場鹽課司。《海鹽圖經》。 《三賢堂碑記》略云：海鹽州斥場竈民糅處，厥土輕揚，厥水渾鹹。凡蒞政者猶酌貪泉，罕逢廉吏，風土所召也。至治三年，李公仲彬來尹是邦，暴傲革面，歌謠載途，字蘭奚公處其右，察邇洞邇，奸究僉得其情。疇昔齕丁虐民，鹽官黨過，未聞其伏誅者矣。時有海砂令抹速忽廉幹寡欲，能潔其躬，程先課最，民不煩擾。或爲暴虐，令有司誅之，餘頑自化。三君子者，亦可云關於風土乎？遺愛去思，宜宣金石，垂憲於後云。 案：此碑記自爲鹽場官立，惜佚其姓名矣。

時阜堂 在宋鎮廨之東廳，監鎮傅朋壽題區。

美固堂 在水軍寨。宋淳祐九年，統制邢子政立。以上《澉水志》。 邢子政《記》：余領軍事越三載，舟楫器械，視昔具備。一日暇，登高望遠，兩山橫倚，巨海浸瀁，營壁中立，若黿之伏焉。門闕三面，如尾如足。東首而猶垣之，無迺形勢有未全乎？詢諸宿老，答曰："陰陽所忌者卯風也。當闢複室。"余應之曰："此未識變通者也。使益牆仞而臺，臺之上而屋，則有形勢之備，無卯風之嫌，其不可乎哉？"衆皆曰："然。"於是度材俱工，築室搆堂，欄循真景，晨光涵翠，夜影涵壁，師休役簡，當知與衆同樂，其不在茲乎？是堂也於以全此營之形勢，而山海也又以壯此堂之形勢，故以"美固"名者。"美哉，山河之固"，昔武侯語也，余是取焉。落成之日，淳祐庚戌六月乙未二十六日庚申。

深樾亭 在縣治內，旁依喬木，下瞰清池。宋李直養取韓愈詩"宰縣坐深樾"爲名。《大清一統志》。

移風亭　在縣東南尉廳之南。宋景德間，邑令翁緯建夫子廟，廟南鑿池，池之陽作亭，名之。後廟遷，亭廢。靖康元年，尉黃唐傑以廟址建尉廳。

綺川館　舊移風亭址。宋淳熙八年，尉趙善沛以亭址建此館。方瑜修之，匾曰綺川。以上《海鹽圖經》。

弦風亭　在澉浦鎮東。宋鎮官稅所，海岸收稅之地。紹熙間，監鎮葉樾建，名曰觀瀾。寶慶三年，監鎮趙潛夫改今名。海鹽仇《志》。

宣詔亭　在澉浦鎮前。端平六年，監鎮張思齊立。《澉水志》。

閱武亭　在長墻山上。宋開禧丙寅，統制王復古立。《海鹽圖經》。

望月亭　在海鹽縣治內。宋時建。趙《圖記》。

玩月亭　在澉浦鎮監稅廨內。宋端平三年，監鎮張思齊建。

雙柱軒[3]　在簿廳南。宋紹熙三年，簿陳震之建。紹興五年，吳天民重修。以上《海鹽圖經》。

柏泉　在簿廳旁。泉上有柏，取名。海鹽徐《志》。

清節軒　在丞廳東偏，前有竹。宋紹興三年，丞李益建。淳熙己酉，正民李直養初爲丞[4]，復之，鑴識詩於壁間。《海鹽圖經》。　李直養壁《記》：海鹽貳令見於史傳，惟唐陸翽一人。五代前不置丞、簿。太平興國元年，歸版圖於國朝，後置丞焉。淳熙丁未，直養員丞茲邑，問前人了無知者，僅因紹興改元，輯諸名氏，得二十有二人，鑴名龕，置於壁間，俾來者有考焉。己酉歲除識。　詩云：“新種修篁翠葉稠，凜然清節坐驚秋。官曹正類崔斯立，風味仍同王子猷。暫卻鷺鵷容退食，他時鸞鳳小遲留。吟哦自是名家事，我亦身閒媿食浮。”

熙熙臺　在縣圃東偏。案《嘉禾志》：舊名月樓。宋令李直養易今名。海鹽仇《志》。

【校注】

[1] 雲：天啟《海鹽縣圖經》卷二《職署》、光緒《海鹽縣志》卷四《縣治》收劉世教《神芝頌》，均作“在”，當作“在”。

[2] 將：天啟《海鹽縣圖經》、光緒《海鹽縣志》均作“符”，當作“符”。

[3] 雙柱軒：天啟《海鹽縣圖經》卷二《職署》、光緒《海鹽縣志》卷七《古蹟》均作“雙桂軒”，當是。

[4] 按：光緒《海鹽縣志》卷二《職官表上·縣丞·淳熙》：“李直養，十四年任。紹熙元年改知縣事。”宋陳鵠《耆舊續聞》卷二：“《海鹽縣圖經》：李直養，字無害。維揚人。正民之孫。紹熙中，爲海鹽令。”

平湖縣

應宿樓　明正德十五年，知縣郭天錫建。

觀月臺　在縣治廳後。以上平湖程《志》。

古藤書屋　在後堂西。自明宣德中建治即有之，蓋數百年託根於此藤，西隅有屋三楹，舊額曰古藤書屋。平湖張《志》。

親賢館　明嘉靖三十一年，知縣楊挺高建。

三式館　在延賓館左巡捕廳。天啟丙寅，改爲三式館。以上平湖王《志》。

石門縣

南亭　在今縣內。《史記》：“元封元年，封轅終古爲禦兒侯。”孟康注云：吳南亭也。崇德洪《志》。

讀書堂　在舊廨。宋令黃元直取韓詩"出宰山水縣，讀書松竹林"。

清心堂　在縣治西圃。

秋芳堂　問梅堂　澄碧堂　在縣治內。以上趙《圖記》。

平易堂　在縣治內。宋乾道中令葛邠建。宋杜申《平易堂記》：申聞古人有言曰："天下本無事，庸人自擾之。"以爲知此則知爲治之道無他術焉，不擾而已。撫民若烹小鮮，擾之則潰；御衆若牧羣羊，擾之則亂。此理較然可見矣。且治出於郡守、縣令，令之職與民最親，豈不知愷悌之化原於此乎？然世有能吏，有良吏，雖爲政不同，同期於治，而優劣有間矣。或者擅聰明而變故常，任術數而尚察慧，立威名而峻刑罰，務在出奇立異，以希旦暮之功。能則能矣，又安知良吏之用心邪！世之人徒見其在位典職，爲無爲，事無事，酬酢應接，漫不介意，及其功成效立，然後知其不求顯之名，志於善俗安民故也。夫以簡册所載，參訂所爲，有可得而言者，大率裁決有餘裕，不必戴星以出也；俛仰無愧怍，不必祝蜠以禱也；罰當其罪，不必伏臟放囚也；事揔其要，不必米鹽是務也。以至遷善遠罪之民化，何在於路不拾遺；安居樂業之俗成，何在於市令作屋。彼皆飾虛文，此則收實效，孰優耶，孰劣邪？禦兒爲邑，涮水上游，公舍有堂，名之曰平易。蓋知治道所以然也。乾道二年秋八月，右從政郎、青陽葛公捧檄抵官，刓去圭角，豁除崖岸，以樂易處心，以儒雅飾吏，略煩碎而舉其大綱，示敦篤而鎮以至靜。未旬歲間，民不駭政，俗皆安堵，鈫箈牒寡，圜扉草生，市無喧鵲之驚，野有馴雉之異，綽然得循良之稱，而平易之政固行矣。噫！觀人者見其所已爲，信其所未爲。昔陳平宰社，知有宰天下之心；謝幼度履屐得其任，知有將三軍之略。公豈直百里之材而已邪！匪特善政，聞於四遠，達於九閣，擢居臺郎給官舍之聯，推簡易之理，茂昭賢人之德業，左右聖主，恢張治具，不必舍蓋公於堂，而清净之化可覃及海隅矣。曹參在齊而國乂安，在漢而民寧壹，用此道也，公其有之。三年正月壬寅初六日丁未[1]。

清風堂　在尉廨之東。宋紹興中建。以上崇德洪《志》。取李白《贈瑕丘王少府》"清風佐鳴琴，寂罕道爲貴"意。崇德靳《志》。

可愛亭　秀野亭　在縣西圃。並宋令黃元直建。崇德洪《志》。

臨賦閣　在清心堂西圃中。崇德靳《志》。

宣化堂　布政分司之堂。

思愚亭　在布政分司。

澄清堂　在按察分司。以上柳《志》。

語溪亭　在縣治南。宋建。袁《志》。

【校注】

　[1] 按：至元《嘉禾志》作"明年正月壬寅初八日丁未"。明年，指乾道三年，初六爲乙巳，初八爲丁未。

桐鄉縣

愛棠軒　仕學齋　軒在縣治中堂之左，齋在縣治中堂之右，俱成化間知縣梁敬建。桐鄉徐《志》。

宴喜堂　在治廳後。宣德中，知縣趙中建。

旬宣堂　愛物亭　在布政分司內。

肅清堂　在按察分司內。以上柳《志》。

歷代廢署

秦

　　由拳廢縣　秦改長水縣曰由拳，漢因之。孫權改曰禾興，而由拳之名隱。《方輿紀要》：由拳故城，詳見《古蹟》。在府治南。袁《志》。　案《太平寰宇記》謂：故由拳城在今嘉興縣南五里。袁《志》殆據以爲説。然城經淪陷則廢，治亦莫指其處也。吳《志》云：由拳廢縣，《嘉禾百咏》有詩，今考張堯同詩"故城人不見"云云，蓋咏漢由拳人張武事，於廢縣無涉。

漢

　　司鹽校尉　漢吳王濞置司鹽校尉，居馬嗥城。《太平寰宇記》。
　　海鹽舊治　秦於武原鄉置海鹽縣。《水經注》。順帝時陷爲當湖。大旱，湖竭，城郭之處可識。《後漢·郡國志》。永建二年，移治故邑山。晉咸康七年，移縣治於馬嗥城。宋《武原志》。　《海鹽圖經》：吳禦越城，即馬嗥城。

晉

　　嘉興屯　晉建武中，高史君出爲鹽屯校尉，領兵三千，屯田於此。至元《志》。

唐

　　嘉興屯　在縣東十八里。柳《志》。唐廣德中，浙江有三屯，嘉興其一。《方輿紀要》。　唐李翰《嘉興屯田紀績頌》："禹平九土，溝洫之功大；棄粒烝民，稼穡之務重。自古有國者，未嘗不率由斯道。底慎其業，故登平足以厚生殖，禳難足以定凶災，未有易此而能理者。自天步多艱，兵連不解，十有四年，因之以饑饉，重之以瘥札，死者暴露，亡者惰遊。編版之户，三耗其二，歸耕之人，百無其一。將多於官吏，卒衆於農人。古者八家爲鄰，一家從軍，七家隨之，猶曰興師十萬，內外騷動，不得操農桑者七十萬家。今乃以一夫家食一伍，一餘子衣一卒，師將不立，人將不堪，此聖王所以旰食宵興，求古今令典，可以濟斯難者，莫出乎屯田。廣德初，乃命相國元公倡其謨，分命諸道節度觀察都團練使統其事，擇封內閒田荒壤，人所不耕者爲之屯；求天下良材善政，以食爲首者掌其務。屯有都知，羣土爲之，都知有治，即邑爲之官府。官府既建，史胥備設。田有官，官有徒，野有夫，夫有任，上下相維如郡縣，吉凶相恤如鄉黨。有誅賞之政馭其衆，有教令之法頒於時，此其所以爲屯也。雖天子命吏，股肱贊之，至於宣上命，齊下力，經地役，制地事，辨土宜，均土法，簡稽器，修稼政，陳三壤之種而敬其始，考九農之要而成其終，則都知之職，專達其事焉，詎可以非其人哉。浙西觀察都團練使、御史中丞兼吳郡守贊皇公，王國大賢，憂公如家，慎擇厥官，以對明命。浙西有三屯，嘉禾爲大，乃以大理評事朱自勉主之。且揚州在九州之地最廣，全吳在揚州之域最大，嘉禾在全吳之壤最腴，故嘉禾一穰，江淮爲之康；嘉禾一歉，江淮爲之儉。公首選於衆，獨當之任，有寬簡惠和之德，知艱難勤儉之事，政達乎本，智通乎時，仁愛足以結下，機權足以成務。嘉禾土田二十七屯，廣輪曲折千有餘里，公畫爲封疆屬於海，濬其畎澮達於川。求遂氏治野之法，修稻人稼穡之政。芟以珍草，剔以除木，風以布種，雨以附根，頒其法也。冬耕春種，夏耘秋穫，朝巡夕課，日考旬會，趨其時也。勤者勞之，惰者劬之，合耦助之，移田救之，宣其力也。下稽功事，達之於上，上制禄食，復之於下，敘其勞也。至若義感於內，誠動於中，徇國忘家，恤人猶己。野次露宿，簞食瓢漿，盡四體之勤，趨一時之役，大寒栗烈而猶執枹鼓，盛暑赫曦而不傅車蓋。如登高去梯，與之死生，投醪均味，忘其饑渴，然後知仁義之政，必見於耕耰，井田之法，可施於甲兵。夫如是，人將竭其力，地將盡其利，天將與其時。自贊皇爲郡無凶年，自朱公爲屯無下藏。元年冬，收入若干斛，數與浙西六州租稅埒。朝嘉厥庸，授廷尉評。公又稽氣授時，如前代法。有白雀集於高豐屯廩，蓋大穰之徵也。屯官某乙等聚而稱曰：初公爲屯，人有二懼焉。邑人懼其暴，屯人懼其擾，今溝封犬牙，而不相侵，疆場日履，而人不知。方舟而上，以饋師旅，此功及於國也。登量而入，以寬徵稅，此德加於人也。古者智效一官，政修一鄉，猶歌之詠之，手之足之，況朱公之績如此其大者乎！遂相與斲琬琰，表阡陌。南陽太守豈專刻石之功，桐鄉嗇夫終踐大農之位。其辭曰：茫茫九區，陽九纏災。兵荒瘥札，田卒污萊。天步未移，連師滿野。不耕不穫，仰食於下。嗷嗷遺人，翕口餒軍。帝曰予憂，爰立其屯。且戰且耕，古之傳經。辟師祗肅，王命是將。嘉禾之田，際海茫茫。取彼榛荒，盡爲封疆。朱公泲之，展器授方。田事既飭，黎人則康。我屯之稼，如雲漠漠。夫伍碁布，溝封綺錯。朱公履之，勸耨趨穫。稂莠不生，螟蜮不作。藏登億計，徵寬稅薄。息我烝人，遂其耕鑿。我屯之餘，如京如坻。嘉量是登，方舟是維。贊皇獻之，達於京師。飽我六軍，肅將天威。畝踞於溝，溝達於川。故道既堙，變溝爲田。朱公濬之，執用以先。浩浩其流，乃與湖連。上則有塗，中亦有船。旱則溉之，水則泄焉。曰雨曰霽，以溝爲天。俾我公私，永無饑年。公田翼翼，私田巖巖。不侵其畔，不犯其稺。我倉既盈，爾廩維億。屯人熙熙，邑人怡怡。不擾其務，不干其時。我無爾異，爾無我欺。我有官屬，朱公訓之。我有徒庶，朱公恤之。我有衆役，朱公率之。我有微功，朱公序之。起於田中，印綬縈縈。何以況之，福祿如茨。何以久之，刻篆於碑。

嘉興監　海鹽榷鹽，唐置監，嘉興領之。《海鹽圖經》。　唐顧況《嘉興監記》：正德利用，阜財足食，國之本也。天寶末，天下兵起。乾元初，上司奏議，宜以鹽鐵之職，摠以社稷之臣，幹乎山海之利，以富人也。淮海閩洛，其監十焉，嘉興爲首。朝廷以是齎貸恒賦，實乎大內，大臣奉法，爲事選人，拔其賢幹，昇於憲署，以宣原隰光華之寵。趨其署者，如好鳥之棲茂林。相國劉公，嘗以大監小州不相若也，故其職員不忝乎廩秩，其刀布必倍於租人。渤海高君日倫，世以勛烈，緩步闊視，胸襟洞開，中有方略，不循進級，故一廷評，於茲二紀。傾酒定交，擲金市義，不餌不仁之粟。前使張侍郎滂、王尚書緯，摠其卜式、弘羊之計，遂有採山煮海之役。十年六監，興課特優，至是未期，從百萬至三百萬，監人賈人各得其所。故端介之節，風采自高，繼夫漕運，波委陸溢，此天下之利器也，可示人乎！夫以步光莫耶，切玉如泥，剌鐘無聲，不以一割均其銛鈍，君子以知人則哲，無德不酬，鴻飛九霄，驥騁千里。前秘書省著作郎顧況，美使臣之得人。貞元十七年歲在辛巳正月朔。

寧海鎮　在海鹽縣東。唐天寶十載，太守趙居貞置。宋淳化二年，移置。今廢。至元《志》。在縣東一里，元陷入海。《海鹽圖經》。　案《海鹽圖經》引《吳郡志》：開元五年，刺史張廷珪奏置澉浦鎮。又引至元《志》：唐時惟嘉興、華亭、海鹽有鎮將，至錢氏有國，始置澉浦鎮遏使。今考《再續澉水志》云：唐設鎮將副各一員，公廨田五頃，是唐時澉浦亦有鎮將矣。

宋

嘉興貢院　在北門內衆安橋之西。至元《志》。　案《聞臛括異志》：嘉興貢院，原是州學。《浙江通志》引之，誤作海鹽州學。宋陳造有《八月晦嘉興試院》詩，見本集。

漕運司治　在府治東北一百步，當瓶山南，今爲守禦千戶所。趙《圖記》。

節推廳　在郡治西南三十步。元爲管事鎮撫治。柳《志》。　宋王持垕《節推廳碑記》：中興駐驆吳會，嘉禾爲三輔郡，土沃水深，而其俗庶，地大人衆，而其事繁。乾興盛時，已號難理。則今之所謂難，蓋倍蓰於乾興矣。吁！蓋亦反求諸心乎？乾父坤母，同賦此形，同稟此性，雖賢愚易習，貴賤易分，而趨利避害，愛生惡死之心未嘗不同也。經曰："若保赤子"。"心誠求之，雖不中，不遠矣。"赤子之身，父母之身也。饑渴痛癢，未能自言其意，乳哺捫摩，深體密察，切於真誠，非有所爲而爲之，故父母不能一息忘赤子，赤子不能一息離父母。其相依而生，相感而契，亦謂求之此心焉爾。爲民父母，而以父母之心爲心，民之懷之，猶赤子之心懷父母矣，夫何難理之有？自世變而趨下，賦役日重，獄訟日滋，民吏相仇，上下交急，長民者精神念慮，專於簿書錢穀，弊弊焉日不暇給，綜覈愈密，督趨愈苛。鞭笞之聲在府庭，愁歎之聲在田野，惟見其可薄可鄙，不見其可矜可愛。所爲忠厚和平之福，隱然爲根本深長計者，無餘味矣，抑豈其心之本然哉！此心苟存，私欲不累，惻隱流動，以天地萬物爲一體，四海之大即吾身也，況千里乎！夫如是，然後可以爲民父母。持呈是以有感於太史成公，所以敬刻諸石，以事斯語。咸淳己巳三月朔日。

澉浦監鎮　在安定橋西。紹定壬辰，監稅羅叔韶建。端平三年，錢塘張思齊增建。《海鹽圖經》。鹽場初攝鎮務，嘉定中始顓官。又詔今後鎮官免以鹽場繫銜。《澉水志》。　宋張思齊《澉浦鎮廨舍記》：鎮治舊是兼職，初在永安橋西。嘉定十二年，内朝紳有請增置，靡有定寓。四明羅文林叔韶司鎮於此，紹定壬辰始置民產於丁家橋東。傍有小港，開而通之。僅建正廳、穿堂而已。癸巳孟夏，思齊實爲之代，亦僦民廛以居。慨念親民之官，司旅之職，聽訟徵稅，觀瞻係焉。曾未兩月，亟廣前規，鳩工度材，分毫不擾於民。由是宣詔有亭，戒石有銘，榜示有房，俱列於外，廊廡吏舍，翼乎左右。廳之夾屋，分爲二塾，扁以「肅賓」、「倒屣」。添買鄰地，以爲束廳。中闢一户，以通東廡。循廊而趨，則有看街之所；由門而入，則有翫月之亭。堂宇峻聳，房室得宜，東西小閣，寒暖隨處，以致庖湢之類，纖悉備具申明。前政郡守喜而給牓，蠲其牙皂之資，除其元輸之賦。自落成以來，雨暘時若，户口日繁，民與軍而相安，商與賈而共悦，俱曰澉川當由此而益盛矣，幸拭目以觀之。端平三年上巳日。

青鎮監鎮衙　在普静寺南。宋鎮官所居。淳祐間圮。景定二年，鎮官陳子榮重建。至德祐丙子後衙廢。《烏青鎮志》。

在城酒務　在郡治北五十步熙春，原屬酒庫故坊，亦名熙春。至元《志》。元爲驛，尚有驛橋之名。嘉興湯《志》。

新城酒務　紹興初，曾魯公丞相時待浙西帥幹闕，權嘉禾新塍稅。《清波雜志》。　至元《志》：新城又有稅務。

魏塘酒務　在嘉善慶豐橋北。劉《志》。　柳《志》：魏塘又有稅務。

海鹽酒務　在縣西七十步。《海鹽圖經》。

石門酒務　在縣東北一百五十步。宋建。崇德靳《志》。黃勉齋曾監石門酒庫。其《申提領劄》云：石門爲酒庫之首。袁《志》。瞻軍。酒庫即黃幹所監者。趙《圖記》。　宋黃幹《監石門酒稅》詩：「吳越天下富，京畿遊俠鄉。隴畝皆膏腴，第宅多侯王。世言蘇湖熟，霑漑及四方。自我來石門，觸目何淒涼。凌晨開務門，有酒誰復嘗。累累挈妻子，汲汲求糟糠。父老稱近年，十載常九荒。聚落成邱墟，少壯多逃亡。」　案：至元《志》：崇德縣酒務有在城者，有在石門、青鎮者。靳《志》：在縣東北一百五十步者，宋之酒務，明初改爲課稅司，後廢。宋黃幹所監者在石門鎮，今屬桐鄉縣地。幹有《監石門鎮酒庫碑記》，近時濬河得之。詳《金石》。

青鎮酒務　在通安橋南。宋景定元年，迪功郎、酒正吳予之建。德祐丙子後，廢爲官地。稅務在衆安橋。德祐丙子後，遷安利橋南，爲酒醋稅務，收兩鎮稅課。《烏青鎮志》。

公使醋庫　在縣東南一百步。宋建。崇德靳《志》。

青鎮酒庫　宋慶元間建。《烏青鎮志》。明弘治中，青鎮居民掘地，得酒甕甚多，相傳舊有瓶山，正庫基也。桐鄉徐《志》。

澉浦酒庫　昔在歉城，後遷茶院，去鎮西一十二里。

澉浦子庫　紹興初，有鞠姓者抱倅廳緡錢，繼屬漕司，庫官兼之，因立子庫於市。淳祐八年，增創新樓。以上《澉水志》。

當湖務　在縣治西。趙《圖記》。宋寶慶二年設。明洪武初改稅庫局。海鹽仇《志》。

廣陳務　在縣東二十七里。趙《圖記》。宋寶慶二年設。明洪武中改稅課司。海鹽仇《志》。

海鹽在城稅務　在安仁橋西四十五步，舊彰慶館址。紹興五年，監稅解榮建。案趙《圖記》：

西關大柵橋南,元爲稅務課。

澉浦稅務　在安定橋西。紹定壬辰監稅羅叔韶建。以上《海鹽圖經》。　柳《志》:元爲澉浦務。明洪武三年,改稅課局。

市舶場　在海岸。淳祐六年,創市舶官。十年置場。《澉水志》。

澉浦收稅亭　在瀕海收稅處。紹興間,監稅葉樾建。《海鹽圖經》。　宋監鎮魯焘《稅亭即事》詩:"林居懶出二十年,試吏强書中下考。青山自覺見人羞,白髮真成被官惱。葛山坐對日無聊,秦望閒看雲卻好。潮聲自爲訴不平,誰念詩人愁欲老。"

石門收稅亭　在縣東。宋建。崇德靳《志》。

魏塘巡檢廨　在嘉善治。宋置巡司。《大清一統志》。

故邑巡檢廨　在縣東北五十里獨山南。宋、元俱名故邑巡檢司。《海鹽圖經》。

元

録事司　在郡治西北二百步。宋監倉東廳。至元《志》。

漕運司　在府治北二百步。柳《志》。

鎮守萬戶府　在郡治東二十步,舊府判東廳也。至元《志》。　案吳爲龍《再續澉水志》:澉浦鎮亦有中萬戶府。今名舊察院。趙《圖記》。

浙江鹽提舉司　在府治西南一里半,舊納鹽場也。至元《志》。

兵馬司　元置。三廂置兵馬司,治城内,兼巡徼之事。柳《志》。

宣慰司　在澉浦鎮。元有宣慰及市舶等官,後改鎮守,即宣慰司也。《再續澉水志》。

新城務　在縣西北二十七里柿林鄉新城鎮。洪武三年,改新城稅課司局。嘉靖間罷。柳《志》。

風涇白牛務　元置。《大清一統志》。在嘉善縣治東北二十四里風涇鎮。明洪武三年,改爲稅課局。正統二年裁。嘉善楊《志》。

陶莊務　元置。《大清一統志》。明洪武三年,改爲稅課局。正統二年裁。嘉善楊《志》。

陶莊巡檢司　陶莊,元置巡司。

風涇巡檢司　元置巡司。以上《大清一統志》。

魏塘巡檢司　白牛巡檢司　王江涇巡檢司　新城巡檢司　蘆瀝巡檢司　以上至元《志》。

明

鹽運分司　在察院西,即招提寺址。後改楊公祠,又南爲寶花倉。袁《志》。

察院行臺　在子城西北百步、廣平橋南。趙《圖記》。即慧安寺址。明嘉靖間建,後有烏臺。袁《志》。今廢爲營兵習射之所。吳《志》。　明陸深《嘉興新建察院記》略:我朝御史列居兩京,皆謂之十三道,各統以都察院。道視十三省,南北盡同,而同以浙江爲之首,其制然也。御史凡奉命而出,所至則謂之察院,匪若六曹諸司,各以本曹繫其體然也。是故御史職任肅僚貞度,察院得專達上下,維地維人,固兩重哉。嘉靖五年中秋日,嘉興府新作察院成,嚴整壯麗,甲于兩浙。嘉興,浙首郡也。凡御史至,入境按治,與御史按竟受代去,必於是。洛陽潘公倣適以浙江道御史按浙,庶政維新,乃以嘉興守蕭侯世賢爲才,蕭侯謀諸貳守王君大化,將改作察院以繫體制。爰瞻城中得廢寺一區，相與規畫，以授諸匠氏。會公代去，御史朔州盧公聞之實來，睥視規材，因以議於分守參政胡公，誨之胡公曰：宜爲計永永於時。參政朱公應周、僉事喻公宗之、蔡公汝建、史公文材，先後行部至胥，相之垂成。會盧公以憂去，既乃訖工。是役也，費出於羨耗，工成於雇募，役徵於優隙，以金計者六百有四十五兩有奇，以日計者三百有三十，以工計者九千四百有九十。爲室五間，崇二十四尺贏，廣七筵，深五之三，翼堂而左右之者，爲室各二，堂之前爲露臺，覆露臺者爲軒棚，爲房以處。案吏者列之東西各五間。候隸房亦如之。引堂而後者爲穿堂五間，後堂亦如之。間爲臥閣者二，爲烏臺三間，臺之崇四尺，爲書房十間，居廳堂東西之際，爲生吏房三間。門有儀，墀有級，庖有所，湢有牀，浴有室，涸有舍。書房之東西偏，各有隙地焉。西爲圃，可射，東爲亭，可憩。亭之南爲池，可臨。總之爲地十有八畝，南北四十有八丈，東西三十有三丈，總之爲屋八十有三間。經始於四年十月之望。佐之通判李君源與董君琦、張君佩，推官南金[1]，而王君大化實終始之。

布政分司　在府治西北半里，元爲廉訪司。洪武初，爲嘉興倉。永樂中，改爲織染局。正統間建。柳《志》。

按察分司　在治東北靈光街。趙《圖記》。明嘉靖中，倭變，改置帥府。吳《志》。

理刑廳　在府門內左。趙《圖記》。即舊察院基。初在府治內西偏，後移府廳之東北，又移於承宣坊東。袁《志》。

知事署　在馬道右。趙《圖記》。明崇禎中裁。袁《志》。

檢校署　在馬道之右。

百戶所　在千戶所東。

鎮撫司　在百戶所東。以上趙《圖記》。

河泊所　在圓妙觀東。明洪武中設，崇禎中裁，改爲馬鳴王廟。

兵馬司　在西城門內。

弓張局　即軍器局，在織染局西。以上吳《志》。

杭嘉湖道署　在府治西北靈光坊。舊爲按察司，後改嘉湖分巡道署。吳《志》。國朝康熙六年，巡道奉裁。九年，復爲道署。二十五年，改爲學院行署。雍正四年，杭、嘉、湖三府專設分巡道，學院行署仍爲道署，歸本道駐劄。《浙江通志》。乾隆二十四年，杭嘉湖道因兼管海防，移駐海寧，遂坍廢。伊《志》。　以上府城。

貼堂丞署　在縣堂西北。明崇禎間裁。袁《志》。

鹽捕公署　在縣學東。

稅課司　在王家坊，務前橋北堍。以上嘉興湯《志》。即元時惠民藥局。吳元年改建。崇禎間裁。袁《志》。

天星、馬場、鴛鴦、相家四湖河泊所　在府東三里春波門外。洪武初，止用船隻，無廨宇。十四年，開辦總旗，王友興等改建。十六年，始設所官署事而辦課焉。柳《志》。

社約所　在東津亭北，舊爲靈光庵。明集民宣讀聖諭之所。萬曆己亥，鄭振先建。嘉興湯《志》。　以上嘉興縣。

杉青閘巡檢司　在縣東北望吳門外五里。秀水任《志》。雍正間裁。伊《志》。

王江涇巡檢司　在縣東北三十里。秀水李《志》。缺裁。秀水任《志》。　以上秀水縣。

察院行臺　在治西。正統六年建。嘉靖三十三年，倭燬，重建。嘉善章《志》。

布政分司　在嘉善縣治西。正統六年建。柳《志》。

按察分司　在治東。宣德六年建。

兵馬司　在西城門内。

魏塘税課局　元爲務。以上嘉善章《志》。明洪武三年改設。十八年徙建。正統二年裁。今爲思賢書院基。嘉善楊《志》。

貼堂縣丞署　在縣燕堂左。嘉善章《志》。後員省。嘉善楊《志》。

巡檢司　在縣治東城外、演武場東。明初建。嘉靖間燬。嘉善崔《志》。　以上嘉善縣。

按察分司　在布政分司西。舊在縣東一十步。洪武十七年改爲縣治。二十一年移建於此。

布政分司　在縣南一百五十步。正統七年倭變,布政使參政一員,奉勅專一,提督海道而設,今改爲參將府。以上柳《志》。

總司行署　在慶壽寺右。《海鹽圖經》。

衛經歷司　在衛正廳東。海鹽仇《志》。

衛鎮撫廳　在衛儀門外。柳《志》。

浙西參將署　在興廉橋巷内。《海鹽圖經》。

左千户所　在衛儀門外。海鹽仇《志》:舊制,左、右、中、前、後五千户所,在衛西。始自洪武十八年開設,撥後千户所赴乍浦備倭。今本衛在城止有左、右、中、前四千户所。設百户十員,俱有廨宇。柳《志》。

澉浦千户所　明洪武十九年,安慶侯、榮陽侯度地築建。二十二年建倉屋。三十年,復增置新倉、四門、譙樓。嘉靖中重建。

所鎮撫廳　在澉浦千户所内。以上海鹽仇《志》。

縣倉丞分署　在北門内。《海鹽圖經》。

澉浦巡檢司　在德化鄉[2]十三都,秦駐山北。洪武二年設置,在澉浦鎮德化坊。七年,還於本鎮安德橋。十九年,因本鎮設千户所,遷於此。柳《志》。

海口巡檢司　在縣東北一十八里。舊在東門外海塘邊。洪武十九年,因設海寧衛,遷於此。柳《志》。後徙砂窰村。

把總司　在乍浦城中。嘉靖九年建,二十二年修。以上海鹽仇《志》。　以上海鹽縣。

布政分司　在縣治西二百步。正統六年,縣丞周亨[3]建。

按察分司　在縣治東五十步。宣德七年,縣丞孫華建。以上柳《志》。名東司。

兵備司　在縣治東南一里,舊福源寺址。嘉靖三十四年,知縣劉存義建,名南司。以上平湖程《志》。

乍浦河泊所　在縣東南二十七里。元爲市舶司。洪武十四年建。明《浙江通志》。宣德中裁。海鹽朱《志》。

乍浦税課局　在乍浦城中。宋爲乍浦務。洪武初,改今名。十四年,大使陳友信重建。海鹽仇《志》。

乍浦千户所　在乍浦東門内。《海寧衛志》。洪武十九年,信國公度地築建。

乍浦後千户所　明正統七年,千户李亨通建。嘉靖三十三年,指揮李元律重建。

梁莊指揮司　在乍浦城北十里。正統二年建。以上海鹽仇《志》。

海寧衛後所　在東門大街乍浦所西。《九山續志》。明正統七年,千户李亨通建。《海寧衛志》。

以上平湖縣。

察院行署　在縣東五十步。洪武初,知縣田慶元建。萬曆己丑燬。辛卯,知縣王述古移預備倉爲之。崇德靳《志》。

布政分司　在縣東南三百二十步運河之左。

按察分司　在縣東五十步。洪武七年建。以上柳《志》。

石門稅課局　在石門鎮東柵,趙《圖記》。即宋酒稅務。洪武中建。正德初裁。崇德靳《志》。

河泊所　在縣東南二百步,運河之左。後改爲分司。崇德靳《志》。

縣丞公廨　在廳之西。柳《志》。嘉靖中改建。國朝康熙三十一年缺裁。石門鄺《志》。

治農縣丞公廨　在廳之東。柳《志》。　以上石門縣。

布政分司　在青陽街。知縣田玉建。桐鄉徐《志》。

按察分司　在服德街。明正統六年,知縣田玉建。崇禎年間,改爲南司。國朝,改建書院。

治農丞廨　明宣德間,建於架閣庫西。

主簿廨　舊在丞廨後,遷於縣治外東偏陰陽學址。

皂林巡檢司　在皂林鎮運河北岸。宋初,有皂林寨,在石門縣市南。建炎四年,移建皂林鎮。明宣德五年,分屬桐鄉,兼巡石門。弘治十三年,縣令王昊造廨宇。正德九年,移駐青鎮署,遂圮。以上桐鄉徐《志》。　以上桐鄉縣。

【校注】

　　［1］按:陸深《儼山集》作"南仝"。雍正《洪洞縣志》卷四《科貢·舉人》:"弘治十七年甲子科　南仝"。同卷《仕宦》:"南仝,由舉人任浙江嘉興府推官,拜南京四川道御史。"故"南金"是"南仝"之誤。

　　［2］按:即"德政鄉"。本《志》卷三《疆域·海鹽縣》:"德政鄉,治西南二十五里。""明分縣後,澉浦鎮城里三,屬德政鄉十三都。"天啟《海鹽縣圖經》卷一《建置》:"澉浦鎮城里三,列德政鄉十三都。"

　　［3］按:應爲"周亭"。本《志》卷三十九《職官表·平湖縣·縣丞》:"(正統年)周亭柳《志》作亨。趙《圖記》於弘治朝作周亨,誤。"光緒《平湖縣志》卷十《職官·縣丞》"正統　周亭　五年任。按建置布政分司署,亭作亨。"

嘉興府志卷八

學校一書院、義學附

郡縣設學始於唐，嘉興篤學亦盛於唐陸宣公是也。國朝從祀兩廡之典最慎，乃前入清獻，後入楊園，誰謂北人好學，南人好文乎？名宦以報德，鄉賢以式後，忠義孝悌以明倫，是以神道輔教也。書院以育才，義塾以發蒙，廣額以登進，是以誘掖勸學也。《周禮》"九兩"，"以賢得民"，"以道得民"，其在斯乎。志《學校》。

府學　在府治西北，宋紹興中建。《大清一統志》。案祥符《圖經》云：舊有文宣王廟在天星湖上。唐開元二十七年建廟，後有學室。或云：大曆九年置學。案：此本嘉興縣學。宋太平興國二年，知州安德裕即立學于廟右。趙《圖記》有"騰蛟起鳳橋"故跡。大中祥符二年，知州耿肱以廟學庫窄，移望雲門內西偏。袁《志》。　其地後併天寧寺。崇寧元年，頒學制。知州錢遹改建。紹興壬戌，知州方滋於通越門內二百步立學。至元《志》。肇建殿堂、齋舍七十三間。張嵲《重建州學記》：紹興壬戌二月丁亥，制詔諸路守臣興學如故事。于是右奉議郎、直秘閣、知州方滋言："郡有學，在望雲門之西偏。建炎中，因仍簡陋，即州治之東故賓館以為學，規橅湫隘。前臨河渠，旁迫治所，誼囂混淆，大失古人處士于閒燕之義。請更諸舊基，以詔令從事。"四月壬午，上尚書省，禮部以為宜。是年壬戌，下其事于州。乃審曲面勢，計眉楹，量功庸，慮財用，練日庀事。賦諸任職之吏而時視之。取財于興利之餘，積貲于經用之外，屬徒于復作之隸。凡百工之用售直于官者，皆厚于私家，上不諗有司，下不煩民力。工甚大，而人得以食其業；役踰時，而眾無所病其勤。作殿于前，以奉聖師；築堂于後，以講術業。齋宿有所，絃誦有舍。步欄周垣，門庖湢浴，莫不備具。先是，學無典籍，乃市書于四方略備，貯之以庫，而謹其出內。為屋凡七十有三間，以六月乙亥始事，以十月庚申告成。邦士大夫、郡儒、游士、耆稚畢會，仰視嘆息，咸多太守之義，曰："是能欽天子之詔而承之以敏矣。其將以是為風化之原，接邦人于道也。"夫仁義治化之本，禮樂所以文仁義也，而學校所以寓禮樂也。故大司徒以六德六行教民，而終之以六藝，則所以文仁義者有其具矣。以六禮六樂為教，而必肄之于學，則所以寓禮樂者有其所矣。仁義無以文之，則人不知孝弟之可樂；禮樂無以寓之，則藏在有司，掌于容官，何以習民之視聽哉！故古者行禮必于學，是以鄉大夫既登賢能之書，退而以鄉射之禮五物詢眾庶。蓋庶民無射禮，獨有主皮之射，故鄉大夫因行鄉射之禮而鑒視之。夫既登其賢能而使之有所勸，又詢之以禮樂而使之有所慕，斯民之從之也無難矣。然則學校之教，貴獨逮于學士弟子哉？雖庶民亦與也，為治者可不務乎！太守字務德，世家桐廬，賢而有文理。其為秀治迹甚眾，興學校，其一事云。　案：嵲《記》：舊學在望雲門西，建炎中即州東賓館為學，規橅湫隘，請更諸舊基。而至元《志》稱：于通越門內立學，則非舊基明矣。又，張鎮《記》：學自始創，三遷訖定茲地。牟巘《記》：學宮本在郡治北，紹興間改作于其西。徐一夔《記》：學在通越門內二百步而近，肇建于紹興中。今之學基，即紹興間所立無疑。趙《圖記》：方滋請徙肱所置故處，蓋嵲《記》"舊基"二字致訛。惟廟學分合不常，自西拓東，則歷元明而始定今制也。嘉定十一年，知軍府岳珂改建廟學，未就。十三年，知軍府鄭定落成，又闢西地建六齋。袁爕為《記》。紹定二年，知軍府莫叔益重建觀頤堂。黃夢高《記》：凡學校養士，各就食于位。觀頤有堂，獨檇李為然。合異而同，不相淆亂，此意善矣。然地本齷廬，常居浥蒸，屋老而欹，勢且覆壓，移食于齋，眾謂非宜。余視事數月，亟請于郡侯莫叔益，得錢五十萬，撤而新之。工徒既畢，舊觀復還，填然鼓聲，少長咸集，升降坐起，禮儀肅莊。乃歌曰："厦屋崇成，昔陋今盈。匪伊我居，言依于仁。齋廚有食，昔枵今實。匪飽我粒，言飽于德。"余聞而進之曰："侯之養士厚矣，士亦知所以自養乎？觀頤則易，自求口實則難。觀頤，觀其所養也；口實，觀其自養也。二三子勉之。"寶祐丁巳,守臣謝堂案:作塋者非。闢大門于廟西,疏潢池,建泮橋,創明德堂于西,改觀頤堂于東。張鎮爲《記》。元至元丙戌,分教陳紹在、里人徐碩請撤學新之,學前有井,覆亭其上,以育德名。悉脩浚之。舊有八齋曰:上達、立道、思誠、體仁、教睦改正誼、連茹改養心、輔德、朋來。講堂舊名正禮。至元《志》。　案:三十一年甲午,清釐正禮堂基。何覯爲《記》。大德三年,總管府事辛仲實案:作賓者非。重建廟學。傅光龍爲《記》。十一年,教授孔照、學正趙由儁、學録沈德華復葺之。柳《志》。　牟巘《記》:考之郡乘,學宮本在郡治北,湫隘弗稱。紹興間改作于其西,屋凡百三十餘楹,規模宏傑,費悉郡出,不以累學也。越更多故,嗣而葺之者,往往學任其費,則儒戶之科抑,生員之停供,勢不能免,失初意矣。孔君之至,嚴課講,增廩給,以勵諸生。按田蕩,禁豪奪以歸侵疆,諸事略舉,乃議脩泮。白之郡,郡侯以下皆樂從。于是上雨旁風,費良夥,呕命直學方應龍、趙良盛、王子正,會計度用,募匠庀徒,分董其役。而學正趙由儁、學録沈德華左右叶贊焉。遂盡撤舊葺,更覆之,榱桷根闌之病撓者易以堅壯,丹碧黝堊之漫漶者加以煥飾。起丙午季秋,畢丁未仲春。殿庭、門廡、八齋、小學、講堂、頤堂以及他屋靡一不新。過者色然改觀,皆曰:"吾教授孔君之爲也。"孔君博物多識,篤於學而勇于義,苦心勞形,不肯碌碌從俗苟安。而其能又足以達其所欲爲,故不科抑,不停供,數月而成,克有盛譽如此。抑予聞夫子之道在《六經》,學在《論語》,而其傳在曾子、子思之《大學》《中庸》。所以教人,亦惟曰君臣也,父子也,夫婦、兄弟、朋友也。世之學者固知誦習其書,然不安于因陋就簡,則失于陵節躐等;不溺于記覽詞章,則流于異端邪遁。末習相承,微言幾熄。繼自今朝夕勉勵,相與玩味講論,由伊洛而溯洙泗,孔君崇學之意也,不亦偉歟。延祐戊午,總管徐傑重脩廟學,創禮亭及櫺星門。吳《志》。　陳良弼爲《記》。至順二年,達魯花赤八扎建大成殿、門廡。張采爲《記》。至正六年,總管禿堅董阿良臣更櫺星門以石,創路學正録廳。吳《志》。　鮑恂爲《記》。二十三年,總管陳宗義闢地,改作大脩,易正禮爲明倫堂。趙《圖記》。　徐一夔《記》:嘉興之學在通越門内三百步而近,肇建于宋紹興中。學迫于廟,規模隘陋弗稱。先時,守臣亦欲斥而大之,而其地南臨廣衢,西北多巷,惟東面寬敞而多民廬,且鄰于執政婁氏里第。既入國朝,婁氏雖微,而民廬猶輳集,故自宋季以迄于今,莫克改作。至正二十二年三月,淮南行省郎中陳公來守兹郡。適丁兵燹,而向者民廬輳集之地悉皆爲墟。公與教授孫某相度面勢,慨然以興學爲己任。乃勸民以地售于學,其不願售者,聽以民所便他學地易之,得地南北四十二丈有奇,東西視南北則不及四之一,遂約學計之入,鳩材庀工。先作講堂五間,左右翼以夾室,揭層軒以廣前榮,堂崇三丈六尺,廣三倍于崇深,視廣三之二,煥以丹碧,塗以黝堊,中設講經之座,以重都授。堂舊名正禮,今以明倫易之。次作東西步廊,爲間各十有二,以趨堂廡步廊之内爲齋廬四。西曰成德,曰養正。東曰致道,曰時敏。齋各爲屋四楹,敞以前軒。次又爲屋九楹,而門術中闢,其外則鑿地爲池,架梁以達。兩廡之間立重門于外,而繚以周垣。兹學至是始克大備。斯役也,克承公意。先事趨辦者,嘉興縣尹石某。而董治其事,規材量費,則學正朱某、府吏陳某、顧某也。公不間風雨,一日一至學,凡一木石之惡,一工匠之怠,審視程督,不啻若治家事,故其成不苟不緩。始於是年八月某日,越七月迄工,明年四月一日也。時一夔僑居嘉興之野,承公致幣,俾助教諸生,且屬之記。一夔固辭不獲,乃作而言曰:學校之設,國家風化之機在焉,非細故也。嘗竊聞之,初國家起自朔漠,以威武立國,未遑學校之事。中統、至元之際,天下大定,許文正公衡用儒術爲輔相,凡其謀謨,皆經國大計。至于學校一事,尤切切言之。其言自國都以及州縣皆設學校,使皇子以至庶人之子皆從事,日明君臣父子之道。自灑掃應對,以至治國平天下。遲以十年,則上知所以御下,下知所以事上,而上下親睦。此誠不可拔之論。然當是時,國家肇建而州縣尚多苟且,延祐更化,上深厭吏蠹,赫然欲刑去之。顧學校難須成于月日,斷以科目取士,蓋將朝用其人,而夕收其效也。大抵天下之勢,此急則彼緩,矧夫上之人以是求之哉。由是學校之設,始若冠之有旒,履之有絇,姑具人文而已。當國者以提調則付之守令,以勉勵則付之風憲,日有任之者矣。而受其任者,既不皆出于儒術,而錢穀詞訟又從而奪之,幾何不視爲迂闊之務,月更朔望,相率入謁,廟廷趨坐,論堂引師,弟子勤取先儒成説,敷陳一過,已則掉臂而去。如是以爲故事,而欲學校有成,如文正所云,其可得乎。循習之久,卒至人紀廢壞。寇賊姦宄以迄于今,弗振者職此由也。嘉興自唐季以郡置,土田民物,不劣他郡,惟學隘陋,有乖具瞻,三百餘年于兹。公之來守,值時艱虞。顧學校之廢莫甚于今日,思欲振而起之,難以時詘舉贏爲□,遂出獨見,大作兹學,使廟既克全其尊,而學之方位嚴正,規模廓大,締構堅密,又悉冠乎東南之庠序。嗚呼!此豈徒資觀美也哉。誠以受國家一郡之託,所繫者重是用崇兹閎耀之居,使凡學者耳目不蔽于凡近，則志氣清明。志氣清明則念慮之所存，精誠之所至，沈潛乎詩書六藝之府。須以悠久，造詣精切，踐履篤至，修于其家。而知事親長□□于其國，而知尊君親上，師師成風，孝弟忠信之道立，狠戾悖逆之習變，而教道成矣。雖然，陸宣公郡之先哲也，其言曰："吾上不負天子，下不負所學。"繼自今嘉興之士，寧無不負所學如宣公者出乎。我知自公之爲郡，凡爲郡者來取法矣。不然，此三百餘年臨陋之學也，公胡爲于難爲之時，爲之不疑哉。初，公與其兄今甘肅行省參政俱以科目自奮，參政既以大對魁天下，歷歷省臺，讜言直道，爲時名臣。公亦首薦于鄉，會朝廷輟科稍起，從部使者辟，暨參佐大藩，出其奇謀碩畫，克濟王事。及爲郡，取其尤病民者力言于上，罷之。曾未期月，政用大敷。興學，特其一也。學始奠址，工墾土，得錢一窖，遂用以相役。人謂兹學之興，蓋不偶然云。公名宗義，字子方。參政名祖仁，字子山，河南人。至正二十三年。**明洪武二十七年**，參議李文華重脩明倫堂于廟後，即宋明德堂舊址。有軒廊、四齋。宣德間，巡撫大理卿胡槩重脩殿閣、廊廡、講堂，移饌堂居東，即宋觀頤堂舊基建四齋。正統二年，知府黃懋以學逼廟後，廣購東北地十五畝，即古曹刺史捨建慈恩寺故址。移建明倫堂爲後堂。曰思樂。東西爲四齋、號房、饌堂、射圃。柳《志》。 陳循《記》：正統九年九月九日，嘉興府儒學重建明倫堂成，其經始蓋八年四月二十日。學故有是堂，在先聖廟之艮偶。洪武二十七年，有用堪輿家言，堂向利位與廟直，乃移置廟後尊經閣之北。然閣高而堂卑幾半，相距之地，空不數尺。堂之中，雖晴明如晝晦時，處者恒以爲患，莫有能易之者。正統二年，真定黃侯子勉來守是郡。周覽之餘，欲作學以恤所患，會連歲歉，弗果改作。越數年，因得民售隙地十有五畝于庠垣之外。而歲又稍豐，適工部侍郎廬陵周公以巡撫至，侯以言公，欣然主之，遂搆堂前後各五楹。前爲明倫，後扁思樂。明倫翼以夾室，東西爲廊各十二楹。廊之內爲四齋，兩廊之南爲室七楹，而門其中之三。會食有所樓，徒有舍以楹計者幾十有幾，壯偉宏耀，蓋數倍于前矣。工之興也，市地與材，傭人之力，其錢出丁公帑之儲，浮費之節，俸入之捐。用之雖多，而人不以爲費，且勞既成，師生德公與侯之惠，不可使泯，相與具實走京師，請爲記刻石，且俾相繼游於此者，皆知其所自也。自三代之學建，而明人倫之教行于世遠矣。我國家循用此道，尤篤故學之建，以明倫名其講習之所，公與侯欲改作而不能自己者良有以也。使凡居是堂者能務其所以教，且學究心聖賢之言，約而有之于己，舉而措之于事，斯爲不孤。不然不獨爲孤改作者之心，而于國家建學明倫之意，不亦大有負耶。景泰七年，僉事酈彥譽、知府延祥脩葺，并脩補祭器、樂器。章瑤《記》。成化十八年，後守徐霖脩四齋、兩廡、饌堂及廚，展射圃地，廣號舍，撤文昌祠。于思樂堂左又建鄉賢祠。柳《志》。 張寧、徐霖爲《記》。通判陳寶廣門外地，護以石欄，壘石湖濱。趙《圖記》。弘治初，郡守柳琰重整思樂諸堂。袁《志》。七年，知府佟珍重建明倫堂及思樂堂。吳《志》。 吳寬爲《記》。正德十四年，提學副使劉瑞、知府徐盈等脩學。王璡爲《記》。嘉靖六年，知府蕭世賢重脩廟學。鍾梁爲《記》。嘉靖中，建敬一亭於思樂堂東，其西爲啟聖祠。二十七年，知府趙瀛重脩廟學及青雲樓趙《圖記》、鄉賢、名宦祠。吳《志》。萬曆初，案：碑四年丙子。知府李楘重脩廟學。吳《志》。 姚弘謨爲《記》。十一年，知府龔勉重脩。嚴從簡爲《記》。二十四年，知府曹代蕭重脩。陸光祖《記》。三十年，兵備道車大任脩明倫堂。朱國祚《重脩嘉興府儒學記》：嘉興郡學改建，自有宋紹興入國朝，而地加闢，制加備。第延袤廣斥，其中崇宮大樹，風雨剝蝕亦易。嘗稽往牒，自正統迄今，若元氏黃公、陽城楊公、金谿徐公、遼陽佟公、三原趙公、豐城李公、錫山龔公、莒州曹公相繼脩葺。雖工力異齊，總之崇先聖，育英賢，爲國家，隆教化，意良切至。夫二千石，身任師帥，視學校不啻家塾，視青衿奚殊子弟，經營培造，責不容道耳。若監司而以興學爲己責，前無千古，實我春涵車公始。公自辛丑歲捧璽書來蒞吾郡，甫兩載，士民胥愜，計公當久任，覆露無窮。迺銓司合公前守歷履，謂資望宜敘遷，而中丞劉公重念東南，特疏請，得報可。公遂爲西浙兵備觀察，仍駐節檇李焉。歲癸卯，郡學圮。維時二千石闕，且迫于財用，未暇議葺。公獨慨然曰："妥聖靈，育人才，務孰與急？余雖祗駕郡事，尚蒞兹土，奈何以越俎辭？"爰檢橐中俸餘，付之兩縣尉，鳩工庀材，自外坊表、綽楔、欄楯及內廊廡、堂舍，悉更隘而敞，易腐而堅，丹雘一新，煥然觀美。至沿河隄葦，則採甓固完，視昔有加。蓋自杪秋經始，訖作于冬仲，適直指使按部至，諸縫掖雍容，揖讓于明[1]所，分講經義，克稱偉觀。于是學博劉在科、段逢吉、應明德、寧國徵、董應庚暨門弟子倪廷楨、王一統等，相率踵余謀所以勒石揚休者。余惟以我夫子道德同天地，爲萬世師，華夏蠻貊，罔不率俾。矧今聖明在御，三紀于兹，久道化成，人文休邑。檇李爲三吳名郡，雲蒸霧變之士濟濟後先。而郡庠穎發，尤甲旁校，非涵濡聖澤，沐浴菁莪，疇克臻此。顧多士不虞其拙于文，虞其文之入于巧也；不虞其蹇于遇，虞其遇而蹇之變也。公惓惓宫牆，作興士類，意所期待，詎止以雕龍繡虎，掇拾青紫已耶。大都游聖域者先聖功，欲遠施者豫厚養。惟兹絃誦其中者，日漸月劘。沈潛義理，以會諸心，動比禮樂，以飭其體，敦尚孝弟，以立其基。言有宇，行有坊，他日應時而出，爲皐夔，爲周召，爲吉甫、方叔，使天下稱嘉人士實冠絶寓内，庶教育之地有光，而車公造士美意爲不負矣。諸友勉乎哉！車公守兹郡，以循良著稱。今建乎[2]兹郡，疆圉寧謐，其經文緯武之烈，不能殫述。惟志公加惠特典，垂不朽云。公名大任，號春涵，楚之邵陽人。若本府同知熊秉衡，通判傅之任[3]、林應奎、尹紹臯，推官曹光德，知縣鄭振先、陳于廷，先後籌畫，克襄盛事，得並書之。三十九年，知府吴國仕重脩明倫堂。沈思孝、朱國祚爲《記》。崇禎十三年，訓導吴祖穆脩啟聖祠。國朝順治十三年，知府史載脩大成殿、兩廡、啟聖祠，櫺星、儀戟諸門。袁《志》。　譚貞默爲《記》。又，史載有《記》。康熙十六年，知府盧崇興、教諭姜廷櫸重建明倫堂、啟聖祠。袁《志》。　張天植爲《記》，姜廷櫸爲《序》。十七年，訓導范光燮重建饌堂，更名希聖，即舊觀頤堂、萬曆中教授魏浣初葺爲養賢堂廢址，改講堂，顔今名。吴《志》。　陳錫嘏、范光燮爲《記》，劉埕、張天植、王庭、杜臻、范光燮爲《序》。二十四年，建文昌閣于學之東。范光燮《記》。五十五年，知府吴永芳重脩大成殿、兩廡、櫺星門。次年，新啟聖祠，移名宦、鄉賢祠于戟門西，重建文昌閣。吴《志》。　吴永芳爲《記》。五十八年，郡人鄒天嘉重修啟聖祠。自爲《記》。雍正十二年，知府盧承綸重脩明倫堂。乾隆四年，浙江巡撫盧焯重脩廟學。盧焯《記》：今上御極之三年，舉臨雍大典。特於文廟易蓋黄瓦，重道崇儒，亘古未有。一時山區澤國，荒徼遐陬，學校之地蒸蒸向風，靡不振起，猗歟盛哉。是年焯膺簡命，自閩移浙。浙中文教之隆，于斯爲盛。焯不敏，安得陶以禮而淑以樂。而黨庠術序偶有廢墜，竊願觀厥成焉。邇以鹺務巡行嘉禾，此我祖方伯公所守之邦，我父廷尉公亦嘗分刺于是。予小子何幸于我祖、我父繼治之區，又承乏于是，則聖朝優渥之恩于我家爲獨厚。而我家一至再至三至，在是邦爲奇。君親之感彌深，忠孝之思何已。乃入聖人之居，登明倫之堂，方伯公手書聖經在焉，廷尉公手書柱聯亦在焉。而宫牆堂廡，間則漸就傾頹矣。爰出俸金，命有司董其役，而一時邦之紳士亦皆踴躍襄事，不數月而觀成。是歲也幸，天無愆伏之災，地無旱潦之患，人有豐穰之慶。得天之時，因地之利，用人之和，故民不勞而事舉，時不曠而工完。觀成之日，邦之人咸相賀。于是博士弟子相率詣太守之庭而言曰："美哉！復覩此輪奐也，不遇歲稔人和，烏能速成？願一言以記之。"太守轉白于余。余曰："嘻！歲稔人和，天子之聖也，我民之幸也。詎余實是爲？且是役也，敬紹我祖父之緒，以宣揚聖天子文治，正不免煩我父老耳。雖然，余固有願爲爾多士言者，而亦不必别爲爾多士言，即我祖所書聖經一章是也[4]。夫士不外乎行與文耳，八條目所云'格物致知'，即學文之事，誠意正心脩身，即敦行之功。以此齊家，爲孝子，爲悌弟，爲慈父、義夫、信友；以此治國平天下，爲聖主，爲忠臣，胥是學也。我皇上聖功王道，比隆唐虞，亦惟是。於聖經迪知允蹈，士漸摩至治，浹髓淪肌，感發奮起，更當何如哉。夫庠序者，文行之所基也。上棟下宇，興廢不常，至理名言，千古不易。他年增華，踵事不無待于後人。此日脩行學文，實所望于多士。然則觀兹繕葺之成，不若觀爾德業之成也，爾多士勉乎哉！"遂不辭而記之，以附我祖、父手書之後。乾隆己未季冬。三十二年，知府馮章宿重脩。三十九年，紳士重脩鄉賢祠。范永澄爲《記》。四十年，郡人吴高增以石刊聖賢像贊三十六版寘諸殿廡。四十七年，紳士捐修大成殿，重建兩廡及儀門、禮亭、櫺星門，甃石路，並壘石岸。五十四年，鹽道盧崧命工綵繪大成殿，重脩名宦祠、明倫堂。嘉慶四年，知府伊湯安重脩明倫堂及兩翼儀門、學門、崇聖祠，門圍以長垣，設東西栅門，嚴啟閉，禁營馬闌入焉。伊《志》。十三年，知府李賡芸重脩明倫堂。道光十五年，知府瑞元率郡紳沈維鐈、倪濂、范基、陳宗柏等大修廟學。陳宗柏、萬福捐建騰蛟、起鳳二橋。黄安濤《記》略：自有生民以來，曰聖之時，惟我夫子，徵諸訓典。凡勵時習，務時敏，戒時過，知我夫子之所以垂教萬世，則知萬世之所以立廟[5]崇奉而罔或廢闕[6]者，非時曷由。謹稽我郡之有學也，創始於唐，移建於宋，嗣後展拓增修，歷[7]元明以至國朝，碑版志乘，釐然可考。長白棟鄂公名瑞元，滿洲正黄旗人，道光辛巳舉順天鄉試，癸巳之夏以刑部郎中來守我郡。下車展謁，見殿宇凋毁，垣墉傾陊，朔望函香將事，遇陰雨則房舍滲漏，束席就燥，以避霑溼。周察顧視，蹙然以歎。葢自前守伊公湯安於嘉慶四年重修明倫堂，距今將[8]及三紀，而大成殿各工建於元至順二年者，寖積[9]五百餘載，凋毁缺[10]陊，宜若此矣。公亟思嗣修，顧又默念[11]頻年水潦，民力凋瘃，殆未可也。越兩歲乙未，年穀既登，政成務簡，公則瞿然曰："際右文之世，膺導民之職，崇明祀而惇教典，修廢飾闕，其在斯時乎[2]。"由是會僚友，集儒紳，詢事考言，僉議惟允。乃捐廉以倡，下檄屬縣相助爲理。以懿德之好鼓士民，以有恒之財資經費。凡讀公條教，罔不踴躍咸欣，施力輸緝，言發韹[12]逐，若疾風之靡草焉。爰[13]審度日力，庀徒傲功，指委監隸[14]，咸得其人。經始於是年八月，迨丙申四月祗敬藏事。閟宮霞蔚，正殿岑立，奠[15]設之地肅，祠庭之閎固，重構復建，四顧交葺，視前此之稍稍補苴，尺版尺築，正傾支撱者，工費何啻倍蓰。是役也，初以工鉅用宏，衆有拾薪之慮，及是青衿黃髮奔走皆來，樂觀厥成，而公始焉瞿然瞿然之思斯慰矣。夫爲國家者，於可以捍牧圉，衛民生，隆祈報，而肅觀瞻者，有舉莫廢。況化民成俗，莫善於學，聖域儒門[16]，豈宜堙墜。微文翁則蜀學不崇，公之所爲，急先務哉。然而先時則躁，躁則民不樂從；後時則怠，怠則功不易集，當可之謂時，公其有焉。繼自今克守舊典，或謀儲偫，贏財蓄貲，爲綢繆計，無俟損剝，用資歲修，此即時習之義也。或十年，或二十年，易舊增新，無俾大壞。此即時敏之義也。若乃遷延玩愒，坐視頹圮，積久荒墜，繕完益艱，此即時過後學，勤苦難成之義也。昔昌黎韓子爲處州刺史李繁作《孔廟碑記》，謂"後之君子，無廢成美。"不大[17]可惕然兢懼哉！工既竣，公猥及庸愚，屬之論撰，時安濤以部民塵忝書院講席，目覩盛舉，於公經理始末，與聞最詳，讓不獲已。粵惟夫子，道大德隆，游夏難言，何敢鋪飾毫末，若夫宮庭考室之制，力役匠費之數，具在尺籍，茲不備書。竊從梓人圬者後，有見於時義之大，比附而引伸之。謹志[18]歲月，塞誣諑而申歡躍，用詒來者云爾。　案：是役十五年八月開工，各董事分任工程，于十六年四月告竣，共捐銀二萬一千三百有奇。咨部題請議敘，奉旨依議。"于《志》。同治三年，知府許瑤光重脩。

【校注】

　[1]　明：碑刻作"明倫"。按：朱國祚《重修嘉興府儒學碑記》碑尚存，嵌嘉興市區攬秀園東牆內側。

　[2]　乎：原文"□"，依碑刻補。

　[3]　傅之任：碑刻作"傅之仕"。本《志》卷三十六《職官表・通判》："（萬曆）傅之仕。"

　[4]　是也：碑刻作"聖人之遺書，即我祖之遺訓也。"按：盧焯《重修嘉興府學碑記》碑尚存，嵌嘉興市區攬秀園東牆內側。

　[5]　立廟：黃安濤《真有益齋文編》（《清代詩文集彙編》第五二一冊）卷六收《重脩嘉興府學碑記》，無此二字。

　[6]　而罔或廢闕：《重脩嘉興府學碑記》作"我夫子"。

　[7]　歷：《重脩嘉興府學碑記》作"自"。

　[8]　將：《重脩嘉興府學碑記》作"且"。

　[9]　寖積：《重脩嘉興府學碑記》作"緜歷"。

　[10]　缺：《重脩嘉興府學碑記》作"傾"。

　[11]　念：《重脩嘉興府學碑記》作"計浙西"。

　[12]　韹：《重脩嘉興府學碑記》作"響"。

　[13]　爰：《重脩嘉興府學碑記》作"爰迺"。

　[14]　隸：《重脩嘉興府學碑記》作"涖"。

　[15]　奠：《重脩嘉興府學碑記》作"薦"。

　[16]　門：《重脩嘉興府學碑記》作"宮"。

　[17]　大：《重脩嘉興府學碑記》作"亦"。

　[18]　志：《重脩嘉興府學碑記》作"識"。

　　廟制　今爲大成殿，前露臺，東西爲兩廡，前戟門，左爲齋宿所。側門通學。前櫺星門，前屏牆，護以石欄。順治二年，定府、州、縣歲以春、秋仲月上丁日祭先師於頖宮，以正官將事，佐貳分獻，監禮以師儒，贊引執事以生員，將事之儀均如。

　　太學丁祭禮，如遇有事，改次丁或下丁。順治十四年，議准致祭，祝文稱至聖先師孔子。《大清會典》。康熙二十四年,恭懸聖祖仁皇帝御書"萬世師表"匾額於殿。二十八年,頒御書《孔子贊》,並《顔曾思孟四子贊》,恭摹勒石。雍正五年,恭懸世宗憲皇帝御書"生民未有"匾額。乾隆三年,恭懸高宗純皇帝御書"與天地參"匾額。嘉慶五年,恭懸仁宗睿皇帝御書"聖集大成"匾額。二十五年,恭懸宣宗成皇帝御書"聖協時中"匾額。咸豐元年,恭懸文宗顯皇帝御書"德齊幬載"匾額。同治三年,恭懸穆宗毅皇帝御書"聖神天縱"匾額。光緒　年,恭懸御書　　　匾額于殿。各縣同。

釋奠禮　府、州、縣均同以"四配、十二哲"侑饗殿中,以先賢先儒從祀兩廡。　四配:復聖顔子、述聖子思子東位西嚮,宗聖曾子、亞聖孟子西位東嚮。　東序:先賢閔子損、冉子雍、端木子賜、仲子由、卜子商、有子若。西序:先賢冉子耕、宰子予、冉子求、言子偃、顓孫子師、朱子熹,位均東西嚮。東廡先賢:公孫僑咸豐七年從祀、林放、原憲、南宮适、商瞿、漆雕開、司馬耕、梁鱣、冉孺、伯虔、冉季、漆雕徒父、漆雕哆、公西赤、任不齊、公良孺、公肩定、鄡單、罕父黑、榮旂、左人郢、鄭國、原亢、廉潔、叔仲會、公西輿如、邦巽、陳亢、琴張、步叔乘、秦非、顔噲、顔何、縣亶、牧皮、樂正克、萬章、周敦頤、程顥、邵雍,位西嚮。西廡先賢:蘧瑗、澹臺滅明、宓不齊、公冶長、公皙哀、高柴、樊須、商澤、巫馬施、顔辛、曹邺、公孫龍、秦商、顔高、壤駟赤、石作蜀、公夏首、后處、奚容蒧、顔祖、句井疆、秦祖、縣成、公祖句茲、燕伋、樂欬、狄黑、孔忠、公西蒧、顔之僕、施之常、申棖、左邱明、秦冉、公明儀咸豐三年從祀、公都子、公孫丑、張載、程頤,位東嚮。　東廡先儒:公羊高、伏勝、毛亨同治二年從祀、孔安國、后蒼、許慎光緒二年從祀、鄭康成、范寧、陸贄道光五年從祀、范仲淹、歐陽修、司馬光、謝良佐道光二十九年從祀、羅從彦、李綱咸豐元年從祀、張栻、陸九淵、陳淳、真德秀、何基、文天祥道光二十三年從祀、趙復、金履祥、陳澔、方孝孺同治二年從祀、薛瑄、胡居仁、羅欽順、呂柟同治二年從祀、劉宗周、孫奇逢道光八年從祀、張履祥同治十一年從祀、陸隴其。西廡先儒:穀梁赤、高堂生、董仲舒、劉德光緒三年從祀、毛萇、杜子春、諸葛亮、王通、韓愈、胡瑗、韓琦咸豐二年從祀、楊時、尹焞、胡安國、李侗、呂祖謙、袁燮同治七年從祀、黃幹、蔡沈、魏了翁、王柏、陸秀夫咸豐九年從祀、許衡、吳澄、許謙、曹端咸豐十年從祀、陳獻章、蔡清、王守仁、呂坤道光六年從祀、黃道周道光五年從祀、陸世儀光緒二年從祀、湯斌,位均東西嚮。案:兩廡從祀,謹遵同治年間部頒新定位次,其從祀在道光四年以後者,皆《大清通禮》所未載,今備書其年分,以資稽考。

正位前　制帛一白色,牛一,羊一,豕一,登一實以太羹,鉶二實以和羹,簠二實以黍、稷,簋二實以稻粱,籩十實以形鹽、藁魚、棗、栗、榛、菱、芡、鹿脯、白餅、黑餅,豆十實以韭菹、醓醢、菁菹、鹿醢、芹菹、兔醢、笋菹、魚醢、脾析、豚拍,尊一,爵三,鑪一,鐙二。

四配位　各制帛一白色,羊一,豕一,鉶二,簠二,簋二實並同上,籩八實以形鹽、藁魚、棗、栗、榛、菱、芡、鹿脯,豆八實以韭菹、醓醢、菁菹、鹿醢、芹菹、兔醢、笋菹、魚醢,爵三,鑪一,鐙二,東西各尊一四案同。

十二哲從位　各制帛一,鉶一同上,簠一實以黍,簋一實以稷,籩四實以形鹽、棗、栗、藁魚,豆四實以菁菹、鹿醢、芹菹、兔醢,爵三,東西各羊一,豕一,尊一,鑪一,鐙二。

兩廡從位　每位爵一,每案簠、簋各一,籩豆各四,東西各羊一,豕三,尊三,統設香案二,每案制帛一,爵三,鑪一,鐙二。　牲載於俎帛正位,四配異簠,十二哲東西共簠,尊實、酒、疏布羃、勺具。

樂器　麾一,編鐘、編磬各十有六,琴六,瑟四,排簫二,簫、箎、笙各六,壎二,簴四,建鼓一,搏拊二,柷、敔各一,木笏六,設於階下。樂律中和韶樂,春以夾鐘爲宮,秋以南呂爲宮。樂章六,奏迎神奏昭平,奠帛初獻宣平,亞獻秩平,終獻敘平,徹饌懿平,送神德平。

佾舞　六佾、三獻,均文舞,舞器引舞,以旌節左右各一,文德之舞,以羽籥各三十有六。

崇聖祠　在殿後東北隅。明嘉靖九年,敕建啟聖祠。吳《志》。國朝雍正元年,奉上諭,議準易啟聖祠爲崇聖祠。《浙江通志》。歲春秋仲月上丁同日致祭。中設肇聖王木金父,左裕聖王祈父,右詒聖王防叔。左次昌聖王伯夏,右次啟聖王叔梁紇,位皆南嚮。祠內配饗先賢孔孟皮咸豐六年配饗、顏無繇、孔鯉,東位西嚮。曾點、孟孫激,西位東嚮。兩廡從祀先儒,東廡:周輔、程珦、蔡元定;西廡:張迪、朱松,位均東西嚮。

正位前,各帛一,羊一,豕一,鉶二,簠、簋各二,籩豆各八,爵三,尊一,鑪一,鐙二。　四配位,各帛一,簠、簋各一,籩豆各四,爵三,東西各羊一,豕一,尊一,鑪一,鐙二。　兩廡從位,東二案,西一案,均簠、簋各一,籩豆各四。每位爵一,東西各帛一,羊一,豕一,尊一,鑪一,鐙二,俎篚冪勺具。

庫貯禮樂祭器。至元《志》。　宋沈揆有《府學古鼎記》,見《金石》。　明章璠《祭器碑記》略曰:孔子之道,大似天地,明並日月。漢、唐、宋以來,太學至郡邑,通祀無間。然必備禮樂之器,實殽物,和音聲,以將吾報本之誠而後已。我朝祀禮之備,亙古莫及。嘉興爲浙西鉅邦,其祭器爲尤備。爐瓶有漢制者,宋制、元制者,最古則商鼎也。簠簋、罍爵、鐘磬,率多元制。至琴瑟、笙簫、柷敔、塤篪之類,靡不制度中法。景泰丙子,浙江僉憲鄺公彥譽行部至是,啟庫鑰視器,曰:"某器何,若是之古;某器何,若是之新。"璠以國初守是邦者購器以奉祭祀,其時所備多古,歲久殘闕,古者僅存十之六七,有以補爲名而易之者,輒罹禍殃,此天罰也。公聞而慨歎。與郡守延公祥復脩祭器,其高下廣狹,并厚薄輕重,各注于器目之下,勒諸堅珉,用垂永久焉。　案袁《志》列所存器曰:銅登一,大銅爵三十五,小銅爵八十六,銅豆七十七,銅豆底十二,今增蓋,餘以木爲之。大銅花瓶五,今增一。大鼎爐二,銅簠二十二,銅簋二十九,銅犧尊五,象尊六,大銅酒尊二,小銅酒尊七,銅闊口花瓶二。又銅花瓶一,今增一。盥洗銅盆二,索耳爐四,銅方坫三十五,錫杓六,鐵香爐,銅小龍頭一,鐵龍頭一,銅光鐘九,銅花鐘十二,小銅鐘一,鐵鐘一,石磬二。康熙三十九年,知府佟賦偉復補製禮樂祭器,肆選樂舞。杜臻爲《記》。　案吳《志》列目:琴六、瑟四、鐘架一、楹鼓一、簫六、笛六、笙六、鳳簫二,搏拊二、銅磬十六,柷敔一、塤二、篪二、節二、翟籥各三十六。五十七年,巡撫朱軾檄脩樂器,令樂舞生執事。六十年,知府吳永芳增置祭器。銅鉶二十七,大銅爵十,小銅爵二十六,銅簠二十七,銅簋二十。　伊《志》。咸豐間,悉毀失無存。今陸續重製,尚未齊備。

學制:今爲明倫堂,前甬道,東翼齋,西翼廊,前泮宮,門前頖池,前二門,前頭門。順治九年春,欽依臥碑文,恭刊于學。康熙二十三年,奉頒《御製學校論》。四十一年,奉御製《訓飭士子文》,恭錄刊碑。雍正四年九月二十九日,奉上諭一道。七年正月二十七日,又奉上諭一道。彙刊,頒貯于學。乾隆五年,奉上諭一道。十三年,敬刊勒石。四十四年八月十六日,奉旨欽頒世宗憲皇帝《訓飭士子文》,於各省學宮恭錄刊石。各縣同。

學額:府學二十五名,大縣視府學嘉、秀、善、海、平。惟石、桐二縣視次縣大學各二十名。《會典則例》。咸豐、同治間,各縣士民捐輸軍餉,歷奉恩旨,除暫廣無定額外,加廣永遠學額:府學十名,嘉興九名,秀水十名,嘉善七名,海鹽五名,平湖十名,石門四名,桐鄉五名。恭遇恩詔之年,廣額名數均視府學。案現在定額,府學三十五名,嘉興三十四名,秀水三十五名,嘉善三十二名,海鹽三十名,平湖三十五名,石門二十四名,桐鄉二十五名。廩膳生員,府學四十名,縣學二十名。按《欽定學政全書》,增廣生同。拔貢生,十二年一舉。案《會典則例》,雍正五年奉諭六年一次。乾隆七年諭著十二年一舉,定爲例。府學二人,縣學各一人。副貢生,以鄉試副榜準作貢生。歲貢生,府學歲貢一人,縣學二歲一人。案《會典則例》,順治中,歲貢俱起送投部候試。康熙二十六年,覆準槩免來京,願入監肄業者,送部劄監。恩貢生,遇覃恩，以正貢作恩貢，以次貢作正貢。優貢生，歲科試竣，擇其尤者，送部考試，廩、增準作貢生，附學及武生準作監生。《會典則例》。 案：同治二年七月，禮部議覆官文等奏請優貢特加擢用一摺，自甲子科爲始，優貢朝考列一二等者，以知縣、教職二項，請旨録用等因。奉旨依議。凡武生、武童，三年一試，府學取二十名，各縣學十有五名。《大清會典》。現奉加廣永額，府學十名，嘉興九名，秀水十名，嘉善七名，海鹽五名，平湖十名，石門四名，桐鄉五名。嘉慶四年，禮部議覆湖南布政使通恩條奏，各省駐防准其就近考試，歲科應試，童生五六名，取進一名。乍浦駐防旗籍于府考時一併考試録送，學政取入府學。伊《志》。道光二十三年，禮部咨行各省駐防，文童專考繙譯，概令停止歲科應試。二十四年，兵部咨行駐防，歲試武童，循舊録取。案：乍浦駐防歲試武童，現因暫駐杭州，歸杭州府考試。俟乍防復設後，再照舊章辦理。

尊經閣 宋崇寧元年，建六經閣。建炎兵火，知州程俱移于州治東偏。柳《志》。淳熙四年，知州吕正已建御書閣于書庫基上。至元《志》。端平二年，知軍府趙與□建于禮殿後。柳《志》。元至元丙戌，分教陳紹在改名尊經閣，上儲經籍，下奉先聖燕居像，旁祀十先生焉。至元《志》。 徐碩爲《記》。後至元五年，總管和元昇重脩。柳《志》。 張采《記》：學舊有閣，至元丙戌嘗脩之矣。距今五十三年，蠧毁日甚，東平和侯元昇守是郡之三年，寬厚廉平，知教之本。謂脩葺之費，閣最鉅，乃督學之逋租，爲錢萬五千緡，而大脩之，役三月畢，民不知也。于是，教授錫山強可仕行之。始至，理豪占，汰冗職，節浮費，以佐成之，願有《記》。采辭不獲，乃爲之言曰："陸宣公論諫數十百篇，皆本仁義，非六經所自出歟。近士潛庵輔先生受教于朱、吕氏，淵源之正，操守之篤，諸經有解，成書具存。皆吾郡人也，後學得無景行哉！閣之東，婁氏有隙地若干，欲售諸人，以與學鄰，遂鬻于學，謀遷宣公祠。廣大小學齋，規模益宏敞。侯，字仲德。"明成化初知府楊繼宗重脩。柳《志》。十二年重建。蕭子鵬記。國初，復加脩整。康熙五十三年燬。吴《志》。

名宦祠 今在殿後西北隅。歲春秋釋奠，禮畢詣名宦、鄉賢、忠義孝悌各祠致祭。縣同。祀晉高史君，吴越曹珪，宋柳植、劉師道、葉清臣、洪皓、趙士醫、喬行簡、吴柔勝、黄灝、岳珂、孫夢觀、王介、劉漢弼、李宗勉、趙景緯，元杜滸、劉貞，明吕文燧、謝節、李鑑、劉觀、趙豫、夏原吉、胡槩、張恭、戴尋、周忱、黄懋、楊繼宗、陳琳、李伸、洪範、伍文定、徐盈、蕭世賢、劉慤、張任、何源、張綸、張子仁、張問達、方揚、湯日昭、曹代蕭、曹光德、朱邦喜、鄭振先、吴其貴、吴國仕、顧起鳳、蔡懋德、潘洙、李仕亨、孫昌裔。伊《志》。郁綸、張濂。于《志》增。國朝朱昌祚、范承謨俱總督、塞白理提督、李之芳、王國安、王騭俱總督、張衡學道、趙申喬巡撫、楊宗仁按察使、李衛、嵇曾筠俱總督，以上浙省通祀，各縣同、朱延慶、李棲鳳、上官鑑俱巡道、顔光斆、姜櫄俱學政、嚴正矩、彭舜齡、丁仁定、史載、張作礪、范光燮、季舜有、盧崇興、張思齊、黄家遴、陳大宏、臧憲祖俱見吴《志》、李鴻雷、成輔、梁徽于《志》增、趙澂、惲敷新增。 伊《志》按：巡道以上，考《浙江通志・職官表》，按其履任年月，註明某官。知府以下，《府志》有《官師表》可考，不悉註。嘉興、秀水二縣均倚郭。名宦、鄉賢附，不更置。

鄉賢祠 今在名宦祠右。祀唐陸贄從祀東廡、邱爲、顧況、陸扆，宋陳舜俞、聞人宏、朱敦儒、趙汝愚、婁機、王希吕、徐龜年、蔡鬫、陳塏、常楙、李曾伯、輔廣，明鮑恂、貝瓊、金絅、殷近仁、史仲彬、程本立、高遜志、姚瑄、沈淳、吕原、項忠、沈琮、劉泰、張寧、姚綬、屠勳、包鼎、吕㦂、姜學夔、張敏、劉瑋、戴經、朱綬、錢琦、屠應埈、陶儼、諸偁、張徽、王朴、吴方、鄭曉、劉朮、徐瓚、孫軒、陸埛、屠應埈、沈謐、錢薇、陶謨、孫校、包節、包孝、孫植、沈鎜、卜大同、劉熠、俞乾、卜大有、陸光祖、周恂懋、劉炌、姚弘謨、卜大順、錢同文、盛周、戴鳳翔、陸相儒、嚴從簡、張應治、項篤壽、卜相、王倖、沈玄華、沈英華、馬如麟、徐學周、李自華、鄒國儒、竇卿、鄭履準、金燿、高文登、郁本宗、鍾天才、沈思孝、沈懋孝、陸萬垓、許應逵、鍾庚陽、夏建寅、黄洪憲、丁賓、張正鵠、洪炎、徐燴、徐應奎、施乾、馮夢禎、屠叔方、黄正色、朱廷益、姚履道、朱儒、岳九德、盛惟謙、岳九臯、張應宿、包世杰、朱國祚、岳元聲、姚思仁、孫光啟、盛萬年、吴昌期、鉏盛時、黄承玄、項德禎、吴弘濟、陳一德、顧態、邱民貴、徐必達、岳和聲、陳懿典、李日華、賀燦然、吴輔明、陳德元、沈孚先、常高繼、譚守範、孫光裕、譚昌言、彭宗孟、張奇齡、毛尚忠、陶朗先、施鳳來、陳繼徵、陸鍵、馬德灃、馬德澍、王體元、胡維忠、賀萬祚、朱大啟、李衷純、曹大田、沈元佐、沈振龍、金其相、虞紹唐、魏大中、黄承昊、金麗兼、虞廷陛、徐世淳、金志孝、陳萬言、項夢原、劉泓、曹名卿、錢周、倪有觀、寶文照、曹憲來、周履靖、徐聞韶、高遠、屠存仁、徐石麒、錢嘉徵、沈繩芳、鉏用登、沈耀辰、馬嘉植、徐郴臣、吴洪珍、徐肇森、徐肇樑、高道淳、徐爾穀、姚勉、莊嚴、虞相堯、朱茂時、吴鑄、黄卯錫伊《志》、姚以誠、張履祥從祀東廡、劉燿于志《增》。國朝莊日思、王垍、張萬壽、沈翰如、郁調元、董士昌、錢江、王庭、杜蘅、陸本、莊鱗、何其仁、張維赤、何元英、孫來、曾元良、杜嵋、曾王孫、杜臻、吴三錫、吴源起、趙隨、高以永、朱振、虞兆清、沈瞻日、沈廷麒、沈廷勳、沈璜、沈廷文、馬士巘、張瀾、崔上淓、陳晉、姚敬明、姚宗豫、姚宏貴、嚴闔綸、翟堯佐、莊苞、陳士鑛伊《志》云：吴《志》：鄉賢二百三十人，外有嘉靖庚子舉人，號東沙主，姓名無考，未録入。案劉侍御《同春堂遺集》及明海鹽仇《志》：劉燿，字元麗，號東沙，嘉靖庚子舉人，官至雲南道監察御史，應補録，合二百三十五人，諸錦、許椿、馮浩于《志》、沈維鑛、吴昌壽新增，俱嘉興。　案：道光六年，岳鴻逵捐修名宦、鄉賢祠，並捐田十二畝二分。

　　小學　宋嘉定庚辰，十三年。教授吴杜於學東後廡之屋五楹葺爲小學。高熙績《記》：古者學有等序，教不陵節，自書、計、誦、舞以往，所謂流水盈科，草木區別，截截不可徑詣。闈黨速成，申戒明甚，小學之設爲是歟！後世仕進階文藝，且經傳子史浸多，必于始學培其基本，故訓子姪者有"戒以滰潦無根，勉以月閲一箱"等語。雖姿賦有利鈍，惟稗齒易精通，督授以時，孰宜所到。然富寠不齊，範師殖學，力有弗逮，則以公庠代私塾，其庶幾乎。浙右密拱行都，在在有小學，禾興獨闕。前後郡博士有志太息，良由郡學褊隘，創置無所，糧儲之贏莫可資焉。嘉定庚辰，鄉同年吴君杜分教初筵，亟請于郡，廣學宮而新之。明年學成，規圖宏壯，迺即東後廡之屋五楹葺爲小學，几席用器略具。其秋開補生員，遴選職事二人，俾主訓導，同給于郡。前駕部鄭侯定始之，今户部朱侯焕在[1]樂繼焉。學田舊爲豪民及浮屠冒占，始[2]數百畝，君極力歸復，用饍朝暮。課程詳于私塾，規式倣于上庠。于是邦人翕然願以子弟入學，誦絃洋洋，一改群聽。君之加意士子，誠小大畢舉矣。噫！創學以淑童卯，師儒之功也；遺子以就教養，父兄之賢也。循蹈規程，進修業履，以無負于父兄、師儒之訓，其責獨不在爾子弟乎！若乃挂名籍以尚觀美，聚嬉戲而虧全功，齒日以長，後將噬臍，是豈先生所望于爾者！因書以爲戒云。咸淳丙寅，守臣星渚趙景緯重建於廟之東，生徒額三十，日課月試，長陞大學。案：今址改，餘併書院。

　　射圃　在文廟西。《浙江通志》。　案：正統九年，知府黄懋爲射圃於饌堂之東。成化二十一年，知府徐霖展射圃地，俱在學東。至劉《志》云：在殿西偏，不述遷改，與今合。

　　學田　宋慶曆中始頒田。吴《志》。　宋陸□《記》。乾道五年，賜田五頃。柳《志》。淳熙四年，知州吕正已撥置麟瑞鄉柴蕩五百餘畝。尚朴《記》：麟瑞鄉柴蕩，秀學之舊物也。淳熙四載，顯謨吕公典是邦，給佃於學，以助都養，計五百餘畝，隸嘉興，或樵或租，所得尚薄。越五六年，地力日盛，根苗滋益繁，延袤數里，葱蒨彌望。爲蘆而當錢之百者萬束，而薪芻不與焉。强有力者實租之，不得而擅也。收縮除三之一以輸賦。去歲有旨鬻官產,前守、都大趙公以廩粟不繼,將在學所有舉籍以戒令佐,毋得估,用是晏如,無復經念。亡何,狡謀發于不虞,濟以黠胥舞權,巧爲伺郤。當貳車擂事,復令官估畝錢七百。貪民挾多貲志于必得,增畝錢三千三百一十有一。今春朱輶易鎮,迺變租爲佃,撓法豪敚,若士子,若走隸,無一知者,其詭閟如此。逮索逋,始言售爲己業,即以其事列于郡,于外臺,都運、直閣、郎中王公,提舉、秘丞黃公咸察其非,傳檄沓至。太守、郎中糜公徐爲正之。會兩年節費剔蠹,糧用差有餘積,規欲葺齋廡,補罅漏。至是輟以價直爲錢五十萬,提舉頒公帑二十萬來助。倉使閔學校羴匱,謂非足用,外有此寬賸。州郡合體朝廷優恤意,既一時失行,詎可與齊民爭攘?比今以官物歸官,養士止令用元估買,而過內之數不復請。尋召租,視昔增三倍有奇。歲如是,利原無窮矣。初,蕩之失也,或勸之以爲不必復,或沮之以爲不可復,或哂之以爲不能復,睥睨其勝負者相半。予謂職有常守,不爲物狥;仕而行義,不爲勢詘。苟見善不明,用心不剛,切切然私慮卻顧,次且怵縮,爲後日脫身避禍地,不惟有負於所學,其有負于設官之意多矣。吾知守吾職,行吾誼,他渠遑邮乎,竟復之。雖然,蕩則吾蕩也,固與學俱存,毋患再失。而租入豐約,則視人爲高下,亦惟後之君子加意焉爾。姑志始末,用垂不朽。紹熙四年九月。**嘉定元年,知軍府趙希道括閒田百七十畝歸學。**吳《志》。 秘書郎陸□《記》:郡學自慶曆始頒田養士。南渡以來,距淳熙癸卯,凡再卜,遷地於鹽倉故址。藏修之所,蒸鹵卑潤,而衿佩于日增,歲入每以不繼病。趙侯以秀邸孫襲分封爵,明于先務。甫下車,訪學宮,求所未備。乃捐緡錢六十萬,米石五十,俾庀材□,障地之濕。又括郡之閒田得百七十畝,以助廩餼。嗚呼!士必蓄于學而亨于時。觀時會,通氣類,不應鄉邦已事之驗,方來而未艾。夫固有相之者,本其所繇致,而引之於無窮,則非天之所能,實人之爲也。趙侯深長之思,將以壽學校之脉,而篤皇家之慶,則士之報上當何如?郡博士陳君光遠孜孜勸率,方幸于得師矣。自求口實,不志于求其飽與安,思無負其所學,責將誰歸與!則夫相與扶翼,以保其勿壞,使風化廩鄉鄒魯,蓋士之命也,侯之願也,郡博士之職也。**十二年,教授蕭杞復學田。**趙《圖記》。 錢撫《記》:"嘉禾眡漢三輔,非下州退障等。厥田宜與學稱,歲入乃素嗇,臺郡每捐羨賦以爲助。檢核不恪,漁蠹交病,比歲滋以削聞。三山蕭君杞主教是邦,至之日,喟然曰:'教,吾職也,而士慊一飽,徒教不能以自行,盍思爲續食計?'舊田尚可考,無多求益,惟求其無所損。'直學袁鎮、學諭沈應時善計會,遂命以簿正搜匿抉伏。未易枚算,其最甚則六和塔院冒據之田。初,院僧誘鶹冠顧氏取其田四百六畝,虛立賤買券約。已而,夏姓民稱其家質田居十之一,僧不應言買,詣縣請贖。令從之,因論僧受顧氏田不如律,告之郡,郡不私有,悉沒以予學。僧屢訟屢斷,特以贖田者非質田子孫,有司僅給此田,餘在學,固無恙。會郡博士踐更,僧與胥爲市,乘罅去籍,併已沒田掩而有之,涉年二十。閱儒官六七,弗究弗圖,稔僞成真。至是隱狀始盡白,乃疏于郡于臺中及漕。叶心主盟,詰胥之姦,仍歸之學。僧怙罷,又訟之部,部亦坐僧非。是僧遂詘,乃合受田之數而歸其半。向使潛墮僧計,尺田且非我有也。端自蕭君發之。學之士德君甚,以記屬予。予雖繫官于朝,回首泮芹,則丁寧弦誦之所也。記,其奚辭!春秋之書'歸田'曰'歸我',曰'來歸',皆志喜也。今茲田逃釋歸儒,不以養游民而養秀民,名正言順,宣可書也?雖然,復田誠士之幸,既足以養其口體,必將以養其心志,抑有復性之說,一眞之地,萬善所根,成之以學,乃存其□[1]。情田易蕪,學弗加耨,外物攷攘,失所固有,則沿李翺三篇之書,進乎《大易》不遠之旨,朝講夕誨,俾爲士者皆知所以復其性,是猶有待于蕭君也,獨復田云乎哉!"案:吳杜另爲《記》,見吳《志》。**咸淳五年,知軍王奫齋置田四百六十六畝,撥沒官田七畝,提學常蒲谿助三十三畝。**吳《志》。 方恢爲《記》。**元大德甲辰,教授沈天佑歸復田租。**金吾爲《記》。**明萬曆二十七年,嘉興知縣鄭振先置義田五頃。**張似良《記》:姑蘇寧方伍公奉敕督兩浙學政,爰于造士之暇,移檄各屬增置學田,多方設宜,揣楔務當。會嘉邑鄭令廉得巨猾隱糧田如干,分入三學,府學得五頃。總先是所存田計之,約與公楔數相當。公于是請得直指臺方公割,前田例入查盤,戒永永無相議者。瀞潄淬寠,列爲左券,具建置初終,俾所司轄焉。曰廩,曰積,曰佃,洎畝畛塍淢遂,皆詳識之。昔吳興學田,顧臨爲《記》,曰"惠有術,貴不費。養有道,貴不窮。"茲役也,不費不窮,蓋兼有焉。伍創之,而鄭成之者也。余不敏,承之郡事,屬在創與成之間。固不慮惠之不敷而慮鉤進者,以不費而生其費也;固不慮養之不渥而慮忮媚[2]者,因不窮而速其窮也。主計之挾而要者,以待給之士爲易與,而故屑越之則費;猾胥之虎而冠者,以可居之貨爲掎挈,而故漁[3]獵之則滋費。夤緣請乞,突梯迷陽,濫竽幹辦,轉相尤效。而有時窮,藉言公務,那移借支,強幹鬻權。竪懦倖竇而亦有窮,豐歉相掩,完欠相蒙,虛實遞糅,對支影射,搜括媒餌,以澤饖橐。而費且不貲,而窮且立盡。嗟乎!折柳樊圃,狂夫瞿瞿,知有法也。今學使者,法具在從事,而才[4]其以惠養實政,懇懇奉行,勤宣禪助。即以當文翁儒[5],奚遜至諸士。或秦與周,惟所自待瑩而冰玉,飭而簠簋，令他日釋屬而程舊閥，大都推勞苦空乏，中人、諸士當必有勖焉。新舊學田共一千二十畝六分九釐。劉《志》云：共徵租米六百一十三石七斗九升，內除楊公祭祀米三十石外，實該米五百八十三石七斗九升。又租銀一百四十一兩四錢四分七釐六毫八絲，內除辦糧外，實剩銀米申明動支。　案：袁、吳、伊《志》田數相符。咸豐間，粵匪之擾，冊籍蕩然。現在節次清查，尚有坐落秀邑田三百畝無着，詳明在案。

【校注】

　　〔1〕□：至元《嘉禾志》作"性"，當據補。
　　〔2〕媚：張似良《嘉興府學義田記》碑刻作"媚"。此碑尚存，嵌嘉興市區攬秀園東走廊。
　　〔3〕漁：碑刻作"鮫"。
　　〔4〕而才：作"而才有若王儉蓮花幕乎！且若孟嘉輩惟風流賞會也"。
　　〔5〕當文翁儒：碑刻作"文翁儒化"。

　　教授署　在舊青雲樓南。袁《志》。今二門外東南隅。乾隆九年，教授沈廷標重脩。六十年，教授錢廷謨請借俸脩，重整樹人堂。左爲書室，後爲六息堂，左折爲寢室。堂之前爲集鳳門，西繞爲頭門，榜曰桃李門。伊《志》。嘉慶十二年，教授車宸英脩葺。道光十四年，教授張光燾重脩。于《志》。咸豐間燬。同治十三年，教授嚴嘉榮請欵重建。

　　訓導署　在明倫堂之東南，泮宮門之左，即古饌堂址。明曾闢爲養賢堂。今榜門曰古養賢地，改堂曰希聖。康熙中，訓導范光燮建。袁《志》。　陳錫嘏爲《記》。乾隆三十三年，訓導張洪圖重脩。四十五年，崔楸儁脩之。六十年，訓導倪紹岳請借俸脩葺。堂右爲書室，又于後堂左偏添建屋四楹，兩翼耳房，後有圃。伊《志》。嘉慶十八年，訓導車雲鵬脩葺。道光十四年，訓導孫頤重脩。于《志》。咸豐末燬，未建，權駐齋房。

　　宣公書院　舊在錄事司之東，城南鴛鴦湖上。有三賢堂，公居其一。宋郡侯黃大卿始爲立祠。案宋淳熙《志》云：故祠于學宮。四年，以舊泰益公廢祠爲之，在廟西北隅。見柳《志》。趙公與□嘗撥田土建堂，未遂。景定壬戌，郡守謝弈燾構堂繼廩，率諸生祭菜焉。案：嘉興湯《志》：紹定中，通判陳塡建祠于柳氏園。景定四年，始以祠堂爲書院。至元丙子，以太初堂爲書院。里人徐碩經營完美，堂曰仁義之堂，紫微史大參書，宣公書院額亦其筆也。至元《志》。至正十五年，總管劉貞復建于柳氏園。嘉興湯《志》。　劉基《陸宣公書院碑銘》：士有以一身任社稷之安危，一言迴天下之趨嚮，蓋其智足以識事機，其誠足以動人心，故能出入危邦，扶持庸君，寵之而不阿，違之而弗黙，知有國而不知有其身，若是，真可謂大臣哉！孔子稱大臣以道事君，不可則止。其或先蒙君之知，而期盡心以報効，知禍而不避，知難而不止，若唐陸宣公者，其去就雖殊，其揆一也。孔子曰："篤信好學，守死善道。"宣公以之。吾嘗怪唐德宗以猜防小智，行多慾之私；信讒邪如心膂，視貨賄爲性命；臨患難則姑息一施，處安佚則嫌疑百出，以致藩臣叛命，士卒離心，播遷困阨，而卒不亡。及觀《唐史》，稱其出居艱阻之時，謀猷參決，一出于公。又稱奉天所下詔書，武夫悍卒，無不流涕，多公所爲，然後知其得人以扶持也。昔者隨有季良，不滅於楚；衛成公有寧武子，不死於晉。無競維人，不然殆哉！況公之言，德宗不盡用也，而僅用其一二，猶足以轉危爲安，易敗爲功；使其能舉國以聽公，周宣、漢光不難繼矣。惜乎其中信用羣小而棄公也！公沒而奏議行於天下，今天下言時務、論政事者，莫不宗之。然則公之志雖暫屈于一時，而終伸于萬世；公之言雖不能寤時君，而足以淑後人，則亦可以無憾矣夫！公浙西之嘉興人。嘉興郡學舊有公祠，其詳見于呂公祖謙之《記》。而郡城之東鴛鴦湖上又有宣公書院。其地有橋，曰宣公橋。故老相傳，宣公實生于此，故於此立祠以祀公。至宋景定癸亥，始以祠堂爲書院。丙子之歲，書院燎於兵，而公像故存。衆白郡，迎致于太初堂，因以堂爲書院。大德九年，濟南趙曾爲山長，病其簡陋，始改作之，其詳見于牟公巘之《記》。自是城東故址遂廢爲墟。泰定中，有僧賄學官，請佃而建庵焉。後至元二年，庵災，地復于書院。是歲六月，其僧復賄有司，刱庵如故。山長雖爭之，弗能得也。至正十四年，宣徽院海岱劉公貞受節爲嘉興路總管，至則首治學校之闕。顧書院陋且朽，欲新之而址隘弗稱，乃用推官方君道壑言，命有司督其僧撤庵歸地，復建書院。其中爲先聖廟、兩廡、儀門、東西禮亭、欞星之門具焉。其西爲宣公之祠，祠西爲室，東鄉以祀郡之先賢。其外爲三門廟，東爲講堂，其前軒仍舊，扁曰仁義之堂，以藏宣公奏議，謂其言皆仁義也。西齋以延師教弟子。又增置蕩田若干畝，以益廩膳。庖廚倉湢，各得其所。將成，而公改除海道萬戶，於是以屬之方君，方君力贊成之。經始于至正十四年四月，竣事於十五年二月。董其役者，嘉興縣丞善慶，縣吏施淵、顧選及前山長王玭，任奔走者直學張唯仁、學吏沈雋也。既成，使請記於劉基。惟孔子明王道以教萬世，宣公學孔子者也，故其術業一本之道。昔人以宣公祠爲書院，有以也夫。劉公用方君言，撤浮圖以復書院，可謂能闢異端，植正道者，有功于世教矣！於是因序而銘之曰：孔子大聖，不遇于時。既没之後，爲萬世師。宣公大賢，忠而見疑。降及異代，人以爲規。有德無位，用無所施。用而弗信，惟禍之隨。詭遇有獲，君子弗爲。身黜道光，雖止弗隳。邦守孔良，百廢咸支。爰崇其宮，又嚴乃祠。俾民觀者，式是令儀。勿替後人，尚永無虧。至正十五年三月望日。廢燬後，從祀路學。同知繆思恭再建於太初堂。周伯琦《重建宣公書院記》：國家遵用舊典，凡天下郡邑皆置廟學，以祀以教。其所在先正學行德望可以軌範百世者，又爲書院如學制而專祠之，擬於先師所以崇德表行而敦化勵俗也，其慮至矣。浙右之郡曰嘉興者，古之檇李，吳之屬境也，唐相陸宣公贄敬輿實生於兹焉。宣公之問學、行業具在史册，其文章議論有成集，家誦而户習之，以爲矜式，蓋千百世一人而已。宋建炎初，程守俱于郡治東鴛湖之上作宣公書院，繪像而祠之。中廢。紹定中，陳倅塤暨寓公共置柳氏園，以建祠堂。景定癸亥，始以祠堂爲書院。咸淳甲戌，郡守余安裕作先聖禮殿於書院之左。至元丙子，元有江南，悉燬于兵。士人請於郡，以宋相賈似道太初堂爲書院。至正十五年，郡守趙公貞病其隘陋，復遷於柳氏園，棟宇粗備，而兵燹大起，又廢。乃治王氏義塾，設主而祠。後四年，兵作又燬，遂祀於郡庠焉。越三年，郡貳守繆侯思恭暨經歷茅君毅誕咨于衆，合力改作，相方度宜，惟太初之基是稱。爰除爰闢，拓而大之，鳩工庀材，會庸給直，心畫目指，不勞而集。起手於是年六月，落成於十二月。禮殿中峙，以祀先聖十哲。北爲祠堂，以祀宣公。又北爲講堂，屬以脩舍，以爲會集之所。以楹計之，凡三十有二。東西廡爲間各六，以爲講誦之地。庫以藏祭器，廩以貯佃租，庖以治享饌，又若干間，秩然有敘。營締堅縝，規制宏麗，炳然奐然，有加於昔，練吉庀儀，莫而告焉。時則四明周棐爲山長，主之於是，郡博士曹君睿來請文以示悠久。嗚呼！天寶以後，唐綱解紐，權移藩鎮，其未遽滅亡者，徒以昭陵休養生息之澤，洽于民心爾。德宗以昏庸之資，乘衰弊之運，好佞愎諫，昧於利害，重罹播遷，不少懲艾，亡可翹足待。宣公周旋其間，不忍鄙棄其君，竭其忠義，以筆舌感人心，屬士氣，支大廈於將傾，闕頹波於長逝，其言曰：“吾上不負天子，下不負所學。”可謂偉然王佐之器，能以天下爲己任者矣。使其端本整梦之策，盡獲設施，則阿衡孔明之事業，夫豈多讓。顧讒短於羣邪，斥没于遐荒，有臣撫君，君子惜之。自宣公之没三百餘年，而至建炎始有祠宇。建炎至咸淳百四十年，咸淳甲戌至至正庚子又將百年矣。書院、祠堂迭興迭廢，至今日而大備，德宗慊其咈已，不能暫容於一時，而士君子乃惓惓於五百餘年之後，以見天理之在人心者如此在。《易》之《革》曰：“大人否亨道亨”，則身否宣公，亦何憾焉。夫盛德必百世祀，即其父母之邦虔崇報之典，廣絃誦之教，盛揖讓之容。讀其書，思其人，作興俊秀，此郡侯寅佐之美意，蓋能知所先務矣，有勸於方來者，豈淺淺哉。故詳其建置之始末，槩論宣公之大節以著焉。詩曰：“高山仰止，景行行止。”來遊來歌者，尚有稽焉。明洪武初，同知劉澤民建於城內。宣德二年，巡撫胡槩建於府治北。正德十四年，知府徐盈重脩。嘉靖十七年，通判張本潔改建報忠坊嘉興縣學故址。三十六年，裔孫陸杲等建象賢堂。萬曆四十五年重脩，左有景賢書院。嘉興湯《志》。今廢。

仁文書院　在三塔東百步，一名天心。袁《志》。萬曆癸卯，知府車大任與嘉興知縣鄭振先創建，奉祀河東、餘干、姚江、新會四先生，又建有斐亭。車大任《記》：余不佞，自束髮受讀，知檇李爲人文淵藪。頃以辛丑秋領郡，則目睹諸青衿循循，雅飭載道之器，迺躍然歎曰：“文運本之山川，淵源得之師友，今天下無一郡無書院者。檇李固首藩名郡，獨兹缺典，作人之謂何？”嘉興鄭君亟圖之，乃於西郊外三塔寺上游卜其地，而得吉喜焉。厥面孔陽，盈盈一水，龍蟠遺脉，猶有存者。工成而落之，顏曰仁文書院。特以本朝廟祀四先生而祗奉之，標示正脉，統一聖真，甚盛舉哉。且地由捐俸，力不煩民。花竹池亭，斐然淇澳，而營繕成於不日，鄭君遂屬余記其事。余惟天地間一而已，自其渾然全體而言謂之仁，自其燦然昭列而言謂之文。仁不可驟至，文先之；文不可忘本，仁主之。仁文非有二也，夫求仁者舍知行，無從入之路矣。知行，豈有二哉，造化之心不可見，而于吾人見之。仁者，人也。人而不仁，生生之理滅矣,何以文爲?辟之手足痿痺,孰持行[1],而元氣周流,四體自貫。又辟之果核未種,生理中含,而根莖枝葉,發露殆盡。仁以貫通乎文,文以發露乎仁,總之所以學爲人也。吾夫子講道論德,諄諄惟仁是訓,因材而篤道脉心源,開來繼往,功莫大焉。至濂洛關閩諸大儒始表章之,至我朝四先生益闡揚而光大之。頃得旨,廟祀孔庭,信以揚昭代鄒魯之風,啟後人斗山之念也已。夫河東雖不著書而時録新得,若餘干以敬爲主,新會以靜爲主,文成則一以致良知爲主。要而論之,殊途同歸,莫非仁也。或曰薛、胡踐履醇篤,似專於行;陳、王天資穎拔,似專於知。嗟乎,知行豈有二哉!其致力之不一者,所入之途而得力之無不一者。所至之域一者,何也?曰仁也。豈惟四先生爲然,由宋儒以上,逆夫孔子[2],亦安往而不一哉。四賢,一仁而已矣。今書院建在長水塘之濱,有志於仁者,因委求源以完吾人生生之理,無亦效法四賢真知力行,直追聖門之一脉,寧爲樸,毋爲華;寧爲拙,毋爲巧。寧呐然不出口,退然不勝衣,而必不可使寤寐之懼于衾影;寧博不窮二酉,業不奏一匡,而必不可使夜氣之牿于旦晝,此仁不仁之辨也。生理克全,本真自復,耳目不用歸乎。其天所爲,繼四先生而輝煌俎豆者,誰謂檇李之間無若人哉。諸生長此邦,所不足者非文,而器多載道,仁不難成,余故申述仁文之旨。四先生實式臨之,瞻象洗心,生生一脉,仁不可勝用也。自是海内稱檇李士寧獨以文勝,亦如四先生以道德勝,庶于父兄師友及良有司興起斯文之意,俱無負哉!**後知府詹應鵬、鄭瑄相繼增祀吳貞肅、岳石帆爲六賢祠,置義田四百二十二畝。吳《志》。** 岳元聲、和聲均有《碑記》。 案《記》:兵巡道車大任、司理曹光德捐俸倡,紳士置義田。繼守蔡承植,嘉興令顏欲章,秀水令陳于廷始終成之。署守熊秉衡建樓五楹,久廢。乾隆二年,奉檄改建岳忠武王廟。詳《祠祀》。

【校注】

[1] 孰持行:崇禎《嘉興縣志》卷二十二録車大任《嘉興縣創建仁文書院記》作"孰持孰行",當是。

[2] 逆夫孔子:崇禎《嘉興縣志》作"遡夫孔氏",當是。

鴛湖書院　在郡學東偏。康熙五十五年,郡守吳永芳建。前爲頭門,門右爲文昌祠,中爲甬道、戟門,爲正誼、明道堂,後爲樓,下敦宿齋,旁皆書舍。永芳嘗以鄉賢稼書陸先生三請從祀,未果。院成,奉主于樓,延師課士,捐置義田,七十五畝二分,又撥楊公祠田七十八畝零。爲祀葺費及脩脯焉。吳《志》。 吳永芳《記》:黨庠術序之教廢,而鄉學之不行也久矣。至宋始有書院,鵝湖、鹿洞,若踵鄉學之遺意,而于聖人之精義微言,與其徒日相發明。迄於今不墜,良以師範有人,則興起更易。前型後學,交相待也。嘉禾爲浙西名郡,英賢接踵,而當代儒者則推稼書陸先生。今成人小子幸生禮義之鄉,而聞風興起,若濟巨川而得舟楫、履暗塗而遇夜光,以視僻壤遐陬,徒望古而遥集者,相去難易,蓋什伯較矣。昔安定教湖州,搆經義齋、治事齋,以造就諸生,其子弟莫不循循謹飭。今欲俾嘉之人士户詩書而家禮讓,自非萃聚羣英,講學以明之,亦何以美風俗而維道統,使稼書先生之澤久而弗替乎。夫表章先哲,以培養後學,司牧者之責也。爰倡捐俸入營,度隙壤,屬國子生王廷植之有力者鳩工庀材以落成之,而顏之曰"鴛湖書院"。於後樓三楹設主,以祀先生。傍列生徒齋舍,延實行之士爲之師,無遠近皆得就學,器用之需咸備焉。又與二三邑長捐置義田,量其歲之所入,爲學師脩脯之資,其餘以葺院宇,給司閽之口食,仍刊列一編,疊敘文案,俾永遠以遵守。夫鴛湖胎靈孕異,實人文之淵藪。子弟平時受父兄之教,耳濡目染,原能有所成就,今更得會聚一堂,日奉先儒之範,讀其遺書,景其懿行,且與賢師友講明以切究之。譬之業百工者居其肆,以成其事,而益進于廣大高明之域,于以繼美正學,爲朝廷儲大有用之材,是又邦家之光,而都人士之所以增慶也。今聖天子昌明道學,獨尚考亭朱子,而先生居平行一本新安,明後罕有其匹,宜其躋位先儒,從祀兩廡,因格於例,未從所請,而兹之書院適建於學宫之旁,豈理學後彦先輝映而食報之不爽乎。抑鄉學之建與學校相維繫,而斯文萃美並峙而不朽乎。然余又聞嶽麓書院創於宋,長沙太守朱洞至今傳頌其名。余誌鴛湖書院而覯縷言之者,蓋深冀後之來守是郡,與郡之賢士大夫相爲繼續,不致久而徒循其名也。余滋幸矣。 又張尚瑗爲《記》。又有《鴛湖書院彙刊》一編。 案:先儒陸公于雍正二年議准從祀,距請祀僅數載云。**乾隆三十四年,士人集飲重脩。次年夏,知府李星曜檄秀水知縣撥寺僧入官田佐經費。九十三畝,内贖去二十畝,實田七十三畝,其贖價銀實八十兩,存公取息,邑人陸樹本爲**

《記》。三十一年,知府馮章宿又撥徐、何二公祠田四十七畝四分零歸書院,嗣守令倡捐積存銀二千四百八十兩,給典生息,詳記碑册。四十七年,知府劉嘉會增建齋舍、後堂。嘉慶元年,知府伊湯安又倡屬捐銀千兩,更定規條。伊湯安《書院規條碑記》:郡之鴛湖書院自康熙丙申前守吳公永芳畫郡學東南餘地創建,時當聖廟壽考,作人化成,天下釐定。學宮典祀特崇紫陽朱子位次於十哲之下。郡屬平湖縣陸清獻公講學著述,一本紫陽,德行宦跡,粹美無疵,奏請從祀兩廡,奉有諭旨:本朝惟此一賢光馨,上丁俎豆,而書院適成,專奉公爲宗主。訓厲鄉後學,誠盛舉也。初止義田七十五畝二分,資院長饘粥。今所稱膳田是收租完賦,所餘無多,又有楊公祠田七十八畝零,雖入書院,自有管理者,除完糧諸費每畝僅取租二斗,共一十五石六斗零。諸生赴課,咸自裹飯。至乾隆丙子以來,諸前守加意教育,彭城李公星曜撥精嚴寺僧入官田七十三畝,又贖回田價一百二十兩,存典起息。又代州馮公章宿撥徐、何祠田四十七畝四分二釐,皆爲課期諸生午飯、試卷及脩葺院宇諸用。今所稱課田,是無錫鄒公應元又議定院長束脩銀一百兩,内課生員三十名,各月給膏火銀五錢,令七縣捐貲,未能籌立經費,至乙未、戊戌,如皋王公燧有典商,兩次願捐銀一千六百八十兩,付典一分生息,給用到今,積本二千四百餘兩。經費乃有所出,各縣免捐,詳載碑册各記。然年之豐歉不齊,用之多寡莫定,支給尚慮小虧,而課士之規更未整肅,如每課發題散卷,生童越數日陸續交卷,真贋何由察辨。且易午餐爲給錢,尤爲不局門,而試之,藉口訓士,實政幾成具文,吁可慨也。嘉慶初元丙辰,余由括蒼移守兹土,漸知其弊,敬率同城嘉、秀兩令,合捐廉一千兩,俾歲添百金息,諸用可充。因爲酌定規條,甄核必公,約束必密。向時兩課胥由院長,今定望課歸院長,朔課府縣官輪試,課必局門,無許挾卷潛出,内外附課生童槩給午餐,官課優卷,捐資獎賞,用示鼓舞,一一條列刊示。余昔牧奉天寧遠州,其俗淳樸少文,百餘年無登第者。余公餘校録三十餘人,捐俸立義學,親加訓勉,自丙午迄辛亥,登甲科列館選者輩出,益信何地無材,惟人有造。況此名邦,素稱文藪,諸生負俊秀之高姿,被鄉先生之遺澤,既已得所師承于兹,類聚勤脩,橫經鼓篋,居肆專精,麗澤滋益,相漸摩于聖朝,棫樸菁莪之雅化,何難日盛月新,蔚然邦家之光也哉。余因詳核而統記之,冀後來者一覽畢知,有增毋或廢焉。嘉慶二年丁巳春三月。道光十三年,知府覺羅克興額倡捐脩葺,改後樓爲平屋五楹。咸豐十年,燬于兵燹。同治三年,布政司蔣益澧捐廉爲倡,知府許瑤光集資重建,奉祀陸宣公、陸清獻公、張楊園先生位。閩浙總督恪靖伯左宗棠書"景行維賢"額于講堂。舊時院產,查有田地六百六十一畝零。内:膳田七十五畝零,課田一百十八畝零,金明寺捐田一百六十七畝零。惟嘉學撥田三百畝零,每年應解租銀七十二兩五錢。知府許瑤光籌洋二千元,生息爲山長脩脯資。嘉、秀各絲業復每年捐資佐膏火,詳明立案。許瑤光爲《記》:新天子受寶命之二年秋,飭禮臣議興學校。以各直省、府、州、縣書院與學校相表裏。自經亂後,月課廢弛,士氣無由振。應由督臣、撫臣檄各屬,於事平後設法經理,俾士子得聚處觀摩,潛心學問,以副朝廷樂育人材之至意,其盛典也。是年夏,瑤辦善後於越州,脩蕺山書院以課士。三年春二月,蘇兵復嘉興,浙兵復杭省。四月,瑤典郡禾中。七月,方伯蔣率兵復湖州,禾民愈安堵無恐。八月,方伯來自湖,命亟脩鴛湖書院,出番銀千餅助工。十月,宮保左督師由浙將入閩,瑤送之錢江。臨行,謂瑤曰:"我朝浙西人文以陸清獻、張楊園爲最,皆嘉興人也。清獻於雍正初祀東廡,未祀以前,郡守吳公永芳爲創鴛湖書院,奉清獻栗主於敦宿齋樓,置義田,繕脩脯以課士。清獻之風可以偕模後進矣。惟楊園與清獻同時,學問篤實純粹,遠紹閩洛,近淑山陰,惜未從祀孔廟,蓋其迹隱而其書未盛行也。余既飭脩其墓,暨務本堂於桐鄉鑪鎮矣,汝曷思以表彰之。"瑤惟從祀之典,自咸豐十年後,限制綦嚴,申文詳請,准駁難必,而書院之供奉,則守土者可以自主,因謀之紳耆,集資修書院,擬增奉楊園栗主。而又考嘉興往哲,推唐陸宣公爲最著。宣公經濟在名臣中,學術在純儒中,宇宙所共欽慕,不獨嘉興也。然於配祀中瞻其名位,則專敬之心多,而親企之心或轉淡,是推而崇之,爲天下所共戴,不如引而近之,爲鄉里所豔稱而觀感興起之,獲益彌多也。於是決議增宣公於清獻、楊園位,上書謚,不書諱,所以申禾人之敬也。慨自後世取士尚文藝,詞宗、詩伯,推重名流,傳衍既久。好事者或拓其逸事,著爲年譜,又復刻楩丹楹以標榜之,馨香俎豆以報賽之。因而後生小子童震其名,老服其教,精神手澤之所垂,亦深足引。學人好古之念,比比然矣。至講理明道,躬行實踐之儒,其品誼既不諧流俗,著作又不求工於章句,精純之義,轉似平庸嚴正之詞,反形迂執,道高識寡,遐陬僻壤,無人識其姓氏,無足怪矣。乃里居相近,歲月相接,而黨庠術序中亦無復道其梗概。如張楊園者,又何可勝數哉。夫鄉里賢哲之風衰微不彰,此師承之失也。若後進之士無所效法,而日與浮華相逐,守土者亦安得辭咎。瑤之是舉,蓋猶遵前太守吳公之遺意,冀學者知聖賢相傳之微緒,振於古,不絕於今,得於鼓篋肄業之餘,羮牆相見,庶幾學術正而人心日古,風俗日醇厚,成國家中興之盛會,而延舊邦文獻漸摩之餘澤已爾。書院舊有田若干畝,生息銀若干兩,兵後田荒,息銀盡没失。瑤爲清查其田,更籌番銀二千餅,留以稍助山長脩脯,他日當謀所以益之也。是爲記。　按:先儒張楊園于同治十一年奉准從祀東廡。

育德義塾　在府治西南毛家坊,舊爲塼庵。同治十三年,知府許瑤光率郡人嚴大魁、張程式等改建義塾,延師以課童蒙之無力讀書者。郡中向有化城庵,善舉公産,兵後僅存基址。光緒二年,董事稟請撥入義塾,並集貲建復租房二所。一在秀邑報忠坊襪二莊,地六分;一在五龍坊襪四莊,地九分。紳士金福曾捐襪一莊房基一所,各收貲息佐經費。

嘉興縣學　在縣治東。明嘉靖十四年遷建。《大清一統志》。案《圖經》有文宣王廟在天星湖上,唐開元中建,乾符間廢。五代晉天福,縣陞爲州,崇廟貌,未立學制。柳《志》。宋初,廟在縣西北二百步,後附於州學,縣學址更爲郡社壇。咸淳五年,縣令張汴以西城舊驛舍爲縣學。至元《志》。　梅應發《記》:我朝縣學始於慶曆,弟子員更定於熙寧。主其事者簿若丞,官未專置。理宗皇帝三十九載,始詔天下悉差主學,于是薄海内外皆夫子宮牆矣。檇李甲右扶風,附庸邑曰嘉興,學久廢,其址更爲郡社壇,士藏脩無所,校官至虛設。今令尹、資中張君汴喟然歎曰:"設庠序以化于邑尚矣,今朝以主學命官,名具而實泯,令獨不愧子衿詩乎?"迺亟請于邦君本心文公,公曰:"興學,吾志也,曷敢不如請!"令迺相攸西城廢館,白于郡而址焉。邦君命之,則出帑佐費,鳩僝功。大尹高壟潛公聞之,喜撥緡爲助。經始於咸淳五年八月,明年正月告成。先是,學有田,寄諸泮宮未復。令曰:"均之養士,奪彼予此,非吾志也。"迺捐邑圭租畝百,漕郡又撥鹿苑廢寺而佽田地凡若干畝,爲繼粟地。邑民士復爭以田租來助,郡侯嘉之,悉與蠲賦稅,免徭役。菁菁莪汴,仁養沛然,是可以教思無窮矣。　又有知軍文本心判張令及主學張夢吉二狀。元至元二年,憲副楊某檄總管新之。嘉興湯《志》。至正十一年,縣尹陳伯顔重建大成殿。陳達《記》:故宋咸淳五年,本心文先生知府事,縣令張侯汴請以城西舊驛舍改作之。及今八十年,未有圖新者。至正庚寅秋,當塗潘君庭堅來職教,迺邑令陳侯伯顔。君退而稽學田租連之籍,可得米五百餘石,私度復求好義士佐以濟,則事無不集。明年辛卯春,雨浹旬,殿宇果傾圮,君走告陳侯。翼日,侯詣學,進儒生問計。耆老前曰:侯捐俸錢五十錠率先,校官若吏與儒之食于學者,咸願請蔐息廪給以相,迺復盡徵前所通米。又增撥是歲之入二百石資用。以三月旬之中率作興事,四閱月而成,築崇其基二尺,殿深廣增高,皆加于舊,楹丈制度比擬郡庠。七月甲子行釋菜禮,告厥成功,稱爲浙右邑學冠。是謀也,陳侯力維之而朝夕盡瘁,以家視學,公爾忘私,則潘君也。二十二年,縣令石光著重新欞星門、齋廬。吳《志》。明洪武六年,縣丞魏誠重脩。陳彦博《記》:嘉興縣學創自宋咸淳己巳,今百有餘年,而易代者再。歲月滋久,脩作不時,將就頹圮。今從事郎、河東魏誠來丞兹邑,既蒞事,祇謁廟廷,凜然懼無以奉明祀而廣樂育。乃首捐俸以義而勸邑人,且白置府僉判劉公澤民[1],鳩工庀材,百堵皆作,先禮殿,次戟門,次兩廡,次禮亭,次欞星門,次像貌,次作文昌祠于學東。既又甓明倫堂,作闌楯,益東西二齋、二軒,治庖廪。經始于洪武癸丑六月辛卯,訖工于七月戊辰。宣德二年,巡撫胡槩命知府齊政、知縣趙良大建禮殿、明倫堂,易欞星門以石。正統十一年,知府黄懋增號舍。柳《志》。十四年,知府舒敬、知縣王錦重新之。劉儼爲《記》。嘉靖初,知縣蔡經重脩,又建大觀樓。十六年,知縣黄獻可改興聖寺基爲今學[2],即宋孝宗流虹之地,規制咸備。姚淶《新遷儒學記》:嘉興縣學在城之西隅,僻且陋,菁莪之士病焉,非所以陳俎豆,廣弦誦也。以告于所司,輒漫應之曰:地不可更也。即有欲更者,旋自疑曰:役未可輕也。縣治之東有寺曰"興聖",傳者爲宋孝宗潛邸誕育之所也,雄壯爲一方冠。嘉靖咸乙未十月,侍御西墅張公按浙西,蒞是邦,有司率諸生言其狀,且請以興聖寺易之。公曰:"省風弘教,崇正言[3]才,事無大于此。"亟命行之。于是大參洪公王方、僉憲焦公伯升,咸以循行至,胥贊其役。督學徐公子升相以成之。下檄郡守鄭君南金暨邑令黄君獻可,奉以周旋,身綜厥事。迺徙金仙像,麾諸僧徒,改其殿爲文廟。殿之左右爲兩廡,即其重門爲戟門,其外門爲欞星門,遷明倫堂於廟之東。鑿堂之前爲池,遥與天星湖相映。建尊經閣于池之東南,池之左右爲東西二齋,門于齋之外。稍更其方丈之制,爲啟聖祠。堂之後爲敬一亭。制惟其備,不求其麗。工惟其集,不責其疾。凡棟宇罘罳之過度者,悉屏削之,蓋以正吾宮牆之規不欲襲其舊也。經始于乙未之冬,落成于丙申之春。妥侑有除,墳典有儲,講肄有區,游息有廬,士之習禮容者洋洋焉,濟濟焉,相與旴[4]衡揖遜,談詠于其間,見者嘆息,莫不以此爲吳會之盛事。初,事之舉也,多惑于流虹之說。公斷之曰:"寓精寄曜者其事誣,宣風敦化者其義正。"于是破昏爲明,圖難于易。乃知先後之宜,輕重之分,公所獨審,非流俗之所及也。明年,作正役亭。黄獻可爲《記》。三十三年,門堂、齋舍燬。三十九年,知府侯東萊案:自劉《志》誤作劉懋,後通志、郡邑志皆沿其訛,從碑記及傳改。知縣何源重建。賈名儒爲《記》。四十五年,案郡邑志作四十年,誤。廟門災,知縣范嵩重建。賈名儒爲《記》。萬曆十二年,知縣顧雲程重脩,并建聚奎門。嘉興湯《志》。姚弘謨爲《記》。十九年,知縣蔡肇慶重建學宮。吳《志》。許應逵爲《記》。二十四年,知縣陳儒重脩大成殿。劉《志》。許應逵爲《記》。三十五年,知縣顏欲章重建學宮。朱國祚爲《記》。三十八年,知縣陸獻明重脩。朱國祚爲《記》。泰昌元年,知縣蔣允儀重脩。陳懿典爲《記》。崇禎三年,知縣王驥案《志》作張鳳翥者誤,今從碑。重建學宮。嘉興湯《志》。李日華爲《記》。十一年,明倫堂燬,知縣羅炌重建,并脩殿、廡、儀門。十三年,訓導孫肇元起聯奎樓,廣學前街。國朝順治十三年,知縣張厥脩重脩廟廡、戟門。康熙六年,知縣金鏞脩明倫堂、儀門。十三年,知縣梁沖霄脩啟聖祠、儀門。二十一年,知縣何銛脩明倫堂、聯奎樓。四十四年,知縣陳大宏脩殿未竟,五十四年,徐岱成之。袁《志》。徐鳳池爲《記》。雍正元年,署知縣王以和重脩殿廡、門垣。自爲《記》。乾隆八年,知縣趙預重脩,旋去,知縣鮑鉁接脩殿廡、崇聖祠及門垣,悉竣,增置石欄。自爲《記》。十九年,知府張照乘、通判署知縣胡天昇重脩明倫堂。張照乘《記》。三十三年,知縣王士瀚重脩學宮。錢陳羣爲《記》。三十九年,知縣梁森重脩明倫堂、齋舍。錢汝誠爲《記》。五十四年,知縣鄧曰治、教諭車向榮重建聖殿、兩廡、崇聖祠、忠義孝悌祠及兩署內外門垣,大脩明倫堂、尊經閣、奎星閣、土地祠、流虹亭、在儀門,右移,詳《古蹟》。東西齋、號舍,甃泮池。伊《志》。嘉慶十五年,知縣趙黻重脩大成殿、崇聖祠。道光三年,邑紳陸應爌、錢泰吉、周瑞春等脩大成門、東廡、甬道。六年,邑紳沈維鐈捐築北首廟牆,鮑皙捐脩大成殿,並增置祭器。八年,教諭楊城烈、訓導程夢麟暨邑紳捐脩廟牆。于《志》。咸豐十年,燬于兵燹。同治三年,知府許瑤光率邑紳石中玉、程瑞生籌欵重脩,規制如初。許瑤光《碑記》:天下文教之興,各直省視京師,各列郡視直省之首郡,各州縣又視列郡,如流承源,如枝承幹,波相屬,機相緘也。顧列郡雖設郡學,其秀士仍分録於各州、縣,以隸之教授官,其人常散然四處,其教遂遠而不親。賴列郡附郭,州、縣之學聚其士人,以時彬彬於俎豆間,講求經義,相爲琢磨,而後由近以及遠,各外學乃翕然而化。嘉興、秀水,附郭邑也。然秀水分置在嘉興後,故縣必首嘉興,學亦必首嘉興。唐開元年始置學,明嘉靖中改建於興聖寺,即今學也。同治三年夏,瑤來守郡,時逆匪踞郡已五年矣。克復後議脩各學,以期復中興文教之治。始治郡學,次即嘉興縣學,敬往履視,則大成殿雖存,而崇聖祠、尊經閣、東西齋暨奎星樓、流虹亭均蕩然無有。兵燹之餘,籌費不易,驟難并舉。乃與孝廉程君瑞生、石君中玉謀爲漸積計。以三年秋創始,不迫不輟,至七年夏工乃告成,爲文以記之。瑤惟聖人之學,明倫爲大。犯上作亂,皆不孝不弟之所爲。頃者,粵匪搆禍煽異說於山陬海澨,亦教化不逮所致也。茲國家運會中興,削平禍亂,東南萬里,民得復業,士得雍容。啓篋讀書,非僅恃有武臣力也。實賴朝廷教化,涵濡垂數百年,挺生一二公忠之士,忘家爲國,忘身爲君,揮斥將弁,所至有功,而後天下安而吾浙亦安,則是中興之業,非學無以至此,非明倫亦無以致此也。嘉興爲陸宣公誕育之地,朔中興於唐室,其言上不負吾君,下不負所學,蓋於盡禮致身之道,得力甚深也。此邦士人既密邇宣公遺澤,使修身勵志,明古通今,深權時變,因以上窺聖賢之堂奧,將處則有守孝弟,《詩》《書》足以倡率乎鄉里;出則有爲本,文章以抒爲經濟,黼黻隆平,不致貽黨庠術序羞,是天下之福也,邦家之休也,亦學校昌明之象也,豈不盛哉。是役也,董其事者,知縣諸城臧均之、教諭鄞縣范樾、訓導錢塘汪繩武,而紳士程君、石君之力爲最多,并誌之。

【校注】

　　［1］白置府僉判劉公澤民：崇禎《嘉興縣志》卷二《庠序》收陳彥博《重修嘉興縣儒學記》作：“白於大府，通判、朝列大夫劉公澤民實掌厥事。”

　　［2］按：光緒《嘉興縣志》卷五《學校》作：“（嘉靖）十四年，知縣黃獻可以縣東興聖寺改爲今學。”卷十七《官師表·知縣》：“黃獻可，字堯俞，莆田進士。（嘉靖）十三年任。盧楩，字木伯，常熟進士。（嘉靖）十六年任。姚淶《新遷嘉興縣儒學記》：“經始于乙未之冬，落成于丙申之春。”乙未，嘉靖十四年（1535），丙申，嘉靖十五年（1536）。由此，“（嘉靖）十六年”是“（嘉靖）十四年”之誤。

　　［3］言：《新遷嘉興縣儒學記》作“育”，當作“育”。

　　［4］盰：《新遷嘉興縣儒學記》作“盰”，當作“盰”。

　　崇聖祠　　在大成殿後。乾隆五十四年重建。伊《志》。咸豐間燬。同治中重建。

　　尊經閣　　明嘉靖中遷學，建于儀門左。嘉興湯《志》。國朝乾隆十九年，知縣張元文重建于明倫堂之東北隅。伊《志》。　　錢陳羣《記》曰：自古學校之設首重明倫，而人倫之道莫備於《經》。《春秋·說辭》曰：“六經所以明君父之尊，天地之開闢，皆有教也。”《王制》：樂正崇術，立教，而曰順《詩》《書》《禮》《樂》以造士。此經之藏于學宮，樂正掌之，所自來也。兩漢設學，廣立經生博士，而藏經之室未聞遍置于郡國。唐開元以還，郡縣始得通有孔子廟，其後定制，廟立於學。凡郡縣學之堂，扁曰明倫。堂之左右，或立社學，或闢射圃，而其後則峙以尊經之閣。經之有閣，其昉此歟。我國家右文重道，御纂諸經，燦如星日。皇上學集大成，御極以來，尊崇至聖，凡所以培扶士氣，敦勵化本者，勞來匡直，靡所勿周。又復慎簡師儒，廣宣德意，維時膺其任者，皆學有經術之大臣，以故薄海内外經明行脩之士，莫不爭自砥礪，以萃于學。乾隆庚午冬，寧化雷君視學吾浙，公爲人公正，通經術，其訓課士子，亦最重經術。由是浙東西士翕然皆以經訓爲圭臬。嘉興，吾郡首邑也。而學舍之旁，獨無尊經閣。郡伯以下，師君意者咸以爲古制不可缺。及君移節江左，士之思君者益亟欲見閣之成，以志君之教。迨君復來視學，則又申明職掌，頒布條約，率各屬學官共相勉勵。吾邑教諭沈君莫尚仰遵而力行之，適脩葺明倫堂既成，沈君以其餘財思創建尊經閣，以補前志所未備者，郡伯磁州張君、邑侯寧陵張君咸稱善。各首捐俸所入以佽，于是規明倫堂東偏隙地爲閣址，而邑之樂從經訓者，亦各以私緡來會。不數月而工竣，告成于君。君乃寓書，俾予爲之記。予爲閣之藏經，猶樂之在懸也。六經義蘊，廣大悉備。分之，則如金石絲竹、匏土革木之各鳴其天，不相襲也。合之而搏拊考擊相協，而自致于和。是故不習其器，不能審其音也；不通其旨，不能明其器也。學官弟子際此聖學昌明之會，誠能篤嗜而深契焉。屏去外務，檢束身心，仿朱子分年讀書之法，以優游饜飫於其中，毋欲速以自囿，毋畏難而中阻，毋以小得自詡，毋以小智自矜。時教正業，辨之豫而行之力，所以澤躬，即所以善世，庶不負學使者諄復期望之至意。予雖老，實于諸生有厚幸焉。咸豐間毀。同治中重建。

　　忠義孝弟祠　　在泮池之西南隅，流虹亭後。國朝雍正元年，建於明倫堂西北隅。乾隆五十四年，公捐遷建于此。咸豐間燬。同治中重建。祀漢張武，唐徐岱、丘爲，宋朱張恂、陶菊隱，元潘應定、戚敬、孫宣、俞庸，明楊任、殷原善、章傅普、岳商、聞人彬、周之仁、徐世淳、徐肇樑、徐石麒、李毓新、項嘉謨、湯執中、李士標，五人遵《欽定勝朝殉節諸臣錄》增。國朝李應魁、曹洪然、吳焕、沈茂功、陳良德、沈俊傑、范進生、倪振公、黃承昌、鍾顯名碑刻及學册計共三十二人。　　伊《志》。譚吉璁、沈鼎、以下俱孝子。倪德臣、王如皋、岳鑑、陳聚仁、謝觀瀾、岳錦文、戴光犖。九人從學册增。

　　案：咸豐、同治間，粵匪之亂。閤屬紳民士庶或殺賊捐軀，或守正不屈，一時殉難，忠義不下數千百人。肅清後，省城設局采訪，聞于朝，得旨分別優恤，入祀省城、郡城忠義總祠。詳《忠義》門。茲難備錄，各縣皆同。

　　學田　　宋咸淳五年，知縣張汴撥有圍蕩田、制職田、鹿苑等廢寺田及士民田至四十六頃。案主學張夢吉狀，因縣學糧千八百石，先已并郡庠故。元至正間，邑人王氏捨田一頃，總管陳宗義增四百三十三石，並廢。明嘉靖中，部使者袁某始置學田。三十九年，知縣何源置六十五畝。萬曆十八年，邑紳沈文銳、項穆各捨田百畝。二十六年，知縣鄭振先問發田千畝，分三學。陳懿典爲《記》。

又，朱廷益《記》略：嘉靖間，部使者袁公始置學田，今猶賴之。兹遇學使伍公加意樹人，下檄廣置，區處有微權，經理有定法，人方謂曠古盛舉，有功於斯文甚大。而吾邑鄭侯自初下車，即惓惓以造士爲念。會發豪民隱田一千餘畝，侯慨然曰：“以没官虚田，成樹人實政，此一時也。”遂移文諸當道，籍爲義田，分隸三庠，以布大公。兼條七事，以重永利。侯之以斯文爲己任，顧不重耶！新舊共田一千二百二十二畝一分四釐八毫。天啟四年，知縣湯齊搜絶户田二十四畝助學。嘉興湯《志》。　姚思仁《學田記》：吾嘉故郡首邑，二丁之祀，向無專廟，即學宮修葺，率因陋踵敝，不能及歲月。邑侯湯公臨祭，迫念已議，增置廟鍰、齋祠俎豆，比隆郡庠。而猶謂備之不永，乃搜通邑故絶圖田凡二十四畝，申請助學，歲入粟計二十四石。其籍藏之縣，其入則以供祀典之增設者。至廟廡之敝溷，尤時督胥吏，亟爲修飾，棟宇且一新也。國朝嘉慶四年，監生范焕捐田五畝，地二畝。五年，候選縣丞錢世繩捐田七畝三分、地一畝助學。伊《志》。今勘實學田六百八十一畝零。見該縣學各年册報。

案：嘉興學田久經該縣徵解。嘉慶五年，舉人黃灝、張廷濟、褚長春等呈請歸學徵收。經知縣司能任詳奉布政司劉轉詳，查秀水學租係縣學與府學分收。嘉善、石門兩縣，全歸儒學徵收。海鹽、平湖、桐鄉三處，全歸該縣徵解。今據紳士請將嘉興縣徵收學租歸學，仍移縣轉解。核與秀水、嘉善、石門等縣情形相同，應請俯如所詳辦理等因。奉撫部院阮批准遵行。

教諭署　在明倫堂後。乾隆五十五年，教諭車向榮規建。伊《志》。嘉慶二十年教諭汪日炎、道光十八年教諭胡元杲先後重修。于《志》。咸豐間燬。同治中重建。

訓導署　在明倫堂西禮門内。乾隆五十五年，訓導阮培元改建。嘉慶五年，訓導李承烈捐俸重脩。伊《志》。十八年，訓導柴崇高修葺。于《志》。咸豐間燬。同治中重建。

社學　明嘉靖九年[1]，知府趙瀛命縣境九坊各建一所。萬曆十七年，兵備道史旌賢、通判劉應台勘復北板坊社學。嘉興湯《志》。　馮夢禎《記》。二十六年，知縣鄭振先復建社學六所。一在北城内預備倉，一東津社約所，餘分四鎮常平倉内。今廢。嘉興何《志》。

東湖書院　在常豐坊吳《志》。　虹涇橋西，正德中建。宮保、尚書屠康僖公勳即雙溪居第爲之。嘉興湯《志》。　范言《東湖書院記》：正德庚辰秋八月，東湖書院成，故太保屠康僖公之書院也。太保別號東湖，遂以名其書院云。積書買田，將羣族人子弟而教之。規畫甫定而卒。至是，公子職方君以服闋入朝，繼其志而成之者，則職方之弟、太學生應埈也。今廢。

陶甄書院　在學署東偏尊經閣前。光緒二年，知縣羅子森捐廉爲倡，邑人石中玉、程瑞生、張鴻熙等集伙建，延師課士，仍寓義塾之意。世家寒畯，得在院肄業，定額二十，資其膏火。典商及絲布業各按年認捐佐經費。詳明立案。

于氏義塾　在胥山都。道光三年，于玽、于瑞麟、于樹棠建。

平林義學　在新豐市中。

尚文義塾　在新豐西。

里仁義塾　在新豐鎮西南。以上三塾，皆嘉興周士漣捐建。按自《序》：邑人湯紹岐、袁在山、張錦淵所捐最多。　汪廷珍《記》：嘉興周生士漣慎其以貧廢學，倡爲義塾於鄉邑之間，以課童蒙之力不能從師者，積數十年，而工成者三，曰平林，曰尚文，曰里仁，於乎可謂勤矣。古者鄉學起於家間，左右兩塾，以大夫致仕有德者居之，故其時人無苦於無師者。至後世而人自爲學，家自爲師，其不能具修脯者則輟，君子憫焉。故義學者，所以濟鄉學之窮也。然非好義者不能舉好義，而無力亦不能舉。周生家無擔石而克舉之，卒底於成，此殆孔子所謂欲立立人者哉！方周生之倡議也，有百計阻之者，卒不懈，人以爲難。余曰：乾坤闔萬物，屯蒙之象也，故始受學者曰蒙。蒙之卦上艮下坎，水欲行，而山止焉，險象也。然其辭曰：山下出泉，君子以果行育德。解之者曰：果行者，體坎之剛中，以決其行。見善必遷，聞義必徙，不畏難而苟安也。育德者，體艮之静正，以養其德，不爲欲速，優游以俟其成也。而其所以果之育之者，不外蒙養之正。彼夫楊、墨之行，非不果也，而非吾之所謂果。佛老之德非不育也，而非吾之所謂育。故曰蒙以養正，聖功也。周生創學之志,可謂果矣。至其所以育之者,吾未知其何若也。我國家教隆化洽,自京師達郡邑,靡不立學,所以造就人材者,至周且備,蓋涵揉海内之士,以復三代之盛者,百數十年於兹矣。周生所建,雖不過一鄉一邑,然由是而推之國,推之天下,野處之秀皆足備卿大夫之選,則道德一,風俗同矣。遊斯學者,誂誂從業,日鑴月劘,毋狃於功利之溺心,詞章之蠹學,而慨然有志聖賢之塗,以仰副天子作人之化,豈不休哉。余視學至浙,聞而義之。適周生來請記,書此以應。至其學之規制,與其捐貲集事者之姓名,則有周生之自敘詳矣,兹不復述。是爲記。今俱廢。

【校注】

[1] 按:崇禎《嘉興縣志》卷二《庠序》:"嘉靖二十五年,知府趙瀛于宣公坊……常豐坊各建社學一所。"光緒《嘉興縣志》卷五《學校》:"嘉興縣屬社學　明嘉靖二十五年,知府趙瀛于縣九坊各建一所,擇耆儒爲師訓飭子弟。"本《志》卷三十六《名宦》:"趙瀛,三原人。嘉靖乙巳知嘉興府。"嘉靖乙巳,即嘉靖二十四年(1545)到任,次年建社學,情理上説得通。故"嘉靖九年"是"嘉靖二十五年"之誤。

　　義塾　在甪里街。嘉慶十六年,邑人俞貽曾建,職員倪濂募捐經管。後爲潤珍集,在蒯搭坊化成菴。今俱廢。

　　附:梯雲集　道光十四年,邑紳以積存賑餘錢文生息,佐寒士鄉試之資,謂爲梯雲集。咸豐末,遭兵無存,每遇正科,隨時籌欵分給。同治十年,知縣臧均之撥周姓里字各莊充公田二百畝濟經費。

　　秀水縣學　在縣治東一百五十步。明宣德五年,吏部郎李亨闢基。七年,户部侍郎成均命同知孟迪建明倫堂及後堂。明年,建大成殿、兩廡、二齋正誼　明道、櫺星、戟門及廨。柳《志》。正統十年,知府黄懋脩門廡,建文昌祠、號舍。景泰二年,知府舒敬造饌堂、庖湢。三年,僉事陳永葺殿,重建櫺星門,增觀德亭。秀水黄《志》。天順五年,知縣莊澈易櫺星門以石,新兩廡、明倫堂、膳堂、二齋,建退居舍,樹題名碑。《浙江通志》。　莆田林文秀爲《記》。成化二年,知府楊繼宗闢明倫堂,建後堂、二齋。吴《志》。　林茂《記》:秀水爲郡附郭縣。宣德五年,割嘉興土地、人民增置之。明年,得善地於縣治東,建爲學。又明年,廟學之制以次粗備。然營創之初,徒事苟完速就而不爲久遠謀,故不數年間隨整而隨壞。成化紀元秋,官主事、陽城楊侯繼宗以碩德重望來守是郡。甫及下車,即注意于興學。念斯學之敝陋,顧瞻明倫堂,泊正誼、明道二齋,謂同官曰:"是邑爲郡文獻之邦,而學宫實師生講肄之所。兹不惟上漏旁穿,不蔽風雨,抑且規模卑陋殊甚,苟不更作,示以宏遠之制,則何以竦邦人之具瞻,而興起士子向學之志哉。"衆聞而趨之。于是鳩材庀工,諏日興事,恢拓故址,郤後一丈,增築五尺。一材之弗堅,一工之或劣,悉屏去之。先作前堂,舊爲間三,今闢而爲五。其崇二丈四尺有奇,廣殆三倍于崇,深視廣三之二。次作後堂,其崇與深,稍減于前堂,而廣則與之相埒。次作兩齋,復築學門之基,增高二尺,門内列植檜樹二十四章。經始于成化元年十一月二十有五日,迄工於次年冬。董其事者,則區長沈淳也。十九年,知府徐霖闢學東垣,建鳴陽門。秀水黄《志》。弘治十四年,知縣譚溥修明倫堂、殿廡、齋舍。鄒璣爲《記》。嘉靖五年,知縣趙章重新廟學。吴《志》。　陶儼爲《記》。又,翁泳爲《記》。十四年,御史張景檄知縣林應亮建啟聖祠,遷敬一亭于明倫堂後,增左右廳,導學渠,撤梵宇蔽午位者。袁《志》。　吴鵬《記》:秀水縣學肇于宣德五年,迄今若干年。有司因其圮而葺之,庶無甚壞。然學河介於民居,積久壅堙,未之能浚也。精嚴梵宇屏障南面,未能毁也。今皇上敬一碑亭建諸櫺星門内,位置偪隘,未之能遷也,識者恒病焉。嘉靖十四年冬十月,監察御史、西墅張公以巡按至,祇謁先師,達觀厥基,攝講座,進諸吏士,語之曰:"是之不治,何足以始教化乎? 夫學也者,將以溯流而求源也,源泉放乎四海,非以有本耶! 河弗疏則流塞,流塞者道之滯也。盍浚諸?"又曰:"學也者,將以崇正道而黜異端也。弦歌《雅》《頌》《詩》《書》《禮》《樂》之教,萃集乎其後,而佛家之層宫疊宇,歸然峙壓於前,似與吾道角者,道之蔽也。盍毀諸?"又曰:"學也者,所以興教端化,國之典章是崇是依,今皇上敬一碑亭位置弗稱,且不足以達文明,利出入,非制也。盍遷諸?"乃屬之知縣林君應亮亟爲之勿急。於是林君蚤夜彈力圖之,鳩工庀材,浚河渠之堙塞者,廣袤凡若干丈;撤梵宇之層架者,凡若干丈。遷敬一碑於明倫堂後數武,屋增其舊,而易其樑桷瓦甓之腐壞者,中爲亭,以間計者三。左右各爲側廊者一,飛簷隆棟,縹采丹堊,煥然大新。其齋廡、門垣、道路之制於是爲稱。役始是月六日,越十二月以成告。工取諸逸室,材取諸廢祠,弗勞民,弗傷財,以克有丕績,皆西聖規畫,素定之效也。二十七年,知府趙瀛浚河闢,廓侵地,屏崇墉。趙《圖記》。四十年,脩文峰塔,濬泮池。吳《志》。　王諷爲《記》。萬曆十年,知縣朱來遠脩建。十九年,知縣李培重脩明倫堂,恢博士廨,葺儀、戟兩門,啟聖宮。秀水黃《志》。　馮夢禎爲《記》。二十四年,巡道湯日昭、知府曹代蕭命縣丞殷嘉謨浚學河,廣舊丈許。秀水任《志》。三十年,知府車大任、知縣陳于廷大脩學。江文明、錢明選爲《記》。天啟七年,知府詹應鵬脩啟聖祠、儀門、齋舍,濬池。吳《志》。　李葵爲《記》。崇禎七年,通判署令張治統脩廟門、櫺星諸門、明倫堂。陳懿典爲《記》。崇禎九年,知縣傅汝爲脩殿廡、櫺星諸門、文昌祠。金麗兼爲《記》。國朝順治十四年,知縣賈曾脩大成殿、明倫堂。康熙四年,巡道上官鑑脩文昌閣,改建鳴陽門于巽隅。十二年,知縣李見龍葺兩廡,濬學河四十丈,建啟聖祠、觀德亭,脩明倫堂,改頭門、儀門向巽。十七年,訓導袁日華葺復正誼齋。袁《志》。十九年,知府袁國梓、知縣于斑、教諭范正輅脩整櫺星、儀門、禮亭,廡廨,復黌門于右。吳《志》。　范正輅《記》:秀學創于明宣德時,相傳踞地最靈,爲禾郡諸庠之冠。考其遺制,其脉自坤入首,其水則庚兌巽丁,拱於左右,其流則歸於丑艮,其殿則居壬向丙,其門則闢於丁位,法甚善也。及嘉靖中,又用四壬寅月日開鳴陽門於震方,以合"壬山丙向甲門開"之局。由是魁元翰苑,麟麟炳炳,天下慕之,誠有如馮具區先生所云,可與江南之崑山、華亭,閩之晉江,吾浙之鄞相埒者。皇清定鼎,仍其舊制。甲第蟬聯,亦綦盛矣。然捷秀庠者,間有外籍,諸生咸思杜之。因言黌門例宜東,遂改其向于己位。夫信形家之説,而遷就頖宮,誠爲過舉。然其術往往有驗,不圖改作。後歷乙卯、丙辰、丁巳而戊午、己未諸科,自建學以來,無若此遺佚者。方思陰陽位置,前人信有良法,轉移偶悖,休咎立符,於是姚生安、陸生泗呈當事,懇復黌門,而曹司農、張司馬、杜少宰咸謂舊制宜復,詢謀僉同,而郡侯雲間袁公、邑侯三韓于公率先捐俸,醵憲山左孫公、成公共襄盛舉。余亦勉偕同寅袁實齋爲諸生先。又得萬生人望、成生璐等協輸之。諏日庀徒飭材,鳩工經畫,規模悉遵往制。自大門、儀門、廟門及櫺星門、禮亭、殿廡、署舍、牆陛,圮者奠之,敝者葺之,毀者新之,殘缺者補之,失序者正之。始康熙十九年三月,迄二十年七月,凡一年餘,工落成。將妥神告虔,因進諸生而語之曰:是役也,上不耗國,下不朘民,循其位置,復舊觀矣。夫諸生皆誦法孔子者也,孔子以五倫爲紀,以六經爲教,以仁義禮智爲心,以堯舜禹湯文武之道爲道,誠能敬信而不悖,服習而不遷,優游漸漬,以幾于化,庶幾才兼體用,而學貫天人。如棟梁之可以任重,戶牖之可以納明,丹臒黼黻之可以飾治,使天下之慕之者謂秀邑人文究與崑山、華亭、鄞相埒也,豈非庠序之光哉! 其或不思昔聖賢之所以垂教萬世者,以陶淑其身心,表見其功業,即使宮牆制度已復舊觀,甲第一如往昔,終無所樹立,以爲法于天下,可傳於後世也,不滋恧乎! 余之勉復黌門,豈惟率由章典,且望新其風化。至于形家之術,雖儒者所弗重,然《易》言俯察仰觀,《書》言卜瀍營雒,《詩》言相陰陽,度流泉,似古聖人亦嘗爲之,因並存其説。尤慮歲久事湮,繼起者復喜紛更,因次第其言於石,垂戒永遠。　又邑人杜臻爲《序》。三十一年九月,知縣任之鼎脩明倫堂。三十五年秋大風暴,明倫堂圮,知府黃家遴、知縣陳綎倡建。程隆基爲《記》。四十一年,布政趙申喬檄知縣于勛重建明倫堂。姜橚、杜臻爲《記》。五十三年,知縣吳階芝建啟聖祠。五十六年,知府吳永芳、知縣丁兆啟倡建殿廡、櫺星門。吳《志》。雍正四年,知縣程世恂脩大成殿。世恂爲《記》。乾隆十一年,邑人諸錦捐置櫺星門外石欄。諸錦《銘》并《序》:秀水與嘉興邑夾郡,學亦如之。郡學與嘉縣學櫺星門外皆有石欄,獨缺秀水。余往時及見樹以木柵,今并亡矣。下馬石二通,夾廟墰,東西列,今并仆其一。於是列隧徵債,秘戲奇技,亦莫不麕至轃集,路而東西者,便旋溲溺,如雞狗、羊豕、馬牛不訾。詰之,則無欄楯,故民是以觟。余駭焉。乃取鴛湖書院授粲米六十石爲料匠之費,閡以石欄,自丙寅閏三月四日至四月八日,帀月而竣其隄岸。及宮牆之類,猶有待爲之。銘:昔之儒官,冠紳其師。今也過之,百戲市司。昔之儒官,禮樂書詩。今也不然,姑旋慧私。亦庇私館,丹漆陶瓦。而獨廟門,蹙踏牛馬。已乎殆哉，孰飾孰欺，孰背孰馳。礱石是閑，欄成寢安。以勸德施，以風有位。二十三年，知府曾日理、知縣楊國華倡脩學宮殿廡、堂宇、門欄、屏牆，并濬學渠。諸錦《記》：至聖先師孔子自中國以迄蠻貊，爲生人秉彝之性命，與天地古今不敝，故文廟之建，自京師太學、省、郡、州、縣，無敢不肅。我朝于先賢先儒，尤加意倍至。聖祖仁皇帝祔朱子于十哲，世宗憲皇帝復祀六人，增祀二十人，啟賢一人。今天子臨御，升有子於堂，餘增于廡，分別前明，改罷者復位式序，更昭穆者凡三次，郡縣悉依頒行，闕里之志匪咸秩無文已也。而秀水文廟南岸以寺匪拓界，爲宮牆疏屏，數十年來皆廢墜。學之耆宿掜予而言曰：門間列肆，習爲故常，而兩廡神牌，顚倒舛錯。噫！其悖慢極矣。錦以省墓在籍，告之邑侯、府道諸公，而崇義踴躍書簿者，十日內得若干金。殿臺縣黝，瓴甋一新，賢儒栗主，脩廣厚薄，謹書如法舊位，斂以板格，香廚戟門，顏以左所盥尊，有所省牲。頌曰：自堂徂基，自羊徂牛。簫鼎及甂，禮也。若欄若垠若街，築石完固。重門西向，形家以右出爲善也。岸闊東西，凡二十餘丈。影壁過之，槐榎樟枌。景行大道，挺挺如也。因復之楊侯曰：敝邑稱文人之藪，前明馮祭酒夢禎比之江左之華亭，閩之晉江，浙之鄞也。今是役也，不爲苟且，而爲遠大之謀；不爲緣飾，而爲淪浹之計。過者仰止，後來者感發，豈獨科名之溢，將儒宗、名臣、循吏、文苑，相望不絕焉，甚盛事也。經始于乾隆戊寅二月，告竣於己卯八月。監生陶讓德悉心經理，又以堂後周垣爲己任。大夫曾公亦以其能也，并濬河之役託焉，庶幾有始終者。是爲記。三十五年，知府陳夢說、知縣張圖南勘明學基，飭定精嚴寺殿毋逾舊制丈尺。朱坤《記》：秀邑學宮基地卑下，自基至脊凡三丈五尺五寸[1]。精嚴寺峙於前，高出其上。前明御史張景巡視至學，見其鴟吻陵駕，謂與吾道相角，令有司撤去，今石刻可考也。歲庚寅，寺僧重建，意將改舊觀，同學諸君請[2]禁之。坤曰："今主郡縣者，凡所蒞止，靡不以維持世教爲己任，諸君何過慮爲？"既而郡縣聞焉，曉以功令，限之規制，僧惴惴[3]，自白不敢過高狀。於是限以舊址爲基，自基至頂無踰三丈二尺五寸，頂不起脊，一仍舊式，并禁其創造後殿。五十四年，脩明倫堂。嘉慶三年，知府伊湯安率知縣何際昌大脩學宮。伊湯安《記》：學校爲三代聖王治民之具，厚人倫、廣教化、美風俗、興賢才，胥於是乎在。後世率循，莫敢或廢。我朝列聖相承，作君作師，尤以學校爲首務。余自括蒼移守嘉禾，下車之日，仰承聖天子興學重道之意，廣勵學官，整脩文廟。時嘉興學繕葺方竣，秀學傾圮已逾十載，垣頹木蠹，瞻顧悚惕，亟謀聿新。會邑人陶世仁、張純熙、楊志麟鼓舞倡率，輸貲佐費，其襄厥事。大成殿，陶氏獨任之。戟門、兩廡，張氏、楊氏分任之。鳩工飭材，踴躍恐後。易朽腐，正傾敧，加瓦礨以厚庇覆，施黝漆以煥丹腹。築萬年之臺石，脩隔水之宮牆。栗主一新，規制加宏焉。學始建于明宣德五年，屢脩屢圮。國朝以來，遞有增建。乾隆二十四年，知府曾日理、知縣楊國華重加脩葺，邑人陶讓德董其役。詎今四十餘年，讓德子若孫復襄盛舉，陶氏可謂世濟其美矣。經始于嘉慶三年三月，迄工於十二月，凡木石、陶瓶、釘鉸、丹漆、匠役之費計若干。落成之日，邑紳士來乞余記。洪惟皇圖式廓，聲教所訖，無間遐邇。凡隸學宮者，涵濡沐浴，荷皇周浹，閱百五十餘載。秀水人文甲他邑，名臣輩出，科第蹑接，其所以冀仰答者宜何如？夫三代之學，皆以明人倫爲本。人倫厚，斯教化廣，而後風俗美，賢才興，多士仰瞻廟堂，誠能齊一心志，勉勵學問，踐其實，不徒鶩其名。苟有得於己而爲閭里之型，爲邦家之望於焉。發之乎盛德大業，以懋佐朝廷之盛治，是余之所厚望也夫。既以是告，即書以爲記。　　以上伊《志》。十四年，邑人陶世仁晉揚、晉應重脩學宮、甬道，並門內石路、禮門、義路。道光九年，邑人葉臣佐、陳宗柏等捐脩櫺星門。十三年，陳宗柏捐置祭器、樂器。十八年，陳宗柏等捐脩明倫堂。于《志》。咸豐十年，燬于兵燹。同治五年，知縣翁以巽會同邑紳請欵，並勸捐重建。知府許瑤光《記》：皇上登極之三年，東南大定。遣官祭告闕里，飭天下脩學校，以光中興文明之治。瑤是年守嘉興，謀脩各學，而秀水學被燬最甚，乃請帑錢萬千，更勸捐助，以五年興工，七年告成，爲文以記之。瑤思尊崇聖道，惟本朝超越於前古。攷崇德元年致祭孔廟，五年定丁祭儀。洎燕京定鼎，順治改元，行經筵禮，章廟親祭孔子於宏德殿，益俯舞籩豆之數，復大成殿之名。九年幸學，行六叩首禮，此龍興盛軌也。康熙初造，藩亂始平，時猶叏叏多事。然二十二年舉幸魯盛典，釋奠，特九拜，幸孔林，亦三拜酹酒，留曲柄黃蓋，作供奉物，撫摩古檜，欽仰製賦，御書懸額，頒布天下，後遂遵爲憲章，屢朝有額矣。二十五年，設位於傳心殿。四十九年，諭武臣入廟，一體行禮，懿懿郁郁，猗歟盛哉。逮憲皇帝即位，增祀五代，改公爲王，改幸學爲詣學。二年，闕里災，素服徹樂，詣國子監行禮，發帑銀十五萬，遣侍郎官詣魯督修，殿瓦改用黃，兩廡用綠。三年，諭聖諱加旁，讀書期音，郡縣學改用太牢。四年，釋奠於學，進爵進帛皆跪，羣臣以爲非舊儀，諭以立獻不安，永著爲禮。五年，諭每歲聖誕，官民致齋，一日不理刑名，凡際丁祭、疆臣、學臣親詣行禮，毋得先行祭丙。七年，闕里工將竣，飭內務府往裝聖像，用元衣纁裳，頒發鎮圭，推從周之意也。是年，卿雲見於曲阜，御製碑云：錫祜者天，承庥者聖，不其然歟。已而頒法琅銅鼎及祭器於尚方，計此十餘年中，無日不以癏寐羹牆，景行先師爲念，而親詣闕里之典，則又莫盛於乾隆之朝。考古幸魯之事，惟漢四見，唐再見，元魏、後周及宋僅一見，元明絕無可紀者。欽惟純廟三詣闕里，其及大成門也，皆步入。其釋奠也，皆於前一日行香。其修廟也，殿門額皆御書。聖時宏道門皆口授，詩禮堂、金絲堂各蹟皆有贊，杏壇楷木、泗橋、洙河各勝皆有詩。仍留黃蓋，更汲古井。誠哉！明德馨香，化成天下矣。自時厥後，凡國家有大典大慶，必遣官，或命皇子告祭，繼繼繩繩，至於今日，巍然成中興之景運，此豈僅揚詡張皇，隆其外飾已哉。蓋聖與聖契，重熙累洽之治，皆原本於六經也。恭讀康熙御製贊文，非師夫子，惟師於道統，天昭世，惟道爲寶。雍正御製《論語論》云：“綱維既立，而人無踰閑蕩檢之事，在君上尤受其益。”乾隆御製碑文：“見聖匪艱，由聖則難，弗克由聖，孰圖治安。”此以知聖謨洋洋，垂型於億萬年矣。瑤躬際休明，得備員西浙，時與諸弟子講肄《詩》《書》。若朝章鉅要，數典而忘，何以副平昔文章報國之志，故詳述之，以挾揚鴻烈，且願此邦人士能知德化之由，而相率以自濯耳。是爲記。是役也，督其成者，知縣上元翁以巽、太和張致高、濰縣郭恩觀，學官諸暨蔡欽堯、仁和湯炳奎。紳士則舉人陳令儀、蔣珍、張清安、陳善揚，拔貢沈景脩，同知倪憲，生員唐敦墀、高寶銓諸人之力居多。

【校注】

　[1] 按：朱坤《飭定重建精嚴寺丈尺碑記》作“自基至脊凡三丈五尺，深五寸。”此碑尚存，嵌嘉興市區少年路嘉興圖書館南湖分館原秀水縣學明倫堂北窗外東牆內側。

　[2] 請：《飭定重建精嚴寺丈尺碑記》作“商”。

　[3] 僧惝惝：《飭定重建精嚴寺丈尺碑記》作“僧爰惝惝焉”。

　崇聖祠　舊在明倫堂左偏。嘉慶三年，邑人陳振聲、延聲捐貲重建於明倫堂後，並搆敬一亭。伊《志》。咸豐末燬。同治中重建。

　尊經閣　在學之巽隅。明萬曆二十三年，守道張某、巡道湯日昭、知府曹代蕭、知縣李培建。秀水黃《志》。國朝康熙四年，巡道上官鑑捐俸重建。袁《志》。久廢。

　忠義孝悌祠　在明倫堂西，國朝雍正五年建。乾隆元年，邑人鄒天嘉重脩。鄒天嘉爲《記》。十一年又脩之。勒祠祀姓氏于石。二十九年，知縣韓本晉、訓導陸勤荼率祠裔脩葺。伊《志》。道光五年，祠裔項琳、婁志書、陳宗柏、岳鴻逵、何濤捐資重建。潘國徵撰碑記。以上于《志》。祀明姚瑄、金綗、呂原、俞山、項忠、金鼎、屠勳、徐瓚、陳四四、沈璧、周恂懋、陳晸、鍾璧、劉鐘、吳槐、竇卿、高尚志、曾丙、曾雨、鄒國儒、沈東、姚世華、沈本積、周允文、沈思孝、朱儒、項元淭、陶廷錦、朱國祚、曹大田、岳元聲、徐必達、陳懿典、夏雷、項德純、卜宗洛、賀燦然、竇文照、項穆、徐石麒、高穎琦、沈文銳、竇國元、葛學孔、沈元昌、邵宗舜、陳愫、徐世濟、宋承武、姚堯允、葉森、張次柳、及邦清、徐郴、卜年、劉謙齋、吳兆華、姚勉、項嘉謨、夏祖訓、張龍德。三人遵《欽定勝朝殉節諸臣錄》增。國朝吳天俊、朱彝敘、董士昌、沈蕙纕、屠英、陳王愉、鄒模、卜玠宣、戴樹屏、朱元盛、支燧、葛天麟、曹德望、沈曠、張作霖、沈選文、金士龍、陶德信、王生槐、張瀾、鄒世麒、何漢偉、陶宗恒、屠世芳、俞文彬、伊《志》。　從碑刻、學冊序次，合八十六人。陳元朗于《志》增、嚴大升、顧沈連、程元英、程煥、姜承烈、王鳳鳴、周師洛、陳功安、王恩壽以上俱孝子，從學冊增。咸豐末，祠燬。未建。

　射圃　在學宮之南。景泰五年，知縣童暉立。柳《志》。國朝康熙十二年，知縣李見龍重立。伊《志》。

　學田　鹽院淩某置義田九十九畝三分九釐。萬曆中，三次問發入官田九十四畝。十八年，沈文銳助田一百畝。共田二百九十三畝三分九釐。秀水黄《志》。二十六年,學道伍袁萃飭屬廣瞻士田。知縣李培勸輸及籍隱田四百畝。黄洪憲《記》:寧方伍公奉璽書視吾浙學政,德教翔洽,多士斌斌雅化,復推廣勵,指飭所部諸序增置義田,以瞻士之貧有行者。其言曰:禮義生于衣食,教化行于生養遂,蓋古者既富方穀之意,而又慮法有起奸利或召蠹,乃一再移檄,防其弊竇。于是戒乾没,懲冒濫,清隱佔,嚴催併,廣增置之條,定均輸之令,條分縷析,期行之永久,無廢墜焉。而余邑李侯雅意作人,奉行德惠,不三月而報命。先是,巡轓淩直指覆官鍰之奇羨者若干緡,置田九十畝有奇。嗣後民之以事當没産者、封君富人之好行其德者以次輸入,至三百九十畝贏屬。又以奸豪隱田,籍其家得四百畝,總之視大縣八百例,實首中程云。而又恐其歲久易湮也,因奉公指,屬文爲記。余惟古者虞庠夏序,殷學周膠,其藏粲米廩之制,俎割執酳之儀,特爲養老而設,未聞養士,上亦無不養者,蓋古者無不授田之民,而家塾黨序羣弟子而訓誨之,故有養士之實,無養士之名。厥後井地法湮,民鮮恒産而士常食貧,雖以洙泗之闓闓,而或簞瓢環堵,或縲絶肘見,以至學稼干禄,賢者猶然不免,矧後世乎。國家功令,邑之庠學宮者二十人,而增附弟子員,無慮二什倍以上。雖盡復其身而勢不能槩餼之廩,彼其屈首受書,恒鮮生計,貂裘敝而蠹簡寒,則有緼黂不完者,則有粢糲不充者,則有三金無措而二篋無資者,是非大賢鮮不易慮,強者恣睢,弱者甘昧,雖踰繩檢弗恤,豈自背於名教哉。饑寒迫其躬,而隕穫亂其志也。乃今廣置學田,視常廩不啻十倍,凡俯仰服食之需,冠婚喪祭之費,靡不充牣,而又履畝有籍,徵輸有程,出入有經有會,規畫周悉,蓋一舉而五利焉。籍没官之産,爲養士之資,不加賦而用饒,利一;青青子衿,思樂泮水,勿以困窮而踰繩檢,利二;生養遂而術業工,經明行修,人文愈邑,利三;蠹奸剔蠹,侵漁者無所容,而士得蒙實惠,利四;久之而積貯日贏,增置日廣,一切歲季試賞齋膳諸費,皆可倚辦其中,而不煩里旅,利五。《易》曰:"利者,義之和也。"利者可久,義者可大。可久則不廢,可大則不私,置田之所由名歟。雖然,此上之養士,非士之所以自養也。士何必恒産,乃有恒心哉。是故有穀田,有心田,穀田之植以人,心田之植以己。彼治田者耕而鹵莽之,則鹵莽報;芸而滅裂之,則滅裂報。夫治心,亦猶是也。誠知仁聚義種,學耨禮耕,修孝友睦媦之實,勵忠信廉耻之節。毋滋甫田之驕莠,毋爲伐檀之素飧,使異日者出能經世,居足善俗,庶幾哉無負學使者置田之意,而於國家建學育才之道,不重有賴乎。又,嘉興知縣鄭振先問發隱田千餘畝,分三學。案劉《志》:金圻隱田一千三百五十五畝,張似良《碑記》曰:府學得五頃,見前。學田共一千一十八畝一釐二毫,該租米一千二石六斗四升七合。劉、袁、吳、伊《志》同。今勘實學田八百九十一畝零。見該縣學各年册報。

　　教諭署　在鳴陽門内,禮門左。廨前有泮池。吳《志》。乾隆三十三年,教諭酈祖綏重修。五十年,教諭王日桂重修。伊《志》。嘉慶二十四年,教諭丁元采修葺[1]。于《志》。咸豐末燬。同治中重建。

【校注】
　　[1] 按:據本《志》卷三十七《職官表·秀水縣》"教諭"條,丁元采任教諭在嘉慶四年。

　　訓導署　舊基在學,久廢。雍正十一年,公置學廨,在師孃橋側。嘉慶三年,訓導胡舉捐俸重修。伊《志》。道光四年訓導潘國尊[1]、十三年訓導陳掄英,先後重修。于《志》。咸豐末燬。同治中重建。

【校注】
　　[1] 按:本《志》卷三十七《職官表·秀水縣》"訓導":"道光四年　潘國徵,永康舉人。"

　　社學　舊三處。嘉靖中,郡守趙瀛增建爲七。趙《圖記》。　府東、鳳池、靈光、碧漪、鍾秀、報忠、五龍七坊。又,在北營一,在四鎮常平倉側四。袁《志》。　今廢。

江南書院　在城南隅。嘉興湯《志》。明金幼孜《陸宣公祠堂記》：洪武初，郡守劉澤民重建於城內，實元江南書院之故址。柳《志》。　今廢。

景賢書院　在陸宣公祠左。詳府學校。　案：祠遷于城中，凡三易地。嘉靖中始置書院，今廢。

文湖書院　在聞家湖。嘉靖中，參議沈謐構。吳《志》。謐，建文湖書院，祀王陽明。集四方學者，講肄不倦，務在興起後學，求合于道。士皆賴焉。沈氏《文獻略》。　知縣林應亮爲《記》。今廢。

蕭成書院　在太僕卿、賜謚烈愍徐世淳旌忠祠右。徐氏祠墓志。爲徐氏族子講習之所。《陸堂文集序》。　今廢。

翔雲書院　在濮鎮翔雲坊。同治十一年，邑人、內閣中書沈梓等集資創建。知府許瑤光詳撥官房十四所歸書院，爲課士費。本鎮絲業復每年捐釐以增益之。許瑤光爲《記》：出嘉興通越門，舟西南行三十六里爲濮院鎮。南隸桐鄉，北隸秀水。宋時乃永樂市，多業機織。南渡時，河南濮鳳居此，理宗賜第曰"濮院"，因是得名。翔雲石者，院中舊物也，石今失去。地舊有翔雲義塾，亦久廢不舉。同治九年冬，內閣中書沈君梓糾約紳耆創建書院，仍榜"翔雲"。經度之始，支絀頗甚。瑤乃陸續查出充公房產，繼之又請撥本鎮絲捐以濟用。經費既裕，膏火有資，發篋陳書，斷斷如也。考濮院往昔衣冠最盛。自國朝順治十五年顧高嘉得詞林外，甲榜六人，至乾隆二十八年濮啓元而止。乙榜五十人，至道光十九年曹定葊而止。近則文教頗衰，聞無仕進，故諸紳耆謀所以振之。且謂今光緒丙子恩榜朱君善祥以鎮人得登翰苑，爲建立書院之效，欣然生喜，屬瑤爲文記之。瑤凤昔之見，以爲書院造士，使之攷[1]詩書，說禮樂，漸引於聖賢大道之域，非止爲文藝、科名發也。繼而思之聖門誘人，自博文始；朝廷獎士，自設科始。舍文藝而空言義理，何以爲稽求？舍科第而別開延訪薦辟之路，恐後世詐偽日多，必轉長純盜虛聲之弊。今夫童子勝衣就傅，父兄擇吉期送之入塾，無不以學古入官，殷殷相誡勉。久之，沈酣典籍或能默悟本原矣。若復博一衿，擢一第，自顧不與庸流伍，則又矜矜自愛，欲求所以荷往哲之仔肩，作當代之模楷，是由淺入深，由外返內，胥恃此也。孔子云："三年學，不至於穀。"又曰："學也，祿在其中。"《孟子》云："修其天爵，而人爵從之。"非輕爵也，急先務也。如輕爵也，則天爵天理也，不應尊之曰爵矣。自藉文藝以博科名，得科名而汩没其天性，於是老成人乃薄文藝爲糟粕，鄙科名爲敝屣。變本者日多，而憤激之談，乃出於文藝，科名又何尤焉。然則磨厲人才，而振拔學術，吾於是固有厚望也。襄其事者，董耀昌[2]、夏清泰、仲濂、仲浚、朱成勳、沈桐、沈福榮、岳昭墰、岳樹音、岳廷振、鄒錫祚。是爲記。

【校注】
　[1] 攷：許瑤光《翔雲書院碑記》作"敦"。此碑尚存，嵌濮院鎮完全小學大門西牆內側。
　[2] 董耀昌：《翔雲書院碑記》作"董燿、夏昌垣"。

陳氏義塾　在報忠坊。嘉慶七年，陳振聲、延聲建。今廢。

雁湖書塾　在王江涇。里人計楠等捐建，邑令呂延慶頒給聯、額。今廢。

附：登雲集　道光四年，署秀邑訓導陳遇春首捐，紳士陳宗柏、吳傳等繼之，陳光鑑等復請以積存賑餘錢文生息，佐鄉、會試朝考路費。兵後無存。今遇鄉試正科，隨時籌欵分給。

嘉興府志卷九

學校二書院、義學附

嘉善縣學　在縣治西，明宣德五年建。《大清一統志》。大理卿胡槩定基。嘉縣倪《志》。前臨華亭塘。七年，知縣鄭時建明倫堂。嘉善章《志》。八年，知府齊政建文廟。黄澤《記》：大理卿胡公既[1]請設縣，乃以學校最亟，因營學宫於邑治之西。甫定厥基，會有詔召，公還。越二年壬子，姑孰王益來典教事，謀諸邑之令佐，始搆明倫堂，而禮殿、齋廡猶缺。又明年，莆田林勤分教來兹，四顧榛莽，獨一堂巋然特立，規制闕如。白知府齊政，召邑之鉅姓陸坦者諭之。坦慨然捐金，以兩計者三百有奇。爰市材鳩工，虔卜穀旦，而禮殿是營。其崇四十六尺，修如崇而殺其八，廣如崇而加其七。經始於是年九月，越明年孟夏落成焉。既而同知劉縉至，曰："輪奐美矣，規制宏矣，而不嚴其像，猶爲闕典。"坦復承命賃工肖像，廟貌嚴肅，儀制聿新。他如門廡、齋廬、庾廩、庖湢，亦以次繕葺。正統六年，知縣李遜建後堂，題曰"羣英會膳"。餘稍闢廣。柳《志》。天順中，知縣盧雲建櫺星門，甃泮池，爲橋。吳《志》。成化四年，盧雲復易櫺星門以石柱，立儒林坊于左。八年，知府楊繼宗、同知楊冠、知縣畢紳重建明倫堂、燕堂、二齋日新、時習及聖庫神祠、號舍。邑民曹瓊等助之。嘉善章《志》。十九年，知縣汪貴易陛石，新門廡、厨庫、饌堂、號舍。劉《志》。弘治九年，知縣吳傑、訓導王緒新儀、戟門，設厨庫、省牲房，增謁聖、獻享兩齋，甃石欄于湖滸。嘉善章《志》。又建聚樂堂。王緒爲《記》。十年參議車明理、十一年知縣劉子厲、丞潘瑜，先後增號舍、神厨、牲房。程楷爲《記》。正德四年，縣丞朱衮復侵地，廡各爲龕。七年，知縣王德明築垣，壘土爲獻山。嘉善章《志》。十六年，知縣郭田、丞王紀增葺。趙《圖記》。嘉靖四年，知縣李調元築塘南屏垣三十丈。十二年，知縣徐榮建敬一亭，左右亭各一，曰静壽、動樂。啟聖祠立亭獻山，曰仰高。甃池曰龍津。二十八年，知縣于業葺明倫堂、燕堂。三十五年，知縣王察言重脩。萬曆三年知縣李仕華、九年知縣金和相繼脩之。十九年，知縣章士雅大脩。嘉善章《志》。　袁黄爲《記》。四十四年，知縣徐儀世重脩。崇禎二年，知縣蔡鵬霄復脩。吳《志》。國朝康熙十一年，知縣莫大勳重脩廟學，建謁聖、雲衢兩門，葺祠庫、正直堂，甃泮池。袁《志》。　莫大勳《記》：魏塘忠孝節義，甲于嘉禾，禮樂科名，聲高東國。自昔攸聞，爲非教育涵養者深與。雖然，樹德務滋，敦大成裕，良田不播，或生稊稗，此則操耒耜者事也。歐陽子曰：學校，王政之本也。古者致治之盛衰，視其學之興廢，蓋深識致治之源，而爲衆化所由出也。今天子思廣至治，臨雍釋菜，屢勅有司脩建學宫，肅清士習，豈非所見大且遠與。武水自前朝宣德四年己酉由嘉禾分邑，始建學宫，其時草創樸略，嗣後脩葺數四，英人傑出，代不乏人。神宗末載，余荆溪徐先生儀世涖兹邑，實新其堂，而殿廡之制備。崇禎時，寖頽圮，晉江蔡侯鵬霄復脩之。自此以還，日復傾削。己酉春，余承乏是土，覽其荒廢，不勝惋然。藉衆力相率輸將，不數月而樂觀厥成。輪奐斯崇，丹雘交映，是皆聖教之大，國祚之祐歟。落成之日，衆請壽之碑記。余不敏，敢以修葺之意爲長若幼陳之。夫學宫之設以明倫也，宏壯其規以昭德也。登其堂，瞻其貌，則欣感生焉。返而内顧，則媿慕形焉。教之義也，外以脩聖人之宫，内以脩聖人之德，不亦可乎，此建學意也。先儒有云：亦有斧棨其德，如斧棨其節者歟，則脩之謂也。且爾鶴湖前哲，既已彬彬脩其遺言，景其風烈，不猶鎡基在前，堂構在後乎。繼斯擴而充之，則視乎賢者之力也。　又，劉元瑗、張邦豫爲《記》。十八年，教諭邵廷章、訓導鄭觀光脩學門。二十年，易櫺星門石楔。二十一年，脩屏牆，立下馬碑。二十二年，脩石岸。三十四年，知縣徐現麟脩殿堂、啟聖祠及各祠齋舍。鄭開極、閔元賞等爲《記》。五十三年，知縣梁文熫重脩殿廡。五十八年，知縣孫錦脩啟聖祠、明倫堂、兩齋，易磚牆一百十丈。雍正八年,知縣郜煜脩塘南牆岸。嘉善柯《志》。[2] 十二年,知縣羅緒重脩,建奎星閣。蔣振鷺爲《記》。乾隆八年,知縣陳以剛脩葺。二十六年,知縣梁徽倡脩。二十七年,教諭郭瑞齡重建仰高亭。三十五年,知縣董鈞、教諭諸克任重脩。嘉慶三年,知縣萬相賓重脩廟學,增建德侔天地、道冠古今二坊于櫺星門外。遷名宦、鄉賢祠于奎星閣後。更泮池環橋,建肄雅、養正二齋。東西與日新、時習齋比。易崇聖庫爲禮樂祭器庫。伊《志》。道光十五年,知縣李東育率紳士黃安濤、周以炘等重脩廟學,並脩土地祠、仰高亭及四面圍牆,明倫堂下甃以方石,櫺星門外增石版、石欄。于《志》。咸豐間,毀于兵燹。同治二年,知縣傅斯懌、訓導章朱綏督餉武舉錢錫圻、廩生孫葆澂等籌欵重脩大成殿、櫺星門、明倫堂,並建復兩廡、大成門及周圍牆垣,悉如舊制。十一年,教諭汪繩武、訓導張鼎元捐置祭器。

【校注】

[1] 胡公既:光緒《嘉善縣志》卷五《學校》收布政使黃澤《記》,作"胡公槩",當作"胡公槩"。

[2] 嘉善柯《志》:嘉善歷史上無柯姓主修的《嘉善縣志》。洪煥椿《浙江方志考》卷三:"雍正《續修嘉善縣志》十二卷,清知縣景州戈鳴岐等修,嘉善錢元佑等纂。"光緒《嘉善縣志》卷九《學校》:"(雍正)八年,知縣郜煜修塘南牆岸。上皆戈《志》"故"嘉善柯《志》"是"嘉善戈《志》"之誤。

崇聖祠　在殿後西北隅,本明嘉靖間啟聖舊祠。國朝雍正二年增葺。嘉慶三年,知縣萬相賓勸捐重脩。伊《志》。

名宦祠　在文昌閣之北。舊建于學。明正德十二年,縣丞倪璣移置思賢書院。趙《圖記》。嘉靖十五年,知縣徐榮遷建文廟戟門左。嘉善于《志》。國朝光緒三年,教諭汪繩武重脩,祀宋洪皓、黃灝,明胡槩、鄭時、楊繼宗、汪貴、聶如斌、楊懋、李錫、倪璣、陳道基、周宷、許鎡、金和、章士雅、謝應祥、康元穗、何士晉、李陳玉,國朝莫大勳、盧崇興。又通祀總督朱昌祚以下十一人,詳府《名宦》。　伊《志》按:嘉善舊志名宦祠二十五人,萬《志》增六人。考浙省通祀者凡十一人,是應增者不止此數也。大抵舛錯遺漏,各縣皆然,特爲釐正如右。梁徽、于《志》增。惲敷。新增。

鄉賢祠　舊建于廟戟門右,今在名宦祠西北。嘉善楊《志》。光緒三年,教諭汪繩武重修。祀唐陸贄、陸宸,嘉善倪《志》增。宋陳舜俞、聞人宏、婁機,明楊任、孫詢、項忠、施奇、任泰、劉倪、於祖、錢春、陸坤、沈槩、沈燴、孫朝宗、孫朝二、顧熊、丁寅、丁賓、支大綸、葉繼美、袁黃、夏九鼎、李奇珍、莊則孝、孫光祖、計元勳、蔣英、魏大中、魏學洢、魏學洙、郁本宗、王周官、徐聞韶、李奇玉、曹穗、曹勳、陳龍正、夏允彝、柯元芳、朱廷旦、郁調元、徐爾穀、錢栻、丁鑛、陸維祺、陸敷樹,國朝孫在鎬、柯聳、孫籀、曹爾坊、沈應震、魏學渠、陳華育、沈志高、龔在升、金皋謝、沈辰垣、孫榮、陳霆萬,以下嘉善戈《志》增。孫衍、張王典。伊《志》云:案吳《志》,載五十八人,今從縣舊志增四人,新增二人,合六十四人。許樁。于《志》增。

忠義孝弟祠　在明倫堂西北隅,崇聖祠左稍後。國朝雍正四年,知縣張鏞建。十年,知縣楊繩祖脩。嘉善戈《志》。光緒三年,教諭汪繩武重修。祀明支茂、凌孝子、孫顯、陸琦、支立、周玭、章普音、顧昌、孫忠、鄒昊、江吉、高泰、陳謨、孫奎、沈稱、蔣裔、孫峯、徐鷄、倪津、孫嵐、錢繼科、丁鉉、蔣茂、陸靈、海毛、尚質、孫朝寵、錢繼振、吳德賢、趙秉智、朱國望、柯茂林、顧朝樞、孫紹祖、丁洪夏、夏繡、錢栻、魏學濂、魏學洙、孫應文、毛士龍、張念省、沈大政、孫續祖、支允堅、蔣蒔、葉承芳、孫枝良、郁性善、孫世惠、沈泓、周謨、錢淳、陸應賢、徐爾穀、孫世選、沈春山、李標、葉守德、金文遠、孫鋢、王任、相郁期、毛尚忠、孫麒、孫叔呂、毛士麟、湯芬遵《欽定勝朝殉節諸臣録》增，國朝沈受祺、錢楞、錢棐、蔣玉立、陳五達、魏文焜、王璋、張邦豫、朱紫、蔣睿、程光祖、丁策、孫藁、張元默、蔣鳴西、葉汝詵、戴大用、張履綏、汪士俊、錢遴、孫廷鑾、孟春和、張騫、龔廷鈞、張鴻隱、錢永善、吳熏、徐善建、夏愷、汪文源、錢永懋、孫肇薰、丁潁泟、劉孝、夏照、程文、劉苹、葉世榮、吳廷憲、夏默、毛正學、陸淮、葛道明、葉廷械、李濤、曹鑰、高標、孫彧、張元杰、陸樹本、程高澤、朱續、何業成、李大憲、孫之湛、戴家理、蔡浩、陸自誠、錢揆、沈廷楨、夏惠疇、鍾之榛、錢士壯、劉藻、劉傅彪、曹春、陳仁、顧以恭、孫復輝、沈馨傳以下萬《志》、孫玠、陸坦、王尚賓。伊《志》案：知縣張鏞查報允祀者，明六十二人，國朝三十二人，刊《褒祀編》。知縣李天桂報允祀者，明四人，國朝三十八人，刊《懿行編》，又增明一人，萬志增三人，合一百四十人。　　伊《志》。

　　射圃　明正德間，知縣郭田立，在燕堂北，有觀德亭。呂屏爲《記》。嘉靖間，知縣徐榮移于啟聖祠前，建正直堂。明《浙江通志》。

　　學田明嘉靖間，知縣于業、陳道基、邑人盛唐、王尚賓，隆慶中教諭倪以和、訓導黃利見、高善、邑人馬中驊，萬曆間邑人倪應選、陳應禎、黃炤、項德純、李宗陳先後捐置。　　共四百二十四畝八分有奇，計租三百五十九石二斗有奇。嘉善章《志》。天啟二年，丁賓捐腴田百畝。袁《志》。　朱國楨爲《記》。又丁司空姪九玉亦捐田五十餘畝入義學。案楊廉《縣志》云：義田共六百三十畝四分五釐零，加虧一十九畝四分二釐零。實辦糧田六百四十九畝八分六釐。吳《志》依此額載。案戈鳴岐《縣志》云：丈實田六百二十七畝五分零。義學田五十四畝六分四釐零，鄉賢田五畝五分。共丈實田六百八十七畝六分四釐零内積荒五畝八毫。計加虧辦糧田七百二十畝四分三釐三毫。萬相賓《縣志》又有亞聖祠田十八畝，亦歸併于學外官房二十六楹，歲納租銀二十兩六錢。地一畝二釐，折租銀二兩六錢四分。自明嘉靖沿今，歷載縣志。伊《志》。今勘實學田六百二十七畝零。並無加虧辦糧名目。亞聖祠田二十二畝零，官地民租造房三十二間。見該縣學冊報。

　　食德義田　道光三十年，教諭張錫戊捐俸置田七十一畝七分五釐，收租爲季考諸生膏火之資，名曰食德祠產。同治二年，訓導章朱綏復勸捐增其數，共田一百四十二畝一分五釐。

　　教諭署　在碑亭左。康熙三十四年移建。五十九年，知縣趙永參[1]、教諭沈雲鴻重建。嘉善戈《志》。案章士雅《志》：舊在明倫堂左，儀門外有池，爲文水注入，教諭徐牧所濬，今湮。　伊《志》。嘉慶二十三年，教諭張鋐修葺。于《志》。咸豐間毀。同治四年，署教諭周和請欵重修。九年，教諭汪繩武脩葺書室五楹。

【校注】

　[1] 按：光緒《嘉善縣志》卷五《學校》"教諭宅"、卷十四《職官・教諭》、本《志》卷八十六《金石・嘉善縣》以及雍正《寧波府志》卷十六《秩官下・同知》均作"趙永譽"。

　　訓導署　在甬道左偏，司教署南。康熙三十六年，知縣徐現麟建。伊《志》。道光三年，訓導沈金淮重脩。于《志》。咸豐間毀。同治四年，訓導章朱綏請欵重脩。

　　社學　在布政分司後。嘉靖元年，知縣郭田建。十三年，知縣徐榮設十所。嘉善于《志》。先是，正德十二年，縣丞倪璣建平川、風涇二社學。趙《圖記》。萬曆二十四年，知縣章士雅創四鄉常平倉，各設社學。嘉善章《志》。又，北城劉公臺旁爲社學。今並廢。吳《志》。

　　思賢書院　在縣治東。正德十二年,縣丞倪璣建。《浙江通志》。其游息之所曰學禮亭、養蒙館、清風樓,趙《圖記》。　都穆爲《記》。志學堂、卓然亭、漱芳亭、愛山圃。北截魏塘河,甃池架梁,列石植樹,亦邑中勝槩。又有名宦、鄉賢兩祠。嘉靖間,遷入學。改五賢祠。嘉善章《志》。　劉瑞爲《記》。崇禎中,邑人陳龍正新之。吳《志》。後爲同善館,失講學初制矣。嘉善楊《志》。國朝康熙四十三年,知縣于舜枚脩,設義學。五十七年,知縣孫錦脩改經正堂爲義學。吳《志》。雍正四年,知縣張鏞增建節孝祠。八年,知縣郤煜重脩。今廢。嘉善戈《志》。

　　鶴湖書院　在北門外。明崇禎十年,知縣李陳玉建。《浙江通志》。中有觀易堂、德行教事堂、五雲閣、鳴鶴樓、明德齋、親民堂、水鏡樓、大學樓、聯奎樓、至善菴。又有掌園、射圃,後爲謙湖。《魏塘紀勝》參嘉善楊《志》。今廢。

　　魏塘書院　舊在城內東南隅大安坊。乾隆二年,知縣張聖訓捐貲,購程氏別業置。中爲城南講堂,南爲軒曰敬業、樂羣,東爲萃古樓,當牖有紫雲一峰屼立,亦稱紫雲樓。下爲他山書屋,前後爲生白室、洗心亭,西闢齋曰虛受,面池有閣曰衡殷。朔望集諸生講學,延山長課士于此。張聖訓爲《記》。嗣張公被論去,士思其德,建祠祀焉。後圃爲明李奇玉講《易》處,亭曰點易。八年,知縣陳以剛重構,題曰梅花亭。邑人捐置田一百九十畝有奇。詳見《備稽錄》。二十六年,知縣梁徵重脩。二十九年,知縣劉臻再脩。邑人復捐銀生息,助費司事,九姓世繼弗替。伊《志》。嘉慶十三年,知縣張青選重脩。道光三年,知縣張邦棟倡捐大脩,邑人黃安濤、黃若濟經理其事。道光十一年,署知縣張如梧捐置桌椅周備。十九年,知縣賴晉重脩。于《志》。咸豐十年,燬于兵燹。同治二年,知縣傅斯懌改建于北亭坊,額曰北亭講舍。中有堂,有廳,前後有樓,爲屋三十二楹。清理舊時田產,爲延師課士費,斯懌及董事復勸捐增置。現有田六百三十九畝五分五釐。詳《徵信錄》。邑人屠以銓、許元杰、孫葆澂、魏鉁分年經理。

　　陶氏義塾　在陶莊。吳《志》。　案:《魏塘紀勝》:宋紹興中,陶文幹遷此,族姓最盛,莫考創自何人。今廢。

　　吳氏義塾　在魏塘鎮。嘉善章《志》。　案《續文獻通考》:元吳森嘗捐田四頃建以訓鄉人。至大間廉訪使以名聞,表其門曰義士。嘉興湯《志》:大德七年,管軍千戶吳森闢書塾聚教,由是人皆知學。今廢。

　　戴氏義塾　在郡城東北。《浙江通志》。　案嘉興湯《志》:至正六年,白牛鎮民戴光遠建,延慈谿黃伯成主教事,捨贍田五百畝。黃溍《記》:處士戴某規創義塾,其子光遠,因其經畫,度地于鎮東若干步,廣袤可二十畝。先聖先師之殿峙其中,講堂踞其後,齋廬翼其傍,邃廊穹門,下至庖湢、庫庾、直舍之屬,爲屋總四十有五間。圖史之藏,什器之須,纖悉畢備。乃延儒師,招來學,用仲丁行釋菜禮,退即講席,俾序進而請業焉。四齋,職教者各一人,生員恒百五十人,割上腴之田五百畝以贍之。今廢。

　　陸氏義塾　在汾湖陰,宣德中陸坦建。趙《圖記》。　曾鶴齡《記》:陸氏家故饒,至孟琛益尚儒雅,嘗曰:“使一鄉之人皆知學,則風俗自變。風俗自變,禮義自生。”又曰:“好學者人情皆然也。顧其力弱,無所遊處,而怠廢耳,使有遊學之地,不翕然相從如歸耶。”于是命其子搆屋十數楹爲塾,聘有文學德義者爲師,告于其里閈,後進小子願學者率詣焉。懼其無所歸仰也,創夫子廟于塾前,俾朔望相率謁拜。又懼其乏資給也,割常稔之田若干畝,歲收其租,以供常膳束脩之費。今廢。

　　程氏義塾義莊　在城內環整坊。道光九年,職員程學洙建。捐田一千五百餘畝,伙經費併以贍族,詳院具題,奉旨優敘。沈維鐈《序》:國家彰善旌淑,凡匹夫行義於家,能置田千畝以上,施貧活族,例得奏聞褒錫,所以使民篤本支,敦親睦也。夫敬宗收族,自古爲昭。其有敦一本之義,卹恤加隆,使親疏遠近各得其所,非以仁心行仁術者不能。故慷慨好施之士力行不倦,下足爲鄉黨矜式而上以稱朝廷獎勸之至意,固有風教之責者所樂得而稱道之也。嘉善程君素莘奉其先人遺訓,置田一千五百畝,立義莊,設家塾,凡用銀六萬二千九百有奇。規模條畫,纖悉俱備。大吏爲請于朝,奉旨賞加道銜,而義田得以永其世守,甚盛舉也。事既成,程君乞予爲《記》。予乃爲之言曰:自范文正公創立義田,遂爲千古贍族之良法。然我覲元明以來踵而行之,往往不能如范氏之久遠,豈非德溝流淺,而經畫之未盡其宜歟。考公之初立義田也,族止九十餘人,得以人人遍給。厥後族姓繁衍,於是司事者爲之限制而寓勸懲之道焉,蓋仁至而以義裁之,此范氏之田所以至今勿替歟。今程氏義莊規條大約依倣范氏,又捐賸産若干畝,別設義學以造就通邑人材。凡貧不能具脩脯者,延師朋友教導之,是又足以廣學宫之教,而崇養正之術矣。易曰:"積善之家,必有餘慶。"歐陽子曰;"爲善無不報。"今程君之贍恤族人也,如彼引掖小子也如此。吾知奕葉子孫,其力學慎修,後先繼起,當必有以植行慰程君之望者,正不獨高第華門,侈一時鄉[1]族之盛也。至義田立法之善且久,則已詳列規條中,余故不具著云。

【校注】

[1] 鄉: 沈維鐈《補讀書齋遺稿》作"卿",當作"卿"。

新義塾　一在訓導署前。同治中建,每年知縣、學官分助銀米,爲塾師脩脯。一在縣治東。同治二年,知縣傅斯懌飭董脩建。塾中設四齋,分課生徒。邑人陸續捐置田一千四百十五畝有奇,地三畝有奇。

附: 登瀛集　邑人公捐田四百畝零,爲寒士鄉試路費,以三年之租餘作一科之分饋。再有不敷,隨時集伙以益之。詳《徵信錄》。

海鹽縣學　在縣治西南。元元貞中改建。《大清一統志》。初唐有夫子廟在縣東南。吳越時廢。《海鹽圖經》原注: 見宋碑,今無考。舊廟在縣東二百步,宋太平興國中,主簿攝縣事石知一建。案宋《志》: 舊縣學在烏夜鄉。景德二年,令翁緯以廟逼農田,移建縣南[1]。翁緯爲《記》。嘉祐八年,令褚珵立學于東南。褚珵《記》: 富而後教,古之道也。茲邑地勢高而瘠土衆,若歲差旱,則禾盡槁而人食貧矣。能備其患,然後可以議教。于是周眠四境,凡可以瀦水溉田處,悉鳩衆力以浚川。既而境內豐穰,民用給足,皆遷思回慮,靡然有向善之心。父老有造庭而言者曰:"宣聖舊祠,壞久弗葺,願易其地,增置學校,誨我子弟,庶幾有立。凡一材一物之費,悉自營辦。"予從其請,得勝壤于縣之東南隅。冬十有一月經始,明年夏五月訖工。廟像尊嚴,學舍閎邃,講有堂,齋有次。賓位小學,立于西偏;爨膳瀚沐,處之東廡。祀物什具,罔不完備。將以延先生碩儒,傳道授業,使學者日見所未見,日聞所未聞,而業廣道充,可以俟朝家之選用也。紹興十五年,令徐光實新之。堂曰務本,齋曰處仁、好義、復禮、近智。　李正民爲《記》。隆興二年,令劉銓遷於縣南。堂曰傳道。後令魏汝功、李大卞繼成之。淳熙十五年,邑丞李直養新廊廡。紹熙元年,李自丞遷令,脩大成殿,立小學,置書籍、祭服。至元《志》。　案柳《志》云: 李又鑴堂齋銘于壁,刊《讀書記》,立進士題名碑,後改明倫堂。謝諤《記》: 秀州海鹽既脩縣學,掌教官四員,職事十員,齋生三十員,合辭遣介走二千里以來索文,具言本末,而知縣事李侯之功有不可不記。蓋侯初來爲丞,嘆學之敝而縣有不暇,丞欲自任其勢。未幾諸司以才推擇,得行竟綰銅章,于是經營不愆于素。夫州縣有學,所以爲多士求仁之地也。仁本性生,而失其固有者,衆人不知有以求之,爲政之人不知有以導之,而仁晦矣。今李侯爲斯邑鼎新乎求仁之地,俾士得以藏脩其中。六經爲仁之書,五典、五教爲仁之方,自家而國而天下爲仁之序,學者目之所見升降揖遜,無非仁焉。如參于前,如倚于衡,朝夕寒暑,造次顛沛,必在于是。上之可以致君,下之可以澤民。窮可以善其身,達可以兼善乎率士之濱。經曰"爲仁由己",又曰:"吾欲仁,斯仁至矣"。求仁于學,其獲則易。故學之爲效,明禮義,移風俗,召和氣而致太平,有不難者。侯既立學,復建小學,所以領袖百里之內,耳目習慣。父教其子,兄語其弟,長老訓其後生,循循然惟仁之歸,侯之意豈不廣哉! 侯名直養,世家維揚。學經始于紹熙元年冬,明年六月告成。

元陞州學。後至元初，教授呂德裕、知州賈禧大新之，作櫺星門、採芹橋。趙《圖記》。　案《海鹽圖經》：乾道劉銓遷學，即今地。而弘治柳《志》及嘉靖《浙江通志》俱云：趙孟貫、呂德裕所遷爲今學。考陳旅《碑記》，趙孟貫未至興作，後知州賈禧與德裕繕成，且《記》明言故搆垂圮，莫不更治。殿內東南舊祠守神，遷築西南，以故祠爲謁聖偹容次，則學固未嘗遷改。自柳《志》誤閱《記》文，後之省《志》、郡《志》多沿其誤矣。　陳旅《記》：海鹽州士韓允元等致書旅曰：昔吾州之爲縣也，宣聖廟在縣治之南，縣東別有學，今學麗于廟者，前代之所并也。學有田萬餘畝，至元內附之。初，民乘間據有之，利之歸於我者，十無二三。元貞元年，縣陞州，以學爲州學，設教授。大德中，教授丘世良等始復田。延祐三年，鄧文翁典教事，田盡復，帑庾既實，乃新宮室之壞者。今二十餘年，田不加少，歲不恒歉，而資用弗充，稱貸彌重，深蠹積弊，莫或弭之。顧爾室魁魁，殆不可禦風雨矣。至元再元之三年，單父呂德裕文饒爲教授，慨然有作興之志。廉訪詹思得之，適行部之州，得之儒者。又嘗知文饒而新知州賈禧吉甫尤以崇文爲務，教授于是得展其志。蠹之深者剔之，弊之積者鋤之。佃田而自封者悉懲，而徵之大防既立，不益自盈。是歲又有年，教授喜曰：天其相吾興廟學乎，于是鳩工市材，繕大成殿，治甚備。經始於四年之春，明年夏成。故宋縣學設主學，有官廨，距廟一里許，遺址僅存，以故爲學官者率於廟旁近僦舍以居。文饒以諸生請，遂買宅爲廨計。自經葺以至爲此，費亦殷矣。然宿債畢庚，士廩仍繼，弟子員增至五十人，皆食而教之。允元等又言：教授處己以嚴，行事有節，用錢五十緡以上必禀于州，頑獷者畏而服之，善愿者悅而助之，故能化窘爲裕，而卓然有成若此。**至正元年，知州陳某作大成樂。**黃溍《記》：海鹽昔爲縣，時既立學，而廟祀孔子，逮版圖，入職方，朝廷以其地大人夥，易縣爲州，而廟學之制猶循其故，禮具而樂缺。有司以吏議所不責，久寘弗講。至正元年夏四月，陳侯某來知是州，首務興舉學政。問其籍，則爲士者百家，爲田者萬畝。問其春秋之事，則有牲幣而無樂。侯爲之惕然，與寮佐延諸儒共圖之。僉言儀真有周君者善樂事，老而不仕，寓跡于雲間，欲正雅樂，非周君不可。侯即俾持書、幣迎致焉，君曰："樂以導和，不和不足爲樂。僕觀江淮間所用樂，雜出于伶人賤工之手，器不中法，音不中律，左右高下，參差混淆，惡足以致和哉！苟徒捐厚費而飾虛文，僕弗爲也。"侯曰："作樂以和神，惟君言是聽。"君乃爲考其數度齊量，範金爲鐘，而協以古律管，彼此適均，吹其律而鐘自應。至于琴瑟，亦悉自制。惟笙磬之屬，擇善工，使受指畫而爲之。集諸生三十有二人，教之肄習，而以明年春二月上丁合奏焉。在列者無不欣豫。**明復爲縣學。**明《浙江通志》。**洪武三年，邑令王文、教諭孫復初新之。**堂仍曰明倫，省二齋，仍復禮，改由義。**永樂間，知縣上官廉修明倫堂，知縣秦恭脩大成殿。**劉《志》。**宣德六年，知縣厲蕭復脩大成殿。**[2]海鹽仇《志》。**海寧衛指揮郭璵嘗脩之。**《海鹽圖經》。**正統十二年，知縣曾昌建神廚、宰牲房于戟門左右。**柳《志》。**景泰四年，教諭王恭改建門樓于東南。**劉《志》。**成化六年，御史劉珂、知府楊繼宗命知縣楊克敬新殿廡、堂齋及宣公祠、文昌祠，東北爲庾舍，西北爲饌堂。**柳《志》。　張寧《記》：海鹽自宋建學至國朝，凡十一遷脩。成化庚寅，郡大夫楊繼宗等方欲脩舉，會監察御史劉珂、參政寧良、僉事周正方行部視學，盡撤敝餘，易以柏木，中立明倫堂，南徙中門，北徙後堂，東建復禮齋，西建由義齋，西北隅爲饌室，東北隅爲廩庾，肄舍在西際南上，廨舍在東際北上。復宣公祠于廟東，仍文昌祠于廟西，重門翼廡，垣屏周蕭，左殿右堂，廟學均稱。自經始至告成，僅五越月而吾邑之士遂有所歸矣。嗟夫！學校者，士之家也。人而無家，則無所于歸，其適也將惟遇而止。撫世者知其然，必先爲之地，陶以禮樂，期以科目，待以禄位，使有定詣，所以收天下之材而一其歸也。當周盛時，鄉國有學，賓選以時，德行道藝，天下皆若人焉。及其衰微，以至戰國，王政不行，庠序廢熄，士始變故求通，放爲遊說，騖爲戰爭，流爲異端，聚爲食客，波流風靡，知藏耄逃而莫之振，皆由乎士之無家也。及秦厭縱橫之術，一切焚書坑儒，專尚法令。士之所學，一無繻用，絕于授受，或就穮鋤，或附刀筆，或困爲卒伍，或迫爲屠儈，苟避刑禁，不復審義，一旦倡謀起事，大約皆出于無家之士。使其初不務除絕，而務反古以居之，則跋扈踰閑者，固皆曩時賓興之賢儒也，何至空國而速亡哉！漢唐以下，學校僅舉，科目多岐，士之功業，與時相半，因循遷合，沿及五季，儒者之門戶蕩然矣。天啟人文誕敷，宋治三百年來，未嘗一日忘養士之地。其後國步維艱，學制不廢，官曹或紊，士論常存。建炎、德祐之際，天運改屬，人心不移，雖有外圍，卒無內叛。扶持迆續，百有餘年，而仗節死義，與國終始者，率多學校之士。蓋由其養用兼隆，安危相倚，士至是則又以國爲家，以死爲歸，不特不爲他適而已也。嗟夫！秦、宋之國勢強弱不倫，而其廢興得失之故乃爾，士果可使之久無所歸也哉！洪維皇朝，繼周邁宋，學校遍于海內，所以陶養期待乎士者，舉天下而一之無所不用其極。海鹽雖地薄民聚，居無厚貲，然比之疇昔，人皆安土樂文，俗尚明達，風化日臻，而不動以非義者，學與士之效也。諸君子以士入官,仰體至意,果能興弊起廢,使吾黨大康其家而終爲吉士之歸,是不獨一州之美,雖達之天下可以善政稱矣。寧故弟子員也,舊家有光,深復自慶,因記敘其事而刻諸石,凡吾同志盍歸乎來。十九年,知縣謝萬貫以舊饌堂爲教諭宅,移建明倫堂東北。二十年,知縣徐樸建大門于外。海鹽仇《志》。弘治二年,分巡僉事伍性橄知縣譚秀撤新殿廊、塑像。劉《志》。又,知縣王璽易櫺星門爲石柱。海鹽仇《志》。嘉靖中,建敬一亭、啟聖祠。劉《志》。十年,知縣夏浚重脩。又,知縣何思謹繼新之。《海鹽圖經》。隆慶元年,知縣李薦佳大加葺治。海鹽仇《志》有《記》,今無考。萬曆五年,知縣饒廷錫改敬一亭于廟後,并建會講堂。署通判張繼芳改移大門、儀門、泮池。劉《志》。又知縣李當泰、喬拱璧脩學,拱璧又脩祭器。《海鹽圖經》。三十四年,教諭陳九級裝飾聖賢像。劉《志》。天啟元年,知縣樊維城脩學及樂器。吳《志》。國朝康熙初年,知縣湯其升重脩。《海鹽續圖經》。彭孫遹爲《記》。三十年,知縣李鍵重脩。乾隆十三年,教諭駱志适濬泮池,補葺池闌。十九年,知縣蔣祖培立石坊于櫺星門左右。西曰禮門,東曰義路。並置石闌,拓宮牆基,闢街。四十年,知縣何肇灝倡脩殿廊、祠閣、門垣。六十年,知縣任澤和請帑重脩廟廷如制。伊《志》。嘉慶十六年,知縣張宗軾倡率邑紳捐脩兩廡。二十五年,知縣饒芝倡率邑紳捐脩大成殿。道光五年,知縣楊國翰倡率邑紳捐脩明倫堂。于《志》。咸豐十一年燬。同治五年,知縣張蕙圃、虞慶瀾等先後請欵並勸捐,重建廟學規制如初。顏宗儀爲《記》。

【校注】

　　[1]按:至元《嘉禾志》卷二十三收翁緯《縣學記》作"景德四年",當是。
　　[2]按:據光緒《海鹽縣志》卷二《職官表》、本志卷三十八《職官表》,厲蕭任知縣在永樂二年。

　　崇聖祠　舊在聖殿[1]北。嘉靖四十年,知縣何思謹移建廟門東。海鹽仇《志》。國朝康熙三十年,知縣李鍵重建。雍正元年增葺。伊《志》。嘉慶十六年,知縣張宗軾率邑紳重脩。于《志》。

【校注】

　　[1]聖殿:光緒《海鹽縣志》卷十一《學校》"崇聖祠"條作"啟聖殿",當是。

　　名宦祠　在戟門左,祀漢蘇章、白沃使君,吳步騭,晉鮑陋,宋王孚,齊孔僉、周容,梁劉霽、蕭特,陳徐份,唐劉長卿、姚南仲、李諤,宋魯宗道、李維幾、范世京、何執中、喬大臨、朱良、姚憲、丁安義、蔣行簡、邱未、徐光實、劉銓、李大忭、趙汝愚、李直養、陳仲微、朱夢炎,元顧泳、李衍、呂德裕、麗昺,明吳復、上官廉、陳諤、林榮、王端、莫震、孫芳、楊克敬、譚秀、陳暹、王璽、嵇綱、辛九齡、張濂、呂湯民、夏浚、朱實昌、張惠羽、鄭茂、王宗載、饒廷錫、楊繼瀾、蔡逢時、王臨亨、喬拱璧、田升年、李當泰、何卓、樊維城、楊瑄,國朝毛一駿、張素仁、盧崇興、趙廷臣、蔣國柱。又通紀總督朱昌祚以下十一人,詳《府·名宦》。

　　鄉賢祠　在戟門右,祀晉干寶,唐顧況,宋常同、常楙、趙孟堅,元沈嗣昌,明劉儼、朱侃、張綱、劉泰、張寧、倪容、鄭延、劉瑋、朱祚、吳昂、錢琦、鄭儒泰、鍾梁、沈蒙、鄭曉、錢薇、劉熠、錢术即劉术徐鵾、馮皋謨、劉玠、祖晟、朱朴、許相卿、張季文、湯彬、鄭履淳、鄭履準、許聞至、李星、朱學道、沈藻、賀南儒、賀岳、徐爛、吳霽、朱正學、虞志曾、虞紹唐、徐應奎、祖彭年、王廷俊、陸鼇來、倪政、彭紹賢、沈宏遇、王文祿、吳中偉、謝錫教、彭宗孟、張奇齡、徐從治、賀萬祚、曹憲來、呂元善、朱元弼、朱泰禎、劉浤、俞之泰、錢陞、陳言、李毓新、陳所學、劉仲鎮、朱茂明、馬繼武、徐同貞、吴品、曹名卿、吴麟徵，國朝張惟赤、張皓、錢爾復、鄭應生、錢同文、吴麟振、何澄、查培繼、朱延坊、徐琨、陸廷錫、朱淑文、鄭宣、吴甫及、朱衮、錢瑞徵、何其仁、費仰泰、朱琨以上伊《志》。翁允元、劉仲履。從《續圖經》增。 案：伊《志》列費仕查，雍正五年部行陳昌懲、蔣正開、費仕、費萬程，因載割股事實，俱不留祀，今删。

忠義孝弟祠 在鄉賢祠西。國朝雍正元年，奉文創建。嘉慶十六年，知縣張宗軾率邑紳重修。祀宋常同，明劉鳳、劉泰、張寧、常麟、張敏、劉璋、許相卿、錢芹、鄭曉、吴中偉、彭期生、徐從治、吴麟徵、朱泰禎、許士奇、曹履泰、徐一源、湯雲章、湯芬遵《欽定勝朝殉節諸臣録》增，國朝張行健、張洽。伊《志》。 以上忠義。陳希敬、朱右賢、曹爲鉞、沈炳垣。新增。俱忠義。唐陸南金、陸趙璧、劉儼，明曹仁、陸宗秀、潘允濟、崔永、胡寬、胡宏、陸平世、章輝、仇武昂、仇必達、仇必顯、仇必侃、顧薇、朱文才、徐藻、沈孟賢、顧萱、張亨、沈藻、吴之英、蔡維祺、周紹宗、鍾鴻穎、張調元、陳惆、周至德，國朝徐乾貞、李商玉、崔王貞、許雄、朱廷采伊《志》、李應占、朱星煒。于《志》。 以上孝弟。 案：舊《志》列陸感、陸梁，考趙《圖記》、仇《志》，並云陸元感父爲梁學士謀道子南金，趙璧惟《續圖經》載祠中，碑刻作陸感父梁子南金，趙璧脱一元字，又以梁爲元感父名，謬誤甚矣。且南金兄弟以匿盧崇道事，争請死，固宜入祠，兼及其祖父，甚無謂也。今並删之。

射圃 在欞星門東南。嘉靖十年，知縣夏浚廣之。趙《圖記》。舊有觀德亭。海鹽仇《志》。久廢。

小學 宋紹熙四年，知縣李直養置。趙《圖記》。 施渠《記》：海鹽爲秀支邑，維揚李君下車，期年，既修治學宫，羅致一邑之士而教之。一日，顧謂諸生曰："小學之設，所以因其良心而訓迪之，今獨無有，宜其習俗日薄。此無他，失其良心也。"諸生奉教曰："善。"迺擇教諭朱沆主之。其始進也，或通經，或詩賦，選舉而公，師嚴以尊，于是閭巷之間絃誦之聲相接，無智與愚，皆以子弟入學爲美事，李君可謂善教人矣。國朝康熙三十年，知縣李鍵立義學于啟聖祠後。伊《志》。

學田 宋萬餘畝。元初，民據有之。大德中，迄後至元間，相繼盡復。吴《志》。 陳旅《記》：州學故有田萬餘畝，至元内附。初，民乘間據有之。大德中，教授丘世良始復田。延祐三年，鄧文翁典教事，田盡復。至元再元之三年，單父吕德裕、文饒爲教授，剔蠹釐弊，佃田自封者悉懲而徵之。租入既盈，于是繕大成殿，築守神新祠，作欞星門、采芹橋。故宋主學官廨距廟里許，今買廟西民宅爲廨，增弟子員至五十人，皆食而教之。案《圖經》載：碑陰田一百五頃七十八畝，租一千八百八十三石四斗六升九合，田多而所入則薄，未悉其故。元末又没豪右。明建學，有田自隆慶間司訓高梓始。袁《志》。知縣鄭昊、范梅相繼助田。吴《志》。 范梅爲《記》。萬曆二十八年，知縣李當泰增置學田。袁《志》。 李當泰《記》：海鹽故無學田。隆慶間，師生自置田。始有田僅五十一畝有奇，一時義而入者七十二畝有奇。歷今三十年，没而入者三百五十三畝有奇，貲而入者一百畝有奇，訴而出者一百五十三畝有奇，今實爲田四百二十三畝有奇。夫以師生之自置田也，鄉人、士君子襄之，郡、邑、學憲共成之。而豪有力者猶將旋入旋出，以自解去。予悲士之終不迨養，而吏胥上下因緣爲病，無已時也，故悉其額于下方，而虚左以俟後君子，用堅持其末。 案：《海鹽圖經》：萬曆三十一年，生員張復貞丈實田五百二十九畝有奇，内二頃尤上腴，官生鄭心材義輸也。吴《志》田額從之。今田十九畝九分六釐。《海鹽續圖經》。 案：縣志原額田五百六十四畝有奇，額租一百九十一兩九錢零。前明輸田者捐租而未授田，後裔式微，分析轉售而户籍在官，按額徵解，以充給貧諸欵，被累爲甚。雍正十三年間，疊籲請豁，奉准豁免田一百八十三畝一分四釐，計免租銀七十一兩五錢八分。同治六年，奉准豁免無着學租銀九十六兩四錢六分三釐。現存租銀二十三兩九錢。

教諭署 在明倫堂後東北隅。乾隆六十年，教諭包慶長請借俸重脩。伊《志》。嘉慶十六年，教諭翟元重脩。于《志》。咸豐間燬。同治間重建。

訓導署　在土地祠西南隅。乾隆六十年，訓導金澐請借俸脩葺。伊《志》。道光九年，訓導來清曙倡率邑紳捐脩。于《志》。咸豐間燬。同治間重建。

社學　明城鄉各有社學。吳《志》。在城一，各鎮常平倉側四。劉《志》。久廢。國朝雍正二年，知縣王仕正建龍神廟義學。王仕正爲《記》。

觀成書院　在西門外蔣家橋。康熙五十八年，邑人張元熠捐置，知縣梁澤爲義學，設義田。梁澤爲《記》。乾隆四十一年，將田房併入蔚文書院，遂廢，惟張墓存院後。伊《志》。

蔚文書院　舊在資聖寺橋南。乾隆四十一年，邑人徐文錦創捐房屋一區及田三百五畝四分，俱狀得請併觀成書院原屋一所，田一百七畝二分。又，紳士捐田一百十二畝零。又買田十二畝，今共新舊田蕩六百八十五畝零。嘉慶元年，知縣任澤和時臨講課，增取肄業人數，費每不敷，歲捐以佽。伊《志》。道光四年，知縣楊國翰捐廉增廣生童肄業名數。十八年，士人集貲重脩。咸豐十一年，燬于匪。同治十三年，知府許瑤光撥欵，並集捐購買南門內高槐橋民房改建。

海東里塾　在資聖寺橋南。道光二十八年，里民高泰捐房屋一所並田一百畝，知縣段光清爲立條規，今里人續捐，共合田一百五十七畝四分八釐。

崇德里塾　同治三年，里人趙衡銓、翁聲皐等捐田二百七十四畝零，充經費設塾，延師課孝廉後人之無力者。十一年，以田畝暫歸蔚文書院。

馮氏義塾　在縣治東。《浙江通志》。去治東十八里。趙《圖記》。　徐一夔《記》。今廢。

平湖縣學　在縣治東，明宣德五年建。《大清一統志》。吏部員外郎佘亨卜基創講堂。柳《志》。九年，縣丞孫華率邑人陸珪、沈昊建大成殿、兩廡。案：溫純《記》云：平湖學宮自縣人陸珪始。又云：初建縣，力不及廟學。珪曰："范文正以其宅爲吳學矣。吾與其資豐後人，寧佐公家。"於是捐建大成殿。又同沈昊佐建學宮，則《一統志》所謂宣德五年建者，當即珪與昊也。其成當在九年。正統九年，知縣徐韶重脩。天順六年，知縣張寧于殿西改建明倫堂、兩齋經義、治事及儀門、學門移前稍東。成化十年，知縣郝文傑建戟門、欞星門、名宦、鄉賢兩祠。平湖程《志》。十九年，御史劉魁置地以拓門逕，立儒宮坊。柳《志》。嘉靖中，知縣周仕脩之。趙《圖記》。十七年，知縣黎循典建敬一亭、啟聖祠。鄭曉爲《記》。三十年，教諭韋鑾建魁星樓。孫校爲《記》。三十九年，知縣陳一謙建學倉。劉《志》。四十二年，知縣顧廷對增門欄，立文明坊，建龍吟閣，高七十尺。袁《志》。萬曆九年，廟災。知縣劉士瑗更建。劉士瑗爲《記》。十六年，大風，祠廡、亭閣圮。知縣江環脩兩廡。二十年，教諭吳迪甫脩門欄，知縣黃焰脩敬一亭、啟聖祠、儀門，重建龍吟閣。平湖張《志》。案：羅尚忠《龍吟閣記》言：颶風圮。萬曆壬辰復建。前志失載。吳《志》因碑立乙卯，遂誤爲四十三年。二十二年，知縣黃焰重置祭器。平湖程《志》。三十一年，知縣王義民葺學。沈懋孝爲《記》。三十九年，知縣朱欽相重脩，教諭張蔚然種柏。四十二年，署知縣沈鳴韶易護闌以石。平湖程《志》。天啟四年，知縣顧國寶重脩。施鳳來爲《記》。教諭孫啟文脩鄉賢祠。孫啟文爲《記》。崇禎元年，知縣程楷重脩。六年，教諭方允昌作泮池。夏六月，颶風作，廟廡圮。七年，知縣賴垵留美金，邑人各捐助，歷知縣黃士藻、吳春枝始竣工。《平湖廟學志》。國朝康熙十七年，邑人共建啟聖宮，築牆，陸光旭獨成禮殿。二十三年，巡撫趙士麟檄知縣陳時夏次第監脩。姚淳熙《記》。二十六年，教諭姚淳熙補祭器。平湖朱《志》。三十八年，知縣王瑋脩學及坊門。五十七年，巡撫朱軾、知府吳永芳飭置樂器。吳《志》。邑人建韓文公祠。六十年，知縣林緒光脩濬泮池，甃石闌。雍正六年，攝知縣白環、署知縣方以泰[1]先後監脩，三載竣工。陸奎勳

《記》：聖天子法孔子之道，以宏堯舜之治，于是當路諸公莫不仰承德意，崇聖興學，獎勸生徒，以佐雲漢昭回之至化。邑人士歡欣鼓舞，輸材殫力，固分義所當然也。余族侍御稼書先生接程、朱之道脈，從祀兩廡，吾黨聞風興起。上之希聖希賢，次亦勉爲醇儒善士，出則致主澤民，處則垂訓範俗，豈徒矜博洽，炫詞章，以釣名干祿乎哉。雍正十年，學政李清植飭添祭樂器。乾隆二年，知縣王之琪增置祭器。八年，知縣高國楹脩泮池、石岸、宮牆。平湖高《志》。又邑人捐置銅祭器。平湖張《志》。二十四年，知縣李納璧議脩，邑人屈天成等倡助。二十五年，知縣劉純煒始竣工。三十四年，知縣周昭仔脩葺。重建戟門。周大樞爲《記》。四十六年，知縣嵩福重脩。沈初爲《記》。又，邑人張誥兄弟重建兩廡。沈初爲《記》。五十六年，知縣王恒脩補祭器。平湖王《志》。嘉慶二年，知縣李賡芸監脩櫺星門、石欄。伊《志》。七年，重脩大成殿，崇聖、名宦、鄉賢三祠及明倫堂。八年，邑人張誥捐脩西廡。十九年，邑紳重脩大成殿。二十三年，知縣劉肇紳、教諭章鈞沐、訓導程夢麟捐脩經義、治事兩齋。肇紳有《記》。道光十五年，邑紳公修大成殿、櫺星門。十六年，邑人施鍔、黃世恩等復于櫺星門、石欄外建設楗桎，長十三丈有奇。又于河口列樹爲表，下設石欄二座。徐光濟捐修明倫堂，并添修祭器。十九年，邑紳重脩兩廡。咸豐末，遭兵燹，悉毀損。同治四年，邑紳徐鼎基等集資統脩，規制如初。

【校注】

[1] 按：光緒《平湖縣志》卷三：“雍正七年，攝知縣白環、知縣方以恭先後監脩。”卷十《職官·知縣》：“方以恭……山西大同前衞人，吏員。七年任。”本《志》卷三十九《官師表·平湖縣》：“雍正七年，方以恭，大同前衞吏員署知縣。”陸奎勳《重修文廟碑記》：“經始於己酉三月，落成於庚戌九月。”己酉，雍正七年。庚戌，雍正八年。故“雍正六年”是“雍正七年”之誤。“三載”是“二載”之誤。“方以泰”是“方以恭”之誤。

崇聖祠　在大成殿西北明倫堂後，舊名啟聖。國朝雍正六年脩建，改今名。伊《志》。

名宦祠　在櫺星門東偏，祀明梅清、林光、熊卓、周仕、曾曙、楊梃高[1]、喬登、劉存義、顧廷對、李實、劉士瑗、洪敷文、朱欽相、羅尚忠、陳熙昌、程楷、柴世皋，國朝陶鑄、呂猶龍、盧崇興。通祀總督朱昌祚以下十一人，詳《府·名宦》。又總督趙廷臣、巡撫蔣國柱，詳見海鹽。　伊《志》案吳《志》：平湖名宦惟陶鑄一人。平湖王《志》稱舊志失載巡撫呂猶龍，今補。考《浙江通志》，呂猶龍，康熙六十一年以福建巡撫調浙江，抵任而歿。今平湖得祀名宦，以其先曾任知縣也。詳見《平湖名宦實略》。

【校注】

[1] 按：光緒《平湖縣志》卷九《祠祀·名宦祠》、卷十《職官·知縣》、卷十二《宦績·文秩》、同治《金鄉縣志》卷九《人物》及本《志》卷三十九《官師表·知縣》均作“楊挺高”。

鄉賢祠　在櫺星門西偏。祀宋魯文謐，明陸宗秀劉《志》增、沈琮、沈肆、馬璇、沈榮、許盛、倪輔、陸珪、俞迪、屠勳、過璘、吳佐、馬昆、吳軾、馮俊、陸鎨、陸淞、沈煉、屠奎、孫璽、屠㙅、趙漢、屠應埈、陸琳、陸杰、劉圯、孫校、陸鼇、姚箧、馮汝弼、趙伊、沈垣、俞咨伯、孫植、陸杲、陸光祖、陳善道、屠仲律、曹禾、陸光祚、俞南金、陸珂、馬瑀、沈宏光、馮敏功、張大忠朱《志》及《鄉賢實略》增、沈懋孝、孫從龍、陸鮮、馬千里、馬千乘、陸萬垓、孫成泰、陸志孝、馬應圖、戈用泰、王言、陸文典、陳泰來、陸長庚、馬維銘、馬維鉉、金錫、陸基誠、陸基忠、陸基恕、陳九韶、施應埈、施鳳來、陸光弼、馬德灃、馬德澍、毛應銓、劉希聖、過厚、金汝諧、沈莘楨、陸鍵、郭日乾、陸澄原、沈瑞鑿、陸懋功、陸錫明、徐子方、徐子章、胡友忠、陸燦、馬嘉植、陸清原、金德普、李天植、楊兆梧、馬嘉楨、陸山、陸萬原、陸本、邵朗，國朝陸啟鱗、倪承裕、陸濟睿、沈棻、陸大柱、邵延齡、陸隴其從祀東廡、沈夢麒、顧人龍、高士奇、高興二人高《志》增、程伯鷮吳《志》。　一百六人，從劉《志》增一人，朱、高二《志》增三人，合一百十人，沈初于《志》增、黃鳳、陳嗣龍、朱爲弼、徐士芬、倪承弼、方垌、顧廣譽、朱善張、張兒誠。以上九人新增。

　　忠義孝弟祠　在司訓署西南，雍正四年，知縣楊克慧建。平湖張《志》。祀明周翼明、陸燦、康承爵、陸士鉉、陸清原、陸凡；遵《欽定勝朝殉節諸臣錄》增，以上忠節。宋魯文謐，明沈珍、陸宗秀、沈昊、屠機、江濟、俞迪、孫佐、鍾鳴遠、潘璧、陸平、陸杲、楊陛、俞錦、張濤、陳增、曹臬、韓文、陸垕、陸序、魯烈、沈維錡、沈維鎬、陸光宅、劉麟、陸基誠、李爆、陸珂、陸文典、郭日乾、倪維城、施應塤、曹鍾鳴、陸長春、陸瑞銓、倪士顯、沈紹闓、過厚、曹繹祖、胡嗣璜、劉亮采、國朝張冲元、張甫、陸其燦；以上忠義四十四人。元過宗一，明沈渭、沈琮、沈燮、馬炯、陸鋃、郭球、過橋、孫璧、林雨、陳謨、沈思孝、秦涇、楊志英、俞懋脩、俞永言、馬瑀、陸錫命、時敏、曹伯來、胡士奇、胡士章、毛應銓、陸萬源、馮伯禮、馮伯裡、劉希聖、陸基志、俞志皋、張熒、陸文相、馬香、陸萬達、陸燭、馬維鉉、陸大銳、陸大鏌、趙邦秩、沈瑞鑾、馮洪業、俞煜、楊兆梧、陸傲孟、顧之琦、姚舜宣、國朝湯自梁、陸本、金式玉、陸徵誠、顧明傑、沈日芳、金赤、徐昱、屈希平、王梾、馮錡；以上伊《志》孝弟五十六人。案：平湖張《志》云：入祀忠義孝友者，舊志不詳，事遠無稽，就祠主凡百五人，分列敘次，增明一人，合一百六人。張世昌、吳元凱、方樹業、陸汝灝、張慶盛、朱士坊以上六人新增。

　　柏林書屋　在學門內東。《平湖廟學志》。雍正六年，邑人建爲會課公所。《浙江通志》。今燬。

　　射圃　在山川壇左，有亭。成化中，知縣朱德建。柳《志》。嘉靖間遷城外。《浙江通志》。知縣顧廷對置射器。平湖程《志》。國朝雍正八年，于殿後隙地作射圃。平湖王《志》。

　　學田　明嘉靖三十八年，知縣陳一謙始置，武惠伯陸炳助之。平湖程《志》。　顧廷對《重定學田規制序》：平湖縣學舊未有田，嘉靖己未歲，西粵文峯陳公始置之，將以資貧生。計田五百畝，每畝取租九斗，共租四百五十石，每年徵貯本學倉，設運頭一名，專掌收放。又慮糧餉之重，或無實惠，查將蔣銓等無糧田二頃餘畝，裨補其半。規畫初定，而陳公遇制回籍，各佃戶仍通負不納。庚申冬，不佞蒞茲土，廉悉其由，深羨文峯之善政，而惜其志未竟。迨辛酉奉例當大造，覈民間隱田得若干畝，併合前田，照數補之，盡復其稅。緣版籍有定，未可指名，收除止於實徵册，總爲之盈縮其數，由是文峯之初志有成矣。本年八月，邑人陸廷鑾者亦以義田呈報，蓋陸武惠公常欲爲本學及本族生員貧寒者之助。厥嗣錦衣，公體先德而成之。武惠之仁，錦衣之孝，具見之矣。田一百六十七畝二分，共租一百二十石，亦查得隱田有餘者，盡數裨補，使諸生獲沾武惠之實惠猶文峯也。隆慶六年，知縣謝良弼更置義田二百二十餘畝。張大忠爲《記》。又撥邑人入官田，共田五百八十三畝零。平湖王《志》。國朝康熙四年，核實四百二十一畝六分二釐四毫。平湖朱《志》、張《志》。　縣徵租米三百四十五石二斗五升。雍正間，邑人捐田三十四畝九分零，爲脩學費。平湖張《志》今勘實田六百二十七畝零。見該縣學各年册報。明萬曆間，知縣羅尚忠捐俸置田贍貧士。舊志稱羅太常義田。施鳳來《記》：羅侯以俸買民田得一百三十九畝有奇。陳熙昌《記》：田二百一十七畝五分零，地二十二畝四分零。國朝康熙六年，核實田地二百五畝六分零。平湖朱《志》。原定貧士三十六人，歲給米五斗。康熙四十五年，知縣董天眷覈實均給八十餘人，人給米七斗有奇。《西畎筆談》。　案：以上二項田，知縣管理。乾隆五十年後，知縣王恒核學田及義田，歲入分極貧士八斗，次貧士四斗，爲膏火助，增至二百五十名。乾隆五十九年，邑人吳璥捐錢七百緡，于嘉慶四年置田四十二畝四分零。又，奚泗哲、吳宗鍔、吳鼎爕、陸拱斗、黃坤公捐田四十九畝七分零，共額租米一百石一斗七升。爲歲脩費，刊《徵信錄》支銷。伊《志》。同治十一年，教諭嚴嘉榮以贄田三十五畝零捐入學中，爲增脩祭器及禮樂，諸生酌加祭胙之資，通詳立案。

教諭署　在明倫堂東。明嘉靖三十九年，教諭曾士彦建。萬曆三十一年，知縣王義民建鳳翥軒。平湖程《志》。國朝雍正三年，教諭趙瀚重建。平湖高《志》。乾隆三十一年，教諭周大樞樹梅，改曰有梅堂。五十三年，教諭何蕙重建，改題飽經。伊《志》。嘉慶二十三年，教諭章鈞沐脩葺。咸豐間毀。同治六年，教諭嚴嘉榮請欵重脩。

訓導署　在明倫堂西。明成化中，教諭林光創建。平湖張《志》。國朝嘉慶三年，訓導凌象山重建講堂，題曰耘雅。伊《志》。二十三年，訓導程夢麟重脩。咸豐間燬。同治六年，訓導汪儒玉請欵重建。

社學　在德藏寺塔東，舊舒公井上。明弘治四年，知縣林奇建。柳《志》。在城一，各鎮常平倉側四。柳《志》。嘉靖中，知縣陳一謙建三所，在北門內一，報功祠左右二。平湖程《志》。　馮汝弼爲《記》。

義學　在城隍廟左。康熙二十七年，知縣朱維熊建。平湖朱《志》。　朱維熊爲記。三十六年，知縣王瑋倡置義田。平湖張《志》。　王瑋爲《記》。

當湖書院　在南門內，陸清獻祠後。乾隆十五年，知縣閻公銑遷置。平湖張《志》。　邑人張嶸捐建。又，千金取息備用。閻公銑《記》：舊有書院，附在梵宇，殊非士人肄業地。迨謁陸清獻公祠，思公之學行純正，洵足勵風俗，正人心。書院之設，允宜在是。酒捐修脯，延山長，集邑之雋講學會文於祠，月以爲常。恒苦人滿，思有以增廓之。會邑人張嶸願捐貲，爰于庚午正月經始，閱三月落成。諸生幸近公之居，去公之世未遠，茲復得昕夕仰瞻，升堂習禮，知必有感發奮興，慨然奉公爲師法者。乾隆五十年，知縣王恒重脩，建樓五楹。王恒爲《記》。五十四年，邑人張誠捐田、地、蕩一百六十六畝零，爲膏火。知縣王恒詳定，釐正規條刊石。平湖王《志》。　王恒爲《記》。嘉慶四年，里人公置田二十七畝九分零。伊《志》。五年，屈芥舟置田一十四畝，張保盛置田二十畝。又置佃官基四分六釐四毫，院內向祀知縣閻公銑、王恒。十五年，邑紳請以張誠附祀，通詳立案。二十二年，知縣劉肇紳捐置《大學衍義》《四書大全》《四書匯參》《十三經注疏》《佩文韻府》《通考》《通典》《通志》，共八種。咸豐末毀。同治中，邑紳徐鼎基等請欵重脩。張姓、江姓續捐田地九十五畝有奇。

新溪書院　在新埭鎮。乾隆五十三年，知縣王恒捐設義學，後易今名。

蘆川書院　在新倉鎮。乾隆五十三年，知縣王恒設，先爲義學，後易今名。咸豐末廢。同治四年，廩生徐步瀛捐購京圩西地二畝八分有奇，建造院屋，倡捐田一百五十三畝零，濟經費。又與舉人馬承昭等勸捐田四百八十一畝零，爲膏火資，通詳立案。今陸續增置，共有田蕩六百九十畝零。

觀海書院　在乍浦南門內，舊名九峯書院。乾隆四年，海防同知林緒光建。劉錫勇爲《記》。三十八年，知縣董鈞改今名。四十二年，知縣劉雁題重建。里人置田十八畝五分零，又捐銀六百兩，取息爲經費。伊《志》。咸豐中，九峯、觀海，各延山長課士，分爲二院。後值兵燹，俱燬廢。同治中，邑人陳珮璲等捐田助資，舉行考課，爲觀海書院；舉人張天翔等捐田，請于縣，延師開課，爲九峯書院。

崇文書院　即報公祠。《浙江通志》。明嘉靖間，知縣陳一謙立。舊《浙江通志》。國朝雍正元年，知縣林緒光移設德藏寺殿後，改名鳳溪。四年，知縣楊克慧改爲崇文義學。乾隆五年，知縣方以恭復舊名。平湖高《志》。　今廢。

介菴書院　在縣治東《浙江通志》。案山上。明總督胡宗憲爲陸淞建。袁《志》　今廢。

天心書院　爲陸氏義塾。舊《浙江通志》。　莫如忠爲《記》。在舊帶。平湖程《志》。　今廢。

江村義塾　在縣南三十里朱江坊。乾隆四十四年,武舉孫斌建。並捐田五十畝有奇,童蒙貧乏者皆就學焉。刊有規則。今廢。

思源書塾　在縣治西。嘉慶十七年,職員黃鳳捐置。又捐田二百七十畝,爲塾中薪水束脩之用。今廢。

石門縣學　在縣治東,元至正中改建。《大清一統志》。宋元豐八年,令吳伯舉始創學于縣南運河之西岸。至元《志》。　沈括《記》:吳越多山,而湖澤漸其下。其支流涯渚之間,不辨牛馬。崇德居山澤之介,孔道四出。戰國之時,闔閭、勾踐常大戰于檇李、禦兒之間,裂其地而守之。至今墟壠綱絡,稻蟹之利,轉徙數州。元豐八年,括蒼吳君伯舉爲是邑也,始爲築宮廟以祀孔子,聚學者,擇經師,而教之以義理行能,不苟使之爲文章誦習,務中有司之程而已。培高爲堂,燕有二室,繚以環廡,豐約稱事。四方聞令賢,皆來學,惟恐在後。崇德爲遠邑,縣令爲小官,興材賦工,動觸吏禁,非篤誠自信强有才者不能任也。此其成就之難,又未若持之之難也。償犀象決鴻鵠之器,非深山大谷則無以養其才。執規矩而求之者,不視其材,視所養,則耽耽之室,執規矩者所視也。養之以先王之所,待以興者,而不徒循其末跡,則其爲役也,不爲苟美矣。紹興間,知縣黃揚徙置東南隅。趙《圖記》。後令相繼增廣,堂有成德堂,采芹亭,致道、育德二齋,序列四先生。有奎星亭,令奚士達建。陸垾《記》。　案吳《志》:慶元四年,奚士達與沈晦立。陸垾《記》。今案垾《記》,脩復沈晦舊迹耳,非爲沈晦立也。吳《志》誤。尚書陳垾重創。至元《志》。元升爲州,知州王雍徙萬歲橋東。趙《圖記》。　案:至元辛丑,改建于今所。堂曰明倫,齋曰興仁、集義。見柳《志》。明洪武六年,知縣田慶元重建。崇德洪《志》。永樂乙未,州判陳原祐新之。宣德間,巡撫胡㮣命有司脩整。正統十一年,知縣焦寬葺堂、齋。天順三年,知縣郁綸脩殿廡,易欞星門以石,建號房、學門。魏驥爲《記》。成化六年,知縣王興建明倫堂,築露臺。張寧《記》略:崇德爲嘉興上邑,其俗多秀民美士。自宋至今,科第相望。正統中,邑令焦寬重建明倫堂于學之故址。歲久弗時葺,日就傾圮。大尹、南巢王君以鄉進士出宰是邑。下車瞻謁,已有成慮,民未可以遽勞也。乃早夜績晝聚財,鳩工庀備,幾十之八九而民尚未知。成化庚寅三月,卜日經始,言諸師生擇弟子之能者楊明、費敏使爲倡率。邑中聞義而起,富者以資,貧者劼力。是秋八月,具以成告。俯仰周接,輪奐一新,自昔更始,舉邑未有。敏贍和洽,不以令民,而民樂從如此,是可以見養士之足以勸人矣。嗟夫! 天下無一非聖人之道,民皆由其事而不知,士能明其理而不倍,故士之所在,其民必良;無士之地,其國必殆,一得一失,古有明徵。無興學養士之功,而欲善化于天下,雖絕力優智,皆苟焉耳。十四年,知縣張超脩兩廡,塑像,置祭器,會饌堂、宰牲所。弘治四年,知縣吳浚建殿廡,改學門,遷號舍。柳《志》。　張寧爲《記》,八年立。正德中,知縣洪異脩兩廡,戟門。學使徐蕃徙正鄉賢祠,學使劉瑞檄建名宦祠。邵銳、陳霆爲《記》。縣尉李滋爲文璧山、桂山,并構贍學屋四十楹。吳《志》。嘉靖間,知縣許繹增建敬一亭。崇德陳《志》。知縣劉宗武脩明倫堂,邑人呂希周開泮池,與河通。又建三塔。案:萬曆間,知縣王述古、教諭趙賢左相繼脩之。見吳《志》。隆慶二年,知縣朱潤脩堂齋、諸門。齋曰脩德、講學,門曰志伊、學顏。　朱潤、呂希周各爲《記》。六年,知縣蔡貴易脩堂,甃泮池。吳《志》。　姚弘謨爲《記》。萬曆初,知縣陳履重葺,有文峯三塔,時存一。劉《志》。攝縣通判方圮脩名宦、鄉賢祠。吳《志》。　郭子直爲《記》。二十六年,知縣陳允堅脩廟學。崇德陳《志》。　許孚遠《記》。二十八年,教諭陳繼祖改廨宇,植桃李。三十八年,知縣靳一派脩明倫堂,呂希周爲《記》。改建奎星亭。崇禎間,知縣劉國會甃泮池及堤。石門鄺《志》。十七年,知縣解學周重建明倫堂。吳《志》。國朝順治十二年重建。《大清一統志》。　案袁、吳二《志》,爲通判韓範、知縣李震、教諭周有亮重建。谷應泰《記》:順治丁酉、戊戌間,會兵燹後學宮多廢不治,余間以其力,鳩工庀材,今無不蔚然次第者。而外郡則石門鎮、禦兒鄉,其故址猶有存者，國家奠鼎以來，樓船將軍指閩越，下東甌，往來驛騷，以蕞爾彈丸當其衝，夜半下片檄徵，芻茭幾何，卒徒幾何，詰旦無不立具者，邑有司日不暇給。余按橋李，經其地，見農夫釋耒治道，嘆息者久之，蓋民力爲已竭矣。迺比者建學之議一興，而君子相與倡于上，小民相與和于下，簡徒程工，人爭趨之，三年而學成，爲資五千九百有奇，而捐者不以爲費。爲屋廟廡、祠堂數十間，又以其餘葺垣墉，築池沼，而役者不以爲勞。噫！何其不令而行也。語曰："雖不能至，心竊嚮往之。"余不敏，敬從鄉先生、良有司後，以爲諸生勸。康熙十年，教諭陳祖法重建敬一亭。陳祖法爲《記》。十一年，許汝揚甃階。十二年，知縣杜森脩戟門、明倫堂。石門郎《志》。雍正元年，知縣王以和脩欞星門。六年，知縣呂廷鑄脩明倫堂及儒學門。《浙江通志》。乾隆十一年，知縣倪琯倡脩。陳其凝《記》。二十四年，知縣周鼎、教諭邵灝重脩。四十六年，知縣朱麟徵、教諭費震、訓導陸時茂，先後倡捐大脩。伊《志》。嘉慶十二年知縣洪鐘傑、教諭柳超，二十四年知縣耿維祐、教諭關樹棻，先後修葺。道光十五年，知縣齊雙進、教諭宋成勳、訓導王世勳，倡捐重修廟學。于《志》。咸豐十一年燬。同治五年，知縣楊恩澍籌欵重建殿廡、門牆。九年，知縣陳謨重建明倫堂。十一年，知縣余麗元以明倫堂爲崇聖祠，而改建明倫堂于大成殿東北。

崇聖祠　明嘉靖九年，知縣許繹建于桂山後。隆慶二年，知縣朱潤改建學門東。崇德靳《志》朱潤爲《記》。國朝雍正二年，知縣王以和增葺。伊《志》。咸豐十一年燬。同治十一年，知縣余麗元以舊建明倫堂改，奉爲祠。

尊經閣　在明倫堂左。明隆慶六年建。姜寶爲《記》。萬曆三十七年，知縣靳一派重脩，置田四畝，爲舉祀費。崇德靳《志》。國朝康熙二年，教諭陳祖法重建。吳《志》。陳祖法爲《記》。雍正二年[1]，知縣呂廷鑄重脩。《浙江通志》。今燬。未建。

【校注】
　[1] 按：光緒《石門縣志》作"雍正六年"。據卷六《文職表·知縣》、本《志》卷三十九《官師表·石門縣·知縣》，呂雍正四年才到任。

名宦祠　舊在儒學門東。隆慶初遷戟門左。咸豐末燬。同治五年重建。祀宋吳伯舉、鄧根、黃幹，明畢輝、蔡貴易、孫承謨、陳允堅、高士選，國朝盧崇興又通祀總督朱昌祚以下十一人，詳《府·名宦》。按《浙江通志》：石門名宦，祀吳伯舉以下八人。吳《志》增通祀王國安一人。今考浙省通祀凡十一人，皆應增祀。伊《志》。

鄉賢祠　舊在桂山後。隆慶初遷戟門右。咸豐末燬。同治五年重建。祀宋趙汝能、趙汝愚、錢文、徐綱、莫若冲、徐龜年、陸埈、蔡闓、輔廣、陳炳、陳塏，元衛富益，明鮑恂、貝瓊、姚文、潘蕃、周崑、呂煥、呂炯、郭子直、沈大德、勞永嘉、陸典、呂元學、費彥芳、吳沛然、吳尚倫、曹廣、吳爾壎、吳之屛以上二人郎《志》增、顧文昌以上舊《志》、朱逢吉、姚鵬從學册補，國朝吳之振、吳寶林、朱輔、鍾景音、鍾朗、顧朱、勞俶融、鍾天奇、鍾璜。吳《志》。三十人從郎《志》增二人，伊《志》八人，增二人，合四十二人。

忠義孝弟祠　在射圃東二十步。雍正元年，知縣呂廷鑄奉文創建[1]。乾隆四十八年，知縣朱麟徵倡捐建。咸豐末燬。未建。祀宋趙汝愚，明程本立、費彥芳二人遵《欽定勝朝殉節諸臣錄》增、方暵，國朝周鍾岳以上舊《志》、陳琬、陳鳳從學册補、馬國棠、葉恩照、凌茂松新增。

【校注】
　[1] 按：光緒《石門縣志》卷六《文職表·知縣》及本《志》卷三十九《官師表·石門縣知縣》，呂雍正四年任。

射圃　舊在學之西北。柳《志》。弘治初，知縣吳浚改建廟東。嘉靖中，知縣陳憲即號舍遺址爲圃。石門靳《志》。崇禎間，教諭孫肇元建門，題額。石門酈《志》。今在尊經閣東南。《浙江通志》。

學田　宋嘉定間，主學輔廣嘗經理之，以豐廩餼。柳《志》。　商逸卿《記》：天下事無不可爲，利不主于己，則慮之必精，處之必當，行之必力。苟反是，則目睫之見，遑恤其它。惟志於得，寧論非據，顧護徵營，首鼠弗確。事之小者猶不可爲，而況望其可以爲大乎！甚矣，利心之不可也。一國、一家、一身，皆不可以利言。自其貪慾熏灼，患禍相延，則前日之所謂利者，皆害之藏也。爲士者脩身屬行以爲常，隆師親友以求益。朝廷爲之設郡縣之學，爲人上者必思厚其廩給，使之不以口腹之念分其理義之營。此有學必有田，不可廢。闢田以養士，而士之有位于學者能盡心焉，則千歲之日猶一時也。輔公廣爲崇德縣主學，以其躬行君子者倡率其徒，以其師友淵源者出而浸灌之，謂學田之稽其隱漏，誠不可以已，然亦不可近于摘伏非學之政。蓋慮田之僅存者，久復漏讕，當籍其數以防欺，又將有惡其害，已而去其籍，遂復勒之石，以期不渝。公可謂知所處而勇于行矣。嗚呼！公能私淑一邑之士，俾其深知理義，則斯石其可久。否，雖豐碑插棟，疾視在旁，乘罅排根，不去不止，恨不得駕十牛而扑之嘔耳。是區區之尋尺者，果足恃乎！瞻學舊凡八百斛，司存爲蠹。邑改以隸其庾氏，輾轉吏謾，益漫漶不可考。慶元四年，有主學木君曇白之縣，遣簿曹行根括之令。所存僅八之一，士無以養。其時邑之由進士選者莫公元忠，與今知昭武蔡公開[1]、知歷陽陸公垓合辭媚力，從漕、倉兩司乞撥没官田若干，學又自置民產若干。令悉刊其畝步之所至，斗斛之所入，與租户若而人。《詩》不云乎"我心匪石，不可轉也"？後之人能知輔公之用心，斯其行也遠矣。淳祐中，知縣黃元直撥田給廩養士。至元《志》。嘉靖中，吕希周捐田一百七十四畝有奇。石門酈《志》。　姚汝舟《記》：吕大夫東匯之爲諸生，慷慨務奇節，有古豪士風。既通貴，典衡選，進退天下士，傾心急人如諸生時。中讒，家居，益以義相高，破產養士，大夫樂也。遭歲連凶，士或不得安，意卒業，大夫召其子端甫曰："嗟乎！小子禮生於有，廢於無，吾始蒙世業，得專肄習，以能有成功，起家文學。今諸生得無有困窘，徵會，幾至易業者乎！自吾爲諸生，病無美貲，轉貸求給，往往而是。夫布衣任俠，亦足聲施，況被服禮義，籍於有士之倫哉！若爲我履畝，割朕畝而計之，可得百有二十，歛其租，可得四十鍾。移書學師，籍其人，附著令甲，什二給常賦，什八瞻諸生喪祭冠婚之不能備禮者。"端甫度其田數，以輪學宫。萬曆中，吕熿捐田五十畝五分零。陳允堅爲《記》。又，徐稷捐田地九畝九分零，吕元肇置田二十畝。袁《志》。知縣靳一派捐俸置田五十九畝一分零。石門酈《志》。　靳一派、趙賢意各爲《記》。國朝乾隆六十年，邑人胡源遵父以陶志，捐田百畝，助考試費。巡撫阮元核定規例，刊石垂久焉。伊《志》。又瞻學房四十間，明正德中典史李滋建，歲取賃錢以瞻費。嘉靖中，吕希周脩之。萬曆中，教諭陳繼祖重建。崇德靳《志》。外瞻學田六十六畝四分零，輪賦外，歲收批解。石門酈《志》。今勘實學田五十九畝四分七釐零，地六畝八分八釐零。見該學各年册報。

【校注】
　　[1]按：光緒《嘉興府志》卷六十《石門列傳》："蔡開字子明。淳熙辛丑進士，宰德清……旋知邵武。"光緒《邵武府志》卷十四《職官·知軍事》："（宋）蔡開　崇德人。"邵武，府名。秦屬閩中郡，漢屬會稽郡，宋置邵武軍。治所在邵武縣（今屬福建省）。昭武，縣名。漢置，晉改臨澤，北魏廢。故城在今甘肅張掖縣西北。當時不屬南宋地。故疑"昭武"是"邵武"之誤。

　　教諭署　在學顔門西。明萬曆三十八年，知縣陳繼祖改建[1]。國朝乾隆四十二年，教諭陳存矩捐脩。嘉慶五年，教諭柳超詳請，借俸重脩。伊《志》。道光十七年，教諭宋成勳興脩。于《志》。咸豐十一年燬。未建。

【校注】
　　[1]按：光緒《石門縣志》卷四《學宫》"教諭衙"條："明萬曆二十八年，吕儀賓熿捐堂助建。"卷六《文職表·教諭》："萬曆二十六年，陳繼祖。二十九年，李養重。"同卷《名宦》："陳繼祖，字繩武，武義舉人。萬

曆間任教諭。性廉毅，一介不苟，訓迪士類，以道義約束之，有不平輒爲申理，嘗拓衙舍，植桃李，學校一新。陞平山知縣。"本《志》三十九《職官表·教諭》："萬曆年　陳繼祖。"由此，萬曆二十八年，呂燦捐堂助建時，教諭陳繼祖主持教諭衙的改建是可能的，但稱其爲"知縣"則誤。至萬曆三十八年，陳繼祖已"陞平山知縣"。"萬曆三十八年"是"萬曆二十八年"之誤。

訓導署　在教諭署之前。乾隆六十年，訓導方暨捐脩。伊《志》。咸豐末燬。同治九年，知縣陳謨重建。

社學　在學東。《浙江通志》。舊在崇福寺西。明弘治四年，知縣吳浚改城隍廟東。袁《志》。萬曆初，知縣蔡貴易改建縣治東。吳《志》。又各鄉五所。隆慶初，學道屠羲英毀淫祠建。石門鄺《志》。

傳貽書院　在縣治東北。《大清一統志》。宋儒輔廣讀書之所，後人立書院祀焉。《續文獻通考》。潛菴先生廣，紫陽門人也。自祠官歸隱語溪，題堂曰傳貽。咸淳五年，知縣家之柄建額，今名堂曰本文。齋二，曰書味，曰師傳。朱文公亦祀焉。至元《志》。　文及翁《記》：自宋受命，肇基立極，藝祖皇帝一日洞開諸門，曰："此如我心，少有邪曲，人皆見之。"識者謂得三聖傳心之妙。又一日，問世間何物最大，時元臣對以道理最大，識者謂開萬世理學之源，猗歟盛哉！自時厥後，天下凡曰書院，通經學古之士彬彬輩出。慶曆間，詔州縣皆立學，道化大明，儒風丕振，至濂溪周子建圖著書，微顯闡幽，明道、伊川二程子實得其傳，程門高弟如楊，如游，如尹，如謝，皆天下英才。中原板蕩，載道而南，楊、游、尹、謝數子實大有力焉。龜山楊文靖公一傳而羅仲素，再傳而李延平。朱文公受學于延平，見之《師友問答》可考也。文公門人遍天下，中更僞禁，歲寒松柏，疾風勁草，磨涅而不磷緇者絕無而僅有。于時潛菴輔公獨立不懼，遯世無悶，自祠官報罷，歸隱語溪，題讀書之堂曰"傳貽"。蓋將以傳之先儒，貽之後學爲己任。著書滿家，《易》《書》《詩》《春秋》《禮記》有註釋，《大學》《論語》《孟子》《中庸》有問答，《通鑑》有說，師訓有編，日新有錄，雜著有藁，襲藏于家。至今語溪之人熏其德而善，良不知其幾，祠而奉之，尸而祝之，宜也。嘗謂太極一而陰陽分，有陽則有陰，有善則有惡，有君子則有小人，以孔孟大聖大賢，不免叔孫、臧倉之毀。元祐諸賢而指爲姦，元符上書而指爲邪，慶元道學而指爲僞。嗚呼！此未定之天也。乃天者定，人者泯。元祐諸賢、元符上書、慶元道學，至今光明碩大，照耀汗青。一時憸士，萬世遺臭。剝爛復反，否極泰亨。君子小人之界限，事久論定，此潛菴褒贈之典，日星垂而河漢流也。崇德縣大夫家之柄以元祐同門、元符上書，故家習聞《詩》《禮》，及見典型，洋洋興誦，挺挺祖風，于簿書期會整暇之餘，思所以彰善癉惡，表厥宅里，樹之風聲，此傳貽書堂所由建也。堂成，移書謁記，敢拜手稽首，對揚我朝道學源流之盛，以詒同志，庶學者于善惡之幾、正邪之別、義利之判、人心道心之危微、天理人欲之消長，知決擇而定趨向焉，不至爲君子之棄、小人之歸，其於國家化民成俗之意，豈曰小補之哉。明嘉靖間，知縣張守約重建于射圃舊址。姚汝舟、張嶼各爲《記》。後廢爲倉。呂希周、胡其久購復之。胡其久爲《記》。萬曆初，知縣蔡貴易重建。二十九年，知縣陳允堅得廣遺像，奉院中。三十六年，知縣靳一派增脩。靳一派爲《記》。國朝康熙十三年，知縣杜森、鄺世培相繼脩建。石門鄺《志》。　杜森、管鳳來爲《序》。道光七年，知縣盧昆巒率紳士重建。盧昆巒爲《記》：嘗聞孔子之道，曾子、子思繼其微，至孟子而始著。孟子而後，周、程、張子繼其絕，至朱子而始著。蓋有宋諸儒相繼蔚起，洛學再傳，而朱子集其成。大抵窮理以致知，反躬以實踐，一以居敬爲主，而得洙泗真傳。其門人更相傳授，以闡微言而昌正學，何其盛也。自紹興而陳公輔上疏力詆伊川，其後何若、謝廓然、趙彥中、鄭丙、陳賈、林栗之徒從而媒糵，道學之名爲世大詬。及韓侂冑用事，籍宰執至士人凡五十九人，概指爲僞學。於是道學之禁歷四朝六十餘年，至嘉泰而其禁始弛，朱子之歿已逾年矣。方禍之亟也，學者解散，或詭他師；崇德輔漢卿先生獨不爲動，且棄產往隨，以身試禍，入京師居太學之南，相與質疑問難，志不少屈者，何也？以孔孟子道至朱子而始著，將以傳之先賢，貽之來學也。爰名其堂曰傳貽，以祀朱子。躬行倡率，後學興起，魏氏了翁亦出其門。經史雜著，多所脩明。然則如輔先生者，無論立德立言，學術深造，即其篤信好學，守死善道，詎不足爲百世之師哉！昆巒宰臨安時，倡立錦城書院。及來石門，讀先生之書，慨然於聖賢之道可傳可貽者，當講明而切究之也。顧諸生肄業之所，創於乾隆二十七年。嘉慶初年，前令方君維翰捐廉以資膏火，地既湫隘，經費又絀，乃於城東爽塏之地買屋若干間，謀於邑紳士捐資締造。越旬月而克觀厥成，仍以傳貽之名顏之，而祀先生於中，亦踵先生奉祀朱子之志也。課士規條，略仿錦城書院。經畫既定，乃進諸生而諭之曰：“我朝敦崇實學，聖製御製詩文於周、程、張、朱，俱稱曰子而不名，誠以有宋諸儒得先聖之真傳也。而說經之士往往辯論曉曉，講宋學者以漢儒爲破碎大道，搴撦訓詁之末務；述漢學者以宋儒爲拘牽文義，摭拾心性之迂談，不知無馬、鄭、孔、賈之各抱遺經，則周、程、張、朱諸子何自尋其緒；無周、程、張、朱之深通大義，則孔、顏、曾、孟之道何以闡其微。學者幸逢聖朝無邪說之簧鼓，而或漢學、宋學橫分畛域，各挾拘墟之見，欲窺聖賢之傳難矣。其下者溺於速化之術，謂科舉可弋獲，專事摹揣，墨守麻沙之册，高閣學宮之書，揆之國家立學取士之意，不啻背馳，幸而獲選者亦卒少其人。昆鑾嘗有慨於此，既取輔先生之義，以名諸生肄業之所，因思先生守朱子之道於邪說橫流之時，其勢難，諸生讀朱子之書於正學昌明之日，其道易。昔胡氏一中《序詩童子問》曰：‘檇李士夫藏是書如至寶，傳是書如秘帙’。然則先生之書，固此邦之士所服膺久矣。夫先生傳朱子之道，即傳朱子所傳孔孟之道，以貽來學者也。凡在傳貽書院者，苟深思夫所傳所貽者何在，則科舉之業既不誤於速化之術，而分門漢宋、入主出奴者當恍然於孔孟之道殊途同歸，勿爲陳公輔之徒設淫辭而助之攻也。”此則予之所願與語溪士君子共守也夫。司事馬珮思、葉城、鄭燾、蔡應賞、吳作霖、朱邵楣、馬鳳翔、馬焕猷、鄭塏、鍾浩仝勒石。咸豐十一年燬。同治四年，知縣楊恩澍重建。九年，知縣陳謨捐廉錢六百千，生息備用。

　　白社書院　在石人涇。《浙江通志》。衛富益教授講學處。舊《浙江通志》。　今廢。

　　綠槐書院　在石門鎮東三里，王畿之裔分樓于此。袁《志》。　今廢。

　　崇文書院　在城內西北隅。乾隆二十七年，邑人公置以課士。凡埋瘞、施棺、給藥、放生、惜字諸善會，亦集于此。四十八年，捐建講堂、書廳。後樓、軒廊、庖湢咸備，並有竹山、魚池，繚以垣墉。舊名崇文堂。嘉慶三年，知縣方維翰同教諭柳超講課，改題今額。公捐膏火。伊《志》。咸豐十一年燬。

　　開文書院　在玉溪鎮運河東岸，玉溪橋右。咸豐元年，知縣張家緒建，前爲講堂，後樓。祀宋儒黃幹。今燬。

　　延陵義塾　元皇慶中，吳英建在縣東南運河左，址廣十畝，構屋六十楹，塑先聖諸賢像。撥田五頃，資春秋祀事及師生脩饌費。柳《志》。　今廢。

　　義學　舊有五所。東在廣福寺，南在育嬰堂，西在慧菴，北在甘露寺，道光三年，知縣鄧廷彩捐建。中在崇福寺軒轅殿，邑人捐設。道光七年，知縣盧昆鑾捐廉，并撥四學餘貲以濟之。咸豐十年俱燬。同治十一年，知縣余麗元捐廉復設，一在崇福寺，一在財神堂。

　　玉溪義學　在玉溪鎮西竺菴。光緒二年，知縣余麗元倡設。

　　生賢義學　在洲錢鎮祇園寺。初爲生賢文社，主簿楊純禮捐廉倡設。光緒元年，知縣余麗元改爲義學，撥育嬰堂餘欵以濟之。

　　桐鄉縣學　在縣治東北一里。明宣德五年，大理寺卿胡槩、知府齊政相地，得邑民徐進居爲學基。案劉《志》：宋文思院徐綱之裔，衆水匯合，形如半壁。七年，知縣趙中建明倫堂。正統二年，知縣范宣建大成殿、兩廡、神廚、神庫、文昌祠。知縣田玉建戟門、欞星門、二齋居仁　由義、號舍、倉廨、門、關射圃。柳《志》。天順四年，知縣張泰重脩殿廡，增建後堂曰樂育及退省軒。易欞星門以石。縣丞鄧批建饌堂、觀德亭。明《浙江通志》。　李賢爲《記》。成化五年，知縣左源新明倫堂。七年，參議劉潯、僉事周正方、縣丞李經撤殿新之。劉宣《記》：桐鄉，本崇德地。宣德庚戌歲，析爲是縣。于時庶事草創學校，廟、殿悉卑陋不稱。加以歲久，日就傾圮。厥後提調學校按察司副使劉君嘗新明倫堂。成化辛卯，按察司僉事周君正方按臨是邑,撤其舊而新之。時得罰贖金若干,付所司,市材募工。至役夫,亦授直。殿成,以間計者三,其高五十尺,深加四尺,廣視深又加二尺,蓋增于舊者五之三云。經始于是年臘月,落成于明年二月,適提調學校僉事張君悅至,又命工重肖聖賢像。十年,知縣孟俊重新號舍,建齋宿房。十六年,知縣張罍新饌堂。二十一年,知縣梁敬新圍牆,易奎光樓。柳《志》。弘治中,知縣王昊脩明倫堂,置俸廩倉。後知縣李廷梧考正鄉賢祠位。錢福爲《記》。正德九年,知縣任洛重建明倫堂及儀門,脩饌堂、齋閣、號廳,立題名碑。沈煉《記》:正德壬申秋七月,任侯來尹是邑。瞻謁先聖,禮成,載觀學之規制,慨然有鼎新之志。越二年,憲副徐公宣之奉勅督理學政,諸生建增大之議,徐公是之,侯喜成其志。爰鳩工庀材,宏壯半倍于昔。新學宮之外,築河岸百丈有奇。嘉靖九年,知縣王宸增建敬一亭。劉《志》。十七年,知縣朱尚質脩明倫堂。吳《志》。　呂希周爲《記》。四十二年,知縣曾士彥脩整廟學,建文昌祠,文奎閣。劉《志》。　萬士和爲《記》。萬曆五年,知縣蔡時鼎新明倫堂。九年,知縣高梅、教諭李九標新殿廡、儀門、櫺星門。案李樂《記》:先聖先賢諸主狹小,宏其制。名宦、鄉賢祠左右失序,正其位。李九標又建文昌祠。茅神爲《記》[1]。二十二年,知縣陸枝重脩廟學。馮孜爲《記》。教諭韓士元倡建聚奎樓。沈士充[2]《記》。國朝康熙七年,教諭閩圻申重建明倫堂[3]。十五年,巡撫陳秉直、知府盧崇興、知縣徐秉元倡捐,大脩殿廡,建大成門。杜臻《記》略:浙撫陳公起家三韓,由方伯而晉陞。禾郡之盧公以卓犖異才擢爲郡牧。二公之偉業不可殫述矣,煥新桐學,乃善政之尤鉅者。方今聖天子銳意文治,臨雍講學,開科求士,尤惓惓焉。桐之學人文蔚起,向嘗甲禾郡。自鼎革來,半畝之宮鞠爲茂草,至誦書絕響。入廟而觀瞻者靡不慨嘆,謂未足副崇儒重道之盛心也。今年春,司諭馮君議重建,邑侯徐君備述以請。撫軍陳公首捐五十金,郡尊盧公割俸二十石,且手製募敘,多方勸輸,自是里中鼓舞爭助。始自正月,落成于是秋重九。先脩聖殿三間,高五十尺,深五十二尺,廣五十六尺。甍脊楹椽,簷墻垣牆,無不選料精良,加以丹漆金彩。次造大成門九間,高二十四尺,廣九十八尺,深二十五尺,皆堅巨輝煌。殿東西接兩廡,側皆添屋,兩廡俱脩飾。黌門豎石柱,圍牆新築五十四丈。殿之前後,泊門内外淤泥草萊,挑除净盡,不數月而爲宏麗之規。學東有登俊橋,乃泮水青龍所會,久圮,新之以通冠蓋。工竣,郵書求序其事。余思當此水旱洊臻,兵燹交困之時,而工成不日,非二公倡導宣揚,正己率人,又烏能使桐之頹璧生光奕葉也哉!二十年,知縣何金蘭牓明倫堂額,建名宦祠。自爲《記》。二十四年,甃泮池。吳《志》。三十四年,知縣郭金湯脩殿廡,建二坊。五十六年,邑人金學渭脩名宦、鄉賢祠。《浙江通志》。雍正五年,邑人汪繩煐重建明倫堂,葺禮門、泮橋,購地築宮牆。蔡可遠《記》。七年,知縣蔡可遠捐建名宦祠。馮景夏爲《記》。十三年,知縣蔡可遠、教諭汪楷、訓導吳昌祺倡脩殿廡、泮池、櫺星、儀門及各祠,重建宮牆。乾隆三十八年,知縣潘安智董脩廟學,盡皆新之。五十五年,邑人陳亮世脩葺櫺星門、明倫堂。五十七年,知縣呂爾熺捐廉[4],同教諭殷立梧、訓導周人英倡脩大成殿,重建兩廡及各祠宇。嘉慶四年,知縣李廷輝請帑竣工。伊《志》。　李廷輝爲《記》。道光六年,知縣王鼎銘、教諭宋咸熙、訓導褚運鯤勸輸,重脩大成殿、櫺星門。九年,知縣王鼎銘重甃泮池石岸。教諭程希濂重建泮橋,十四年,又勸輸重脩文昌閣。于《志》。同治四年,邑紳嚴辰請欸統脩,規制如初。嚴辰爲《記》。

【校注】

[1] 按:光緒《桐鄉縣志》卷四:"李九標重修文昌祠,茅坤爲《記》。"萬曆《嘉興府志》卷三十二《藝文·桐鄉縣》收茅坤《儒學新建文昌祠碑記》。茅坤《茅鹿門先生文集》卷二十一有《桐鄉縣學新建文昌祠碑》。

[2] 按:光緒《桐鄉縣志》卷四、本《志》卷四十五《選舉二·進士》、卷六十一《桐鄉列傳》等均作"沈思充",當是。

[3] 按:本《志》卷四十《官師表·教諭》、光緒《桐鄉縣志》卷八《職官表·教諭》作"閔圻申",當是。

[4] 按:光緒《桐鄉縣志》卷四《學宮》、卷八《職官表·知縣》、光緒《武進陽和合志》卷十九《選舉·

舉人》均作"呂爾禧",當是。

崇聖祠 在明倫堂後。即舊啟聖祠。嘉靖九年,知縣王宸建。吳《志》。國朝康熙十九年,訓導吳賓文重建。吳《志》。雍正二年,奉文改葺。十三年,知縣蔡可遠重脩。乾隆五十八年,署知縣戴廷沐倡率重建。伊《志》。同治四年,邑紳嚴辰請欵脩。

尊經閣 在明倫堂後。明弘治中知縣王昊脩。嘉靖戊申,知縣朱尚質重建。四十二年,邑人沈瓚捐建,知縣曾士彦成之。桐鄉徐《志》。 鍾繼元《記》。 今廢。

名宦祠 今在學宮之東。乾隆五十九年,紳士改建。伊《志》。祀明生用和、田玉、張泰、孟俊、王昊、楊燦、任洛、范來賢、方克、胡宗憲、阮鶚、宗禮、霍宗道、侯槐、何衡、《嘉禾徵獻録》作何翔。錢淵、金燕、蔡時鼎、方可正、須之彦、藍應斗、稽之楚,國朝盧崇興、何金蘭、劉鎧。又通祀總督朱昌祚以下十一人,詳《府・名宦》。 按:明代自胡宗憲以下六人,向祀於忠義孝弟者,改入名宦。

鄉賢祠 今在名宦祠右。乾隆五十九年移建。伊《志》。祀宋徐綱,明鮑恂、貝瓊、程本立、錢貢、李樂、馮孜、朱大雅、沈照、沈蒸、沈雲從、錢夢得、錢夢傳[1]、沈思充、朱邦祈[2]、沈錫、陳素、張履祥,已從祀東廡。國朝鄒璜、鄭蘊宏、沈允文[3]、金士瑜。案吳《志》云:明縣志有馬繼祖、楊述、楊青、沈榮、趙讓、鍾繼元、祁鯨、陸垍、陸日新、陸吉、陸懋元十一人。以上伊《志》。馮浩、于《志》增。馮景夏、陸以澔。新增。

【校注】
　[1] 按:光緒《桐鄉縣志》卷四《鄉賢祠》、卷十五《人物下・孝友》、本《志》卷六十一《桐鄉孝義》均作"錢夢傳"。
　[2] 按:光緒《桐鄉縣志》卷四、卷十一《選舉表・進士》、卷十五《人物下・宦績》均作"朱邦祁"。
　[3] 按:光緒《桐鄉縣志》卷四"鄉賢祠"條、卷十一《選舉表・舉人》、卷十五《人物下・義行》均作"沈允聞",當是。

忠義孝弟祠 在名宦祠之北。雍正元年,奉文建。乾隆五十八年重建。伊《志》。祀五代薛仁德,元衛富益、濮鑑,明程本立、濮宗淵、濮圓齡、朱霧、陸日新、鍾名遠、王三錫、沈鏵、董皋、濮文起、莊儒、徐梗、徐嗸、陸鼃、王全、顏小童、王顯保、張鯢、鍾啟明、王允昌、從通《志》增。錢汝迢、府縣志傳俱作汝迺。湯日新、葉應乾、夏儒、李成德、李尚白、李懋華、張明俊、吳重光、沈方,遵《欽定勝朝殉節諸臣録》增。國朝施錩、志傳作昌。周起龍、周應驊、薛陞、《烏青鎮志》作正陞。計灝、孔尚忠、以上伊《志・忠義》三十九人。嚴謹、《忠義》新增。宋吳三五、潘十三、《通志》作潘生。錢四十二、施二十、《通志》作施二。范奎、一作圭。明檀郁、從《通志》增。甯冠、朱杲、陸天錫、毛文耀、錢夢傳、仲應鶴、張昭、湯士陛、唐元竑、朱涵臺,案:孝子,檀郁係安徽桐城縣人,見《萬姓統譜》。國朝沈樾、陸費錫、施國楨、錢枋、張景曾、施永譽桐鄉徐《志》作泳譽、范文裕、錢天濟、李元、任時慶、孫嘉麗、張侶韓、沈元楷、莊三聘、李元慶、祈起元。[1]以上伊《志》孝弟三十二人。 以上三祠,均與學册相符。

【校注】
　[1] 按:光緒《桐鄉縣志》卷四"忠義孝悌祠"條、卷十五《人物下・孝友》均作"祁起元",當是。

射圃　在奎光樓後，内有觀德亭。桐鄉徐《志》。

學田　新舊共四百一十一畝八分四釐。劉《志》、袁《志》同。又，乾隆元年縣人倪作楫、五十一年縣人蔣受基，先後捐田十七畝三分，爲惜字經費。伊《志》。今勘實學田地四百二十二畝零。見各年册報。

教諭署　今在明倫堂西南，由義齋之後。嘉慶元年，教諭殷立梧重脩。伊《志》。同治四年，邑紳嚴辰請欵脩。

訓導署　向在司教署後，今遷明倫堂東南。乾隆五十七年，訓導周人英重脩。伊《志》。道光二年，訓導趙烺脩葺。于《志》。同治四年，邑紳嚴辰請欵重脩。

義學　在縣治東，寅賓館舊址。雍正九年，知縣陳大慶建。《浙江通志》。十年，知縣蔡可遠延師捐餼。乾隆五十四年，署知縣郭文鉽重葺，捐俸資課。伊《志》。今廢。

社學　三所，一在西門外吳《志》云：市東郭外，一在玉溪鎮東，一在青鎮興德橋東。《浙江通志》。今廢。

正心書院　在惠雲寺西南。明崇禎十四年建。《浙江通志》。今廢。

立志書院　舊爲分水書院，在青鎮北。中爲講堂，左右翼以廂樓，後樓五楹，前爲大門。乾隆五十二年，邑人沈啟震捐建，同里助之。湖州知府雷輪《記》曰：吳興山水清遠，其士澤于《詩》《書》，其民敦質樸而重廉恥，郡號易治。郡東南九十里有聚會烏鎮，隸烏程。其東坼曰青鎮，隸嘉興之桐鄉。一水中分，民居稠密，縉紳商賈，簪纓富庶不絶。形家言，鎮水發源天目，歷苕霅，入爛溪，九水匯環，尾閭實居其北。南宋時已有魁星，前明添設。同知羅公斗于水口築墩，屹然中峙。其右連三元閣，閣之前有殿，歲久殿圮，惟閣巍然獨存。其頹垣廢址，滅没於荒榛腐草，虧蝕於侵佔私賣者數十稔矣。藏丁未，余同年友河東觀察沈公啟震以恤歸里，里中人因鎮之社學久廢，謀所以復之者，公慨然任之。迺悉出其橐中金，金盡則典質田宅以繼之。庀材鳩工，即於三元閣前址闢萊復土，創立講堂、學舍凡若干楹，不數月工竣。顏之曰分水書院，以墩誌也。余惟風俗之端由于人心之正，而欲正人心，必先知禮義。鄉鎮之有書院，即古黨庠術序也。鎮處九衢五達之衢，界連吳越，剛柔異性，良楛不齊。今聚其人之秀者，使之遊于鄉校之中，教之以孝弟，文之以禮樂，優而柔之，厭而飫之，肫然返于三代之俗，其爲功豈淺鮮哉。若夫踉事增脩，重新墩閣，以及講院中修膳之資，出入經理之數，烏、青兩鎮之紳士實踴躍從事焉。五十四年，署知縣郭文鉽捐置課士桌橙。五十七年，德清徐以坤助膏火田三十畝。秦瀛《記》：烏鎮舊名烏成，湖州之烏程、歸安所治地也。鎮之東爲青鎮，隸嘉興之桐鄉。烟火相望，故又名烏青鎮。鎮有墩焉，浙西之水，發源天目，歷苕霅，入瀾溪，分九派而匯于鎮。明同知羅斗就水口築墩，曰分水墩。桐鄉沈兵備青齋世居于是。乾隆丙午，自山東運河道任歸，懼其鄉人失學無師，而人材之即于眢窳也，建書院于墩之上，即顏曰分水。前後屋凡若干楹，堂廊、庖湢畢具。歲延師課生徒其中，以一鎮而聚三邑之士，烏虖盛矣。今年春，兵備及桐鄉令李君廷輝以膏火絀于貲，謀諸余。爰偕守令各蠲俸緝，而逆平湖進士徐君爲主講。古者士無不志于學，家有塾，黨有庠，術有序。又設鄉老、鄉大夫、州長、黨正、族師、閭胥、比長之屬以董之。無非學，即無非師也。蓋野處之秀，教而成之，可爲鄉大夫之選；不教則將入于莠民而不自知。于是董之于師，講明于孝友睦婣，陶淑于詩書禮樂，磨揉遷革，而俊造縣是出焉。烏鎮，故吳地，吳越之民多秀，而習俗澆漓，且其地闠闠錯雜，游敖蕩佚之風往往而有。是書院之設，實合于家塾、黨庠、術序之遺意，而徐君因與其徒藏脩游息，其教易入，則其學易成，抑比年以來魁進士科者皆在苕霅數十里之内。科目固不足榮多士，而士各砥于學，以應昌明之運，固余之志而兵備與徐君之所期者。余故記之，以爲多士勸。伊《志》。咸豐間，燬于匪。同治七年，邑紳嚴辰請欵改建于青鎮之型字圩，額曰立志，前後五進，中爲張楊園先生祠，後附義塾。本鎮絲商每年集貲佐膏火。

桐溪書院　在東水門内。同治三年，署知縣王聯元籌欵買民房改建，並置田四十二畝零，延師課士，奉張楊園、馮伯陽、俞甯世三先生栗主祀焉。附設義塾，絲商集資佐經費，與立志書院同。

義塾　光緒三年，知縣龔鳳岐捐廉創設。自城内至青鎮、濮院、屠甸寺、爐頭鎮、玉溪鎮，凡六處，各延師以課童蒙之無力讀書者。通詳立案。

嘉興府志卷十

壇廟一祠祀附

上祀、中祀、羣祀，以昭誠敬，以隆報賽。大禮攸關，罔敢缺矣。茲卷所載，或沿昔以存名，或循今以附記。雖未必盡符彝憲，然遺俗也，古愛也，世德也，皆數典者所必徵也。爰敬謹志《壇廟》，而附以祠祀。

嘉興府

先農壇嘉興、秀水二縣附府合祭。　在東門外白五都地字圩號內。《浙江通志》。國朝雍正五年，嘉興縣知縣戈鳴岐、秀水縣知縣魏大德奉文遵旨建立壇基　畝　分，耤田九畝八分。伊《志》。嘉慶十八年，嘉興縣知縣趙黻詳修。于《志》。

祭日《大清會典》：直省、府、州、縣均歲以仲春吉亥，各于所治東郊建先農壇，朝服行禮。禮成，更采服，率屬行耕耤禮。

祭品《大清會典》：羊一，豕一，鉶一，簠、簋各二，籩豆各四，尊一，爵三，帛一。

壇制《浙江通志》：田在壇前，壇中正祠五間，左右翼七間，後立寢室。內供先農炎帝、神農氏之神，先農厲山氏之神，先農后稷氏之神。

案《浙江通志》云：先農壇最爲鉅典，應列諸祠之前，而社稷、山川諸壇次之。凡附郭之縣統附于府，皆不分設，今依其例編次。

蠶神廟嘉興、秀水二縣附府合祭。　在西門外茶禪寺。國朝乾隆五十九年，知府邢璸奉文建立。先是，奉上諭，吉慶奏浙省鄉民飼蠶，每年在軒轅黃帝廟後殿祈祀蠶神，向不官爲致祭。蠶桑本與稼穡並重，浙省杭、嘉、湖三府尤比戶飼蠶，以資生業。允宜恭祀先蠶，聿崇昭報。著每年官爲致祭，載入該省祀典。並御書扁額，發往懸掛軒轅黃帝廟及先蠶後殿，以祈神貺。欽此。六月奉到御書匾額，軒轅廟曰利用宜民，先蠶廟曰衣被功神。每歲春秋二祭，祀以少牢。春祭以季春吉巳，秋祭以九月十六日，其儀品如先農壇之例，並祀軒轅黃帝。知府邢璸《先農神祀典記》：爲國首重民事。農桑者，民生衣食之本。農田普徧寰宇，各祀土之所宜，以殖百穀、蠶桑之務。《禹貢》：兗州“桑土既蠶”，諸州貢篚皆爲繭物。文王養老之政，《豳風·七月》之詩，雍土亦宜桑也。今則或仍修習，或遂廢棄，獨東南浙西數郡蠶功最繁，甲于天下。上以貢朝廟法服之章采，下給薄海內外織紝服物之取用。蓋此數郡厥田古稱下下，後世號水鄉腴壤，其實土窄而民勤。若秋穫豐登，僅敷歲之半，必半資於江湖商販之轉輸。惟賴蠶事絲綿通百貨之懋遷，收外鄉之滋液，幸免飢虛。一遇歉收，立形空匱，是以地無不桑之土，農無不蠶之室。我皇上仁心仁政，子養兆民，德溥膏濃，紀頌莫罄，久道化成，彌復孜孜勉勉，特以浙江蠶桑與稼穡並重，垂詢大吏。中丞吉奏杭、嘉、湖三府比戶飼蠶，鄉民歲於軒轅黃帝廟祈祠二神，未經官爲致祭，今於殿後安設先蠶神主，率屬恭祭。天氣晴和，蠶桑茂育，遂荷重頒諭旨，每年官爲致祭，載入祀典。御書匾額，懸軒轅黃帝廟及蠶神後殿，以祈神貺。恩意洋溢，睿藻喬皇，猗與盛哉。此浙西曲被之鴻施，邀福于無疆者也。夫農桑皆肇五帝之世，炎帝始教農，故號神農氏，蠟祭始焉。神農氏世衰，黃帝軒轅氏代興。內傳曰黃帝伐蚩尤，蠶神獻絲，乃稱織紝之功，蠶神其始此乎。黃帝正妃西陵氏是爲嫘祖，兩漢祀先蠶苑窳婦人、寓氏公主，二神亦未詳其由。北齊祀先蠶黃帝於蠶壇上,後周皇后至蠶所,親奠先蠶西陵氏。神凡皆于親蠶時祀之,如耕耤祀先農,非若先農建壇,歲祀之通制也。傳記高辛之世有馬皮,卷女飛樓桑樹,女化爲蠶,食葉吐絲成繭,乃塑女子像披馬皮爲之馬頭娘,民間私祀已久。至有謂其飛棲之樹,始號爲桑民競栽種之者,其尤誕與。今虔奉諭旨,既行省郡,恭祀先蠶,聿崇昭報,典既全而儀不瀆,丕展敬共,洵不易之定制,盡善之隆舉。璵承乏嘉興府事,屬縣七,皆養蠶惟勤。時近蠶忙,急率嘉興縣令徐雙桂、秀水縣令戰效曾度龍淵之上古利佛殿之東,因舊址建新楹,安奉先蠶之神,准禮祼祀。民老幼聚觀,踴躍歡悅,蠶獲豐收,是由帝力神功,彌綸感格,樂利我蒸民。繼自今民篤其誠,神昭其靈,潛孚顯佑,祈報益虔,衣食足而耕鑿安,本固邦寧,我國家綿長之景運,億萬年無終極矣。頌上德而樂民和,守土者職也。爰謹記于石云。廟中設木主二,一軒轅黃帝位,一司蠶之神位。廟東隅設馬頭娘像,西隅設大姑、二姑、三姑像,皆附列焉。伊《志》。咸豐間廟煅,暫祀于覺海寺中。

　　雩祭嘉興、秀水二縣附府合祭。　乾隆二十一年,奉文遵旨,即于先農壇舉祭。伊《志》。　案:七縣雩祭,俱在先農壇。其八蜡亦即先農壇致祭,不另載。

　　社稷壇嘉興、秀水二縣附府合祭。　路社壇　舊經云:子城西北一里八十步,今在澄海門內西北百步。至元《志》。　考證:縣社壇,舊在縣西南一里一百三十步,後移精嚴寺前,壇宇廢圮。宋宰李時習修之,有舊碑没智井中。宋、元並在府西郊。明洪武十五年,知府李顯建[1],在府治通越門外二里一百八十步,附郭五福鄉西都。趙《圖記》。　案柳《志》:社稷之制,史稱後漢建武二年始詔郡縣置社稷,二、八月及臘歲三祀。梁惟二仲,加祀靈星、風伯、雨師,日用甲。隋唐以戊,罷二星,加雷師,祀以少牢。社石稷栗,帛用黑。宋制,五壇同壝,風、雨在焉。元制,罷附郭縣社稷二,移風師于東北郊,日用丑;雷雨師于西南郊,日用申。明制,社稷合祭于西郊,祀以春秋二仲月上戊日,去在城縣壇,以歸于一。其風雲雷雨山川邑屬諸壇,縣皆合祭于府。國朝雍正三年,奉頒稱府社之神,府稷之神基地八畝肆分五釐。伊《志》。壇制秀水任《志》:北向高三尺,東西二丈五尺,南北如之,四出陛三級,前十二丈,東南西皆五尺,埋石主于壇南,正中設木主二,臨祭,奉于壇而祭之。　案:今制,府社之神、府稷之神,壇側宰牲房、神廚房、神庫房、齋宿房各三間,北向爲大門,繚以周垣。

【校注】

　　[1] 按:本《志》卷三十六《職官表一·明知府》:"建文年　李顯。"建文共四年,先後任知府者三人,李列首人。永樂帝即位後,廢建文年號入洪武。洪武本共三十一年。建文四年,即洪武三十五年。故"洪武十五年"當作"洪武三十五年"。

　　風雲雷雨山川壇嘉興、秀水二縣附府合祭。　在府治南澄海門外三里,象賢二十二都。明洪武十五年,知府李顯建。柳《志》。　案趙《圖記》:宋在至德里,壇制及齋房一視社稷壇。國朝雍正十年,奉旨查照定例,如式修理,基地七畝一分一釐一毫。伊《志》。壇制秀水任《志》:南向高二尺五寸,方闊二丈五尺,四圍共十丈。四出陛,南五級,北、東、西皆三級,無石主。定神之號曰雲雨風雷之神。嘉興府境內山川之神、嘉興府城隍之神,壇側宰牲房、神廚房、神庫房、齋宿房各三間,南向爲大門,繚以周垣。

　　厲壇嘉興、秀水二縣附府合祭。　在府治北望吳門外,舊廢菩提院基。柳《志》。明洪武三年十二月,詔府、縣立厲壇。十五年,知府李顯建。弘治三年九月,知府柳琰重建。趙《圖記》。基地二畝九分五釐三毫。伊《志》。壇制秀水任《志》:南向,疊石爲之。高二尺五寸,方闊二丈五尺。南出陛三級。城隍祭屋居中,餘祭屋列兩旁,宰牲房、神廚房、神庫房,大門繚以周垣。　案:里社壇、鄉厲壇,皆不載。

　　文昌祠　在玄妙觀。嘉慶五年,列入羣祀。咸豐六年,奉旨升入中祀。十年,祠煅。同治四年,知府許瑤光移建于鴛湖書院講堂西偏。

　　城隍廟　在集慶坊,即天慶觀故址。吳《志》。舊在州樓上之東偏。晉天福四年立,後移於此,守臣劉炳爲之記。至元《志》。　案:劉炳《改建城隍廟碑記》,其前半無從補録,兹録其厪存者:士香火後先,而錫名尊顯之義曠焉未詳,非關歟。越端平二襈,今公海制垣趙公與籌被命作牧,歲格屢豐。嘉興邦人列神之功,力請于朝。會公以召歸,繼之者何公處久頗經紀之。且閲歲而炳實來假守,視事之三日,循彝典謁祠下,覽史以版,贊神名若有見焉。已而天封杳來,申錫顯號,獲與耄倪,對揚神休,濯濯厥靈,昔閟今顯,豈非有待也耶。抑聞民生之休戚,閭閻之疾苦,使其壅于上達而不獲伸于下者,吏之責也,吏也固不敢不勉。至于雨暘,慘舒豐凶之數,司之者非神乎! 況夫是邦田連阡陌,地瀕斥鹵,風潮蕩滿之變間不免焉。神之聽之宜以福,斯人而侈,上賜也。然莫爲之先,雖美而不彰;莫爲之後,雖盛而不傳,名則正矣。繼自今侈大侯王之封,所以致崇極于神祈,後之人毋忘之云。嘉熙改元,歲在丁酉正月初吉日,中奉大夫、知嘉興軍府事兼管内勸農使、節制澉浦金山水軍劉炳記。元末兵燬。明洪武三年,知府謝節即天慶觀址立廟。袁《志》。　案柳《志》、趙《圖記》俱云:知府謝士毅即天福寺址爲之。考《名宦傳》,士毅即謝節之字。李日華《六研齋筆記》:天福寺,即天慶觀。詔定神號,稱某府縣城隍之神,著在祀典。趙《圖記》。案:洪武二年正月丙申詔:封府城隍爲鑒察司民威靈公,秩正二品;縣城隍爲鑒察司民顯佑伯,秩四品。詞臣撰制文頒之。至明年五月丁巳,乃更定神號云。宣德間,知府齊政重修。柳《志》。成化間,知府楊繼宗修之。嘉靖二十六年,知府趙瀛大加修葺,新增敞軒、省牲堂、左右齋廬,屏垣凡十有二。兩廊各有祠三間,以居二縣城隍之神。至元《志》。　嘉興縣城隍廟在縣治内。考證:舊在縣西二十步,晉天福四年立,後移在治内之東偏。知縣李時習重修。　案:後併于府。徙諭祭碑亭于中道,左右別建亭、樓焉。趙《圖記》。　明陸杰《記》略:嘉興府重修城隍廟,伐石請紀其成。惟城隍捍外衛内,必有神焉,默運于高深之外者。廟祀始于唐,上自國都,下迄郡邑,祝號之數視諸守土法天道而治神人也。我高皇御極初定,封爵隨復釐正,從本號。嘉興府統地一千六百里,其屬皆聽命于城隍。太守爲守土之官,城隍爲守土之神,是故太守奉天子命,率其屬以賞罰治人。城隍奉天子命,率其屬以禍福治人。作善作不善,明有賞罰,而幽有禍福嚴矣哉。嘉興爲漕運之地,其神之職宜必加重,有司之所當知者也。今廟在郡治西北天慶觀之址,正統間,郡守齊公政嘗修之,歲久漸敝,神棲弗稱。太守左山趙公至,考圖經,恢前烈,疏濬埋淤,增廣益深,相度方隅,間爲培築,於是形勢益勝,遂有事于廟。命秀水令洪君遇、方君祥規度材用,而責成于耆民梁用、俞遜、鈕鐸,仍而葺之者爲二門,爲正堂,爲後寢,間凡二十有三。撤而新之者爲二門,爲兩廊,間凡四十有九。新作者爲敞軒,爲省牲堂,爲左右齋廬,爲屏垣,間凡十有二。嘉、秀附府之邑,舊不更廟,今即兩廊之中,各飾祠兩間,以居二縣城隍之神。徙諭祭碑亭于中道,左右別建亭樓碑焉。役取諸佣,費出諸贖,士民胥樂爲助。始嘉靖丁未秋七月,訖明年戊申秋八月。太守朔望率其屬謁廟,已縣令復率其屬,各謁于所主之祠。制合于宜,事合于中,見者咸相觀,喜謂必如是,而後朝廷命名之意始稱。夫神爲民物庇事,神者其誠無所寓,而寓之廟貌,廟嚴則神靈赫,亦猶公庭壯則守勢尊,公其知務哉。公守嘉三載于兹,秉明慎勤,以倡厥屬,而嚴鄉約,均田賦,禁倡優,籍游手,蠹剔其本,利開其源,郡以稱治。其理人之道,所可爲者亦備盡之矣,而所不能爲者,則以望于神。神以聰明正直自命,公則有神之用,神獨無公之心乎。公之心爲民而已,兹舉爲民也,不與興作非時者類,法得書。公名瀛,嘉靖己丑進士,陝西三原人。嘉靖戊申八月既望。萬曆三十八年,知府吳國仕重修。伊《志》。　賀燦然《重修府城隍廟碑記》略:城隍之號昉于隋唐,國朝仍之,著在《會典》。自都城達於郡邑,各立有廟,郡邑長、貳,朔望謁焉,蓋其重也。郡廟在治西北,一修宣德壬子,再修嘉靖戊申,今且六十餘年,風雨所摧,霜霰所剝,蠹蛀所蝕嚙,即棲神之殿,幾不能蔽風雨。殿之前故有軒,軒卑不能與殿埒,方明爲軒所障,且就圮矣。殿以後翼川堂,楹棟桁梧,朽而將仆。其重門、兩廊亦垣頹壁敗,非所以崇廟貌,妥神靈也。會吳公以名進士出守禾郡,顧瞻歎曰:"不穀受天子命,忝守兹土,敢不刻勵輯寧此一方民以稱任使,然藉神實相之顏焉弗飾,守土者責也。"乃首捐俸倡諸僚屬,於是郡司馬關公,別駕劉公、方公、張公,郡憲歐公,令尹嘉興陸侯、秀水吳侯、平湖宋侯、嘉善徐侯、崇德靳侯、桐鄉藍侯,亦各捐俸若干,而士若民爭樂爲助。工取諸募,不勞一民。費取諸良牧及士庶所喜捨,不費官帑一錢。經始萬曆庚戌嘉平月廿有五日,辛亥嘉平之望遂告成。規制故敝,今且奕然改觀矣。廟貌一新,神靈加赫,人心加嚴,即所云神道設教其在斯乎。四十三年,大殿災。次年,知府莊祖誨重建。吳《志》。　案秀水李《志》:署府同知劉可訓建。考《職官志》:莊祖誨丁巳任,劉可訓戊午任,蓋相與共成之。國朝順治間,復建二邑城隍行宮于殿之東西。秀水任《志》。康熙三十一年,火燬。知府徐崇禮重建。吴《志》。道光二年，郡紳徐二存等捐輸歲修經費。十年、十四年、十八年，先後修葺。于《志》。咸豐間燬。同治中，里人重建。

順濟龍王廟　在郡西通越門外三里。舊志：在嘉興縣西五里，今屬秀水縣永樂鄉三十一都，去縣四里景德禪寺之右，三塔灣之左。案至元《志》碑載，廟基下爲白龍潭，深險莫測，往往致風雨壞帆檣，雨晴則有白光三道起水中。唐時異僧行雲日運大石以實之，積久潭塞，遂于光起處建三塔以鎮之，祠爲伽藍神號。宋嘉定十年旱，邑人禱龍得雨，祠部爵龍靈澤侯，而祠曰順濟。宋嘉定中，封嘉興順濟廟神爲靈澤侯，勑云："勑嘉興府嘉興縣順濟廟神，比歲禱旱，四方萬里以神應來諗者，袂相屬也。休稱美號，極其褒崇。既以侈神之休，抑以慰民望也。況神之靈著于輔郡，有禱輒應，民恃以無恐，則封爵之榮，庸可緩乎？國之于神也既厚，則民之望神也益切，神其有以慰秀民之望，則國之報神者其有既乎！可特封靈澤侯，奉敕加右牒奉行。嘉定九年三月十八日。"　案：此敕于嘉定九年三月施行，則秀州之旱當在八年，非十年。《祥異志》不備載，應以勑文爲據。　案：宋李時習《白龍潭記》云："漕渠出通越門，直西三里，平折以北，面其曲爲今景德寺。前有三塔枕其流，流之深倍左右四尺，龍之所宅也。寺有伽藍祠，號'順濟龍王'，蓋嘗有德爵，莫考其所以始。舊俗云：風檣雨櫂，淪溺不測，往來者謂險睎江湖間。乃相與琢石，韞舍利，建浮屠，鼎足鎮之，所謂三塔者也。塔初成，靈光夜明，險害乃已，豈其依佛慧力，易暴以仁？如《華嚴經》所言，遂以福德有此珠宮貝闕耶！淳熙元年夏五月，潭之所大雨雹。已而不雨，至秋七月，有旨禱羣望，最後築壇，刑白鵝，歃血以祠，蘊隆如惔。郡刺史毗陵張公元成顧曰：'將何以拯民憂？'時習曰：'歲旱取虎顱骨納諸有龍湫潭中，可以致雨。法，用長綆繫之，雨足即出之。先大夫嘗行諸京口，雨旋至，請加之于三塔之潭。'公曰：'諾。'獻議者疑之。夫事既亟矣，知之而不行，欲行之而不勇不誠，謂我民何？于是綿蕝如法。乙未，公從僚吏出禱，小雨隨之。越三日丁酉，禱畢，蜿蜒雲端，不終朝，大雨。歲以大熟，邦人咸喜。乃即廟貌新之。"此謂祠之建，莫考其所始，與至元《志》異，語詳《山川》。明洪武三年，詔定嶽鎮海瀆神號，改封順濟龍王。有司春秋二仲祀以中牢。宣德間，知府齊政重構祠宇，繪塑一新，有加于昔矣。柳《志》。　案嘉興湯《志》：成化間，郡内大旱。知府徐霖召道士沈嵩亦用虎骨攪龍，不旋踵，大雨雹，田禾霑足。霖喜，謝道士詩曰："道人掌上一瓢水，太守城中千頃禾。好雨四郊流帝澤，清風隨處聽吴歌。"崇禎七年重修。吴《志》。　邑人陳懿典《記》略：歲甲戌五月，久旱不雨，人心皇皇。余隨諸紳從郡邑大夫虔禱于城隍廟，更訟言宜並禱于龍王祠。見廟宇上漏下濕，四壁傾頹，僅存神像，幾不能蔽，爲之愾然，遂發願重爲修整。不三日，蜿蜒雲端，甫禱畢而大雨如注。僮僕輿隸居民行道，負濕歡呼，自此綿綿，得遂有秋。廟故載在祀典，修整係有司事。頻年公私交困，難以舉行。余立疏勸募，已則惟力是視，乃神則先示夢于門人石生騰霄，生以千錢爲助，余不忍卻其誠，而獨任之意益堅。聚財鳩工，卜日經始，先期置石砌于旁，將以厥明合衆支撑，然後安礎。乃石砌不煩人力，大顯神通，業已安然位置，衆皆駭異，奔告于余，謂非精虔感格，何以得此。余謝不敏，何敢貪天之功。然輪奐鼎新，面貌改觀，不可謂非神也。余考三塔爲古景德寺，號爲龍淵，原爲蛟龍所窟，鎮之以塔，因以龍神爲本寺護法，祈禱立應。宋淳熙間，嘉興令李時習崇飭其祠，有記其虎骨攪龍之事。我朝成化間，太守徐公霖因旱召道士沈嵩，嵩亦用虎頭骨，不旋踵，大雨。今則不煩攪龍，神自降靈，以甦此一方，民故不事請蠲請賑，而供億飛輓如故，豈非聖天子鋭志乂安，霖雨蒼生之所漸被哉！吾儕小人永拜億萬年太平之賜，敢忘帝德，敢忘神庥，是不可以不記。今祠三塔寺内西偏。嘉慶元年，知府伊湯安重修。咸豐末燬。同治十二年夏，知府宗源瀚請欵建復。

關帝廟　在府治西北一里，跨錦帶河，爲石梁，廟於其上，嘉靖間建。《浙江通志》。　明趙文華《記》略：嘉靖乙未，廟既建，郡有水旱疾疫，民告響荅。比者倭寇擾吴越，督撫諸公皆嘗夢侯驅賊遁狀。既賊衆數千來攻，我師合圍，擊之于王江涇，斬獲幾盡，蓋侯冥助陰施，致此大捷于是。咸謂故廟湫隘不稱，嘉興縣知縣張烈文拓址大新之。咸豐十年燬。同治十二年，嘉興協副將侯定貴募貲重建。知府許瑶光《記》：嘉興武廟在府治西北，跨錦帶河爲石梁，廟於其上。道光十六年，前守伊克精額《碑記》，謂創於明嘉靖三十五年，而《通志》載趙文華《記》略云建於嘉靖乙未，則十三年也。又云比者倭寇擾吴越，督撫諸公夢侯驅賊遁狀，既賊衆數千來攻，我師合圍，擊之於王江涇，斬獲幾盡，蓋侯冥助。於是知縣張烈文拓址新之。考《明史》，嘉靖二十一年秋，倭陷嘉善。三十三年，命張經討倭。三十四年，趙文華請祭海神以禳寇，遂命文華督視海防。適是年張經大敗賊于王江涇，廟之重新，當在其時，伊以重新爲創建,誤矣。至康熙朝,前守吳永芳所輯《府志》不云"武廟"而稱"關王廟",是又沿習之最誤者也。神在唐以前稱漢壽亭侯,宋徽宗時封忠惠公,大觀二年封武安王,高宗建炎二年加壯繆,孝宗淳熙十四年加英濟王。元文宗天曆元年,封顯靈威武武安英濟王。明洪武中,復侯原封,至萬曆二十二年進封爲帝廟,曰"英烈"。四十二年,勅封三界伏魔大帝神威遠鎮天尊關聖帝君。繼又崇爲武廟,與文廟並祀。是知稱大帝,稱帝君,稱關聖,稱武廟,皆始於萬曆。趙《記》作於嘉靖,故尚稱侯也。大清順治九年,封忠義神武關聖大帝。吳《志》沿宋元之舊,不獨非國制,并非明制,蓋明制始侯終帝,無王稱也。自康熙至咸豐,屢封"靈佑仁勇威顯護國保民精誠綏靖"十八字。同治九年,以河南撫臣請鈐出"翊贊"二字,厚禮隆名,於斯極矣。論者疑本朝祀典,沿襲前明,非也。前明神宗崇尚修煉,奉神以伏魔,故加號天尊。本朝革伏魔天尊名而特尊爲帝。凡有武功,仰賴神佑,捍災禦患,封號洊加,是前明爲一己祝釐,本朝爲蒼生祈福,相去奚啻天壤乎。或又疑神至宋始彰,何寂寥於前,而顯熾於後?趙翼謂爲衰旺之有數,此又非也。夫神明之道愈疏遠,則愈崇隆。以尼山至聖德配天地,西漢高帝雖有太牢過魯之祀,至國學郡縣之祀,則始於東漢明帝。西漢平帝雖有襃成宣尼公之諡,而文聖尼父之諡,則始於北朝孝文帝。若夫停祭周公,升孔子爲先聖,則在唐之貞觀二年。而文宣王之諡,則又在開元二十七年。至冕服鎮圭,用王者制,殿號大成,則又在宋徽宗崇寧四年。由是觀之,乃武乃文,其道同也。先聖後聖,其揆一也。久而始顯,理固然也,又何疑哉,又何疑哉!咸豐十年四月,粵賊陷城,廟燬於火。同治三年二月克復,瑤來守郡,妥神於祥符寺。至八年四月,永綏侯公定貴由閩中条府擢嘉興協,營政聿修,文武和輯,乃謀就基重創,弁兵感德,踴躍輸資,文僚紳商亦各有助。都司鎮海胡君憲章、守備秀水張君順標董其事。以十一年秋經始,十二年秋迎神復座。捐費若干,另石刊數,屬瑤記年月。爰爲銘曰:遐稽蜀志,絕倫逸羣。綱目扶統,漢匪三分。乾坤正氣,萬古絪緼。威靈於爍,魆魆前聞。中興翊鼎,龕澱妖氛。東南底定,櫄燎高薰。侯君楚寶,智冠三軍。行伍既肅,禋祀克勤。舊址新廟,金碧紛紜。赤兔庛止,東海之雲。永洗兵甲,南湖之濱。千秋萬歲,偃武修文。

旗纛廟 在所廳後七十九步。案禮制,壇高二尺五寸,闊三丈,池深二尺五寸。此因有廟而不設壇焉。正屋三間,神厨、神庫、宰牲房各三間。柳《志》。 案:已久廢。軍牙六纛之神,歲霜降日于教場致祭。伊《志》。

天后宮 在府治東北二里。宋乾德中建。明嘉靖己酉,嘉興所指揮鞏洋捐創,道士沈道誠重葺。邑人吳鵬《記》:嘗聞古君子之于天下也,上當體國家之憂,下當遂民情之欲。其綱紀法度之施,亦惟欲垂之久遠而已。使徒恃其末節而不急先務,吾見其爲心也隘焉而已矣,其爲政也敝焉而已矣,曾是以爲治乎。是故有志于治者,必以社稷爲重。況先朝所創之神祠,其有助于國家者,義同于社稷,在後世豈可得而褻之耶。吾禾城舊有天妃宮,堂宇巍峩,松杉交翠,前帶川原,後臨城郭,此則宮之勝慨而已。若夫神靈,則自宋乾德間以威福顯于江淮。夫江淮者,迺貢賦之所必由,仕進之所必涉者。至于陰風怒號,濁浪排空,舟楫或幾于顛覆,人能禱之,歷承其祐。當時有崇道真人知有神焉,入奏于朝。皇帝下詔,令四方廣立堂廡以祀之,此宮之所由起也。以後愈遠而傾毀焉,其宮室臺榭不及于古遠矣。嘉興所指揮鞏洋以王事之勤,來奠于神,見而嘆曰:"噫!此吾漕運香火也,何至傾頹之若此。"遂捐俸資爲之重葺。然一時功未可就。有本宮道士沈道誠以誠篤允乎于人,募化四方,人皆樂乎捨施。本所甲士白端輩先後勞來,協力經營,是以切子來之願者,咸用丕作,蓋上之憂之也切,則下之感之者深;上之所務者大,則下之所成者疾,此所以不待假之以歲月,而煥然復新,此豈欲爲一時之觀美哉,欲生民之庇其祐也深矣。在鞏公也,一則忠君之誠,一則生物之仁,其用心若此,則其德業之垂于後世,奚容泯乎。吾于是嘉其請。是爲記。**國朝康熙十八年春,住持伍文徵於殿後創建文星閣。二十五年,於西偏搆三星祠。**邑人王庭《記》:禾城舊有天妃宮,前帶川原,後臨城郭,地勢萃東南之美,亦澤國一鎮也。記載天妃自宋乾德間以威福顯于江淮,有崇道真人奏於朝,詔令四方立堂廡以祀之,此宮之所由建也。其址廣不過三間,深亦止兩進。自黃冠玄妙創于宋,至故明嘉靖己酉嗣教道誠復修葺之,迄今皇清康熙十有八年仲春,鍊師伍文徵具大願力,積一十八年住持之經費,罄其所藏,爰擴故址,得劉氏地基,創建文昌、斗閣、兩廂、側樓、炊厨、臥室,次第鼎新。復于二十五年春,起堊母正殿,而立建中之極,整山門以進步趨之階,搆福祿壽三星祠于西偏,奉各善信長生位以祈福于中。規模宏遠,像宇莊嚴,不啻蓬壺金闕,藁珠丹壺址。師固元門之傑也哉,師甫九齡,棄箕裘而受經錄,性慧而神清,宜其讀石室書,學長生訣,守玄田寶鼎之秘,住則雞窠幻隱,去則拔宅飛昇,而師也目空一切,圖爲可大可久之業。當經營運籌,有削雪指石之能;鳩工度木,有叱羊吐蜂之用;聚人賞功,有從龍從虎之助。其成此宮也,戴星出入,備歷風霜,乃獲輪焉奐焉之美,神所憑依,將在是矣。《書》載有虞氏"肆類于上帝,禋于六宗,柴望于山川,徧于群神。"後世廣爲宮觀,所以通精誠,迎福釐,祐烝民,阜萬物,乃亙古不易之典,師之功偉矣哉!且又爲諸祖師化鶴處,營丙舍以崇報本之思,爲本宮經久遠計,立綱陳紀,置恒産以爲贍,成其法,屬世守勿替,其貽謀美矣備矣。聞之太上立德,其次立功,以此言功,功固可稱;以此言德,德尤可頌。而況師以大公爲懷,無私業,無私徒,亭亭壁立,真神仙中人也。豈特以其賢勞創垂勒之貞珉也耶?不獨師之偉也,其師兄陳元策暨諸法嗣,皆能協力同心,聿觀厥成,亦賢矣哉。咸豐間燬。今權在覺海寺致祭。

　　陸宣公祠　在府治西南,即舊嘉興學址。祀唐陸贄。舊祠在州學中。宋建炎初,知州程俱始建祠堂。宋程俱《贊》:陸宣公贊,嘉興人。建炎三年夏四月,信安程俱假守秀州,始訪公之像,圖之資聖佛寺,率僚吏祠而拜之。爲贊曰:天下無事,湛于宴安。視此神器,隱如泰山。是以其臣,惟得是嗜。以諛爲恭,以憸爲智。世方紛亂,上下岌岌。忍于其間,覬得患失。偉哉宣公,興元之初。夷險一致,爲君矢謨。如彼大厦,載支載扶。如彼赤子,以調以虞。格君之非,砭國之肓。卒以一旅,還之異方。西平之功,宣公之畫。外裁内籌,心膂惟一。檇李之郊,吴越所虔。公生其間,種蠡汗顔。顧視故國,喬木蒼然。豈無若人,以奠九壖。兵後,僅祀閣下。淳熙四年,知州呂正己以秦檜廢祠爲之,建于文廟西北隅。宋呂祖謙《記》:古者建學,先聖先師各因其國之故。國無其人,然後合他國而釋奠焉。由漢以來,先聖先師之位雖定于一,然郡邑先賢亦往往祠于學宫,猶古意也。《唐史》載,陸宣公贄,蘇州嘉興人。石晉時,吳越王元瓘奏以嘉興置秀州,城東橋以宣公名者,先老相傳,公所生之地。郡學故有公祠,今郡學、直顯謨閣、東平呂侯正己復葺而新之。惟秀陪翼行都,典治爲天下劇。侯獨置迎將期會之煩,表公以風勵多士,其知本務矣。初,公事德宗,入翰林爲學士。方禁旅四出伐叛,公深以根本爲慮,論居重馭輕之勢至熟悉也。未幾,涇卒内叛,迄如公憂。奉天艱難之際,雖號親近而其實不大紓。職在書詔,因得具著天子悔過罪己之意,聞者流涕,人心已離而復合。以使事抵懷光,于立談頃拔李晟之軍。已而平賊泚,收長安,獨晟軍是賴。官守所及,犆見一二,已足以再造唐室。苟帝以國聽焉,其所就何如哉!起建中,歷貞元,垂二十年,離合從違之變繁矣。確乎其不移,温乎其不懟,亹亹乎其不厭。所積之厚,豈世士所易窺耶!晚節爲相,經緯之業,出之固有次第。始建白臺省長官各居其屬,議輒見格,然綱條本末,載于章奏者尚可復也。驟貶忠州,闔户人不識其面,專以方藥自娛。蓋畏天命,畏大人,負罪引慝于幽間隱約之中,其志念深矣。雖德宗鄙猜忌克,猶勞問有加,非公之忠敬有以發之耶!彼謂避謗不著書,殆知公細者也。秀維公里,儁彦林立。公之精縕列于鄉誦者,舊矣。故于祠宇之成,誦所聞以質其否焉。淳熙四年四月記。紹定中,通判陳塤復改建于湖上柳氏園。景定四年,始以祠堂爲書院。景炎元年燬于兵,更以東湖上賈似道太初堂奉公像,即堂爲書院。吳《志》。元大德九年,復改作之。牟巘《記》。泰定中,廢爲僧庵。至正十四年,嘉興路總管劉貞撤庵,復建公祠、書院。案:明劉基有《陸宣公書院碑》,詳《學校》。至正十五年,復遷柳氏園。又燬于兵,乃以王氏義塾設主祀之。後四年又燬,祀于郡庠。二十年,郡貳守繆思恭仍移于太初堂。元周伯琦有《宣公書院記》,詳《學校》。明洪武五年,同知劉澤民復建于城南隅。吳《志》。　明陳彥博《記》略:惟唐丞相陸宣公祠之在嘉興者,今二百五十餘年,而墮廢不治。歲時謁享,無所寓其敬。其前政嘗欲治之,未遑也。五年冬,今同知府事、江右劉公澤民來蒞是邦,間謁祠下,以修復之不可緩也,亟輒念焉。明年,禾既有秋,公曰:"可矣。"乃率寮寀出廩秩以先。邑人於是聞者樂趨,工役咸萃,凡完舊者七,創作者三,重構者六,改塑宣公像而嚴飾之,重祀也。始八月丙子,終九月丁未,凡三十日,日少工倍。既訖事,邑人相與縱觀,咨嗟太息,莫不仰神明而思盛德。蓋公之生,實在于此,祠之興復,於人心獨無悛乎。宣德四年,大理卿胡槩即公城南故宅建書院,因祀公於中。明《浙江通志》。　明金幼孜《記》略:檇李舊有陸宣公祠,歷有唐、宋、元,廢興不一。國朝洪武初,郡守劉澤民重建於城内,實元江南書院之故址。且以公二十四世孫膺共守其祠。歲久,風雨頹圮,因循弗治,民有力者侵奪其地。乃宣德二年,大理卿胡君元節承上命,巡撫吳浙諸郡,鋤奸植良,政行化乎。慨念公之忠誠,而廟食未稱,實爲缺典,遂購材鳩工,復厥侵地,命郡人王愷之董其役。祀享有堂,燕處有室,門廡庖庫,序列輪奐,周垣崇崇,環以林木。胡君於是率其部之僚屬祭告落成焉。夫公忠誠之所感,奏議之所存,垂之天下後世,雖與日月爭光可也。今日祠事之復,與公固不足爲輕重。後之謁公之祠者,得有所勸焉。正統間,知府黃懋重修。嘉興湯《志》。景泰二年,知府舒敬疏請以歲春秋祭。明《浙江通志》。　薛瑄《記》略:史載,公蘇州嘉興人,即今之嘉興府城南有公遺廟,世傳爲公故宅。前代碑誌備載其事。景泰二年,知府事、江西舒君敬上章,以公乃唐之名臣,忠節著于當時,奏議行於後世,其遺廟雖存,自昔以來官無祭饗,宜量給官錢,修舉春秋祀事,以褒忠賢,激勵臣節。詔從其請。又二年爲景泰四年,舒君以書來求記其事。予惟世之爲守者類以督辦爲能,而於世教風化所關者漠不留意。獨舒君卓然以表忠勵俗爲急,乃論奏公之事蹟於朝,舉久缺之文以秩登祀典,廟貌益崇,血食不泯,其所以爲天下後世人臣盡忠盡節之勸,是不可不記。正德十五年,知府徐盈重修,又于祠右建漱芳亭。嘉興湯《志》。　范言《漱芳亭記》。詳《古蹟》。嘉靖十七年,通判張本潔改建于此。吳《志》。　知府王學孔《記》略:嘉靖戊戌,余守兹土,瞻拜祠下,恍若杖履公側,親挹其咳貌而搵侍之也。祠故址在秀水縣治,歷唐至今且千百年,鄉人崇祀如一日。顧世遠寢圮,敝不能障風雨。先是,同寅別駕張君陸泉懼弗寅也,乃擇嘉興縣舊祀夫子之廟,厥宇尚新,起而宏之,考兆曰吉,上之大巡,泠塘周公議亦允協。于是工役並舉,不越歲告成。堂塗庭寢,其序卓卓爾;籩篡俎豆,其器翼翼爾;恂虞鏞鼓,其文煥煥爾。實惟張君別駕之謨、巡察周公之靈、二三同寅之勤且明也,因書以記之。　又邑人吳鵬《記》。三十六年,裔孫陸呆等建象賢堂于後。嘉興湯《志》。　沈淆有《象賢堂記》。四十二年,裔孫秋官郎呆與其兄尚書杰、太保炳、翰林集等重建。康太和《記》略:陸宣公祠舊在檇李。宋元以來,遷徙不一。載在舊記,可略也。入國朝,始由南湖濱遷入城南,繼遷于藩、臬行署之間,又繼遷于邑學宮之故址,地凡三易矣。然當時因舊爲新,規構弗稱,故不數年而傾圮已甚,若有待于後人者。嘉靖丙辰,公裔孫秋官郎呆仰觀祠宇,喟然嘆曰:"兹吾子孫之責也。"乃謀諸伯兄尚書杰、太保炳、翰林集,與姪進士夢韓等,恊謀修之。值海上盜起,未暇也。越明年,盜平。太保捐俸金,申前議,乃諏日鳩工,凡堂宇、碑亭、階砌俱撤而新之。又建儀門五楹於欞星門之北,建寢堂五楹于堂宇之陰。左齋宮,右建刑牲所。肇工于正月辛未,告成于九月丙寅。巍巍翼翼,煥然改觀矣。祠成,學憲畢公擇裔孫夢周充學官弟子員以守祠宇,爲後之考德者稽焉。萬曆四十五年,嘉興府莊祖誨重修。吳《志》。　宋黃榦《謁陸宣公祠于嘉興府學門外》詩:"年來風俗軟如綿,再拜公祠氣凛然。莫是平生太忠鯁,只今猶斥學宮前。""徘徊無處謁精廬,義膽忠肝一卷書。昏主亂時公尚謀,清朝平世合何如。"李曾伯詩:"公不生唐世,貞元事若何。主恩思報切,臣罪怍時多。佞舌攻何忍,剛腸死不磨。倚闌凝望久,一鷺點蒼波。"林逢子詩:"仁義百篇唐孟子,排姦勁節凛秋霜。人生一死固不免,死落忠州骨也香。""千年舊事隨流水,一縷殘香弔蜀魂。門掩落花人不到,野風吹月照黃昏。"林景熙詩:"冰玉爲骨秋爲神,堂堂內相真天人。諫草數百垂清芬,仁義一洗功利塵。剒肝瀝血空排雲,白日不見吾忠勤。奉天詔下哀痛新,將士感泣天亦聞。皇威雷動清九垠,一紙可敵百萬軍。草茅學古期致君,一額扣闕九虎嗔。玉堂雲霧當華津,耿耿何不批龍鱗。一樽將古凄夕曛,鴛湖之水春復春。"吳潛詩:"凛凛清規百世師,功名僅見奉天時。忠謀任起姦邪忌,感泣寧無士卒思。落日桑榆存舊蹟,西風蘆葦護荒祠。忠州流落空遺恨,留得良方與後醫。"許棐詩:"一編奏議從頭讀,字字冰聯玉綴成。不是德宗嫌切直,自緣唐室未升平。詔魂盡逐殘星滅,義魄長隨霽月明。我亦愛君憂國者,年年來一拜先生。"明陳述詩:"乘輿遷播奄蒙塵,翊戴公爲第一人。建議有功唐社稷,中興無愧漢名臣。感乎虎旅皆垂涕,逆犯龍鱗不顧身。相業當時雖未久,至今忠節照蒼旻。"徐霖詩:"讀公封事爲公悲,海嶽精靈鑒我私。天地斯文是元氣,江山故國有新祠。同時黃閣人何在,此老丹心萬古知。寂寞忠州一抔土,夜深明月泣湘纍。"項良枋詩:"孤城落木冷蕭蕭,丞相祠堂晝寂寥。內禁萬言弓簡在,忠州千里赤心遙。秋風斷雁迷湖渚,夜月啼烏上麗譙。祇有忠魂應未散,傷心欲賦楚辭招。"沈周詩:"奉天身獨係安危,內相嘉名四海知。臣節盡於多難日,君心忽在小康時。論成姦蠹基南擯,製得方書啓後醫。惟有賈生同一調,人才時命總堪悲。"李廷梧詩:"鳳鳥何時此地鳴,惟有一例配周京。已無文字書年月,空有榱題記姓名。落日亭臺橫塔影,西風門巷作秋聲。遙思嘰嘰當時事,獨對孤雲坐月明。"國朝陳荚詩:"內相祠經幾戰場,至今遺像肅蒸嘗。奉天瓜果歸行在,別駕衣冠葬故鄉。玉局券留追往事,金華碑廢臥斜陽。當年仙李京都闒,不見憑高禁籞長。"盧存心詩:"宣公祠宇夕陽斜,古木蕭森噪亂鴉。直道幾人容汲黯,忠魂無路返長沙。沿湖合種思親橘,隔巷應栽故相瓜。猶有殘碑臥苔徑,摩挲細讀呂金華。"國朝道光六年,奉旨從祀西廡。咸豐十年,粵匪之擾,僅存祠屋一堁,奉栗主焉。

　楊公祠　在府治西報忠坊。祀明成化間知府楊繼宗。吳《志》。正德十六年,知府徐盈即招提寺址建。秀水任《志》。春秋致祭，歸于府學承辦。設祠生一人奉祠，每歲以仲春秋上丁次日祭。明《浙江通志》。費宏《記》略：故都憲陽城楊公繼宗，字承芳。以成化乙酉來守嘉興，滿九載而去。去且五十年矣，郡城之思公如一日。會貴溪徐君由監察御史來爲郡，甫歷三載，百廢具興。范生言等乃以衆志告君，君遂度招提寺隙地，取樂助之資，庀工從事。又毀淫祠，取其材以佐之。落成日，老穉手香帛，具牢醴，從君羅拜庭下。且喜且悲，眞如慕其考妣然者。公德入于人心，何爲深且久如此也？又以麗牲之石不可虚，徐君乃遺言及鄉進士項錫來請予記。惟公嘉興之治，守之以至廉，而民不知有一毫之擾；行之以至公，而民不聞有一言之議。雖挾尊怙勢，與公不合者，皆憚公威名，怩怩自失，不能撓其權以閟其澤。久而士民感化，奸暴革心，訟平賦均，風清弊絶。嘉禾呈瑞，百穀屢登，無遠無近，莫不傳播公之德政，想望公之風采。上而禁掖，亦知公爲清白吏，而姜菲之謗莫能中焉。非誠，其曷克臻此哉？予少日即知誦公之賢，既忝從史氏後，嘗以爲公之樹立，視班、范所書，尤卓卓不可遺也。故因徐君之請，而特書其大節，以見郡人思公之故。正德乙亥。　支立《楊公去思碑記》：成化元年夏，刑部主事楊公來知嘉興府事，不挈家累，惟一幼子自隨。以廉律已，以正接物，權勢不可奪，請托不可行。事有病民者，雖上官之牒，亦格之而不行；有利民者，雖一時之禁，亦爲之而不顧。九年之間，豪貴側目，强梗遁迹。由是官箴肅於庭，編氓樂於野，商賈集於市，三吳、兩浙翕然，稱爲賢郡守。九載滿，以素苦風痺疾，遂治行訪醫。是日，郡之君子、庶民、耆里，環府門送者數千人。雖疲癃行丐者，亦皆扶羣攜孺，奔呼嗷號，至一舍許。知不可留，乃合辭請曰："公既不可留矣，願乞一物以慰我民後日之思。"公不得已，解青紗衣以遺之。耆老周實重以衣藏之櫝檟，置諸三賢祠右，方乞文記之。夫爲官，莫難於守令；爲守令，莫難於不屈於勢，不疚於利。公之爲政，大率以此二者爲先，宜乎得民心愛戴之如此也。公名繼宗，字承芳。山西陽城人。國朝乾隆三十二年，秀水知縣馮垱清理楊公祠田，並附徐、何二太守主合祭于祠。馮垱《記》：祭法：有功烈于民，則祀之。前明三百年中，名太守之臨涖斯土，務種其德，俾民俎豆於勿衰者，凡三人，曰陽城楊公、貴溪徐公、進賢何公。楊公清剛有執，能爲捍患除災。徐公沉静不擾，與民休息。何公廉直自矢，人服其清，治績蓋相亞也。楊公之祠在府學南偏，祀産特富，後雖分其餘于書院，然尚足以襄事，郡博士主之，歲收所入以供時享，又時出其羨，以爲壇壝計，故公祠迄今閱二百餘禩，藉以不墜。徐、何二公，祠寄佛利之旁，素無祭田。禾民請撥楊公田四之一，以具牲醴。當路從之，因有何姓者司其祀。顧徒利藏入，不以祠爲事，由是祠卒傾圮，至莫審厥處，遂移其主於私室，而踞田以爲世業。守楊公祠者效之，輒自詭楊公後人，求管其藏修田，郡伯張公察其詐，即下縣取勘，且屏逐其人，值縣篆新故之際，事未有决。余適奉調，承乏兹邑，乃校核舊碑，博徵佐驗，訪知楊公始以省郎出守，繼以京卿内召，盡其室以北，無留此者。或人之自詭，蓋妄也。惟是祠田歷歲既久，懼其飛寄缺漏等弊，爰清丈其區畛、名數，而仍歸諸學。其徐、何二公之祠既不可復，則迎其主於民間，合食祠中，與楊公分席而坐。既竣事，上其狀于諸大憲，咸是之。翌年，山西馮公來知郡事，而以楊爲公之鄉袞也，親謁其祠，仰瞻梁楠，旁矚墀堵，外眡門屏。苟有未盡周飾者，咸命治縣之。教授淩君、司訓張君克任厥事，祠遂改觀。《禮》云："有其舉之，莫或廢也。"況以楊公之明德，而重以徐、何二公之繼美，忍不力爲封殖，以坐聽黠民之妄加侵廢耶？然非張公燭察於前，馮公率作於後，淩、張兩君之維持鼓頓，則亦何能久而不廢？而余則喾于三公祠有朝夕之勢，例得附名于次焉。張公名鎮，海豐人。馮公名章宿，代州人。淩君名樹屏，張君名洪圖。一爲烏程人，一爲浦江人。余則涿州馮垱也。乾隆三十二年，歲次丁亥六月中浣之吉。嘉慶四年八月，教授錢廷謨、訓導倪紹岳、生員夏儼重修。陳經業《謁楊貞肅公祠》詩："析城王屋駢龍嵷，靈氣萃拔人中龍。秋曹初范图圄空，鹿守檇李鞭青驄。大猷名猾驅無蹤，誅葂拔蘿鋤蘠蓯。與民更化還醇庞，痌瘝在抱拯災凶。旱澇躬禱孚蒼穹，大興水利鳩田功。港汊疏鑿溝塗通，讙謠十雨連五風。瑞禾或彧荓芃芃，雙岐九穗慶屢豐。更刱社學高門墉，海陬河畔規條同。經師秉鐸童發矇，膳飲膏火官庖供。魚魚雅雅鼓篋從，東南文治光熊熊。農桑禮樂教養隆，署齋蕭然一屏僮。敝衣數襲藜藿充，披雲閣瞰湖南濛。清德滠此湖波瀜，九載卓薦明光宫。不私一錢楊繼宗，憲皇天語如鐘鏞。中官咋舌不敢攻，若慶若敏倨而恭。擢司臬事浙西東，洊撫滇奧旌庞重。碧雞金馬當關雄，彝徼能以功名終。由拳遺愛祠屋崇，滿庭檜柏紫翠濃。靈旂閃閃胚饗叢，閱三百禩猶葱蘢。承前啓後金谿洪，陌頭巷尾歌于喁。今燬。案：公祠舊産坐落嘉興縣田二十三畝一分，秀水縣田二百十八畝一分，見《闡揚德政録》。厥後田歸府學，每年歸楊祠米三十石，以供祀事。

徐太僕祠　在府治東。祀明徐世淳。《大清一統志》。明崇禎十四年，徐世淳守隨州，死流賊張獻忠之難，贈太僕少卿，賜特祠。世淳子彬置田一百畝，以爲祠祭之費。國朝康熙三年，督學道胡尚衡批府，照例春秋致祭。金之俊《記》。十一年，知府王師夔重修。吴《志》。　王師夔《記》：余自守禾郡，以春秋歲祀見徐公廟貌。因悉公死事節槩，葢爲明季張獻忠之亂。公時涖隨，百計堅守，最後躍馬巷戰，碎首行陣。子肇樑併僕、妾十有八人偕殉之，詳在《殉難實録》中，特贈廕賜祠，以風示後世。至今讀汪直指之題請、金太傅之祠記，猶凜凜有生氣。徐公直無媿祀典也已，葢徐公之死易，徐公之烈難。公本科名中人，宜未嫺武事，乃公募義勇，授方略，誓守孤地。至于格賊而眼鼻横斷，今猶相傳"不下馬州官"之語，膾炙人口。其忠烈之槩，千百年來歸然猶起，非所謂間氣鍾異，名垂天壤者乎！先是賜祠，業鼎建崇祀。乙酉以後，兵燹祠圮，幾墜厥祀。闔郡士民見本朝令甲襃忠表節，無分遠近，乃于康熙三年羣請諸學憲胡公，願協力重修，復其禋祀。學憲允其請，遂棟宇聿新，景仰靡罄。公之子彬復捐田百畝，以助永遠祭費，不累國課。具呈藩憲袁公，即檄縣存案。斯真忠孝相維，永言不匱者矣。彬又慮後嗣廢墜，即于祠之西偏起肅成書院，以爲子姓義學，里中方伯王公敬而序之。自兹忠藎代興，廟貌榮名，豈有既乎。案郡中陸宣公祠，自唐迄今；越千餘年，而有徐太僕祠。其地叢祠不少，兹二祠者獨耿耿人心意間，良由功德丕盛，忠義允孚，足媲不朽，不僅與仙梵花宫相爲靡麗，争其久暫已矣。余忝涖兹土，職司風化，有先烈而不表彰，予之咎也。因于其祠之重修，敬述徽猷，以爲後世爲人子者勸。銘曰：綱常不墜，允賴先哲。式廬表墓，民志攸切。緬哉徐公，氷操玉潔。五馬分符，城守如鐵。罵賊碎顱，常山之舌。有子殉孝，嵇侍中血。國典有章，崇以綽楔。兵燹相仍，丹楹圮缺。蒸彼髦士，頌聲不絶。肯堂肯構，輪奂復設。捐産助祭，遠近欣悦。肅成貽教，綿綿瓜瓞。佑啓後嗣，增光藻棁。瞻仰之餘，陳辭碑碣。惟爾有衆，式穀前烈。　明黄道周《太僕少卿徐公像贊》："千仞之岡冒積雪，危松化石挺奇節。睢陽嚼齒髮如鐵，顔公握爪掌透血。干將吐鋩坐屈折，雷神呼山護巨闕。隨州太守英且烈，手搏金湯依日月。火齊騰光不可奪，黄金鑄軀尊楚越。不得以面親吾舌，垂像儼然千載活。精靈上天秉黄鉞，上佐列祖犖不拔。一洗兵馬消蠕蜺，安知鍾鼎爲家物。"今燬。

陸清獻公祠　在府學東。祀國朝監察御史陸隴其。《大清一統志》。康熙五十六年，郡守吴永芳建。吴《志》。　吴永芳有《記》。咸豐間燬。同治四年，知府許瑶光重建鴛湖書院，奉陸宣公、張楊園暨公栗主祀焉。

案：康熙乙未，郡守吴永芳詳請本朝大儒陸子隴其從祀兩廡，未行。丁酉，建鴛湖書院，奉公栗主于中。延師訓課士子，捐置義田以奉祀，繕修脯焉。雍正三年，奉旨增祀陸子于東廡，有司春秋致祭，即于祭先師日祀公于此。　又案：乾隆元年，贈公禮部侍郎，賜謚清獻，平湖建有專祠。今府城中陸宣公祠、楊公祠、徐太僕祠、陸公祠，皆列祀典，春秋致祭，因附于諸壇廟之後，不以時代爲次。前太守之賢而得祀于民者，亦附綴于後。其他祠廟，仍分隸嘉興、秀水二縣。

黄公祠　在北板坊，爲明正統初郡守黄懋立。正德間，知府徐盈建祠于墓。隆慶間，知府徐必進重修，今其子姓附居焉。嘉興湯《志》。　吕穆《記》：案郡守黄公諱懋，字子勉，元氏人。正統初，由進士知嘉興府。剛方廉正，子惠困窮，力除奸弊，奏築捍海隄。尤注意學校，拔大父文懿公于諸生。又躬教督之，人才聿起，郡人戴如父母。歷任九年，陞福建布政。還，卒嘉興，子中領浙省鄉薦。墓在嘉邑北板坊，正德間因其子孫賣，廢。太守徐白泉公盡收復其墓地，計五畝五分，仍追買户所侵歷年餘息，建祠于墓前。越今五十餘年，伊孫又欲以墓田易之，黄澤未絶如綫。穆約王君儒、沈君玄華、宗君弘暹、項君元淳，具呈于縣，未行。幸鏡川徐公來守兹土，復爲具呈。公力任其事，褫其房地歸諸黄裔之能自立者，如徽、徹、袍等，仍給帖付照，使之歲時伏臘，祀掃不絶。黄氏子孫曷勗諸。是爲記。今燬。

方侯祠　舊在龍淵之西南陬。數歲傾圮，乃遷祠于三塔寺中。爲萬曆間同知嘉興府郡侯方揚立。姚世華《記》略：往余聞方大夫言："夫善，陽也，而爲善宜陰。"以故大夫所至，不欲令人俛知之而俛德之，其卓卓者具傳《誌》中。未幾，遷武林守，積用勞瘁以斃。檇李諸人士遥爲位奠哭，特建祠祀大夫，業樹豐碑者三于孔道，當龍淵之西南陬。是時倉卒舉事，甫數朞，圮廢。居民悲思大夫，爲公像設于三塔寺中。吏民赴祠工者以百數，未閱月告竣，復爲勒石，以垂永久。嗟乎！余不能名大夫善，第大夫祠成五六年餘，而縉紳學士過之，疇有不斂容正色起敬者，則大夫所嘗言爲善宜陰，足徵已。今燬。

徐、何二太守祠　名遺澤祠，在順應祠左。嘉興何《志》。在景德寺。祀正德間郡守徐盈。戴經撰《記》。嘉靖間郡守何祉。周崑撰《記》。立有祭田六十五畝零。明《浙江通志》。　案：徐、何二太守祠宇、祭田久已不存。語詳前楊公祠馮坽《碑記》。

侯太守祠　在徐、何二公祠間。明嘉靖四十三年，邑人爲郡守侯東萊立。置田十畝以供歲祀。范言《記》略：吾郡守之賢者，在憲皇帝時，則有若陽城楊公繼宗，郡人懷思，里聚而野祭焉。懼其瀆也，始請祠諸郡城，載在祀典。毅皇帝時，則有若貴溪徐公盈；今上皇帝時，則有若進賢何公祉，今並祠西郭龍淵之上。萬安劉公愨，祠祀城中。繼是，則有若披川侯公東萊，其治行之著，吾不知，其與四公者相上下，而築城斯舉，永世攸賴。高墉懸壁，嚴柝重關，功亦偉哉。歲甲子，父老擇地于徐、何二祠間，而倪有孚、有觀割田十畝，以供歲祀。先是，徐、何二祠成，守僧戒性受田六十四畝奉香火。兹三祠者，永永鼎峙矣。今燬。

王太守祠　與徐、何二祠同在景德寺，爲嘉靖間郡守王學孔立。賈名儒《記》：嘉興郡城西驛路景德寺左方有三太守祠：一貴溪徐侯，諱盈；一進賢何侯，諱祉；一安福王侯，諱學孔。鄉人尸祝，重遺愛也。徐、何，舊有碑記。王侯，嘉靖癸未進士，初、再任，皆松江推官，有明允聲。陞刑部主事，執法忤權貴，謫貴州都司經歷。尋陞湖廣長沙同知，論定，陞嘉興知府。侯歷郡，約己節費，蠹弊革奸。己亥、庚子，連歲旱蝗，侯齋戒步禱，雨雪靈應。隨又發粟賑貸，又課民捕蝗，易以粟如量，蝗遂息。時又疫，侯曰：其咎在獄，乃大洗雪，狴犴一清，疫勢頓歇，乃獲有年。侯寬厚仁慈，臨政時未嘗妄撻一人，有蒲鞭之風。又毀淫祠，更爲育才別館。自此，人文盛于淛淛矣。時城西呈五色水，嘉善麥秀兩歧，皆德化之感召也。郡堂前雙古柏交道，虬枝偃蹇，狀若舞躍，侯出入嘉之，因支小坊，題曰盤根錯節，實寓己意。鄉人追念侯德，以比甘棠云。久廢。

劉太守祠　在報忠寺，爲嘉靖間郡守劉愨立。賈名儒《記》：嘉興郡治南折而西九百武奇，有僧寺曰報忠寺。寺之坤隅，則太守唐巖劉公祠建焉。公之初來也，值連歲夏旱，公曰：“咎在守。”即躬自貶損，步禱山川諸神，令民開濬溝澮，隨賑其窮乏者，天爲降甘霖，歲即大有。後三年，倭夷入寇，公毅然以身任軍旅。初，寇且薄城，公單騎出城外，號市民亟驅入城。不移時，賊縱火焚燒，男、婦得脫于灰燼者無算。是後，崇修郡城、築隍、儲糗、備器械，簡師徒，諸戰守之具無不亟爲之備者。隨築平湖、嘉善、崇德、桐鄉四城，區畫綜理，不弛不擾。內治既固，民心恊和，故諸閫帥及調集客兵得以展布於外，兵威大振。嗣後，鸚湖抵王江涇，日夜轉戰，馘賊二千餘級，號稱大捷。公又慮城守乏水，捐俸金倡民鑿井，民歡趨，操畚鍤從事，數日間，成百井。公曉星曆，每歲終必頒《春圖》于民，與曆並行，使之趨避。又刻《醫經大旨》四卷行世，惠民濟生，靡所不至。其他肅紀綱，敦風俗，美教化，懿德雅道，難以縷數。終公之任，郡中不聞有急步疾呼，而奸宄自無所宿。其科目登薦十倍往昔，愷悌作人之功稱特盛焉。既五載，天子嘉公偉績，陞浙江按察副使。行時士民遮道，留之不得，因建祠祀之，庶慰去後之思乎！公名愨，字致卿，別號唐巖，江西萬安人。嘉靖甲辰進士，起虞部郎。祖廉衡，大司寇；父玉，少司寇。世篤忠貞，爲名臣，家學淵源，蓋有自云。久廢。

《浙江通志》引舊《嘉興府志》：遺澤祠在景德寺，祀明太守徐盈、何祉、劉愨。其案語云：賈名儒《嘉興三郡守祠記》：一貴溪徐盈，一進賢何祉，一安福王學孔。別有《郡守劉愨祠記》，不知何時去王而進劉也。秀水任《志》亦載遺澤祠祀徐盈、何祉、劉愨，今廢。是祠之傾廢已在康熙初，去王進劉，當是明末時事。今徐、何二公木主已遷祀楊公祠，祭田亦同楊公祠田，俱歸府學承辦。景德之祠久已莫考。至王、劉二公圮主失，亦無從追核矣。

龔太守祠　在西麗橋西百步，即嘉禾遞運所址。爲萬曆間太守龔勉立。以上劉《志》。　陸光祖《記》：當公之蒞橋李報最，而薦紳大夫、博士弟子、諸吏民虞公遷，則走數千人自中丞臺，乞留公。中丞以疏請，報可，爲之增秩予俸。又二年，晉公秩，參浙藩政，則復步數千人于中丞臺所留公。中丞曰：“此君天下才，若乃欲以一郡擅耶，格不可。”歸而亟擁公輿號泣，使毋行。公好謂公曰：“吾尚未去浙，且終不以浙故而後橋李。”于是遷延緩轡彌旬月，迨期乃發。則又相率走數百里，牽公裾，不忍別。蓋薦紳大夫惘惘若失侶，博士弟子若失嚴師，諸吏民若失怙恃，相顧嘆咤曰：“安能兩公身，以覆庇我？”公去未幾，以賀萬壽行，道經橋李，士大夫爭持牛酒，出數百里迎公，堅握公手，絮絮語不置曰：“公實生我。”吏士伏地，泣拜公曰：“公去而吾輩日衣短後，蒙蒙若風雨中，歲饑，曾不得半菽以克飽，公胡去也？”其里中兒挽公絭走百里不頓舍，曰：“公在，五六年民無流亡，即有流亡，公必先期賑之，今胡能起白骨而精也？”而其婦孺又驚相謂曰："何爲久不見豐面方頤太守公擁肩輿馳道上行哉！是福星也，近乃聞復過吾里中，吾不能從舳艫後一望見公，奈何？"已又與其父老嘆咤曰："安得兩公身，以覆庇我！"則又曰："庶幾設像而祠之，以寄朝夕之思乎。"因求公先所建育才地，鳩工庀材，不日而堂廉翼然告成矣。已復嘆曰："夫像能貌公，烏能代公爲政也？"已復有相慰藉者曰："海內仰公，不啻稚苗之望膏雨，顧安能百公身分布之？異日者公爲九卿三事，其受職也大，其庇物也宏，吾檇李將與有榮施。"彼夫有楹，中立而像林奕者，獨非公神遊地也耶？公祠行且徧天下矣。一在煙雨樓之側。嘉興湯《志》。　盛楓有《祠祭田碑記》。今燬。

　　王太守祠　爲萬曆間知府王貽德立。劉《志》。　沈思孝《記》：蓋聞皇虞咨牧，十二州之命始隆；有漢指守，二千石之寄爰重[1]。然事權殊則委任同軌，而布宣上意，用釐蒸人，一也。古初渺矣，書傳所略，龔、黃以還，可得而論。代有其人，然世鮮其業，徽音雖遠，芳武可循。乃復有零陵王公，諱貽德，字師禹，受玄懿之正性，而道含沖漠；挺堅孤之上操，而治首清净。歷典州郡，夙著馨烈，稍陟曹署，一麾出守。顧郡當吳越之交，地距溟海之徼，周羅七邑，旁眺五城，烽鼓時動，舟車駢會，儒雅雖足可觀，輕黠最稱難治。況乎霖潦蕩溢于前，驕陽燋灼于後，凶饉再罹，伯强騰屬，野無青草，衢交白骨，飯稻羹魚之民，不厭糠粃；蹋鞠走馬之場，盡成墟里。而公賑匱弭囂，知營形析[2]；救瘠補病，沐食遑暇。禳凶札以精誠，煦涸荡以靈淑，衲順天道，暄瀜時若，完保千里，沃土更闢。無衣起餘袴之諺，艱食庶多稌之咏。懼仍靡泰，率儉防佚。繭絲之憂殷，而服御重潔；拔葵之志切，而豆實三韭。清風先驅，寮貳草偃，縣道承其沛流，胥吏備其兼照。發伏伸枉，務鋤民穢，奸宄潛竄，譸張屏息。遷委無飭，不沽厚酒之譽；造鋄[3]罕及，多就薄習之科。耕桑不出于鄉鄙，工賈不越乎閭閈，雞犬聲聞，四境樂業，民日用而不知，公相忘而勿有。嘗論遇物若浼，流必刻深；視民如創，弊恒姑息。公則寬嚴不主，德義是經。黃鍾奏而寒谷生溫，玄冥至而熱海凝凍。謝家食之惟來，干旄亦云在浚；斥子衿之援勢，白駒更有空谷。其聳善抑惡，屈私超公，雖權貴不能撓其慮，卮言不足惑其聽也。公自受任符守，日恪位宁，草木四易，松桂一轍，非夫鑒別淵朗，挾持貞固者，其孰能之？方將攬頹景以迴照，遡逝波以澄清，末俗維新，繫公是賴。而及瓜當代，擢憲嵩河，耇稚崩奔，巷衢摧慘。顧簡書之可畏，感留借以無從。及其治任西路，惟箠履一裝，流澤與繡水俱深，載石比鬱林增重。于時士庶傾城，坰牧填委[4]，引領跂踵，瞻望弗及。悲號則殷雷驚轉，浩歎則重雲督起，自昔郡守得民未有若斯之深也。明年壬辰廷計，羣吏得公治狀。上曰予聞，遂以在郡清苦，拔置高第，海內有識，莫不歡允。厥後故吏門生、郡邑父老循覽所芟，歌慕彌結，相與樹石構宇，式志永思。觀屏軒而覆露斯存[5]，撫片碣而泣雨交至，良由公清畏人知，病懸魚之昭揭；勤恤民隱，陋養狙之眩詐。誠以基廉，信以柢愛，匪事塗澤，冒被榮名，故能上厪聖主之懷，下發氓隸之思于去郡之日也。其辭曰：畢嵬九疑，浩浩湘江。合智萃仁，實生王公。巍然高屬，鮮于匹雙。承帝曰嗟，來守茲邦。爰遷不辰，天毀地凶。赤子扶持，父母其恫。夙宵民瘼，肉骼溝中。亦既康止，茂稼戒工。制義庶乎，弘振遐風。銀乎如斷，芟刈梗雄。董道不豫，威莫能降。政成登爵，去我疇同。民之蚩蚩，不寔思公。思公之力，莫之與隆。恩喻冬日，義高秋旻。思公令儀，肅肅彤彤。難汗非色，可尊非容。思公語言，虛受如鐘。言堂滿堂，千里響從。豐碑巖巖，宮廟峻嵩。奕禩子孫，思公無窮。今燬。

【校注】

　　[1] 指守：沈思孝《溪山堂草》卷三《郡守王公祠碑記》"指"作"揩"，當作"揩守"。
　　[2] 形析：《溪山堂草》作"形折"。
　　[3] 鋄：《溪山堂草》作"爰"。
　　[4] 坰：《溪山堂草》作"坰"。坰牧填委，指士庶傾城而出，郊外牧場擠滿了人。坰牧，即郊野。
　　[5] 屏軒：屏，《溪山堂草》作"層"。《楚辭·招魂》："高堂邃宇，檻層軒些。"當作"層軒"。

　　鄭太守祠　在府大門東偏，即延賓館所。爲崇禎間知府鄭瑄立。公像刻石南向，扁曰永瞻堂。朱大啓《公像贊》："樂只賢侯，載德滿轂。紫氣凌雲，丹衷抱旭。五載甘霖，萬姓骨肉。恩有餘波，仁無不畜。僉曰使君之不凡，而孰知太守之霖霽。"　張南翀《贊》："猗與鄭侯，名高九牧。興除秉軸，循卓芬馥。水利民歌，弘文樂育。堂蔭嘉禾，五褉提福。雙歧五袴，潁川匪獨。中朝師柱，祥星燦煜。行觀詠臺萊者，瞻未光而荷康衢之腹；酌洪潤者,仰喬嶽而薦庚桑之祝。"今燬。

佟公祠　治東碧漪坊鄭家帶。國朝順治三年,士民為兵巡副使佟國器立。秀水何《志》。今燬。

徐公祠　在城隍廟,為國朝康熙間知府徐崇禮立。案:徐公字秩庵,漢軍鑲白旗人。康熙三十一年任,三十五年去。當時城隍廟中塑公像二,追思公德,久而不忘,歲時致祀,至今百有餘年。其澤之入人深,可想見也。今燬。　以上伊《志》。

程忠烈公祠　在郡城南門外君四庄北黃圩。祀太子太保、提督程學啟,並附克復嘉郡陣亡將弁總兵何安泰、副將郭興發、參將趙三德等四十九人。同治三年,奉旨建立,春秋致祭。

忠義總祠　在郡城金明寺埭,即洞真觀舊址。祀咸豐、同治間官紳、兵勇、士民、婦女殉粵匪之難者。同治九年,知府許瑤光、嘉興縣臧均之、秀水縣郭恩觀創建,春秋致祭。嘉、秀兩縣每年各捐廉銀四兩,以供祀費。

嘉興縣

玄壇廟　在王家坊。明萬曆辛亥,工部郎中、平湖陸基恕建。上有文昌閣。袁《志》。今燬。

節孝祠　在東門外接官亭。雍正元年,奉恩詔舉行,凡邑中節婦貞女題旌者咸祀之,歲春秋上丁後一日致祭。乾隆三十九年,拓祠基址。姚晉錫《記》略:案節孝基,為明之社約所,即宋之靈光庵。顧祠屋止有門堂,而祠後之庵堂及隙地久歸鄰紳項氏。宅中繚以短垣,不可踰也。乾隆三十九年,節孝後裔之有力而好禮者,合錢三十貫,與項氏易得之。像塑、僧塔安置弗去。惟繕葺舊室,以為春秋祭日,潔齋灌洗之所,視牲飲福之地。由是而祠祀之規模加展矣。基稅若干,祀田若干,詳其數,以期不廢。著其姓氏,以俟興起而增益焉。庠生黃子達、屠子文煜,經理完善,索余記其緣起如右。咸豐間燬。同治八年,里人王蔭乾集資建復數楹。十三年,遭風又燬。里人倪廷藻、石中玉、程瑞生、金涵、張鴻熙籌欵重建,規制如初。

土穀神祠　在縣東六里德化一鄉。柳《志》。今廢。

馬塘廟　在縣南六里至元《志》作七里。馬塘堰側。燬于匪。同治七年,建復前殿。

吾相公廟　在德化一鄉東原字圩。宋勅封撥雲吾相公,祠前有深浜,相傳每歲春時,有眾魚來朝。今燬。案:吾、魚字古通。《列子·黃帝篇》:姬魚語女註"姬讀居,魚讀吾。"《晉語》:"暇豫之吾吾"註:"吾讀如魚。"漢武帝《瓠子歌》曰:"功無已時兮吾山平。"註謂即"魚山"。"眾魚來朝"之説,或因吾、魚音義相通,而附會歟。

石筍夫人廟　在白苧十五都二陽字圩。宋咸淳初建,祀石筍夫人。明嘉靖庚辰,進士吳默重建[1]。以上吳《志》。　邑人曾丙《記》略:吾皆皆平壤也。咸淳初,東南十里,石出如筍,里人異之,因名石筍廟。廟之中央題曰"順天夫人",而並列者三。歷元至我朝,景泰三年修建,以迄于今。上下數百年間,造福降禧如一日。郡中父老、兒童與夫村嫗野豎,禮凶相祈,水旱相禱,疾病相求,應之如響。遠近絡繹,爭趨者如市。能若此者,石果得靈而特異哉?意者,天下之物多見之謂常,罕見之為異。物非自異也,亦非自靈也,人心異之,而見其靈耳。故異,斯靈矣;靈,斯神矣。神也者,其氣之機乎。且造化流行,屈伸闔闢,獨以秀且靈者鍾之于人。雖婦人女子,厥賦維均,故其含貞抱一,鬱積之久于兩間者,精爽照朗,與名山大川相為終始,正所謂"不以生而存,不以死而亡"者矣。孰謂卷石勺水,非山水類耶!則此石筍之靈,益啟人心祇肅之機,以見鬼神為德之盛,固在于石,而實不在于石也。　國朝黃濤《石筍夫人廟》詩:"地實有情生筍,女如介石為神。白苧都中賽社,賣花村裏尋春。"

【校注】

　　[1] 按：崇禎《嘉興縣志》卷六《祠廟》：“嘉靖庚戌，進士吳默泉、林鐵齋重修。”光緒《嘉興縣志》卷六《壇廟》：“石筍夫人廟　嘉靖二十九年，秀水吳鵬重修。”吳鵬，字默泉。嘉靖無庚辰年，二十九年即庚戌。

　　崔貞姑廟　在練浦塘一螺清東南。廟外有橋，土人以此爲土穀祠，春秋社祭。舊志失載。見朱竹垞《明詩綜》註，今補載之，以存湮蹟。明馮伯初詩：“貞姑遺廟練塘坳，古瓦漂零補白茅。影帳有烟香細細，明粧膩粉玉磽磽。連村未輟雞豚社，獨樹長懸鸛鶴巢。右簇博陵銷歇盡，尚餘彤史一題鈔。”　明陳許廷詩：“野塘臨練浦，祠屋賴團焦。近社初開鼓，開門側近橋。靈衣金粉蝕，烟帳蕙蘭銷。欲采蘋花薦，迴波一水遙。”

　　天后宮　在南十三庄北稱字圩。明崇禎間創建，兼稱福建會館。爲寄厝旅櫬之所。國朝乾隆五十年重修。太子太師、文華殿大學士蔡新有《記》。咸豐間燬于匪。同治中，閩人之仕商于此者集貲重建。

　　周城隍廟　在鹽倉坊地藏庵側。祀浙江都城隍周新。伊《志》。　案：新，字志新，南海人。永樂中，任浙江按察使。初至界，見羣蚋飛馬首，尾之榛中，得一暴屍，身餘一鑰，一小鍥識。新曰：“布賈也。”收取之。既至，使人入市市中布，一一驗其端，與識同者皆留之。鞫得盜，召屍家人與布，而置法之。新坐堂，有旋風吹葉至，異之。左右言：“此本城中所無，一寺去城稍遠，獨有之。”新曰：“其寺僧殺人乎！”往樹下，發得一婦人屍。有商人自遠夜歸，將抵舍，潛置金叢祠石罅中。旦取，無有也。商告新，新曰：“有同行乎？”曰：“無有。”“語人乎？”曰：“否，僅語小人妻。”新立命械其妻，考之，得其盜，則其私也。新行部，微服視屬縣，觸縣官，收繫獄，遂盡知其縣疾苦。明日，縣人聞按察使來，共訝不得。新出獄曰：“我即是。”縣官大驚。當是時，周廉使名聞天下。錦衣指揮紀綱使千户緝訪浙中，作威受賕。會新入京，遇諸涿，即捕繫千户涿獄。千户逸出，訴綱，綱即誣奏新。上怒，逮之。至，抗聲陛前，曰：“按察使擒治奸惡，陛下所命也。臣奉詔書死，死不憾矣。”上怒，命戮之。臨刑，大呼：“生作直臣，死作直鬼。”是夜，太史奏曰：“文星墜。”上不悅，問左右周新何許人。對曰：“南海。”上曰：“嶺外乃有此人。”一日，上見緋衣立者，問爲誰。對曰：“臣周新也。上帝謂臣剛直，使主浙江城隍，爲陛下治奸貪吏。”言已不見。新姿幹高偉，好學能文。所至，貧民冤繫，聞之皆喜。奸徒猾吏，則戰魄落膽，稱生閻羅云。咸豐間燬。同治十二年建復正殿、山門。

　　伍王廟　在縣東二十七里胥山下。至元《志》。子胥伐越經營於此，後以忠諫，死。土人憐之，因爲立廟。唐乾寧中，封爲吳安王。吳《志》。　唐徐凝詩：“千載空祠雲海頭，夫差王[1]國已千秋。浙波只有靈濤在，拜奠胥山人不休。”　羅隱詩：“市簫聲咽跡崎嶇，雪恥酬恩此丈夫。霸主兩亡時亦異，不知魂魄更歸無。”

　　釋常雅詩：“蒼蒼古廟映林巒，鼎鼎煙霞覆石壇。精魄不知何處在，陰風又入浙江寒。”　宋王安石《伍子胥廟銘》：“烈烈子胥，發節窮逋。遂爲册臣，奮不圖軀。諫合謀行，隆隆之吳。厥廢不遂，邑都俄墟。以智死昏，忠則有餘。胥山之顛，殿屋渠渠。千載之祠，如祠之初。孰作新之，民勸而趨。維忠肆懷，維孝肆乎。我銘祠庭，示後不誣。”　張詠詩：“生能酬楚怨，死可報吳恩。直氣海濤在，片心江自存。”[2]　國朝項以淳詩：“眇兹一拳石，獨抱荒江隩。何爲往來者，登覽輒悲嘯。維昔伍大夫，千古仰忠孝。屬鏤雖已矣，英靈獨炳耀。嗟此兵屯地，遺跡堪憑弔。怪石如蟠螭，怒劍擊隱豹。至今來非[3]風，蕭颯吹薞蕪。高秋霜氣凜，肅肅瞻遺廟。清塵凝俎豆，誰薦寒江藻。落日杳無人，松林但餘照。”

【校注】

　　[1] 王：《全唐詩》第七函第十册徐凝《題伍員廟》詩作“亡”，當作“亡”。
　　[2] 按：張詠《乖崖集》不見此詩，而范仲淹《范文正公文集》卷五《蘇州十詠·伍相廟》詩云：“胥也應無憾，至哉忠孝門。生能酬楚怨，死可報吳恩。直氣海濤在，片心江月存。悠悠當日者，千載祇憨魂。”
　　[3] 非：光緒《嘉興縣志》卷六《壇廟》“伍王廟”條，收項以淳詩，作“悲”，是。

　　霍王廟　在石佛寺北，塘橋東。吳主皓[1]嘗病瘧，有神降小黄門，曰：“華亭金山醶塘，風激重潮，海水爲患，非人力所能防。臣漢之霍光也，可立廟醎塘，當統部屬以鎮之。”翌日，皓[2]病愈，遂立廟焉。袁《志》。國朝同治四年，里人重修。

　　案：孫皓[3]事，柳《志》、趙《圖記》載平湖顯忠祠下。袁《志》列嘉興，仍之。又有一霍將軍廟，即社神廟，在新豐鎮後感化七都西黃字圩，祀漢大將軍、博陸侯。明成化二十年建。殿後，向有鶴鳴舊址。乾隆二十九年，道士蕭逸仙、里人鍾廷掄等募建三清閣。又，至元《志》有金山大王廟，在郡治北一里半，或云亦即霍光也。

【校注】
　　[1][2][3]皓：《三國志》卷四十八《孫晧傳》作“晧”。

　　蕭王廟　在縣西北。唐贊云：梁蕭氏興江左，有功于民，故州縣多祀之。惠安寺，即蕭王故宅。至元《志》。又，蕭王太祖廟在郡治西二百步。鄒《志》。今燬。

　　陳司徒廟　在縣西南五里。唐咸通五年建，祀隋司徒陳果仁，唐封忠烈公。《大清一統志》。果仁，字世威，常州晉陵人。生梁太清三年，仕陳爲監察御史。至隋，累建討賊功，官司徒。娶沈法興女。法興有異謀，惡其二志。毒之，至滌腸死，身僵不化，英爽凜赫于東郭門。雲中發矢，誅法興。嘉興湯《志》。梁封福順王。《十國春秋》。明洪武正位號，詔題隋司徒陳公之神。趙《圖記》。今燬。

　　案柳《志》載有福順廟，云舊志不載其處，惟宋張堯同有詩云：“老屋無丹腰，空階只翠苔。遠簷看箭鏃，誰記赤眉來。”而《松江府志》載蔡京《修廟記》云：“隋將陳果仁嘗以陰兵助錢氏伐淮南有功，奏封福順賢德王，使諸郡皆建廟。”則知嘉興福順廟即陳司徒廟矣。

　　高豐廟　在縣東北一十八里，唐屯田之所。至元《志》。嘉興東十八里有高豐廟，在雀墓村。唐朱士勉主嘉禾屯田，有白雀集於高豐里，歲輒大穰，遂立祠祀之。《名勝志》。今燬。

　　曹王廟　在縣東南三十里。宋元時，鄉人崇奉最謹，有碑殘毀，惟云唐天寶間，里人王友文捨宅創建。柳《志》。相傳宋開寶中，曹武惠王彬帥師平江南，不妄殺，邦人祀之。袁《志》。明萬曆間重修。嘉興何《志》。　明張植《記》略：郡城之南三十里，有宋曹武惠王廟。蓋自唐天寶間所建東嶽行宮，其後相傳武惠嘗駐兵于茲，因就其地別搆祠宇祀之。予考《宋史》，建隆間王下江南，由荆南順流東至采石磯。濟師進次秦淮，則王之南伐，當不假道於浙，豈其爲周世宗閣門使奉使吳越時道經其地，爲後傳者之誤耶！廟有國朝成化間郡守陽城楊公繼宗題壁，亦具載武惠王南伐時事。楊公爲一時名臣，顧其心嘉，尚不必詳其履蹟耶！王仁恕廉慎，史稱爲宋良將第一。其神之胙饗昭格，自當上下宇宙。蓋昔自其奉使，私餽一無所受。吳越人輕舟追遺至數四，迺受而籍之，歸輸之官。則浙人之敬而且慕，即其行所過而貌祀之至于今者，固人心彝好之常不容已也。　國朝彭孫貽《舟過馬涇謁曹武惠王廟》詩，有序：“馬涇曹王廟，祀宋侍中曹武惠王彬。案：武惠下江南時，吾郡皆錢王境。錢氏納土功不在曹下，祀之不知何據？且《宋史·武惠傳》終於檢校太師同平章事，卒，贈中書令、濟陽郡王，謚武惠。以光獻太后追贈韓王，未嘗爲侍中。贈侍中者，乃瑋也，或曰乃唐曹王皋爾。”詩曰：“夾馬真人出，江東王氣消。至慈飯佐命，偃甲並還朝。草木金陵潤，煙花燕子飄。宮鶯吟左蠹，街孺拜前鑣。計曰開吳會，仁風動浙潮。詎勞宸算舉，坐入版圖遙。使相功何伐，黎元福重徼。錦衣收古鏡，黃鉞定陳橋。俗自祠諸葛，民猶愛鄭僑。麟圖貴臣像，花插侍中貂。山鬼疑司户，神巫更下招。原隰爭卜繭，屠豕僅迎貓。冶女矜紅粉，妖姬盼彩橈。鑪香晴若霧，壁蘚畫長凋。幽客多題句，村兒半賣簫。古涇環夏屋，芳鬯薦春椒。嘆息懷遺烈，雲霓已寂寥。惟留宋時碣，大樹日蕭蕭。”　錢載《曹王廟》詩：“橫港春暄進小航，雲風車馬望斜陽。杏開橋跨村團社，叟拜爐焚小犖娘。連歲米稀收穀少，今朝歸即養蠶忙。老無遊伴聊尋迹，定有神明也爇香。”　案：《浙江通志》引《十國春秋》：“梁開平二年，封故唐曹王明爲昭靈侯。”注云：“明爲唐太宗子，淮人圍姑蘇時，守將禱于其廟，輒潰去，故加封焉。”則神爲唐曹王李明，而非宋曹武惠王彬。又按：孫植《廟碑》疑武惠王南伐，不假道于浙。沈堯中亦以爲並未到禾,疑即曹信父子。吳《志》、嘉興何《志》皆因之。然信別有曹使君祠,且于王號未稱。而《通志》所辨,謂曹王李明與唐天寶間里人王友文捨宅說爲合。特里人奉王久,傳爲武惠云爾。燬于匪。國朝同治四年重建。

西施侯廟　在新豐鎮西。今燬。

東施侯廟　在新豐鎮東大古道院。邑令陳大宏《記》。今新豐東鄉插秧竣,羣來祭禱,艤舟榆柳綠陰下飲福,歲率爲常。燬于匪。同治四年,道士守真重修。

三賢祠　在春波坊漏澤寺佛殿西偏。嘉靖間,巡撫都御史胡宗憲、兵備副使劉燾平倭有功,肖像供祀于殿後。歲久傾圮。天啓甲子,知縣湯齊重建,增入巡按御史龐尚鵬,以倭寇時嘉首當厄,官軍繹騷,富室應役不支,龐革去里長值日,立一條鞭法,徵銀雇役,保全者多,並列而三焉。嘉興湯《志》。今燬。

范忠貞公祠　在新豐鎮南里仁都。祀國朝浙江總督范承謨,康熙五十一年建。案高興《記》,略曰:惟吾國家定鼎燕京,化被九垓,薄海內外莫不賓服,蓋太平以來於今數十年矣。而故家大族欽承國恤,傳習家風,移孝作忠,輔助立勳者,亦所在多有。惟吾范公生長世胄,其先太傅公參豫密勿,門業熾昌。公承庭訓,恂恂自下。甫弱冠,成進士,讀中秘書。當是時,我皇上勵精圖治,軫念東南民瘼,特簡我公來撫兩浙。時當凋療,民苦瘡痍。公焦心勞思,夙夜匪懈,洞悉地方利弊。其大者,若減賦請蠲,寬免浙東賠累戶糧數十萬。水潦洊臻,公講求荒政,設廠賑濟,存活無算。鹽販有禁,特寬老幼婦女一途,俾食其力。兌漕一事,旗丁勒索,倉蠹欺侵,累民甚苦,自公行官收官兌之法,而民始樂業。至若嚴戢旗丁,訪鋤豪強,彈劾墨吏,振興學校,次第舉行,不倦不怠。嗣奉旨特擢總制八閩,時三孽雜連,鯨吞鼠竄,逆謀初煽,虐我元臣。公于是慷慨自誓,嘔血罵賊。初以爵祿縻之,不動也。繼以白刃脅之,不懼也。至五刑遍體,三木囊頭,桁楊桎梏者歷三載,罵不絕口,卒受賊戕。方公被羈,以其悲憤,發爲詩歌,求筆墨不可得,以炭書壁,成詩數百首。迨天兵南下,叛賊生擒,頹垣破壁,公之遺稿宛存焉。嗚呼!是殆有神物呵護者歟。九重震悼,萬姓悲號,優恤載頌,易名忠貞。公之浩氣自足千古,公之精靈至今猶徃來浙閩間也。兩浙蒼生,受公恩最深,思公德最切,郡縣皆有祠奉祀,春秋不衰。嘉興縣之里仁都舊建一祠,年久傾圮。嘉邑張侯起隆、平邑董侯天眷、兩浙運副李公繼謨來攝我郡,仰慕休烈,瞻拜祠壇,願爲振興。率屬復創,堂宇璀璨,廟貌一新。既成,以碑文屬余,余詮次公官績如左。其獨詳于浙者,以祠在浙。余等皆浙人,是猶蘇子所云:掘井得泉,以爲水專在是者歟。時康熙五十二年癸巳吉旦立。道光中,周瑞春重修。

朱文公祠　在新豐鎮。康熙初,裔孫嘉福建。嘉慶十年,裔孫燨重修。

聞人端穆公祠　在縣西北雲泉鄉。永樂初,聞人著建。歲久圮廢。崇禎戊辰,聞人彬等復建宗祠于鹽倉坊迪字圩。初地庵相連,僧如恒即公之裔,令督守焉。彬同弟麗子爟、烶等,共捐田一十三畝,以供歲祀。今廢。

屠康僖公祠　在常豐坊東湖書院。明正德庚辰,屠應塤、應埈爲刑部尚書屠勳立。明太倉毛澄有《東湖書院記》。國朝嘉慶十一年,題准春秋官爲致祭。今燬。

姚穀庵祠　在鹽倉坊清真道院。嘉靖甲子,爲明監察御史姚弘謨建[1]。莆田康太和《記》。今燬。

【校注】

　[1] 按:本《志》卷五十《嘉興列傳》:"姚綬,字公綬。以進士官廣東道監察御史,巡按兩淮,鉤剔積弊。歲饑,畫策賑濟,流民賴以全活,璽書褒美。後謫知永寧縣,以母老辭歸。"卷五十二《秀水列傳》:"姚弘謨,字繼文。嘉靖癸丑進士,授編修。左遷六安州判。越二年,進揚州府推官。累遷湖南副使,提督學政。歷陞吏部左侍郎,兼侍讀學士,以疾乞休,卒。贈禮部尚書。"姚弘謨未任監察御史。故姚穀庵祠,爲明監察御史姚綬建。姚綬,號穀庵。

孫簡肅公祠　在永豐坊十四都麒麟原賜墓之東南一百步，爲刑部尚書孫植建。

兩孫公祠　在梅谿庵西，祀大參光啓、南光禄少卿光裕。

陸氏宗祠　在胥六都東盈字圩。萬曆己卯陸灼建，捐田二十三畝餘，供祀事。嘉興湯《志》。陸萬垓有《碑記》。今燬。

沈氏敦本祠　在里仁十一都來字圩竹林里。康熙三十年，里人沈治泰建。案：嘉善曹鑑倫有《碑記》。 以上伊《志》。

朱竹垞太史祠　在王店鎮曝書亭側。同治五年，浙江學政、吏部侍郎、泰州吳存義倡捐建，並置田以供歲祀。知府許瑤光《記》略：國初兩浙人文，嘉興爲最盛。陸清獻隸平湖，張楊園隸桐鄉，皆以理學名儒著。至經籍考據、詞章之學，則推朱竹垞太史[1]。太史籍繫秀水，而曝書亭在嘉興縣南之梅會里。咸豐十年夏，嘉郡陷，先賢、名宦祠墓多被毀。越五年，閩浙總督恪靖伯左既平浙，旋[2]閩勦餘匪。將行，命修張楊園墓於爐鎮。已而方伯楊又修清獻墓於泖口，并修其祠宇之在縣城者。表揚先進，楷模後學，意均厚也。同治四年，吏部侍郎、泰興吳和甫宗伯[3]按試至郡，訪清獻遺裔，升之秀士。五年五月，復按臨，事竣，命小舟往訪竹垞太史宅。至梅里，其裔孫迎於道。導入村，則北垞已頹廢，而南垞之曝書亭、藤花館暨醧舫均完好，無兵燹痕。宗伯[4]欣然，喜命觴於醧舫，酒次，言曰：“近世士人習日趨浮薄，修身立行，難企前哲矣。即殫見洽聞，根柢深潛，如竹垞前輩之研經博物，邀獎於聖祖[5]者，亦不可一見。盍爲建祠宇，庶邦人知所景仰，而經學得以復振耳。”[6]瑤謹誌[7]之，不敢忘。已而宗伯[8]出廉銀以倡捐，諸同人各有貲助。遂置田建祠，以今年三月告成。既成[9]，爲文以記。瑤惟伊川之言曰：“古之學者一，今之學者三。”似謂文章訓詁無與于[10]儒者矣。似謂古有儒者之學，而不分文章訓詁矣。然聖門四科，德行、言語、政事之後列文學，似古亦未始不分也。蓋分者，天質之有所偏近，而其裁成以歸於大道，斯恃[11]有聖人耳。且言學莫先於《說命》，而一則曰“人求多聞”，再則曰“學於古訓”。今欲舍文章[12]而空求所謂儒者之學，其又奚所憑藉哉！孔門教人之法，篤志始於博約，禮亦始於博矣。竹垞太史之博，雖未必當於伊川儒者之言，然以視《說命》之多聞，《論語》之文學，盍蔗幾焉。崇之而爲建祠，其誰曰不宜。瑤又考竹垞太史作《曝書亭詩》，以“庾信小園”自況，儼然千秋可券矣。乃《春日南垞雜詩》又云：“不知何人更結草堂。”似又難必其亭館之永久，以至於今也。王摩詰，唐之高曠士也，新家孟城，尚不免作“來者爲誰”之想，然則古賢豪遺蹟，其能傳不能傳，當其生前殆在將信將疑間矣。顧人果能自樹立，敏於好學，確有所成就，其流風餘韻，自克垂耀[13]數世而使仰慕者，愛惜而庇護之。如曝書亭之蹟，迄今幾二百年。儀徵阮文達修之於前，上元朱述之修之於後。兹於亭側又建祠宇，是其不與風雨俱就磨滅者，賴[14]有可傳者在也。讀書有志之士，固可不自免[15]哉。 案：祠產坐落嘉興縣東上十五庄田二十畝六分，地四畝七分；南上十七庄田十七畝三分。

【校注】

　［1］太史：許瑤光《朱竹垞太史祠堂記》碑尚存，嵌現秀洲區王店鎮竹垞園潛采堂西牆內側。碑刻無“太史”二字。

　［2］旋：碑刻作“旋赴”。

　［3］［4］［8］宗伯：碑刻作“督學”。

　［5］聖祖：碑刻作“仁廟”。

　［6］耳：碑刻作“乎”。

　［7］誌：碑刻作“識”。

　［9］既成：碑刻作“因”。

　［10］于：碑刻無此字。

　［11］恃：碑刻作“時”。

　［12］文章：碑刻作“文章訓詁”。

　［13］耀：碑刻作“曜”。

　［14］賴：碑刻作“實賴”。

［15］免：碑刻作"勉"，是。

包孝肅公祠　在東原圩，即香海庵。案：庵基四面距水，舊址一十六畝。明弘治間包鼎建。崇禎間，裔孫包南巘、汝楫興修，後爲人盜鬻。國朝乾隆五十四年，後裔包煒、包炳呈經知府鄭交泰判歸復建，永爲包祠，并題"笑比河清"額及"史魚後勁，忠介先聲"聯。嘉慶八年，巡撫阮題准春秋官爲致祭。今燬。

孫氏宗祠　在縣東移九下十五庄。明刑部尚書孫植爲始祖聽雪徵君建。燬于匪。今改建鳳喈橋鎮。

孫氏嘉勝祠　在宿字圩，祀國子生孫成倫。有董其昌《碑記》。今廢。

魁星閣　在縣治東。道光七年，方璿、方璣、謝丕勳捐建。十七年，邑紳公同捐修。同治中重修。

劉猛將軍廟　俗稱南臯峯廟，在治東南三里白芒堰橋下。祀劉猛將軍，賴以驅蝗衛穀。雍正二年列入祀典，每歲正月十三日誕祭，冬至後第三戊日致祭。咸豐七年，勅加保康號。案：《禮部則例》載，神劉姓，名承忠，元時官指揮，能驅蝗。元亡，自沉於河，世稱劉猛將軍。《大清會典》《通禮》皆同。舊志作劉琦，誤。

關帝廟　在新篁鎮六如庵，舊名古廣蓮庵。道光辛卯，里人重建。

魁星閣　在新篁鎮。道光八年，周瑞春重建。今燬。

鮑氏孝子祠　在蒯搭坊。道光六年，鮑晉建，並立義莊，捐置義田。歲祀之外，悉以贍族，燬于匪。今移設學中。

于氏宗祠　在胥山都夜字圩。于玸、于鑑、于瑞麟及同知于樹棠建，並捐田一百七十畝贍族。道光三年，學政杜堮給"義昭敦睦"額。

三義祠　在鍾溪東，即秀州之三義祠。案：三義，宋宗室趙孟僩移家居於伍莊，大構亭林，與殷澄、陶菊隱爲友。後人於伍莊之西創建此祠，立三木主焉，至今猶存，俗訛以爲"桃園三義"云。　以上于《志》。

姚公祠　祀嘉興縣舉人、江蘇補用道姚丙禧。咸豐十年，粵匪之難，丙禧集團禦賊陣亡。同治十一年，浙撫楊昌濬奏准，在於原籍捐建專祠。

秀水縣

關帝廟　在西門外三塔寺之東，舊岳王廟址，雍正間改建。乾隆四十九年，高宗純皇帝翠華臨涖，御題"聲靈綏佑"匾額。咸豐末廟圮，尚未建復。一在鳳池坊，未詳建立年代。邑人諸錦《記》。嘉慶四年，里人顧氏復捨宅，充拓廟址。燬于匪。光緒元年重建。案：關帝廟之建于本境者，不可枚舉。市心關帝廟，地屬秀水。已詳《府·祠祀》中，茲特舉其一二云。

火德廟　在府治乾隅，舊在城南隅城外倉基上。宋建炎間建。明永樂乙未，案吳《志》作宣德間。知府齊政命遷城內西北隅[1]，蓋取火庫居戌之義。鄒《志》。　明陳泰交《記》：郡南隅爲火德廟，肇宋建炎中。兵燬。今守某君決計爲遷城內，曰："夫南，離位也。離爲火，火之不熄，其張之也。按天官家，火以辰見，以戌伏。今之遷戌地也，去戌數百武爲市曹，實祀水神。水，火之妃也。水、火並祀，所以濟也。庶其藉手鬱攸之靈，以逭不佞罪耳。"予爲再三嘆曰："君福百姓良厚。夫火于五行，屬二□□稱最，大政間爲火。政之重也，在古不在今，在下不在上。夫淳耀惇大，天明地德，光昭四海。千古稱祝融氏，而祝融氏實爲高辛氏之火正。唐火正名閼伯，迄周而司烜氏、司爟氏實爲位號，以表官常。漸而今也，縣官第求羣臣孰利治水否，耳火不爲設官，亦不左右顧問丞相火政如何。百姓拮据生産，惟是恐恐焉，慮晝夜之不虔，以貽火患，父子兄弟相誡也。而一切牧守者贅旒之，道路若塞，野場若棄，中春不修火禁，四時不變國火，以救時疾，第當寒沍飛一紙，四境慎火而已。嗟乎！吾即無望徼祝融之靈，成天地之大功，亦何意凌夷爾爾也。君臨嘉郡，首遷此廟，修火政，具見一斑已。予所稱今與古合者，君故不任也。而上與下合者是則在君，不聞單襄公之藥石虞陳者耶。日列表以樹道，立郵食以守路。國有郊牧，疆有寓望，藪有圃草，囿有林池，所以禦災也。君惠會元元而恤其災，必先事禦若承蜩。寧獨新神之廟貌，而曰是足消譆譆之鳥鳴也，必不其然。夫瓘斝、玉瓚，子産弗與解者，謬云天災流行，非可禳息耳。夫子産，其亦欲講于禦災之道也"。郡君曰："某不佞，敢不佩韋若言記之。"萬曆壬辰燬。崇禎癸未，道士糜國珍重建。吳《志》。

　　[1] 按：據本《志》卷三十六《職官表・知府》，齊政宣德間任知府，與永樂乙未（十三年）不符。

　　市曹廟　在郡治西二百步咸中坊，市心巷之中區。案：舊爲靈觀道院，亦稱五郎廟。創自宋景定甲子，至正統乙丑圮。千户呂熊捐俸，道士沈了然修。己巳，道士沈道亨建松月軒。天順壬午，知府楊繼宗捐俸，建玄帝殿、太清樓、樂閑堂于其中。鄒《志》。　　明張寧《記》：市曹廟在嘉興郡治西，去秀水縣東南二百步咸中坊，市心巷之中區。創自宋景定甲子，歷一百八十年，至國朝正統乙丑，傾摧浸隘，與市儗等。是年，守禦千户呂熊以俸錢施道士沈了然修葺。後四年己巳，沈道亨始購震隅地，作松月軒。天順壬午，陳日常立山門，復購巽隅地。時都御史楊承芳守郡，予俸楮幣千緒，給資費肇建玄帝殿。備設儀像，繼作太清樓、樂閑堂于中。後自乙丑至今又五十年，而五材具用，衆工協成，始稱方外大家日常之功，蓋十九也。聞日常蚤師徐守真，爲火德祠士，一領廟事，苦心瘁力。今年幾七十，尚勤。願慮介元真、忻自然請言刻石，以示其後，使其少遵世用，將不有過于碌碌餘子邪。爲是感也，樂爲之記。萬曆甲申，道士楊懋玄增建文昌閣。嘉興湯《志》。　　項篤壽《市曹火德二廟碑記》：嘉興府治之西有錦帶河，河之西北隅有火德神祠。其西南隅有市曹廟。二祠東西相距不下二十丈許。歷宋迄元，以至今日，凡六百餘歲。其所跨民居，嘉靖初爲白氏之廬，尋歸范氏。范歸于沈，沈又屬之于余。三十年間主之者四姓，二祠固無恙也。二祠之北，爲吾祖故居，歷元至今二百年，謹謹世守。吾祖父與二祠羽士爲方外交，相得極歡。今吾卜居爲鄰，羽士輩亦時時往來，更爲依倚。奉吾祖襄毅公遺像，供養不替，良足賢矣。嘗謂物各有主，第主之于我，則我易盡而物亦易窮。惟主之于天地，則天地無窮，而物亦與之無窮。佛老之徒，雖或詭于正道，然習静苦空之教，亦足以醒悟顚蒙，而輪迴報應之説，得吾儒勸善懲惡之旨，其周流于天地間，有不可盡廢者。吾郡禪居惟覺光、真如二刹，稱雄于諸寺。其地乃晉徐熙、唐裴休故居，捨而爲寺。二寺歷晉、唐，抵今千五百餘年，未之有改。徐、裴二公之名，托以不朽，而羽流衲子，亦與之常住無窮。是二祠，一名鬱攸，一名市曹。市曹典官刑，鬱攸典回禄。福善禍淫，其應不爽，可畏也已。今歲甲申，道友姚守禮、楊懋玄、沈以誠輒葺隙地，構數椽樓居，奉文昌神于其上。文昌星麗于天，爲文章司命，有梓潼經行于世，謂能檢點人間善惡。登斯樓也，當必有夙夜匪懈，臨深履薄者矣。吾子若孫，其永念爾祖法其所興，鑒其所亡，無淪惡趣哉。若乃不務廣德，巧取豪奪，則典刑、鬱攸皆可懼也。乃因姚子之亟請，而書以勒石。國朝乾隆五十四年，道士王蘅重修。燬于匪。同治十年，建復廟宇。

　　節孝祠　在秀水學宮之東。國朝乾隆四十二年，陳王氏率孫金柱重修。王日桂《記》：世宗憲皇帝御極之元年九月五日，詔書有曰："旌表節義，給銀建坊，民間往視爲具文，未曾建立，恐日久仍至湮没，不能使民間有所觀感。著於地方公所設立祠宇，將前後忠孝節義之人俱標姓名於其中，已故者則設牌面於祠中祭祀，用以闡幽光而垂永久。欽此。"嗣經部議，各府、州、縣建立專祠，設石牌坊一座，鐫列節婦姓氏，法至善也，恩至渥也。秀水學宮之東爲節孝祠，祠前有坊，創建已七十餘年，雖一再修，而日就傾圮。今年夏，紳士董葺學宮，而節孝祠則邑之節婦王氏獨任之。王嫁上舍陳鈺，早夭，撫其孤濤成立，守節逾三十載。已旌門矣，迺捐金繕祠，甃甬道，重建儀門三楹，規制宏敞，復以其羨餘兼修忠孝祠，不靳重資，里人歎美。是役也，始戊午七月，訖九月。鳩工庀材，鈺之從弟振聲實贊成焉。余秉鐸斯庠，振聲爲弟子員，夙以論文相契。因爲之記。咸豐末燬。同治九年重建。

五龍王堂　在迎薰門外五龍橋北，嘉興湯《志》。南城外三里。宋天聖二年立。至元《志》。舊在湖中，與凌虛閣相對。天順間，遷之北岸。知府楊繼宗改潦波橋爲五龍橋。鄒《志》。廟有石幢甚古。秀水李《志》。今燬。

雨金嶽宮　在新城鎮。唐景雲二年，汴人翁嵐避地新溪，建東嶽行宮，扁山門曰"雨金勝地"。歷宋、元，毀廢。明洪武甲子，翁可立重建。天順間，道士李景暘建正殿。嘉興湯《志》。　明呂愆《記》略：案唐景雲辛亥，汴人翁嵐字谷瑞，挈家避地新溪，即唐會昌元年所築土城廢址。谷瑞夢金冠絳袍神人命居此，因卜地溪上，爲樓避之所。明年秋，夜忽聞異香襲人，戶外瀝瀝如有冰雹聲。旦觀，河中多金片，疑天雨賜。谷瑞不敢私，以拓地葺材，列以羣神，主以嶽神，咸稱谷瑞爲雨金翁，此其名所自始。更宋歷元，毀于兵燹。明洪武十七年，裔孫翁可立修復之。天順初，耆善陸宗輩增置正殿，道士李景暘與徒沈永澄協力經營焉。國朝乾隆四十八年重修。毀于匪。光緒二年建復。

小武當案秀水黃《志》作小普陀。　在東禪寺南一里。吳《志》。舊名南溪真武祠。元延祐間建。明景泰時重修。隆慶年主祠楊守成鑿池疊石，建殿于山巔。復築土山于殿北，竹樹蓊蔚，水光山色，爲縣治西一勝云。秀水黃《志》。國朝順治初，里人許聖道捐修。伊《志》。

嘉禾大王廟　在縣北望雲門外。今廢。

靈宿土地廟　在縣西南二十七里，本覺寺之東南。相傳始欲立廟他處，木植既備，一夕自移至此，水旱禱之，無不響應。

靈濟昭烈王廟　在郡治西南一里半。舊在西門外，宋德祐兵火後移于此，即知惠州徐聞詩宅。至元《志》。今廢。

螺潭廟　在治南五里。廟側有元羅愛卿塔。羅善詩，守節。遇亂死，葬銀杏樹下。吳《志》。互見《山川》。今燬。

雷祖廟　在碧漪坊壽峯禪院東。今燬。

德勝聞神君廟　在西門外二十里深葉里。宋婁真卿有《德勝聞神君碑》：顯應德勝聞神君廟，崇寧初年本邑王子明所建，禾興之西深葉里。昔立于邊塘，忽一夕，飈雨雷轟，鏗然移出，神兵千萬，陰助靈顯，主災主福，有禱必靈。一方之民，在在加敬。陰受神賜，顯迹凜然。老宿相傳，百餘年矣。端平乙未，徐道慧等重修，榱桷棟折，年深久弛。景定癸亥秋七月，道慧再捐囊資，募求檀施，建造廟門、殿室、東西廊廡、廟軒庵廬，凡一十有餘間。捨置田地，以贍道衆。錢穀役工，用磚灰瓦木，費緡一萬有奇。道信、道慇，寒暑不倦，頽圮罅補，粲然一新。道慇守庵，惟香火之流傳，贍衆得田，於獲饘粥之繼，感悅一誠之心，幽顯以之。仰蒙權府德清趙慨然據執從請之，美事也。道信作禮，因其請，識顚末若書。盍爲紀述數語，堅珉以永其傳。景定甲子仲春望日。今廢。

徐偃王廟　在府城西北二十里。偃王逃戰，之會稽，王之宗族有散在邑者，爲立廟。《大清一統志》。今廢。

越相國范公祠　在府治西南金明寺後。秀水任《志》。　國朝曹溶詩："俎豆千年舊，名因霸越留。黃金曾鑄像，鳥喙久含愁。身退靈旗遠，功成廢殿秋。至今丹檻外，猶繫五湖舟。"　吳偉業詩："艤棹滄江學釣魚，五湖何必計然書。山川禹穴思文種，烽火蘇臺弔伍胥。浪擲紅顏終是恨，拜辭烏喙待何如。卻嗟愛子猶難免，霸越平吳事總虛。"　朱彝尊《櫂歌》："落花三月葬西施，寂寞城隅范蠡祠。水底盡傳螺五色，湖邊空挂網千絲。"　馬逢皋詩："遺廟空千古，春風杜宇愁。閒情鰕菜老，霸業綺羅秋。越俗殘青嶂，吳舠冷白鷗。夕陽回首處，綠草遍芳洲。"　袁日華詩："池水千年碧，湖光一片秋。大夫當日去，祠宇至今留。金鑄終難覓，弓藏合早休。應憐同事者，功就又何求。"今燬。

三賢祠　在縣西南半里。元大德間建，祀漢朱買臣、唐陸贄、宋陳舜俞。羅汝敬《記》：浙江嘉興，古吳郡地。漢會稽守朱買臣、唐首相陸贄、宋山陰令陳舜俞實生茲土，是爲三賢。元大德間，鄉老以其行義足以淑諸人,請郡祠東南春波門外,以春秋二仲之上丁祀之。歲久圮。有司者因循勿葺,唯除地以將事。洪熙紀元初,大理卿胡公槩拜東土旬宣之命,考圖數志,憫神棲之無所,乃治郡西三皇殿之故址重構焉。經始於宣德二年之十月,落成于明年之正月。爲屋若干楹,官無費財,民不勩力,棟宇雕牆,增加於前。規模堅樸,不逾時制。于是奠獻有位,瞻拜有儀,廊廡庖廚,以序畢具。既竣事,率厥官僚暨厥耆耇,置牲酒以妥其靈于是。神降之休,郡治豐豫。又明年,郡守齊侯政以大理公爲能得其要,振颺風化得其正,嘉惠于郡者得其人,乃礱石請記。嗟夫!賢者之用世,莫不欲建功立德,以匡輔當時。然所遇非其時,則齎志以没齒者亦往往而有,苟非崇執于文明盛世,其不與草木同朽腐者幾希。若三君子者,文學能行舉,足以膏澤斯世。顧乃材不足盡用,雖漢武之寵任買臣,不過俾其富貴而故鄉歸耳。至若陸公奮切忠義,以紓奉天之難。舜俞力詆時宰,以伸變法之非。當時信從而終任之,其功德豈淺淺者。惜乎相業未終,官職未試,而别駕忠州,監税星江之命下矣。有志之士得不扼腕而深悼之。向非世享,以崇厥報,彼三賢者,衆人奚擇焉。然則祠之重構,俾廟食百世,以光啓其後人者,良有以也。繼自今郡之人士登賢者之堂,仰賢者之像,繼賢者之跡,以顯融聖世,匹休前人,則豈惟無負大理公建祠之心而刻石著祠之意,郡侯亦有光矣。若夫三賢致身詳實,有國史在,兹不復具列其事也。　案:三賢祠有宋鄭清之撰《陸贄像贊》,明鄒衡補撰《朱買臣、陳舜俞像贊》,見鄒《志》。咸豐末燬,今移祀鴛湖書院。

許侍郎廟一名許公廟。　在府城内,祀晉黄門侍郎許安仁。《大清一統志》。今廢。

裴丞相祠　在秀水縣南真如寺。唐大中年,裴休捨宅爲寺,後人立祠祀焉。《浙江通志》。案:秀水任《志》:今祠廢,塑像于殿左,爲本寺伽藍。今燬。

楊將軍廟　在郡治北五十步。乾化元年置。至元《志》。在治北一里。劉《志》。　明張寧《記》略:嘉興縣西北五十步,有旌烈楊將軍廟。五代梁乾化中創置。其地適盡玄真道院東,將軍爲守將,時城陷,不屈,赴井死。今地故有井,歲旱不竭,必其生有捍禦功,于民又能死其事,故立廟以祀。惜其名爵不傳,廟祀沿革亦無所考。元延祐中,廟之故址皆割没爲民舍。正統、景泰間,復廟址之半。成化己丑,遂盡復故所侵地,底于大成焉。　案吴《志》云:名字、世次莫考,嘗入井斬妖蜃出,化爲神,廟額旌烈與張寧所記不符,應以碑記爲正。又云:秀水縣治西古井庵,即旌烈楊將軍井,與祀中歲旱不竭之説爲合。今考古井庵,即楊將軍廟也。今廢。

王總管廟　在郡治西南通越門内。高田賊作亂,以身死難,故祠之,加封旌忠廟。至元《志》。總管名佚。吴《志》。今燬。

曹使君廟　在郡治西北二百五十步。祀吴越曹信及其子珪。《大清一統志》。　案吴《志》云:舊志載邑人列狀記之者曹信,《吴越備史》以爲曹珪,《嘉興縣志》以爲廟貌三人,碑漫漶不可考。案:唐季之亂,信城嘉興,珪與族人師魯守之,有功兹土,例皆得祀。廟像三人,即信、珪及師魯。有謂信即珪,然《十國春秋》:信夢一大夫謂我爲爾子,有二千石,遂生珪。似可據。今祠久廢。

施府君廟一名靈顯侯廟。　在縣北五里。土神施府君,宋人,諱伯成,九歲爲神,幾百餘年,有禱輒應,歲旱澇,鄉貢進士聞人剛中等禱于祠下,隨獲大雨,遂請于朝。景定五年九月,准勑賜今額。今廟之左右皆施族居焉。至元《志》。　案鄒《志》:俗呼爲攞秧廟,施府君未封前事也。明勑封護國鎮海侯。吴《志》。　案黄濤古蹟詩注云:在杉青閘上,以護國鎮漕勑封,相傳爲宋施全里人。患瘧者禱之立愈。《志》稱神字伯成,與全之命名其義頗合。姑存其説以備考。今廢。

普寧王廟　在郡治北一里,俗呼銅棺廟。舊傳嘉興知縣有善政,天降一銅棺,葢自開,知縣入焉,葢又自闔。其棺飛在常州宜興縣山上,今爲銅棺山,當時有吏人堅挽知縣不可入,遂折一臂,後塑折臂曹司在其側。至元《志》。今燬。

趙龍圖祠　在縣南真如寺。宋建炎初,趙叔近以龍圖待制知秀州,王淵以私憾誣殺之。殯寺中,後爲立祠。《大清一統志》。　嘉興湯《志》:趙叔近,宗室也,累官龍圖待制。建炎初,守秀州。杭卒陳通反,詔辛道宗將西兵討之。兵潰,爲亂,抵秀城下。叔近乘城論以禍福,通斂兵退。詔差權兩浙提刑,以撫通。叔近輕隊入賊,置酒推誠,衆皆感服。因奏赦通黨,帝業已許之。而叔近還秀,王淵兵至杭。淵素與叔近有隙,忌其功,欲陷之。詐傳趙秀州來,通出郊迎,遽殺通,而誣叔近庇賊,拘于州,以朱茞代之。秀卒徐明號衆,囚茞,出叔近。叔近撫定之,倉卒未及聞,而朝旨已遣[1]御營中[2]統制張俊討明,侵[3]淵之部曲,希淵旨,誣叔近與明同謀,竟殺之。農民哀痛,立廟祀焉。今燬。

【校注】

　　[1] 遣:崇禎《嘉興縣志》卷六《祠廟》"趙龍圖祠"條作"遣"。似當作"遣"。
　　[2] 中:崇禎《嘉興縣志》作"中軍",當作"中軍"。
　　[3] 侵:崇禎《嘉興縣志》作"俊"。當作"俊"。

　　蘇公祠　在本覺寺三過堂後。萬曆九年,郡守龔勉建。秀水李《志》。今燬。

　　楊姑廟　在縣西。舊圖經云:昔有楊氏女篤孝,躬耕給養父母。死後,鄉里爲之立祠。至元《志》。今廢。

　　徐王廟　在秀水深一莊德化一都日字圩。伊《志》。　國朝范長發《記》略:徐王,浙人也。廟在禾城東北思賢鄉,自宋迄今五百餘年矣。舊壁繪王出征始末,功績丕著。當徽、欽北狩,王忠義不屈,歿于江右,隨即成神。今巢湖駕央殿即王顯聖處也。歲之八月,王之誕辰;仲春二月,王夫人誕辰。故老相傳,每歲八月前,紅光燭天,徐王歸里,是年五穀豐登,歷有明驗。明末,王常顯靈,使此地免于兵刃,是以合郡士民無不感戴酬賽,爲一方盛會云。

　　岳忠武王祠　在西門塘三塔寺東,王裔孫元聲、和聲、駿聲立。嘉興何《志》。明末兵燬,僅存基地。國朝雍正九年,裔孫私賣歸公。案:今爲關帝廟。乾隆初,裔孫經五呈請復祠。制府稽曾筠飭仁文書院故址改建。經五子鑑經營二十年,至乾隆五十二年工竣。重樹萬古精忠坊,流芳橋置祠田六十畝。浙江布政司使給有永禁侵毀,示勒石。桐鄉馮浩記。咸豐元年,勅賜顯忠祠額。鑑子鴻逵增置祠田,孫廷楷建御碑亭于祠之西北隅。十年,燬于匪。同治九年,祠裔岳鴻翔、岳彤等重建。

　　岳氏啓忠祠　在忠武王祠後,祀忠武先世三代栗主。明司馬岳元聲、中丞岳和聲、銀臺岳駿聲皆袝夾室。嘉慶十四年,裔孫岳鑑建立,竝建莊房,增置祭田四十畝、管祠膳田十畝。十五年,又于祠西建立岳氏支祠。今燬。未建。

　　廣福行祠　在祥符寺東偏。宣德間,主僧緣事錢塘,數月不決,因禱鹽橋蔣侯祠,獲應,請立祠。鄉民崇奉,朝夕香火不絕。柳《志》。祀宋蔣崇仁。明姚思仁《記》略:余猶子孝廉讀書祥符僧舍,常述寺中伽藍神蔣侯極靈。余耳之熟,而未悉侯何以靈也。茲重建侯祠,猶子計偕入都,乞余爲記。因閱宋牒文,知侯杭人也。兄弟三人富而爲善,廣積米穀,遇荒歉即平糶焉,且聽糶者自量,故稱蔣自量云。宋宣和間,方臘寇杭州,侯率家人拒之。寇平,部使者上其功,未及祿而侯歿。歿,現夢于隣家,謂上帝因平糶拒寇,牒幕本方土地,人未盡信。次夕得夢甚衆。土人即故宇爲祠祀焉。有臨安尹韓疑爲淫祠,命撤之,侯忽憑其家人索故宇,韓愧謝,爲徙基鹽橋上,且聿新之。嗣是禱者如市。嘉熙丁酉,杭城旱,郡侯夢黃衣告曰:禱用蔣自量名,即雨。尹如其言,果大雨。又城中火,忽現蔣相公旗號,火遂熄。甚至火逼橋側,祠上現出侯像,風迴燄止。丙戌歲,江潮嚙岸,沿江之民禱于侯,得免漂蕩者十之七。其佐神張判官、朱三耆靈應尤異。咸淳三年,有司奏請賜廟額曰廣福。又六年,盡封爲侯,此侯之靈於杭者也。吾禾祥符寺前有出路,爲元時貴人所佔,因從曲徑借道於水西。國朝洪武丁巳,寺僧信傳呈復此路,寓侯廟祈禱,願奉侯爲伽藍,及路復,而祠未建。有三人者從杭買舟抵禾,至三塔,失楫,引舟子入祥符,則楫在殿中。三人忽不見,止遺包,帙有籤經。據之以卜,無不響應。此又侯之靈於嘉而祠所由昉也。歲久漸圮,寺僧真凈、如潮矢願修葺。里中文學陶武忠爲倡,弟元暉中丞爲文,告諸檀信,衆皆樂施,鳩工數月,登疏者十集二三。凈年邁,不堪拮據,潮獨捐貲那貸,刻期落成。祠柱故用木,易之以石,材程鐶漆,無不緻好。夫天下神宮宇必俟衆而成,今無庸衆而成也,潮心苦力殫矣。余因謂世之祀神者以神靈也，使神不靈而所禱不應，則鎦鎦銖銖而告之衆，且積歲纍月不可得，今何以樂施者衆，獨任者又甚捷也，非侯之靈，足以鼓動人哉！余益信猶子之言非謬矣。是爲記。今燬。

報恩寺　在縣北三十里。宋進義校尉朱張恂殉崖山難，至元丙子，子穹壽悲父之死難，舍居爲禪院，肖像祀之，額曰報恩。至正初，語溪釋本誠有記。奎章閣學士院參書柯九思篆額。明成化庚寅，盛舉重修。嘉興何《志》。　明周鼎《記》。今廢。

冷仙祠　在玄妙觀後。明季秀水令傅汝爲葺。國朝康熙十年，里人朱鑛重修。國朝鍾淵映《題冷協律祠》詩：“猶憶先朝協律郎，曾將樂府事高皇。幾時玉洞成仙隱，不向金門隸太常。琪樹春深丹竈冷，瑤笙晝静碧雲長。城隅華表千年在，化鶴還應返故鄉。”萬光泰詩：“神仙事若誕，阮倉寧有書。飛昇略可紀，稚川非欺余。吾鄉冷啓敬，郎潜勝國初。七絃寫泉石，犁眉爲軒渠。奇跡托缾隱，俗緣棄土苴。葛井錢作蟶，劉盤唾化魚。往事二百載，遺祠竹中居。符籙羽客宅，刀砧屠沽閭。空堂寂于野，升降廢殿墟。隙地菘苣蒔，方池萍藻潴。不汎春水舫，時荷新雨鉏。仙人蟬蛻後，塑裝玉雪如。去來青霜袍，乘以雲光輿。下土何所見，惟聞響瑶琚。登樓近粉堞，冬老萬木疏。散馬卧短草，饑烏啄長樗。星湖衣帶水，水淺斷釣魚。一市飲淪渙，數家掩蓬籧。吾來每臘尾，雪姑鳴屋胥。寒光澹憑几，曠境興攬袪。側聞可祈夢，絕勝占旐旟。此生本如寐，況悟莊叟蘧。安知天門虷，不等鼠穴車。齋心詠仁義，盜篋不可肤。下梯踏夕煙，明發逼歲除。”道光八年，里人俞厚基捐募重修。咸豐末毀。同治七年建復。

六賢祠　在仁文書院。初祀薛瑄、胡居仁、陳獻章、王守仁，後增祀吳與弼、岳元聲。以上吳《志》。今移祀鴛湖書院。

項襄毅公祠　有二，一在象賢鄉賜墓之東，嘉靖丁亥，孫項鏞建。秀水任《志》。　明長洲陸粲有《碑記》。今燬。一在靈光坊，即尚書坊址建造，內爲孝友堂。嘉慶六年，項氏後裔重修，巡撫阮元書額。道光三年，裔孫琳于堂後建端本廳。

孝義祠　在西麗坊，祀明特旌孝義竇卿、沈城、項穆。天啓初建。明朱國祚《記》略：吾郡自正統歲饑，有素封沈公本捐米穀三千三百賑活生類，荷勑榮奬者。至嘉靖時，有贈通判竇孝子卿首議修築郡城，倒囊獨築澄海一門，於是平、善、崇、桐四邑效法，各請建城。同時有封郎中項公銓先買人宅已數十年，因破壁獲藏金，急召故宅子孫，悉還之。此鄉間嘖嘖頌義無窮，用以允[1]胄縣延，世紹休義[2]也。頃當戊子、己丑間，東南焦稿，疇壠焚如，穀菽騰踴，家户不能糠粃厭也。乃復有榮奬曾孫光禄君文鋭，築城子若孫郡丞君文照、文學君國元，還金家[3]孫封中翰項君穆孝，能推乃祖乃父之前心義舉，成我胞我與之滿願。諸君之視人饑猶之我饑，道殣等之家殣，至郡丞父子産遜中人，而粥饑以月計者五，槽穢以百計者六，典簿則爲寡母陳賑粟以千計，更復謂向後里閭有不可知之年，爲宗寒庠俊計久遠，則沈之捐田六百有八十，項遂割畝七百焉。于是郡、嘉、秀庠各受沈、項田二百畝。項以故籍嘉善，庠亦受田百畝。沈則仁文有助，項則宗黨有贍，漸仁渥慈，垂之永永已。自己丑暨今三十三載，當知見前林林然力畝澮，肩負販，業工伎于山林、城市間者，莫非由三諸君昔所全活之子若孫也。中丞、直指具題樹坊，特表三公孝義，人于是始知孝于親，樂于施，爲明主之所旌，重當塗之所褒，嘉其有觸乎孝義非一人矣。坊後有地，樹祠三楹，即以祠三氏贈通判旌孝子竇公卿、贈典簿沈公城、封中書項公穆各主廟左右以居守者，一切經費皆郡丞首倡。兹孝義祠竣，請記以垂不朽。今燬。

【校注】
［1］允：崇禎《嘉興縣志》卷二十二《藝文》收朱國祚《沈竇項三公孝義祠記》，作“胤”。
［2］義：崇禎《嘉興縣志》卷二十二《藝文》收朱國祚《沈竇項三公孝義祠記》作“美”。當作“美”。
［3］家：《沈竇項三公孝義祠記》作“冢”。

菊隱祠　在王江涇鎮純真道觀旁，祀宋將仕郎陶菊隱。佚其名。國朝乾隆間，其裔孫重建。燬于匪，光緒元年建復。以上伊《志》。

　　魁星閣　在學之東,其下即鳴陽門。成化中,知府徐霖闢建,取道東出。嘉靖二十七年冬,知縣方祥更爲鳴陽坊。國朝康熙四年,改建己位,不利于學。十九年,請仍舊志。知縣于珽復之。詳范正輅《修學記》。　案伊《志》:秀學巽方有魁星閣二,一在廟門左角,一在道署左偏。又精嚴寺有鐘樓,巡道車大任、知縣陳于廷因秀庠建,俱在學東南隅。馮夢禎《記》具述之。咸豐十年燬。今移祀學宮東偏文昌閣中。

　　沈少保祠　在碧漪坊,祀明贈太子少保沈思孝。嘉慶初,巡撫阮元題准列入祀典。道光十七年,裔孫沈篤慶等修之。咸豐間燬。光緒三年,祠裔重建。

　　二戴祠　在北麗坊,祀漢信都太傅戴德、九江太守戴聖。道光十三年,後裔戴永智建立。巡撫富題准列入祀典,春秋致祭。今燬。

　　呂祖廟　在咸一庄證覺禪院。嘉慶四年,奉准部行春秋致祭。十年,奉旨錫加封號。

　　大王廟　舊在北門外,歲久傾圮。嘉慶十六年,里人岳鎮創捐募建。侍郎沈維鐈撰《碑記》。咸豐末燬。同治十三年建復。

　　朱文恪公祠　祀明大學士朱國祚。舊祠在北門外二十里百花庄,久圮。後移建南門。嘉慶十年,巡撫阮元題准春秋官祭。

　　先賢鄭氏祠　祀鄭國、鄭康成,在咸一庄。道光四年,祠裔鄭世英等捐建。

　　先賢程氏祠　在塘滙鎮,祀晉新安太守程元譚、宋先賢程明道伊川。道光元年,祠裔程輝等建立。

　　昭忠祠　在郡廟西側。嘉慶八年,奉准部咨遵旨,祀陣亡官兵陸光濂等十二人,春秋致祭。今燬。

　　陳孝子祠　在報忠坊,祀陳元朗。嘉慶七年,祠裔陳振聲、延聲建。咸豐末燬。光緒元年,祠裔建復。

　　鄭氏宗祠　在咸一庄月字圩,祠裔鄭宗源建。案:宋處士鄭錡十世同居,歷行孝義,旌爲義門。

　　北市文昌閣　在仙渡墩。案:嘉禾一郡,西接省城,東通吳會,水源皆由天目自餘杭、塘棲、石門來西關,灌注郡城之東,至角里街東市,官塘作兩股分流,達嘉善、平湖,入于海。天目之水又自湖州南潯,由新城經郡之北門分流,一達王江涇至江南,一達石條街橋,橋出北市,由嘉善入海。東北兩市盡處,里人以爲有關合邑文風。東市水中有曹龍山禪院,障分水勢,北市水中亦有呂祖祠。文昌閣名仙渡墩,以障逆流。墩、廟久圮,邑人朱澐築土重建,後復圮。道光十九年,朱土重修。燬于匪。同治十年建復。

　　南城文昌閣　乾隆五十年,里人重建。陸樹本有《記》。燬于匪。同治九年建復。

　　曹武惠王廟　在南門外一里,祀南宋曹彬。推官史顯卿建。雍正間,里人沈見龍重建。乾隆間復修。咸豐末燬。同治中,里人重建。

　　朱孝子祠　在大露圩相家蕩東,祀朱元,墓在祠右。今廢。以上于《志》。

　　姚氏三世祠　在郡城西門外,祀明贈光祿大夫姚履道、贈太傅工部尚書姚思仁、南城兵馬司指揮姚以誠。並入祀府學鄉賢祠。崇禎末燬。國朝順治十一年重建,每年春秋由府委官致祭。咸豐十年燬于兵燹。尚未建復。

嘉善縣

　　先農壇　在東關外。雍正六年,知縣郜煜建,并置耤田四畝九分。《浙江通志》。今在東關外羅星臺致祭。

先蠶廟　位設北關柳洲亭之環碧堂。乾隆五十九年,奉文建。久圮。今在城內道院致祭。

社稷壇　在縣西二里。柳《志》。宣德五年,知縣鄭時建。成化二十三年,知縣汪貴葺。嘉善章《志》。國朝雍正八年,知縣郙煜以舊壇逼處囂塵,詳請改建于福星庵西。嘉善戈《志》。今在福星庵致祭。

風雲雷雨山川壇　在華亭塘南,去縣治一里。趙《圖記》。

厲壇　在縣治北一里。

城隍廟　在縣治東二百步。明宣德五年,開設縣治,知縣鄭時建。以上柳《志》。燬于匪。國朝同治三年,知縣傅斯懌飭邑人錢錫圻、孫鈺等集資重建,悉如舊制。張祖陸爲《記》。

文昌廟　在縣治東。咸豐間兵燬。同治二年,知縣傅斯懌創建大殿三楹。八年,知縣陶雲升甃地以甎。十二年,邑人許元杰等募資建二門及周圍墻垣。復增翼室于殿之西偏,規制稍備,祭祀如儀。金安清爲《記》,泐石。

東嶽行宮　在縣東二百步,俗名黃王廟。宋乾道七年,道士劉道正創。元燬于兵,明洪武間重建,副都紀施景章搆方丈數楹,修煉其中。自是相繼恢飭,廟宇重興。嘉善章《志》。國朝順治間,復建楊公祠于左廡。吳《志》。康熙三十年,邑令徐現麟于楊公祠左建關帝殿。雍正十二年,邑令羅緒捐建倉帝祠,置常住田。嘉善戈《志》。乾隆中,道士萬軼凡等相繼增葺。伊《志》。咸豐間燬。同治中,道士世復募資重建。

關帝廟　在瓶山洞虛道院右。嘉善崔《志》。燬于匪。同治中,知縣傅斯懌以凝和道院之真武殿奉神像,祀焉。

土地祠　在縣治內,歲春秋仲上丁後一日致祭。伊《志》。

亞聖廟　宋南渡時,亞聖四十七代孫孟忠厚扈從臨安,建鄒國孟子廟于蘇州。案:今蘇州孟子堂前即是。元末圮。五十四代孫孟觀避兵于嘉興之清風涇,案:即今風涇鎮。遂居焉。明嘉靖三十二年,蘇州廟圮,山東教授司查孟氏南支在嘉善,移文浙省,改建于嘉善,給裔孫衣衿守之。有本縣印帖給五十九代孫孟屛。三十六年,置祭田十八畝,縣帖給孟道亨。邑令陳道基《記》:皇明嘉靖庚戌,余奉天子命,令茲邑。越明年春丁,躬秩祀禮于先師之廟,分奠既終,福胙爰錫,見青衿侍坐,郭、吳兩學博示子[1]曰:“是亞聖裔也。”余方切喬木之思。又數日,邑博士弟子員名道亨者,以家胙來饋。因詢之,道亨備陳始末。乃知亞聖四十五代孫名在者,女爲宋哲宗后。汴京陷没,乘輿播遷。靖康二年,厥孫忠厚,與孔子後咸扈蹕來杭。孔賜第衢州,孟賜第蘇州,各勅建廟殿宅,賜田以供粢盛。至我朝孝皇帝時,衢州守沈杰疏請孔氏南支勿襲五經博士,典祀事在。之後名觀者,因張士誠竊據蘇州,挈家逃避,寓嘉善之清風涇,遂家于此,廟祀仍于蘇焉。至嘉靖甲辰,三氏學教授司生員孟彦詩來浙,訪求遺跡,重傷南支祀典不修,呈請有司遷祠奉祀。通申詳允額區門楣,已樹表揚之意矣。歲丙辰,督學桐城阮公特疏奏聞。己未,巡臺金泉王公給銀修理而崇祀焉。余在治時,道亨祈余一言以紀其事。時簿書無暇,旋即召命,匆匆弗果。至歲甲子,余按廣東,事竣而還,道經浙河,道亨復迓以申前請,爰即其始末而詳之告後之賢有司,使之修墜舉廢,賢子孫以敬承其家學云。國朝雍正七年,嘉興府知府閭堯熙奉文遵旨,重建于學宮之南太平坊。《浙江通志》。十二年,署知縣羅緒同紳士重修。邑令羅緒《記》:善邑有亞聖祠,猶衢州有至聖廟也。勅建于南宋,分支移建于前明中葉,由來久矣。雍正七年,聖天子崇儒重道,特諭各省督撫飭所屬修葺先聖賢舊祠。時閭公堯熙守禾,允前令楊君及邑紳士修復斯祠之請。督院程公、督學李公先後檄催,厥功未竟。緒以癸丑冬承乏茲邑。甲寅春,與諸紳士經營册表,捐貲以興版築,捐田以復蒸嘗。至秋工竣,偕學、簿、尉諸君登堂致祭。泰山巖巖之氣象,與夫道性善稱堯舜之聲息恍乎若接,愾乎如聞,傳之百世,庶令人有所憑藉而興起矣。顧祠祀之興廢,賞由子姓之盛衰。

在善孟氏列諸生者,祇孔授、孔時二人。應童子試者,祇孔成一人。孔成爲南支長孫而貧無立錐,破屋數椽,不蔽風雨。今祠祀雖復,而後之視今,猶今之視昔,安知數十年後不更有零落之憂也。往時曾白學使帥公,帥公領袖斯文,以振敝起衰爲己任,飭緒備查世系,通詳以俟會商。督院用敢申懇各憲循例題請添設孟氏南支博士以主祀事。且恐祭田未足贍用,復詳請分撥學租以備禮儀,誠欲綿祠祀于無窮,不得不計之深而慮之遠也。夫道統于孔孟無分,祀典于南北無異。昔宋仁宗時孔公道輔得孟子墓,薦其後名寧者于朝以主林廟,遂開今日孟氏北支之盛。明世宗時,沈公杰始表彰衢屬孔氏,疏請添設博士主祀,遂廣今日孔氏南支之傳。逮至聖朝,優禮聖賢後裔,軼于前代,不惟孔氏南支歲科試,另編字號定額,入泮二名。抑且推恩他氏若朱若關,皆分支添設博士,幸際文明,廣宣德化,當世之爲孔公、沈公者,固不之[2]人。緒自念位卑德薄,豈敢謂有志竟成,特作此記,疏其大略,以俟德隆望重之君子。乾隆三十四年,動帑修理,勅建啓賢殿,春秋致祭。伊《志》。　巡撫熊學鵬《記》:余膺命九重,巡撫兩淛,涖任時詳案《通志》,于檇李嘉善學宮之南有孟廟在焉。實爲亞聖南祠,與三衢孔廟相峙。前明設衣衿世守,其廟之根底緣由,具見前朝陳尚書、國朝羅邑令兩《記》。我皇上御極之三十四年,特頒帑金,重修孟廟,併蒙部文以舊制卑狹,宜大加廓宏,以壯其觀。如鄒廟式,設正殿、正寢、兩門、繼往聖、開來學諸坊。然地在城市中,湫隘迫促,雖欲高大其規模,實難措手。賴亞聖六十六代南支宗孫孟興鈺,撤己所居屋,因得隙地,議爲啓賢殿,崇祀亞聖父母,遂令興工。飭縣令董鈞董其事,縣丞吳超監其工,經之營之,于以度其基,于以定其制,于以聚其材木,于以撥磚瓦,黝堊丹漆,無不畢致。其亞聖殿則增高三尺以崇之,其啓賢殿則建置于其後。匠之精者,皷之舞之。工之惰者,紃之罸之。凡三閱月而工竣,落成之日,興鈺請余爲記。余謂亞聖之德業如日月經天,江河行地,愚夫愚婦皆盡知之。廟祀之所自,則諸乘記班班鑿鑿,學士大夫亦盡知之。孟氏之宗派,則雍正十三年東省六十五代北支宗子翰博孟衍泰,使胞弟衍岱、衍嶧來南通系,命修南支祀典,并授手書及三遷志。是南支北支固爲一家,彰彰無庸置喙。今聖天子尊聖崇道,遠超前代,累詔查修十三氏祠宇。茲則發帑以葺亞聖南祠,使聖賢之神靈得以憑依而廟貌輝煌。今後令茲土者,春秋上丁登斯堂,而覩巖巖泰山之象,其亦有懷息邪說,距詖行,放淫辭,以承三聖之言,其功固同神禹,其道直接周孔。宜虔修其祀典,保護其子孫,以世守于弗替,是則深符宸衷頒帑重新之盛意也乎。咸豐間燬于匪。光緒三年,邑人許元傑等重建。

【校注】

　　[1] 子:光緒《嘉善縣志》卷七《祠祀》"亞聖廟"條收陳道基《記》,作"余",當作"余"。

　　[2] 之:《檇李文繫》(正編)卷三十七收羅緒《嘉善亞聖祠記》,作"乏",當作"乏"。

　　高王廟　在縣北三十六里遷善鄉,祀晉嘉興監高史君。至元《志》。　案:元虞文靖公《風涇仁濟道院高王祠碑記》:高王爲西涼君長,既夢神顯于中國,非高史君也。與此有別。今廢。

　　陸宣公祠　在縣治東十五里。嘉善戈《志》。春秋二仲,有司致祭,子姓聚守,人稱爲陸莊。伊《志》。

　　節孝祠　在思賢書院中。雍正四年奉文建。嘉善戈《志》。乾隆五十七年,紳士曹焜等捐貲修建。咸豐間燬。同治十年,邑生沈嘉汾等集貲重建祠屋三楹。

　　表賢祠　在縣治東南七里。案:吳《志》作六里。祀宋山陰令陳舜俞。鄒《志》。宋嘉祐間,舜俞捨地與僧,爲焚修地。後即于此建祠祀之。吳《志》。正德間,知縣胡潔肖像祀公。嘉興倪《志》。[1] 吕懋《記》:墓而祠,非古也。仰其賢,求其子孫不得,有墓焉,即而祠之,固亦不悖於禮也。禮以厚民俗,勸士風,實有司之先務哉!我鄉先生賢良陳公諱舜俞,字令舉。嘉禾人,嘗僑吳興,博學强記。宋慶曆進士,嘉祐間擢制科第一,授光禄丞簽書壽州判官。熙寧初,以屯田員外郎知山陰縣。召試館職,不赴。會時相王安石行青苗法,先生不奉令,上疏非之,忤旨,因自劾,謫監南康軍星江鹽酒。故與太博廬山劉凝之,高尚士[2],歐陽永叔爲賦《廬山高》以美之者也。先生遂棄官歸,日跨犢以窮林泉之趣,自號"白牛居士"。去今五百餘年,而鄉猶以奉賢名,塘猶以白牛名,涇猶以清風名。郡城有三賢祠,以先生配享宣公也。吳興有六客堂,以先生友善于蘇軾也。其人望之重,可想見矣。墓在縣治東七里,有墩隆然，而石函在焉。兆爲寺僧所發，銘則先生之孫光遠郡博撰者，僧欲滅，則故碎之。或從瓦礫中得石一隅，始知先生首邱之處。而寺有三木主，其一則先生也。弘治二年，部使者陳公金將廢無名寺觀，父老以公墓言，以故寺得不廢。今餘二十年，有識者率欲建祠以表章之，而他有司以爲非法令所及，遂止。嗟夫！先生之不可及者三，高才擢冠制科，讜言不阿時相，敝屣以視浮榮，謂非豪傑可乎！千載而下，孰能磨滅。初亦不係乎祠之有無也，然非祠則無以著賢有司善俗移風之舉。舊有堂三間，爲僧所據，墓鄰季清氏發憤陳之浙省，不報。頃者鄉貢進士陸君嶽以本末白于縣令，廣東區公越始克圖新其祠，區公赴内召，又得滇南胡公潔來代。二公皆名進士，知以禮善俗移風者，先後同志因聚材鳩工，不費不勞，祠以就緒，俾守祠僧忠義屬予記。是役也，興於正德三年七月二日，落于五年七月十五日。嘉靖二十八年，知縣于業置田贍祭。嘉善章《志》。國朝康熙二十一年，知縣崔維華重修。乾隆年間，裔孫永言等重整門廡，并建庵于側，春秋次丁，委官致祭。伊《志》。

【校注】

［1］按：洪焕椿《浙江方志考》卷三著録："［正德］《嘉善縣志》六卷　明知縣倪璣修，嘉善沈概等纂。"故"嘉興倪《志》"是"嘉善倪《志》"之誤。

［2］按：光緒《嘉善縣志》卷七《祠祀》"表賢祠"條吕甇《記》作"故與太博廬山劉凝之善。凝之，高尚士"。故句中脱"善，凝之"三字。

思賢禮廟　在縣治西北三十里，宋建炎間建。元燬于兵。明正統間，里人重建。柳《志》。案鄒《志》：東嶽行祠在縣西北三十里。考證云：俗呼思賢禮祠，即此也。今廢。

朱相公祠　在縣治西北三十里。相傳宋高宗夢登紫薇樓而墜，有力士持之，得不委地。問其姓字，則云秀州遷善三十五都朱六郎也。既覺，體汗猶濕，乃使訪之，時六郎已死七日矣。封爲紫薇矦，鄉民立祠江涇塘。柳《志》。

徵君丁海鶴祠　在永八北區。洪武初，禮聘丁長如授湖廣黄州别駕，秩滿歸。宣德五年析縣，長如撤所居建明倫堂，撤石築縣譙樓，邑令欽其德，爲置祠云。嘉善戈《志》。今廢。

六賢祠　在魏塘書院。國朝乾隆二年建，祀明尚書丁賓、職方袁黄、都給事魏大中、大學士錢士升、少宗伯曹勳、祠部陳龍正。邑故有鶴湖書院，嘗祀丁、袁、魏、錢、曹五公，知縣張聖訓因紳士之請，合祀陳公爲六。浙江巡撫納蘭常安《記》略：自古名都大邑，諸生羣處，誦弦之地，必奉其鄉之先達，德行功烈，文章表著當世，聲聞奕禩者，祀諸瞽宗，以昭崇尚，而矜式其子弟。昌黎有言："鄉先生没而祭於社。"以余所見聞，盱江有十賢之堂，南康有五賢之祠，其他所在多有，蓋代異則品核始真，地近則興起尤易，非獨庚桑畏壘，司牧者亦與有賴焉。余受命來撫浙，浙之屬邑有嘉善，其地賢哲輩出而莫盛于前。明中葉以後，保障留都，清風惠澤，有若丁公改亭；學貫天人，名振海外，有若袁公了凡；揮擊奄豎，九死不悔，有若魏公廓園；爲民請命，争執去國，有若錢公塞庵；文章氣節，朗朗炳炳，有若曹公峨雪；不負所學，蹇蹇諤諤，有若陳公幾亭。蓋嘉善當吴、越交，明之理學，越則姚江，吴則東林，諸公先後往來，訂証其間，故師友淵源最深，有法于德功，皆應祀典，非獨一國之士已也。而善之士尤至今稱道弗衰，因相與建六賢祠於其書院中，而投牒於其令陳君以剛請余言，以文其麗牲石。余案《嘉善縣志》，邑故有鶴湖書院，邑之士嘗合丁、袁、魏、錢、曹五公而祀其中。歲丁巳，前令張君聖訓建魏塘書院，以課多士，又請以五公合陳公而均祀焉。春秋匪懈，以時釋奠，習禮于中者，蓋八年所亦可以見士之能尊奉其諸先進，而令之能訓其士也。余公餘退食，頗耽鉛槧，考名賢于前史，搜别集于書倉，素欽此六先生，微請吾固將表之，以厲全浙之人士，矧靳一言，以不慰多士望。雖然，有進矣。夫古人于前哲，非徒尊奉之，又且則傚之。文信國遊廬陵四忠一節祠，慨然曰："没不俎豆其間者，非夫也。"斯時信國亦諸生耳，其後對大廷，魁多士，致命遂志，忠貫千古，卒與四忠一節者同毖祀勿衰。余謂信國特遇其不幸也，今國家重熙累洽，多士幸際昌期，他日圭璋特達，參贊密勿，黼黻太平，其舟楫霖雨，足以光史册而永俎豆者，必更有在。多士勉乎哉！語云："莫爲之前，雖美弗彰；莫爲之後，雖盛弗繼。"余樂見六賢得多士而有繼，多士得六賢而竝彰也。多士勉乎哉！是爲記。　案：思賢書院舊有五賢祠，祀周畏齊、周伯器、朱東齋、卞白溪、陸天厚。今祠已圮，奉五公主于儒學鄉賢祠。燬于匪。同治中重建。

丁清惠公祠　在縣治東，祀明丁賓。《大清一統志》。歲春秋戊日，官爲致祭。明錢士升《記》略：猗歟！此宮保、大司空丁清惠公特祠也。創于癸未，成于甲申，距公歿之癸酉，蓋十有二年。而民之懷以思齋，嗟而出涕者不少衰，謂公祠于宦，南士自爲媚耳，祠于校，諸士樂有典型耳，其何以慰夫扶杖者，椎髻而春且汲者，鳩車戲者，懷且褓以行路者？是以特祠。然何以遲之至今？遲之至今而益知公之明德遠也。公自縣令至司空垂六十年，其嘉績休化，著于國史、郡志甚詳，而公之志表碑狀，且赫然備述，予不復贅辭。即其爲德于鄉，識其大者，如萬曆戊子、己丑間，旱潦薦劇，米價翔湧，民間搏麩屑榆以食，道殣相望。公發先世藏粟，悉以賑之。于是四境遠近之民扶老攜幼，環集公所者縣亘數里。公計口有籍，部署有法，躬親噢咻，不問寒暑，所全活無算。戊申、甲子再祲，公賑如初。槪其生平凡四賑，不惜毀家而邑中帖然，無抑價勸分之擾，則是公大有造于桑梓也。公爲南都大寮，去鄉孔邇，凡邑中大利弊，走謁公，輒毅然仔肩，輸將之于役。南庚者歲苦出納爲屬，公爲釐革耗蠹，以甦其困。時有督漕，用法稍峻，挐舟迎于境，力言糧不足，老夫一身任之，多得寬貸。民運議起，躬赴淮撫陳利害，事獲竣，是又公之大有造于桑梓也。邑議修城，首捐俸餘，與搢紳襄事，聞寇警，輒爲守令調度，亦倡助軍資。角巾行野，躬問民間疾苦，煢獨賑貸之外，備籍入養濟。或有孝弟貞烈男女，即令里老呈官旌表。如此縈縈，是公造于桑梓之心無盡也。且公孜孜施濟，兩臺聞之於朝，下詔督秩表里，公拜疏謝曰："老臣無狀，第量力賑濟，了此心願，其敢明明天子之殊錫。"固辭，乃允。夫晏嬰爲相，待以舉火者七十餘家耳。富鄭公活流民五十餘萬，猶守青州耳。公孫弘粥，不聞其再；司城貸粟，猶存其名。孰有視鄉如國，視家如官，不靳累世之藏，不食爲善之報如公者乎，則以公得之于學者素也。公學于王龍溪先生，龍溪學于王文成，以致良知爲宗旨。夫良知，當體圓成，有觸即覺，推之于人，介然有知，亦復如是。公惟實允致之，己饑己溺，祇以愜萬物一體之心，而市德好名，纖毫不與也。嗟乎！今之居官，則家于官；居鄉，則官于家。不知一體之學，而望其與民同患，是以撫摩爬搔，而責之痿痺不仁之人，必不得矣。留都卿大夫俎豆公于文成、龍溪兩先生之間，士庶之志，去思者凡九，寧特桑梓之尸祝乎哉！先是，臺使者可，邑士民特祠之，請檄再下公子鑛等，不欲煩縣官緡錢以違公志，是以遲之。至今三山左公按浙，景公遺烈，令有司趣成，准諡公事例，復田一百三十四畝藏祀事。祠成，父老、子弟、婦女、商旅聚觀塞衢巷，向之懷以思齋，嗟而出涕者咸歌呼抃舞，曰：猗歟！此宮保、太師、司空丁清惠公之特祠也，而後慰也。

忠孝魏公祠　在縣治東，祀明魏大中及子學洢。《大清一統志》。康熙二十七年，知縣李之藻重建，知府佟世俊重修[1]。雍正九年，知縣楊繩祖請帑重建。嘉善戈《志》。乾隆十九年，裔孫繼茸。五十三年，督糧道鹿荃倡捐，知府鄭交泰及七邑令各助修理，增建思敬堂。伊《志》。　鹿荃《記》：明季不綱，婦寺煽虐六君子之禍最烈。嘉善魏忠節公畢命詔獄，其孤子敬先生又以孝殉。莊烈繼阼，先後褒恤，因得廟食，鄉邦至今列于祀典。先忠節未仕時，偕孫鍾元先生與魏公訂交於楊椒山祠，是時方隨高陽贊畫關門，子敬走投先太公，釀金營救，得扶櫬而歸。及仲子刺血鳴冤，亦主我家。荃童時即聞而慕之，比蒙聖恩，補授浙江糧道，以查漕至嘉善，敬謁公祠。祠在委巷中，敝陋將圮，荃踧踖不安，亟商于太守鄭公，捐俸爲倡，程工集費，屬邑令李明府爲之改建。按其地近市，久爲細民所估。乃以倍價購其必需者，益門廡，擴堂寢，斁密材堅，丹堊竝煥。忠節公粟主南向，子敬先生東向祔，仍前志也。嗚呼！公之英靈颯爽，固當與日月經天，江河行地，豈區區里社之足戀然，而孤忠瀝血，羣醜含沙，茇茇乞身，匆匆被逮，祖宗邱墓之鄉宜未嘗一日忘者，其寧不降享於茲也。而荃之與賢守宰共襄此舉，非以式閭報祀，博守士之虛聲，亦非以我先人金石論交，藉手以展溪毛之敬。夫聖賢之學，不過學爲人臣人子耳。忠節父子，當天地晦冥之時，各盡其臣子極苦之分，後之人苟所遇不至於此，則隨分自盡，上可爲國家受心膂之寄，下亦不失爲孝弟端謹之良士，何至頑鈍無恥若明季之小人與之載胥及溺耶！是故忠節之祠，非獨爲嘉禾一隅取矜式，而嘉禾之總總林林，則皆公之鄉鄰子弟也，如能瞻拜新楹，思哀思敬，歸而自求其所以爲臣、爲子之道，其屬廉隅，克完至節，則一邑之風俗成，即一省之風俗成，此則荃之厚望也。咸豐間，燬于匪。

【校注】

〔1〕按：本《志》卷三十八《官師表·嘉善縣》："李之藻，武定監生，康熙二十六年任嘉善知縣。"本

《志》卷三十六《官師表·嘉興府》："佟世俊，正藍旗廩生，康熙二十五年任嘉興知府。"光緒《嘉善縣志》卷七《祠祀》："忠孝祠　在縣治東，祀明魏大中及子學洢。《大清一統志》國朝康熙二十七年，知縣李之藻重建。四十年，知府佟賦偉倡捐修葺。"本《志》卷三十六《官師表·嘉興府》："佟賦偉，正藍旗人。康熙三十八年任嘉興知府。"故"知府佟世俊重修"是"知府佟賦偉倡捐修葺"之誤。修葺時間是康熙四十年，非康熙二十七年。

懷德祠　在北城外。明嘉靖中，知府劉愨慮伍子塘水勢衝突，築臺障之。萬曆二十三年，知縣章士雅拓舊基爲正殿。題曰大士行宮。殿左爲文昌閣，閣下爲祠。題曰懷德。以祀胡公槩、龐公尚鵬。又左爲堂，題曰碧環。堂右建祠，祀劉公愨。吳《志》。　邑人葉繼美有《重修劉公臺碑記》。今廢。

喻楊祠　在縣北斜塘鎮，祀明治水參議喻良、知府楊繼宗。《大清一統志》。今廢。

彰義祠　舊在縣治東關外。明萬曆中，知縣金和建，祀江西陣亡嘉善主簿李錫，本邑陣亡福建汀州百戶賴恩。吳《志》。國朝雍正七年，知縣郋煜重修，後改名二忠。今祠在楓涇鎮主簿署西。同治十一年，知縣陳鍾英請以克復楓涇陣亡參將王玉林附祀，仍名彰義，詳明立案。

賢良祠　在縣治東關外石灰橋，爲孫詢建。今廢。

顧氏世德祠　在城南大安坊，祀宋湘州刺史顧覬之、齊吏部郎顧憲之、陳黃門侍郎顧野王。明崇禎間，太僕顧際明建。以上嘉善戈《志》。今廢。

錢氏世德祠　在東關外。明崇禎九年，爲寧州守錢吾德建。伊《志》。咸豐十年燬于兵。尚未建復。

孫氏世德祠　在東刺史涇之左，舊名甘露庵。祀明初孝義孫顯等。又有古堰五賢祠，祀孫朝宗、朝甯、光祖、在鎬、衍。俱崇祀鄉賢，舉人孫霖修建。嘉善戈《志》。今廢。

倪氏寧遠祠　在遷中區北翠圩。雍正九年，邑人倪源創置義田，以贍族人婚喪、孤寡之費。嘉善戈《志》。乾隆二十八年，源子應梅重修。今廢。

四賢祠　在斜塘鎮。嘉善戈《志》。　國朝周煌《記》：考之《祭法》，法施於民，則祀之；能禦大菑，捍大患，則祀之。《記》又曰：'有其舉之，莫敢廢也。'國家慎重祀典，設立名宦祠于學宮，凡官于其地者，以勤涖官，以方廉倡寮屬，以嚴毅約束胥吏，以慈愛拊循間閻諸士庶，既沒而民思慕之，皆得與俎豆之列。凡以報賢勞，寓激勸也。嘉善縣治之北，距城二十里曰斜塘鎮，地有四賢祠，里民建以祀喻、楊、龐、莫四公者也。案前明永樂中，參議喻公良，四川敍州人，郡遭水災，駐節斜塘，治之，築東根古壩，民賴以甦。成化中，知府楊公繼宗，山西陽城人。宣德達情，不畏強禦，治行爲天下第一。里民思慕二公之德，沒世不忘。正德中，縣丞倪公璣以謫官在邑，多所建置，民請歲舉社祭，始爲二公合立一祠。嘉靖中，知縣于公業嘉民之義，官爲置田，合紳士捐置者，令守祠道士掌之，以供春秋二祭，祭則紳士中年長者主焉。嗣後巡按御史龐公省庵鋤擊強豪，復立祠以報其功。既而祠毀，弗能復葺。本朝邑令莫公大勳清丈田地，釐剔賦役，創立官收官兌法，民甚德之。於是里民奉栗主合祠於喻、楊二公之側。續增祀田，共得三十四畝有奇，題額曰四賢祠，而祠之名以定，此康熙年間事。歲久祠圯，僅存旁屋數椽，復爲駐防兵踞處其中，而祠幾廢。然祠田如故，春秋祀事亦如故，好義者議興復之，捐資重建。經始於乾隆十八年二月，落成於是年九月。門廡堂寢，規模粗具，而麗牲之碑闕焉。適余按臨嘉郡，里民合詞以請，願得一言勒石，永垂不朽。余爲考核四賢宦績，實有合於古者勤民事、有功德之義。稽諸西漢循吏，如文翁祀蜀，召父祀南陽。以四賢絜之，當無愧焉。宜其血食茲土數百年不衰也。爰紀其顛末。今廢。

許公祠　在白牛蕩公墓左，祀國朝四川內江縣知縣、晉贈中憲大夫許椿。顧光旭《記》略：往余權臬蜀中，王師方進勦兩金川，戎馬倉皇，飛輓絡驛於道。屬史之才且賢者，司餫餉、直郵傳，各供乃職。以余所知，若老成持重，才略過人，而能盡瘁不遑者，則內江令許君椿其一也。癸巳夏，猝有木果木之變，文成[1]先後死事二十六人，自趙農部文哲、王比部曰杏而外,皆蜀之守令與其丞、尉,而許君實與其難。已而恤命下,許君贈道銜階中憲大夫,賜祭葬,祀昭忠祠,蔭一子。而余因稽古祀典以死勤事則祀之義,立慰忠祠於成都,竝祀諸臣。余猶憶祠成日,余親奠爵,歌招魂詞,而許君之鄉人農部曹公秋漁爲文以祭,相與低徊,激昂大慟,不能置。許君既死,骸骨不歸。乙未春,君之子煌以君衣冠葬青浦縣白牛蕩之伐圩。既葬,除服,煌以蔭令山西之武鄉、安邑。越八年,而煌以母老終養歸,始搆君祠於墓左。余惟君之大節載在國史,炳若日星,而煌復以余舊嘗宦蜀,知君尤深,屬爲之文。余乃撮其略,文於祠。君字董園,號南薌,樁其名。世爲江南休寧望族,曾祖世俊,明廣東海陽縣尉,始徙浙江嘉善之楓涇鎮。祖鋐,授州同知。父經,歲貢生。皆以君貴,贈文林郎、内江縣知縣。君少工詩,爲時輩所推,中乾隆辛酉舉人。丙戌揀選知縣,試用四川。既至,上官器其才,委署雙流、儀隴等縣,歷有政聲。乾隆丁亥,王師征緬甸,蜀省派供騾馬,縣令爲督解官,而滇南山勢猛峻,塗徑崎嶇,重以春夏多嵐瘴,觸者輒死,人皆震慴,莫敢行。上官委灌縣知縣沈鵬,令已下矣,沈母老且多病,然業受命,不敢辭。君慨然請代,上官義之,乃以委君。而君夙夜恪勤,調度秩然,未半載而報命。讀君《南征草》二卷,可想見其據鞍嘯歌自得也。事竣,授内江令。寬嚴有法,膺上考。居亡何,會兩金川蠢動,大學士、定邊將軍溫公福帥師進討,屬君司正林口臺站,官理餉饟。君轉輸不竭,軍站以饒。既而調登春臺站。二月,我師次木果木。六月戊戌,師潰,旋美諾。辛丑,賊突至登春臺站。君率站夫持器械與賊力戰,傷賊甚多,卒以救援不至,爲賊突礮而死。先是正月,君賦《詠懷詩》二十六首寄其子,有"七尺軀何愛,君恩未報難"句,識者知其先識,而君之平日忠義自矢,已隱然溢於言表。《易》曰:"王臣蹇蹇,匪躬之故。"《詩》曰:"彼其之子,舍命不渝。"許君有焉。乃者,嗣君煌構祠以妥君靈,用彰我國家褒忠大典。而君當日慷慨赴死,凜凜烈丈夫之概,照人耳目,非特邦家之光,閭里亦與有榮施。君其可含笑於九京也夫。余既紀君之顛末,乃復綴歌詞以侑君享。歌曰:"山萬重兮雲萬重,書生投筆兮從戎。賊倉皇兮若蟻蜂,張空拳兮計窮。不返顧兮旋踵,殉國難兮從容。詔下重泉兮丕嘉乃忠。"又歌曰:"君樂土兮南方,馬革裹兮何望。魂歸來兮故鄉,胡慮兮道阻且長。松楸旅櫬兮俎豆有光,子子孫孫兮以奉烝嘗。"今燬。

【校注】

　　[1] 成:顧光旭《祠堂記》作"臣",當作"臣"。

　　萬公祠　在學署義學中,祀縣令、德化萬相賓。道光十五年建。于《志》。

　　關帝廟　在楓涇鎮四中區東出圩。道光十九年,主簿李禎暨紳士程廷沅、謝宇澄等倡捐重修。于《志》。今燬。

　　晏公祠　在務前里,元時建,祀晏公戍仔[1]。公於元初爲文錦堂局長,尸解去。明洪武初,以其陰翊海運,封平浪侯。國朝康熙年間重建。咸豐十年,燬於兵燹。

【校注】

　　[1] 按:光緒《嘉善縣志》卷七《祠祀》:"晏公祠　在楓涇務前里。元時建,祀晏公戍仔。"光緒《平湖縣志》卷九《壇廟》:"晏公廟一名宏濟庵。　在東門内,祀平浪侯晏戍仔。"故疑"晏公戍仔"是"晏公戍仔"之誤。

　　范文正公祠　在縣治南慶豐坊。國朝順治中,公裔廷桂移居善城,因建祠于此。後人寶璟等屢修。咸豐十年燬。尚未建復。

　　顧九槐公祠　在楓涇鎮西月明庵。明嘉靖甲寅,倭犯楓涇,偕兄衣冠見其酋,諭以大義,同時遇害,里人德而祀之。今燬。

　　功德祠　在縣治北香花坊,建于明。祀邑人之歿而無主者。咸豐十年兵燬。同治四年,邑人周士恒等重建,并集資置田十畝零。顧福仁作《記》泐石。

陳氏毓秀祠　在楓涇鎮薴塘浜。雍正十二年建,祀唐陳熺。咸豐十年燬。同治初重建,有田一千三百餘畝。

程氏宗祠　在秀南里。嘉慶十八年,程廷璵建,祀晉新安太守程元譚。咸豐元年燬於火。同治十二年重建,并創義莊,計田一千餘畝。

劉猛將軍廟　在四八區腰涇村。咸豐間兵燬。未建。詳嘉興南皁峯廟。

楊公祠　在楓涇鎮南。明正德十二年,縣丞倪璣建,祀郡守楊公繼宗。今廢。

嘉興府志卷十一

壇廟二 祠祀附

海鹽縣

先農壇　在城南白圖。國朝雍正五年，知縣王仕正奉文建立，并置耤田四畝九分。《浙江通志》乾隆五十九年修。嘉慶十六年知縣張宗軾、道光五年知縣楊國翰並詳請修葺。

先蠶廟　在楊橋東南。乾隆五十九年，奉文創建。今燬。

社稷壇　元社壇在縣西南。今社稷壇在縣西門外西北一里。嘉慶二十二年，知縣楊德恒詳修。

風雲雷雨山川壇　在南門外一里甘泉鄉。道光六年修。

厲壇　在縣治北門外一里海鹽鄉。

城隍廟　舊在縣南五十步。廟碑，陳文惠公八分書。至元《志》。元末兵燬。明洪武三年，知縣劉朝英遷於治西南二百五十步。後傾圮。永樂間，知縣畢瑗重建。成化中知縣李雲、弘治中知縣王璽加葺，規制始備。吳《志》。嘉靖中，知縣劉桂重建。海鹽仇《志》。萬曆壬子，知縣李常泰建齋閣[1]。海鹽徐《志》。國朝康熙十一年，道士曹履泰募葺。乾隆初，道士朱鶴年重建前後殿。嘉慶元年，道士張應軫募修大殿、兩廊、角門[2]，四年募建後殿，知縣任澤和成之。咸豐間，燬于匪。同治六年、光緒元年，里人先後重建大殿、廊廡。

【校注】

　　[1] 按：天啟《海鹽縣圖經》卷二"城隍"條："辛丑歲，李公當泰修建後殿；喬拱璧以戊申至，重建前殿與殿之前楹。"光緒《海鹽縣志》卷十一《壇廟》"城隍廟"條："萬曆中，知縣李當泰建齋閣，喬拱璧重建前殿、廊廡。"附邑人沈孝徵《記》略："辛丑歲，李公當泰修建後殿；喬拱璧以戊申至，重建前殿與殿之前楹。"卷二《職官表上·知縣》："李當泰，泗州進士。萬曆二十三年任。杜士全，上海進士，萬曆三十年任。"辛丑，萬曆二十九年（1601）。壬寅，萬曆三十年（1602）。壬子，萬曆四十年（1612）。由此，海鹽知縣李當泰于辛丑年修後殿，或延續至壬寅年完竣，理可説通。但至壬子年已離任十年，不可能再修後殿。乾隆《泗州志》卷八《選舉·進士》："（萬曆）李當泰　己（乙）未　□部主事。"萬曆己（乙）未，即萬曆二十三年（1595），當年任海鹽知縣。故"萬曆壬子"是"萬曆壬寅"之誤。"李常泰"是"李當泰"之誤。

　　[2] 按：光緒《海鹽縣志》卷十一《壇廟》"城隍廟"條："嘉慶元年，道士張應軫募修大殿、兩廊、山門"。山門，寺院正面的樓門。過去的寺院多居山林，故名"山門"。後世造於平地、市井中之寺院，亦泛稱山門。一般有三個門，又稱"三門"。角門，整個建築物的靠近角上的小門，泛指小的旁門。故疑此可能指"山門"。

關帝廟　在縣治新橋南，明萬曆年建。嘉慶二十五年知縣饒芝、道光元年知縣汪仲洋、七年知縣孫巖先後修葺。

海神廟　在東門外海塘上，一名龍王廟。永樂三年，左通政趙居任築海鹽塘成，因立廟。吳

《志》。萬曆七年,巡撫徐栻築塘功成,疏請移建白洋河上。今燬于匪。

天后宮　在縣西北二百五十步十字街北。今燬。一在澉浦南門。今燬。一在乍浦海口。

火神廟　在東門外伯牙臺之北。今燬。

旗纛廟　在衛後。海鹽仇《志》。久廢。

楊副使祠　在白洋河上。《大清一統志》明成化中,浙江按察副使楊瑄築塘有功,後陞按察使司,卒,民祀之海上,與龍王廟並。吳《志》萬曆七年,巡撫徐栻疏請重建。《海鹽圖經》。　　明陳韶《楊公報功祠記》略:"捍海石塘之功,余奔走者數年,而楊公尤神應。公諱瑄,字廷獻,江西豐城人。舉景泰進士,試御史,再疏曹石之奸,謫戍嶺表。茂陵即位,復公官,陞浙江按察使副使,巡視海道。癸巳、甲午風潮大作,乙未、丙申繼之,塘大圮。公篤意籌畫,海鹽海塘皆公修築,踰二千三百丈,工最鉅,捍患最大,陞按察使。半載病亟,語寮采惓惓,惟築海塘法,不及私,載《名臣傳》中。鹽民感公德,肖公像祀之。萬曆乙亥,祠宇漂没,公像及侍衛自移百步外,踞高曠間,土人異之。余自奉命綜理塘務,巡海上,訪公政績,率有司謁公,禱以默相比。余督桐江,公白晝見夢,授以修築之法,出人意表。塘既竣,余據典疏請建廟賜額,蒙旨名報功祠,有司春秋仲祭。遂于白洋河内擇高爽地,負城面海,創建神宇,匾以'勅旨永鎮洪波',與海神埒云。"今燬。

英烈均祠　在東門外。祀嘉靖倭變殉節指揮馬呈圖、滿朝、采煉、徐行健、李元律,千百户王繼隆、薛炯、宋應蘭、王相、吕鳳、姚岑、康綏等。嘉靖間,知縣楊進道請建,春秋致祭。海鹽仇《志》。國朝乾隆十一年,李元律四世孫道亨捐資重建。今燬。

英烈祠　在東門外,祀嘉靖倭變殉節指揮姚宏。知縣李薦佳請建。案:千百户尚有姜楫、楊臣、于岳三人。同殉者尚有王鐘、邵鼎、劉大仲等附記于此。今燬。

忠烈祠　在西門外,祀明徐從治。明崇禎二年,叛將李九成等攻萊州,巡撫、都御史徐從治督戰死,贈兵部尚書,賜祠曰忠烈。咸豐辛酉燬。同治中重建。

旌忠祠　在縣治西,祀吳麟徵。明崇禎十七年,流賊李自成陷京師,太常吳麟徵殉節自縊,贈兵部右侍郎,特祠,額曰旌忠。今燬。

節孝祠　在安仁橋南賓圖。雍正四年,知縣王仕正奉文建。《浙江通志》道光八年,張登善偕里人重建。咸豐間燬。光緒元年,里人馮以柏捐資建復。

三公祠　在白洋河上,楊公祠旁。祀僉事陳詔、郡丞黄清、縣令饒廷錫並築塘有功者。康熙八年,學道金鏡以副使張奇齡配,改名四賢祠。今燬。

東嶽別廟　在縣西北一百五十步。宋大觀四年造。建炎四年,關將領敗兵入海,避金兵,過海鹽,謁東嶽廟。關某祠見塑像,卒持刀柄離地出,舊塑尺許,敬畏之,不敢為變而去。紹熙三年,縣令李直養重修。今燬。

真武廟　在縣東南八里。明景泰間,僉事陳永建。《海鹽圖經》。　　明魏驥《記》:"浙江按察使、鳳陽陳公璇具海鹽,重修捍海塘真武廟,作興之粲,以書遺予,愿有紀之。蓋海鹽去海一里許,洪濤巨浪,晝夜衝撞。古有塘岸一所,自教場至秦駐山北,計長一十八里,一名太平塘,一名捍海塘,專以防禦潮汐,其保障軍民之功殆不止海鹽一邑,而浙西諸郡縣皆賴之,豈淺鮮哉。永樂初,塘壞,有司其事。上聞,遣遣政使、溧水趙公居任董蘇、松、嘉、湖數郡官民修築,僅完。宣德中,巡撫、侍郎周公忱復俾民于塘裏增土五尺,仍令嘉興屬縣倩夫七百人,就塘分方守候,遇坍隨補,咸以為常。正統九年秋,風潮大作,塘被衝決,水溢四境,傷民禾稼及羣縣倉稟。知府黃懋復以請于朝,命工部行浙江布、按二司勘實,次于本塘裏岸重築新塘,計木石灰料價銀三十九萬八千餘兩。奏令所屬有罪官民出銀,以備塘費。景泰五年夏四月,憲使公乃屬僉事泰和陳公永領其事。公督意籌畫,用民之力取諸糧里,細民不興。因塘故址,撤舊更新,外砌大石,内實瓦礫,增添土功,漸有就緒。而右布政使、南宮白公圭,右參政、樂安謝公輔,左參議、文江周公忱,僉憲、臨武鄺公彦譽相繼至。各秉公勤勞來公役，曲盡恩意，措置有條，人爭効力，故不勞而績用聿成。其費十省其九，塘之度廣十有二丈，高一丈八尺，視昔之堅固蓋百倍矣。真足以障怒濤而捍强波，歷世湮遠而無壞。先是，興工之夕，僉憲陳公夢一室塑真武像于是，訪諸父老，云塘故有真武祠，久廢，無克舉者。公相地掄材，創真武廟若干楹。廟右遷龍王祠，並之周繚石垣，繪像有赫，廟宇焕然，復擇羽流以崇祠祀。經始于景泰甲戌，落成于乙亥春二月也。又于藍田廟重修真武廟一所，官無廢而民不擾，期神默相，保祐斯塘而福利浙西，庸有紀極哉。予惟凡賢智之士，爲其民捍災興利之作，不患其難成，惟患其易壞，繼之者無其人，則已成之功，其有不至於墮廢者，幾希此憲使公欲紀斯塘興作之詳，以示諸後也。繼自今，凡爲藩臬，爲郡縣者，臨蒞茲土，能用心以克成斯塘，不負朝廷惓惓爲民之心，與僉憲陳公勤其事之心，憲使公紀其事以示後之心，則浙西一方豈有遺利之憾焉。若夫相是役而存心不懈者，則指揮徐鑑、劉清，經歷姚瀚，鎮撫張翱、夏宗，陰陽正術姜雍，典史李貴其人，併書之以告後之人云。"嘉靖十四年，焦僉事改建於丫叉塘南。咸豐間燬。同治中重建正殿。

文昌祠　舊在縣學大成殿西。弘治元年，知縣譚秀重建。嘉靖壬寅，邑人王文禄等別建城隍廟左。以上海鹽仇《志》。　王文禄《紫府瀛陽記》略："《明經濟錄》：文昌，星名。或云梓潼，張亞子也。其先越嶲人，因報母讐，徙劍州七曲山，仕晉戰没，人爲立廟。唐玄宗西狩，追封左丞。僖宗入蜀，封濟順王。宋咸平中，改封英顯。又案文昌六星在北斗魁前，爲天之六府。道家謂上帝命梓潼掌文昌府事及人間禄籍，故元加號爲輔元開化文昌司禄宏仁帝君，而天下學校亦多立祠以祀之。景泰五年，勅賜文昌宮額。"國朝嘉慶六年，列入羣祀。咸豐六年，特旨升入中祀，樂奏六成，文舞六佾，一切禮節均同文廟。同治四年，知縣張蕙圃繕修正殿、廊廡。餘燬于匪。

金山顯忠別廟一名博陸侯祠。　在縣東一里。漢大將軍霍光祠封忠烈順濟昭應公。宋宣和間案：在六年創建。紹熙甲寅，縣令李直養脩。至元《志》燬于匪。同治中重建。

陳山龍君行祠　在縣西南一里福業院，乃歲旱禱雨之所。始於宋，縣令李直養建。迨元至元，縣尹顧泳重脩，久圮。《海鹽圖經》。　顧泳《記》："海鹽爲秀之屬邑，去縣東北三十六里，陳山龍祠在焉，實白龍興雨之所。今縣南福業寺巋然獨存於廊之右者，龍君行祠也。余奉皇太子令旨，勅試茲邑。壬午之六月，旱魃爲虐，農民相視待斃。十月朔，亟走陳山，禱曰：'今日非特農民無一飽，望朝廷公租苗額七萬五千有奇，尤令責也。'言甫出，雲陣蔽天，大雨沛然而下。越一日，雲漢昭回，人心皇皇如昨。遂帥官僚士友暨僧道、耆老復禱於行宮，蓋數日又詣陳山，請於龍湫，得顯跡以歸安奉。余曩得馮真人正印，就私廨又作法，檄雷霆以佐其神。果雨，民大悦，既沾既足，歲乃大熟。癸未五月尤旱，余詣行宮如前，禱不懈，益虔，大雨二日。農民餘望未洽，再禱，復檄雷。次夜，雨若傾，民望始慰。余唯行宮創始，邑令李公直養垂百年，祠宇隘圮，因捐俸鼎新之。明樓雲聳，華軒翼迴，妃嬪部從像設，一一脩舉。復創二坊，東以起潛名，西以喜雨名。七月十九日辛未，立木之間，日光赫奕，後忽晦陰，大雨若期而至。二十二日甲戌亭午，遣工爲龍君施塗繪，不俄頃，雷電以風，大龍君見，繼而小龍又見，儼然父子之在其上。及上昇，即雨水盈尺。時邑人沈煜、耆老孫時懋、道士葉師純等，萬目共覩，莫不悚怖。余之事龍君甚至，而龍君之報余亦不薄矣。謹識歲月爲之記，以永其傳。元至元二十年仲秋吉辰。"

敕海廟　在東門外海塘上。相傳明洪武中建，中供紫楠大士像，最著靈異。海鹽仇《志》國朝康熙二年，海鹽遊擊陳一安倡修。雍正間，知縣王仕正重修。廟有鐵鑄地藏王像，重七百觔，左有晏思堂。道光初，知縣汪仲洋建，祀范、趙二制軍及有功于海塘者。今毁。同治十三年，改建于右，曰報功祠。

橫山廟　在縣西南五十里。宋紹熙五年建。淳祐間，浙西蝗旱，蘇、秀尤甚，華亭宰吳及禱于橫山之神，天即大雨，蝗亦避境，至秋大稔。海鹽仇《志》元大德間，里人創周宣靈王祠于廟右。明正德丁卯間，崔玉等重修。董序有《記》。國朝乾隆十六年，里人崔學洪等倡捐重修。國朝陳梓《記》："橫山之有周宣靈王廟，不知昉于何代。《西安縣志》：神，杭之新城人，姓周，名雄，字仲偉。謹事後母，母病劇，敬禱于婺之五王廟。比歸及衢，母訃聞，一慟殞舟中，直立不仆，衢人異之，即奉肉身斂布固漆，建廟祀焉。有方回《廟記》云：神生宋淳熙十五年，卒嘉定四年，至端平二年，饒州上言神靈異，始封翊應將軍。淳祐四年，封翊應侯。寶祐二年，賜額輔德。七年，加正烈。十年，加廣靈。其進封爲宣靈王，則始于元至正中伯顔忽都守衢之日，後遂徧祀于浙東西。”復新文武二帝殿。廟值獅子峯之東，故一名獅庵。《横山記略》。

壇墩廟　在縣西北二十里。宋景定二年建，始建在鄔家堰，遺址尚存。明永樂五年修。《海鹽圖經》萬曆元年，里人周天袍捨宅移建山門、大殿，改名壇墩。國朝順治十八年，天袍孫華宇復捨建後殿、講堂。國朝吴始泰有《記》。咸豐辛酉燬。同治中重建。

慕容廟　在縣西南三十里德政鄉虎墩村。祀土穀神，名義不詳所始。明嘉靖中，里人吕昂捨田重建。相傳有官家欲以廟基營葬地，夜夢金甲神執笏擊其身，未幾死，人至今敬畏之。《海鹽圖經》國朝康熙戊午，里人徐德方等遷建石泉。

太公吕望廟一名昭烈武成王祠。　在縣東一百五十步。《吴地志》云：太公避紂居東海之濱，後徙渭濱，封於齊，歸葬於汲，百姓懷之，爲立廟。至元《志》。後淪於海，鄉民立於甘泉鄉，在縣西南一十五里。海鹽仇《志》。後又徙德政鄉，俗名三官堂。伊《志》。　沈友儒《記》略：“昭烈武成王，唐貞元中封。師尚父，姜太公號也。《武原志》：太公避紂，隱於海濱，鄉民懷之，立祠治東，後淪於海。宋宣和六年，遷于縣治西南甘泉鄉。明嘉靖五年，改遷于東南德政鄉三官堂内，濟南守鍾梁爲之記。嘉靖二十九年，劉炳募脩。萬曆三年，祠圮，住持爲之鼎新。祠後爲玉皇殿、三官殿，壯麗稱是云。”毁于匪。同治中重建。

尚胥廟　在縣西北一十里尚胥橋之北，祀伍子胥及其兄尚。《明一統志》。　案晉段灼曰：吴人傷子胥之冤酷，皆爲立祠。今祠與橋名皆及其兄尚，其詳莫考。案《嘉禾志》考證：伍子胥入吴至此。《越絶書》云：耕於吴之南鄙，或即此地。吴人以子胥不忘父讐爲孝，不寒兄盟爲友，盡謀於吴爲忠，傷其死之酷烈，故并其兄尚祠焉。宋初封清忠英烈威惠獻王。宋德祐元年，徐林爲之記。元大德三年，加封忠孝威惠顯聖王。廟故有田，歲久侵鬻，廟亦傾圮。景泰中，太學生張彝重建。海鹽仇《志》。　張寧《記》略：“胥山　海鹽開濟鄉去胥山二百里，有尚胥橋，而北有尚胥廟，豈公將兵時伐楚破越常經行其間，而有按兵息民之澤歟。公兄尚，死于楚，今橋、廟之名及其兄尚，豈以奔吴之謀尚實成之而懷德報本耶。廟故有田若干畝，皆鄉人捐己資以奉歲祀者，侵鬻殆盡。正統中，邑人處士張杲修復，典守非人，尋蹈故轍。其子太學生彝積十餘年而廟貌始復舊觀，可以誠孝稱已。予特爲著其大略云。”　曹璠《重修廟記》略：“天順辛巳，伍公祠住持龔益修從老氏學，端謹重厚，以修復爲己任，積勞致慮數十餘年。成化壬辰，始克謀諸里人、州判張天常輩先後倡和，爰贖前田，起真武堂、齋供廳，翼以前後房廊四十餘間。弘治丁巳，又增創法堂、山門，摧者葺之，陋者飾之，其有功于伍公之祠者不亦大歟。正德四年冬十月。”　國朝彭孫貽詩：“伍胥祠廟鎮溪橋，灌木千章夏自消。此地避讐空説劍，只今乞食有吹簫。東風芳草連吴苑，南渡江流盡浙潮。羨煞種魚三徙客，烟波一去五湖遥。”　錢鴻《尚胥亭望月》詩：“荒亭寂寞倚胥川，野曠因知受月先。光湧人如天上坐，影澄橋似鏡中懸。珠藏澤底明生夜，水並江心味入禪。莫道孤忠徒自苦，海濱祠墓至今傳。”　袁玉如詩：“海氣暗黄蘆，荒祠祀大夫。鞭屍成報楚，抉目看亡吴。窟室謀成密，鴟夷恨不無。似聞靈爽在，社臘走村巫。”咸豐間毁。同治中重建。

秦始皇廟　在縣南一十八里秦駐山上。至元《志》廟前有飄松一株，伐去，復生。《澉水志》。王文禄《文獻志》載廟碑云：“前賢灼灼，茂哉後聖。始皇承天，越受帝命。業超上古，殲周滅鄭。七雄靡餘，六國是併。功齊太古，道深前王。埒炎均昊，美冠顓黄。通靈七代，敬搆商堂。縱聖疑神，將紀百氏。罨靄餘暉，蜚聲萬祀。梁天監二年八月二十三日，右判史敬素立石。”今破碎不存。　宋王象之《輿地碑石記》曰：秦始皇碑在嘉興縣，意即此碑。宋常棠詩：“古廟三間短棘叢，帝魂枉自氣淩空。早知今日容身窄，前此阿房不作宫。”　明崔培元詩：“荒涼舊蹟有行宫，秦帝東遊傳説中。山色不隨王氣盡，海潮常應月弦紅。若無方眼能千載，空有元心説六通。不信繁華皆夢影，漫因人事顧長風。”　國朝徐乾學詩：“窅窕春華石徑開，何年秦帝六龍來。金輿舊蹟荒祠廟，玉座殘碑蝕草萊。仙島樓船空逝水，驪山髩雁竟成灰。我來酹酒岩扉下，日暝悲風鼓角哀。」　柯崇樸《登秦駐山觀海過始皇祠》詩：「秦皇曾駐蹕，獨客此登臨。遺跡空祠宇，雄圖自古今。徘徊山日落，蕭瑟海雲深。咫尺蓬萊近，仙人何處尋。」　朱煐詩：「立馬夕陽開，山風拂面來。秦皇渺何處，遺廟伴蒿萊。覆轍千秋戒，雄心萬古灰。薄雲歸遠岫，憑弔獨徘徊。」

蕭相國祠　在歛城。《海鹽續圖經》。　國朝彭孫貽詩：「相國何年廟，西風繫短舠。吳中諸弟子，誰識故功曹。谷水浮橋鎖，歛城秋浪高。邱陵入懷古，登覽更蕭騷。」毀于匪。同治中重建。

太尉廟俗呼太子廟。　在縣西北二里，不詳所始。相傳祀皇甫嵩。吳《志》。　明錢薇《記》：「海鹽城北二里許，有太尉廟，俗訛太子廟。考之《碑記》云：皇甫嵩，漢中平間破黃巾，拜太尉。太尉，安定朝那人也。靈帝時舉孝廉茂才，拜議郎。張角黃巾賊起，荊揚八州騷應。吾鹽，揚州屬也。太尉用薦，拜右中郎將。與上虞朱儁討角，則吾鹽亦太尉經略地。史稱太尉平角，歸功于儁，儁得封錢塘侯，治錢塘東西也。則吾鹽荷儁治，亦太尉讓功所致也。太尉生有功于吾鹽，死如博陸保障吾鹽，不然何廟祀太尉。則時和年豐，否則災異迭見，故繫士民思。今楊龍、金誠等不由督責，捐金構宇，廟貌一新。予祖墓在太尉廟東，嘗因土人言，進謁禮拜，英風颯氣，猶使人低徊不忍去。邑人姚禎、朱瑾嘗刻文紀太尉，予因廣究其說，以告來者。」　徐咸《踏青至太子廟》詩：「散步出西郭，乘風支瘦藤。逢人頻問路，扣寺欲尋僧。花落紅雨亂，麥搖碧浪層。歸來日將暝，渡口只漁燈。」

吳王廟　相傳孫仲謀行宮。《海鹽續圖經》。　明金麗兼詩：「片帆春水泊危廊，大帝几筵野店旁。壁上宮娥惟粉黛，簾前羽衛只風霜。苔封古碣青千币，鳥颭閒門白一行。劍閣已憐祠後主，江東猶自憶孫郎。」

步公廟　在縣南楊橋下。元大德三年建，祀吳令步隲。萬曆四十六年修，俗呼步總管廟。《海鹽圖經》。　明陳昌期《記》：「吳《志》：侯名隲，字子山。晉大夫楊食采于步。步，采邑也，而以爲姓。春秋時有步叔師事仲尼，秦漢之世有爲將軍封淮陰侯，世爲淮陰人。侯少避亂江東，與廣陵衛旌相善，俱種瓜自給。焦征羡者，豪于郡。侯與旌求食其地，修刺奉瓜以獻。焦坐二人於牖外，享大案，殽膳重沓。爲侯作食，唯菜茹而已。旌不能食，侯極飯之飽。旌怒，侯曰：'何忍此？'侯曰：'吾等貧賤，是宜以貧賤遇之。'會孫權辟書記，尋除海鹽長，還辟車騎將軍東曹掾。建安時，出領鄱陽太守。尋代陸遜爲丞相，居處手不釋卷，如儒者。後鎮西陵，十年卒。海鹽舊有祠，未碑其時。相傳某甲子年旱，乞靈于侯，有羣鶴乘雲盤于祠上，雲結而雨，捄災衛民，合於祀法。邑人陳普信鳩工立石，以垂不朽。」毀于匪。今建復正殿。

黃道廟　一在縣西南三十五里鸕鷀湖上，一在澉浦城南長墻山下。宋建炎三年建。初在石帆村，因陷於海，僧若忠遷之山。寶慶三年，廟額顯應侯。中有神曰楊太尉。客舟渡海必禱之。嘉靖癸丑，參將盧鐙復建。邑人董毅《記》略：「黃道山在鎮南，下枕龍眼潭泊舟處。有水軍寨，外捍大海。廟在山之腰，舊勑曰顯應，神曰楊太尉，尤靈異。後龍眼潭塞，廟之顯于昔者，亦鞠爲茂草二百餘年矣。歲壬子，島夷剽掠黃巖，浙西告警。癸丑，遂犯金山，侵及海鹽，舟師守澉，集於山外。兵有登山伐廟前柏爲舵筶者，神憑之曰：'汝敢伐吾柏耶！祀吾當宥汝。'乃謀創新厥祠。俄而潮衝沙磧，龍眼潭仍洋洋深入。戰艦復集祠下，風濤不驚。自是寇經數四，終不爲害，其靈貺之著顯，蓋如此也。」國朝咸豐中，燬于匪。今已建復。

祠山廣惠王廟俗呼張王廟。　在縣西南四十五里橫山下，宋紹熙五年建。明成化三年重脩前殿，祀土穀神。《橫山紀略》。　案：明太祖定南京十廟，一曰祠山廣惠張王廟，每歲以春二月初八日致祭，用少牢，見《南京太常寺志》。神之發身顯跡，略見於《寰宇記》《能改齋漫録》及《夢梁録》《武林遺事》諸書，惟宋訥《碑記》《明一統志》載之稍詳。訥之《記》曰：神爲龍陽人，姓張，名渤，發跡於吳興，宅靈于廣德。西漢以來，蓋已有之，或謂即張湯之子安世，而顏真卿所記，則在于新室、建武之間，以時考之，不無牴牾。至于錫封加號，則始于唐之天寶，益于宋之咸淳，旱潦疵癘，禱之必應，民懷信慕，時走犧牲，告虔祠下，陰功所至，鴻化以熙。《一統志》云：神生西漢末，遊者雪之間。久之，欲自長興之荊溪，鑿河至廣德，以通舟楫。工役半成，遂遯于橫山，故人立祠祀之。夫人李氏亦有廟，在州東二十里，名昭妃廟。其神最靈，至神之先世，或以爲御史大夫湯之後，或以爲其父名秉，或以爲西漢，或以爲東漢，見於《留青日札》《羣碎録》，究亦莫能定也。其他述王者尤衆，至顯靈助化之蹟，則《夷堅志》《癸辛雜識》《齊東野語》等書，紀之彌夥。惜乎詹仁澤纂《祠山家世編》，其目見於《文獻通考》，而書卒罕傳，今摭聞見所及，識其大略，庶幾祀神者知所自焉。

蘇驃騎廟 在縣西一百三十步。梁大同間碑。神名舉，字子羽，晉驃騎將軍，封烏程侯，卒，葬金牛山北。劉宋高祖常夢其神，因贈平南大將軍，明帝加賜持節都督、征北大將軍。至元《志》。 案：海鹽仇《志》：廟廢，碑亦不存，後海寧吳騫重立神宇，撰《碑記》，按察使秦公瀛題額。今圮。

吳越王廟 在澉浦鎮西南三里澉墅村。宋崇寧間建，祀吳越國王錢鏐。《海鹽圖經》。 國朝吳熙詩："社鼓鼕鼕澉墅邊，吳王坐並越王肩。兒家陌上花開日，記得婆留人姓錢。"

黃郎中廟 宋《志》：縣衙前。相傳爲古賢令生祠。《海鹽圖經》宋元祐間，縣尹何公執中重建。紹興二十八年，林仰修。紹熙五年，李直養重修。至元《志》。 宋何執中《記》："黃公不知何代，不知何名，亦不知何許人。惟此間舊老傳云，公爲縣，有善政入民，民不解于心，相與尸祝者，又不知幾何年。今廟且頹圮，民復奉主環注，請令新之。余惟人莫親于祖先，然親盡則毀。茲黃公以前朝一令，世何遠也。世遠則政隔，澤無及也。世與澤兩不可知，則心所不屬也。而民猶戀戀若不釋然者，是豈人情哉，我知其以前令勸後令耳。以爲彼善爲民，民亦不忘。雖千百世不改，則今之爲牧者曷不盡若黃公，使後世不忘若今日之不忘黃公也。余亦勉承民志，重新厥祠，以副其不忘黃公者。余豈敢望民不忘如黃公也哉。" 案：姚桐壽《樂郊私語》："州衙前有黃郎中廟，相傳前代賢令。考之舊志，惟紹興間有黃昱，乾道間有黃綸。然廟爲何執中重建，則何又先於二黃，竟不知爲誰。"今廢。

魯公祠 在縣南思魯橋之左，慈會寺之右，北向。祀宋令魯公宗道。《海鹽圖經》道光六年，知縣楊國翰重建。今燬。案：吳《志》云：明高巽志《過海鹽二賢祠》詩："思魯橋邊月較明，二賢祠下水偏清。如何水月無情物，也重當年邑宰名。"則黃、魯嘗合爲一祠矣。考元末明初，祠嘗併入黃郎中廟，亦名二賢祠。後又併入慈會寺，遂廢。至萬曆中郡守車大任、道光中知縣楊國翰皆重建。今又毀。

陳文惠公祠 在金粟寺左。公諱堯佐，號希元，四川閬州人。相宋仁宗，五世孫公輔從高宗南渡，卜居茶院，遂建公祠。《海鹽續圖經》。

岳忠武王廟 在澉浦所公廨左。明嘉靖中，以倭亂建。癸丑以後，倭夷寇城下，官兵悉力捍禦，默禱于王。忽見神兵數萬約長丈餘，金戈鐵馬，出入雲端，自是師屢捷。申請建精忠祠，以答神貺。《續澉水志》。今燬。

顯忠祠 在縣治西，祀明禮科贈太常寺少卿錢薇。吳《志》。

吳大司寇祠 在西門廣福橋，祀明刑部尚書吳中偉。《澉水遺聞》。燬于匪。同治中重建。

雙忠祠 在西門外苞溪里，祀明季殉節訓導李自明、兵科給事中李毓新。國朝乾隆四十一年賜謚節愍。李氏子姓建祠奉祀。

先賢任子祠 在篁墅里。裔孫任用治同族建立。

風神廟 在海塘龍神祠左。道光四年，知縣汪仲洋建。自爲《記》曰："世謂海昌之潮橫掃，武原之潮直衝，固也，而義猶未盡。海昌當江流輪海之處，海潮逆江而上，爲尖山鱉子亹所逼，大氣鼓怒，呼吸千里，轉瞬夷然，初不借威於風也。武原獨當海面，東望無際，南則澉浦諸山，北則乍浦諸山，左拒右撐，遙相犄角。其中沿海五十餘里，更無障蔽。惟賴一線堤防，日與潮水相爭。而潮水之漲落大小，全在有無東北風相助爲虐，不係平汛期之衰旺也。當夫天清氣朗，風不鳴條，雖霉伏大汛，不過沿塘潰涌，旋即消落，如其狂飈駕潮。即隆冬嚴寒，如銀山層擁而來，逼近塘身，作勢衝擊。其激而直上者，如無數白龍騰身而上，散爲飛雨，潑濺塘後。其迴掣而下者，如巖巒摧裂，訇然脫壞，鴻絧湖渧聲猶百萬雷霆相鬭。前潮未落，後潮復起，三日兩日，以風爲節，或且風息而潮不退，蓋全海簸蕩，其勢不得驟静也。去年風潮屢作，爲數十年所未見之危險，則以七月初二日爲最。是日，風從東北挾雨來，瓦屋皆飛，大木斯拔，但聽風聲、雨聲、潮聲，橫空壓落，舉境官民面無人色。逆計夜半潮汛旺時，必將共葬魚腹。乃潮甫屆旺，而風忽轉爲東南。次日有自乍浦來者云，當風勢轉時，乍浦軍民登城避水，見武原海岸無數燈光從風雨中現出。嗚呼！謂非神靈呵護之力也哉。武原舊有龍神祠，中祀龍神、潮神，而風神獨缺。予謂妥靈憺威，爲民祈命，宜有專祠。以崇祀典詳，請大府以城內舊存入官房屋擇其材木之可用者,營建於龍神祠之左,計凡享殿三楹,齋室壹區,廟門三椽,周以垣墻,繞以廊閣。經始於春二月,落成於夏六月。謹記顛末,而製樂歌三闋,以迓神麻。"今燬。

白沃使君廟一作白沃史君。　在縣北十八里沙腰村,俗稱白馬廟。道光二十二年四月,乍浦失守,有夷酋率黨乘馬,將犯海鹽,道經廟前,無故墜馬而殞,餘衆駭退,僉謂倘怳中若有挽之者,鹽邑因是得全。巡撫劉韻珂奏請,列入祀典。新纂。

忠義總祠　在新橋南。祀咸豐辛酉城陷後殉難官紳士民。同治九年,里人俞紹廉等捐建。紹廉並捐田六畝七分六釐,以租息作歲修費,由育嬰堂帶管。新纂。

魁星閣　在學宮南葫蘆潭高阜之上。乾隆二十五年,知縣陳謐倡率邑紳捐建。初名奎文閣。嘉慶年間,里人朱瑞椿等重脩,改今名。毀於粵匪之亂。同治九年,知縣沈起鶚、訓導陸同元倡捐重建。知府許瑤光爲《銘》並《序》云:"奎星之祀,始於宋之皇祐二年。時因祀汴河而遞及之,以其主溝瀆及江河也。至奎星主文章,倉頡傲象,首見於《孝經·援神契》,唐張懷瓘《書斷》曾引證之,然其說之顯則自宋始也。考《星經》暨《晉書·天文志》,奎爲天子之武庫,主兵,無主文之說。至宋乾德五年,五星聚奎,占者以爲文明之兆。而《管窺輯要》則曰:東壁乃文章府,是時五星實在奎壁間,故有是占,乃由是相沿。元有奎章閣之名矣。虞集有'文章協奎壁'之句矣。馬祖常有'天章爛漫象西奎'之詠矣。明萬曆十二年,嘉興縣學聚奎門之建,見于志乘矣。今則府、州、縣學閣祀文昌,無不閣祀奎星。然則仰觀員曲之勢,奎固爲文章所取象矣。顧奎星有作魁星者,抑又何說?考八魁在北落東,主獸,與此無涉。惟北斗七星,四星方形,爲魁天宮。《書》云:'斗魁戴匡六星爲文昌宮。'象緯家云:'文昌星明,文運將興。'魁星之祀,或以文昌在前,而連following及之與,且今之塑魁星者,左執金,右執筆,背負斗,或取其戴斗而然與?然考《周禮·春官》:'以槱燎祀司中、司命',疏以爲即文昌第五、第四。《宋史》兆司中、司命、司祿於南郊,皆祀文昌也,無祀文昌而及斗魁之說。且《大清通禮》天壇配祀北斗,亦無祀七星,而僅及四星魁之典,雖蘇潁濱《上清詞》有'降斗魁神君'之語,似專指四星矣。要亦與主文章無與,然則魁星之祀,無乃誤奎爲魁與? 余曰:'是,又未必然。'夫渠魁之義,見于《尚書》。爲魁之義,見於《戴禮》。後世乃有花魁、香魁、瑞草魁之稱。而大魁之目,則始於宋。蓋凡物之首,皆可以魁。命之奎宿在西方,金宿爲魁,亦猶青龍,以角爲魁,朱雀以斗爲魁,皆躔宿之首次也。明成祖有詩云:'奎魁照碧空。'謂非奎即爲魁之明證與! 且夫星者,天文也,皆有文明象,何獨奎山川者,地文也。建閣以配山川,即扶人文,以成化也。閣祀奎星,其有益於文運宜矣。海鹽縣治舊有南北魁星閣,俱被兵燬,已而北建而南廢,群惡然不安。同治九年,知縣、池州沈君起鶚,學官、湖州陸君同元倡捐修復。各紳耆助之,并勸各廩膳生出全年膳銀,以資厥工,以十年夏告成,囑記。瑤乃爲之銘曰:唐祀壽星,純嘏爾常。織女下拜,富貴汾陽。矧兹奎宿,文星吐芒。珠躔西紀,華布東方。鹽官濱海,就日扶桑。宅留尚父,山駐秦皇。西浙秀毓,斗牛之疆。斯閣高崎,參旗畢行。聳天晷德,拔地輪祥。紫宮下鑒,肅肅閶闔。斡元受職,照耀扶匡。宣作人化,雲漢爲章。鄭侯昂降,李白庚長。黃姚游渚,蒼姬夢房。維彼棠瑞,珠連雁翔。太人占之,其地吉昌。龍魚跋浪,咸進賢良。援筆作誦,敢告序贇。修德迓福,積善有慶。自甄靈貺,守土之望。"

平湖縣

先農壇　在東郊二十一都己字圩。雍正五年,知縣楊克慧奉文建立,並置耤田四畝九分。乾隆四十六年,颶風,壇宇圮。五十年,知縣王恒重建。

先蠶壇　在西關外西林寺中。乾隆五十九年,奉文創建。

社稷壇　在西關外西林寺東南。平湖朱《志》。乾隆五十二年,知縣王恒重修。

風雲雷雨山川壇　舊在縣南半里。柳《志》。　案:即南司左。嘉靖間,知縣顧廷對遷南門外教場東北。平湖程《志》。乾隆五十二年,知縣王恒重修。

邑厲壇　在西門外西林寺西。平湖程《志》。

城隍廟　在縣治東一百五十步。宣德五年，知縣王簡建，由西偏旁出。成化十六年，知縣李智以所起藏錢買地，廣三丈許，直南爲神路，重建堂廡、門額。柳《志》嘉靖間，知縣顧廷對建軒棚三楹。萬曆二十一年，知縣黃焰重修。平湖朱《志》國朝乾隆五十三年，知縣王恒重修。平湖王《志》一在乍浦東門内，咸豐末燬。同治十二年，里人重建。一在全公亭鎗塘橋北，嘉慶三年，大使周澄創建。知縣事李廣芸《記》："蘆瀝場治，平湖縣境，官舍面海，大門之左有城隍神像在焉。峨嵋周君謁選來涖，展謁之初，詢於父老，僉云官舍本廟基，刱建年代不可考。君聞言，蹙然不寧。未幾大病，恍惚若有神佑。病良已，乃移建廟于鎗塘橋，首捐俸購地二畝有奇。里人上舍陸貴章、盛鳳鳴等各捐貲贊成之。凡大門三楹，正殿三楹，有後廨，有前廊，隙地植榆柳竹栢。經始於嘉慶二年十月，落成于三年十有二月，而屬予記之。周君尊甫按察公與先君子同中乾隆壬戌科進士，又同出于涪州周文恭公本房，閱今將一甲子，而予與君同官于此，以公事常得相接，知浙西各場，唯君政爲最，即此移建城隍廟，亦其一端。夫有城隍而後有城隍神，今場無城隍，而有其神，名實殆不副，或疑君之不當建廟移祀。雖然，城隍神非濫祀，比傳曰'有其舉之，莫敢廢也'，又曰'敬鬼神而遠之'，周君之爲，合乎傳所云矣。因記之。"

土地祠　在縣治内。平湖朱《志》。歲春秋仲上丁後一日致祭。平湖王《志》。

關帝廟　在慶源橋西。明崇禎十三年建。平湖朱《志》。　知縣吳春枝《記》。爲邑主廟。後有文幟閣。國朝雍正十三年，知縣部煜改文幟閣，建三公祠。平湖高《志》乾隆六年，大門火燬，知縣高國楷重修。十三年，知縣閻公銑重建大門、二門、大殿、前軒。知縣閻公銑《記》："關廟崇祀一千五百有餘歲矣。其生平忠義大節，光史册而震天壤者，含生負氣之衆罔不樂爲稱道，赫赫若前日事。而其神之英靈，於爍叩之如響，斯應者尤稗乘不勝載，此均無俟余之辭費。唯是歷代崇封命祀，典禮有加，訖未有定制。逮我朝屢隆殊錫，封祀先代，蔭爵後裔，詔天下郡縣咸立廟，三時命官女祭。薦以太牢禮，與文廟埒。夫崇其神者既m而樓其神者或不克整以肅，則有司之過也。往余宰五雲，宰嘉禾，俱於關廟加修葺。丁卯春，攝篆當湖。下車，來謁际廟址，囿于地苦偪仄，陳牲設帛，近在階城，官屬瞻拜，咸列庭中。間遇風雨之辰，卒難成禮。竊謂宜覆以軒楹，翼之兩廡，秋七月，奉檄移治，遂與同列諸君捐俸爲創，邑人士亦相率出私錢爲助。爰諏戊辰之三月上浣經始，於六月望前落成。喻喻峨峨，美哉奐焉。執事駿奔，有嚴有翼。邑人士請記以鋟諸石。余謂是固有司責耳，記何有焉。繼念廟自前明崇禎十四年進士尚寶卿馬鳴霆捐基，高州別駕陸君啟濛創建，歷年逾百，未嘗有文之者。兹以同事之相與有成，俾夫入廟從事不忒于儀，誠有光國典，即董是役者亦不容泯其勞，輒書以付之。迺余更慮廟既整以肅，倘不率教者習焉，溷擾終非所以妥神也，並泐條禁于石，且以告後之君子幸加意焉。"三十四年，刑部員外屈樹榮重建三公祠。四十九年，僧際元募建行宮，上建文昌閣。五十三年，知縣王恒重修。平湖王《志》。嘉慶八年，知縣路鐇率邑紳黃鳳等捐資重建大殿，並修葺臺廡、門牆。咸豐十年燬，僅存大殿。同治五年，知縣郭惇典捐建大門。十二年，邑紳公建二門、廊廡，並新殿宇。

節孝祠　在縣西西司坊。東太平橋歲春秋上丁後一日致祭。雍正四年，知縣楊克慧建。乾隆四十年，知縣劉雁題重建。劉雁題《記》。五十四年，知縣王恒重修。王恒《記》。嘉慶十九年火，僅存祠宇三楹。道光二十七年，户部侍郎徐士芬重建大門。咸豐十一年復燬。同治五年重修。

陳山顯濟廟　宋大觀三年建。舊《圖經》以神爲天帝，典雨曹。政和間，縣人郭益三爲中司[1]，以祈禱感應，奏請封爵。崇寧三年，詔以顯濟名其廟。宣和五年，封龍君爲淵靈侯。紹熙元年六月旱，知縣李直養因禱於龍君，得小龍以歸，就縣廳設醮三日，後果雨，是歲大稔。聞於朝，進封龍君爲廣惠淵靈侯，龍母爲慶善夫人。二年，直養建新龍君、龍母二大殿，裝龍君及龍母、四龍王像，置供具，繪龍于壁，自廟門而下皆新之。五年，勅封龍君爲廣惠淵靈威佑侯，龍母爲慶善薦福夫人。至元《志》。　宋龔頤正《記》："秀州海鹽縣乍浦之陳山有靈湫，居山之半，水旱不涸不溢。山椒有盤陁大石，歲三月十有八日，吳之陽山及此山多雲霧晦冥雷雨之變。俗傳爲白龍君以是日生於陽山，而歸藏其母于是焉，故有祠事甚嚴。州邑旱潦致禱，必先酹酒石上，有物蜿蜒即見。崇寧三年，部使者以聞，詔以顯濟名其廟。宣和五年，又以昭蘇旱虐，始封龍君爲淵靈侯。紹熙元年四月，不雨。至於六月，睢陽李直養攝邑華亭，部使者以才薦，畀令事[2]。還入境，漕河已斷流，亟走祠下。俄見蜿蜒，舉體金色，見神座上。直養迎挹，即循其左臂而上，至巾幘，因請歸醮祠。復循而上如初，盒中四龍子如粟。闔邑驚異，見所未見。閱三日，大雨霑洽，溝澮畢通，苗槁而興。誕眞蜿蜒及盒子于石，頃之俱無所見。七月又旱，申禱旋應，適如其時日。是歲，進封龍君爲廣惠淵靈侯、龍母慶善夫人。命既下，神報益彰。明年三月，直養以祠宇敗橈弗稱夫上命與神施，遂哀衆力，爲建二大殿，鼎新象設，且列四神像于後，以表四龍子之異。乃四月龍見於龍母殿，自空而下，其大如柱，光彩奪目。觀者震悸，不敢仰視。五月，廟僧夢神人告，將迎龍淮上，有曰：‘計海邑之雨可支兩旬耳。’自是開霽，復雨之日果再浹也。又明年三月，直養遣工繪於壁。至，則壁上濕，不可爲也，念且歸。其夕夢金冠白衣神人曰：‘令俾爾畫龍，龍實難畫。’工曰：‘畫非難，壁濕耳。’應曰：‘乾矣。束作行雨，自西而歸，仍有珠，乃成龍。更語曰[3]令，他日謁雨，當誦《華嚴》。’袖出經一卷，顧其後四神人云：‘此亦而令所致也。’工起視壁，果已乾，如戒而成。有蜿蜒正白，復見神座，睨視壁間久之，躍而入於花壺。四月，郡守趙不迹以梅雨愆期，親作文以禱，其應立至。六月，直養請于郡，徙興福院創廟之右，以廣僧居而嚴香火。直養狀如此，以屬楚國龔頤正紀於麗牲之石。”明去侯爵，稱陳山之神。《乍浦志》。廟建于宋者，歲久而圮，合龍君母子爲一祠，規制甚狹。崇禎五年夏旱，邑人馮洪業親步禱雨，有奇應，復建前後二大殿，頓還舊觀。《九山志》。　趙維寰《記》：“吾邑乍浦之陳山有龍湫焉。歲旱禱雨，必謁湫取水。父老相傳謂取水而水中有物，若蜿蜒然者是爲龍。降必得雨，然在昔戊子，赤地千里，邑人亦一再行之，弗驗也。崇禎壬申，自夏五不雨，至六月間，萬衆嗷嗷。邑令築壇南郊，屬術僧禱，旱愈劇，吾友馮茂遠乃乃簡邑乘得宋宣和紹熙故事，請挹水于湫而躬肅將之。五步一嗟，十步一拜，懸嶺八十一丈，傴僂而登，勿敢頓足于是。及湫挹水，果有神物蜿蜒水中矣。初僅得一，條而五，五復爲三，三復爲四，四復爲五。迨水至壇，而甘霖且濤沛。爰自四郊徧乎隣壤，罔不沾溉，皆龍力也。顧壇僧不恪，妄強龍必再雨，不雨且詬訴，而蜿蜒者遂忽化去，大衆愕然。無何，茂遠家僮急報告，家古佛前净水中有蜿蜒者五。茂遠急歸視，則盤旋雄踞，神氣飛動，其背氄氄，其眸灼灼，大者寸許，小者半之，縮則菌[4]而粒，拓則蜒而晰，依然壇上物也。茂遠益驚異，爲虔恭肅，謝而還之湫。余嘗見野史所載，唐明皇時，僧無畏召龍致雨事甚奇，未敢信，不圖證之茂遠，顧以郊壇之虔，奉龍不屑處而獨効靈于耘廬之甌勺間，不知茂遠何以得之，豈孝子能起孝，龍眞有如姚叔祥所詠耶！識之，爲異且修邑乘者徵信地，毋令李、顧二人專美于前云。”歲三月十八日致祭。平湖朱《志》。國朝嘉慶二十四年夏大旱，都統默爾格訥、同知周鎬禱雨有應。二十五年，與知縣劉肇紳各捐俸重修。咸豐十一年燬。同治十一年，邑生范祝嵩等募貲重建。

【校注】

　　[1] 按：光緒《平湖縣志》卷九《祠祀》作“郭三益”。天啟《海鹽縣圖經》卷十二《人物》：“郭三益，字慎求，登元祐三年進士，以薦爲常熟丞。後官至試刑部尚書，遷中大夫。建炎元年二月，除同知樞密院事。明年九月卒，贈光祿大夫。”

　　[2] 按：紹熙《雲間志》卷中《知縣題名》：“楊潛，紹熙元年。”宋·陳鵠《耆舊續聞》卷二：“《海鹽縣圖經》：‘李直養，字無害。維揚人。正民之孫。紹熙中，爲海鹽令。”本《志》卷三十八《官師三·海鹽縣》：“紹熙年”：“李直養”。由此可知李直養紹熙元年知海鹽縣，而同時的華亭知縣是楊潛。

　　[3] 曰：光緒《平湖縣志》卷九《壇廟》“陳山顯濟廟”條收龔頤正《顯濟廟記》作“爾”，當作“爾”。

　　[4] 菌：光緒《平湖縣志》卷九“陳山顯濟廟”條收趙維寰《記》作“茵”，當作“茵”。

　　天后宫　在苦竹山。遠汎者率于此賽禱，春月士女雲萃，遺鈿墮翠，或接路焉。《海鹽圖經》神爲福建莆田人，宋都巡檢林愿之女，没爲海神，屢彰靈應，歷代累封至天妃。國朝康熙二十年，加封天后。雍正十一年載入祀典，歲春秋仲上辛日致祭。平湖高《志》乾隆二年，加封福佑羣生。二十二年，加封誠感咸孚。五十三年，加封顯神贊順。案《九山志》：天妃像乃海中浮來香木所塑。初建廟時，道士夢神，告以海中有木。次日，木果至。春秋時，天妃夜常出遊，燈火輝煌，雙行引導。或至龍王堂，或至白馬廟,戍卒漁人,往往見之。凡沿海處所及閩人之商于乍者皆祀之。平湖王《志》。咸豐末燬。

旗纛廟　在乍浦所東。久廢。平湖程《志》。軍牙六纛之神,歲霜降日于教場致祭。平湖王《志》。

東嶽廟　係佑聖宮分基。國朝康熙元年建,歲春秋仲上丁後一日致祭。平湖朱《志》。咸豐十年燬。同治五年,里人募貲重建。

顯忠廟　在縣治東一里當湖旁,祀漢大將軍霍光,閩人英烈錢侯亦附焉。案《雲間志》:侯,閩人,行七,嘗爲商,浮海至廟下,歊息,願事忠臣。即叉手立化。宋與金戰,有陰兵旌旗,著華亭錢太尉字。已而賊勢披靡,因錫今封。宋大觀四年建。宣和二年,賜額顯忠祠。五年,封忠烈公。建炎三年,辛道宗領舟師,由海道護行在所,奏加忠烈順濟,且賜緡錢,以新廟貌。四年加昭應。宋魯詹《記》:"大觀庚寅冬,詹廣陵秩滿,臘中歸省親,道經吳江,寒甚,一夕震澤冰合,即抵家,鄉人皆言曰:'昔湖中冰厚幾尺,有物自東北趨西南,轟然有聲,冰碎如粉,夕即還,如是三日乃已,此何異耶?'詹曰:'異,我不得而知之。第聞吳主孫晧嘗被疾,時有神降于小黃門,云:華亭鹹塘風濤爲害,非人力能防。古海鹽縣治一旦陷爲湖,無大神護。臣,漢之功臣霍光也。臣部黨有力,當鎮之,可免。翌日疾瘳,立廟小金山。鄉人盍相與築宮湖上,竭虔昭惠,以鎮此土乎?僉曰:'茲衆所祈禱者。'即卜爽塏之地,占湖山之勝,乃營廟宇,乃嚴神棲。自是遠近,翕然結社,會拜者舳艫相銜也。竊嘗謂生爲偉人,則没爲明神,必有大功德于民,隨其所向,而追想世奉祀之,如大禹之於會稽,泰伯、季札之於姑蘇,伍子胥之於錢塘,馬伏波之於南海,韓文公之於潮陽是也。惟忠烈公策名孝武,擁昭立宣,厥功懋焉。是時漢都長安,距吳會爲遠甚。又,公之没,更兩漢,歷三國,已數百年矣。乃托吳主之疾,肇建金山之祠。敷錫陰貺,宏庇海邦,此何理耶?噫!人心神矣乎!疾徐俯仰之間,再撫四海之外。生兮一世之傑,没兮有不亡者存,如月在天,有水則現,舟行月移,東西南北,隨所向而見之。若黃石公之於仙州,張漁陽之於鄞邑,民猶尸祝之,矧夫忠烈巖巖,精爽凛凛,發祥炳靈,感應如響,曾何久且遠之間耶!時愈久而民之祀愈崇,道愈遠而民之祀愈廣,神妙莫測,詎容擬議哉?公之勳業,青史焕然,而錢氏謂之冠軍,非是。我宋重熙,百神受職。宣和二年始賜額曰'顯忠',後三年誥封'忠烈'。公雖冠五等之爵,尚遲顯册之頒,庶致崇極而侈神貺也。丙午春,詹歸自京師,衹欵祠下,主未就緒,慨嘆久之,而職其事者,興議弗允,亟告縣大夫而易之。明年冬,闔郡司還朝,過家上冢,乃見廟宇屹然,擁以虛亭,翼以修廊,旁列攸司,各有次第,高明輪奐,庭殖肇飛。徘徊諦觀,目駭而心肅焉。因哀始末書之石,式告來者。"　趙孟堅《英烈錢侯記》:"夫聰明正直,謂曰神靈。膺國褒封,饗世血食。歷祀不泯,主福主災。赫然炳靈,人恒斯畏,豈偶然哉!克孝克忠,爲國犯難。生昭直節,歿助陰靈者也。英烈錢侯,所以身陪正祠,封受顯號,其以斯乎!紀石傳芳,示垂奕世,請從具載,寧厭纖委。西浙諸州,禾興最爲邊海。華亭縣小金山者,又在郡東。插脚滄溟,峻岸截起,驚濤四浮。《吳越備史》載,漢博陸侯霍公附小黃門謂吳主曰:'國之疆土,東蟊滄海,虧蝕侵尋。臣漢舊輔,今當爲神,駐小金山,爲禦海斥,使不衝鹽,全護國封,當爲建祠于彼金山,示所旌顯。'自時厥後,封祀不絕,今爲忠烈王顯濟廟焉。維英烈侯家閩,氏錢,行位居七。航海而商,舳帆經從,入廟致禮,儼觀威爽。雪浪東來,一山若峙,巖巖殿宇,卓冠山椒。地勢坤靈,軒赫斯稱。又謚王忠存漢社稷,歆生敬慕。若曰:浮沉罔利,膠轕迷途,汩潏塵中,何終底止?歿事忠臣,愈浪生死,猛念倐發,幽明洞符。玉立廉間,叉手睫視,不欹不倚,宕然化歸,異哉!於是驚怪顯迹,爲廟部臣。老宿相傳,幾百年矣。季夏之月,二十二日,維侯生辰。沿海祭祀,在在加謹。廣陳鎮金山祠祀尤嚴,常歲是日,海商海賈,寨户亭丁,社鼓喧迎,香華羅供。然前無位號,未應國經,仗隊弓刀,遙稱太尉,殆幾野廟,殊闕聲猷。屬青齊向化之年,困獸猶競,東鄙興師,侯能助順。虛無之際,神證用彰,霧消雲飛,陰兵十萬,排空而下,旌旗著號'華亭錢太尉',智識昭明。迨及交锋,敵勢披靡,風驅電掃,冥助惟多。主兵上之公朝,訪尋允合,爰加封勅,謚以英烈,庸答靈休。端笏垂紳,榮被章服,從飭仗衛,一變魚雅。孟堅母弟孟淳,今嗣秀安僖王曾元孫,曩居里日,嘗謂言曰:'英烈侯神靈國勳,如是其偉,兄志於文,盍爲紀述,其永聲聞?當備樂石,以奉刻詞。'茲以書來,石既就礱,紀弗可俟。乙巳上春甲子,熏篆滌毫,寓誠歷敍,因作言曰:夫所謂聰明正直謂神者,豈誣哉!忠烈公功存漢祀,雖世祿不嗣於當時,而廟食乃存於異代,蓋忠誠勳績,迄莫泯忘。英烈侯神焉非衣逢掖,道先王者。一念向正,即隸明祠。惟王與侯,肸蠁相應,如斯至者,心公忠耳。故侯卒能效順佐邦,矧小醜?使侯居廟堂而職臣事,殺身成仁,夫豈難能!竊祿鄙夫,身縻好爵,畏事齷齪,當言不斷,口若置箝,鼠計自營,盼視同列。苟利飲啄,縮縮循墻,鬼蜮斯靡,何無有何?若拜侯祠,有泚其顙。孟堅疇昔之夕,屬祀嶽神,節仗旋歸,繽紛肅截。璧月當午,簫吹撼空,文繡兒郎,粉黛優女,畫燭椽列,夾道秉行,敬拜奉安，一無醉懈。顧而問曰：'此嬰臼社稷臣也，心實歆焉。'曰：'有親在，無代言。'曰：'人死留名，豹死留皮。'丈夫大節，雖死猶生。睢陽之忠，常山之操。平原叱希烈，太尉擊朱泚。讀史凜凜，恨九原之不作也。神之爲神，其以是夫！'因紀侯事，遡頌王忠，夙心忠鯁，不覺宣露。爲之銘曰：正直爲神，惟忠惟孝。國有常經，祀典崇報。博陸在漢，擁昭立宣。雖曰世禄，不吾以延。逮及異朝，血食廟祀。爲禦隄封，叱捍潮水。無使侵齧，虧厥疆理。至於今世，靈畏若存。英烈錢侯，起身七閩。浮舶而商，致禮英靈。惟公與直，至令心傾。一誠默乎，旋駕部下。拱立廟廉，杳然冥化。東海之濱，奉祀畢虔。位號封崇，若有待然。小醜不競，東鄙興師。維侯助順，若響之隨。神長千萬，陰雲擁之。寇勢旋靡，電掃風披。昭靈顯功，褒號英烈。服爵儀衞，一變綿蕞。吾兹銘石，匪事夸雄。寅勸若人，知孝而忠。爲食君禄，當勇於事。事依違者，將焉用彼！致忠於君，奮不顧身。身死不死，其名永存。史傳紀績，廟食薦馨。吁嗟鬼蜮，狗苟蠅營。"明成化六年，住持潘道堅重建。柳《志》。嘉靖三十四年，倭警，神昭靈應。邑人奉事加虔，知縣劉存義建坊。劉存義《記》。萬曆二十九年，知縣王義民重建。沈懋孝《記》。崇禎十三年，知縣吳春枝重修。國朝乾隆二十五年，知縣李納璧重修。李納璧《記》。五十三年，知縣王恒重修，春秋仲上丁後一日致祭。平湖王《志》。咸豐末燬。

　　景賢祠　在德藏寺左，明嘉靖三十三年建。平湖程《志》。祀唐相陸贄，以宋儒陸正、明徵士陸宗秀、程鄉令陸銀、吏部尚書陸光祖配[1]。吳《志》。　明范維一有祠《記》。續以兵部員外陸澄原、巡按御史陸清原、濟南府推官陸燦、贈禮部侍郎陸隴其配，歲春秋仲上丁後一日致祭。平湖張《志》同治五年，知縣郭惇典重修。

【校注】

　　[1] 按：本《志》卷五十七《海鹽孝義》："陸宗秀，字坦菴，陸正曾孫。永樂初，徵召，不仕。歲饑，傾粟麥賑濟。詔旌其門曰'尚義'。子珪字廷玉，嘗代輸一邑之賦。"光緒《嘉應州志》卷十九《宦績》："陸銀，字克潛，浙江平湖人。弘治九年由監生任本縣令。新學舍，以禮義勵諸生。問民疾苦，晝夜不息。以母喪歸，行至常山，以哀毀致疾，卒。銀至孝，父珪患癱，吮之而愈。"（按：程鄉縣，南齊時置。清雍正十一年，改嘉應州，即今廣東梅州。）陸銀，弘治間人。陸銀及其祖陸宗秀于嘉靖三十三年（1554）或四十年配景賢祠，似均説得通。《明史》卷二二四《陸光祖傳》："陸光祖，字與繩，平湖人。嘉靖二十六年進士。除濬縣令……（萬曆）十五年，起南京刑部尚書，就改吏部。二十年，大計外吏，給事中李春開、王遂訓、何偉、丁應泰，御史劉汝康皆先爲外吏，有物議，悉議黜之。又舉許孚遠、顧憲成等二十二人，時論翕然稱焉……以給事中喬胤遂劾光祖及文選郎鄒觀光，光祖遂力求去，許馳驛。在籍五年，卒，贈太子太保，諡莊簡。"陸光祖（1521～1595），卒于萬曆二十五年，至三十一年配景賢祠，于理可通，但嘉靖三十三年即配景賢祠則説不通。

　　報功五賢祠　在南司東。明嘉靖三十七年，知縣陳一謙建，祀總督胡宗憲。萬曆元年，以知府劉愨、知縣劉存義入祠，後並祀兵備道劉燾、署知縣殷廷蘭，因名五賢祠。典史喬登、鎮撫彭應時、百戶朱璽祔焉。平湖程《志》。　明馮汝弼《記》："嘉靖三十五年丙辰秋九月二十有五日，欽差總督軍務、都察院右僉都御史、梅林胡公殲海寇於平湖之南郊。先是，海寇徐海等挾倭寇數萬橫行，浙直官軍莫敢誰何。朝廷命重臣督廣、兗、薈、處諸路兵擒勦，數失利。賊愈猖獗，率衆趨嘉興。諸將逡巡，莫敢出。公時爲御史，按兩浙，奮然起曰：'諸君按兵不舉，如宗社蒼生何？'挺身前進，諸將從之，鏖戰於王江涇，斬首千餘級。捷聞，陞右僉都御史，提督王師。丙辰三月，加兵部左侍郎，總督軍務。時徐海大合賊黨及倭奴數萬攻乍浦，兵備劉公燾禦之。賊趨阜林，巡撫阮公率游擊將軍宗禮禦之。禮兵寡，力戰而歿，阮公遂保桐鄉。賊百計攻圍，踰月不解。公知賊勢方熾，我兵未集，難與爭鋒，陽爲昭撫之令。賊退屯於華亭之呂巷，六月復還乍浦。公欲翦其羽翼，計遣應襲、管懋光贊畫，朱尚禮等間攜徐海，執其渠魁麻葉、胡四、戴一等以獻。適提督、尚書趙公文華奉命視師，以天兵至，公與合議，復遣辯士説海，縛其巨酋陳東以獻。公曰：'賊心離矣，機不可失。'時巡撫阮公議亦合，遂行兵偹劉公分布諸將，刻期進兵，犄角互發，奮力齊擊，賊大敗，爭奔海船。我兵乘勢追擊，斬首七百餘級，燒賊廠二十餘處，焚溺死者不可勝計。獨徐海擁精悍千餘人，以歸順爲名，據平湖之沈家莊，去縣治纔十里許。公遣中書羅龍文、義士蔡時宜等間其左右，使自相疑忌，以離其心。腹協謀於趙公。而巡撫阮公、巡按趙公謀俱協行，郎中郭公會兵備劉公，爲搗巢之舉。公親履行陣，偕阮公督戰，而劉公率驍勇爲前鋒。時賊分二巢，已各相疑，無固志。又以招撫之故，不設備。我軍攻西巢，箭炮齊發，賊敗入巢，乘夜奔東巢。我軍齊進奮擊，勢如拉朽，擒斬賊級一千四百餘顆，焚溺死者不計其數。於是元兇授首，醜類盡殲，數年積寇一旦掃除，無孑遺矣。振天朝之神武，絕外寇之窺伺，正亂賊之典刑，洩萬民之積憤，以舒我皇上東南根本之憂，豐功峻烈，豈曰小補之哉！向使招撫之令不行，賊必肆毒無忌；戡定之功不繼，賊必貽患無窮。生民之禍將不忍言，而浙西瀕海之地亦未必若是之寧謐也。吾邑士民懷公再造，謀諸邑令陳君一謙建祠立碑，以垂不朽，屬余爲記，而系之以詩：東海冥冥，陰風怒狂。妖氛塞空，鯨鯢跳梁。天威赫赫，維公肅將。肅將伊何，神謀允臧。始則餌之，終焉在綱。匪公幃幄，曷展勛勩。蕩滌妖氛，海波不揚。我家我室，奠我封疆。我衣我食，樂我耕桑。曷以報之，新祠煌煌。百千萬年，令聞無疆。"國朝乾隆五十三年，知縣王恒重修。歲春秋仲上丁後一日致祭。咸豐末燬。

陸莊簡祠　在南司東。萬曆四十六年建，祀明太子太保、吏部尚書、謚莊簡陸光祖。歲春秋仲上丁後一日致祭。平湖朱《志》、馮夢禎《記》。同治六年，裔孫重修。

陸清獻祠　在縣治東南，即明兵備道發基[1]。乾隆八年，知縣高國楹建，並捐俸贖回東湖水港，以爲祠產，即前明陸氏放生湖。歲春秋仲上丁後一日致祭。常安《記》云："天生聖賢，非以爲一世之人也。將使生乎其前者統緒，由之昌明；將使生乎其後者淵源，爲之紹續。故人而有志聖學，則其一身具有上下今古之責，而道統傳焉，人心正焉，此其所係，非偶然也。平湖陸清獻公終身講學，而以其學問所得，發爲政事文章，方下帷發憤時，即取宋儒諸書，反覆參訂，其意豈徒以獵榮爲溫飽計哉。致力於克己復禮之間，求詳於主敬行恕之說，而終之以變化氣質，蓋其志趣固已迥出一切矣。嗣其任邑令，居諫垣，所至卓卓有聲，而考証乎先儒之醇雜，辨討乎學門之宗旨，矻矻者不知其身之既老也。竊嘗論前明諸儒生於國初者，尚能由金許之傳以遡周程之旨，自良知說起，王畿甚之，而格致之義渺如矣。清獻公生於數百載之後，慨然力闢其非，充養邃密，似薛文清主敬存誠，似胡敬齋而躬行實踐，不誇默悟覺白沙生平所爲，養端倪於至靜者，未免存養之意多、省察之功少矣。我朝振興雅化，崇獎先賢，既祀於黌宮，又立有專祠，至是有司以其碑文來請。余謂聖賢以道德相授，苟能學清獻公之學，則即千里而遙與夫百世而下，尚有繼其心源，想其議論風旨，幾幾乎謦欬可得而親，几席可得而接者。況平湖乃先生桑梓之鄉，去今未數十年，登其堂，舊址斯在；啟其篋，遺編斯陳。想當日之勤勤懇懇，紹述乎斯道者，其身而存，則以爲一己之任；其身既往，則責在後世之人。即不獲親炙，而未有不願立門牆者也。其能無穆然而思，憬然而悟也哉？余宦轍所至，每樂表章先哲之遺踪，至是蒞浙，若魏塘六賢，既爲之碑記，重幸其流風餘韻之未泯。而如清獻公尤稱道學之宗，其子孫能嗣守餘澤，官於其邑者，復能祠而祭之，是亦足見薪傳之不墜，而余所樂於觀成者也。爲之歌曰：'先生之生，聖道攸託。根柢關閩，源本濂洛。先生之學，得其大者。意態沖融，襟懷瀟灑。先生之祠，掩映湖濱。曰俎曰豆，閱歲猶新。先生往矣，道在來哲。奮焉起興，視此碑碣。"督學彭起豐[2]《碑記》："聖人之道，如日在天，綿綿延延，薪傳勿替，必賴有昌明理學之大儒起而負荷之。南宋而後，配享諸儒，若元之許魯齋，明之薛文清、胡敬齋尤其純者。聖朝隆重理學，碩彥蔚生，天下之士瞻泰山而仰北斗，首推湯文正、陸清獻兩公。清獻，平湖人也。由縣令拜御史，清風勁節，惠政嘉謨，迄今猶傳人口。其爲學在于居敬窮理，擇善固執，教人必宗朱子小學，讀書必依程氏日程。而于派別支流，防維甚切，若惟恐異說之淆亂，流於禪說而不返也。不憚反覆極論，剖晰同異，洵乎其遠承孔孟之傳，近接程朱之派，而負荷斯道者歟。國家以清獻有功聖教，既從祀文廟，復褒以贈謚崇儒之典，曠古獨隆，顧考諸邑乘，二丁釋奠，僅附祭于陸宣公祠，崇報未專爲，慨然久之。甲子春，邑令三韓高君國楹首捐廉俸，卜基繪圖，鳩工集事，逾數月，門廡、堂宇巍然，秩秩有序，俎豆駿奔，不懈益虔。陸氏子孫請余文以記。余維浙中人士類多尚詞華鶩，聲氣罕有，能紹述金華四先生之理學，而講明濂洛關閩之旨者微，清獻則斯道之傳，曷其有賴。今公所著作具在，苟讀遺書，而附於私淑艾之列，則教澤流於無垠。平湖即鄒魯也，祠宇之新，豈惟邑令之賢有足誌，或以沿流而探原，挽華而崇實，以爲式化風俗，振厲人心一機歟。因樂爲之記。"高嵩詩："崇祠遙映泖湖清，遺範長深仰止情。抗疏遠過陽諫議，說經常聚魯諸生。政傳循吏真無忝，望重儒林況有名。如見講堂開故里，共看隆棟接高城。金章奕奕榮千古，俎豆森森奠兩楹。誦法自慚聞道淺，抒毫端爲盛朝賡。"陸天錫詩："有美承儒統，維桑表廣居。五賢虛地左，一塔聳城隅。風月人如在，荃蘅庭可疏。瓣香深嚮往，重欲輯遺書。”四十六年，知縣張力行以祠産刻石。張力行《清獻公祠港租記》五十年，知縣王恒重修祠宇，恭勒從祀上諭於碑。嘉慶三年，邑人黄鳳等醵資置田，歸祠供祀，易湖放生，其湖邊水埠基地由祠管業，官爲給照。黄鳳等具呈事，略云：“東湖放生始於明主事陸杲，有王世貞《放生碑記》。國朝以來，惟陸莊簡公祠管業東馬頭一段，循舊放生，餘皆賃漁户捕魚取租，繼且分售别姓。乾隆十一年，知縣高國楹捐廉贖回十分之八，歸作陸清獻公祠祀産。嘉慶三年，邑人黄鳳、吴鼎燮、奚泗哲、吴顯德、吴履曾，以先賢俎豆取給魚蟹，不足昭誠敬，且失愛物之意，公醵銀置俊圩田三十四畝八分五釐八毫歸祠，取租供祀，易東湖，復放生舊制，又續易陸浩其、陸汝績等案山浜、窑頭港汊并曹廷榮所捐東湖中段，俱全作放生湖，交當湖書院司事經管，每年收菱租，辦港税，及修補碑石等費，呈縣詳憲批准勒石，永禁採捕，放生湖四至：東自潔芳橋起，迤南至面長港止；西自吕公橋起，迤南至新橋港止。南至高墳，北至龍王堂。”咸豐末，祠毁。同治五年，布政司楊昌濬捐廉修復，嗣因沿湖水埠淤積成地，知府許瑶光、宗源瀚先後奉檄親勘，斷歸陸祠屋基六十七間半，每間約地二釐，永爲祠産，繪圖勒石，並將東湖仍還陸祠，田歸書院。同治十二年，巡撫楊昌濬奏准立案。巡撫楊昌濬《奏》略：“陸祠湖濱水閣、埠頭基地，自管業後曾出售數處，而歷年久遠，淤積成地，原佃之水閣、埠頭漸移，而前祠生與民户争地，各執一詞，訐訟不休。該府等核其承佃之照坐落之地，及陸姓出賣年分之遠近，悉心酌斷，除水閣、埠頭向歸陸氏收租，及原認歸祠屋基三十四間外，其賣在近年應斷贖者共十六間，各照契内原價，由知縣邢守道捐廉贖回。又契照難覓，斷令歸祠者共十三間，契照年遠而新淤分數較多，斷令劃出歸祠者一間半，尚有無人承認基地五間，亦斷歸祠，嗣據祠生陸念松以吕公橋外無主地二間，向非祠産，情願讓出，計共六十七間半，並據聲明，擬將東湖仍歸陸祠，田歸書院等情，除飭給昭執業，立石定界，不准陸氏後裔再行售賣外，事關先儒祠産，理合附片陳明。十三年二月二十五日。”奉硃批：該部知道。欽此。餘詳《徵信録》。

【校注】

［1］發基：光緒《平湖縣志》卷九《壇廟》“陸清獻祠”條收巡撫常安《碑記》，作“廢署基”，當作“廢基”。

［2］按：《清史稿・彭啟豐傳》：“彭啟豐，字翰文，江南長洲人。雍正五年殿試置一甲第三，世宗親拔第一。授翰林院修撰、南書房行走。乾隆七年，遷通政使，督浙江學政。”故“督學彭起豐”是“督學彭啟豐”之誤。

龍王廟　在吕公橋東。原注：俗呼龍王堂，創建年月無考。咸豐十年燬。同治十二年，知縣邢守道倡捐重建。

火神廟　在北門外二里松塵道院内。咸豐十一年燬。同治七年里人重建。

真武廟　在南門外教場。邑人張友直建。

文昌祠　在佑聖宫内。萬曆四十四年建。國朝咸豐七年重建。同治九年，知縣邢守道重修。

藥王廟　華陀廟　在佑聖宫，康熙間建。咸豐末燬。同治五年，藥商公建藥王廟。

白沃使君廟　在縣東北三里許。柳《志》。相傳當湖初陷時，白沃使君躍馬疾走不及，遂駐馬，以鞭指得湖東南一角水至不没，今此地獨高，後人于此立廟。咸豐末燬。同治五年，里人重建，兄弟三人，一在沙腰，一在乍浦，皆稱白沃廟。《閒窻括異志》。　陸世楷詩：“水患方滔天，四望鮮高阜。使君何神術，躍馬東南走。揮鞭使倒流，蛟龍遂弭首。邱原乃可依，厥民安井臼。園廬漸以完，村村遍花柳。微君我已魚，遺恩頌耆耇。白屋焕朱扉，榱筵崇不朽。旱潦輒有祈，歲時薦椒酒。叢祠滿寰區，文繡被土偶。稽古洵足徵，德馨庶能久。捍患與禦灾，豐碑在人口。鼎據雄三方，孰爲龍虎狗。”

齊景公廟　在官田坊,俗呼官田廟。平湖程《志》故老相傳,景公遵海而南至此,舊有碑,今磨滅不存矣。《閱窻括異志》。　案吳《志》作官田廟。咸豐十一年燬,同治五年重建。

馬廄廟　在縣南一十五里,俗傳齊景公養馬之所,因名馬廄。平湖王《志》。

三將軍廟　在益山,北去梁莊二里。祀田開疆、古冶子、公孫捷三木主,并塑像在焉。九山《志》。　案王《志》引李天植云:三士在齊,何以廟食于此?豈地名齊景鄉,故祀三士耶?祀齊田橫及橫兄榮、廣[1],朔始不可考。萬曆間重葺。平湖程《志》。　明馬維銘《募疏》:"邑梁莊故有三將軍廟。三將軍者,爲齊義士田橫及橫兄榮、廣。夫田將軍可異矣,舍王侯之約,而顧自刎以死,賓客五百人皆死。此太史公之所贊,以爲至賢也。漢以下騷人墨客相與悲歌慷慨,以寫其忠義憤烈之狀。如昌黎、眉山者甚多,余不暇論。所爲祀梁莊者,吾邑隸在吳,去齊境二千里。梁莊隷在吾邑,即濱海乎,去橫之島何啻二千里而遙。橫以海爲命,而恥事漢。無論梁莊其身之未至吳,審矣,而祀梁莊者何也?毋亦謂神則無所不之乎。夫伍員之祀于吳,以弔吳也;屈原之祀于楚,以弔楚也。其靈爽在後世,而功伐在本朝,其齒劍懷石以自傷,不幸而吾言適中,君國喪亡,益以重我之不幸,故至于今浙江之潮,瀟湘之水,洶涌而不安,如怨如泣,而不可止者,二大夫之神爲之也。然而其神有方,而人得以意揣之,自吳楚之外或未有神焉者矣。漢昭烈起自蜀中,關、張以赳赳武夫佐之,未嘗得意鄴下,而荊門之東悉爲吳地,亦不能廣尺寸之封,今大江南北以距遼海,二神最顯靈應,雖蜀何加焉,神無方矣。若橫所謂無方者是耶,非耶!不然,何以生不識梁莊爲何物,吾邑爲何地而死,乃宅于此也。殆將吞子胥于江上,挾屈平于漢川,而哂其陋且局而獨有契于雲長、翼德之所爲耶?前是把總韓生曾新,其廟旋圮而頓者,海波微警,所冀神庇甚切,遂議再飭。余輒疏之,重神也,亦重義也。唯義故雖死,而凜然有生氣,神之所以無方也。二三武弁及居此士者,尚其以義勖焉。"

【校注】

[1] 按:《史記》卷九十四《田儋列傳》:"(田)儋從弟田榮,榮弟田橫,皆豪,宗強,能得人……榮弟橫,收齊散兵,得數萬人,反擊項羽于城陽。而漢王率諸侯敗楚,入彭城,項羽聞之,乃醳齊而歸,擊漢于彭城,因連與漢戰,相距滎陽。以故田橫復得收齊城邑。立田榮子廣爲齊王,而橫相之,專國政,政無巨細皆斷於相。"由此,田廣是田榮之子,田橫是田榮之弟,故疑"橫兄榮"後脫"榮子"二字。此句當作"祀齊田橫及橫兄榮、榮子廣"。

馮將軍廟　在縣南一十五里。宋端平三年建,祀漢陽夏侯馮異。柳《志》。一在大易鄉朱江坊闕字圩,明崇禎十二年,里人孫世隆捐地創建。國朝嘉慶九年,孫九思重修,增建魁星閣。

三義廟　在縣東二十里兼葭圍,祀漢昭烈帝關壯繆侯、張桓侯。康熙十一年,生員張長生兄弟捐建。乾隆元年。候補通判張漢年重修。平湖王《志》。咸豐十一年燬。同治十一年重建。

陸績廟一名懷橘菴。　在乍浦西門小街,俗稱西菴,祀吳鬱林太守陸績。近易名懷橘,以乍浦舊有績故宅,號懷橘里故也。

韓文公廟一名潮聖廟。　在海口閘。乾隆二十年,潮州人建。以上《乍浦志》。咸豐十一年燬。

吳越武肅王廟　在縣治東南一十二里徐埭鎮西。平湖王《志》。咸豐十一年燬。同治十二年里人重建。

烈士大王廟　在獨山北百步,不知何神,爲獨山一方香火。咸豐十一年燬。同治四年,里人重建。

顧相公廟　在雅山東麓。神,松江上海人。有伏虎之異,故裝一虎于案下。一方香火最著靈驗。門外兩沙樸樹,大數抱,不知何年物。以上《九山志》。

張相公廟　在乍浦西門內懷橘菴前殿。平湖張《志》公諱夏,蕭山人。雍正三年,封靜安公。

《紹興府志》:"《西河集》:張十一郎官者,宋護堤侯張六五老相公也,名夏,蕭山隤里人。初以父亮爲吳越王,時刑部尚書入宋歸命,遂由故任子起家,授工部郎中,稱郎官。既而海溢,颶風發,錢塘蕭山隤總壞。相公充護隄使者有功,封護隄侯。乃以護漕當決河覆舟,旗丁繞河覓相公不得。翼日有大黿負相公尸浮于沙,巫者狂言相公已爲神,其尸歸葬於蕭山之長山閘,而立祠閘傍。負山壁爲楹,面海滔滔。每雨歇,見神燈數隊,沿山而歸。景祐間,禮部請于朝,封英濟王。蕭俗呼十一爲六五,呼官爲相公,以侯王故呼老相公。至是呼老相公廟,每歲三月六日爲老相公生日。"

晏公廟一名宏濟菴。　在東門內,祀平浪侯晏戌仔。《乍浦志》。晏戌仔,江西清江鎮人。元初輸文錦于上都,因而尸解。人以爲神,立祠祀之,後顯靈江湖間。洪武初,封平浪侯。《浙江通志》。同治十年重修。

巡撫范公祠　在弄珠樓,爲巡撫范承謨立。吳《志》。咸豐十年燬。

魯簡肅祠　在桑園衖,祀宋參知政事,諡簡肅魯宗道[1]。平湖程《志》。　明知縣賴垓《記》。嘉慶三年,其裔孫魯洪等重修。按察使司秦公瀛《重修祠記》:"平湖之有魯簡肅公祠也,以公嘗令海鹽,遂家于是,而歾即葬于是也。公墓在平湖之桑園衖,其地故隸海鹽,今析治平湖。墓旁即公祠,建自宋仁宗天聖七年,後屢廢屢修。明之中葉,公後人魯學周、承周等置祠田,邑令賴垓記之。嘉慶三年戊午,裔孫洪等復修焉,知縣李君賡芸請于記其事。公仕真宗朝,於時事多所論列,其生平大節尤在諫止,立劉氏七廟折,樞密曹利用之,權貴戚憚之,一時有魚頭參政之目。而其始仕,則嘗由定遠尉調海鹽令。邑濱海,其東南境舊有港導海水,歲久湮塞,公發鄉丁疏治之,號魯公浦。厥後思公澤者,有景魯堂、思魯橋諸稱。夫以公功在社稷,非一邑所得而私,而其勤施于民,合乎祭法,則報功之典于是爲宜。昔漢循吏,延熹中嘗詔密縣、洛陽留卓茂、王渙祠廟,且訪古右賢式閭表墓者,良有司事也。柳季之壟,樵採有刑;信陵之墳,守衛無缺。今以公之澤被茲土而祠,實與墓鄰,則因祠以存墓,不惟魯氏之子孫當世其祀于勿替也。已公裔居浙,代有賢者,余既因李君請,爲之記。他時過當湖,擬更展拜公祠以致嚮慕之思焉。公諱宗道,字貫之,亳州譙人。咸平三年進士。歷官右諫議大夫、參知政事,再遷禮部侍郎,贈兵部尚書。初諡剛簡,後改諡。事蹟具宋史。"道光八年,裔孫魯模等復請以宋左朝請大夫嘗、直敷文閣致仕嘗、高郵州司理文諮、宣教郎應龍配焉。咸豐十年燬。

【校注】

　　[1] 按:《宋史》卷二八六《魯宗道傳》:"魯宗道字貫之,亳州譙人……既卒,皇太后臨奠之,贈兵部尚書。太常議諡曰剛簡,復改爲肅簡。"故"簡肅"是"肅簡"之誤。

張忠獻祠　在東十九都盤字圩,里名兼葭園。祀宋魏國公張浚、華陽伯張栻、淮揚判官張溥。吳《志》。　張著《張氏宗祠記》。咸豐十一年燬。同治九年,裔孫訓導張定閨重建。

陸象山祠　在東城內,祀宋將作監丞、知荊門州軍陸九淵。平湖程《志》。　徐階《記》:"語有之'莫爲前美弗彰,莫爲後盛弗傳。'竊有慕乎,洵開軾輒,午續祁奚,絳與景繼起,儉與泰齊名,皆香梓爭榮,華萼相輝者也。孰有如奕葉永承,箕裘遠紹,歷百世而彌光,越兩地而並耀,如陸氏者乎。陸氏象山先生得孟子真脈,從祀孔廟。諱九淵,字子靜,先世吳縣人,長水吳境,隋亦屬姑蘇。唐德宗朝,宣公爲名相,厥後八世孫希聲復相昭宗,諡文公。孫德遷,五代末避兵燹,入撫,遂籍金谿。十世同居延福鄉之青田。二百餘年,合三千餘指,共居一爨。宋詔旌義居,父賀學行著鄉黨,酌先儒冠,婚喪祭之,禮行於世。生子六,九思、九敍、九皋、九韶皆奇傑。韶與文達公九齡及先生,世稱三陸,迄今祠祀焉。先生三四歲,常掃林間,宴坐終日,過者注望稱美。一日,侍父行,忽詢天地何所窮際?父笑而不答,遂深思,至忘寢食,讀書至宇宙二字,輒大悟,曰:'元來此道無窮,人與天地皆在其中。'援筆書曰:'宇宙內事,即己分內事。宇宙即吾心,吾心即宇宙。'讀《孟子》,即契悟自得,至'先立乎其大者'一語,終身效法焉。嘗云'道外無事,事外無道。纔警策,便與天地相似。'其立教直指人心,本然至善,使從此培養,日充日著,令人就血脈上轉移,故多感悟興起,隨寓講學,父老子弟數百人莫不感動。或勸之著書,曰《六經》註我,我註《六經》。結精舍貴溪之應天山,山形如象,題曰'象山先生'。門人遂相稱之。嘗謂:'孟子之死,真不得其傳。'直到濂、洛,得不傳之秘,然草昧殊晦,今日不令大段光明,更治何事,故孟子之道益光。登乾道八年進士,主考呂祖謙一見其文,遂決此江西陸子靜也。少遇靖康兵亂,即願請纓博求,知勇士,議恢復,後輪對劄,皆格心經邦要語,首重讐恥未復,孝宗亦感悟。居官時故事,上元設醮爲民祈福,乃會吏民,講《洪範皇極》一章以代之,聽者感悟泣下。與朱熹會白鹿洞,講《君子喻義》章,諸生亦感悟爲泣。熹嘆服,謂中學者隱微深痼之病,跋講義,刻石于洞。中會禱雪,雪驟降,語家人曰:'吾將逝矣。'遂沐浴更衣而卒。其履歷宦蹟載史册,不復贅。嘉定八年,謚文安。從父篤,紹興乙丑進士。姪濬中,嘉定辛未榜。子持之、循之,姪渙之,皆以理學見重于朝野。理宗時四世孫貞恪公啟楨爲嘉興路巡檢使,僑寓于當湖鎮。復還吳境,山川不改,井里自如,八國朝升,鎮爲縣,遂爲平湖始祖。建祠于城之隅,肖先生像而祀之。登其堂,金璧玲瓏,朱藍燦煜,冠裳禮樂之盛,無損青田之遺制焉。叩世祿,綸爲夾江令,琳爲名侍御,品格政績,詳載趙師相貞吉、陳掌院炘《碑記》中。琳之夏津令山、從子南康郡丞鼇,俱有惠政。歲月浸尋,星霜剝斷,槾杮傾圮,薜荔斷碑,山又堂構而聿新焉。侍御李密執經於余,學以爲己爲主,嘗曰孝弟外,無餘道;孝弟外,無餘一事。先生理學源流,嘗慨宋武好籽蒔藏褌褉之衣示子孫,掄口笑莊家之拙齊人好篡算戈矛,有告以鄒魯絃匏事,見謂迂闊老頭巾語。乃陸氏吳而越,越而楚,楚復歸吳,家學淵源,數百世如一日,固已度越他人門閭幾等矣。祠茸竣,徵余爲記,因焚盥而志其略。"久圮。

呂公祠　在南門外,祀知縣呂猶龍。有祀田三十畝,即猶龍所建呂公書院舊基。久圮。

石莊沈氏樹德祠　在石莊里房字圩。平湖朱《志》。　陸棻有《記》。康熙二十四年,其裔改建續字圩。

陸豸史祠　在啟元門內,祀明巡按四川御史陸琳。平湖程《志》。　趙貞吉有《記》。久圮。

陸孝子祠　在東河左,祀明光祿署正陸山。平湖朱《志》。　明王建中有《記》。乾隆五十四年,其族孫陸士鉬重新。知縣王恒《記》。久圮。

劉氏世德祠　在南司左,祀明刑部主事劉圮、贈兵部尚書劉希聖。久圮。

懷德祠　在太平橋左,祀明給事中馮汝弼。以上平湖程《志》。　王世貞《記》:"懷德祠者何?祠故諫議平湖馮公者也。公舉進士,拜行人,奉使便便,有僑肸風。尋入諫省,論中貴大臣,直聲動天下。出而一領望州,再宰巖邑,所至號爲神君。而中尼於忌者,竟挂冠歸。公享壽七十有九,其成進士迨捐館垂四十六年。然爲德於州邑,以歲數之,不過十之一二;而爲德於其鄉,則十且八九。以故甫公歾之踰月,而諸生沈維鏡等若而人請於令,願祠公于鄉賢。三老徐變等若而人復相率請於令,願特爲祠以報公。令劉君異之,爲再覆其事,咸信。乃下教特祠祀,命其祠曰懷德,而屬不佞記其事。不佞,公門下士也,不敢以推不文辭。竊讀三老等所上事,大略云:公居恒謂家居,不習計倪,不可饒;不饒,不可以伸志。夫人富,而仁義附焉。故自其罷官而且少奉羨,即以收棄田而治之,皆成上腴,又以其田入益斥直傍畝。已又以其法教邑中耕者,已又以其爲州邑時賦三則及助徭法語守令行之。亡何,邑里皆驟貴。於是公喜曰:'吾可以爲德矣。'其首施,則伯仲子姓有四時衣帛廩餼之供,謂習儒者教之,農者田之,賈者貨之。稍次施,則五服之親屬,其衣帛廩餼之供遞殺,而吉凶緩急靡不于我取貲。其最後施,則邑之老者、疾者、無子者,不能紼者,叩之即響應。而又推其餘饒築城,當睥睨者數十,雉堞成,而島寇絕,不復窺。脩通都之土石堰十五,石橋三十二,浚陳塘爲里二十七。築義冢,以叢討賊之殤骨而封之。又以其暇獎節義贍孝友。假典禮佐有司之權,蓋環公居而家者可十萬戶,其大半食公惠。其自罷官至捐館,三十四年如一日矣。夫安能遂忘公?夫以樊君雲之工治生與賑贍,不責報,解訟焚券,得公之近似,而天之報之通侯者累世,然未聞其仕宦善狀。朱仲卿之歾,思托祀于桐鄉,而不敢望其鄉,以鄉之所被德淺也。公守吾太倉,不再閱歲去,既歷三紀而士民今且議祠公。公殆兼君雲、仲卿而有之矣,於乎賢哉!公諱汝弼,其大節著於諫議,故特稱馮諫議云。"後廢爲育嬰堂。平湖王《志》。

陸鴻臚祠　在東湖右,祀明鴻臚寺主簿陸志忠。平湖程《志》。　施鳳來《記》。久圮。

存巖祠　在湯山瑞祥寺,祀明沖夷處士陸鑯。順治二年建。乾隆三十三年,其裔肯堂重建,以孝子陸倣孟配。平湖張《志》。咸豐末燬。

張高士祠　在北門月城,祀明生員張洽,以廣東布政使張大忠配。先是,洽以平倭築城首功,督撫欲請於朝,爵之不受,獎以地、宅,洽爲建廟月城,爲國祝釐,既而邑人懷其德,迎洽與大忠位,合祀於廟。平湖高《志》。　王建中《記》。咸豐末燬。

傑果毅公祠　在乍浦東門外牛橋鎮,祀原任乍浦副都統傑純。同治十二年建。

忠義祠　在全公坊,祀副將黃金友、覃連陞,附以殉難紳民。同治五年,蘆瀝場大使葉基奎、邑人山鳳輝等建。知府許瑤光《記》略:"同治三年春二月既望,越三日戊午,提督程忠烈率蘇省兵復嘉興郡城。夏四月,余來守郡,檄屬縣場采訪忠義。越二年六月,官瀝場吳縣葉君寅階從國學生山鳳輝、顧晉藩、秀才黃福增、楊龍濟、朱文治諸人之請,請爲死事其場地之副將黃公諱金友、覃公諱連陞,暨紳民等建祠於全公坊合祀之。余惟表彰忠義守土者之責也。嘉興七縣八城三場,淪陷四五年之久,力戰而死、抗義而死者,大有人在。克復今三年矣,各屬均未即建祠,而蘆瀝獨先,非賢官賢紳之力不至此。越四月,祠宇告竣,求記於余。余自道光庚戌以明經科籤掣浙江,今已十有七年。凡浙事之所以壞,浙局之所以轉,舉目擊而心識其概。至嘉興郡城之失,在咸豐十年四月廿六日,余時宰仁和,憶賊自三月上巳棄杭州以回撲我圍金陵之師,雨花臺之營潰,四月而常州、蘇州相繼陷,遂陷嘉興。嘉府儒學張詠、蔡兆輅死之,餘官皆走杭州,又復危急。是時提督張玉良由常奔至杭,撫軍王壯愍與張有舊,請集潰卒以圖嘉郡。故五六月之間,郡城雖失而五縣三場俱苟安無恙。七月而張玉良之兵又潰,於是嘉善以十二日失矣,石門以廿五日失矣,桐鄉以廿六日失矣,平湖亦以十五日失,越日復之,八月五日又失,又復之。至十一年三月八日,賊破海鹽,明日破乍浦,復陷平湖,由是澉浦孤城存一角,餘全陷於賊矣。考黃公陣亡於廣城[1],在十一年五月七日,是平湖三次失守後也。夫浙江之與江蘇也,均濱海爲國,地界犬牙相錯,兵與餉交相籌借。蘇州失後,撫軍薛駐滬上。平湖與滬相聯屬,十年秋至十一年春,嘉興之正道雖梗,而鹽、澉、平、乍四城未失,浙省軍書猶可由海寧繞此以達於滬。公之守平湖也,與提督米興朝來此半年中,江浙聲氣能通,則其力戰之功爲不少矣。逮賊由海鹽破乍浦,杭餉不繼,平湖腹背受敵,米軍先退,公亦不能不退,乃以其軍屬之蘇省屯金山衛,賊旋逼金山,公與戰於新倉,平其壘。已而圖復平湖,乞水師於提督曾秉忠,曾助以四十艘,命其弟守忠將之,遂破周家圩、象皮廟、六里港諸賊壘。賊憤甚,率黨黷至。公迎擊於十字街,有奸民伏,賊破屋,中鎗傷,不能騎,舁至明珠菴,遂薨。公號益亭,湖南靖州人。前以戰功賜協勇巴圖魯,年四十有一。蘇撫奏於朝,以提督賜卹。公薨之三年,癸亥冬十一月,平湖賊降於官軍,嘉興以次復,士人嘖嘖言平湖既失以後,力戰陣亡者稱黃公。平湖將復之,先力戰陣亡者,稱覃公。覃公字韜堂,四川雲陽人。從鮑春霆軍門征鄂征皖,屢戰有功。同治元年秋,蘇撫李調至滬,復金山衛。二年春,統浦東防務。平乍之賊謀東犯,築二營於新倉,作東西犄角勢。公探知其初築也,率隊奮進,平其西營,折而東,持戟躍馬至泰橋,中鎗墜馬,部兵請退,公呼曰:'賊已挫,東營可即拔也。拔東營,新倉以東之民可免塗毒,不可以我一人傷傷百姓,吾瞑目矣。'麾下游擊劉起感公義憤,含涕揮兵進,遂拔之,焚船三百,禽馘五百,賊自是不敢東。是役也,主將亡而戰捷,或問故,其部曲曰:'我將生平不愛錢,待我輩厚,殺賊所以報我將也。'公薨,年四十五。後劉起亦死,事宜興云。余考黃、覃二副將之死,先後不同時,且其戰而陣亡,一際衰勢,一際勝勢,其成敗又不同矣。然皆欲復平湖城,至一死廣城[1],一死泰橋,俱爲蘆瀝場近地。蘆瀝之紳民見之甚親切,有孝廉馬君承昭者,爲傳其略。故余得知其詳,是其忠義感人之深愈無不同也,合祠祀之,禮也。舉人黃鵬飛以被僞官逼不食死;秀才徐汝霖被執罵賊死,其餘義民、烈女,均附祀於祠。爰爲之銘。銘曰:蘆川之水,東湖之東。海日照耀,波光躍紅。流丹化入,耿耿孤忠。毅魄不散,鬱爲鬼雄。夜呼殺賊,竟告成功。東南奠矣,兩浙清風。靈應慰矣,俎豆伊崇。貞珉鏤翠,永垂無窮。"

【校注】

[1] 按:《檇李文繫》(正編)卷三十九收許瑤光《副將黃覃二公祠記》,作"廣陳"。光緒《平湖縣志》卷九《祠祀》"副將黃覃二公祠"收許瑤光《祠記》,亦作"廣陳"。本《志》卷四《市鎮·平湖縣》:"廣陳鎮縣東北二十七里。鎮之古,廣陳爲最。元時番舶至,列肆於此,故名廣陳。"故"廣城"是"廣陳"之誤。

石門縣

先農壇　在東郊,距城三里。雍正五年,知縣呂廷鑄奉文建立。並置耤田四畝九分。《浙江通志》。

先蠶廟　在崇福寺山門內大殿東偏五十步。乾隆六十年，奉文建立。今燬。未建。

社稷壇　在縣西素商門外。柳《志》。宋在縣西二百步，入門而南有齋廳三楹，廳之南五壇，壇各三級。原注：風伯、雷、雨師。案：注疑有誤。崇德靳《志》云：宋合風雲雷雨爲三壇，與上文五壇亦不符。繚之以牆。廳有宋政和間《重修社壇碑記》，磨滅幾不可讀，大率全備勑牒之語。勑牒則盡述江東提舉沈延嗣奏請之辭。當時案式圖鏤版行下，故式圖刻在碑首，歷年雖久，壇制如式。至元《志》。元置于城西南。明洪武十五年，趙令觀改建西門外。崇德靳《志》。

風雲雷雨山川壇　在縣南薰門外運河東岸。柳《志》。宋附社稷壇。明洪武十五年，趙令觀改建于運河東。崇德靳《志》。

邑厲壇　在縣北朔義門外運河西岸。柳《志》。宋、元無考。明洪武十五年，趙令觀改建于北門外。崇德靳《志》。

城隍廟　在縣西北一百八十步。《浙江通志》。舊在縣西南隅語溪觀東。邑令臧元士增創門道、兩廊，開路東出。岳王祠附于內。至元《志》。明洪武十五年，縣令涂節徙置縣西，建殿宇、兩廊。歲久傾圮。柳《志》。景泰間，知縣郁綸重建。崇德靳《志》。後漸傾圮。成化二十二年重建。柳《志》。嘉靖三十年復燬。知縣邱岳重建。萬曆中，知縣周應秋重建正殿、中堂、寢殿、東西兩廡、水火二亭，知縣靳一派改闢威門，原注：即儀門。爲屋三楹，門外有石甃池，東西六丈，南北二丈餘，中跨石橋，周以石闌。國朝順治九年，知縣陳邦寄重建肅敬樓。十八年，知縣李震興工鳩倡，至康熙八年，知縣杜森竣工。石門酈《志》。乾隆二十二年，兩殿災。次年，知縣周鼎重修。伊《志》。咸豐末燬。同治十年重建。

關帝廟　在崇義橋東南。舊在縣北三百步，嘉靖中因築城，遷于永橋北，邑人姚汝舟捐貲更遷崇義橋。崇德靳《志》。　姚汝舟《記》。國朝順治四年重建。石門酈《志》。乾隆三十一年，知縣鮑祖幹重修。舊案石門酈《志》云：廟有鐘一口。元延祐年鑄，聲聞十里。順治辛丑，鎮浙昂邦章京取入靈隱寺，所謂延祐鐘也。咸豐末燬。尚未建復。

東嶽廟　在縣西南一百步。宋政和修廟，舊碑磨滅，猶可讀，謂淹沒時久，感夢興繕，建立甚古。至元《志》。嘉靖中，知縣張守約因火改于城隍廟前河下，以其地易市民謝姓居址，欲爲陰陽、醫學，不果。萬曆中，移建演武場北，內有玄帝像。又呼爲真武廟。崇德靳《志》。咸豐末燬。同治八年重建。

節孝祠　在縣東二百步。雍正元年奉文設立，並建石坊。乾隆四十八年，知縣朱麟徵同紳士重修。伊《志》。咸豐末燬。同治十二年，移建于學宮東首。

許侍郎廟　在縣西南二里，祀晉黃門侍郎許安仁。永嘉兆亂，兵至崇德，安仁時教授于鄉，有保護功。既卒，立祠祀之。宋嘉泰二年創。明永樂、天順間重建。國朝順治間，鄉民沈文盛、諸文照重修。石門酈《志》。咸豐末燬。同治八年重建。

何律王廟　在縣西三里。至元《志》。洪武中重建。崇德靳《志》。相傳即吳王遣以築城者。《名勝志》。咸豐末燬。同治六年重建。

郜村廟　在縣西北二十里泗水橋。土穀神爲章陳許，內有觀音樓。宋嘉定間，尚書陸德興創，里人陸鎧重修。廟後古松一章，遠望虬枝偃蓋，秀色可愛。石門靳《志》。　元陸官《詠郜村廟松》詩："沃野遙山抱，神壇獨此松。羽張飛夕蓋，琴響和晨鐘。曇翠來翔鶴，溪長有卧龍。假饒秦蹕過，應得大夫封。"咸豐末燬。同治六年重建。

蕭尚書廟　在縣東三十里。至元《志》。元蕭穆拜尚書，後封蕭王，祀此。《浙江通志》今燬。

馬鳴王廟　在上字圩。其神亦稱裴、蔣二王。石門鄺《志》。　鄺世培《記》略："歲在游蒙單閼之辜月，邑之西偏馬鳴廟重飭祠宇。閱三月告成，里之民乞言以垂麗牲之石。案：神裴姓，名璩。唐廣明中官浙西藩鎮，會黃巢由溢寇浙，公力戰，却之此土，弗燬沒而廟食，以報其功。配饗者爲蔣都尉，佚其名，則與公戮力者也。《新唐書》：黃巢犯浙西，時節度使裴璩斬其二長，殲其黨，梁賊大沮喪。乃指天平軍乞降，尋復轉掠浙東，當巢所過，千里無孑遺，而斯境安堵如故，微神之力，弗及此，剗捍患禦蘭，式靈鐘鼓。自唐迄今，千有餘禩，生則宣勞牧圉，沒則介福馨香，神之綏艾吾民，始終如一日也。俎豆匏絃，其何有替！乃里之人僅以土鼓蕢桴酹于秋冬祈賽之間，毋乃黷而近于褻。然禹、稷、句龍，皆田祖也，鄉之士女恪共瘳懈，神其樂吾之樸邈而忘其儉乎。故于廟貌之成，作迎神送神之詩，使工祝歌以祀之。"咸豐末燬。同治六年重建。

金龍四大王廟　在甘露庵左，即靳公祠故址。國朝康熙初，運丁公建。久圮。乾隆二十八年，復釀金重建。別建靳公祠于左。伊《志》。今燬。

忠勳祠　在縣治東，祀宋趙汝愚。《大清一統志》。嘉靖丙辰，建三清宮，徙三清像于其中。後知縣靳一派移三清于外室，奉忠定神位于堂，飭新之，仍繕門牆，顏以舊額。崇德靳《志》今毀。

趙忠定公祠　在洲錢里祇園寺殿西。隆慶中，知縣朱潤題額。久廢。萬曆辛亥，知縣靳一派捐貲助建。崇德靳《志》。　錢夢得《記》："吾鄉趙忠定公以天潢懿親，夾輔宋室。其精忠偉蹟，載在紀籍，茲不具論。惟公實誕生洲錢，里曰生賢，巷曰探花，昭昭在人耳目，曷可無祠以薦。維馨公祠，舊在祇園寺。嘉靖中，胡中丞毀諸寺觀，祇園賴有公祠，獨不毀。今祇園梵宇，金碧輝映。公之榱桷几筵，化爲烏有。靳侯捐俸首倡，使邑中好義者翕然樂助，以共成此祠。祠成，徵記于余。余惟我祖吳越王世忠于宋，功與忠定相伯仲。幸表忠俎豆依然，而忠定降之地，廟貌聿新，令後之人顧瞻遺像，羹牆在望，肅然思奮，則徵寵于靳侯多矣。語溪、桐溪，今雖分壤，當公之時一邑耳，實爲桑梓之慶，遂紀其事如此。"咸豐末毀。同治七年重建。

列侯遺愛祠　在朔義門外二百餘步。舊爲去思亭，久圮。萬曆辛亥，知縣靳一派建爲祠。城南舊有三賢祠，今併入。石門鄺《志》。　靳一派《記》略："崇故有列侯去思亭，燬于島夷之亂。隆慶初，紳士前後董其役，再成再毀。列侯之治蹟卒不與亭樹俱攞，珉石俱磨也。其可縷指者，洪龍溪、湯江陰、陳洛陽、張華容四公爲尤著。若德興吳公、福清陳公、麻城喻公、新建艾公，則併其碑碣，半就湮沒。城南故有二祠，曰三賢祠者，同安蔡公、東筦陳公、萬安朱公也。曰生祠者，金壇周公也。今惟周公祠無恙，三賢祠傾圮已甚。且蔡公、朱公業有專祠，獨陳公僅存《碑記》，與洪、湯諸公之祀皆闕不舉。又，亭之北有武進薛公碑亭，湫隘特甚。嗣是長洲陳公貞珉未勒，德澤如新，稽諸同堂共室之誼，毋寧合而祀焉。一派承乏茲土，懼隕越爲諸君子羞，爲是緬懷先哲，典型在望，几筵不設，誰任其咎。爰度去思亭故址，簡三賢祠之可榱桷者，諏日鳩工，搆堂三楹，設木主以祀洪公等，爲置田如干畝，畀甘露庵僧性宗掌其籍，入供春秋祀而時加葺焉。則闔邑士民之心庶幾可以少慰乎。"今毀。

蔡侯祠　在包角堰，爲蔡令貴易建。萬曆庚戌，知縣靳一派增修。其嗣廉訪憲臣置田十六畝，畀守祠者。崇德靳《志》。　郭子直《碑記》。今毀。

朱侯祠　在遺愛祠左，爲朱令維京建。沈九疇《碑記》。今毀。

周侯祠　在包角堰西，爲周令應秋建。萬曆辛亥，知縣靳一派增修，仍置祭田。黃洪憲、靳一派各有《碑記》。今毀。

孫侯祠　在包角堰，爲孫令承謨建。有祭田。今毀。

陳侯祠　在包角堰東北，爲陳令允堅建。今毀。

靳侯祠　在朔義門外甘露菴左，爲靳令一派建，即戴星別署。有祭田。久廢。國朝乾隆二十八年，糧艘釀資重建。林人橚有《記》。今毀。

二賢祠　在甘露庵內,祀康熙間浙江巡撫三韓王國安、高安朱軾。額曰"韓范遺風"。石門酈《志》。今毀。

四君子祠　在邑庠內明倫堂東。弘治間,知縣趙希賢立,祀輔廣、鮑恂、朱逢吉、沈貴。酈《志》。

張文穆公祠　在石門鄉南張邨,爲學士伯淳建,久廢。萬曆辛亥,知縣靳一派重建。今毀。

潘尚書祠　在玉溪鎮侯場橋北。嘉靖間,總制胡宗憲爲潘蕃建,仍給祭田,內有諭祭碑文。今毀。

蔡烈婦祠　在玉溪鎮南。明嘉靖間,郡守趙瀛建,仍給祭田。事詳《貞孝錄》。享堂、坊表,久而傾圮。萬曆辛亥,知縣靳一派重建。崇德靳《志》。今毀。

胡安定公祠　在城西圖佳灞。嘉慶十八年,後裔胡枚等建。今毀。

桐鄉縣

先農壇　在東門外常平倉舊址。雍正五年,知縣王輅生奉文建立,並置耤田四畝九分。《浙江通志》。

蠶神廟　在邑治東。乾隆六十年,奉文創建。今毀。未建。

社稷壇　在西門外。

風雲雷雨山川壇　在縣東南一里。

厲壇　在北門外,去縣治二里許。以上桐鄉徐《志》。

城隍廟　在縣治西北一里。宣德六年,知縣趙中建。天順改元,知縣張泰脩。趙《圖記》。郡人呂原《記》:"國朝之制,自京都達于天下郡邑,咸建廟以祀城隍之神。凡官于郡邑者,蒞任之初,必遵典禮祇謁,歲時有事山川,邑厲輒奉神以興。或爲民禱水旱瘥札,亦詣神以告。故城隍神祠祀典載焉。宣德五年,命大理寺卿胡公槩臨撫浙西,以嘉興大郡,民眾而賦多,奏增四邑。其一曰桐鄉,則崇德所分也。縣廨、儒庠、壇壝、祠廟,凡制所宜有者,悉皆創制如他邑。亦嘗有增葺。第歲滋久,不能無朽腐摧圮之患。景泰三年冬,永平張君泰來知縣事。始下車,從故事,謁城隍廟。顧瞻棟宇卑陋,僅蔽風雨,妥奉明靈,大懼弗稱,因慨然嘆曰:'有司之責,可緩于此耶!'適歲洊饑,欲作弗果。越六年,大稔,遂與僚佐議新其廟,而捐俸資以倡之。同官景從,吏民響應,佽助日多,財用不匱,即市材諏工,召匠就備。廟舊有殿三間,東西廡爲間者六,前門爲間者三,于是徹其舊殿而新之。又加別殿於後,門廡、垣墉,或因或革,以次就緒。丹碧藻繪,光彩煥然,壯麗顯敞,有加於昔。始役于天順元年八月二十四日,至明年三月初吉訖工。邑之父老皆願礱石以著其事,走書京師,請予記之。夫縣地方百里,有民人焉,有社稷焉,治民事神,固有司之當務也。況神如城隍,又祀典所載者乎。且郡邑所在,必設險固,以防不虞,城隍是也。築而高之以爲城,鑿而深之以爲隍。主乎城隍者,明則有人,幽則有神,神之與人,所謂陰陽表裏者也,其可以不重歟。張君務新其廟,可謂知所重矣。不寧惟是他如儒學之脩,阜林驛之飭,養濟院、便民橋之建,皆君主議,而相與成之者,則縣丞鄧玭、陳昭,典史王綏及訓導田良貴也。君由冑監釋褐拜今官,清慎有爲,故克知所務如此。繼而新之,以維持茲廟于無窮,則有望于後之來者焉。"成化十年,知縣孟俊重建。吳《志》。國朝康熙元年重修。桐鄉徐《志》。乾隆四十二年,知縣潘安智拓地建寢殿及廊廡、頭門、儀門。邑人馮浩《記》。咸豐末毀。同治九年重建。

關帝廟　在縣治北集蔬街,宋淳祐二年建。明崇禎十二年,火毀,重建。邑人姚汝舟《記》。

火神廟　在濮院鎮南。以上桐鄉徐《志》。今毀,未建。

節孝祠　在縣治東。雍正二年,知縣陳大慶奉文擇治東前明知縣曾士彥祠基,爲節孝祠。

歲久傾圮。乾隆四十七年,知縣李銓重建。

宗將軍廟　在縣西十里阜林鎮秀溪橋。將軍名禮,嘉靖末禦倭戰死。吳《志》。　張定志《記》:"將軍諱禮,嘉靖丙午,倭寇入犯,所至蹂躪。將軍奮勇而前,禦于阜林市之三里橋。三覆賊兵,斬首四百餘。兵興以來,稱血戰第一功。今日桐之蒼赤,詎非將軍所遺哉!廟食茲土,而家尸户祝,亦不負將軍一死矣。"　張繼栻詩:"夜夜靈旂卷繡溪,月明褭褭尚酸嘶。戰袍血濺吞倭虜,斷劍光埋吐白霓。今日精靈留阜角,當年父老哭征鼙。我來憑弔追遺事,一向西風感慨題。"　汪錕詩:"偏師邀戰豈貪功,赴難戎行越境同。千載荒祠依野渡,一庭夕照弔孤忠。干戈舊事漁歌裏,絃誦新聲雉堞中。今日彈丸欣保聚,牲醪祈報走村翁。"咸豐末毀。同治四年重建。

三公祠　在城隍廟東,祀明巡撫阮鶚、邑令金燕、鄉宦推官王三錫。吳鳳鑑《過三公祠懷古》詩:"有明嘉靖代,海寇起非常。孫恩覬中夏,販負擬侯王。會城烽火急,石門為戰場。中丞赫然怒,追寇如捕亡。旁佚不可得,寄巢襲桐鄉。桐鄉令誰是,金公儒林郎。金公工守禦,聚石築高牆。時有王節推,毀家助軍糧。開門廷中丞,彈邑嚴封疆。寇方四面集,以計摧其鉦。聞有死戰士,賊殺身亦傷。姓標宗與霍,旅骨人能藏。緬維解嚴日,屈指三月強。寇殲中丞歸,士女樂耕桑。令歸節推老,閱世二百霜。曩年鑄三公,德鄰古城隍。歲久廟不葺,奚忍廢烝嘗。三公載邑乘,此事頗煌煌。敢告於有司,祀典毋遺忘。"咸豐末毀。同治九年重建。

胡總制祠　在城隍廟前,明嘉靖年建,祀總制胡宗憲。吳《志》。　萬禾《胡總制祠田記》:"嘉靖三十五年,倭寇圍桐鄉,軍門胡公策解其圍。民建祠肖像。醫生姚崑謂:'有祠無租,祠何以守?'倡捨己田一十五畝,以膳守者。樹碑祠中,名曰報功田。"

程都御史祠　在北門内,祀明建文末殉節僉都程本立。桐鄉徐《志》萬曆壬子,邑令胡舜允命祠裔時泰改建于東門故宅。國朝雍正五年,燬於火。族孫琳建。乾隆丁亥,祠裔應珍重修。咸豐末燬。

東嶽廟　在東門外,康熙初建。舊案:神初號府君,宋真宗勅封天齊仁聖大帝,自是州、縣皆為立廟。每歲立春,邑令率僚屬迎春於此。咸豐末毀,同治三年重建。

索度大王廟　在縣北三十五里青鎮蜜印寺東。三國吳大帝之子號索度王,一云索靖王。夙有靈應,著于本鎮。吳《志》。舊志謂索度王即吳王孫權之子,然鎮西南隅自有索靖王廟。考之唐咸通中朱洪所記,索靖王實吳王孫權之仲子也。未知孰是。至元《志》。　宋萬珪《記》:"秀之青墩與湖之烏墩,二市相抵,為一會鎮。青墩有土地神廟,居蜜印寺之東,號曰索度明王,世祠茲土。左有東平王像,右有丁晉公像,並著厥稱。獨索度王名位世次不見于載述,使後無所考。葢鎮人之奉王祠也,飲食必祭,水旱疾癘必禱,咸若有荅。國朝宣和間,起居舍人周離亨謫涖鎮事。一夕夢有神人謁之曰:'予居弊陋,幸公惠顧我。'翌日,周訪諸叢祠,得王之像,適契夢中所見者,因為修祠宇,創幃幄,飭貌像。自是人之奉祀益勤,而王之靈益顯,獨恨其役不為記文以傳於後。今考諸鎮西南隅有古山廟神曰索靖,唐咸通中朱洪所記索靖王者,實三國吳王孫權之仲子也,是為文皇帝。謹案《吳書》,孫氏世居吳郡,漢末封堅為烏程侯。堅子權,始都建業。權少子亮、第六子休皆嗣位。長子登,蚤卒。慮封建昌王。和為太子,後遜為南陽王,謚文皇帝。霸及舊,其封不一。則吳王之子,凡七人。本傳所稱文皇帝,乃吳王第三子也,而洪以為仲子,不知何據而云。今父老所傳,或言王與古山廟神棣尊也,豈名隨時顯,因著今號,而昔名不復見耶!或言王即索靖是也。觀春秋之時,晉有士會,又謂士季,又謂隨會,又謂范武子;魯有公子友,又謂季子,又謂季友,又謂成季。此皆一人而稱道有異,又安知索度之不為索靖也。進士莫若震、張松募堅珉,將以揭神之休于永久,訪珪為之記,屬來遊是邦有年矣。幸竊賴神之庇,因其有請,姑序其大槩,以俟後之博識君子而審訂焉。淳熙三年丙申記。"

大王廟　在北門外邑屬壇。舊案:神姓謝,諱緒,宗錢塘人。明天啟四年,封護國濟運金龍四大王。國朝順治二年,加封顯佑通濟。今毀。

昌武大王廟　在阜林鎮便民橋北。明洪武間,里人費秀二捨地為廟。桐鄉徐《志》。世傳淮海王有三子,皆有功于民,封昌武王,死後各著神異,民奉為當境土穀之神。在阜林者,為大王,龍翔爲二王,爐頭爲三王。正德九年建。《檇李詩繫》。國朝嘉慶二年重建。咸豐末毀。同治六年重建。

昌武三王下廟　在縣西十里爐頭村。宋淮海王第三子廟在車溪九里松之西。至和元年五月,大風雨擁廟入水,漂至車口堰北四里而止,感夢于密印寺僧仲翔,告以欲遷,里人驚異,以是年重建。故云下廟。吳《志》。咸豐末燬。同治四年重建。

真武廟　在新興街。桐鄉徐《志》。　俗名聖堂。相傳未建城時,鳳鳴里有四聖堂,此其一也。宋元豐七年建。明弘治四年重建。國朝雍正六年葺。乾隆四十四年燬于火。重建。

宣靈廟　在夆山,寶慶元年建。三衢孝子周姓死而成神,宋封周宣靈王,禱者甚衆。《浙江通志》。　仲弘道詩:“三月花開日,空山正寂寥。神官原有□,村社喜漁樵。”今燬。

蕭王廟　在石門鎮,祀元蕭穆。桐鄉徐《志》。咸豐末燬。同治十三年重建。

索度明王廟　在青鎮,祀宋知嘉興奏免民丁錢者。案舊志:神指丁晉公。然丁謂史不言知嘉興。《烏青文獻》有辨。

張循王祠　在青鎮崇福宮。宋張俊有功于鎮,立祠祀之。元末廢,明正德間重建。久廢。《烏青文獻》。

三賢祠　一在壽聖寺張仙殿東,祀宋參政陳與義、明知府楊繼宗、桐鄉縣知縣蔡時鼎。萬曆二十八年,鎮人李樂建。一在三元閣,祀明同知羅斗、羅心濮、璽卿[1]。今燬。

【校注】

[1] 按:光緒《桐鄉縣志》卷三《壇廟》“三賢祠”條:“一在三元閣旁,祀明同知羅斗、羅心樸,尚寶卿李樂。”民國《烏青鎮志》卷十五《祠廟》:“三賢祠　在永鎮庵三元閣旁,祀明同知羅斗、羅心樸、鎮人璽卿李樂。”故“璽卿”後脫“李樂”二字。又,“羅心濮”是“羅心樸”之誤。

褒忠祠　在皂林秀溪橋,祀明都督宗禮。隆慶間勅,以從征死事臣一十五人配享,有司春秋致祭。海寧衞指揮使贈右府都督僉事提督大教場水陸官兵總理備倭等務總兵官馬呈圖、海寧衞指揮僉事滿潮、海寧衞指揮同知采煉、海寧衞指揮使徐行健、海寧衞指揮贈都指揮僉事李元律、處州衞千百戶薛炯、寧波衞百戶宋應瀾、乍浦所千戶王繼隆、乍浦所百戶姜楫、乍浦所百戶楊臣、乍浦所百戶王相、嘉興所百戶姚岑、乍浦所百戶康綬、海寧衞指揮僉事姚宏。咸豐末燬。同治四年重建。

李臨川先生祠　在青鎮,祀尚寶卿李樂,朱國楨有記。相傳爲此方土地神。國朝沈希范詩:“數椽近水訪遺祠,瞻拜生平愜所思。風骨爭傳歸里後,霜稜想見立朝時。微言撝實資懲勸,薄俗還淳賴主持。合與楊園同不朽,尼山鄒嶧總吾師。”今燬。

金邑侯祠　在城內,祀明知縣金燕。吳《志》。　明茅坤《記》:“桐鄉者,故野處邑也,頃者島夷數萬劫掠吳越內地,而其令金公始塹土爲城,城完築不數日,而明年丙辰夏四月,島夷分五道入。其所稱最雄者曰徐海,擁數萬人由乍浦焚舟而岸,劫硤石,道由皂林,以窺湖中。河朔將宗禮躪其後,賊反兵三戰而覆之,于是提督阮公不得已收帳下,散卒入桐鄉城。賊復合兵圍桐鄉,當是時,海觀桐鄉等机上肉耳。吳越人亦危桐鄉,欲旦暮下者。予扁舟過督府,督府引劍畫地曰:‘賊剽甚,其鋒不可當,君獨不聞周亞夫之所以委梁以固〔困〕吳楚者乎!’桐鄉城小而堅,其令材多捍,一切楯櫓、兵仗、火藥、薪燭、糗糧之屬,于州縣最具。聞其嘗度城隙,遍募邑中富姓者入填其中。提督公爲從中籍而收之,可得卒千人,列壘而持數十日,永保戍兵至固,可遲而破之。不然,吾以兵嘗之少不利,譬之抱石以自沉耳,東南果魚爛矣。已而賊盛,爲雲樓槔竿,以攻桐鄉城日急。予曰恐一日,以申督府,督府持不顧,及帀月,桐鄉圍果解。圍中人出,稱桐鄉令守城,城獲以完,大略如督府所策。而督府卒藉之遲永保之兵以破賊。嗟乎!吳楚之所以困,而毋西與漢争利者,梁爲之捍也。海之所以逡巡,狼狽而不得蹙湖脅杭以噉三吳者,桐鄉爲之捍也。然而梁竟以首功論賞,而桐鄉令人卒無有言者。及其去也,邑人憐之,相與歔歙涕洟,爭像而爲祠以祀之,請予記其事。予案《祭法》曰:'能捍大患則祀之'。若公者,謂其有功于社稷可也,獨桐鄉乎哉!予奇督府之所以知公,公之所以守桐鄉,又竊憐公之所以卒不得如梁故事,而疏録之天子也。因以其事刻之于石之左,而系之以詩,凡五百字。公名燕,字尚質,潛山縣人,癸丑進士。"咸豐末燬。同治九年重建。

陳待制祠　在青鎮,祀宋寶文閣待制陳杞。嘗爲壽聖寺請給膳田、柴蕩,寺故祀之。久廢。《烏青文獻》。

黄文肅公祠　在東門外新橋,祀宋監石門酒庫黄幹。康熙二十五年,後裔建。咸豐末燬。

張楊園先生祠　在青鎮立志書院内。同治九年創建。

嘉興府志卷十二

山川一

浙西杭州，半山半水，湖州亦然。嘉興水多山少，實爲澤國。然澉浦、乍浦濱海皆山，則知扶輿盤鬱於東南之氣，固不任其坦然而無所蓄聚也。惟他郡以山源水，嘉郡以山障水，異矣。匯爲河，停爲湖、爲蕩、爲漾，分爲涇、爲港，澄爲潭、爲池。而所以防其泛濫，達其程途者，則有塘，塘莫大於海。此兼志海，而海塘則別爲志，以其關水利爲最巨也。志山川。

嘉興縣

胥山　一名張山，在縣東南三十里，高一十五丈，周二里。舊經云：伍子胥伐越，經營於此，故名。案《史記》：吳太宰嚭讒子胥，吳王賜子胥劍，自到死。王取子胥尸，盛以鴟夷革，浮之江中。吳人憐之，立祠江上，因命曰胥山。至元《志》山左有石龜，凝望涇水，有欲趨赴之態，昔風雨中有老農見其行，疑其爲怪，命工鑿傷一目。右有吳王磨劍石，案：趙《圖記》作子胥磨劍石。長可三四丈，直指西下，劍痕在焉。柳《志》。山與嘉善分屬，相傳子胥伐越，駐兵於此，有子胥祠。趙《圖記》。詳《祠祀》。山巔有子胥墓。嘉興湯《志》。伊《志》案：湯《志》載有宋陳氏胥山書堂，詳《園宅》。案：《水經注》：子胥死於吳，吳人立祠江上，名胥山。今杭州吳山名胥山，蘇州吳縣亦有胥山，并此而三矣。《浙江通志》，互見嘉善縣。　國朝俞焭《游記》："臨安、姑蘇並有胥山，而吾禾之胥最小，而著里中。朱丈子貞結廬荒遠村，距山僅三里，數招予游，不果。丁酉首夏，始偕蔣丈公凡、禪友文可，泊朱丈放舟，東出白蓮寺，經七里店而稍南，遠屠家塔，循網帶，亂幽港，趣伍子堂，遂臻其麓。登，謁子胥祠，矚西源山舍，踰嶺，觀石劍下，憩陸氏墓，讀墓碑，旋入東濱書院，乃解欛投村，飲於鶴閒草堂。薄暮始還七里店，以自郭至此七里，有酒墟焉。近新其橋，改曰戚里墊。小兒强作解事，大堪胡盧，屠家塔則因青鳥家言而建者也。藤蔓糾纏，惟露半身，可謂'若有人兮山之阿，被薜荔兮帶女蘿'矣。網帶者夾岸十數家，橫木以通往來，其人皆結網爲業，義取連接如帶，禾地多有此稱。幽港上有幽橋，水頗渺瀰。西源山舍已頹落，其林壑最深處，仰止堂、倚雲樓尚存，是爲司空西源先生墓舍。石劍以形似名，一石偃土際丈許，其膚刻'有此'二字云。因憶昔人'眼前多少不平事，願與將軍借寶刀'之句，爲留連久之。陸氏墓中葬光禄，東西葬錦衣、司空，松柏蕭蕭，仰不見白日，摩娑石馬，疑欲鳴嘶。東濱書院與墓碑亭對峙水次。東濱，光禄號。荒遠村言，所去最僻，今美其字曰花園村，非也。鶴閒草堂，即朱丈塈。據村北溪，竹木明秀，軒窗高閒，蔣丈贈句云：'人同嵇、阮之閒逸，風是羲皇以上淳。'亦紀實云。"　朱彝尊《題壁》："嘉禾四望無山，近府治者胥山，一簣而已。歲在己酉孟冬，偕同里周簣青士、沈傳弓武功，汎舟魏塘。聞鐘聲，取徑以入，有僧舍棲石壁下。天將雨，非有膚寸之雲焉。予謂二子曰：'《爾雅·釋山》文，"小山岌大山，峘"，言乎小者高過大者也。"大山宮小山，霍"，言乎大者圍繞小者也。"小山別大山，鮮"，言與大山不相連屬。然則兹山也，其"別"之謂與。'至元《嘉禾志》稱一名張山。則胥山之名，未必出於古，而山有磨劍石，傳是夫差遺跡。又有石龜，凝望涇水，有赴壑之勢，或見其潛行，命工鑿傷一目。殆村氓傅會，不足信也。宋隆興中，山爲李氏所有。既而或請於朝，隸諸郡學。其後鄉人陳氏，結書屋於此。今爲巨室葬地。所存僧舍，殆即書堂故址爾。二子語予：'山不在高，當以少易貴。吾子行萬里，難得故鄉之山游也。是不可不留題也。'因相與聯句爲詩，兼書以示後游之君子。"　明屠應埈《賦》："吾邑東境平田沃壤，有山突屼，廣尋數畝。昔名張山，因子胥屯兵禦越，故以胥山稱焉。癸未仲秋，偕趙給諫漢、張萬户淮，探幽訪勝，弔古興悲，應埈爲之賦曰：'游觀宇宙之瓌詭兮，仰嶽鎮之岩嶤。

紛嵒岫之崒嵂兮，淩萬仞而干霄。伊惟檇李之緜曠而延袤兮，多曲渚而長濠。臨平原與廣隰兮，時接畛而連郊。有魚鳥烟雲之縹渺兮，無層巒峻嶺之高標。何兹山突屼而崛起兮，據平衍而忽超。盤沃壤之綺錯兮，分地脈之餘澤。應斗牛以中鎮兮，樹柴辟之故迹。接澱湖之迴瀾兮，帶秦駐之扼塞。指吴會於雲間兮，渺溟渤於咫尺。地既濳隱而弗耀兮，歧路崎僻而莫識。故雖美而弗記兮，悵游轍之未及。時維仲秋，天朗氣清，律中南吕，日在翼星。鶴汀泫露，鴛渚霽澄。爾乃揚青翰，泛白蘋，調鯖鱔，邀上賓，川原鬱其繚繞，烟水滅其華清。遡碧流兮乘輕颸，挂錦帆兮鼓蘭橈。羅襟乍舒，紈扇輕摇。遠青拂檝，近緑迴標。既經芳嶼，乃泊蘭皋於是，尋幽賞，恣冥搜，躡丹梯，憩崇邱。怪石偃卧而虎踞，蒼松青翠而如虬。岡形東趨而奔軼，霞標西控而紛糾。風穿徑而朝颯，雲抱嶺而暮收。走狐兔於石竇，驚蜥蜴於嵒陬。莎雞響而聲應，埜卉發而香稠。爰遶山椒，載陟載游。廟貌風摧而半圮，碑亭雲翳而敞幽。瞻仙源於神境，窺乳洞於危樓。渺矣門之匹練，擅越絶之風流。訊樵夫以往蹟，磨斷碣而品讐。歎英雄之偉略，慨故國之遺謀。方其楚仇已復，越憤未伸，旌麾電掣，列騎雲屯。耀吴鈎之百鍊，統犀甲之千羣。知士獻策，勇夫勦勤。人懷鬬志，車不留行。洗兵石畔，飼馬林坰。烏爲之宿，雲爲之停。城何堅而弗克，敵何勁而弗擒。欲誕興乎霸業，爰託蹟於山岑。弔豪華之遐邈，眺岡隴之嶙峋。美哉此山！外實坦夷，中涵秘靈。昔爲張阜，名滅無稱。今則胥陵，千古永貞。贔屭雲護，劍石苔生。薙草環坐，滌我煩襟。地有靈而必紀，情有感而益真。聊登舟而命管，傳妙賞於斯文。" 元辛敬《胥山松濤》詩："榜舟趨南山，飛蓋轉芳甸。登高望吴越，擊鼓馳鶬燕。靈颸振巖角，飛雨灑石面。欲弔子胥魂，歌長淚如霰。" 國朝萬光泰詩："疎林落碎葉，進艇山光低。牛場敗屋閉，菜圃寒花棲。孤僧不迎客，細路尋昔蹊。慘戚烟雲痕，滲漉莓苔梯。厲風濟析臼，古木鼯鼪啼。未言單紵寒，且踏凉草齊。""凉草滑山腰，逡巡渡深壑。一年不來游，石劍仍岝崿。稻穟紛在野，黄茂想于橐。不僅土壤肥，益信農圃樂。梧桐種未老，亂石相交錯。伍祠既塵悔，陸墓亦寂寞。" 錢載詩："州人齒未壯，未識近郭山。兹山亦傅會，數仞殊孱顔。靈支自雙峽，湧出平田間。周以種菱水，曲爲卧柳灣。村農廟鵰夷，野鬼莫敢姦。由來忠義魄，到處土木頑。陸家墓栢拱，樵斧幸勿删。賢愚同此盡，翁仲知其艱。書堂碧篠影，石劍青苔斑。偏提可常醉，何必秋林殷。"

由拳山　嘉興縣故由拳縣，有由拳山，其處出好紙，縣廢後，有一巖磯在東。《太平寰宇記》。案：《寰宇記》："郡境無由拳山，惟餘杭有此山，在縣南二十六里。"《輿地志》云："一名大辟山。"《搜神記》云："由拳即嘉興縣，吴大帝時，縣人郭暨猷與由拳山人隱此，因以爲名。"《郡國志》亦曰："餘杭大辟山，故亦曰郭公山。"今岩穴中有煉藥石竈猶存。詳此，則大辟、郭公，即由拳山也。郡去是山二百餘里，隔錢塘之境，非古由拳境内之山，不過以由拳山人隱此，故名。考之郡南六十里海寧之界有硤石山，長水鑿，導經其中，故曰硤，且去古檇李城僅一十五里，通夾谷中，即城陷爲谷湖處。疑秦時鑿掘，引長水以泄其王氣，實古由拳境内山也。柳《志》。《十道志》云："鹽官，本漢海鹽、由拳二縣地"，則硤石之爲由拳山，又何疑乎。嘉興湯《志》。　伊《志》案：硤石山隸今海寧州境久，非縣屬，因山爲古由拳縣所自名。舊府、縣《志》竝登之，附存於此。

癹山　嘉興縣癹山在縣西南嘉會都千金字圩，半屬本縣，半屬桐鄉。《浙江通志》。　詳桐鄉縣。國朝朱彝尊《題壁》："予避地梅會，距癹山一十三里。居未定，南至於端州，西北窮乎雲朔，東放琅琊。兹山在户牖之外，歷四十九載，未之游焉。歲在丁丑九月九日，期譚十一給事兄踐登高之約，舍舟而陸，杖藜偕行。山高僅二丈，逶迤七百步，上有桐棺冢，道士癹基尸解葬焉。遺井尚存，傳是基所鑿也。石皆赭，土人伐以繚垣。歲既久，山失其半。惟一僧舍獨存，拓北窗，灌木一林，葉未黄落。寺僧撮新栗以進，猶帶芒蝟，取其實嘗之，味若岩桂之始花。然當元之季，貝助教瓊來居千金之圩，暇與比鄰諸子燕飲於是，其後入爲史官，分教中都胄子，恒思此樂之不易得，見諸吟咏。今給事暨予已脱朝簿歸田，敝車小舫，縱吾意所如而莫爲之限，且天假以年，老而不學，分寸之陰皆可惜，曷不各載書卷，留寓兹山，相與辨析古今疑義，别其是非，用示後學，此亦事機之不可失者也。給事曰：'弟之言然。'迺分書於寺壁。" 王庭詩："最有癹山近，尋游老尚賒。愛從溪叟櫂，閒喫野僧茶。鑿後玲瓏石，樵餘寂寞花。一泉清可挹，猶半雜泥沙。" 周篔詩："淩春歸舊山，郭落雲根兀。我昔居是村，斧鑿聲不歇。積歲今既多，山脈忽垂絶。深爲蛟龍潭，幻非烟霧窟。人力逾鬼工，峯巒遂奔突。登臨發清嘯，響應如欲裂。兹山豈無靈，日夕傷采伐。緑生今年草，黑墜古時骨。空崖無傾覆，足懾寧敢越。始知造化中，陵谷有遷沒。"

　　青墩　在新豐鄉。廣尋僅數丈，崔巍崱崇，亦胥山之脉。嘉興湯《志》。

　　谷水　庾仲初《揚都賦注》曰：今太湖東注爲松江，下七十里有水口分流，東北入海爲婁江，東南入海爲東江，與松江而三也。《吳記》曰：一江東南行七十里，入小湖，爲次溪，自東南出，謂之谷水。谷水出吳小湖，逕由拳縣故城下。《神異傳》曰：由拳縣，秦時長水縣也。始皇時，縣有童謠曰：城門當有血，城陷没爲湖。有老嫗聞之，憂懼，旦往窺城門，門侍欲縛之，嫗言其故。嫗去後，門侍殺犬，以血塗門。嫗又往，見血走去，不敢顧。忽有大水長，欲没縣。主簿令幹入白令，令見幹，曰：何忽作魚？幹又曰：明府亦作魚。遂乃淪陷爲谷矣。因目長水城水曰谷水也。《吳記》曰：谷中有城，故由拳縣治也，即吳之柴辟亭，故就李鄉檇李之地，秦始皇惡其勢王，令囚徒十餘萬人汙其土，表以汙惡名，改曰囚卷，亦曰由拳也。吳黃龍三年，有嘉禾生由拳縣，改曰禾興。後太子諱和，改曰嘉興，《春秋》之檇李城也。谷水又東南逕嘉興縣城西。谷水又東南逕鹽官縣故城南，舊吳海昌都尉治，晉太康中分嘉興立。《太康地道記》吳有鹽官縣。樂資《九州志》曰：縣有秦逕山，秦始皇逕此，有美人葬於山上，山下有美人廟。谷水之右有馬皐城，故司鹽都尉城，吳王濞煮海爲鹽於此縣也。是以《漢書·地理志》曰：縣有鹽官，東出五十里有武原鄉，故越地也，秦於其地置海鹽縣。《地理志》曰：縣故武原鄉也。後縣淪爲柘湖，又徙治武原鄉，改曰武原縣。王莽名之展武。漢安帝時，武原之地又淪爲湖，今之當湖也，後乃移此。縣南有秦望山，秦始皇所登以望東海，故得其名焉。谷水於縣出爲澉浦，以通巨海。《水經注》東江久廢，難考。《水經注》：《吳記》曰一江東南行七十里云云。此即庾仲初所謂東南入海爲東江者也。其分江入海，皆在今浙江嘉興府界中。近世由澱山湖注青龍江入海者，疑是後來之改道，非古谷水之所經也。曹允儒《海塘考》云：自唐開元以來，脩築捍海塘禦鹹潮，以便耕稼。起杭之鹽官，迄吳松江，長一百五十里，而東江遂湮無考，斯言得之矣。胡渭《禹貢錐指》。

　　伊《志》案：古谷水源委，酈《注》所載甚明。自湖東南出，逕由拳縣故城，曰又東南逕嘉興縣城西，曰又東南逕鹽官縣故城南，曰谷水出澉浦，通海。以地勢揆之，則今長水，疑即故谷水中間一節，而首尾久不可考矣。其由卷故城，後世雖莫指其處，大要在今府城之西北，而小湖在由卷之西北，太湖又在小湖之西北，可案方而知也。谷水在松江府南。陸士衡詩：髣髴谷水陽，婉孌崑山陰。陸道瞻《吳地記》云：海鹽縣東北二百里有長谷，昔陸遜、陸凱居此。谷水東二里有崑山，父、母葬焉。水北曰陽，山北曰陰，則此水在崑山之北也。《寰宇記》：谷名華亭，谷水下通松江。《祥符圖經》：華亭谷水東有崑山。《元和郡國圖志》：在縣西三十五里。朱伯原《續吳郡圖經》本之酈善長云：松江原書作"一江"。東南行七十里，入小湖，自湖東南出，謂之谷水，南接三泖，陸士衡詩所云即此水也。至元《志》。　伊《志》案：谷者，水名也。故《吳記》云：謂之谷水。《神異傳》云：目曰谷水也。若夫長谷，則長乃谷名也。華亭谷，則華亭乃谷名也。水名谷，名必當有辨。至元《志》所引谷水諸條，特因長谷、華亭谷連及稱之，其水自近崑山，與《水經注》所述分流，於太湖入海，於澉浦之谷水本無涉。惟《志》誤引酈善長說，改一江爲松江，而臆斷之曰南接三泖，未免牽混，故併錄而正之。梁元帝《玄覽賦》：時度谷水之陽，尚想嘉禾之方。壯慶亭於吳后，雄檇李於越王。宋張堯同《谷水》詩："短棹輕行處，風披藻荇香。中宵孤鶴唳[1]，片月在滄浪。"國朝朱彝尊《櫂歌》："谷水由來出小湖，渚城辟塞總春蕪。戰場吳楚看猶在，折戟沙中定有無。"

【校注】

　　[1] 唳：至元《嘉禾志》、崇禎《嘉興縣志》卷一《山川》"谷水"條録許尚《谷水》詩，均作"唳"，當作"唳"。

長水　在縣南六里,通硤石市。《吳録·地理》曰:吳王時此地本名長水,故嘉興亦曰長水。又,始皇游至長水,聞土人謡曰:水市出天子。從此過,見人乘舟交易,應其謡,遂改爲由拳。至元《志》源自海寧諸山,貫硤石,東北流二十里,入嘉興縣境。嘉興湯《志》。　明項元淇《長水夜歸》詩:"長水蕭宵征,中流擊楫聲。湖傾天若倚,舟觥月如行。楊柳知門處,桃花識里名。祇因來往慣,村犬不相驚。"

國朝朱彝尊《櫂歌》:"長水風荷葉葉香,斜塘慣宿野鴛鴦。郎舟愛向斜塘去,妾意終憐長水長。"又,《長水曉行》詩:"月暗千重樹,風微一葉舟。殘星高太白,重露滴牽牛。菽乳新漿熟,魚標小市收。不知菱茭岸,吹蛤爾何求。"

澂湖　鴛湖之水與其支流至城東南二里,會於澂湖,亦名馬場湖。《名勝志》。在縣南二里。柳《志》。澂湖亦稱南湖,西則燈含窣堵,北則虹飲濠梁。倚水千家,背城百雉,兼葭楊柳,菱葉荷花,綠漫波光,碧開天影,雕舫笙瑟,靡間涼燠,此一方最勝處也。嘉興湯《志》。　唐劉長卿《南湖送別》詩:"家在橫塘曲,那堪萬里違。門臨秋水掩,帆帶夕陽飛。傲俗宜紗帽,干時倚布衣。獨將湖上月,相逐去還歸。"　元薩都剌《過秀州南湖》詩:"三山雲海幾千里,十幅蒲帆挂秋水。吳中過客莫思家,江南畫船如屋裏。蘆芽短短穿碧沙,船頭鯉魚吹浪花。吳姬蕩槳入城去,細雨輕寒生綠莎。我歌《水調》無人續,江上明月吹紫竹。春風一曲《鷗鶘》詞,花落鶯啼滿城綠。"　明姚綬《馬場湖》詩:"初見菱葉稀,漸見菱葉肥。馬場湖水闊,處處采菱歸。"　范言《南湖》詩:"放生橋頭春水生,馬場湖上野烟橫。魚躍入市鮮無比,鷗鷺迎船慣不驚。"　戚元佐《湖上》詩:"小閣堪乘興,清尊倚暮曛。湖虛先受月,林密暗巢雲。短榻臨秋半,輕絺怯夜分。沉酣有同好,那用世人聞。"　沈堯中《春日泛澂湖》詩:"春日晴湖四望賒,東風搖曳綠楊斜。鐘聲隔岸翻經處,帘影穿林賣酒家。鸂鶒隊中喧畫舫,鴛鴦隄上鬪香車。遙憐年少人如玉,故向樓頭弄琵琶。"　李應徵《秋夜南湖看月》詩:"小築臨長水,孤村借芊蘿。竹風生響細,湖月受光多。世豈忘舟楫,秋偏豔綺羅。獨憐親切地,無奈暮雲何。"　陳繼儒《登湖樓值雨》詩:"烟雨纖纖湖光,半露洲前樹。卻笑來游人,翻向湖中去。"　項真《泛南湖》詩:"水滿長湖一片秋,微茫烟雨鏡中吹。芙蓉夾岸迎賓雀,蘆荻平沙隱白鷗。載酒自宜銷歲月,垂竿還擬向滄洲。采菱何處歌聲斷,木落天高動客愁。"　國朝陽雍建《南湖有感》詩:"佳人何縹渺,綠水夜光浮。寂寞梨園曲,蕭疏竹徑秋。滌愁還問酒,乘興一登舟。鄉夢蘋花冷,浮生愧浪游。"　徐之福《南湖秋興》詩:"千古南湖水,偏宜此夜秋。清尊邀皓月,桂楫蕩中流。露溼汀花秀,雲寒古木愁。美人天際隔,蕭瑟罷登樓。"　徐緘《南湖》詩:"昨夜南湖雨點齊,蓼花灘没板橋低。美人曉起搴珠箔,無限白雲飛出溪。"　朱彝尊《櫂歌》:"堤外湖光堤內池,露荷珠綴夜涼時。阿誰月底脩簫譜,更笑東堂舊日詞。""宣公橋南書鼓擂,酒船風幔挂丫叉。碧山銀盌勸郎醉,棹入南湖秋月斜。"　沈起孟《南湖早秋》詩:"鳴蟬催暑處,湖畔嫩涼生。粉墜蓮房冷,絲牽蕈帶輕。長天來爽氣,高樹作秋聲。一棹空明裏,機忘鷗不驚。"　錢載《驟雨過南湖》詩:"亂激水心白,微開天角青。數漁歸草舍,一笛隱花汀。髮動涼於樹,船來活似萍。煮茶人漫汲,中恐帶龍腥。"

廣濟陂　在縣南八里,南北三十五丈,東西一里一百步。至元《志》。　伊《志》案:此陂今無考。以形勢揆之,似在長水左近,姑附此。

練浦　在縣南二十五里。一名練塘,吳王練兵之所。南通橫塘,西北十里許有槁壤,圍環八里,廣地萬畮,相傳爲吳越戰場。趙《圖記》。　伊《志》案:練浦北流入長水處,曰斜塘,俗名斜尖。在秀水橋南,又有一螺青,爲浦上水名。國朝朱彝尊《櫂歌》:"小舫中流播燕梢,一螺青水練塘坳。隨郎盡日鹽官去,莫漫將儂半邏抛。"

雙溪　在郡城東六里,以其接漢、魏兩塘,故名。《嘉禾百詠》考。　宋張堯同詩:"柔櫓聲相應,名齊漢魏收。可憐一溪水,分作兩塘流。"

梅溪　在縣南四十里,秦長水之東境。相傳溪旁村落多梅樹,故名。嘉興湯《志》。　國朝朱彝尊《櫂歌》:"溪上梅花舍後開,市南新酒釀新醅。尋山近有支基宅,看雪遥登顧況臺。"　繆泳《村居雜詠》詩:"長水南塘路向西,西溪東畔是梅溪。乘舟慣出梅溪市,曲岸藤花咫尺迷。"

藕溪　治東三十里。明正統初,許松泉植藕花於上,人多遊咏於此。吳《志》。

馬塘涇　在縣南七里。至元《志》。　伊《志》案:至元《志》載馬塘堰身、高、廣之數,則元時故堰猶存。而柳《志》云：馬塘涇即始皇斬馬祭河神之所，是其開堰成涇，當在明初也。其涇從海鹽塘分水東流。又詳見《古蹟》。

六里涇　在治東六里，故名。吳《志》。　伊《志》案：六里涇自春波門外分流，東出熙春橋，又東經天馬橋，有務前橋港南來入之。又東經馼馬橋，有鰻鱺堰港南來入之。其港初僅如溝，雍正間開通，以濟鹽運。又東有分支，北出小奚家橋，其水繞東塔寺後而出。又東有分支，北出大奚家橋。又東有周思涇南來，入之。又東有分支，北出吳涇橋。又東經雙溪橋，又東經會龍橋，又東爲鳳凰洲，即分水墩也。洲東有逆水沙向西，形銳，謂之會龍山。漢、魏兩塘水自此分。

吳涇　在縣東六里，一名虹涇。廣野平疇，有橋跨之，故名。嘉興湯《志》。　伊《志》案：至元《志》有吳涇里。

海鹽塘　橫塘，一名海鹽塘，在縣南五里。至元《志》自南湖轉路馬塘廟而上，南至海鹽縣，謂之橫塘。故劉文房詩云："家住橫塘曲"是也。考證：伊《志》案：橫塘雖古名，其實南北相直，長及百里，自海鹽縣北流約三十里至歟城，又北約二十里至半邏，又北入嘉興縣境，又北過薦涇，又北過馬塘涇，又北入馬場湖，自半邏以下約五十里而近。宋何昌弼《橫塘道中》詩："一舸凌風去，縈紆度幾村。水清魚引子，田美稻生孫。山近塵埃遠，秋晴枕席温。悠悠迷處所，疑是武陵源。"

漢塘　在縣東一十五里。至元《志》。《新唐書·地理志》：在海鹽。注云："西北六十里有漢塘，太和七年開。"然此塘自海鹽西北直通嘉興，故總爲漢。考證：伊《志》案：爾時未析平湖，故屬海鹽也。東通平湖，相傳漢新豐人遷於此，故塘名漢塘，鎮新豐。嘉興何《志》、伊《志》。　案：漢塘自會龍山分水，東流十八里爲十八里橋。其間南岸有林公塘水西來入之，又有曹港橋水、張家橋水南來入之。橋東蓄爲漾，漾北分一支東出，爲鍾帶港。又分一支北流，通育山塘。又東有空廟塘水南來，分三口入之。塘又東南爲焦山門橋，自衆歡塘南來入之。又東九里至新豐鎮，有三王子塘南來水入之。又東九里爲九里亭，有沈莊塘水南來入之。又東七里至白馬堰，入平湖縣界。又東二里至縣治。　明高承埏《十八里橋》詩："野外官橋斷，溪邊綠柳層。人家多酒市，風俗但漁罾。問渡爭編竹，聽歌雜采菱。晚來飛雨過，半涇夜船燈。"　國朝朱彝尊《棹歌》："花船新造水中央，曉發當湖泝漢塘。聽盡鐘聲十八里，平林小市入新坊。"

魏塘　華亭塘，通松江府華亭縣。至元《志》今俗呼嘉善塘。嘉興湯《志》魏塘河亦名武塘，相傳魏武帝嘗經此，故名。趙《圖記》。　伊《志》案：魏塘自會龍山分水，東流七里，爲七里店。又東北流，有雀母廟港水南來入之。又東有白蘆涇水北來入之。又東爲半墩。又東有分水，爲先福寺港。又東北十數里爲九里灣。又東北九里抵嘉善縣治。　又，魏、漢二塘之名，舊志所載遷新豐人及魏武經此之説，並屬無稽，姑存而不論云。　明貝瓊《魏塘夜泊》詩："風帆如健馬，一日過嘉興。水鳥時相喚，秋蚊尚可憎。照人明月近，接地白河澄。耿耿渾無寐，中宵對玉繩。"

麒麟塘　在縣東南一十九里，通漢塘。南北長三十六里。嘉興湯《志》。　伊《志》案：麒麟塘水自海鹽塘分支，迤邐東北流，至石佛寺前，折而北趨，其下流正出之口，舊爲土人所築，名麒麟壩。今分水流，東由張家橋，西由曹港橋竝入平湖塘。此塘不敷三十六里。舊志誤。

伍子塘　治東二十五里，接胥山。吳《志》。相傳子胥伐越，駐兵於此，故山水皆以爲名。趙《圖記》長四十餘里，南接漢塘，北接魏塘，入嘉善縣境。嘉興何《志》。

青龍港　治南七里，通橫塘，正對郡譙樓。吳《志》。

高豐廟港　在德化鄉。別見《寺觀》。

竹林廟港　在里仁鄉。別見《寺觀》。

李塔港　在新豐鄉。以上嘉興何《志》。

施洪港　縣東二十六里，東北接伍子塘。嘉興湯《志》。　詳《水利》。

幽港　縣東二十里。其水頗闊，北通嘉善塘。

白雲橋港　在嘉會鄉。以上嘉興何《志》。

六萬軍港　在長水塘東,有六萬軍塔。吳《志》。　詳《古蹟》。

俸禄港　在長水鄉。

六里塘河　在胥山鄉。

廿里橋河　在永豐鄉。

永新河　在嘉會鄉。以上嘉興何《志》。

高家灣　治東南二里。吳《志》。民廛齧水而居,市樓水閣,依趁南湖,勢彎如月。嘉興湯《志》。

草場灣　在縣東北二里,又名柴場灣。舊傳市薪者聚於此,故名。柳《志》今傍灣皆市廛,櫛比鱗萃。嘉興湯《志》。

烈婦津　在王店西塘口。詳《烈女傳》。

繡鴨灘　在梅溪傍。以上《梅里志》。　國朝朱彝尊詩:"水木陰陰夏尚寒,桑枝風戻幾曾乾。莫愁著屐衝泥遠,小舫撐過繡鴨灘。"

沈莊塘　水從乍浦之西、新行鎮之東迤北流,入縣境,過沈莊橋,約六七里分支,其正北流至九里亭,東北流至白馬堰,竝入漢塘。沈莊者,沈參政之宅。嘉靖間,倭寇平湖,曾流匿於此,事載吳《志》。

羅漢塘　自海鹽塘半邏北分水東流,橫亙於王廟塘、空廟塘、衆歡塘諸水之南,東入平湖界。

鍾帶塘　自漢塘十八里橋分水,東流六七里至龍口,又東北十餘里過大雲寺,又東北十八里至鍾帶鎮,又東北入魏塘。以上伊《志》。　案:大雲寺之東西已有嘉興與嘉善錯壤,其鍾帶鎮隸嘉興,而鎮之四圍悉隸嘉善。

秀水縣縣境無山

秀水　邑舊有秀水,世傳間歲天和景明,則水漾五色,士子見多擢第,仕者美遷,常人亦獲慶也,故邑因以名。柳《志》在城東北隅,即城濠之三叉水會處。趙《圖記》謂:漕渠經北麗橋,與橋東秀水合。又謂:宣公橋水循城而北,與秀水合,是也。伊《志》。　宋張堯同詩:"好景明於畫,長浮五色波。一竿吾欲釣,來此聽漁歌。"　明高巽志詩:"挂席晚烟收,忽與天風遇。誰唱秀州謠,恐是南塘路。"　周紹濂詩:"望吳門外水如油,激灩浮空映鷁舟。莫是西施曾濯繡,至今人羨錦江頭。"

運河　舊志云:隋大業中開。吳《志》。運河至嘉興府城分支,夾城左右。《水道提綱》。　伊《志》案:縣境運河南自桐鄉縣界,北至吳江縣界,凡六十里。詳後山水總。

月河　治北一里。其水抱城灣曲如月,故名,亦曰月濠。吳《志》。　伊《志》案:月河,古杉青閘之月河也。　明許恂如《秀州百咏序》:"凡近閘之河,皆稱月河是已。古有月河寺,明初林輔《和周内翰游月河寺》詩云:'露冕行春到月河,僧房寂寂少人過。'當即堯同詩所稱蓮社耶。"　宋張堯同《月濠》詩:"入逕深於塢,滄波近馬啼。每尋蓮社友,咫尺走東西。"

寶帶河　在府治西二百步。歲久阻淺。伊《志》案:此河以唐寶華寺得名。

錦帶河　在府西子城下。南通瑞虹橋,北連州後橋,以其環抱府治,故名。　以上鄒《志》。國朝朱彝尊《櫂歌》:"寶帶河連錦帶斜,精嚴寺古黯金沙。牆陰一逕游人少,開遍年年梓樹花。"

烈女河　在州後橋之下,即錢子順妻妹二貞一節同死處。吳《志》。　詳《列女傳》。

運河南北岸諸水　漕渠入秀水境，又東三十里繞府城。趙《圖記》。　伊《志》案：府城以西，運河南北兩岸各水口雁齒相排。舊志錯載未明，今舉其大略。南岸自桐鄉縣交界，東爲迎春橋港，又東爲賈家港，又東爲姜家港，三口皆進水。又東爲武陵涇，又東爲王家涇，又東爲西塘兜，又東爲東塘兜，諸口皆出水。又東爲大紅涇，又東爲渡船港，二口水出入無定。又東爲俞經港，又東爲莫家涇，二口皆進水。又東爲張家浜，又東爲夏家浜，又東爲西草場、中草場、東草場三浜。又東爲金家涇，又東爲麻園涇，又東爲池魚濱，又東爲學綉涇，又東爲義壩口，又東爲鍾家村浜，又東爲四涇壩口，又東爲舋橫浜，又東爲牛橋港。以上諸出口皆出水。其北岸，桐鄉縣界爲正家橋港，又東爲新開河澗，又東爲觀音橋港，橋與南岸迎春橋對，又東爲萬壽橋港，又東爲嶽廟澗，又東爲戴家澗，又東爲陶家澗，又東爲老娘澗，又東爲鰻澗，又東爲吳家澗，又東爲新廟澗，又東爲談家澗。以上諸口，皆從運河分水北流。

臙脂河一名傾脂河。　相傳西施曾傾脂水於此。《檇李詩繫》。　國朝朱彝尊《棹歌》：“春城處處起吳歌，夾岸疏簾影翠蛾。一葉舟穿妝閣底，傾脂河畔落花多。”

范蠡河　在澄海門内范蠡橋西，約周二十畝。湖水繅絲甚白，中產五色細螺。昔范蠡泛舟五湖，從此發棹。鄉《志》治西南一里金明寺後，水清不涸，深處不可測，萍荇不生，湖心有西施梳妝臺。今廢。水落，遺址尚可見。吳《志》。　宋張堯同詩：“少伯曾居此，螺蚨吐綵絲。一匲秋鏡好，猶可照西施。”　國朝彭孫貽《冒雨訪范蠡湖》詩：“少伯既霸越，採藥尋滄洲。長楫烏喙公，飄然五湖游。錦衣入吳宮，乃是石室囚。龍虎不可餌，功成謝諸侯。廢寺枕遺宅，草木俱蕭幽。寒藻舞雙鯉，澄波悅羣鷗。高軌邈千載，湖水長悠悠。伍胥徒智勇，憤決錢塘流。斯人友安期，陰符祕丹丘。至今越來溪，古月照我愁。”　陳玉璂詩：“澄湖晴望斷平蕪，卻憶當年范大夫。亂後君臣猶在越，異時踪跡不歸吳。一春雁鶩常飛動，中夜魚龍竟有無。知爾封侯原不羨，稽山回首月明孤。”　徐善詩：“里巷高蹤在，無勞問霸圖。扁舟人自遠，遺廟月常孤。弱柳移吳沼，靈茅薦越巫。由來江海意，强半託菰蒲。”　周篔詩：“見說鴟夷子，曾爲越大夫。家方浮震澤，國已沼句吳。金范祠猶在，弓藏語不誣。平生鰕菜意，只許配尊鱸。”　王瀛彥《范蠡湖懷古》詩：“功成身退扁舟去，此地猶傳范蠡湖。豈爲蛾眉甘遯逃，早窺烏喙欲全軀。黃金鑄像空祠廟，碧水流名入畫圖。今日梵宮頻眺望，秋風千載憶尊鱸。”　陳忱詩：“霸業消烏喙，花宮祀大夫。書還名越絕，里自屬陶朱。苔石思羅綺，春城聽鷓鴣。明妝無處所，螺髻現晴湖。”

天星湖　嘉興縣東五里有天心池。《吳地記》。天心湖，一名天星湖。舊經云：其池東西二十四丈，南北闊五十四丈，池口闊五十四丈。舊傳秦始皇所掘，水草不生，亦一異也。至元《志》天星湖，即始皇發囚所掘，以禳天子氣者，深泔不涸，不產水草。俗傳天星墜穴，泉與海通，故大旱不竭。旁有古碑，漶漫不可讀。嘉興湯《志》。　國朝朱彝尊《櫂歌》：“天星湖口好花枝，便過三春采未遲。蝴蝶雙飛如可遂，教郎乞夢冷仙祠。”

鴛鴦湖　檇李，澤國也。東南皆陂湖，而南湖尤大，計百有二十頃。而其利實瀦水以資土田灌溉。其產蒲、菱餘、茭芳、雞雍之屬，而鮮苔味特芳甘，膚色凝綠，他所無有也。其禽則鶒、鴛、春鉏、鳩鶬，洿澤而多鴛鴦，故名鴛鴦湖。或云東西兩湖連，故謂之鴛鴦湖。今以其居於南方，又謂之南湖云。一名雙湖。柳《志》湖在府城南半里許，長水歸焉。考至元《志》不載此湖，而東坡《過秀州贈錢端公安道》詩有“鴛鴦湖邊月如水，孤舟夜榜鴛鴦起”之句，則其名早著矣。伊《志》。　元陳世昌《南湖賦》：“禾城之南有積水焉，界吳越之土疆，直斗牛之星躔，雖川浸之不侔，亦泛濫之所先。挾地勢之爽塏，匯清波之淪漣。紛縴纚其來屬，咸爭奇而效妍。若乃沂其源委，則天目之崖、苕雪之溪。東會吳淞，西控檇兒，支流旁達，聯絡相維，以灌以溉，以遂夫土宜。其南則長水之塘，攴山之鄉，出硤石，道海寧，岸絕分望洋。其北則杉青之閘，平望之亭，表裏湖江，并包濁清，衆流之趨，混浩浩以達於滄溟。其上則有良田衍沃，灌木叢生。麻麥夏熟，秔秫秋登。溝塍綺錯，原隰縱橫。蔬圃之利，瓜芋藘菘。蘆蓾茄莎，實繁其生。其中則有萑蒲葭葵，澶漫渺瀰。紅蕖綵錦，翠荇牽絲。菱生而紫角爭奮，芡長而紅豆欲齊。玉截肪而無玷，珠脫蚌而未纍。可以續食代飽，爲水蔬之珍奇。魚則鰱鯶鰸鯉，鯉鯽鯖鰕，白小羣鮮，雜以蜆螺。網罟求獲，泌沱交加，霍如霧散，倏爾雲遮。或鱗甲璀璨，或鬐鬛鬖髟，或貴列鼎俎，或賤比泥沙。以得之而厭飫，恒家益而戶夸。若乃時雨，降川澤盈。春流汩其乍起，綠波瀲以鱗生。於是淑景布麗，微風扇和。青莎綠隄，虹梁跨波。都人士女，往來婆娑。列綺席，間清歌。揚桂楫，浮綵舸。以樂時雍，既麗且都。又若潦水盡，寒潭澄，天翳絶，湖鏡平。望頹陽之西下，見明月之東生。漁歌互答，水調淒清。輕艖短棹，比渚連汀。實豫且之攸樂，匪伊人之所恒。別有浮屠之宮，號爲真如。孤塔岧嶤，仰攀雲衢。俯瞰川陸，渺瀰縈紆。巨浸涵其表，遙峯峙其隅。極南湖之壯觀，攬秀色而無餘。□□□名臣□□□實爲風氣之所鍾，豈寧昱而光新。凡湖之美，盡是而不乏所陳矣。嗚呼噫嘻！惟昔春秋，敵國初釁。夫差句踐，各奮其謀。疲民以逞，暴骨爲邱。檇李敗師，甬東使居。越不爲僇，吳其沼乎！然則是水固嘗閱前代之興亡，鑒當年之成敗，洗干戈之汙衊，復民生之凋療。語其量，一勺之多；語其用，五行之大。豈直涵烟波，浮藻菜，狎游觀，資玩愒而已哉。客有爲之譏者曰：'洞庭、彭蠡之水，天下之大者也。子不是之求，而獨甚譽於兹水，不已過乎！'余曰：'不然。人情忽於所近，小大各有攸當。是故鵾鵬扶搖萬里，而鳾鷯亦自足翔翔。太山之高千仞，而不能有加於毫芒，莊生所謂目擊而道存，隨寓而無方者也，亦奚病哉！'乃爲之歌曰：'南湖之清兮，可以濯纓。南湖之上兮，聊寄我情。地之勝兮，獨不以人而後名。後千載兮，亦有慕其遺聲。'" 胡奎《南湖玩月》詩："團圓三五月，挂在鴛湖東。方舟泛平流，坐我青天中。低頭看月月在水，倒影姮娥呼不起。三更露下苎袍涼，恍然濯足銀河裏。城南斗酒真珠紅，與月共醉鮫人宮。醒來月落不知處，張帆且趁清風去。"又，《雙湖芙蓉曲》："銀塘水静秋波白，芙蓉泡露香烟溼。翠綃瑩薄錦雲濃，水紋搖蕩雙鸂鶒。妾家住在湖上頭，木蘭爲楫沙棠舟。錯金孔雀攏蟬鬢，百索明珠垂臂韝。蕩舟日日穿花塢，不覺花深紅日暮。欲將羅帶結同心，斷藕絲柔不成縷。金羈白馬誰家郎，日光照耀羅衣香。嫣然一笑卻回顧，隔花醉贈雙鳴璫。鳴璫暗結羅襦小，識得君心爲花惱。昔時妾貌似花紅，今日紅顏鏡中老。坐對芙蓉雙淚垂，妾貌君心兩不知。" 高巽志《鴛湖秋月》詩："雙湖偃長虹，月出微瀾静。鼓枻獨沿洄，流光蕩空影。" 邵亨貞《早春鴛湖夜泊》詩："燒燈過了閒門静，踏月歸來宿酒香。何處高樓夜吹笛，曲中桃葉斷人腸。" 明周瑾《南湖即事》詩："湖水空明静不波，蕩舟人遠夕陽多。我來無限相思苦，欲采芙蓉奈晚何。" 朱樸《南湖采蓮曲》："湖南采蓮子，湖北采芙蓉。蓮子心猶苦，芙蓉花自紅。日暮高歌下烟渚，鴛鴦飛向湖東去。" 文彭詩："秀水亭前水荇香，鴛鴦湖上浴鴛鴦。遠天簫鼓迎歌扇，倒影樓臺浸女牆。蘭漿夷猶衝菡萏，竹枝欸乃和滄浪。莫嫌煩暑無由避，月照波光玉露涼。"

潘暘升詩："秋滿晴空月正圓，隔湖聽唱小游仙。不因蘋際微風起，那得清音到畫船。""平波瀲灩漾雙鷗，草借晴光綠滿洲。花事欲殘人未到，一時憑徧畫山樓。" 張若羲《夜泛》詩："曾記舊烟雨，今疑小輞川。漁燈見還没，螢火斷猶連。歷歷星邊樹，遥遥水上天。何緣同少伯，爲櫂五湖船。" 陳繼儒詩："水月淡無際，秋風清可憐。是誰能領略，罷釣野漁船。" 高承埏詩："兩湖秋水抱城斜，縹緲樓臺帶落霞。日暮鴛鴦看不見，數聲風笛起蘆花。" 國朝李繩遠《南湖春詞》："鴛鴦湖頭翡翠樓，鴛鴦湖畔木蘭舟。幾度相思隔春水，憑欄日暮不勝愁。" 黄濤詩："繫艇鴛鴦渡，香高菱芡風。名園彫岸柳，古塔廢秋蟲。鸂鶒浮還没，鶺鴒西復東。五龍橋影落，兩水夾長虹。" 朱彝尊《棹歌》："沙頭宿鷺傍船樓，柳外驚鳥隔岸啼。爲愛秋來好明月，湖東不住住湖西。""百尺紅樓四面窗，石梁一道鎖晴江。自從湖有鴛鴦目，水鳥飛來定自雙。" 譚吉璁《櫂歌》："參旗橫照郡樓平，塔火初沈漁火生。郭外城中十三寺，一時落月盡鐘聲。"

相家湖　在縣東北九里。昔有相氏居湖之濱，故名。菱蕩漁叢，鋪波壓浪，尺水皆腴，受西南之流，東入嘉善。嘉興湯《志》。 明戚元佐詩："短髮風前還獨往，坐來百草何芳芬。青天不動閣沈水，白鳥雙下湖生雲。酒綠欲傾無客共，花開半謝知春分。凌虚自叩木蘭棹，倚盡蒼茫空夕曛。" 國朝朱彝尊《櫂歌》："懷家亭館相家湖，雪艇風颿近已蕪。猶有白蘋香十里，生來黄蜆蛤蜊麤。"

聞家湖　聞川東三里爲聞家湖，宋聞人氏家焉，相傳聞人尚書而佚其名。趙《圖記》。 伊《志》案：尚書名建，詳《列傳》。距嘉禾郡北三十里市涇運河之東有千頃之陂，曰聞湖。《稅暑亭記》。伊《志》案：宋有武節將軍朱張宣扈蹕南遷，家於聞湖。宣元孫恂，恂子穹壽，建稅暑亭，岑士貴作《記》，各志所載甚明。《浙江通志》誤以朱張宣爲聞人宣，乃承《檇李詩繫》之失。今通呼梅家蕩。明朱國祚有《梅家蕩櫂歌》，見《介石齋集》。産黄蜆，佳。伊《志》。 詳《物産》。

幽湖　治西四十里，支流環錯，匯爲深源，因以幽名。吳《志》。幽湖有二，雖名湖，其實港也。一在靈宿鄉，一在雲泉鄉，名竝見秀水李《志》。其在靈宿鄉者，多前人題咏，即吳《志》所稱治西四十里者是。伊《志》。 明貝瓊《寓幽湖客舍》詩："我無太古明星宅，白首西東寄此身。已免崎嶇投劍外,敢辭寂寞老江濱。枇杷結子初肥雨,芍藥留花不見春。萬古乾坤同逆旅,兩山風月屬詩人。" 又,《九月望日,僧覺原過幽湖讀書所,走筆爲贈,且有紫薇山之約》詩云:"野老讀書溪水南,渾如杜甫百花潭。安得仙人來七七,且從禪客語三三。山多秋雨都荒菊,樹著新霜未熟柑。更約葛翁丹井上,好詩連夜爲君談。" 宋濂《幽湖月滿》詩:"蒼旻不挂一游絲,兩岸漁歌月上遲。看破嬋娟真面目,菱花無語笑馮夷。"

韭溪　虞仲翔《川瀆記》云:太湖東通長洲松江水,南通烏程霅溪水,西通義興荆溪水,北通晉陵滆湖水,東通嘉興韭溪水,凡五通,謂之五湖。《太平寰宇記》在州南八里。《方輿勝覽》。 宋聞人綱《嘉禾志》及至元《志》所載道里同。案:舊志在縣南八里。今詢之耆老,考其地勢,絕無所謂韭溪者。惟在城有橋,名韭溪,而張堯同詩亦有"分流入郭來,市橋人影合"之句,疑即南湖之支流,經城而達北運河者是也。運河之水西北接太湖,虞所謂東通韭溪者,蓋因北接運河而誤,其稱在縣南八里者舛謬無疑。柳《志》韭溪實長水之正派,與松、霅、荆、滆四水相當,至隋穿漕渠,及府置城濠,其流分殺,遂迷其處。今城中韭溪橋處,乃其末流。堯同詩謂"分流者",本上源;"入郭者",指下流。聞《志》非謬。趙《圖記》。 伊《志》案:柳《志》詆虞《記》"東通韭溪"句,"因北接運河而誤",非也。運河鑿於隋代,虞爲三國時人,安得先有,誤耶! 蓋古韭溪甚長,不獨長水爲上流,即後世所稱運河,何莫非韭溪之故道。李日華撰《嘉興縣志》曾辯之。今震澤縣尚有韭溪港,見《太湖備考》,亦其一證。自穿漕鑿渠,而後盡没。舊名志家但據城內尺寸之水求之,泥矣。 宋張堯同詩:"終與雙溪接,分流入郭來。市橋人影合,不解洗塵埃。" 明周荼《韭溪春水送張別駕》詩:"春風吹花澄海門,韭溪雨足浮春雲。碧漪分流入城去,石闌橋壓玻璃紋。使君青驄駐溪側,椎鼓官船送行色。片帆直溯五湖東,水晶宫中夜吹笛。"

爽溪　在治西,上有水西寺。相傳唐宣宗爲光王時,嘗隱於此。秀水任《志》。 伊《志》案:溪在水西寺側,因借唐宣宗詩有"殿閣凌雲接爽溪"之句,志家沿襲,遂被此名,其實僅一曲尺水,非可言溪也。

穆溪一名穆湖,又名穆和溪。 在縣西北三里,此水接上谷湖,入太湖。至元《志》。 據吳《志》,上谷湖在治西南六十里西,受硤川之流,則與今穆溪遠不相屬。今之穆溪在郡北運河之右,僅長三里許。趙《圖記》謂漕渠出杉青閘,受穆溪水,是也。距太湖亦尚遠,蓋源流均失故處,未可泥古以求耳。水中多龍骨,俗傳龍蛻於此。秀水李《志》。 宋張堯同詩:"静練明田外,源流笠澤通。不因逢歲旱,誰識濟時功。" 國朝朱彝尊《櫂歌》:"穆湖蓮葉小於錢,卧柳雖多不碍船。兩岸新苗纔過雨,夕陽溝水想溪田。"

東溪　在縣西北七十一里,今名爲斜港。秀水李《志》。 伊《志》案:新塍鎮西北有斜港,分爛溪水東南流,以及於鎮。但溪去縣無七十一里。《志》誤。

西溪　在府城西二里。徐一夔《西溪記》。 詳《園宅》。

芝溪　在縣西北五里。柳《志》。 國朝張劭《芝溪歸舟》詩:"荻葉多藏岸綠,菜花半夾村黄。漸覺曨曨天暖,微聞燒筍風香。雨被白鳥呼出,烟從水鴨衝開。酒店船頭未辨,燈橋湖上先來。" 朱麟應《續櫂歌》:"芝溪溪水抱村回,溪上人烟暮景催。兩岸微風瓜蔓引,一籬疏雨豆花開。"

麻溪　治西北三十里,水通太湖。秀水任《志》。麻溪之水穿爛溪而東,至王江涇之聞店橋,曲折頗多。有專屬吳江者,亦有與秀水合轄者。《吳江縣志》。

車溪　自石門縣東北流,經桐鄉縣北,自阜林堰口抵青鎮,南北二十里。又東北流,經秀水縣北三十五里,合於爛溪。《大清一統志》。 伊《志》案:至元《志》車溪作車溝,互見石門、桐鄉。

爛溪　在縣西北四十三里。柳《志》。爛溪受車溪及湖州苕溪諸水,波流湍急。自青鎮以東,橫亘十里,北屬吳江,東屬秀水,下平望。趙《圖記》。 國朝釋德山詩:"平波夕照拓紗窗,銜尾西來賈客艭。兩岸楓林看不厭,一帆風送下吳江。"

錢家溪　在縣治西北二十五里,相傳舊有富室錢氏居之,故名。柳《志》。

菜花涇　在縣東六里。柳《志》。康熙四十四年春,聖駕南巡,由松江幸嘉興,經臨此處,見

菜花被野,即命駐宿。村氓扶老攜幼,歡迎羅拜,填溢阡陌,至今耆老猶能言之。伊《志》。 國朝
褚鳳翔《禾事閒吟》:"翠華昔日幸雙溪,鳳脂龍腷盡向西。傳語菜花涇駐蹕,水圍夜宿萬星齊。"

秋涇 治東北六里。吳《志》。 伊《志》案:柳《志》秋涇作羞涇,一曰揪涇。趙《圖記》云:以朱買臣得名,
蓋猶沿舊稱。而康熙府、縣《志》及《曝書亭集》已更今名,其水自杉青閘分流,出秋涇橋東北去。

王江涇 在漕河東。因巨姓黃氏、江氏居此,亦作黃江涇。《方輿勝覽》王江涇,吳江、秀水之
間,西受聞店橋麻溪,南受嘉興運河水,北至合路。沈肜《吳江志》。

新城塘一作新塍,詳《市鎮》。 在縣西北七里,以通新城市鎮,故名。柳《志》。 伊《志》案:水自烏
鎮分水墩一支東流數里,入石境,又東約二十里至新城鎮。又新城之西北,自爛溪分一支東南流入之。又東至東塘匯,
又東南至九里匯。又東過大德塘橋,入石白漾,東出柵堰橋,抵郡城西北隅,會運河。自新城至郡凡二十七里。國朝朱
彝尊《櫂歌》:"九里橋西落照銜,櫻桃初熟鳥爭銜。須知美酒烏程到,遙見新塍一片帆。"

冬瓜湖塘 冬瓜湖塘,一名東郭湖塘,在縣北三里。冬瓜湖堰在縣北。至元《志》。 唐張祐領
堰,事見《叢譚》。今堰已開通。柳《志》周鼎《記》略云:吾郡有大鄉,曰麟諟,地皆平田,而眾流交絡
於中,其南則郡城之東郭長陂,橫亘三十里,曰冬瓜湖塘。趙《圖記》嘉興府城東有支渠二,一東北
流,通嘉善北境、崇福。伊《志》案:此即冬瓜湖塘。一東流至嘉善城南,曰華亭河。《水道提綱》。 伊
《志》案:此即魏塘。又案冬瓜湖塘自城外鈕家橋分水,東北流,有秋涇西來入之。又東北有菜花涇南來入之。又東北
出塘橋,有烏橋港南來入之。又東北過塘匯鎮。又東北至高地村,有相家湖水南來入之。又東北至運涇港,入嘉善境。
自郡至此凡二十一里。此與魏塘乃郡境諸水趨艮之尾閭也。 國朝朱彝尊《櫂歌》:"江市魚同海市鮮,南湖菱勝北湖
偏。四更枕上歌聲起,泊徧冬瓜堰外船。"

蘆蘼塘 在縣西北五里。趙《圖記》。 俗呼蘆蕩灣。

石白漾一作石舅漾。 張士誠據吳稱王,嬪家石氏居此,故名。許恂如《秀州百詠》注。 伊《志》
案:石白漾居郡之乾方,堪輿家謂與澂湖巽水相應,石白以形名。許說近誣。而譚吉璁《棹歌》亦似咏其事,今竝存之。
國朝譚吉璁《棹歌》:"石白湖南麻雀墩,溪流盡向木蛇門。三江霸業今何在,吳越春秋又屬孫。" 錢載《石白漾殘雪》
詩:"篆紋流至清,本是苕所派。況來晴雪時,艇子搖益快。風鳥聲不聞,煙林色如壞。人家屋山竹,梢葉已勝畫。高城
渺回首,翠靄隔香界。誰爲施水游,履齒佛前敗。"

白龍潭即三塔灣 景德禪院前有白龍穴,於此行舟飄溺。居人作塔,埋舍利以鎮之。今寺之
伽藍神乃順德龍王也。宋淳熙改元,秋大旱,知縣李時習以龍潭在此,遂以《太平廣記》載南中
攪龍事,請於知州張元成,張命如法行之,果大雨,歲以豐稔。李作《記》,鑴之石。攪龍法,以長
繩繫虎頭骨投有龍處,即得雨。今《婺州圖經》亦載攪龍之事。合諸大蘇公《起伏龍行》、次公
《邢山潭》詩,則此法洵不誣矣。至元《志》。 伊《志》案:《方輿勝覽》及《閒窗括異志》所載略同。 宋李時
習《白龍潭記》:"漕渠出通越門,直西三里,斗折以北,面其曲爲今景德寺。前有三塔枕其流,流之深倍,左右四尺,龍之
所宅也。寺有伽藍祠,號順德龍王,蓋嘗有德爵,莫考其所以始。舊俗云,風檣雨檝,淪溺不測,往來者謂險際江湖間。
乃相與琢石,韞舍利,建浮圖,鼎足鎮之,所謂三塔者也。塔初成,炅光夜明,除害乃已,豈其依佛慧力,易暴以仁? 如
《華嚴經》所言,遂以福德有此珠宮貝闕耶!《圖經》亦不載始末。元豐己未歲,有張君勝者作《三塔白龍潭》詩,其序云:
'爾或云,近歲有艤舟河上,夜半風雨晦冥,遷之數十步,櫂夫幾殆。然皆以此非深山大澤,且不考知其故意,欲易之。'
淳熙元年夏五月,潭之所大雨雹,殆陽不克也。克必過,過則爲旱,已而不雨。至於秋七月,莠者待雨秀發,莢者待雨堅
好。有旨禱羣望,最後築壇,刑白鵝,坎血以祠,蘊隆仍慘。郡刺史毘陵張公元成顧曰:'將何以拯民憂?'時習曰:'歲
旱,取虎顱骨納諸龍湫潭中,可以致雨。法,用長繩繫之,雨足即出之。先大夫嘗行諸京口,雨旋至,請加之於三塔之
潭。'公曰:'諾。'獻議者疑之。夫事既巫矣,知之而不能行,欲行之而不勇不誠,謂吾民何? 于是縣苟如法。乙未,公從
僚吏出禱,小雨隨之。越三日丁酉,禱畢,蜿蜒雲端,不終朝,大雨。翌日,又雨雹,繞佛廬震,而人駭然如在其左右。不

涸不流,不菱不蘇,歲乃以大熟,邦人咸喜。嗟夫! 十日不雨則飢,五日不雨則饉。今飢饉不作,盜賊無有,人以爲是固然。孰知龍之自? 乃即廟貌寵新之。命車命服,始追用王儀,丕宣厥靈。客有過之者爲時習言:‘川澤之物,莫智於龍。上古之世,有以龍名官者。官脩其事,則禱禬祠,其艱哉! 厥後不能紀遠,乃紀於近。近而民事,爲民師者,今或日所不給,又何暇議龍之智,矧曰天地陰陽之事?’其言似有旨,故併書之。" 伊《志》案:建塔始末,李《記》雖云《圖經》不載,然至元《志》則據宋《志》云碑載寺僧行雲積土填潭,於光起處建塔鎮之。 宋許同《白龍潭》詩:"呼吸湖中水,山椒寄此身。洞門風雨夜,電火逐霜鱗。" 岳珂《嘉定丁卯,余守檇李召還,郡人相餞於三塔灣,偶至此寺有感》詩:"往年曾佩雙湖組,古刹猶連三塔灣。墮雁重尋波浩渺,斷虹渾記水回環。兩州隔絶名無改,二紀棲遅老復還。病衲雖無分別想,經行莫作少年看。" 元辛敬《龍潭暮雲》詩:"清溪駁奔湍,神物出其下。浩劫空浮雲,中宵走雷雨。吾從廬阜來,六月不知暑。對此發幽期,長吟度秋浦。" 明王思任詩:"泊舟三塔灣,偶入景德寺。寺中有老柏,蒼桂千年翠。禿頂橫肱掌殿雲,銅皮剥食碑晶贔。寺外深淵睡白龍,月明潛起聽經字。老僧咒鉢肯相容,願作嘉禾行雨使。"

螺潭 在縣南五里。相傳舊有白色螺生其中,故名。潭之西有廟。柳《志》。廟舊爲趙氏宅。嘉興湯《志》。 國朝沈邁《螺潭廟晚棹》詩:"白鳥橫飛過碧潭,看花醉後泛城南。木魚響出新篁裏,烟樹迷濛入暮嵐。"

九觔潭 在治東北思賢鄉,南接天荒、許家二蕩。天荒蕩,西接毛頭、菜花寺等蕩。吳《志》。皆有菱芡之利。柳《志》。

雁蕩 治西北二十五里。秀水任《志》。一名雁門蕩,有海雲樓。今廢。趙《圖記》又稱雁湖。湖有堤,堤有亭,曰冠鼇,近時所建。朱麟應題聯云:"一道平連吳越水,三橋半擬白蘇堤。"蓋水東即吳江縣境也。西南有苜蓿灣,見蔣之翹詩注。宋、元來,陶氏始居此。伊《志》。 明茅坤《王質齋墓碑》:"公飲予於雁湖之上,檻以外煙波萬頃,公築室而俯之,左圖右史,嘉樹名花,爛然繡錯,與鳧鴨、鵝鸛、荷芰、莎芷相掩映。或謂輞川不過也。" 陶照《雁湖晚眺》詩:"蘅皋秋色滿,楓老葉疑花。翠黛銜殘日,金波浸落霞。牧歸猶弄笛,漁散卻移槎。一水盈盈闊,柴桑處士家。" 蔣之翹詩:"森森東西湖,雁掠菰蒲起。忽憶坐扁舟,瀟湘秋色裏。""一抹漁村煙,迴波渚成枉。入市腥風來,家家齊曬網。" 國朝張天廮《櫂歌》:"河鷺沙鷗日往還,半篙新漲碧如環。客來常伴漁翁宿,暮雨瀟瀟苜蓿灣。"

和尚蕩 在縣西北二十八里。柳《志》。

官蕩 在治東北十五里。趙《圖記》其形略如束腰,故有南官蕩、北官蕩之稱。近岸多種荷。伊《志》。

長蕩一名長溪。 古秀州東北境,鄉名思賢,襟帶湖蕩,其東有溪,橫亙震兌二三里許,曰長溪。《沈氏家乘》。

陳盛蕩 在縣東北三十里,有陳、盛二家居焉。趙《圖記》。

六百畝蕩 治東北二十九里。吳《志》:廣袤六百畝。柳《志》。舊爲柴蕩,宋給於州學。趙《圖記》。

化成橋港 在象賢東區,長九百三十丈。

思家橋港 在象賢東區,長一千一百二十丈。

渡船港 在象賢東區,長二千二百丈。

吳家港 在象賢西區,長一千三百丈。

魚橋港 在靈宿東區,長一千二百丈。

宣涇港 在靈宿西區,長一千四十丈。

幽湖港 在雲泉鄉,長一千二百三十丈。

謝洞港 在柿林西區,長一千六百丈。

横塘港　在柿林東區,長一千五百八十四丈。

馬涇港　在柿林東區,長一千二百八十三丈。

鴨頭灣港　在復禮東區,長八百五十三丈。

徐涇港　在永樂南區,長五千一百十丈。

陸涇港　在永樂南區,長二千三百七十丈。

彰陵涇港　在思賢鄉西區。秀水李《志》:於一區内載彰陵涇港有二,一云長一千二十五丈,一云長七百一十丈。

合路港　在思賢鄉西區,長一百五十丈。以上秀水《志》。　伊《志》案:陸游《日記》:合路賣鮓者甚衆。故朱彝尊《櫂歌》有“不須合路尋魚鮓,但向分湖問蟹胥”之句。又案秀水李《志》列各鄉支港凡二百餘,皆著其來去及長短之數,惜未免混淆,第存其名目,尚可藉以考核。今於各鄉摘録長港一二,略見其端,而合路名較著,遂附焉。

嘉善縣

胥山　在治南十三里,半屬嘉興縣。嘉善倪《志》。乃硤石山之餘支。嘉善章《志》,詳嘉興縣。明沈槩《登胥山》詩:“山骨巉岩小徑通,登臨於此惜英雄。劍痕慘淡蒼崖上,鳥跡荒涼古穴中。草色亂侵尊酒碧,江流遙趁夕陽紅。今朝不結尋常會,慷慨相成[1]孝與忠。”　陸坿詩:“伍胥來駐馬,見說此山頭。草木兵猶似,乾坤氣未收。蒼崖含宿雨,野屋抱寒流。日晚一登眺,天風吹客裘。”　沈道映《登武水城橋望胥塘》詩:“閒攜雙屐向河橋,綠墊青膔入望遙。幾處鶯花迷古堞,一川烟雨送輕橈。英雄去後名還在,芳草春來恨未銷。無限吳宫零落盡,空城猶上伍胥潮。”

【校注】

[1] 成:光緒《嘉興縣志》卷七《山川》“胥山”條收沈槩《登胥山》詩,作“箴”,當作“箴”。

鳳凰墩　在永八南區東菖蒲涇,左右高一二丈。嘉善楊《志》。

潘家墩　在奉四北區,胥山之脈,其石方可一畝,形如卧牛。趙《圖記》。

茜墩　在永八北區祥符蕩西,石高丈餘,延袤四五丈,生茜草,故名。

蹲墩　在奉四北區章練塘南,頑石突兀,有水環之,若蹲獸然。以上嘉善楊《志》。

鷗石　在西菖蒲涇右岸,蹲若沙鷗,半隱半現。嘉善戈《志》。　伊《志》案:以上諸墩,嘉善章《志》云:胥山之脈,散入平疇,始於西南,迄於東北,如鷗如牛,略可考見者也。

文水　自文廟後環繞黌宫。袁《志》。在明倫堂前,今湮塞。嘉善于《志》。學宫前三台沙,三小圩也。堪輿家言,邑中人文之秀鍾於是,今爲居民所佔。《魏塘紀勝》。雍正八年,知縣鄱煜議復跡,未及行。嘉善戈《志》。嘉慶四年,知縣萬相賓開濬。伊《志》。

鶴湖　在縣西北三十六里,中多尊菜蘆葦,舊嘗産鶴,故名。《名勝志》。　國朝彭孫貽《鶴湖眺鳴鶴樓》詩:“飛甍窈窕俯疏汀,林樹蒼茫四面青。水樹樓臺留返照,高城燈火亂春星。憂時爲誦登樓賦,題壁還摹瘞鶴銘。莫訝軒窗烟五色,飄飄羽駕集仙靈。”

麟湖　東麟湖俗名六百畝蕩,西麟湖俗名千畝蕩,與秀水縣接界。《大清一統志》在縣西十三里,有東西兩湖。《檇李詩繫》以在麟瑞鄉故名。嘉善楊《志》。　明朱純《麟湖夜泛》詩:“寥落暮天迥,蒼茫湖水平。秋雲開雁道,涼雨洗蟬聲。坐石忘收釣,臨流愛濯纓。自緣耽野趣,不是爲逃名。”

汾湖　縣西北有汾湖。《明史·地理志》在縣西北三十里,半屬吳江,故名。中産巨蟹,風味殊絶。《明一統志》。　元楊維楨《遊汾湖記》："至正九年三月十有六日，吳江顧君遜既招客游東林，明日復命釣雪舫載聲妓、酒具遊汾湖。客凡七人：會稽楊維楨、甫里陸宣、大梁程翼、金陵孫煥、雲間王佐、吳郡陸恒、汝南殷奎。妓二人：珠簾氏、金粟氏也。朝出自武陵溪，過伍子灘二里許北望，見鵲巢喬樹顚，岸桃花與水楊柳緋翠相間，長竿旂出緋翠頂。主人云，顧村也。又五里，所見修篁、喬木、蔽芾、亭臺於巖洞之上，遂解舟維來秀橋。不問主，逕詣亭所，亭曰翠巖。主人陸君繼善出肅客，憩樂潛丈室，設茗飲談。樂潛詩有'向夕羣動息，時聞落葉聲'之句，余嘉而錄之。復引客至嘉樹堂，觀先翁手植百歲棠。就飲堂上，出鐵笛一枝，云江南後唐物也。有刻字云：'一枝橫寒玉，七點明瑞星。'余爲作《清江引》一弄，聲勁亮甚。笛闋，陸君恒摎余三弦琴，顧君遜亦自起彈十四弦，命珠簾氏與孫君煥交作十六天魔舞。飲徹，妓蹋歌引客至長堤上，度來秀橋，至南陸庵，班荊坐大樹下。珠簾氏用白蓮瓣行杯酌主客。舟中鼓吹交作，兩岸女婦馳逐而觀者褦屬不絶。解纜出汪港五里所，至汾湖，湖東西袤八里，南北如之，湖分兩半，一屬嘉禾，一屬姑蘇，故名汾湖云。舟經龍王廟，酹酒龍君借便風，果應。錦帆一開，即抵柳溪。過吉祥寺，游鮑氏池亭。亭有古松數十章，奇石數十株。亭已廢，環翠池及石屋洞尚無恙。時寺客徐徐柳邊出，陪談興廢事。云池亭爲前朝鮑節制書墅也，今子孫無噍類，惟遺八十老嫗不能立，乞入寺去。登舟出柳溪，過登瀛橋十里許，北過蘆墟，爲巡官寨，寨官李氏邀客啜茗。徐步過泗通橋，月已在清松頂上一丈矣。遂步月色歸蒼雪所，用主人顧君遜'武陵溪上花如錦'之句，分韻賦詩。夫水國之游衆矣，得名者鷗夷子，後惟陶水仙、儋州禿翁耳。鷗夷子先幾去國，并西子偕去，智矣。而客則未聞禿翁赤壁之樂。客有吹洞簫者，清矣，而聲伎尚無聞水仙。賓客、聲伎俱載，客爲焦革之流，酒徒耳。而觸詠之樂又未聞也，觸詠至，而聲妓之娛又無流連之行。今汾湖之游備已。其可不有紀述，以爲後人之慕乎！於是乎書，俾主人刻諸蒼雪軒上，主客諸詩各繫於後。時期而弗至者，茅山張君雨、界溪顧君瑛也。"　顧遜詩："武陵溪上花如錦，花氣薰人如酒濃。簫聲時倚鏌鋣鐵，雲影忽落琉璃鐘。小娃傳令覆蓮掌，遊子掀篷招玉容。汾湖歸來夜何許，明月已挂青螺峯。"　陸宣詩："翠巖亭下問棠梨，上客同舟過柳溪。花下停歌聽鸚鵡，竹間把酒引玻璃。緋桃照眼春無賴，石洞關門路轉迷。金粟彈箏銀甲冷，珠簾度曲翠眉低。錦帆卷浪風生坐，羅襪生塵草被隄。屢舞不妨飛野馬，醉歸遮莫報鄰雞。梵王臺殿空陳迹，鮑氏池亭憶故樓。鐵笛吹殘山月白，竹枝唱過驪橋西。"　楊維楨詩："盪舟武陵谿，朝出伍子浦。還過西陸家，仙童啟巖戶。棠樹大十圍，桃花燦欲語。遺我古鐵版，色比脩月斧。爲作古江調，江鳥凌亂舞。攜之謁龍君，湖水吹暮雨。晚飲花石岡，亭臺已無主。瀛橋步月歸，竹枝和銅鼓。道人早歸來，脫冠挂玄武。"　明卞倫詩："萬里秋天萬里湖，月輪飛作片雲無。影搖黃鶴磯頭夢，光奪驪龍頷下珠。漁唱悠悠來遠渡，雁聲嚦嚦起烟蕪。滿船風露涼如水，身世分明在玉壺。"

　　魏塘　縣東有魏塘河。《明史·地理志》。在治東十二里，亦名武塘。趙《圖記》。　詳嘉興縣。元王冕詩："杉青閘轉雲間路，河水分流過武塘。客況慣經風雨惡，詩情不減少年狂。魚鹽市井三吳俗，海島香航十丈檣。楊柳連隄驚鴨聚，家家茅屋似淮鄉。"　明瞿佑詩："沽酒人家柳岸傍，棠梨花白茶花黃。少年游覽今陳迹，暮雨瀟瀟灑夕陽。"　呂憲《竹枝詞》："東風吹綠上垂楊，十里朱樓是武塘。前輩畫師零落盡，何人解寫此風光。"

　　華亭塘　縣南有華亭塘河。《明史·地理志》。今稱上官塘，通松江華亭縣。《浙江通志》。　伊《志》案：此即魏塘。詳嘉興縣及後山水總。

　　冬瓜湖塘　今稱下塘，亦名運涇塘。詳秀水縣。

　　石井塘　在縣西九里麟伍區，俗呼三店塘。以上嘉善楊《志》。

　　伍子塘　縣西半里曰伍子塘，南引胥山以北之水。相傳子胥君臣經營戰伐之所。趙《圖記》。南通胥山，北達西陸港，長二十七里，因築城中斷。《魏塘紀勝》。　互見嘉興縣。

　　張練塘　在縣東北七十里，東通長泖。至元《志》。吳孫權造戰艦於此，張纛以練水軍，因名。後訛爲章練。趙《圖記》。　明夏原吉詩："塘名章練起何時，試問村翁盡不知。畫舫來風撾鼓過，落花飛絮漫相隨。"

　　甓竈塘　治西北三十六里。舊時民以陶冶爲業。袁《志》。西受茜涇諸流，東入祥符蕩。嘉善于《志》。又名甓溪。嘉善楊《志》。

　　張涇塘　張涇匯在縣東十二里。趙《圖記》。

　　江涇塘　在縣西北一十餘里遷東區。嘉善楊《志》。　明周鼎詩："江涇好村巷，稠屋似廛居。詞賦工無益,耕漁樂有餘。土祠春社後,野寺暝鐘初。我欲頻來往,扁舟當筍輿。”

蘆墟塘　在縣北三十里下保東區。嘉善楊《志》。蘆墟塘水與汾湖北入華亭界之澱山湖。趙《圖記》。

大雲塘　在縣南二十里胥五都,又東二十四里入華亭界。趙《圖記》。

平川　在治北二十四里,一名西塘,又名斜塘。明《浙江通志》。

澹滄涇　南出千畝蕩,西合秀水衆流,亦名麟溪。嘉善于《志》。　明周鼎《麟溪八景序》略:“吾郡有大鄉曰麟諟,地皆平田,而衆流交絡於中,故總名之曰麟溪。其南則郡城之東郭,長陂横亘三十里,曰湖塘。折而北走迤東,曰石井塘。分迤而西,曰澹滄涇。分澹滄之西迴而南,曰餘畝涇。又云學佛者結四庴廨于其間,曰崇福。負麟而立,曰浄蓮。在滄之陰曰水雲,在滄之陽又其偏曰雪溪,皆地之勝絶境也。故有湖塘春漲、餘畝秋盈、石井風帆、雪溪漁唱、澹滄烟靄、水雲月色、浄蓮夕照、崇福曉鐘八景,以入詩人之咏。”　國朝朱應祥詩:“一川流水半村花,舊屋南鄰是釣家。長記歸篷載春釀,雲籠殘照雨鳴沙。”

清風涇一作楓涇。　縣東北有清風涇。《明史・地理志》。白牛塘,宋陳舜俞跨白犢往來處,後更名清風涇。在縣東北二十四里。趙《圖記》。　國朝查容《由西塘抵風涇》詩:“蘆荻風多颭雨涼,漁村歷歷似瀟湘。烟波十里塓塘路,鴉背西來帶夕陽。”

蓮花涇　治東十八里,中多菡萏。吴《志》。

唐莊涇　在縣東南十餘里。宋參知政事唐介裔孫居此。嘉善楊《志》。

王宿涇　在縣西北二十四里。宋趙王嘗宿此,故名。後誤宿爲秀。趙《圖記》。

東菖蒲涇　在縣東一十五里。嘉善楊《志》。

西菖蒲涇　在永八南區。嘉善楊《志》。兩涇多産菖蒲。吴《志》。

茜涇　治北十二里,出茜草,故名。《名勝志》。

葫蘆涇　在奉四北區。嘉善楊《志》。

太平橋河　南門内,接市河,北入魏塘河。

鉼山河　在鉼山前,西接伍瀆,東入市河。以上嘉善于《志》。

新開河　一在遷東區,一在遷西區。

謙河　在北門外鶴湖書院後。明李令陳玉開,莫令大勳記。以上嘉善楊《志》。

許巷蕩　縣西北三十六里,波流澄澈,洞見水族,旁多良田,歲旱,資以灌溉。《明一統志》。

夏墓蕩　治北三十里,又曰夏湖。《檇李詩繫》。西接長蕩,東會松溪。嘉善于《志》。　明周忱《夏湖泛月》詩:“泰宇天光澹欲流,水風摇蕩夏湖秋。銀河直擬乘槎到,赤壁聊同載酒游。傾盡玉杯霞彩散,團成寶蓋月華浮。此生此夜窮奇興,錯上年年庾老樓。”　國朝朱彝尊詩:“夏墓蕩前停釣艌,荒溝極浦易迷津。夕陽滿地北風起,飛徧蘆花不見人。”

水月蕩　在下保西區吴江界。國朝李廷桂《秋夜泊水月蕩》詩:“夢醒烟橈傍釣磯,涼颸吹霧儘紛霏。推篷不覺蘆花晚,誤認初寒小雪飛。”

藏兵蕩　在縣北,周圍二十里,半屬青浦。以上嘉善楊《志》。　國朝朱應祥詩:“風細湖平酒力微,坐深涼沁薄羅衣。棹聲忽渡蘆花渚,應有漁翁罷釣磯。”

祥符蕩　在縣北二十里,周二十餘里,産芰荷、蒲草,魚鰕、禽鳥甚饒。東北流十里入吴江界。趙《圖記》。

南白蕩　在下保東區。

東王白蕩　東錢白蕩　俱在縣東北三十餘里奉四北區。以上嘉善楊《志》。

查家蕩　在縣北三十六里,多産蒲葦、芰荷,夏月蓮花盛開,游覽之所。《明一統志》。　明高啟詩:"秋老共溪長,游人笑語涼。萍開天倒影,蓮墜水浮香。魚罾和星漉,禽罝帶雨張。從今搖桂棹,不必問瀟湘。"

崇福蕩　在縣北三十里,北屬長洲。

三角蕩　在思四區。

馬蕩　在遷北區,半屬青浦。

沉香蕩　在縣北二十四里。以上嘉善楊《志》。　丁裔《沉香湖古梅》詩:"嵌碕碧樹草堂栽,雅集良朋曲水隈。高士提壺花下至,幽人吹笛月中來。獨扶霜幹龍鱗結,遙傍香臺翠影開。故老相傳多再拜,春風好護舊莓苔。"

柳溪　在保東區。前代爲陶莊鎮,北入蘆墟。嘉善于《志》。　明周鼎《柳溪懷古》詩:"不見當年種柳人,數株猶自遶河濱。長條只解年年綠,飛絮都成滾滾春。張緒別來情易老,陶潛歸去跡空陳。客邊無限登臨興,問訊鶯聲幾度新。"

松溪　在思四區,縣西北二十四里。

蓉溪　在胥五區。

北亭橋港　東亭橋港　俱在城中。

顏店港　浦店港　俱在永八中區。

姚莊港　在奉九八區。

陸莊港　在奉四中區。以上嘉善楊《志》。　元倪瓚《陸莊港調寄天香引》:"片帆輕,水遠山長。鴻雁將來,菊蕊初黃。碧海鯨鯢,蘭苕翡翠,風露鴛鴦。問音信,何人□□。想情懷,舊日風光。楊柳池塘。隨處凋零,無限思量。"

廟港　治西一十里,古有蜡臘廟,因名。吳《志》。

菱巷港　治北十里,路通松江,市菱者多集此。鄒《志》。

墨竹港　在胥五區。

荷花潭　在保東區。

雁塔灣　在西塘鎮市西。以上嘉善楊《志》。　明周鼎詩:"古塔倚晴灣,行人指點間。雁來秋水闊,僧去白雲閒。望遠孤峯碧,憑高落照殷。幾回看不盡,江上釣歌還。"

净池　汾湖之南有净池,柳溪諸水《檇李詩繫》在縣北二十四里陶莊,池不生雜草,故名。《明一統志》。　元楊維楨詩:"汾水南頭第幾灣,净池初曉鏡光寒。漁舟曬網日將出,酒肆招帘露未乾。楊柳澹烟迷隔浦,桃花新水漫前灘。習家回首今何在,風物爭如此地看。"

文水漾　在永八中區,斜塘鎮市南。丁旭《記》:味異衆水,土人挹取作釀。嘉善倪《志》。伊《志》案:嘉善章《志》:明初,漾有一木,圍可五六尺,天陰則出,舟觸之輒覆。宣德間,建福源宮,里人鉤致之截,塑三清像,其怪遂息。

幽瀾泉　縣治東關外景德寺有亭,相傳昔高僧夜坐,見堂前一女子,厲聲曰:"窗外誰家女?"女應曰:"堂中何處僧?"怪而逐之,女奔入土。掘之無所有,得泉一泓,及一石,鐫"幽瀾"二字,人遂以名泉。大旱不涸,煮茶無滓,盛暑經宿,而味不變。嘉善楊《志》。　元黃魯德詩:"幽瀾遠引曹溪水,此是人間第一泉。一吸青涼除熱苦,不妨頻候煮茶烟。"　明顧孟時詩:"秀水東流入魏塘,一泓誰鑿近禪房。煮來茗碗清無滓,分出花渠細有香。霜月半空融碧海,風濤一派引滄浪。客裝此日難成醉,聊吸寒泉當酒嘗。"

墅泉井　在縣西北三十里。井久湮,正統間鑿得之,味甚甘冽。《明一統志》。一名乳泉。嘉善章《志》。

一渦泉　在縣治南下塘,一名萬益井,清冽與幽瀾同。每至大風雨,波濤踴躍有聲。嘉善章《志》。

嘉興府志卷十三

山川二

海鹽縣

秦駐山 在縣南一十八里,高一百六十丈,周迴二十里。《輿地志》云:秦始皇游,登此山,因名。《水經注》云:縣南有秦望山,始皇所登,以望東海,故得名。樂資《九州志》曰:縣有秦逕山,始皇逕此。美人死,葬於山下,有美人廟。至元《志》。山下長隄沿海,相傳爲始皇馳道。海鹽仇《志》。明嘉靖三十四年,官軍敗倭於此。《大清一統志》。 唐薛據《登秦望山》詩:"南登秦望山,目極大海空。朝陽半蕩漾,晃朗天水紅。谿壑争噴薄,江湖遞交通。而多漁商客,不悟歲月窮。振緝迎早潮,弭棹候長風。予本萍泛者,乘流任西東。茫茫天際帆,棲泊何時同。將尋會稽蹟,從此訪任公。" 元方行詩:"此地曾經駐蹕來,秦皇遺蹟尚崔嵬。探穷滄海無靈藥,歸到驪山有刼灰。萬里黑風迷鬼國,一杯弱水隔蓬萊。詩人弔古多退思,落日高邱首重回。" 明皇甫汸詩:"萬乘留秦蹕,千秋望越山。水從溟海外,雲自會稽間。草樹迴窮髮,魚龍候駐顔。不知徐市去,靈藥幾時還。" 屠隆《同蔡明府登秦駐山望海歌》:"高秋立馬登秦駐,海風蕭蕭吹海樹。極目遙天不可窮,赤縣神洲在何處。萬馬長驅巨浪來,千亹力抉浮雲去。盤陀石上坐微茫,令我魂氣四飛揚。閃閃金波騰若木,高高赤日挂扶桑。諸峯遠近青螺矗,大者如拳小如粟。雷電碎鈎戲白龍,風雲慘淡愁黃鵠。方丈蓬萊近可降,烟濤彷彿見雲窗。瑤草琪花相蔭蔚,斑麟文豹何紛麗。紅顔玉女褰珠箔,綠髮金童擁繡幢。仰天把酒三歎息,安得此身生羽翼。謁帝東皇大帝君,石邊竇瑟花間弈。龍旂翠蓋照滂渡,聞道秦皇駐此山。苦無靈氣通仙籍,空有雄心出大寰。三山福地尋難見,千古沙邱去不還。海神之鞭亦杳滅,黿鼉之梁猶巉巘。月色溟濛龍女珠,露華凄冷湘妃襪。山上荒祠被冕旒,老僧香火幾春秋。古今英爽真潮汐,酒罷歌殘海水流。" 潘梅詩:"提封猶禹甸,望海自秦山。萬樹花争發,孤雲鳥共還。方隅從眺覽,磴道足躋攀。擬叩金銀闕,丹砂少駐顔。" 國朝袁國梓詩:"秦駐峯頭縱目看,望洋何必起長歎。百年興廢青山老,萬古升沈碧海寒。臺擁金銀無羽翼,水連雲漢失波瀾。祖龍昔日真堪笑,鞭石安能訪大丹。" 尤侗《同錢武子登秦駐山》詩:"孟冬寒未嚴,海山净如濯。客懷恣孤往,況乃覿朋樂。躡屐力既煩,進艇道仍邈。雖非縱三驅,聊且駕六駮。屈曲躋曾岑,盤桓憇蘭若。朔颷正怒號,巨浪羣噴薄。天陰叫鵁鶄,潮鳴上鯖鰐。吐氣象丹樓,飛塩似沙漠。遥指一點烟,中流隱城郭。秦帝昔東游,兹巒駐行幄。金革銷榛莽,羽衛化猿鶴。野廟遺荒村,香火慘寂寞。木杯何年渡,錫杖自今卓。殿宇本宿構,甘泉出新鑿。茗柯起元箸,暫休解塵縛。興至憺忘歸,景移逝將作。急鞭隨日下,短帽對風落。平楚散牛羊,空林聚鳥雀。回首望餘青,暮雲漫寥廓。" 彭孫通詩:"積陰生霽色,一望隔塵寰。谷水煙中樹,秦溪雨後山。參差青靄裏,隱見白雲間。待約攜筇往,捫蘿此更攀。" 鄭時敏《秦峯遠眺》詩:"幾堆風葉因霜老,一片天光傍水停。望斷錢江舟没處,夕陽影裏暮烟青。" 按察使秦公瀛詩:"華陰山鬼遮秦使,沙丘輼涼祖龍死。輂道猶傳駐蹕華,靈藥何曾獻徐市。憶昔東巡萬騎喧,滄海日射如車輪。赭鞭鞭石石亂走,直駕鱷鱷乘黿鼉。中原逐鹿今何有,三泉水涸陰風吼。阿房宮已盡成灰,安論紅顔葬荒皁。巖花還似美人容,巖月曾教照六龍。子規夜啼翠微裏,廟門寂寞鎖深松。"

嚴家山 潘家山 荷池山 羊頭山 四山皆秦駐支派。《澉水志》。

白塔山 在縣東南二十里海中。山上有白塔,因名。舊有港,通魯浦,名曰白塔潭,海舟多泊焉。至元《志》。 國朝朱彝尊《櫂歌》:"橫浦東連白塔雲,下方鐘鼓落潮聞。結成海氣樓相似,煮就吳塩雪不分。"

望虞山 在縣東南二十二里,高九十丈,周迴一十二里。至元《志》。在海北登之,可南望上虞諸山。趙《圖記》。

土山　在縣南一十一里，高十丈，周一里。《海鹽圖經》。

大步山　在縣南二十里，高五十九丈，周三里。《海鹽圖經》。在秦駐山西，石馬山東北。上有丁山神廟，蓋潮神也。《澉水志》。

小步山　在縣南二十里，高五十九丈，周二里。海鹽仇《志》。與大步相連，旁有音樂墩。每陰雨夜靜時，聞其中有音樂聲。《澉水志》。　國朝徐點[1]詩："曲水沿沙岸，疏疏白屋多。山低鶯滿樹，草淺石牽蘿。樵徑聞人語，孤舟發榜歌。霜肥老橡栗，策杖一爲過。"

【校注】
　[1] 按：應爲徐默，詩見道光《澉水新志》卷十一《藝文》錄《小步山》、光緒《海鹽縣志》卷五《山水》"小步山"。

青山　澉浦鎮之主山。《武原志》。在縣西南三十五里，高五十丈，周圍四里。隱若龜形。海鹽仇《志》。亦名龜山，上有烽堠。趙《圖記》。

長牆山　在縣南三十五里，高八十丈，周圍一十九里。舊經云：秦始皇東游，登山望海，以其孤聳，遙望勢如堵牆，因名。至元《志》。下有石巖臨海，名穿山洞。海鹽仇《志》。

黃道山　澉浦鎮東三里海上，其南有黃道山。《海鹽圖經》。與長牆山相連，上有黃道神祠，下有龍眼潭，舊名白龍窟，乃宋時番舶所聚。明初，沙漲潭塞。嘉靖癸丑，潭復開出，汎舟師泊焉。《續澉水志》。宋有水軍寨，造船場，立燧燧於山頂。明嘉靖中，於山設東西諸寨，以防倭寇。《大清一統志》。　國朝常安《游黃道秦望諸山記》："乾隆乙丑夏，由武林出巡海口，一宿於楊村，再宿於新倉。凌晨起望海上諸山，峯巒羅列，指點嵐光於依稀霧靄之間，若脩眉乍染，而晴雲一抹也。就中有如霧如烟，與層巒疊嶂相上下者，海氣之縹緲而氤氳也。大約俱濛濛不甚可辨識云，遂過黃灣，登譚山。山爲譚景升煉藥得道處，其南巔曰鷹窠頂。孟冬朔日，可望東海中日月並出。頂上有庵曰雲岫，雲集即雨，因之名庵。饒怪石及産奇茗，以路險峻不果往。懸崖一綫，九折縈紆，時於雲陰斷滅中得之。旋下坡磴，行永安湖隈。湖水兩分，中央一隄，洵所謂兩水夾明鏡也。遠近芙蕖，搖紅漾綠，溪光人影，俱在荷香霏微中矣。次過澉浦，登黃道山。山左有祠，祀古賢令，黃道山以是得名。其間長牆連屏，青山作案，西挹葫蘆，半浸入海，宛然作細腰狀。迤邐間，鳥道盤迴，林風颯爽，泠然善也。崖下海商羣集，遙望風帆，如飛鳧一點，飄漾蒼茫。其高出海中若浮若沈者，秦駐也。世傳秦始皇鞭石成橋即此。至於縣治東郊伯牙琴臺，惟土阜，若村若橋，皆以聞琴名，不知山林窅渺，羣鳥叫號之際，尚有伯牙之靈來往其間否？又不知成連當日果有師方子春在海上否？夫人生興會，各以所寄而殊，而高超曠渺之思，多得之登山臨水之頃，昔之人聞樵歌牧唱，且以爲洗盡十年塵垢，而況浩浩焉俯萬里之長空，凌千尋之絶巘霄漢，共其徘徊天日，供其摩盪者哉。"

大巫子山　小巫子山　二山在黃道山外，水甚湍險，不可渡。《續澉水志》。秦駐山之東海口有巫子山。《明一統志》。　國朝朱彝尊《櫂歌》："巫子峯晴返照開，傳聞秦女葬山限。閒聽野老沙中語，曾有毛民海上來。"

篠山　在澉浦鎮東南六里。《海鹽圖經》。

石帆山　石帆山在長牆山外海中，有立石如帆，故名。《澉水志》。古時有神現其上，月霽則吐蚌珠，陰晦則曜神火，舟觸輒碎，人莫能涉。山下石帆村有古田畎，名王家畎，今廢爲海。《武原志》。　國朝陳光緯詩："海上行吟憐海樹，蜃樓初散餘煙霧。石帆山上石帆開，似欲乘風橫海渡。相傳此地有村墟，萬樹桃花十室居。不知何年海水溢，蛟龍鼓浪傾田廬。居人一去無消息，雲朝雨夕迷南北。初晴海上露枯槎，細視街衢猶可識。有人拾得崇寧錢，歷數歷年心惘然。石闕殘碑水中泐，波紋似刻深迴旋。更見樽罍狀殊異，摩挲散落松花翠。想昔芳筵進酒時，幾人歌舞花間醉。桑田滄海向誰論，何處侯門樂事繁。不道有生皆速化，試看海底石帆村。"

茶山　許山　在海鹽縣東南海中。明嘉靖三十七年，俞大猷敗倭於茶山洋，即此。爲江南兩浙官兵會哨之所。又，許山在縣東大海中，亦哨守要地。《大清一統志》。

葫蘆山　在縣西南三十五里，浸海中，狀如葫蘆，語曰"潮生潮落，葫蘆自若。"其下有葫蘆寨。趙《圖記》。

荆山　在縣西南四十五里，高四十丈，周圍三里，占永安湖山之勝。下有悟空寺。海鹽仇《志》。

颺山　縣西南四十五里，高七十丈，周六里。《海鹽圖經》。在永安湖閘南。

葛母山　在永安湖東南，下有渾水閘，洩湖水入海。

伏獅山　在永安湖東北。以上《續澉水志》。

雞籠山　澉浦鎮西南六里。《海鹽圖經》。在永安湖東際，地名徐灣。《澉水志》。以形似名。《明一統志》。

大山　在湖上，左有蓮花峯，右有合掌石，頂際有望牛石。《澉水志》。

九杞山　在永安湖子丑之位，舊名杜家灣。九杞翁許相卿買置杜曲岡、雲濤莊，因以名其山。《續澉水志》。別詳《園宅》。

麂山　縣西南四十五里，高六十丈，周四里。《海鹽圖經》。以形似名。《明一統志》。在中湖塘，西與譚山相連。《續澉水志》。

鷹窠頂山　石帆之東有鷹窠頂山。《明一統志》。在縣南三十里。《海鹽圖經》。山前臨澉湖，後枕大海，形既壁立，路更紆迴。凡九折而上，饒怪石，及產奇茗。其上有庵，曰雲岫庵，松寮竹徑，迥在雲表。車大任《記》，略。鷹窠山，鳥道千尋，懸崖百仞，襟帶湖海，吞吐日月，而且絕頂岑崿，靈源潛通，蔓草蒙茸，僊芽軋苗，可謂山川儷秀，泉石兼資者矣。許聞造《序》，略。南陽山雄時海埂，下瞰南湖，雲聚即雨，有庵名雲岫。沈友如《雲岫庵記》，略。山下有長水澗，由山麓至庵有九曲逕、初憩亭、三休亭、獅頭巖、合掌巖，庵前有泉，深丈許，旱潦不加盈涸，味甘冽，名雪竇泉。山頂可觀日月並出。山背有開元庵。《雲岫庵志》。山下有仰天塢。《澉水志》。　明陳梁《雲岫觀合朔記》略："月與日隔金、水二天，日大二百倍許也。人目蔽於近，謂日月等。方升自殊，日光恒掩月，匪先匪後，兩不相掩。惟十月一日之辰，《國語》'會於龍尾'是也。是日之前一日，會雲岫快飲，漏四下，小憩促起櫛沐，則星爲霧掩，寒氣逼人，行淫草中達頂，霧益晉重，俄而見一二星。又見霧如彈絮，如車輪足下起。頃之，金光赤焰如線，橫經於天。自喜日升，乃十百金線忽合而蠠，城市萬象，宮闕千門，層層閣道。復茂林崇山，村居屋角，窗櫺清楚。傍有青色雲，狀如龍鱗爪，儼然口吐珠雲數丈。須臾，海底推出一輪，色若丹硃，心目晃晃，稍見紅敷，謂常日耳。竊究合升必併見月，今天氣如許，佳月在何處？方競猜疑，而殘蠠忽送，月印日心，二輪合體，雪裏丹邊相摩盪，還轉不止。海天俱動，不可思議。目中或作黑日千百，或作黃日千百，或作白日千百，恒恐身爲所攝，與山俱墮，抱石凝眸噴噴。又二刻許，日光稍侵目，漸不可逼視矣。"　明貝瓊《九日游鷹窠山》詩："忽忽已九日，出門淨無泥。地偏實斗絕，有山如會稽。賓客後雜遝，僕夫各有攜。天風海上來，我馬驕且嘶。陂陀出險徑，窈窕遵迴溪。前登郊家嶺，始覺華蓋低。作者四五人，更託千層棲。日午叩其戶，不愁蒼耳迷。欲俯棲鶻巢，上凌萬丈梯。豈但畏猛虎，彷彿聞天雞。共燕脩竹林，落日猶在西。相看且一笑，四郊多鼓鼙。"　許相卿《雪後游雲岫峰》詩："深雪撩狂興，長簑弄晚寒。翠凌孤突兀，玉拱萬巑岏。勢合疑包地，塵空愜憑闌。野情多僻尚，閒處擅奇觀。得句浮眉宇，抒思入渺漫。詩魂清到骨，仙意欲騰翰。認路樵無跡，題名竹有瘢。餘生饒樂事，無地著憂端。"　錢籛《游鷹窠頂》詩："孤峯倚天碧，側徑入蒼烟。蠟屐還今日，題詩自昔年。磴雲生古木，溜響落寒泉。極目滄溟外，蓬瀛一點煙。"　國朝魏世傑詩："九折登禪院，鷹窠頂更高。捫天疑有路，載地信無鼇。石筍如村叟，松根識海濤。謂宜常到此，痛飲讀《離騷》。"　徐豫貞《秦山北峰觀合璧》詩："燭龍無光天地合，崑崙若木遙相接。海色蔥朧夜氣封，層巒曉動青蒼蹹。天門沈沈星漢垂，羲和鞭日窺咸池。洪濤崩迫混沌鑿，二儀清濁分何遲。雲螮擁駕雙精一，萬古光芒偶相匹。碧海中涵赤馭浮，銀蟾斜抱金輪出。積水紅霞旭影東，孤筇淩石坐芙蓉。秦皇山北三千丈，晞髮雲中第一峯。”查慎行《鷹窠頂觀日出歌》：“吾聞堯時十日曾並出，域內大水凡九年。自從羿射九日落，大禹注海納百川。獨留一曜隨天全，爾來四千一百七十載，朝朝沐浴蛟龍淵。登州蓬萊閣，太山日觀羅浮顛。文人游跡往往到，鷹窠之頂僻在東南偏。海隅荒陋題咏少，好事或聽旁人傳。奉率九月晦後十月朔，是時日月行同躔。初生類合璧，吞吐寅卯前。居民生此山頂，目所睹記云偶然。況乃游人一生或間至，何怪欲觀無由緣。我來此處看日出，要是乾坤曠蕩之奇觀。山高地窮天水連，尾閭東洩茫無邊。明星有爛黑氣作，霧非霧兮煙非煙。移時一痕破滿空，血色紅殷鮮。乍浮復乍沈，水底疑被長繩牽。須臾湧出水面圓，紫金光現榑桑顛。自東而西不知幾萬里，一線倒射洪波穿。亦不知自高而下幾千萬丈，一躍直上團團天。觀者目眩心神遷，卻尋雞窠到宿處，松窗黑暗僧猶眠。”

　　譚山　縣西南四十二里，澉浦鎮四十里。《海鹽圖經》。山在永安湖西，紫雲山之南，有高嶺，過此入海寧界，乃南唐仙人譚峭得道處。《續澉水志》。　國朝彭孫貽詩：“譚山高嶺白雲間，亂石蒼苔鎖日閒。五色雲封丹竈冷，萬年芝雜野花斑。神洲隔海多靈草，越嶠浮空只遠山。行把化書巖際讀，卻忘林月下松關。”

　　金牛山　在縣西南五十里，高一百三十六丈，周迴四十里。至元《志》。亦名會骸山。《寰宇記》。　國朝朱彝尊《櫂歌》：“招寶塘傾水淺深，會骸山古冢銷沈。都緣世上錢神貴，地下劉伶改姓金。”

　　邵灣山　縣西南三十六里，澉浦鎮西八里，高七十丈，周八里。《海鹽圖經》。有嶺，亦名邵灣嶺，在黃巢衖之南。《澉水志》。

　　大旗山　在澉浦鎮西八里。《海鹽圖經》。相傳劉裕勝孫恩於此。《澉水志》。

　　紫雲山　在縣西南三十六里。相傳唐建中時，有村女患頭瘋，惡於兄嫂，出，耕山下，有紫雲輒覆之。事聞，詔入宮。山名本此。趙《圖記》。　國朝錢載詩：“唐代記耕女，紫雲常覆之。入宮非豔色，賦命偶應時。王者蘭生谷，騷人木有枝。寄言與兄嫂，轗軻亦何爲。”

　　茶磨山　縣西南三十七里，高二十丈，周三里。《海鹽圖經》。山下有港，港外有城壍，昔人避兵結砦處。《武原志》。　伊《志》案：明嘉靖初，海昌許相卿棄官，隱居於此。詳見《園宅》。

　　南山　即觀音山，《海鹽續圖經》在縣西南三十里。伊《志》。　國朝鄭壽平詩：“暖翠浮嵐風日佳，插香爭試踏青鞋。溪田水漲生魚筍，山店煙輕傍鹿柴。雷滴冷雲融石乳，衫吹香粉落松釵。行歌木杪樵相和，一路幽尋到會骸。”

　　石屋山　在縣西南三十六里。《海鹽圖經》。山與茶磨山相接，上有石壘成屋。舊傳黃巢時民避兵處。《澉水志》。

　　金粟山　在縣西南三十五里，高九十八丈，周迴六里。有石篆三十八字，天册元年刻碑。有廣惠禪院。至元《志》。山周六里，一名六里山。海鹽朱《志》。山在紫雲西北，上有秦皇劍池。海鹽徐《志》。　明張寧詩：“溪深通小艇，山峻露層臺。林葉經霜盡，河冰近午開。閒雲僧出定，舊雨客重來。擾擾浮生路，經過知幾迴。”　王守仁詩：“金粟峰頭縱遠觀，山雲不動萬松寒。飛崖瀉碧雨初歇，古澗流紅春欲闌。佛地移來龍窟小，僧房高借鶴巢寬。飄然悟卻離塵想，一笑天風振羽翰。”

　　夾山　縣西南三十五里，高六十丈，周迴七里。山居金粟、金牛二山之間，因名。至元《志》。

　　角里山　在金粟南。楊雄云：“四皓避秦，居藍田山。”海鹽有藍田，疑四皓隱此，故名。海鹽仇《志》。　國朝楊崑詩：“石磴歷層梯，登高俯望低。一拳青拔地，四面碧圍溪。林響鶯調舌，崖香麝脫臍。採芝人可到，遺跡恐無稽。”

　　竇家山　在澉浦鎮西南三里。《海鹽圖經》。

　　吳家山　在澉浦鎮西南三里，高五十丈，周五里。《海鹽圖經》。山後有慈竹灣。《續澉水志》。

　　鳳凰山　在縣西南三十九里，澉浦鎮西南二里。南臨大海，最爲衝要，有寨。《大清一統志》。形如翠鳳之展翅，山前有地，名細米灣。《續澉水志》。

月山　在縣西南四十五里,與小山相接,去澉浦鎮西三里。海鹽朱《志》。在鳳凰山側。《續澉水志》。

澤山　澉浦鎮西南五里。《海鹽圖經》。在泊櫓山前,與鳳凰山相對。《續澉水志》。

泊櫓山　在縣南三十五里,高一百五十丈,周迴四十里。伊《志》案:《海鹽圖經》云:周四里,此"十"字疑衍。《輿地志》云:始皇東游,候潮渡海,泊櫓此山下,因名。至元《志》。

羅漢山　與泊櫓山相連,東抵礄頭門路[1]山下,地名羅漢灣。古有長眉大士庵,今廢。《澉水志》。山陰曰翠屏山。《海鹽圖經》。

【校注】
　[1] 按:光緒《海鹽縣志》卷五《山水》:"羅漢山與泊櫓相連,東抵礄頭門山下,爲羅漢灣。"故"路"字衍。

礄頭門山　一名廟山,縣西南四十五里,高五十丈,周五里。《海鹽圖經》。　伊《志》案:山上有礄王廟,故一名廟山。

沈氏山　半潮山　在縣西南四十五里,澉浦鎮之東北。海鹽仇《志》。　伊《志》案:半潮,《一統志》作半湖,二山相近。

惹山　在澉浦鎮西北五里。《海鹽圖經》。上有普明院及朱令公廟。《澉水志》。

陸墓山　在澉浦鎮西北五里。《海鹽圖經》。以姓得名,莫詳何人墓。《澉水志》。

石馬山　一名隱馬山,澉浦鎮西北。《海鹽圖經》。與礄頭門山相連。宋時官給亭戶煎鹽之所,至今謂之官山。《續澉水志》。山上有隱馬石。舊傳有馬隱入山中,今山石多有人、馬、隊仗形。《澉水志》山分兩支,如巷,有村,名文溪塢,幽僻,儼若桃源。《殷水遺聞》。　國朝楊崑詩:"近山拱揖若送迎,遠山退縮如遁藏。海上環峯九十九,峰峰相接成低昂。初從細路歷高嶺,仄徑上躡愁顛僵。路窮水轉山亦轉,石馬聳立排青蒼。開闢何年擁毛鬣,叱之不動愁王良。昂首東向奮齒頰,似欲下飲清滄浪。瞿塘灩澦水出沒,巨石萬古危舟航。神人之鞭勿遽動,恐我石馬越海趨扶桑。"

東石屋山　澉浦鎮西五里。《海鹽圖經》。在陸墓山西。《續澉水志》。

馬鞍山　在縣西南四十五里,西北去澉浦所五里。明嘉靖中,參將盧鏜敗倭於此。《大清一統志》。山旁有分金嶺。《澉水志》。　國朝徐豫貞《由馬鞍山麓至澹水村》詩:"西山斷續水迢遙,水曲山回致頗饒。夾嶺松杉穿一徑,沿溪村落過雙橋。試茶晝永黃鸝囀,煮繭風清紫楝飄。斜日歸筇堪入畫,遠峯幾點淡青描。"

楊山　石塔山　馬鞍山　碧里山　四山並在縣西南四十五里。《海鹽續圖經》。四山相連,東北去鎮八里。《澉水志》。

黃毛山　在澉浦鎮西北四里。

葛山　龜山　並在澉浦鎮東北。明吳文憲詩:"葛嶺復閒眺,振衣天若低。萬雲驕覆晦,紅樹醉臨溪。石澗幽逾勝,茅岡亂亦齊。一尖當面出,縹緲峽山西。"　國朝彭孫貽《游葛山》詩:"芒屩輕裝未覺貧,入林猿鳥狎逾馴。山花匝地迎幽客,丹竈無人訪谷神。溪活自炊魚作飯,草香新與麝爲因[1]。此中暫別渾忘俗,避世終期老逸民。"　徐點《龜山》詩:"葛嶺東南道,當年欸斧柯。樓蓮一枝上,曳尾小山阿。洞戶雲霾黑,山家林外多。登臨時一盼,溪釣有披蓑。"

【校注】
　[1] 因:彭孫貽《茗齋集》卷二收《登葛山》詩,作"茵",當作"茵"。

管山　縣南九里。以上《海鹽圖經》。　明吳文憲詩：“管山小一邱，屋齒卻矜秋。樹老青烏穴，臺荒白鶴樓。噴雲朝爨熟，剗翠午樵幽。亦復臨流水，蘋花攪釣舟。”　國朝馬世榮詩：“楊柳生稊桃有栭，邨煙亭午欲生廚。何當便覓句龍爽，爲寫春山蠟屐圖。”

豐山　在縣南一十八里，高一百三十丈。耆老相傳云：秦始皇屯兵於此，有石屋三所。昔有發之者，蜂蠆蛇虺，不可近。至元《志》。　伊《志》案：《海鹽圖經》云：山產石，色黃而堅。土人採伐者衆，不特地脈傷殘，抑且毀及丘壟。此當如周官之法，設厲禁以守之。

古黃山　在縣西南三十六里。《海鹽圖經》有高王山與此相連。《明一統志》。一名古杏山，產筍，甘美甲於諸山。伊《志》。　國朝徐豫貞《從海寧至金粟，越嶺過古黃山》詩：“信宿東林緑翠間，又攜雙槳打青灣。溪迴貼嶺藏僧寺，崖斷穿村過別山。雲外入雲羣木杏，畫中添畫一笻閒。日斜再上平頭艇，煙浦仍隨野鴨還。”

橫山　在縣西南三十里。伊《志》：山去縣實四十五里。顧況所居，唐縣令劉長卿有《過橫山顧山人》詩。有寺曰禪寂院。至元《志》，別詳《園宅》《寺觀》。　國朝朱彝尊《橫山題名》：“自梅花溪達橫山，十五里而近。予徙居溪上凡七年，始一至焉。上有顧逋翁讀書臺，翁詩所云‘遙向雙峯禮磬聲’是已。同游者，周簣青士、繆永謀于野、鄭玥隨始、沈進山子也。山雖小，有岡，有岫，有章，有隆，有密，有壓巏，有潭，有埒。塞者可闢爲徑，高者可升爲臺。其下多居民，守望可以相助，乃與四子謀結隣於是，而皆無其貲也。登舟悵然，聊書於壁，以俟之異日焉。”　明崔培元《晨游橫山》詩：“星落鐘聲一路聞，到來無伴指鷗羣。僧燃折葦朝煙溼，起作橫山寺後雲。”　國朝李良年《看新漲至橫山》詩：“十有二旬河坏底，宵添尺水一溪渾。了無沙觜眠鷗處，忽見楓根繫纜痕。野老桑田元近海，詩人苗裔尚成村。暫來未抵誅茅得，日看雙峯翠掃門。”　沈進《早春橫山懷朱錫鬯》詩：“蘭若雙峯近，懷人禮磬聲。梅花高館落，春草斷垣生。黑髮心原壯，名山業未成。知君甘寂寞，棄世學君平。”　盧存心詩：“偶到林亭水石邊，僧寮一縷上茶煙。道人愛聽松風韻，開就雙峯石上眠。”

小橫山　大橫山北一里，曰小橫山。柳《志》。　國朝周廣業《小橫山》詩：“大橫與小橫，相望不相即。渺渺逋翁臺，長松帶暝色。古石樹根蟠，荒阡苔痕破。春風何處多，此山難久臥。”

沈山　在縣西南七十里，高三十五丈，周迴七里。舊經：宋臨海、南陽二郡太守沈景葬此，因名。唐屬蘇州海鹽縣，昭宗大順中割歸杭州。今沈山即鹽官縣硤石鎮之東山。至元《志》或以爲審食其葬處，故名審山，誤也。昔海鹽令周彥倫至此，謂其林境清灑，亞於鍾山，故山北亦名北亞山。《大清一統志》。沈山，俗名東山，鹽轄也。海鹽徐《志》。　明蘇平《登審山》詩：“冠蓋相逢總俊髦，登臨此日興偏豪。青山有約聯同社，黃菊無情笑二毛。萬里碧天連海迴，兩峯秋色倚雲高。誰知顧況臺前月，還爲詩人照錦袍。”　王守仁《審山》詩：“朝登硤石巔，霽色浮高宇。長岡抱迴龍，怪石駭奔虎。古刹凌層雲，中天立黿柱。萬室湧魚鱗，晴光動江滸。曲徑入藤蘿，行行見危堵。寺僧聞客來，袈裟候庭廡。登堂識遺像，畫繪衣冠古。乃知顧況宅，今爲梵王土。書臺空有名，湮埋化煙莽。葛井雖依然，日暮飲牛渚。長松非舊枝，子規哦更苦。古人豈不立，身後杳難睹。悲風振林薄，落木驚秋雨。人生一無成，寂寞知何許。”

木山　在邵灣山之南，產茶最佳，號雲霧茶。又木山南側有巨石，拔起三丈，其上寬平二丈許，中作微窪，圓如盤石，以羅經安窪處，針即轉而指北，俗號曰倒針石。伊《志》。

海　在縣東五里，南縴二里，與明、越二州相對。耆老云：深夜籟寂時，越山雞犬之聲相聞。海瀕舊有鎮海樓、海月亭、龍王廟。有岡十八條，爲海潮之限，因潮汐漂蕩日久，今皆爲魚龍之宮，無復存矣。岡僅存一，在縣學南五十步。南抵澉浦三十六里，番舶萃焉。東北抵乍浦，商舶間至。至元《志》。海自金山、乍浦，渡縣城至澉浦、黃灣、海昌縣界，岸皆斜侵，而南過赭山、錢塘，歷臨觀以及四明，復斜出東北，向大洋，故此縣雖遠睇窮髮，而實內屏越垠，紆迴曲島，風氣苞函，與他海不同。此縣潮頭朔望再至，餘日遞退，半月復，月三日、十八日，再至潮王，餘日遞縮，亦半月復。若夫天雲忽垂，一海盡黑，若有漚泡在釜沸泣，土人以爲“海唑”。唑，萬喙聲，言海發聲洪囂,如萬喙齊喧也。唑發時,多在晚及夜,恒有海鷗千百羣,鳴助其愀惕,便若崩濤已從空半瀉來。元監州至,欲登屋脊避,無怪爾。"南唑句風多,北唑句雨多。"土謠云。其暴溢謂之海嘯,蠻口出聲曰嘯,蠻海水出之使溢,應亦曰嘯也。又雨後初霽,海色氤氳如炊,有海市,爲樓臺、人物、車馬狀,俗呼曰海現矣。夜亦常有火光,飛出海數丈許,分爲碎小火,忽又合併作一,此則《玄虛賦》中陰火潛燃者是也。又近年正月中,忽見海中有火如鐙者二,後有衆鐙百十隨行,人立高處望之,以爲海舶所懸鐙,竟無有,乃知是鯨魚將子出游爾。裴氏記云:鯨魚目即明月珠,故其光如此。海上無山處盡石隄,藉以捍潮,製作宏整。別詳《海塘》。凡海色,晝如空,夜如合,春如進,冬如歸,夏秋如驕;日海平,雪海深,雨海悲,風海怒,月海樂,不一也。《海鹽圖經》。　國朝魏際瑞《海市記》:"海鹽有放庵,庵之僧曰自慶者,曰吾居此十年矣,亦嘗見海市城郭、人民樓觀,猶登州也,惟城中牛馬出,則大水;無牛馬,水亦不溢云。是爲庚戌二月二十有五日,是日也,春初霽,草木之華,得霽而榮者如積,怒之不可遏。于是大中丞范公遂以次日霽定,巡行於海甸,予與諸同志者登涉園之石,以觀於海。纖水成岸,亘如銀沙,將不可紀,極而林木障其北。公忽遣騎來曰:'海之北,樓臺出矣。'衆皆騎而往,則有若石堡者、若松林者、城垣雉堞者。于是石堡者變而爲亭,林木者爲楢,山若鞍,城則雉堞,長亘而爲橋,橋之上若二人杠,帷幨徐徐若行。又有山正方如屏者,折其角,而蠱然爲單峯如筆。于是而亭者復爲芝,芝爲蓋,蓋爲盤盂,皆有趾承之業業然,如籩豆,楢之山半,析爲二,一伏一踞者分焉。于是與盤盂皆又爲亭,而正方之蠱然者爲亞字,又爲員,又析爲峯,而盤盂楢山之爲亭者,又爲腰鼓而橋不可復見矣。惟歷歷如碎石析爲峯者,仍正方也。諸爲腰鼓者,爲飛蓋矣。正方之上,爲人獨立焉。或曰正方者名鐵山,其先爲堡,爲林,爲城堞者,曰鬬牛山。人皆可至,然則是山也,何以變且其或有之也。亦見於秋,年七十者曰,未嘗春見之也。于是乎自午以至於未之末,而所謂山者亦杳然沒焉。土人之謂山也,是邪!非邪!或曰大中丞公出入龍蛇虎豹之區,往返且萬里,沾淫雨,暴驕陽,飯疏嚙菜,方一年所,浙民之苦荒遘災傷者,爲數百有餘萬,一旦蠲釋,延及子孫,天地知公,一無所受,於是乎不愛其奇矢以相眖。予從公之後而以得此巨觀也,於是乎爲記。"　明王文祿《海上觀日出賦》:"方虞淵之委照兮,微回光於崑崙。夜沈沈而寥闃兮,若鴻濛其未分。翳至陰之久晦兮,肆太陽之通轉。宭翰音之三號兮,又譙壺之五點。漬胭脂以浹梁兮,紛赤縷之飛騰。浩洸朗之巨冶兮,漾溶液之金精。拂扶桑以燦弈兮,湧火輪之將升。蠻錦濤以衝激兮,浴萍實乎青冥。跂烏翩其高翔兮,燭龍躍以噴雪。彩霞絢而霏微兮,紫電燦以列缺。捲虹霓之哆侈兮,森珊瑚之晶晶。蒸浮浮之赭赫兮,爛昭昭其大明。"　陳元禮《秦駐山望海賦并序》:"夫鹽爲小邑,海號巨觀。石塘亘乎南北,千丈若銀。秦嶺崒於西南,萬尋若翠。登斯峻巘,矚彼大洋,其爲壯覽誠非他境所得侔也。猥蒙授簡,辱委抽思,謹惟雅命之式,臨慚乏妍,辭之敢騁,庸從蠡測,仰質鴻裁。辭曰:粵稽神禹奏功,厥惟會同。量宏涵納,義大朝宗。接扶桑而靡極,屬暘谷而無窮。若我馬嘾陋邑,實處其東。微乎彈丸,貌於蟻封。分版圖於越境,藉作鎮於秦峯。乃有大人先生擴澄清之懷,勤采風之駕。攬名勝於高深,報治平而多暇。於是登絕巘,臨滄溟,騁游目,縱娛情。問當年之馳道,第見夫石仄之與沙平。爰愾然歎曰:'此嬴氏祖龍駐蹕處也。'緬夫赭鞭走石,疊石爲梁,求長生于三島,渺仙瀛於一航。方士跡杳,美人祠荒。空巘花落,危壁莽蒼。恣遐睇於析木,快遙想乎滄桑。洪濤汗漫,萬里無際。駿浪騰傾,十洲在眥。方春雨之初晴,逞游觀之極詣。攬於越之山川,探有吳之形勢。夫其龍藏蛟門,雪涌雷奔,白波夜照,紫瀾朝暾。播宏音於鼉鼓,起疾湍於鯨奔。眸眩星河,若覆心驚。日月如翻,撼浮地軸,漱入天根。界長空以一線,惻倒影而無痕。斯放矚之大概,猶未盡夫瞻言。若乃吐納殊觀,晦明異色。罢師漁子,早晚出入。鱗族無分於巨微,惟錯信乎其不測。魚目射波而成紅,黿身映天而爲黑。視四瀆等渠流,閱百川以溝洫。望之有若喜者,三光揚采,萬色呈鮮。雲錦散文於沙際,霞納流燦於洲前。儼當時翠華之擁長,駕暘侯來朝於紫煙。望之有若怒者,聲豗白晝,氣結青陽。黿望風而若吼,龍非雨而長吟。怳曩日鸞旂之導遠,馭風雲叱吒於鬼岑。望之有若哀者,險火潛然,陽冰不冶,天吳出沒而莫知,蜩像慘黯而難寫,似雄主捲吞之餘風,悲颷颯颯而來灑。至於珊瑚日宿,鵾鵬天池,望之而識其奇也。渾元一氣,澹泞相泙,望之而驗其平也。崑崙委輸,大瀛環外,望之而極其大也。蜃樓莫狀,鮫室無蹤,蓬壺若近而若遠,遙嶠非色而非空,望之而歎其變幻之何從也。此皆或由神運,或出化功,可助冥搜,可禪[1]靈通。憶鳳輦於陟嶺,感玉烏於臨風。曾藏月其幾何,而今昔收此一睫之中。當今乾坤浩蕩,清晏呈祥,惟河隄之底績,及海波之不揚。倚中流之砥柱,奠浮滿之天綱。竊愧東海波臣,一介鱗生,待秋槎以問渡,從精衛而傾誠。雖乏賦海之才,實深望洋之情,不自揆其難爲,願一游於夫子之門。” 王世貞《海鹽石隄觀日出》詩:“日者萬物母,海爲百谷王。兩雄未蕩摩,衆有皆韜藏。天雞警曉發,波臣導余望。窮紘露黝紫,極際見青蒼。回首顧中原,破睫猶茫茫。倏忽金輪升,流光浴扶桑。一髮界瀇滉,黄鬣競縱橫。湛湛天猶晞,熠熠雲旗張。波將駭駿上,猋與蹻龍翔。無復虞濛汜,陽德熾方昌。” 鄭曉《秋日海上》詩:“孤城海上若星棋,聞道三遷事更悲。百谷東南空地力,九秋潮汐自天時。黄灣水落魚鰕亂,白塔煙深草木遲。鼛鼓年來猶未息,何人肉食抱長思。” “獨立滄溟歎禹功,長隄隱現亂濤中。鹽田何處蘆花雨。茅屋誰家燕子風。漂泊苔痕連水碧,參差楓葉帶霜紅。珊瑚樹底垂綸者,豈盡天涯自髮翁。” 國朝彭孫貽《秦山望海》詩:“石磴盤紆輦道開,懸崖曾此翠華來。空山漠漠春陰合,大壑蒼蒼積氣回。牛斗東窮箕子國,蛟龍南没越王臺。淩風倘許探溟涬,願乞三漿飲一杯。” 王幼華《鹽官雜興》,其一云:“陸欲策乘風絶景之良騆,水欲駕蘭槳桂棹之輕舟。朝驅車孟諸之廣野,夕挂席江漢之清流。生平閲歷苦未多,我聞騶衍大九州。家人但望安餔糜,此事難同妻子謀。囊中苦少金錯刀,跼蹐安能事遠游。” 其二云:“景光不可住,紅顔日夜凋。鍊金餐玉徒爾爲,追思往事心鬱陶。我登秦駐山,人言祖龍欲駕巨浪作長橋。三山神人望不見,流波終古白蕭蕭。” 錢爾復《詠大海秋濤》詩:“聲連城郭暗,勢挾海山雄。舟楫空濛裏,魚龍戰鬬中。迴瀾秋望紫,陰火晝看紅。壯志酬宗慤,真乘破浪風。” 朱琰《海上竹枝詞》:“寄奴城外海潮過,寄奴城内風聲多。九里環環三面海,海風吹上竹枝歌。”“海東日出山外山,海西月子灣又灣。月光照海圓復缺,海潮應月往仍還。”“鞭山連海如口銜,鞭山連山空巉巖。泊櫓山高難泊櫓,石帆不動莫抽帆。”“海市原從蜃氣分[2],海唑還作秋鼉鳴。南唑多風北唑雨,海裏何時得見晴。”

【校注】

[1] 禪:道光《澉水新志》卷十一《藝文》收陳元禮《秦駐望海賦並序》作“禅”,當作“禅”。

[2] 分:《茗齋集》(之五)作“成”,當作“成”。

谷水　谷水又東南逕鹽官縣故城南。《水經注》。 伊《志》案:谷水已全録《水經注》加以考證,詳載嘉興縣矣。而《海鹽續圖經》載朱丕基《東江考》一篇,力排酈説,其詞甚辨。但究不能確指谷水所在。又《浙江通志》引貝瓊説,謂谷水爲天目分流,尤屬臆斷,故均不録。國朝吴謙牧《谷水歌》:“雲峯九十九,蒼翠滿山松。借問清秋月,先懸第幾峯?”“我登湖上樓,湖上秋風發。蕩摇湖水光,欲墮雲中月。”

殷水　福見水　海鹽縣在吴郡東南二百二十里,地名殷水,水名福見。《吴地記》。 伊《志》案:今莫詳其處矣。

澉浦　在縣南四十五里。《水經注》:谷水於縣出爲澉浦,以通巨海。光熙二年,有毛民三人,集於縣,蓋汎於風也。至元《志》。澉浦在海鹽之西,宋、元時通番舶之處。《檇李記》,詳《市鎮》。 元黄庚《舟行送王琴所之澉川》詩:“晨星寥落曙光浮,柳岸風摇送客舟。萬點遠山重疊恨,一江流水淺深愁。淡煙茅店家家曉,白露楓林處處秋。獨倚篷窗還自笑,此身漂泊愧沙鷗。”

東浦　東浦在鎮東,海水舊入礦頭門,汲之煮鹽。今不可考。

鮑郎浦　古老云:昔鹽場初開,有鮑姓者,鑿浦煮鹽,因名。後沙漲,移東浦。紹興中,經界爲田,是浦遂連招寶塘爲河,今呼爲鮑郎浦。又案《南史》:孫恩作亂,海鹽令鮑陋遣子嗣之追之,陷没於此。以上《續澉水志》。

横浦　在縣東二里,闊一十二丈,東北通故邑,西通賁湖,南入海。

藍田浦　一名魯公浦,在縣南,長一十八里。浦有藍田廟,宋咸平六年,知縣魯肅簡公宗道重開,特利於農,至名橋爲思魯橋,其浦爲魯公浦。面闊一丈七尺。紹熙三年,縣令李直養重濬,又自藍田廟開浦一十八里至鮑郎鹽場,以便鹽運,以灌農田。以上至元《志》。

永安湖　在縣南四十五里,周迴一十二里。海鹽仇《志》。此本是田,後濬爲湖,豬水以資灌溉。雨久瀰漫,則入於海。至元《志》。湖上四圍皆山,中間小隄,春時游人競渡,號爲小西湖。《澉水志》。中有長隄,分爲二湖,羣山環之,獨缺其南之十二,海外越中諸山羅列,湖則南面全受之。《續澉水志》。　　明朱存爵[1]《存餘堂詩話》:"余舊藏顧仲瑛詩話一紙,乃《次韻劉李章治中邀夏仲信郎中游永安湖》詩二首,字畫絕工,楊鐵崖先生甞和之。中有一聯云:'啄花鶯坐水楊柳,雪藕人歌山鷓鴣。'極爲鐵崖所稱許。"《許雲邨家傳》:"正德十三年秋八月既望,先生偕孫太初一元、董從吾澐、朱元素樸、陳用明鑑、僧石門明秀,游永安湖,放舟中流,先生舉酒屬太初曰:'青蓮居士與張渭游漢陽湖,遂改名郎官。公今至此,可謂高士游矣。'先生詩云:'一年好月是中秋,向夕呼舟抱病游。大地清輝翻白晝,良宵幽興屬滄洲。湖山夜色孤篷遠,天水浮光兩鏡浮。酣坐不知吟嘯永,闌干北斗挂峯頭。'太初詩云:'中秋此地成高會,山雨初收澈墅隈。望裏星河舟楫近,坐中滄海酒杯開。月明静抱黿鼉出,樹色晴浮島嶼來。爛醉長歌真自得,回頭天地莫生哀。'從吾詩云:'青山影裏進扁舟,海色湖光併作秋。午夜雲濤悲玉笛,九天風露溼瓊樓。直凌牛斗同清泛,應有魚龍識醉游。萬里長空傳浩嘯,泠然鸞鳳在滄洲。'用明詩云:'百年高會滄溟夜,璧月鯨波萬里秋。避地衣冠天下士,傍湖尊酒水邊樓。松杉谷應聞清嘯,沙磧潮回捲慢流。不用乘風跨黃鶴,人間隨處有瀛洲。'秀公詩云:'人物百年滄海上,釣竿裊裊拂珊瑚。前峯吹笛月在水,中流放歌秋滿湖。夜静魚龍迴浦溆,天低星宿動菰蒲。山川勝概自今昔,天柱洞庭還有無。'"　　張寧詩:"澉湖新漲碧漵溲,秦駐高峯紫翠間。拂曙煙雲蒼壓水,過春桑柘綠彌山。海門桴客浮何在,石上棋翁去不還。欲趁蘭舟一登望,杏林深處草堂閒。"　　許相卿詩:"雨闊春雲遲客游,荻灘桃浪信輕舟。病身衹合伴孤鶴,健語猶能回萬牛。隴樹陰成悲宿土,煙蕪影斷見浮邱。沙棠擬續招尋興,更汎蓬萊清淺流。"　　國朝按察使秦公瀛詩:"三秋泛月永安湖,太白山人今已無。獨上鷹窠山頂望,五更海日射珊瑚。"

【校注】

[1] 按:《四庫全書總目提要》卷一九七:"《存餘堂詩話》,一卷,明朱承爵撰。是編凡論詩二十六條,離合參半。"當作明朱承爵撰。

　　天仙湖　在縣西八里,周迴二百步。海鹽仇《志》。天仙湖相傳有徐彎故居,彎得道者,後委蛻仙去,故以名湖。然復有廟,神稱徐王,蓋誤以徐彎爲徐王也。《樂郊私語》。　　國朝馬維翰詩:"放櫂天仙湖,中有徐彎宅。罡風海外來,我亦方壺客。"

　　莊柴湖　在縣西南一十八里。海鹽仇《志》。

　　宋坡湖　一名賁湖,舊名宋村湖,在縣西三十五里。海鹽仇《志》。通練塘及沈蕩諸水。《海鹽圖經》。　　國朝朱彝尊《棹歌》:"秔花楓葉宋坡湖,路轉潮鳴山翠無。百里鹽田相望白,至今人説小長蘆。"

　　彭墩河　在縣西北三十五里,都地界。

　　橫河　在縣西三十里,周回六里。以上海鹽仇《志》。　　伊《志》案:海鹽徐《志》:即莊柴湖。

　　鸕鶿湖　在縣西南四十里。有黃道神廟,故俗稱黃道湖。海鹽徐《志》。　　伊《志》案:海鹽仇《志》分鸕鶿、黃道爲二湖,誤。　　國朝鄭時敏詩:"湖光淡宕景偏賒,渺渺扁舟日易斜。汀畔草迷黃雀雨,岸邊秋老白蘋花。煙波千頃留寒月,野樹孤村醉晚霞。萬里水天渾一色,不知何處著繁華。"　　徐豫貞詩:"兀坐中宵一艇孤,鸕鶿風急溯菰蒲。只驚波闊湖吞月,不道天空月挂湖。別浦分帆通異縣,長橋偃水斷行艫。遥村杳杳雞聲起,星亂螢光潑有無。"

　　上谷湖　在縣西南六十里,周回五里。海鹽仇《志》。鸕鶿湖、長湖、上谷湖,俱西受硤川之流。長湖東北出支港,入於官塘。上谷東北會鸕鶿湖,東過橫湖,會招寶塘,入於官塘。海鹽徐《志》。

　　長湖　在縣西南五十里,周回三里五百步。海鹽仇《志》。

　　官塘　在縣西二里半。自天寧寺橋至常豐閘,計二十三里二百七十四步。宋淳熙九年,守臣趙善悉重濬。至元《志》。

　　招寶塘　在縣西南二十五里。一作三十五里。宋淳化三年開,淳熙九年,守臣趙善悉重濬。至元《志》。招寶塘長四十里，自南境北流至璵城，入於官塘。海鹽徐《志》。在澉浦鎮市。《澉水志》。

烏邱塘　陶涇塘　在縣西。二塘並宋淳熙九年守臣趙善悉重濬。至元《志》。烏邱塘會南境之水，自涇塘橋東北八里至天寧寺前，入官塘。又，陶涇塘自北關外北流，至平湖界一十二里。海鹽徐《志》。

橫塘　在縣北四十里常豐閘北，通南湖滸。至元《志》。　互見嘉興。

秦溪　在縣南三十六里，通豐山港，接運河。法喜寺有碑，鐫"秦溪"二字。至元《志》。源出秦駐山。海鹽仇《志》。　國朝朱一是詩："秦溪斜日射秋蘋，幾箇閒鷗自作隣。沙斷柳深魚路狹，野橋西去竟無人。"　吳蔓詩："偶蕩扁舟去，滄波接暮天。遠村烟樹杪，獨鳥布帆前。牢落人將老，蹉跎歲累遷。夙心在何許，東逝水涓涓。"

古涇　古涇三百一所，唐長慶中縣令李諤開，通小舟。至元《志》。疑即今麻涇、簡涇之屬。海鹽徐《志》。

獨匯涇　自六里堰經茶磨水，出根竺橋，入紫雲村路。《澉水志》。

白洋河　在縣東，沿海塘下。《海鹽圖經》，詳《水利》。

六里河　自城濠西抵六里堰，古上河也，深丈許。《澉水志》。

清通港　在縣西五十里。至元《志》。

龍眼潭　在鎮東。舊傳白龍窟於此，今客舟艤泊以待潮。《澉水志》。　伊《志》案：志云，白龍母冢在長牆山後，每歲秋間，白龍來視母冢，必風雨大作。又續《澉水志》云，靈潭在石帆山下，白龍母居焉。每秋龍來視母，必大風雨。考石帆，即長牆之支峯也。　明董穀《游龍眼潭記》："龍眼潭，在澉之南二里許，長牆山下，黃道祠之前。余爲澉人，曾未一投足焉。乙酉二月，始偕王生、楊生、周生拉李光render爲引導，及僧秋林以往。春風狂發，午潮粘天，雷奔鯨走，來如崩山，去欲縮地，石崖林立，洪濤吐吞，雖魚貫卻立，俯視數丈，而浪花仰激，灑然著面。大巫山去潭可百五十步，址若積鐵，亂流環射，如沸湯然。草色鮮碧，雜樹婆娑，對視可枝數葉辯，而不能飛渡也，悵望久之。聞前癸未六月，有兩巨魚東西來，適會於此，僅容過之、掉尾激水，至於山椒。業海者皆見，偶憶之，謐諸光德，曰信。小巫山在大巫之外，相距尋丈，某廣視大巫山四之一，頹然居乎洴湃之間。正西一山，去此如三十者，茫茫煙雲水氣中，不見其麓，的然純黑，上平下均如帽屋者，上虞縣下蓋山也。白塔之左爲秦駐峯，大巫之右爲葫蘆灣，綿亘圍繞，隱若金城，而澉之形勝盡矣。嘗考澉浦志，有仙人洞在長牆山之後，是日出潭左遵海而東，蹣跚捫歷至縹岡少憩。而天吳簸蕩海氣，渺焉際空，光德進曰：'洞尚遠，風惡崖危，往往沙魚變化，成虎叵測，請俟他日。'遂越嶺而還。"

蛟潭　在橫山東南隅。山腹石裂，中虛如庵，循級而入，有泉瀯然，冬夏不竭，味甘冷。相傳有蛟起於此，遂成潭。《橫山紀略》。　國朝朱彝尊詩："雲根雁齒階，旁覷怪石裂。傳聞此山隅，有蛟出自穴。崖傾箭栝鬥，水暗玄黃血。不見下山人，怊悵芳菲節。"

雪竇泉　雲岫山有雪竇泉。《海鹽圖經》。　互見前條。

尚胥泉　在縣西十里尚胥里。泉深不見底，俗傳以爲海眼。《澉水遺聞》。　闕名《尚胥泉》詩："春秋伍大夫，忠義與兄俱。一片浣紗石，千秋磨劍湖。秋風魚躍練，夜月蚌浮珠。畢竟泉源湧，奔濤尚向吳。"

馬鼻泉　文溪塢有馬鼻泉。《海鹽續圖經》泉有二孔，一清一濁，一寒一溫，遇夏旱潤涸，則見土人賴以接飲。伊《志》。　國朝吳有楡詩："水谷溫泉自殊域，濁涇清渭不同源。誰知呼吸相連處，便有參差各異門。物性一成難變化，人情百試易寒暄。問渠何苦分明甚，石馬山頭石不言。"

澹井　在天寧寺南。邑中水多鹹，此獨澹，故名。海鹽徐《志》。尚胥橋北有澹井，噴沸如珠。其味獨澹。海鹽仇《志》。　明仇霨詩："世味應嘗徧，爭如此出塵。中泠未須擬，寒列爽吾神。"

平湖縣

雅山　山多怪石，俗呼爲惹山。地中得磚，記云雅山。至元《志》。俗名瓦山。《明史·地理志》。

在縣東南二十七里,高五十丈,周六里。產鐵,冶者以不當爐鞲費,得免傷鑿山童。無草木而遠望蒼翠,意金氣使然。有十景,曰天馬峰、梁石峽、游仙洞、頭陀石、一脈泉、南極峰、望仙嶺、萬歲巖、龜石、端石。平湖程《志》。 明孫壟《游雅山記略》:"吾邑東南九山,瀕海西偏則雅山也。余嘗閱志,知其名故[1]。少自食衆,及通籍,陸沈簿領無虚歲,奚暇於覽勝耶!嘉靖庚寅春,余家居,適潘子溪南、朱子東谷至,遂命舟偕往。距山二里許,河隘,舟不能前。維時和熙,景物明熙,乃各服宜春服,舍舟登陸。迤南,居人四五家,皆棘樊荆扉,前帶淺流,平浮一小橋。踰橋百武至山麓,歷坡而上石磴,巉絶躋扳,卻步,折而西,盤磴東上。東谷足弱,不能從。相與小憩盤石上,天風蕭蕭,涼爽襲人。少焉,復折而南。維石齒齒,縱橫變態,有壁立類人者,有盤互類木走長根者,有突怒土中猛进篰者,類獅象蹲者,類虎豹踞者,類波濤湧者,他莫名狀。沿山椒,陟峻嶺,羣峯蔽面,秀拔森羅,真若游龍戢鱗,翔鸞振翮,寵樅翠鬱,縹緲天際,盡東南之勝者,兹山也。余游興益濃,東谷倦且止。復偕溪南攝衣絶頂,遠觀近眺,景物環會,東引吴山之雲,北攬吴松之秀,南眺滄海,萬象浮載,波濤吐吞,朝曦夕照,映彩流光,憑高而望,飄飄然瀟灑出塵,殆有乘槎犯斗之興。勝莫能窮,日暮循山而下。東北漸夷曠,有住僧闢地,創小禪室,出迓執禮甚恭。延坐,具茗飲。飲訖,各賦七言律,授以識嵗月。" 馬文治《夏日游雅山》詩:"所尚在巖壑,遠游彌自苦。誰知廿里餘,雅山亦濟古。羹羹石色焦,傑者更翔舞。突起戴水龕,沈雄伏如虎。數峯列陣排,獨立麾旗鼓。岸然三面開,吸納千澂浦。山情一何孤,其骨含煙雨。海外送青來,一一入畫譜。吾曹尋幽心,豁達快進取。披襟對涼風,息足坐茂樹。欣此清平時,閒情學巢父。" 陸瑋林《游仙洞》詩:"陰洞蒼苔鎖,仙人舊此游。逃名同用里,結伴有浮邱。石髓終難遇,靈苗近可求。煙霞明滅裏,笙鶴到山頭。" 趙伊《頭陀石》詩:"潮音動處擘千僧,南海普陀山幾層。昔日點頭今面壁,生公傳法爾堪應。"《龜石》詩:"石作龜形勝寶龜,乾坤不愛負書奇。何人載筆開文字,高起螭頭十丈碑。" 陸瑤[2]《天馬峰·踏莎行詞》:"駿氣排空,行天無迹。幻成危岫嵌嵌碧。崢嶸矯首曉烟浮,安聞[3]仙丈當風立。 溟渤潮迴,扶桑日出。閩東賈客桅檣集。憑空似控紫驊騮,飛騰鼇背觀山色。"

【校注】
　　〔1〕故:道光《乍浦備志》卷三十《藝文》録孫壟《游雅山記》,作"矣",當是。
　　〔2〕按:道光《乍浦備志》卷三十五《詩餘》、光緒《平湖縣志》卷二《山水》録《天馬峰·踏莎行詞》,均作"陸瑤林"。本《志》卷五十八《平湖列傳》:"陸瑤林,字以攻。以進士(于康熙元年)授金谿知縣,慈惠尚德化。丞陳某通公帑繫獄,代償得脱,又爲貧民償積逋。乞養歸。"
　　〔3〕聞:道光《乍浦備志》卷三十五《詩餘》、光緒《平湖縣志》卷二《山水》録陸瑤林《天馬峰·踏莎行詞》,均作"閑",當是。

　　苦竹山　在縣東南二十九里,去乍浦鎮二里。麓有盤石。《縣志》名一片石。當潮之衝,水師戰艦泊其旁。《海鹽圖經》:每歲,備兵使者登此閲武,千帆飽風,萬艣棹雪,衝濤噉浪之士聲震空谷。《明一統志》。山高丈餘,廣數畝,產苦竹,細而繁,故名。《九山志》。 伊《志》案:此山高七十丈,周五里,與今山形迥異,前人疑之。今考天妃宫址,乃湯山,西南之稍疊起者,《圖經》所云,似即以苦竹當湯山。山上建天妃宫,宫後有海口閘,元時番船由此進。又有竹林庵、籌海堂、天風海濤軒、觀濤閣諸勝。山後有竹道人墓。平湖朱《志》。 國朝沈季友詩:"久欲觀東海,來登苦竹山。仙山當海面,新翠似螺鬟。有客乘雙鶴,憐予贈九還。浮生無大藥,何以駐朱顔。" 沈萊詩:"山頭遥見越,潮勢直吞江。繡陌花千片,晴沙鷺一雙。天妃橫嶺坐,龍女捧珠降。每是春秋汛,旌旗耀海邦。"

　　湯山　在縣南三十里,高七十丈,周五里。俗名龜山,上有瑞祥寺。宋李直養置叢冢於山。平湖朱《志》。首向城,而尾入海,有龜之形。山有無欲泉,吴僧無欲發地得之,清冷不絶。《九山志》。明嘉靖三十二年,參將湯克寬率師禦倭至此,問地名,喜曰:"此我家山也,我得地矣。"遂大勝。《海鹽仇志》。國朝康熙戊辰,僧戒律擬建塔湯山之巔,啟土築基,有珠細而胞,頗多,因名普珠塔。會守備柴京澤阻之，不果。僅立塔基，尋亦毀拆。《九山續志》。乾隆三十二年，山巔建奎星閣。平湖張《志》。　　明趙伊詩："烟花山際傍孤城，憶昨旌旗照眼明。海氣似團魚鳥陣，江潮猶帶鼓鼙聲。幾家村落依荒戍，連歲艨艟集募兵。此日登臨成感慨，倚天長嘯暮雲橫。"　　國朝朱彝尊詩："乍浦逼瀛壖，孤城小於甏。居民八九家，僅足逭饑凍。邇來弛海禁，伐木運堂棟。排空駕檣巢，近水壓菱藕。陶旋器本窳，橘柚包匭貢。偶然資懋遷，是豈足民用。因而估舶多，僻地乃喧鬨。增竈遂成郛，葺牆巧累空。團隨郵罷載，行歌雜囉嗊。我行湯山椒，比丘治蔬供。爲言弘正間，紺塔翔鐵鳳。苦海迷津人，遠望得毋恐。願乞長者文，勝踪復營綜。我口雖不言，我心有餘痛。昔者嘉靖中，狡倭肆狂縱。實瞻寶相輪，一鍼亂帆送。幾曾弓仗放，但操兵刃弄。離亂凡幾年，室家始同夢。坐起謝上人，吾文未足重。于時櫂舟還，特爲令長諷。此事不果行，吾機偶先洞。"　　桑調元《登湯山望海歌》："方輿四際水四周，乍浦一角居東陬。客行到此望東海，奮身飛上湯山頭。滄溟勢與天混一，天東海東寒悠悠。湯山之腳插海底，山巔往往噴龍湫。檣竿成林巨艘蠢，波力所到搖輕鷗。隱隱黔點出洋面，倏忽帆湧如奔牛。秦駐一峰綴萍葉，海中春動鋪青油。連朝沈冥煙霧積，今日日上紅錦球。晴霞光燄燭萬道，蛟龍宮室堪窮搜。天容海色徐淡泡，未容蜃氣噓臺樓。浮空嶴嶼依微見，黃盤山似黃盤浮。瀕海小港潮吞吐，艅艎新造塗彤槱。訓練水師鎮重鎮，營房移駐千貔貅。時平有備慎封守，廟謨遠大存懷柔。東南西洋開道路，高麗大月雙琉球。重譯且來蘇逮國，波平濤帖行田疇。人間詩景略收拾，光怪還須入海求。意行所向無空闊，撇澈萬里騎螭虯。蓬萊方丈亦小景，洧盤咸池非遠游。九點烟涵一泓水，蒼茫元氣吞齊州。乘興不勞擇日出，金芝玉屑充糧餱。回顧親舍白雲下，汗漫欲游且復休。長嘯天風捲海水，有人驚起麟鳳洲。"

小湯山　湯山北，舊有小湯山。因塘工採石，遺址僅存。雍正八年，總督李衛從參將柳進忠言，行文查勘，禁止開採立案。平湖王《志》。　　伊《志》案：李衛批文，據詳湯山逼乍城，南築汛砦，西建閘口，恃以抵禦潮流，障蔽海岸，琢進不已。則石盡山鬆，難免海潮漬入，內地之患與本部院臨勘情形相同。乍浦現駐滿營水師重兵，又屬各洋船出入要口，若就採石相較，輕重懸殊，況別山各處現在開採，此地所出無多。仰候移咨停止，嗣後仍行勒石永禁云云。詳縣《志》。　　于東旲詩："雷動千椎未肯休，湯山蒼翠是誰留。就中若有能言石，應解逢人説柳侯。"

觀山　在縣東南二十八里，高四十丈，周四里。一名官山，有兩頂，故名內觀山、外觀山。《九山志》。康熙二十三年，弛海禁，凡商舶由山西麓入，石險，觸舟爲患。因即山頂建普照庵，設竿懸燈，以照夜行，俗稱燈光廟，因號爲燈光山。平湖張《志》。山觜突出，三面距海，左眺金山，右睇秦駐，日聞噌吰鐘鞳聲，觀濤勝地也。滿洲水師海操在其下。《九山續補志》。　　國朝宋景濂《登觀山》詩："兩峯三面倚狂瀾，獨上危崖縱大觀。千點檣烏來日本，幾重山翠落鹽官。蛟宮隱現層臺勾，雁背高低晚照寒。最喜昇平懷遠慮，戈船銜尾出沙灘。"

西常山　又名鄂陽山，吳《志》。在觀山東。平湖張《志》。

陳山一名龍湫山。　高八十一丈，周回一十五里。至元《志》山半有靈湫，是白龍所窟，水旱不涸不溢。又有龍母冢，其旁有盤陀石。相傳白龍以三月十八日生於吳之陽山，歸葬其母於此，故每歲是日兩山多有風霾雷雨之異。山下有龍祠，宋崇寧中，賜額顯濟。《明一統志》。　　伊《志》案：至元《志》謂顯濟龍王廟，宋建炎初加封。龍穴深不數尺，遇旱禱於穴，必有異物見，因取其水祀之，雨即滂沱。每歲七月，多風雨，人謂龍洗墓。《括異志》。　　國朝姚淳熙《龍湫歌》："陳山之巔有龍湫，一泓高視萬頃流。潮汐來去如浮漚，此湫終古清且澑。玉鱗銀甲龍子游，三月十八風颮颮。赤縣大夫祀事虔，炫服靚妝上山頭。龍身可擾不可求，龍靈能躍亦能收。唾霧涕雨天悠悠，吁嗟爲母尋其邱。"山深廣，頂平，中多泉脈。明置烽堠於上。《大清一統志》。　　明沈琮《陳山記》略："成化乙酉九月，抵山之興福寺。在山陰之平坡，廢弛日久。僧楚璣新建法堂，後植稚松數百。寺左有徑，由松間而上，下有龍神祠。道松徑，躡而上，東行僅二里，折而南上，至石壁下，探龍湫。湫瀦水一泓，瀅潔澄渟，大旱不涸，掬飲之，味極甘美。去龍湫四十餘步，大石危峙旁，如仰盂形。石眼泉出，涓涓不絕。由湫西南而上僅三百步許，至絕頂，始平曠。東南則大海，水天相涵，一目無際。直南則明、越諸山如屏障隱隱羅列于百里之外。東則金山,西則秦駐峯,如龍虎騰驤,相輔弼然。後則二大石高矗,皆踰二尋,又有所謂龍母冢、飛來石、仙人洞在別峯,弗遂究尋。乃取道西崗,復至寺中。計登山所得,曰龍湫,曰洗心泉,曰瑞泉亭,絕頂曰涵空臺,臺上閣曰一覽閣,法堂曰靈覺,松徑曰翠微,海山勝概,茲爲出色矣。"又,《九日登陳山》詩:"涼燠互遷易,大化斯往還。少壯能幾時,華髮颯已班。猗彼泉石人,如脫紅塵寰。佳節值良友,邱壑同躋攀。有酒相持飲,有詩互評刪。慮靜水不波,心與雲俱馴。炎炎愚勢徒,棄德方崇奸。所以五代子,自題作痴頑。何如侶松菊,不爲世厚顏。俛仰古今事,一笑空秋山。"魏驥《游陳山》詩:"清溪南面是陳山,列障舒屏紫翠間。幾度卷簾成晚對,白雲時共鶴飛還。"黃端《登陳山》詩:"羣峯不敢浪爭雄,滿目烟雲兩腋風。呼吸有靈通帝座,徘徊何處問龍宮。黃盤浪外孤帆遠,秦駐山西落照紅。便欲乘槎浮海去,漫勞長劍倚崆峒。"山巔十月朔見日月合璧。平湖王《志》。 明李天植《陳山觀合璧記》:"十月朔觀合璧,五鼓起,飲酒數行。循石磴上,至巔,天無纖雲,海鮮昏霧,上下一碧,浩乎萬里。久之,見紅光映於海面,則一丸躍起如盤,初疑爲日也。所升漸細,始知是太白,世人所稱曉星是也。又久之,見紅光瞳然,忽蒸如霞氣,忽散爲波光,方潋灩蒼茫間,則兩丸並升。日高月北,間不容髮,斯時日輪未曜,月魄微現,儼若雙鏡之出於匣,而海潮尚未平勢,不無掀翻起伏之狀。則兩丸亦時隱時現,相摩相盪於銀濤碧浪間,莫可方物也,亡何而月合於日矣。但日輪大,月輪小,月借日而白影中,日含月而晶輝四射,《鹽官志》所稱雪裏丹邊者,其斯之謂與。少焉,日輪洞明,不可正視,而月之上下東西無從復辨矣。愚聞合璧,每月皆然,但春夏氣昏莫辨,隆冬寒盛難登,惟此時則天朗氣清,傳所稱十月之朔會於龍㹠者,良有見於此也。然則合於子、丑過於早,合於辰、巳嫌已遲,惟卯末辰初,正此朔日出之時乃見耳。"山有飛星石。《九山志》。 魯應龍《括異志》:"陳山觀音殿,曩年忽有兩石從半山對墜而下,至今二石尚存,留題者甚多。余詩云:'錦石雙飛下翠微,忽看移入小巖扉。靈光夜靜歸山遲,翠影秋寒上佛衣。滇海始知鯨欲動,零陵不獨燕能飛。只今五色曾何補,自採奇峯築釣磯。'"

黃山　在陳山東北,下有黃山廟。平湖朱《志》。山有兩頂,東南曰大黃山,迤而西北,稍卑者曰小黃山。平湖王《志》。

暈頂山　在高公山南,高三十丈。相傳秦始皇試劍,暈其頂於海,故名。《九山補志》。 明李天植詩:"千載令人笑祖龍,巖前空有白雲封。茲山頭角今何在,飛作東瀛第一峯。"案:暈當作隕,此"暈"字疑誤。

東常山　在陳山東,又名一字山。《九山志》。東西常山,並逶迤而長,因名。平湖朱《志》。

高公山　一名高宮,在陳山東北,高八十丈,周八里。秀削異於諸山,有始皇試劍石。《九山志》。 伊《志》案:《九山志》謂,試劍石在高公山。《補志》則云在暈頂山。二山相連,故互書之。山南產沙虎,味最美,他處無之。順治初,有林翁隱此。平湖朱《志》 國朝李爲光《高公山望海》詩:"高公斗絕振鼇宮,疊蠟層岩翠不窮。望去老沙渾接岸,行來危石總排空。吞山雪卷潮頭白,射海雲穿日脚紅。安得成連聯袂坐,秋風影裏拂絲桐。"

龍尾山　在高公東,馬鞍山北。山不甚高,而尾頗長,諸山之結尾也。明初,盛姓者居山下。平宅後高阜,得一碑,曰白馬將軍之墓。《九山志》。 詳《祠祀》。

馬鞍山　山有兩頂,似馬鞍,故名。平湖朱《志》。俗名馬腰山,或稱大山。《乍浦志》。在龍尾山東南。平湖王《志》。

尖山　與益山相連。《九山志》。瀕於海,爲羣峯所蔽,自內望之,不可猝見。《乍浦志》。

益山　高二十丈,周五里。海鹽陳《志》。在菜薺山東北一里,秀出羣隴。平湖程《志》下有俞天宅,高三尺,廣畝餘。昔人於此掘得金佛,意古寺址,今爲樵牧地。《九山志》。 明李天植《秋日游益山》詩:"扶屐幽尋磴幾盤,因過龍尾識青巒。西連岡阜形偏秀,東望滄溟眼始寬。絕壁我堪題姓字,荒林誰與問旃檀,閒聽牧笛斜陽裏,贏得松風兩袖寒。"

獨山　在縣南四十里,高五十丈,周六里,亦曰獨有山。孤峰嶙崒,不與諸山相接,故名。平湖程《志》。上有防海烽堠,舊置鹽場於此,下有獨山塘。《大清一統志》。山麓有白沙泉,色甚白,每越一夕,泉面有白沙一層。《九山志》。 明王梅《遊獨山》詩:"何處宜長往,言尋有獨山。浮雲將水逝,幽鳥與人間。一徑通深谷，經年掩舊關。春風吹蕙帳，高臥若爲攀。"

故邑山　在縣東北三十六里。指海鹽縣。高八十丈，周迴二十里。海鹽陳《志》。作高一丈，周三里。《輿地志》云：山下有城，舊縣治。漢順帝二年，因縣淪陷爲湖，移至此山下，後爲故邑巡檢司。至元《志》山久淪於海，一名顧邑山。平湖朱《志》。　伊《志》案：此山至元《志》與海鹽陳《志》所載懸殊，論者疑焉。第元《志》既云周二十里，則其地甚廣，難以錐指。近平湖王《志》云：應是遷邑後，名此處諸山爲故邑山，乃統稱，計諸山相連合，得周二十里之數，非指一山爲故邑山也。斯言得之，然則謂其淪海亦臆説耳。至以故爲顧名，見趙《圖記》，云顧榮封此，似屬附會。李天植《九山志》曾辨之。

菜薺山一作蔡岐山。　在陳山東南海中。平湖張《志》。高二十五丈，周四里。平湖程《志》。兩山如門，中有菜薺港，一名彩旗門。海舟出入於此最險，乍浦三關，此其一也。《明一統志》。俗呼其大者爲大莽山。《九山志》。

蒲山　在縣東南三十里，有外、裏二山。《明一統志》。裏蒲山高三十丈，周五里，瀕於海。平湖程《志》外蒲山在海中。《九山續志》。　伊《志》案：《乍浦志》：山根有礁，船攖之立碎，溺人無算。乾隆十四年，署同知葉齊建屋三楹於山巔。額曰中普陀，植木懸燈，以照夜行賈舶。葉自爲《記》。王《志》：乾隆四十六年六月，颶風圮，僧正心募貲重建。

黃盤山　在海中。平湖程《志》。與獨山相對。《浙江通志》。舊與海岸相連，後淪於海，今又沙長閣舟矣。《海鹽圖經》。　伊《志》案《澉水志》：舊傳沿海有三十六沙岸、九塗、十八灘，至此山上岸。去紹興三十六里，風清月白，叫賣聲相聞。秦始皇欲作橋渡海，後海變洗蕩，沙岸僅存其一。此山邈在海中，而橋柱猶存。宋淳祐十年，有於傍灘潮裏得古井及石橋、樹根之類，驗井磚上字，知是晉時屯兵處，山巔有石砦，今廢。相傳昔人藏兵仗其下，有發者，輒錚鏦有聲。

鬥牛山　在海中。平湖程《志》。對獨山洋，水甚深，水族所聚。漁舟捕魚，日乘潮一往，時見蜃氣，多可怪狀。《海鹽圖經》。山有二，以形似得名。平湖王《志》。　伊《志》案：菜薺以下諸山，皆在海中，不與海塘相接。

案山　在縣東一里。平湖朱《志》。土阜如几案，故名。平湖王《志》。湖心有地一方，立塔以案風水，土人因呼曰案山。《括異志》。　明顧雲鳳詩："重來杜國樓，春光已過半。湖水漾晴波，海氣連霄漢。枝頭黃鳥鳴，野外斑鳩喚。壺觴一盡觀，登臨殊忘倦。東吳指顧間，甌越雲山畔。遊人笑語多，畫舫笙歌亂。漁艇泊平沙，征帆移遠岸。飛興欲成酣，夕曛徒繾綣。"

祐山　在縣東南二十里。明《浙江通志》。高丈餘，周六十步。《乍浦志》。舊有秦小娘祠，小娘，相傳晉人也。《明一統志》。

土山　在縣南二十四里，平原稍突，人謂諸山之迤麓云。平湖程《志》。高三丈餘，周一里。《乍浦志》。案：案山、祐山，皆土阜，非山也。土山，雖以土名，多露石，去雅山約三四里，石山相似，乃雅山餘脈。平湖王《志》。

海　縣東南至海三十里，《明一統志》。乍浦城南二里。《九山續志》。詳見海鹽縣。胡觀《春日海上觀潮》詩："海門青一點，遙指午潮生。拍岸春衫溼，連雲遠黛平。龍銜銀闕舞，鼇戴雪山行。香爐天妃殿，還聞静夜聲。"
國朝沈堯咨《乍浦觀海》詩："一望天無際，潮頭隱隱來。忽翻千丈雪，疑下六丁雷。毛骨驚還聳，胸襟曠欲開。成連何處訪，寂寞自崖回。"

宋元時，凡東南澤國，潮汐之候，官榜於亭，以便民。乍浦濱大海，賈船行泊皆候潮。而東北境泖湖通潢浦，舊有"潮到東湖"之説。今潮已達漢塘河，民舟往來，皆以趁潮爲便。因考省志所定潮候，列於左。平湖王《志》。

春秋月	初一 初二	十六 十七	午末 未初	夜子正 夜子末	大 大	夏月	初九 初十	二十四 二十五	卯末 辰初	晚酉正 晚酉末	小 交澤
	初三 初四	十八 十九	未正 未末	夜丑初 夜丑末	大 大		十一 十二	二十六 二十七	辰末 巳初	夜戌初 夜戌末	起水 漸大
	初五 初六	二十 二十一	申正 寅末	夜寅初 晚申末	下岸 漸小		十三 十四	二十八 二十九	巳末 午初	夜亥初 夜亥末	漸大 漸大
	初七 初八	二十二 二十三	卯初 卯末	晚酉初 晚酉正	漸小 漸小		十五	三十	午末	夜子初	大
	初九 初十	二十四 二十五	辰初 辰末	晚酉末 晚戌正	小 交澤	冬月	初一 初二	十六 十七	午末 未正	夜子初 夜子末	大 大
	十一 十二	二十六 二十七	巳初 巳正	夜戌末 夜亥初	起水 漸大		初三 初四	十八 十九	未末 申初	夜丑初 夜丑末	大 大
	十三 十四	二十八 二十九	巳末 午初	夜亥正 夜亥末	漸大 漸大		初五 初六	二十 二十一	申正 寅末	夜寅初 晚申末	下岸 漸小
	十五	三十	午正	夜子初	極大		初七 初八	二十二 二十三	卯初 卯末	晚酉初 晚酉正	小 小
夏月	初一 初二	十六 十七	午末 未初	夜子正 夜子末	大 大		初九 初十	二十四 二十五	辰初 辰末	晚酉末 晚戌初	小 交澤
	初三 初四	十八 十九	未正 未末	夜丑初 夜丑末	大 大		十一 十二	二十六 二十七	巳初 巳正	夜戌正 夜戌末	起水 漸大
	初五 初六	二十 二十一	申初 寅初	夜丑末 晚申正	下岸 小		十三 十四	二十八 二十九	巳末 午初	夜亥初 夜亥正	漸大 漸大
	初七 初八	二十二 二十三	寅末 卯初	晚申末 晚酉初	小 小		十五	三十	午正	夜亥末	大

當湖　縣東門外，周四十餘里。《大清一統志》。南北十二里，東西六里。東南通故邑，西南近海鹽，東界廣陳，北接華亭，舟楫便利，地迥村遠。《括異志》。武原縣陷爲當湖。平湖王《志》案：縣未嘗名武原。《一統志》云：即後漢時海鹽縣陷處爲是。隆安五年，改名東武湖，或曰鸚鵡湖。《吳地記》又名東湖，水自海鹽塘北入陶涇，又自府城雙溪橋東過漢塘五十里，並會於茲。分爲九派，北派抵華亭；東北派抵廣陳，抵新倉鎮；東派抵全公亭，抵獨山塘；東南抵乍浦；南派抵海鹽；西南派抵海鹽界，抵嘉興界，合得九焉。平湖朱《志》。　明潘之恒《當湖記》："當湖縣東陸地，有番僧相曰：'是當爲湖。'後果陷。使君者，不知何許人，一馬繞東北角，而號馬跡，盡爲壖。今祀廟曰'白沃'，民思而報之者也。此漢順帝時事。我明宣德五年始立縣，曰平湖，言與湖平也。湖稱放生池，自陸太宰與繩之先公始，詳夰州公《記》中悠然亭所由名也。亭北曰鸚鵡洲，今建塔處。而弄珠樓宸其北，塔當樓之南。余以仲冬閏月平旦登樓，日出東方，當九溪之南首，白沃則最北口也。日初出，吐半規，與水中影合而成璧。出水面則爲連環，而浮光萬點，政如倒影，多寶塔亦觀水之最奇也。樓雄傑特起，週列步廊。然湖水盪胸，不若塔前亭際爲曠，悠然亭皆石柱挺立，此中淵邃而澄泓，下通海眼，有源湧出，分東西流。歲旱則禱於斯，爲近龍之窟宇，前案即爲陳山龍母居之。油然沛然，其感召化神爾爾。既歷聖塘關，訪俞僧密於灌莽山居，南出二十里可達乍浦城。向從秦駐山眺之，以歲暮未暇一臨，方朝食，忽聞萬馬奔馳聲，僧密云：此潮鳴也。夫錢塘之有激而聲也，此非其聲聲者耶！作《當湖記》。　元金玉《當湖秋霽》詩："海風吹雨過船頭，雲静波光映素秋。百里秦山當落日，十[1]年霍廟立孤洲。兼葭霜後依漁屋，鴻雁風高起棹謳。相送使君人載酒，醉歌白紵不勝愁。"　明李東陽《平湖十詠爲過郎中太璞作》，《鸚鵡春色》曰："春來鸚湖綠，春去鸚湖深。清波帶碧草，幽鳥啼芳林。寧獨知，春來與春去，長在鸚湖湖上住。"《案山晚翠》曰："遠山青，青玉案。氣漫漫，開爽旦。君不見，樂游原上易黃昏，夕陽雖好空魂斷。"《三寺雨鐘》曰："朝鐘晴，昏鐘雨。朝鐘滿空山，昏鐘遥遥不知處。山僧報客客不來，又逐溪風過溪去。"《六橋晴市》曰："六橋東西南北水，橋爲村，水爲市。昨日雨多今日晴，高樓翠幔紛縱橫。"《東田社鼓》曰："摇湖船，卧湖月，歸來夢作杭州客。日之出，東田東，鼓填填，走社翁。刲肥羊，擊壯豕，舞復歌，社神喜。但願年年好風雨，儂衣有桑食有黍，

長迎社神擊社鼓。"《西浦漁謳》曰:"儂家住西浦,兒童識謽罟。岸闊秋水深,湖上魚鰕賤如土。待我他時歸,挂謽功成,自買扁舟去。"《南村書堆》曰:"南村書屋書滿車,南村書聲聲滿家。讀書不作村學究,身爲郎官印如斗。如今只合稱書鄉,不獨書,堆人姓張。"《北原牧唱》曰:"北原草青牛正肥,牧兒唱歌牛載歸。兒家在原牛在坂,歌聲漸低人更遠。山蒼茫,水清淺。"《霍氏行祠》曰:"霍將軍,誰遣汝,廟食吳山下。揚靈旗,耀靈馬,神游四方適余野。霍將軍,武且神,驅逐厲鬼鞭風雲。生能安邦,死能福吾民。壯哉!將軍死猶存。"《魯公古墓》曰:"荒荒高原,鬱鬱古墓。誰其葬之,侯姓魯。君看佩銅章,繫青組,有酒誰澆墓旁土。彼獨何人,民亦何心?嗟哉!魯君名至今。"　國朝朱彝尊《東湖曲》:"弄珠樓外月輪明,九派寒潮一夜生。怪道漁榔爭入市,白鰕青鯽滿東城。""十里湖光一葉浮,五層塔火浴中流。曉來寺寺霜鐘急,驚起啼烏掠渡頭。""吳娃盪槳涇輕紈,西浦漁歌聽未殘。路入板橋舟去遠,游人尚擁赤闌干。""博陸祠東晝舫開,兩頭簫管動[2]交杯。城門緩鎖銅魚鑰,坐待三更月出迴。""黃雀披綿出葦苔,花雞剖腹露紅椒。不煩蘆瀝晶鹽滲,米汁船娘手自調。""鱸鄉蟹舍說豐年,秔稻當湖熟最先。一雨新晴纔幾日,家家門外送租船。""化城香刹裊幡竿,五髻如來石作壇。乍浦南風潮兩信,新黃柚子滿堆盤。""夾岸笆籬麂眼疏,近船花草錦茵鋪。湖邊漸少閒田地,埝上宜添賣酒壚。"　屬鶚《東湖嬉春曲》:"深裊鵝黃淺潑醅,出城便逐野鷗來。東湖小有銷金處,老子嬉春第一回。""一片波明與泖連,水西亭館矮於船。杏花淺破紅蘭笑,似喚韋娘向酒邊。"　沈宗禹《竹枝詞》:"鸚鵡湖平鏡面磨,宵來絡角看銀河。儂家新學吳江調,唱得彎彎月子歌。"

【校注】

[1] 十:光緒《平湖縣志》卷二錄金玉《當湖秋霽》詩,作"千",當作"千"。

[2] 動:《曝書亭集》卷十九《東湖曲八首》之四作"勸",當是。

東泖　在縣東北三十里,與江南華亭接界。《明一統志》長泖即谷泖,在當湖東北,爲三泖之長[1]流。《名勝志》。　伊《志》案:平湖王《志》云,《春渚紀聞》:江左人目水之渟滀不湍者爲泖。各地《志》皆以谷水爲泖源,引據糾轕。惟柳《志》曰,當湖乃泖之所自出,語最分明。　宋林景熙詩:"泖口乘寒浪,湖心散積愁。菰蒲疑海接,鳧雁與天游。澤國無三伏,風颸又一州。平生漫爲客,奇絶在兹游。"　元楊維楨詩:"天環泖東水如雪,十里竹西歌吹回。蓮葉筒深香霧卷,桃花扇小彩雲開。九朵芙蓉當面起,一雙鸂鶒對人來。老夫於此興不淺,玉笛橫吹鸂浪來。"

柘湖　縣舊治,今屬華亭縣。《海鹽圖經》海鹽本秦縣,淪沒爲湖,中有小山,多生柘樹,因名。《雲間志》。一作彙湖。平湖王《志》。秦時有女子,入湖爲神。湖周五千一百一十九頃,其後湮塞,皆爲蘆葦之場。今爲湖者無幾。《吳地記》。　伊《志》案:舊志不載柘湖,蓋疑柘湖即當湖。不知武原鄉治城陷於漢,爲當湖;而華亭鄉治城陷於秦,爲柘湖也。《漢書·地理志》所載陷湖事,乃當湖,非柘湖也。今柘湖已非縣境,以其曾爲縣治,特存而辨之。

【校注】

[1] 長:光緒《平湖縣志》卷二《山水》"東泖"條作"上",當作"上"。

乍浦　在縣東南三十里,舊有官湖,匯諸水入海。《明一統志》。一名乍川,歲久湮塞。平湖朱《志》。沿山諸水,名曰乳溪,亦稱乳水。今周家堰,即浦之故跡。《九山續志》。元至正間,番舶皆萃於此,今爲海口重地。《大清一統志》。　國朝陸葇《乍浦春游》詩:"買得魚鰕出水腥,折來山卉自青青。歸舟共讀《九山志》,即是潛夫山海經"。"愛坐沙頭瘦石稜,山坳古佛界金繩。何人直入驪龍窟,攫取珊瑚下鐵罾。"　沈季友《乍浦竹枝詞》:"三重碧殿兩層階,小拜天妃蹴錦鞵。曾向海塘塘上坐,何人抬[1]我雀頭釵。""女伴渾忘金釧落,郎君回顧玉鞭遲。海東日出海西落,道是來游無了期。"　陸奎勳《游乍浦》詩:"雨過山容好,春光刺眼明。魚乘潮水下,蜃散海雲平。橫嶺松花滿,浮天竹筏輕。羣鷗飛不定,宛轉似尋盟。"　舒瞻《九月十日乍浦舟次》詩:"登高餘興在,重泊泛湖船。黃菊已明日,西風又一年。寒雲迷古堞,折葦亂秋煙。向晚橫塘外,菱歌幾處傳。”

【校注】
　　[1]抬:乾隆《乍浦志·乍川題詠》收沈季友《乍浦竹枝詞》(四首之三)作“拾”,當作“拾”。

　　蘆瀝浦　縣東北三十八里,縣北境之水悉會於此。《明一統志》。　伊《志》案:宋熙寧六年,土人傅肱欲導海鹽之蘆瀝浦,以分吳淞入海,即此處。宋元祐八年,本路提刑羅適開,地中得古尼寺碑,移置松江白牛寺。至元《志》。　伊《志》案:宋郟亶云,自松江下口南連秀州界,約一百餘里,有大浦二十條,今記其七曰:三林浦、杜浦、周浦、大臼浦、郱瀝浦、戚崇浦、羅公浦。郱瀝浦者,即羅瀝浦也。昔稱大浦,今渺乎微矣。今浦有鹽場。柳《志》

　　石亭浦　在縣東北十里。通華亭東十五里入海。至元《志》。　伊《志》案:此浦至元《志》載海鹽縣下,不載松江府下,則析縣後宜隸平湖。而今《平湖志》云:不在邑境。姑存以俟考。

　　漢塘　在縣治西。自府城東流五十里經此,一名平湖塘。《明一統志》受鴛湖、澱湖諸水,東注邑界,支分為七。平湖朱《志》。

　　獨山塘　獨山一帶,每歲鹹潮透入,耕者苦之。史宰亞卿移入數百步,別築此塘。《括異志》。

　　鹽運河　在海塘,東至蘆瀝場,西界廣陳鎮。

　　新開河　在鹽運河東。

　　秦河　在縣東三十里。新耕之蕩,藉以灌溉。以上《浙江通志》,詳《水利》。

　　金山渠　縣東二十里,有黃姑塘,又東五十四里,經全公亭至金山匯[1]。舊有陸地一段,順治初年開通。平湖朱《志》。　伊《志》案:此渠為浙江鹽盜出入之所。萬曆間,曾有議開渠者,知縣劉士瑗以去就爭,乃寢。朱《志》載:奸商納賄,橫弇擅開,事蓋有之。

【校注】
　　[1]匯:光緒《平湖縣志》卷二《金山渠》條作“衛”,當作“衛”。

　　石牌涇　在縣西北三十里。承平湖東下之水,由夠杖等港入於長泖。袁《志》。

　　鶴啙涇　相傳機、雲飼鶴處,在二十四都。

　　過家溪　在華二十二都,過氏世居。

　　戈家溪　在二十五都,戈氏世居。以上平湖王《志》。

　　香草溪　在獨山塘側,雲清橋北。每秋晚,水上芳氣襲人。平湖張《志》。　國朝沈岸登《香草溪·調寄簇水》詞:“野草年年,新涼逆鼻無尋處。聞香乍遠,但一片、圓沙冷霞昏雨。生來未曉,綠遍萋萋路。料不憶、王孫歸去。爲寄語。可還有、秋塘過客,疎柳下、停柔櫓。江蘺遠別,悵楚屈空延竚。甚日筍鞋挑菜,吹惹溪風暮。斜陽夢斷,竹笆烟墅。”

　　七十二灣　舊傳乍浦沿海有七十二灣,至黃盤山,今可指者數灣而已。《九山志》。　伊《志》案續《志》:唐家灣在陳山西,金家灣、棠船灣在陳山東,大螞灣、小螞灣在高公山外。胡家灣在高公山西。桃花灣、姚家灣在高公山東。

　　山月池　池上圍以石闌,形如半月。《德藏寺志》。　明朱應龍詩:“池底看明月,明月在山頭。清光連上下,分作兩輪秋。”

石門縣

含山　在縣西北三十六里。《大清一統志》。山在保寧、石門二鄉之界。《明一統志》。在陳山西北六里,嘉、湖兩府界中,若含物然,故名。又四水涵之,亦名涵山。趙《圖記》山上有寺,寺前有七級浮圖,遠可望吴興馬鞍、大雷、小雷諸山,外有龍潭,五河涇水出其下,張元之山墟,名曰震澤。東望蒼然,茇葦烟蔚,中高邱卓然者,指此也。崇德靳《志》。　明徐鑛詩:"秋風來東南,秋水自西北。排蕩天地清,浩浩在幽谷。仰首傲白雲,府躬同麋鹿。長吟葉亂飛,天外雁聲獨。暮山秋氣歸,萬物亦同宿。"　國朝陳世培詩:"浮圖直上與雲齊,鐘磬遥聞隔水西。山徑草深飛乳雀,石橋人過轉黄鸝。澤蒲自向空潭長,湘竹依然落照低。坐對五湖新漲後,一僧伴我渡横溪。"

陳山　在縣西北三十里,高一十三丈,周迴一里。至元《志》。昔有陳氏居此,積土爲之。趙《圖記》。

龜山　在治東沙渚塘南一里,其形如龜。山北有晉銀青光禄大夫李孟之宅。趙《圖記》。相傳演教寺址是也。崇德靳《志》。順治甲午,里人建真武宫於上。石門鄺《志》。　詳《寺觀》。

文璧山　在泮池東。正德中,李尉滋運土成之。嘉靖中,吕納言希周建浮圖於右。學役徐珊侵其地。萬曆己亥,陳令允堅釐正故址。崇德靳《志》。　明黄汝亨《記》略:"崇于檇李稱名邑,縉帶而游學宫者多彬彬文藻之士。學宫之東南不下數十步有魁父之丘,曰文璧山,創自國初,迄於武廟,載在邑乘。嘉靖間,納言吕公益廣崇之。修竹佳木,扶疏掩映,鬱乎郁郁而增膠序之觀。而役人徐珊者輒以狐鼠營窟其中,日侵月削,割東北之隅以爲層樓複屋,未湮之迹僅存而已,邑諸生無不蒿目扼腕者。長洲陳侯下車,興益除損,與士民更始。諸生發其事以聞,侯慨然案故址而討之,撤廬毁室,纍土以封,一丘之山巋然映於修竹嘉樹之間,如舊觀而止,諸生咨嗟歎息,以爲幸甚。不佞適以使過語溪,博士陳君屬爲記。"　陳鈇《文璧穿雲》詩:"禦兒城西山照屋,禦兒城東雲滿谷。筆峯峭絶干紫霄,瀉影寒潭映清縠。江南竹箭舊似許,髦士今來復楚楚。長風吹動雁行高,寫破青天看霞舉。"

桂山　在明倫堂後,高五丈餘,上多植桂,故名。明《浙江通志》。萬曆己酉,令靳一派建魁星亭於上。崇德靳《志》。　明靳一派詩:"采藻章縫集,兹山夙有靈。名高竇家樹,瑞應月中馨。堞抱吴雲白,天開越嶂青。秋風正花發,鵬翮起南溟。"　國朝管鳳來詩:"何日淮南樹,芳香俎豆間。文峯回夕照,金粟滿秋山。月窟移堪近,丹梯步欲攀。由來成一簣,吾道未爲艱。"

天中山　在福嚴禪院後,高二丈許。竹木蓊蔚,有亭獨峙,可恣遠覽。石門鄺《志》。　國朝沈昌垣詩:"翠微隱隱白雲封,一點煙霞透碧空。駕起神鼇瞻斗極,飛來靈鷲落天中。溪流宛轉千乘院,地軸盤回五社宫。幾度登臨觀勝概,十三涇水下梧桐。"

斵塘　在十三都戴家涇。地都平曠,而俗名斵塘山。山之名,莫測其由。歲亢旱,塘東西盡涸,涇獨澄清,可資灌溉。同治癸酉,旱甚,一村農就浴於斯水,僅及踝,觸一巨石,俯瞰之,見石之上下四旁數十穴,大者合圍,小徑尺,穴中俱有泉溢出。新纂。

運河　運河自湖州府德清縣界流經石門縣西北,穿濠北出,受左右諸涇之水,經石門塘入桐鄉縣界,北流二十里經皁林鎮,又東二十里至斗門,又東二十里至嘉興西水驛。《大清一統志》。自仁和、德清東北流入縣界,北流十八里,經玉溪,東流三十八里入秀水界。《文獻通考》載:崇德後晉時有運河,即此。嘉靖中築城亘,運河東自小南門、而東門、而北門,城外别開一河,以通漕運。石門鄺《志》。　互見秀水、桐鄉及山水總,并《水利》門。

語溪　語兒中涇,一名語溪,自縣東五十里達嘉興南谷湖。至元《志》。禦兒之名尚矣。《左傳《國語》《吳越春秋》等書皆然。《史記》中獨年表字作蠡，逮西漢則易爲語，而年表又作藭，後人疑之，附會其説。《水經》載《萬善曆》曰：吳黄武六年正月，獲彭綺。是歲，由拳西鄉有産兒便能語，因詔爲語兒鄉。殆枝辭也。宋元豐中，樂圃朱長文《續吳郡圖經》又舉俚俗之言曰：范蠡獻西子於吳，道中生子，至此而能語。既辨其妄，併以語字爲訛。然班孟堅諸君子豈徇俗以言者？竊意漢人以其言之非順，類墨子回車之嫌，故取其音相近者易之耳。若或蠡或藭，亦此意也，今俗多稱語溪。至元《志》考證。案：吳、越分境，越國西北至禦兒，與吳分爲界。《通典》注云："在嘉興縣南，有地名禦兒也。《國語》：'吾禦兒臨之。'今俗作'語'字。"《太平寰宇記》。在吳越時爲棲兵之地。柳《志》有語兒市，近漕渠左二百步。趙《圖記》。又名沙渚塘。《明一統志》。

唐徐凝《語兒見月》詩："幾處天邊見新月，經過草市憶西施。娟娟水宿初三夜，曾伴愁蛾到語兒。"　宋黄幹《語溪閔雨》詩二首："檣頭五兩搖空飛，船頭百丈牽何遲。數篙塘水清可涉，故鄉千里歸何時。""塘中龍骨高數層，龜坼田中縱復橫。青裙箬笠倚車卧，但有空車無水聲。"　明王穉登《語溪弔古》詩："扁舟已載西施去，此地空留笑語名。夜夜月從沙浦照，年年花傍野塘生。雲深笠澤人何處，鹿走姑蘇恨未平。惟有漁歌猶古調，一蓑煙雨五湖晴。"　吳本泰《語溪舟中》詩："禦兒城外泥人愁，風雨桃花冷似秋。無限春波無限恨，送將舴艋到杭州。"　祝文彦《語溪春泛》詩："南溪瀲瀲多笯網，載酒尋春徐盪槳〔漿〕。鶯啼柳岸日初晴，滿眼桃花不給賞。水漲漁天拍小橋，人在舟中如天上。行行曲曲繞孤村，茅屋三三或兩兩。此游遠近莫計程，但有芳林吾即徃。相呼且莫轉船歸，斜日山頭還一丈。"　郭演《語溪夜歸》詩："雲帆入静夜，水客整歸術。沙浦暗不開，天風一蕭瑟。零露下秋裳，方舟並載溼。菰蒲遶岸回，微火林中出。札札弄機女，鳴蟄催一匹。顧我塵坌子，寢興不安室。徂川忽已移，深情託蓬蓽。風梧片葉驚，茫然付歎息。"　謝鼇《寓語溪》詩："溪上疎梅半吐香，海天雲色遠蒼蒼。卻憐塵世皆爲客，莫問并州非故鄉。"　國朝陳世培《語溪春泛》詩："清和暢平疇，嘉陰結晞烏。微風漪流湍，方舟盪春曉。縈彼川上路，紆林甿回遶。鳩羽拂柔桑，浮陽漾方沼。麥秀挹露繁，青畦滋新草。黄鸝吟高柯，停橈恣幽討。抗塵企蘭亭，流觴間行潦。修褉貴乘時，白髮豈不早。"

車溪　車溝在縣西七十三里二百步，闊六丈，深四丈，連接烏程縣，入震澤。至元《志》。　伊《志》案：《志》此條隸嘉興縣下，蓋今秀水、石門、桐鄉三縣，古悉隸嘉興縣也。石門縣車溪在治東北三十六里，西南屬石門，北屬秀水，南接烏鎮，北通震澤。吳《志》。自石門縣東北流，經桐鄉縣北。《大清一統志》。

爛溪　自石門縣流經桐鄉縣。《大清一統志》。受車溪及湖州苕溪諸水，西屬吳江，東屬秀水。趙《圖記》。　互見秀水、桐鄉縣。

石門灣　在縣北十八里，運河水北流東折，其形如帶，又名玉灣。崇德靳《志》。　詳《市鎮》。

塘左十八涇　塘之左，自西南而北，涇凡十八：楓樹涇　南陽涇　朱巷涇　吳陵涇　縣學涇　語兒涇　張家涇　茅家涇　排頭涇　石人涇　瓜塔涇　沙木涇　李莊涇　福嚴涇　徐家涇　黄降涇　游屯涇　毛家涇

塘右十五涇　塘之右，自西南而北，涇凡十五：南界涇　包角涇　周門涇　雙排涇　斗門涇　新橋涇　褚家涇　上莫涇　秋家涇　羔羊涇　同門涇　士林涇　邵家涇　陸家涇　施家涇

塘南五涇　塘之南，自西而東，涇凡五：陳家涇　西羅涇　錢林涇　曹師涇　車口涇

塘北三涇　塘之北，自西而東，涇凡三：石門涇　長濠涇　五河涇元虞集《五河涇清氣庵》詩："野老無醫集，臨流小結庵。淳風三代上，清氣五河南。"

清池　在縣西二里。昔有龍潛於此，其水清洌，旱潦如一。國朝沈甲秀《清池月下對菊》詩："爲愛清暉好，移尊坐月中。光浮池畔樹，香送席間風。夜静蛩消寂，天高雁破空。獨憐無靖節，幽興與誰同。"

桂山泉　在桂山西北隅。向有水道通東城，河久塞。康熙壬子冬，忽有清流涓涓自竇出。

挹之，頗甘。管學博鳌以石，冬夏不竭。以上石門鄉《志》。

含山泉　在含山下。《大清一統志》瀦然以清絕似安平、白沙諸水，雖旱潦不盈涸，取水者往來相屬云。石門鄉《志》。

桐鄉縣

殳山　在府西南五十七里。山之西麓爲桐鄉縣境。《方輿紀要》。高二丈，周迴七里。昔道士殳基隱居學道於此，後尸解焉，因名。至元《志》。山在縣治東南三十五里，柳《志》。自硤石發脈，高二十餘丈，周三四里。伊《志》案：殳山無二十餘丈之高，然亦不僅二丈之卑。縣《志》及至元《志》所載似均非實。上有潮音院。昔殳道人仙蛻後，宋元時有能詩者曾結殳山社，佚其名。明初，貝清江、朱以貞游詠於此，而郭觀察舜舉與吳洪雅公治、西林僧公朗董復結社焉，號邑中名勝。桐鄉徐《志》。山有殳仙石、桐棺冢諸跡。伊《志》。　明貝瓊《游殳山記》："禦兒地四平無山，其東北六十里有小山曰殳山，因殳道人得名。殳山之東，曰史山。庚戌春清明，陳君仲謀約予游殳山，適余被召赴京師，而仲謀亦以雨止。今年春三月丁酉，天氣澄穆，予與仲謀幸無一事撓，乃相謂曰：'不可以不償所願。'促治酒肉、飲食，以帥陳熊、陳魯兩生泊予子翱由大溪北折而東，度陌越阡，至殳山之趾，居人四五家，皆棘樊荊扉，雞犬相應，彷彿桃源中。而里之巨宅卜氏，有冢在山半。冢後得支徑而上，高下稚松萬株，環合無路，俛首松下，傴僂行，而雲氣相盪，不啻魚泳波濤中。山回路盡，有石嶄然壁立者，即殳道人尸解處。其顛有小石突怒土中類迸筍者，有盤互類木走長根者。方飲酒大醉，昏然欲睡，皆踞石而坐，松風謖謖吹人衣，耳目爲醒。欲過山北陸生來青堂，而生以事出，其子聞之，爲煮茶來獻，乃啜二甌，以沃燥吻。已而復東，其途漸夷，有公主墓，云宋孝宗女葬於此。又行至東，山則所謂史山者。山視殳山稍卑，上建神官祠，人至而禱者前後相屬，予亦倦而休焉。兩山之中，求其奇峯之環拱，瀑布之噴薄，如赤城、天姥無有也。然于意在於一適耳。意之所適，亦何異赤城、天姥哉！觀祠旁古井，井深二仞，而泉瑩可鑑，疑學仙者洗藥於此。或云山僧鑿石以濟三伏之暍者，人獲汲以飲焉，山之勝殆盡於是矣。日暮下山，路益陟，或有雞子石，磊磊至不容足。而山陽王氏巨竹千梃參天，似非好事者不得造其所。近山又有三湖，青停黛蓄，與天一色。錦帛往來可畫。從者艤舟以待，翱與二生皆登舟，仲謀從予徒行歸。"　又，《晨興在殳山》詩："夜雨四檐絕，坐待扶桑暾。天高無餘滓，初景方晏溫。黃鸝萃霜木，白雁來寒門。所欣居處幽，已忘趨走煩。時枉道人過，或逢田父言。傷哉亂離後，衣冠今幾存。賦斂日已急，何地爲桃源。結茆向絕境，牧豕學公孫。"　又，《殳史二山吟》："神人夜割蓬萊股，蒼然尚作青獅舞。殳基得道此飛騰，烟火千家自成塢。前年盜起官軍下，存者如星纔四五。我來欲置讀書床，出入未愁穿猛虎。山寒月黑無人聲，夾道長松作風雨。珮環何日歸公主，泉下銅棺閟千古。石仆麒麟壓官守，林宿鷗鴉聞鬼語。昔耽勝概惜殘年，共説當時悲老父。錦繡池臺已零落，田翁八十鋤新土。傷哉土俗尊巫覡，伏臘荒祠沸簫鼓。祠旁鑿井深不枯，雲氣隨龍有時吐。試上崔巍望沃洲，直將培塿齊天姥。春前野桃渾欲放，雪盡黃精亦堪煮。興來起挾李長庚，重載琵琶雙玉女。"　國朝舒瞻詩："伊余慕消散，世慮久不關。偶然竊行祥，束身簿領間。放船千金圩，曳展殳基山。疑踏鳳毛行，松風鳴珮環。稍解塵土縛，長吟開心顏。仙翁不可見，老屋餘榛菅。當時洗藥臼，漫滅苔花斑。夜半聞笙鶴，雲中不可攀。明當載酒來，臥聽春禽還。"

史山　殳山有二峯，其東峯一名史山。《方輿紀要》。高十餘丈，山前有貝瓊宅。趙《圖記》。山有靈官祠，祠旁洗藥井，今俱存。又山前一土阜，村人名曰獅峴山。伊《志》。　明沈艾詩："殳山東畔小芙蓉，秀拔諸山數百重，安得身閒陪老衲，看雲終日倚孤笻。"　國朝王庭詩："言從山後路，九折到禪扉。過日汗流背，近風沙入衣。喝花來鳥獨，採藥問人稀。零落存丹井，尋仙意未違。"

甑山　在清風鄉，高五丈許，周半里，其形如甑，車溪之水出焉。趙《圖記》。山麓有順慶寺。桐鄉徐《志》。山有泉，繰絲色甚鮮，煮繭，時人爭汲之。伊《志》。　明沈周詩："林麓蕭蕭寺，門幽不藉局。蒸雲山擬甑，障日樹爲屏。老衲不下座，對人還誦經。閒來復閒去，空損石苔青。"　國朝仲宏道詩："誰家遺巨甑，突兀作丹邱。經歲無人到,烟雲自去留。"

東山　在梧桐鄉,去縣治二里許。因在縣東,故名。柳《志》。高五丈,廣十餘畝。無峯巒巖壑,高阜耳。桐鄉《志》。　明姚文詩:"謝傅久云亡,東山在吾里。雲松枝落落,澗草光蕤蕤。宋人徐提刑,籌田訓厥子。諸昆名成後,老者樂於此。願從一登臨,景仰何日已。"

王家山　在慕化鄉,去縣治南二十五里。古傳有王姓者居焉。柳《志》。高十五丈,周三百步。王氏聚土成之。趙《圖記》。一井深十三丈,山前臨水隔水,有小邱,俗呼環山。桐鄉徐《志》。

梅家山　在清風鄉。相傳梅處士累土爲山,植梅於此。

蟹山　在清風鄉籬東村,一阜形如蟹,俗呼蟹山頭,有橋曰石蟹。以上伊《志》。

松園墩　在保寧鄉。高十丈,廣半里許。上有宋楊將軍昇墓。趙《圖記》。

運河　桐鄉縣北有運河,與崇德縣接界。《明史·地理志》。去桐鄉縣北八里。自崇德石門塘東北流二十里,經阜林鋪,漸折而東,二十里爲斗門,又北二十里至嘉興。《方輿紀要》。　互見秀水、石門縣。

玉灣　在玉溪鎮運河轉匯處。桐鄉徐《志》。春秋吳越置石門,限處,在今桐鄉縣西北二十五里,東北隸本縣,西北隸崇德,居民互市於此,一名石門市。趙《圖記》。　互見石門縣及山水總。　明朱逢吉詩:"前代兵戈後,春來風雨多。故家餘瓦礫,新進復絃歌。矮屋青衿聚,歸人白髮過。門前水如玉,鐵硯正須磨。"　賀麟《秋日玉灣夜泊》詩:"驛路迢迢送夕陽,石門灣口泊連檣。買魚人喚溪邊權,乞米僧歸竹下房。楓葉經霜多自落,羅衣臨水不勝涼。聞沽濁酒澆離思,明日看山認故鄉。"　姚鵬《玉灣春曉》詩:"一曲清江飮玉虹,車塵馬跡往來通。笙歌斷續韶光裏,樓閣參差煙雨中。漁唱時聞楊柳月,酒旗斜挂杏花風。泠泠金磬知何處,路入雲山翠幾重。"國朝萬光泰詩:"蘋風送客還,夜宿石門灣。細水如巴字,高帆過屋山。鴉兒爭隊鬧,釣伴互歌閒。明日家林到,歸心一夕關。"

龍翔灣　在車溪堰北。水勢直下至此,曲流而西,如龍翔。桐鄉徐《志》。

桐溪　在鳳鳴里。柳《志》。即濮川所通處,一名梧桐涇。古有梧桐甚大,五代時有鳳凰嘗集其上,故鄉以桐名。邑人蔡孟頤嘗繪爲圖,廬陵周文襄忱爲之記云。《嘉禾百咏考》。　明程本立詩:"梧桐蔭清溪,溪水波粼粼。上有五色鳥,下有黃金鱗。秋雨洗白石,春風生綠蘋。願學羊裘子,時來垂釣緡。"

車溪　在甄山東南。自阜林直抵青鎮,南北二十里,並溪之田,利其灌溉。南與車口河相值。西南屬崇德,北屬秀水。南接烏程,北通震澤。趙《圖記》。

爛溪　爛溪有二,東自青鎮以東,橫亙十里而達吳江;西自烏鎮下走潯川,而連震澤。二溪多支河。兩省三府六邑交界處,夾岸平疇,可資灌溉。《烏青鎮志》。

橫湖　在縣治東南三里。舊爲大陂,有菱菰魚米之勝。今僅澄波一道。趙《圖記》。　明程本立詩:"橫湖如匹練,風景此中稀。日暖赤鱗躍,天晴白鳥飛。寒松蟠石岸,春水没苔磯。幾度斜陽晚,漁舟渡口歸。"邱珊《橫湖練净》詩:"湖自澄江一派分,湖波如練净無氛。行行雁落秋空影,書破羊家十幅裙。"

塘南五涇　漕渠受塘南之涇五。趙《圖記》。康涇,南通河道凡十;陸墅涇,南通河道凡七;永新南涇,南通河道凡八;南界涇,南通河道凡六;蔡墅涇,通陸墅涇。桐鄉徐《志》。

塘北六涇　漕渠受塘北之涇六。趙《圖記》。石門涇,北通河道凡六;新涇,北通河道凡六;大姚涇,北通河道凡六;車溪涇,北通河道凡九;永新北港,通澤罡廟橋、北界涇。桐鄉徐《志》。　伊《志》案:趙《圖記》列北界涇爲塘北六涇之一。今縣《志》所載涇港以百計,無此涇名,俟考。

鮑涇　在夂山南。鮑學士宅在涇上。明《浙江通志》。

妙智涇　在永新涇東。柳《志》。

車口涇一名車口河。　在梧桐鄉。受康涇及縣河之水,西南界於崇德。趙《圖記》。南通河道凡八。

横港　石門涇通南横港、北横港。明貝瓊《詩》:"南行入横港,茅屋到林邱。落日猶斜照,寒潮忽倒流。牛羊平野散,鵝鴨小溪浮。喜見平生友,籬邊一繫舟。"

正家橋港　南通濮院市河。

姜家灞港　南通屠甸鎮市河。

洪濟橋港　北通青鎮市河。

白龍潭　在永新鄉。水闊十餘丈,其深莫測。以上桐鄉徐《志》。

芙蓉洲　在桐鄉北二十五里。《檇李詩繫》。在青鎮廣福院。宋陳簡齋書閣在其上,當秋芙蓉盛開,風景襲人,爲名僧詞客吟賞之所。趙《圖記》。　宋陳與義詩:"白髮飄然一病翁,暮年身世藥瓢中。芙蓉牆外垂垂發,九月凭欄未怯風。"又,芙蓉洲詞:"南軒面對芙蓉浦。宜風宜月還宜雨。紅少綠多時。簾前光景奇。繩牀烏木几。盡日繁香裏。睡起一篇新。與花爲主人。"

山水總

府境之山,自臨安之天目分支海寧縣東北,入海鹽縣境,去縣西南並澉浦鎮四十五六里間,曰麂山,曰颺山,曰荊山,曰廟山,曰竇家山,曰葛家山,分列海濱,爲郡隄障。山下有湖,曰永安湖,諸山臨之。又東北六里,曰鳳凰山,曰吳家山,曰茶磨山,曰邵灣山,曰馬鞍山,並在縣西南三十七八里。曰若山,曰楊山,曰碧里山,並在縣西南四十五里。東與澉浦城相直,如屏戟。東北一里曰青山,東南一里曰葫蘆山。西有西山寨,並在鮑郎市周五六里。一支北行,去縣治西南三十五里,曰夾山,在金粟、金牛兩山之間,故名。金粟山,周六里,亦曰六里山。金牛山東南一里曰紫雲山,東北五里曰横山,在縣西南。一支西北行三十五里,逾長湖,曰沈山,在縣西六十里。又北曰硤石。伊《志》案:沈山與紫薇山,東西夾水,故曰硤石。今云又北曰硤石,非是。當嘉興府正南六十里,北入嘉興縣界,舒爲平地,其西桐鄉縣之殳山、東山、甋山,崇德縣之龜山,皆其支云。其東爲嘉興縣之胥山。一支東行一十三里,曰豐山。又七里,曰土山。一自青山東行一十六里,曰小步山,曰大步山。又二里,曰泊櫓山,曰長牆山,横絕海濤,如垣牆然。南二里曰秦駐山,亦曰秦逕山。酈道元以爲秦望山云。實一山而記者異名。相傳始皇繫舟於泊櫓,登秦駐,望滄海,葬美人於秦逕,陟降於大步、小步,放於會稽。今諸山聯絡於數里間,云秦駐。東南二里曰白塔山,浸於海中,神仙所居。又三里,曰望虞山。又自海東北行三十里,入平湖縣境,曰雅山,俗呼惹山。又十里,曰顧邑山,漢時海鹽縣淪陷爲湖,移置此山,尋徙馬嗥,因名顧邑山云。伊《志》案:顧當作故。又二里曰湯山,又一里曰苦竹山,又一里曰觀山,亦曰官山。其南一里,曰高公山。少北曰蒲山,曰菜蕪山,皆瀕於海。並在縣東南三十里許。又東北一里,曰益山,秀出羣壠。在縣東三十里。又東六里,曰陳山,其北界華亭,爲柘湖諸山。趙《圖記》。

海鹽西南諸山,從海寧尖山自西過東,迤邐而來,最峻者高陽山,爲諸山之祖。磴道十二盤,其巔爲鷹窠頂。高陽之北爲譚仙嶺,通海寧,道頗險,過嶺起硤爲木山頂,邵灣山之正峯也。由木山而東,爲大旗山。過東而北,爲二郎山。又北爲石屋山,又西北斷而復起,爲茶磨山。總謂之邵灣云。二郎山陽爲金牛山,以有觀音庵,又呼爲觀音山。灣之中,皆沃土可居。木山之北,迤起三峯,中曰紫雲山,東即大旗山,西曰獅子巖,皆秀立。而中峯之下,迤北曰小紫雲山。大旗山之下,又北二小山,曰蕭家山、陳墳[1],總謂紫雲山也。大紫雲山亞於高陽,較諸山獨高焉。山巔夜氣騰上,輒蒸熱。山北有溪,分中、東、西九曲者三,居人數百家,爲紫雲村。高陽當永安湖西南,自木山而東,有二峯相累而下,一飲湖,一臨湖者,廛山、麂山也。二郎山左,高碦爲野鴨嶺。復起峯而南向者,九杞山也。又碦復起爲大山而前蹲者,伏獅山也。稍折而東,復碦而南者,雞籠山也。諸山在湖之右,起西南而迄東北,又自麂山伏脈過湖,夾湖而峙者,颺山如象峙其南,荊山如月峙其北也。荊山發脈,斷而復起者,鳳凰山也。諸山在湖之左,起東南而迄東北。環湖之山既斷,過六里堰,有山拔地而起者,名泊櫓山,土人呼爲栲栳山,以其形似也。其南麓有澤山,有橫山,與隔水鳳凰山趾相錯。自是迤東爲羅漢山,其陰曰翠屏山。翠屏之東,兩山對峙如門,名礛頭門山。折而北,其過碦處爲井亭頭,遂起石馬山。山巔分支,橫如複壁,橫列而東有塢,曰文溪塢。北麓有小山,名碯山。又北復起,東西分馳,西爲惹山,東爲羊山。羊山三峯,伏而爲嶺,名分金嶺。又北而東行爲馬鞍山,又北東爲碧里山。羊山、馬鞍之北,逾薛水港而復起者爲葛山,西爲管山,東爲小步山,又東爲大步山。北爲龜山,又北爲豐山,皆不相連屬。山從高陽發足,斷續復至豐山而盡。其山之沿海並行者,自高陽發廛山、麂山,過湖以東諸山在澉浦城,而黃道山、長牆山在澉浦城東南。長牆、黃道兩山相連,雄峙如列屏,至是峯迴鸞轉。復自西南趨東北,既平伏而突起者爲青山。澉浦近城,當以長牆爲主山。舊志以青山爲主山,不然也。青山東北爲秦駐山,五峯參差,既自南而北,復由東而西,有火爐頂,直插至西北。其南北各有小山,爲餘支。雖有分名,而總可以秦駐概之。沿海一脈,至秦駐而盡,恰與豐山相照應。始於高陽,終於秦駐,成一方之垣局,而長牆之外,大小巫子山、石帆山及秦駐山之外,白塔山、九王門山俱在海中,無從知其脈絡云。秦駐山東、南、北三面臨海。徐泰《志》云:秦駐,縣主山。此言最得之。至於不祖高陽而自海寧分派者有二焉,其一在袁化東包家山,渡水起三山,曰中分,曰金粟,曰角里,而金粟有二峰,其伏而右轉橫列者,名古衡山。《圖經》不載古衡,統於金粟,故曰周六里也。其一在碦石東沈山,渡水起二山,曰大橫山,自南而北,斷而復起,曰小橫山。此外雖有一二培塿,瑣瑣不足道矣。《海鹽續圖經》。

【校注】

　　[1]陳墳:光緒《海鹽縣志》卷五《山水》引《海鹽續圖經》作"陳墳嶺",當是。

　　府境之水,其大者三,曰漕渠,俗呼運河。曰長水塘,曰海鹽塘,而漕渠最大。隋大業庚午,煬帝發衆鑿渠,擬通龍舟。起餘杭,盡京口,廣十餘丈,勝千斛之舟。唐白居易詩:"平河七百里,沃壤兩三州。"即是渠也。本朝用爲孔道,轉運通驛,入府境,歷崇德、桐鄉、秀水三縣,凡一百二十七里,以故給餉津候爲煩。西南自湖之德清縣金鵝鄉界二十五里至崇德,穿縣壕北出。又二十里,受塘左之涇十有八,而龜山、萱城、語兒、白社墩、千乘鄉、千步路、游屯、紀目坡在焉。受塘右之涇十有三,而何城、白馬岡、洲錢市、陳山、含山在焉。至石門灣折而東,彎環如帶,曰玉灣。入桐鄉境一十八里,受塘南之涇五,而車口河、王家山、東山、晏城、橫河、㐲山、南長營、千人坡、烽火樓、范蠡塢、濮院鎮及縣治在焉。受塘北之涇六,東迤皁林市,而甄山、松園墩、車溪、青鎮、東皁園、芙蓉洲、走馬岡、爛溪在焉。由皁林東二十五里入秀水境,又東三十里,遶府城中,經檇李亭、學繡、白龍潭,南折而北,經西麗橋,遶府城,經河内亭,北轉爲月河,抱城灣曲如月,亦名月壕,經北麗橋,與橋東秀水合,出杉青閘,受穆溪水,爲北漕渠。俗呼北運河。又二十三里,爲王江涇,亦名聞川。東三里,爲聞家湖,東北界于吳江。渠之東,爲楸涇,爲官蕩,爲陳盛蕩,爲天荒蕩,與陳盛相望,南通許家蕩、九斤潭,西通毛頭、菜花諸蕩,渠之西爲西溪,爲芝溪,爲蘆墟塘,爲雁蕩,爲錢家浜,爲和尚蕩,是爲秀水縣北之水。趙《圖記》。

　　府城以内水皆秀水縣所轄。一自西南通越門外引運河水入城,在蜆子匯,即分一支,稍南,經興賢橋。爲楊柳灣,東流爲徐家埭河。又近灣北,分一支轉東,爲屠家埭河,其正河北流,又分一支,出老人橋。東流爲報忠寺前河,稍北,經大悲橋。又北分一支,東流爲核桃橋河。又北過楊公浜,至穆家灣,有萬安橋跨灣處。東流過府學前,爲鳳凰池。又東經廣平橋。至十字漾,南一支爲寶帶河。北分一支爲韮溪,溪口有橋。又東經火德廟橋。有南來一支,爲錦帶河。又東經驛橋。爲州後河,即烈女河。又東與州東灣南來正河會,而北流爲北門正河。其韮溪北流,經紀橋,俗名局橋。迤北有西來一支,自小西門引水入,南受爽溪,今溪形僅如曲尺浜。東過柳岸,由秀水縣前東出,經孫師娘橋、車圈橋。與韮溪會。今自縣橋以東不通舟。韮溪北,經精嚴寺前。又北在天慶橋南。分一支東流,過秀水學前,經鍾家橋、焦家橋。入北門正河。韮溪又北,經天慶橋、楞嚴寺東橋。至傾脂河。由楞嚴寺後浜西來水會而東出,臙脂橋。又東過天寧寺前,經鈕頭橋、孩兒橋。入北門正河。一自澄海門外,南接鴛鴦湖下娛老橋之水,向由五福橋橋貼城門外。引入城。西有范蠡橋水入之,又西有范蠡湖瀦於城根。舊連城外鴛湖,築城後乃隔斷,城下舊有涵洞,今湮。又有范公浜,西自金明寺前橋李橋起東流,經炒麨庵橋。轉南入於湖。今浜間淤。其南門正河稍北,左過南宮浜口,而北左有張公浜入之,右有徐家埭河入之。是河西來,經杜家橋、徐婆橋西、蓮花橋東、蓮花橋。又北,左有毛家浜入之,右有屠家埭河入之。是河西來所經,亦有西蓮花橋、東蓮花橋,河東段今淤。又北有報忠寺前河西來,經磚橋,出醋坊橋。與正河會。自南門至此,曰通濟河。伊《志》案:南門通濟河,本從南入,爲府治丁水,宜來不宜去。自城河日淤日淺,而城外五福橋之西,近更築闊石岸一帶,遏水東流水勢不得進城,以致通濟河合左右諸水,皆返流南出澄海門。計郡城,惟西南一門來水,其南、東、北三門皆去水,氣洩無餘,所關城内地運,興替匪輕,當俟衆有力者相與改弦而更張之。其水會處,城中市心爲市心河,有小水北引,即寶帶河。又北即核桃橋河西來入之。此處壓水建關帝廟,廟下有泉不涸。又北抵韮溪橋南之十字漾,今河並阻淺,不通舟。其通濟河轉東,經紙行橋、斜橋。而北至蹲賓橋。分一支北流,即錦帶河,其正河轉東,經馬鞍橋。過府治前,府治南有瑞虹橋,不知何時造,其橋洞水底連石,圓如環橋,門闊于河三之二,可知城河昔寬今隘,其異形有如此。又東爲州東灣,灣北經清軍館橋分水,左出爲東門正河稍北,經小新橋。自穆家灣與州後河之水會稍北,經西縣橋,過坂橋。分水左出禪杖橋。爲嘉興縣後河。又北有秀水學前河西來,出藉弮橋。入之,經菩薩橋、香花橋。有天妃宮前河東來入之,又北有胭脂河西來入之,又北經衆安橋、倉橋。出望吳門,其東門正河自小新橋南分水稍東,經南縣橋。過羅城浜口,有蟹行橋。又東分水北出贊福橋,經通濟橋。出春波門。其贊福橋北流爲興聖河,經薦橋。舊有二支水東引,並達天星河。南一支由環秀橋入,今湮;北一支由起鳳橋入,今通。湖水瀦於城根,古通城濠,東對春波橋,水甚寬。至元《志》謂,口闊五十四丈是也。今隔於城既久,乃漸隘,薦橋之北,經騰蛟橋,與西來嘉興縣後河會。又北,經芝橋。爲項家港。過港西轉處有劉家浜自東入之,西爲天妃宮前河,經安樂橋、丁家橋。入北門正河,此郡城内水道之脈絡也。

　　嘉興縣四境皆水,約舉幹河凡十有一,其從海寧州來,自南而北流者曰長水塘,又東並長水塘，自南而北者曰練浦塘。又東並練浦，自南而北者曰海鹽塘。又東並海鹽塘，自南而北者曰麒麟塘，即王廟塘。又東並王廟塘，自南而北者曰空廟塘。又東並空廟塘，自南而北者曰衆歡塘。又東並衆歡塘，自南而北者曰三王子塘。又東並三王子塘，自南而北者曰沈莊塘。諸水皆入平湖塘，自郡城會龍山分水，自西而東者曰平湖塘，即漢塘中分，一支向東稍北流者曰鍾帶塘，自會龍山分而東北流者曰嘉善塘，即魏塘。其海鹽、平湖、嘉善三塘，爲三縣漕運之道。以上諸條，乃衆水之綱領。此外，縱橫其間者，則有羅漢塘、伍子塘諸水。停瀦其間者，則有瀇湖、相家湖諸水。凡皆脈絡所關，又爲諸小水之綱領也。以上伊《志》。

長水塘之水正流至城南，瀦爲鴛鴦湖。其西流入通越門，北流入澄海門，又支流東北三里爲螺潭，與鴛鴦湖水並匯於瀇湖。其一北經宣公橋，循城而北，與秀水合並，會於北渠，分流入相家湖。又東北十五里，其一北流入嘉善境之蘆墟塘，又東北二十七里入吳江界。其一東流爲茜溪，十六里北流爲斜塘，又北流二十里入吳江界。其一東北流四十里，合王宿涇、北尤里港諸水，入祥符蕩，東北流十里入吳江界。一自熙春橋東行，經甪里街，至鳳凰洲，逆流中據分會龍橋以東之水，南曰漢塘，北曰華亭塘。漢塘東入平湖縣境，行五十餘里爲市西河，南受陶涇水，東經縣治，又東三百步入當湖，即漢武原縣陷爲湖者。又東三十里入泖港，歸於東泖，接華亭界。又自縣西慶源橋南分流，經縣南土山、雅山，與南涇塘、柳莊塘、獨山塘、乍浦塘諸水縱橫會合，以入於海。而乍浦引海水，通於市河。又自慶源橋北分流北行，經縣社壇，而東遶縣治後東出漢水橋，又東遶儒學後出儒林橋，與學前水合。北與縣城北吳祺塘、官莊塘、方塘，又東北與沈塘、余塘、蘆瀝浦諸水俱入華亭界。趙《圖記》。

嘉興縣運河在縣西南，通崇德縣，北接吳江。伊《志》案：析縣後，盡入秀水境。隋大業六年開，其運河塘在縣西南九十里，通崇德縣三十里，北接吳江縣界。石門縣運河自仁和縣界大麻起，至桐鄉縣界石門鎮接待寺止，計程三十里。桐鄉縣運河自接待寺起，至秀水縣界正家橋止，計程三十里。秀水運河自正家橋起，至吳江縣王江涇止，計程六十里。府城即以運河爲壕河，自通越門外即西門。轉入西麗橋，循城北流，過小西門外，至城西北隅，與栅堰橋西來之水會，循城東流，出北麗橋，過望吳門外，即北門。迤轉秀城橋，與宣公橋南來水會。又河水於西麗橋外循城稍迤南，通鴛鴦湖。湖水引尾流，稍北出娛老橋，抵澄海門外。即南門。又循城東流爲濠股河，入嘉興縣境。過瀇湖口，在春波門外，即東門。迤轉出宣公橋，循城北流於柴場灣，上下迎北來水，經秀城橋，在城東北隅與北麗橋西來之運河接。此處三汊水匯而成漾，即稱秀水，中有羅星臺。稍迤東北出端平橋，轉而北出杉青閘，此抱城水勢大略也。又運河塘內有夾河，循塘如帶相接，此歷代所開濬，以備節宣，今莫考其開濬之始末。至元《志》。參《河防志》。

華亭塘入嘉善縣境，東北行三十里，經縣治前登豐諸橋，南合白水塘、舊廟塘、大雲塘，又東二十四里入華亭界。又自縣西南分華亭塘水，遶縣治後而東十二里曰魏塘河，亦名武塘。前與太平河會流，南入華亭塘，東入菖蒲塘。又自縣西半里曰伍子塘，南引胥山以北之水，北經雙蔚港、平山塘，會西塘，入祥符蕩，稍東爲菖蒲涇，北經胡塍塘、葉塘，又東經張涇匯、蓮花涇，北會楓涇之白牛塘，與查家蕩、祥符、葉蕩諸水，俱會於章練塘。楓涇之水又東爲秀州塘，折而北過泖橋，與章練塘之水皆入於泖。一自東郭湖西經麟湖，傍引松溪、罊竈塘、章家港、許家蕩，北流於夏墓蕩。又北達於汾湖。東曰石井塘、長春塘，皆北流合於蘆墟塘，與汾湖北入華亭界之澱山湖。

　　海鹽塘之水發源於海鹽西南境澂浦諸山，而清通港、長湖、上谷湖、鸕鷀湖、横湖、宋坡湖、秦溪及縣西官塘之水，又西通常豐閘，諸水合流，東北二十五里爲横塘，又三里入嘉興縣境，爲澱湖。伊《志》案：横塘里數，詳見嘉興縣。又自烏邱塘與天仙湖水遶故歙城，南合尚胥，東合陶涇，俱入漢塘港，北流爲横塘，入嘉興縣境。而唐令李諤所濬古涇三百一，及宋有魯公浦、横浦、貯水陂，皆淪没矣。以上趙《圖記》。

　　東湖水自海鹽塘北入陶涇，又自府城雙溪橋東過漢塘五十里並會於兹，分爲九派。一自魚圻塘由新埭抵華亭，北派。一自北小港由白沃廟抵廣陳，一自廟港由石柱頭抵新倉鎮，東北派。一自倪莊港由兼葭圍抵全公亭，一自運港塘由徐家埭抵獨山塘，東派。一自夠杖港由聖塘關抵乍浦，東南派。一自廣行塘由轉塘抵海鹽，南派。一自平家港由朱車橋抵海鹽界，一自新橋港由漢塘抵嘉興界，西南派。合得九焉。至西北一支，爲北城河；西南一支，爲南城河；中兩支，一爲大東水門，一爲小東水門。平湖朱《志》。

　　湖水自西來者四：一自湯家浜來，一自東水門來，一自水洞口來，皆貫城出，一自北城脚來。自南來者三：一自南城脚來，一自新橋來，一自廣行塘來。西來之水，嘉興塘水也。南來之水，海鹽塘水也。衆水皆匯於湖，從東北而去。一由普濟塘達全公亭、金山縣。一由倪莊港、小港，達大小圩。一由廣陳塘達廣陳鎮、新倉、衙前。其自廣陳東北行者，達山塘、松江。一由魚圻塘達新埭、洙涇，亦至松江，衆水皆入於黄浦。故浦中潮直過縣治，其曰九龍港，據港脈大者言之也。惟乍浦塘水，先分入於普濟塘，不入東湖。《當湖風俗紀略》。　　伊《志》案：平湖王《志》謂此所載水道，微與朱《志》異，朱《志》乃水故道，今則稍有不同耳。

嘉興府志卷十四

古蹟一〔園宅附〕

　　檇李紀於《麟經》，而吳塘、馬嗥、柴辟亭、女陽亭、語兒鄉，則見於《越絕書》。且所謂檇李者，謂之就李。古冊相傳，舊蹟難指矣。前《志》采及《園宅》，更附以近時遺築，似不悉古矣。然閱人成蹟，閱時成古。今日視昨，曶然杳然，存而書之，供吟咏，資考鏡，有何不可。志古蹟。

嘉興縣

　　檇李城　嘉興縣，古檇李地，吳之南境。《春秋》吳伐越，越子陳於檇李，即此。《輿地廣記》。在縣南四十五里，高二丈，厚一尺五寸[1]。後廢。至元《志》。　柳《志》云：在府城西南四十五里。《史記》載：吳王傷指，卒於此。　案杜氏《通典》：檇李城在唐時嘉興縣南三十七里。今府城經唐乾寧改築，蓋已徙而之北。故至元《志》、柳《志》並稱四十五里，非與杜氏異也。劉《志》謂：古檇李城在今濮院之西，去郡城西南四十五里。地屬桐鄉者，未的也。又嘉興湯《志》載，黃省曾《檇李城序》謂在郡治南三十里本覺寺。考至元以後諸《志》，本覺寺有檇李亭，不言有檇李城。其地今析屬秀水，詳見後。

【校注】
　　[1] 按：光緒《嘉興縣志》卷八《古蹟》"檇李城"條："檇李城　在縣南四十五里，高二丈，厚一丈五尺，後廢。許《志》作一尺五寸，誤。"當作一丈五尺。

　　由拳古城　嘉興縣本春秋時長水縣，秦爲由拳縣。《元和郡縣志》。　案樂史《太平寰宇記》云：故由拳城在今嘉興縣南五里，秦始皇見其山有王氣，使諸囚來鑿此山。囚倦，並逃，因號囚倦縣，後訛由拳。秦改長水縣曰由拳，漢因之。案：前後漢《志》皆有由拳縣。孫權改曰禾興，而由拳之名隱。闞駰曰："由拳故城在嘉興縣南。今謂之柴辟，即舊檇李也。"唐乾寧三年，鎮將曹信改城嘉興，故蹟益湮。《方輿紀要》。　案：《水經注》敘谷水云：《吳記》曰：谷中有城，故由拳縣治，即吳之柴辟亭。故就李鄉檇李之地，則由拳故城，即舊檇李城也。特城經淪陷，莫指其處。《寰宇記》謂在嘉興縣南五里。柳《志》引《華亭志》曰：俗傳三泖中，每風息雲開，衢甃井闌畢見，蓋由拳古城，二說互歧。又至元《志》載在城五鄉，其一曰由拳，今訛爲油潭。此又因鄉名而訛，非謂由拳故城在此也。

　　烟雨樓　鴛鴦湖東有烟雨樓。五代時，中吳節度使景陵王[1]錢元璙築臺，爲登眺之所。建炎中廢。嘉定間，吏部尚書王希呂因舊址建樓，有司相繼拓治，爲一方之勝。元季，楊苗之亂毀。明嘉靖戊申，知府趙瀛修浚內隍，令民出土，崇其故址。趙《圖記》。　案：《嘉禾百詠考》云：知府趙瀛濬內隍淤土，移填湖中，構樓五楹。邑人范言有《記》。隆慶辛未，兵備沈奎築石臺於樓後。萬曆壬午，郡守龔勉復築層臺，曰釣鼇磯。彭輅有《記》。　龔勉《重修烟雨樓記》："嘉禾之有烟雨樓，久矣。樓在澎湖中，其景最勝，然爲風雨之所摧也亦最甚，故有傾圮也亦最易。余始令嘉，迄今僅五年耳，而樓之修也凡再。萬曆九年，復來守郡，暇日偕僚友初庵方君董往遊，則樓已圮不可登，而頹垣廢舍，蕭然在荒荆中，無睹所謂勝者。余喟然曰：'此郡之大觀也，豈宜久湮若此？'時因初至，未遑。越明年秋七月，始克圖新之。而別駕華山張君、念陶楊君、少臺高君咸樂助役於是，鳩工飭材而董其事於周丞遵誼。樓仍其朴而易其材，務令可久。樓之後，翼以軒。軒之前，臨流爲臺二層，而名曰釣鼇磯，蓋爲諸生期也。不閱月工成，而樓之勝益奇。酒復從登君觴其上，左憑郊野，諸園亭樹，近列檻前；右俯城郭，華屋萬家，畢入望內。其環湖以居者又相爲映帶，而湖波浩渺，一望煙雲杳霭，恍然蓬瀛也。諸君相顧樂甚，因觴而請記其事。余惟樓之修不知其幾，而又豈勝記哉！獨念君子之登臨，非徒暢幽懷、適曠情而已，貴在因感以發其遐思。今之登斯樓也以覽勝，誠可樂矣。回顧城郭而感民物邑居之盛，能無思乎。蓋兹地雖素稱富饒，然邇來歲比不登，而民俗日侈，賦役日繁，其室如縣磬者十之九，邑屋之盛麗亦徒其外耳。所以憫其窮而撫恤之者豈容已哉！苟徒見其盛，不恤其窮，朘其膏脂，以自豐殖，則民不堪命，而滋盜召亂，雖欲覽勝而享其樂也不可得矣。此則宦兹土者之所當知，願與吾儕共勉焉。諸君咸起而謝曰：'敬聞命。'遂書以爲記，而因以告夫後之登斯樓者。"庚子，郡守劉應鈳修葺，以湖爲放生池，立碑曰魚樂國[2]。袁《志》。凝碧亭、浮玉亭竝在樓側。秀水李《志》。國朝順治十八年，知府許煥重建，尋廢。康熙二十年，同知李舜有重修[3]，又圮。雍正八年，總督李衛重建，樓旁更創亭軒、傑閣，以復舊蹟。《浙江通志》。　李衛《煙雨樓記》："從來樓觀之見於記載者，如魏之麗譙，越之飛翼，漢之井幹，晉之射雁，唐宋之齊雲、岳陽，皆崇煥一時，詫美後世。然不過極規模之宏敞，縱登眺之雄奇，資遷客騷人之流連而諷詠，而於彼都之風土人物略不相關，固可任其廢興。若煙雨樓之於嘉郡則不然，樓峙灜湖之渚，四面瀠回。當羣流放海之要衝，而又居郡治文曲之位。龍光牛斗，照耀空濛，似雨疑煙，天開圖畫。昔人中流聳峙，即景名樓，具有深意。既以啟五德三莖之秀，史官頻記嘉禾，而傍湖以居萬家煙火，人佔畢而戶巾箱，華國文章，甲於江左，斯樓蓋實有造焉。有其興之，曷可廢哉？嘗考《郡志》，起自五代建樓以來，興廢不一，而巽隅高峙，俯納衆流，關合郡士風之隆替。往歲採風至郡，覩此傾頹殷然，以整修爲己任。不圖經營伊始，剪莽初除，嘉郡首占春風。既弁南宮，還詫及第，有以是爲余賀，而不敢信以爲果然。旋得舊聞，兼蒐郡乘，有明龔太守勉修此樓於萬曆辛巳，閱月告竣，而朱公國祚癸未即登大魁；本朝李郡丞舜有修此樓於康熙辛未，四載告成，而沈君廷文戊辰廷對第一。方隅之獲驗若是，其信而有徵可憑耶，抑猶未可憑耶！余不敢信以爲可憑，而選材趨事，樂觀厥成，經始於首春，鳩工於初夏，至七月而役始竣。煙雨之樓巍然以高也，釣鼇之磯瀜然以深也。浮玉、凝碧，左宜而右有。樓前之閣與樓後之軒，仍其舊而更以新也。而又旁通梵院，水上鳴鐘，後得清泉，湖心有井。披圖案志，補葺亦略爲備矣。既樂其成，慨然興感於煙雨樓頭，進郡之紳士而告之曰：朝廷霖雨，屬在儒生，毋騁煙雲馳聲翰墨也。進諸父老而告之曰：戒爾子弟，飭彼怠荒，嘯歌昇平，朝盷雲而夕鋤雨也。又進我在位諸君子而告之曰：傍湖煙火，保此綿延，膏雨秀苗，冀將徧及，登樓觸景，毋縱覽觀也。應者曰'唯唯'。遂援筆而爲之記。"乾隆十六年以後，鑾輿六幸，屢荷宸題。四十五年春，南巡駐蹕煙雨樓，御筆倣米芾意寫爲圖，頒刻湖樓，永遠供奉。又於熱河山莊之青蓮島舊址，仿式爲之，遂令江邨煙景，移入上林；澤國林亭，益增勝概。所有前後御製詩敬謹裒叙，恭載卷首，以昭盛遇云。伊《志》。　宋楊萬里詩："輕煙漠漠雨疎疎，碧瓦朱甍照水隅。幸有園林依燕第，不妨蓑笠釣鴛湖。漁歌款[4]乃聲高下，遠樹溟濛色有無。徙倚闌干衫袖冷，令人歸興憶尊鱸。"　方回詩："樓壓重湖壯矣哉，樓前圖畫若天開。鷗從沙際衝煙去，燕在花邊掠雨來。傍柳一橋相掩映，隔林雙塔共崔嵬。闌干倚遍詩無盡，晴日須來三四回。"　唐天麟詩："百尺高樓足賞心，我來猶記舊登臨。四時天色有晴雨，一片湖光無古今。遠塔連陰知寺隱，小舟穿柳覺春深。憑欄多少斜陽景，分付漁歌替晚吟。"明李攀龍詩："南湖迢遞俯丹梯，煙雨蕭條拂檻低。越徼層陰千里合，吳門春樹萬家迷。江流欲動帆檣外，山色遙分睥睨西。一自官齋多暇日，新詩還與醉時題。"　黃洪憲詩："高閣憑湖畫棟浮，蒼茫城郭望中收。煙含樹色千家雨，檻送濤聲六月秋。雲璧有情開釣艇，風塵無夢到眠鷗。主恩泉石容吾老，莫惜銜杯醉庾樓。"　國朝沈廉詩："漁榔斷處點鷗鳧，縹緲波光澹欲無。若得飛來峯幾朵，南湖更作小西湖。"　錢陳羣《乾隆丁卯冬日題煙雨樓》詩："昔遊容易感沈吟，烏帽牋醫此重尋。偏與客船留落日，全收湖勢作秋陰。壺觴偶寄閒雲跡，遲暮空餘獨鳥心。一到便教遲十載，百年還有幾登臨。"　錢受穀《秋日同人泛舟南湖登煙雨樓看桂》詩："端居觀物候，時節驚涼秋。積雨三日晴，湖漫猶未收。出郭愛循水，臨風思登樓。摯船招近局，契浹如膠投。相將問巖桂，更爲禪榻留。泚爽坐寂寞，無言寄深幽。心空觸遠籟，逸響誰能酬。拈花對之笑，一瞥凌輕舟。"　按察使秦公瀛詩幷序："丁巳冬，余之都門，汪小海邀同潘園園諸君，置酒煙雨樓，餞別賦此。射襄城頭天欲雪，鴛鴦湖邊人欲別。欲別襄裹且復留，置酒高樓送行客。樓上賓朋互勸酬，樓前碧玉寒波流。并刀能翦湖水斷,不斷萬古之離憂。搖鼓津亭喧鶗首,開颸怕見津亭柳。誰道清尊臘釀濃,故人情更濃於酒。"

　宋吳潛《水調歌頭》詞:"有客抱幽獨,高立萬人頭。東湖千頃烟雨,占斷幾春秋。自有茂林修竹,不用買花沽酒,此樂若爲酬。秋到天空闊,浩氣與雲浮。嗟吾曹,緣五斗,尚遲留。練江亭下長憶,閒了釣魚舟。剗更飄搖身世,又更奔騰歲月,辛苦復何求。咫尺桃源路,他日擬重遊。"　案:《嘉禾百詠考》云:烟雨樓爲南湖之勝,《晁采清課》云:"嘉禾環郡城皆水,烟雨樓當高阜之勝,瑚璉綺閣,四面臨湖,其妙在輕烟拂渚,山雨欲來時,漁船酒舸微茫破霧,但聞櫓聲伊軋。"此段狀湖樓之景特妙。又案:樓自王希呂重建以後,嘗爲柳氏園,潘師旦得之,爲會景亭。吳仲圭云:春波門外舊高氏圃中有烟雨樓,後廢爲三教堂。元即其地爲宣公書院,兵後移書院入城,又改爲三賢祠。蓋樓初建在湖濱,與春波門相近,故嘉興八景有"春波烟雨"之目。自元以後,廢興不一。嘉靖中,太守趙公重建時,則已在湖中央矣。咸豐十年,兵燬。同治年,知府許瑤光陸續重建清暉堂、亦方壺、八詠亭、系以詩并序,屬包山秦敏樹繪圖勒石。鑑亭自爲銘,勒石。於樓址四旁,郡人公建觀音閣。光緒元年,知府許瑤光建寶梅亭。新纂。　宮保彭玉麐過南湖,畫橫、直梅花二石,并詩。　杭嘉湖道何兆瀛《烟雨樓》詩泐石。

　八詠樓　東塔寺山門前蜑湖中。宋宣和中,令陸蒙老作《嘉禾八詠》詩,後人因建樓,命名焉。今廢。案袁《志》云有柱聯云:明月雙溪水,清風八詠樓。案:此聯乃嚴維詩句,今人取以爲金華府聯,其雙溪指永康之酥溪及蘭溪也,與此似無涉。

　景龍樓　東塔寺鐘樓也。一夕,主僧夢金龍繞樓,樓爲之震。翼日,宋孝宗登樓,誤行墜地。後因改曰景龍樓。嘉興何《志》。　案王明清《揮塵録》云:孝宗幼時登樓墜地,左右失色。孝宗屹然不動,寺僧相傳先夕夢金龍挂於樓角,翌日有此,故名。詳《寺觀》。

　萬柳堂　春波門外。宋守令游燕之所。

　列岫亭　在滮湖之南。以上袁《志》。　案:亭本在郡城内金魚池上,後乃移建於此。互詳秀水縣。

　水心亭　在滮湖之南。《嘉禾百咏考》。

　樂郊亭　在滮湖之南。袁《志》。　宋張堯同詩:"竹下清風好,時來挂幅巾。待逢田叟問,知是樂郊人。"

【校注】
　[1] 按:光緒《嘉興縣志》卷八《古蹟》"煙雨樓"條作"廣陵王",當是。吳任臣《十國春秋》卷八十三《錢元璙傳》:"錢元璙,字德輝。武肅王第六子也……累敕中吳、建武等軍節度使……建煙雨樓於滮湖之上。久之,晉敕廣陵郡王,封不及受命而薨,宣旨於柩前,時天福七年三月也,年五十六。"

　[2] 按:崇禎《嘉興縣志》卷五《古蹟》:"庚子,郡守劉應鈳益加修飾,遂爲湖中勝境。""後以此湖爲放生河,有碑立樓前,曰魚樂國。"車大任《魚樂國記》:"癸卯夏,睹孝廉諸君子以文士慧心,寔能護持放生之教,而里中多有應之者。余謂恬寂,此其一端,業已爲文記之金明寺范蠡湖中。今年春正月,玄宰董太史公往吾楚督學,取道檇李,則謂余曰:'此中鴛湖較范蠡湖爲廣,遊人往來觀感者最衆,踵而行之,功德更無量也。'遂椽筆大書'魚樂國'三字,謂不佞曰:'子其文何?'余因鳩工勒石於煙雨樓頭,以成諸孝廉之美……萬曆三十三年,歲在乙巳正月之吉,賜進士第、中憲大夫、浙江提刑按察司副使、奉敕整飭嘉湖兵備、前南京禮部郎中、知福州嘉興二府事、邵陽子仁父車大任撰。'"由此,"以湖爲放生池,立碑曰魚樂國"的,是車大任而非劉應鈳。立碑時間是萬曆乙巳而非庚子。萬曆乙巳,即萬曆三十三年(1605),當時郡守劉應鈳去任已離開嘉興。萬曆庚子,即萬曆二十八年(1600),當時車大任尚未到嘉興知府任。

　[3] 按:康熙《秀水縣志》卷七《古跡》、光緒《嘉興縣志》卷八《名勝》"煙雨樓"條及今煙雨樓北牆外側嵌《季公去思碑》作"季舜有",當是。

　[4] 款:至元《嘉禾志》卷三十一《題詠》、萬曆《嘉興府志》卷二十六《藝文》録《煙雨樓》詩,均作"欵",當作"欵"。

　古戰場　舊經云:故戰場在縣南四十五里夾谷中,即秦長水縣古檇李城也。至元《志》。又名吳越戰場,其大者曰東蕩,界桐鄉、海寧間;西蕩,崇、桐相半,皆廣數十里。土人耕地,往往得敗甲朽鏃云。《檇李詩繫》。　國朝張觀瀾《吳越戰場》詩:"檇李城南荒草陂,純鈎畫戟從空揮。黃塵塞天將指落,戰鼓渡江戎馬歸。千年舊事空遺躅,夜雨陰燐照殘鏃。土蝕寒骸剝碎青,啾啾冤鬼來相哭。居民畏祟不敢耕,黃茅白葦皆精靈。刲羊載酒日四五,紙錢窣窣酬鯢鯨。吁嗟封豕由天敗,雪恥夫椒心志息。黑氣橫軍國是危,誰言溺笑猶能сь。余過江南覓舊踪,採香芳徑暗塵封。胥濤夜夜號寒月,似對瘡痍感故宮。"　楊煒《吳越戰場》詩:"極望平原數十里,茫茫春色爲誰綺。烟迷野草綠無垠,亂落桃花泛流水。相傳吳越舊戰場,當日麾旌且摩壘。英雄氣奮屬夫差,踴躍交鋒決檇李。越兵夜宿千人坡,造飯平明埋釜錡。走馬岡頭忽起塵,太宰申胥各睊視。鼓聲震炫駭奔雷,一往桃弧共棘矢。奕奕旗旄柱脚麈,奔突三年不敢止。此時殺氣正憑陵,此時士卒盡爭死。至今常過國界橋,猶見愁雲半空起。精魂飄蕩苦無依,月白霜寒悲不已。土人爲說耕鑿時,敗甲朽鏃出泥滓。往往陰霾火燭天,霹靂聲聞徹遐邇。不堪慘目弔興亡,多付烏鳶并螻螘。吳王霸業易銷沉,句踐寧忘會稽恥。"

馬塘堰　在縣南七里。廣四丈,高二丈五尺,長七十步。舊經云:秦始皇三十七年,東巡至此,改長水鄉爲由拳鄉,遏水爲堰,以厭水市之謠。其堤既立,斬馬祭之而去。至元《志》。　別見《山川》。

讀書堆　在府城東七里,俗名顧節墩,相傳陳顧野王讀書於此。柳《志》。顧野王讀書臺在縣用里街屠諭德園中。劉《志》。　案:譚貞黙詩注:吳涇橋畔有顧野王讀書臺。朱彝尊詩注:在白蓮寺隔水。明陳詩教詩:"荏苒光陰歲月忙,讀書堆上草偏長。藏家卷帙供魚蠹,却喜人稱顧野王。"　高承埏詩:"一邱愁色帶寒蘿,六代風流逐逝波。何處香魂弔書客,蒼苔滿地白雲多。"　案:至元《志》及《松江志》,野王讀書堆在華亭之顧亭林,非嘉興之顧節墩也。嘉興之顧節墩,傳爲野王遺蹟,始見於柳《志》。後之爲《志》者或仍或削,究莫能定。《嘉禾百詠》附考又云:平湖縣東泖上有讀書堆,亦野王讀書處。然則野王讀書堆正不止一處矣。

六萬軍塔　宣和二年,方臘起爲亂。三年,臘將方七佛引軍六萬攻秀州,統軍王子武乘城固守。已而大軍合擊,斬賊九千,築京觀五。《宋史·貫傳》。六萬軍塔在縣長水塘二十里。嘉興湯《志》。　國朝譚吉璁《櫂歌》:"七佛翻來寇秀州,天教媪相得封侯。城南多築五京觀,回首空傳萬歲樓。"　案舊《志》:相傳曹操斬叛軍六萬於此,里人立塔鎮之,說甚無稽。吳《志》已辨其誤。

望虎墩　在縣東南二十五里。柳《志》。　國朝朱彝尊《櫂歌》:"姜家城南望虎墩,郎家城北白牛村。白牛不見郎騎至,望虎何由過郭門。"

飲馬池　顧節墩南。相傳顧野王讀書時,飲馬於此。袁《志》。

洗研池　顧逖翁況隱我里,有洗馬池,在小鹽倉橋。委巷既窮,遂連阡陌。有水一泓,環以老樹,水色沈黑,不生萍藻,亦無涸溢。或曰:我里無馳驟,當是洗研池,非洗馬也。樹間相傳有石,琭珞相映,今爲民居闤闠所侵,已悉徙去矣。《六研齋筆記》。

瑤池　在里仁十一都,去城四十餘里,其名不知所自。曾得殘碑,有大宋殷澄數字。殷,故宋人,好生止殺,一境目爲殷佛子,即郡《志》所載泖南浪翁也。周圍數百尺。《檇李古蹟詩註》。明高道淳《瑤池長生記》:"予里有瑤池,其名已古,不知所自。廣僅數畝,左右通舟。中有小洲濚洄,水族涵濡,託以得所焉。池畔得殘碑,有大宋年號及'殷澄'二字。殷,故宋遺民,好生止殺。元兵感其義,一境獲全,即《郡志》所載泖南浪翁也。天啟甲子秋,予卜葬先贈君於池之上。弔古興懷,因憶先贈君平居,宅前小池,有魚有鰕,顧而樂之,不忍施網罟,於玆永宅,可無念乎!頃萑苻之徒借漁嘯聚,居民深患,計無所出。予率父老鳴邑侯湯公,公鳳豈弟,即給示禁之,立長生石,采入邑《志》,於是前徒漸息,人得安業,雞犬不驚,欣欣相慶,屬予記焉。夫天地之大德曰生,飛潛皆是也。惟居民上者,先有好生之心,然後斯民相率而化,況既消奸宄,又令咸若我侯用心深且遠矣。唐宋之世,所在有放生池,蓋爲人主祈福,若我侯則不待祈,而實心行政,與浪翁古跡並垂不朽。玆土之民,其共遵之,勿忘遺愛。《詩》不云乎:'蔽芾甘棠,勿翦勿伐,召伯所芨。'崇禎庚午春記。"

青白池　在府城東三里。遇水溢,則有青、白二色之異。嘉興何《志》。

鳳凰洲　在縣東南七里。宋隆興間有五色鳥飲啄其上。羣鳥隨集,俄而飛去,羣鳥以散。人皆以爲鳳凰,故因以名洲。前有秀竹清流,後有高岡,兩水環夾,二橋橫亘。今存其一。柳《志》。

紅井　在鹽倉坊。明萬曆間,民人張國仁、國義兄弟一門之內,水性特異,能令染茜,易受色,倍鮮濃,業染家日必以錢市其水。嘉興湯《志》。　明姚士粦詩:“一水好顏色,泛作桃花春。薛濤溪紙上,不及此鮮新。”

石馬　明太祖之收僞吳也,遣華將軍雲龍徇嘉興,城守,未拔。將軍子某先登,殞焉。所乘馬躑躅悲鳴,即化爲石,蹟在毓秀道觀。乙酉,石馬燬於兵燹。《漸川集》。　國朝俞汝言《石馬行》:“自昔天贊縱丕德,房星墮地人不識。塗山少年騎何來,峻耳晶瞳志慓忽。萬里霜飛碧玉蹄,千山日射黃金勒。龍驤奉詔收西吳,聳身踤躞來南國。城頭笳鼓入邊愁,城外雲梯向天密。躍馬先登誰最雄,淮安公子百夫特。蝥弧旗繞雉堞摧,僕姑矢發將軍蹄。此馬長嗁喽入天,斯須化石真龍失。鳳臆麟鬐宛如昨,歷年三百無傾仄。往往天陰鬼火繁,悲嘶彷彿馳南北。何期運改滄海移,橐駝放牧由拳域。綺閣琳宮劫火空,灰飛烟散驊騮匿。豈誠上帝收天閑,變化往來真莫測。不見三都十七陵,駃騠羽衛穹碑側。國破家亡此一時,銅仙泣漢駝埋棘。霜露祠官缺灑掃,金鳬玉盌人間得。何況欹傾蔓草纏,石馬石馬誰人恤。”

圓通寺銀杏　銀杏二株,歷唐宋,至明永樂初,有鸛鳥巢其顚,忽生一鶴,寺僧搆亭其下,曰來鶴。蔣山人爲之記。柳《志》。參于《志》。

高士泉　在新行鎮西圩劉家濱,泉隱水底,又名隱泉。于《志》。

匪遠閣　在胥六都西來圩,爲前明僉都御史、平湖陸溶原讀書隱居處。時與江南李延昰、柏古、王治皞,嘉興盛遠諸逸士詩酒其間。于《志》。

雞鳴臺　在縣東薦橋東塊,方廣約五尺。案伊《志》,雞鳴臺列秀水,于《志》改列嘉興,以其地考之,當從嘉興爲是。

起鳳軒　在圓通寺南院。明史科給事中葉鹿、吳繼美與禮部侍郎曹羲雪勦吟課處。後相繼膺鄉會首選,因以此名,遂爲後人讀書之所。于《志》。

段墅塘　在鍾鎮西南。世傳唐段成式流寓于此,有別墅焉,塘以是名。水中產鰻,無脇骨,俗稱段墅鰻。于《志》。

莊塘　在南暑字圩北,鍾溪之東。其地本名伍莊,伍氏子姓居此,小築園圃。宋末,趙孟個居此,大搆林亭,故時人號爲畫水,有畫水浜。明徐吏部石騏生長於此,後遷於城。石騏嗣子爾穀有《畫水草堂藁》,見孫功燮自記。于《志》。

天馬峯石　在縣東一里。宋尚書潘師旦宅有奇石,號天馬峯。今之天馬橋,蓋取諸是。于《志》。　互詳《園宅》。

秀水縣

射襄城　在縣東北三十里。今廢。至元《志》。　案:此縣指嘉興。吳王禦越之所。《嘉禾百詠考》城址即今聞川。案:趙《圖記》,王江涇,亦名聞川。今秀水縣東北麟瑞鄉,舊管里曰射城。劉《志》市東夾河有橋,厥名猶存,土人轉語曰壽香。蔣之翹《懷古詩注》。

主城　東顧、西新、南于、北主四城,《嘉禾百詠》注云:吳越戰爭時築,後廢。至元《志》。在治北,吳王禦越之所。劉《志》。　案:朱彝尊《櫂歌》主城作渚城。注云:在今城北十五里。

檇李亭　在本覺寺。越敗吴於檇李,即此地。至元《志》。縣治西南二十七里本覺寺,即吴越戰地。後人立亭以識,久而傾圮。宣德七年,寺僧志嵩重建。柳《志》。亭之巽隅有萬壽山,北有空翠亭遺址。姚綬《本覺禪院記》。　宋鄭獬詩:"閒抱琴書檇李遊,仙壇古屋一笻留。驛橋通市人沽酒,湖水依城客放舟。葵扇桃笙聊却暑,蘋花楓葉已知秋。坡翁仙去詩聲在,寂寞林塘卧白鷗。"　梅堯臣詩:"土化吴王甲,骨朽越王兵。五月菖蒲草,千年檇李城。蒲根蛙怒嚎,城上烏夜鳴。吴越滅已久,客心空屏營。落日孤亭間,悠悠鍾磬聲。"　韓維《寄題秀州檇李亭》詩:"雲水浩無極,兹亭安在哉。亭名落人間,足使塵抱開。昔爲兵戈地,今以遊觀來。物變未始窮,千年一浮埃。何時江山秀,曠然當酒杯。"　案:檇李亭有二,其一在金明寺北,見國朝朱彝尊、譚吉璁《櫂歌》有檇李橋,今尚存。

女陽亭　學繡堰上有古塔,塔東舊有女陽亭。嘉興湯《志》。亦名女兒亭。吴《志》。一名種玉亭。秀水李《志》。　案《浙江通志》云《越絶書》:女陽亭者,句踐入吴,夫人從道,産女此亭,養於就李鄉。句踐勝吴,更名女陽,更就李爲語兒鄉。其地大約在秀、石、桐交界之間,然其定處已不可考矣。

羞墓亭　杉青閘北一里,有死亭灣。又北十五里,運河西有羞墓,即葬處。又有羞墓亭、羞墓橋。趙《圖記》。　案:《太平寰宇記》:嘉興縣北七里有死亭灣,即朱買臣爲内史,衣錦還鄉,其妻羞死於此,故號曰死亭灣。范成大《吴郡志》亦載有死亭灣。明高啟有詩。

河内亭　在府城西。漢張武父護太守妻還河内,爲盜所殺。武哭於此,後人立亭識之。趙《圖記》。　詳《孝義傳》。　案:張武事詳具《後漢書·獨行傳》。河内亭,司隸所部,亭名與嘉興無涉。《圖記》所云在城西者,當是後人嘉武孝行,築亭以表之,而目爲河内,以著其事,未可知也。時武之哭父,當在司隸所部河内亭,《圖記》未免小誤,吴《志》嘗辯之。

列岫亭　在普濟院。《方輿勝覽》。　案:趙《圖記》云,在馬場湖南。或院廢之後,移建滮湖之上。

煮茶亭　在縣西景德寺之東禪堂。宋蘇學士軾三過嘉禾,汲水煮茶處,後人建亭識之,遺址尚存。嘉興湯《志》。國朝乾隆壬午,恭遇高宗純皇帝南巡,勅賜寺額曰茶禪。有御製詩,恭載卷首。伊《志》。　明駱雲程《冬日過景德寺,登蘇長公煮茶亭故址》詩:"修篁古木尚元豐,想像髯蘇與慧公。殿角生陰翻隱鴿,草根蝕土咽寒蟲。箬封猶憶催泉遞,粉障重教倩畫工。莫歎陸沈遺斷碣,還留吾黨腋生風。"　案:郡境煮茶亭有四,皆傳爲坡公遺跡。是否,既難追定,先賢遺事又不敢没也,略依舊《志》,分疏於後。本覺寺舊有煮茶亭,爲東坡三過文長老茶話處。《濮川殘志》。　國朝俞㬎詩:"野烟荒草裏,突兀一亭寒。巴叟塔何在,坡仙碑未殘。溪山森欲老,歲月浩無端。瓦鼎當時火,松風夜滿灘。"南湖中,蘇軾與文長老三過湖上,汲水煮茶。《名勝志》。東坡三過嘉禾,每於鴛湖汲水煮茶,後人建亭湖心,遺址尚存。秀水李《志》。一名三笑亭,董少司馬有詩。嘉興何《志》。　國朝朱彝尊《櫂歌》:"馬場漁溆幾沙汀,宿雨初消樹更清。最好南園蘋桂發,畫橈長泊煮茶亭。"注云:"南園别業有桂樹四本,蘇子瞻煮茶亭在水北。"明項長孺《古村詩稿》亦云,湖西佛屋即煮茶亭故址。據此,則南湖煮茶亭不在湖心,而在湖之濱矣。真如教院内,舊有清輝堂、彩雲橋、東坡煮茶亭。柳《志》。

煮雪亭　真如寺有雪峯祖師井、長水肉身塔、蘇東坡煮雪亭。《名勝志》。

流虹亭　流虹坊在興聖寺西。宋孝宗毓聖之地,故取"華渚流虹"義。今在嘉學儀門右,遷學時建。嘉興湯《志》。國朝雍正元年,學使何世璂重建。乾隆八年,知縣趙預再搆,鮑鈖繼之。十二年,知縣閻公銑增葺。閻公銑《記》:"乾隆十年乙丑,余自縉雲調兹邑,下車謁聖,喜廟貌之新,而廡下猶滋茂草。爰易臺以石,周廡甃以甎。制[1]其蕪雜,庶乎境宇長清也。殿東南一亭巍然,曰流虹。志載宋秀王爲丞,於此實誕孝宗,入纘大統。迨寧宗時,即其地建寺,曰興聖。後理宗又賜御書'流虹勝地'四字,或曰勝地亭之所由建也。明嘉靖間改寺爲學,本朝因之。其亭但存遺址,御書碑亦就湮没。雍正初,學使何公世璂闢地重建。尋又廢。乾隆八年,前尹趙公預以振興學校爲己任,將百廢具舉,遂搆斯亭。會以憂去,繼之者鮑公鈖爲立石以記其事。惟是規模雖具,而亭之中欄砌缺如。亭以外垣繚剥落,亭與聚奎閣東西對峙,相形不足以觀美。此知謀始易而作成難,事莫不然也。夫治貴崇本,而後可興[2]復古,苟有志於古,則亦不至荒其本。圖學者,教化之本也。亭者,聖蹟之存也。聖蹟在學,顧不爲之整飭,奚事外求乎。雖求之,抑末也。是用鳩工以成前此未竟之業,并爲後之君子勸焉。"　雲中鮑銓《流虹亭》詩:"丹臅逢新構,伽藍蹟久迷。碧漪華渚並,勝地穆陵題。泥馬摧豐芭,冬青冷會稽。泮池芹藻潔,酹薦一含悽。"　閣公銑詩:"柳岸風光古寺雲,此亭却溽近斯文。人傳倦市遲興聖,天衍香營尚有君。斷碣憶尋何水部,新詩爭誦鮑參軍。我來遊憇乘清晏,未厭諸生話舊聞。"咸豐間燬。同治中重建。案《宋史·孝宗本紀》:帝生于秀州杉青牖之官舍。與此稍異。

【校注】

　[1] 制:《檇李文繫》(正編)卷三十八收閣公銑《流虹亭記》,作"剗",當作"剗"。
　[2] 興:《流虹亭記》,作"與",當作"與"。

　　鏡香亭　在慈恩寺南二十步。今爲營。以上至元《志》。
　　分流亭　喜雨亭　在府治東北。嘉興湯《志》。
　　落帆亭　府北杉青堰上。《輿圖備考》杉青閘,宋嘗置吏,有廨宇及落帆亭。趙《圖記》。舊有宋秀王諸公《送鄉人陳碻持節江東留題》。熙寧初,尉呂溫卿重建。明天啟丙寅,侍御曹谷建亭,祀關帝,立古落帆亭碑。嘉興湯《志》。　明李肇亭詩:"柳枝沙岸夕陽邊,依舊帆檣捲暮烟。軒檻已隨魚市改,登臨空見蘇碑傳。雲生越甸連東海,月上吳波浸遠天。旅客莫愁無住泊,草庵長有一燈懸。"　國朝朱昆田詩:"又攜書卷走風塵,錄別誰行酒一巡。惟有落帆亭畔柳,尚將青眼送愁人。"
　　換衣亭　在天慶觀東三十步,今爲軍鋪。至元《志》宋建,知州姚憲修。嘉興湯《志》。
　　碧月亭　在幽湖橋西。《濮鎮紀聞》。
　　先月亭　在鴛湖西口。嘉興何《志》。岳石梁中丞築園西郭先月亭故址,延攬烟月,滌除塵氛,蕭然有遠寄也。《六硯齋筆記》。　明姚兗《先月亭春酌》詩:"虛亭晚景多,閒棹數來過。竹密微通徑,池平不起波。遊魚親杖履,啼鳥換笙歌。未盡餘尊興,其如明月何。"
　　漱芳亭　在縣西靈光坊,舊陸宣公書院。明正德間,太守徐盈建,後爲兵巡道署。明范言《記》:"貴溪徐公守嘉興之三年,庶政畢舉。猶懼無以表先賢、風後學,則既修陸宣公祠矣,乃祠右有隙地焉,剗蕪發穢,構齋舍數楹,爲講學所,將俾諸生以密邇典刑,尚友千古。乃齋舍之前,坎而爲池,可半畝許,突而爲山,可二仞許,植幽華,列嘉樹,泉泓而露滑,石潤而雲浮,乃亭以臨之,曰漱芳亭云。客有從公登斯亭者,曰申椒蕙茝,郁郁芬芬,亦有蘋藻,于水之濱。于以采之,有馥其馨;于以佩之,有沃其襟。挹漱其芳,優游斯亭。公曰:'適哉!而未廣也。'則又曰:'六經在筍,諸史在匵。羲軒伊始,下逮公穀。詞約而該,言微而緘。挹臨斯亭,載申載復。以咀其華,以嚅其馥。'公曰:'博哉!而未要也。'則又曰:'於唐中葉,赫赫宣公。賊泚稔亂,薦茲鞠訩。王室孔疚,黽勉匪躬。矢口仁義,以啟帝聰。亂式遄已,萬譽攸同。將安將樂,胡天夢夢。曰惟有命,惟職靖共。我登斯亭,儼公在中。欽厥芳只,以拜下風。'公曰:'休哉!其斯所謂,漱芳者乎?'乃言歷階,而進且言:'聞之君子之爲學也,崇以累功,虛以受善。匪累則懈,匪受則驕。斯亭之構,公殆教我矣。池虛法其受,山崇法其累,執斯二者,邁往以前,何遠不至,豈直與宣公爭芳而已。'公聞而壯之曰:'勖哉!子無忘於斯言可也。'命志之壁。"
　　舉趾亭　在澄海門外七里,洪武三年建。弘治間,貳守鄭循新之。以上嘉興湯《志》。
　　聞喜亭　陶龍見書額。《聞川雜詠注》。在王江涇。伊《志》。
　　西施粧臺　在府治西南范蠡湖中,有遺址。產異螺,陰雨輒紓五采。趙《圖記》。一名西施冢。嘉興湯《志》。　國朝繆泳詩:"吳宮昔日綺筵開,越女承恩上壽杯。回首湖南歌舞地,夜深明月照粧臺。"　濮啟元詩:"霧縠輕飄舞袖香,翠翹初試內家粧。一奩秋鏡螺紋現,還憶金釵十二行。"

有斐亭　在仁文書院後。明萬曆間建，劉允繩有記，并銘。伊《志》。

讀書臺　在春波門西南一里，馬場湖之滸，唐陸宣公讀書處。今碑刻、龜趺俱仆水中。

三過堂　本覺寺即古檇李，舊號小長蘆，東坡爲文長老賦詩處。周必大《吳郡諸山錄》。東坡與文長老游，三過於此。詩有曰“三過門前老病死，一彈指頃去來今。”因名其堂。至元《志》。　案嘉興湯《志》：在縣西二十七里。熙寧間，蜀文長老主禪席。學士蘇軾三過訪，而三賦詩。慶元初，僧本覺勒三詩於石，有跋。蘇軾《秀州報本禪院鄉僧文長老方丈》詩：“萬里家山入夢中，吳音漸已變兒童。每逢蜀叟談終日，便覺蛾眉翠掃空。師已忘言真有道，我除搜句百無功。明年採藥天台去，更欲題詩滿浙東。”又，《夜至永樂文長老院，文時臥病退院》詩：“愁聞巴叟臥荒村，來打三更月下門。往事多年如昨日，此身未死得重論。老非懷土情相得，病不開堂道益尊。惟有孤棲舊時鶴，舉頭見客似長言。”又，《過永樂文長老已化》詩：“初驚鶴瘦不可識，漸作雲歸無處尋。三過門前老病死，一彈指頃去來今。存亡慣見渾無淚，鄉曲難忘尚有心。欲向錢塘弔圓澤，葛翁川畔待秋深。”嘉定甲申，僧元澄建東坡三過堂。宋釋居簡《三過堂記》：“或謂東坡因鄉里道舊故，若逃虛喜登然，爲文遊本覺，是豈知公者耶？公以熙寧五年攝開封府推官，乞外，通守杭州。之明年，有事於潤，道過檇李，尋訪焉。而蛾眉翠掃，形於聲詩，抑見文固有以致公者。後六年，自徐移湖，再過焉，文病且老。又十年，自翰林學士累章請郡，除龍圖閣學士，知杭州，又過焉，文死矣。所謂‘三過門前老病死’，於以見其致意於文甚深。慶元初，蜀僧本覺來住山，得公第三詩於禮部尚書楊公汝明家，遂集帖字，同前二詩登諸貞石。尚書西歸，題字於賢良鄧公諫從之左。至今樵豎牧兒能指點詫行路人而言曰：‘東坡三過此，賦詩而去。’公負剛明勁正之氣，與姦邪並進，爽拔不可干，若千崖高秋，松桂精神，草木凜栗，助寡忌衆，直行徑前，危機直施，命亦幾殆。煙江瘴海，至輒忘返，虺鄉虎落，縱浪吟嘯，不知死生患難爲何物。然則頡頏翔鳴，物莫我攖，不足爲之榮；羈窮窘局，動與禍觸，不足爲之辱。汎乎水盈科，浩乎雲無心。至今望之，邈在天上。住山元澄作堂曰‘三過’，補山中闕文而以致其思，是記刻舟之迹而語人曰劍在此。予又爲之記，與尋劍何異哉！澄，行吾法，中猶子也，號古潭。嘉定甲申，潼川北礀居簡記。”明宣德壬子，僧志嵩重建。成化庚寅，僧宗瑾重修。嘉靖丙申，知府鄭鋼重修。呂希周《記》。萬曆甲申，知府龔勉重修，堂後闢室，肖像祀焉。鍾庚陽記，龔自有詩。國朝乾隆二十五年，寺僧重修。嘉慶三年，杭嘉湖道，今按察使秦公瀛、知府伊湯安重建，並塑東坡像，彙次舊文刊石。伊《志》。　按察使秦瀛《碑記》：“三過堂者，在嘉興本覺寺內，宋蘇文忠公訪蜀僧文長老處也。寺距郡城二十七里，即古檇李亭地。公以熙寧五年通守杭州。其明年，有事於潤，道檇李，訪文長老於寺。後六年，自徐移湖，再過焉，時長老既病且老。又十年，自龍圖閣學士出知杭州，復過寺而長老死。公前後凡三過，皆有詩。而所謂‘三過門前老病死’者，則公第三詩也。慶元初，有僧本覺者，亦蜀人，來住持，得公第三詩於禮部尚書楊公汝明家，遂集帖字，同前二詩刻之。嘉定甲申，僧元澄始建三過堂，後寢廢。明萬曆中，太守龔公重葺，以祀公。郡人彭輅屬其門人周履靖貌公像，勒諸石。烏虖！跡公生平，雖蠻荒炎徼，輒有遺跡，何獨區區斯寺而後人思公不置。爲之堂，復爲之像，過斯堂者可以興矣。嘉慶三年夏四月，余自京師還，泊舟寺外。問所爲三過堂者，寺僧濟如導余入，見所置石像之室頗庳陋，非堂之舊。爰與嘉興守、長白伊君湯安議釀金，別建屋爲堂，中奉公像，而以左右壁嵌三過詩及前人諸碑碣。濟如既踴躍視事，以是年冬十月三過堂成。夫公故蜀人，遠宦數千里外，與蜀僧遇，不勝其懷鄉念國之思。今余以吳人官此，絕無羈宦之感，動乎其中，蓋所遭之同不同如是。龔公名勉，無錫人，歷官至浙江布政使，蓋余鄉先進云。浙江分巡杭嘉湖海防驛政兵備道、無錫秦瀛撰。”　宋王希呂《本覺三過堂》詩：“門外驚風吹細沙，入門水氣湛清華。呼童試向林間看，岩桂應開第二花。”　文及翁和東坡韻詩：“萬壽山藏不二中，九峯峯下善財童。敲門問竹機鋒觸，倚檻看花色界空。汝坐蒲團曾有夢，我來芻牧媿無功。吳天蜀地原相近，月照莪眉日又東。”“身滿華嚴法界中，香廚底事感天童。須知本覺從何覺，纔悟真空自不空。若有相時還說夢，到無言處却收功。一鉤月上星三點，汝向西來我面東。”　明張寧詩：“閑過檇李覓遺踪，三過堂開法界中。徑草尚餘含宿雨，林花猶自笑香風。雲埋木榻寒相互，月照蘭尊色映空。鐘靜水南纔夜半，隔江楓樹幾村紅。”　徐霖詩：“修竹俯長川，幽境帶平野。蕭蕭水竹村，忽覩此蘭若。秋香垣塹深，采芝不盈把。叢深衆鳥喧，日永便幽雅。尸居闐羣動，天地自陶冶。地水與火風，四大形本假。人生非金石，誰是不朽者。古人已云邈，事業空土苴。百年三過堂，來看壁上寫。”　楊循吉《和前韻》詩：“古寺近郭住，不俗亦不野。夾門皆長松，秋色垂蘭若。

此宜静者得,乃入吾弄把。一時獵娛戲,獲覩東坡雅。此翁雲霞人,豈受天地冶。意真不在詩,非詩意何假。自翁三過來,豈復無過者。課誦千百遍,掃跡更土苴。幸在堂門中,更見徐公寫。” 王世貞詩:“五馬駸駸白髮中,文殊已老尚呼童。由來萬劫俱成幻,何必三過始悟空。此日使君真好事,當時長老不言功。若同圓澤論行逞,只在錢塘東復東。樹杪招提郭外村,端明遺偈鎮山門。高僧夏臘何煩計,前輩風流可重論。謁罷只知詞客貴,覺來真讓法王尊。尚疑此話多人我,何似翛然兩不言。蓮社老僧隨幻去,蓉城學士也難尋。三毘尼地無生死,一剎那間有古今。不向空王拋世法,却從初地寄鄉心。法堂總自巍我在,還有茱萸探淺深。” 屠應坤詩:“東坡居士曾三過,懷柏山人偶一來。黃菊夜寒凝細雨,蒼苔晝静絶浮埃。時逢野衲開詩卷,坐對山雲啜茗盃。誰送蒲牟聲百八,海門風約暮潮回。” 國朝梁澤《次東坡原韻》詩:“拜倒先生萬卷中,焚香想像憶兒童。交期生死都無負,悟到文章總是空。世路險從閒裏過,天機深見静來功。眼前妙處同巴叟,月轉西輪日又東。” 徐嘉炎《次東坡原韻》詩三首:“淒涼遺跡晚烟中,行子追尋問牧童。蜀地才人常作客,峩眉開士本談空。罽心自慰飄流恨,禪悟端資寂静功。着屐苔根何處是,橫塘春水任西東。”“杜公秦棧返羌邨,蘇子吳吟憶蜀門。詩案烏臺前代白,文壇赤幟後人論。自憑傲骨爲名士,空説奇才動至尊。方外交遊稱法侣,許恂支遁久忘言。”“翰墨流傳祇樹林,竭來猶得更追尋。雲山共爾流天地,烟月依人自古今。萬里錦江懸客夢,三年瓊島破愁心。相看剩有桐花路,野鳥啼殘綠樹深。” 按察使秦公瀛《本覺寺訪三過堂遺跡》詩:“南湖無恙柳絲絲,柳外招提隔水湄。偶卸吳帆尋橋李,曾聞蜀叟話峩眉。寺門寂寂歸雲在,人代茫茫有鶴知。七百年來彈指頃,漫捫蘚壁讀殘碑。”今燬。

三瑞堂 許恂如詩註:洪忠宣皓,宣和中司録秀州。年饑,矯留綱米,全活十萬。子三:适、遵、邁,秀人建三瑞堂祝之。俗謂一歲禾三穗,及呼三教、三家皆誤。吳《志》在市心醋坊巷。秀水任《志》。 案任《志》又云,萬曆己亥,項内翰臯謨修葺,請於當道,題曰:“十萬人命,公願易以一身。”三瑞堂祠,民豫祝其三子,蓋紀實也。當時稱“洪佛子”。秀軍叛,相戒勿犯洪佛子家。

東坡臺 在縣西本覺寺。柳《志》。報本禪院有橋李亭,東坡與文長老往還,嘗遊於此。有東坡館。至元《志》。

興賢館 在興賢坊貢院前,取賓興賢能之義。後鄭守定改立興賢館。至元《志》。 案:《括異志》:嘉興貢院原是州學,今有采芹橋、泮水之舊,規在焉。後遷學於鳳池坊,此地遂爲貢院。至元《志》:貢院在北門内衆安橋之西。又云:學舊有貢士莊,經始於無惉趙端明,迄成於菊坡趙都運。而退菴吳大參又撥没官田爲之助。凡貢士之上春官者,分送各有差。今科舉法廢,而貢院亦壞,貢士莊僅存。

風光太子樓 爽溪之西,相傳唐宣宗潛邸之所。宣宗爲光王時,避武宗害,薙髮爲沙門,更名瓊俊。由鹽官安國師所掌書記來隱於兹。案:事詳《唐遺事》。至兀术之燹,僅遺御容、書額。有御書閣、爽溪樓、大中亭、迴龍橋、爽溪橋。柳《志》。亭在縣西爽溪水西寺。案:一名資聖寺。風光云者,即用宣宗“風光在水西”句也。樓跨水上,有宣宗像。天啟甲子,燬於火。嘉興湯《志》。案:《輿地碑目》:資聖院碑在嘉興縣,唐宣宗書寺額。宋釋克新[1]《題宣宗詩後》:“《唐遺事》載宣宗爲光王時,以避武宗之害,因從香巖閑禪師,更名瓊俊,祝髮爲沙門。復從閑遊廬山,問道諸老。入吳,謁鹽官安國師掌書記,既而遁迹嘉興水西。未幾,武宗登遐,乃爲詩曰:‘殿閣連雲接爽溪,鐘聲還與鼓聲齊。長安若問江南事,報道風光在水西。’書路歧人背,使往長安,示朝臣,由是迎歸即位。尋敕水西爲資聖禪寺,寺至今有宣宗遺像,曁親書字額存焉。予來領此,訪得其詩,而江浙左丞周公伯温爲書諸石,以垂不朽。或以爲宣宗之隱,乃宣州水西,非此也。然《遺事》云:‘宣宗即位,首建興唐、資聖二刹。資聖在今寺名爲鹽官,今爲海寧,於嘉興爲近。由是觀之,則此爲宣宗之隱,與建無疑矣。宣宗與閑在廬山《吟瀑布》詩,閑得前二句云:‘穿雲透石不辭勞,地遠方知出處高。宣宗應聲續云:‘溪澗豈能留得住,終歸大海作波濤。’先後事也,故并書之,使後之覽者得詳焉。” 明張翼《爽溪樓》詩:“寺下幽溪小,登樓亦爽神。簷虛多受月,天近不生塵。唐代風光遠,宣城氣象新。何時暫棲息,瀟灑一吟身。”

【校注】

[1] 按:克新非宋人,《橋李詩繫》卷三十:“釋克新,字仲銘,號雪廬,自稱江左外史。鄱陽人。宋尚書

左丞余襄公九世孫。始業科舉，朝廷罷進士，乃更爲佛學。益博通外典，務爲古文。元末住秀州資聖寺，即水西寺也。與楊廉夫、顧仲瑛遊。明初召至京，命克新等三僧往西域招諭吐蕃，圖其山川地形以歸。初著《南詢稿》，燬於兵，今惟《雪廬集》行世。"

月波樓　在郡治西北二里城上，下瞰金魚池。宋至和甲午，知州令狐挺立。越六十載，知州毛滂修。樓成，置酒其上，乃爲之記。毛滂《月波樓記》："甲午秋七月，秀州修月波樓成，假守毛滂置酒其上，因語坐上客曰：望而見月，其大不過盤盂，然無有遠近，容光必照。而秀澤國也，水濱之人起居飲食，與水波接。此二者，秀人咸得而有之。昔令狐君挺爲此樓，以名'月波'，意將攬取二者於斯樓之上。謂守得籠爲己物，時分餘光以及賓客，顧不見笑於大方耶！是雖繩樞甕牖漁樵之舍皆可以得，二者之勝寧待登此樓而後得之。然昔人升車褰帷裳，意當高視遠眺，或者登樓四顧，使能明目洗心，有如月與波者乎？則其治民，猶越人之治病，豈不盡見五臟之癥結耶？令狐君之名樓，豈有意於此？今樓之下，池水纔尋丈間，亦聊足鷗鷺爾。極目野田，無三數里遠。鄭毅夫題詩其上，乃云：'野色更無山隔斷，天光直與水相通。'毅夫之喜誇也如此。雖然，天下孰大，泰山或爲小；天下孰小，秋毫或爲大。而大小之相去，殆出吾方寸間，蓋亦不可以語人矣。故此樓目力所及，雖不如毅夫言，倘以爲大，則窮日月之出入，極江海之泛濫，要當一眼吞之，是豈不近出目睫之間者？樓前翠瀲如縈帶，而高柳橫塘，遠入孤村，野花水草，微見幽處。闌干下瞰，煙雨空濛，朝霞暮雲，凌亂衣袂，徘徊徙倚，心舒目衍。蓋可以散鬱滯而忘吾憂也。故老爲余言，此樓建於至和之甲午，規模甚陋，亦幾圮而僅支。今又當甲午，一變而壯麗若此，獨恨登覽者有時而老，而此樓固突兀百尺，與光景蟬連俱在也。滂聞而嘆曰：'樓雖壯且麗，顧可恃哉！壯當有時而傾撓，麗當有時而漫滅，蒼煙白霧，而荊棘之所叢；頹垣斷塹，而狐狸之所家，祇使後人來發悲慨爾！'今邦人相與出敖而喜甚，徒以有此樓故也。至其人散酒罷，水波月出，余獨擁鼻微嚾，捋鬚遐想，蓋意已超然遺塵埃，出雲氣，將不月而明，不波而清，不樓居而高也。吾於此時蓋得佳處，且將以遺來者，異時而登臨而及予所後者，予雖不及見，意其若見予也。蓋初不以此屬於人。政和四年十一月□日記。"建炎兵火，廢圮。乾道己丑，知州李孟堅重修，未落成，李解綬去，知州藏成之。至元《志》。　宋陸蒙老詩："月移宮闕下銀潢，碧轉闌干萬頃光。我是水精宮裏客，倚樓猶是羨滄浪。"　辛敬《月波秋霽》詩："孤城何迢迢，飛樓且咫尺。初月照江波，吳船夜吹笛。秋清野寺靜，露下蘋洲碧。不見牧魚人，疎鐘起遙夕。"　吳潛調寄《滿江紅》詞："日薄寒空，正澤國，一汀霜葉。過萬里，西風寒雁，數聲哀咽。耿耿有懷天可訴，悠悠此恨誰能說。倚闌干，老淚落關山，平蕪隔。

提短劍，腰長鋏。昔壯志，今華髮。有江湖征棹，水雲深闊。要斬鼈鼉埋九地，可憐烏兔馳雙轍。羨渠儂，健筆掃磨崖，文章別。"　毛滂《重九　調寄點絳唇》詞："手撫歸鴻，坐臨煙雨簾旌潤。氣清天近。雲日溫欄楯。　壓玉浮金，一醉留青鬢。風光勝。淡粧人貌。眉黛生秋暈。"

星湖第一樓　嘉興縣學，舊爲興聖寺。中有星湖第一樓。吳《志》。　國朝譚吉璁《櫂歌》："蘇小墳前水北流，苕花梧葉滿園秋。月華不與高城隔，飛上星湖第一樓。"

湖泩樓　在五龍橋畔，即凌虛閣故址。嘉興湯《志》。　案鄒《志》：凌虛閣舊在鴛湖，屼然水中。或云即金明寺之湖天海月樓。

十雨樓　在秀水縣治東北二里許玄妙觀，因禱雨有應，故名。鄒《志》。

張循王米莊　在縣北百步橋側。宋紹興三十一年十月二十九日，循王張俊子、敷文閣待制張子顏等，以王師進討金人，兵食浩大，獻米十萬石，內五千石在百步橋莊交割。嘉興湯《志》。

不花莊　許恂如詩注：秀水縣城北二十里，元丞相不花莊，今訛百花。《浙江通志》。

辟塞　吳故從由拳辟塞，渡會稽，湊山陰。辟塞者，吳備堨塞也。《越絕書》。辟塞渡在拱辰門外一里。明洪武初，置演武場。嘉靖中，徙杉青閘北。今稱其地爲武寧里，俗稱舊教場。嘉興湯《志》。

五臺山　在精嚴寺西北。晉[1]寶安禪師住北嶽五臺，親運土石，卓庵居之。因名。至元《志》。

【校注】

　　［1］至元《嘉禾志》卷十四《古蹟》"五臺山"條作"昔"，當作"昔"。

　　陶家山　　在陶侍御宅後，築近二百年，巒壑翳薈，登眺足以取暢。《聞川雜詠》。

　　嘉禾墩　　杉青閘後有嘉禾墩，即孫吳時產嘉禾處。《方輿紀要》宋有嘉禾亭。《名勝志》。　案《三國志·吳書·孫權》：黃龍三年，由拳野稻自生，改爲禾興。冬十二月丁卯大赦，改明年元，即此。

　　倭墩　　在射襄橋夾河，水中有石，勒"平倭大捷山"字，俗稱倭墩。《聞川雜詠注》。　案《聞川懷古詩》注：嘉靖年間，戚繼光、俞大猷勦倭於此，立石紀功，旌其地曰平倭涇，搆亭覆之。

　　鶴渚　　在縣南二里，宣公舊宅，放鶴之所。柳《志》。即裴島是也。吳《志》。

　　雋李池　　嘉興縣北三十里，有雋李池。案：雋即檇。是吳越戰敵處。《吳地志》。吳造城艦處。袁《志》。　案：池今莫詳其處。明蔣之翹以爲當即雁蕩，未知是否。

　　陸瑁池　　即今之南湖。秀水李《志》。　案：祝穆《方輿勝覽》：南湖作西湖。至元《志》列於松江府。《江南通志》亦載之。瑁，字子璋。《三國志·吳書》有傳。

　　金魚池　　普濟院在慈恩寺之西南，原名金魚寺。以刺史丁延贊得金魚於池，而池在寺之前。後爲放生池，上有月波樓。至元《志》。參秀水李《志》。　宋梅堯臣《金魚池》詩："誰得陶朱術，修治一水寬。皇恩浹魚鼈，不復敢垂竿。"　王安石詩："野人非昔人，亦復水上居。紛紛水中游，豈是昔時魚。吹波浮還沒，競食糠粃餘。吞舟不可見，守此歲月除。"　案：金魚池爲唐刺史丁延贊得金鯽魚於此，故名。祝穆《方輿勝覽》謂即陸瑁養魚池者，非是。

　　放生池　　在郡治東北一里舊放生池。唐乾元元年置法空寺，錢氏改輪王寺，宋改兜率寺，今爲北營。至元《志》。　詳《寺觀》。

　　清涼池　　在郡厲壇後，即宋菩提寺址，有池曰清涼，中有石塔，現存。嘉興湯《志》。

　　荷花池　　宋元祐間，令狐挺種蓮於望吳門外。城之北名荷花池，俗訛爲荷花地。許恂如《秀州百詠注》。　國朝馬壽穀詩："荷花池隔藕花溪，十里香風路欲迷。東岸芳洲更何處，鷺鷥飛過夕陽西。"

　　鳳凰池　　在府學前，本參政婁公機宅，故有"中書鳳池"之稱。嘉定中，郡守鄭定表爲鳳池，後廢。柳《志》。

　　飲馬川　　端平橋北官塘內有飲馬川，由吳越兵爭得名。許恂如《秀州百詠注》。　案許説，他無古據。今其地尚稱飲馬湖。

　　繰絲泉　　能仁寺之東，下通泉脉，大旱不涸，鄉人取以繰絲，色倍光潔，因名。伊《志》。

　　嚴將軍井　　在天寧寺殿後。世傳迺其故宅。柳《志》。　案嘉興湯《志》：一在毘盧閣後，一在大雄殿左。水皆甘冽，大旱不涸。

　　靈光井　　在精嚴寺。寺本晉徐尚書別業，因井夜發光，遂捨宅爲寺。成帝賜名靈光，故井亦曰靈光。至元《志》。今在寺外東南隅，供民汲取。伊《志》。

　　葛仙翁丹井　　在天慶觀。《嘉禾百詠》詩註：觀有葛洪書額，遭兵火不存。世傳東偏一井，歲有丹浮起，因名焉。考天慶觀本名同元觀，雍熙三年改棲真觀。大中祥符五年，置聖祖殿。其一《井銘》，軍事推官解九皋擬徐鉉《茅山許長史井銘》爲之。銘曰：粵彼靈泉，涵□□□。二處方開，一時爲盛。松檜影臨，江湖脉應。汲之不竭，綿綿永永。九皋，鉉門下士也。雍熙四年立。至元《志》。觀今已改爲城隍廟，井在東北道房內。嘉興湯《志》。　案：井今在嘉邑城隍神寢殿之東，有石刊識焉。

　　楊將軍井　　在子城西北二百步。柳《志》。將軍爲守將，時城陷，不屈，赴井死。地故有井，歲旱不竭。明張寧《楊將軍廟記》今府治西北鳳池坊有古井庵，即楊將軍廟。伊《志》。　案柳《志》：世傳將軍嘗入井斬妖蜃，出而立化爲神，與張寧所記不符，辨見《壇廟》。

　　吳公義井　在縣西北象賢鄉九里匯。宋乾道丙戌，邑進士吳伯凱，慶元乙卯知勸農事，浚井以便汲，民沐其澤，建祠祀焉。萬曆中，邑紳姚思仁、吳一貫等重葺。有《碑記》。嘉興湯《志》

　　郡城百井　明嘉靖三十三年，大旱水涸。時有海寇警，水不給用，民困甚。郡守劉慤捐俸鑿百井，民皆感之，搆碑亭記焉。《菁陽集》。　案：郡百井，范言有《記》。

　　綠香井　一作綠香泉，有吟香閣，在錦帶湖。《浙江通志》參鄒《志》。　明薛應旂《綠香泉》詩："井洌寒香地有靈，品評且莫説中泠。鏡空碧甃疑桐月，雷轉銀牀瀉玉瓶。擬合龜蒙依顧渚，還從鴻漸入茶經。杜陵老去詩腸渴，餘滴分來睡已醒。"

　　舞蛟石　在縣東南府前坊，范水部應賓家。今爲鹽官朱洪業所居。嘉興湯《志》先在清宛堂，後在徐隨州宅，隨州殉難，以宅爲祠，石在祠內。《浙江通志》。　案：岳和聲《舞蛟石歌序》云："石高三十尺，廣六尺，側眠之，若離而合者三，怒目深爪，若飢蛟舞墊。相傳有牝、牡二峯，此故其牡，蓋李唐間物。籜而字之者，趙松雪也。"朱洪業作《舞蛟石傳》，大略相同。近朱彝尊據元黃玠《弁山小隱吟錄》，欲更爲蛇蟠石，作詩紀之，似亦未確。仍其故稱可也。　國朝唐夢賚《同吳海木看舞蛟石，兼訪陳堯夫徵君，海木作長歌，余取其意和之》詩："踏秋投刺春波門，沈子邀看舞蛟石。其石嵌空侵霄漢，老藤怒踞張赤帟。舞蛟鑱字大於升，云是承旨趙公之遺蹟。嘉禾百里曠無山，此石五丁或遙攙。傳經艮嶽黃帕封，麗譙門啟不容尺。以此流落向人間，花石綱使難爲没[1]。同行吳子發長歎，摩挲千言不能釋。我爲作歌答吳子，世間萬事如薪積。伯鸞傭屋皋伯通，孝然土坐廬無席。人生棄擲亦偶然，拭君清淚勿深惜。君不見西馬橋邊徵君宅，依舊喧雜魚鰕市。何曾高門畫鼓榮雙戟，與子且復嘯湖山，人生能著幾兩屐。"今祠燬，惟石尚存。

【校注】

　　[1]没：唐夢賚《志壑堂後集》卷一收《和海木所作舞蛟石歌》作"役"，當作"役"。

　　翔雲石　在玄明觀。天將雨，有雲起石上。後爲張士誠昇去。《濮川紀略》。石本濮氏園中物，高二十餘尺，玲瓏奇幻，後失所在。《濮鎮紀聞》。　案：翔雲石旁有石穴，涓流，味甚甘洌，稱爲雲泉云。明王文正詩："雲氣渺何處，仙壇空有名。五花雲靉靆，一朵石崢嶸。劍合龍津杳，旛招鶴舞輕。苔深春不掃，摹碣寫金莖。"

　　蛇蟠石　濮樂閒園中物。《濮鎮紀聞》。　元黃玠《蛇蟠石歌爲濮樂閒司令作》："吾聞萬物之精上浮爲列星，天星之精墮地或爲石。此石似蛇蟠，其故要非人所測。我疑芒碭赤帝子，拔劍斫地白蛇死。老嫗夜哭天不聞，羣小連蜷化爲此。又疑愚公移山時，此物欲與山俱飛。蒼黃不及蛻皮骨，操蛇之神手脱遺。年多物變形質在，豈有毒心猶未改。睨之非蚪亦非巴，雪色真類蘄州花。徂徠小松葉如髮，一龍五蛇相紐結。咫尺常疑雷雨來，尋常頗耐冰霜洌。醉李主人初得之，舉杯彈琴詠新詩。便能雅拜亦不俗，未可謂笑元章癡。"

　　學繡塔　學秀堰在縣西南九里，舊傳西施學繡於此，故名。今爲學秀，訛也。至元《志》。在通越門外運河塘上。柳《志》。　案：江孟亭《蝨殘小語》：嘉興西南九里有地名岳秀。故老云，岳某家婢也。有某生公車道經其地，遇病不能行。秀爲進湯藥愈其疾，又飲以資斧。生德之。後及第，欲婆爲妻，而秀已死。生於埋骨處建塔爲報，名岳秀。盛百二《續筆談》亦載之。據此，則是學秀者，岳秀之訛也。但其説亦少古據，姑附存之。

　　銅棺塔　遺愛坊有普寧王廟，古傳嘉興縣令有善政，天降一銅棺，蓋自開，令入焉。吏挽留之，遂折臂，故名遺愛。至元《志》。　國朝桑調元《秀州紀別》詩："開落藤花往事空，轉蓬又度幾秋風。虛齋倒影銅棺塔，研席猶留塔影中。"

壕股塔　府南澄海門外隍池中,有塔七級,屹然獨立於烟波之中,其水灣曲如股。塔高十丈,制極工巧,面湖背城,林木翁翳,昔賢名勝多構於此。蘇東坡與文長老曾過此茶話。《輿圖備考》。參嘉興湯《志》。　案:梅花道人《嘉禾八景圖》,股作罟,自題詞所云"窣堵玲瓏插濠罟"是也。　國朝凌大田詩:"清流一派曲,百仞湧城壕。影蕩玻璃碎,風鈴柳外高。"

義婦坡　在秀水縣。《後漢書·列女傳》:呂氏字榮,吳郡許升妻也,居於此。《浙江通志》案:榮遇黃巾賊,義不受辱而死。事具《後漢書·列女傳》。柳《志》云:糜府君聞榮高行,遣主簿祭之。又出錢助縣為冢於嘉興郭里壖北。《太平廣記》《文樞鏡要》皆云:刺史名其里曰義婦坡。又案《後漢書》:桓帝永興二年,糜豹為吳郡太守。是則柳《志》所稱糜府君,正糜豹也。

驛亭埭　府西。唐乾寧四年,楊行密將田頵攻嘉興,屯於此,為吳越將顧全武所敗,自湖州奔還宣州。《方輿紀要》。

荷塘　玄明觀後,五池相連。元時濮氏徧種荷花,八景所稱荷塘晚風,是也。《濮鎮紀聞》:明宋濂《荷塘晚風》詩:"林塘日暮彩鴛飛,涼動汀荷香滿衣。落日半竿花未睡,采蓮人逐釣船歸。"

七賢遺蹟　天慶觀在郡治西北一里,本名同元觀。《嘉禾百詠注》七賢遺蹟:一、嚴陵陽燄;二、蹇子虔水;三、葛洪書額;四、吳道子貌真;五、張僧繇鷹,以致殿宇無燕雀巢;六、顧虎頭神二,為巢賊竊去;七、飛仙,失名氏。遭兵火,並無存者。外有唐開元鐘,其聲洪,今破矣。梁朝檜、枝柯偃蹇,奇怪可觀,有石刻"梁朝檜"三字在其下。七寶上帝像,至元《志》。今觀址改建城隍廟。劉《志》。　案柳《志》寥陽殿下引舊志云,有葛洪所書牌。袁《志》作書寥陽殿額。《通志》因之,考寥陽殿在同元觀內。觀立於唐武后文明元年,則是稚川書額,未可遽信。

管夫人畫竹　在福善寺。元建寺,甫成,趙子昂偕夫人管道昇來遊,畫竹於殿壁,遠近稱為勝觀。《濮鎮紀聞》。

會心仙畫　在府治西北會心道院。元順帝二年,有雲水道人借榻投宿,至五夜,索筆於院主,不與。至曉,視玄帝殿兩壁,揮灑六大雷神於上,威武奮揚,令人膽落。題云"雲陽譚氏大極子蒼巖作。元統甲戌中秋日謹題。"至今墨汁淋漓,光彩照耀。其被屋漏痕處稍模糊。嘉興湯《志》。

影僧柱　僧影在三塔寺左司憲牌坊石。秀水任《志》。　案吳《志》:陳美訓有《血影禪師傳略》。

龍墳　在復禮鄉小律原。耕者時得龍骨,相傳大禹治水至震澤,瘞龍骨於此。劉《志》。　案:史鑑《西村集》有《龍墳志略》,稱大禹斬黑龍以祭天,其說小異,不備錄。

真如寺古松　葉變《古松歌序》:真如寺有古松,云是齊梁間物。秀水任《志》。

嘉善縣

高卧亭　在魏塘鎮。宋宗室若誦建。嘉興〔善〕倪《志》。

四香亭　在清風里仁濟道院,周文襄忱治水時所建。嘉善戈《志》。四香謂雨香、露香、月香、雪香也。嘉善于《志》。歲久亭圮,里人戴容、浦鼇、蔡維熊重建。明周忱《四香亭》詩:"臺鑌陰雲日正長,枝枝朵朵媚春光。花朝醉臉庭前渥,撲席時聞散雨香。紅白蓮開鷗夢長,錦雲重疊映波光。高低影落欹風舞,亂滾明珠瀉玉香。簾捲星河夜漏長,一林清氣沁秋光。誰知天上黃金粟,萬籟銷沈噴月香。鐵幹橫斜石徑長,疎花點玉拂寒光。北風颯颯清人骨,天地無塵對雪香。"

得泉亭　在風涇致和橋東。《百城煙水》。居民顧文昺墾地得錢,見傍有湮井,浚之,以利鄉人。作亭其上,以便汲者。其子友荆請名得泉,葢取錢,即泉之義。周寅詩所謂"凡今錢貨古曰泉，一舉偶然成兩得”，是也。嘉善楊《志》。

留衣亭　汪令貴被誣去，民送者數千人，請以所遺爲念，不得已，解綠衣而去。吳《志》。案《續魏塘紀勝》云：明成化間，歙人汪貴宰我邑，多善政，除奸革弊，不便豪猾，竟爲誣搆，罷職。瀕行，泣送者數千人，羅拜請曰：“侯去，不能留，願留所遺，以爲念侯。”不得已，解一綠衣而去，因建亭名“留衣”。

羅星臺　東城外。嘉靖三十四年，邑令王察言築墩，以阻東流水勢，名羅星臺。神宗初年，司業李自華建關帝殿於上。臺下大銀杏一樹，築墩時所植，樹頂生枝多少，可預卜鄉闈獲雋之數。《魏塘紀勝》。　明曹勳《羅星臺贍田記》：“善邑，澤國也。天目諸山之水奔流直下，東入於泖。我邑苦當其委，輻之衝，啟邑東郭。憑高而望，瀉若尾閭。夫水勢徑而風氣隨之，形家弗善也。神宗初，鄉先達因父老之請，於郭東三里許鳩工築土，爲羅星臺，障下流南岸之半，而稍迂屈之。復建祠數楹，崇事關壯繆，蓋以臺護水，以祠護臺。仗帝靈爽，護邑之父老子弟。數十年來，保聚日固，文教亦日蒸蒸，不可謂非經始之功矣。壬寅，先舅氏顧海暘同鄉究形家言，欲爲邑人永久利，而更昌大之。謂有祠而無奉祠之僧，祠將日荒；有臺而無修臺之資，臺將日圮。乃倡議修築，僧有舍，岸有石，神有香火，規模式廓於舊。越數年，捐田三十畝，以所入三之一贍僧饔粥。仍貯其餘，爲歲時葺臺費焉。嗣後，邑令謝侯鳳皋去任，邑人戴之，醵建去思堂於帝祠旁。潘默庵郡伯以國士之遇，復捐贍田八畝，自輸稅外，例得免役，殆三十年於兹矣。《記》有云：凡有功於民者則祀之，若夫日月星辰，民所瞻仰也。山林、川谷、邱陵，民所取材也，非此族也，不在祀典。今帝之英爽在天，臺之保蓄在地，侯之詠思在人，三善備矣。異時登斯臺者，知人之未可以笑貌欺也，與畏寧愛，愛久則孚；知地之未可以膏衍恃也，與流寧嗇，嗇久則固；知天之未可以寒暑咨也，與幸天事，寧務民事。民事久而天心亦至矣。然則斯田也，雖無幾入，而有備無患，將百世實永賴之，是不可以無記。”國朝嘉慶二十四年，邑人袁敦仁等重修。于《志》

微笑堂　在陶莊東禪寺。周文襄忱嘗駐節，今廢。嘉善于《志》。　明周忱詩：“來從東越住西湖，缾錫隨身道貌癯。鶴慣聞經松下舞，猿頻獻果月中呼。坐來禪定諸緣息，談到真空百念無。微笑堂前又相見，明朝回首白雲孤。”

得月樓　在福源宮。宋道籙唐隱梅建。嘉善倪《志》。　元錢惟善詩：“明月未離海，幽人先倚樓。清臨半江水，高占一天秋。太白偏能賦，元規亦共遊。何人夜吹笛，柳下暫維舟。”

鳴鶴樓　在鶴湖書院內五雲閣上。吳《志》八牕玲瓏，一望桑麻煙火，頗爲鉅觀。《魏塘紀勝》。

缾山　魏塘市南有缾山。宋時置酒務於此，廢罌所棄，積久成山。山前古有洞虛觀。柳《志》參《武塘勝覽》。上有玉皇閣、文昌殿，銀杏一幹二枝最大。黃魯得詩：“惟有缾山銀杏樹，至今猶廢斧斤餘。”《檇李詩繫》。明天啟間，潘炳孚集四方名流，結社於此，書“杏壇”二字，勒石於山顛。《魏塘紀勝》。　詳《山川》。

巘山　學宮明倫堂後。明孝宗時，知縣劉子嘱以内視平曠，疊土爲山，高七丈，廣一十五丈，上有仰高亭。嘉善楊《志》。　案嘉善章《志》：正德七年，知縣王德明疊土爲山。嘉靖元年，郭日增茸[1]。四年，李調元復封而崇之。吳《志》稱劉子嘱，誤也。

【校注】

[1] 按：光緒《嘉善縣志》卷三《古蹟》：“巘山　正德七年，知縣王德明疊土爲山。嘉靖元年，郭田增茸。”卷十四《職官·知縣》：“正德十五年　月　郭田。”卷十五《名宦》：“郭田，字汝耕，陝西長安人。進士。正德庚辰由長子縣改嘉善。堅持冰檗，人有餽遺，峻拒之。陞蘇州府同知。後僉事雲南，十年不調，乞休。御批郭田居官廉平，陞本布政司參議，秩滿致仕。”正德庚辰，即正德十五年（1520）。嘉慶《長安縣志》卷二十七《先賢傳二》：“郭田，字汝耕。正德甲戌（九年，1514）進士。知嘉善縣，性簡直，政令嚴明。嚴操有守，人有餽遺，輒峻拒。時有上書陳其過者，即榜之縣門，引以自罪。”故“巘山”是“巘山”之誤，“郭曰”是“郭田”之誤。

劉公墩　明嘉靖間,郡守劉慤因北城外伍子塘水勢衝突,築臺障之。《魏塘紀勝》。神宗二十六年,知縣余心純築土,建真武殿,西建文閣三層。沿堤植柳,阻北流水勢。閣東曰環碧堂。嘉善楊《志》。亦名柳洲亭。國朝乾隆癸未,邑令梁徵補植柳樹,以復舊觀。一時文士多作詩紀之。伊《志》。　明沈爌《劉公墩碑記》:"嘉靖甲寅,海寇突至,而唐巖先生劉公實為郡守,亟城諸邑之無城者。以吾邑密邇寇巢,厥繫尤重。往來行築,亡慮數四。間至河壖徘徊,深念曰:'是其善邑之尾閭耶!騰涌斯甚,其亟塞之,塞之必崇封焉,與城堞等。'衆皆懼然承命。乃堙其故道,更東闢其口,以利舟楫。又即堙爲高,如公指。登城以望,若嚴兵阨塞,勇夫當關,行旅錯愕,而遭回於是,北流之水側疊循軌,若帶之有縶也,若玉之有玦也。勢合形生,而山水翕焉。是隆然者,負於城陰,特渺小耳。爲利於我邑,其功則鉅,非公博達神解,烏能引五流而東之,以侔功造化耶!明年城成,山東王察言自曲周移令吾邑,雅知慕公,又知是役之始由公也,胥學官弟子落之,合言請名曰劉公墩,著揚盛烈,以方於安石之謝公墩云。又明年,賊平,益經營之。增壤列樹,覆亭其巔,而樹碑於亭。"

磨劍石　胥山右有吳王磨劍石,長可三四尺[1],直指西下,劍痕在焉。至元《志》。　詳《山川》。

姥石　在斜塘福源宮東北田中。石高丈餘,掘下二丈,石益多,蓋胥山脉也。相傳唐開元中,有白髮嫗坐此。問之,不告姓名,倏不見,遂名姥石,俗呼阿婆山。嘉善楊《志》。

鷗石　在菖蒲涇右岸,孫氏田塍之畔。蹲若沙鷗,半隱半現。章《志》所謂胥山之脉,散入平疇者也。其北珂帶河,河北有孫貽椒飛躍園。嘉善戈《志》。　互見《山川》。

憂懽石　在縣福源宮前。明永樂二年,夏原吉治水,時立石以測水。石長七尺有奇,橫爲七道,道爲一則,最下一則爲平水之衡,鄉人視水則之高下爲憂懽,因名。《大清一統志》。　別見《水利》。　國朝沈湛詩:"夏公曾駐節,勝蹟在河干。此地安溝洫,當年怨暑寒。溪痕移上下,心事別憂懽。舊石留官守,沈吟仔細看。"　萬相賓詩:"勞心此片石,潮水東西流。後樂貽來者,先疇服有秋。星言今日駕,月得舊時樓。父老傳聞久,潭空宿雨收。"

種竹所　在魏塘鎮。吳宏道修煉之處。嘉善于《志》。即今縣基。嘉善楊《志》。　明陳約詩:"種竹承母命,母歿不敢違。種竹蕃且殖,子心如母時。憶昔種竹初,一人當一枝。全活至千百,厚德天所知。鮮碧澹煙雨,空青映軒墀。亭亭冰雪容,森森歲寒姿。別來四五載,竹茂青雲齊。所植既蕃衍,所活恒倍蓰。維舟武川上,望見青猗猗。主人許徑造,操觚來賦詩。"

羅漢像　光德庵藏貫休畫羅漢像十六軸,傳寶數百年,近爲邑豪購去。畫像十六軸,有四番、四漢、四老、四少之別,筆端變化,神妙不測。《魏塘紀勝》。　案于《志》載,有茜涇顧仲瑛別業,曰玉山佳處。查曹庭棟《魏塘紀勝》云:崑山縣亦有茜涇,元顧瑛營別業于彼,曰玉山佳處。玉山,崑山也。于《志》以茜涇名同,誤收,今刪之。

海鹽縣

馬嗥城　在縣治東南三百步。《名勝志》。高一丈三尺,周回二里。《海鹽圖經》。馬嗥者,吳伐越,道逢大雨,車敗馬失,騎士墮死,疋馬啼皋。《越絕外傳·記地傳》。谷水之右有馬罜城。案:皋、嗥字通,酈注作罜,又皋字之訛。故司鹽校尉城,吳王濞煮海爲鹽於此縣。《水經注》。　案《越絕外傳記策考》："范蠡興師戰於就李，闔廬見中於飛矢。"又曰："昔者，吳王夫差興師伐越，敗兵就李。大風發狂，日夜不止；車敗馬失，騎士墮死。"此與《外傳·記地傳》所言略同。然考之《春秋內外傳》，夫差無敗兵就李之事，此必因闔廬樵李之敗，而流傳失實也。

東城　縣東南郭下，里有東城。至元《志》。　案《越絕外傳記吳地傳》：居東城者，闔廬之所遊也。去由拳縣二十里，疑此即居東城故址。

古城　在縣東南五十步。至元《志》。其址今平爲民居。袁《志》。

望海城　縣南三十五里。唐開元五年置，今廢。海鹽徐《志》。

寧海鎮　在縣東。天寶十載，太守趙居貞置。淳化二年，移置近縣一里。至元《志》。元陷入海。又東一里，爲橫浦。東南五十里，爲貯水陂以及望海鎮、鎮海樓、海月亭諸跡，俱淪於海。《海鹽圖經》。國朝康熙己亥八月，風潮退後，近塘數里，人有見海中街衢、井竈、礎柱、甌磁之屬，蓋唐鎮遺跡。吳《志》。　互見《廢署》。

烏夜邨　《輿地志》云：海鹽縣南三里烏夜邨，晉何準寓居焉。一夕，羣烏啼噪，乃生女，後選入宮。他日復夜啼，推之乃穆帝立后之日。《晏公類要》。　案《硤石山水志》云：烏夜邨在審山景轉橋之東溪。此説無稽，不足信。　按察使秦公瀛詩："烏夜村邊烏夜啼，垂楊蕭瑟女牆西。欲尋驃騎前朝事，風雨長秋夢已迷。"

紫雲邨　舊志云：建中時有邨女，以頭瘋爲兄嫂所惡。嘗出耕，紫雲覆其上。後詔入宮，備貫魚之選，故山與村並受其名。吳《志》。

宋亭邨　即舊志所云東亭也，與秦駐山相近。今有聚落，乃宋時亭户煎鹽之所。《續澉水志》。

孝隱邨　沈嗣昌元季居豐山南，性至孝。洪武初，令王文區其廬曰孝隱。今猶名其邨。《海鹽圖經》。　案：《朱西村詩序》云：孝隱邨沈元懋，國初人。夏榮作《孝子傳》，程都憲異隱爲跋其後。別詳《孝義傳》及《冢墓》。

雙孝邨　澉城有繆姓者，遭火，兩媳棄子負姑以出，鄉人號爲雙孝邨。《殷水遺聞》。

比肩里　《三吳記》云：黃龍中，吳郡海鹽陸東美妻朱氏有容止，夫婦相重，寸步不離。時人號爲比肩人。後妻卒，東美不食而死，合葬後未一載，冢上生梓樹同根，二身相抱，而合成一樹。每有雙雁案：林坤《誠齋雜記》作雙燕。宿其上。孫權聞之，嗟嘆。封其里曰比肩，墓曰雙梓。後子宏與妻張氏亦相愛慕，吳人又呼爲小比肩。《天中記》。

教義里　在縣西一十八里歈城南。《海鹽圖經》。晉時，里人李祥與內史袁山松案：山松，舊《志》作崧，誤。築壘滬瀆，以禦孫恩。山松爲賊所害，祥突白刃，收尸歸葬。郡人義之，因名其里。《吳地記》。

參駕亭　在南門外停駕橋。始皇駕至此，故名。今爲里社香火。海鹽仇《志》。

施太尉賃作亭　在縣西北三十里半邏村。劉長卿詩："半邏鶯滿樹。"《海鹽圖經》。　案：施延事詳《後〔漢〕書·陳忠傳》注。　半邏，《後〔漢〕書》注及《太平御覽》俱作半路。詳《寓賢傳》。

望月亭　捍海塘凡十八條，自縣去海九十五里，有望海鎮。歲久，波濤衝齧，盡爲洋海。紹興中，知縣陳某案：宋《武原志》名深。嘗於海塘五里建望月亭，今則亭基在水中，不可復見。十八條捍海岡岸無一存者，縣治去海無三百步。《括異志》。

海月亭　縣東七里，海邊觀月之所。海鹽徐《志》。今治去海不三百步，舊跡不復存。劉《志》。

爕理亭　在東門外琴臺之後，相傳宋時建。《殷水遺聞》。

望湖亭　在永安湖西。元時始立，遺址猶存。《續澉水志》。

法司亭　在北門郊外，未詳何時建。其地多僧廬，土人多以種梅爲業。《殷水遺聞》。　國朝朱丕基詩：“僧寮鱗次布郊坰，疎磬寒鐘隔水聽。一夜梅花開數里，春風吹過法司亭。”

去思亭　天寧寺左，爲知縣王璽立，姚禎記。海鹽徐《志》。　案海鹽仇《志》云：縣治前，去思碑亭三，爲知縣鄭昊、范梅、王宗載立。又，海鹽徐《志》有解帶亭，在天寧寺右，爲知縣張𤩽立。

伯牙臺一名琴臺　在東關外。海鹽徐《志》。臺基坡陀猶在，相傳伯牙鼓琴於此。宋《武原志》臺側有聞琴村、聞琴橋。劉《志》。　明胡顏詩：“瑤琴久寂寞，古意向誰傳。一自鍾期沒，那能整絕絃。”　李榮昌詩：“昔人有高臺，適與滄洲邇。縈回一水紆，西顧枕百雉。東望杳冥中，驚濤映山紫。一彈再鼓間，宮商生子指。流水咽潺湲，高山鬱崍嵼。幽壑舞潛蛟，海若翻蜃市。聞道有子期，當年曾洗耳。子期去不還，弗向絲桐理。人世重知音，感慨應爾爾。只今千載遙，艷說聞琴里。”　國朝馬維翰詩：“天風吟藤蘿，夜月荒臺白。九十九高山，今古送潮汐。”　案：伯牙學琴於成連。教令刺船，居海中山。見海水澒洞，林木杳冥，大移其情，琴遂入妙。相傳此臺正其遺蹟。然考至元《志》云：聞琴坊在縣東南，取宓子賤單父鳴琴之義，則以琴臺附會伯牙，恐屬流俗之誤。但流傳伊古，過而存之，可也。道光五年，知縣楊國翰修。于《志》。

唐顧逋翁讀書臺　顧況讀書臺在橫山頂。朱彝尊《櫂歌》注。相傳在山東北隅，今有巨石存焉。土人指點，是臺遺址。《橫山紀略》。　明李淳詩：“一自伊人去，芳菲絕可哀。寒蛟潛古穴，殘碣沒荒臺。槲葉連山暗，烟帆極浦開。昔遊曾點筆，重拂舊莓苔。”　卓珂月《同徐子奇登讀書臺》詩：“三杯薄醉乘風蹋橫山，咄哉文人已往名不删。我試呼君或出苦厓間，爲問茲山當日何容顏。傳聞劉生攜句叩禪關，花中小犬哮哮響重環。搖風弄雨垂楊滿綠灣，今日惟餘禾黍雜茅菅。山僧遙指一壑聲潺潺，謂有千歲老龍逞雄奸。劈開峭壁數仞去不還，果然此壁奇絕非等閒。較之巨靈不分强與孱，回看獅子峯石居左班。亦復蹄吻靈動勝癭頑，人言此物夜走文𤣥斕。摧殘十里田稼驚市闤，想應曾受文人拭且攀。故爾至今駿逸難防閑。重瀉村塢歌罷涕爲潸，欲使舊跡無湮欷惟艱。徐生徐生忼慨輸金鐶，此是後賢之責君無慳。爲我葺臺補翠施朱殷，譬如羊人病起梳朝鬟。”　國朝朱瓚詩：“昔賢不可見，怊悵獨登臺。一水雙峯合，孤鴻萬里來。波光搖落日，雲影落蒼苔。不盡蕭條色，臨風思轉哀。”　崔學淇《讀書臺奉酬錢香樹尚書》詩：“雙峯蘭若寄踈頑，遺蹟高臺尚可攀。乞得鴻文鑴石壁，一拳應擬作名山。”　案：朱嘉徵《遊東山記》：“王新建嘗登硤石山，題詩乃知顧況宅今屬梵王土，書臺空有名，湮埋化烟莽，蓋遠眺橫山，故及之。況故宅在焉，非東山也，或曰逋翁讀書臺。一在東山，況詩云：‘野人愛向山中宿，況在葛翁丹井西。’其樓隱處，俗稱斑竹園者近是。《硤川志略》亦云，顧況讀書臺一在沈山。”

文星臺　縣北九里。萬曆十一年，知縣蔡逢時築，以象羅星關，鎖水口，旁建石橋，橋外復築土墩，水流紆曲，風氣含孕。二十二年、二十七年、四十八年，知縣王臨亨、李當泰、樊維城，先後建屋培基，益加修治。《海鹽圖經》。國朝康熙九年，知縣張素仁開濬橋堰，邑紳張惟赤、查培繼等助成之。《海鹽續圖經》。

彰慶館　縣西安仁橋。宋樞密郭三益彰慶館基也。《樂郊私語》。宋紹聖四年，縣令閭建以樞密使郭三益父璪所居隘陋，令對門蓋亭，爲延賓之所，名彰慶館。宣和間，縣令徐盤立石，國子司業朱登作記。元末燬。海鹽陳《志》。

含暉堂　金粟山廣惠寺有含暉堂。海鹽陳《志》。多古人題詠。《海鹽圖經》。

雙節樓　張寧沒，二妾剪髮誓死，樓居不下者四十年，詔旌爲雙節。《明史·張寧傳》。樓在縣治之坤隅，太守張寧卒，二姬寒香、晚翠截髮誓死，坐卧樓中，鄉閭異之，遂以名樓。鄒《志》。一名桐臺。《殷水遺聞》。　案《留青日札》：寒香姓高氏，晚翠姓李氏。朱朴《西村詩集》有《聯節坊》詩。

杏花樓一名古杏樓。資聖寺有杏花樓，王陽明先生初從海日公授徒於此。《殷水遺聞》。

明威樓　在縣南帥府東城上。嘉靖庚申，參將楊繼建爲眺望海洋之所，自有《記》。海鹽仇《志》。　明狄從夏詩：“雲中飛閣俯城頭，雲外蒼峯見越州。蓬島有人仙藥熟，靈槎無使海門浮。潮平夜永扶桑日，煙靄春生蜃氣樓。自是祖龍鞭石後，青山依舊水東流。”

天風海月樓　天寧寺舊有天風海月樓,今廢。明朱朴詩:"水竹西林臺殿隈,平地湧出高崔嵬。南山蒼翠可攬結,下方城郭相縈回。天風吹簾白雲散,海月到枕寒潮來。倚闌中夜發清嘯,聲入亂峯嵒谷摧。"陳詢詩:"孤城曉日闌干近,萬里春光煙霧開。晴樹直疑雲外見,亂山青自海門來。翩翩鶴鶴平原下,杳杳帆檣極浦回。自惜平生幾圖畫,不知曾有此林臺。"

湖天海月樓　澉浦鎮東,舊有湖天海月樓。國朝楊崑詩:"傑閣橫開此里偏,登臨得要盡山川。勝遊欣合人三郡,再到追思我七年。倚檻東西憑翠巘,捲簾上下瞰青天。湖頭謙集今同昔,只欠當時地主賢。"

西湖水閣　在永安湖上。宋淳熙間建。以上《殷水遺聞》。

金牛洞　在黃巢衖南金牛山下。《澉水志》。《吳地志》云:昔有牛糞金,村民皋伯通與弟隨之。牛穴山而入,二人鑿山,山崩,兄弟俱死穴中。故名金牛洞。至元《志》。

案:陸廣微《吳地記》云:縣西五里,會骸山是陸華兄弟尋金牛之處。又,《澉水志》引《郡志》及《海昌圖經》云:皋、蘇二將,上有二大王廟。高宗南渡後,《祭文》云:"義氣同棄,剛毅莫儔。胡爲來此,緣逐金牛。牛没尾掉,空回可羞。拔劍自刎,曾無怨尤。人亡廟存,英氣橫秋。至今父老能道所由。天子初郊,典禮加優。尊酒既設,清酌庶羞。"説皆與《吳地志》異。又,《海寧志》引《寰宇記》云:昔吳楚間有金牛自毘陵奔此而没,因名金牛洞,其深不可測。建炎初,黃灣居民多避兵於此。詳《山川》。

穿山洞　在長牆山下,外臨大海,石岩如洞,俗呼爲穿山洞,有神曰陳都監。《澉水志》。

仙人洞　在縣長牆山後。吳《志》。　案:橫山亦有仙人洞,見《紀略》。

望夫石　在永安湖仰天塢之右山巔。有石磐,磐側有立石。昔有海商失期不返,其妻登磐望夫,泣殞,化而爲石,因名。《澉水志》。

落星石　在茶磨山下臨水。相傳星隕所化,因名。其水爲落星浜。《續澉水志》。

秦皇石橋　在秦駐山背。舊傳沿海有二十六條沙岸,九塗十八灘,至黃磐山上岸,去紹興三十六里。風清月白,叫賣聲相聞。始皇欲作橋渡海,後海變洗蕩,沙岸僅存,其一黃盤山邈在海中,橋柱猶存。淳祐十年,猶有於旁灘潮裏得古井及小石、樹根之類,驗井磚上字,知東晉屯兵處。《澉水志》。舊有石柱十二,今尚存一,没於沙中。《續澉水志》。山下長堤,相傳爲始皇馳道。海鹽仇《志》。　宋王安石《秦駐山馳道》詩:"穆王得八駿,萬事不期修。茫茫千載間,復此好遠遊。車輪與馬跡,此地亦嘗留。想到治道時,勞苦如山邱。"韓維《秦皇馳道》詩:"秦王騁奇觀,不憚阻且修。萬里走轍蹟,八荒開闊遊。勞歌久已息,遺築今尚留。千載威靈盡,驪山空古邱。"　案:任昉《述異記》云:"秦始皇作石橋於海上,欲過海觀日出處。有神人驅石去不速,神人鞭之皆流血。今石橋其色猶赤。"然所云亦未知即此處否耶?

俱脈喝石嵓　在東山。《硤川志略》。深黑可坐三四人,舊多合抱木。三伏時如清秋,嵓前土皆五色,兒童拾之以爲玩。貝瓊《遊山記》。

譚仙得道處　譚家嶺上有譚仙廟。《澉水志》。相傳譚峭煉藥得道處,《仙鑑》載峭詩有"靸鞋拋向海東邊"之句。《海鹽圖經》。　案:峭字景昇,著有《化書》百餘篇。宋齊邱竊而署己名,今載《鹽邑志林》者是也。山上有烏龍井,井北一小潭,渟泓見底,冬夏不竭。詳《山川》。

錢王走馬塘　舊在硤石東山之東麓,今不可考。貝瓊《清江集·遊山記》有曰東山審食其墓,顧況讀書臺與錢鏐洗劍池、走馬塘,無一存者,則廢已久矣。《橫山紀略》。　案《越絕外傳·吳地傳》:秦始皇造通[1]陵南,可通陵道,到由拳塞,同起馬塘,湛以爲陂。由拳山説者,以爲即硤石山,則錢王走馬塘或即秦皇起馬塘之誤,未可知也。

【校注】

[1] 通:《越絕書》卷二《越絕外傳吳地傳》作"道",當作"道"。

石屋　石屋山上有石，疊成屋。舊傳黄巢時民避兵處，山下有黄巢衖，夾道陰翳，石壘壕塹猶存。宋《武原志》。在縣南三十六里，相傳爲黄巢之穴。袁《志》。　案：石屋仙跡，爲澉川後八景之一。又，趙《圖記》：豐山有石屋，秦始皇嘗駐兵。又有東石屋山，在澉浦鎮西北，此殆以形似得名。

音樂墩　小步山旁，每陰雨夜静時，聞其中有音樂聲。《續澉水志》。

魯公浦　縣東南有港，導海水至邑下，歲久湮塞。宗道發鄉丁疏治之，人號魯公浦。《宋史·魯宗道傳》。浦有藍田廟，名藍田浦。咸平六年，知縣魯宗道重開，民利之，名魯公浦。至元《志》在縣南三里，長一十八里，上有魯浦亭。《海鹽圖經》。　宋黄鑑《魯浦亭記》："昔史起決漳以溉，遂富河内之民；鄭莊引渭而漕，益肥關中之地。故仁人之言也，其利溥；循吏之愛也，其恩深。令譽綽乎無窮，豐功流於可久，慮事經始，豈徒然哉！茂苑之東偏，禾興之近鄙，邑居之盛，海鹽在焉。先是，地非五達之郊，物殊一都之會，魚鹽攸産，聚庯實繁。城郭雖存，居人無幾，磽确之田弗藝，富庶之教未孚。民將疇依，時思俾乂。景德初，今參政、扶風魯公來涖是邦，實綰銅章。公琰社稷之器，誠爲屈才；子游弦歌之聲，此焉静治。一日，詢耆舊之説，採溝洫之制，得白塔古港於縣之西南隅，層沙堙積，灌莽紛翳，翦爲鼪鼬之徑，寖阻潮汐之地。修利缺如，因循孔甚。僩然奮發，濬復是圖。相其方而有初，諗其衆而胥悦。先庚之令既下，獻力之徒坌集。量期令役，書以授師。曾未逾月，洪波乃道自海口達邑中，凡十有八里而遠。其清可以流惡，其潤可以蒙福。析之可以導其氣，瀦之可以種其美。浸灌之益，嘉禾惡種無不猥大也；導涉之利，浩商善賈無不駢集也。向之編菅把秆之陋，販脂賣漿之微，率有廣厦之居，間多阜財之積，環邑之内，變爲豐泰。厥後二十年間，公入奉論思，及參衮政。而負海之甿，蒙賴乃利；蔽棠之野，風謡如新。遂指其港，謂之魯公浦焉。天聖丙寅，伍君佑由佐著局爲縣大夫，且嘉其陸社之風愛、芍陂之饒衍，乘敏政之暇，鳩僝功之材，作爲新亭於浦之上，因地而名，識其始也。觀夫華榎鏤檻，麗丹雘之奇；茂林修竹，蔚澄凝之趣。雖爲造適之所，實有清幹之機。將俾夫登豫章者，想孺子之風；游魯山者，懷紫芝之化。斯亦凜凜，庶幾仁智之用心矣。乃落成之始，監郡集仙李君昭詒書狀徵文刊記。勤請之辱，叙讓弗遑，聊據[1]梗概，以附民謡之末。時天聖六年正月吉旦。"

【校注】

［1］據：至元《嘉禾志》作"摭"，當作"摭"。

秦皇劍池　金粟山上有秦始皇劍池。海鹽徐《志》。相傳始皇東遊，憩此礱劍。或曰在角里山。今俱不存。《金粟寺志》。

錢王洗劍池　在沈山。吴《志》。即今硤石東山。伊《志》。

艮澤池　在黄道山顯應廟後。《續澉水志》。宋時黄道山有水軍寨造船場，山顛立烽燧，統制官總領之，山半有池，曰艮澤。《海鹽圖經》。　闕名《艮澤記》："澉浦之陽，黄道山之麓，曠而平，繞而曲，潮汐所不及。維天降澤，掘地以積一勺之多，可飲可汲。負山而居，航海而來，咸所仰給。淳祐十一年夏秋不雨，坳堂之上，涔蹄之微，潢潦無根，溝澮其涸，居者行者，罔不病渴。路鈐邢子政迺約同時仕於此者監鎮趙汝洄、舶門朱南杰、鹽場俞損、酒官李得基、木官戴安節、司警張思湛登山，度地鑿池，闊二丈，深二丈有奇，盡挈提之道以達者三十丈。架屋四楹，司啟閉處守護者，委統領袁發主之。經晝於秋半，落成於秋杪，其容廣，其蓄深，其惠博，路鈐之功將與此山無窮矣。"

洗馬池　在礦頭門山下，莫考所以得名。《續澉水志》。意古豪貴家所鑿。《海鹽圖經》。　案鄒《志》云：半邏東南二里有洗馬池，世傳冬有温泉，夏有涼泉。

孟姥泉　在南湖之西，鹿山之麓。自鷹窠頂來，山厚而源深，故有瀑布如懸疋練，四時不竭，久旱稍微。《續澉水志》。　明許相卿《大雪攜鶴觀孟瀑》詩："初雪壓高帽，羸驂揚遠鞭。玉龍僵不起，白鶴舞爭妍。山僻地無主，骨清吾欲仙。長吟雜孤唳，歸路晚翩翩。"　崔鼎《孟泉瀑布》詩："飛泉百尺度層雲，一望清山白練分。却憶高人棲隱處，草堂風雨隔溪聞。"

鶴田　在九杞山書院之陽。閔元衢《歐餘漫録》。　案談遷《海昌外志》："關中孫太初山人寓武林南屏山，嘗畜一鶴自隨，與許給諫杞泉子善。許爲置田三畝，歲輸粟於萬峯深處，以充鶴糧。而作券文曰：'太白山人鶴田，在九杞山書院之陽，倚山面湖，左林右涂，廣縱百步，歲計入粟三石有奇。以其奇爲道里費，而歸其成數於杭之西湖南屏山。歉歲則去其半，以主人潤筆取金盈焉。佃之者，主人之鄰李仁；輸之者，主人之僕歸義；歸之者，主人之弟檣卿舟仲。主人爲誰？山人之友，杞泉子許仝仲甫也。名《鶴田券》。'太初，名一元，秦人。"

重光井　普明院，案即今資聖寺，在縣治西。東晉右將軍戴威宅也。宅中井一日發五色光，遂捨宅爲寺。宋《武原志》。　案：井在寺東南隅，今已湮廢。明張岐詩："石井荒涼古寺邊，偶因鑿翠得甘泉。波澄玉鏡涵秋月，光射銀牀破曉烟。只道山林多海眼，豈知城市有龍淵。斷碑剝落埋衰草，猶記將軍捨宅年。"　國朝馬維翰詩："瞖井留遺跡，樓臺鎖夕曛。六時聞粥鼓，誰憶故將軍。"

葛仙翁井　東山與紫微山夾水峙，仙人葛翁井，汲者往往得丹砂，或投石井中，輒有聲如雷。貝瓊《清江文集》。　案吳農祥《流鉛集·重建惠力寺大殿碑記》云：風前采藥，井驗葛洪，霜後讀書，臺徵顧況。

宋義井　井石刻字猶存，驗之是宋人所鑿。《續澉水志》。在澉浦市中。《海鹽圖經》。

花婆井一作范婆。　在羅漢山下康氏墓前，水甚甘美。《續澉水志》。

金粟寺獨桑鼓　金粟寺有獨桑鼓，相傳孫權時所遺，或曰明太祖戰鄱陽湖所得，蓋陳氏物也。《殷水遺聞》。　案《金粟寺志》云：鼓高三尺，圍一丈一尺六寸，獨木所成。傳爲康僧時造。　國朝馬維翰《金粟寺觀三國時戰鼓》詩："遵渚逐飛鴻，夾道撫長松。泠泠梵唄響，殿脊出花叢。叢林下南浦，金粟山邃古。徃蹟赤烏年，傳有獨桑鼓。枯楊琢作椎，冒以神黿皮。空堂但一振，驚起林中羆。緬惟炎劉替，英雄起相繼。紫髯會乘時，武昌自稱帝。萬艫壓江中，北軍浩浩風。鼓聲應不歇，壁赤滿江紅。一時諸健將，公瑾最稱雄。何人賦柟榴，難入孫郎帳。恒河閱劫沙，乃落優曇花。興亡兩寂滅，且用演三車。日夕風差勁，寺下波如鏡。樵歌山外來，月出山僧定。"

青陽令崔公宅陰陽樹互見《物產》。　青陽令崔公居硤鎮之東，庭有二樹，左開花則右結實，右開花則左結實。土人呼爲陰陽樹，究亦不知何名。張元忭《待軒遺集》。　案：崔名培元，前明萬曆孝廉。其樹在所居橫山草堂前。崔自有詩，見所著《橫山草堂集》。國朝康熙初，此樹尚在。　明沈藩詩："樹有雌雄相，東西花實分。每疑半夜雨，常帀一天雲。名下知前輩，行間見古文。風流來往舊，廣賞媿方股。"

蔭山　在縣治北門外三百步。于《志》。　明王文貞《操瑟迂談》云："蔭山者何？所以蔭邑主宅也。在北門外，叢篁灌木，獨存於兵燹之後。曩楊奇峯先生偕沂陽兄皪舟登玩，余亦與焉。故知之。"

障海樓　在縣東敕海廟左，其後爲晏思堂，廟之右爲依山閣，皆道光四年知縣汪仲洋建。咸豐十一年，悉毀於兵燹。同治十三年，候補知府蕭書於依山閣舊址改建報功祠，上爲望海樓。新纂。　汪仲洋《障海樓記》："余既建晏思堂於敕海廟側，又以形家者言邑東曠蕩無屏蔽，遂創立樓屋三楹於前，榜之曰障海。夫海積水無涯，不知終始，沐日浴月，載地涵天，其朝潮而夜汐也。乃元氣之鼓盪，更以蛟龍出没，變化鯤魚，背若連山，天吳象罔，陽侯乘櫎，乘潮掀浪而來。南則秦駐，北則乍浦諸山，錯峙角張，勢不得遏，乃迴流併怒而直衝。敕海廟之前，僅以一綫之隄與全海相持，亦安見其能迴瀾倒流，爲西浙東吳之屏障耶！顧余論之治水如治兵，然遇大敵者，必厚集其陣，我先立於不可敗。雖使百萬之衆，壓壘而撼之不能動也。今敕海廟前當潮衝處，石塘之後，接築土塘，有寬至十丈八丈者，其勢亦不庳薄。而前明以來屢有海患者，則以土塘之勢雖厚，而石塘最當衝者二千餘丈，非一人一時之工，故或稱爲塘樣。歷劫不壞，或則朝修暮圮，爲害益大。蓋石料整齊，縱橫如法，必先有不惜財，不餘力之意，俾塘以內數郡生靈廬墓賴以無恙。登斯樓而籌謀障海，庶幾無愧色云。"

平湖縣

故邑城　在海鹽縣東北三十五里，高一丈，周回三里。至元《志》。海鹽縣城陷爲拓湖，移於武原鄉。後又陷爲當湖,移置山旁。《元和郡縣志》。 案:此時海鹽縣移於乍浦故邑山。《名勝志》云:平湖有故邑山,東漢時海鹽縣陷爲湖,移置此山,尋徙馬嗥,因名故邑。在乍浦故邑山下,宋武帝追孫恩,復築城於此。平湖程《志》。 案:築城事,詳《宋書·本紀》,武帝小字寄奴,故一名寄奴城。 案:故邑一作顧,視此邑固屬不典,一作顧榮之先。句踐支庶封此,子孫遂以爲姓,亦少古據。《新唐書·地理志》直云有故縣山,語最分明矣。

　　南薰亭　便民倉西有南薰亭。趙《圖記》。

　　悠然亭　在當湖中。明刑部主事陸杲建,上下作石屋狀,煙霞之氣疑從龍井得來。久廢。平湖程《志》。 明嚴訔詩:"終古自悠然,空亭一醉眠。能通三泖宅,直接五湖天。送客愁飛絮,聞歌識采蓮。倚闌人老矣,長望好林泉。"

　　全公亭　在縣十九都錢武肅王廟左,康熙間重修,亭下有井。平湖王《志》。 國朝何曠《重修全公亭紀》略:"濱海近金山境有全公亭,創始歲月及命名意均無考。或曰亭距海近,民苦鹵,鑿井得泉,以泉公衆汲,亭因以名。或曰俗崇氣節,民相率議事於亭,務全公道,遂名全公。二說疑皆屬附會。康熙辛亥,巡撫范公承謨清丈屯地,嘗登城周覽風土,顧僧詢亭所以名,僧不能置解。乃賦《全公亭》詩而去云。道光十六年,里人陳士中等捐資重建。于《志》。 柯汝霖有《記》。

　　松風臺　在德藏寺後。平湖程《志》。宋僧可觀所築。平湖朱《志》。高十二尺,廣五十六尺。俯臨玉帶河,甃以石。明嘉靖癸丑,築城臺,石盡去。隆慶戊辰,知縣謝良弼立碑於左,復植松以稱其名。給事馮汝弼搆亭於旁,題曰聽松處。《德藏寺志略》旁有山月池,圍以石欄,形如半月。又有雨花亭、浦花臺、菊坡、竹庵諸勝。平湖王《志》。 明柯宏祚《重栽松風臺樹》詩:"登臨重弔此荒臺,誰愛長松特地栽。曲徑春陰風亦合,半牆秋影月重來。濤聲雜梵遙驚枕,蘿帳停雲欲長苔。此日興懷憐楚楚,人間應有棟梁材。" 高道素《雨花亭》詩:"曾說宜翁闢講筵,雨花如雪暮春天。孤亭高插知何處,人指荒池亂草邊。"

　　萬松臺　在陳山後,有萬松擁護。《花史》。明王路著書處。《浙江通志》。

　　太虛一碧樓　在東湖右,元萬戶賀傑建,廢爲普濟庵。吳《志》。

　　鎮邊樓　在乍浦城中央,憑高四望,諸島在目。平湖朱《志》。俗呼四牌樓。燬於火,興廢年月無考。惟石址存焉。《乍浦志》。

　　弄珠樓　在當湖中。以當湖九水匯流,登眺如九龍弄珠於溟渤間,因名。《大清一統志》。明嘉靖間,知縣陳一謙建亭其上,名曰戲珠。明陸杲《戲珠亭記》:"鬱林陳公來宰吾邑,殫心撫惠,袪病興利,治功日起。越二歲戊午,登城樓東望,噉然曰:美哉!九水洋洋乎會而爲湖,誠山川靈淑之氣所鍾。惜乎其滔滔東北而逝,莫之停蓄也。設使作一洲屹於湖中,令環而縈之若浮璧然,則風氣磅礴完固,他日邑以多才顯,當尤濟濟然甲於天下,四民之居是邑者,其永永繁阜而休諡也。會濬城河之淤者,命劚其土礫徙填於湖,浹月而洲成,湖亦通利,一役而兩美就焉。洲之上搆亭三間,前後又各爲屋三間。洲之廣圍而度之,凡三十丈有奇。周樹榆柳桃杏,大小四百株。道士汪應潮守之,爲置田二十畝,搜隱糧以當其稅之入,俾盡食其田之出以專掃除。工畢於己未四月。冬十月,風日和霽,公邀予與諸郡大夫登亭以嬉,極覽偏眺,水勢迂屈而來,若遊龍之蜿蜒孤洲中央,如置圓珠於清鑑之上,九水旋於洲之外,宛然九龍弄珠於溟渤瀛海間而出沒吞吐也,公因名其亭曰戲珠。夫吾邑以湖得名,洲與亭成而湖益勝,風氣益聚,自後邑之賢士其將有拔茅而彙征邑之居民將益富康而長久,如公之所冀望者乎。因記其始末。"歲久,廢爲叢冢。萬曆間,知縣王義民、蕭鳴甲重建,更名珠臺,復作樓五楹。華亭董文敏題曰弄珠。沈懋孝有《湖上珠臺記》。 董文敏《寄題蕭使君弄珠樓》詩:"聞將鄉思倚層霄,吳楚乾坤共沈瀱。鸚鵡夜驚才子筆,鳳凰春怨美人簫。山連秦望三神近,湖似潯陽九派消。一自明珠還海曲,採風應到弄珠謠。""茂宰能將吏隱兼,樓開山岳散江潭。芝蘭一一分湘浦,楊柳依依自漢南。地有驪龍供照乘,人如黃鶴解停驂。欲知交甫遺珠事,歷亂星辰逗短籤。" 沈瑞鍾詩:"波光如鏡沕瀯天,檻外湖風更渺然。十里翠飛青嶂小,九門寒鎖夜珠圓。紫裳神女遺花佩,黃鶴仙人問酒錢。我亦樓頭舊崔子,題詩空擬白雲篇。"後圮。國朝康熙丁丑,知縣王瑋改建。國朝陸荼《記》:"邑以當湖勝,前人言之詳矣。

湖北隅有圓渚,昔漢陽蕭侯建。二樓相向,繚以周垣,顏曰弄珠。損於兵燹,今邑侯王公鼎新經始,屬記於余。余惟侯之興是役也,豈僅占雲物,備譙饗云爾哉。地無大小,皆封疆之責,職無高卑,有民社之憂。唐李衛公節度劍南,創籌邊樓,圖山川險易,羣蠻所出入,及密邇吐蕃之道路於左右,日與賓客之習邊事者籌畫其中,盡得其阨塞情僞,功名遂與韋皋並著。我湖距海僅三十里,洋禁既開,增設寧波榷[1]使,分務官於乍浦,海舶鶩集,商貨充牣,而姦宄之徒竄伏其間,不可窮詰。侯登樓南望,見煙雲之興伏,如潮汐之上下,聆野鳥之變聲,如異言之惑耳。然然思之,何以訊出入,識往來,何以禁止奸慎罪邪,俾市無姦猾,民有葢藏,内蠹不生,外戎不召,弭患於其微,而禦侮於其豫,謂於衛公之籌邊,當侯之籌海,寧有異乎! 沈司業《記》云:'前令延陵王公若惺實創治之。'今侯姓同里同,以進士任同,而續舉於五十餘年既廢之後,又若事之預定者已。” 國朝王式丹《和王明府弄珠樓落成》詩:“疊雲欄檻憑清湖,春風萬籟鳴笙竽。山容遥繪螺子黛,海氣欲迸鮫人珠。層層高挂塔鈴語,幅幅細翦米顛圖。登臨饒有謝公興,樓前煙景無時無。” 盛遠詩:“白練平波烏榜船,樓邊風色故依然。晴烘雲氣橫遮塔,青逼峯痕遠抹天。遊事快逢寒食後,裁詩貪倚晚風前。憑欄何限憐春思,隄柳如煙已二眠。” 查慎行詩:“但令興到便移船,我得同遊亦偶然。疎磬晚潮孤影塔,暖雲濃樹四垂天。稱心圖畫憑欄外,經限[2]亭臺落照前。却笑詩成無傑句,驪龍依舊抱珠眠。” 朱昆田《秋日登弄珠樓》詩:“畫欄面面叠新愁,水色山容四望收。九派晴波爭入浦,一丸明月正當樓。蛤蜊菰葉縈清夢,螃蟹鱸魚作好秋。賴有詩人爲地主,未妨十日且勾留。” 屬鶚《集弄珠樓》詩:“爲選東湖勝,相攜上野航。層波圍酒地,疎樹入漁鄉。舊雨前期在,新晴客思忘。十三回月子,流照一樓霜。” 朱錫圭《弄珠曲》:“碧天如水小瀛洲,吹入西風玉笛秋。湖上一輪明月好,有人獨倚最高樓。”乾隆丙申,知縣劉雁題築隄爲池,環植桃柳,中栽荷花。舊有董其昌石刻詩,久失。知縣張力行購還,重置樓壁間。平湖朱《志》參張《志》。 按察使秦瀛《薄暮過東湖,月出,繫舟弄珠樓下作歌》:“東湖日落烟滿湖,漁庵蟹舍迷菰蒲。水邊拍拍驚鷺鳧,採菱人在烟中呼。烟中皓月忽飛起,素練冉冉生須臾。沈瀯倒影水紋净,一盦寒玉光平鋪。神女乘潮出游戲,團團手捧鮫人珠。金支翠旗杳何處,馮夷夜舞驪龍趨。松杉四響鸛鶴叫,天半一一吹笙竽。鸚鵡喚客且一醉,嘉禾三白酒名酒可沽。樓頭鐵笛再三弄,闌干十二秋雲孤。隔渚漁燈隱沙市,對岸塔火懸浮圖。天明篙師解纜去,秦駐一髮青模糊。”道光乙未,里人募資重修。有《記》。 于《志》咸豐庚申兵燬。光緒三年,僧持願募資,建樓三楹。新纂。

【校注】
　[1]榷:光緒《平湖縣志》卷二《古蹟》“弄珠樓”條收陸葇《重建弄珠樓記》作“榷”,當作“榷”。
　[2]限:查慎行《敬業堂詩集》卷四收《同淮江登東湖弄珠樓》作“眼”,當作“眼”。

　觀濤閣　在天妃宫右。明天啟時邑人過庭訓建,以祀文昌,華亭董其昌題曰跨鯉觀濤。《九山續志》。
　一覽閣　陳山有瑞泉亭、涵空臺、一覽閣。《九山志》。閣在山巓,久廢。伊《志》。
　籌海堂　苦竹山上有籌海堂。平湖朱《志》。在天妃宫東。明萬曆時參將董汝梅建,春時發汛,祭海於此。《九山續志》。乾隆四十九年,邑人沈初改題曰澄海堂。平湖張《志》。東有天風海濤軒,久廢。《九山續志》。 明李天植《集籌海堂》詩:“古殿城南路不遥,天空雲净夜寥寥。孤懸海嶠三秋月,寒落沙汀萬里潮。葉露垂垂鮫客淚,堦蟲嫋嫋羽人簫。遊情詩思俱塵外,不負清尊是此宵。”
　鏡漪堂俗稱鸚鵡洲。　在弄珠樓東北水中央。雍正十年,知縣方以恭建平屋三楹,供大士。方自有《記》。乾隆二十七年,知縣劉國烜建閣三層,祀文昌。工未竣。四十一年,知縣劉雁題重建,顏其堂曰鏡漪,亦稱瀛洲書院。劉自有《記》。五十一年,知縣王恒重修,有記。平湖王《志》。案:俗稱弄珠樓爲大湖墩,文昌閣爲小湖墩。至鸚鵡洲乃報本塔院遺址,俗以小湖墩當之,誤矣,故附論之。道光八年,里人程恩溥、徐士蘭等修。于《志》。咸豐間,謝斌偉又修。庚申兵燬。

石都尉莊　在東泖。宋江淮總管石都尉賜莊,有石田飼鶴,有石亭,有石總管廟,有石氏壠跡。沈氏世居於此。平湖程《志》。

沈莊　明總督胡宗憲破賊徐海處。《海寇後編》。　國朝郭世培詩:"千間廣厦委飛煙,組練曾屯嘉靖年。憲府牙旗山鳥避,書生籌箸海鯨懸。霧銷廛市開晴色,天遣龍珠戲錦川。今日重經吹角地,湖田漠漠草芊芊。"

鳳凰基　在縣東北二十七里。

栽松坳　在小南門外,諸生陸競烈逃禪地。《弄珠樓志》。

飛星石　陳山觀音殿。曩年忽有兩石從半山鬭墜而下,一從殿後壁滾入大士座下,一墜殿之西,屋瓦無損,不知從何而入。今二石尚存,留題者甚多。余乙卯歲到祠下,嘗賦詩云:"錦石雙飛下翠微,忽看移入小巖扉。靈光夜靜歸山逕,翠影秋寒上佛衣。滇海始知鯨欲動,零陵不獨燕能飛。只今五色曾何補,自探奇峰築釣磯。"《括異志》。

琴石　在佑聖宮殿傍。長丈許,闊二丈,厚尺許。拊之,其聲若琴,因名。明洪武間,有道士來遊肅敬亭中,以折足鐺煮藥。煮罷,操琴石上。居三載,與兒童遊戲,人無識者。後忽吟詩云:"暫離蓬闕下凡塵,肅敬亭中寄此身。三載有緣誰得度,岳陽依舊是歸真。"遂去。住持道士厭人來訪,移石作玉皇座臺。平湖張《志》。　國朝馬壽轂詩:"仙院戒壇古,昔爲魯公宅。右列一間亭,亭旁佈兩石。仙人跨鶴來,市藥於亭側。乃居三載餘,一朝化其跡。留詩題壁間,久矣漫滅沒。惟兹一石存,琅琅聲相徹。傳云古石琴,何必廣寒笛。天地自然聲,聞之俗腸滌。返諸無聲初,心與石俱寂。"

五老峰　在報本塔前。萬曆癸酉,刑部主事陸杲立。平湖程《志》。層巒挺秀,苔翠欲滴。《東湖志》。　案陸杲《五老峯記》云:有狀似觀音善才者,有似驪虞、獅子、靈芝、瑞雲者,因目之曰五老峯。　明陸培詩:"奇峰自何來,屹立老人五。須眉具髯髵,形態極俯仰。溜冊色蒼然,當空互撐拄。山門永作鎮,過客時爲撫。而我疎遊節,覿面悵間阻。池東昨折柬,邀賞紅荷嫵。挐舟勝侶偕,結契招提古。相論感興衰,檐瓦窠蒼鼠。惟此丈人行,對客自軒舉。層層護苔蘚,一一拱梵宇。名從盧阜錫,象協星躔聚。想當月上時,僧鐘度幾杵。聽法盡點頭,肯與頑礦伍。仙靈疑往來,雲煙歘吞吐。誰與整袍笏,再拜罄傴僂。投詩窣堵波,風鈴如答語。"　案:萬曆己卯,龍溪王畿曾講學於此。詳見沈懋孝《塔院會講記》。

梓樹坪　在德藏寺大殿後。平湖張《志》。坪可二十丈,樹爲南宋故物。崇禎戊辰,大風拔者三。順治初,猶剩合抱二株,今存白榆而已。《洛如詩鈔》。　宋趙子固《步德藏寺梓樹坪下有感》詩:"祇園梓樹植何年,夾道陰陰綠可憐。無奈霜風摧葉落,高柯還拂舊時天。"　明李天植《梓陰》詩:"文梓森森夾道平,高枝入夏碧陰成。涼飀似弄梧桐影,落日惟聞鳥雀聲。客到須眉無數綠,僧歸杖履一時清。還宜深夜行吟者,露葉籖中見月明。"　國朝陳朗詩:"梓徑生香月在天,霏霏紅雨滴階前。林花開落自今古,不見行吟趙孟堅。"

山月池　在德藏寺藏經閣前。新纂。圍以石欄,形如半月。于《志》。　明朱應龍詩:"池底看明月,明月在山頭。清光連上下,分作兩輪秋。"

玉泉池　在大乘寺。其泉汪洋澄澈,煮茶無滓,故名。久塞。柳《志》。

連珠池　在學宮東北,三池相連,明教諭林光鼇,上有靜觀亭。林自有《記》。久廢。《浙江通志》。　明莊杲《靜觀亭》詩:"睡起湖亭坐,乾坤意自深。青天無一滓,明月在波心。萬物無表裏,斯亭亦偶然。道人閒不過,聊亦弄湖天。微月此波寂,遠峯何處青。我來閒坐好,不記是誰亭。"

鸚鵡洲　一名小瀛洲,上建報本塔院。東北隅有放漁磯。又名釣鼇臺。夷於水,或曰其北有小渚,近是。平湖程《志》。元末於金山海濱得一碑,曰鸚鵡洲界。《檇李詩繫》。　明馮敏功詩:"鸚鵡飛來水上頭,影搖新柳帶煙浮。纖纖啄月輝南浦,冉冉翔風映北流。春暖浮圖招放鶴,夜深回浪狎眠鷗。賸看芳草能留客,此是當湖第一洲。"

水月灣　在顧書渚東。明陸莊簡於巨流中甃石爲磯,題其前曰水月灣,王彥淳記。平湖王

《志》。　案：顧書渚在東泖旁，相傳顧野王讀書圃。

香草溪　在獨山堂側雲清橋北。每秋晚，芳馥出水上。平湖張《志》。　國朝沈岸登《調倚簇水詞》："野草年年，新凉逆鼻無尋處。聞香乍遠，但一片圓沙冷霞，昏雨生來未曉，緑徧萋萋路。料不憶、王孫去。　爲寄語。可還有、秋塘過客，疎柳下、停柔櫓。江蘺遠别，悵楚屈空延竚。甚日筍鞵挑菜，吹惹溪風暮。斜陽夢斷，竹笆烟墅。"

鶴唶涇　在二十四都。相傳陸機、陸雲飼鶴處。于《志》。

華光井　在德藏寺東廡，華光如來閣下。井素無汲者，宋淳祐間建閣，後飲其水，病輒愈。後因寺僧索錢，遂無驗。國朝鄭之僑詩："南渡華光著靈異，居人倣自婺源地。飛閣西向香塀前，下有古井流寒泉。石甃澄泓冰玉影，深汲能容五丈綆。一甌可起塵世痡，曾洗瑜伽心垢無。"

東湖古井　庚子歲旱，湖竭，可通軌。有漁舟夜艤水滸，遥見有光燭天，掘之得磚井一。磚長可六七寸，兩首各有方竅相入。面有手掌紋，極細。兒童爭鬻之，取以爲硯，清潤可愛。

永興橋井　永興橋西陸氏宅有天井，大旱不涸，其下可以轉篙，時有浮蘋及破蒲帆浮起，蓋下通大海云。後爲富民得之，居正堂之中，以板覆蓋甚謹。以上《括異志》。

舒公井　舒公，不知何代人。在博陸祠西，德藏寺東。成化癸卯，鋤地者偶於其旁得一巨井，廣周丈餘，濬之，其深不測，水泉洶湧迸出，懼而塞之。後爲社學基。柳《志》。

德藏寺鐘　異銅所鑄。初鑄時，匠曰：俟我行至六十里乃擊。甫至新豐，聞鐘聲，嘆曰："止此矣。"後破蝕，改鑄本寺雙塔頂。乍浦海塘陷，一夕飛墮，借以爲錠石之需，遂告成。《括異志》。參《洛如詩鈔》。

案：《平湖・古蹟》，見於劉昌詩《蘆浦筆記》者有通山閣，見於袁《志》者有鎮遠樓，今皆莫詳其處，附識於此。

石門縣

禦兒　句踐之地，北至於禦兒。吾用禦兒臨之，明日徙舍，至於禦兒。《國語》。　案：會稽至禦兒，凡三日。語兒鄉，故越界，名曰就李。吴疆越地以爲戰地，至於柴辟亭。《越絶書》元封元年，樓船將軍卒錢唐轅終古斬徇北將軍，爲禦兒侯。《史記》。　案《漢書》作"語兒侯"，《史記年表》作"蘌兒"，《漢書・功臣表》作"禦兒"，《史記正義》云：禦字，今作語。語兒鄉，在蘇州嘉興縣南七十里，臨官道也。《漢書注》孟康曰：越中地也，今吴南亭是。師古曰：語字，或作篽，或作籞，其音同。至元《志》云：漢法，十里一亭，十亭一鄉，凡封侯則視功大小。亭、鄉、縣、郡，各有差。或謂語兒在漢爲亭，轅終古之封止是亭侯，迺證以孟康"吴南亭"之注是蓋不然。春秋戰國時，檇李、禦兒皆望地，縱横廣袤，亦相等，秦易檇李名由拳，且以爲縣，則禦兒爲鄉無疑。武帝鋭於賞功，終悋於後，故襲爵者少，纔六年，莊侯終古死而國除矣。孟康，魏人，恐於吴地不能訂其詳。吴南亭者，特指語兒十亭之一耳。

柴辟亭　柴辟亭到語兒、就李，吴侵以爲戰地。《越絶書》。亭今廢。崇德靳《志》。　案《浙江通志》云：柴辟亭當屬石門縣。

何城　在縣西三里。又，萱城在縣東南二十里，與海鹽縣界之管城、桐鄉縣界之晏城，皆春秋時吴所築，以禦越者。《大清一統志》。即今一都有何律王廟。柳《志》。

萱城　在縣東南三十里二都。柳《志》。　案何、萱、管、晏四城，至元《志》、柳《志》並云：吴禦越時所築，間有遺址。

石門　在縣北一十八里。至元《志》。　互見桐鄉。

紀目坡　在縣東北十二里，《大清一統志》。在千乘鄉，高十丈，周回三百步，環以水。邑士朱天麟幼時見坡側鍾生家運土得舊碑，斷缺漫滅，大略謂吳王夫差募兵五千人，教養於此，由是築基置亭，以候烽火。名曰紀目者，立綱紀而有條目也。此非春秋之文，殆後世營繕於是，乃追述之也。至元《志》。西北七里有遊屯涇，今訛爲牛屯，亦以遊兵駐此得名也。柳《志》。

　　白馬岡　在縣西北六里。宋康王南渡，金兵追迫，見一白馬在側，遂乘之，一夜幾六七百里，至本縣十都，天明視之，乃泥馬也，遂葬於此，故名。柳《志》。

　　筥墩　俗呼黄泥墩，在十八都，高數丈。沈廉訪宏家焉，建祝聖臺其上，旁有友于軒。

　　清白池　在千乘鄉南蔡橋北。相傳蔡漕臺開、祭酒鬭所濬。

　　東湖　廣數畝，與清白池相近。遺跡存。以上崇德靳《志》。

　　龍壇　在縣東二百步，昔爲祈雨之所。今廢。柳《志》。

　　觀風亭　在縣治東，宋建。

　　義禾亭　宋建，對縣治。以上崇德靳《志》。　案：至元《志》作義和。

　　光華亭　在縣南一百步。至元《志》在治東，南宋建。今廢。柳《志》。

　　春風樓　在縣東南三十步，宋知縣奚士達以觀風亭改建，知縣黄元直重修。《大清一統志》。參至元《志》。　宋陸埈《和奚宰春風樓即事》詩：“恍然楹桷架虛空，意匠經營九仞功。三載笑談杯酒裏，一時人物畫圖中。金蘭契結從今始，玉燭迎和與衆同。却笑楚臺雕篆客，强生分別托[1]雄風。”

【校注】

　　[1] 托：至元《嘉禾志》作“詫”，當作“詫”。

　　承流亭　在縣北二百步。至元《志》。宋建。崇德靳《志》。

　　迎麾亭　宋建，在縣東南一百步。

　　彰憲亭　在石門鎮玉溪庵左，萬曆庚戌奉文建。賀燦然《碑記》：“崇爲吾郡上游，當孔道，號劇難治，而石門鎮爲甚。鎮饒米菽絲纊，商賈輻輳，浮於邑。去邑治二十里許，東北與桐鄉相錯，而西南通苕溪諸邑。鎮油坊可二十家，杵油須壯有力者，夜作曉罷，即丁夫不能日操，杵坊須數十人間日而作。鎮民少，輒募旁邑民爲傭。其就募者類赤身亡賴，或故髡鉗，而匿名避罪者二十家，合之八百餘人。一夕作傭，直二銖而赢。番休之日，挾其赢，或羣而飲，或羣而博，或羣而宿娼家，恃勇好鬭，擎拳攘臂，良民畏之。稍與之角，一呼響應，闐然而訌。或白晝攫於市，莫敢誰何，千百爲羣，即坊主亦畏之，既捍文網，輒逸而去。或訟之官，爭相釀金，鬭鼠牙之勝，或各以其籍訟，而勾致人，甚且毆胥隸之追捕者。更可虞傭直赢曾幾何，安能恣所欲爲，小則爲偷兒，大且行劫，蓋爲鎮民蠹，非一日矣。靳侯來令崇，由邑入郡必取道石門，考風問俗，廉其狀甚懼，思一創之，未有端也。會渠魁周賢糾黨數十人，劫楊晨家，蹴其婦墮樓死，一鎮爲驚，羣起縛之。靳侯躬蒞尸所，案其辜，實之理，餘各抵罪，并逐諸不逞者，百年積兇，一朝翦而芟之。於是，向横暴恣睢者類惴惴懼，雞犬不驚，石門可數千餘家舉得安枕卧矣。蓋鎮民無不歌舞頌靳侯德者，靳侯業奏績闕下，鎮民虞侯旦暮内召去。鎮不能廢油坊之業，勢不得不募工作，工作不能盡取之土著。侯去而羣不逞，復行滋蔓，且奈何？計獨彰明憲法以隄防之，庶終有悛心以安此一方，民乃請於桌臺使者，令得樹豐碑孔道，以伸癉惡之戒。桌臺檄其事於邑，故悉其狀，稱勒石垂永久，便宜從民請。於是報曰可，名其亭曰彰憲。是舉也，蓋有三善焉，武以戢暴，仁以保民，智以計遠。語云：蔓草不圖，將尋斧柯。强凌衆暴，斯其風胡可長也？民慢而糾之猛，可謂曰武；稂莠不删，嘉穀不蕃，養奸宿禍，如嘉師何？暴戢而善良以寧，可謂曰仁；防之未然，與戢之既，著功相百也。高揭憲令，即冥頑望而懾矣，此其爲鎮民慮甚遠，可謂曰智。夫一舉也而三善備焉，則建亭而勒之石也固宜。萬曆己丑年立。”

　　白社墩　在瓜宅村，即衞富益書院舊址。

　　清樂亭　在錢林證聖院。以上崇德靳《志》。

桐鄉縣

橋李城　橋李，吳郡嘉興縣南醉李城。《左傳注》。　案：橋李，《公羊傳》作醉李。在嘉興縣南四十五里夾谷中，即秦長水縣古橋李城。至元《志》在濮院之西，濮院即古橋李墟也。劉《志》以其地產佳李，故名。桐鄉徐《志》。　國朝繆泳詩：“空壁巋巍路不齊，沙場南望故城西。閭閻歸國諸軍盡，風雨猶聞戰馬嘶。”　案：橋李，今已無跡可考。至元《志》謂在嘉興縣南四十五里，則其地當在嘉興、桐鄉之交，或以爲盡屬桐鄉，亦未必然也。故於嘉興首列之，而此復附論之。

晏城　在慕化鄉。吳築四城以禦越，此其一也。柳《志》。越句踐拓地，北至禦兒。吳王夫差築四城拒之。趙《圖記》。

西子粧樓　在百丈河上。今之粧橋右，相傳范少伯挈西子僑居此地，嘗臨水曉粧，故名粧橋。元濮允中因建粧樓於橋畔，今燬，僅存其名。《濮川志略》。

石門　縣北二十里。春秋時壘石爲門，爲吳、越二國之限。或謂之石夷門。《大清一統志》石門，古有驛，《太平廣記》載，唐大曆中，王垂、盧收乘舟至石門驛[1]，遇怪事，即茲驛也。柳《志》。宋置石門鎮。趙《圖記》。　案《方輿記要》云：唐上元六年，劉展作亂，據江、淮諸州，遣將張景超攻杭州，敗李藏用將李強於石夷門，即今之石門鎮地。　國朝陳潤《石門故壘》詩：“古寨千年尚有基，斷橫殘石草離離。風烟不散英雄氣，猶似吳兵百戰時。”

【校注】
[1] 按：光緒《桐鄉縣志》卷二《古蹟》“石門”條、李昉《太平廣記》卷三三八《鬼》二十三“王垂”條均作“盧收”，當是。

走馬岡　在永新鄉。世傳吳、越分疆，走馬於此。傍有洗馬池，今皆漸夷爲平原矣。柳《志》。舊經云：永新、清風二鄉接境，有官窯。父老傳，正吳、越分疆之地。今有走馬岡、洗馬池。至元《志》。　國朝周昇詩：“數里長岡似掌平，將軍戰馬舊曾經。至今原上青青草，猶帶英雄汗血腥。”

吳越戰場　今張蕩、天荒蕩皆是。桐鄉徐《志》。　詳嘉興。

范蠡隝　崇德縣范蠡隝，舊經云：隝，水陂也。在顧村。范蠡曾遊於此，因名。案隝有二：一在千金鄉，一在濮院鎮。傍有洗足灘。至元《志》。　明曹旅詩：“烏喙深知不可親，功成只合老江濱。五湖賸有閒風月，甘作鴟夷寄此身。”

胭脂匯　濮院鎮有胭脂匯。趙《圖記》。胭脂匯、洗足灘、百丈河，在粧橋之南。伊《志》。　案：范蠡隝、胭脂匯，皆傳爲少伯西施遺跡。桐鄉徐《志》云：范蠡隝在濮院鎮。相傳少伯泛湖，同西施過此，即今幽湖一帶俱是。《太平御覽》引《吳越春秋》云：吳亡後，越浮西施於江，令隨鴟夷以終。今《吳越春秋》無此語。馬氏《繹史》謂，諸書不載西施所終，惟《墨子》曰：西施之沈，其美也。《墨子》去滅吳不遠，所言當得其實。世傳范蠡載西施出五湖，皆謬說也。郡、縣《志》所載少伯、西施諸跡，大半出於附會，但存而弗論可耳。

南長營　在桐鄉縣東南二十五里，其旁有千人坡、范蠡隝，即越之北境。時蓋屯營於此以備吳。《大清一統志》。

烽火樓　塘南有長營，北有烽火樓。千金鄉有千人坡，古傳越王宿兵之所。柳《志》。

路成營　皂林市西有元將路成營。趙《圖記》。

鳳鳴市　今桐鄉縣治。《大清一統志》。鳳鳴里，世傳古有梧桐樹，鳳鳴其上。柳《志》。

青瑣閣　在桐鄉青鎮，梁太子蕭統讀書處。《大清一統志》。

昭明讀書臺　即今密印寺是也。世傳梁昭明太子讀書於此。柳《志》青鎮有昭明太子讀書臺，太子師事沈約。約葬先人於烏鎮，統就之，築臺館焉。趙《圖記》。　案：桐鄉徐《志》云：昭明太子讀書館，即今密印寺。梁沈約有先人墓在烏鎮普靜寺，每春歸掃。昭明出迎遠郊，因築館宇，讀書其中。後約遷葬金陵，昭明捨館爲賢德寺，後改密印。　明周大綬《梁昭明讀書園記》："史稱昭明好學多聞，通知今古，終日誦書不輟，夜則使其官屬誦而臥聽之。遇有脫誤，悉識之以責誦者。自古賢良主器其博文，殆莫有過焉者也。今地志所載江左千里之間，凡爲昭明讀書遺跡，不下十餘處，而桐鄉青鎮密印寺讀書園爲其一焉。是豈六代之季，猶爲近古萬乘儲君未嘗高居深宮以自尊貴，車駕時遊郡國，親近士大夫以周知民隱歟。抑魏晉以後習尚浮華，太子都通賓客，好遊晏。如鄴中故事，昭明因之而稍進以儒術，故所至以讀書名歟。夫天子之學與經生章句有異，昭明雖好學，其所好工文章、善談名理而已，未必有當於帝王治世之道，論者惜其年歲不永，不及嗣位。然以彼所學，即令富於春秋，克膺大寶，爲守文之令主則有餘，其果能幹父之蠱，盡反武帝臺城之悔，軼實文而上之哉。終梁之世，不過再傳，其父佞佛，而其子緝文，大業所以不競也。獨昭明姿淑美，孝友天植，性無他嗜，行無雜累，其流徽無斁，爲世所稱，故其讀書之地，後人都咨嗟傳說之。特其地久入梵宇，器鉢無聲，風流兩絕，恐世代遼遠，忘其所自，將使好古君子仰止闕如，是亦尚論之大憾也。爰爲之記。"　國朝汪文柏《訪昭明太子讀書處》詩："地僻古禪扃，曾聞鶴駕停。簡編惟一過，碑碣已千齡。苕水如雲碧，吳山入畫青。至今長夏夜，猶見照書螢。"

簡齋讀書處　參政陳與義舊肄業於廣福塔院，既貴，建閣以讀書，名之。至元《志》。簡齋讀書閣在今壽聖塔院東。宋參知陳與義自瑣闥請奉祠，卜居青墩，讀書塔院，閣居林隖，中有軒，面芙蓉浦，扁曰南軒，與高僧洪智、處士葉懋善，後人建三友亭於閣旁。元至正間，天台法師繕治之。吳興虛齋趙侯爲作古篆。柳《志》、崇德洪《志》皆作趙松雪。以釋宏道《記》証之，作虛齋趙侯爲確。顏其內曰簡齋讀書處，外曰南軒。《烏青鎮志》。　釋宏道《簡齋讀書閣記》："簡齋讀書處在青鎮芙蓉浦上，以宋參知政事陳公與義嘗居於此。高僧大圓洪智、邑儒葉天經懋實與方外交，故《簡齋集》中多贈天經、智老詩，而所謂壽聖院者，即今廣福也。公於紹興乙卯歲，由禮部侍郎、給事中除顯謨閣直學士，方丐閒茲地，扁所居曰南軒，日賦詩其中，尤喜道出世語，藜杖綸巾，逍遙倘佯，自稱簡齋居士。次年即被召拜左中大夫、參知政事。不一年求免，復來居南軒，遂終焉。昔人嘗作三友亭於芙蓉浦上，後亭壞，不復見，而南軒亦泯焉無聞矣。余受業密印，乃梁昭明讀書園廣福輔車也。每過其處，弔簡齋遺躅，未嘗不發嘆而去。天台法師來往是山，予輒以告法師，乃欣然命闥而加治之。吳興虛齋趙侯爲古篆榜其室之內曰簡齋讀書處，室之外曰南軒，本其舊也。今年夏，余與友人滄海師喜其能復古而尚賢也，由是亟往返無虛日，有識者亦樂從之遊。法師俾予記其事，告來者。予作而言曰：簡齋生於元祐庚午，政和中釋褐，授文林郎。又嘗入翰林，然後來此，春秋高矣。乃以讀書處名舊居，抑無謂耶。法師欻而言曰：余適待子而發也，夫所謂讀者，豈世間書耶。簡齋少年在洛陽有詩聲，南渡以後第一流人，然動而見軋於執政者，氣鬱抑不得申。既來南軒中，盡所出世間書而讀之，若有所悟。其詩有云：'自得安心法，悠然不賦詩。'遂不樂取進。既去而復來，蓋不忘所得也，故以名焉。余既喜其聞善樂從，又能推其本而名之，因併書以記云。"　宋陳與義《小閣晨起》詩："紙帳不知曉，鴉鳴吾當興。開牖面老松，相對寒峻嶒。幸無公家責，欲嬾還不能。汲井頮我面，銅盆旋敲冰。梳頭風入檻，散髮霜滿膺。四瞻郊澤間，蒼煙慘朝凝。欲望塔顛日，光景舒層層。乾坤有奇事，變化忽相乘。客來無可語，語此不見譍。今晨胡牀冷，魄我無骶骴。"明趙桓《簡齋書閣》詩："祇陀園裏讀書場，小閣清虛萬卷藏。鸜硯研朱流竹露，象籤插架散芸香。青藜夜吐牕前焰，白雪寒分案上光。欲覓遺壇何處是，幾株松樹一僧房。"　豐坊《遊青墩訪陳參政故蹟》詩："青溪清淺映溪橋，精舍悠然隱相軺。邪佞持衡三省闥，老成削跡兩宮遙。投閒散地留遺躅，秉正當年想立朝。故國沈淪荒浦在，芙蓉零落老漁樵。"　宋陳與義《廣福塔院僧閣，調寄南柯子》詞："矯矯千年鶴，茫茫萬里風。闌干三面看秋空。背插浮屠千尺、冷烟中。　林隖村村暗，溪流處處通。此間何似玉霄峰。遙望蓬萊依約、曉雲東。"　明沈中棟《南軒懷古，調寄臺城路》詞："梵宮何處尋荒址，當年草廬曾結。門遠赤欄，橋橫綠水，仄徑依然幽絕。浩歌天末。且鶴氅綸巾，怡情花月。卜築攜家,棲心書卷養其拙。　　芙蓉暫留舊浦,任河山破碎,離鴻驚蝶。北郭儒生,西宗禪侣,三友盟心無缺。風流頓輟。但衰柳蕭疎,暮蟬鳴咽。古刹斜陽,凄涼共誰説。"

宋濂讀書臺　在濮院鎮梅花涇上。宋景濂有濮川八景詩,又與鮑西溪友善,或寄跡於是。《大清一統志》。參吳《志》。　明沈機《讀書臺懷古》詩:"當年宋夫子,此地一曾來。予也閒觀易,空聞舊有臺。音容流月露,謦欬出風雷。後起誰能繼,千秋仰大才。"　國朝沈堯咨《讀書臺懷古》詩:"何處讀書臺,潜溪不可作。相傳未遇時,避亂此村落。朝瞻嶺頭雲,暮看松際鶴。汲古何深深,百卷抽秘閣。兼有千樹梅,晴雪恣吞嚼。故人來江鮑,酬倡亦不惡。至今花午詩,邑乘載鑿鑿。先生命世才,屈蠖偶寄托。誰知帝者師,風雲此登脚。我家十世居,百年安以樂。臺名空有聞,老梅已索莫。把柯憑弔間,遥林煙漠漠。"　舒瞻《梅涇訪宋景濂先生讀書址》詩:"日午吏事散,弄舟清興發。涼風送白蘋,蕭蕭滿巾襪。遺跡問村童,婆娑入林窟。荒臺委荆榛,一徑秋陰豁。緬維宋夫子,精廬坐兀兀。讀書慕孫登,文抱建安骨。風雲與時會,珥筆侍禁闥。煌煌玉堂仙,樹立何清達。惜哉薏苡疑,遂遭天帝罰。余也窺陳編,異代得津筏。幸兹托微官,訪舊撫殘碣。誰爲祠栗主,薦以南山蕨。如聞絃誦聲,閉户待霜月。"

九里松　在甑山前。一望喬林,如同巨壑。桐鄉徐《志》。　國朝盧存心詩:"引路雲松九里長,蒼蒼直到皁林塘。行人三月桐溪過,如雨松花撲面香。"

白馬塘　在運河洪濟堰北。宋高宗獲馬南渡,夜行七百里,至禦兒鄉之石門,方知神廟泥駒,瘞之於白馬岡,救祀焉。因名其河爲白馬塘。詳明吕希周《白馬廟碑記》。伊《志》兼詳石門白馬岡。　案:泥馬渡康王之説,相傳在磁州,其神姓崔名玨,字子玉。今杭州鳳山門内有白馬廟,宋建炎中建。詳見成化《杭州志》。此云在石門,又傳聞之異矣。

白社　在千乘鄉。案:今屠甸寺宋末衞富益創。《名勝志》。富益受金仁山、許白雲之學,宋亡隱居教授,創白社書院於石人涇。伊《志》。　互見石門縣。

陌巷村　宋顔岐爲門下侍郎,靖康初扈駕南渡,家於保寧鄉,子孫自爲村落,故名。

莊涇　在濮鎮渡船橋北。相傳濮氏二十六莊,此地獨多涇,上有十錦塘,春則桃李垂堤,秋則芙蓉市岸,近塘皆濮氏莊房,故闢此路。又有碾椒石、洗碗池、鷙杖井,皆濮氏遺蹟。兹不録。

銅棺冢　在千金鄉殳山。六朝時道士殳基有道術,卒後風雨失柩,夜聞有人喊聲,鄉民往視,則棺已成冢。貝瓊《遊殳山記》云:山回路盡,有石嶄然。壁立者即殳道人尸解處。案:今俗稱殳仙石。尚有獅嵎山、小赤壁、一滴泉諸跡。案:桐鄉徐《志》云:山有洗藥井,即殳仙煉丹所。貝瓊《記》云:井深二仞,而泉瑩可鑑,疑學仙者洗藥於此。　明山昂《殳仙石》詩:"羽客登仙去,還留片石存。只今丹火盡,尚有白雲屯。"　國朝仲宏道《洗藥井》詩:"山色傍霞紅,峰頭水氣融。怪來能療疾,遺藥在泉中。"

文峰塔　在南門内英濟祠前。高七層,形如文筆,故名。塔下有池,水特清冽。

阿育王塔　在密印寺山門前。吳《志》作壽聖塔,誤。唐廣明元年,寺勾當僧募建,以藏阿育王舍利。

龍眼池一作泉。　惠雲寺僧天集既造雙塔,因鑿池於塔之左右,以成蟠龍之形。又有集公井,水甘美不竭。

寂照石佛　石人涇,在屠甸鎮。舊傳寂照寺二石佛,温潤如玉,自海浮來,其涇即以石人名。

十六觀帖　在青鎮密印寺。宋張刺史繪,造十六觀,經説浄土莊嚴,境界内有七寶池、湧石蓮,臺極工巧。以上桐鄉徐《志》。

嘉興府志卷十五

古蹟二園宅〔附〕

嘉興縣

漢

朱買臣宅　東塔講寺,乃漢朱買臣故宅。案:寺爲翁子墓地,謂即是宅。古籍無徵,始見柳《志》,姑存之。

陳

顧野王宅　在府城東七里,俗名顧節墩。以上柳《志》。

後　唐

陸求宅柳《志》作陸裘公宅。　在縣東三十里,後捨宅爲安福寺。至元《志》。　詳《寺觀》。

宋

呂家府　在縣東天馬橋北。宋有呂諤、呂詢、呂評兄弟三人,相繼登進士,建第於此。鄉人呼爲呂家府,至今稱之。案:徐發《嘉禾古蹟》詩作呂家廡,云是文懿公第者,非也。

陳舜俞宅　在縣東北一里。崇寧三年,舜俞孫捨宅基,爲漏澤寺。

柳氏園　在縣東南二里,宋世科柳氏之園也。紹定中,通判陳塤建陸宣公祠于內,後爲尚書潘師旦所得,即會景亭。以上嘉興湯《志》。　案:會景亭,潘尚書所創,《志》謂即柳氏園者,似誤。

潘師旦宅　在縣東一里。明爲屠康僖公勳宅。嘉興湯《志》康僖之廳事曰泰和堂,有奇石,號天馬峯,又有古銀杏二本。宅廢後百餘年,猶鬱茂,過客多題詠。伊《志》。

會景亭　宋尚書潘師旦園,在澕湖濱。中有南塢、海棠亭、白蓮沼、桃花亭、紅薇逕、茶溪、仙鶴亭、芙蓉塘、白苧橋、漁潄。《檇李詩繫》。　元趙孟頫《記》略:宋尚書潘師旦初知秀州,遂有卜居終老之志。及通顯,位歷尚書,未及耄耋,即解印歸。治室于嘉禾郡城之東春波門外,償初志也。由南塢暨漁潄,可以遊觀逸樂者,凡十有餘所。築土爲堂,構木爲亭,列樹花果,松柏榆柳,良辰美景,載酒周游。沿迴放浪,歸則憩于亭上,因名曰會景。　陸蒙老詩[1]曰:“清入闌干酒易醒,春風楊柳幾沙汀。平波抵得瀟湘闊,只欠螺峯數點青。”舊有扁記,公歿後,毀棄無存。其二世孫文顯求孟頫重書其扁而爲之記。吾惟古之公卿宰輔,得志當時,皆有園池臺樹,非徒以適晏休、縱逸游而已。將以散意息慮,求其進退合乎道,不言而信及乎豚魚,不動而澤被乎草木,遠邇之人舉欣欣然得其願,是以居之而安,遊之而適,思之而得保其地,可以傳之子孫,而莫有過之者。今尚書以深忠碩德,光輔帝室,天下之人已被其澤。其爲亭也,惡乎過哉! 然竊有告焉。古人有言:創業固難,守成不易。文顯其思而益勉之。　　宋周邠《和陸蒙老韻》詩:"亭上騷人醉後醒,行吟步盡白蘋汀。水天千頃琉璃地,遠有芰山一段青。"　張堯同《會景亭》詩:"有景道不出,須來此水濱。十分花鳥色,團作一亭春。"《白蓮沼》詩:"滄波圍四面,豔豔玉開花。自可如簾幙,清香不用遮。"《桃花亭》詩:"不待東風折,池塘已自春。試看原上客,猶恐是秦人。"《紅薇逕》詩:"漸放秋風曉,花無爛漫香。淺深紅似錦,散影在滄浪。"《仙鶴亭》詩:"杳杳雲間路,重重隔翠林。數聲清夜後,來伴月邊吟。"《芙蓉塘》詩:"一發連千丈,紅雲出素波。秋風吹欲老,無奈落花何。"《白苎橋》詩:"偏壠敷青綠,桑麻共幾家。滿城羅綺子,應笑不栽花。"《漁溆》詩:"野水連天闊,滄波引釣緡。寄言溪上叟,莫學直鉤人。"　沈與求《會景亭》詩[2]:"柳株高下隔桃溪,萬頃煙波似渼陂。畫手無人貌平遠,小亭風冷立移時。"

【校注】

[1] 按:趙孟頫《會景亭記》引陸蒙老詩,即至元《嘉禾志》卷三十一《題詠》所錄陸蒙老《嘉禾八詠》之六《會景亭》詩。本《志》卷三十七《職官表・令》:"宣和年　陸元光,字蒙老。"崇禎《嘉興縣志》卷十一《官師》:"陸蒙老,字元光,歸安人。博學,喜吟詠。宣和初爲嘉興令,後改晉陵。"本《志》卷三十六《官師表》表明潘師旦嘉定末知嘉興府,其後累升至尚書,又解職歸禾,建會景亭於澂湖濱,年代不會早于宋理宗中期。從徽宗宣和初至理宗中期端平年間,時隔一百十餘年,故陸蒙老所咏之會景亭非潘氏會景亭。

[2] 按:沈與求(1086~1137),《宋詩紀事補正》卷三九:"沈與求,字必先,德清人。政和五年進士。高宗朝,累官吏部尚書,翰林學士兼侍讀,除參知政事,知樞密院。"沈與求卒於紹興七年(1137),故沈氏所撰《會景亭》詩非潘氏會景亭。

櫟齋　在嘉興縣。宋衞湜建以藏書。《浙江通志》。　宋葉適《櫟齋藏書記》略:余友衞君湜,清整而裕,淡泊而詳,酷嗜書,山聚林列,起櫟齋以藏之,與弟兄羣子習業於中。夫其地有江湖曠逸之思,圃有花石奇詭之觀,居有臺觀溫涼之適,皆略不道,而獨以藏書言者,志在於學而不求安也。又其自以爲櫟者,真無用于世矣,非退托而云也。蓋君之力良難而任良重矣。問學之要,除之又除之,至于不容除;盡之又盡之,至于不容盡。故稱鈞石必以銖,會億萬必以一,讀雖廣,不眩也;記雖博,不雜也。日融月釋,心形俱化,聲色玩好,如委灰焉,然後退于櫟而進于道矣,固宜漏衆美而以書言也。

竹埜書堂　在春波門外。宋龍圖閣學士葉時晚號竹埜愚叟,居嘉興。咸淳六年,文及翁守嘉興時建。嘉興湯《志》。

徐長者園　園在嘉興。長者,宋人,學道術。年八十治圃栽花,老於此。《嘉禾百咏考》。　張堯同詩:"丹砂猶未就,白髮忽成翁。却有憐春意,栽花向此中。"

胥山書堂　隆興元年,觀察使李某爲寺于胥山上,後廢。鄉人陳氏鑿石結廬,讀書於此,名胥山書堂。

高氏圃　吳鎮《嘉禾八景圖》,其一曰"春波煙雨"。原題云:"在嘉禾東春波門外,舊日高氏圃中,煙雨樓也。"以上吳《志》。　案:高氏,未詳何時人。據仲圭題,則當在宋、元間也。

嘉禾軒　郡人唐天麟之居。朱彝尊《嘉禾志跋》云:"天麟,寶祐四年進士,自稱納軒叟,居嘉禾軒。"伊《志》。

元

春波草堂　在春波門外。梅花道人吳鎮讀書于此,因以名堂。嘉興湯《志》。明有石夢飛氏,就其址結廬,名梅坡草堂。後歸李氏。伊《志》。　國朝朱彝尊《題李秀才琪枝墨竹》詩:"小閣爐香洗研初,數竿墨竹最清疎。前身定是梅花衲,仍占春波橋外居。"

　　茶屋　屠兼善建,以爲游息之所。貝瓊《記》畧:檇李屠生兼善,顏其游息之所,曰茶屋,蓋兼善嗜茶,尤善烹茶之法。凡茶之産于名山,若吴之陽羨,越之日鑄,閩之武夷者,收而貯之屋中。客至,輒汲泉烹以奉客,與之劇談終日,不待邾、莒之會焉。

　　瓜所　朱元度于圃中結廬,扁曰瓜所。以上嘉興湯《志》。　明梁寅詩:"徵君種瓜樊圃中,瓜畔茅屋前賢風。離離不比黄臺下,嗹嗹還似青門東。日高荷鋤紗帽落,月出留客匏尊酌。門外應無納履人,静對圖畫[1]有真樂。"

【校注】
　　[1] 畫:光緒《嘉興縣志》卷九《園宅》"瓜所"條收梁寅詩作"書",當作"書"。

　　栖栦窩　陸學正景龍齋名。伊《志》。　陸景龍詩:"安樂窩中興淡然,靈根斫得自樵仙。地爐伏火春如海,雪屋團風夜似年。香透玉酥和芋撥,脂流琥珀帶松然。絶勝沈水燒金鴨,吹徹參差惱醉眠。"

明

　　沈徵士林亭　明初寓公沈鉉之居。元楊維楨《沈處士林亭》詩:"楊花作絮撩[1]行路,荷葉流錢蓋野池。黄鳥一聲啼晝寂,不知春去幾多時。"　明高啟《沈徵士林亭》詩:"清時猶在野,獨卧見高情。移艇聞煙唱,鉤簾看雨耕。江晴雙鶺下,樹晚一牛鳴。回首徒相憶,柴車不出[2]城。"

【校注】
　　[1] 撩:萬曆《嘉興府志》卷二十六《藝文》收楊維楨《暮春沈處士池亭》詩,作"繚",當作"繚"。
　　[2] 出:高啟《大全集》卷十二收《沈徵士鉉野亭》詩,作"入",當作"入"。

　　尚友堂　牛尚書諒,元末寓居嘉興,與鮑恂、張翾諸名士友善,學者多從之遊。自顏其堂曰尚友,徐一夔爲記。以上《檇李詩繫》。

　　獨柞軒　徐一夔居白苧里,牖外有一大柞。吴《志》。　徐一夔《記》:"余所僦屋,在嘉興春波門外,茆屋三四楹,不喧不寂,於居窮甚。宜屋東向,啟牖,牖外大樹一挺。然當牖中,大五十圍,高四、五十尋。稍稍濯[1]根入地,不知幾百尺。其材堅實可用,蓋柞屬也。日夕視之,若貞臣介士,高冠長劍,端嚴自持,而庸夫孺子凜然莫敢犯。時方暑,恒踞坐樹下,陰下覆清以潤,風行葉間,聲玲然若秋至,私竊自慶有此獲也。署之曰'獨柞軒'云。"

　　柳橋書館　在郡城東八里白蓮寺旁,俗名常豐橋。元季劉基嘗館于此,作《漁唱》詩,楊鐵厓題其卷。《檇李詩繫》。　劉基《柳橋漁唱》:"春風淡淡兮湖水波,柳垂橋兮青煙滿莎。扣予舷兮發長歌,麾白蘋兮亂鴛鵝。我前有蛟兮我[2]後有鼉,予往予還兮吁予奈何!"彼湖有波兮此橋有柳,我維我舟兮聊以搔我首。唱歌以遨兮哀莫予偶,有蘀在霤兮有沙在疇。逝者滔滔兮羌不可久。緑蘋兮菲菲,落花兮點衣。江無津兮海無涯,嗚呼寂寥兮吾誰與歸!"

【校注】
　　[1] 濯:徐一夔《始豐稿》卷二收《獨柞軒記》作"擢",當作"擢"。

［2］我：劉基《劉伯溫集》卷十六録《柳橋漁唱二首爲黄中立作》詩無此字，當是。

梅花莊　在梅會里，孝廉王鏞宅。伊《志》。　《静志居詩話》："梅會里，在大彭、嘉會二都之間，市名王店。乃洪武中孝廉王鏞及弟鈞之所居也。梅會一作梅匯，水曰梅溪。鏞詩所云'吾家舊在梅溪上'是也。梁孟敬《石門集》有題《嘉興王氏梅花莊》詩，或即是二王所居。"　明梁寅題《嘉興王氏梅花莊》詩："瀟灑山莊對翠岑，梅花潭似白雲深。西湖處士臨流玩，東郭先生踏雪尋。晝暖山蜂喧隔屋，夜清霜鶴唳中林。輞川舊日多松竹，同是高人冰玉心。"

顔家園　嘉興白苧村。顔氏有西府海棠四株，極高大，著名禾地。花時士女游觀甚多。《橋李詩繋》。顔家園海棠花最盛。《曝書亭詩》自注。

南圃草堂　明天順間許主事章築堂於藕溪之陽，以奉養母氏。吳《志》。藕溪在縣東三十里。鄒《志》。村曰胡莊，許氏宅居之地。許蒙《藕溪八詠記》。　案《志》又云：正統初，許職方父號松泉者，植藕花于上，名人墨客多游咏焉。有《八咏題記》。八詠者，曰望山橋、觀漁閣、條桑圃、折柳堤、社飲堂、留詠亭、采芳艇、尋梅遝是也。　李東陽《社飲堂》詩："背屋蕭然蔭遠村，碧榆青柳似雲屯。仲春到日長爲社，野老來時不扣門。杖履東風花下酒，牛羊斜日路傍原。分明記憶前年事，醉掃蒼苔卧竹根。"　張寧《留詠亭》詩："觴詠蘭亭憶往時，此亭風景更宜詩。吟情欲動花催妒，客意將還鳥喚遲。自向松間尋舊帖，誰從竹下刻新詞。百年風雅歸名勝，背倚闌干寫竹枝。"　程敏政《尋梅遝》詩："古圃南通一徑回，天寒初放隴頭梅。野人竹外扶筇至，地主花前載酒來。短笛吹殘江郭裏，暗香飛度石城限。晚來記得歸時路，海月昏昏照古苔。"

懷家亭館　在相家湖南，明懷悦所築。伊《志》。　《静志居詩話》："其居曰柳莊，亦曰柳溪，故自號柳溪小隱，又號相湖漁隱。姚允言詩云'風流絶勝輞川莊。'又云'雨衣自織青蒲葉，煙艇長維緑柳枝。'蘇秉衡詩云'簾卷夕陽吟對酒，窗臨流水坐看鷗。'皆題其草堂作也。别有東莊，曰釣魚所，曰觀蓮亭，曰清風榭，曰白雲窩，曰載酒舫，曰耕雲堂，曰栽桑圃，曰采菱灘。邱大祐賦八景詩贈焉。又有北花園。姚廷輔《懷氏北花園宴集》詩。復有水亭，名雪艇。大祐詩'醉倚闌干俯春水'是也。有齋名鐵松，岑公琬詩'移得徂徠一蓋青'是也。有軒名月波，陳漢昭詩'湖上華軒瞰碧瀾'是也。其自題《鐵松齋》詩云'青衣開尊傾翠濤，詩成落紙飛霜毫。'園亭詩酒之會，極一時之盛，蓋富而好事者，濮樂閒之流也。"

春風草堂　明李含章司教淮藩，一日讀《五柳先生傳》，拂衣歸，築草堂于胥山，隱居以終。吳《志》。

培荆堂　在里仁鄉。化、治間，里中著姓金氏三昆，友愛同居，其仲鑄建斯堂。又有蘭室，鑄子蘭所建。許盛《記》。又有筠谷，有樂泉，篔簹環繞，水竹一碧，爲一方勝槩。嘉興湯《志》。　金鑄有《記》。

吕文懿公第　在屠康僖公宅之東。趙《圖記》。明大學士秀水吕原宅也。伊《志》。

九柏山房　吕文懿子太常㦂宅也。太常日對九柏，吟詠不輟，即以名其集。

包氏園　明包池州鼎之園，在澂湖東，有桂堂。

瑞劍堂　正德中，陶千户炳有所佩劍夜常發光，後屢從戰有功，因顔其堂曰瑞劍。以上吳《志》。　案：堂未詳在何地。舊志列嘉興縣下，今仍之。

梅墟　周履靖，萬曆中布衣，築舍鴛湖之濱，種梅百餘株，時呷唔其下，人呼爲梅顛道人。《橋李詩繋》。

山樓　明太學生朱茂昉宅，在角里街。四方賓客至者，必集於此。伊《志》。　參《曝書亭集注》明陸啟浤《朱子葆留宿山樓》詩："見衹不能去，扶攜復上樓。一尊風雨足，四幛晚山浮。昔共姜肱被，曾同元禮舟。十年家國事，淚盡薊門邱。"　周篔《宿朱子葆山樓，同徐松之》詩："主人開竹徑，野客過園扉。棋酒交初得，林泉興不違。簾疎池雨入，燭暗草蟲飛。肻下南州榻，何須數問歸。"

巢端明山居　孝廉巢鳴盛宅，近石佛寺。《檇李詩繫》。　端明構屋數椽，閉戶不出，隔溪築一小閣，屋外植短籬，環栽橙橘百本。

水西草堂　明初楊公輔宅，見楊孟載《眉庵集》。其地當近甪里街。明楊基《寄題水西草堂》詩："鴛鴦湖東武塘西，桃花滿川蒲葉齊。春風二月微雨霽，鵝鴨拍水黃鶯啼。推窗只見參差柳，柳色波光淡於酒。烏紗官帽半籠頭，紫竹漁竿長在手。平生愛讀內景書，往往適意追禽魚。開門嬾迎俗士駕，拄杖欲叩高僧廬。客來舉酒邀明月，細淪松濤煮春雪。但覺身無俯仰勞，安知世有東西別。今年扈從來大梁，錦袍白馬青絲韁。信陵宅畔暮鴉集，朱亥門前秋草黃。輪番夜直中書省，霜華滿巾鬢髮冷。粉署香銷紫綺袍，碧梧影落黃金井。魂夢時時到草堂，曲欄花藥漫分行。他年得遂歸田計，多種牆陰十畝桑。"

四老堂　趙庶常智之世居，在白苧鄉。明王直有《記》。

南陔草堂　沈大夫堯中宅。堯中，啟隆五世孫也。明王世貞《南陔草堂記》略：郡大夫沈公執甫以陸士仁所繪圖進，曰："此苧村所搆南陔草堂圖也。"始祖南園公樓隱東皋，搆有草亭，已治圃于水南。叔子靜庵公吟嘯泉石，諸名公從之游，晚得夏太常杲圖其亭勝，并顏"東郭草亭"四字，鑴石以傳。四傳至先大夫南野公，日與里人飲酒于野爲樂，後五遷，乃傍南園遺址，構數椽，仍結草亭，曰白苧山居。近稍增葺二十餘楹，南對淇園，綠陰當戶，折而西過釣磯，踰小橋，則草堂在焉。堂四面梅，傍橋植柳，橋西爲水屋，中容小船。南樓三楹，扁曰苧村煙雨，蓋嘉禾之最勝處。西瞰澱湖，與煙雨樓相望，樹外湖光如練，帆影出沒，真如、華嚴兩浮圖摩空而獻秀。又西爲望湖亭，亭西爲渡口，則主人遲客處也。　管橘《東郭草亭爲沈大夫賦》："幽偏角里足逍遙，小憩茅廬勝折腰。十畝瓜田春樹合，一灣萍水暮煙消。亭如綠野堪供賦，地似桃源可避囂。不獨于今成吏隱，也令千古讓風標。"又，《南陔草堂》詩："衡樓居寂似崆峒，野老相傳舊閟宮。曲徑春深麻苧雨，小亭秋滿芰荷風。吳岡越嶠微茫外，沙鷺汀鷗隱見中。須信世途無坦地，只宜長日醉芳醪。"

碩寬堂　黃學士洪憲之第，有碧山居。學士歸田，讀書處，在西馬橋。又有素園，學士子、按察副使承昊別業，在春波橋之東。明王衡《檇李黃學士碩寬堂》詩："彼美北山下，悠然天一隅。春風來燕燕，夜月問烏烏。草閣殘書擁，花場半俸租。秋園蝴蝶老，夢覺始爲吾。""小有足高隱，偶然成卧遊。少年勞貝錦，老我已菟裘。灌木城陰暮，芙蓉塘上秋。浮雲欄檻外，別是一重愁。"　張孝友《黃葵陽學士舊居》詩："屋角峰雙峙，園邊水四圍。文章開軌範，喬木見清暉。花廡閑吟壁，苔牆沒釣磯。年年雙燕子，猶遶碧潭飛。"　沈騏《碧山居》詩："解組歸來好結廬，相傳學士獨藏書。一編遺在猶能讀，堪笑多金賦子虛。"

怡園　屠諭德應埈別業，在顧節墩。其臺曰仍臺，堂曰蘭暉堂。後譚司業貞默居之，更名筊園，亦曰研山書圃。明唐順之《登屠翰林別業仍臺作》詩二首："太史仙臺多勝槩，正臨檇李古城東。五色雲深知海近，四圍山遠覺天空。閑居作賦青春後，幾歲鳴絃明月中。不是披垣同宿侶，閉關那許得相逢。""一上高臺興不孤，望中總總入虛無。煙雲春變陰晴氣，草樹天輸海岳圖。對酒笑將花作伴，消憂誰問土非吾。知君苦厭文園卧，此地能令肺病蘇。"崇禎壬午，於臺左爲平林小築，有書仙閣、著作堂、海紅軒諸勝。

恬致堂　太僕李日華之第，在春波門外螺螄浜。日華嘗具疏乞歸，時熹廟稱其孝思恬致可嘉，因以名堂。又有六研齋、紫桃軒、味水軒。

寫山樓　李太僕子肇亨所築。又有率圃，圃中有五峯。《靜志居詩話》："吾鄉鮮巖壑之勝，然園亭之參錯，水木之明瑟，舟楫之沿洄，縱游覽所如而不倦。萬曆以來，士大夫留意圖畫，討論藏弆，以文會友，'鴛社'之集，先後賦詩者三十三人。玉杯錦席之地，皆化爲宿草荒煙，惟李氏寫山一樓，尚未椒飛粉落，宛然靈光之在魯也。"

西園　陳子吉築，在西郭。明姚允詩："近郭逶迤一徑賒，林居幽傍幾漁家。江楓初落催詩葉，巖桂仍開送酒花。龍卧潭心雲不動，鳥啼城角月初斜。良宵樂共星簷賞，歸路休驚犯斗槎。"

經畬堂　孫簡肅子成倫宅，在東門外小奚家橋，趙宧光篆額。後有可園。又有響山閣，褚廷琯書額。孫氏自平湖分支，遷于此。

南園　高工部道素別業,在白苧村。明李日華《留贈》詩:"曲流初洗盞,深柳又停舸。各有招攜興,何妨共嘯歌。蘭亭羣從在,輞水勝遊過。月爲今宵好,花仍此地多。古圖開雪蘭,新築敵煙蘿。未盡盤桓意,重來踏逕莎。"

西園　高工部承挻別業。明孫一驥《重過高工部寓公西園》詩:"十畝閒園舊板橋,道南重過黯魂銷。秋花黄蝶猶成隊,曉露紅蘭惜易凋。事去英雄時坎坷,年來車馬巷蕭條。靈均一去何由返,空對江潭賦大招。"

苧莊　沈上舍章所搆,在角里街之水南莊,鄒臣虎題額。又有南山草堂,鄭簠書牓。案《靜志居詩話》:"上舍所居苧莊,略彴近相通,環以水竹,余嘗讀書其地。"章詩曰《苧莊集》,盛遠序。刊之有《自撰苧莊十詠》。

綠雨莊　一名南園,知縣朱茂曤所築。朱彝尊詩"最好南園簌桂發,畫橈長泊煮茶亭。"自注:"南園,余叔宜春令別業。有桂樹四本,高俱五丈。蘇子瞻煮茶亭在水北。"　楊瑄《飲朱氏四桂園和曹倦圃韻》詩:"麗句曾誇十樣箋,遥知花下敵瓊筵。酒后未與高人共,遊屐還容野徑偏。客過小山清馥早,香浮老屋碧陰圓。秋郊無限尋芳興,咫尺城隅隔遠天。"

峯在閣　褚孝廉延珸園中之閣[1],在角里街。國朝孫自式《夏日遊褚孝廉園中峯在閣》詩:"高閣白雲裏,相招共怡悦。開襟受凉風,不覺生冰雪。孤塔當窗牖,平疇接林樾。時時見山僧,來往踏秋月。竹密常晝陰,花繁自夜發。主人意無窮,清歌時散髮。"

【校注】

[1]按:光緒《嘉興縣志》卷九《園宅》"峯在閣"條作"褚孝廉延珸學圃中閣"。本《志》卷五十一《嘉興文苑》:"褚延珸,字研耘。博涉經史,寓目不忘。崇禎癸酉舉于鄉,甲申後杜門不仕。居角里,築學圃,讀書課子。以善書名于時。生平著述頗多,皆散佚。"褚延珸,不詳。故"褚延珸"是"褚廷珸"之誤。

靈蘭館　范布衣路書屋,在梅里。《靜志居詩話》云:"路晚開靈蘭館,賣藥長水市是也。"以上伊《志》。

國　朝

朱太史第　在梅會里,秀水朱檢討彝尊之居。明文恪公國祚故第在府城碧漪坊,以避兵屢徙家。其曰靜志居,曰茶煙閣者,少壯僑寓時所題也。順治十四年,卜居里中荷花池之陽。其廳曰潛采堂,堂西有竹垞[1],有漚舫。堂後曰敬悦齋。又有南垞、北垞、槐沜、菱池、芋陂諸蹟。堂南有桂之樹軒,有煮茶、聽雪之亭。康熙三十五年,于池南結曝書亭,嚴繩孫書牓,後以名其集。四十四年,聖祖仁皇帝南巡,蒙賜"研經博物"額,敬懸廳事。最後葺娛老軒,爲晚年著書處。其欲築而未果者曰六峯閣,孫稻孫以名其稿。_{楊謙《梅里志》。}乾隆以來,曝書亭圮。嘉慶元年,學政、今巡撫阮公元試嘉興,屬知府伊湯安因舊址重建。次年亭成,阮公偕守、令,率多士讌集賦詩以落之,刻詩文於石柱,並輯題咏爲二卷。伊《志》。　朱彝尊《戲題竹垞壁　調寄風中柳》:"有竹千竿,寧使食時無肉。也不須更移珍木。北垞也竹。南垞也竹。護吾廬,幾籠寒玉。　晚來月上,對影描他横幅。賦新詞、竹山竹屋。郇筩一束。筍輿三伏。竹夫人,醉鄉同宿。"　又,《索次岳畫〈竹垞圖〉　調寄〈百字令〉》:"杜陵老矣,共丹青曹霸、白頭漂泊。花柳春殘都未見,底事燕南棲托。略彴長堤,嘔啞柔櫓,只憶江鄉樂。吾廬何處,斜陽芳草村落。　況有蔗芋閒田,竹梧舊徑,客至堪杯酌。試畫三楹茅屋矮,隨意圖書簾幙。峽石東西,横山近遠,密樹遮雲壑。明年歸去,小樓添向牆角。"　沈岸登《題竹垞圖和百字令》:"主人歸也,儘客來看竹、短篷長泊。雪色書齋堪吐壁,老去閒情慵托。塞柳騎驢,江蘆聽雁,轉覺垞中樂。青錢憑買,移些村叟鄉落。　竹外三兩枝頭,桃花也放,更好時吟酌。春雨江南容易見,消領年來簾幙。二畝新秧,六峯曉翠,便是真邱壑。小樓添否,斜陽先在籬角。" 巡撫阮公元《追題竹垞圖,次原詞韻》:"先生歸矣,記江南春雨、扁舟初泊。自種垞南千箇竹,老讓嬾雲閒托。繭線牽魚,弓枝射鴨,足伴填詞樂。畫圖長在,冑敎踪跡零落。 今日水淺荷荒,巖低桂蠹,殘址難斟酌。何處牆邊樓影小,曾展秋窗風幙。儒老乾坤,書懸日月,莫漫悲亭壑。重摹橫卷,遠山還染三角。" 又《曝書亭落成,疊次原詞韻》:"南垞荒矣,問書船潞水、何人停泊。經卷詩篇零落後,魂夢向誰棲托。把酒能招,披圖相慰,畢竟歸來樂。結成亭子,我今重爲君落。 才見五馬行春,雙鳧漾水,攜畫同斟酌。尚有孫枝桐葉在,護爾秋風簾幙。疊石栽花,引牆圍竹,依舊分林壑。者番題柱,夕陽休礪牛角。" 知府伊湯安《重建曝書亭記》:"梅會里曝書亭者,秀水朱竹垞先生所築,而因以名其集者也。先生擧康熙己未詞科,入翰林,預修《明史》。歸田後,擁書八萬卷,勤著述,尤篤于經。所輯《經義考》三百卷,聖祖南巡,賜額有'研經博物'之褒。乾隆四十二年,太上皇帝賜題長律,海内翕然宗之。嘉慶元年,學使、閣學儀徵阮公按試禾郡,以講經術,敦行誼,爲士子訓,士風振起。試事畢,公特訪曝書亭遺址,則廢已百年矣。乃與大中丞玉公、方伯謝公、觀察秦公,議修是亭。而湯安實任其事。遂清復遺址,官給直以贖之,芟荒鉏蔣,繚以短垣。亭柱易以貞石,使可久,且以爲鑴字之地。仍懸嚴蓀友中允所書扁,過者不詟先生在時也。且蒔花貼石,略還桐階、蘭砌之舊。牆陰有桑百十株,則界其後人資修葺費。而曩之芰池、芋陂以及繡鴨灘、落帆步諸景,供游觀之勝者,姑俟諸郡人之續成焉可也。是役也,邑令司、何兩君爲湯安分任其事,而司諭車君專董之。落成之日,乃進斯鄉之人而告之曰:'公之建是亭也,非徒惜名迹之湮没也,非徒爲檢討子孫復祖業也。將以使鄉之人知鄉之有賢士大夫雖没世而猶當尊且敬如此也,使檢討之子孫知先人之遺書手澤存焉。'常守且讀如此也,且使四方之士聞之,知通經博古,述作不朽,德久而益光,其興起當何如也。知聖天子以政學敎天下,學使奉命稱職,必以經術深厚,文章爾雅之儒是崇,是奉其奮發激厲,又當何如也。" 案:題《竹垞圖》者,自沈岸登而外,有李良年、高士奇、徐釚、尤侗、顧湄、戴鍈、葉舒穎、郭㣭、葉舒璐、繆泳,凡十人。調並寄《百字令》,特不步韻耳。文繁不備載。

【校注】

[1] 按:光緒《梅里志》卷六:"竹垞在里南荷花池上。朱太史彝尊築,因以自號。孫侍郎承澤書額,海陵曹岳作圖。有堂曰潛采,堂之西南曰醧舫,金陵鄭簠書額。東有静志居、六峰閣、娛老軒。後結亭于池南,曰曝書。有芰池、芋陂、桐階、同心蘭砌、青桂岩、槐沜、繡鴨灘、釣船坊、落帆步諸景。"由此,竹垞是朱彝尊園宅的總稱,非其中的一個景點。

秋錦山房 徵士李良年宅,在梅會里。朱彝尊撰《行狀》云:"君築秋錦山房于漾葭灣,其南曰觀槿,東曰剩舫,北曰息游草堂,坐卧其中,弟子著録者曰衆。君精心計,其築草堂也,榰櫨、柱枅、瓴甓之屬,一經鳩度,立匠人垞者于前,分授之。斧斤既施,不爽尺寸。"伊《志》。

瓣香閣 宜山居士盛遠結庵,隱澂湖濱,郡守黃家遴爲建閣。南湖千頃,在几案間,閣西築生壙,題宜山居士之塔,人比之孤山處士云。吳《志》。

秋水閣 木威道人張劭所居,在馬場湖之涘。伊《志》。 案:張劭,朱竹垞弟子。《三家詠物詩》,劭其一也。《木威詩鈔》有題云:倦游卜宅,結小樓湖邊,與瓣香閣相望。即此。

藥山書圃 譚司業貞默晚年所搆,在東塔寺後,俗呼譚園。内有寄瓢亭,乙酉盡燬,僅存山石竹木。新纂。

清儀閣 在新篁里,張解元廷濟所居。新纂。 閣兩間,在八甎精舍上。翁方綱書額,并跋。曹言純《清儀閣雜詠序》:"張君叔未所居清儀閣,其中之物,自商、秦、漢、魏、晉、唐以至近代,自金石象齒以至瓦甓、甎墼、版榦、髹漆,自碑碣、賦詠、簡牘、銘識以至工勒之名,自篆隸、圖畫、刻削、㯺飾以至草木之品,皆以所好聚焉,其亦六一、七客、寶晉、平泉之等乎。"邢澍詩:"名篇五十摭星娥,閣號清儀積古多。虹月滄江書畫舫,由來家世説清河。"

秀水縣

周

范蠡宅　在縣西南，即今金明寺。舊傳范蠡去越，曾隱于此，有塑像在佛閣下，山門前碑刻"陶朱公里"。嘉興湯《志》范蠡故居本不可考，後人因范蠡湖之名，遂牓爲"陶朱公里"也。《浙江通志》。　案：檇李爲吳越往來所經之地，是以流傳古蹟有范蠡湖，又有祠、有橋、有塢，皆後人所被名。宋元記載固無卜宅是邦之説也。"陶朱公里"四字，爲明滇南郭斗書，萬曆辛巳，四明董渭立石，尤不足爲范蠡宅之證。

漢

嚴助宅　天寧寺殿後，世傳助故宅。柳《志》。　案：至元《志》祇載助墓，不言助宅所在。柳《志》不知何據。詳《寺觀》。

晉

徐熙宅　徐尚書別業。案舊《靈光寺實録》，尚書名恬，今《土地記》名熙。捨爲靈光寺。至元《志》。秀州精嚴寺舊號靈光，即東晉選部尚書徐侯熙所施。宋王希呂《精嚴禪寺記》。百丈溝，在精嚴寺山門之前，晉成帝時，郡人徐熙尚書宅建此，今溝石百丈，温然如玉，光潤可愛。鄒《志》。

梁

蕭王宅　蕭王太祖廟在嘉興縣西北，梁蕭氏興江左，實有功在民，故州縣多祠之。惠安寺，即蕭王故宅也。至元《志》。

唐

陸齊望宅　陸贄祖宅，在府治西南。贄祖名齊望，仕唐爲秘書監。大曆中，因女誦《法華經》，感天墜花，遂捨宅爲寺，女爲尼，名法興，有碑刻尚存。今廢爲寶華倉。秀水任《志》。
案：嘉靖間，緹帥陸炳于倉基造恩綸樓，後廢爲民居，見嘉興湯《志》。又，《檇李詩繫》云：曹侍郎溶居之，搆采山亭。

陸宣公宅　在城内甜瓜巷，即贄祖齊望宅。伊《志》。　陸游《入蜀記》：抵秀州，游寶華尼寺，拜宣公祠堂，有碑，缺壞磨滅之餘，時時可讀，蘇州刺史于頔書。大略言秘書監陸公齊望，始作尼寺于此，其後灟、溰、澧兄弟又新之。後又有賢妹字意者，陸氏嘗有女子爲尼云。諱灟者，宣公之父也。新城能仁院内有宣公祠，或云寺故宣公宅。今猶有像設。吳《志》。

裴休宅　在秀水縣南四里。唐大中十年，裴相休捨宅爲寺。即真如寺。有裴丞相祠。案《浙江通志》：休未嘗宦禾地，亦不言流寓檇李，或父任浙東，偶僑居于此耳。清暉堂亦裴相別業，今爲伽藍殿。柳《志》。　　詳《寺觀》。

徐家莊　徐岱，蘇州嘉興人。大曆中，浙西觀察使李棲筠厚遇之，表故所居爲復禮鄉。《舊唐書·列傳》在縣西北二十里。柳《志》。

曹珪宅　珪仕吳越，守嘉興，後爲蘇州刺史。光啟中，捨宅爲羅漢院，即宋招提寺也。今廢爲鹽運分司。嘉興湯《志》。　　案柳《志》：宋嘉熙間，鄧州人金鶴雲以琴書寓嘉興富家，近招提寺。夜聞女子歌曰："記得一曲直千金，如今寂寞古牆陰。秋風芳草白雲深，斷橋流水何處尋。"推户至榻。及別去，以金贈之。女子潸然曰："妾曹刺史女也。已得仙術，但凡心未除，遭此降謫。君前程甚遠，夾山之會，君其慎之。"金後爲縣令，卒于峽州。考其寺，即珪宅。後鑿土得石匣古琴，有金繫焉。

宋

沈氏千載樓　在東門内。宋淳化中，丞沈景楹構，聚賓友，命奕賦詩。至今巋然存，未嘗易姓。御史郭紹儀、進士汪挺顏之曰：千載五十世。孫太學、沈中彥置堂於側，多名人題咏。袁《志》。　　案：《志》所云淳化中，丞沈景楹，未詳何據。又淳化至康熙，其世次不應有五十。《志》語蓋誤。

趙老園　在郡西十里景德院後，乃宋致政殿丞趙充歸隱，藏書萬卷之處。賢良陳舜俞題曰趙公[1]園。柳《志》。

陳賢良宅　宋陳賢良宅，即今餘慶大佛庵，嘉祐六年捨。案：宋賢良陳舜俞宅，其孫捨爲漏澤寺，在嘉興縣治。別業在白牛涇，屬嘉善縣境。史志所載並同，不聞別有宅也。惟鄒《志》云，餘慶大佛庵在縣治西二十里。宋嘉祐六年，陳賢良捨基爲之。但言捨基，是陳捨地爲寺基耳。縣《志》即以爲捨宅，是誤。

岳珂宅　在阜城門内。珂，嘉定中守嘉興，後寓居金陀坊。著《金陀粹編》。以上秀水李《志》。

王希吕宅　在府治西南二里西湖上。希吕晚知紹興府，歸無屋可廬，寓於僧寺。孝宗聞之，賜錢造第，後人所謂聽履坊也。柳《志》。

讀書堂　宋朱敦儒字希真，高宗南渡初寓此，有讀書堂在天慶觀之西。秀水李《志》。

景范廬　在報忠坊金明寺後。宋淳熙戊戌，狀元姚穎築圃范蠡湖側，讀書粧臺之下，顏其廬曰景范。嘉興湯《志》。　　宋朱子詩："非棄清明樂隱居，特因景范面鴛湖。觀瀾興罷春風軟，濯足歌殘夜月孤。照貌不須臨玉鏡，洗心常得近冰壺。幾回魚躍鳶飛際，識破中庸率性圖。"

婁機宅　鳳池坊，婁機故宅，今郡學之前。朱彝尊《欋歌》注。後改爲嘉興府學。嘉興湯《志》。

樊氏園　秀州樊自強主管廣、樊自牧教授抑，皆茂實吏部子。二樊居城外，居地頗壯，茂實晚歲所築。隔水有小園，竹樹脩茂，荷池渺瀰可喜，池上有堂曰讀書堂。

陳大光宅　大光字子充，瑩中諫議孫，居第雅潔。以上陸游《入蜀記》。

南湖草堂　鴛鴦湖上，宋建。嘉興何《志》。　　宋聞人滋有《記》。案：聞人滋，于《志》作聞人建。案建，即聞人尚書，俟攷。

聞人安遠宅　在縣東北一里天星湖北。安遠侍郎，鼎次子也。以子宏貴，贈朝散大夫。前後林泉暎帶，列子孫之舍十餘房，聚族百口。嘉興湯《志》。

焦家園　阜成門内。嘉興何《志》。　　案：在今楊公浜之前。宋殿帥焦虎臣園。《方輿勝覽》。園舊有三峯，石高二丈餘。奇花異卉稱是。後孫炳炎中探花，夵炎魁武舉。元末，裔孫熙七歲童科。尋爲王同知所有，後鞠爲茂草，惟遺峯石。宣德初，爲内侍舁其石去。柳《志》。今存者，惟流觴石。趙《圖記》。　案：此園康熙間錢學使江因遺址重建，亭榭一新，有《綠溪三徑記》。既而割售于人。祝舍人維誥得其西偏之綠溪莊，其後併屬唐御史淮，題曰合峯園。仍學使之結構，加以葺治，曲池喬木，尚餘古意。　明許恂如《焦虎臣園》詩："虎臣花圃今何在，逝水東流去不還。誰似宣公枌社裏，清風千古閟芸關。"　國朝錢江《綠溪漫咏》："歸來小自林泉趣，近築茅堂在舍南。樓外修梧初映碧，橋邊流水晚拖藍。愛延逋客開三徑，許共名僧對一龕。聽法談詩吾事了，十年悔不早抽簪。涌山樓畔梅如雪，竹裏團欒覆地陰。一日坐來如兩日，短吟行罷復長吟。風波不作花間舫，山水疑調松下琴。把卷開尊兩不厭，放翁詩句醉翁心。"　案：莊內又有石芝亭，亦錢學使所築，懷應聘有《記》。

孝友堂　在府城中。宋紹定間，翰林學士項相與其弟棟奉親而作。嘉興湯《志》。國朝乾隆十六年，高宗純皇帝南巡，御製《嘉禾道中雜吟》，有《題孝友堂詩》，恭紀卷首。伊《志》。　宋真德秀《記》："孝友堂者，翰林學士嘉禾項公兄弟二人奉親而作。公以聰明之資、簡重之器、魁傑儁偉之材，佐聖天子禮樂太和之治，光昭四海，格於上下。而公之令聞令望，日新月盛，明良相逢，千載一時，天下之人莫不想望風裁，仰慕公之爲人，而不知公之所以致是者，蓋有其本矣。公自居鄉里，讀書養親，罔有違越，篤愛其弟，恩意藹然。及舉孝廉，登顯榮，歷歷中外，雖身都富貴，未嘗一念不在乎親也。而公之弟服勤致養，克盡子職，亦未嘗不以公之心爲心也。孝友之至，通於神明，故公之先尊及太夫人咸被推恩，茂膺錫命者，雖曰積善有自，蓋公兄弟孝友，實有以獲乎天者也。間歲，公奉命巡行淮東，得便道省謁，寵賚甚厚，公遂乘傳過鄉里，拜太夫人於堂上。而太夫人壽考康寧，備福之盛。公奉觴上壽，兄弟怡怡，子孫繩繩，當世鮮與比。檇李之間，瞻望咨嗟，而山川草木亦與有榮焉。公既得以申孝友之情於親，而當世之人又有以知聖天子孝治天下，深仁厚德，錫類無窮焉。公世本洛陽，自大理評事公晉隨駕南渡，晉生煜，煜生學士，顯於開禧、紹定，今兄弟德行道義，又爲當時所重，則公世濟其美者，其來遠矣。嗟夫！咏《蓼蕭》於《小雅》，哦《鳲鳩》於《曹風》，其爲父子兄弟足法，而後可以教國人者，余於公之兄弟見之矣。公以堂屬記於余。余乃本公之實行，取君陳之義以表彰之，且爲之文，以華諸堂，非溢美，將以爲天下後世勸也。公名相，字汝弼。弟曰棟，字汝用，因併記之，俾子孫不忘焉。"堂後有端本廳。明成化間，襄毅公冢子怡庵侍御建。後圮。道光三年，裔孫琳重建。于《志》。

林衡宅　在迎薰門外。衡仕宋，爲秀州知州，直敷文閣。秀水何《志》。

趙大夫宅　報忠觀。宋淳祐九年，里人趙朝散汝俳捨宅爲觀。詳《寺觀》。

徐聞詩宅　靈濟廟。舊在西門外，即故知惠州徐聞詩宅，今故址尚存。以上至元《志》。

沈氏園　宋建炎初，秀卒徐明之亂，命張俊致討，俊至秀州，守趙叔近郊迎於郡北沈氏園。吳《志》。

劉漢傑宅　宋郡守劉漢傑夢觀音，因得女，生數歲，不茹葷，遂捨宅爲寺。至元《志》。

太初堂　至元丙子，以宋相賈似道太初堂爲書院。周伯琦《宣公書院記》。

城南蔣莊　至元《志》云：舊爲遊賞之地。伊《志》。　宋李長民詩四首："愁卧丘亭上，蘭時忽過中。幽人倦賞物，青帝謾施功。柳眼依依碧，桃梢冉冉紅。直須千釀酒，一醉百花叢。""郊居人事絕，倦暑每晨興。蓮奉祠中佛，笋供林下僧。吟餘厭蟬噪，望遠喜禾登。朝市忘懷久，何勞羨賜冰。""今旦商飈起，蕭然雲氣秋。稚蟲工促織，老蔓擬牽牛。莫賦潘安閣，聊登王粲樓。家園歸未得，孤夢繞松楸。""寒來惟喜睡，忽忽又朝暾。地迥霜逾白，庭空雀倍喧。甌窠煙半吐，盞面酒微溫。莫問烏銀價，晴檐好負暄。"　案：吳《志》李長民作正民，蓋因其兄弟而誤。

【校注】
[1] 公：崇禎《嘉興縣志》卷五《古蹟》"趙老園"條作"老"，當作"老"。

元

濮元帥園　在幽湖上，濮元帥銑所築。至大中，迪功郎。泰定間，起爲元帥，北征。歸田後築此。雪廬和尚有詩。《濮鎮紀聞》。　　釋克新詩:"海國元戎鬢未斑,歸來拄笏看青山。田園暮景煙塵外,臺榭春風錦繡間。桐影連溪鷗夢穩,桂香吹月鶴笙還。碧尊綠鱠黃花酒,時向尊前一解顏。"

　　雪筠齋　元濮敬之建。嘉興湯《志》。　　釋克新有題辭。

　　稅暑亭　在聞家湖。元至順間,里人朱張穹壽建。秀水何《志》。　　元岑士貴《記》略:梅趣,朱張君穹壽之五世祖武節將軍諱宣事宋,扈蹕南遷,定家湖之乾隅。宣生詔,詔生鏐,鏐生弼,皆蟬聯不替。弼爲進義校尉,隨駕崖山,殉國溺海。君與其弟天任痛父之不返,昕夕哀思,願以所居捨爲禪院,以資君親冥福。牒於官,請額曰報恩,復裝嚴像貌,割田以贍于縣東百餘步,奉其父衣冠藏之,建亭以休憩寒暑勞勩之杖履。自是出家道湖至墓所,皆成坦途,亡舟楫風波之苦,孝思之興,得以時展。亭之成,適當仲夏之月,可以休涼,遂名之曰稅暑亭。梁東西有梅、柳,因名之曰問柳,曰尋梅云。

　　合溪別業　顧阿瑛所居,當張士誠入吳,避[1]蹟隱嘉興之合溪,營搆別業。《檇李詩繫》。　　元釋來復《寄題合溪別業次韻二首》:"草堂合溪上,雲石靜無氛。春水鱸三尺,秋風鶴一羣。行厨依竹見,吹笛隔花聞。最喜逃禪好,蒲團擬共分。""不食諸侯祿,閒居避俗氛。岸花紅作陣,沙鳥白爲羣。貝葉風前讀,菱歌月下聞。清游難再得,愁絕一江分。"　　陳基《寄仲瑛寓嘉興》詩:"每憶吳門顧辟疆,舊開池館帶滄浪。綠波芳草盟鷗鷺,錦瑟玉笙悲鳳凰。座客詩成誰最好,故人酒後我多狂。扁舟獨往鴛湖上,老劇猶能賦草堂。"

　　環碧堂　在縣西南幽湖之畔,元朱顯道建。明貝瓊有《記》。

　　梓宇　在城中。元舉人張翔南翼建,堂前有一文梓,高可十尋。以上嘉興湯《志》。　　元梁寅有《記》。

　　忠孝堂　鴈湖陶氏世居。伊《志》。　　案:《陶氏家譜》:自菊隱翁宋德祐間以兵衛一方,授將仕郎,扁堂曰忠孝。後堂煬,曾孫長原復之。時爲至正甲辰,周伯琦篆額。成化乙未又煬。長原孫、御史楷更新而廣之,仍扁曰忠孝。先後作記者,徐永達、楊復、趙智、周鼎、朱應祥、蔣誼、姚綬、張錫;作賦者,蕭子鵬;作銘者,錢璵、朱祚。

【校注】
　　[1] 避:《檇李詩繫》卷五"顧瑛"條作"遜",當作"遜"。

明

　　西溪隱居　漕渠之西爲西溪,有鮑恂隱居。趙《圖記》。　　明徐一夔《記》略:西溪在嘉禾郡城之西三里。緣溪上下,長波平陸,浸衍曲折,若龍蛇馳騖。樹木散出,篁竹蔽生,隱如深林幽墅,今鮑先生之居在焉。先生之居逐溪而成,屋數楹,在竹樹中。高亢軒豁,有蔬可茹,有桑可蠶,有牲魚酒醴,可以供祭祀。賓客旁無雜鄰,農家漁舍,參差相映,大官貴人,非求謁者,迹不相及。白日悠永,沙禽水鳥之泳翔,村歌野唱之響應,輕橈短楫之往來,舉不出于顧盼之外,誠類夫隱者之居焉。初,先生世居崇德州,其門人有爲之卜築者,徙此一十年矣。郡人至,比之武陵桃源云。　　周巽詩:"溪上齋居好,幽偏事不侵。桑麻存晚計,圖史樂初心。岸幘幽窗曉,移牀綠樹陰。卜鄰何待老,從此數相尋。"

　　屠氏桂林　屠允,號桂林居士,宣德間人。《檇李詩繫》。園在城西,有桂二本,垂蔭逾畝。每歲兩樹迭開金蕊一枝。《曝書亭集注》。　　屠允《雙桂》詩:"月中有雙桂,本是同根生。庭堦久移植,冬夏常青青。春風既滋漉,秋風正敷薆。碧玉琢爲本,黃金綴爲英。鄒林願心友,燕山非面朋。高枝早攀擢,遐邇揚令名。"　　國朝朱彝尊《櫂歌》:"去郭西南桂樹林,五畝之園一半陰。笑插枝頭最深蕊,兩鬟如束辟寒金。"

　　綠疇軒　在穆谿。明朱徹孟寬構。伊《志》。　　《檇李詩繫》:"徹編戍山海,赦歸,足蹟不入城市。日惟壘石列卉木,構綠疇軒,棲息其中。興到則乘小艇,攜尊罍之屬,沿溪而溯之。持竿垂綸,徜徉鷺汀鷗渚間。得魚貰酒,醉則偃仰舟中,扣舷而歌,聲出林外。望之若神仙,自號穆谿漁隱。"

　　思紹堂　在縣西北雲泉鄉。明聞人著建,以爲祀祖享賓,燕會族人之所。嘉興湯《志》。　　明李進有《銘》。

著書堂　尚書項襄毅公忠宅，在鉼山右。明姚兗《過項申卿園居》詩：“瀟灑蒙莊宅，幽棲仲蔚家。來逢池畔奕，聊試竹間茶。曲徑滋瑤草，芳屏散綺花。還忘在人境，何必羨煙霞。”　國朝曹溶詩：“曲洞迷秋逕，叢筠覆石斑。滿城無尺阜，此地即深山。興到嵐光密，幽多翠色還。主人空鎖鑰，輸我日窮攀。”

冰雪堂　此梅僉事江與項襄毅、伍公矩結橋李耆英會處也。蕭子鵬作《記》。以上吳《志》。

野樂園　吳尚書鵬所建，即楞嚴寺基。《靜志居詩話》：“尚書居里門，會有詔，許佃浮屠廢寺爲民居。公子繼輪值于官，請佃楞嚴寺隙地，且酬僧徒以白金四百，因葺野樂園。園有堂曰先瀛，前爲圃曰閒閒，曰猗猗，曰忘機，曰都春，門曰吾如所。堂後有樓，曰雲日樓。前亭二：曰漱芳，曰臨賦，小沼環之。左右齋各一，曰悟真，曰守虛。尚書自爲記。”

半郭樓　沈少司馬思孝所建，在薦橋之東。姚士粦《見只編》：“司馬乞身歸里，敝廬湫隘，與子姓共居。因別構數椽于郡城東偏，有一樓，半窺雉堞，遠銜林水，影蕩雲日，命曰半郭。自賦《重九落成》詩，一時名流和篇成帙。胡震亨有《記》”。司馬又有別業曰綠蘿莊，一名繡野莊，在相湖濱。其城居之廳事，曰快雪堂。以上伊《志》。　明沈昭《和半郭樓落成韻》詩：“遙聞半郭樓成日，正是重陽雨過時。賀客風前誰落帽，主人天上獨題詩。當空明月窗間近，極浦寒雲到檻遲。豈謂青門終屏蹟，暫憐秋色在東籬。”

天籟閣　項元汴藏圖書之所，在城內靈光坊。伊《志》。元汴號墨林山人，嘗得鐵琴一，上有天籟字，下有孫登姓氏，因以名其閣。吳《志》。　國朝朱彝尊《懷鄉口號》：“墨林遺宅道南存，詞客留題尚在門。天籟圖書今已盡，紫茄白莧種諸孫。”

鶴石居　岳中丞和聲之園。中丞築園西郭先月亭故址，有茂林清池，虛亭敞閣，以延攬煙月，滌除塵氛，蕭然有遠寄也。《六研齋筆記》。　國朝曹溶《岳氏園》詩：“地得湖中勝，晴生水竹香。隔林看鶴硎，移月近魚梁。粉堞牕間小，鄰鐘雨後長。最多瀟灑意，景色待壺觴。”

閒敞軒　都察院照磨朱茂昭小圃，在真如寺右，板橋之西。伊《志》。　《靜志居詩話》：“夾岸紫藤，萬條寒玉，當春梅放，不減鄧尉西溪，四方名彥爭過爲文字之飲，去鶴洲不遠，游者比之何家大小山。”

秋月庵　貢士馮延年書屋。伊《志》。延年字千秋，夢禎孫，寄籍錢塘。歸隱秋月庵。《橋李詩繫》

鉏園　鉏用登，字百穀，秀水舉人。《橋李詩繫》。園在西郭外。伊《志》。　鉏用登《小園初成，陳仲醇過》詩：“版築登登罷，圖書處處遷。茅柴過橋酒，燈火到門船。竹徙上番雨，荷開半兩錢。醉吟無不可，爲我拂朋箋。”

卍齋　吳文學統持所居，在秋涇橋。又有明月樓，在鴛湖濱。明陳素《題明月樓》詩：“一水隔人境，長林遠近間。湖光明似月，樓迥靜于山。叢桂懷賢古，新荷製服閒。不堪登眺處，氛塕暗江關。”　國朝王崇簡《寄題卍齋》詩二首：“聞說幽濱際，珠林居士家。蕭條彭澤柳，爛漫武陵花。曲檻青松老，長廊紫燕斜。佛光開卍字，月上淨窗紗。”“欲傍冥鴻去，秋涇逕自深。翱翔無俗樂，琴瑟有清音。自得煙霞趣，偏宜水月心。一方天浩森，何日遂幽尋。”

水肥齋　高秀才松聲書屋。以上伊《志》。　《橋李詩繫》：“松聲字元雅，與從弟淑民號雙隱。”

可經堂　徐尚書石麟第[1]。伊《志》。冢宰歸田日，築堂于郡，牓曰可經。人不解其故，及乙酉城破，自經于堂，始信公之就義立志已久，葢與昔賢止水之意脗合焉。《靜志居詩話》。尚書子爾穀有畫水草堂。吳《志》。　國朝朱彝尊《櫂歌》：“吳公殉節在京師，冢宰家居城破時。行客可經堂外過，國殤風雨颯淒其。”

竹深處　明初董好問所築，在烏橋港。明貝瓊有《記》。

深悅齋　明初徐益權所築，在南湖濱。明貝瓊有《記》。

水竹居　在澄林。其地多水竹，包克恭購而居之。貝瓊有《記》。又，馬盛《記》。　明王鏞詩："碧水澄潭自作洲，琅玕多種屋東頭。旋燒新笋當茶竈，時斫嘉魚上釣舟。客至好從明月飲，居閒何必五湖遊。我家舊在梅溪上，遙憶清風度早秋。"

春和堂　陶楷文式氏所築，一時作記題詩甚富。

同心樓　陶士敬有子鉦等三人，築此以示友恭之誼。鉦後以捐賑旌爲義民。又有書樓，陶楷所受之世居也。楷子儼爲御史大夫，陶氏科名始盛。明周鼎有《書樓記》。

東莊別業　在鴈湖之東，陶存恕始築之，其廳曰衍慶堂。江陰卜榮《記》。又有水竹居、野嘯亭、來秀軒、閒耕處。

聚奎堂　卜氏兄弟大同、大有、大順三進士之居，在集慶。

益泉別墅　卜太守大順築，在集慶。明周思謙詩："故人自是悠悠者，十年避地東山下。蹟謝簪纓無是非，心將魚鳥同閒暇。松間竹裏對琴書，路僻人稀閉齋舍。花落堦前野鳥飛，雨餘檐外風泉瀉。感興長歌才子詩，客來復與清樽話。只今歸去未盡歡，寄宿還期明月下。"

存石草堂　在思賢鄉，明沈僉事啟原宅。焦竑撰《沈僉事行狀》，述其歸田後，"茸先人林園，爲偃息計。爲堂有與聞、存石，爲閣有紫芝、閬風，爲齋有止觀、徐于，爲臺有紫雲、香雪，爲亭有蒼玉、點易。"

狀元第　在南門毛家坊。明贈少保朱儒宅，以子國祚中萬曆癸未進士第一人，表此額。先是嘉靖間，儒夢神人鼓吹，迎一區入門，曰"咸春堂"。時方起廳事，落成，遂以名之，吳太宰鵬書牓。又有"熙朝元輔"額，巡撫傅某所題。

朱文恪公第　太傅朱國祚宅在城內碧漪坊之塔衖。宅之廳事曰有容堂，其書屋曰介石齋。明徐孚遠《簡朱子若》詩："烏衣巷口舊勾留，不過東齋兩度秋。準擬天星湖水發，藉袈橋下穩停舟。"　國朝朱彝尊《懷鄉口號》："先人舊宅北門樓，舍後斜陽塔影低。門徑傷心難再問，夢魂猶繞舊沙堤。"

修紀堂　方伯盛萬年宅，在梅湖之中李圩，董其昌書額。又有滴露堂、飲醇軒、宛委齋、四照閣，其東有世德堂。

姚尚書園　姚司空思仁別業在鴛湖濱，中有水周堂，其山石爲張叔祥所壘。國朝朱麟應《姚尚書故園》詩："尚書遺別墅，四望水沄沄。帆影花間出，鐘聲竹外聞。徑荒侵薜迹，沙淺浴鷗羣。緬想通門誼，欷歔對夕曛。"　陳經業《水周堂》詩："南郭饒竹樹，寂歷尚書園。藤穿敗壁隙，蘚積空階痕。舊堂曰水周，誰與開清尊。波心峯幾朵，一一飢蛟蹲。岸柳半臥水，絮夾藻蘋翻。已荒鷗鷺宅，但聞鶕鴣言。林泉難久占，吾弗營邱樊。"

石經草堂　陳無功著書處。明李肇亨詩："草堂閒敞水西頭，筆耕經畬老未休。桑翰傳家惟破硯，志和泊宅少扁舟。一簾花雨供枯坐，兩展松雲試獨遊。他日若修高士傳，隱流端復是儒流。"

徐尚書第　徐司馬必達故居，在城內徐家埭。又有園在五龍橋西，中有南州戠雪亭。明李應徵《花朝集·徐德甫園亭》詩："一室成邱墅，悠然會遠心。餘寒春色淺，過雨藥欄深。蝶戲纏窺幔，鶯嚦稍出林。綠尊留客醉，隨意坐花陰。"

清宛堂　范明泰長康宅，後爲徐太樸祠。堂前有舞蛟石，詳《古蹟一》。

放鶴洲　在鴛鴦湖畔，貴陽知府朱茂時別業。初，茂時築此園，以奉從祖文恪父尚書，歲時讌賞。逮歸田後，樂志煙霞，教羣從讀書，結文社其間者四十年。《靜志居詩話》："城南放鶴洲，相傳爲唐相裴休別業，名曰裴島。然考新、舊《唐書》，俱不言休流寓吳下。至元《志》、柳《志》、于鳳喈《補志》，俱未之載。或曰：'南渡初，禮部郎中朱敦儒買之以爲墅，洲名其所題也。'世父拓地百畝，自湖之田，有堂，有亭，有橋，有船，有岡，有樹，有庖，有溷，雜樹花果，瓜疇芋區菜圃，靡所不具。陳少詹懿典爲作記，董尚書書扁，李少卿日華爲寫圖，後先觴咏，題壁淋漓。今則大樹飄零，高臺蕪没，止有臥柳斷橋而已。"　案：寫《鶴洲圖》者，自李少卿而外，又有徐弘澤、項聖謨、戴晉、卜久、王時敏、魯得之，皆一時名筆。又有張南垣《墨石圖》，蓋假山出張手也。茂時與弟茂晥皆有《放鶴洲記》。

國朝吳偉業詩:"別業堂成綠野邊,養雛丹頂已千年。仙人收箭雲歸浦,道士開籠月滿天。竹上縞衣三徑石,雪中清唳五湖田。裴公舊宅松陰在,不數孤山夜放船。"　汪挺《朱太守鶴洲草堂落成》詩:"潤紆巖削徑初成,雅稱歸來物外情。近郭門無軍將打,過橋龕有佛燈明。雙棲煙島昂藏鶴,獨嘯風林斷續鶯。敢謂幽踪希二仲,深煩折簡費將迎。"　曹溶《遊朱氏鶴洲》詩:"司寇聲名大,家風尚肅然。圖書無畫棟,蔬菜半秋田。草綠湖光嫩,廊空塔影圓。裴休曾捨宅,翻讓結茅賢。"　余懷《秋日集鶴洲》詩:"得拜元方藉季方,疎林秋晚奏笙簧。茶煙帶鶴通花徑,屐齒隨鶯到草堂。淇澳清風惟種竹,成都薄產但栽桑。十年再見悲霜鬢,惆悵鴛湖認夕陽。"　王庭詩:"放鶴何年去,遺名在此洲。栽成花徑曲,綴得草堂幽。潏有豀光夕,涼多石氣秋。客來頻取醉,絕勝習池遊。"　吳綺《夏日過鶴洲》詩:"放棹尋鴛水,停橈過鶴洲。荷高香入檻,竹密翠遮樓。有石皆能瘦,無溪不占幽。禽魚渾自得,盡日爲淹留。"　朱彝尊《櫂歌》:"蟹舍漁村兩岸平,菱花十里櫂歌聲。儂家放鶴洲前水,夜半真如塔火明。"　譚吉璁《櫂歌》:"裴休島上最蕭疎,傳是朱三十五居。安得閒身坐消夏,插天翠柳滿牀書。"

吟厂　曹不困書屋。明常彝詩:"深居山興靜,芳草綠堪染。析義天破荒,覓句鬼驚險。盤蔬剗溪毛,琴絲韌山壓。清談坐日暝,兩兩懷不厭。石交起古人,相期在無忝。"

東溪　文學朱茂暕別業在南湖旁,有鏡雲亭。明朱茂暕《東溪歌》:"錦鳥迷沙日,花飛一水香。采蓮聲欲斷,愁煞淥川長。水色明晴晝,江花憶去年。前溪好風月,未可即回船。"　徐貞木《題鏡雲亭》詩:"舊接裴家島,紆回徑不分。水流無限月,客臥幾重雲。麥氣迎秋近,楓香隔岸聞。空亭誰鼓瑟,惆悵憶湘君。"

松厂　戴山人晉齋名。晉隱精嚴寺之西偏,結庵曰松厂。賣藥爲業。晚歲依放鶴洲以老,主人爲別築三楹館之,曰蝶華居。項玉笋有《戴山人傳》。

勺園　一名竹亭,在澂湖濱,吳吏部昌時別業,峯石爲張南垣所壘。當時歌舞甚盛,吳既敗,園漸荒,今爲漁户晒網之場矣。

狷石居　五經進士譚貞良齋名,在碧漪坊。國朝譚吉璁《櫂歌》:"宅西狷石舊名亭,曾侍先人説五經。夢想故園猶在眼,棕櫚一樹假山青。"

寶澤堂　錢侍御嘉徵故居,在角里街。案:嘉徵元孫、侍御載移居鳳池坊,重懸是額于廳事,自跋云:"先高祖侍御公之堂曰寶澤,舊在角里街。今謹請皇子書此二字,以額于百福巷所居,勗我後之人,蓋不忘先澤也。"

父子繡衣第　在王江涇南市,明副使陶儼、大理丞陶謨所居,門前小浜舊產五色螺。

三徑草堂　在王江涇,故明遺老蔣之翹所居,後有劍嘯堂,黃汝亨有記。以上伊《志》。

【校注】
　　[1]按:朱彝尊《靜志居詩話》卷二十原文、本《志》卷五十《嘉興列傳》作"石麒"。故"石麟"是"石麒"之誤。

國　朝

倦圃　在城西南隅,曹侍郎溶別業。本宋趙郡王府遺基,侍郎得而經營之。以城爲屏幛,有二十景。叢筤逕、積翠池、浮嵐、范湖草堂、靜春庵、圓谷、芳樹亭、谿山真意軒、容與橋、漱研泉、潛山、錦淙洞、采山樓、狷溪、金陀別館、聽雨齋、橘田、留真館、澄懷閣、春水宅。多名流題咏。臨清周之恒爲寫《倦圃二十景圖》,系以詩。朱彝尊有《記》。後歸汪氏,又名鐵舟園。園左水一曲,即范蠡湖也。黃與堅《記》略:禾之西南隅,名范蠡湖者,宋勸農使岳珂著書其所,迄今金陀遺蹟猶可考。少司農曹秋嶽先生,於此濬流壘石,園遂以成。珂號倦翁,先生因之,顏其園曰倦圃。禾之園有山水可觀者,遂以是爲甲。　曹溶《喜周青士、沈山子、朱錫鬯過我園居》詩:"古木秀林表,淥水棲城濱。門庭靜無蹟,乃欲還其淳。有客造座隅,雅度開沈淪。芙蕖媚廣席,涼露流冠巾。

夕照散閒緒,拂石垂釣綸。點筆曲池上,微咏何彬彬。遂覺蓬蒿廬,中得江南春。自卜此宅來,疏剔漸增新。菜把日充饌,種松長比人。亭宇雖過儉,高下皆如真。能使友朋洽,不特魚鳥親。茗飲命荒厨,相顧忘其貧。清飇泛瑶瑟,時雨吹輕蘋。惟當絶塵鞅,篤與隱者鄰。" 杜濬《倦圃詩爲秋岳賦》:"此地推林壑,朱家放鶴洲。繡衣心更遠,倦圃地偏幽。萬竹千霄上,雙橋信水流。澆[1]園無限好,收拾在扁舟。" 戴鍭《鐵舟園消夏即事》詩:"納涼亭子緑陰稠,水檻風欞面面幽。小倚胡牀成偶夢,汀荷如雪冷香浮。"

同山堂 在倦圃旁,亦曹侍郎溶所築,蔎桂成林。曹溶詩:"古道何人識,秋亭盡日閒。折花存素節,扶病過青山。家釀時堪續,顛毛近益斑。幸先揺落後,恩許二疏還。"

鴛湖別業 沈方舟所居。梁佩蘭《寄沈方舟鴛湖別業》詩:"南湖三十畝,君在鏡中居。菱葉煙浮水,梅花月照廬。人閒湘簟冷,風遠玉簫疎。何地無佳興,高吟出夜魚。"

經緯堂 杜尚書臻之第,在城内斜橋。堂内敬懸康熙三十七年御賜"煙霞耆舊"額。又四十四年臻殁後,御賜"眷懷舊德"額。宅後有園,曰采山亭。又有樹玉堂。臻子、知縣庭珠所構。案:尚書故宅在嘉興縣之官灘地,近梅會里,故新城王士禛《送尚書予告》詩有"亦欲投簪東海去,便從梅里問幽樓"之句。

雙松堂 在城内。又有敦古堂在虹橋,匏庵在南湖濱,皆盛明經大鏞所居。姜宸英有《記》。

惟小園 在秋涇橋北,吳給諫源起奉親讀書之處。中有荷池、南樓、竹塢、小閣、桂蔎草堂、水檻、蕉軒、槿籬水曲諸蹟。給諫自爲記。

壽萱堂 錢文端陳羣第,在郡城南門内。四隅有橋,皆名蓮花,而宅居其中。文端祖居海鹽半邏村,成進士後始奉母陳太夫人卜居于此堂。西建御書樓,樓下曰頤和室。乾隆初,陳羣以刑部侍郎乞歸,蒙御詩有"予告遂頤和,還鄉諺如約"之句,因以名室。堂東有小廳曰樂順。

春暉堂 諸宫詹錦所居,在穆家灣。錦念母夫人教,自題此額,桐城張相國廷玉書。

回谿草堂 在蟹行橋之南,錢侍郎載之祖居。朱太史彝尊取元錢諷《史韻》以名之也。以上伊《志》。 彝尊又題檻帖曰:"拔山傳諫草,遵海重清門。"蓋謂載曾祖嘉徵説見列傳。 錢載詩:"山厔茶瓢半有無,老梅寒菜未疎蕪。十年夢寐先人墓,萬里歸來不肖軀。北巷蟹行橋水縮,南鄰銀杏樹霜枯。賜書賜帖憑開展,聰聽如何勉令圖。"

朱氏讀書樓 在洲東灣,進士朱振建,陸清獻題額。于《志》。

柚堂 乾隆時邑人盛百二隨父熙祚宦粵龍川縣,署有紅瓢白瓢柚兩株,攜核歸,植香嚴濱舊宅庭前,閲十七年始花結實,一遺張徵君瓜田,一呈錢太傅,均繪圖題詩。馮侍御浩爲書柚堂額。《檇李詩繫續》。

易鶴軒 乾隆間,秀水楊建築,在王江涇。海鹽張徵君燕昌以募鶴券疏與建易鶴,因以名。

怡園 地在北郭外香嚴濱,桐邑沈鑾奉母焚香禮佛處也,拓基搆精舍其中,周以迴廊,有亭,有池,有山石竹木,名流觴詠,冠蓋不絶,鑾子德溥倩馮樂初繪圖。以上新纂。 黄燮清《題圖》詩:"高樹翳層廊,寒流界孤礿。雲構鑿空翠,窈窕起樓閣。主人吾舊游,早歲侶猿鶴。別來三十年,音顔頗約略。相逢由拳城,語我幽居樂。披我見性情,題詩感今昨。嗟我役浮名,半生苦落拓。家有數畝園,塵勞未能卻。之子洵高曠,泉石忻所託。何當抱琴來,登臨試芒屩。娟娟芙蓉花,渺渺鷗鷺約。碧雲懷美人,清夢墮林壑。" 秦光第《調寄清平樂》詞:"百年喬木,占斷鴛湖曲。五畝種蔬三畝竹,併入一壺幽緑。 分明吾愛吾廬,年年苦被飢驅。試問主人歸未,秋風又到蓴鱸。"

【校注】

　[1] 澆:杜濬《變雅堂集》(詩三)收《倦圃詩爲秋岳賦》作"遶",當作"遶"。

嘉善縣

唐

陸宣公故宅　張涇匯東。唐宰相陸宣公故宅，子孫世居于此。宋迪功郎陸瑀創祠，以祀宣公。土人名其地曰陸莊。嘉善楊《志》。

宋

陳賢良隱居　在清風涇，析屬嘉善。即《宋史》所載白牛村別業也。《嘉禾百詠考》。　案：至元《志》：白牛市，嘉興縣東北六十里，賢良陳舜俞居焉，自號白牛居士，故以名市。

唐氏園　在西塘東。宋唐介福、介壽兄弟別墅，山池亭榭，冠絕一時。嘉善章《志》。

鮑氏池亭　在陶莊市。宋鮑節制別業，中有喬松、怪石、環翠池、石屋。今廢。嘉善倪《志》。

沈氏園　去郡二十里餘，曰北山草堂。初，沈氏于此鑿池疊石，手植九松，今高百尺，合數圍。項玉笥《北山草堂記》。園昉于宋，明正德間，有名桀者，更爲增築，多畜鶴，拓地爲東西舍，疊石爲山，依山結屋，題曰北山草堂。《魏塘紀勝》。山頂有舞袖峯嵸立，若美人側出，可四五尺，郎當如舞袖，艮嶽起花石綱，懼而毀其首，得存。《魏塘詩陳》。　國朝周篔《記》：“嘉興郡治東二十里有麟湖，湖北有沈氏居。自南宋迄今曰北山草堂者，其始基也。堂後有池，池之北爲園，園有石山，上有古松九，遂以九松名其地。余客魏里，始往觀焉。所謂北山草堂者，結搆甚古，規模宏壯，其中可坐千人。前後軒及左右翼室深檐四覆，各占方面，亦皆可坐百數十人。又有堂曰小雅，高廣不及北山三之一。相傳小雅字景建文帝遜位南游時所書。出堂後並池而轉度略彴，登涵虛閣，憑閣以望，池光如鏡，而峯巒倒影其中，有若修蛾高髻之窺臨矣。下閣，遵山麓，攀緣而上，山不甚峻，而盤迴曲折，高下之勢，遂若數仞者。下飲池水，入其中，爲澗，爲壑，爲島，爲嶼，清寒之氣，凓人毛髮。每入一洞，轉一峯，向背位置，體勢各具。其曰舞袖峯者，尤爲一山之勝云。”　朱彝尊《櫂歌》：“蘄王戰艦已無踪，婁相高墳起舊峯。曾見朋游南渡日，北山堂外九株松。”　邵廷章《北山草堂》詩：“西望麟湖墅，園林一過從。高風三徑竹，清蔭九株松。曲磴疑無際，迴峯起別踪。休文遺裔在，邱壑白雲封。”

唐莊　在斜塘。宋唐貞肅公介子孫居此。嘉善楊《志》。

丁氏園　在北八區。丁氏祖以靖康時扈駕南渡，卜居沈香湖，手植黃梅一株，傳十一世，歷四百餘年。嘉善戈《志》。　案：郡倅步騰曾題其居曰“世守舊廬”　倪雲林、楊鐵崖皆有題咏。有石狻猊二，右猊爲紅巾試劍，劈傷半面，亦宋時故物。嘉善楊《志》。

希賢齋　桐廬方誼爲朱文公門人，乾道四年，徙居於嘉興之北，築希賢齋，文公爲書扁。至元《志》。　今屬嘉善。

趙若誦宅　在熙寧橋西。若誦，宋宗室憼夫之孫，所居有高卧亭、燕樂堂。俱廢。今後巷猶以天水名。嘉善于《志》。

元

錢隱士水村　在汾湖之涯。元隱士錢重鼎德鈞所搆，趙孟頫爲繪《水村圖》，名士題咏甚多。嘉善戈《志》。　案：朱彝尊《題趙子昂〈水村圖〉》："趙王孫畫山水，用絹素設色者多，獨《水村圖》橫幅以紙寫之，且用水墨，洵神品也。"　又，王士禎《居易錄》云："德鈞水村有二圖，趙承旨作之于前，薊邱李息齋爲之于後。"　元錢重鼎《水村隱居記》略：予遊淮水來吳會，客于季道陸翰林之宇下近十年，知其有別墅在汾湖之東，欲往來未能，每思寬閒寂寞之濱，得與鱸鄉蟹舍鄰接，庶城市委巷偪仄之懷，有所托以紓焉。季道悉爲予志，爲卜築其別墅之旁，至則聚書其中，以自怡悅。屋前流水清澈，鑒毛髮，居人類汲以飲。時有鷗鳥舞而下，若相忘于江湖，可取以玩也。異時子昂趙集賢爲作《水村圖》，寫于大德壬寅，迄延祐甲寅十有四年，景物處所，宛然不異于今。所居事固有不相期而相符若是。　葉齊賢《題水村圖》詩："坐窗不遨呻蠹竹，兀兀那知髀生肉。眼明見此水邊村，浣我胸中塵百斛。荒山寂歷蒼煙斜，驚風颭颭鳴蒹葭。平沙草寒羣鴈起，垂柳掩映幽人家。風流王孫摩詰手，妙處端如神所授。等閒點綴皆精研，怪底秋光生戶牖。我家本住松江濱，恍然一見融心神。他年卜築遂君志，留取青山客散人。"　黃肖翁詩："幽人心地本翛然，此境相諳七十年。茅屋數椽依約外，雲山一抹有無邊。眼前生意今林屋，筆底秋風古輞川。勝景有餘描不盡，歸鴻幾點落寒煙。"　吳延壽詩："村南村北樹濛濛，秋水清煙野色空。道外俗塵飛不到，似移家住畫圖中。"

　　沙棠莊　在縣治西北二十四里。里人馬氏宅有垂絲海棠一株，百年物也。柳《志》。旁有海棠亭、釣魚臺，今廢。嘉善倪《志》。

　　戴氏園　在白牛鎮。柳《志》。元戴光遠別墅，栽杏花甚多。時人遊賞，曰杏花莊。今名尚存。嘉善于《志》。　國朝顧戩《杏花莊》詩："風颭青帝日未晡，前村有鳥喚提壺。杏花零亂春深處，好抱瑤琴一醉沽。"

　　陳氏東西園　在魏塘。嘉善倪《志》。元萬戶陳景純所闢，內有雪月樓一，亭榭七十二，王國器記之。柳《志》。花園衖，即今梅花里西花園衖。久廢。嘉善章《志》。至正間有星隕石，景純取以爲山。今縣治即其處。趙《圖記》。　《輟耕錄》："景純號愛山，家甚富。郡城顧氏舊假山移置家園，一日邀顧淵白觀之，指謂曰：'此公族中物也。'淵白笑曰：'東搬西倒。'陳默然。"　元黃魯德《愛山花圃》詩："削除荊棘創高臺，萬紫千紅二月開。日日笙歌樓上醉，不知寒雨鎖荒苔。"

　　吳氏園　在魏塘鎮後。元時吳瓘所闢也。案：瓘，倪《志》作瑩。《檇李詩繫》：瓘字瑩之，未知孰是。名曰竹莊，舊有池數十畝，天然若湖。瓘後欲置園，偶得《水殿圖》，因據圖搆亭水心，瀟灑卓絕。後懼譖訐，易名三教堂，塑像于中。洊遭兵燹，遂廢。嘉善于《志》。

　　采芝室　風涇鎮。王世昌所居，楊廉夫記。嘉善倪《志》。

明

　　卓氏荔軒　在甓溪。洪武中，卓成大所居，其先世閩人，宋亡，遯跡于此。嘉善于《志》。　案：明徐一夔《記》："荔軒者，卓器之攄其先大父思鄉之言而作。"

　　芝林　在縣麟湖之陽，曹氏居之。林中曾產紫芝六莖，故名。里人沈槼詩曰"重踏芝林苔，芝生滿雲路。不見採芝翁，清風自來去。"鄒《志》。

　　楊任故居　在魏塘鎮。任死于國難，時有妾方娠，知縣徐本縱之，依兄沈廣，生男宏，五世孫淵有幸存圖藏于家。吳《志》後楊港楊公任所居。《武塘耆舊傳》。　案：任以匿黃子澄被累死，詳見《遜國諸臣傳》。

　　東作莊　在魏塘街東北，孫詢別業。嘉善章《志》。　明李東陽詩："知時好雨正當春，黃犢犁邊綠水新。林外不須催布穀，農家自少晏眠人。"

　　綠溪　在王帶鎮。明正統間，翰林支五經立講學之處，溪流湧翠，喬木參雲，有文瀛軒、清旦閣諸勝。子高，孫祿，曾孫大綸，累世著書其中，清芬世德，邑推文獻之家。嘉善戈《志》。　明吳淳《還綠溪訪古》詩："風月無邊草一庭，森然妙蘊發新硎。清芬贏得流傳久，葉葉人呼小五經。"

桐村小隱　在斜塘鎮北，周鼎讀書之所。嘉善于《志》。鼎又有齋曰疑舫。吳《志》。　案：桐村遺址久廢。後人于四賢祠左葺數椽，顏曰古桐村，并植桐二本，誌之，其實非也。　明周鼎《桐村書屋》詩：“得此水雲鄉，幽棲百草堂。每迎官舫至，多買異書藏。社飲宜鄰俗，春園雜野芳。篝燈殘雪後，窗月弄昏黃。”　吳寬詩：“見説移居處，江南第一村。過牆桐樹直，市屋杏花繁。艇子將茶竈，鄰翁送酒尊。東偏近魚市，更欲置柴門。”　史鑑詩：“高年厭廛市，小隱在煙村。溪水到門綠，野花經雨繁。隔籬呼酒伴，對坐且開尊。醉臥人來問，兒童出應門。”國朝道光十六年，里人倪以埴、柯萬源重修，並新遺像。于《志》。

南桐書屋　桐村南有沈大政者，慕周鼎之爲人，搆南桐書屋。牕前植桐數本，藝蘭于陰，鑿池栽荷，結籬種菊，屋後梅竹遶之，自號清修六友。《續魏塘紀勝》。

丹邱　雲東逸史姚綬所居大雲里，饒水木作室，曰丹邱。《檇李詩繫》家有振衣亭，出乘滄江虹月之舟，粉牕翠幕，吹竹彈絲，望者以爲水仙。江陰卜榮贈詩云：“西崦新爲墅，東橋近在坰。”同郡呂譓贈詩云：“兩屐登山輕上下，一橋分宅作東西。”烏程閔珪贈詩云：“松逕掃雲招野鶴，畫船搖月貫晴虹。”皆實錄也。《靜志居詩話》。　明卜榮《書姚公綬雲東仙館》詩：“兩遊檇李未逢君，只見滿溪流出雲。今日眠雲仍飲水，赤欄橋下坐斜曛。”

芝邱　明周澤家八南區。成化十八年，其後圃竹林土阜之上忽産芝三莖。癸卯，澤舉鄉薦第一，因名其圃曰芝邱。《魏塘紀勝》。

藥圃　在城內東南隅，明高士袁仁藝藥之所。仁號參坡，精于醫。嘉善戈《志》。植藥草三十餘種，有“無窮活人意，帶月自耕犁”之句。後吏部錢棅讀書于此，改名南園。伊《志》。

山隱堂　在八南區大張圩。嘉善戈《志》。孫奎隱居。錢士升、周宸藻、王慎德皆有《懷山隱堂》詩。吳《志》。

梅花渡　在西郊外永七區寒字圩。明刑部支如玉與子元素允堅著書處。廣五十畝，流水環之，藝梅千樹，略綴亭臺。今廢爲壠畝，訪古者每流連焉。嘉善戈《志》。

荻秋莊　吳志遠結茅水田[1]，曰荻秋，吳《志》。在祥符蕩，與高攀龍、歸子慕講學處。時高有水居，歸有陶庵，吳有荻秋，更相往來談道。嘉善戈《志》。　明高攀龍《荻秋·雪鷗閣》詩：“日夕水煙起，細雨漁舟出。草閣生微寒，主人方抱膝。”《點瑟軒》詩：“曰狂我豈敢，聊爾混樵牧。閉門春色深，相看柳條綠。”班荊館詩：“無客長閉門，客來共心賞。去來亦何心，春風芭蕉長。”　歸子慕《春日送吳子往荻秋莊》詩：“迴絕幽棲處，何當春日過。花開亭午足，蜂遶短牆多。清世羲皇夢，滄浪孺子歌。同心吾輩在，天壤樂如何。”

新溪墅　在東刺史涇左，濱州司馬孫支良[2]績學課子處。溪橋竹木，幽曠絕塵。嘉善戈《志》。

綠雪軒　卜洪載從高忠憲游，綠雪，其軒名也。忠憲《壽卜母九十》詩“背郭清溪阿母家”，即指此。吳《志》。

瑞竹居　毛士俠居宅。俠幼孤，奉母極摯。庭前木香一本，架竹爲屏，冬杪，將翦伐枯條，忽見綠葉潛滋。春季新笋迸逗，翠竹數竿，觀者咤爲孝感。乃葺屋三楹，顏曰瑞竹居。伊《志》。　毛蕃有《記》。

客園　在東關外下塘，與城僅隔一水。內有東山、畦山、謖山、簀山、叢桂坡、擁髻峯、鏡湖、東澗、迴清溪、話雨池、問水亭、競秀亭、遙雪亭、呂仙祠、晚對軒、虹明閣、翠巢、岸舫諸勝。錢中丞繼登搆，以爲園是主人，主人是客，故額是名。《百城煙水》。鏡湖中一峯高數丈，如美人堆髻，鬢綴雜花，鬖鬖有致，上鐫“巫髻”二字，范久臨書[3]。嘉善戈《志》。　明錢繼章《題家孟岸舫》詩：“閣以臨流勝，斜陽亦帶寒。燕鶯人共語，竹石水相安。坐客惟蒲褥，藏書恥畫欄。靜參淳朴意，山好不須觀。”

谿嘿園　在城外石暉橋北。錢菊農名繼章,繼登之弟。別墅,中有招鶴亭、梅花逕、綠涼坡、天夢閣、縫碧橋、逸老亭、稼軒。《魏塘紀勝》。繼章晚年築谿嘿園,綴石蒔花,垂老不倦,有逸民遺風。《檇李詩繫》。　國朝孫琮詩:"曾向谿亭一周奇,十年雲散苦離思。今朝再過谿亭上,愁説梅花似舊時。"

遯溪　在永七區北暑圩,距城三里,相國錢士升別業。四方賢士輻輳,延黄道周講《易》其中。如賀逢聖、倪元璐、顔茂猷、熊開元輩,後先至止,講學論文,一時稱盛。嘉善戈《志》。中有鱗月堂,取李文山"玉鱗斜月"之句,又有招隱軒、木石居、桃花埂、君子亭。釋智潛有詩云"鱗月堂前花事冷,尚留殘雪在高枝。"《魏塘紀勝》。乾隆戊寅,相國元孫浩充重修。伊《志》。國朝李永祺詩:"老屋隱松間,疏籬補斷闇。尋源真得水,看竹忽登山。行見游魚樂,坐聞鳥語閒。出門屢回首,步步惜輕還。"

積翠園　在蔣村,亦錢士升別業。伊《志》。

藏密齋　魏忠節公讀書之所,在北城內。忠節被逮,子學洢隨父赴難,捐軀以殉,聞于朝,表其廬曰"一門忠孝"。《魏塘紀勝》。

茅簷齋　孝子魏學洢齋額。吳《志》。學洢有《茅簷賦》。伊《志》。

只是齋　忠節被逮時,訓子學洙,有"只是讀書"數語,因以名其齋。世稱子敬爲孝子,子聞爲小孝子。吳《志》。　案:《浙江通志》學洙作學洢,誤。

靜影齋　在西南內獨圩,明孝廉夏繕講學處。繕與魏孝子學洢交最厚,日聚處齋中,討論經史,具見《茅簷集》所載《侶麗詩文序》。嘉善戈《志》。

竹廬圃　在夏墓蕩。明計元勳爲大父營兆域于此,築垣閣、現蓮臺、據梧軒、桃花塢、芙蓉徑、弄丸齋、舞鶴亭、釣魚臺。圃西有古墓曲溪、喬木新堤、風帆月棹、印渚符灣八景。

【校注】

[1] 田:光緒《嘉善縣志》卷三《古蹟》"荻秋"條作"曲",當作"曲"。

[2] 按:光緒《嘉善縣志》卷三《古蹟》"新溪墅"條作"孫枝良"。卷二十一《嘉善列傳·孝友》:"孫枝良,字遇明。好學,善屬文。博聞廣記,遊雍有聲。事親孝,親亡,哀毀垂絶。父妾無子,養葬以禮。待前母兄友愛彌篤,歲祲,多方賙恤。"本《志》卷四十八《選舉五·舍選·嘉善》:"孫枝良,州同知。"由此,當作"孫枝良"。

[3] 按:光緒《嘉善縣志》卷三《古蹟》"客園"條作"范允臨書"。本《志》卷八十六《金石》:"虹橋吳氏祖塋碑記文存。賜進士及第、翰林院修撰、經筵侍講學官文震孟撰。賜進士第、中憲大夫、福建布政司參議、前奉敕提督學政、雲南按察司僉事范允臨書。賜進士第、文林郎、知嘉興縣事湯齊篆。天啟二年孟冬朔日,八代孫麟微等立石。"范久臨,不詳。當作"范允臨"。

國　朝

霅園　在西城外福星橋北,柯岸初所築。中爲雪滌草堂,堂後三楹,曰背山臨流。旁有涵虛閣,閣右有舞袖峯,面峯有軒,名對一,取唐人"戶對一峯青"之句。後園廢,峯移入城中。國朝錢澄之《霅園即事》詩:"匠心原擬畫,寓目總堪詩。是樹皆凌壑,無牐不面池。曲房聽雪夜,虛閣對花時。遙憶梧垣客,閒宵有夢思。"

涉園　魏子存別墅,在香花里。中築浩然齋、西澗草堂、清閟閣、綠净軒、筠廬。園之創,始錢職方彥林也。舊名彷村。以上《魏塘紀勝》。　國朝蔣廷棟詩:"峯巒盤窈窕,咫尺間風岑。臺榭堪舒嘯,林泉偶會心。雨飛蘿徑翠，雲護石牀陰。夏日容過訪，花源路恐深。"

東園　在城中和里，向係錢氏息園，今爲曹源郁別業，有小飛來諸景。嘉善戈《志》。　案：乾隆辛酉，曹廷棟葺産鶴亭，姪焜繼葺二六書堂、曉翠樓、觀妙軒諸景。曹廷棟詩："舊業溪東五畝居，板橋渡處樹垂廬。閒開曲徑堪栽菊，静敞明窗好著書。林壑總教古意在，樓遲只覺故情疎。不辭日涉真成趣，繞舍春風共藹如。"

魏氏水村　魏坤禹平別業，在汾湖。徐虹亭檢討、李南漵上舍皆爲寫《水村圖》，一時名人題咏最多。伊《志》。　魏坤詩："君從詩裏能尋畫，我向圖中又覓詩。一片蒼葭數株柳，分明秋色鴈來時。"　徐釚《爲魏禹平繪〈水村圖〉因題》："舍南舍北響魚叉，垂柳陰濃静不譁。一曲鑑湖底用乞，煙波是處有生涯。"　朱彝尊《題禹平〈水村圖〉》詩："鷗波亭子趙王孫，曾爲錢郎寫水村。過眼煙雲難再睹，披圖彷彿筆踪存。""斜插魚標颭酒旗，柳陰小犬吠筠籬。歸田最是汾湖好，我亦相期作釣師。"

五柳村　沈湛字淵伯，世居斜塘，蓋桐村舊居也。有五柳，遂以名村。《橋李詩繫》。又搆屋數椽，名曰畏築。李煒詩所謂"畏築兩間大如斗"是也。

柏學士茅屋　柏古字斯民，搆一椽于清風涇，黄九煙題曰"柏學士茅屋"，用杜少陵舊題也。柏古《步杜韻》詩："涇水洋洋可釣魚，樓遲絶似碧山居。詩交杜甫千秋上，春老陶潛五柳餘。學士清風還拂拂，野人茅屋豈渠渠。年來已辦漁樵事，徒有家傳太史書。"

曹少宰鑑倫第　在縣東門内中和里。康熙壬午，鑑倫官學士時，御書"錫類堂"三字褒之。韓菼有《錫類堂記》。

香林　在柳洲亭艮隅，邑人朱之榮于錢栻、柳樊舊圃廊而新之，具亭池竹石之勝。以上伊《志》。　國朝章愷《香林》詩："陰陰密柳萬條垂，緑染牎紗碧染池。愛煞午風清暑後，曲欄干畔坐移時。"

山曉閣　在楓涇鎮。孫琮著書處。嘉善戈《志》。

永宇溪莊　在北郊永宇圩。乾隆庚辰，曹廷棟自營壽藏，先築亭種梅，復搆屋數椽于後，中爲順寧居，有石刻《侣鶴圖》，即廷棟小照也。東曰雙巢，西曰秋水夕陽亭。折而南曰幻不壬屋，其北曰俟廬。廷棟有《溪莊前後》四詠，前四詠爲築亭、種樹、編籬、架橋，後四詠則四面碑、三折徑、嗅梅欄、招鶴橋也。曹廷棟自爲《記》。

桂圃　在城東南隅。本程氏舊築，曹源郁得之，名桂圃。内有藏輝閣、雙槐書屋、栩栩亭、漁梁、石梁諸勝。後又歸盛氏，易名黄雪山居。

二十五峯園　在環整坊科甲埭。海昌查開築有春風第一軒、八方亭、清夢軒、平遠樓。園多湖石，最勝者爲自在仙掌、鸚鵡諸峯，杭州杭世駿記。以上伊《志》。後屬徽人汪姓，今爲本邑金安清都轉別墅。新纂。

海鹽縣

晉

右將軍戴威宅　在縣西一十七步。恭帝時捨宅爲寺，唐昭宗時修。碑尚存，剥落不可讀。至元《志》

何后宅　在縣南三里。柳《志》。何準寓居焉。一夕，羣烏啼噪，乃生女。他日復夜啼，推之乃穆帝立準女爲后之日。《晏公類要》。　案范成大《吴郡志》：何后宅在吴郡南，未知孰是。

唐

著作郎顧況宅　在縣西南五十七里橫山禪寂寺側。宋《武原志》。　案：自海鹽治至橫山止四十五里，柳《志》亦作五十七里，皆誤也。硤石山北，至元《志》。宅中有橫山草堂。《橫山紀略》山上有讀書臺。《曝書亭集注》。　顧況《橫山故宅》詩："家住雙峯蘭若邊，數聲秋磬發孤煙。山連極浦鳥飛盡，月上青林人未眠。"　劉長卿《過顧山人橫山草堂》詩："祇見山相映，誰言路路通。人來千嶂外，犬吠百花中。細草香含雨，垂楊閒自風。欲尋樵徑去，惆悵綠溪東。"　國朝彭孫貽《顧逋翁橫山故居》詩："雲山窈窕閟精廬，誰識山人舊隱居。古樹尚巢松際鶴，清流可數鏡中魚。長溪水抱孤村遠，硤石煙橫返照初。遥憶當年文酒地，落英侵案鳥窺書。"　按察使秦公瀛詩："逋翁舊宅閉蒼苔，雙硤雲峯護石臺。疎磬數聲啼鳥外，夕陽閒殺讀書堆。"

宋

樞密郭三益第　縣西安仁橋。宋樞密郭三益彰慶館基也。《樂郊私語》。紹聖四年，令闓建，以郭居隘陋，蓋亭爲延賓之所，名彰慶館。建炎三年，兵燬。紹興壬子，縣令歐陽延世撤館以營縣治。後五年，建稅務。元末，燬于兵。海鹽陳《志》。　《海鹽圖經》云：宋樞密使彰慶館，邑士人登第始郭氏。郭氏子三益又仕至使相，有司爲立館中衢，禮賓客以榮之。

常氏園　常氏，邑世家，多甲第，園在城西南。中有滇茶一樹，丹葩照耀，五里外盡見之。《海鹽圖經》。

日涉園　魯岂知廣德歸，大闢園圃，手自種植，名曰日涉。

隱士許枿梅屋　許枿，隱居秦溪，種梅數十株，構屋讀書，自號梅屋。慕香山、東坡，畫二像事之。以上《殷水遺聞》。

都督徐應選故宅　在縣西四十二里鶴塘橋之西北，俗名徐塔村。《橫山紀略》。

元

舊時月色軒　縣治東隅，故宋裔趙公範兵燹後軒其故居，曰舊時月色。《海鹽圖經》。　明徐一夔有《記》。　朱朴詩："蝶老花殘燕不歸，酒闌香盡客來稀。多情只有黄昏月，依舊清光照瑣闈。"

徐彎故居　天仙湖在城西十里，傳有徐彎故居。彎仙去，故以名湖。《樂郊私語》。　國朝彭孫貽詩："仙家遺宅訪徐彎，伐木腰鐮去不還。苔漬白黿浮水裔，蟲侵丹篆滿林間。神沙古井潭前月，羽化罡風海外山。可有當時舊雞犬，深林寂寂叩柴關。"

宣慰使楊梓宅　澉浦城西門内大街南，元宣慰使楊梓居之，建樓十楹，以貯姬侍，謂之梳粧樓。明廢爲延真觀。《續澉水志》。　明朱朴詩："羅綺香銷鏡匣收，碧山空對晚粧樓。樓前昨夜新秋月，猶學蛾眉翠黛愁。"　國朝彭孫貽詩："畫閣青山宣慰家，曾將金屋貯名花。朱樓吐月開粧鏡，紅袖翻風駐彩霞。樂府酒旗銀落索，姬人宫粉玉鈎斜。舞臺歌榭今何處，澉水荒城只暮鴉。"

明

沈嗣昌廬　沈嗣昌居豐山之南。洪武初，令王文匾其廬，曰孝隱。《海鹽圖經》。

蘇元吉宅　洗馬池，半邏東南二里。昔蘇元吉自城中徙居於此。鄒《志》。　案：鄒《志》又云：海月樓在西南三十步資聖寺旁。昔蘇元吉故居，因寺卑隘，仍捨充廣。宣德初，徙居半邏洗馬池之陽，故樓名雖存。今廢。

呂氏秀遠莊　在順寧橋南。《海鹽圖經》。　明朱祚有《記》。

張黃門宅　在遷善橋巷。《海鹽圖經》。黃門張寧致仕歸，築方洲草堂于海澨，壘石爲山，上有峯曰蒼玉，曰拄頰，曰小飛來，巖曰宿雨，曰滴露，洞曰歸雲，坡曰蘭雪；岫曰茶煙；嶠曰咏月；礐曰卓筆；泉曰洗硯；池曰映山，皆劚于石，而通目之曰一笑山。《靜志居詩話》。後宅漸廢。國朝陳廷益得之，重加修葺。復還舊觀。《殷水遺聞》。　張寧《記略》："方洲草堂壘石爲山，周植小檜、梅竹、雜卉，高曠未滿尋丈。而欲擬諸大山，可發一笑。彼山之大者，非己所有，亦非草堂所能貯，此山可貯而有，以其能小也。山雖小而氣象景色生意畢具，則亦自有可喜而笑者，名之曰‘一笑山’。其北有舍，南向，深僅及尋，而橫廣以倍。其上環竹爲覆篷，仰飾粉素，通明虛白，恍若一舟寄泊于湖山風雪間。自念平生薄遊江海，以衰病還家，休卧篷室，名曰‘雪夜歸舟’，所以著予之自得也。"道光三年，改建風神祠。于《志》。

餘春園一名小瀛洲。　徐子正守襄陽歸，築園城闉，名餘春。中疊石爲小東山，結小瀛洲十老社，其後倭人入寇，所在焚儲積，遂舍園基爲倉。《靜志居詩話》。　明朱朴《餘春園夜宴》詩："何處春光好，襄陽刺史家。池香新漲雨，林密暗藏花。杖履通三徑，圖書散幾車。幽人美良夜，河漢忽西斜。"

太守錢琦宅　琦自臨江守告老，築小樓數椽，顏曰東白，吟咏自樂。《橋李詩繫》沈蕩東漳水堰内有東畲草堂。伊《志》。

許黃門宅　許相卿棄官，隱居茶磨山，引泉藝茗。山有高巖，題曰天只峯，曰星晶石，曰弄月臺，曰枕流巖。後懸厓陡絕處曰豐崖。時跨黃犢，披簑帶笠，行山覓句。文徵明詩："茶磨清風不可攀，高人先我十年閒。懶搖玉佩聯青瑱，故擲銀魚卧碧山。新水旋開田二頃，紫雲深占屋三間。若爲便置蒼生望，見説青青鬢未斑。"

九杞山雲濤莊　在永安湖子丑之位。舊名杜家灣，九杞翁許相卿買之，置杜曲岡、雲濤莊，因以名其山。以上《續澉水志》。　許相卿詩："江村堪老我，寒夜更宜詩。縞峴歸禽訝，玄機候蟄知。冰潭清數石，雪路漫多岐。若箇孤山宅，遒翁得擅奇。"

白鶴園　在縣西九里管山，馮皋謨別業。中有生壙，曰白雲阿。《殷水遺聞》。　馮皋謨自爲記。

獨寐園　百可園　並在北城。《海鹽圖經》。兩園夾道，西爲獨寐，後垣東爲百可，皆鄭端簡讀書處。孫端允改百可爲祠堂，姚士粦記。吳《志》年久荒廢。給諫查培繼售葺以居，顏曰如圃。《海鹽續圖經》。　鄭曉《園居》詩："吾生已即此，抱病對朝暉。梅老花偏密，桑柔葉正肥。隔溪聽鳥喚，倚檻看魚飛。幽意那不愜，誰云心事違。""乾坤長變化，日月共居諸。海内誰知己，山中此舊廬。榮光卑二鳥，憔悴憶三閭。謝却周公夢，冥心混沌初。"

灌木園一作庵。　閩清劉少彝讀書園也。劉錫勇《待廬集注》。在城大營巷。《海鹽圖經》。

芥子園　衢州通判吳文憲有園號芥子，在楊橋南。内有師陶閣，文憲藏書處。《殷水遺聞》。

彭氏園　在南城下，彭時毅紹賢園也。《海鹽圖經》。名水月居，即今所謂楊園。伊《志》。　彭宗孟《家園雜言》詩："幽棲竟日掩桐關，疏懶長耽午夢還。蕉葉總驕湘管禿，竹林翻愛酒杯閒。到窗綠樹爲家具，入檻清池湛客顏。占得人間丘壑長，不妨巢許買青山。""薜荔深深覆短垣，縱非壺嶠不塵樊。久無踪跡煩開徑，小有生涯到灌園。聊采溪毛魚共躍，偶抛菰米鳥爭喧。由來海客機能息，枉煞人間養拙尊。"

橫山草堂　青陽令崔培元宅。舊在音潮港，曰音潮草堂。罷官後，卜居鶴塘橋側，曰橫山草堂者，蓋仍劉文房過顧山人之詩也。伊《志》。

友于堂　在澉浦城內大十字街北。司寇吳中偉故宅,歸田後與兄之英日往還,觴詠其中,堂名以此。西南數武留耕堂,即之英所居也。吳文暉《澉湖詩話》。

黃雪園一名蒼翠園。　在橫山東二里留鶴村,諸生崔鼎別業也。有青玉齋,鼎父子讀書處。有假山,曰韜雲巖,俗稱觀音兜,瓏玲特妙。老桂三十餘本,開時如黃雪,因以名園。今皆廢。惟韜雲巖尚存。《橫山紀略》。

一徑園　縣治西北半里,爲陳山人梁別業。池沼四圍,在闤闠中,其榜乃米南宮舊筆,曰城市山林。中有池,名浣筆;亭,名借澉。《海鹽續圖經》。　明吳麟瑞《借澉亭》詩:"巢林不買山,洗耳不買水。太上澹忘物,末俗貴知恥。一勺亦云借,明志有如此。冷暖不因人,古稱隱君子。"　國朝彭孫遹《上巳日過漢董一徑園飲》詩:"積雨園林禊事遲,孟公投轄屬芳時。舊傳觴政依金谷,新起山堂似習池。碙戶泉聲寒夏玉,藥欄花影細分枝。尊前莫惜如泥醉,勝會明年未可期。"

我日齋　在澉浦城內小十字街西。吳中丞麟瑞、太常麟徵兄弟幼時讀書處。中丞取詩"斯邁斯征"語,以相勉勗,故名。《續澉水志》。

霞蔚軒　在東門內,徐忠烈季子濟貞讀書處。《殷水遺聞》。

率園　在澉浦西門內,有繭窩、浴鶴亭諸景。吳中丞麟瑞之園也。中丞自江西解組歸,舟經彭蠡,遇風,載山石鎮舟以歸,壘諸園中,極瓌奇之勝。《續澉水志》。

安雅堂　在澉浦北門內。吳貞肅麟徵宅,即從吾道人故居改築者。《澉湖詩話》。

半邏圃　在半邏村,錢爾復仍始所築。伊《志》。

只欠庵　在澉浦北門內。伊《志》。吳蕃昌仲木於父忠節公殉難後,自愧不得就死,庵其所居,曰只欠。《橋李詩繫》。

慎齋　秦溪馮彥中讀書之所,貝瓊有《記》,見《歸田槀》。

通政朱侃宅　在北門外白苧橋西。內有兆慶堂、椿萱堂,遺址尚存。

朽石齋　在邑西門外法司橋西北,朱西村朴讀書處。

太守鍾梁宅　梁舊宅在邑西關內徐鄉橋,有宜月樓、期雲閣,皆梁讀書處。致仕後,于西關外一里築西臬草堂。其內曰西清堂,其西有喻園。《續圖經》:喻園後歸外孫朱景肅,益增其勝。園內有野老堂、長春亭諸名蹟。孫祖保、祖傑,皆能世其家云。鍾祖保有《野老堂記》。

鄭尚書曉宅　端簡舊宅在北門內錦繡里。祖、父世居于此,堂曰存誠,內有長春軒,植紫牡丹,甚盛。通籍後,營宅大虹橋側,前爲輝蕚堂,後樓,西爲六府祠,又後爲存政樓。

錢太常薇宅　沈蕩西半邏村中泉港。有承啟堂,遺址今尚存。有樓名南樓,嗣孫陳羣太夫人常居此作畫,有南樓老人圖記。

同春堂　劉御史東沙熠所居,著有《同春堂詩集》。

希園　沈參政允芳所築,所著詩即名《希園集》。

福謙堂　在城中新橋衖。副使徐鶴舊居,額書"前峯先生讀書處",朱元弼所題也。孫繼美重葺,華亭陳繼儒書額。

彭侍御宗孟宅　在縣治西思賢橋南。彭氏自勝國初以世官卜宅于此,至昭毅而門閭始盛。宅中堂顏曰"章有",土人呼爲彭衙衖。其西有聚順堂,乃侍御所建。有樓,額曰"重慶",以上海令長宜與弟太僕期生同登賢書,故名。

華鄂樓　在宋亭,徐應奎宅也。應奎四子:光祿丞光治、贈兵部尚書從治、別駕允治、孝廉昌治,同居樓上讀書,樓之命名以此。

瞿瞿齋　在思賢橋南。明上海知縣彭長宜所構,有《瞿瞿齋詩集》,見《檇李詩繫》。

彭太僕期生第　在思賢橋南,有堂曰澹寧。又有介石居、元覽齋、茗齋諸書室。其南一宅,則昭毅第五子宗因讓官,隱居于此,額曰"名高第五"。有堂近祖居,額曰永思。側有擘芳軒。又有寤歌室,爲宗因蒔花、煮藥之所。以上伊《志》。

邱參將宅　在治東邵灣山。明武進士邱上儀別業。于《志》。

樸園　在縣治西門内。明朱泰禎侍御宅,今爲李泰别業。于《志》。

國　朝

遺安堂　瀕海而西,爲彭城里。嘉靖間,錢奉常築室于玆,爲講學之所。乙酉之亂,嗣曾孫商隱葺治,顏其堂曰遺安。《楊園先生集》。

涉園　在南門外烏夜邨。張大白讀書處,其子給諫惟赤創。造山林丘壑,儼若天成。曲檻飛梁,縈紆映帶。巡撫范公承謨駐節于此,有長歌勒石。《海鹽續圖經》。中有來青門、攬翠閣、樸巢、玉玲瓏館、杏臺。流觴曲水,簣谷、柳幔、荷香津、五龍澗,居然濠濮。松坪、蓮花隖、待月廊、可漱亭、寒香逕、攬湖峯諸景。伊《志》。　韓菼有《記》。　李良年《張皭亭招集涉園》詩:"六月林亭好避炎,叩門纔過雨纖纖。蓮東珠濺時翻鶴,硯北風生盡捲簾。正有故人燈影共,何當良夜酒籌拈。郎官雅意投車轄,坐看清輝到畫檐。"　馬維翰《晚秋張比部舅招飲涉園》詩:"木葉秋深烏夜邨,城南風景愛張園。捲簾雲氣收秦駐,抱閣潮聲落海門。魚躍鏡中欣出網,鶴飛天外薄乘軒。追思前席持螯處,真比泉明松菊存。"　按察使秦公瀛《題涉園圖詩并序》:"海鹽張螺浮先生於本朝初年官給事中,以直節著。既歸,築園曰涉園,名人投贈甚富。其後人桴亭學博刻范忠貞《宿園中留贈》詩及新城王文簡題咏,彙爲一册示余。因賦此,即書圖後。余以行部屢過海鹽,未得一過斯園。而先生故先高祖鄉會試同年也,披圖展讀,有餘慕焉。　海國經行處,曾聞十畝園。却看摩詰畫,疑入武陵源。鶴立當時逕,烏啼昨夜邨。花溪兼竹港,雅尚憶黃門。諫牘傳青史,歸來此卜居。留詩聞節使,感舊得尚書。庾信爲園日,陶潛解綬餘。故山松桂好,吾亦念吾廬。"

樹萱軒　在澉浦小十字街西,徵士吳爲龍暨兄曰夔奉母董居焉。事母純孝,爲鄉黨所稱。《楊園見聞錄》。

拙宜園　海寧中允楊中訥别業。編修許焞得之,改名迁樂園。《海鹽續圖經》。中有苔徑、擷芳軒、得樹堂、晚研齋、宅中亭、西樹、晴雲閣、剩舫、竹溿、巢經樓諸勝。伊《志》。　陳訏《拙宜園》詩:"雲亭新構傍城闉,小築幽棲寄此身。遠俗園林聊偃息,帶經泉石伴紛綸。邱雖偶陟非忘世,門自常關少雜賓。蔣徑悠然塵境遠,不須耕釣説磻莘。"　顧爾浚《得樹堂》詩:"綠陰曲沼晝雲垂,古樹虬柯塵外姿。雨露漸濃春後葉,風霜不老歲寒枝。猶懷宮柳連青瑣,似植庭槐蔭碧池。岸幘胡牀聊寄傲,林光遥漾爽襟期。"後歸黃爕清,改葺晴雲閣爲倚晴樓。新纂。

樊圃　在東門外,有梅花書屋,爲陳昌懋讀書處。有涌月臺,可登以望海。《海鹽續圖經》。陸嘉淑《同高旦中坐梅花書屋》詩:"三間書屋畫常局,好客偏能浹夕停。但數舊人如落葉,即論吾輩亦晨星。藥罏煙覆花陰合,竹牖雲衝海氣青。虬幹亭亭兩梅老,待留冰雪吐芳馨。"

困勉齋　在澉浦。吳衰仲所築,張楊園爲《記》。

松桂堂　少宰彭孫遹第,即思賢橋祖宅也。孫遹致仕家居,聖祖仁皇帝御書"松桂堂"三字匾額以賜,勒懸中堂之上。堂之西有樾館,即孫遹讀書處。又有静居閣及香陘山舍,徧植叢桂、梧桐,致有佳趣。

廉讓堂　曹希文讀書處。以上伊《志》。　葉燮有《記》。　吳之振《題廉讓擁書圖》詩:"園扉截斷往來賓,棗几縹緗亦可人。却是少時鄉塾裏,早完經課樂雙親。"

平湖縣

漢

陸閎宅　在平湖縣東北二十七里。陸閎爲潁川守,致鳳凰之瑞,因名鳳凰基。明《浙江通志》。

陳

顧書堨　在縣東北三十六里東泖旁。相傳陳顧野王讀書圃。平湖朱《志》。　按至元《志》:顧亭林在華亭賓雲寺[1],顧野王讀書堨即其處。平湖王《志》誤引之以爲顧書堨之證,辨見《嘉興・古蹟》。　明沈弘光《顧書堨對月》詩:"野王堆下暮潮平,九點峯頭片月生。今日思君君不見,寒梅零落夜鐘聲。"

【校注】

[1] 按:紹熙《雲間志》卷中:"寶雲寺　初名法雲寺,在顧亭林市西北隅。大中十三年建。晉天福五年,湖水壞寺基,始遷寺南高基,即陳顧黃門故宅。治平中賜今額。"至元《嘉禾志》卷十《寺院上》:"寶雲寺　在府南三十五里。考證:初名法雲寺,在顧亭林市西北隅。唐大中十三年建。晉天福五年,湖水壞寺基,始遷寺南高基,即陳顧黃門故宅。"故疑"賓雲寺"是"寶雲寺"之誤。

宋

魯簡肅園　自縣治迤東,皆其遺址,今遊橋尚存。一云東皋園在博陸祠後,今爲東林禪院;西皋園在今楊梅園地,今爲西林禪院。平湖顧《志》案山亦簡肅南皋園。《當湖風土紀略》。　明戈定遠《魯簡肅廢園》詩:"我過東皋墅,山村古木秋。棲棲傷馬齒,耿耿憶魚頭。小月寒迷徑,殘花晚照樓。高風千古在,吹淚到松楸。"

彝齋　趙孟堅居嘉禾之廣陳里,有彝齋。《癸辛雜識》。　案:廣陳東西兩寺,相傳即子固故居。又張泰菴詩注:東湖東去數里有鶴舒灘,爲子固放鶴處。　國朝沈廷燦《過趙子固故居》詩:"涼飆走餘熱,荻花弄柔雪。小舟溮廣陳,所憶在曩哲。緬懷簡文公[1],和璧正無缺。當其烹小鮮,撫字歌切切。何敬非播刑,惟良獄可折。飢必由己飢,賑弗畏肘掣。萬骨起肉之,孔邇每洽悦。若使奏剝擊,功在禹皋列。風景忽焉殊,拳茅于此結。嘯歌白日閒,寒暖自分轍。一坐洗復洗,謂可軒冕褻。摩詰不捨宅,鵲巢來鳩竊。兩寺東西分,陳構悲斯[2]滅。縱眼但棘荆,勝地誰指説。頗怪役吏中,爬羅及瑣屑。曷爲五百年。杳無弔高節。應是知公希,公之節彌烈。冰壺未足潔,爝火未足晰。爲公發狂歌,秋月下潭徹。"

【校注】

[1] 按:光緒《平湖縣志》卷二《古蹟》"趙子固故居"條録沈廷燦《過趙子固故居》詩,作"緬懷文簡

公", 當是。趙孟堅, 謚文簡。

　　[2] 斯: 光緒《平湖縣志》作"漸"是。

元

　　南村書堆　去縣南百步。元至正間, 里人張紘, 號南村, 多書, 因聚土成丘, 以爲誦讀之所, 號南村書堆。平湖程《志》嘉靖癸丑, 山陰王畿、吉水羅洪先講學于此。《東湖志》。　案沈懋孝有《湖上讀書堆六先生會記》: 六先生者, 羅念庵、王龍溪及鄒東廓、唐一庵、唐荆川、湛一方, 相與論格物之旨, 經數日而罷。明李東陽《南村書屋》詩: "南村書屋書滿車, 南村書聲聲滿家。讀書不作村學究, 身爲郎官印如斗。如今祇合稱書鄉, 不讀書人誰姓張。"

　　聽雪齋　在東泖。明孫固讀書處, 久廢。平湖程《志》。　明胡儼有《記》。　元楊維楨《聽雪齋》詩: "老夫聽雪龍門寺, 浙瀝初聞飄雪多。龍噴雨花天作瑞, 象占雲葉氣生和。月明蟹過銀沙岸, 風細魚沈玉海波。萬籟一空天地在, 誰憐聲色老婆娑。"　虞集詩: "樓前宿鷺起星河, 近歲江南雪轉多。投老鍾山寒不寐, 滿山松竹夜如何。"明胡儼詩: "茶竈煙沈鶴夢驚, 梅花香冷蝶魂清。捲簾試看飛瓊舞, 隔竹俄聞裂帛聲。黃葉秋乾緣砌響, 銀沙風急灑窗鳴。絕勝聽雨巴山裏, 一夜鄉心白髮生。"

　　石莊小隱　在東泖, 石都尉莊沈氏世居于此。有逸民堂、來青樓、萬竹房、小可軒諸蹟。明沈瑞鏊有《家園記》。

明

　　東林別業　在柳莊塘, 沈昇築。前對陳山, 東近釣雪汀, 北爲桂林。久廢。平湖張《志》。

　　漁隱故居　御史沈玤讀書處。平湖王《志》。　沈玤詩: "名落人間二十年, 一溪漁隱自悠然。晚風楊柳堤邊笛, 秋雨蘆花渡口船。沽酒冐邀漁父醉, 枕簑時伴白鷗眠。只因回首成陳跡, 贏得人稱似輞川。"

　　紅蓼村莊　在當湖東青里。御史陸愈別業, 太常陸志孝讀書處。中有池, 臨池有翔後亭, 久廢。平湖高《志》太常嘗改爲義學, 沈懋孝有記。吳《志》。

　　序芳園　在東湖濱。嘉靖初, 參政趙漢致仕歸, 自搆園曰序芳, 又曰常足窩。製一舟, 名平查, 優游林壑, 詩酒自娛。王畿有《常足窩說》。《檇李詩繫》。　明唐順之詩: "爲耽泉石謝塵纓, 散髮扁舟羨獨行。數畝荒廬堪自老, 滿洲鳧鷺欲相迎。已知野叟無機事, 不向漁翁説姓名。余亦洞庭洲畔客, 因君轉切故鄉情。"　徐階詩: "一竿東去意何如, 蘭芷鷗鳧共隱居。晦跡已焚封事草, 遣閒聊注擂生書。鶴歸世重林逋宅, 龍臥人方諸葛廬。我病正牽泉石念, 從君端欲謝簪裾。"

　　三魚堂　在尚義坊, 豐城丞陸溥築。陸光祖有《記》。後子孫移家西泖口, 仍以三魚名堂。平湖王《志》。　事詳《列傳》。

　　四桂亭　贈光祿少卿陳泰來別業, 久廢。平湖王《志》。　國朝陸濬睿《四桂亭訪桂》詩: "桂花今歲早, 泛艇叩雲庭。秋水一溪綠, 良苗千頃青。飄香循曲徑, 懸蔭入疎屏。鬱郁沾衣袂, 幽齋任爾扃。"

　　沈園　在南門外。布政沈萃禎別業。周遭植松柏, 無雜卉。率子弟讀書其中。久廢。平湖張《志》。

　　陸長卿書屋　水明樓之北岡爲竹塢, 南爲書屋, 即陸長卿著五經處。陳際泰《福源寺記》。

　　牧園　在東湖上, 主事馬維銘築。《檇李詩繫》。

　　也園　在小南門內, 明布政陸懷玉築。懷玉好奇石, 能壘山, 又善種樹, 園林清勝。久廢。

《槜李詩繫》。　陸懷玉詩："自種雲根二十年,也園十畝總悠然。豈無幽徑通韋曲,亦有奇峯學米顛。半砌苔衣清似水,一池花石小于錢。歸來便是西疇長,晚稻秋香滿社田。"

　　東皋園　在南門外六里,給事馬嘉植歸田後築。古桂數十株,彌望成林,名黃雪山莊。後屬沈氏。國朝康熙中,錢塘翁嵩年寓此,後歸州同知黃瀛,更名南莊。疊石爲岡,植梅花最盛。國朝高士奇《東湖沈氏園》詩："莎徑春深碧蘚斑,高亭斜枕亂松間。雨添新漲半篙水,雲擁青螺一抹山。穿樹鳴鳩催布穀,當堦密藥見傾蠻。佳遊不閒園林主,飽趁歸來日月閒。"　張雲錦《南莊探梅》詩："一棹荒寒路幾經,殷勤梅信報園丁。人來淺水綠邊汊,花間夕陽紅處亭。昔酒香仍消酪酊,春懷淡欲入空冥。試燈節後應全放,待折橫枝向膽瓶。"

　　且園　在北門内,御史郭紹儀別業。庭前兩峯並峙,一名舞袖峯,一取雅山頭陀石爲之,名頭陀峯。亭臺映水,花木盈庭,城市中有山林景象。以上平湖張《志》。

　　耘廬　在北門外七里,孝廉馮洪業築。平湖張《志》。爲畝三百,周遭浚濠。内爲連山複嶺,植梅三千,築室其中,名雪窖。植海棠千,名海棠巢;植桂二千,名桂香逕。馴舞鶴三十餘,一時文酒之盛,比之玉山。《槜李詩繫》國朝屬御史陸光旭,題曰桂山堂。其後侍郎高士奇得之,改曰北墅,有三十二景。曰江村草堂、雪香亭、碧梧溪、醒閣、秋柯坪、菊圃、松盤山、漁書樓、酣春榭、巖耕堂、問花埠、花南水北之亭、逃禪閣、泛綠亭、覆甕泉、蔬香圃、耨水樓、金粟逕、蘭渚、芙蓉灣、修篁塢、紅藥畦、瀛山館、蓴溪、晚花軒、鶴巢、紅雨山房、來禽坳、漱晚磯、抱甕陂、香芹澗、五老石。今廢。平湖王《志》。　明張長生《遊馮園》詩："夙愛耘廬好,春晴繫纜初。梅花高士宅,溪水野人居。度刢空馴鶴,依蒲憶樂魚。名山誰卒業,惆悵覓遺書。"　國朝韓菼《北墅》詩："達人無不可,江村勝賞偏。往者折瑤華,貽我抱甕篇。上言百卉繁,及時闌芳妍。採挹可命騷,瑣細欲補箋。次言庭館幽,頗愜靜者便。振衣亦有岡,濯足亦有泉。我欲往從之,御風渺因緣。卧遊懷中字,琴趣在無弦。不到疑虛無,即目非補假。我來恣遊敖,一一如昨者。是時梓樹花,花落紛猶殫。此行後春風,相待未相左。一簾枕晝眠,願言結長夏。光景不留人,徘徊行復捨。"　徐乾學《北墅梓花》詩二首："繁英過盡惜春殘,老榦梢雲萬蕤攢。楸槯樹高爲別子,棠栖花豔是巡官。千層紫障圍春夢,一院紅霞破曉寒。愁煞東風吹欲墮,絳沙黤蠟夜深看。雞山珍木氣氤氳,花雨翻空蔽夕曛。蜂抱殘須穿碧網,燕銜墮蕊出紅雲。頻拈繡毯芳筵換,正點香茵暖日分。留得貞柯千尺丈,好裁琴瑟和南薰。"　陸菜《北墅看梅》詩："石徑中穿異昔時,疏林不復掩平池。眼前再易耘廬主,幾樹梅花是舊枝。"

　　虹島　在南城外,太學趙韓家園。久廢。《東湖志》。　國朝趙韓《和安無咎寓虹島》詩："心遠非關剝啄稀,梅花繞屋水環扉。寒禽榻上窺紅子,名酒牀頭問綠衣。城柝不驚幽卧隱,漁燈遙入夜窗微。與君潦倒烽煙外,總話江南春事肥。"

　　劉園　在東湖上,尚書劉廷元築。有四面樓,結搆蕭爽,湖山掩映如畫。董文敏題額。久廢。《東湖勝槩》。

　　厴園　在乍浦城内西南隅,孝廉李天植築。平湖王《志》。園中植竹木,搆鄰鷗軒、深省堂,曲欄幽榭,小徑疏籬,頗稱佳勝。今廢爲三山會館。《九山續志》。

　　放鷳亭　在西門外飯籮浜,高士李延昰築。久廢。平湖王《志》。

　　北山草堂　在北門外,主事倪長圩別墅。《弄珠樓志》。國朝屬景寧教諭陸光曜。後歸州同知張永年,題曰一壑松風。極園林花木之勝。吏部王澍署其廊曰拈花掬月。《東湖志》。　國朝曹溶《倪伯屏新園》詩："司馬非忘世,安時志自堅。隴陰仍抱膝,岸側且牽船。繞座眠官柳,停杯叫蜀鵑。湘流通笠澤,靜放白鷗天。"　張永年《一壑松風探梅》詩："松風一壑起幽湍,常伴梅花閱歲寒。任爾寒香清到骨,隔籬也許俗人看。"

　　尚書陸光祖宅　在清水浜。舊名寓園,堂曰寫蘭,有泉石之勝。歲久亭榭皆圮。後歸監生張詰,置軒楹,自題曰粗洲山莊。伊《志》。

國　朝

傳心堂　在顧書堵東爾安書院内。陸清獻歸田著書所。平湖王《志》。

十杉亭　在東湖西南。閣學陸棻别業,後歸通判張漢年。乾隆乙丑,知府張逢年復闢地重建,補栽杉樹,錢塘杭世駿題其門曰張園。有凝香草堂、得月亭、漱軒、水明樓、水西雲塢、聽雨居、芙蓉隄諸勝。《東湖志》。　蘇瞻《過張園》詩[1]:"十杉亭子占湖漘,重過輕橈一問津。别後星霜逾七載,到時花柳恰三春。渚禽掠水先迎客,語燕窺簾欲近人。茶竈書牀容澹蕩,者番不是宦遊身。"　周京詩:"山館玲瓏卧起便,春波倒影日光穿。十杉亭子空明裏,似向垂楊泊畫船。"道光初年,屬孝廉吳楷,因以名其集。戊申年,歸侍郎徐士芬爲别墅。今廢。新纂。

茂脩書屋　在遊橋下。平湖王《志》。汶川知縣陸洽原宅,極池亭、山石、林竹、花卉之勝。又有真曠樓。《檇李詩繫》。道光二十七年,歸徐應照爲别業。新纂。

陸堂　在三登橋。明滁州通判王梅故居,檢討陸奎勳著書于此,因名陸堂,即以自號云。沈岸登《陸堂移居》詩:"參佐橋邊宅,三間自昔聞。風流今未墜,城市不妨君。圖畫隨宜設,琴尊可樂羣。只勞村叟夢,相望一層雲。"

草庭　在南司東,貢生鮑駿讀書處。以上平湖王《志》。汪琬有《説》。王士禎《寄題鮑聲來草庭》詩:"愛君三徑好,芳草滿南榮。微雨過時綠,春風吹處生。紛紜書帶色,瑣細楚騷名。不是江潭客,休悲鶗鴂鳴。"

鮑莊　在朱車橋東,州同鮑懿瑞築。修竹萬竿,顔曰筠溪翠竹。今廢。平湖張《志》。

紅檉田舍　在清溪。布衣沈岸登宅,有黑蝶齋、春及堂。沈岸登《歸紅檉田舍》詩:"歲月一身惜,江山三折深。歸船惟載夢,寒日易驚心。四壁蜂脾綴,虚簷藤蔓侵。紅檉門外見,漁火出疎林。"

倚園　在十杉亭右。舊爲陸氏别業,名小桃源。中有影三閣,項聖謨爲之圖。今歸陶氏。乾隆壬寅,邑人沈初題曰倚園。以上伊《志》。

卷勺園　在乍浦城南隅,劉潮築,梁同書題額。有可琴室、桐蔭廊、壺隱書屋、映月亭、綠雲檻、冷香逕、滌煩磯、柏巖、蘭谷。新纂。

【校注】

[1] 按:光緒《平湖縣志》卷二《古蹟》作"舒瞻"。本《志》卷四十三《名宦二》:"舒瞻,字雲亭,滿洲鑲黄旗人。進士。乾隆乙丑,知桐鄉縣……調知海鹽,署平湖。著有《蘭藻堂詩集》《棲桐小草》《柘湖詩存》。"查舒瞻《蘭藻堂集》卷八,亦收此詩。内容與上詩相同。故知"蘇瞻"是"舒瞻"之誤。

石門縣

五　代

錢王舊館　在縣北三十里錢林邨。吳越王錢鏐微時有舊館于此,後改爲祖祠。

徐顗故宅　在縣東南三里。晉開運二年,吳越陪臣徐顗捨宅,爲崇聖院。以上至元《志》。

李益之故宅　在縣東十八里，晉銀青光禄大夫、尚書李益之宅。天福八年，置爲保安院。崇德洪《志》。

宋

漁養堂　宣、政間，張公秀從葉石林遊。後來丞崇德，遂居邑郊，築堂曰漁養。崇德靳《志》。

傳貽堂　輔潛庵自祠官報罷，歸隱語溪，題讀書之堂曰傳貽。文及翁《傳貽書院記》。邑大夫家之柄爲建傳貽書院。至元《志》。　案：舊址在學宮後，見張璵《重立傳貽書院記》。

沈徽學晦舊居　狀元坊，在崇福寺西趙家巷，因狀元沈徽學晦舊居此，故名。至元《志》。

趙申公舊居　洲錢市，在縣西北二十七里。宋南渡初，士大夫來寓者殆二十家，贈太師申國公不求父子寓踰一紀，丞相福王實生于寺橋南之民舍。至元《志》。紹熙中，邑令范機牓其里曰生賢，忠定後舉進士第三，復表其巷曰探花。趙《圖記》。

顏侍郎岐宅　靖康初，岐以門下侍郎扈駕南渡，定居石門鎮北，子孫遂成村落，今猶名陋巷村。石門鄺《志》。

椿桂堂　建炎初，莫琮避地是邑，因家焉。有子五人，俱登儒科，迎侍禄養，縉紳榮之，邑宰朱軏即所居立五桂坊。家有椿桂堂，士大夫多賦詩。至元《志》。監臣[1]周必正爲扁其堂。柳《志》。　宋謝諤《記》略：范文正敘燕山竇氏中有"一椿五桂"之句，自後繼之者未易，惟今秀崇德縣莫氏可儷其美。蓋通直郎致仕，累贈中大夫，以儒行起家，試集英殿，名列官簿。其嘉耦臨安縣袁氏，累封太令人，康寧在堂，年方八十一。親生五子，俱登進士科。長曰元忠，字子直，壬辰黃榜，見待次池州通判；次曰若晦，字子明，庚辰梁榜，見知袁州；次曰似之，字子欽，甲辰衛榜，見任丹徒尉；次曰若拙，字子才，辛丑上舍黃榜，見任真州教授；次曰若沖，字子謙，乙未詹榜，見待次湖州安吉知縣。大抵爲人所不能，爲賢；罕見，爲奇；壽高，爲福。莫氏兄弟奉親力學，光大其門，非賢歟！同氣聯榮，至于五世所罕見矣。先中大既權輿于前，俾在後者無忝，而北堂慈顏，椿幹日茂，福爲何如？頃子直貳令于舒，舒之使君、監丞周公必正之榜其堂曰"椿桂"，且賦兩詩。邑宰朱君軏又即所居立五桂坊，由是大篇短章，鏗鏘滿編。凡縉紳士大夫與燈窗諸生率皆慕用，相與磨琢，不敢不力。袁州使君迎侍安輿，黃堂戲綵，壯觀江右。比以書來索詩，因爲録次，庶以勸學。　范成大《題椿桂堂》詩："君不見衣冠盛事今猶昔，前説燕山後崇德。聯翩五組帶天香，世上籤金賤如礫。他年詩禮到門來，日日高堂稱壽杯。桂長孫枝椿不老，卻比竇家應更好。"　葉適詩："九官八士古之良，靈椿丹桂後騰芳。馮公詩意雖短陋，閭里傳誦終難忘。君家同生五兄弟，短檠伴夜東方啟。黃旗兩紀張慶闈，紓袍五號趨文陛。辭華標角人力能，科名均齊天所興。作堂不須棟梁好，但種此木高千層。透日垂陰香未歇，滿庭車騎同時列。更將磊落替團圞，留與北風觀壯節。"

【校注】
　[1] 臣：至元《嘉禾志》卷二十五《碑碣》録謝諤《椿桂堂記》，作"丞"。本條下引謝《記》，亦作"丞"，當作"丞"。

方公誠故宅　在縣南津鄉尚墅村。建炎間，公誠以秘書丞從高宗南渡，因居于此。石門鄺《志》。

怡堂　在千乘鄉。蔡氏闓、開、闉、闡，昆弟同居，故名。案至元《志》：五桂坊以莫氏五子登第建。又有蔡氏弟兄居是坊，故又立桂華里以榮之。

陸尚書德輿故宅　在五桂坊西南。以上吳《志》。

東西張氏園　石門鎮有東西張氏園。東張，名子脩，嘗監石門酒庫，遂家，以葬焉。西張，迪功郎名汝昌，依子脩而居。兩家並有池館、園林之勝，號東西園。趙《圖記》。子脩孫琥復繕流杯亭、遂初亭。桐鄉徐《志》。至今乳鴨池流觴曲水尚存，居人稱花園里。崇德靳《志》。　宋莫若沖詩：“爲米徒勞束帶難，當時彭澤便休官。高情曾賦歸來句，畫入名園扁署看。”　戴復古詩：“乳鴨池塘水淺深，熟梅天氣半晴陰。東園載酒西園醉，摘盡枇杷一樹金。”

足閒堂　莫寺丞若沖所居。歷官歸，以足閒名其軒，後遂以顏其堂。伊《志》。　宋陸埈詩：“吾心固有涯，寸心與天寬。萬境紛相求，大智斯閒閒。枵腹屬厭耳，渴飲飢即餐。百年付欹枕，炎涼自回環。鳴珂禦水[1]東，宴坐古道還。爽塏得郊墅，槃槃謝家安。觴咏日尋勝，百金笑渠慳。朝驪杳不聞，春夢過天關。下視蟻旋忙，錙銖鬬鄻閫。襟期倘印可，容我造其間。”

【校注】

[1] 水：至元《嘉禾志》卷三十二《題詠》錄陸埈《題莫寺丞足閒堂》詩，作“兒”，當作“兒”。

明

百歲堂　孝子周文忠年百有三，孫埙建百歲堂奉之。崇德靳《志》。

許歸堂　呂相判南陽，乞歸，阮中丞鶚以善人里表其門。其子熳尚南城郡主，乞歸偕養，詔許之。歸而築堂，顏曰許歸。吳《志》。

友于軒　篁墩，俗呼黃泥墩，沈廉訪宏家焉。建祝聖臺，其上旁有友于軒。卒，葬陳山。子如封搆樓黃墩，以眺陳山，顏曰見山，以寄風木之思。崇德靳《志》。　沈宏自爲銘。

友芳園　泰興令呂炯之園也。又有別墅曰五柳莊，在縣西門外，饒竹樹廊房之勝。黃汝亨《寶函樓記》。　沈懋學有《五柳莊記》。　郭子直《友芳園》詩：“城角芳園戶半開，長林倚杖獨徘徊。當年抱甕人何在，此日看花客又來。蔓草春深荒硯沼，鄰雞日暮上香臺。莫因今昔嗟興廢，金谷平泉盡劫灰。”

客星齋　醉夢齋　吳郡作宰歸，入玅山社，有自題客星齋、醉夢齋二銘。吳《志》。　齋中聯云“垂釣有深意，望山多遠情”。社中人沈穉圭書。

崑陽書屋　安仁令李華春讀書處也，梁孜有爲李仲實《題崑陽書屋》詩。吳《志》。

息瀦園　薊州知州鍾起鳳園也，在學宮右文壁山後。吳《志》。　鍾起鳳《息瀦園》詩：“結廬少城隈，種竹不盈畝。巷列九頭松，門栽五枝柳。綠水浸橫塘，紅蓮間白藕。芙蓉環小橋，有亭大于斗。桃李紛南榮，桂杏排北牖。橘實散餘馨，梅萼絕塵垢。羣卉遞芳妍，鑒賞來鄰叟。彼我各忘言，時傾一杯酒。頹然入醉鄉，遊于無何有。”

貝瓊故宅　在語兒溪上，瓊之舊業也。元季隱居邨落，從之遊者甚衆。貝瓊《懷語溪舊業》詩：“不到溪南宅，桃花又一春。長貧疑造化，已老厭風塵。直道難容世，虛名只誤人。扁舟即歸去，吾豈戀秋蓴。”

大雅山居　呂泰興炯別墅。初名有待軒，後更今名。明余寅有《記》。

國　朝

愛日堂　在語兒溪上，姚仲聞所居，張履祥爲作《愛日堂記》。

　　黃葉村莊　吳孟舉學古著書之所也。蘇子瞻詩"家在江南黃葉村"，孟舉好之，而名其所居之莊。葉燮《黃葉村莊集序》項奎爲作圖。吳之振《即事》詩："柳梢小市接城郭，春動園林萬木敷。壓雨鼠姑含凍蕤，鬭晴鴉舅接新雛。詩非易學從吾癖，論不求高亦自娛。舊業十年成棄置，寒巖枯木有根株。"　又《次韻》詩："錦石青泥疊矮垣，高梧翠竹護西園。披衣自愛臨風檻，散髮還來傍水軒。奇字嬾尋揚子宅，交情重勘翟公門。與君同作漁樵侶，百世過從不厭煩。"

　　來燕居　在縣西門內，新羅令曹遠思宅也。始卜室，玄鳥適至，遂以名其居。邑令酈世培爲之記。

　　帶存堂　曹叔則所構，當堂未成時，橫山葉星期爲之記。以上伊《志》。

　　鍾解元朗故宅　在玉溪鎮南皋橋畔。見施鍾成《玉溪雜咏》。前楹曰藤樓，綠陰環繞，朗讀書處也。咸豐庚申，燬於兵。案：玉溪八景，其一爲南皋書聲，指此。新纂。

　　長春樓　在玉溪鎮，譚觀成孝廉歸養處。孝廉官江蘇霍邱，乞假歸養，因建此樓。咸豐庚申燬，址存。新纂。

桐鄉縣

宋

　　陳與義宅　在青鎮廣福院後芙蓉浦上。《浙江通志》。與義卜居青墩鎮，築簡齋居之，遂號簡齋。《檇李詩繫》。　陳與義《題簡齋》詩："我窗三尺餘，可以闚晦明。北省雖巨麗，無此風竹聲。不著散花女，而況使鬼兄。世間多岐路，居士繩牀平。未知阮遥集，幾屐了平生。領軍一屋輊，千載笑絕纓。槐陰自入戶，如[1]我喜新晴。覓句方未了，簡齋真虛名。"

【校注】
　　[1] 如：陳與義《簡齋詩集》卷十五《題簡齋》作"知"，當作"知"。

　　徐綱宅　淮東議幕徐綱宅，在縣市後街。一族蕃衍，分處同里。今儒學基，其一也。桐鄉徐《志》。

　　張掄宅　張掄，乾道間人，世居開封，扈蹕南渡，以文墨際高、孝二廟，賜第青鎮。《烏青文獻》。

　　東皋園　在崇德青墩，處士沈平所搆。至元《志》。　桐鄉徐《志》：沈故宅在青鎮荷花池東，所居宅後有東皋園。園有東皋亭、賽蓬萊堂、迷仙境、梅花關、釣魚磯。宰執鄭太師、吳履齋、趙觀相皆嘗遊歷，園名遂勝。又有綠荷池者，亦園中一境。每歲元宵，張燈爲水戲，縱人遊觀。端平末始廢。趙《圖記》。　元諸儁《東皋園》詩："寒煙衰草一蕭蕭，歌舞曾傳樂事饒。古樹頹垣無繫馬，夕陽深徑有歸樵。樽空落月吟魂杳，花老殘春蝶夢銷。何事池蛙諳鼓吹，惱人鳴向可憐宵。"

　　莫澤宅　莫尚書澤宅在朝宗門內。《烏青文獻》。

　　高僉判故居　黃勉齋監石門酒庫時，嘗訪高僉判所居。有詩云："自慚公子貴，未老賦歸與。"又有"小艇寒蘆"之句，當亦知幾之士早賦《遂初》者也。吳《志》。

　　同壽堂　在崇德鳳鳴里萬春橋之東，蔡氏自淵齋南渡扈蹕，家焉。子梅友、竹友，並以醫業顯。《巽隱集》。　貝瓊有《記》。

濮斗南宅　濮斗南,仕宋爲吏部侍郎,理宗賜其第曰"濮院"。《濮川紀略》。　案《檇李詩繫》：濮氏自著作郎雲翔從宋南渡,占籍于此,遂名濮院。

元

張伯淳宅　侍講學士張伯淳宅,在石門鎮玉谿橋西。桐鄉徐《志》。　案：徐《志》作宋人。《浙江通志》仍之,誤。

濮氏宅　一曰舊宅,在西寺後。一曰大宅,在洗碗池。一曰市上宅,在市中,四面皆永樂市,房內有松月寮,宅旁設義塾,以教養里中子弟。一曰南新宅,在南新街左,一曰南河宅,在陸家橋西。一曰西街宅,在定泉橋,有吉藹堂、知止堂、百客橋、桐香室、此樂閒。公晚年所構。《濮川殘志》。　元楊維楨有松月寮、桐香室記。　濮允中《桐香室》詩："研經暇即課子,掃榻倦亦留賓。莫欺秋風蕭瑟,穿林片月如銀。"　陳約《題松月寮》詩："遡源傳玉葉,世外想高蹤。道似山中豹,人猶柱下龍。後周殊不改,孤照若爲容。只此披襟坐,塵囂隔萬重。"

濮司令園　在西街宅後,一名蔎桂園。濮樂閒司令所築,與魏塘顧阿瑛海棠園爭勝。《濮川志略》。

吳琪宅　慕化鄉有元侍書吳琪宅基。趙《圖記》。

石朝用宅　廉使石朝用宅,在濮院鎮北,今名顧家園是。

柳莊　在張蕩,程隱君克柔築。人境荒寂,結廬其中,旁植高柳,鬱然成林。以上桐鄉徐《志》。　明鮑恂有《記》。

來青堂　陸容景遠居。崇德殳山之北,構來青堂于兩峯間,吟諷自樂。《檇李詩繫》。　明貝瓊有《記》。　又,《過來青堂示勉中祖南二友》詩："浪跡依劉表,忘形見陸生。山中釀酒熟,雪後具舟迎。好學來諸子,論詩過二更。窮愁一披寫,杯盡更須傾。""衣冠且從俗,猶有晉風流。我愛陶貞白,人稱馬少游。蜂房寒未割,雞柵暖宜修。不必論三仕,何如號四休。""擾擾知何事,人間即夢間。試從千佛轉,能見幾人閒。水落元通月,雲行不礙山。長歌和樵者,日暮抱薪還。"　陸容《來青堂》詩："我來已過看花時,剛到中秋未是遲。縱使芙蓉零落盡,此間還有耐寒枝。"

明

鮑恂宅　鮑涇,在殳山南,鮑學士宅在涇之上。吳《志》。

貝瓊宅　在殳山,今作庵。桐鄉徐《志》。貝助教瓊、鮑布衣恂,家近殳山,與張布衣遷、姚教官桐壽、周山長致堯,倡和爲詩。山上尚有題字。譚吉聰《鴛鴦湖櫂歌注》。　貝瓊《殳山隱居詩夏日作》："病客從教嬾出村,兩山一月雨昏昏。野花作雪都辭樹,溪水如雲忽到門。無復元戎喧鼓吹,試從田父牧雞豚。來青處士時相過,猶是平原舊子孫。"　貝翔《閒居》詩："閒居不是爲逃名,野性從來少宦情。況有林泉供嘯咏,且無冠蓋費逢迎。夕陽山好樓中見,春水船齊樹杪行。何處飛來雙白鳥,時時相近不相驚。"　國朝朱芳藹《訪清江先生故宅》詩："溪畔扁舟繫樹根,柳陰小犬吠柴門。前邨戴笠扶犁叟,知是詩人幾葉孫。"

宋濂宅　在濮院鎮梅花涇上,有讀書臺。《浙江通志》。

竹深處　在芙蓉浦上,明張宗儒所居。《烏青鎮志》。　貝瓊有《記》。

江漢宅　江翰林漢宅,在濮院鎮西,明初卜居此地。

程本立宅　程都御史本立故宅,在城東門内。以上桐鄉徐《志》。

拳勺園　參議李樂宅,在青鎮荷花池東。宅後置園一區,曰拳勺園。中有餐英館,木雞窩,長嘯、閒吟二亭,真隱樓。樓畔荷花最盛,署曰青蓮居。一作香蓬居。其地本東皋故園云。《烏青鎮志》。　明李樂《園居即事呈胡契泉》詩:"習慣詩全廢,耽幽事半休。小園風動竹,曲沼雨鸞鷗。樹密堪逃暑,荷香卻散愁。先生素知己,恕我不梳頭。"　釋方澤《過李參藩園中》詩:"春老郊園雨亦晴,客來猶喜聽啼鶯。亭間片石窺簷立,花底香風拂席生。寓目自饒林水致,憑欄多識草蟲名。移時款語將歸去,回首溪頭夕照橫。"

牆東小隱　在拳勺園東,李臨川弟光父居也。吳《志》。　明王叔承詩:"深溪幽駐艇,小隱不離家。兄餉新齋酒,隣開隔岸花。軒窗侵水石,書卷映桑麻。市近饒鮭菜,廚煙夕照斜。"

溪南草堂　徐秀才震亨築室青鎮芙蓉浦,顏曰溪南草堂。《檇李詩繫》。

聽雪齋　錢塘戴良徙家攵山之西,築齋曰聽雪。明貝瓊有《記》。

春暉樓　處士張近溪築,在青鎮。李樂題曰"春暉樓",并贈一聯云"奇情對旭日,遠志問高雲"。其孫超、方起,俱讀書樓上,成進士。

日涉園　在縣治西。馮布政孜置以奉母者,構屋數楹,顏曰樹護草堂。堂右迴廊曲徑,有桃源洞、秋水亭、觀魚榭、此君齋諸勝。國朝康熙初,猶存老屋頹垣及殘梅數本。今僅前後兩池。國朝汪森《過馮園》詩:"廢圃春誰過,微風晝掩門。曲池浮荇葉,荒石臥苔痕。客漫題詩句,人無載酒尊。爲遲寒食後,重與問桃源。"

百可園　在甎山東里許,序班錢允淳晚年搆園亭于東皋,顏曰百可。内建高明樓、敕書樓、準提閣。鑿池跨梁,植梅種竹,四時名花不絶。

沈園　在爐鎮,觀察沈思充歸田後築。内有挹秀樓、醉月軒諸勝。以上伊《志》。

國　朝

楊園隱居　在甎山西南二里,張考夫履祥隱居于此,世稱楊園先生。《烏青文獻》。　周篔《懷張楊園》詩:"契濶張夫子,平生實典型。立言惟布粟,爲政在家庭。上下論千古,東西有二銘。閒堦帶草色,幾日又青青。"　沈堯咨《甎山懷楊園隱居》詩:"甎山遺舊宅,大隱在人寰。碧水自清淺,白雲空往還。高風殊落落,啼鳥尚關關。不見楊園老,憑誰一訂頑。"

沈機宅　沈處士機故居,在雙賢橋。有梅涇草堂,即宋景濂讀書處。《濮川紀略》。

高節寒香圃　在青鎮蓮花巷内,處士張園真置以奉母者。庭前有疎竹寒梅,因名。繪《高節寒香圖》,一時名流題咏盈軸。《烏青鎮志》。

文史園　在縣治西、日涉園北,沈大令兆奎歸田後所構。有遂初堂、迎月軒,四圍皆竹,避暑尤宜。今廢。伊《志》。　汪森詩:"仙侶舟初放,名園路尚迷。蘆花當岸北,修竹過橋西。山鳥如相喚,蘿軒只自題。逢迎君更懶,真合此幽棲。"

華及堂　休寧汪晉賢徙居梧桐鄉,營碧巢以當吟窩,築華及之堂以讌兄弟賓客,建裘杼樓以藏典籍。《曝書亭集》。堂内有竹軒、蕉牕、石雲居、浮溪館、桐溪草堂、金粟玉蘭山舍。一時名士雲集,觴咏無虛日。朱彝尊額曰"浮溪環谷"。新纂。　俞南史《華及堂坐雨書呈周士晉賢》詩:"庭芳狼籍漸成茵,忽憶家園草木春。千樹梅花偏作客,一溪風雨慣留人。紅螺泛酒燈前醉,青繭題詩視北新。不是主人深結好,那能歡聚動經句。"

陳處士梓故居　在定泉橋右,有定泉書舍。《濮鎮紀聞》。　李元纁有《記》。

甌香圃　在濮鎮梅花涇上，仲宏道別墅。

鄭園　在爐鎮。中書鄭蘊宏所構，内有書帶草堂、近薰閣、怡亭諸勝。以上伊《志》。

一經堂　汪繩焵家桐鄉，於所居構一經堂，有山林幽致。《畫徵録》。　吳銘道詩："清景彌歲年，緑浄寓平遠。貯書連屋牀，編籬隔庭院。時有讀書聲，林間出清婉。晨與青山朝，夕與白雲晚。春來報花繁，徐酌可忘返。我欲具扁舟，投君坐深穩。"

嘉興府志卷十六

坊　表

舊志謂：《唐書》樹六闕，綽楔之制，始彰似矣。不知表厥宅里，見於成周時。而《晉書》之旌表孝弟，猶其後焉者。唐標張志和居曰"元真坊"，宋榜郎簡居曰"德壽坊"，而歸義之名，已見《北史》，則坊表之來遠矣。嘉興名相忠輔，前代爲昭，要之以德、以功、以名、以節、以孝、以壽，皆人望所系也。既特表之，以示楷模，自宜特書之，以存懿範。志坊表。

府城案城内皆屬秀水，今以府統之。首學校，次衙署，次以坊里，分列仍依時代
先後。在城外者歸治轄。其貞節坊俱次於每縣之後。名目同者併之，仍分載於下。

德配天地　　删述六經　　吳《志》：府學聖廟東。

道冠古今　　垂憲萬世　　吳《志》：府學聖廟西。

首藩名郡　　吳《志》：府治前，明萬曆甲申，知府龔勉立。

承宣　　吳《志》：府治東。　　撫字　　吳《志》：府治西。

金聲玉振　　吳《志》：嘉興儒學東。

江漢秋陽　　吳《志》：嘉興儒學西。

騰蛟起鳳　　嘉興何《志》：儒學東北。

奠安　　作新　　吳《志》：嘉興縣治南。明正統間，嘉興知縣王錦建坊，曰"忠愛"。歲久圮。成化丁未，知縣郭資即其址爲丙午舉人石璁建坊，曰"賓興"。弘治庚戌，璁登進士。庚申，知縣何天衢改爲"進士坊"。萬曆癸未，知縣顧雲程移建澄霽門外，改標"浙西首邑"。丙申，知縣陳儒改"樂只"。壬子，知縣陸獻明改今名。

聖域　　成德　　吳《志》：秀水儒學東。

賢關　　達材　　吳《志》：秀水儒學西。

保惠　　親民　　吳《志》：秀水縣治前。

名相　　袁《志》：爲唐陸贄立。

忠輔　　吳《志》：府治西。爲宋趙汝愚立。

聯魁　　吳《志》：府治西。

聚桂　　吳《志》：府治西北。　　以上二坊俱詳《坊巷》。

名宦　　吳《志》：府前。爲洪武中知府呂文燧、謝節，正統中黃懋，成化中楊繼宗，正德中李伸、徐盈，嘉靖中蕭世賢、劉懸，正德中同知伍文定，萬曆中方楊立。　　以上府前坊。

太保　　尚書　　袁《志》：爲屠勳立。

科甲傳芳　　袁《志》：爲黃盛、黃琮[1]、黃洪憲、黃正色、黃承玄、黃承乾、黃承昊立。

繡衣　　袁《志》：爲金燦立。　　以上碧漪坊。

司憲　　袁《志》：爲張徽立。初在碧漪坊，後移建西麗坊。

天官冢宰　　袁《志》：爲陸光祖立。元愷重光　　吳《志》：爲仇俊卿、顧萱[2]、王大猷、胡憲、俞乾、姚楫、戚元輔、高策、鍾欽、徐文和、陳言、錢貞、吕科、卜大同、陸杲、陸光祖立。

司成總憲　　吳《志》：爲范璋、范誥、范瑁、范言、范之箴、范應賓立。　　以上府西坊。

青宮太保　　袁《志》：爲項忠立。

聖代國楨　清朝人瑞　　袁《志》：爲陳國是、王家彦、劉廷元、胡士相、過庭訓、魏廷相、金汝諧、毛尚忠、姚士慎立。

寵錫中台　　袁《志》：爲姚思仁立。

進士　　袁《志》：爲顧際明、陳九韶、戈用泰立。

登瀛洲　　袁《志》：爲沈孝徵、吳志遠、李在公、顧際明、徐天麒、沈大德、沈弘遇、毛尚忠、錢天胤、金用明、項良枋、張南翀、陸錫恩、徐文治、張弘毅、陶涵中、屠大壯、顧令德立。　　以上報忠坊。

尚書　　袁《志》：凡二，一爲鄭曉立，一爲項忠立。

柱史　　袁《志》：爲項經立。

都憲　　袁《志》：爲項忠立。

世進士第　　袁《志》：爲項忠、項經、項錫立。

世科　　袁《志》：爲項綱立。　　以上靈光坊。

玉堂重望　　袁《志》：爲沈懋孝、黄洪憲、馮夢禎、沈自邠立。

天官大夫　　袁《志》：爲陸光祖立。

司空世美　　袁《志》：爲陸杰、陸光祖、陸夢韓、陸基恕立。

會元　　袁《志》：爲馮夢禎立。

鳳池振羽　　袁《志》：爲沈懋孝、王儒、戴鳳翔、萬邦彦、包汴、包樨芳、張鳳來、毛汝賢、賀南儒、馮敏功、吕炯、顏大化、卞錫、湯彬、李樂、項銅、孫從龍、姚體信、祁鯨、趙邦秩、陸光裕、毛棠立。

科第聯魁　　袁《志》：爲顧可奇、沈思充、蕭繼芳、鍾起鳳、張國翹、金汝礪、吳來臣、姚應鳳、吳昌期、吳邦俊、鈕盛時、楊應亨、李兆芳、項德楨、姚士㑘、董志舜立。

貞元際運　　吳《志》：爲王家棟、費朝憲、陸觀德、徐學周、屠蒙、支大綸、馬如麟、李自華、馮孜、郁應元、徐學曾、沈伯龍、陳九德、屠叔芳、錢與映、丁賓、項元深、張大雅、姚笈立。聯芳　　吳《志》：爲范言、范之箴立。兄弟進士　　袁《志》：爲曹光、曹煒立。

三世同科　　吳《志》：爲父子同科陸杲、陸光祖，叔姪同科陸煒、陸光祚，叔姪同科陸鏊、陸澄原立。

四世元魁　　吳《志》：爲陸淞、陸杲、陸光祚、陸鏊立。

共步瀛洲　　袁《志》：爲周崑、張文憲、屠應坤、項錫、吳綱[3]、錢尤、鄭曉立。

龍飛際會　　吳《志》：爲鄭曉、趙文華、吳鵬、金榜、錢术、王經、賀簡、錢芹、馬淮、葉環、沈咸、林相、曹元、朱應云、陸埒立。

雙鳳　　袁《志》：爲戴經、戴綸立。

東宮太保尚書　　吳《志》：爲項忠立。

太史　　吳《志》：爲姚弘謨立。

魁元獨盛　　袁《志》：爲陳于王、張應宿、祖重光、陸吉、陸廷誥、岳元聲、俞廷讓、史謨、沈大元、朱國祚、黄承玄、沈應明、包文熠立。

龍飛翊運　　吳《志》：爲黄洪憲、馬汝賢、孫朝宗、胡其久、屠謙、趙煒、孫成泰、周子愚、沈思孝、曾一麟[4]、沈藻、高文登、鞏應麟、張文羽、曹煒立。

都憲　　袁《志》：爲陸杰、陸鼇立[5]。

賢書際盛　　吳《志》：爲毛鳳起、鍾兆斗、夏九鼎、邱民貴、馬明瑞、高繼元、樂和聲、徐必達、胡士相、曹徵庸、朱學忠、李日華、范應賓、王胤昌、曹嘉謨立。舊爲明時英俊。

俊彥登庸　　吳《志》：爲沈堯中、孫光啟、周從龍、俞重光、沈自邠、費洵、姚思仁、戈用武、沈國良、沈一德、陸鼇來、陸楷、夏日葵、金枝、張潘、董成龍、顧槃、黃遵憲、李袠弘、李袠毅立。

二十八宿　　袁《志》：爲朱用光、王建中、胡士奇、吳一貫、葉繼美、陸階、薛如玉、項永芳、陸應鐘、沈烝、盛懋相、徐一鯨、吳正儒、姚汝欽、曹懋官、張國詔、錢應晉、金九成、沈夢斗、陳泰來、施爾志、項元濂、劉世埏、許應第[6]、韓子祁、許聞造、蔡惟忠、薛彥卿立。

元魁濟美　　吳《志》：爲陳懿典、沈懋莊、胡士章、馬上錦、俞夢暘、盛萬年、吳勳、李萬春、陳德元、吳弘濟、陸長庚、懷所學、張煒、奚文崧[7]、陳光贊、王慎德、陳九韶、馬維銘、沈中虛、錢夢得、張思明、孫成名、孫詩立。

天衢共步　　袁《志》：爲馬應圖、常文烇、朱廷益、倪壯猷、王應龍、馮夢楨、胡皋、高應烇、陳奇謀、顧可耕、夏建寅、徐一儒、顧所有、夏久安、錢吾德、袁表、錢學弘、陸光宅、郭子直、潘鳳梧立。

進士　　吳《志》：凡十有一，一爲李自華、鄒國儒、屠元淋、葉朝陽、李芳、朱學顏、沈伯龍立；一爲陸光祚、吳紹、沈啟原、包汴、陸相儒、孫詔、王儒、嚴從簡、張鳳岐、王愛、戴鳳翔立；一爲馮皋謨、胡憲仲、余田、湯日新、呂燁、曹光、屠仲律、劉炌、許燏立；一爲姚弘謨、呂穆、鍾一元、呂成[8]、卜大順、盛周、沈繼志、王三錫、戚元輔、錢同文立；一爲陸萬垓、許應逵、屠謙、馮孜、沈藻、沈懋孝、鍾庚陽、沈思孝、馬千乘、孫從龍、陸志孝、李樂立；一爲黃洪憲、洪烝、賀南儒、丁賓、張正鵠、郭子直、李華春立；一爲沈堯中、陸長庚、王慎德、馬維銘立；一爲朱國祚、盛萬年、孫光啟、沈烝、項承芳、葉繼美、樂元聲、姚思仁、錢夢得立；一爲馮夢禎、沈自邠、趙邦秩、陳泰來、黃正色、金枝、孫成爲、曹燁、劉世埏、沈夢斗、朱廷益、屠叔芳、馬應國立；一爲黃承玄、沈思充、吳弘濟、陳于王、項德楨、王建中、袁黃、李原中立；一爲陳懿典、范應賓、李日華、夏九鼎、鍾兆斗、李在公、樂和聲、徐必達、施爾志立。　　以上鳳池坊。

盛世休徵　　沈起仁年九十歲，五世同堂。嘉慶二年，具題奉旨賜額，並賞緞疋、銀兩。　　鳳池坊。

司馬總曹　　袁《志》：爲吳鵬立。

父子進士　　袁《志》：爲吳鵬、吳紹立。

天曹大夫　　吳《志》：爲卜大順立。　天官　　吳《志》：爲吳鵬立。

同胞三進士　　袁《志》：爲卜大同、卜大有、卜大順立。　　以上鍾秀坊。

雙節　　吳《志》：爲生員高倬妻姜氏，倬女常策妻高氏立，在府前坊。

貞女　　吳《志》：爲高岑未婚妻俞貞女立，在毛家坊。　旌表　　吳《志》：爲錢子順妻某氏立，在靈光坊。　貞節　　吳《志》：在城內者三，一爲生員鄒浩妻程氏立，在毛家坊；一爲指揮千户項綬妾張氏立，在報忠坊；一爲吳江縣丞、贈都察院右都御史項景亮妾沈氏立，在靈光坊。

【校注】

　　［1］按：本志卷四十五《選舉二·明進士》（嘉靖三十五年丙辰）、崇禎《嘉興縣志》卷三《坊表》“科甲傳芳”、崇禎《嘉興縣志》卷十三《鄉達》均作“黃錝”，當是。

　　［2］按：崇禎《嘉興縣志》卷三《坊表》“元愷重光”條、本《志》卷四十五《選舉二·明舉人》（嘉靖十六年丁酉）、卷五十七《海鹽孝義》，作“顧憂”。故“顧萱”是“顧憂”之誤。

　　［3］按：崇禎《嘉興縣志》卷三《坊表》“共步瀛洲”條，本《志》卷四十五《選舉二·明進士》（嘉靖二年癸未）作“吳鵬”，當是。

　　［4］按：崇禎《嘉興縣志》卷三《坊表》“龍飛翊運”條、本《志》卷四十五《選舉二·明舉人》（隆慶元年丁卯）作“曹一麟”。本條所列十五人均爲隆慶元年丁卯科舉人。故“曾一麟”是“曹一麟”之誤。

　　［5］按：崇禎《嘉興縣志》卷三《坊表》“都憲坊”條：“爲都察院右副都御史陸杰立。今天啟乙丑進士、

曾孫陸鰲修"。

　　[6]按：崇禎《嘉興縣志》卷三《坊表》"二十八宿"條、本《志》卷四十五《選舉二·明舉人》（萬曆四年丙子）作"許應地"。本條所列二十八人均爲萬曆四年丙子科舉人。故"許應第"是"許應地"之誤。

　　[7]按：崇禎《嘉興縣志》卷三《坊表》"元魁濟美"條、本《志》卷四十五《選舉二·明舉人》（萬曆七年己卯）作"奚文嵩"。本條所列二十三人均爲萬曆七年己卯科舉人。故"奚文崧"是"奚文嵩"之誤。

　　[8]按：崇禎《嘉興縣志》卷三《坊表》"進士坊"條、本《志》卷四十五《選舉二·明進士》（嘉靖三十二年癸丑）作"吕程"。本條所列十人均爲嘉靖三十二年癸丑榜進士。故"吕成"是"吕程"之誤。

嘉興縣

裕國通商　吳《志》：在常豐坊批驗所署前。

甲科濟美　世澤流芳　袁《志》：爲馬興、馬淮、馬鑾、馬如麟、馬來遠立。

文武名卿　袁《志》：爲譚昌言立。

大司寇　青宮太保　吳《志》：爲屠勳立。　以上宣公坊。

晝錦　吳《志》：爲姜諒立。

天官少宰　吳《志》：爲陸淞、陸杲、陸光祖立。

大司空　袁《志》：爲陸杰、陸光祖立。

慶流滇浙　吳《志》：爲嚴清、嚴從簡先塋立。

黃閣鉅儒　進士及第　吳《志》：爲吕原立。

榜眼　吳《志》：爲吕原立。

世榮　袁《志》：爲宋吕玹、吕茂卿，明吕嗣芳、吕本、吕原、吕懲、吕言、吕科、吕程、吕穆立。

兄弟同科　吳《志》：爲吕程、吕穆立。

大魁天下　吳《志》：爲李日華立[1]。　以上蒯塔坊。

內臺總憲　太保　吳《志》：爲屠勳立。

父子同科　吳《志》：爲包檉芳、包汴立。

世進士　吳《志》：爲包鼎、包鼐、包節、包孝、包汴、包檉芳立。

兩京侍御　吳《志》：爲包節、包孝立。

兄弟同科　吳《志》：爲包鼎、包鼐立。

內外憲臺　吳《志》：爲包汴、包檉芳立。　以上常豐坊。

褒秩忠良　鄉賢光裕　吳《志》：爲錢薇、孫校立。

別有洞天　吳《志》：爲朱綬立。

進士　吳《志》：爲石璁立。舊在縣治前，萬曆初，知縣顧雲程改爲"浙西首邑"，移澄霽門外。　以上放生坊。

蜚英　袁《志》：爲姜學夔立，在感化六都張字圩。

進士　吳《志》：凡二，一爲伍芳立，在新豐鎮；一爲姜學夔立，在感化六都張字圩。

旌表　吳《志》：凡二，一爲廣東雷州府知府常士昌妻隋氏立，在蒯塔坊；一爲生員金應元妻徐氏立，在放生坊。

節孝貽芳　壺儀風世　吳《志》：爲誥贈吏部侍郎杜蕙妻曹氏立，在東津亭。

旌表節烈　伊《志》：爲金光奎妻徐氏立，在永豐都金氏宗祠前。

雙節　伊《志》：爲王心耘妻張氏、王秉銓妻周氏立，在王店鎮。貞節　吳《志》：爲生員嚴從裕妻蔡氏立，在王家坊。

盛世休徵　候選州判沈仁昌妻鮑氏，年八十九歲，五世同堂。嘉慶五年，具題奉旨給額，賞緞疋、銀兩。

仁孝並嘉　性敦明發　于《志》：在新豐鎮，爲沈茂功立。

坤德維風　勁節超倫　于《志》：在新豐鎮南，爲陸祚妻繆氏立。

節孝流芳　于《志》：在新十二莊，爲潘廷懷妻沈氏立。

帝恤雙清　于《志》：在仁里鄉[2]，爲錢敷仁妻項氏、錢國禎妻程氏立。

潛德幽光　節孝流芳　于《志》：在呂華成橋東，爲呂肇燾妻錢氏立。

節孝　于《志》：一在胥六都宙字圩，爲周杲妻陸氏立；一在胥六都西來圩，爲潘維新妻楊氏立。

【校注】

　　[1] 按：崇禎《嘉興縣志》卷三《坊表》"大魁天下"條作"李自華"。本《志》卷四十五《選舉二·明進士》（嘉靖四十四年乙丑）"李自華榜眼，同知。"故"李日華"是"李自華"之誤。李日華是萬曆二十年壬辰榜進士，官至太僕少卿。

　　[2] 仁里鄉：光緒《嘉興縣志》卷九《坊表》、本《志》卷三《疆域·嘉興縣》均作"里仁鄉"，當是。

秀水縣城外

萬古精忠　秀水任《志》：爲宋鄂國岳忠武王立。　伊《志》：在岳祠前。乾隆四十五年，裔孫岳鑑重建。詳《祠祀》門。

三吳遺愛　秀水任《志》：爲宋知嘉興軍、寶謨閣學士岳珂立。

兩朝元輔　四世寵綸　吳《志》：爲施雷、施燈、施應埴、施鳳來立。

青宮碩輔　紫誥重褒　吳《志》：爲陳一德、陳懿典立。

科甲繩芳　袁《志》：爲徐學周、徐學曾、徐必達、徐世淳立。

翼世猶顯　吳《志》：爲徐鏜、徐學周、徐學曾、徐行遠、徐必達立。

狀元及第　吳《志》：爲朱國祚立。

忠著三朝　清師百世　吳《志》：爲朱國祚立。

天卿大夫　吳《志》：爲朱國祚立。

司憲　吳《志》：爲張徽立。舊在城內碧漪坊，後重建於此。

兄弟名臣　吳《志》：爲孫光啟、孫光裕立。

寵賁三世　吳《志》：爲孫仁、孫志道立。

連枝啟秀　羣鳳鳴陽　秀水任《志》：爲岳元聲、岳和聲、岳駿聲立。　以上西麗坊。

青宮太保　吳《志》：爲吳鵬立。

義重賓莊　吳《志》：爲義夫曹大田立。

壬戌進士　袁《志》：爲項鉌、宗弘暹、沈懋孝、張大忠、馮敏功、鄭履淳、項篤壽、鍾繼元、王錫命、卜相、張應治、沈玄華、俞南金、錢貢、李芳、趙巖[1]、戚于國、王倬、戚元佐立。

漕河永賴　吳《志》：爲知府吳國仕立。　以上北麗坊。

進士　吳《志》：爲梅江立，在五龍坊。

探花及第　吳《志》：爲張天植立，在北津亭。

司空　　吳《志》：爲談相立，在拱辰門外。

孝義　　吳《志》：爲竇文照、沈文鎔[2]、項穆、竇國元立，在西麗坊。

孝子　　伊《志》：爲屠世芳立，在王江涇。

有功名義　　伊《志》：爲孝子鄒世麒立，在西門外永一都元字圩。

聖世完人　　伊《志》：爲孝義何漢偉立，在三塔塘地字圩。

烈女　天地正氣　　吳《志》：爲周應祈未婚妻項氏立，在西麗坊。

旌表　　袁《志》：爲蔡士能妻趙氏立，在西麗坊。

節孝流芳　樹世壼範　　吳《志》：爲吳鯤妻徐氏立，在西津亭。

貞節　　吳《志》：爲金善鎔妻張氏立[3]，在西津亭。

冰壺玉映　　伊《志》：爲周秀山妻黃氏立。

松筠勁操　　伊《志》：爲州同沈廷佑妻徐氏立。

節孝　　伊《志》：爲汪曜臨妻姚氏立。

節烈　　伊《志》：爲張源洪妻葉氏立。　　以上王江涇。

節孝　　伊《志》：爲金愷文妻潘氏立。

一門三節　　伊《志》：爲朱彩生妻楊氏、朱德聚妻倪氏、朱振先妻許氏三世立，在新城鎮。

節孝慈惠　　伊《志》：爲附監生胡潢妻鄭氏立，在西麗橋。

潔操玉立　　伊《志》：爲楊愷如妻張氏立。

霜筠懿範　　伊《志》：爲吳江貢生宋如綸妻沈氏立，二坊俱在運河西夾河。

孝子　　于《志》：一在西塘地字圩，爲岳鑑立；一在報忠坊，爲陳元朗立。

彤管遺徽　　于《志》：在西塘地字圩，爲錢峯妻任氏立。

節孝　　于《志》：一在三塔塘，爲張衍麗妻鄒氏立；一在昭二莊列字圩，爲陶陳氏立；一在西塘地字圩，爲張鄒氏立；一在君一庄五南柵，爲盛胡氏立。一在昭二莊爲沈盛氏立；一在恩二庄長圩上，爲國學生沈載華妻盛氏立；一爲蔣履成妻陸氏立，新纂；一在三塔塘，爲程作璜妻陸氏立。

樂善好施　　新纂。在三塔塘，爲陳振聲、陳廷聲立[4]。

真節流芳　　新纂。在三塔塘，爲曹洪生妻張氏立。

孝義維風　　新纂。在三塔塘，爲鄒世麒立。

節孝永思　　新纂。在三塔塘，爲勞而智妻吳氏立。

貞節　　新纂。在三塔塘，爲程之遠妻周氏立。

【校注】

［1］按：崇禎《嘉興縣志》卷三《坊表》"壬戌進士坊"條、萬曆《嘉興府志》卷十六《薦舉二》、光緒《石門縣志》卷七《科目表·進士》均作"趙巖"，當是。

［2］按：崇禎《嘉興縣志》卷三《坊表》"孝義坊"條、本《志》卷五十三《秀水列傳·明孝義》作"沈文銳"，當是。

［3］按：本《志》卷七十《列女·節婦》（秀水縣上·明）："金善鎔妻鍾氏十七歲夫亡，屏居一小樓，四塞窗牖，足不履地。值歲饑，散財以濟戚族之貧者。守節四十餘年。康熙十年旌。"

［4］按：本《志》卷五《橋梁·府城》、卷八《學校一·秀水縣》、卷十《壇廟·秀水縣》、卷二十四《蠲恤》、卷五十三《秀水列傳·孝義》均作"陳延聲"，當是。

嘉善縣

嘉猷　　伊《志》：縣治左。善政　　伊《志》：縣治右。嘉慶二年，知縣萬相賓建，即舊平政坊之左右。

都憲　　吳《志》：縣治前，爲陸坍立。縣南舊有石坊曰"平政"。孝宗十三年，知縣劉子勵募民陸畦建。嘉靖二十八年，知縣于業以坍居高位，不受坊銀，遂改"平政"爲"都憲"以旌之。坍，即畦之孫也。

司諫　　吳《志》：爲王琳立。嘉善楊《志》：縣治左。舊有解元坊，爲周澤建。嘉靖己酉，知縣于業改曰"司諫"，爲王琳立。而移解元坊于儒學之東。萬曆戊子，知縣蔡彭題其西曰"司諫"，爲王琳；東曰"進士"，爲卞諶，一坊兩表。

柱史　　吳《志》：縣治右，爲盛唐立。

世進士　　吳《志》：察院前，爲毛汝賢、尚忠立。

正卿　　吳《志》：近察院，爲沈科立。

解元　　吳《志》：舊在縣治左，今移儒學東，爲周澤、陳山毓立。

天卿　　吳《志》：在儒學西，爲卞錫立。

狀元　　吳《志》：一在儒學前，天啟間爲錢士升立，雍正間元孫佳重修。于《志》：一在四中區東出圩，爲蔡以臺立。

忠臣孝子坊　　吳《志》：在環整坊，爲魏大中子魏學洢立。

繡衣　　吳《志》：在黃王坊，爲錢春立。

百歲　　吳《志》：一在東門內，萬曆間爲孫嵐立，同治間十世孫錢泰重修。于《志》：一在四中區崑字圩，嘉慶間爲程緒祖立。

天香　　吳《志》：在遷南區，爲張昱立。

登雲　　吳《志》：在斜塘鎮，爲沈銓立，今廢。

晝錦　　吳《志》：在縣治西，爲劉侃立。

雄飛　　吳《志》：在儒學西，爲任泰立。

文明　　吳《志》：在東關外，爲於珇立。

來鳳　　吳《志》：在武塘鎮，爲閔謙立，今廢。

崇賢　　吳《志》：在風涇鎮，爲王逵立。

進士　　吳《志》：在斜塘鎮者三，一爲周紀立，一爲錢春立，一爲於珇立；在風涇鎮者一，爲于璠立。

司馬　　吳《志》：在縣治西，爲薛孟立，今廢。

賓賢　　吳《志》：在東門外，爲江吉立，今廢。

登俊　　嘉善楊《志》：在東關外，爲劉侃立，今廢。

凝秀　　吳《志》：在斜塘鎮，爲沈本立，今廢。

進士　　吳《志》：凡三，一爲施奇立，在縣治西；一爲任泰立，在儒學西。嘉善楊《志》：爲周澤立，在東門外。

都憲　　嘉善楊《志》：在斜塘鎮，爲陸坍立，有祠，今俱廢。

經魁　　嘉善楊《志》：在王帶市，爲支立立，今廢。

步雲　　吳《志》：在遷北區，爲楊霖立，今廢。

進士　　吳《志》：在永八南區，爲王琳立。

御醫　　吳《志》：奉九南區，爲吳照立。

國寶　　　吳《志》：在下保四區，爲湯滌立。

登第　　　吳《志》：在永八中區，爲趙純立。

青雲　　　吳《志》：在奉九南區，爲陸岳立。

忠義孝弟　嘉善戈《志》：在儒學内。雍正四年奉文立。凡忠義孝弟已入專祠者不重報，餘俱訪報。

節孝　　　嘉善戈《志》：在思賢書院前。雍正四年奉文立。凡節烈貞孝，俱訪報鐫名。

旌節　　　吳《志》：在奉四中區，爲郁震妻顧氏立。

義民　　　嘉善楊《志》：有三，爲陸垣、曹憲、陸某立，今俱無考。

雙節　　　伊《志》：在大勝坊。乾隆九年，爲中翰錢燾妻葉氏、文學錢鈖妻柯氏立。

節婦　　　伊《志》：在八北區。乾隆五十四年，爲卓顧氏立。

貞節　　　吳《志》：一在柳洲亭，爲吳志達妻陸氏立；一在奉禮南區，爲李文遠妻張氏立。嘉善楊《志》：一在風涇鎮，爲顧氏立。伊《志》：一在四中區，爲吳扶來妻孫氏立，一在麟七區，爲潘魯菴妻錢氏立，一在麟七區，爲沈彝敘妻錢氏立；一在永八南區，爲鄒澄繼妻孫氏立，一在永八南區，爲錢南岡妻顧氏立。于《志》：一在四中區東出圩，爲蔡學夔聘妻姚氏立。

旌節　　　吳《志》：一在永七區，爲沈勳妻毛氏立。伊《志》：一在八北區，爲諸生江禹功妻陳氏立；一在四南區，爲張孔成妻朱氏立；一在八北區，爲生員李泰來妻沈氏立；一在八北區，爲文學李前欽妻周氏立，一在八北區，爲文學李思淑妻魏氏立；一在麟七區，爲誥封朝議大夫、歲貢生程國祥妻錢氏立。

節孝　　　伊《志》：一在麟七區，爲殉孝生員魏學洢妻嚴氏立；一在保四區，爲太學生沈埭妻唐氏立；一在永七區，爲文學錢庭柯妻查氏立。于《志》：一在永七區北暑圩，爲錢星陳妻沈氏立；一在四中區東出圩，爲蔡以臺妾袁氏立。

表貞　　　伊《志》：一在遷北區，爲楊熙挨聘妻貞女陸氏立；一在玉字圩，爲儒童許端挨聘妻貞女陳氏立。

海鹽縣

聖域　　　海鹽仇《志》：在學左，今改曰"儒林"。

賢關　　　海鹽仇《志》：在學右，今改曰"興賢"。

字民　　　海鹽仇《志》：縣治前。嘉靖中知縣夏浚重建，改曰"親民"。

三朝直諫　一代名臣　吳《志》：西門外，爲張寧立。

華省騰輝　名藩著績　吳《志》：西門外，爲馮乾、馮皋謨立。

驄馬傳芳　柏臺晉錫　吳《志》：資聖寺西百步，爲彭紹賢、彭宗孟、彭長宜、彭期生立。

登雲　　　吳《志》：縣治東，爲仲端立。

世科　　　吳《志》：縣治西。爲許珣立。

齒德　　　吳《志》：弔橋西，爲張寧立。

顯親　　　袁《志》：名諫坊右，爲張寧立。

名諫　　　袁《志》：治西南，爲張寧立。萬曆間，知縣何早重修。

都諫　　　海鹽仇《志》：西門外，爲張寧立。

瑣闈聯芳　潁川世德　吳《志》：西門内，爲陳言、陳所學、陳所見立。

繡衣　　　吳《志》：資聖寺左，爲劉煒[1]立。

東海名宗　恩榮奕世　吳《志》：資聖寺前，爲劉泰、劉熠立。

兩朝錫命　三世承恩　　吳《志》：縣治東十步，爲徐燉、徐應奎、徐從治立。

兩朝刺史　奕世甲科　　吳《志》：資聖寺南五十步，爲沈藻、沈弘遇立。

重桂　進士　　吳《志》：縣治西，爲倪顒立。

接武　　吳《志》：縣治西，爲倪璠立。

登科　　吳《志》：縣治西，爲朱祚立。

梯雲　　吳《志》：西門外，爲姚禎立。

水衡錫命　荆楚憲臣　　吳《志》：西門外，爲徐煜、徐鷁立。

兄弟司寇　父子名卿　　吳《志》：天寧寺前，爲鄭曉、鄭履淳、鄭履準立。

三朝錫命　六詔銘勳　　吳《志》：天寧寺西，爲朱正學立。

西曹鳴鳳　左掖攀龍　　吳《志》：治西，爲鍾梁、鍾韶、鍾光斗[2]立。

尚書　　吳《志》：新橋左，爲鄭曉立。

進士　　吳《志》：一在縣治西，爲劉泰立；一在縣治西，爲王輔立；一在縣治西，爲顧正立；一在縣治東，爲沈衡立；一在天寧寺前，爲沈孝徵、吳中偉立。

登科　　吳《志》：十三都，爲虞勳立。

文元　　吳《志》：西清里，爲姚順[3]立。

奕葉登科　　吳《志》：七都，爲李景孟、李湝立。

進士　　吳《志》：一在七都，爲李景孟立；一在十六都，爲吳昂立；一在三都，爲錢琦立。

天朝旌寵　柏舟媲美　　吳《志》：紫雲村，崇禎間爲生員虞志曾妻步氏立。

榮節　　吳《志》：一在縣治東南，爲海寧衛百户劉璽妻陸氏立；一在十四都，爲費逵妻向氏如蓮立。

雙節　　吳《志》：縣西南，爲知府張寧妾高氏、李氏立。

貞節　　吳《志》：凡四，一在縣西，爲胡繼海妻駱氏玉潤立；一在南門外，爲沈相國妻丁氏[4]玉貞立；一在西門内，爲生員馮春暘妻陸氏立；一在混堂衖西，爲監生劉世坊妻項氏立。

節婦　　吳《志》：在十六都，爲萬衡妻沈氏立。

貞壽之門　　一在北門外，乾隆間爲程文爵妻舒氏一百三歲立；一在澉浦北門，爲程殿寧妻吳氏一百一歲立。

盛世休徵　　監生任永治年八十九歲，五世同堂。乾隆五十五年具題奉旨賜額，並賞緞疋、銀兩。

節孝　　于《志》：一在豐山東，嘉慶間爲馬行龍妻王氏立；一在天仙河，嘉慶間爲李紫條妻陳氏立。

三節　　于《志》：爲朱映璧妻葛氏、宏坦妾胡氏、鳴鑾妻張氏立。

貞節貽徵　　新纂，在南門外，康熙間爲張芳緒聘妻俞氏立。

【校注】

　　[1] 按：光緒《海鹽縣志》卷四《坊表》"繡衣坊"條、本《志》卷四十五《選舉二·明進士》（成化二十年甲辰）作"劉瑋"。故"劉煒"是"劉瑋"之誤。

　　[2] 按：光緒《海鹽縣志》卷四《坊表》（"西曹鳴鳳　左掖攀龍坊"條："縣西混堂弄口，爲知府、前刑部郎中鍾梁、子封中書舍人鍾韶、孫工科給事中鍾兆斗立。"）、本《志》卷四十五《選舉二·明進士》（萬曆二十年）、卷五十六《海鹽列傳》均作"鍾兆斗"，當是。

　　[3] 按：光緒《海鹽縣志》卷四《坊表》"文元坊"條、本《志》卷四十五《選舉二·明舉人》（成化十年甲午）作"姚禎"。故"姚順"是"姚禎"之誤。

　　[4] 按：光緒《海鹽縣志》卷四《坊表》"貞節坊"條、本《志》卷七十三《列女·節婦》（海鹽縣）作"王氏"，當是。

平湖縣

牧愛一方　　吳《志》：縣治後。

平彝偉績　　吳《志》：報功祠前，爲都御史胡宗憲立。

文明　　平湖程《志》：嘉靖四十二年，知縣顧廷對即儒宮坊改建以石，萬曆十六年圮。

顯忠　　吳《志》：顯忠祠前。

尚義　　吳《志》：石牌涇。正統七年，爲陸宗秀立。

景賢　萬代瞻仰　　吳《志》：景賢祠前。

孝子　　吳《志》：清水墓，爲沈琼立。

歷朝簪紱　　平湖張《志》：爲沈昇、沈渭、沈橚、沈光、沈民範、沈夢麟、沈曔、沈嵸、沈鉉吉、沈承沛、沈發、沈廷樞、沈琼、沈玤、沈棨、沈煉、沈圻、沈垔、沈恒、沈萃禎、沈中柱、沈崑、沈初立。奕世元魁　　平湖張《志》：爲沈琼、沈玤、沈棨、沈煉、沈煦、沈圻、沈垔、沈維墉、沈垣、沈萃禎、沈杞禎、沈紹心、沈問之、沈君禎、沈元琳、沈中柱、沈日昆、沈崑、沈嵸、沈之鈇、沈初立。在城隍廟前。

豸繡重光　帝心特簡　　吳《志》：在佑聖宮前。平湖程《志》：爲過璘、過厚、過庭訓立，康熙丙子圮。

太保　　袁《志》：爲屠勳立。

正直立朝　清風範世　　平湖程《志》：爲馬昇、馬曔立，在兼葭園，久圮。

進士　　平湖程《志》：凡三，一爲沈棨立，一爲倪輔立，並在清水墓；一爲方輅立，在縣治南。

世科　　平湖朱《志》：爲陸鏡、陸淞、陸杰、陸棐、陸集、陸杲、陸光祖、陸夢韓、陸光祚、陸煒、陸光裕、陸光宅、陸錫恩、陸鏊、陸澄原、陸之元、陸錫明、陸鎣、陸燦、陸清原、陸隴其、陸霽立。其陰爲進士陸淞、陸杰、陸杲、陸煒、陸光祖、陸夢韓、陸光祚、陸錫恩、陸錫明、陸鏊、陸澄原、陸燦、陸隴其、陸霽立，在縣東。吳《志》：爲馮俊、馮汝弼、馮敏功、馮伯裡、馮洪業、馮洪孜立，在佑聖宮前。平湖朱《志》：一爲吳佐、吳軾立，在毓秀門内。

登雲　　平湖程《志》：景福橋南，爲周衢立。

世科　　平湖程《志》：爲趙漢、趙伊、趙邦泰[1]、趙邦秩、趙昊[2]、趙琮立。　其陰都諫　　平湖程《志》：爲趙璧、趙漢立，在儒學前。

世尚書　　平湖程《志》：爲陸淞、陸杰、陸杲、陸光祖立。　其陰解元　　平湖程《志》：爲陸淞立縣前。平湖王《志》：乾隆五十二年知縣王恒重修。

憲臺　　平湖程《志》：爲毛廣立，在毛真圩。

元魁繼武　　吳《志》：爲陸淞、陸杲、陸光祚立。　其陰父子同科　　平湖程《志》：爲陸杲、陸光祖立，在儒學西。

三代名卿　　平湖朱《志》：爲陸淞、陸杰、陸光祖立，毓秀門常平倉前。

兄弟進士　　平湖朱《志》：爲曹光、曹煒立，慶元橋西。

柱史　　平湖程《志》：爲曹光立，永豐橋西。

文武勳賢　　吳《志》：在佑聖宮，爲陸炳、陸煒立，今廢。

柱國　　吳《志》：案山前，爲陸淞、陸炳立，今廢。

宮保太宰　忠清鯁介　　平湖程《志》：爲陸光祖立，德藏寺前，今廢。

科甲宗英　　平湖朱《志》：爲曹禾、曹光、曹一麟、曹煒、曹徵庸立，永豐橋西，久圮。

奕世恩光　　平湖程《志》：爲曹渭、曹禾、曹一圖、曹徵庸立。　其陰都諫　　爲曹禾立。

丙辰亞魁　　平湖程《志》：爲陸夢韓立。　　其陰天綸褒寵　　爲陸楷立。

傳臚　文宗　　平湖程《志》：爲陸光祚立，縣東。

文苑持衡　　平湖程《志》：爲陸光祚、陸錫恩立。　　其陰秋臺執法　　爲陸基誠、陸錫恩立，啟元門外。

三世方伯　　平湖程《志》：爲張爕、張載道、張大忠立。

太史　　平湖程《志》：爲沈宏光、沈懋孝立，南司前，廢。

中外具瞻　世承天寵　　平湖程《志》：德藏寺前，爲陸珂、陸文典、陸長庚立，久圮。

懷德　　平湖王《志》：懷德祠前。

科貢世美　　平湖朱《志》：爲沈珪、沈嚴寅、沈鑨、沈釪、沈獻卿立。　　其陰皇親國戚　　爲沈一卿立。

會元榜眼　　吳《志》：爲施鳳來立。　　其陰玉殿詞臣　　平湖程《志》：施應塤、施鳳來立。

三世尚書　萬邦總憲　　平湖朱《志》：爲劉麟、劉希聖、劉廷元立，毓秀門。

天中藩伯　三世二品　　平湖朱《志》：爲陸傳教、陸瑞銓、陸之祺立，南司前，久圮。

兄弟進士　忠廉重望　　平湖程《志》：爲金汝礪、金汝諧立。其陰爲金賜、金汝諧立。東司前，久圮。

綸章世胄　　平湖程《志》：爲金錫立。　　其陰殿中執法　　爲金汝諧立。

望重內臺　奕世柱史　　平湖程《志》：爲馬曈、馬昆立青墩。

世柱史　　平湖程《志》：爲劉希聖、劉廷元立。澄清畿甸　　平湖程《志》：爲劉廷元立，在東司前。

山高水長　　《東湖志》：康熙五十三年，署知縣金尚志爲巡撫范承謨立，弄珠樓前，今圮。

三節　　平湖程《志》：爲諸生過溱妻俞氏、貢生過橋妻陳氏、贈御史過厚妻張氏立。其陰雙孝　　爲過宗一、過橋立。

貞節　　平湖程《志》：凡三，一爲諸生張昊妻孫氏立，在儒學前；一爲儒士陸瀾妻宋氏立，在城西南；一爲儒士陳常道妻俞氏立，在常平倉西。吳《志》：一爲趙氏立，在常平倉西。

貞烈　　平湖程《志》：爲諸生戴裕津聘妻趙氏立，常平倉。

節孝　　平湖王《志》：雍正四年，奉旨建節孝祠前，凡闔邑具題旌表貞女、節婦，皆得列名其上。

節孝　　平湖張《志》：一在邱墳塘，爲鮑匡衡妻吳氏立；一在乍浦陸家橋，爲黃如楠妻高氏立。于《志》：一在牛橋，爲唐肄修妻顧氏立；一在牛橋，爲李唐候妻高氏立；一在北門外，爲沈漢候妻錢氏立；一在北門外，爲監生陳如琳妻張氏立；一在北門外，爲楊佑妻倪氏立；一在東南城濠東岸，爲錢飛青妻沈氏立。新纂。一在陸庵東，爲姚金錫妻殷氏立；一在報本塔西，爲張國興妻黃氏立。

貞垂彤史　烈振寒宮　　平湖張《志》：爲監生陸銘鐘妻屈氏立，外永寧坊，乾隆四十六年圮。

貞女坊　　平湖張《志》：爲姚培善聘妻黃氏立，計家衖西。

循良　　于《志》：在佑聖宮前，爲名宦馮俊立。

百歲　　于《志》：在三十三都，爲王澄立。

陸清獻墓　　新纂。在墓前。乾隆五十二年，知縣王恒建。

簪笏提綱　江淮砥柱　　新纂。在徐埭坊，爲朱善張立。

錢氏世德　　新纂。在戈溪坊。道光十二年，錢祖亮重建。

孝子　　吳《志》：清水墓，爲沈琮立。新纂一，在東湖第一觀前，爲吳元凱立。

祖孫孝子　　新纂。在化成庵前，爲張世昌、張慶成立。

松柏盟心　　新纂。在雙廟橋煩圩，爲方湛妻劉氏立。

節孝流芳　　新纂。在石漁坊岫圩，爲陶兼才妻馬氏立。

貞烈　平湖程《志》：一在常平倉，爲諸生戴裕津聘妻趙氏立；新纂一，在六里塘，爲張曰楣聘妻沈氏立。

旌門盛典　新纂。在北水關外，爲徐鼎妻韓氏立。

節烈　新纂。在乍浦北門外長豐橋汛側。凡九峰貞女、節婦一百十八人列名其上，道光二十八年建。

【校注】

　　［1］按：光緒《平湖縣志》卷四《坊表》"世科坊"條、本《志》卷四十五《選舉二·明舉人》（嘉靖三十七年戊午）作"趙邦黍應天中式"。故"趙邦泰"是"趙邦黍"之誤。

　　［2］按：光緒《平湖縣志》卷四《坊表》"世科坊"條作"趙昺"。本《志》卷四十五《選舉二·明舉人》（萬曆二十八年庚子）"趙昺邦黍孫，更名宗儒，通判。"故"趙昊"是"趙昺"之誤。

石門縣

教化　崇德靳《志》：縣治東。　撫字　崇德靳《志》：縣治西。

狀元　《至元志》：在崇福寺西趙家巷，今廢。柳《志》：宋宣和間爲沈晦立。

五桂　《至元志》：以莫氏五子登第建。吳《志》：爲宋莫元忠、莫若晦、莫似之、莫若拙、莫若沖兄弟五人。《至元志》：又有蔡氏兄弟居此，故又立桂華里。

襲桂　《至元志》：宋陸氏兄弟子姪，聯登科第建。

賓興　柳《志》：在縣東南，爲沈諲[1]立。

世美　柳《志》：爲呂翶立。

國賓　柳《志》：爲屠容立。

桂華里　吳《志》：爲宋蔡開、蔡闢立。

榮桂　《至元志》：在塘東岸，今廢。崇德靳《志》：宋建，爲登科者衆。

登雲　柳《志》：縣治西，爲呂珍立。

登第　柳《志》：縣西，爲朱茂立。

奎明　柳《志》：爲吳璘立。

童俊　吳《志》：一爲宋嘉定童子陸德興立，在縣西北；一爲宋咸淳童子科張伯淳立，在石門市。

尚書　吳《志》：爲潘蕃立。

經魁　吳《志》：爲徐奇、林輔立。

飛騰　吳《志》：石門鎮，爲錢貫[2]立。

淩雲　吳《志》：爲張玘立。

鳴陽　吳《志》：爲姚鳳立。

攀桂　吳《志》：爲朱昉立，今廢。

毓秀　吳《志》：爲勞軏立。

登科　吳《志》：爲周霤[3]立。

恩榮　吳《志》：爲沈琚立。

解元　吳《志》：爲俞鎮、鮑恂、楊述、朱用光立。崇德靳《志》：在縣治前。

金榜同升　吳《志》：爲前後丙戌進士潘蕃、呂希周立，今廢。

天曹共履　吳《志》：爲姚文、呂希周立。

進士　　崇德靳《志》：爲郭楫、張瑛、姚汝舟立者存；爲錢貴、姚文、金遜、費敬、吕聲、勞玭、潘蕃、姚鵬立者廢。

父子天官　　崇德靳《志》：爲吕綸、吕希周立。

昭代崇賢　　崇德靳《志》：即群英坊，爲歷年科第立。

三令　　吴《志》：爲三任邑令周崑立。

天官　　吴《志》：爲張文憲立。

大憲伯　　崇德靳《志》：爲沈宏立。

文武督學　　崇德靳《志》：爲郭子直立。

秋官　　吴《志》：爲張瑛立。

都諫　　吴《志》：爲周崑立。

司空　　崇德靳《志》：爲張文憲立。

節推　　吴《志》：爲郭鼎立。

光禄　　崇德靳《志》：爲王鋭立。

文武奕美　　吴《志》：爲吕淇、吕楷、吕爌、吕焕、吕炯立。

錦衣　　吴《志》：爲吕楷立。

解元　　吴《志》：爲朱用光立。

應魁　　吴《志》：爲張俊立，在沙渚塘。

郡伯　　吴《志》：爲姚鵬立。

百歲　　吴《志》：一爲周文忠立。于《志》：一在玉溪鎮，爲陳壽母立；一在西錦村，爲張壽母立。

世恩　　石門鄺《志》：爲沈教[4]立。

旌義　　吴《志》：爲胡源立。石門鄺《志》：爲義士方煉立。

孝子　　伊《志》：在玉溪鎮，爲周鍾岳立。

貞節　　吴《志》：爲郭彦昭妻孫氏立。伊《志》：一爲朱元凱妻費氏立。

千秋雙節　　吴《志》：爲吴玤妻、張氏妹吴氏立。

孝烈　　伊《志》：在北門内，爲曹乾妻湯氏立。

同胞雙節　　伊《志》：在北門外一里，爲朱維熊妻鄭氏、姚寶珍妻鄭氏立。

節孝　　伊《志》：凡八，一爲張國英妻周氏立，一爲唐世楷妻許氏立，俱在北門外一里；一爲胡固榮[5]妻沈氏立，一爲姚士魁妻張氏立，俱在北門外五里；一爲羅松妻費氏立，在玉溪鎮；一爲沈啟明妻費氏立，一爲沈良佐妻鍾氏立，俱在玉溪鎮南；一爲費繼元妻崔氏立，在羔羊堰。

節孝祠坊　　于《志》：在節孝祠前，乾隆四十八年立。

質邁寒松　　于《志》：在養濟院衖，爲曹乾妻湯氏立。

【校注】

　　［1］按：光緒《石門縣志》卷二《坊表》"賓賢坊"條："在縣東南，爲舉人沈禋立。今廢。"本《志》卷四十五《選舉二·明舉人》：（成化十三年丁酉）"沈禋通判。"當作"沈禋"。

　　［2］按：光緒《石門縣志》卷二《坊表》"飛騰坊"條作"錢寶"。本《志》卷四十五《選舉·明舉人》：（永樂二十一年癸卯）"錢寶知縣。"當作"錢寶"。

　　［3］按：光緒《石門縣志》卷二《坊表》"登科坊"條作"周霆"。本《志》卷四十五《選舉·明舉人》：（嘉靖十年辛卯）"周霆順天中式，崇德人。"當作"周霆"。

［4］按：光緒《石門縣志》卷二《坊表》"世恩坊"條作"沈校"。本《志》卷四十五《選舉·明貢生》：（萬曆年）"沈校教授。"當作"沈校"。

［5］按：光緒《石門縣志》卷二《坊表》"節孝坊"條、本《志》卷七十七《列女·節婦》作"胡國榮"，當是。

桐鄉縣

司牧　桐鄉徐《志》：在縣治前。

應魁　吳《志》：新興街，爲沈榮立。

解元　吳《志》：濮院鎮，爲楊述立。

飛騰　桐鄉徐《志》：慕化鄉，爲鍾鏞立。

科第　吳《志》：爲馬驥、孫礽、鍾鏞、錢銘、錢貢、錢榮、譚鎧、譚汝慶、沈子勉、祁鯨立。

進士　桐鄉徐《志》：一在新興街，爲楊青立；一在皁林鎮，爲趙讓立。

父子聯芳　桐鄉徐《志》：在濮院鎮，爲楊述、楊青立。

祖孫父子進士　桐鄉徐《志》：在北門內，爲錢貢、錢夢得、錢允鯨立。

澄清　桐鄉徐《志》：在按察分司。

三錫誥命　吳《志》：在服德街，爲馮倫立。

登雲　吳《志》：在服德街，爲馬驥立。

梯雲　桐鄉徐《志》：在永新街，爲趙讓立。

文運中興　吳《志》：爲邱鼇立。

黃甲聯芳　桐鄉徐《志》：爲楊青、趙讓、沈繼志、錢貢、鍾繼元、李樂、馮孜立。

義民　吳《志》：一在慕化鄉，爲鍾明遠立；一在保寧鄉，爲王顯立；一在永新鄉，爲顏小童、王全立。

至性天成　伊《志》：在玉溪鎮，乾隆間爲孝子祁起元立。

貞烈　吳《志》：爲萬曆間鮑文化妻濮氏立，乾隆癸亥年修。桐鄉徐《志》：一在烏鎮鎮，康熙間爲徐文彥妻嚴氏立；一在竺林廟，雍正間爲陳尚達妻柏氏立。伊《志》：一在吳家浜，爲潘紫綸妻毛氏立；一在青鎮，爲吳廷[1]妻唐氏立；一在崇福宮，爲趙廣生妻茅氏立；一在玉溪鎮，爲曹文典妻沈氏立；一在大王廟側，爲陳君榮妻殳氏立；一在錢店渡，爲沈鳳儀妻盛氏立；一在紫字圩，爲李天英妻錢氏立；一在屠甸，爲王夢芳[2]妻戴氏立；一在青鎮，爲施洪仁妻趙氏立；一在青鎮，爲朱殿章妻周氏立；一在永新橋，爲蔣國祺妻張氏立；一在秀溪橋，爲周錦承妻沈氏立；一在縣治東門外新橋，爲黃聲威妻張氏、黃宮聲妻楊氏立；一在水店橋，爲朱覬文妻沈氏立；一在青鎮，爲孔繼光聘妻張貞女立；一在史家橋，爲曹廷泰妻潘氏立；一在王家山，爲沈大倫妻莊氏立；一在玉溪鎮，爲金天祥妻魏氏立；一在錢店渡，爲曹廷瑀妻孫氏立；一在錢店渡，爲張自誠妻吳氏立；一在錢店渡，爲鍾文瞻妻費氏立；一在鑪鎮，爲沈秉珍妻錢氏立；一在錢店渡，爲曹廷瑞妻蔣氏立；一在正家橋，爲曹甸繼妻徐氏立。以上乾隆年間建。一在江家橋，爲江國瑞妻孫氏立，嘉慶年建。于《志》：一在秀溪橋，爲施文尉妻沈氏立。

節孝流芳　桐鄉徐《志》：一天啓間爲方以規妻沈氏立，一天啓間爲姚國柱妻沈氏立，俱在青鎮。伊《志》：一在正家橋，爲楊十發妻項氏立。

雙節　伊《志》：在便民倉，雍正間爲祁嘉聲妻張氏、祁天鉁妻朱氏立。

南國女宗　伊《志》：在玉溪塘，乾隆間爲潘位天妻朱氏立。

旌表　伊《志》：在青鎮，乾隆間爲茅樹穟妻徐氏立。

霜姿冰性　伊《志》：在青鎮，乾隆間爲趙秉謙妻茅氏立。

坤貞風世　　伊《志》：一在太平橋，爲馬麟祥妻沈氏立；一在彭家村，爲彭汝璉妻沈氏立；一在雙賢橋，爲沈元雄妻嚴氏立；一在錢店渡，爲施伯龍妻倪氏立；一在北斜橋，爲李秉文妻許氏立。以上乾隆間建。

名垂彤史　　伊《志》：在青鎮，乾隆間爲皇甫王雲繼妻張氏立。

一門雙節　　伊《志》：一在皁林鎮，爲程錫妻馮氏、程鎮繼妻張氏立；一在北門外，爲周佩芳妻施氏、周瑞珍妻吳氏立。以上俱乾隆年間建。

貞節流芳　　伊《志》：一在正家橋，爲陳東萊妻濮氏立；一在正家橋，爲濮炎妻沈氏立；一在青鎮，爲張以貞妻畢氏立；一在正家橋，爲鍾塤妻阮氏立。以上俱乾隆間建。

苦節純孝　　伊《志》：一在玉溪鎮，爲丁彥臣妻姚氏立；一在青鎮，爲黃楚來妻邱氏立。以上俱乾隆間建。

期頤人瑞　　伊《志》：在皁林鎮，乾隆間爲黃用昭妻朱氏一百八歲立。

百歲　　伊《志》：一在青鎮，爲周禹垂妻錢氏立；一在玉溪鎮，爲陳禹時妻倪氏立；一在北陳莊，爲王魯臣妻孫氏立；一在施家村，爲章名山妻錢氏立。俱乾隆間建。

貞節　　袁《志》：一在縣治後，洪武中爲朱原澤[3]妻方氏立；一在縣治後，洪武中爲夏子昭妻顧氏立；一在縣治西街，萬曆中爲馮倫妻張氏立；一在濮院鎮，洪武中爲濮貴一妻劉氏立；一在永新鄉，成化中爲徐宗海妻趙氏立。桐鄉徐《志》：一在縣治南通離街，萬曆中爲沈皐妻大蘇氏、沈稷妻小蘇氏立。伊《志》：一在皁林塘，爲沈顯宗妻蔡氏立；一在史家橋，爲曹廷泰妻潘氏立；一在王家橋，爲曹瑾妻張氏立；一在玉溪塘，爲沈蕙森妻章氏立；一在北門外，爲鄭爾嘉妻曹氏立；一在北門外，爲吳鴻振妻曹氏立；一在皁林鎮，爲潘之松妻朱氏立。以上皆乾隆年間建。

節孝　　伊《志》：一在皁林鎮，雍正間爲鍾大鏞妻高氏立；一在趙家兜，爲沈瑞生妻趙氏立；一在秦王廟，爲王佩臣妻張氏立；一在北門外，爲陸鎮妻沈氏立；一在北門外，爲程君榮妻殳氏立；一在皁林鎮，爲陸費釜妻鍾氏立；一在玉溪塘，爲吳繼邦妻喬氏立；一在青鎮，爲沈廷章妻貝氏立；一在北門外，爲陸振宗妻沈氏立；一在青鎮，爲孔毓璞繼妻陸氏立；一在北門外，爲蔣晉奚妻黃氏立。以上俱乾隆年間建。于《志》：一在北門外，爲李名世妻費氏立；一在秀溪橋，爲沈大峰妻陳氏立；一在秀溪橋，爲沈孝祥繼妻沈氏立；一在皁林，爲錢錦章妻葛氏立；一在皁林，爲宋之城妻吳氏立；一在皁林，爲沈見陶妻魏氏立；一在皁林，爲錢又淳妻徐氏立；一在皁林，爲董翰公妻蔣氏立；一在皁林，爲金廣聲妻章氏立；一在皁林，爲甯東序妻蔣氏立；一在濮鎮十錦塘，爲劉鑑妻李氏立；一在東門外，爲陳芳洲妻姚氏立。

娣姒聯芳　　于《志》：在北門外，爲邱志賢妻俞氏、邱志達妻張氏立，道光十九年建。

勁節匡宗　　于《志》：在秀溪橋，爲孫錫祚妻程氏立。

妯娌聯芳　　于《志》：在玉溪鎮，爲曹聲宏妻王氏、曹宗桓妻潘氏立。

孝女　　新纂。在縣城內學宮對岸，爲嚴七姑立，同治十三年建。

節孝　　新纂。在縣城內節孝祠前，同治八年爲節婦馮蔡氏等九十九人立。

奉恩　　新纂。在縣城內漕倉門前，光緒四年建。

【校注】

　　［1］按：光緒《桐鄉縣志》卷五《坊表》"貞烈坊"條作"吳廷枚"。本《志》卷七十八《列女·節婦》（國朝·桐鄉縣）："吳廷枚妻唐氏　二十二歲夫亡，撫子崧成立。守節二十九年。"當作"吳廷枚"。

　　［2］按：光緒《桐鄉縣志》卷五《坊表》"貞烈坊"條作"黃夢芳"。本《志》卷七十八《列女·節婦》（國朝·桐鄉縣）："黃夢芳妻戴氏　二十五歲夫亡，力勤紡織，以營殯葬。守節四十三年。"當作"黃夢芳"。

　　［3］按：光緒《桐鄉縣志》卷五《坊表》"貞節坊"條作"朱原震"。本《志》卷七十八《列女·節婦》（明·桐鄉縣）："朱原震妻方氏　二十九歲夫亡，子甫八月。孝養舅姑。父憐其少，欲強再適，方誓死不二。程本立、鮑恂有《記》。"當作"朱原震"。

嘉興府志卷十七

冢　墓

偃王弘演，疑似良多，舊志書之以存，前記是矣。夫《尚書》有封墓之文，《戴禮》有九京隨會之感，後世採樵之禁，史不絕書矣。至國朝，保護前代陵寢，更隆往昔。而名賢遺墓，歲終率飭地方官造冊。蓋一抔之土，高山之景行繫之，固未可忽諸也。兹編所登，雖稍寬乎，然必其有列傳者。志冢墓。

嘉興縣

周

　　徐偃王墓　舊傳在縣西復禮鄉。《至元志》。在府城西北。《明一統志》。縣西北二十里。嘉興湯《志》。　　伊《志》案《浙江通志》云韓愈《偃王廟碑記》：偃王走彭城下，民鑿石爲室，以祀偃王，則墓當在彭城。又曰：王之走，不之彭城，而之越城之隅，棄玉几硯會稽水中。今龍游有祠，象山有廟，而墓在嘉興，未知何據。又《黃巖志》云：墓在勝果寺後。今復禮鄉屬秀水，姑仍舊志書之。

　　衛大夫弘演[1]墓　在縣西南。《圖經》云：衛大夫宏演墓，衛懿公爲狄人所滅，食其肉，唯肝在地，演割己腹而納焉。《至元志》。　　伊《志》案：志又云衛地今在魏郡黎陽，未曉演墓在此，何也。《浙江通志》云：黃濤《賦檇李古蹟》以爲衛涇叔清之墓，因《和張堯同詩》云：“衛姓宣和後，直臣多水濱。前賢何所據，詩弔納肝人。”其辨良允。

　　吳相國伍員墓　在胥山上。柳《志》縣東胥山上，昔吳宰嚭讒子胥，吳王賜屬鏤之劍，自到死。王取其屍，盛以鴟夷革，浮之江中，流至山麓，居民憐而葬之，因以名山。《嘉興府志》。　　《嘉禾百咏考》：碑語有“石棧自錢塘抵禦兒之胥口”，凡十一字，惜不得其全文。其顛相傳即子胥墓。明徐春《遊胥山》詩：“伍員埋玉地，千載閟煙霞。草綠藏殘碣，泉香漱落花。海天歸老鶴，林木怨啼鴉。飛屬淩高頂，愁雲入望賒。”

【校注】
　　[1] 按：萬曆《嘉興府志》卷三《丘墓·嘉興縣》作“洪演”。崇禎《嘉興縣志》卷四《丘墓》：“洪大夫演墓洪，一作弘。”

漢

　　朱買臣墓　在縣東三里。《至元志》。縣東三里東塔寺後。歲久湮廢，明嘉靖間，知縣盧梗爲題石碑曰：“漢朱買臣墓”嘉興湯《志》。　　案：縣北一十八里有買臣妻墓，亦名羞墓。　　宋劉克莊詩：“翁子平生最苦貧，晚將丹頸博朱輪。老儒五十無章綬，歸去何妨且負薪。”　元闕名詩：“貧賤難看俗眼低，區區何事便雲泥。會稽乞得無他念，只爲歸來詫故妻。”　明方孝孺詩：“五十年前只荷薪，瘦妻渾不耐家貧。會稽太守黃金印，方信詩書不負人。” 國朝吳偉業詩:“翁子窮經自不貧,會稽連守拜爲真。是非難免三長史,富貴徒誇一婦人。小吏張湯看倨傲,故交莊助歎沈淪。行年五十功名晚,何似空山長負薪。” 彭孫遹詩:“古寺孤城外,當時太守墳。疎松傳夕籟,高柳挂斜暉。石篆披榛出,樵歌隔水聞。千秋重知已,誰使致青雲。” 王又曾《飲朱翁子墓下》詩:“罷浴景初夕,火雲殊未退。散步水雲鄉,負手僧幾輩。高松冷作濤,風力振其内。微涼愜酒坐,墓草肯吾貸。歸樵隔煙唱,閒犬過橋吠。塔鈴語無時,頻勸一尊酹。爲問墓中人,此酒飲可再?” 伊《志》案:秀水任《志》云:劉餗《隋唐嘉話》:東封之歲,洛陽平鄉路北市東南得石,銘“漢丞相長史朱買臣墓”。又鳳陽府虹縣、歸德府夏邑縣俱有買臣墓,及考《漢書·列傳》:“買臣,吳人,爲會稽太守。”西漢之會稽,由拳其屬縣也,則墓在嘉興爲是。又案:梁元帝時又有兩朱買臣,一武昌太守,一宣猛將軍,邱墓傳疑,或未之攷耳。

呂氏榮墓 在由拳郭里墟北,名吳義婦坂。趙《圖記》。 伊《志》案:呂氏,吳許升妻也,事具《後漢書·列女傳》。又國朝朱彝尊以半邏南之呂冢謂即呂榮冢,則墓當在海鹽。然《文樞鏡要》云:縻府君歙錢葬之嘉興南,則彝尊之辨似未足據。

三　國

魯肅墓 在縣東三十六里新豐鄉。嘉興湯《志》[1]。

【校注】

[1] 湯齊修崇禎《嘉興縣志》卷四《丘墓》無“魯肅墓”,光緒《嘉興縣志》卷九《冢墓》有“魯肅墓”,稱出自何《志》(何銍修康熙《嘉興縣志》)。但引司《志》(司能仁修嘉慶《嘉興縣志》)案:此本流傳之説,不足爲據。以舊志所載,姑存之。

晉

劉伶墓 在縣西北二十七里。劉伶,晉人也。錢氏諱鏐,改呼劉爲金,俗因呼爲金伶墓。《至元志》。 宋蘇軾詩:“嘗笑劉伶死便埋,豈伊忘死未忘骸。烏鳶奪得與螻蟻,誰信先生無此懷。”[1] 林景熙詩:“碧落當年墮酒星,醉中[2]萬事一浮萍。不知[3]人世無窮事,一醉松根不肯醒。” 明岳元聲詩:“鹿車一壺酒,荷鍤以自隨。云死即吾埋,曠達不可覊。如何此墟曲,有冢高纍纍。刻石記道旁,無乃好事爲。”

【校注】

[1] 按:《蘇軾詩集》卷六收此詩,題作《濠州七絶·逍遥臺》。故蘇軾此詩不當收入“劉伶墓”條下。
[2] 醉中:光緒《嘉興縣志》卷九《冢墓》録林景熙《劉伶墓》詩,作“暗中”。
[3] 不知:光緒《嘉興縣志》卷九《冢墓》録林景熙《劉伶墓》詩,作“亦知”。

齊

長沙王長史施修琳墓 在縣東二十里。《至元志》。華亭塘東十二里。趙《圖記》。 宋張堯同詩:“蒼苔侵壞道,晚雀散空林。莫問人賢否,浮生一古今。”

陳

顧野王墓　　即顧節墩,在縣東北十里。鄒《志》。　明高啟詩:"南朝舊碑倒,墓近樵蘇道。應與讀書堆,
離離總荒草。"　伊《志》。案《浙江通志》云:《吳地記》:"顧野王墳在橫山東,平陸地。"橫山,又名據湖山,在吳縣西南
十六里,則鄒《志》所載顧墓,未知何據。

相林墓　　在縣東一十里。《至元志》。

唐

陸宣公墓　　縣東三十六里感化都吳《志》。新豐鎮後。墓前有橋,俗呼陸贄墳橋。嘉興何
《志》。伊《志》:宣公謫居忠州,歿即葬焉,故忠州玉虛觀南有宣公墓。初,未聞遷葬故鄉,則嘉興之墓,縣志以爲衣冠
識葬,理或然也。又吳郡城北有一大冢,相傳爲宣公墓,故其地名陸墓,水名陸塘。宋淳熙間有于墓旁得遺刻,與所傳
合。郡人周虎、張震發皆紀其事,亦恐屬附會。

刺史謝希圖墓　　范文正公碑:陳留謝濤,五世祖希圖,卒衢州。時唐季喪亂,葬江東嘉興
郡。子孫三世,禄于吳越。

宋

侍郎聞人鼎墓　　在德化鄉朱涇村。鼎,建之弟,以子安道貴,贈刑部侍郎。安道弟安遠以
子宏貴,贈朝散大夫,皆祔葬侍郎兆域。以上嘉興何《志》。　案:《志》又云:建孫推官業墓在永樂鄉,通判
宏墓在麟瑞鄉。

參知政事婁機墓　　縣南五十里里二[1]都。嘉興湯《志》。縣東三十里一冢甚高,傳是婁機墓,
中有石室,爲盜所發。朱彝尊《鴛湖櫂歌》注。樓鑰撰神道碑。《明一統志》。

處士嚴秋蟾墓　　宋嚴處士賣藥秀州,遂家焉。墓在削塔坊。《檇李詩繫》。　案《縣志》云:處士先
世居汴京,南渡時適吳,賣藥秀州,遂居竹林巷,卒,葬於此。明嘉靖間,有孫居雲南名清者,官冢宰,居嘉興;名從簡者,
官給諫。萬曆初,特爲建坊,表其墓曰"慶流滇浙"。

臨江知州鮑廉墓　　廉任臨江。恭帝時元兵徇臨江,廉死之。葬今嘉興縣東南里十六莊樂
善庵前,所謂鮑塔是其故址。伊《志》。

【校注】
　　[1]里二:崇禎《嘉興縣志》卷四《丘墓》、光緒《嘉興縣志》卷九《冢墓》及本《志》卷三《疆域》(嘉興
縣)作"里仁",當作"里仁"。

元

學士王泉墓　　在王店市東。舊《浙江通志》。
湯提舉墓　　在城東南二里春波坊。

居士項宏度墓　在胥山上伍王廟右。明襄毅公忠八世祖。以上袁《志》。　案：趙孟頫《泉石散人墓表》云：公諱冠，字儀甫，別號泉石散人。父八一先生，諱宏度。飄然物外，不以功名富貴累其心志。每誨公曰：當今之世，但宜讀書好禮，崇尚清雅，誓不許仕。于是公托貿遷之術，跡乎四方，歲靡寧居，卒以富稱。既而深虞不散之戒，好義樂善，一時江浙間莫不稱項公長者。至元二十年，境內饑荒，慨然輸粟一萬石以賑，又作粥三月，全活者無算。世祖聞而嘉之，授以將仕郎、少府監令丞。公力辭不拜，隱于胥山，建胥山草堂以自況。日與騷人墨士吟咏歌嘯，以終歲月。卒，葬本路之永安鄉南原。

經歷吳傑墓　在縣東二十五里。傑，字景良，仕至廣州路總管府經歷。趙孟貫撰墓記。柳《志》。

州守八札[1]墓　在三塔塘南。八札，元至順間爲嘉興州守，建州學大成殿。嘉興何《志》。

處士董性存墓　在勸善鄉。伊《志》。

【校注】
　　[1] 八札：張采《嘉興路重建廟學記》（《兩浙金石志》卷十六）作"八孔"。

明

太常高遜一作巽。志墓　在地字圩奚家橋。劉《志》。縣東常豐坊德化一都。嘉興何《志》。　伊《志》案《浙江通志》朱彝尊《高太常〈菖庵遺稿〉序》云："靖難師入，巽志走永嘉山中。窮餓以死，同里蔣兢斂而葬之芙蓉峯北。野史所載，盛庸兵敗自經者，誤也。"則墓自在溫州永嘉縣，其在嘉興者，或是衣冠葬處耳。

侍郎俞山墓　在縣永豐十四都西成字圩。袁《志》。　吕原撰墓誌。

布政黃懋墓　在府城東北二里北板坊。《明一統志》。　案《縣志》云：懋，字子勉，直隸元氏人。永樂乙未進士，正統初知嘉興府，陞福建布政使致仕。居嘉興，卒，因葬焉。詳吕原墓誌。

知縣盛胥嶺墓　在縣東胥山五鄉。胥嶺，永樂中以人才薦，知福建順昌縣。歿于王事，歸葬于此。嘉興湯《志》。

處士吳賢忠墓　在縣春波坊虹橋之東。賢忠舊居于此，卒葬焉。爲興國吳國倫六世祖。舊《浙江通志》。　伊《志》。案嘉興湯《志》云：其六世孫居興國者名國倫，居永昌者名崧，同登嘉靖庚戌進士。文震孟作《虹橋吳氏祖墓碑記》。天啟二年長洲教諭、雲南戊午舉人、八代孫麟徵立石。　明吳國倫《感祖墓在嘉興》詩："闕下仙班夢未回，白頭相望遠登臺。馬經芒部山煙過，雁帶昆明瘴雨來。萬里論心天咫尺，百年懷土日徘徊。離離高冢虹橋畔，猶是延陵旺氣開。"

尚書戈瑄祖墓　在縣東感化七都南地字圩。伊《志》：瑄曾祖惟善，永樂中以事遷河間府景州，遂世居焉。葬此者惟善之父，瑄之高祖也。

御史姚綬墓　在縣東四十五里胥山之陽。楊循吉撰墓誌。

處士唐正四墓　在縣東北春波坊蘆池頭。以上嘉興湯《志》。　伊《志》：處士之後徙居直隸通州。八世孫仲寅，萬曆庚辰進士，以行人使楚返脩舊墓，復侵地立碑紀之。詳仲寅所作《脩復先塋記》。仲寅孫嗣美亦舉甲辰進士。

文淵閣學士、謚文懿吕原賜墓　在縣東南長水都宇字圩。嘉興何《志》。　伊《志》案：嘉興湯《志》：父嗣芳，贈侍講學士。李賢撰墓誌，子㦂，楊一清撰墓誌。祖孫父子五朝恩眷，三世賜葬，蓋異數也。詳李賢神道碑銘。

少保俞綱賜墓　在縣東南白苧都五鶴涇。嘉興何《志》。成化戊戌卒，賜葬于通濟門外禾山之陽。正德初徙葬於此。劉《志》。

光禄卿陸淞賜墓　在胥山東,諭祭葬。吳《志》。　伊《志》：淞,平湖人。事具羅欽順所撰神道碑。孫都事光弼,曾孫刑部員外基忠俱祔葬。又淞孫學博光岳葬胥山西麓。

吏部尚書、謚莊簡陸光祖賜墓　在胥六都東黃圩。伊《志》。

僉事戴祐墓　在縣南大彭十六都露字圩。子泰安知州經祔葬。案志云：同科進士、主事戴用葬白苧一陽字圩。嘉靖己未進士、少卿戴鳳翔葬德化都律字圩。

吳檀、吳模墓　在縣春波坊江家橋。案：檀、模兄弟皆休寧庠生。正德間先後來禾講學,居春波里,人稱二吳先生。薛應旂有傳。　新纂。

董節婦王氏墓　王名桂芳,夫卒,自縊死。邑令洪範葬于鹽倉橋北,並撰墓表。嘉靖中佃爲民居,移窆清真觀旁。吳《志》。在縣東南鹽倉坊小鹽倉橋。明萬曆丁巳,復自清真道院徙置於此。

尚書、謚簡蕭孫植賜墓　在永豐都麒麟壖。嘉靖間賜祭葬。吳時來撰墓誌。

布政屠元沐墓　在縣東感化都原字圩。以上嘉興何《志》。

僉事姚俊墓　在德化鄉。伊《志》。　俞誥撰墓誌。

尚書吳鵬墓　在縣東白苧十五都二陽字圩。徐階撰墓誌銘。

諭德屠應埈墓　在縣東德化三都調字圩橫山塘之原。以上嘉興湯《志》。　長沙張治撰墓誌銘。

副使包檉芳墓　在縣東德化一都東原字圩。嘉興何《志》。

大理寺卿沈玄華墓　在縣東胥六都列字圩。子貢生文瓚、生員文瑊祔。伊《志》。

光禄寺少卿賀燦然墓　在縣東南白苧十五都二陽字圩。與父贈主事懋賢墓相望。懋賢墓在南雲字圩。

廉使許應逵墓　在縣東感化六都日字圩。

知州高文登墓　在縣東南永豐十二都北日字圩。

參政孫光啟墓　在縣東胥山六都北昃字圩。以上嘉興何《志》。　黃承玄撰誌銘。

贈少保朱儒墓　在長二十都昃二圩之俸禄港。伊《志》。

侍郎徐必達賜墓　在感化都石龍橋。諭祭葬。吳默撰誌銘。

贈光禄寺卿王胤昌賜墓　在新行鎮。以上劉《志》。

贈太僕寺卿譚昌言賜墓　在縣東白苧都一陽字圩。嘉興何《志》。　明董其昌撰墓誌[1]。　國朝譚吉璁《鴛湖櫂歌》："市舶風檣兩兩飄,桑東太僕墓非遥。黃腸華表千年石,長映雙溪百尺橋。"

按察使陳于王墓　在胥五都。伊《志》。

大學士錢士升墓　士升,嘉善人。墓在胥五都西稱圩龍口。嘉興楊《志》。[2]

工部郎中高道素墓　在縣東白苧十五都崑字圩。子工部主事承埏祔葬。伊《志》。　國朝朱彝尊撰墓表略云：奉直大夫、協正庶尹、工部虞衡清吏司主事高公之墓,歲久,舊石崩剝。其子佑釲乞其友朱彝尊復爲文,揭于墓門之外。彝尊以公晚遯于野,賦詩有云："惟將前進士,慘憺表孤墳。"迺改書額曰"前進士"。

贈兵部郎中魏廷薦墓　在嘉興縣界。嘉善楊《志》。

憲副黃正色墓　在縣感化都秋字圩新豐鎮之北。嘉興湯《志》。　賀燦然撰墓表。

布政施爾志墓　在胥四都闕字圩。子博墓在其西。

長汀令邱民貴墓　在縣東南永豐十四都西城字圩。民貴,嘉興貫,華亭人。子副使履嘉墓在白苧十五都暑字圩。以上嘉興何《志》。　案：民貴墓,陳懿典撰誌銘。履嘉墓,趙志孟撰誌銘。

巡撫岳和聲墓　在對風橋北古字圩。弟通政駿聲墓在縣西南十二冊。伊《志》。

孝子楊時雍墓　在白苧都西宿字圩。時雍，字晴洲。純孝救親，奉旨旌獎。推官文德翼立傳。

廉使黃承昊墓　在胥山北德化三都號字圩。以上嘉興何《志》。

處士許寶甫墓　在感六都，建亭旌表。吳《志》。

贈太僕少卿徐世淳墓　在感化都東王橋。袁《志》。

徐隱居墓　在縣東里仁十一都日北字圩。嘉興何《志》。　伊《志》：墓有陳繼儒所撰誌銘。子柏齡，甲申後肥遯不出，守義以終。朱彝尊撰志銘。

國子監博士李應徵墓　在王店鎮南三里蔣莊。

運使李衷純墓　在圓通庵郁家浜。

贈尚寶丞、國朝祀忠義祠李士標墓　在李應徵塋右。

江西右布政賀萬祚墓　秀水人，墓誌載《曝書亭集》。以上伊《志》。

陝西提學副使陸光祚墓　在胥山六都北元圩。

贈刑部廣東司主事陸基誠墓　在胥山六都西來圩。

僉都御史陸清原衣冠墓　在胥六都西來圩。陸基誠孫丙戌殉難。國朝乾隆四十一年賜謚忠節，祔葬祖塋。

贈中憲大夫包孝子珪墓　在常豐坊包家衖後。珪曾孫鼎、蕭兄弟，同科進士。後蕭官僉都御史，賜祭葬。鼎、蕭俱祔珪墓。

贈內閣中書孫宏來墓　在嘉興十八里橋東呂字圩。子孝子中書鍾琦祔葬于旁。王廷撰誌銘。墓前建有"誠孝性成"石碑坊。以上于《志》。

【校注】

　　［1］按：崇禎《嘉興縣志》卷四《丘墓》"譚囧卿昌言墓"條錄董其昌撰《明故山東監軍督餉參政贈太僕寺卿凡同譚公神道碑》，故董其昌撰的是《譚昌言神道碑》，非《譚昌言墓誌銘》。

　　［2］按：嘉興楊《志》，明、清兩朝所修《嘉興縣志》四部，無楊氏修者。洪煥椿《浙江方志考》有楊廉修康熙《嘉善縣志》（十二卷）之著錄。

國　　朝

贈侍郎杜蘅墓　在胥山南。吳《志》。　案：蘅，尚書臻之祖。臻父、贈尚書杜峘，字聞牧，墓在大彭都今乙字圩。

贈資政大夫李明嶅墓　在甘里橋。伊《志》。

布政王庭墓　在王店鎮項家灣。吳《志》。

通政何元英墓　在德化二都小成字圩。嘉興何《志》。　案：元英，秀水人。　伊《志》又載入海鹽，茲并存之。

尚書杜臻墓　在縣東馬涇。康熙年間賜祭葬。《浙江通志》。

諸生唐璵墓　在感化鄉南沈浜。新纂。

內閣學士徐嘉炎墓　在新十二都荒字圩。袁《志》。

吏部袁定遠墓　在縣南稱字圩。吳《志》。

蒼梧道李我郊墓　在王店鎮南移寶塘橋。伊《志》。

汝寧同知錢貞墓　在胥四都正字圩閘浜。

巡撫錢士晉墓　在里九都仁字圩。以上嘉善戈《志》。

文學沈進墓　在生字圩盛家橋。朱彝尊撰誌銘。

刑剖侍郎馮景夏墓　在縣南六扇洞騰字圩。

徵士李良年墓　在縣南馬王塘橋。

編修查慎行墓　在縣東南新十二下十九莊羅漢塘南牛橋。慎行，海寧人。子鳳翔知府克建、監生克承、舉人克念並祔。

處士周篔墓　在仙橋原。朱彝尊撰誌銘。

處士盛遠墓　在南湖濱三界堂。

雲南廸東道陳作梅墓　在竹林廟。

舒城知縣朱振墓　在縣北辰字圩。朱彝尊撰誌銘。

安徽巡撫馮鈐墓　在縣東暑字圩。

贈巡撫錢汝鼎墓　在新十二中十一圩曹王廟。汝鼎，字東原。性孝友，好讀書，尤工書法。以孫楷贈巡撫，詳載巡撫阮公元墓誌。

禮部侍郎錢載墓　在永豐鄉九曲裏，有九豐堂。以上伊《志》。

長興縣教諭、祀忠義孝悌祠曹洪然墓　在感化鄉章店橋，附父恩貢生文昭墓旁。子監生勗、庠生晨並祔。《曹氏家乘》。

四川按察使石杰墓　在縣西南練浦塘。《石氏家乘》。

徐節婦墓　葬處無考。袁《志》。

吳節婦墓　在胥山六都南暑字圩。伊《志》。

岳孝子墓　在西南十三莊。邑令趙黻撰墓誌銘。

沈孝子鼎墓　在白五下十二莊月露圩。

山東武定州知州陸費熙墓　在桃花里。

禮部侍郎陸費墀墓　在普光寺南陽和橋。

工部侍郎沈維鐈墓　在日十八莊榨箳村。

徵士盛時霖墓　在永十三下十四莊天字圩。

戶部侍郎徐士芬墓　在移九下十五莊東寒圩。

河南巡撫吳昌壽墓　在長西北八莊方家浜。以上新纂。

秀水縣

漢

嚴忌墓　冢廟記云：忌墓在治西北新城鎮，世稱嚴夫子墓。《名勝志》。　明許恂如詩："曾哀時命弔湘纍，後代文章重楚辭。今日我來尋馬鬣。空山無主獨題詩。"

嚴助墓　在天寧寺毘盧閣後,俗名嚴墩。《名勝志》。墓有古樹,大數尋,枝葉皆西北向,天將風雨,輒作劍佩聲。劉《志》。　伊《志》案:《至元志》云:嚴夫子墓在郡治北報恩禪院法堂後。考證云:西漢助也。報恩院即今天寧寺。助,忌之子。《志》既誤合忌、助爲一人,遂併葬地,亦誤。　明章士雅詩:"言尋舊跡來山寺,衰草離離識墓門。太守樓船何日去,將軍碣石到今存。文章不共煙霞散,劍佩猶隨風雨翻。古木千年向西北,牛車遺恨未須論。"　國朝朱彝尊《鴛湖櫂歌》:"天寧佛閣早春開,鳥語風鈴次第催。怪道回船淫羅襪,嚴將軍墓踏青來。"

宋

沈演之墓　舊傳在縣北望吳門外二十里。《至元志》演之爲嘉興令,卒,葬此。秀水李《志》。按:談鑰《吳興志》:演之墓在德清縣。演之,武康人,自當以談《志》所言爲確。今以嘉興舊志相傳有此,姑存之。互見《名宦》。

唐

中書朱巨川墓　在上蔡原之舊塋,北海李紓銘墓。舊《浙江通志》。　唐李紓《故中書舍人吳郡朱府君神道碑》略:巨川,王父擧茂才,先子擧孝廉。君以文承祖,以經傳代。深居里巷,鮮越戶庭。考經義之箋訓,撰策書之贊敘。每立新評,必度常均。將欲含堅超長,鍼肓起疾矣。又著《睢陽守城論》一篇,以爲義者忠之徒,危者節之本。苟忘義以自重,自[1]臨節而可移。固以探二公之心,垂萬古之訓,使違難者銷聲以結舌,苟生者寄愧而終身。斯深於《春秋》而不義者遠矣。終于上都勝業里私第。

周都官墓　在秀水治西北水中。旱不加高,潦不加没,今尚存。《嘉禾百咏考》拱辰門外荷花池水中,與月波樓相對。秀水黃《志》。　伊《志》案:許恂如《周都官水葬墓》詩序云:"周都官,疑唐宋時人,佚其名。墓對月波樓,址在荷花池西水中,用古水葬法也。"

【校注】
　[1] 自:崇禎《嘉興縣志》卷四《丘墓》"朱中書巨川墓"條録李紓《故中書舍人吳郡朱府君神道碑》作"是",當作"是"。

五　代

御史中丞聞人珪墓　在阜城門外竹橋之西。珪,汴梁人。同錢祖渡江,累建奇勳,賜鐵券,居錢塘。子新,周顯德思[1]年,徙嘉興。嘉興湯《志》。

【校注】
　[1] 思:崇禎《嘉興縣志》卷四《丘墓》"聞人御史中丞珪"條作"四"。"思年"是"四年"之誤。

宋

尚書聞人建墓　在澄海門外五里。柳《志》。以子安壽貴,贈工部尚書。初葬德化鄉高豐雀墓村,後改葬白苧鄉薛家兜桃花源。嘉興湯《志》。　案:事詳孫沔墓誌。明鮑恂《瑞芝頌》:"嘉禾故家聞人尚書墓有芝生焉。芝凡十二莖，誠所罕見。自非尚書公平生忠義之氣不與死俱泯而發揚于上，則知聞人氏之子孫必有以孝感而致之矣。頌曰：芝何爲兮，此儲祥。積孝感兮，神孔揚。繪厥圖兮，耀無極。貽後昆兮，俾不忘。"

　　施府君伯成墓　在思賢鄉地字圩靈顯廟中。伯成九歲爲土地，凡旱潦疾病，有禱必應。互見祠祀。墓有靈丹樹，取葉煎服，可治百病。秀水黃《志》。

　　推官聞人璪墓　在縣西永樂鄉朱岡村之原。璪，建之孫也。年九十卒于秀州之郊居，時紹興辛亥也。嘉興湯《志》。

　　知州趙叔近墓　在真如寺。叔近，榮良公克類子。建炎中，以龍圖閣待制知秀州，王淵誣殺之。殯于寺中。秀水任《志》。

　　宣義郎陶士達、教授陶大甄墓　在縣北思賢鄉柳澤之西二里。嘉興湯《志》。　案士達，字仲和，遇恩積封至宣義郎。二子：大章擢進士科，監行在車輅院門；大甄，字成之，嘉定辛未進士，安慶府學教授。皆詳漫塘劉宰墓誌。

　　校尉朱張恂墓　在聞家湖。宋武節將軍朱張宣扈蹕南遷，遂家焉。其玄孫恂隨駕厓山殉國。子穹壽痛父不返，奉父衣冠葬之。趙《圖記》。穹壽卒，亦祔葬。伊《志》。

元

　　同知李復墓　在縣南三里。復爲嘉興路同知，卒，葬于此。柳《志》。

　　處士郭士元墓　在永樂鄉。士元，字元之。力學，通《尚書》，教授奉母。自號溪南處士。貝瓊撰墓誌，載《雲間集》。

　　徐宜人墓　在復禮鄉。伊《志》。　案國朝章鳴翼《徐宜人古壙記》：乾隆四年三月，傳聞發掘古墓，爭取寶玩。有元宜人徐氏壙志，其文三百餘字，不署作者姓名，如今券磚之式，但云"宜人徐氏，諱妙慧，嘉興路海鹽州判、諱挺之之弟。一女，提舉司提舉張霆發之妻也。徐生于至大元年，没于至正六年，年三十九歲，聰穎早世"等語。至正十年，瘞骨于嘉興縣復禮鄉。生一子，名應奎。四女各有名。據此，則營壙，至今三百九十年矣。

明

　　迪功郎聞人昇墓　在象賢鄉先塋之次。郡人施奎撰誌銘。以上伊《志》。

　　孝子陳昺墓　在主城雙橋。吳《志》。

　　尚書、謚襄毅項忠賜墓　在澄海門外五里鄉《志》象賢鄉。諭祭葬。秀水黃《志》。　李東陽撰神道碑。　案嘉興湯《志》：忠曾孫、錦衣衛指揮僉事、九十三翁項元淓祔右。葉向高撰誌銘。　明沈邁詩："名臣竹帛重千秋，故國祠荒斷碣留。襄鄧恩深猶説項，平涼功著克安劉。國殘四壁侵蝌蚪，氣壯山河映斗牛。石獸苔斑餘舊賜，英風謖謖起松楸。"

　　光祿寺署正譚諫墓　在城内碧漪坊。新纂。　國朝譚吉璁詩："光祿墓前啼早鴉，一灣水轉石橋斜。誰道犀牛能望月，遥憐橞子尚開花。"注云：形家名爲犀牛望月，南有橞子樹，傳自西竺來者。

　　侍郎姚弘謨墓　在白苧十五都馬當涇。贈禮部尚書，諭祭葬。嘉興湯《志》。

　　東昌知府盛周墓　在縣北三十餘里南露圩。姚弘謨撰墓誌。墓西爲周父、贈承德郎嵩墓。又西爲周曾孫、中書舍人士元墓。士元孫、桂陽知縣民譽墓亦祔焉。《盛氏家乘》。

　　副使項夢原墓　在襄毅公墓旁。秀水任《志》。

尚書、謚清惠丁賓賜墓　在政收字圩。萬曆間，諭祭葬。袁《志》。　明計敬詩："長別歸何處。春陰此獨尋。六朝名世業，三問老臣心。入廟威儀在，瞻碑涕淚深。暮風號石獸，松柏更森森。"

侍郎岳元聲賜墓　在穆河溪。贈尚書，諭祭葬。嘉興何《志》。

高士周履靖墓　在縣西學繡塘。履靖樂隱不仕。董其昌題曰"明海內高士周履靖墓碑"。伊《志》。

大學士、謚文恪朱國祚賜墓　在百花莊村。賜祭葬。嘉興何《志》。在思賢鄉里二都中十五冊。伊《志》。　國朝朱彝尊《鴛湖櫂歌》："百花莊口水沄沄，中是吾家太傅墳。當暑黃鸝鳴灌木，經冬紅葉映斜曛。"

學士黃洪憲墓　在思二都藏字圩。申時行撰誌銘，王錫爵撰神道碑。　伊《志》。

贈大中大夫盛惟謙墓　惟謙，萬年父。祀鄉賢。墓在聞家河朱張氏墓東。《盛氏家乘》。

按察使盛萬年墓　在西門外三塔塘南北黃字圩。伊《志》。

宮詹陳懿典墓　在圓珠灘。秀水李《志》。子泰寧祔葬。吳《志》。

墨林居士項元汴墓　在陡門橋南寒字圩。有黃承玄墓表，董其昌神道碑。伊《志》。

侍郎朱大啟賜墓　在縣西北范灘。秀水任《志》。治西十八里錢家浜。秀水任《志》。　案：大啟歿後贈尚書，予祭葬，見張有譽墓志。在永十三都騰字圩之范灘。

尚書姚思仁墓　在縣西永一都東荒字圩。墓前有祠，尚書杜臻記。伊《志》。

五經進士譚貞良墓　在二生圩。吳《志》。

諸生沈起墓　在穆溪東禪寺東南隅。曾王孫題其墓曰"墨庵沈公之塔"，并爲作誌。伊《志》。

運同吳淞墓　在咸四莊寒字圩金塘橋。

同知吳熙亮墓　在咸四莊寒字圩尤家橋。以上于《志》。

烈婦楊氏墓　丁鳳鳴妻。端平巷人。嘉興何《志》墓在杉青閘。秀水范《志》。　明陳繼儒《弔丁烈婦》詩："撮土雖新骨尚香，行吟到此盡霑裳。劍花血濺千年碧，墓草陰扃六月霜。正氣畫能驅魍魎，清魂春不化鴛鴦。道旁古冢纍纍者，誰采溪蘋薦一觴。"

國　朝

檢討朱彝尊墓　在百花莊朱文恪公賜塋之西南。陳廷敬撰墓誌。《浙江通志》。

修撰沈廷文墓　在主城。吳《志》。

贈中憲大夫屠有禧墓　在縣北南秋字圩。案：有禧，貴州按察使屠嘉正之祖。

孝子魏允柟墓　在秀水界。以上伊《志》。

安吉州學正盛楓墓　在聞家湖朱張氏墓西。《盛氏家乘》。

龍川縣知縣盛熙祚墓　在恩三莊南菜字圩。《盛氏家乘》。

山東淄川縣知縣盛百二墓　在恩三莊□圩。《盛氏家乘》。

嘉興知府何鼎墓　在三塔灣茶禪寺後。河南巡撫、謚恭惠何焻之祖。案：錢陳羣有《一捨田記》《再捨田記》，皆何氏施以供僧兼資護墓者，載《香樹齋文集》。

孝子鄒世麒墓　在思二區二陽字圩。乾隆間敕旌建坊，墓側有祖香居，以祀孝子。秀水高楣記。

太常少卿陸紹琦墓　在縣西北官蕩鉗稱字圩。

孝子沈敦愍墓　在白龍涇。侍郎沈德潛撰墓表。

徵士張庚墓　在學繡村後張橋西。子明經時敏祔。

刑部侍郎錢汝誠墓　在縣東北一霜字圩樓真寺北。

吳烈婦墓　嘉興副將寔誠妾。誠臨歿，囑其妻更嫁之，吳不從，自縊死。葬杉青閘丁烈婦墓左，侍郎錢載立碑表之。以上伊《志》。

御史唐淮墓　在西南十六莊北辰字圩。于《志》。　檢討谷際政撰誌銘。

謝孝子觀瀾墓　在恩二莊巨字圩考妣墓側。

府學訓導張詠暨施孺人合葬墓　在正秋圩。新纂。　知府許瑤光撰誌銘。

嘉善縣

漢趙王墓　在南宿字圩。吳《志》。

周丞相墓　在秋字圩。吳《志》永北南區秋字圩。

董將軍墓　與周墓東西相峙。以上嘉善楊《志》。

柴丞相墓　在南都中字圩。

顏將軍墓　在奉九南都三荒字圩。以上吳《志》。

鮑尚書墓　在廣濟倉南。吳《志》。遷中廣濟倉基南。

郁刺史墓　在香花坊。元至順間，墓道在北亭坊北郁衖中。墓旁建郁孝子祠，崇祀貞孝公。裔孫、大理寺丞之章重修，舊有碑識。

陸省元墓　在遷北鄔家村。章邑侯有碑。

蔡指揮彭安人墓　在縣治後垣。以上嘉善楊《志》。國朝嘉慶四年，知縣萬相賓立石表之。伊《志》。

伊《志》案：以上吳《志》、嘉善楊《志》所載十一墓，時代無徵，名號亦湮。幸其邱壠尚存，修志者尤當亟爲書之也。吳《志》序次在宋墓前，茲仍其舊，以俟後日之考證焉。

宋

餘杭主簿婁億墓　在胥山五都，今名婁墳。《檇李詩繫》。億，參知政事機曾祖也。劉《志》。
宋陳舜俞詩："彼何人之門兮，雁行馬車。老夫懷金兮，童子紆朱。其取萬鍾兮，不差毫銖。庖有梁肉兮，腹無圖書。天之生此兮，何罪何辜。句讀其話言兮，節文其步趨。抱筆而宵吟兮，錢楮而晝塗。天子招其以仕兮，鄉人勉呼。衆肩相煦摩兮，疾駕爭驅。有司五上吾名兮，吏部曾不一如。退將贏其角兮，進且跋其胡。行年幾六十兮，僅免爲白徒。一秩不能勝兮，朝強而暮殂。考妣其謂我何兮，遠悼妻與孥。高者我難諏兮，厚者彼難語。諸百恨寂默兮，秋草之墟。"

通判聞人宏墓　在遷南都奠亭山。劉《志》。

陳氏墓　陳舜俞墓在烏程。今奉九南區荒墩庵有陳氏墓，蓋其子孫葬處也。後人因立舜俞祠祀之。嘉善楊《志》。　明陸道乾詩："涇上何人跨白牛，鷺飛鷗浴共優游。春風短調梅花笛，夜月高酤瓠子謳。一疏青苗天下計，千年白簡史臣留。篁墩舊跡存遺祀，碧草黃雲古墓秋。"

節度使呂伯四墓　在永七區荒字圩，今預備倉後。墓草止一種，俗呼爲一草墓。嘉善章《志》。

保義郎陶文幹墓　在妙員山，陶莊市後。近有盜發，得志石云：宋淳熙十四年新監鎮江府榷貨務都茶場門陶達自爲志,葬其父文幹於此。鄒《志》。達,承直郎,監鎮江場務。趙《圖記》。

揚州正將趙懃夫墓　在永七都。保義郎趙崇壐銘。孫若誦祔。嘉善倪《志》。懃夫,宋宗室。三家相連,元末經盜發,乃懃夫、弟行夫墓也,俗呼分水墩。永八南區宿字圩及華亭塘北猶有數處,俱名趙王墳。嘉善楊《志》。

迪功郎陸瑀墓　在奉四中區。瑀,唐宣公之後,嘉熙丁酉葬。嘉善倪《志》。子鄉進士端仁墓在水字圩,孫三司計正墓在大日字圩,與瑀墓鼎足相望,俗呼三角墳。嘉善楊《志》。

陳坎正墓　在永八北區。坎正,忠肅瓘之孫。其子鑄爲魏塘務副使,遂占籍焉。鑄歿,亦祔葬於此。嘉善倪《志》。

元

義士吳森墓　在靈塔涇之北。嘉善章《志》。吳興趙孟頫銘,永康胡長孺表,義烏黃溍撰碑。孫相幹瑾別葬西林庵側。嘉善楊《志》。　趙孟頫撰墓銘略:君諱森,字君茂。其先汝南人。父澤,宋承信郎,樂武塘風土饒衍,因定居焉。至元辛巳,征東省右丞范文虎舉爲管軍千戶,隸高郵萬戶府。移屯揚州,告聞得請。性雅,素好禮尚義,無聲色之娛。唯嗜古名畫,購之千金不惜。延師教子,捐腴田二頃,建義塾,以教鄉里子弟。前後甃衢路數千百丈,累橋鑿井,死施棺,病施藥。凡周急之事,不問親疎,樂與無倦。人以厚德稱之,名聞于朝,表其門曰"義士"。

黃玠墓　玠,字伯成,金華人。移家魏塘。後,卜築吳興弁山,號弁山小隱。仍歸魏塘,卒,葬陸浜。《檇李詩繫》。

隱士吳鎮墓　在縣治東二百五十步。柳《志》。花園衖之右,有橡林,今廢。《檇李詩繫》。鎮自題石曰"梅花和尚之塔",後吳令道昌修其墓,築僧舍於旁,以司香火,董其昌榜曰"梅花庵"。袁《志》。　元黃魯德詩:"老子平生學薊邱,晚年筆法似湖州。畫圖自寫梅花號,荒艸空存土一杯。"　明張寧詩:"荒山亭館客遊稀,瀑布無聲野鳥飛。愁絕梅庵庵外路,年來風景故應非。曾將心事托寒酸,種得梅花偏艸庵。騎鶴歸來城郭是,西風殘月滿江南。"　沈周詩:"梅花空有塔,千載莫欺人。草證瞽光妙,山遺北苑真。短碑深刻字,古橡未回春。欲弔誰爲伴,秋塘老白蘋。"　沈師昌《悼梅》詩:"勝國名流四大家,迂癡樵客及梅花。黃金不惜收殘墨,白社何曾護半跏。東築層臺北築亭,紅塵還隔少微星。題詩欲寄飛鳧客,好傍梅庵再勒銘。"　國朝按察使秦公瀛《梅花道人墓》詩:"繫艇胥塘拜墓門,道人遺蹟斷碑昏。秋深橡樹煙中寺,春落梅花雪後村。一盞獨尋哀草路,六陵曾醉杜鵑魂。冢中欲喚先生起,重寫瀟湘帝子痕。"

吳府君墓　在縣西二里許。事詳王文獻公碑文。鄒《志》。

教授顧深墓　在奉四中區古賢里,人呼顧淵白墳。淵白,深字也。劉《志》。

孝廉費朝憲墓　在奉賢鄉西冬字圩。吳《志》。

盛懋墓　在嘉善城外東北里許。《檇李詩繫》。　明蔣塏詩:"墨跡相傳取次看,滿堂風雨不勝寒。那堪荒冢徘徊處,踏破白雲紅日殘。"

淩貞女墓　在北亭坊。嘉善于《志》。元至正間,有淩氏女,名勝一。娉許嫁陸氏子。未行,夫殀,結廬清修,守節死,葬廬旁。後有陸茂芝者,感其義,爲建蘭若祠之。嘉善楊《志》。

明

郁秀一墓　在北門外牛橋東。秀一,字子英。洪武中,杭、嘉機戶累民,秀一叩閽言事,爲罷織造。劉《志》。

陶神童墓　在陶莊鎮西。嘉善楊《志》。　伊《志》案《檇李詩繫》：陶振，字子昌，陶莊人，自號釣鼇生。學於楊廉夫。天才超逸，少有神童之目。明洪武間，薦授吳江訓導，改安化教諭。歸，隱九峯，後死於虎。王達善輓詩云："昔爲海上釣鼇客，今作山中飼虎人。"朱彝尊《曝書亭集》謂：振，吳江人。吳江與陶莊相去十里而近，是墓即振無疑。楊《志》謂：陶氏殤子，未必然也。

審理孟觀墓　亞聖五十四代孫。墓在麟七區洪字圩。伊《志》。

徵士孫奎墓　在大張圩堰兜。吳《志》。

僉事薛宗永墓　在城東黃庵巷北通衢左，其妻節婦沈氏合葬，邑令于業立石表之。嘉善章《志》。

博士胡源海墓　在縣東二里。源海爲欽天監博士，卒於京，賜棺給衣，令馳驛回葬此。鄒《志》。　明孫詢詩："讀書讀易在青年，龜筮精通術最專。象板幾隨仙仗立，玉階常受聖恩宣。能窮邵子先天理，不用君平賣卜錢。武水源頭遺恨在，荒墳三尺草芊芊。"

太守劉侃、經歷張彥倫、隱士袁祥墓　宣德初築城，凡民間冢悉令遷出，唯留侃、彥倫、祥三墓。劉墓在梅花里半里[1]，張墓在學宮土山之右，袁墓在東亭橋北西菖蒲涇，後移葬姑蘇白楊山。劉《志》。

高士周鼎墓　永安鄉。魏塘三高士墓之一。吳《志》。子孫微弱，鄉人張紀封植之。嘉善楊《志》。

巡撫陸埘墓　在遷東區北成字圩。

周寅墓　在遷東區北翠字圩。以上嘉善楊《志》。

博士孫峯、百歲翁孫嵐墓　在一荒圩馬涇浜。吳《志》。

右都御史沈思孝墓　在四十二浜。鄒元標撰誌銘。　伊《志》。

參議沈謐墓　在熟字圩。《沈氏家乘》。

百戶賴恩墓　在北南區住字圩。恩禦倭戰死，葬此。伊《志》。

進士周澤墓　在永七區暑字圩。

貞孝郁本宗墓　在暑字圩。吳《志》。子調元裀。

贈尚書丁袞墓　在永八北區沈田圩。以上嘉善楊《志》。

贈給事中魏邦直墓　在遷北區東二歲圩。高攀龍墓表：公初名德成，學者稱爲繼川先生。

贈尚寶卿袁黃墓[2]　在胥五區大西收字圩。以上伊《志》。

副使、贈副都御史黃鍐墓　在下保西區體字圩。以孫承玄貴，贈都察院副都御史。嘉善楊《志》。

御史盛唐墓　在九南區日字圩。葉繼美誌其墓。伊《志》。

贈禮部侍郎曹穗墓　在遷中區。嘉善楊《志》。

御史魏廷相墓　在遷北區東二歲圩。伊《志》。

翰林院孔目支立墓　在奉四南區宙字圩。嘉善楊《志》。

禮部侍郎曹勳賜墓　在楓溪東。吳《志》。

推官支大綸、主事支如玉墓　在胥五區。嘉善楊《志》。

刑部郎中曹懋官墓　在九南都露字圩。伊《志》。

都御史錢繼登墓　在奉九南區辰字圩。自題其墓曰"大自在處"。嘉善楊《志》。

中書陳龍正墓　在閏字圩。吳《志》。

大常李奇珍墓　在保東區左字圩。

汝寧知府李奇玉墓　在八中區大結圩。以上伊《志》。

贈太常卿、吏科給事中、諡忠節魏大中賜墓　在胥五區雲字圩。孝子學洢、幼子學洙俱祔葬。袁《志》。崇禎初，敕諭祭葬。嘉善楊《志》。

光禄寺卿周宗文墓　在四中區東冬圩。伊《志》。

贈副使孫應文墓　在胥五區大雲寺東。

推官柯元芳墓　在胥五區南調字圩。以上嘉善楊《志》。

庶吉士魏學濂墓　在遷北區東二歲圩。伊《志》。

解元陳山毓墓　在下保西區體字圩。

舉人張介墓　在奉九南區騰字圩。介謫戍[3]關東，赦歸而卒。

文學毛士龍墓　在遷中區晚字圩。

烈婦周阿香墓　在遷中區鉗把圩。康熙十四年重修，立碑記。以上嘉善楊《志》。

徵君黃州別駕丁長如墓　在八北區珍玉圩。

贈資德大夫、太子少保、工部尚書丁乾墓　在八北區中字圩。

孤貞墓　陸時顯妻陳節婦葬八北區小豐圩福源宮東。邑令李陳玉立石，表墓曰“孤貞”。曹勳撰誌銘，魏學濂書丹，王屋山人篆額。國朝乾隆間里人李思泳作亭。

鄉賢丁寅墓　在北中區昃字圩。以上于《志》。

【校注】

[1] 梅花里半里：光緒《嘉善縣志》卷四《冢墓》“延平知府劉侃墓”條作“在梅花里北半里”當作“梅花里北半里”。

[2] 按：光緒《嘉善縣志》卷四《冢墓》作“寶少卿”。本《志》卷四十五《列傳·嘉善縣》：“袁黃，初名表，字坤儀。仁子。萬曆丁丑會試擬第一，以策忤主試被落。後改名黃，至丙戌始第，授寶坻知縣。……熹宗立，吏部尚書趙南星追敘東征功，贈尚寶司少卿。”故“尚寶卿”是“尚寶少卿”之誤。

[3] 戍：光緒《嘉善縣志》卷四《冢墓》“舉人張介墓”條作“戍”。“戍”是“戍”之誤。

國　朝

贈資政大夫錢煐墓　在胥五區東雲圩。

吏部侍郎曹鑑倫墓　在遷八區大凋圩。以上吳《志》。

贈福建按察使錢楞墓[1]　在八南區南原圩。

禮部尚書、諡恭恪錢以塏墓　在胥五區東雲圩。以上嘉善戈《志》。

孟孝子墓　名春和。墓在亞聖祠右。

長山知縣孫衍墓　在八南區小張字圩。許宗伯汝霖題曰“古遺愛”，馬學使豫題曰“風留社祭”。以上吳《志》。

太僕顧際明墓　在保東區大陶圩。

贈光禄大夫錢繼科墓　在胥五區西呂圩雲東。

工部郎中蔣茂墓　在四中區西冬圩。

雲南按察使毛尚忠墓　在遷西區千步圩。

通政使參議柯聳墓　在保東區草字圩。孫進士、宜都知縣煜遷葬南區。錢陳羣撰誌。

侍講學士曹爾堪墓　在遷中區北翠圩。

大名知府顧耿臣墓　在四中區結字圩。

侍講學士沈辰垣墓　在四北區稱字圩。

教諭孫光祖、舉人孫在鎬墓　在胥五區西律圩。

通山知縣龔在升墓　在四中區結字圩。

舉人魏坤墓　在遷八區東二歲圩。

孝義毛正學墓　在遷西區易徐圩。

給事中[2]張正典墓　在永七區南水圩。

滄州同知夏尚文、舉人夏繕墓　在保西區體字圩。以上嘉善戈《志》。

舉人、西安教諭魏允枚墓　在縣東遷北區東早字圩。葉燮撰誌銘。伊《志》。

石門知縣許湄墓　在遷東區北列字圩。

文學夏默、舉人夏憕墓　在八中區致字圩。

孝子孫肇薰墓　在九南區三荒圩。有司表其墓。

孫貞女墓　舉人孫衍女,在九南區天字圩。以上嘉善戈《志》。

兵部員外孫榮墓　在永七區寒字圩。子綿州知州雯鏡祔。

御史周宸藻墓　在遷南區大歡圩。

內閣學士許王猷墓　在遷東區成北圩。

給事中楊爾德墓　在四南區來字圩。

山西布政使朱一蜚墓　在胥五區東北雲圩。

編修章愷墓　在天字圩東塘橋壩。

編修周澧墓　在胥五區。

侍郎謝墉墓　在四中區藏字圩荻家灣祖塋之旁。

封中憲大夫錢家墍墓　在四中區張字圩。

修撰蔡以臺墓　在四南區宙北圩。

戶部員外郎曹焜墓　在麟七區北宙圩。

江南糧道錢金殿墓[3]　在四中區暑字圩。

江南鹽巡道金汝珪墓　在永七區寒字圩。

徵士曹廷棟墓　在永七區北宙圩。以上伊《志》。

內閣學士、禮部侍郎錢樾墓　在九南區姜家浜。

工部虞衡清吏司郎中周爾墉墓　在四中區[4]。

廣西布政使周升桓墓[5]　在九南區萬家浜。

江南江寧府知府周以勳墓　在胥五區墨竹橋。

直隸永定河南岸同知周震榮墓　在四中區。

雲南南寧州知州周以炘墓　在四中區唐子涇。

江西泰和縣知縣郁鼎鐘墓　在八北區盈字圩魯家漊。

副都御史錢寶青墓　在四中區暑字圩。以上新纂。

【校注】

［1］按：光緒《嘉善縣志》卷四《冢墓》作"贈僉事、署將樂知縣錢楞墓"。乾隆《將樂縣志》卷六《名宦》："錢楞，嘉善人。順治三年，隨征入閩。四年，委署將樂。會山寇吴長文、謝七寶等竊發，建寧失守，將樂被圍。守弁已調援順昌，城中無兵。楞與丞方抗督領鄉勇，登陴拒之。九月，城陷。率家丁夏允中、沈貴等巷戰，創甚墜馬，遂遇害。雍正六年，楞孫、禮部左侍郎錢以塏特疏籲請，奉旨，贈按察司僉事，蔭一子入監，賜葬，祭祀功臣廟。"本《志》卷五十四《列傳・嘉善縣》"錢楞"條亦如此。故"福建按察使"是"按察司僉事"之誤。

［2］按：光緒《嘉善縣志》卷四《冢墓》作"吏科掌印給事中"。本《志》卷五十四《列傳・嘉善縣》："張王典，字堯若。康熙丁丑進士。授山西平順縣。陞吏部主事，旋擢吏科給事中。"

［3］按：光緒《嘉善縣志》卷四《冢墓》作"江安"。本《志》卷五十四《列傳・嘉善縣》"錢金殿"條："錢金殿，字鵠雲。以塏嗣子。及長，援例選合肥丞，補江寧知縣，陞海州牧，擢鎮江守。旋擢江安糧道。本生外艱。服闋，補江西饒九道，署臬篆。尋奉旨署理巡視南漕御史，外吏得此任，異數也。後以事左遷徐州守。歷太平、廬州，以勞卒。"故"江南糧道"是"江安糧道"之誤。

［4］按：光緒《嘉善縣志》卷四《冢墓》："户部山西司郎中周爾墉墓　在中白水塘橋東。許《府志》誤。"卷二十四《文苑》："周爾墉，字容齋。副貢生。官户部山西司郎中。"故"工部虞衡清吏司"是"户部山西司"之誤。周爾墉墓址亦誤。

［5］按：光緒《嘉善縣志》卷四《冢墓》作"署廣西按察使、蒼梧驛鹽道周升桓墓"。本《志》卷五十四《列傳・嘉善縣》："周升桓，字稺圭。乾隆甲戌，同父翼洙成進士。入翰林，擢侍講，外補廣西蒼梧驛鹽道。旋署臬篆。以事罣議，謫戍。歸里後，長鍾山書院。卒年六十有九。"光緒《嘉善縣志》卷十九《宦業》："周升桓，字稺圭，號山茨。乾隆十八年與叔既濟、兄鼎樞同舉于鄉，明年成進士。入詞林。尋擢侍講，充武英殿纂修官。又命充日講起居注官，出爲蒼梧驛鹽道。未幾署臬司，以知府秦某移獄事罣議，謫戍阿勒泰軍臺。以母老恩賜回籍，主講安定等書院，卒年六十九。"故"廣西布政使"是"署廣西按察使、蒼梧驛鹽道"之誤。

海鹽縣

三　國

孱陵侯吕蒙冢　在縣南三十里。《海鹽圖經》吴孱陵侯吕蒙葬此。海鹽仇《志》。　國朝董尹志詩："千古莓苔映夕暉，荒原高冢是耶非。河干一帶皆青草，江上何人問白衣。泉室燈明東海月，梵林鐘動硤川機。功名彈指成黄土，惟有空林鳥雀歸。"　譚吉璁《櫂歌》："孱陵守冢幾村圍，摇櫓依稀是白衣。祠外青泥春雨後，年年只有燕雙歸。"　按察使秦公瀛詩："東吴人物幾英雄，青草原頭弔吕蒙。野火燒殘荒冢在，馬嘷城上又東風。"　伊《志》案：吕肅高《長沙府志》：吕蒙冢在蒲圻縣。盛弘之《荆州記》："冢有一髑髏極大。蒙形既長偉，知是蒙髑髏也。"則孱陵應不葬此。朱翰林彝尊謂：當是漢許昇妻吕榮之冢，以相近之義婦坂爲証。榮，吴人，事見《後漢書・列女傳》，似爲可信。然《府志》於嘉興云，吕榮冢在由拳郭里墟北，又云義婦坂在秀水縣，則朱之辨究亦未足深據。又胡氏《圖經》云：吕蒙，永樂、弘治《志》皆作李蒙，以爲安知非元總管李衎[1]！近人李玉如援引《文樞鏡要》，定以此冢爲即義婦坂。馬仲甫則云：吕蒙祠南二里許，俗名里堰橋，橋下有石槨，長二丈，廣七尺，規制甚古。所謂義婦冢，意當在此。衆説紛綸，存之以俟博考。

雙梓墓　吴陸東美夫婦同穴，事詳《古蹟》。　國朝李玉如《武原城南尋雙梓墓有感》詩："花香草暖城南路，千載風流傳古墓。生前長作比肩人，死後化爲雙梓樹。吁嗟乎！我生飄蕩隨風蓬，弧矢志欲矜豪雄。行子經年復經歲，居人愁水又愁風。何如綠牎呢呢相爾汝，不省寒風與陰雨。離恨天荒苦海平，遥望銀河笑牛女。客中感此重裵徊，聯翩蛺蝶雙飛來。"

都尉干瑩墓　縣西南四十里。瑩，字明叔，寶之父。仕吳爲立節都尉。海鹽徐《志》　案《浙江通志》引明《浙江通志》：吳，海鹽令。考瑩未嘗令海鹽，明《浙江通志》似誤。

【校注】

　　[1] 按：光緒《海鹽縣志》卷七《冢墓》"吕冢"條："案：苞溪李氏居此久矣。永樂、弘治二《志》俱作李冢，安知非指元總管李衍冢乎！朱彝尊《曝書亭集·吕冢考》曰：半邏之南有吕冢，相傳謂吳屠陵侯蒙冢也。考吳《志》，蒙卒於公安，史不言其葬處，而盛宏之《荆州記》云：長沙蒲圻縣有吕蒙冢，冢中髑體極大，蒙形既長偉，疑即蒙髑體，則冢之在楚可信矣。按漢黄巾之亂，吳有許昇。案：昇，當作升。妻吕榮不辱於賊，爲所殺，糜府君斂錢葬之嘉興南，土人號義婦堰。案：堰，當作阪。然則吕冢殆吕榮之冢，其音聲相近，遂僞'榮'爲'蒙'爾。"

晉

何皇后冢　烏夜邨，晉穆后葬此。舊志：近陵有喪靈浦，后歸葬。開浦通舟，今塞。海鹽仇《志》。　明朱朴詩："玉貌曾沾帝子恩，故鄉環珮葬歸魂。千年廢寢無尋處，夜月啼烏尚有邨。"　伊《志》案《浙江通志》：后祔葬穆帝永平陵，則邑中所傳何后陵，或即何準父子冢，而沿訛失實也。

天子女兒墓　在縣西南三十五里六里山。村人侵犯之，即有毒蟲出焉。案劉《志》云：晉恭帝女、封海鹽公主，疑葬此。　伊《志》：宋少帝司馬皇后，晉恭帝女也，初封海鹽公主，見《南史·后妃傳》。趙倫之子伯符，伯符子倩，尚文帝第四女海鹽公主，見《趙倫之傳》。張希，尚簡文帝第九女海鹽公主，見《張弘策傳》。當晉、宋六朝時，公主嬪士多屬虛封，殁後未必葬此。況封海鹽公主者不止一人，劉《志》以爲疑，甚屬有見。吳《志》鑿指爲晉恭帝女，似太固矣。

九母冢　未詳時代，姑附此。在縣西十八里，豐山石屋之東南。昔有村人發之，蜂蠆虵虺，不可嚮邇。以上《至元志》。

驃騎將軍蘇嶧墓　《海鹽圖經》云：名嶧，字子羽，晉時人。驃騎將軍，封烏程侯。葬金牛山北。宋高祖夢其神，因贈平南大將軍。明帝加贈使持節都督、征北大將軍，墓今無考。《續澉水志》。　別詳《祠祀》。

宋

臨海太守沈景墓　沈景，宋人也。《至元志》。墓在沈山，縣西南六十里。海鹽徐《志》。　伊《志》案宋《武原志》：劉宋臨海、南陽二郡太守沈景葬此，因名沈山，即硤石鎮東山。《杭州志》云：上有審食其墓，故名審山。蓋相傳之誤。潘廷璋《硤川圖志》引沈藩詩云："五馬舊香臨海骨，千秋合署沈家林。"足以證矣。

唐

隱君劉源墓　在縣南三里。唐開成元年葬此。《檇李詩繫》。　唐《故彭城府□墓誌銘》：君諱源，字文宗,先帝王之苗裔也。遠祖商,漢中書侍郎。祖一,唐林泉不仕。父興,邱園放居。君,其孟子也。周秦之世,晉宋以來,徙從吳郡海鹽勝邑。樹德樹名,不仕朝廷,隱居邱壑。嗚呼!以開成元年十一月二十五日卒於私第,乃以其年十二月庚寅朔十五日甲辰葬于海鹽縣南三里,地號烏夜,鄉名海鹽。其塋也,長松靄日,青嶂連天。其所也,東流滄海,西接甘泉,南枕泰山之隅,北抵武原之地。君壽逾七十有二,娶河内司徒氏,生三子,少怦、少通、少平。其子立也,雖未聞閭之徙,有抱皋魚之孝。日月逝矣,歲不我留,勒石志之,用存今古。其詞曰:"野霧蒼蒼,寒郊茫茫,猗與芳馨,俄遭夜霜。"潘圖撰。

　　杜府君墓　太和元年,杜府君墓誌云:葬甘泉鄉烏夜原。《海鹽圖經》。　　案:杜府君,未詳其名。太和,唐文宗年號。又《圖經》併載貞元陸府君、會昌陳府君墓誌,今析屬平湖。

五　代

　　静海鎮遏使朱行先墓　縣南十五里。《海鹽圖經》澉墅村之原,今無考。《續澉水志》。　　謝鄂[1]撰誌銘略云:《義忠軍佐正匡國功臣故節度左押衙親衛第三都指揮使靖海鎮遏使銀青光禄大夫檢校尚書右僕射御史上柱朱府君墓誌銘》:府君諱行先,字蘊之,吳郡人也。曾祖憑,皇不仕。祖真,皇不仕。父敬端,皇不仕,姚陳留阮氏。太夫人揚名立身,光于宗祖者,惟府君耳。府君少親戎律,長習武經,有摧鋒破敵之堅,蘊裁難濟時之策。所在征討,累有功績。以是聞於聖聰,疊被寵嘉,累陞八座,益爲雪守所重。府君之屯細柳,鉏櫻荊棘,版築城壘,不日而就。不恃其寵,不勞于民,卒乘輯睦,鎮縣和同。商農工賈,不改其業。親載未耜,徧植桑麻,以備祇奉使臣。供承南北十五年,内外無間言。以寶大元年夏四月得疾,弗興,至秋七月二十三日終于静海鎮之官舍,享年七十有二。府君娶汝南周氏、隴西彭氏、清河張氏三夫人。

　　湖州刺史贈右僕射屠環智墓　澉州德政鄉。吳《志》。　　《吳越故忠義軍匡國功臣越州都指揮使前授常州刺史特贈武康節度使銀青光禄大夫檢校尚書右僕射開府儀同三司上柱國海鹽屠將軍墓誌銘》:將軍姓屠氏,諱璟智,字寶光。其先河東人,晉將軍屠擊之後也。大父某,避地于吳,家于澉川之青山,遂世爲蘇州海鹽人。太夫人吳郡顧氏,夢抱璧有光,生將軍,遂以環智名焉。將軍生而姿貌偉杰,鷹揚虎視。負勇略,更善屬文。累舉不第,歷遊名山。見疆宇幅裂,復還故鄉。吳越國王初起鄉兵拒黃巢,將軍從之,時時以籌畫進,遂與幕府謀議。董昌僭號,將軍首勸討賊。昌誅,以功授指揮使。乾寧四年丁巳,同顧全武、王弟鎮自海道救嘉禾,生擒賊驍將楊勝、頓金等二十餘人。計功將軍得中上,遙領常州刺史職。明年春,再遷越州指揮使。光化元年十一月,衢州刺史陳發叛,將軍又同全武等討平之。三年,調守湖州,授制與同郡高公彦。天復二年壬戌,武勇都指揮使徐綰、許再思叛于府城,將及内城。刺史高公聞之,遣子渭與將軍同赴難。渭曰:"今日不利。"彦曰:"赴急難,何以吉辰爲?"將軍按劍曰:"違主之命不忠,畏縮不前無勇。死忠死勇,丈夫分也。"偕渭直抵靈隱山賊壘,賊勢甚盛,合圍數重。二人自朝戰至日晡,身創百處,奮力一呼,力搏賊魁數人,即馬上手刃之。矢盡援絶,爲賊伏兵所害。王念將軍徒步從戎,卒死國難,以衣冠歸葬于開元府海鹽縣南三十六里澉川之青山德政鄉歸仁里德化村。今天寶五年,特贈忠義軍匡國功臣武康節度使銀青光禄大夫檢校尚書右僕射開府儀同三司上柱國。將軍生于唐宣宗大中五年辛未,死事于昭宗天復二年壬戌八月庚戌,享年五十有二。娶錢氏,子三,長龍驤,授澉川鎮遏使,娶聞人氏;次子昱,節度使銀青光禄大夫,娶都虞候鎮遏使鄭公良女;三曰晟,吳興刺史高公掌書記判官,娶同里許氏。諸孫皆幼。公嘗有《咏志詩》曰:"輕身都是義,徇主始爲忠。"至是竟符其讖云。初,未有誌,至是龍驤屬余爲之,而復系以銘。銘曰:河山毓瑞,帶礪鍾英。徒步奮跡,赫聲濯靈。么廯叛梗,九首憑陵。磨牙王國,吮血蒼生。公怒飇發,撻伐擊膺。矢屠獩貐,以身殉君。功高盟府,猷壯干城。光啓前烈,垂裕後昆。忠孝續襲,勳土褒旌。連岡重冢,妥綏義魂。桓赳世選,焜燿貞珉。丞相皮光業撰。

【校注】

　　[1] 按:至元《嘉禾志》卷二十四《碑碣·海鹽縣》錄《墓誌銘》作"謝鶚"。《十國春秋》卷八十五《吳越列傳》:"謝鶚,南康人。舉唐進士。及長,善爲詩,有文名。仕武肅王。寶大時,朱行先勤王事而歿,鶚

爲撰《墓誌銘》。文章雅瞻，一時推許。"故"謝鄂"是"謝鶚"之誤。

宋

常家墳　常家墳不一處，南橫山、荆山、雪溪呂冢各有之。今在涇塘橋西者，不知何人葬。相傳元季嘗爲苗軍所發，後子孫徙居郡城，遂成荒垃。海鹽徐《志》。　《續澉水志》云：常同七世孫所立碑云：常氏六世顯祖少師諡忠毅公同，邛州人也。建炎南渡，子孫遂居海鹽，本末載存家傳。高祖令孫晦跡澉川，曾大父□營葬先人于八都平陵。曾叔祖上舍棠，營葬先人于十三都颿山之原。本泒乏嗣，過□父宣教庶承繼，恐後不知二塋創業之艱難，故述各墳本末，刻石以貽諸後云云。餘皆破碎不可讀。今颿山之墳，華表石馬見存。　　明蔡狲詩："異代豪華事已非，空餘石馬傍山蹊。千年故物埋荆棘，風雨時聞半夜嘶。"　案：常同，紹聖御史安民之子，父子皆有傳，見《宋史》。趙《圖記》云：橫山顧況宅旁有常家墳，又云南橫山、荆山、雪溪皆有之。橫山顧況宅旁之墳，徐泰、董穀、胡震亨皆不見所載，此或因南橫山而岐誤也。《海鹽圖經》載魯氏墓，魯故世爲海鹽人，然自析縣後諸墳在平湖境，另列于後。

端明殿學士常楙墓　在五都常墳橋。伊《志》。　伊《志》案：《常氏家譜》云：國學進士常世卿諱令孫墓，在七都呂冢。二墓因雷州公士昌卒官失之。至成化中，侍郎公麟、知州公龍查復。至嘉靖四十年，又爲隣人所據。萬曆三年，楚雄公公烇白郡太守李公，始勘明給帖承管。

陸尚書墓　豐山。舊志未詳何人，疑即陸埈也。《海鹽圖經》。　案：埈，高郵人。建炎初徙海鹽。乾道五年進士，知和州，官至尚書[1]。

太中大夫、文德公陳公輔墓　在古衡山下。公輔，字國佐，中政和二年上舍第一。歷官敷文閣待制，轉徽猷閣，贈太中大夫，諡文德。從高宗南渡，卜居茶院，遂葬於此。《海鹽續圖經》。案《續圖經》又云：子世熙，字光斗，恩蔭生，官工部主事，墓在邵灣白杰山。六世孫貴，字松庵，舉人，墓在大旗山，世稱陳墳嶺。十四世孫、修職郎顯墓在康思橋。

【校注】

[1]　按：光緒《海鹽縣志》卷七《冢墓》"陸尚書墓"條作"陸峻"。卷十五《人物傳》："陸峻，乾道五年(1169)進士，初授江寧縣令，累官至刑部尚書。峻，守衡，楊萬里以書屬其孫，爲名流倚重如此。"然宋代嘉興府另有"陸埈"其人，崇德人。紹熙元年(1190)進士，授滁州教授，遷兩浙轉運司幹辦公事。除秘書省校書郎，攝濠州，改知和州。罷爲主管建寧府沖佑觀。劉宰《故知和州陸秘書墓誌銘》收入文淵閣《四庫全書》1170冊。且其碑銘石刻於1976年在桐鄉縣芝村鄉五豐村發現，現存桐鄉博物館，碑文未言及官尚書事。故"陸埈"是"陸峻"之誤。且"案"一行將"陸埈"、"陸峻"二人生平混在一起，應予刪去。

元

隱居屠曾墓　曾以元至正三年[1]浙江省元。卒，葬州東北一里。伊《志》。　案：在今演武場。

邑令顧泳墓　縣尹顧泳，至元中本縣未陞爲州以前任。海鹽仇《志》泳，汴人，卒葬海鹽尚胥橋。吳《志》泳卒官，貧不能還，子孫葬之尚胥橋南水際，因家焉。墓田五畝，嘉靖間邑人董穀請諸郡，得復除。《海鹽圖經》。

嘉興路總管同知李衎墓　縣西南三十里苞溪上。伊《志》。　又案：衎，汴人。元大德中以賢良起家，官嘉興路同知。因家苞溪，歿即葬于是地。墓上有山茶花樹一株，大可數十圍，交柯連理，花葉繁茂，歷久不改，人稱爲茶花墳。蓋李氏合族數千人，纓綾接武，爲禾中之望，實始于此。

宣慰楊梓墓　宣慰墳有三所，一在颺山，一在荊山，一在吳家山。其在吳家山者，弘治間爲人所發。夜入見柏梁、柏柱、鐵索、懸棺，金果五盤，以一大漁籠裝之出。天明視之，皆土果也。衆目夜視甚真，信變化矣。止餘一硯甚佳，形如風字，賣于天寧寺僧舍，今歸嘉禾項氏。《續澉水志》。

尚書貢師泰墓　在縣西南三十六里紫雲山下。元禮部尚書貢師泰葬此。貢因兵亂，游寓硤石山。海鹽仇《志》。　朱嘉徵《貢尚書祠記》：明興，先生恥事二姓，有終焉之志。宋文憲濂銜命往，强起之，先生無言，一夕仰藥卒。

何先生墓　在金牛山。《海鹽續圖經》。　伊《志》：碑稱何先生墓，其名不可考。相傳其墓爲劉誠意所定。今墓前短垣，猶誠意所命築，云：山有米芾書"第一山"三字。　國朝吳蘷《何墓觀米書》詩："石刻伊誰筆，相聞是米顚。山靈常見護，墨妙自能傳。洞識遺踪古，碑欽處士賢。髫年游戲地，回首一悽然。"

孝子沈嗣昌墓　在豐山。孝子字壽康。墓久荒，無知者。明正德末，知府徐公盈考郡志，嘉之移文。邑宰張公廉訪其墓，已爲居民所佔。求其後，給還之，仍進祀鄉賢。《續澉水志》。　伊《志》許相卿《革朝志》：沈壽康事親孝，喪祭執禮，臺省論薦，力辭不仕。人稱孝隱先生。嘗謂桐鄉程本立曰：世競業舉，以經學名而無其實，吾所不取。

【校注】

[1] 按：光緒《海鹽縣志》卷七《冢墓》"學正屠曾墓"條作"至治三年"本《志》卷五十六《海鹽列傳》："屠曾，字體乾。母樂夢王曾而生，故名。受書於吳草廬，延祐中薦爲學教諭。至治癸亥中，浙江東榜第一，授建康學正，不就，隱于家。康僖公勳，其裔也。"至治三年，即公元1323年，這一年是癸亥年。至正三年，即公元1343年，這一年是癸未年。故"至正三年"是"至治三年"之誤。

明

錢橋崔氏祖墳　宋季崔應龍爲都督，徐應選之壻居永寧鄉，即今崔族所居處。張寧《崔氏宗譜》序。　伊《志》：錢橋在永寧鄉。崔居舊在錢橋南。應龍墓已失考。四世孫斌輔當元季，爲萬石長，典理州稅。值楊完者之亂，賦入不時，逮繫集慶獄。明太祖取集慶，始釋歸。卒，葬錢橋北，俗稱檀樹墳。又錢陳羣《崔氏宗譜》序云：自應龍四世孫斌輔迄今歷五百餘年，墓門松柏依然，春秋享祀不絕。仕宦不必顯，而子孫多儒流，田園不必豐，而宗族相任恤。亦近代所希覯。橫山著姓有六，首稱崔氏，固宜。

訓導沈盛墓　近有掘北門外冢，得墓碑，是宣德中訓導沈盛之墓。有誌銘，莫用行撰。莫布衣能文，爲張靖之所推。樊侯罪發墓者，爲改葬之。《海鹽圖經》。　明鄭端胤詩："古木凋殘陌上墳，哀猿聲慘不堪聞。憐君今日知名姓，好事爭傳竊石文。"

通政朱侃墓　社稷壇後。海鹽徐《志》。

案：海鹽徐《志》及《圖經》皆載葉侍郎春墓。春，海鹽人，事見《明史·熊概傳》。其墓在三都大易鄉，析屬平湖，另列于後。

給事張寧墓　在西關外順寧橋南。趙《圖記》。公墓荒弗，吳公昂爲諸生時建議修復。萬曆間，鄭治中心材復修之。天啟三年，邑令樊維城禁樵采，捐俸重葺，爲文以祭。《海鹽圖經》國朝康熙十一年，主事張皓、監生張元熠以公無後，捐貲於墓旁築屋三楹，以爲祠祭之所。袁《志》。　案：順寧橋在西門外，俗稱葉家橋。　寧自撰碑云：寧與孺人墓南向，居祖墓右際，側室附葬。六穴皆循右東向北上，以象生序。頃見黃博士子婦有至節死,無所歸,寧哑求遺骸,爲殯葬,已失一臂。故六穴皆未死而預爲壙宅,所以虞不備;皆未葬而先爲表著,所以備不虞。事難竟言,勢難盡保。寧豈毫僻至此,亦自盡其心,以聽乎天而已。　樊維城祭文:某嘗讀國史,仰先生鳴鳳之高風,棲鸞之善政,而又慨先生之不容于時,使大廈異材偏支于一隅,敷天霖雨但澤于一郡,則宰相之過也。當其時,高位大祿者不知幾許人,而至今唯稱給諫方洲張先生,則信乎過眼之繁華不足據矣。牛山同盡,而向日之排先生者能與先王爭乎。且將蕩爲冷風,陰爲野土,散爲蟲沙無知之物,而先生在太虛之中靈光獨迸。即當時爲先生憐者,同先生謫者,亦有數人。雖不能救而猶賴先生以傳。其他唯喏囁嚅之夫,非不免一時之謗,而至今誰復知之者。某于崇祀,既禮先生之主于修文,又讀先生之書,可以無憾。今春有人稱先生墓垣頹廢,且子孫皆零落,無能存活者,因召而問之。慨然命斧,循視碑碣,雖無磷鑿,而寢門果半圮,其中亦鞠爲茂草矣。因令守碑者掃而拜之,惡夫涕之無從也。遂具特牲,兼助薄俸,修葺其壞。不知先生之來否也。　國朝馬世榮詩:"緩步西郭西,高橋夾廣津。旁有黃門墓,梅花落經句。清風薄暮動,宕宕吹松筠。"

橫山張氏祖墓　在稱字圩張學官橋。《海鹽續圖經》。

案:明景泰時貢生張宗晟葬此。嘉靖戊午,解元張巽即其孫也。又鄉飲賓張天碧墓在闕字圩。崇禎時工科源思,其元孫。

南昌知府鍾梁墓　開濟鄉大闕里。

梁自撰《西皋老人墓誌銘》云:昔傳奕、杜牧自誌墓,陶潛撰祭己文。老人異之,曰:豪哉達矣。夫今人子孫之爲者,欲侈先行,求顯盛者爲之,恒見嗤于達者。老人爲是懼,叙生平事略,書諸石,匪曰矯俗,惟表其志爾矣。

給事許相卿墓　澉浦觀音山東。

處士朱朴墓　西關外大闕里。以上伊《志》。

尚書諡端簡鄭曉賜墓　勾塍山。《海鹽圖經》。

案:山在歓城南,大數十畝,土色黃,中有小黃石,後人取其土石,存僅十二三。隆慶元年,諭祭文:卿以端潔之行,閎敏之才,發解鄉闈,擢秀甲第。職兵曹則飭戒懋績,任銓司則典選稱平。官偶左遷,名愈奕起。久歛歷于中外,茂宣樹乎聲猷。總務漕臺,國儲久資以充裕;兼撫淮甸,夷氛實賴以蕩除。少宰貳天曹,丕著公清之譽;中丞理戎政,益蓄撻伐之威。特晉秋卿,克協明允,倚任方切,勤勞足嘉。乃謝事以退休,猶一德之不懈。何將召用,忽報長終。式念往勳之多,用頒恤典;顧軫老成之逝,爰贈官階。既節惠以易名,仍賜葬而諭祭。爾靈不昧,尚克歆承。　又:卿才能敏達,學識宏深,蹟著兩京,官歷四紀。尚冀謨猷之畢究,忽聞耆彥之淪亡。方切悼傷,倏臨窀穸。載申諭祭,用示優恩。英爽有知,祗承渥命。

光祿少卿鄭履淳墓　在東淩港。

案:弟比部履準墓在吳家堰,少卿子京兆心材墓在涇塘橋。

太常卿錢薇墓　在沈蕩西北之西彭城。

張時徹誄:彤史記忠,白簡表異。左臺右掖,上聞丹宸。帝曰嘉哉,社稷之衛。何以旌之,奉常是貳。何以恤之,有司供祀。顯忠遂良,泉臺攸庇。

舉人錢與映墓　在澉浦北湖。以上《海鹽續圖経》。

案:與映孫監生福徵墓在澉浦荆山之陰,有張履祥墓誌,見《楊園集》。　國朝鄭壽平詩:"一臥千秋月,青山繞白雲。樓松開五粒,羊石叱雙羣。蛻冷埋仙骨,珠藏誓墓文。湖天無限好,登眺倚斜曛。"

王海生墓　弘治甲子之歲,前令王公瑿葬子金粟山上,輸俸于寺,令內三畝爲官山。海鹽仇《志》。

王瑿碑記:瑿視篆之二載,爲弘治己未六月四日,生兒,因名海生。性頗慧,瑿甚愛望之。壬戌冬十月十有五日病痘,遽不起。瑿哭之痛,厝于公署之東。甲子,瑿陞知徽慶州,乃葬于金粟山西麓。山之前故爲寺,托寺僧守之。又其北有訓術何旦,南有部民陳源。其兩家子弟皆愛戴瑿者,豈無推愛海生,爲之禁護其損侵者耶。於戲!慧之蚤,命之夭,墓能永存,亦方乎耆老。　國朝何兆辰詩:"棠梨花暗鷓鴣天,漠漠雲封自廿年。古碣墓殘苔蘚落,一回憑弔一潛然。四齡公子未成殤,長共山靈伴夕陽。半畝白楊期勿翦,他時留取比甘棠。"　案:王海生,孩抱中物,本不足記。然胡赤城云:王公于邑有惠政,故備記之。此亦公羊所謂善善欲其長之義也。

小橫山顧氏墓　小橫山大不敷里,率顧、莊二族葬此。

明陳與郊《隅園集‧顧氏墓記》略:顧氏墓在小橫山西,故贈某官某公營之,以葬其父某翁、母某孺人。而公之卒也,子孫奉公遺命祔焉。墓地百餘畝,周遭繚垣,廣若干丈,而題其竁道曰"湖村",里阡其堂曰"永寧堂"。左右有春輝、風木二亭翼之,而外施重門以入,曰"白雲深處"。

又其外則引泉爲池，池上有橋，池之泉自墓東石澗中逶迤西注，鳴聲汩汩。公感而樹表池前，曰"感泉"。仍築臺澗旁以祠山靈，碑曰"震崑神云"。

　　知縣崔培元墓　　在縣西四十二里天增賢橋西北。以上《橫山紀略》。　　案：培元，青陽小試，甚著循聲。所撰《音潮艸堂》《橫山艸堂詩集》，沈氏《檇李詩繫》、朱氏《明詩綜》皆多所甄錄，足知一斑。

　　贈光祿寺卿吳芸、吳霽父子墓　　芸墓在永安湖大成山。季子贈兵部侍郎祔昭穴。長孫蕭縣知縣祔穆穴。霽墓在雞籠山。《再續澉水志》。

　　尚胥里朱氏墓　　在麻涇南。合族數千人，稱邑大姓。

　　員外陸錫恩墓　　在尚胥里。錫恩，平湖人，贈刑部員外郎。

　　贈公陳謙墓　　謙，吏部所學之祖，葬開濟鄉社壇北。以上《海鹽續圖經》。

　　御史彭宗孟墓　　在翁東港。伊《志》。　　案墓誌：宗孟先世自江右安福徙直隸全椒，始祖勝以義旅從高皇開國，積功世雲南平越指揮。三傳玉改海寧衛，遂爲海鹽人。又六傳爲公父昭毅將軍紹賢，至公始以文職顯。

　　太僕諡節愍彭期生墓　　在馮將軍廟左。《海鹽續圖經》。　　案：太僕留守嶺北，殉流寇之難。其死所在章貢臺。既而城焚，尸亦燼焉。有故吏杜鳳求其瘞所，發視之，惟心不毀，殮以石函。後曾堯泉攜之來海鹽，乃具衣冠葬之。

　　尚書吳中偉墓　　在澉浦北湖之北雞籠山。有永思祠，旁有寶綸閣。沈允芳撰神道碑。　　國朝吳熙詩："寶綸閣外湧松雲，中是前朝司寇墳。落日憑欄秋水闊，蘆花風起雁紛紛。"

　　陳則梁先生墓　　則梁先生名在復社，晚年卜壽藏于城北倉橋。

　　處士徐文貴墓　　在縣西南碧里山東。案：文貴號近溪，弟遜，字自愚，均有文行。墓在碧里山南湖。廣西兵備副使鷗號前峯墓，在碧里山東。

　　處士徐顯墓　　在黃道湖烏金浜北。以上伊《志》。　　案：顯，字德揚，號耕樂。有善士之目。又鄉飲賓徐瑤墓，在黃道廟東張家橋。

　　舉人沈爐墓　　雲岫山背有武塘孝廉沈爐墓。《雲岫庵志》。

　　鄉賢徐鼎墓　　在縣西南角里山之西。《徐氏宗譜》。　　案：子諸生應奎亦崇祀鄉賢，墓在縣西南大步山頂。

　　尚書諡烈愍徐從治賜墓　　在大步山。崇禎六年賜葬地。孝廉昌治墓在大康橋。《海鹽續圖經》御賜祭葬文：績著疆場，勞深海國。當烽煙之旁午，冒矢石以捐生。城頭留化碧之丹，祠下泣招魂之淚。爲營若斧，並錫偕藏。寵隆司馬之阡，名重睢陽之節。載昭俎豆，永賁泉臺。錢士升撰墓誌銘。

　　贈兵部侍郎吳中任、偏沅巡撫吳麟瑞墓　　在泊櫓山陰。《再續澉水志》。　　中任墓有張源思神道碑，麟瑞墓有徐開禧墓表。麟瑞弟兵部主事麟武墓在鳳凰山，陳許廷撰誌。瑞長子孝廉晉畫墓在麟瑞墓西。次子諸生謙牧墓在永安湖湖山嶺北，張履祥撰誌。

　　太常諡貞肅吳麟徵墓　　在六里堰泊櫓山陰。長子諸生壯興墓在其西。次子蕃昌墓在雞籠山西，張履祥撰誌。國朝順治十年十月。　　諭祭明原任太常寺少卿吳麟徵文：褒忠揚美，帝王勵世之權；盡節捐軀，臣子許國之誼。惟爾學窺性理，意篤忠貞。官秩貳卿，夙夜奉寅清之訓；時當未造，寢食懷杌棍之悲。迨寇陷都城，君徇社稷，乃能從容就義，忼慷投繯。既大節之克終，豈幽光之莫闡。特遣官致奠，賜諡褒嘉。表異代之英魂，流芳青簡；昭藎臣之懿矩，賁寵黃壚。爾靈有知，尚其歆格。

　　總兵諡忠烈崔文榮墓　　在豐山。案：文榮初爲分守武、漢、黃三府參將，加副總兵。崇禎十六年，賊陷武昌，文榮出戰死。

　　吏部郎中曹元方墓　　在大河堰。汪琬撰墓誌銘曰：公諱元方，姓曹氏，字介皇。世居海鹽之淳風里。父侍郎公，諱履泰，舉天啟中進士。踰十八年爲崇禎十六年，公亦舉進士。父子皆侃侃抗直不撓，以才學並著，聲譽中朝，爭推爲士林正人。

澂川朱氏祖墓　在澂川青山之麓。以上伊《志》。　朱氏明初自婺源遷澂浦,族甚繁。　國朝陳士璠《遊青山過朱氏始祖墓有感》詩:"知是江南派,移家到海東。可憐千里駿,終老此山中。但得延宗祀,甘埋漏澤園。孝思誰可訴,付與後人論。"

舉人祝淵墓　在永安湖雞籠山。淵,字開美,海寧人。崇禎舉人。曾疏救劉宗周。乙酉南都亡,自縊死。《澂浦詩話》。　吳蕃昌《再經雞籠山酹祝先生墓》詩:"送子清溪月,當時鴻雁歸。即今芳草綠,長與故人還。雲冷青蠅散,林空白鶴飛。山陰回首望,同此一沾衣。"

姚節婦墓　在澂浦。婦周氏,澂浦姚璉妻。年二十五夫死,父欲嫁之,抱幼女溺死。給事張寧爲之傳。柳《志》。

古節婦墓　在南城郊外。古節婦墓也,萬曆中,詔旌沈節婦王玉貞氏之門。樹坊郊外,掘得古碑,有沈節婦王氏墓銘,姓氏適合,多傳咏者。姚士粦詩有"姓名驕合璧,冰雪老雙花"之句。《海鹽圖經》。

伊《志》案:王文祿《海寧衛志·本衛墳塋》:都指揮王貴、俊、軒、臣、勳、國賢,葬開濟鄉西古蕩。先公佐葬白竺待莘原。指揮王信、商允、徐鑑、劉清、王憲、彭玉,千戶張雄、封君徐昂,義士仇必達、必顯,高逸胡寬、胡宏葬西古蕩。指揮王方、馬文、方正、嚴政,衛鎮撫張武,千戶蔡暉、黎勝、陶炳,封君張蕎,縣丞朱瑾、子暕,孫佐,俱葬北古蕩。指揮李安、姚青、來旺葬五里窯。指揮尚鷹葬西停駕橋。指揮崔英葬豐山陽。不能備述,存其大者以見例。安得有司能行周官之法,存澤及枯骨之心。遇造冊年令各都具報,纂錄以附縣志,免侵掘之慘。胡赤城所纂《圖經》,具載此文于方域篇,今亦載之,俾仁人君子得以覽焉。

國　朝

侍郎彭孫遹墓　在縣西南六里。吳《志》。宋坡穀樹橋。《海鹽續圖經》。

州同知吳朝銓墓　在泊櫓山陰。許焞撰墓誌。

給事張惟赤墓　在開濟鄉詹家橋。大學士高賜李霨[1]撰誌銘。以上伊《志》。

商隱先生錢汝霖墓　在紫雲山。《海鹽續圖經》。　案:商隱墓在雞籠山,《續圖經》誤,見《澂浦詩話》。

鄉賢何澄墓　澄,字滄洲。性最孝。卒祀鄉賢。伊《志》。

贈尚書許日章墓　在金竺大橋。子禮部尚書汝霖墓在南。《海鹽續圖經》。　《海寧州志》:日章,字崑生。性孝友。崇禎之季,邑大饑,大出困粟濟之,死無殮者予之棺,論者多之。汝霖,號時庵,康熙壬戌進士。歷官禮部尚書,詳《浙江通志》。

崖州知州何其仁墓　在半邏張墳橋南。伊《志》。

尚書諡清恪陳詵墓　在半潮山。雍正二年賜祭葬。《浙江通志》。　《海鹽續圖經》云:祔繼考□贈公之閫墓。

大學士諡文簡陳元龍墓同　贈公之閫墓,在六步墩。《海鹽續圖經》。

通政何元英墓　在五河涇。案:元英,順治乙未進士。歷官通政使參議。最工書畫,有名于時。　案:嘉興何《志》已載通政何元英墓在德化二都小成字圩,與此稍異,并存之。

知縣毛之林墓　在縣東門外龍神廟後,與楊廉使祠相近。以上伊《志》。　何兆晟詩:"秦塘一棹路通津,弔古來瞻社稷臣。荒冢青山常作蔭,盈途赤子尚懷仁。只憑老衲司香火,恰與前賢作主賓。身後餘靈猶報國,年年渤海不揚塵。"

贈副憲陳訏墓　在北門外半塘。

贈中憲錢標墓　在永安湖西北紫柏山。以上《海鹽續圖經》。

刑部郎中王廷獻墓　在道塘。伊《志》：廷獻，字幼拔，海寧人。康熙辛未進士。有《谷湖詩鈔》。

孝義張元熠墓　在蔣家橋西北，即其住屋後圃。

大學士諡文勤陳世倌墓　在澉浦王家橋北。

編修朱佩蓮墓　在縣西南山茶花港。

知縣王綏墓　在東門外龍神廟後毛公墓旁。子諸生世魁及妻褚氏祔。伊《志》：世魁寄籍海鹽，補諸生，試輒冠軍。痛父以勞歿于官，哀毀而卒。無子。其妻褚氏，年二十，亦以哭夫致殞。邑人義而合葬之。

生員崔京錄舉人學淇、學泗墓　在縣西四十五里稱圖，何家浜藤花塇之左。

尚書諡文端錢陳羣墓　在縣西化成蕩。乾隆庚子甲辰，翠華南幸，遣官致祭。

安慶同知錢汝恭墓　在沈蕩南若木里。

大理知府汪上堉墓　在山茶花漾。潘思榘撰誌銘。　案：上堉，秀水人，吏部主事汪孟鋗之父。

孝子吳玉章墓　玉章，海寧人。乾隆六年題旌，墓在龜山之陰。閣學錢載撰墓誌。

給事中朱丕烈墓　在城北鳳凰堰東水灣橋。

汪烈婦墓　邑令張九華之妾。九華卒官，汪自縊以殉。墓在西門外關帝廟西。以上伊《志》。

副都御史陳世倕墓　在北門外吳家浜。

羅浮縣知縣吳懋政墓　在徐灣[2]。

吏部員外郎朱蘭馨墓　在木山長水澗。

內閣學士朱方增墓　在烏龍井。

湖南巡撫陸費瑔墓　在呂坊呂家港。

深州知州陳希敬墓　在北門外杏花莊。

內閣學士沈炳垣墓　在虎嘯亭之東蓋坊。咸豐九年御賜碑文。

吏科給事中朱昌頤墓　在邵灣唐家浜。

侍講學士支清彥墓　在澉浦陳灣山。

松滋縣知縣黃燮清墓　在九杞山之陽。

給事中錢儀吉墓　在沈蕩鎮西鄉青龍橋。俗名朱家橋。

海寧州訓導錢泰吉墓　在冬圖坊南石木港北。以上新纂。

【校注】

　　[1] 按：李霨爲直隸高陽人，順治三年進士，官至大學士、工户兩部尚書，加太子太保。見《清史稿》卷二五〇。

　　[2] 按：光緒《海鹽縣志》卷七《冢墓》作“博羅縣”。本《志》卷五十六《海鹽列傳》：“吳懋政，號蘭陔。乾隆壬申進士。授廣東博羅令，興利除弊，視民如家人。父子有負冤者，必爲昭雪。人以‘佛子’呼之。比去，立祠以祀。改處州教授，告歸。”故“羅浮縣”是“博羅縣”之誤。

平湖縣

　　龍母冢　陳山之巔有盤石，爲龍母冢。遇大旱，祈禱，以酒酹石，輒有暴雨洗壇。《至元志》相傳龍君以三月十八日生，歸藏其母于此。平湖程《志》。　國朝陸世楷詩：“誕降有嘉徵，夢中龍據腹。奈何神靈物，戕母以自育。崔嵬陳山巔，有墓拱其木。青峯繞佳城，幽宮協天卜。坏副即飛騰，於毛豈有屬。猶念鞠我恩，歲歲來洗沐。一泓侍巾瓶，孝思常在目。安得瀉飛泉，分流遍巖谷。海濱多逸民，策杖訪林麓。咄咄駭異聞，兩石自相觸。石如雀鼠穿，而不損塘屋。昭昭龍之靈，磊磊石之族。動靜理固然，幻態驚反復。君子道其常，龍潛而虎伏。"

天女墓　在乍浦。人侵犯，即有土蜂黑氣逼人。《至元志》。

齊三士墓　海鹽縣東十五里。《海鹽圖經》。　案：即乍浦齊景鄉地。《九山志》：梁莊城西，地名古冶場。有公孫捷、田開疆、古冶子三墳。俱事齊景公，勇烈有功于景公。晏子以桃二顆令言功。三人同日而死，葬于此。《吳地志》。　《海鹽圖經》案：諸葛亮《梁甫吟》有"齊城門"、"蕩陰里"之句，則三士墓在齊地矣。然《搜神記》載古冶子拔劍斬黿，在蜀與長沙間，《水經注》以爲並齊景所不至，疑而存之。則此地之有三士墓亦不必深辨其真偽耳。吳《志》案：《青州舊圖經》：臨淄縣冢墓門云：三士冢在縣南一里。三墳周回一里，高二丈六尺。張朏《齊紀》云是烈士公孫捷、田開疆、古冶子冢。

龍尾山古墓　龍尾山下盛姓宅後有一高阜，欲治屋。具畚鍤平之，得一碑，曰"白馬將軍之墓"。棺已毀，惟硃漆存，觸之即爲灰燼。中惟髮一束，鏡一枚，純綠旁似新月形。去城西二十里。海鹽砂腰村。有白馬廟祀白沃使君，或是其遺跡云。《九山補志》。

三　國

皇象墓　在縣東南三十里。《明一統志》。高一丈，周圍四十五步。《至元志》。　《輿地志》：象，字林明[1]，廣陵江都人。善隸書。趙《圖記》：青州刺史。

雅山古墓　乾隆二十一年臘月，雅山下居民營壙，穿土得古墓，取二磚以出，仍掩之。磚長尺餘，色黃，側有"太康七年七月七日造"九字。太康，晉武帝紀年也。《乍浦志》。

青龍觀古墓　觀山西麓有青龍觀故址，松江僧湛之欲拓地重建。里中曾士完捨山開築，畚鍤咸舉，鏗然有聲，窮之得一古墓。方下圓上，石磚甃頂。磚徑長可尺，有毘橫三，之一而斜墊其徑，之一角使可規圓而合砌，題其側徑曰"咸和元年八月十五日作"，橫曰"宜侯王墓"。斜墊角殺可五，之一鍥爲虎頭而虛其墊角，之側徑無別識。磚質堅細。懸而下，中多紫藤，香甚。有石板長數尺，瓷鉢一，鉢中水甚清。大鏡一，純綠小鏡一。又小似鉢者數枚，俱無識。墓南數步有隧道，碑塞之。碑有方孔二，疑內即空所，惜無辨其字者。知縣賴垓聞之，禁勿令開。所得鏡，觸手輒碎。及出墓道，迎風漸堅，小鏡與餘鉢俱歸之縣。時崇禎壬申五月二十八日，距晉已千三百餘年。宜侯王者，史莫可考。《九山補志》。　《乍浦志》引洪适《隸釋》云：永平八年甎一，建初三年汝伯寧甎一，七年曹叔文甎一，元和三年謝君甎一，永和元年景師甎一，其文皆隸書也。或云萬歲舍大秋善，或云千萬歲署舍子孫貴昌未央大吉，云大吉陽宜侯王虞荔鼎錄云：蜀章武二年先主作二鼎，一與魯王，文曰"富貴昌宜侯王"，一與梁王，文曰"大吉祥宜公王"。並古隸書，高二尺。然則宜侯王者，乃古人頌禱之辭，非世名之爵也。咸和，晉成帝年號。

明李天植詩："千載遺弓鎖碧阿，新開日月見咸和。蘭膏已盡燈何在，綠玉猶存鏡可磨。南渡衣冠無故物，東來形勝只滄波。荒坵好與重薶誌，爲爾還吟薤露歌。"

案：龍母、天女事涉誕妄，然自宋元以來地志皆載之。龍尾山等古墓彷彿謝惠連祭冥漠君古冢事，因備錄舊文。至三士墓不當在此，前人辨之已詳，存而不論可也。

【校注】
　[1] 按：天啟《海鹽縣圖經》卷三《墓》引《嘉禾志》《江都縣志》卷二十三《文學》作"皇象，字休明"，光緒《平湖縣志》卷九《冢墓》"吳皇象墓"條作"象，字休明"，故"林明"是"休明"之誤。

陳

鴻臚卿顧安饒墓　在陳山。《名勝志》。　案：安饒，野玉子[1]。《至元志》：高一丈三尺，周回七步。

【校注】

　　[1] 按：光緒《平湖縣志》卷九《冢墓》"鴻臚卿顧安饒墓"條作"王"，當作"顧野王"。

唐

唐陸府君墓　在當湖市。《輿地碑目記》。

陳環墓　在齊景鄉雅山南二里。有墓誌，不著作者姓名。《海鹽圖經》。　《唐故陳府君墓誌銘》："府君諱環，潁川人也。祖興，父道清，並不求宦達。君即清公之第二子也。幼著才識，長嫻規矩，克言理行，鄉間所欽。何圖天不祐善，以會昌二年正月二十一日終於私第，享年六十有三。以當年八月十八日窆于蘇州海鹽縣東二十八里齊景鄉雅山南二里祖墳南舊塋，禮也。君取吳郡顧氏，有子三人，長曰遂，次曰師損，三曰公甫，並至謙至讓，忠乎孝乎。泣血主喪，絕漿逾制。後恐日月久邁，陵谷遷移，刊石為誌，永傳不朽。銘曰：山作田兮田作海，萬古存兮誰不改。青松新壟曉無年，千載維留名記在。"

　　案：平湖王《志》云：墓誌惟陳環全錄其文，其餘行事已見列傳者但節錄銘詞。若無傳諸人，則略附梗概于此。

宋

參知政事簡肅魯宗道墓　在齊景鄉當湖里，即今縣東南桑園衖。墓前有碑。平湖朱《志》。李迪撰墓銘云：直哉貫夫，宦寓于湖。土堅而秀，窒安而固。其名不朽，其嗣孔茂。何以銘之，千古如在。　張士遜撰神道碑，銘云：魯以國氏，世遠支蕃。公參大政，剛斷立朝。天位以正，社稷以安。孰不事君，乃惟勿欺。孰居于相，乃能無隱。錫爵優隆，救諡彌榮。當湖之里，齊景之鄉。銘昭于遠，俾嗣其芳。　明沈懋嘉詩："家家寒食各紛紛，留得輕風上繡裙。滿地紙錢人不掃，草花紅過魯家墳。"　案：《海鹽圖經》及平湖程《志》皆不載宗道墓，平湖朱《志》始增入。考《魯氏世譜》所載，誌內明云當湖里齊景鄉，自屬可據。

正議大夫魯壽寧墓　在縣東南二百五十步。《魯氏族譜》作湖口。壽寧，字景修，號東庵。宋宣教郎致仕，累贈正議大夫。柳《志》。　《聞窗括異志》：正議之塋，瀕湖占勝，為一方冠。南皆枕湖，遠峯列如筆架，一塔屹于波心，文峯挺立。登名仕版者世有其人，視他族為盛。淳祐間，忽樹間出煙一道，遠近莫不驚異。有細視之者，見其間有蠛蚋不可計，從樹中出，終日不絕。蓋此煙即此所成，不知何異。

宣義郎魯壽淵墓　在齊景鄉。壽淵，字景源，號南林。宣義郎。平湖程《志》。　《聞窗括異志》：南林高祖塋，嘗聞伯叔祖言，初營地時高祖頗明地理，將鑿池引水至墓西南。夜夢一婦人曰：妾有墓在正南所開池處。君戒役夫，勿傷我墓，當有厚報。次日果于其地得金數塊，遂用以營寺。　今其墓尚存。自創建以來將踰百年，林木塢竹，視他處為盛。丙午夏，忽生雙筍數株，然不成竿，亦無他應。

司理魯文謐墓　在縣東五里。柳《志》。　喬行簡《高郵司理魯公墓銘》：爾積之厚，而進匪驟。盍究所存，胡嗇其壽。詩書有傳，科級維舊。或枳於前，尚昌爾後。

陸通一墓　舊即縣基。宣德五年建縣治，遷北城內。今趙家浜。通一，象山六世孫，明理學。案：平湖縣給帖：為建置縣治事奉司府帖文，蒙戶部咨文奉旨設縣，據吏部員外余相得縣治應建於當湖鎮之中，係居民陸廣等墓祖墳,族居環其左右,應擇地聽遷。查得北邊公地二畝二分,龍清水秀,政堪窀穸。爲此帖仰陸廣等即將祖墳移葬,世守管辦,勢豪毋得侵佔,須至帖者。

伊《志》案:省志作巡司陸啟禎墓,引《海鹽文獻志》爲據,而舊志皆作通一。考《陸氏家乘》墓圖,主穴爲通一、昭昌二穆墓,次循鯨,次穆寬銓。在今縣基儀門內。所遷縣西北隅者,乃通一,墓碑尚存可考。故仍舊志,並証省志之誤。

翰林學士趙孟堅墓　在廣陳輦字圩。《海鹽圖經》:子固居廣陳,晚徙居崇德。廣陳今析平湖,宋時爲海鹽地。平湖趙伊謂,幼時見其地高阜纍纍,居人皆指爲趙家王墳,樵採有禁云。　張雲錦書《平湖縣志・輿地志》後,子四系出安定王家[1],廣陳時建王祠。既歿,而葬祠西偏。祠圯,土人呼其墓爲趙王墓,蓋以祠故,誤也,見賀將軍傑所撰記。而天啟邑志載云樵採有禁,竟未知誰事,比之漳河疑冢,甚爲可笑。康熙間所修邑志,尚仍前說,余故書之,以俟後之記地志者正之。

碩儒周貴一墓　距魯簡肅原本作壽寧,誤。墓西三十步。貴一,碩儒,講道武原。子勝一,仕元爲提舉,葬昭次。

靖獻先生陸正墓　在廣陳鎮。元王昭大撰墓碑銘云:平章斂澤,乃發先生。遭此革運,棲老藏名。其名則藏,其道孔明。箕潁之節,洙泗之經。一邱掩魄,千禩垂聲。

石總管墓　在東泖口總管廟西,有石氏壠跡。以上平湖程《志》。　婁《縣志》考《宋史》,石保吉尚太祖女延慶公主,石端禮尚哲宗女陳國公主。石氏爲駙馬都尉者惟此二人。史稱保吉家多財,所在有邸舍別墅,則此所謂石都尉者,疑當屬之保吉。然保吉終于鎮安節度使,而志云江淮總管,亦與史不合,未可臆定也。

朱提舉夫人陸氏墓　在德藏寺後。吳《志》。　《樂郊私語》:楊璉真伽率衆過德藏寺,將發陸左丞女朱夫人墓,寺僧真諦忽現神力,揮葦馭杵擊之。楊以爲神,竟去,墓得全。

【校注】
[1]按:光緒《平湖縣志》卷九《冢墓》"宋趙氏墓"引張雲錦《平湖縣志・輿地志》後作"子固",當作"子固"。趙孟堅,字子固。

元

徵君陸壽一墓　在安圩。壽一,至正間人。歷聘不赴,隱居祥里。平湖張《志》。

殿中都尉張燧墓　在新倉南。虬柏秀鬱,代出賢良,簪紱纍纍,至今子孫蕃衍。

處士陸應奇墓　在南陸。應奇,靖獻先生子。元末避居華亭胥浦鄉,其地因名南陸。卒,葬焉。後爲姚氏宅,惟存祭掃地。今姚氏宅廢,四隅立碑爲界,稍復封樹。以上平湖朱《志》。

進士陸景雲墓　在鶴喈涇。景雲,致和元年進士,授提舉,終不赴。

恭靖侯賀傑墓　在縣後玉帶河旁。有坊曰"恭靖侯賀十萬公墓"。案:程《志》氏族門載傑父億,字十萬,考坊額應是億墓,舊志皆作傑,姑仍之。

處士趙友一墓　在新倉鹽運河南。有木甚奇。案:木係古柏。乾隆己卯風潮,仆。其七世孫趙漢題墓。以上平湖程《志》。

明

處士張迪墓　在兼葭圍南寫字圩。迪,字靜庵,忠獻十一世孫。元末隱居。好義。自獨山遷兼葭圍,子孫聚族于斯,卒葬焉。墓有石羅城。俗呼石穴。子敕賜八品冠帶張瑜,葬昭次。平湖朱《志》。

刑部侍郎葉春賜墓 在大易鄉。宣德八年諭祭。《海鹽圖經》：春墓，子孫失守。天啟間，縣樊維城贖而修葺之，給其後人名曉若憲者奉祀，爲文告之，其墓曰：宣德去國初未遠，俗尚質樸，居官者得獨行一意，取其足達于王事而已矣；不相責望，以體面人情也。嘗讀信史，見先生自請按浙一事，此非處治朝、遇明主，必不能爲。奉詔而行，復命無距，此固聖天子見萬里之明，而先生之直氣勁節真不可泯也。先生以仁故，能行其剛，我聞仁者必壽，亦必祿及子孫。聞之文貞公墓誌中，道先生舊矣，及某訪先生子孫，僅有存者，皆農功客作者耳。昔李青蓮不過文士，慕遺風者尚猶爲祿其女、行其書，何況先生功德在人，高山可仰，諰諰清風，巖巖喬嶽，而可無以表揚之乎！二人來見，云係先生七世孫，家傳聖諭、墓碑，徵之而信。猶是掩面稽顙，嘆墓田已更于他姓，石碣亦斷于樵人，泫然久之，方謀修復，用布諸塋次云。

武略將軍施雷墓 在北門內。雷原秩千戶，正德間以出貲助賑，敕加都指揮使。以上平湖程《志》。案：嘉靖四十二年秋，施武略墓前水如潮，諸港徹底奔赴，繞墓水高數尺，踰時乃復。是日施鳳來生。其裔中書施日升葬釣字圩。

湖廣參政倪輔墓 在齊都古字圩胡觀橋。古木陰翳。嘉靖倭變，居民爭匿以免。以上平湖朱《志》。薛剛撰墓誌銘。

尚書諡康僖屠勳墓 在鄂陽山麓。正德十二年諭祭。平湖程《志》。 楊一清撰墓銘云：窮經學古，士則宜然。或滯于用，匪才之全。公少有志，無書不讀。視天下事，皆在我腹。既奮厥奇，周旋曹司。析紛舉劇，無試不宜。引經折獄，以儒飭吏。發爲詞章，乃其餘事。昔在孝宗，賢俊彙征。公名日起，與位俱升。建節東巡，方略圖上。翼翼重關，屹成巨障。億萬畿民，賴公底綏。問其疾苦，恤其寒饑。入掌邦禁，刑暴詰慝。何幽不宜，何滯不服。初服三事，皇覽日俞。致君堯舜，惟爾嘉謨。祈天我志，祥刑爾職。慎爾三尺，長我王國。大姦竊柄，毒流九圍。公有先見，不蹈危機。少行老歸，公不待老。其身雖隱，其德彌劭。彼進而顛，公退而安。絜短較長，公何憾焉。公惠在人，公名在史。公澤在子，其流無涘。仲子參政屠應坤亦葬山之陰。平湖張《志》。

江西參議沈煉墓 在黃山下。

殉難百戶徐榮墓 在湯山。

殉難千戶王鏜墓 在觀山。

殉難百戶楊臣墓 在苦竹山後。案：《海鹽圖經·名宦》內有禦倭戰死之乍浦所百戶楊思臣，疑即是人。

贈都督僉事殉難百戶康綬墓 在陳山寺東。崇禎間，其孫承爵以戰功加銜都督僉事，追封先世，就此焚黃告墓焉。以上《九山志》。

山西參政趙漢墓 在北門外福臻寺後字圩。墓前有碑，曰“諫議名臣”。孫進士趙邦秩立。其子廣西副使趙伊墓在華村坊勸字圩。墓碑亦邦秩立。伊《志》。

孝子郭球墓 在北城內倉橋西。平湖朱《志》。

工科給事中馮汝弼墓 在東門外黃谷山翦字圩。伊《志》。 徐階撰墓銘。

滁州判官王梅墓 在福臻寺東北沿盤匯。平湖朱《志》。

延平知府陸志孝墓 在冬青潭。吳《志》。 案：舊志誤列國朝，今更正。

贈翰林院修撰沈宏光、國子監司業沈懋孝父子墓 在莊里。平湖朱《志》。

昌國備倭把總周翼明賜墓 在黃山。程《志》。萬曆四十七年賜祭葬。《九山志》。

贈雲南道御史過厚墓 在過家溪北致字圩。其南洋瀆廟前即其子應天府丞過庭訓墓。崇禎二年諭祭。平湖朱《志》。

山東左參政贈太僕寺卿馮敏功墓 在華二十二都三徐塘西。伊《志》。

禮部員外贈光祿寺少卿陳泰來墓 在小南門外李字圩。

兵部侍郎陸長庚賜墓 在東湖西。崇禎九年諭祭。其北即贈江西布政使陸珂、陸文典墓。

湖廣布政沈萃楨墓　在齊都近字圩陶家浜。

江西提學副使陸錫明墓　在二十三都岡字圩。以上平湖朱《志》。

處士王路墓　在黃山南麓。《九山補志》。

封中憲大夫陸鮮、行人司陸志忠父子墓　在齊都敦字圩。伊《志》。

福建布政陸懷玉墓　在虹霓堰伏字圩。平湖朱《志》。

定州知州進兵部員外胡震亨墓　在高公山之陽。

嘉定州判曹宏毅墓　在陳山東。以上《九山志》。　伊《志》：宏毅，字叔完，乍浦所人。入南雍選，授嘉定州判。有能聲。署威遠縣，清理枉滯，甦馬戶之困，民德之。以是獻賊之亂得免難。歸，貧甚，授徒自給。年七十卒。

貴陽知府朱茂時墓　在十七都冬字圩之洪家港。伊《志》。

舉人李天植墓　在乍浦牛橋西北。平湖張《志》。　國朝葉諫詩：“寥寥蜃園詩，卓卓龍湫客。何處弔孤墳，青山澹將夕。”

舉人馬嘉楨墓　在衛家浜。案：平湖張《志》作給諫，誤。

副榜貢生過銘簠墓　在致字圩。平湖朱《志》。　葉燮撰墓誌。

濟南推官陸燦衣冠墓　在泖口晝字圩。

高士李延昰墓　在東湖濱潔芳橋東北。葬用浮屠法，外周以牆，其形方，而虛其前，作圭竇。以上伊《志》。　朱彝尊撰塔銘。　于東昊《當湖雜詠》：“混跡醫翁道士間，半生鄉井不知還。一抔黃土鸚湖曲，剩與閑人説放鷳。”

贈尚書孫軒墓　在大易鄉之盛溪。于《志》。　景暘撰志銘。

山西按察僉事贈尚書孫璽墓　在父軒墓側。唐順之撰誌銘，文徵明書石。

都督僉事康承爵之妻戴氏墓　在陳山寺東。舊爲張氏墓，未及葬，售之承爵，葬夫人戴氏。乙酉，承爵死于邑城西門外常平倉前，惜無人收其遺骸者。《九山志》。　于東昊詩：“里人猶説康參將，戰地殘骸不復還。杞婦凄涼餘馬鬣，夜臺空上望夫山。”

國　朝

戶部侍郎曹溶墓　在十七都周思塘。平湖朱《志》。

戶部侍郎馬紹曾墓　在縣東三里白沃廟東北。平湖張《志》。

生員孫之琮墓　在亭子橋北義士圩。平湖朱《志》。

御史　贈大學士華亭王廣心墓　在南陸。《王氏族譜》：廣心，字伊人，號農山。順治己丑進士，累官巡倉御史，贈武英殿大學士。著有《蘭雪堂集》。

戶部尚書華亭王鴻緒墓　在新帶東北二里南巷。雍正元年諭祭。以上平湖張《志》。　《別裁集》：鴻緒，字季友。康熙癸丑進士，官至戶部尚書。著有《橫雲山人集》。　查慎行《大司農王公輓詩》：“門生門下士，時世溯淵源。別有酬恩目，深蒙知己言。佳城瞻望近，象彖典刑存。酹酒陳詞意，還應徹九原。”　案：王廣心父子墓，前志不載，以江南人也。然賜塋在境內，烏可弗書。若陸莊簡墓在嘉興境，應列嘉興，見前。

思州知府陸世楷墓　在縣東六里五行涇。伊《志》。　朱彝尊撰墓銘云：嗚呼！古之循吏，久於其官。政以不煩，民以不冤。公於黔於粵，除惡必先。濟之用寬，客至張罏。盧旅居船，士也討論。席研壺餐，志其山川。申畫土田，有德有言。溢於炎塵，宜爾子孫。克昌厥文，美哉鮮原。秀木丸丸，罔有後囏。

內閣學士陸葇墓　在南門外聽字圩。平湖高《志》。　陸葇自題坊表：予告通議大夫內閣學士兼禮部侍郎陸雅坪治生壙于湖西一角,林竹之美,山川之光,心所樂也。阡不擇吉,葬可隨時。祖隴相依,游魂永託。康熙戊寅仲冬二十六日,時年六十有九,勒諸坊表,勿替成規。高深不移,歲月恒古。　毛奇齡撰神道碑。

　　西平知縣沈葇墓　在楊樹漊。平湖朱《志》。　宋德宜撰墓銘。其子副貢生季友墓在普濟橋東。伊《志》。

　　御史諡清獻陸隴其墓　在泖上畫字圩。吳《志》。　案:本文作"餘字圩",誤。東距陸燦衣冠墓一十五步。乾隆二年諭祭。三年御製碑文,贈官予諡,樹碑神道左。四十八年,邑人張誠修墓立石,墓前題曰"先儒陸清獻公之墓"。平湖張《志》。五十二年,知縣王恒建墓坊,竝栽松柏。平湖王《志》。　王恒《重修墓記》:清獻公之歿也,江南督學邵公嗣堯贈資以葬。越六年,趙公申喬任浙江布政使,購田一十畝有奇,供其祀事。雍正四年,奉旨從祀文廟。乾隆二年諭祭。三年賜諡贈官,樹碑于墓道之東南,禮至隆也。其墓在泖口祖塋旁,歲久漸蕪,子孫貧日甚,不克以時修整。馬鬣遺封,榛莽薈蔚,宰木繚垣,亦皆闕如。夫公爲我朝首出醇儒,力崇正學,得孔孟之真傳,薄海内外莫不欽承。聖天子敬禮儒先之意,俎豆宮牆,而宅兆所安之地,顧乃聽其荒蕪若此。有守土責者,於心安乎? 余忝宰是邦,幸親賢里,既爲公新其祠宇。丁未夏,偶以公事至泖上,拜公之墓,盡焉心傷,乃倡捐錢二十四緡,隨有公族孫錦聯捐錢三十五緡,邑中賢士張誠捐錢二十緡,羅金鼎、孫焌各捐錢十五緡。鳩工集事,董其役者爲生員陸子籠,候選州同馮錫貴周流督率,閲數月而工竣。又有貢生戈宏垍捐田九畝有奇。其田在公墓旁,既得助其歲祀,又可固其界址。皆徵敬仰先儒之意云。　案:戈宏垍所捐田,知縣王恒詳府立案,給匾旌獎,竝令奉祠生陸宗源世守。

　　武義訓導張友直墓　在兼葭圍樓字圩。《浙江通志》。　《張氏家乘》:友直之子益,號壺山。貢生,授武義縣訓導。

　　禮部侍郎諡文恪高士奇墓　在南門外二里。康熙四十三年賜祭葬。吳《志》。　查慎行詩:"天上巢痕掃,人間鶴夢回。新松陰漸合,宿草客誰來。廢瑟餘三嘆,題詩擬七哀。自傷遲暮眼,轉瞬閲興衰。"

　　翰林院檢討陸奎勳墓　在小南門外五里葛家橋。平湖王《志》。

　　户部尚書諡文恪沈初墓　在落木園成字圩。嘉慶四年諭祭葬。伊《志》。

　　副都御史陳嗣龍墓　在北門外楚字圩。

　　贈光禄大夫、刑部尚書、禮部主客司主事吳之錡墓　在北門外莫字圩松風港。

　　吏部尚書協辦大學士吳璥墓　在東門外首字圩金家橋。璥子二品廕生元凱墓,在東門外張字圩趙家廟。以上于《志》。

　　山西大同參將葛元墓　在乍浦東門外牛橋東。

　　孝子張世昌墓　在小西溪巾圩。

　　貴州黎平府經歷陸光濂墓　在全眉坊杳圩。賜葬銀。

　　贈都察院右都御史、江蘇淮徐揚海道朱善張墓　在徐埭坊讖字圩。

　　直隸深州知州孝子張慶成墓　在官田坊禽字圩。

　　雲南按察使沈蘭生墓　在福臻坊精字圩。

　　内閣侍讀學士錢福昌墓　在戈溪坊池字圩。

　　翰林院侍講張金鏞墓　在周圩坊弁字圩。以上新纂。

石門縣

漢

　　廷尉吳公墓　在洲錢北道橋西。治平爲天下第一。石門耿《志》。

晉

尚書李益墓　在沙渚塘東二十里龜山之陰。石門靳《志》。

五　代

周妃墓　在錢林涇證聖院北五百步。吳越王俶挈家屬朝宋，妃卒於皋林，遂依祖祠葬焉。崇德洪《志》。後爲豪家所踞，裔孫德洪、思孝等鳴于官，得復。崇德靳《志》。

金吾將軍錢元彌墓　在洲錢市。崇德洪《志》。文穆王奏陞嘉興縣爲秀州，仍命王弟元彌爲刺史。《吳越備史》。洲錢有金吾將軍錢元彌墓，俗呼將軍冢。趙《圖記》。冢高數丈，歲久傾圮，下瞰黝深，甃壁廣若堂宇，牐牖鐵爲之。西數十步有侍郎昱墳。紹興初，使相錢忱來南訪，葺諸塋，命族孫鵠專主祭掃。秦魯國大長公主以親屬奏鵠以官。鵠卒，儒林郎達道繼掌祀事。崇德陳《志》。

宋

工部侍郎錢昱墓　在洲錢市。崇德洪《志》。昱，忠獻王佐之子，任秀水刺史[1]。《宋史·吳越世家》。昱，字就之，仕宋，至工部侍郎。柳《志》。

崇德令衛淇墓　在語兒鄉。《職官》：淇，至和三年任，以德化民，野生瑞麥。卒於官，民仰之，葬於語兒鄉，表其墓曰"宣化"。石門洪《志》。

陸氏懷墓　在縣北六里。陸塤爲弟埈築室墓旁，名之曰"懷"，取孔懷之義。崇德洪《志》。陸塤、陸埈同葬。吳《志》。　宋程珌《懷墓記》：大陸君淳厚有賢，稱于里黨，教子以學，卒收儒科。小陸君英茂，早登進士，入仕蓬省，出分州符，有惠政及民。今云亡而其兄愴之若是。嘻！若君之兄弟，其不足爲薄俗式耶？其不助大君扶持世教耶？君之若子若孫若雲仍，其可不知家法所傳耶？推之一國，達之天下，詔之後世，而以陸氏爲義門者，君家子孫其勉之；天下有兄弟者，其則傚之；觀風四方與夫載筆史成，其將必有以取之。

傅貽先生輔廣墓　在西門外一里。劉《志》。有遺像。陳令允堅移奉傅貽書院。崇德靳《志》。

迪功郎張汝昌墓　在石門鎮北保寧鄉。石門酈《志》。孫朝議大夫琥亦葬此。崇德靳《志》。

吏部尚書陸德興墓　在縣西北六里。華表石獸尚存。柳《志》。

莫氏五桂墓　在莫墓村。明《浙江通志》莫琮子五人，元忠、若晦、似之、若拙、若沖俱登科，時比燕山五寶。柳《志》。

端平殿學士謚清毅陳塏墓[2]　在伍社村。明《浙江通志》十二都。

秘書方誠墓　在南津鄉清化里。以上石門酈《志》。

【校注】
　[1] 按：《宋史》卷四八〇《世家三·吳越錢氏》、吳仁臣《十國春秋》卷八十三《吳越列傳》作"秀州刺史"，當是。
　[2] 按：《宋史》卷四二五、光緒《石門縣志》卷八《政績列傳》均作"端明殿"，當是。

元

教授朱鵬飛墓　　在九都瓜宅村。石門洪《志》。　　按：瓜宅村在九都，舊志沿酈《志》誤，作十九都。

學士謚文穆張伯淳墓　　在縣北十七里。《明一統志》。　　案：崇德靳《志》云：十一世孫國翹修整，周銓部應秋爲記。一派復其侵地而加封焉，并爲記。

蕭王穆墓　　在縣西北十八里。穆拜尚書，後封蕭王。柳《志》。

禹烈婦墓　　在石門鎮。表曰“貞母阡”。崇德陳《志》。　　明徐一夔有記。

明

助教貝瓊墓　　在語兒鄉。崇德洪《志》。

御史張緝墓　　在石門鎮通市橋西。石門酈《志》。

大理寺丞朱逢吉墓　　在永豐里。崇德洪《志》。

御史金遜墓　　在四都。石門酈《志》。

知縣蔡新墓　　在十二都萬魁橋東。崇德靳《志》。

知府姚文墓　　在南津鄉官村。文祀鄉賢。崇德洪《志》。

刑部尚書潘蕃賜墓　　在石門鎮。吳《志》。有祠。有劉修撰龍墓表。

主事張璵墓　　在渡舜橋北。

給事中周崑墓　　在崇德鄉上莫村。子通判斡亦葬此。

典籍蔡天錫墓　　在萬魁橋西。

通政呂希周墓　　在三都。

總憲沈宏墓[1]　　在陳山。

太僕呂焕墓　　在南津鄉官村。

僉憲趙岩墓　　在語兒鄉演教寺東北。

知縣呂炯州同呂燧墓　　在十六都。

知縣李華春墓　　在南津鄉百歲橋西北。

儀賓呂熿墓　　在官村。舊志作“呂焕”，誤。

舉人張國翹墓　　在十一都張家匯。以上崇德靳《志》。

教授沈校墓　　在南津鄉新橋西。石門靳《志》。

布政勞永嘉墓　　在一都清地庵西。

惠潮道副使陸典墓　　在安邱日字圩。

兵馬司正指揮沈大德墓　　在南陽村羽字圩。舊志作“祭酒”，誤。

學副吳尚倫墓　　在洲錢陸寶村。

巡撫吳之屛墓　　在東楊家莊。

庶常吳爾壎墓　　以上石門酈《志》。　　案：四明葛編修世振以爾壎入昭忠錄，并銘其墓，見《檇李詩繫》。酈《志》不載葬處，今未有考。

待詔吳之經墓　　在芝村。石門耿《志》。

文學吳爾篪墓　　在馬頭村。石門耿《志》。

蔡烈婦墓　　在石門鎮祠後。崇德靳《志》。　　案崇德陳《志》云：先是蔡烈婦葬于祠左。隆慶三年，朱令過祠謁之，議遷葬于祠後。啟窆則棺槨開裂，窺見殮具。皇遽掩土，改治一棺以殯。發而易之，棺合如新，無纖隙可指，衆咸異之。仍以舊棺葬焉。說者謂烈婦自縊時周身密縫不欲人見其體，故死後不忍以遺骸暴露也。烈婦死節事詳在貞孝錄。彭喬有祭文，徐九皋有哀請，見酈《志》。

費烈女墓　　在北門外，蕪没道旁。靳令一派至，爲搆祠一楹，圍以土牆，顏其門，爲文祭之。今祠屋廢。石門酈《志》。

【校注】

　　[1] 按：光緒《石門縣志》卷十一《冢墓》作“廣東按察使”。本《志》卷六十《石門列傳》：“沈宏，字惟遠。嘉靖乙未進士。初授刑部主事，歷武選郎中，陞廣西副使。時洞猺剽亂，勒兵深入，有斬馘功，賜白金文綺。尋擢廣東按察使。”故“總憲”之稱有誤。

國　朝

贈布政使司參議勞俶融墓　　在馬頭村。有王士正墓誌銘。

陝西布政司參議鍾朗墓　　在十八都九圖潘家橋。

四川簡州知州朱輔墓　　在東九都五圖福字圩。長子汀州推官霞、次子濟東道雯袚。

刑部侍郎鍾鼎墓[1]　　在黃鶴村。以上石門耿《志》。　　按：鼎，崇禎丁丑進士。入國朝，官至少司寇。舊志列前明，誤。

副都御史勞之辨墓　　在縣北五河涇。石門酈《志》。

左都御史吳涵墓　　案：吳《志》不載葬處，今未有考。

內閣中書吳之振墓　　在洲泉鎮學字圩。

御史蔡履元墓　　在陸家橋東田村。

同知田尹衡墓　　在東二都一圖。

朱範貞墓　　在甘露庵北。

姚烈婦墓　　在宇字圩清池庵東。

蔡貞女墓　　在東二都六圖。以上伊《志》。　　莊存與、董潮、曹培亨撰墓銘。

廣西上思州知州勞啟誑墓　　在西九都墨字圩。

吏部主事鄭枏墓　　在西都絲字圩。

布衣吳克諧墓　　在洲錢鎮永安橋。

刑部郎中胡枚墓　　在南陽村。以上于《志》。

禮部郎中鍾璜墓　　在十八都四圖北造字圩。石門耿《志》。

桂林府推官吳輅墓　　在十五都一圖大沐村。石門耿《志》。

分水訓導譚封墓　　在玉溪鎮南洲浜。新纂。

贈通議大夫同安縣知縣陳鰲墓　　在十三都永昌廟後。李爵相鴻章有墓表。新纂。

【校注】

　　[1] 刑：光緒《石門縣志》卷十一《冢墓》作"兵"。本《志》卷六十《石門列傳》："鍾鼎，字梅城。崇禎丁丑進士，知涇縣。順治初歷陞太平府，兵殘之後，調劑獲安。遷廣東按察使，詳詢民冤，委曲開釋，粵人有生全之感。晉兵部侍郎，卒于官。"故疑"刑部侍郎"是"兵部侍郎"之誤。少司寇，掌刑獄；少司馬，掌兵事。故"少司寇"亦誤。

桐鄉縣

宋

　　永嘉郡主墓　在殳山下。吳《志》。紹興二十四年封碩人，進永嘉郡主。三十二年卒。詔以醫官李師克等付吏訊治。時孝宗尚在東宮，奏女幼而多病，不宜罪醫，遂寢。乾隆二年[1]，贈嘉國公主，葬于此。桐鄉徐《志》。　國朝仲宏道詩："深宮常匿影，遺冢任芻蕘，花月年年在，芳魂不可招。"

　　少師張掄墓　掄，乾道間人。世居開封，扈蹕南渡，以文墨際高、孝二廟，賜第於秀之青鎮。官至慶遠軍節度使、開府儀同三司、太原公，贈少師。葬崇德縣清風鄉之原。《烏青文獻》。

　　將軍楊昇墓　松園墩保寧鄉，上有楊將軍昇墓。趙《圖記》。

　　門下侍郎顏岐墓　在陌巷村。吳《志》。　案：《浙江通志》沿志誤作"禮部尚書顏復"，今改。

　　刑部尚書莫澤墓　在永新鄉上塔廟北。前有莫墳港。劉《志》。

　　浙東總管張子修墓　在石門鎮北。袁《志》。

　　知泰州輔逵墓　在永新鄉經堂橋。明崇禎間有欲侵奪者，其裔孫訟於官，至今得稱古墓。《烏青鎮志》。　案桐鄉徐《志》、《烏青文獻》皆載永新鄉有先儒輔慶源墓，誤逵爲廣矣，廣墓詳見石門。

　　吏部侍郎濮斗南墓　在梧桐鄉五都。《濮川紀略》。

　　淮東議幕徐綱墓　在今東門外匯龍橋西北岸。冢高丈許，周四十餘步。

　　防禦使蔡梅友墓　在來鳳橋。

　　濮奉鎰墓　在濮院石家墳橋。村人稱爲郡馬墳。以上伊《志》。

　　張庶墓　在清風鄉。子屋祔葬。《烏青文獻》。

【校注】

　　[1] 按：光緒《桐鄉縣志》卷五《冢墓》"永嘉郡主墓"條作"乾道二年"。光緒《梅里志》卷一《山水》"史山"條："宋孝宗公主墓，在殳山東。乾道二年，贈嘉國公主，葬於此。"當作"乾道二年"。

元

　　侍書學士吳淇墓　在慕化鄉。趙《圖記》。

　　國子祭酒榮公墓　在千金鄉屠甸村。

　　宣義王璹墓　在梧桐鄉見喜村。以上袁《志》。　案：舊志以上二墓誤入宋，今據《浙江通志》改。

　　淮安路同提舉濮鑑墓　在福壽寺西。《濮川紀略》。　趙孟頫撰誌銘。

　　廉使石朝用墓　在濮院石家墳橋。桐鄉徐《志》。

禹烈婦墓　亦名貞母阡。趙《圖記》在玉溪鎮側。袁《志》。　徐一夔有記。

明

徵士鮑恂墓　在千金鄉。趙《圖記》。

雙節冢　在濮院鎮唐夫人橋。洪武初，籍濮彥仁家，官收其產。彥仁妾唐氏、麗氏俱濮院鎮人，義不辱，遂自經死，合葬于此。貝瓊有詩紀其事。伊《志》。

僉都御史程本立墓　在梧桐鄉張蕩。

知府沈榮墓　在千金鄉覯谷村。

南寧知府趙讓墓　在永新鄉前朱村。以上桐鄉徐《志》。

遼府長史楊述墓　在濮院鎮北楊家橋。秀水、桐鄉接界。子河南按察司僉事楊青祔葬。《濮川紀略》。　景泰六年，遼王遺祭文：嗚呼！爾拜上命，來輔我國。殫爾心思，展爾才力。我言爾聽，爾行我悅。孰云一旦，遽逝如奪。訃音爾嗣，道里遠長。茲爾親屬，來迎爾喪。妥爾神靈，返爾故鄉。屆行伊邇，遣奠一觴。尚饗。

鈞州知州邱鰲墓　在保寧鄉北彭村。

贈都督同知宗禮墓　在皂林秀溪橋。禮死後一月餘始得其屍，葬之，面如生。《嘉禾徵獻錄》。

裨將霍宗道墓　在皂林秀溪橋東。嘉靖中拒倭寇，與將軍宗禮同戰歿，葬此。劉《志》。

大理錢貢、河南巡撫錢夢得賜墓　在永新鄉甑山。吳《志》。

江西布政施爾志墓　在濮院鎮西北。

操江沈蒸墓　在永新鄉。以上桐鄉徐《志》。

武岡州州判于恭墓　在慕化鄉。王文成守仁題曰“節判”。伊《志》。

尚寶卿李樂墓　在青鎮北。

湖廣左布政使馮孜墓　在千金鄉屠甸市南。以上桐鄉徐《志》。

石埭知縣陸階墓　在楊家橋西范家浜。《濮鎮紀聞》。

廣西宣化知縣錢夢祖墓　在南張村。

河南布政陸戀元墓　在東門外新橋衕即字圩。

四州布政司理問邱嶽、福建福州府通判邱珊、福寧州州判邱思高墓　在保寧鄉白馬里。俗名連三墳。

贈保寧府推官錢夢傅墓　在永新鄉郡字圩。

廣西左江道錢允鯨墓　在上塔廟西北郡字圩。

舉人陸蓋誼墓　在王家山南渡橋東戾字圩。蓋誼初名鈺，字真如。後改蓋誼，字忠夫，海寧洛塘里人。萬曆戊午舉人。乙酉南都亡，絕食十二日死。同時潘廷章、沈亮采、吳太冲皆爲文紀之。子嘉淑，字冰修；宏定，字綸山。詩擅盛名，有“冰綸二陸”之目。先後祔葬昭穆穴。以上伊《志》。

靈壁縣丞金夢麒墓　在金家木橋。《濮川紀略》。

直隸昌平州知州陸費吉墓　在衆官橋。新纂。

國　朝

楊園先生張履祥墓　在楊園村。吳《志》。西溪橋側。乾隆十七年，督學雷鋐題其墓曰：“理學真儒”。

贈刑部左侍郎馮一虬、馮翊墓　在屠甸鎮南屠家板橋。

兵馬司正指揮汪文栢墓　在蔡堡村。

編修鈕汝騏墓　在陳莊村。

吏科給事中汪繼爆墓　在白馬雙橋。

饒州府同知程尚贇墓　在六都沈萬橋。

贈中憲大夫屠永貞墓　在千金鄉白兔橋。子貴州按察使嘉正、孫封教諭洪緒祔葬。諸錦撰墓誌。

贈編修　貤贈通政使參議馮錦墓　在千金鄉陸家壩。

贈雲南趙州同知施昌墓　在郡字圩。

吏部主事　贈山東督糧道汪孟鋗墓　在永新鄉紙字圩。

同知汪大鏞墓　在城東潘家兜。侍郎錢載撰誌銘。　以上伊《志》。

光禄寺署正胡緗墓　在白馬雙橋。于《志》。

山東平原縣知縣陸費錫墓　在姜家壩。

直隸天津縣知縣陸費元璜墓　在邱婆橋柏家埭。

雲南順寧府知府嚴廷珏墓　在清風鄉南高田。

孝女嚴七姑墓　在青鎮安濟巷。以上新纂。

廣西候補知縣署左州知州嚴鈖墓　在清風鄉秀才兜。